DAS

ALTE TESTAMENT

IM LICHTE DES ALTEN ORIENTS

HANDBUCH ZUR BIBLISCH-ORIENTALISCHEN ALTERTUMSKUNDE

VON

LIC. DR. ALFRED JEREMIAS
PFARRER AN DER LUTHERKIRCHE
PRIVATDOZENT AN DER UNIVERSITÄT ZU LEIPZIG

MIT 216 ABBILDUNGEN UND 2 KARTEN

ZWEITE NEU BEARBEITETE AUFLAGE

LEIPZIG
J. C. HINRICHS'SCHE BUCHHANDLUNG
1906

Weimar. — Hof-Buchdruckerei.

Meiner Frau

der treuen Gefährtin meiner Arbeit

Vorwort zur zweiten Auflage.

Die erste Auflage dieses Buches, die Ostern 1904 ausgegeben wurde, war bereits Anfang September 1905 vergriffen. Wenn schon der äußere Erfolg des raschen Absatzes einer hoch bemessenen Auflage für den Verfasser eine große Ermutigung bedeutete, so hat derselbe alle Ursache, mit dem wissenschaftlichen Erfolge erst recht zufrieden zu sein. Es mußte seinerzeit als ein Wagnis erscheinen, für den Zusammenhang der „babylonischen“ Weltanschauung mit dem Begriffsalphabet der biblischen Schriftsteller ganz und ohne Vorbehalt einzutreten. Mittlerweile haben sich Männer verschiedenster theologischer Richtung, nachdem sie die Mühe nicht gescheut haben, in die Welt des Alten Orients einzudringen, von der Richtigkeit der „panbabylonischen“ Auffassung und ihrer Wichtigkeit für das Verständnis der Bibel überzeugt. In Rücksicht auf die gewonnene Verständigung habe ich auf die einleitende Darstellung des altorientalischen Weltbildes erneute Sorgfalt verwendet und hoffe, daß die beiden ersten Kapitel als Einführung in das Gesamtbild der altorientalischen Weltanschauung nützliche Dienste leisten werden. Besondere Schwierigkeit bietet für viele beim besten Willen das Verständnis der astralmythologischen Motive, die mit den biblischen Erzählungen verwoben sind. Die betreffenden astralmythologischen Abschnitte sind in der neuen Auflage stark erweitert worden. Das Sternzeichen (✳) am Anfang und Schluß der betreffenden Abschnitte mag Lesern, die sich mit der Neuerung noch nicht befreunden können, bei der Lektüre als Signal zum Überschlagen dienen; andrerseits soll es denen, die in die Welt der Astralmotive eindringen möchten, das Auffinden der Zusammenhänge erleichtern.

Polemische Verhandlungen mit Gegnern habe ich vermieden. Es fehlt vielfach noch die Voraussetzung für eine fruchtbare Diskussion. Eine Reihe von gegnerischen Äußerungen sind besonders gesammelt worden und sollen vielleicht später als Beitrag zur Geschichte der biblisch-orientalistischen Wissenschaft abgedruckt werden.

Meine grundsätzliche Stellung zur biblischen Frage habe ich im Vorwort zur ersten Auflage, das auf dem folgenden Blatte wieder abgedruckt ist, ausgesprochen. Ich weiß mich eins mit denen, die im Alten Testament eine Welt geschichtlich vermittelter Offenbarung suchen. Die israelitische Gottesvorstellung und Erlösererwartung ist nicht ein Destillat menschlicher auf verschiedenen Gebieten des alten Orients erwachsener Ideen, sondern sie ist ewige Wahrheit im bunten Gewande orientalischer Denkweise. Und die Formen dieser Denkweise gehören einer einheitlichen Weltanschauung an, die in den irdischen Dingen und Vorgängen Abbilder himmlischer Dinge sieht, welche in den Bildern und im Kreislauf des gestirnten Himmels typisch vorgezeichnet sind.

Großen Dank schulde ich Verlag und Druckerei. Mein Herr Verleger hat in freigebiger Weise eine reiche Vermehrung des Bildermaterials gestattet und wieder für eine vornehme Ausstattung Sorge getragen. Gleichwohl ist eine außerordentlich niedrige Preisansetzung ermöglicht worden. Der Böhlau'schen Hof-Buchdruckerei zu Weimar, mit der zu arbeiten für jeden Autor eine Freude sein muß, ist es zum guten Teile zu danken, wenn auch die 2. Auflage, wie es der 1. Auflage widerfuhr, als typographisch musterhaft bezeichnet werden darf.

Der Druck des Buches begann Mitte April 1906. Im Juni wurden die ersten zwölf Bogen als Abteilung I besonders ausgegeben.

Auf die Register ist große Sorgfalt verwendet worden. Ich danke auch an dieser Stelle meinem lieben Famulus, Herrn stud. theol. Münnich, für seine treuen Bemühungen um Korrektur und Register.

Leipzig, 31. Oktober 1906.

Alfred Jeremias.

Vorwort zur ersten Auflage.

Wer den Dichter will verstehn, muß in Dichters Lande gehn. Und wer eine Schrift verstehen will, wird die beste Erklärung und die hellste Beleuchtung aus den gleichzeitigen Urkunden ihrer Welt empfangen. Auf dem Gebiete der alttestamentlichen Forschung hat sich diese selbstverständliche Wahrheit nach langen Kämpfen theoretisch Geltung verschafft. In der Praxis ist noch wenig von ihrer Wirkung zu spüren. Man hat sich zumeist damit begnügt, die Ergebnisse der Denkmalforschung den Kommentaren als interessante Arabesken einzufügen, aber man hat ihnen nur selten Einfluß auf das Verständnis des Wesens israelitischer Denkweise eingeräumt. Die Skepsis, mit der die sog. altgläubige „positive" Richtung der Verwertung der Denkmäler gegenüberstand, hatte ihren guten Grund. Aber diese Skepsis hätte sich nicht gegen die Denkmäler, sondern gegen die Ergebnisse ihrer Bearbeiter richten sollen, die ihre Anschauungen darin bestätigt fanden. Es wäre richtiger gewesen, die Gegner mit der eigenen Waffe zu schlagen. Neuerdings erhebt sich der Widerspruch gegen die Ergebnisse der Assyriologie vor allem innerhalb der Richtung, die von jeher die Wissenschaftlichkeit für sich in Anspruch nahm und die, wie anerkannt werden muß, in ernster und sorgfältiger Weise die Ergebnisse der Geschichtswissenschaft und Völkerkunde für die Erklärung des Alten Testamentes zu verwerten bemüht gewesen ist. Die historisch-kritische Schule, die ihr Werk in einer Zeit begonnen hat, in der die Gefilde der vorderasiatischen Altertumskunde noch verschüttet lagen, hat sich nicht imstande gezeigt, das neue Material zu verwerten, weil es den auf früheren Stufen der Erkenntnis selbstgeschaffenen Dogmen in entscheidenden Punkten widerspricht.

Der Verfasser dieses Buches steht der Tradition des Alten Testamentes mit einem Vertrauen gegenüber, das im letzten Grunde auf der religiösen Erkenntnis beruht: novum testamentum in vetere latet. Dieses Vertrauen hat sich ihm wissenschaftlich bewährt, je mehr die Erschließung der Verhältnisse und Zusammenhänge des Alten Orients eine authentische Beurteilung der im Alten Testament geschilderten gleichartigen Verhältnisse gestattet hat. Er fand eine glänzende Bestätigung seiner Auffassung in der Tatsache, daß der Gelehrte, der die Voraussetzungen der historisch-kritischen Schule am konsequentesten aufgenommen und bis ans Ende verfolgt hatte, auf Grund einer lebendigen Kenntnis des Alten Orients und der gleichzeitigen Geschichte zu Folgerungen kam, die jene Voraussetzungen als irrig erwiesen.

Einer besonderen Einführung bedürfen die zwei ersten Kapitel, die ursprünglich als Einleitung gedacht sind. Bereits in meiner Schrift „Im Kampfe um Babel und Bibel" bin ich mit voller und nachdrücklicher Betonung für die Annahme der „mythologischen Darstellungsweise" und des „mythologischen Systems“ eingetreten, wie es von Winckler entwickelt worden ist. Winckler hatte ausdrücklich darauf hingewiesen, daß sich die richtige Erkenntnis der „mythologischen“ Ausdrucks- und Auffassungsweise des Altertums ebensogut mit der vollkommensten Gläubigkeit wie mit der weitgehendsten Zweifelsucht in bezug auf die erzählten Tatsachen vereinigen läßt. Ich habe bisher keinerlei Gegenausführungen zu Gesicht bekommen, die Wesen und Tragweite der Sache erfaßt und die den Widerspruch auf etwas anderes als Mißverständnisse gegründet hätten. Ich sehe in der Erkenntnis des altorientalischen mythologischen Systems den Schlüssel zu einer Formenlehre des biblischen Schrifttums und bin dabei bemüht, auf Schritt und Tritt vor einer Überschätzung der Form und vor Auflösung der Tatsachen in mythologische Ideen zu warnen. Um das System verständlich zu machen, mußte die altorientalische Weltauffassung und das ihr zugrunde liegende astrale Pantheon auseinandergesetzt werden. Die einleitenden Kapitel stellen beides zum ersten Male im Zusammenhange dar unter Vorführung der urkundlichen Belege.

Als Ganzes möchte das Buch zu seinem Teile nicht nur darauf hinwirken, daß die Form biblischer Darstellung in ihrem Wesen erkannt werde, sondern daß das Verständnis ihres Inhaltes gefördert werde. Lange genug hat die Forschung den Hauptwert auf die Untersuchung der Überlieferung gelegt. Die Kritik beschäftigte sich mit zwei Reihen der Überlieferung, der vorkanonischen, die von der Literarkritik behandelt wurde, und der nachkanonischen, aus der die Gestalt des überlieferten Textes festgestellt wurde. Aber das Wesen biblischen Schrifttums ist mit der Scheidung von Jahvist und Elohist, mit der Untersuchung von Massora, Septuaginta, Pešito usw. nicht erschöpft. Wir wollen keineswegs den Wert dieser Forschungen unterschätzen, betonen vielmehr ausdrücklich ihre Notwendigkeit und ihr hohes Verdienst. Aber höher als die Form steht der Inhalt. Die Erforschung des Inhalts in neue Bahnen gelenkt und für dessen Verständnis Maßgebendes geleistet zu haben, ist das Verdienst der orientalischen Altertumskunde.

Die Einrichtung ist durchsichtig. Die alttestamentlichen Schriften sind in der Reihenfolge der Lutherbibel behandelt. Der glossatorische Teil möchte als Schrader redivivus aufgenommen sein, er möchte in den Dienst eintreten, den Eberhard Schraders KAT in den Anfangsstadien der Keilschriftforschung getan hat.

Möchte das Buch der großen und herrlichen Aufgabe, die mir vor Augen stand, wenigstens einigermaßen gerecht werden.

Leipzig, am Tage der Frühjahrstagesgleiche 1904.

Alfred Jeremias.

Inhaltsverzeichnis.

Seite

I. Die altorientalische Lehre und das altorientalische Weltbild . 1

Weltentstehung S. 6. Tierkreis S. 9. Höhepunkt des Weltalls S. 20. Die vier Weltpunkte S. 23. Weltrichtungen S. 29. Sonnenwende und Tagesgleichen S. 31. Kalender S. 36. Die Offenbarung des göttlichen Wissens und Willens S. 42. Die irdischen Abbilder der himmlischen Welt S. 48. Die Astrologie S. 54. Heilige Zahlen S. 56. Weltzeitalter S. 62. Weltzeitaltermotive S. 69.

II. Die babylonische Religion 76

Mysterien S. 76. Monotheismus und Trias S. 77. Kalenderfeste S. 83. Das Pantheon S. 92.

III. Die außerbiblischen Kosmogonien 129

Babylonien S. 129. Phönizien S. 141. Ägypten S. 144. Eranier und Perser S. 147. Inder S. 151. China und Japan S. 152. Etrusker S. 154. Nordische Kosmogonie S. 156.

IV. Der biblische Schöpfungsbericht 159

Zum biblischen Weltbild S. 174. Kampf Jahve's mit dem Drachen S. 177. Siebentägige Woche und Sabbat S. 182.

V. Das Paradies 188

Die Bäume S. 191. Wasser des Lebens und Paradiesesströme S. 199.

VI. Der Sündenfall 203

Babylonische Parallelen S. 203. Der glückliche Zustand des Urmenschen S. 214. Folgen des Sündenfalls S. 216.

VII. Die Urväter 220

VIII. Biblische Weltzeitalter 223

IX. Außerbiblische Traditionen über die Sintflut 226

Babylonien S. 226. Ägypten S. 234. Syrien S. 235. Eran S. 236. Indien S. 236. China S. 237. Nordische Flutsage S. 238. Griechische Flutsage S. 238.

X. Der biblische Sintflutbericht 239

XI. Die Völkertafel 252

XII. Der Turmbau zu Babel 277

XIII. Das vorisraelitische Kanaan 287

Züge nach dem Westland S. 287. Die ägyptischen Zeugnisse über Syrien S. 297. Die Amarna-Zeit S. 307. Hettiter und Ḫabiri S. 312. Die Funde von Ta'annek S. 315. Mutesellim S. 319. Religion im vorisraelitischen Kanaan S. 320.

Seite

XIV. Abraham als Babylonier 324

XV. Abraham als Kanaanäer 331

Die Religion der Abrahamsleute S. 331. Der Kriegszug S. 343. Rechtssitten S. 355. Patriarchen als Herdenbesitzer S. 359. Sodom und Gomorrha S. 360. Das Schema der Zwölfstämme S. 363.

XVI. Weitere Glossen zu den Vätergeschichten 366

Die Opferung Isaaks S. 367. Der Traum von der Himmelsleiter S. 372. Jakobsstab S 376. Jakobskampf S. 377. Dina S. 379. Thamar S. 381.

XVII. Die Josefsgeschichte 383

Tammuz-Motive in der Josefsgeschichte S. 383. Josef in Ägypten S. 386. Die Söhne Jakobs in Ägypten S. 393. Die Tierkreisbilder im Jakobssegen S. 395.

XVIII. Der Auszug aus Ägypten 400

Außerbiblische Überlieferungen S. 400. Die Geburtsgeschichte Mosis S. 408. Horeb und Sinai S. 414. Pesaḫ S. 418.

XIX. Israelitische und babylonische Gesetzgebung 422

XX. „Stiftshütte" und „Bundeslade" 434

XXI. Weitere Glossen zum Pentateuch 448

XXII. Glossen zum Buche Josua 463

XXIII. Das Buch der Richter 471

Die Religion der Richterzeit S. 472. Othniel S. 472. Ehud S. 473. Debora S. 473. Gideon S. 474. Abimelech S. 477. Jephta S. 478. Simson S. 478.

XXIV. Samuel, Saul, David, Salomo 482

XXV. Die politische Geschichte der Staaten Israel und Juda im Lichte der Denkmäler 497

Die Quellen S. 497. Kleinstaaten am Mittelmeer S. 501. Damaskus S. 502. Phönizien, insbes. Tyrus S. 504. Die Grenzen des Staates Israel-Juda S. 506. Salomo und Ḫiram S. 507. Die Reichsteilung S. 509. Israel und Juda bis zum Fall Samariens S. 511. Geschichte der Judäer bis zum Untergang Ninivehs S. 523.

XXVI. Glossen zu den Büchern der Könige, Chronica, Esra, Nehemia 536

Elias und Elisa S. 537. Der Mesastein S. 541. Die Bücher der Chronik S. 549.

XXVII. Glossen zu den sog. Lehrbüchern 552

Buch Hiob S. 552. Harmonie der Sphären S. 558. Psalmen S. 560. Das Hohelied S. 563. Der Prediger S. 564.

XXVIII. Glossen zu den Propheten 564

Verzeichnis der Abbildungen.

Seite

1. Himmel und Erde, durch die Luft (Gott Schu) getrennt. Ägyptisches Original im Museum zu Turin 7
2. „Grenzstein" aus der Zeit Nebukadnezars I. (um 1300) 10
3. Merodachbaladan-Stein. IV R^1 43 10
4.
5. Tierkreisbilder aus III R 45 aus dem Jahre 1117 v. Chr. 10
6. Torbogen (sillu) vom Palasttore Sargons 13
7. Die babylonischen Planeten-Götter auf den Felsen von Maltaja . 15
8. Drei- bez. vierstufiger Tempelturm. Relief aus Kujundschik . . 16
9. Babylonische Weltkarte 16
10. Die Hauptpunkte der Sonnenbahn 18
11. Šamaš der Sonnengott durch das östliche Himmelstor eintretend. Siegelzylinder Nr. 89. 110 des Brit. Mus. 21
12. Sonne und Mond als Gipfel des Tierkreises und Dodekaoros auf einer ägyptischen Marmorplatte 22
13. Griechische Gemme, Tetraktis dodekapyrgos 25
14. Sonne und Mond mit ihren mythologischen Motiven 32
15. Der Mondlauf und seine mythologischen Motive 33
16. Tafel aus Nippur (?) mit der Figur des Heptagramm 34
17. Heptagramm 34
18. Pentagramm 34
19. Altbabylonischer Kalendernagel (Original im Besitze des Verfassers) 36
20. Die Planetentage und das Heptagramm 39
21. Templum (Weltmittelpunkt) aus Ilios. 2. oder 3. vorchristliches Jahrtausend 49
22. Koptische Darstellung des Weltkreislaufs 58
23. Janus auf einem römischen Libralas 65
24. Die karthagische Himmelskönigin (Tanit), Sonne und Mond in den Händen tragend 80
25. Hathor-Isis, Sonne und Mond auf dem Haupte, Osiris beschützend 81
26.
27. Kampf der drei großen Einheitsgestirne gegen Kingu und Tiâmat oder entsprechende Gewalten 81
28. Stier (rêmu) in Ziegelrelief. Von der Torlaibung des Ištar-Tores in Babylon 87
29. Griechischer Sarkophag, Abschied und Tod des Adonis und Adonis-Trauer darstellend 89
30. Adonisgärtchen. Wandbild in Pompeji 89
31. Tod des Tammuz durch den Bär und Klage um Tammuz. Felsenrelief im Libanon 90
32. Ea-Oannes-Relief aus Kujundschik 96
33. Der Gott Marduk, in Babylon gefunden 98
34. Denkstein, dem Amon-Re für die Erhörung eines Gebetes geweiht 98

Seite
35. Sin als Neumond und Venus-Ištar mit „Morgenstern" 100
36. Anbetende werden vor den Mondgott geführt. Altbabyl. Siegelzylinder 101
37. Halbmond und Hand (Venus), heiliges Zeichen der Araber. Amulet im Besitze des Verfassers 101
38. Ištar mit Kind 107
39. Hathor, den Osirisknaben nährend 107
40. Indische Himmelskönigin. Nach Niklas Müller, Glauben, Wissen und Kunst der Hindus Tab. I, 6 108
41. Die verschleierte Ištar (Ašera) in Marmor gefunden bei Ras-el-ʿain in Mesopotamien 109
42. Ištar als Göttin der Jagd. Brit. Museum 111
43. Ištar neben Šamaš (aufgehende Sonne? s. Abb. 11 S. 21) und andern Göttern. Brit. Museum 111
44. Götterbild, in Babylon gefunden (Adad-Rammân) 112
45. Gott Tešup. Von den hettitischen Tonplatten in Sendschirli . . 112
46. Der Gott Adad, in Babylon gefunden 113
47. Tod des Tammuz-Adonis (nicht antik) 117
48. Beweinung des Tammuz-Adonis (nicht antik) 117
49. Etruskischer Spiegel. Aphrodite und Adonis 118
50. Quetzalcuatl 123
51. Die sogenannte Nebo-Statue des Adad-nirari III. 125
52. Gebet vor Nebo mit dem Schreibgriffel (?). Nach altbabylonischen Siegelzylindern 125
53. Drachenkampf. Assyrischer Siegelzylinder (Jaspis) 133
54. Kampf mit dem Drachen. Siegelzylinder 135
55. Drachenkampf. Siegelzylinder, Britisches Museum 137
56. Fragment eines Siegelzylinders aus R. Stewarts Sammlung . . . 137
57. Schlangenkampf. Sog. Williams-Siegelzylinder, Brit. Museum . 138
58. Der Drache (ṣîr ruššû) in Ziegel-Relief vom Ištar-Tor in Babylon 140
59. Kampf mit dem Drachen. Relief aus Nimrud-Kelaḫ 141
60. Tonmodell eines phönizischen Tempels (Louvre) 143
61. Der ägyptische Gott Chnum modelliert den Menschen auf der Töpferscheibe. Aus dem Tempel von Luxor 146
62. Theophanie. Von einem in Knossos gefundenen goldenen Ringe 155
63. Zeus von der Ziege Amalthea genährt (?). Fund aus Knossos. 14. Jahrh. v. Chr. 155
64. Sabäische Opfertafel zum Dank für glückliche Ernte 192
65. Assyrischer Siegelzylinder mit dem heiligen Baume. Brit. Museum 193
66. Der heilige Baum mit knieenden Genien. Palastrelief aus Nimrud 194
67. Relief aus dem Palaste Sargons in Khorsabad 195
68. Lebensbaum mit Genien. Phönizischer (?), sicher nicht babylonischer Zylinder. Brit. Museum? Nach einem Gipsabdruck im Besitze des Verfassers 197
69. Lebensbaum mit göttlichen Wesen und Schlange. Babylonischer Siegelzylinder. Britisches Museum 203
70. Siegelzylinder. Original im Privatbesitze des Verfassers 203
71. Mexikanische Piktographie; die erste Frau (Cihuacohuate) mit Schlange und Zwillingssöhnen 213
72. Das mexikanische erste Menschenpaar 213
73. Zylinder aus der Bibliothèque nationale 215
74. Altbabylonischer Siegelzylinder. Zur Sintflut gehörig? 227
75. Altbabylonischer Siegelzylinder 228
76. Phrygische Münze von Apameia 235
77. Grab des Xerxes in Naqš-i-Rustem 256
78. Gilgameš der Löwentöter. Relief an assyrischen Palästen . . 266
79. Gilgameš im Kampfe mit dem Löwen. Babylonischer Siegelzylinder. Britisches Museum 266

Seite

80. Gilgameš im Kampfe mit dem Löwen. Assyrischer Siegelzylinder. Britisches Museum? Gipsabdruck im Besitze des Verfassers 267
81. Die Stufenpyramide von Sakkarah 279
82. Die Ruinen des Neboturmes von Borsippa 280
83. Trümmer vom Stufenturm in Nippur 283
84. Marmorkopf eines „Sumerers" 288
85. Frauengestalt aus Telloh, Gudea-Zeit 288
86. Siegel des Königs Sargon I. 289
87. Naramsin, Sargons I. Sohn 289
88. Siegesstele Naramsins 290
89. Bruchstück eines silbernen Bechers aus einem mykenischen Grabe 291
90. Altbabylonischer Ziegenkopf aus Fara bei Babylon 291
91. Altbabylonische Spinnerin (Gudea-Zeit). Gefunden in Susa . . 292
92. Vasen-Mantel einer Gudea-Vase. Gefunden in Telloh. 3. Jahrtausend v. Chr. 292
93.} 94.} Verlegerzeichen einer in Rom im 16. Jahrhundert n. Chr. erschienenen Theokritos-Ausgabe 292
95. Silbervase des Entemena von Lagaš mit dem Wappen von Lagaš (Gudea-Zeit). Gefunden in Telloh 293
96. Das Defilé am Nahr el Kelb. Nach einer Zeichnung aus der Mitte des 19. Jahrhunderts 293
97. Monumente vom Nahr el Kelb. Nach Bezold, Ninive und Babylon 294
98. Wanderung einer assyrischen Familie 294
99. In Ägypten Einlaß begehrende semitische Familie. Ägyptische Darstellung des mittleren Reiches (um 1900 v. Chr.) . . . 295
100. Steintafel aus dem Brit. Museum mit dem Bildnis Hammurabis 296
101. Amoriter-Gefangener Ramses III. 297
102. Beduine von ʿA-ma-ra (Amoriterland) als Gefangener in Ägypten 297
103. Thutmes-Liste an der Tempelmauer des Amonstempels in Karnak; Außenwand des Allerheiligsten 301
104. Die Fürsten vom Libanon fällen Bäume für Sethi I. (Ros. 46) . 302
105. Die sog. Israel-Stele 1250 v. Chr. Aus Spiegelberg, Aufenthalt Israels in Ägypten 306
106. Amenophis III. Relief aus einem thebanischen Grabe. Berlin . 307
107. Amenophis IV. und seine Familie (Kalkstein). Berlin. Relief aus Amarna 308
108. Motiv aus einer Wanddekoration im Palaste Amenophis IV. (um 1450 v. Chr.). Verwandtschaft mit japanischer Kunst! . . 309
109. Sethi kämpft gegen die Hettiter. Außenwand des Säulensaales von Karnak 310
110. Sethi führt die hettitischen Gefangenen vor die Trias von Theben 311
111. Hettitische Hirschjagd. Original im Louvre 312
112. Siegelzylinder gefunden in Taʿannek 316
113. Ištar von Taʿannek 316
114. Lebensbaum mit Steinböcken am Räucheraltar von Taʿannek . 317
115. Räucheraltar von Taʿannek. Aus dem Museum zu Konstantinopel 318
116. Räucheraltar von Taʿannek. Aus dem Museum zu Konstantinopel 319
117.} 118.} Siegelzylinder aus Tell Hesy 319
119. Das Siegel des „Šemaʿ, des Dieners Jerobeams" 320
120. Ruinen von El-muḳajjar (Ur-Kasdim der Bibel, Heimat Abrahams) 330
121. Brief des Abdiḫiba aus Urusalim an Amenophis IV. 349
122. Assyrischer Schutzengel aus Nimrud (Asurnaṣirpal) 373
123. Assyrisches Götzenbild für den Hausgebrauch aus Khorsabad 376
124. Ištar als Muttergöttin. Gefunden in Babylon 380
125. Vorratskammer aus Pithom. (Aus Spiegelberg, Aufenthalt Israels in Ägypten) 394

Seite
126. Horoskop Antiochos I. von Kommagene (um 70 v. Chr.) aus der Westterrasse des Nemrud-Dagh (aus Humann-Puchstein, Reise in Kleinasien und Nordsyrien) 397
127. Assyrische Fronarbeiter beim Transport eines Stierkolosses. Relief aus Khorsabad 401
128. Kriegsgefangene Asiaten, rechts oben der aufsichtführende Fronvogt. (Aus Spiegelberg, Aufenthalt Israels in Ägypten) . 401
129. Ramses II. (Aus Spiegelberg, Aufenthalt Israels in Ägypten) . . 406
130. Ramses II. Kopf der Mumie. (Aus Spiegelberg, Aufenthalt Israels in Ägypten) 407
131. Mernepta. (Aus Spiegelberg, Aufenthalt Israels in Ägypten) . 407
132. Ištar als Kriegsgöttin. Persische Zeit 421
133. Hammurabi, vom Sonnengott die Gesetze empfangend. Szene am oberen Teile des Dioritblockes 423
134. Dioritblock, die Gesetze Hammurabis enthaltend 424
135. Altar aus dem Palaste Sargons II. 429
136. Assyr. Opferszene aus Nimrud-Kelaḫ (Palast Asurnaṣirpals) . . 430
137. Asurbanipal opfert über erbeuteten Löwen. Palastrel. in Kujundschik 431
138. Trankopfer über erlegten Löwen mit Musik. Relief aus dem Palast Asurnaṣirpals 431
139. Opferszene nach Layard, Monuments of Niniveh 432
140. Siegelzylinder, ein Götterschiff mit Götterthron darstellend . . 436
141. Das Heiligtum des Sonnengottes von Sippar 438
142. Heiliger Schrein vom ägypt. Götterschiff 439
143. Keruben im Tierkreis-Heiligtum von Dendera. Nach Dibelius, Lade Jahve's 439
144. Das Sonnenschiff im Tempel von Wadi Sebua 441
145. Assyrische Götterprozession (Niniveh) 444
146. Relief des Titusbogens in Rom 449
147. Ägyptischer heiliger Stier. Museum zu Gizeh 450
148. Heilige Kuh der Ägypter. Grab Sethi I. 451
149. Assyr. Siegelzylinder. Menschenopfer? 454
150. Vulkanischer Spalt auf dem Forum von Rom (Lacus Curtius, Eingang zur Unterwelt) 455
151. Schlangenwürgende Knaben. Relief an den Grubenfelsen des edomitischen Petra. Nach einer Originalphotographie . . 456
152. Bama von Petra 457
153. Spendestätte der Bama von Petra 457
154. Schlangenmonument (Petra). Nach einer Originalphotographie 458
155. Sekel des Bar-Kochba 460
156. Ägyptisches Kalenderbild 460
157. Etanas Auffahrt. Zylinder 89767 des Brit. Museums 461
158. Siegelzylinder, an Etanas Auffahrt erinnernd 461
159. Apotheose des Titus. Rundbogen am Triumphtor in Rom . . 462
160. Ganymed, vom Adler getragen. Griechische Gemme 462
161. Hettitisches Relief. Berliner Museum. Tešup kämpft gegen den Löwen (sog. „Löwenjagd von Saktsche-Gözü") 467
162. Skulptur aus Suêda im Hauran 468
163. Asurbanipal als Löwentöter (Relief aus Niniveh) 479
164. Zerschlagung von Götterstatuen. Relief aus Khorsabad . . . 483
165. Spielmann und begeisterter Zuhörer. Torrelief aus Sendschirli 487
166. Statue aus den Tempeltrümmern von Bismya in Babylonien . . 488
167. Relief von den Toren von Sendschirli 490
168. Wandgemälde aus Pompeji, Pygmäen-Szene, „Salomonisches Urteil" 493
169. Schwarzer Obelisk Salmanassars II., u. a. die Tributgaben Jehus von Israel darstellend 515
170. Einzeldarstellung vom Obelisk Salmanassars II. Tribut Jehus 516

Seite
171. Einzeldarstellung vom Obelisk Salmanassars II. Tribut Jehus . 516
172. Sturm auf eine feindliche Festung. Relief aus Khorsabad (Botta) 521
173. Assyrische Darstellung einer Schlacht 522
174. König Sargon II. und sein Feldmarschall 523
175. Musikanten und Musikantinnen. Aus einem Palaste Asurbanipals 527
176. Sanherib thront vor Lakiš und empfängt Tribut 528
177. König Asurbanipal und Gemahlin in weinumrankter Laube . . 532
178. Cameo Nebukadnezars. Bild unecht, griechischer Charakter. 532
179. Sargon II. sticht einem Gefangenen die Augen aus 534
180. Bronzegefährt für das Weihwasserbecken (mekônah). In Cypern gefunden. Original jetzt im Antiquarium des Berliner Museums 535
181. Mesastein 540
182. Siegesstele Asarhaddons aus Sendschirli. Berliner Museum . . 547
183. Doppel-Flöte. }
184. Cymbel. } Von Palast-Reliefs aus Asurbanipals Zeit . . . 561
185. Trommel. }
186. Altbabyl. Fragment aus Telloh. Elfsaitige Harfe 562
187. Genius auf einem Relief des Königs Asurnaṣirpal (Nimrud) . . 565
188. Assyr. Dämon 570
189. Merodachbaladan, König von Babylon, belehnt einen seiner Würdenträger mit Ländereien 571
190. Torschiene von dem Bronzetor von Balawat 574
191. Altbabyl. Kontrakt mit aufgebrochenem „Kuvert". Original im Besitze des Verfassers 578
192. Urkunde mit Siegelabdrücken aus dem Geschäftshause Muraschû 579
193. Untersatz mit tragenden Keruben aus Sendschirli 580
194. Genius mit Adlerkopf 580
195. Genius mit Menschenkopf und Adlerfüßen 581
196. Genius mit Stierleib und Menschenkopf 581
197. Genius mit Löwenleib und Menschenkopf (oben Dämonen) . . 582
198. } Mythologische Ornamente aus Niniveh, auf der einen Seite ge- { 583
199. } flügelte Stiere mit Menschenköpfen darstellend { 583
200. Mittelalterliche Weltkarte 584
201—203. Reliefs vom äußeren Stadttore in Sendschirli 585
204. Assyr. Siegelzylinder. Brit. Museum 588
205. Wahrsagungs-Leber mit magischen Linien und Orakeln . . . 590
206. Gudea-Statue mit Bauplan auf dem Schoß. Telloh 592
207. Bauplan auf dem Schoße einer Gudea-Statue 593
208. Maßstab auf dem Schoße einer Gudea-Statue 593
209. Gemme mit der Jonas-Geschichte 599
210—211. Eroberung einer Stadt. Reliefs aus Niniveh (Kujundschik) 599
212. Assyrische Bogenschützen und Speerträger. Aus Khorsabad. . 601
213. Assyrisches Feldzeichen aus Khorsabad (Botta) 601
214. Desgleichen 602
215. Relief vom Behistun-Felsen. Gefangene werden vor Darius geführt 604
216. Kampf der Trias gegen das Ungeheuer (Wolf?) Siegelzylinder . 605

Karten.

I. Weltkarte zur Völkertafel 1 Mos 10 } am Schluß
II. Kanaan zur Amarna-Zeit } des Buches.

Abkürzungen.

AB: Assyriologische Bibliothek, herausg. v. Delitzsch und Haupt, Leipzig, J. C. Hinrichs 1881 ff.
AO: Der Alte Orient. Gemeinverständliche Darstellungen, herausgegeben von der Vorderasiat. Gesellschaft, Leipzig, J. C. Hinrichs 1899 ff.
AO I, 3^2: Alter Orient, I. Jahrgang, 3. Heft, 2. Auflage.
BA: Beiträge zur Assyriologie, herausgegeben von Delitzsch und Haupt, Leipzig, J. C. Hinrichs 1889 ff.
BNT: A. Jeremias, Babylonisches im Neuen Testament, Leipzig, J C. Hinrichs 1905.
Cun. Texts (CT): Cuneiform Texts from Babylonian-Tablets in the Brit. Museum 1896 ff.
Delitzsch, Handw.: Handwörterbuch, Leipzig, J. C. Hinrichs 1896.
Ed. Glaser, Skizze: Skizze der Geschichte und Geographie Arabiens von den ältesten Zeiten bis Muhammed 1899 (Bd. I [Geschichte] nicht im Buchhandel erschienen).
Hommel, Grundriß: Grundriß der Geographie und Geschichte des AO. 2. neubearb. und vermehrte Auflage (Handb. der kl. Alt. Wissenschaft, herausg. v. J. v. Müller, III, 1. Abt.) München, C. H. Beck.
Izdubar Nimrod: I—N, eine altbabylonische Beschwörungslegende, Leipzig, B. G. Teubner 1891.
KAT^2: Eberhard Schrader, Die Keilinschriften und das Alte Testament, 2. Aufl., Gießen, Rickersche Buchh. 1883.
KAT^3: Desgl. 3. Auflage, neubearbeitet, mit Ausdehnung auf die Apokryphen, Pseudepigraphen und das Neue Testament: Geschichte und Geographie von H. Winckler, Religion und Sprache von H. Zimmern, Berlin, Reuther und Reichard 1903.
KB: Eberhard Schrader, Keilinschriftliche Bibliothek, Berlin, Reuther 1889.
KT^2: Keilinschriftliches Textbuch zum Alten Testament, 2. Auflage, Leipzig, J. C. Hinrichs 1903.
MDPV: Mitteilungen des Deutschen Palästina-Vereins.
MVAG: Mitteilungen der Vorderasiatischen Gesellschaft, in Kommission bei Wolf Peiser in Berlin.
OLZ: Orientalistische Literaturzeitung, herausg. von F. E. Peiser, Berlin, Peisers Verlag 1898 ff.
$RPTh^3$: Realenzyklopädie für Prot. Theol. und Kirche, 3. Aufl., bearbeitet von Hauck, Leipzig, J. C. Hinrichs 1896 ff.
Roscher, Lex.: Lexikon der griech. und römischen Mythologie, Leipzig, B. G. Teubner.
VAB: Vorderasiatische Bibliothek (Leipzig, J. C. Hinrichs) 1906.
Winckler F: Altorientalische Forschungen, Leipzig, Ed. Pfeiffer 1897 ff.
ZA: Zeitschrift für Assyriologie, herausgegeben von C. Bezold.
ZAW: Zeitschrift für Alttest. Wissenschaft, herausg. von B. Stade.
Zimmern, Beitr.: Beiträge zur Kenntnis der Babyl. Religion, Leipzig, J. C. Hinrichs 1901 (AB XII).
ZDMG: Zeitschrift der Deutschen Morgenländischen Gesellschaft.
ZPV: Zeitschrift des Deutschen Palästina-Vereins.
I R II R etc.: H. Rawlinson, Cuneiform Inscriptions of Western Asia, London, Brit. Museum.

Erstes Kapitel.

Die altorientalische Lehre und das altorientalische Weltbild.

Die ältesten geschriebenen Urkunden, die wir bisher auf Grund der Ausgrabungen am Euphrat und am Nil zu übersehen vermögen, reichen nicht weit über 3000 v. Chr. hinaus. Um diese Zeit wurde Babylon durch Sargon gegründet, das dann um 2200 Metropole und zugleich Kulturmittelpunkt der vorderasiatischen Welt geworden ist. Die im hellen Lichte der Geschichte liegenden 2000 Jahre von der Gründung Babylons bis zur Überwindung des Orients durch den Okzident stehen unter der geistigen Herrschaft von Babylon.

Aber diese 2000 Jahre sind ein verhältnismäßig junges Altertum. Die ältesten Monumente lassen auf ein hohes Kulturleben in vorbabylonischer Zeit schließen, dessen Anfänge für uns prähistorisch sind und wohl für immer prähistorisch bleiben werden. Wir können nichts über ihre Entstehung aussagen. Aber eins läßt sich feststellen. Die gesamte babylonische Keilschriftliteratur, die wir besitzen von den ältesten uns bekannten Zeiten an, gehört Perioden an, in welchen die Bevölkerung längst semitisch war. Die Erhebung Babylons zur Hauptstadt und zum Mittelpunkt geschieht unter dem Einfluß einer semitischen Einwanderung[1]. Und bereits vorher zeigen die Urkunden semi-

[1]) Die vielfach mißverstandene Bezeichnung „kanaanäische Wanderung" wurde von H. Winckler als terminus geprägt, weil man einzelne Teile dieser Wanderung am besten und zuerst auf dem Boden Kanaans kennen gelernt hat und weil sie dem Lande, an dem auch ihre Sprache haften blieb, ihr Gepräge gegeben hat, wie die vorhergehende Wanderung (die er deshalb die babylonisch-semitische nannte) dem Euphratlande. Zur gleichen Völkerschicht gehören in Babylonien Herrscher des Reiches Sumer und Akkad, ferner die erste Dynastie von Babylon (2400—2100), im Westen die Phönizier und vielleicht die Punier, sodann die vorisraelitische Bevölkerung Kanaans (Amoriter und Kanaanäer

tische Sprache. Es muß also noch früher, mindestens im vierten Jahrtausend, eine semitische Bevölkerung eingewandert sein, von der die Sprache der Keilinschriften, das Babylonisch-Assyrische, herrührt, so daß die Schicht, unter welcher Babylon der Mittelpunkt der orientalischen Welt wurde, mindestens die zweite der semitischen ist. Was noch weiter rückwärts liegt, ist dunkel. Da die babylonische Schrift nach philologischen Grundsätzen zur semitischen Sprache nicht stimmt, so nimmt man an, daß einem nichtsemitischen Volke die protobabylonische Kultur, insbesondere die Schrifterfindung zuzuschreiben sei, und da — freilich in sehr späten assyrischen Aufzeichnungen — von einer „Sprache von Sumer und Akkad" die Rede ist, so spricht man von einer sumerischen Kultur, deren Erbe die babylonisch-semitischen Völkerschichten geworden seien.

Die Frage nach dem Charakter dieser protobabylonischen Kultur, die wir im folgenden zur Unterscheidung von den semitisch-babylonischen Epochen als die euphratensische bezeichnen wollen, ist noch immer nicht spruchreif[1]. Die Hoffnung, das Problem auf Grund älterer neu entdeckter Literaturschichten

---

der Bibel), die Hebräer (Ḫabiri der Amarnazeit), Edomiter, Moabiter, Ammoniter, wohl auch die Hyksos in Ägypten. Die Bezeichnung mag nicht glücklich gewählt sein, aber es ist schwer, eine bessere vorzuschlagen. „Arabisch" (Hommel) ist bereits vergeben; der Name gibt einen falschen Begriff. „Westsemitisch" (so neuerdings Hommel) schließt die Aramäer ein, die die nächste Völkerwelle bilden. In meinem Kampf um Babel und Bibel (4. Aufl. S. 12f.) wurde „amoritisch" vorgeschlagen (von Winckler, Auszug aus der Vorderas. Gesch. S. 3 akzeptiert), denn ein Teil der in Babylon zur Herrschaft gekommenen Völkerschicht nennt sich Amuri. Im sog. Babel-Bibel-Streit hat der Ausdruck „Kanaanäer" zu argen Mißverständnissen geführt. Delitzsch spricht Babel und Bibel I, 46 von „alten kanaanäischen Stämmen, die sich um 2500 v. Chr. in Babylonien seßhaft gemacht hätten". Nikel, Die Genesis S. 240 beruft sich darauf und meint, „dann sei also Abraham, als er von Ur in Chaldäa nach Palästina zog, nur in die Stammsitze seiner Ahnen zurückgekehrt". Ed. Königs Protest, Bibel und Babel 18ff., hängt mit diesem Mißverständnis zusammen.

[1]) S. F. H. Weißbach, Die Sumerische Frage, Leipzig. J. C. Hinrichs, 1898; Halévy, Le Sumérisme et l'histoire Babylonienne, Paris, 1901; F. Jeremias bei Chantepie de la Saussaye, Religionsgeschichte[3] 262f. — Verfasser hat seinen „antisumerischen" Standpunkt in der Theologischen Literaturzeitung, 1898, Nr. 19, dargelegt. Das ebenso für Weltgeschichte, wie Religions- und Kulturgeschichte unerhört wichtige Problem kann nicht allein vom philologischen Standpunkte aus gelöst werden. Die Einreihung in die ural-altaische Gruppe (Hommel, zuletzt in Geographie und Geschichte des A. O. S. 18ff.) ist jedenfalls verfrüht; die unsicheren Lesungen widerstreben jeder Sprachvergleichung.

lösen zu können, ist bisher immer von neuem gescheitert. Die ältesten bisher bekannt gewordenen Urkunden, die von Lagaš, verrieten immer wieder semitischen Charakter; dem Funde von Nippur wird dasselbe Geschick beschieden sein. Also von der ältesten Geschichte und von den Anfängen der Kultur wissen wir nichts[1].

In den Urkunden aber, in denen uns aus dem wallenden Nebel der für uns prähistorischen Zeit die ersten geschichtlichen Nachrichten entgegentreten, zeigt sich, daß nicht die Herrschaft der rohen Gewalt und des Kriegs die Impulse zur Entwickelung des staatlichen und gesellschaftlichen Lebens gibt, sondern daß neben den materiellen Bedürfnissen, die eine friedliche Entwickelung voraussetzen[2], das gesamte Denken und Tun des Volkes von einer einheitlichen geistigen Anschauung beherrscht wird. Nicht Horden kommen zusammen in den ältesten Zeiten, die wir übersehen, sondern wir finden feste Staatenbildungen unter der Herrschaft priesterlichen Geistes. Nicht unter der rohen Macht des Schwertes bilden sich Staaten und entwickelt sich die Kultur, wie in Griechenland und Rom. Es zeigt sich vielmehr eine Entwickelung, die den aus den Erscheinungen der okzidentalischen Welt abgeleiteten Gesetzen der Geschichtswissenschaft und Völkerkunde zu widersprechen scheint. Die

---

[1]) Die Unsicherheit in der Frage, wie weit die Babylonier „Semiten" sind, ist für kultur- und religionsgeschichtliche Untersuchungen nicht von entscheidender Bedeutung. Bei der Mahnung, man müsse das Material aus den Keilschriften mit Vorsicht benutzen, weil das Kulturleben von zwei Rassen stamme (so z. B. Curtiss, Quellen der ursemitischen Religion S. 35 f.), wird Kulturelles und Ethnologisches vermengt. „Semitisch" ist ein Begriff, der zunächst eine Sprachfamilie charakterisiert. Die Kultur macht nicht Halt an den Sprachgrenzen. Die altbabylonische Kultur, ob sie nun ursprünglich semitisch oder nichtsemitisch ist, ist Gemeingut der gesamten altorientalischen Welt, nur daß sie sich vielgestaltig entwickelt hat. Auf die Unterscheidung Semiten, Hamiten, Japhetiten sollte man bei kulturellen Auseinandersetzungen allmählich verzichten. Mit der Auffassung vom „Semitentum" (und „Beduinentum") als Grundlage der orientalischen Religionen (und Kulturen) hat Winckler in Arabisch-Semitisch-Orientalisch (MVAG 1901; der Titel charakterisiert das Ergebnis für die Kulturbetrachtung) einstweilen aufgeräumt.

[2]) In den ältesten babylonischen Inschriften (s. Thureau-Dangin, Sumer.-akkad. Königsinschr. VAB I) ist viel von Kanalbauten die Rede. Politische Störungen brachten Verstopfung der Kanäle und damit Ruin des ganzen Landes mit sich. Deshalb mußte im alten Babylonien der Krieg als störende Macht gelten, nicht als Förderungsmittel politischer Entwickelung erscheinen.

ältesten babylonischen Urkunden sowie das gesamte euphratensische Kulturleben setzen eine wissenschaftliche und zugleich religiöse Theorie voraus, die nicht etwa nur in den Geheimlehren der Tempel ihr Dasein fristet, sondern nach der die staatlichen Organisationen geregelt sind, nach der Recht gesprochen, das Eigentum verwaltet und geschützt wird. Je höher das Altertum ist, in das wir blicken können, um so ausschließlicher herrscht die Theorie. Erst mit dem Verfall der alten euphratensischen Kultur kommen andere Mächte zur Geltung. Jene ruhte, wie es scheint, auf einer reinen Gestirnlehre, während die semitische Wanderung in Lehre und Kultur die vom Gestirnlauf abhängigen irdischen Erscheinungen im Leben und Sterben der Natur betont hat[1]. Dafür sprechen die „kanaanäischen" Kulte, zu denen auch die Lehre von Babylon stimmt, die Lehre vom Sonnen- und Frühjahrsgott, der nach dem Sieg über die Wintermächte die Welt baut und die Leitung der Weltgeschicke übernimmt.

Die altorientalische Lehre ist durch die ganze Welt gewandert und hat, je nach der Beschaffenheit der Kultur, die von ihr geistig beeinflußt wurde, verschiedene Ausprägungen gefunden. Ägypten und Alt-Arabien, sodann Elam und Iran, Persien, Indien, China, ebenso die vorgriechische „mykenische" Kultur, die etruskische wie die altamerikanische Kultur zeigen die gleichen Grundlagen des Geisteslebens, auch die prähistorische Welt Europas ist über Nordafrika und Spanien einerseits und von Kreta her andrerseits von diesem Geistesleben beeinflußt worden, ohne daß dadurch die charakteristischen Rassen- und Völkerunterschiede verwischt worden sind[2]. Wir nennen die

---

[1]) Ešmun, Melqart; Baalat von Gobal, Tammuz; Baal, Moloch; Adad, Ašera etc.

[2]) Man könnte diese Erscheinung „Völkergedanke" nennen. Aber der Ausdruck ist durch Bastian für die entgegengesetzte Hypothese geprägt worden, nach der die Gemeinsamkeit der Ideen auf selbständige Entwickelung von Elementargedanken, die in der Beschaffenheit des menschlichen Geistes begründet seien, zurückgeführt wird. Ed. Stucken und H. Winckler haben gezeigt, daß die altorientalische Gedankenwelt, wie sie sich fertig in allen Teilen der Welt findet, eine unabhängige Entstehung an verschiedenen Punkten vollständig ausschließt durch das Zusammenstimmen einzelner bestimmt ausgeprägter Züge, die nur eine Wanderung als Erklärung zulassen. Für Altarabien vgl. Winckler, Arabisch-Semitisch-Orientalisch MVAG 1901, für Ägypten meinen Aufsatz Der alte Orient und die ägyptische Religion, Wissensch. Beil. der Leipz. Ztg. 1905, 91, vorher Hommel, Gesch. u. Geogr. des A. O. (dazu meine Besprechung in ThLZ 1906), für China, Indien, Persien, Mexiko

Lehre „babylonisch“[1], weil sie uns in Babylon in verhältnismäßig ältester Zeit und am klarsten entwickelt vorliegt und weil die Astronomie, deren Heimat Babylonien ist, sich als Grundlage der Lehre darstellt. Diese Lehre fragt nach dem Urgrund der Dinge und umfaßt das Werden des Weltalls von den ersten Anfängen aus einem „Chaos“ bis zur jetzigen Welt und deren Weiterentwickelung in künftigen Äonen bis zur Welterneuerung. Sie ist identisch mit Religion und zwar im Sinne eines latenten Monotheismus. Ihr Charakteristikum ist die Erwartung eines von der Gottheit ausgehenden Erretters, der im Laufe der Äonen die finsteren Mächte überwindet. Es werden sich Anzeichen finden, die darauf hinweisen, daß die Wanderung der Lehre durch die ganze Welt im Stierzeitalter zu suchen ist, das mit der Zeit Sargons I. und Naramsins einsetzt[2].

Im folgenden versuchen wir, die altorientalische Lehre darzustellen und die einzelnen Punkte urkundlich zu belegen. Im weiteren Verlaufe des Buches wird dann vor allem das Verhältnis dieser Lehre zur israelitischen Religion zur Darstellung kommen. Bei dem Bestande der urkundlichen Zeugnisse wird die Lehre von Babylon, d. h. das auf Marduk als summus deus zugeschnittene System, stark hervortreten. Es wird auch nicht immer möglich sein, die „ursprüngliche“ reine Astrallehre von der die Erscheinungen des Naturlebens hervorhebenden „kanaanäischen“ Lehre zu scheiden[3].

---

und die Mythen der südamerikanischen Urvölker s. Register unter den Stichworten. Für Gedankenwanderung nach Europa s. Sofus Müller, Urgeschichte Europas 59. 186. S. Müller weist z. B. nach, daß die mythologische Gestalt des Donnergottes und das Symbol des Doppelbeils vom gräkomykenischen Kreta durch Europa bis Skandinavien gewandert ist. Nach unserer Auffassung handelt es sich auch hier um die zu allen Völkern gewanderte Lehre. Vgl. hierzu weiter unter Weltschöpfung und Sintflut, auch S. 79f.

[1]) Besser altorientalisch; das Kennwort „Panbabylonier“ akzeptierten wir, aber es ist dann babylonisch in Anführungsstrichen zu denken.

[2]) Es würde dann eine ähnliche Erscheinung zu konstatieren sein, wie wir sie an anderer Stelle (Monotheistische Strömungen 43ff.) für das sechste vorchristliche Jahrhundert aufweisen konnten, also für den Beginn des Widderzeitalters. Beide Erscheinungen sind weltumfassende schattenhafte Vorläufer der universalistischen Religion des Christentums.

[3]) Winckler, F. III, 274: „Ich beanspruche eine Formel aufgestellt zu haben, welche jede Erscheinung der babylonischen Götterlehre erklärt. Eine Formel ist in der Mathematik der allgemeine Ausdruck für das gegenseitige Verhältnis von Einzeltatsachen, nachdem er einmal gefunden,

I. **Die Weltentstehung.**

Die altorientalische Lehre fragt zunächst nach dem Urgrund der sichtbaren Dinge. Die Menschen, die in den ältesten vorderasiatischen Urkunden zu uns reden, wissen, daß die sinnlich wahrnehmbare Welt von der Gottheit geschaffen wurde und von ihr gelenkt ist. Die vom Ozean und Lufthimmel umgebene Welt ist der Schauplatz der Menschen, die nach dem Bilde der Gottheit geschaffen wurden. Aber diese Erde ist nur ein mikrokosmisches Abbild einer himmlischen Welt, deren „Erde" der vom Himmel und vom Himmelsozeane umwölbte Tierkreis ist. Aus dem Himmelsozeane ist diese Welt ebenso wie frühere Welten hervorgegangen. Die einander ablösenden Welten entstehen von unten nach oben aus der Urflut[1]. Auf der untergehenden Welt baut sich die neue auf.

Die leider fragmentarischen Anfangszeilen des babylonischen Epos Enuma eliš, die von der Neuschaffung der Welt durch Marduk reden, enthalten dunkle Angaben über den *Weltäon, der unserer Welt vorangegangen ist*. Die Darstellungsform der Lehre ist hier die mythologische, d. h. die episch die Begriffe in Göttergestalten personifizierende. Das Urwasser ist verkörpert durch

Apsû und Tiâmat

und deren Sohn Mummu

Damascius sagt, er halte Moymis (Mummu) für den νοητός κόσμος, das geistig vorzustellende Weltall. Damit beweist er glänzend, daß er die Lehre, die hinter der Mythologie sich verbirgt (s. Kap. III), verstand. Der Apsû, das Wasserreich, aus dem die Welt entsteht, bedeutet nach dem

---

ist die betreffende Erscheinung erklärt, die Frage gelöst. Man kann die Richtigkeit der Formel durch zahllose Beispiele erproben, sie sich veranschaulichen und ihre Verwertbarkeit für praktische Fälle nachweisen — zu entdecken ist aber nichts mehr, wo das Gesetz gefunden ist." Ich erkenne die Berechtigung dieses Satzes an. Meine Ausführungen erstreben gewissermaßen eine Systematisierung des Systems und Registrierung von urkundlichen Nachweisen oder Bestätigungen aus der Mythologie; sodann weitere Anwendung der von Winckler entdeckten babylonischen Röntgenstrahlen auf Erklärung der biblischen Darstellungs- und Sprechweise.

[1]) „Die Erde war tohu wabohu, und der Geist Gottes schwebte über Tehom" 1 Mos 1, 2. In der altägyptischen Lehre von On-Heliopolis „die schon in den ältesten Zeiten großes Ansehen genoß" (Steindorff) entsteht die Welt aus dem Urwasser Nun. Die babylonische Welt entsteht aus dem Apsû. In einer indischen Kosmogonie entsteht der Unsterblichkeitstrank durch Quirlen des Weltbergs im Weltmeer. Die Welt der nordischen Kosmogonie entsteht aus dem Urwasser usw.

Ideogramm „Haus der Weisheit". Die babylonische Hochschule heißt nach V R 65, 33a bit mummu (vgl. auch IV R 23, Nr. 1, Rev. 25), das ist ein archaischer Ausdruck, der Nomenklatur der Urwelt entnommen. Mummu ist also die „Weisheit" (Sophia, vgl. Spr 8), die im Ozean ihren Sitz hat und aus der Welten hervorgehen.

Aus der Vermischung von Mutter und Sohn entsteht die erste Welt[1]. Sie besteht aus zwei Regionen:

Laḫmu und Laḫamu entsprechen der himmlischen Welt;
Anšar und Kišar der irdischen Welt.

Diese Urwelt ist der Schauplatz der Theogonie; es entsteht die Trias Anu, Bel, Ea. Ea repräsentiert das Wasserreich. Aus

Abb. 1: Himmel und Erde, durch die Luft (Gott Schu) getrennt. Ägyptisches Original im Museum zu Turin.

ihm geht Marduk hervor, durch den dann die jetzige Welt geschaffen wird. Also auch hier ist der Ozean der Urgrund aller Dinge:

[1]) Eine verwandte Vorstellung läßt die neue Welt aus dem Phallus der Gottheit entstehen. So ist in der Lehre von On der Erdgott Keb und die Himmelsgöttin Nut im Urwasser zur Zeugung verschlungen; der Luftgott Schu trennt sie voneinander, indem er die Himmelsgöttin am Leibe emporhebt, s. Abb. 1, und vgl. Steindorff im Jahrbuch des Freien deutschen Hochstifts zu Frankf. a. M. 1904 S. 141. — Eine dritte Vorstellung, die wiederum verwandt ist (Phallus am Tore der Unterwelt in verschiedenen Mythologien, beachte auch, daß dem Reiche Eas die Unterwelt entspricht, S. 14), läßt die Emanationen aus der Unterwelt emporsteigen. Hier liegt die Lösung für die Bedeutung des Mistkäfers (Skarabäus) in der ägyptischen Mythologie als Repräsentanten des neuen Lebens (Mist ist das Element der Unterwelt, s. Monoth. Strömungen S. 16, BNT 96).

Ea und Damkina[1]

|

Marduk, Sohn Eas.

Damascius sagt, „der Sohn von Aos (Ea) und Dauke (Damkina) sei Bel (Marduk) gewesen, den sie als den Weltenschöpfer ansehen."

Als diese Urwelt durch die finstere Macht des Urchaos (Tiâmat mit ihren Begleitern) bedroht ward, schafft Marduk aus dem zerstückten Chaosungeheuer die jetzige Welt[2].

Wir wissen aus einem babylonischen Schöpfungsberichte[3], daß diese gegenwärtige Welt als ein himmlisches und irdisches All gedacht ist und daß jede von beiden in drei Regionen geteilt ist:

1. Das himmlische All:
   - Himmelsozean
   - himmlisches Erdreich (Tierkreis)
   - Nordhimmel
2. das irdische All[4]:
   - Ozean, auf den man stößt, wenn man in die Erde bohrt und der die Erde umgibt
   - Erde
   - Lufthimmel[5].

Die Unterwelt ist keine Weltabteilung im systematischen Weltbild der Babylonier, sondern ein „Ort"; Nergal, der Unterweltsgott, gehört auch deshalb nicht zu den großen Göttern, die die Weltteile repräsentieren. Aber das Volk kennt auch eine natürliche Teilung: Himmel, Erde, Unterwelt (ebenso das biblische Weltbild, s. Kap. IV).

Jedes der drei Reiche zeigt die „entsprechenden" (babylonisch *iḳbî*, hellenistisch *παρανατέλλειν*[6]) gleichen Erscheinungen.

---

[1]) Das weibliche Element tritt hier zurück. Man beachte aber, daß Damkina mit der Muttergöttin identisch ist, sofern diese (z. B. als Išḫara kakkab tâmti = Meeresstern) aus dem Ozean emporsteigt.

[2]) Das Nähere s. Kap. III, wo auch der mit dem babylonischen Texte völlig übereinstimmende Bericht des Damascius, de primis principiis, wiedergegeben ist. Vgl. zu den obigen Ausführungen Winckler F. III, S. 301 ff. Der mit Damascius zusammenstimmende Sinn (Mummu erzeugt mit Tiamat die neue Welt) war bereits ATAO[1], S. 52 auf Grund der Konjektur Stuckens angenommen worden.

[3]) KT[2] 93 f. Analysiert Kap. III.

[4]) Vgl. 2 Mos 20, 4: *„Im Himmel, auf Erden, im Wasser unter der Erde."*

[5]) Dort strahlen die Meteore auf. Dort sind die *„Geister die in der Luft schweben"*.

[6]) Vgl. Boll, Sphaera 75 ff. und dazu Winckler, OLZ 1904, 59 (= Krit. Schr. III, 96).

Im einzelnen sind die drei Reiche oben und unten die besondern Offenbarungsstätten von Ea, Bel, Anu bez. Anu, Bel, Ea[1].

Bei der Aufzählung geht man nicht von unten nach oben, sondern nach der Kibla von oben nach unten (eliš und šapliš): Anu, Bel, Ea. Darum heißt es in der IV. Tafel des Epos Enuma eliš: „Anu, Bel und Ea ließ er ihre Wohnstätten einnehmen."

Die wichtigsten Teile sind die himmlische Erde als Offenbarungsstätte des göttlichen Willens und das irdische All als Stätte der Menschen. Die himmlische Erde (Tierkreis) hat deshalb wiederum gleich dem irdischen All drei Reiche: Anu, Bel, Ea.

Marduk, der als Sohn Eas nach Besiegung der alten Welt (die als finstre Macht, als Drache gedacht ist: Kingu und Tiâmat) die gegenwärtige Welt schuf, entspricht Mummu in der Vorwelt. Andrerseits entspricht Mummu auch Ea selbst. Der Sohn ist im neuen Äon gleichsam der neubelebte Vater.

Die Emanationen der Menschenwelt: Ea = ilu amelu, der göttliche Mensch, Marduk = Adapa als zer amelûti, „Same des Menschengeschlechts": Gottheit, Heros, Urmensch, künftiger Adam — werden später besprochen werden.

II. **Der Tierkreis.**

Für die Ausgestaltung der babylonischen Lehre ist der wichtigste Teil des Weltalls der Tierkreis[2], d. h. der ca. 20 Grad breite Streifen am Himmel, auf dem Sonne, Mond und dazu fünf dem bloßen Auge erkennbare Sterne ihre Bahn wandeln, während die übrigen Sterne an der sich drehenden Himmelskugel festzustehen scheinen. Die Wandelsterne gelten als Dolmetscher des göttlichen Willens. Der Fixsternhimmel verhält sich dazu wie ein an den Rand des Offenbarungsbuches geschriebener Kommentar[3].

---

[1]) Jede der drei großen Gottheits-Erscheinungen ist in sich vollkommen, also mannweiblich. In Kultus und Mythologie erscheinen sie nach der einen oder andern Seite oder zeigen als Ergänzung ein weibliches Prinzip: Anu und Antum, Bel und Beltu, Ea und Damkina. Das Wort ḫirtu „Gattin" wird ideographisch nin-dingir-ra geschrieben, d. i. Belit-ilâni, „Götterherrin".

[2]) Der babylonische Ursprung des gesamten uns von dem klassischen Altertum vererbten Tierkreises ist von Thiele, Antike Himmelsbilder bestritten worden, nachdem er durch Epping (Astronomisches und Babylon), Jensen (Kosmologie) und Hommel festgestellt war. Vgl. dagegen jetzt Hommel, Aufsätze und Abhandlungen 236ff.; Boll, Sphaera, 181ff.; vor allem Kugler, Die babylonische Mondrechnung, Freiburg 1900.

[3]) S. S. 45, Anm. 2.

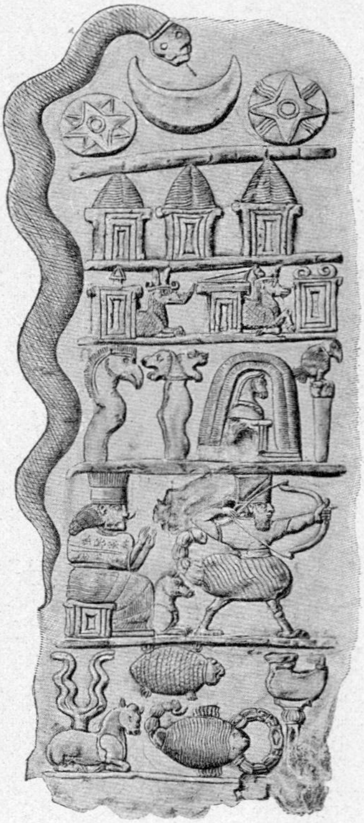

Abb. 2: „Grenzstein“ aus der Zeit Nebukadnezars I. (um 1300).

Abb. 3: Merodachbaladan-Stein. IV R[1] 43.

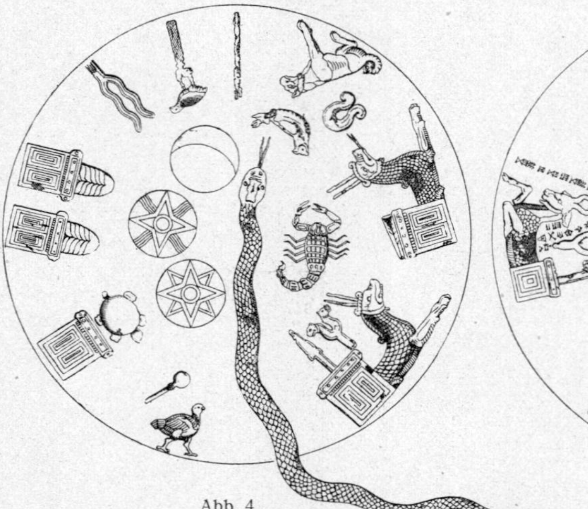

Abb. 4.

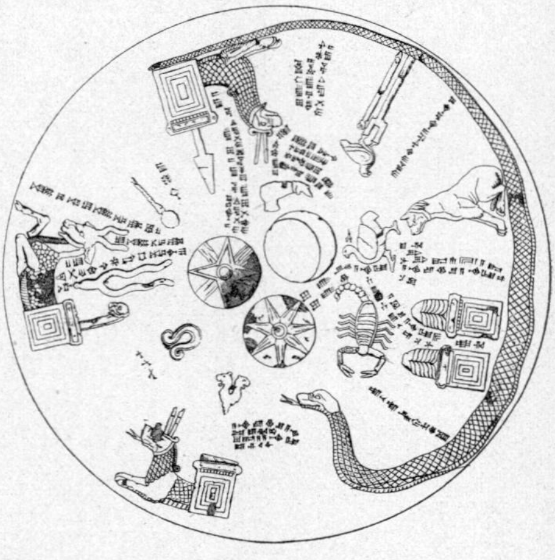

Abb. 5.

Tierkreisbilder aus III R 45 aus dem Jahre 1117 v. Chr. (10. Jahr des Marduk-nadín-achi).

Wie beobachtete man den Tierkreis[1]? Der Orientale kennt den gestirnten Himmel besser als wir. Jeden Abend und Morgen sieht er dank der kurzen Dämmerung, bei welcher Stelle des Fixsternhimmels der Mond und die Sonne auf- und untergeht. Täglich fortgesetzte Beobachtung zeigte dem Beobachter, daß jedesmal in ca. 28 Tagen am Punkte des Mondaufganges der gleiche Sternbildergürtel des sich drehenden Himmelsgewölbes vorüberzieht, oder, was dasselbe ist, daß der wandernde Mond in 28 Tagen die gleiche Straße rund um den Himmel durchläuft. Die gleiche Erscheinung zeigt der Mittagspunkt der Sonne (den man täglich um Mitternacht an der entsprechenden Stelle des Nachthimmels feststellen kann) in einem Kreislauf von 365 Tagen. Ferner sah man, daß nicht nur Sonne und Mond, sondern auch die fünf übrigen Wandelsterne (Jupiter, Merkur, Mars, Saturn, Venus) dieselbe Straße ziehn, das heißt, daß sie in ihren Bahnen den 20 Grad breiten Himmelsstreifen nicht überschreiten. Die Mittellinie dieses Weges bildet die Sonnenbahn (Ekliptik). Wie die Darstellung und Andeutung von Tierbildern, die von Sonne, Mond und Venus, den Regenten des Tierkreises, beherrscht sind, auf altbabylonischen Urkunden zeigt (s. z. B. Abb. 2), hat man in Babylonien bereits in prähistorischer Zeit die Sternfigurationen dieser Planetenstraße als Bilder vorgestellt:

sunt aries taurus gemini cancer leo virgo
libraque scorpius arcitenens caper amphora pisces[2].

Das sind die zwölf Sonnenbahnstationen, die den zwölf Mondumläufen entsprechen. Sie gelten als „Häuser" oder „Throne" der in der Sonne sich offenbarenden göttlichen Macht. Jede der Stationen wird wiederum dreifach geteilt, so daß 36 Abteilungen (Dekane) entstehen[3]. Eine andre Teilung entspricht dem Mondlauf und zählt 24 oder 27 bez. 28 Mondstationen. Sie dienen der Beobachtung der Meridiandurchgänge der Circumpolarsterne.

F ü r d e n Z u g d e r b a b y l o n i s c h e n L e h r e n a c h d e m O s t e n b i e t e n d i e M o n d s t a t i o n e n e i n v e r b l ü f f e n d e s Z e u g n i s. Whitney

---

[1]) Die einschlagenden Fragen werden von F. Jeremias in einem Handbuch der antiken Himmelskunde behandelt werden. Die bei der ersten Auflage gesammelten Erfahrungen haben mich von der Notwendigkeit überzeugt, auch hier die wichtigsten Fragen zu erörtern.

[2]) Bei Kalendersystemen mit Schaltmonaten wird der auf einer Stange sitzende Rabe (deshalb Unglücksvogel) als 13. Bild eingefügt.

[3]) S. Enuma eliš Taf. V: „12 Monate, die Sterne in 3 Abteilungen" (?) (s. S. 27); V R 46, wo die 36 neben den Mondstationen aufgezählt sind. Auch für Ägypten bezeugt, s. Hommel, Gesch. und Geogr. S. 128, Anm. 3. Diodor II, 30 schildert die babylonischen Sterngötter und berichtet nach Aufzählung der sieben Planeten, die auf dem Tierkreis wandeln, von den 36 Dekanen (nicht Mondstationen, wie Winckler, Gesch. Isr. II, 61 annimmt): „Unter diesen steht eine Schicht von 36 Sternen (die 30 ist Schreibfehler), welche sie die göttlichen Ratgeber (*βουλειους θεους*) nennen. Von diesen hat die Hälfte die Orte über der Erde, die andere die unter der Erde zu beobachten, so daß sie das bei den Menschen und am Himmel sich Ereignende überwachen. Alle zehn Tage wird aber von den oberen zu den unteren und umgekehrt ein Bote geschickt."

hat in seinem Werke Lunar Zodiac nachgewiesen, daß die 28 Mondstationen der Araber, die Koran Sure 10, 5; 36, 39 als bekannt vorausgesetzt werden (manâzil al-kamar, Mondherbergen), die 27 oder 28 Mondstationen der vedischen Zeit in Indien (naxatra), die 28 Mondstationen der Chinesen (hsiu, d. h. Rastorte), deren Einführung im Schu-King auf den mythischen Kaiser Jao zurückgeführt wird, bei allen drei Völkern in verschiedenen charakteristischen Ausprägungen unabhängig voneinander bestanden haben, aber auf einen gemeinsamen Ursprung zurückweisen. Daß das Ursprungsland Babylonien ist, hat bereits Weber (Berl. Ak. der Wissensch., phil. Kl. 1860 u. 1861) und längst vor ihm Stern in den Göttinger Gelehrten Anzeigen 1840, 2027ff. (Anzeige von Ideler, Chronologie der Chinesen), ausgesprochen. Richthofen, China I, 404ff. schließt sich der Vermutung an und sagt: „Wir stehen hier vor einem der merkwürdigsten Probleme, welche uns die Vorgeschichte in bezug auf gegenseitigen Verkehr der Völker bietet.“ Der Astronom Kugler hat in seinem Buche über babylonische Mondrechnung auf Grund der Urkunden den Zusammenhang der griechischen, chinesischen und indischen Astronomie mit jener in Babylonien zur Evidenz erhoben. Wir werden späterhin Anzeichen dafür beibringen, daß die Wanderung im Stierzeitalter stattgefunden haben muß. Die 28 Sternhaufen des Tierkreises in der persischen Astronomie schließen die Kette der Wanderung von Vorderasien bis Ostasien, wenn auch das urkundliche Zeugnis im Bundehesch (6, 3—15 Westergaard) jüngeren Datums ist. Für Kanaan kommt vielleicht 2 Kg 23,5 (mazzalôt, das sonst auch Tierkreiszeichen bedeutet, z. B. Targum zu Esth III, 7) und mazarôt Hi 38, 22 in Betracht.

Die Kenntnis des Tierkreises läßt sich urkundlich bis in das Stierzeitalter hinauf verfolgen, d. h. bis in die Zeit, in der die Sonne im Frühlingsäquinoktium im Sternbild des Stieres stand. Die mythologischen Motive, die den Beginn eines neuen Zeitalters mit den Zwillingen (Dioskuren-Mythus) verbinden, weisen für die Erfindung des Tierkreises in die Ära der Zwillinge[1]. Eine auf alten Berechnungen ruhende von Sayce besprochene Planisphäre der Bibliothek Asurbanipals bezeugt eine Gradeinteilung der Sonnenbahn und setzt für den Grad O einen Punkt zwischen Stier und Zwillingen voraus („Skorpionstern 70 Grad“)[2]. Die zwölf Tafeln des Gilgameš-Epos[3] entsprechen dem Zyklus der Tierkreisbilder. Auch die babylonischen Grenzsteine weisen nach Andeutung von Sonne, Mond und fünf Planeten Bilder auf, die teilweise wenigstens dem Tierkreise zuzuweisen sind (s. Abb. 2—5). Eine dem Widderzeitalter

---

[1]) Vgl. S. 64f. Die ägyptischen Datierungen, die mit einem Zeitalter des „Krebses“ rechnen, sind künstliche Archaisierungen.

[2]) S. Hommel, Aufs. u. Abh. S. 354 f.

[3]) In der vorliegenden Rezension entsprechen sie der Anordunng, die mit Widder beginnt, gleich den babylonischen Monaten, deren zweiter „Stier“ und deren elfter „Fluch des Regens“ (Wassermann) heißt (Spuren einer Benennung nach dem Stierzeitalter sind vorhanden, s. Hommel l. c. 355 nach Sayce). S. mein Izdubar Nimrod (Leipzig, Teubner 1891) S. 66 ff. Zur dort zitierten Literatur kommt vor allem noch in Betracht Hommel, Aufs. u. Abh. 350 ff. und die dort zitierten Arbeiten von Sayce; Epping, Astronomisches aus Babylon, 1899.

entsprechende Bezeichnung von Tierkreisbildern aus der vorgriechischen Zeit hat Epping festgestellt[1].

Der babylonische Name des Tierkreises ist šupuk šamê (eigentlich „Aufschüttung des Himmels")[2]. Ein Zweifel daran ist unbegreiflich angesichts der Tatsache, daß wir für šupuk šamê geradezu eine inschriftliche Definition haben. Es heißt IV R 5: Bel habe, als die Weltordnung durch feindliche Mächte bedroht war, Sonne, Mond und Venus eingesetzt, den šupuk šamê zu regieren (šupuk šamê ana šutešuru ukînu). Und Sm 954 Rev 1 f. heißt es: „Ištar, die am šupuk šamê aufleuchtet." Was regieren Sonne, Mond und Venus? Den Tierkreis; er stellt die Bahn dar, über die sie mit den andern Planeten wandeln. Dazu vergleiche man wiederum die Grenzsteinbilder; unter den Bildern, die oben von

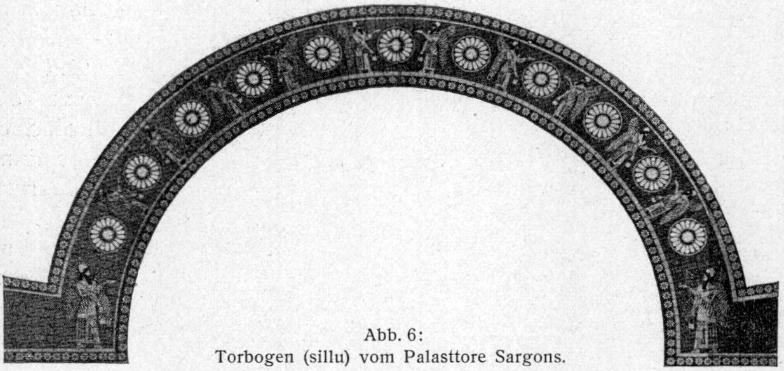

Abb. 6:
Torbogen (sillu) vom Palasttore Sargons.

Sonne, Mond und Venus regiert werden, befinden sich Tierkreisbilder. Und wo leuchtet die Venus auf? Am Horizont im Tierkreis.

Eine andre Bezeichnung des Tierkreises ist vielleicht AN-TIR-AN-NA. Von dem Halbkreis über dem Palasttor, der mit Rosetten[3] und Genien geschmückt ist, die zwischen je zwei Rosetten entweder aufsteigen oder niedersteigen, heißt es z. B. Asarh. VI, 6, er sei „gleich AN-TIR-AN-NA" (vgl. Meißner u. Rost A B III, 214). Es kann dabei an den Halbbogen des Tierkreises ebensogut wie an den Regenbogen gedacht sein, der mit dem Tierkreis mythologisch verwandt ist (s. Register „Regenbogen").

Die Regenten des Tierkreises sind
Sin Šamaš Ištar.
Nach dem Gesetz der „Entsprechung" ist die in ihnen offenbarte göttliche Macht identisch mit der von
Anu Bel Ea.

---

1) Astronomisches aus Babylon 182. 190. Wiedergegeben bei Hommel l. c. 238 ff. 358.

2) Die Ekliptik heißt „Pfad der Sonne", s. Hommel, Aufs. u. Abh., S. 356 (Sayce), z. B. III R 53, 56 f.

3) Die Rosetten dienen auf Grenzsteinen häufig zur Markierung der nicht besonders dargestellten Planeten.

Sin, der Mond, ist wie Anu Göttervater und summus deus; Šamaš regiert wie Bel den Tierkreis und offenbart sich in dem Gestirn, „nach dem die Menschenwelt blickt". Ištar (bei Betonung der Wettererscheinungen ersetzt durch Adad-Ramman) entspricht Ea, denn Unterwelt und apsû fällt zusammen. Wenn man den Ozean hinausfährt, kommt man hinunter in die Unterwelt.

Der Tierkreis repräsentiert den Weltkreislauf im Jahr und im Weltenjahr. Die Tierkreisbilder tauchen in den Ozean und steigen empor[1]. Darum kann jeder der drei Regenten die gesamte göttliche Macht repräsentieren, die sich im Kreislauf offenbart. Bei mythologischen Erscheinungen, die den Kreislauf des Lebens oder der Welt widerspiegeln, muß man stets untersuchen, ob die betreffende Erscheinung Sonnen-, Mond- oder Ištar-Charakter zeigt. Das wechselt je nach Ort und Zeit und Kultus. Aber wenn auch jeder Teil das Ganze der göttlichen Macht widerspiegeln kann, so treten die drei doch mit Vorliebe als Trias auf. Der Weltkreislauf erscheint dann als Kampf, bei dem Sonne und Mond beteiligt sind, während Ištar „danach strebt, Himmelskönigin zu sein"[2].

Zu den drei Regenten des Tierkreises kommen die vier weiteren, dem Altertum bekannten Planeten: Marduk, Nebo, Ninib, Nergal, d. i. Jupiter, Merkur, Mars, Saturn[3].

Da nun die sieben Planeten (Sonne, Mond, Venus und die vier genannten, s. Abb. 7)[4] in verschiedenen Entfernungen und Umlaufszeiten über den šupuk šamê, den Tierkreis, wandeln[5], so erscheint dieser Tierkreis wie eine Auftürmung von sieben

---

[1]) Der obere Teil ist nach Enuma eliš V das Reich des Nibiru (d. i. hier = Anu, s. S. 20), der südliche das Reich der Ea (vgl. amphora pisces), ein dritter Teil gehört Bel. Eine andre Spekulation spricht vom Weg des Anu, Bel, Ea am Tierkreis, s. Winckler F. III, 179. 304 und Mahler in OLZ 1903, 159.

[2]) Näheres zu diesem Abschnitt S. 35f.

[3]) Vgl. Hommel, Aufs. u. Abhandl. 373ff. Zur Reihenfolge und zum Verhältnis der Planeten zu den Wochentagen s. S. 39f. „Die sieben Planeten regieren die Welt", sagen die „Ssabier" nach Dimeškî c. 10 (Chwolsohn II, 400); vgl. vor allem die Nabatäerschrift Maqrîsi ib. S. 609ff.

[4]) Es sind die Planeten, nicht die „sieben Hauptgötter" (Hommel).

[5]) Rich. Redlich verteidigt im Globus 1903, Nr. 23f. das hohe Alter einer exakten Himmelskunde in Babylon, sucht aber den Nachweis zu führen, daß man den Weg der Sonne, des Mondes und der Wandelsterne ursprünglich nicht auf die Ekliptik bezog, sondern daß man alle diese Bewegungen in der Himmelsmitte an dem größten Kreise der täglichen Himmelsdrehung maß, daß also auch die vermeintlichen Tierkreisbilder auf den sog. Grenzsteinen (s. Abb. 2—5) sich auf den Himmels-Äquator

übereinander liegenden, sich verjüngenden Stufenkreisen[1], wie eine kreisförmige Treppe, ein riesiger Stufenturm. Diese sieben Stufenkreise sind die sieben UB (tubuḳâti)[2], denen dann die sieben Parallelzonen auf dem als Berg vorgestellten irdischen Erdreich entsprechen.

Die siebente Stufe führt in den obersten Himmel, den Himmel des Gottes Anu. Da die Stufenkreise nach dem Tierkreise zwölf Stationen haben, so wird hiermit die Vorstellung

Abb. 7: Die babylonischen Planeten-Götter auf den Felsen von Maltaja.

von den zwölf Toren am Himmel zusammenhängen. Wenn von acht Himmeln die Rede ist, wie beim Tempel des Bel, so wird der Anu-Himmel, bez. später der Fixsternhimmel mitgezählt[3];

beziehen. Dagegen spricht von vornherein die Existenz des ganzen Göttersystems, die eben auf den Veränderungen beruht. Wohl aber halten wir es für möglich, daß volkstümliche Vorstellung an Stelle des Tierkreises den Himmels-Äquator setzte. Denn auf dem Äquator stünde der Himmelsberg und Etagenturm fest, während er auf der Ekliptik für das Auge des Beobachters schief steht.

[1]) So erledigen sich m. E. die von Delitzsch, Handwörterbuch unter šubuk aufgeworfenen Fragen. Diese Stufenkreise finden sich in den Sephirot der Kabbala wieder, von denen sieben (drei entsprechen der Gottheit) ausdrücklich mit den Planeten verbunden werden. Diese sieben Sephirot heißen auch die sieben „Laute". Es sind die Töne der Oktave. Der Wandel der sieben Planeten bildet die Harmonie der Sphären.

[2]) Die tubuḳâti entsprechen den sieben ṭabaḳât des Korans, wie sprachlich schon Jensen, Kosmologie S. 175, Anm. 3, erkannte, obwohl er die Vorstellung des Bildes nicht hatte. Winckler, Gesch. Israels II, S. 108, Anm. 6 hat die wesentliche Gleichheit erkannt. Die Ausführungen von Zimmern KAT[3] 615 sind hiernach zu modifizieren.

[3]) Die sidratu 'l muntahâ der Araber s. OLZ 1904, Sp. 103 (= Krit. Schr. III, 110); vgl. F. III, 312. 418. MVAG 1901, 306 u. Hommel, Aufs. u. Abh. 373f. Abstufungen 9, 8, 7 etc. bei den „Ssabiern" s. Chwolsohn II, 34. 243. 673.

Abb. 8: Drei- bez. vierstufiger Tempelturm. Relief aus Kujundschik.

bei neun Himmeln, z. B. in der Edda[1] und beim chinesischen Porzellanturm, ist der Südhimmel mitgerechnet. Deshalb gibt es neben den siebenstufigen Tempeltürmen, die den Planetenhimmel abbilden (S. 15) auch drei-, bez. vierstufige Tempeltürme, s. Abb. 8. Die Stufen sind die drei Reiche des Weltalls, durch die man in den obersten Himmel kommt.

Der gesamte Orient kennt die sieben Himmel und die drei Himmel[2]. Muhammed reist durch sieben Himmel. Der babylonische Talmud und die Fragmente des Celsus kennen sieben Himmel[3]. Das Nabatäerbuch El-Maqrîsi kennt die Leiter der sieben Planeten mit ihren Himmelskreisen als Zugang zur Gottheit. Das dreistöckige Weltbild ist aus den orientalischen Mysterien in die gnostischen Systeme übergegangen und hat sich bis in die dramatischen Mysterien des Mittelalters vererbt.

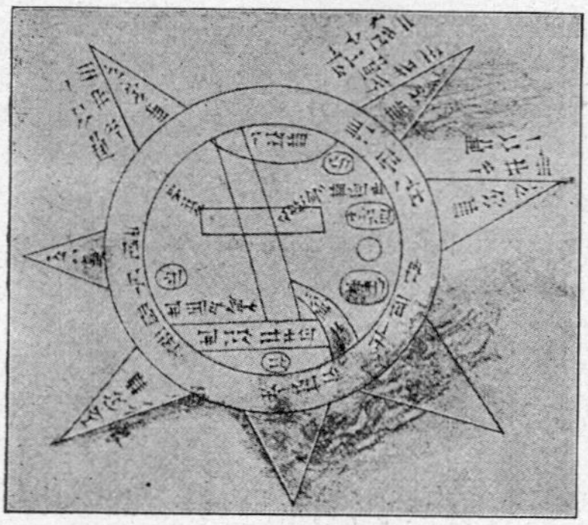

Abb. 9: Babyl. Weltkarte. Brit. Mus. 82-7-14, 509.

Unklar bleiben mir die sieben nagu der „babylonischen Weltkarte“, s. Abb. 9 u. vgl. Peisers Ausführungen in ZA IV, 361ff. Der Situationsplan hängt irgendwie mit der Sintflut zusammen. Jedenfalls stellen die sieben Dreiecke die sieben entsprechenden Teile des den Himmelsdamm und die Erde umströmenden Meeres dar und sie

---

[1] So fasse ich auch die nio heimar in Völuspa, trotz Golther, German. Mythologie 519f. „Wer die neun heimar durchfuhr, weiß alles.“

[2] Vgl. mein Babylonisches im Neuen Testament, Kap. VII: Die drei und sieben Himmel. Vgl. ferner zu 1 Mos. 28 (Himmelsleiter).

[3] Origenes c. Celsum c. VI, 22 s. E. Bischoff, Im Reiche der Gnosis 131. Zu Maqrîsi s. Chwolsohn II, 609ff. Die ägyptische Leiter des Osiris und die Leiter von sieben Metallen im Mithraskult entsprechen der gleichen Anschauung. Fünf Himmeln (5 Planeten, S. 35) entsprechen die fünf Stufen der manichäischen Bîmâ, s. Bischoff l. c. 79. 90.

hängen mit den sieben Kreisen des šupuk zusammen, der in den Himmelsozean taucht. Vielleicht sind auch die sieben Meere in Betracht zu ziehen, die in der indischen Kosmologie hervortreten, und die sieben Inseln im Meere bei Henoch c. 77, vgl. Jensen, Kosmologie 179ff. und dazu Winckler, Gesch. Isr. II, 109.

Die sieben Dolmetscher (*ἑρμηνεῖς*) werden übrigens auch anders gruppiert: 2 + 5 statt 3 + 4. Diodorus Siculus spricht II, 30, bevor er die Dekane behandelt, von den fünf Planeten, die die Chaldäer von Sonne und Mond sorgfältig unterscheiden und die ihnen als Dolmetscher der Gottheit erscheinen[1]. Dabei verliert die Venus ihren Charakter als große Gestirngottheit neben Sonne und Mond und tritt in die Reihe der übrigen Planeten, wie sie z. B. in unsrer Wochentagsordnung die vorletzte Stelle einnimmt: Freitag, vendredi (Veneris dies) zwischen dem Tage Merkurs (mercredi) und Saturns (saturday). Eine babylonische Planetenliste zählt auf:

Sin (Mond)
Šamaš (Sonne)
Dunpauddua (Merkur oder Jupiter)
Dilbat (Venus)
Kaiwan (Mars oder Saturn)
Gudbir (Jupiter oder Merkur)
Zalbatanu (Saturn oder Mars).

Zum besseren Verständnis sei hier an einige astronomische Erscheinungen erinnert, vgl. dazu Abb. 10. Der Aufgang der Sonne verschiebt sich täglich durchschnittlich um vier Minuten. Das ergibt für den Sonnenlauf eine Spirallinie von 180 Kreisen von Sonnenwende zu Sonnenwende. Der Auf- und Untergangspunkt der Sonne beschreibt eine Kreislinie am Horizont, der Mittagspunkt eine entsprechende Kreislinie am Himmel. Die gleichen Erscheinungen zeigt zwölfmal im Jahre die Mondbahn. Der Vollmond steht in Opposition zur Sonne. Darum steht der Vollmond im Winter, wo die Sonne durch untere Tierkreisbilder wandert, in den oberen Tierkreisbildern und im Sommer umgekehrt. — Wenn zur Zeit der Sommersonnenwende Vollmond um Mitternacht ist, so steht die Sonne in ihrem tiefsten Punkte. — Wenn die Sonne im Winterpunkt steht und zugleich Schwarzmond eintritt, so begegnen sich gleichsam Sonne und Mond in der Unterwelt. — Bei Sonnenaufgang in der Frühlingstagesgleiche, früh 6 Uhr, geht der Vollmond im Westen unter. — Bei Sonnenuntergang in der Herbsttagesgleiche, abends 6 Uhr, geht der Vollmond im Osten auf.

---

[1]) Diese fünf Planeten und ihre entsprechenden Elemente und Farben sind in der chinesischen Geomantie wichtig, s. S. 48, 50 u. a. (Register unter China). Jede der fünf wird als „männlich" und „weiblich" bezeichnet und doppelt gezählt, z. B. bei den in China noch heute gebräuchlichen Dekaden, bei denen jeder Planet zwei Tage hat.

Sonnen- und Mondfinsternisse galten im Altertum als Verschlingung durch den Drachen. IV R 5[1] zeigt, daß die Babylonier wußten, welche Bedeutung das Sonnenlicht für den Mond hatte; aber es blieb bei der Drachen-Mythologie, die Sonne, die auch alle Sterne verschlingt, galt darum unter Umständen selbst als Drache. Man hat beobachtet, daß in 18 Jahren und 10/11 Tagen sich die Finsternisse in derselben Reihenfolge wiederholen (der Saros der Babylonier und Chinesen) und erkannte den Zusammenhang dieser Erscheinung mit dem Mondlauf. Der Mond bewegt sich in vier Wochen einmal um den Fixsternhimmel und schneidet

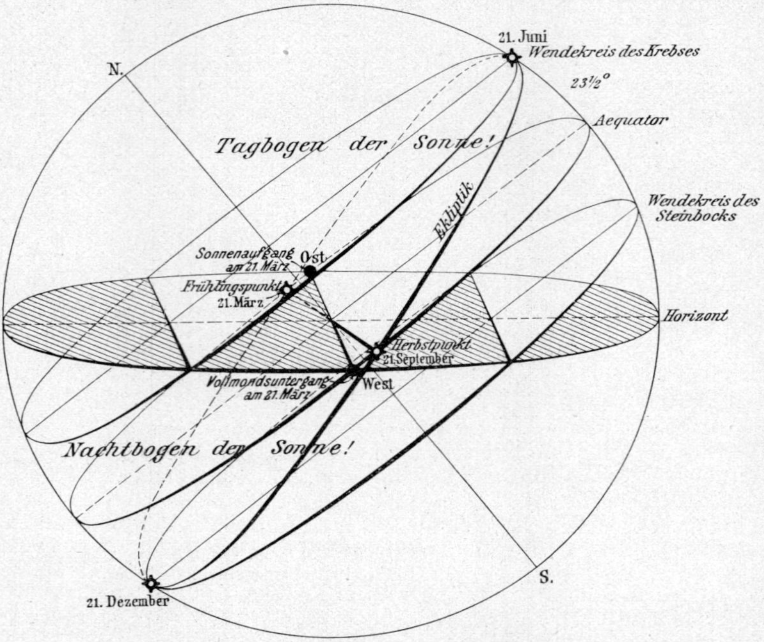

Abb. 10: Die Hauptpunkte der Sonnenbahn.

dabei die Sonnenbahn in einem „aufsteigenden" und einem „absteigenden" Knoten. Bei der einen Kreuzung kann eine Sonnenfinsternis entstehen, bei der andern eine Mondfinsternis. Diese Knoten rücken bei jedem Umlauf um drei Mondbreiten nach Westen; das kann man mit bloßem Auge an den Fixsternen beobachten. In $18^3/_5$ Jahren ist der Knoten ganz herum gerückt.

Beim Mondlauf ist also dreierlei zu unterscheiden: 1. Der siderische Umlauf von einem Fixstern bis zurück zu demselben; = 27 Tage

---

[1]) Ein Mythus vom Monde und seinem Kampfe mit den „sieben bösen Geistern" (der Unterweltsmacht). Übersetzt Kap. II unter Sin.

7 Stunden 43 Minuten. 2. Der synodische Umlauf von der Sonne bis wieder zur Sonne, die inzwischen um 2 Tage 5 Stunden 1 Minute weitergerückt ist; = 29 Tage 12 Stunden 44 Minuten. 3. Der Drachenmonat, von einem aufsteigenden oder absteigenden Knotenpunkt mit der Sonnenbahn bis zum entsprechenden nächsten, der inzwischen um 2 Stunden 38 Minuten rückwärts nach Westen gerückt ist; = 27 Tage 5 Stunden 5 Minuten.

Aus dem Rückwärtsrücken des Knotenpunktes erklärt sich die 18jährige Periode der Finsternisse [1]. Sonnenfinsternis tritt ein, wenn der Mond bei der Sonne steht und wenn er auch bei einem Knoten steht. Der Tag der Sonnenfinsternis tritt ein, wenn der Anfang eines synodischen und eines Drachenmonats zusammenfällt. Die Babylonier haben berechnet (die gleiche Kenntnis ist nachweisbar bei den Chinesen), daß 223 synodische Monate = 242 Drachenmonate sind, das sind 6585 Tage oder 18 Jahre 10/11 Tage. Thales hat danach, von den Chaldäern belehrt, die Sonnenfinsternis vom 28. Mai 585 berechnet.

Die Umlaufszeit der sieben Planeten [2] (einschließlich Sonne und Mond). Die fünf eigentlichen Planeten bewegen sich in Schlingen (wenn sich die Bahn schneidet) und Schleifen. Die Abweichung von der Kreisform ist gering.

1. Mond. Zum Umlauf s. oben. Er entfernt sich nicht mehr als 10 Grad von der Ekliptik.

2. Merkur ist Morgen- und Abendstern. Nur bei kurzer Dämmerung sichtbar [3]. In einem Jahre und einigen Tagen läuft er um die Ekliptik.

3. Venus, wie Merkur immer in der Nähe der Sonne, als Morgen- und Abendstern erscheinend; braucht 1 Jahr und 7 Monate, um in die gleiche Stellung zur Sonne zu kommen. Ihr Umlauf kommt der Kreisbahn am nächsten.

4. Mars kommt nach 2 Jahren 49 Tagen in die gleiche Stellung zur Sonne. Die auffallend rote Farbe trägt zu seinem Charakter als Unglücksplaneten bei.

5. Jupiter der hellste Stern nach Venus. Er durchläuft jährlich durchschnittlich eine Tierkreisstation. Die Babylonier kannten vielleicht seine Trabanten.

6. Saturn zeigt die langsamste Bewegung; er braucht zum Umlauf $29^1/_2$ Jahr. Nur in der Nähe heller Fixsterne ist seine Bewegung zu beobachten.

---

[1]) Daß die Babylonier den Drachenmonat kannten und die Finsternisse richtig berechneten, haben ebenfalls die Astronomen Epping und Kugler in den zitierten Werken auf Grund der Keilschrifturkunden erwiesen.

[2]) Über die Planetenrechnung der Chaldäer hat Kugler ein Werk angekündigt. Vorläufige Bemerkungen über einige astronomische Resultate finden sich Babylonische Mondrechnung 207 ff.

[3]) Haben die Alten optische Hilfsmittel gehabt, so daß sich daraus ihre Beobachtung der Merkur- (?) und Venusphasen, der Jupitermonde (?) etc. erklärt? Die Erfindung des Fernrohres 1608 n. Chr. kann die Wiedergewinnung eines Jahrtausende versunkenen Kulturobjektes bedeuten. Nero bewaffnete sein Auge bekanntlich mit einem geschliffenen Edelstein Jahrhunderte vor Erfindung der Brille und des Teleskops.

III. Der Höhepunkt des Weltalls.

1. Nibiru.

Der Nordpunkt bezeichnet den Endpunkt bez. Mittelpunkt (kirbu oder ḳabal šamê) des Kreislaufs. Er heißt manzaz nibiru, d. i. Ort des Paßüberganges. Das Wort nibiru, das gewöhnlich für einen Flußübergang gebraucht wird, scheint der Vorstellung vom zweigipflichen Weltberg zu entsprechen und die Linie bez. den Bogen zu bezeichnen, auf dem die Gestirne den Höhepunkt des Weltkreises bez. des Tierkreises (d. i. des himmlischen Erdreiches) überschreiten. Er bildet die Grenze, über die die Gestirnbahn nicht hinausgeht, entspricht also bei der der Sonnenbahn entsprechenden Bahn des Wettlaufs dem Paß, den die Renner zwischen meta und Schranke passieren müssen. Nibiru wird sodann Ehrenname für die Gottheit, die als summus deus im Nordpunkt des Weltalls thront. Das kann insbesondere sein:

1. Anu. So in der V. Tafel des Epos Enuma eliš, wo der Tierkreis auf Anu, Bel, Ea verteilt wird und Anu der obere Teil zukommt; entsprechend seinem Sitz im Nordhimmel bei der Dreiteilung des gesamten Weltalls.

2. Ninib. Ihm gehört bei der Verteilung des Tierkreises in vier bez. zwei Gebiete (letzteres nach der Sonnenwendrechnung) der Nordpunkt, der kritische Punkt der Sommer-Sonnenwende, der im Tierkreis nach dem Gesetz der Entsprechung dem Nordpunkt des Weltalls entspricht. Darum heißt der Stufenturm von Lagaš, der Ningirsu-Ninib geweiht ist, „Haus der 50"; die 50 bedeutet die Vollendung des Kreislaufs, s. S. 28.

3. Sin, der als Vollmond im Nordpunkt seinen Höhepunkt erreicht, wenn die Sonne in Opposition an der ihr zugehörigen Stelle des Weltalls im Südpunkt steht. Denn der Mond gilt in Babylonien im Gegensatz zur Sonne, die Unterweltscharakter schon deshalb trägt, weil in ihr die Sterne verschwinden, als Oberweltsgottheit, weil er in seinem fortwährenden Aufleben aus dem Tode die Auferstehung repräsentiert.

Auch hieraus ergibt sich die bereits früher gefundene Gleichung, die unter Umständen Anu und Ninib und Sin identifiziert.

4. Marduk als summus deus, Demiurg und Repräsentant des Weltkreislaufs (V R 46, 34 c, vgl. II R 54, Nr. 5, Obv. Col. II 6). In der Schlußtafel des Epos Enuma eliš heißt es von ihm:

„Der Kirbiš-Tiâmat durchschritt, ohne zu rasten,
sein Name sei nibiru, welcher innehält [die Mitte];
der den Sternen des Himmels ihre Bahnen bestimmen,
wie Schafe weiden soll die Götter allesamt."

Als nibiru erhält er ebenfalls die Zahl 50, d. i. die Zahl des gesamten Kreislaufs. Dem entspricht die Angabe des astronomischen Textes III R 54, Nr. 5: „Wenn Marduk in der Mitte (ḳabal) des Himmels steht, ist er der Nibiru"[1].

Abb. 11: Šamaš der Sonnengott durch das östliche Himmelstor eintretend. (Siegelzylinder Nr. 89. 110 des Brit. Mus.)

Als Nibiru ist Marduk in der Lehre Babylons identisch mit Ninib, und dieser wiederum mit dem „kanaanäischen" Adad Ramman (hethitisch Tešub, germanisch Thor), dem Gott mit Doppelbeil und Blitzbündel (s. Kap. II unter Ramman)[2]. Dem Nordpunkt der Ekliptik, der im Stierzeitalter im Löwen liegt, entspricht das Feuerreich (Höhepunkt der Sonnenbahn, Sternschnuppenfall), daher der mythologische Charakter dieser Gottheiten als Schmied. Ferner ist es der kritische Punkt der Mondbahn (Motiv des Hinkens[3]. Durch den feurigen Durchgang, den auch die Gnosis kennt, geht es zum höchsten Himmel.

2. Weltberg.

Der Höhepunkt der himmlischen Erde erscheint in der babylonischen Mythologie als zweigipfliger Berg[4]. „Wissen-

---

[1]) Vgl. S. 78. Wenn Marduk III R 53, 81b unter 12 Manifestationsformen im Monat Tešrit auch den Namen Nibiru führt, so gehört die Angabe einem Kalender an, der den Jahresanfang, also den Kreislauf, in den Herbst verlegte und doch Jupiter-Marduk, der nach der älteren Rechnung Herbstanfang (Nebo) ist, s. S. 24, als summus deus beibehielt.

[2]) Vgl. Donar im Donnerstag an Stelle Jupiters (jeudi, Jovis dies).

[3]) Vgl. H. Winckler, F. III, 82; MVAG 1901, 356. Näheres S. 28.

[4]) An den Tempeleingängen stellen die Säulen die kritischen Punkte dar (Jachin und Boas, die Säulen an jedem orientalischen Sonnentempel,

schaftlich" entsprechen die beiden Punkte dem Höhe- und Tiefpunkt der Mondbahn und der Sonnenbahn, vgl. Abb. 10. Die entsprechenden Punkte am Horizont ergeben den doppelgipfligen „Berg des Ostens" und „Berg des Westens". In der Wintersonnenwende versinkt die Sonne am tiefsten Punkte des Horizonts, der Vollmond geht am höchsten Punkte auf; in der Sommersonnenwende umgekehrt [1]. Da die irdische Welt und jedes Land als Mikrokosmos dem Himmelsbilde entspricht, so muß auch der „Länderberg" (ḫarsag kurkura, šad matâti), in dem das irdische All gipfelt, als Doppelberg gedacht sein [2]. Im Mythus entsprechen den beiden Spitzen die zwei Bäume, von denen der eine das Leben (Mond), der andere den Tod bedeutet; vgl. Helios und Selene als Mittelpunkt, d. h. Gipfel des Tierkreises und Dodekaoros auf einer ägyptischen Marmorplatte (Abb. 12) und dazu die Bäume Helios und Selene, die Alexander im Paradiese als Vertreter der Gottheit findet [4].

Abb. 12: Sonne und Mond als Gipfel des Tierkreises und Dodekaoros auf einer ägyptischen Marmorplatte [3].

die Säulen des Herkules im Westen scheinen mir Varianten des Doppelberges zu sein). Wincklers Vorstellung vom Engpaß zwischen den zwei Bergen und von den Gipfeln als Antipodenpunkten des Weltalls (F. III, 306, MVAG 1901, 241 f.) trifft wohl kaum das Richtige.

[1]) Abb. 11 zeigt die Berggipfel, zwischen denen der Sonnengott heraustritt. Vgl. Sach 6,1 ff. die zwei Berge, zwischen denen die zwei Wagen herauskommen, deren vier Rosse die Weltrichtungen bedeuten, s. z. St.

[2]) Eine babylonische Darstellung ist mir nicht bekannt. Vgl. die mit den kosmisch-mythologischen Gestalten von Sendschirli verwandte phönizische Stele von Amrit, die den Löwen über dem doppelgipfligen Berge zeigt und auf ihm eine Göttergestalt, darüber den Mond. S. v. Landau, Beitr. zur Altertumsk. III, 1 ff. Ein zweigipfliger Berg ist bei Tokyo das Heiligtum des Schöpfer-Geschwisterpaares der Shinto-Lehre; sie entsprechen Sonne und Mond, s. Kap. III unter Japan.

[3]) S. Boll, Sphaera, Tafel VI.

[4]) Winckler, OLZ 1904, 103 = Krit. Schr. III, 110; Gesch. Isr. II, 108, MVAG 1901, 306. 345. — Auch auf der koptischen Tafel S. 58 Abb. 22 bilden Sonne und Mond den Mittelpunkt des durch die Schlange und die vier Tiere der Weltecken gekennzeichneten Weltkreises.

Jedes Land als Mikrokosmos hat seinen doppelgipfligen Weltberg. In der biblischen Vorstellungswelt ist das besonders deutlich bei Ebal und Garizim, 5. Mos 27, 12 f., wo je sechs Stämme (sechs Tierkreiszeichen, die Hälfte der Sonnenbahn symbolisierend) auf dem Berge des Segens (Garizim) und des Fluches (Ebal) sich gegenüberstehen [1].

IV. **Die vier Weltpunkte.**

Mondbahn und Sonnenbahn sind durch Tages- und Nachtbogen gleich der Bahn der nicht circumpolaren Sterne in zwei natürliche Hälften geteilt, s. Abb. 10. Die Schnittpunkte sind charakterisiert nach dem Frühlingspunkt und Herbstpunkt der Sonne und ebenso durch bestimmte Stationen der Mondbahn. Im Stierzeitalter, d. h. in der Kalenderrechnung, die vom Frühlingspunkt der Sonne im Stier ausgeht, gilt als Ostpunkt der Sonne der Stier, genauer wohl der Aldebaran als leuchtendster Stern in den zum Stier gehörigen Plejaden, und als Westpunkt der Skorpion [2], und zwar der fast genau um 180 Grad vom Aldebaran entfernte Stern Antares. Diese beiden Sterne gelten in der antiken Astronomie als 1. und 14. Mondstation, teilen also auch die 28 Mondstationen, die sonst in verschiedener Entfernung stehen, in gleiche Hälften.

Dieser Zweiteilung nach Mondlaufhälften und Tagesgleichenpunkten (šitḳulu d. h. „sich die Wage halten", z. B. III R 51, ist der technische Ausdruck für Tagesgleiche) entspricht eine Vierteilung, die durch die entsprechenden Mittags- und Mitternachtspunkte des Mondlaufs gewonnen wird. Beim Mondlauf ist der Vollmondspunkt im Höhepunkt des Tierkreises bei der Winter-Sonnenwende und im Tiefpunkt bei der Sommer-Sonnenwende. Beim Sonnenlauf gelten der Sommer-Sonnenwendepunkt und der Winter-Sonnenwendepunkt.

In den vier kritischen Punkten offenbart sich die göttliche Macht [3]. Da nun jede der drei großen Gestirngottheiten, die

---

[1]) Zum Land als Mikrokosmos s. S. 48ff.; Tierkreisbilder als Symbole der 12 Stämme s. zu 1 Mos 49 und zur Symbolik der „Stiftshütte". Mond und Sonne als Lebens- u. Todespunkt (S. 27. 31 ff.) entsprechen beim Sonnenlauf je sechs Tierkreisbilder des Sommers und Winters. Zur Bedeutung für Sinai und Horeb, Ebal und Garizim s. Winckler F. III, 360ff. Die Spaltung der Überlieferung ist vielleicht entstanden, als man den Sinn des Doppelberges (Sinai Mond, Horeb Sonne) nicht mehr verstand.

[2]) Im Gilgameš-Epos bewachen Skorpionmenschen die Unterwelt.

[3]) Bei Weglassung des Unterweltspunkts 3, z. B. die drei Himmelspfähle der „Ssabier" (Chwolsohn II, 6): Osten, Mitte des Himmels, Westen.

den Tierkreis beherrschen, sich in zwei Hälften oder vier Viertelerscheinungen offenbart (Mond und Venus als innere Planeten haben je vier Phasen, als Phasen der Sonne gelten die Stellungen in den Jahreszeiten), so eignen sie sich zur Verkörperung der göttlichen Macht an den vier Teilpunkten. Und wie Sonne, Mond, Venus je einen kritischen Punkt haben (Höhepunkt oder Endpunkt der Laufbahn), so gehört jeder der vier „Phasen" ein Punkt des Tierkreises als besondere Offenbarungsstätte im Weltall.

Da die Konstellation innerhalb der dreitausend Jahre Geschichte, die wir kennen, große Veränderungen erfuhr, so ergab sich mit Naturnotwendigkeit, daß eine auf den Erscheinungen der Gestirnwelt beruhende Götterlehre auch Umänderungen erfahren mußte. Und da es sich um einen Kreislauf handelte, der sich in den Gegensätzen Tag und Nacht, Sommer und Winter (Weltensommer und Weltenwinter) vollzieht, so ergab sich der Grundsatz: die Gegensätze gehen im Laufe der Zeiten ineinander über. Für die Hammurabi-Zeit (Blüte Babylons) sind die vier Hauptpunkte der Sonnenbahn folgendermaßen besetzt:

<table>
<tr><td>Marduk:</td><td>Morgen, Frühling</td><td rowspan="2">Ost und Nord, die beiden Lichthälften des Jahres und Tages.</td></tr>
<tr><td>Ninib:</td><td>Mittag, Sommer</td></tr>
<tr><td>Nebo:</td><td>Abend, Herbst</td><td rowspan="2">West und Süd, die beiden Nachthälften des Jahres und Tages.</td></tr>
<tr><td>Nergal:</td><td>Nacht, Winter</td></tr>
</table>

Danach gehören also: Marduk der Morgen der Frühlings-Tagesgleiche (Aufgang der Frühlingssonne am 21. März früh 6 Uhr); Nebo der Abend der Herbst-Tagesgleiche (21. September abends 6 Uhr); Ninib der Sommer-Sonnenwendetag (21. Juni 12 Uhr mittags; von da an sinkt die Sonne in das Winter- und Totenreich; hier ist der kritische Punkt, der Tammuzpunkt); Nergal der Winter-Sonnenwendepunkt (21. Dezember Mitternacht; von da an steigt die Sonne wieder empor).

In der der Hammurabi-Zeit vorhergehenden Periode war, wie in der Epoche nach dem Erlöschen der Vorherrschaft Babylons, die Ordnung die umgekehrte (aus Gründen, die aus den folgenden Ausführungen klar werden dürften):

Jupiter (Gudbir-Marduk) vertritt die Stelle Merkurs (Nebo).
Merkur (Dunpauddua-Nebo) vertritt die Stelle Jupiters (Marduk).
Mars (Keiwan-Ninib) vertritt die Stelle Saturns (Nergal).
Saturn (Zalbatanu-Nergal) vertritt die Stelle des Mars (Ninib).

Diese Hauptpunkte des Tierkreises gelten nach dem Gesetz der Entsprechung (Tierkreis als himmlischer Mikrokosmos) als die vier Weltecken[1]. Sofern sie dem Tierkreis angehören, der im Sitz des summus deus gipfelt, sind sie die vier Thronträger des Thrones des summus deus, und sie erscheinen verkörpert in den entsprechenden Gestalten des Tierkreises: taurus (Stier), leo (Löwe), Adler[2], Mensch[3].

Hier liegt die Erklärung für die Merkaba Ezechiels, vgl. Winckler, F. III, 299 ff., und für den Thron mit den vier Tieren, umgeben vom gläsernen Meer Apk 4, 2 ff. vgl. mein BNT, 13 ff., und für die Symbolisierung der vier Evangelisten (nach Irenäus, adv. haer. 3, 11 die vier Säulen der Welt, s. BNT 87 ff.). Die Reihenfolge Matthäus-Stier, Markus-Löwe, Lukas-Mensch, Johannes-Adler entspricht der Ordnung: rechts, links, unten, oben. Bei Ezechiel ist der Stier links, also soll die Kibla nach Süden gerichtet sein (vgl. S. 29); vorn der Mensch (Weltanfang s. S. 6 ff.), hinten der Löwe (Feuerflut im Löwen, dem Nordpunkt), rechts Adler.

Abb. 13: Griechische Gemme, Tetraktis dodekapyrgos aus Kircher, Oedipus Aegyptiacus II, 2. 214. III, 248.

Abb. 13 zeigt Tierkreis und Weltecken aus griechischer Zeit: Jupiter (als höchster im Nordpunkt), Vulcanus, Mars, Merkur. Das S. 58 wiedergegebene koptische Bild zeigt in der Mitte des durch die Schlange und vier Tiere symbolisierten Weltkreises Mond und Sonne, s. hierzu S. 22, Anm. 4.

---

[1]) Die Erde hat entsprechend 4 Ecken, aus denen die 4 Winde kommen, s. Apk 7,1.

[2]) Adler ist der Vogel des summus deus; vgl. den Adler auf dem Wappen des Ningirsu (Register unter Adler), den A. auf d. kosmischen Bilde Abb. 13, den Jupiter-Adler der klassischen Zeit, den Adler in den Mithras-Mysterien, s. Monotheist. Strömungen S. 17; ferner den Adler Apk 8, 12 beim Schall der 4. Trompete (Marduk-Jupiter-Motiv, s. BNT 25 f.). Adler liegt zwischen Schütze und Steinbock. Vielleicht lag vor 4000 Jahren der Adler im Bereich des Tierkreises. Infolge Schwankung der Achse weicht der Bereich des Tierkreises im Laufe der Zeiten ab. Anders übrigens Winckler F. III, 297.

[3]) amphora, Wassermann (aquarius bei Manilius und Ovid). Beachte, daß der Urmensch (Adapa) aus dem Ozean emporsteigt und daß Ea = ilu amelu, göttlicher Mensch, ist, s. Kap. III unter Menschenschöpfung.

Urkundliche Beweise für die Ordnung der „Weltecken" im Stierzeitalter.

Es gibt keinen Text, der sagt: Marduk-Jupiter entspricht Osten, Nebo Westen usw. Der Beweis ergibt sich aus dem Sinn des Kalenders und der Astral-Mythologie. Und doch lassen sich auch im einzelnen keilinschriftliche Nachweise bringen.

1. Marduk im Frühlings- oder Ostpunkt.

Jupiter gehört der Frühlings- oder Ostpunkt, denn Marduks Fest ist das Neujahrsfest, das Fest der Frühlingstagesgleiche. Die inschriftliche Bestätigung bietet obendrein der unten zitierte Text.

2. Nebo im Herbst- oder Westpunkt[1].

In einem Texte, der aus der Arsacidenzeit stammt, aber sicher alte Vorstellungen widerspiegelt (denn in den späteren Zeiten hat man dergleichen nicht erfunden, sondern nur darüber spekuliert), heißt es,

> daß beim Wintersolstitium die „Töchter von Ezida" (Nebo-Tempel) in das „Haus des Tages" übersiedeln (d. i. der Marduk-Tempel von Babylon), „um die Tage zu verlängern", und daß die „Töchter von Esagil" (Marduk-Tempel) im Sommersolstitium in das „Haus der Nacht" (d. i. der Nebo-Tempel von Borsippa) übersiedeln, „um die Tage zu verkürzen",

das heißt: Marduk gehört die lichte Jahreshälfte, Nebo die dunkle; in den Tagesgleichen tritt einer dem andern feierlich die Herrschaft ab[2].

Dieselbe astralmythologische Vorstellung überliefert uns Theokrit (Id. XV, 103. 106), wenn er von Tammuz-Adonis, der altorientalischen Gottheit der Jahres- bez. Halbjahrsnatur (Marduk + Nebo)[3] sagt, „er vollende sein Auf- und Niedersteigen in zwölf Monaten, und die Horen (das erklärt zugleich was im obigen Text die „Töchter des Hauses des Tages" und „die Töchter des Hauses der Nacht" bedeuten) ihn aus dem Reiche der Proserpina (Ištar der Winterhälfte) in die Wohnungen der Venus (Ištar der Sommerhälfte) geleiten, wobei die Wohnungen die „Häuser" bedeuten, die nach den Tierkreisdarstellungen der Babylonier

---

[1]) Vgl. Hermes (Merkur) biformis mit der halb weißen, halb schwarzen Mütze und Hermes als Führer in die Unterwelt. Die Wage gehört zum Herbstpunkt; sie symbolisiert aber nicht die Herbsttagesgleiche, sondern die Totenwage, sonst müßte sie auch am Frühlingspunkt erscheinen. Sol exaltatur in ariete, in libra dejicitur (Firmicus). Libra ariesque parem reddunt noctemque diemque. Neben der Wage erscheint die Schlange, weil die Äquinoktien mit dem Schlangengestirn aufgehen. Darum hält in der römischen Mythologie Aequitas die Wage in der Rechten und hat Schlangen zu Füßen, und Proserpina Libera (Venus in der Unterwelt) ist schlangenumgürtet.

[2]) Gegen H. Zimmerns Bedenken KAT[3] 400 vgl. jetzt Winckler, F. III, 278ff. Zimmern macht übrigens mit Recht geltend, daß auch die Verbindung Nabûs mit dem Steinbock (Ziegenfisch) V R 46, 38a b für die Verbindung dieser Gottheit mit der Winterszeit (Herbstpunkt) spricht; daß diese Verbindung „ursprünglich" ist, darf nicht gesagt werden.

[3]) S. S. 32.

die Sterne und Sternbilder auf dem Tierkreis besitzen (Abb. 2), der durch den Äquator und die Äquinoktialpunkte in seine zwei Hälften geteilt ist. Vgl. ferner die Stelle in der Mithrasliturgie (Dieterich S. 7):

„Du wirst schauen die göttliche Ordnung (!), die tagebeherrschenden Götter gehen zum Himmel hinauf und die andern gehen hinab (d. h. er wird die Tierkreisbilder auf- und untergehen sehen); und der Weg der sichtbaren Götter wird durch die Sonne erscheinen."

3. Nergal im Winter- oder Südpunkte.

Nergal hat Unterweltscharakter, die Unterwelt heißt nach seinem Kultort auch Kutha. Unter den kritischen Punkten des Tierkreises kann ihm deshalb bei der im Stierzeitalter herrschenden Tag- und Nachtgleichenstellung nur der unsichtbare, d. h. der „unten" gelegene Südpunkt gehören. Denn ausdrücklich wird bei den Babyloniern Nergal-Saturn mit der Sonne gleichgesetzt. „Am 18. Tammuz steigt Nergal in die Unterwelt, am 28. Kislev steigt er herauf. Šamaš und Nergal sind eins", heißt es in einem astronomischen Texte[1]. Die Sonne gilt als Unterweltsgottheit, weil die Sterne in ihr verschwinden, untergehen; der Mond gilt im Gegensatz dazu als Oberweltsgottheit, weil er in seinem fortwährenden Aufleben (inbu ša ina ramanišu ibbanû, d. h. „Frucht, die sich aus sich selbst erzeugt") aus dem Tode die Auferstehung repräsentiert. Darum sagt der Ägypter zur Mumie: Du bist Osiris! d. h. du wirst leben!

4. Ninib im Sommer- oder Nordpunkte.

Wenn die Sonne im Südpunkt, in der Unterwelt, an dem ihr im Weltall zukommenden Platze steht[2], so steht der Vollmond ihr diametral gegenüber in Opposition am Nordpunkt, am entgegengesetzten Punkte des Tierkreises: Dieser Punkt ist also in diesem System der Mondpunkt, wie wir ihn bereits als Anu-Punkt erkannten (Anu = Sin, s. S. 13 vgl. S. 33). Daß er auch dem Ninib gehört, wird zu erwarten sein, da die übrigen drei Weltecken an Marduk, Nebo, Nergal vergeben sind. Wir können es aber noch besonders beweisen: Dieser Punkt heißt der Nibiru, d. i. der Paß, den jeder durchschreiten muß und über den er nordwärts nicht kommen kann, s. S. 20. Das Epos Enuma eliš schildert auf der V. Tafel (KT S. 122f.) die Festsetzung des Nibiru-Punktes. Wir versuchen die schwierige Stelle zu analysieren:

„Er machte die Standörter der großen Götter; Sternbilder, gleich wie sie, setzte er als Tierkreisbilder ein. Er bestimmte das Jahr, bezeichnete die Grenzen; zwölf Monate, die Sterne in drei Abteilungen stellte er fest (die sog. 36 Dekane, die in drei Abteilungen mit je vier Stationen geteilt sind, von denen wiederum je eine Anu, Bel, Ea im besondern Sinne gehört? — oder ist hier die Einteilung in Dritteljahre nach Analogie der drei großen

---

[1]) S. Zimmern KAT [3] 388; dazu jetzt Winckler, F. III, 286ff. Die oft angeführte Stelle bei Diodor II, 30 setzt Kronos und Helios gleich.

[2]) Das geschieht in der babylonischen Kalenderrechnung bei Betonung der Sonnenwenden. Anders liegt es bei Betonung der Tagesgleichen (Mitte der Saison, Vierteilung des Jahres). Dann ist Marduk = Sonne, Nebo = Mond. So in dem S. 29 zitierten Texte.

Götter gemeint?), nach den Tagen des Jahres setzte er feste Abschnitte; er errichtete den Standort des Nibiru, um zu kennzeichnen ihre (der Tage) Bestimmung (riksu, eig. Abmachung; die Arbeit, die jeder Tag, d. h. die Sonne durch die Tage des Jahres hindurch zu leisten hat; am Nibiru-Winterwendepunkt hat sie ihre Aufgabe erfüllt und beginnt von neuem). Damit keiner (der Tage, bez. die Sonne am Tageslauf) fehlginge, keiner irre, setzte er den Standort des Bel und Ea (Var. Anu, ist wohl ein Irrtum; der Nibiru kennzeichnet Anus Bereich am Tierkreis) außer ihm fest. Er öffnete Tore auf beiden Seiten (die Tagesgleichenpunkte im Osten und Westen, zugleich die Tore des Sonnenaufgangs und Sonnenuntergangs)[1], machte einen festen Verschluß links und rechts (d. i. nördlich und südlich), in ihrer (der Tiamat, d. h. des Teiles von ihr, der zum Himmel geworden ist, s. Kap. III) Mitte setzte er den Höhepunkt (d. i. der vorher erwähnte Nordpunkt, der Nibiru). (Fortsetzung Kap. II unter Sin).

Man beachte ferner, daß Marduk fünfzig Namen in der Schlußtafel des Epos erhält, und daß er den Namen „fünfzig" bekommt, als er Nibiru geworden ist, wie bereits S. 21 besprochen wurde. Die 50 entspricht der Zahl und dem Ideogramm Eas und bedeutet den ganzen Kreislauf des Weltalls, den Marduk in seiner Erscheinung verkörpert[2]. Da nun ausdrücklich bezeugt ist, daß in Lagaš das oben S. 20 bereits erwähnte „Haus der 50" (ein siebenstufiger Tempel) dem Ningirsu-Ninib gehört (s. Winckler MVAG 1901, 356), so ist dadurch indirekt bezeugt, wozu auch alle Erscheinungen stimmen, daß Ninib-Mars der Nordpunkt gehört. Da weiter, wie wir bereits sahen, der Nibiru der Mondpunkt ist, so ergibt sich zugleich daraus, daß Ninib-Mars in gleichem Sinne mit dem Monde identifiziert werden kann (er heißt deshalb der Nibiru), wie Nergal-Saturn die Sonne ist[3]. Sowohl als kritischer Mondpunkt wie als kritischer Sonnenpunkt ist der Nordpunkt mythologisch wichtig. Er ist der Punkt des Feuerreichs (Fegefeuer und Durchgang zum Anu-Himmel); von dort kommt das Feuer herab (Sternschnuppenfall im Hochsommer); dort ist der Punkt des hinkenden Schmiedes, vgl. S. 21.

Außer diesen von uns ATAO[1] 15 beigebrachten indirekten Beweisen für Ninib = Nordpunkt[4] hat jetzt H. Winckler den direkten inschrift-

---

[1]) Vgl. die Darstellung des Siegelcylinders Abb. 11.

[2]) Darum heißt er: „Der Kopf und Schwanz faßt" (lû ṣâbit rêšu arkat; Winckler KT[2] 128: „der das vorn zum hinten macht"). Es erinnert an das Sinnbild des Kreislaufs, das die Schlange zeigt, die sich in den Schwanz beißt, — auf ägyptischen, indischen und phönizischen Monumenten nachweisbar, z. B. auf dem Oberrande eines phönizisch-kultischen Gefäßes im Berliner Vorderasiatischen Museum; ebenso auf den römischen Münzen der Aeternitas. Auf dem koptischen Weltkreisbild S. 58 ist der Schlangenkreis an den vier Hauptpunkten (Weltecken) durch die Gestalten der Kerube eingeteilt.

[3]) S. hierzu Winckler, F. III, 193. 208, MVAG 1901, 266, und die Bestätigung durch die ägyptische Liste der fünf Epagomenen-Gottheiten (Ausgleich der Jahrestage von 360 auf 365): Saturn (Sonne!), Mars (Mond!), Merkur, Venus, Jupiter! s. Spiegelberg OLZ 1902, 6.

[4]) Von Zimmern KAT[3] 408 f. noch bezweifelt; mit der Zustimmung steht und fällt die Nötigung, dem System samt seinen Schlußfolgerungen zuzustimmen!

lichen Beleg aus der ersten Tafel des keilinschriftlichen Werkes von den bösen Geistern: CT XVI, pl. 4, 143 ff. hinzugefügt. Zum Verständnis des Textes, der auch die obigen Ausführungen über die übrigen Punkte der Sonnenbahn bestätigt, vergegenwärtige man sich, daß die Gesichtsrichtung nach babylonischer Rechnung nach Osten geht und daß bei Betonung der Tagesgleichen Marduk = Sonne und Nebo = Mond ist (s. S. 31 u. Abb. 15). Die Stelle lautet:

„Šamaš vor mir, Sin hinter mir,
Nergal zu meiner Rechten,
Ninib zu meiner Linken.“

Insofern die vier Planeten die Hauptpunkte der Sonnenbahn darstellen, trägt jeder von ihnen auch noch in besonderem Sinne Sonnencharakter: Marduk ist Frühlings- oder Morgensonne, Nebo Herbst- oder Abendsonne, Ninib Mittag- oder Sommersonne, Nergal Nacht- oder Wintersonne.

Ebenso können nach dem Grundsatz, daß Sonne und Mond (und Venus) die gleichen entsprechenden Erscheinungen zeigen, die vier Planeten auch den Mondphasen entsprechen.

V. **Die Weltrichtungen.**

Aus der Anordnung der „Weltecken“ ergeben sich verschiedene Theorien für die Beantwortung der Frage nach der Weltrichtung (islamisch Ḳibla; wir sagen Orientierung, weil wir Osten unter christlichem Einfluß, aber im letzten Grunde als babylonische Erbschaft als Hauptrichtung voraussetzen):

Der Kosmogonie entspricht die Ḳibla nach Süden, der Ozean, aus dem die Weisheit emporsteigt, aus der die Weltäonen kommen [1].

Die astronomisch richtige „Orientierung“ ist die, welche den Norden zur Hauptrichtung macht, den Nordpol des Himmels; das kann der Nordpunkt des Weltalls sein, der Anu gehört, oder auch der Nordpunkt des Tierkreises, der nach den obigen Ausführungen Ninib bez. Sin, dem Monde, gehört; darum erscheint im System der Götterwelt Sin = Ninib und = Anu [2]. Das ist die richtige Orientierung, die den Babyloniern nahe lag, solange der Mondkult dominierte, und die auch dazu stimmt, daß der Strom, der Euphrat, von Norden nach Süden fließt (daher oben = Norden, unten = Süden). Deshalb findet sich der zum Turm von Nippur gehörige Tempel an der Nordost-

---

[1]) S. Winckler F. III, S. 296 ff. und vgl. oben S. 6.

[2]) S. oben S. 27.

seite; die Nordecke ist hier die Ḳibla. Diese Ḳibla zeigt sich bei den „Ssabiern“ (Chwolson II, 5. 60f.) und bei der Gebetsrichtung der Mandäer: sie wenden sich nach dem Nordpunkt des Himmels[1].

Möglich ist auch eine andere Orientierung, welche sich aber der Nord-Ḳibla gegenüber als sekundär zu erweisen scheint: nämlich nach Westen, dem andern Nachtpunkt. Sie entspricht der Zweiteilung der Welt (Sommer und Winter, Tag und Nacht), bei der Nebo dem Mond, Marduk der Sonne entspricht, und mag auf der einfachen astronomischen Beobachtung beruhen: Wenn die Frühlingssonne im Tagesgleichenpunkte (also früh 6 Uhr) aufgeht, geht der Vollmond in Opposition zu ihr im Westen unter. Also auch hier läßt sich die Orientierung vom Mondkult leiten. Diese Weltrichtung tritt darin zutage, daß das Jahr im Herbst anfängt (Tišrî heißt Anfang!)[2], und wird historisch dokumentiert durch die Erscheinung, daß Nebo ursprünglich die Stelle Marduks einnahm und umgekehrt.

Beide Theorien entsprechen dem Mondkultus. Das änderte sich, als das Zeitalter des Sin[3] (nach dieser Theorie = Nebo) zu Ende ging und das Zeitalter des Marduk eintrat. Das war die Zeit, in der die Frühlingssonne aus dem Zeichen der Zwillinge in das Zeichen des Stieres trat, und in der die Stadt Babylon, deren Stadtgott Marduk den Stier als Symbol hat, unter der Herrschaft der Hammurabi-Dynastie zur Metropole des Weltreichs wurde. Damals entstand eine Theorie, die alles auf Marduk, d. h. den Ostpunkt abstimmt. Von da an feierte man Neujahr im Frühling[4].

---

[1]) Die Betonung des Nordpunktes nicht astronomisch, sondern kosmisch kann die Hervorhebung des Feuers zur Folge haben (Norden Feuerregion s. S. 28). So in der Religion Zarathustras, bez. in der altpersischen Religion. Wahrscheinlich entsprach die kultische Hervorhebung des Feuers dem Kult der Heimat Zarathustras. Der Gegensatz ist hier die in Babylonien betonte Wasserregion (Ahriman und seine Drachen).

[2]) Beim Widderzeitalter ist die gleiche Erscheinung zu erwarten. Wenn nun im Mithras-Kalender dem Mithras der 16. Tag (Vollmond) und sodann der 7. Monat (der im Jahr dieselbe Rolle spielt, wie der 16. Tag im Monat) geweiht ist, so sieht man, daß hier Herbstjahresanfang herrscht.

[3]) Näheres darüber in dem Abschnitt „Weltzeitalter“ S. 62ff.

[4]) Das Neujahrsfest als Herbstfest entspricht der alten euphratensischen Orientierung, die z. B. dem Ningirsu-Fest bei Gudea zugrunde liegt. Unter der Herrschaft von Babylon gilt der babylonische Kalender, also fällt der Neujahrsanfang in den Frühling. Die Vorliebe für die Nordrichtung (z. B. hie und da im A. T., s. zu Hi 37, 22) ist alt-euphratensisch im Gegensatz zur Weltrichtung von Babylon; ebenso der auf Herbstanfang gestimmte

Die Änderung der Ḳibla erfordert nicht unbedingt auch Wechsel des Nord- und Südpunktes. Es kommt dann darauf an, in welcher Richtung der Kreislauf gedacht ist. Die Jahresbewegung der Sonne geht nach Osten, die Äonenbewegung der Präzession (s. Weltzeitalter S. 62 ff.) geht nach Westen.

VI. Sonnenwende und Tagesgleiche.

Sonne und Mond.

Wie bereits aus den bisherigen Ausführungen hervorgeht, sind im religiösen Kalendersysteme zwei Rechnungen möglich. Die eine betont die Sonnenwenden, die andre, die die Erscheinungen des Naturlebens hervorhebt, betont die Mitte des Kreislaufs von Sonnenwende zu Sonnenwende: die Tagesgleichenpunkte. Daß beide vorhanden sind, zeigen die babylonischen Feste. Das Neujahrsfest, von dem der S. 26 zitierte Arsacidentext redet, feiert die Tagesgleichen, das Tammuzfest feiert in der uns am besten bekannten kultischen Ausprägung die Sonnenwende (Geburt und Tod des Tammuz) oder bei Betonung des Verhältnisses zwischen Sonne und Mond Hochzeit und Tod des Tammuz, s. Abb. 14.

Sodann kommt es darauf an, ob Zweiteilung oder Vierteilung des Kreislaufs hervorgehoben werden soll. Bei Zweiteilung treten entweder Nergal oder Ninib zurück (Sommer und Winter, Tag und Nacht, vgl. 1 Mos 8, 22), dann ist

Marduk: Tag, Sommer
Nebo: Nacht, Winter.

Nach der Anschauung, die dem Monde Oberweltscharakter und der Sonne Unterweltscharakter gibt[1], vertritt dann Marduk die Sonne und Nebo den Mond, wie wir es in dem S. 29 zitierten Texte finden. Oder Marduk und Nebo treten zurück, dann vertritt Ninib den Mond und Nergal die Sonne[2].

Den gesamten Kreislauf kann auch eine göttliche Erscheinung vertreten. Das bringt der Mythus zur Darstellung in

---

Kalender des jüdischen Staates unter Šesbaṣar, s. S. 42. Die in Medeba gefundene Mosaikkarte von Jerusalem (6. Jahrh. n. Chr.) zeigt, daß das Haupttor und die Säulenstraße der alten Stadt nach Norden ging. Die Karte ist nach Osten orientiert; das Meer ist unten.

[1]) Vgl. S. 27. 5 Mos 33, 13 wird die Sonne und die Kulmination (גרש, Sept. σύνοδος) des Mondes als Gegenstück genannt in Parallele zu Himmel und Tehom, s. Winckler F. III, 306 ff.

[2]) Vgl. S. 29. Dann ist nicht, wie in dem Texte S. 29, Osten und Westen oben und unten, sondern Nord und Süd wird (so oft in den assyrischen Inschriften im beabsichtigten Gegensatz zur „babylonischen" Rechnung) als eliš und šapliš, oben und unten bezeichnet.

der Gestalt des Tammuz. Sofern der Mondkreislauf betont wird, ist der abnehmende Mond der in die Unterwelt sinkende Tammuz, der zunehmende Mond der nach drei Tagen (!) der Schwarzmondzeit mit dem Sichelschwert siegreich emporsteigende Tammuz[1]. Tammuz ist dann Nergal + Ninib. Nergal und Ninib erscheinen als Zwillinge, werden nach VR 46, 4 a b deshalb auch mit dem Sternbild der Zwillinge kombiniert. Bei

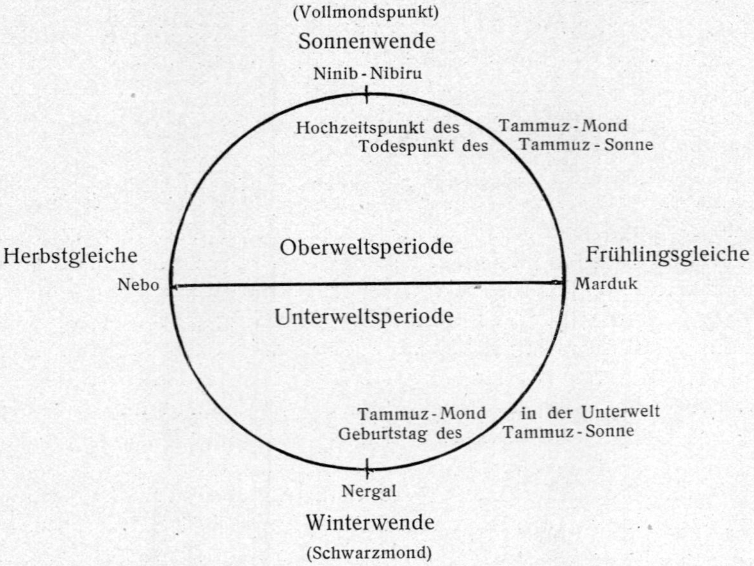

Abb. 14: Sonne und Mond mit ihren mythologischen Motiven.

Betonung des Sonnenlaufs ist Tammuz entweder = Marduk + Nebo (Hervorhebung der Tagesgleichen, so in der S. 26 zitierten Theokritstelle) oder = Ninib + Nergal (Hervorhebung der Sonnenwende, so in dem S. 15 zitierten astronomischen Keilschrifttexte). Eine dritte Betrachtungsweise läßt in Tammuz das Verhältnis von Sonne und Mond erscheinen. Eins rettet das andre aus der Unterwelt. Entweder die Sonne den Mond oder der Mond die Sonne: entweder befreit der Frühjahrsneumond

[1]) Nach dem Hilal entfernt sich der Mond vom Zwillingsbruder 14 Tage lang, dann „erkennt" er ihn, wendet sich zu ihm und stirbt 14 Tage lang allmählich, s. Abb. 15.

die Sonne (trägt sie auf den Schultern: Christophorus) im Tagesgleichenpunkte, oder der Frühjahrsschwarzmond, der in die Unterwelt sinkt, wird von der Frühjahrssonne befreit. Ein

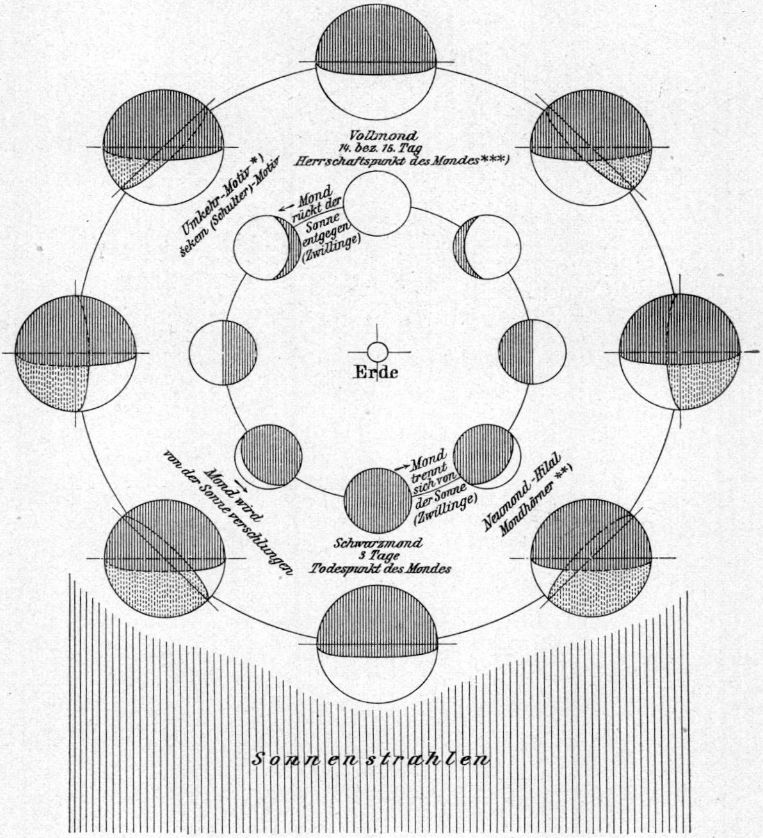

Abb. 15: Der Mondlauf und seine mythologischen Motive.

NB. Bei den großen Mondkreisen zeigen die punktierten Stücke die zwar von der Nachtsonne beleuchteten, aber von der Erde aus nicht sichtbaren Teile an. Der weiße Halbkreis auf dem untersten Mondbilde ist aus Versehen nicht punktiert.

*) Todesmotiv; das entsprechende Motiv der Sonne ist Entschleierung. Vgl. S. 35.

**) Der Mond siegt mit dem Sichelschwert über die finstere Macht oder gilt als Frühjahrsneumond (nach 3 Tagen Schwarzmond) als von der Sonne befreit, oder trägt die Sonne auf den Schultern durch die Wasserregion (Christophorus). Bei Betonung der Mondmotive ist die tragende und getragene Gestalt zunehmender und abnehmender Mond.

***) Zusammentreffen des Frühlingsvollmonds (nach 3 Tagen Schwarzmond) mit der Befreiung des Tammuz (Sonne nach der Winterzeit) als Neujahr gefeiert.

klassisches Zeugnis für den Mondkampf haben wir in dem Kap. II S. 102 f. wiedergegebenen Texte. Sonst erscheint Ištar als Partnerin des Tammuz. Ištar rettet Tammuz aus der Unterwelt (Höllenfahrt der Ištar). Dabei können der gerettete ebenso wie der rettende Teil beide Sonnen- oder Mondcharakter tragen

Abb. 16: Tafel aus Nippur (?) mit der Figur des Heptagramm. Vgl. Hilprecht, Expl. in Bible Lands S. 530.

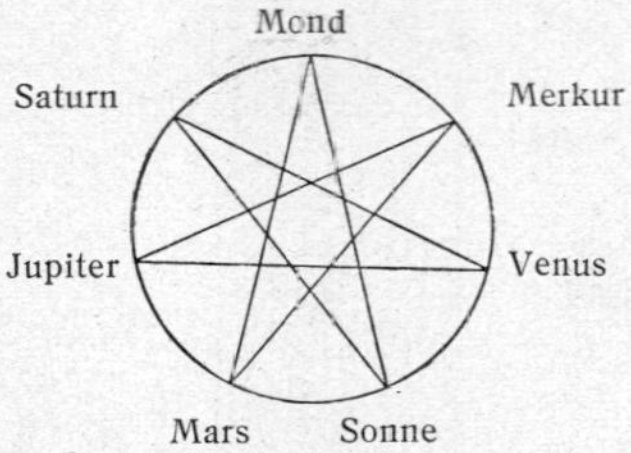

Abb. 17: Heptagramm.

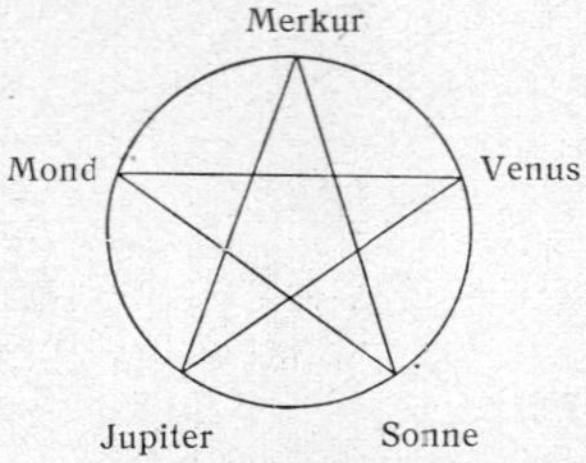

Abb. 18: Pentagramm.

und andrerseits beide den männlichen oder weiblichen Teil repräsentieren[1]. Der kritische Punkt ist bei Betonung der Sonnenwende die Begegnung des Vollmonds mit der Sonne in der Sommersonnenwende (24. Juni: Hochzeit des Tammuz, zu-

1) Ištar und Tammuz; Isis und Osiris; Aṯtar und Šemš; Baalat von Gobal und Adonis; Nergal und Eriškigal; Orpheus und Eurydike. Den gleichen Mythus finden wir in Japan im Kojiki, dem heiligen Buche des Shintoismus, s. Kap. III unter Japan, wie bei den südamerikanischen Stämmen, s. Ehrenreich, Die Mythen der südamerikanischen Urvölker, S. 37. Ehrenreich bezeugt, daß in Peru die vor-inkaischen Mythen asiatischen Charakter zeigen; er ist trotzdem skeptisch gegen asiatischen Ursprung, weil er nicht prähistorische Wanderung in Rechnung zieht.

gleich Todespunkt des Tammuz)[1]. Bei Betonung der Tagesgleichenrechnung ist der kritische Punkt das Zusammentreffen des Frühjahrsvollmonds mit dem Siegespunkte der Frühjahrssonne.

Eine andre Darstellung des Weltkreislaufs stellt die sieben Planeten (die fünf einschließlich Sonne und Mond) als sieben Punkte eines Kreises dar in der Gestalt des Heptagramms. Das Bild dieses Heptagramms können wir bereits auf einer altbabylonischen Tafel nachweisen, s. Abb. 9. Es spielt bekanntlich noch in der mittelalterlichen Astrologie eine große Rolle. Durch Ausscheiden zweier Planeten bei Zweiteilung des Kreislaufs wird das Heptagramm zum Pentagramm. Die beiden ausgeschiedenen Planeten gelten dann als Unglücksplaneten. In der uns bekannten Astrologie gilt das vor allem von Nergal-Saturn und Ninib-Mars. Das Pentagramm ist aber das astrologische Zaubermittel. Es ist identisch mit dem Druidenfuß, Pentalpha, Alpenkreuz, salus Pythagorae, das an mittelalterlichen Kirchen (vgl. Otte, Kirchliche Archäologie S. 867) als Schloß und Riegel gegen das Eindringen oder Entweichen böser Geister gilt.

Auf den hier skizzierten Lehren ruhen die Mythen vom Kampfe mit der finstern Macht (Drachenkämpfe) im Tageslauf[2], Jahreslauf, Weltjahreslauf. Beim Kampf sind immer Mond oder Sonne oder beide beteiligt[3]. Als Erretter gilt der, der die neue Lichtzeit bringt. Im babylonischen Zeitalter ist das Marduk. Daß das künstlich und sekundär ist, liegt auf der Hand. Was soll Jupiter als Erretter? Aber Marduk-Jupiter ist nur an die Stelle von Nebo-Merkur getreten (s. S. 24). Merkur ist Morgenstern. Sein Name bedeutet „Verkünder"; darin liegt übrigens die astrale Deutung des Wortes nabî „Prophet", er ist der Verkünder oder Bringer[4] des neuen Zeitalters.

Eine besondere Rolle spielt beim Kampfe das dritte der drei großen Gestirne, Ištar. Während des Kampfes „begehrt sie, Himmelskönigin zu werden" (s. S. 108 vgl. 102). Sie ist gleichberechtigt innerhalb der großen Trias mit Sonne und Mond. Ihr

---

[1]) Hier liegt der Sinn des Motivs des Umkehrens s. S. 33, das sich ebenfalls in der ganzen Welt findet; für Südamerika vgl. z. B. Ehrenreich l. c. S. 37, wo im Mythus der Yurakaré der zerstückelte und wieder zunehmende Mond der Sonne ins Haus folgt, aber verschwindet, als sie sich dem Verbot zum Trotz umwendet.

[2]) „Wo bist du Sonne blieben? die Nacht hat dich vertrieben, die Nacht des Tages Feind."

[3]) Wenn unser Kalender den 24. Juni (in Leipzig z. B. Johannistag als Totenfest) statt 21. Juni und den 24. Dezember statt 21. Dezember (Geburtstag des Erlösers) setzt, so hat das wohl darin seinen Sinn, daß die dreitägige Mondrechnung auf die halbjährige Sonnenrechnung aufgesetzt wird!

[4]) S. Winckler, F. III, 290 vgl. 280. 299. 412.

Abb. 19:
Altbabylonischer Kalendernagel.
Original im Besitze des Verfassers.

kommt deshalb die Kulminationsstellung, die Stellung im Weltteil Anus zu, wenn die beiden andern sie nicht innehaben[1].

VII. **Der Kalender.**

Da alle Einrichtungen des Staatslebens als Wiederspiegelungen himmlischer Erscheinungen gelten, so ist der Kalender, der die Einrichtungen des Lebens nach dem Umlauf der Gestirne reguliert, die wichtigste Staatsakte, Sache der Gesetzgebung[2]. Dabei konnten alle möglichen aus Sonnen- und Mondlauf sich ergebenden Berechnungen zugrunde gelegt werden. Für den Kreislauf des Jahres war wohl von jeher von entscheidender Bedeutung die Beobachtung der Tagesgleichenpunkte, wie sie z. B. in den astronomischen Texten III R 51 notiert sind. Im Stierzeitalter wird sich die Beobachtung auf den Aufgang des Sternes Aldebaran bezogen haben, der zum Stiere gehört[3] und dessen Aufgang im Osten mit dem Untergang des Antares

---

[1]) Vgl. die Motive im Estherbuch. Mardochai (Marduk) und Haman kämpfen; Esther (Ištar) besteigt den Thron, vgl. Winckler, F. III, 1 ff. Näheres zur Trias s. S. 79 ff. In der poetischen Sprache des A. T. (Kampf Jahves mit dem Drachen) werden wir den Kampf nach Mond- und nach Sonnen-Motiven wiederfinden.

[2]) In Memphis gelobt der junge König beim Regierungsantritt im Tempel, weder die Jahres- noch die Festordnung zu ändern. Dann trug er eine Strecke das Joch des Apis, um anzudeuten, daß er Schützer der Religion sein wolle (Ἀνακλητήρια, s. Pauly-Wissowa s. v.). Man erwäge ferner, welche Wichtigkeit die Kalenderreform für die Begründung der Herrschaft Muhammeds hat (Winckler, Ex oriente lux I, 1, 7: „Die ältesten Überlieferungen des Islam beziehen sich gleichfalls auf die Ordnung des Jahres"); die römische Sagengeschichte berichtet von der Kalendergesetzgebung des Numa Pompilius. Der dictator clavis figendi causa ist der altrömische Kalendermacher. Tonkegel in Nagelform, die zur Zählung der Zeitabschnitte in die Tempelwand gesteckt wurden, besitzen wir aus den ältesten babylonischen Zeiten, s. Abb. 19. In China bilden die Kalendermacher das „Kollegium der himmlischen Angelegenheiten", vgl. Ideler, Chronologie der Chinesen 1839.

[3]) Größter Stern der Hyaden (so S. 23, Z. 16 statt Plejaden zu lesen).

im Skorpion zusammenfällt. Das ergibt fast genau die halbe Sonnenbahn und genau die Teilung der Mondhäuser, die sonst verschieden auseinander liegen, in zwei Hälften, 14 oberirdische und 14 unterirdische[1]. Bei Vierteilung (entsprechend der Vierteilung des Raums, den vier Weltecken) kommen dann zu den Tagesgleichenpunkten die Sonnenwendepunkte, dem am Fixsternhimmel bei Stierrechnung Regulus im Löwen entspricht[2]. Daraus entsteht die Teilung in Jahreszeiten und Weltjahreszeiten.

Der Mondlauf durch die Tierkreisbilder und der Sonnenlauf ergeben Zeitabschnitte von 30 Tagen. Auf dem Ausgleich der Verschiedenheit der Sonnen- und Mondbahn ruht alle Kalenderkunst.

Die assyrischen Monatsnamen sind nach der Reihenfolge des Widderzeitalters[3]:

Nisan:	Anu und Bel
Airu (Ijjar):	Ea, Herr der Menschheit
Sivan:	Sin-Mond, der Erstgeborne Bels
Tammuz:	Ninib (vertauscht mit Sonne, s. Tišri), der Kämpfer
Ab:	Nebo-Merkur
Elul:	Ištar-Venus
Tišri:	Šamaš der „Held“ (vertauscht mit Ninib-Mars, s. Tammuz)

---

[1]) Darum bilden bei den Chinesen, Indiern und Arabern die Plejaden die 1. und der Skorpion die 14. Mondstation. Vgl. das auf Haliburtons Plejaden-Forschung und auf Dupuis' Werken ruhende Buch v. Bunsens, Die Plejaden und der Tierkreis, das natürlich mit Vorsicht zu benutzen ist. Hieraus erklärt sich die 14 im Zerstückelungsmotiv des Osiris-Typhon-Mythus. Im ersten Buch des Schu-King werden ebenfalls die vier Determinanten genannt (für die Zeit des mythischen Kaisers Jao im 3. Jahrtausend), und die Kommentatoren der Han-Dynastie (3. Jahrh. v. Chr.) sagen, der Frühlingspunkt liege in Mao (η Plejaden unsrer Sternkarte, also im Stier!) in der gleichnamigen Mondstation. Derselbe Stern heißt in der brahmanischen Astronomie Krittikâ und beginnt dort ebenfalls die Reihe der Mondstationen im Frühlingspunkt! Vgl. S. 12 und die dort zitierte Literatur.

[2]) S. zu 1 Mos 49, 10. Regulus, der Königsstern, liegt zwischen den Füßen des Löwen; Juda, dem Löwen, gehört der Nordpunkt, der Herrschaftspunkt, im Kreis der 12. Also die Tierkreismotive im Jakobssegen stimmen ebenfalls zum Stier-Zeitalter.

[3]) IV R 33. Die assyrische Aufzählung setzt Veadar als Schaltmonat ein (geweiht dem Assur, dem „Vater der großen Götter“). Zu den zugehörigen Götterlisten vgl. Winckler, F. II, 367 ff., Hommel, Aufs. u. Abhandl. 447 ff. Die entsprechenden phönizischen und jüdischen Monate s. zu Neh 1, 1.

Marḫešvan:	Marduk-Jupiter, der Beauftragte (abkallu) der Götter
Kislev:	Nergal-Saturn, der große Kämpfer (?)
Tebet:	Papsukal, der Bote von Anu und Ištar
Šebat:	Ramman, der Gugal von Himmel und Erde
Adar:	die große Siebengottheit.

Winckler hat in dem für die gesamte Auffassung des altorientalischen Systems grundlegenden Aufsatz „Himmel, Kalender, Mythus" F. II, S. 354 ff. gezeigt, daß die Liste deutlich eine frühere Rechnung nach sechs (Doppel-) Monaten zeigt, die auf Sin, Šamaš (Zwillinge, im assyrischen Kalender auf den 3. und 4. Monat verteilt) und die fünf Planeten verteilt sind, also entsprechend der Planetenliste III R 57, 65 ff. a. Während bei Rechnung von zwölf Monaten je ein Tierkreisbild entspricht, entsprechen die Tierkreisbilder den Doppelmonaten folgendermaßen [1]:

Zwillinge:	Sin [und Šamaš]	[Januar: Janus mit Doppelgesicht, s. S. 65]
Krebs:	Šamaš (= Nergal)	[Februar: Nergal als Fieberbringer, febris] [2]
Löwe: (Jungfrau)	Ninib-Mars	[März-Mars]
Wage:	Nebo-Merkur	[April-Hermes] [3]
Skorpion:	Marduk-Jupiter	[Mai-Jupiter als optimus maximus]
Jungfrau:	Ištar-Venus	[Juni-Juno].

Die Klammern illustrieren den „babylonischen Urprung" der römischen Doppelmonate, vgl. S. 66 und schon Movers bei Chwolsohn, Ssabier II, 782 f.

Die Sechszahl wird durch Ausscheidung eines der Unglücksplaneten erreicht (Nergal = Sonne, bez. später Ninib nach dem Gesetz der Umdrehung), wie das Pentagramm durch Ausscheidung beider entsteht (s. S. 34). Die volle Siebenzahl erscheint in der Wochenrechnung, deren Beziehung zu den Planeten wir, wie bereits bemerkt, für uralt halten [4]. Daß schließlich sämtliche

[1]) S. Winckler, l. c. und Geschichte Isr. II, 283.

[2]) Bei den Etruskern (Schobat) der Unterweltsgottheit geweiht, s. Movers bei Chwolsohn, Ssabier II, 782, es ist der defekte Monat (Motiv des Jungfrauenraubs und der Kinderlosigkeit), s. ib. 607. 782.

[3]) S. Winckler, F. II, 360. Die Zugehörigkeit des 4. (statt 6.) Monats zur „Wage" (Nebo-Merkur), dem Zeichen der Herbstgleiche, bestätigt deutlich das archaische Zurückrücken um zwei Zeitalter (Zwillings- statt Widderzeitalter), vgl. S. 66.

[4]) Die jüdischen Kabbalisten, deren Weisheit aus Babylon stammt, setzen über jeden der sieben Planeten einen Erzengel, der an einem

Monats- bez. Jahrestage mit Astralgöttern besetzt werden, zeigt der altpersische Kalender[1]. In der christlichen Ära haben die Kalenderheiligen die Astralgötter abgelöst; aber auch hier sind die astralen Beziehungen noch an vielen Stellen erkennbar[2].

Die Reihenfolge unserer Planeten-Wochentage (s. Winckler, F. III, 192) erhält man aus dem Heptagramm (s. S. 34), wenn man die Punkte in folgender Reihenfolge bezeichnet[3]: Mond, Merkur, Venus, Sonne, Mars, Jupiter, Saturn, und wenn man dann mit der Sonne beginnend die Punkte mit Überschlagung je zweier Punkte verbindet[4]:

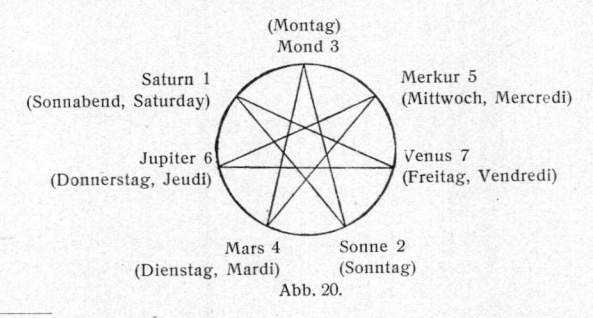

Abb. 20.

Wochentage die Weltregierung besorgt: Raphael-Sonne, Gabriel-Mond, Chamael-Mars, Michael-Merkur, Zadkiel-Jupiter, Annael-Venus, Sabathiel oder Kephziel-Saturn, s. Kohut, Angelologie im Talmud. Nach Clem. Alex. Strom 6 würden die 7 Geister am Throne Gottes Apk 1, 4, bei denen an Planeten zu denken ist (s. BNT 24 ff.), der Anschauung entsprechen. Die Nabatäerschrift Maqrîsi (Chwolsohn II, 611) bezeugt den Zusammenhang zwischen Planeten und Wochentagen für die „Ssabier".

[1]) Den sechs Amšaspands gehört je ein Monat (Doppelmonat?), je ein Tag in den Abschnitten der zu 14 + 16 gerechneten Monate. Dazu tritt als 7. Ormuzd, dem der 1. und 8. und 15. und 23. heilig ist. Plutarch sagt, daß die sechs, von denen übrigens jeder durch die Trias Sonne, Mond, Tištrya-Sirius begleitet ist, durch 24 Geister zu 30 ergänzt werden.

[2]) Der Johannistag („Er muß wachsen, ich muß abnehmen") am Tage der Sommer-Sonnenwende; der Thomastag (Thomas „der Zwilling", s. BNT 92) an der Winter-Sonnenwende, am 21. Dezember.

[3]) Mond der uns nächste; dann die Trabanten der Sonne Merkur und Venus, beide Morgen- und Abendstern. Dann die Sonne; dann weiter in der Reihenfolge der Umlaufszeit (s. S. 19) Mars, Jupiter, Saturn. Diese Reihenfolge, die die Planeten nach der scheinbaren Entfernung von der Erde ordnet, ist die bei den Babyloniern gebräuchliche, s. II R 48, 48 ff. a b; III R 57, 65 ff. a; nur daß Mond und Sonne obenan stehen.

[4]) Des weiteren sind übrigens nicht nur die Tage, sondern auch die Tagesstunden mit den Planeten in mystischen Zusammenhang gebracht, wie am Horoskop zu sehen ist, das man nach der Geburtsstunde stellt (noch heutigen Tages werden auf Jahrmärkten auf die Stunde berechnete Horoskopbücher verkauft, nach denen „abergläubische" Bauern das

Wiederholt ist die Frage aufgeworfen worden, ob die Babylonier nach Sonnen- oder Mondjahren gerechnet haben. Die Jahre, die urkundlich bezeugt sind, scheinen sämtlich Mondjahre zu sein. Die Kalenderlisten rechnen mit Monaten zu 30 Tagen. Aber die Jahre haben verschiedene Monate zu 30, 29, 28 Tagen. Das Schaltjahr wird verschieden eingesetzt. Daß die Babylonier das Sonnenjahr wenigstens theoretisch in Rechnung zogen, ist selbstverständlich. Die Kalenderkunst beruht ja auf dem Ausgleich von Sonnen- und Mondlauf. Wo Jahreszeitenfeste gefeiert werden (Neujahr ist Frühjahrsfest), muß mit der Sonne gerechnet werden. Für die Epagomenen, die Ausgleichstage der Sonnen- und Mondrechnung, ist keine keilinschriftliche Bezeichnung nachzuweisen. Wir haben freilich auch noch keine Zeugnisse aus den Sonnenkultstädten, z. B. Larsa und Sippar [1].

Einen spezifisch „israelitischen" Kalender gibt es nicht. Man kann höchstens von einem bestimmten der in vielen Varianten vorhandenen Kalender sprechen, der von den Israeliten übernommen, d. h. zum praktischen Gebrauche eingeführt, anerkannt worden ist [2]. Wir würden dann diesen Kalender „israelitisch" nennen, wie wir etwa den julianischen Kalender als russischen bezeichnen könnten.

Als israelitische Eigentümlichkeit erscheint uns nach dem bisher zugänglichen Material die Durchführung der durchrollenden siebentägigen Woche. Für das außerisraelitische Gebiet im Bereiche der

---

Schlachtalter des Jungviehs bestimmen). Wenn die erste Stunde des ersten Wochentages (und auf die Betonung dieser ersten Stunde kommt es in der Astrologie an) z. B. dem Saturn galt, die zweite Jupiter, die dritte Mars, die vierte der Sonne, die fünfte Venus, die sechste Merkur, die siebente dem Monde usf. durch die 24 Stunden des Tages, so traf die erste Stunde des zweiten Wochentages auf die Sonne, die erste Stunde des dritten Tages auf den Mond, die des vierten auf den Mars, die des fünften auf den Merkur, die des sechsten auf Jupiter, die des siebenten auf Venus, und nach dem Planeten, der die erste Stunde regiert, sagte man dann: Saturntag (saturday), Sonntag, Mondtag, Dienstag (Mardi), Mittwoch (Mercredi), Donnerstag (Jeudi, Jovis dies), Freitag (Vendredi, Veneris dies).

[1]) Eine banausische Renaissance des babylonischen Mondjahres ist Muhammeds Kalender, der Schalttage und Schaltmonate verbietet. Die islamischen Mondjahre laufen durch unser Sonnenjahr. Wenn der Neumond sichtbar ist, beginnt der neue Monat. Bei bewölktem Himmel wartet man ein, zwei Tage, bis höchstens 30 voll sind. Ungefähr aller 33 Jahre kommt Ramadan wieder in denselben Sonnenmonat; dann haben die Muhammedaner wieder ein Jahr gegen die Sonnenrechnung gewonnen.

[2]) Aus dem durch den Gestirnlauf festgesetzten Kalender erklären sich die Feste, nicht etwa umgekehrt. S. dafür gegen die Erklärung der Wellhausenschen Schule, wonach die Feste als ursprüngliche Erntefeste von einer Bauernbevölkerung ohne Kalenderwissenschaft eingeführt sein sollen, Winckler, Kritische Schriften IV, 62 ff. Die folgenden Ausführungen setzen sich mit Schiaparelli, Astronomie im Alten Testament, Gießen, Ricker 1904, auseinander.

altorientalischen Kultur ist uns nur eine durchrollende Fünferwoche bezeugt (ḫamuštu, durch die in babylonischer Keilschrift geschriebenen kappadokischen Täfelchen). Mit dem Mondlauf hat diese Siebenerwoche zunächst gar nichts zu tun. Sie kann auch dem Mond nachträglich nicht auf den Leib geschrieben sein, denn 28 ist in keinem Falle Mondzahl (27 Tage, 7 Stunden, 43 Minuten währt der siderische Mondlauf; 29 Tage, 12 Stunden, 44 Minuten der synodische Mondlauf; der Ausgleich wäre 28 ½). Die Siebenerwoche repräsentiert einfach eine Zahl, und es ist für die altorientalische Kulturwelt keine Zeit denkbar, in der man dabei *nicht* an die sieben Planeten gedacht hat.

Was die Jahresrechnung anlangt, so ist zunächst erwiesen, daß die Israeliten das ausgeglichene Sonnen- und Mondjahr *gekannt* haben. Denn die Zahl der Lebensjahre Henochs (365) soll zweifellos Sonnenzahl sein, s. Kap. Urväter. Wenn man in einer bestimmten Zeit *offiziell* nach Sonnenjahren gerechnet hat, so wäre das Sache der Gesetzgebung gewesen. Es könnte nur durch einen bestimmten *historischen* Fall nachgewiesen werden. Die Bestimmung Salomos 1 Kg 4,7 ff., daß jeden חדש בשנה einer der zwölf Bezirke Staatslieferungen machen soll, deutet auf 12×30 Tage, ebenso die Rechnung des Sintflut-Erzählers: vom 17. des 2. Monats bis 17. des 7. Monats = 150 Tage (ein halbes Jahr, entsprechend dem Weltenhalbjahr der Wasserregion). Entspricht das Mondrechnung oder Sonnenrechnung? Vielleicht beiden zugleich. Denn auch bei Mondrechnung kommt es praktisch auf 30 Tage hinaus (abwechselnd 29 oder 30 Tage von Neumond zu Neumond). Die Namen jeraḫ für Monat und roš ḫodeš (Anfang der Erneuerung) für den Anfang des Zeitabschnittes beweisen, daß man vom Mondlauf (jareaḫ) ausging. Später bezeichnet ירח (ירח ימים = חדש ימים) allgemein 30 Tage (vgl. 4 Mos 11, 19 f. die Trauer um Aaron und Moses). Daß man mit *Neumondfeier* begann, beweisen Stellen wie Am 8, 5; 2 Kg 4, 23 nicht[1]; sie können sich auf Auszeichnung des 1. Tages der 30tägigen Periode beziehen. Für das benachbarte Phönizien liegt ein Zeugnis für Neumondfeier wohl in der Inschrift von Narnaka vor, wo zwei Opfertermine im Monat, am Neumond und Vollmond (?), gestiftet werden[2]. Die Neumond- und Vollmonddatierungen beim Zuge nach dem Sinai können an sich sehr wohl alten Verhältnissen entsprechen.

Wann begann das israelitische Jahr? 1 Kg 20, 22 u. 26 wird die Zeit, in der der König von Damaskus zu Felde zu ziehen pflegt, als Neujahrszeit genannt. Dasselbe gilt 2 Sa 11, 1 vom Kriegszug Davids. Hier ist also Frühjahr Jahresanfang. Sollte das nur vom Überzähler übernommene Form der Einkleidung der Erzählung sein und nicht vielmehr einem

---

[1]) Ob 1 Sa 20, 5; 18, 24. 27 eine Berechnung des Neumonds voraussetzt, ist strittig.

[2]) Text bei Landau, Beitr. II, S. 46 ff. Daß man in Israel, wie überall im vordern Orient vom Mond ausging, wenn es sich um Zeitrechnung handelte, ist gewiß. Der Mond ist der Zeitregler Ps 104, 19; Si 43, 6—8, das betont noch die rabbinische Theologie. Im Midrasch Genesis rabba c. 6; vgl. Pesikta 41 b heißt es: „Rabbi Jochanan sagt: Der Mond ist lediglich zur Berechnung der Zeiten geschaffen worden“ (nicht zum Leuchten, wie die Sonne). Bei orthodoxen Juden lehrt wohl noch heute die Mutter den Sohn, beim Anblick des Neumondes die Mütze abzunehmen.

geltenden Kalender entsprechen? Jer 36, 22, wo der König im 9. Monat am wärmenden Feuer sitzt, ist gewiß ein einwandfreies Zeugnis. Wir sind geneigt anzunehmen, daß auch 2 Mos 12, 2 (Nisan als erster Monat) den alten Verhältnissen entspricht: babylonischer Kalender (Stierzeitalter), vielleicht im bewußten Gegensatz zu der in Ägypten geltenden Kalenderrechnung. Als die Juden nach dem Exil einen eignen Staat hatten, setzten sie (unter Šesbaṣar) in eigner Kalendergesetzgebung im Gegensatz zu Babylon den Herbst (Tišri d. h. Anfang) als Jahresanfang fest, also im Gegensatz zu Babylon (aber übereinstimmend mit der alten im Namen Tišri noch erhaltenen euphratensischen Rechnung). Im praktischen bürgerlichen Leben wurde das Fest der Herbstlese als Jahresende wohl schon in vorexilischer Zeit angesehen. Die Juden haben noch heute zwei Jahresanfänge, im Frühling und im Herbst. 2 Mos 23, 16 kann neben 2 Mos 12, 2 zu alten Verhältnissen stimmen. Aber einer offiziellen Kalender-Einrichtung entsprach das kaum. Wollte man das annehmen, so würde es als ein Zeugnis für einen früheren Versuch eines selbständigen jüdischen Staatswesens angesehen werden müssen im Gegensatz zur babylonischen Herrschaft; es würde also auf ein Hinaufrücken der Entstehung des Judentums hinauskommen.

Wenn die Schöpfung der Welt im Frühjahr gedacht ist, so beweist dies nichts für den Kalender, wohl aber bezeugt sie Abhängigkeit von der Lehre Babylons in der Weltjahrrechnung.

Daß das gesamte Jahr zu allen Zeiten auf Ausgleich von Sonnen- und Mondlauf beruht, versteht sich von selbst. Sonst könnten die astronomisch bestimmten Feste nicht zugleich Erntefeste sein. Das Fest der Herbstlese und das Fest der Ähren könnte dann nicht in bestimmten Monaten gefeiert werden; bei gebundenem Mondjahr würden sie durch die Monate rücken.

Über den Sabbath vgl Kap. III über Tag und Stunde bei den Israeliten vgl. S. 61 Die nachexilischen Monate und ihr Zusammenstimmen mit den phönizischen und babylonischen Namen werden zu Neh 1, 1 besprochen.

VIII. Die Offenbarung des göttlichen Wissens und Willens.

Die altorientalische Lehre ist identisch mit Religion. Alles Wissen ist göttlichen Ursprungs, den Menschen von den Göttern überbracht, offenbart, das rein geistige Wissen sowohl wie Künste, insonderheit die Schreibkunst, die Handwerke, die Fertigkeiten. Die Religion ist ein Teil des Wissens. Die Pflege des Wissens ist Aufgabe des Priesterstandes, der eine Lehre feststellt, nach der alle Erscheinungen der Welt, die Einrichtungen des Lebens, die gesamte staatliche und gesellschaftliche Ordnung, aber auch die Geschicke des einzelnen Menschen als Ausfluß des Waltens und Willens der Gottheit aufgefaßt und damit als berechtigt erwiesen werden.

Die Popularisierung der Lehre ist der Mythus[1]. Er stellt die Weisheit dar als eine von der Gottheit im Buche nieder-

[1]) Die andre Art der Popularisierung ist das Festspiel, die dramatische Darstellung der in dem Gestirnlauf und dem auf ihm ruhenden Kalender enthaltenen religiösen Ideen; hierzu s. S. 85 ff.

geschriebene oder auf Schicksalstafeln aufgezeichnete Offenbarung. Nach den oben geschilderten Theorien von der Weltentstehung und der Art der göttlichen Offenbarungsstätten ist eine doppelte Vorstellung möglich: die göttliche Weisheit steigt aus dem Ozean empor [1], oder die Erkenntnis des Willens Gottes kommt aus dem Gestirnlauf. Die erste Theorie entspricht der Urwelt, die andere dem gegenwärtigen Welt-Äon [2].

a) Die aus dem Ozean emporsteigende Weisheit [3].

Als Ea den Urmenschen schuf (Adapa, der Atraḫâsis „Erzgescheiter" heißt und zer amelûti „Same der Menschheit"), gab er ihm „göttliche Vollmacht, einen weiten Sinn, zu offenbaren die Gestaltungen des Landes, verlieh ihm Weisheit". Ein babylonischer Text [4] redet vom šipru (Buch! ספר) des Gottes Ea, dessen Beobachtung insbesondere dem Könige obliegt. Ea ist nach II R 58 „Gott der Weisheit, der Töpfer, der Schmiede, der Sänger, der Kalû-Priester, der Schiffer, der Juweliere . . . ., der Steinmetzen, der Metallarbeiter."

Die Sage von Oannes [5] kann in diesem Zusammenhange erst gewürdigt werden. Man beachte dabei, daß z. B. nach dem Schlusse des Weltschöpfungsepos die ursprüngliche Weisheit, die auf Marduk übertragen wird, diesem Ea zukommt, ferner, daß das priesterliche Wissen, das die Götter in der Heroensage Enmeduranki zuschreiben, ursprünglich Ea zukommt, wie ja in den Ritualtafeln „das Geheimnis Eas", auch gelegentlich das „Wort aus dem Ozean", dem Wohnsitz Eas,

---

[1]) Vgl. Spr 8: „Als die Urfluten noch nicht waren, wurde ich (die Weisheit) geboren . . . . als er dem Meer seine Schranke setzte, als er die Grundfeste der Erde feststellte, da war ich ihm als Werkmeisterin zur Seite."

[2]) Beides ist natürlich im Grunde identisch. Man beachte, daß Oannes-Ea den Menschen die „Zahlen" überließ; Mathematik ist die Grundlage der Astraltheosophie, s. S. 56 ff.

[3]) Auch in der chinesischen Mythologie bezeugt: Zur Zeit des mythischen Kaisers Fuk-Hi (Anfang des 3. vorchr. Jahrtausends) kam aus den Wassern des Flusses Meng-ho oder Hoang-ho ein Ungeheuer mit Pferdekörper und Drachenkopf, dessen Rücken eine mit Schriftzeichen versehene Tafel trug, auf Grund welcher die Schriftcharaktere, die Kreise der acht mystischen Diagramme und durch sie die Schrift erfunden sein soll. Auch Indien kennt die Oannes-Gestalt: Bei der Sintflut erscheint der warnende Gott in Gestalt eines Fisches.

[4]) IV R 48 (= CT XV, 50) vgl. V R 51, 30 b. Vgl. meine Monographie Oannes in Roschers Lexikon der Mythologie III, 590 f.

[5]) In Verbindung mit Ea von mir in Roschers Lexikon der Mythologie III, Sp. 577 ff. (Art. Oannes), dann von Zimmern KAT [3] S. 535 f., zuletzt von Hrozný, MVAG 1903, 94 ff. besprochen.

eine Rolle spielt[1]. Oannes berichtet in seiner „chaldäischen Archäologie": „In Babylon hätten sich eine große Menge stammverschiedener Menschen, welche Chaldäa bevölkerten, zusammengefunden, die ordnungslos wie die Tiere lebten. Im ersten Jahre (nach der Schöpfung) sei aus dem erythräischen Meere, dort wo es an Babylonien grenzt, ein vernunftbegabtes Wesen mit Namen Oannes erschienen; es hatte einen vollständigen Fischleib, unter dem Fischkopf aber war ein andrer, menschlicher Kopf hervorgewachsen; sodann Menschenfüße, die aus seinem Schwanze hervorgewachsen waren, und eine menschliche Stimme. Sein Bild wird bis jetzt aufbewahrt. Dieses Wesen, so sagt er, verkehrte den Tag über mit den Menschen, ohne Speise zu sich zu nehmen, und überlieferte ihnen die Kenntnis der Schriftzeichen und Wissenschaften *(μαθημάτων)* und mannigfache Künste, lehrte sie, wie man Städte bevölkert und Tempel errichtet, wie man Gesetze einführt und das Land vermißt, zeigte ihnen das Säen und Einernten der Früchte, überhaupt alles, was zur Befriedigung der täglichen Lebensbedürfnisse *(ἡμέρωσις)* gehört. Seit jener Zeit habe man nichts anderes darüber Hinausgehendes erfunden. Mit Sonnenuntergang sei dieses Wesen Oannes wieder in das Meer hinabgetaucht und habe die Nächte in der See verbracht, denn es sei amphibienartig gewesen. Später seien auch noch andere dem ähnliche Wesen erschienen (ebenfalls aus dem erythräischen Meer, wie Syncellus in einem anderen Berichte hinzufügt), über die er in der Geschichte über die Könige berichten will. Oannes aber habe über Entstehung und Staatenbildung ein Buch *(λόγος)* geschrieben, das er den Menschen übergab." Helladius (bei Photius, s. Migne, Patrologia graeca Bd. 103) berichtet: „Ein Mann, namens Ὠής, der einen Fischleib, jedoch Kopf und Füße und Arme eines Menschen hatte, sei aus dem Erythräischen Meere aufgetaucht und habe Sternkunde und Literatur gelehrt." Hyginus (Fabulae ed. Schmidt, Jena 1872, fab. 274) sagt: „Euadnes, der in Chaldäa aus dem Meere gekommen sein soll, hat die Astrologie gelehrt." (Zu Ea-Oannes s. S. 95 ff. und Abb. 10).

b) Die Schrift des Himmels und die Tafeln der Geschicke.

In der gegenwärtigen Welt ist das göttliche Wissen in der gestirnten Welt gleichsam kodifiziert. Die Sterne heißen im Babylonischen šiṭir šamê, šiṭirtu šamê „Schrift des Himmels"[2].

---

[1]) IV R 21, 1 A, 41 a; cf. auch KAT[3] 628, Anm. 2 (zu IV R 23, Nr. 1, col. 1, 6); ferner noch IV R 29, 40 f. a.

[2]) Die gleiche Vorstellung findet sich Hi 38, 33: „Kennst du den mištar des Himmels?"; das Parallelglied sagt nach dem Grundsatz, daß das Irdische Abbild des Himmlischen ist: „Oder kannst du ihn auf die Erde malen?" Darum entspricht die Menschenschrift der Himmelsschrift, Hieroglyphen und Alphabet sind der gestirnten Welt entnommen (s. Hommel, Geogr. u. Gesch. S. 96 ff. und Winckler F. III, 195 ff.). Das gleiche Grundgesetz bezeugt für Arabien Koran, Sure 45, 1—4: „Die Offenbarung des Buches ist von Gott, denn im Himmel und auf der Erde sind die Zeichen für die Gläubigen. Auch in eurer Beschaffenheit und in allem,

Insbesondere sind die Wandelgestirne am Tierkreis in ihren Konstellationen die Offenbarer des göttlichen Willens, deshalb heißt der siebenstufige Turm von Borsippa, der wie alle Stufentürme die Planetenbahnen vorstellt, E-ur-imin-an-ki, „Tempel der sieben Befehlsübermittler Himmels und der Erde“[1]. Der Tierkreis ist das Buch der Offenbarung Gottes, die Erscheinungen des Fixsternhimmels sind gewissermaßen der an den Rand geschriebene Kommentar[2].

So erscheint uns die Religion Babyloniens wesentlich als Astralreligion. Die Vervielfältigung des Ideogramms für „Gott“ ✳ ergibt das Ideogramm für „Stern“[3]. Die Göttersymbole sind die gleichen, die uns als Sternbilder-Symbole erscheinen. Das Volk betet die Sterne an, die Meinung ist jedoch die, daß sich die eine göttliche Macht in den Stellungen der Gestirne offenbart. Der Lokalkult einer Astral-Gottheit wird damit begründet, daß der entsprechende Kultort irgendwie als dem kosmischen Orte entsprechend gedacht wird, an dem das betreffende Gestirn die göttliche Macht offenbart. Man muß sich vorstellen, daß

---

was es überall gibt von Tieren. Und im Wechsel von Tag und Nacht, und in dem, was Gott vom Himmel schickt an Nahrung und womit er die Erde nach ihrem Tode belebt und auch den Umschlag der Winde.“ Dazu vgl. Sure 16, 16: „. . . . denn durch die Sterne werden sie geleitet.“ (Winckler MVAG 1901, 360). Aus der jüdischen Literatur sei zitiert Moed katon 28a: „Langes Leben, Kinder und Nahrung hängt nicht vom Verdienst, sondern von den Gestirnen ab.“

[1]) Es ist merkwürdig: die Beobachtung des Laufes der Planeten hat die altorientalische Weltanschauung geschaffen; die erneute Beobachtung der Planetenbahn durch Kopernikus hat die moderne Weltanschauung begründet.

[2]) Die Fixsterne und Fixsternbilder kommentieren die mit den Planeten am Tierkreis zusammenhängenden Mythen. So entsprechen Kastor und Pollux, sodann Lanzen- und Bogenstern (großer und kleiner Hund) den Zwillingen (Lanze Mondmotiv, Bogen Sonnenmotiv, z. B. bei Saul und Jonathan, Cyrus und Kambyses, Ajax und Teukros), Auf- und Untergang des Orion entsprechen dem Tammuz-Mythus, die Orion-Motive entsprechen insbesondere den Motiven des Frühlingsmythus, die sieben Plejaden, die nach vierzigtägigem Verschwinden mit dem Stier aufgehen, illustrieren den Mythus vom besiegten Winter bei Sonnenrechnung, ebenso die fünf Hyaden bei Mondrechnung. Diese Dinge können hier nur angedeutet werden. Die Beziehungen des Fixsternhimmels hat Ed. Stucken betont. Andrerseits ist es der Fehler der Arbeiten Stuckens, daß die Fixstern-Beziehungen einseitig und ohne Zusammenhang mit den Planeten herangezogen worden sind.

[3]) Das Gottesdeterminativ ✳ selbst ist vielleicht ein Abbild des Nordpols des Himmels, der als Sitz des summus deus göttliche Verehrung genoß und der von ihm ausgehenden Himmelsrichtungen; zu dieser Vermutung H. Zimmerns s. meine Monotheist. Strömungen S. 19.

jeder Kultort die gesamte Lehre kennt. Der Lokalgott gilt in seinem Gebiet als summus deus, als Repräsentant der gesamten in der gestirnten Welt offenbarten göttlichen Macht.

Urkundliche Belege für die Lehre von der Offenbarung der Geschicke.

1. Die Omina[1], insbesondere das astrologische Werk „Als der Gott Bel", das auf die älteste babylonische Zeit zurückgeht.

2. Die Annalen der ältesten uns bekannten nordbabylonischen Könige Sargon und Naramsin, die uns in Form von Omina überliefert sind. Bei jedem Ereignis ist die Erscheinung am gestirnten Himmel angegeben, unter der die betreffende Tat ausgeführt wurde.

3. Die Bezeichnung der Planeten als „Befehlsübermittler Himmels und der Erde" und als „Dolmetscher" und „Ratgeber" s. S. 9. 11[3]. 17. 45.

4. Berosus (Marduk-Priester um 275 v. Chr.), „der den Bel interpretiert hat", sagt, daß alles durch den Lauf der Gestirne geschehe (Seneca), s. S. 63f.

5. Die tupšîmâte: „Tafeln der Schicksale"[2], die das „Gewölbe" (pulukku)[3] von Himmel und Erde festsetzen und auf denen „Befehle der Götter", „das Leben der Menschen" geschrieben sind. Nebo trägt sie, „der Schreiber des Alls", auch Bel, „der Vater der Götter" als Herr des Tierkreises. In den Mythen vom Kampf gegen den Drachen und von der Welterneuerung erhält sie der Sieger und Demiurg als Lohn. Im Epos vom Kampfe Marduks besaß sie Kingu, der Partner Tiâmats nach der Fesselung Mummus; Tiâmat übergibt sie ihm mit den Worten: „Dein Befehl werde nicht geändert, fest stehe der Ausspruch deines Mundes". Mit dem Besitz der Tafeln ist das Recht der Schicksalsbestimmung (šîmâta šâmu) verbunden. Die Schicksalstafeln stellen eine konkrete Ausprägung für die Offenbarung aus dem Urozean, dem Sitz der Weisheit, bez. von der Offenbarung aus der gestirnten Welt

---

[1]) Text veröffentlicht von Craig, Astrological Texts XIII (nicht allenthalben zuverlässig).

[2]) Als Singular zu fassen? Nach Analogie der biblischen Gesetztafeln könnte man geneigt sein, an zwei Tafeln zu denken. Aber auch sieben Tafeln sind denkbar, vgl. das Buch mit sieben versiegelten Abteilungen Apk 5 (s. mein Babylonisches im N. T. S. 17) und die sieben Tafeln in den Dionysiaca des Nonnus, deren jede den Namen eines der sieben Planeten trägt.

[3]) I R 51, Nr. 1, 24b und V R 66, 14ff. b (Antiochos Soter). Jensen, Kosm. 162 (vgl. aber 505f.) „Kreis", Zimmern „Grenzkreis" —? Das Wort ist im Arabischen als astronomischer Terminus für „Globus" erhalten.

dar. Die Tafeln sind die Weltteile, die Gestirne und Konstellationen bilden die Schrift.

6. Die Sage von Enmeduranki[1], dem siebenten Urkönig, dem gleich andern Urkönigen für die Heroenzeit dieselbe Offenbarungsweisheit zugesprochen wird, die ursprünglich nur den Göttern zukommt[2]: „Dem Enmeduranki, dem König von Sippar, dem Liebling des Anu, Bel und Ea . . . . haben Šamaš und Adad das Geheimnis Anus, Bels und Eas, die Tafel der Götter, die takaltu („Schreibtafel"?) des Geheimnisses von Himmel [und Erde], den Zedernstab, den Liebling der großen Götter, in die Hand gegeben. Er selbst aber, als er solches em[pfangen (?) hatte, lehrte (?) es seinem] Sohn". Für die Richtigkeit dieser Ergänzung spricht der Schluß des Weltschöpfungsepos: „die fünfzig (Ehren)namen (des Marduk, der die Schicksalstafeln bekommen hat) sollen bewahrt werden, und der „Erste" soll sie lehren, der Weise und Gelehrte sollen sie miteinander überdenken, es soll sie überliefern der Vater, sie seinem Sohn lehren, dem Hirten und Hüter (?) das Ohr öffnen".

7. Berosus, der von einer mehrfachen Offenbarung der göttlichen Weisheit in verschiedenen Weltzeitaltern weiß, erzählt in seinem babylonischen Sintflutbericht, Kronos habe dem Xisuthros geboten, mit Schriftzeichen alle Dinge nach Anfang, Mitte und Ende einzugraben (der babylonische Priester Berosus kann nur an Keilschrifttafeln denken) und in Sippar zu deponieren. Nach der Sintflut seien seine Kinder und Angehörigen nach Babylon gegangen, hätten die Schriften aus Sippar entnommen und auf Befehl des Xisuthros unter den Menschen verbreitet. Es kann kaum zweifelhaft erscheinen, daß im Sinne des Sagenkreises zu diesen Schriften die Tafeln des Urkönigs Xisuthros wie die des Urkönigs Enmeduranki gehörten[3].

8. Indirekt gehören hierher: Die Tafel, auf der die Gebote über Opfer, Gebet, Freundschaft niedergeschrieben sind[4]; die „Tafel der guten Werke", in die nach IV R 11, 18 Einträge gemacht werden; die

---

[1]) Text und Übersetzung bei H. Zimmern, Beiträge zur Kenntnis der babyl. Religion S. 116ff., vgl. KAT [3] 537f.

[2]) Die gleiche Grundanschauung im Zend Avesta (d. h. „Überlieferung des Wissens"!). Nach Vendidâd VI war Yima erkoren, die himmlische Wahrheit auf Erden zu wahren. Die eigentliche Lehre sei dann Zarathustra vorbehalten gewesen (man beachte, daß Yima im Avesta auch König der Toten ist, wie Nebo, Hermes etc., s. folgende Anmerkung). Die Religion Zarathustras ist aus der Gestirnreligion erwachsen (Magier!), wie schon der erste Hymnus im Opferbuch Yasna verrät: „Ich opfere den Sternen, den Gestirnen des hl. Geistes, dem Tištrya (Sirius), dem Mond, der den Samen des Stieres besitzt, der strahlenden Sonne mit eilenden Rossen, dem Auge des Ormuzd etc."

[3]) Enmeduranki entspricht Ea der Urwelt, bez. Nebo, dem Verkünder des göttlichen Willens in der Astrallehre (ägyptisch Anubis, Lehrer, Prophet und heiliger Schreiber, Dolmetscher der Götter, Begründer des Kultus; phönizisch nach Sanchuniathon Taut als Dolmetscher des Himmels, griechisch Hermes als Erfinder der Astronomie und Schreibkunst etc.).

[4]) K 3364 = CT XIII, 29f.

„Tafeln der Sünden“, die in den Ritualtafeln zerbrochen und ins Wasser geworfen werden; s. hierzu mein BNT Kap. V: Buch des Lebens.

Alle diese Tafeln und Bücher, die uns später in den Sibyllinen wieder begegnen, sind die irdischen Entsprechungen des himmlischen astralen Schicksalsbuches.

IX. Die irdischen Abbilder der himmlischen Welt.

Die babylonische Lehre ruht, wie aus den früheren Ausführungen hervorgeht, auf der Vorstellung von einer prästabilierten Harmonie: Himmelsbild gleich Weltenbild.

In Wirklichkeit ist natürlich das Irdische an den Himmel versetzt. Aber die Theorie denkt es sich umgekehrt: das Vorbild ist am Himmel; s. S. 50 und vgl. Himmelf. Jes 7, 10 (Hennecke, Neut. Apokr. 298): „So wie droben, ist es auch auf der Erde, denn das Abbild dessen, was in dem Firmament ist, ist hier auf Erden.“ Darum schildert auch der babylonische Schöpfungsbericht zuerst die Erschaffung der kosmischen Heiligtümer und dann erst die der irdischen. Das chinesische Weltbild zeigt die gleiche Grundlage. Die Erde ist Abbild des Himmels. Besonders deutlich tritt es in der Geomantie hervor, die durch die Lehre des Tschu-fu-tse (12. Jahrh. n. Chr.) neu belebt wurde und bis heute wirksam ist, und deren Hauptgrundsatz lautet: Alles was auf Erden ist, hat im Himmel sein Vorbild[1], vgl. v. Orelli, Rel. Gesch. 85f. Die ägyptische Vorstellung geht scheinbar vom Irdischen aus; die himmlische Welt ist Spiegelbild Ägyptens. Aber auch hier ist die Theorie die umgekehrte. Der Gegensatz der platonischen und aristotelischen Anschauung beruht schließlich auf dem gleichen Unterschied: nomina ante rem oder nomina in re? Die aristotelische Anschauung ist die richtigere, die platonische ist die idealistische.

1. Die Länder.

Im Adapa-Mythus gibt Ea dem Urmenschen „einen weiten Sinn, zu offenbaren die Gestaltungen des Landes“, und in der Oannes-Sage lehrt Oannes den Menschen das Vermessen des Landes.

Wie in der Zeit der Kalender, so spiegelt im Raum die Geographie das Himmelsbild wieder. Jedes Land ist ein Mikrokosmos. Die Veränderungen der politischen (historischen) Geographie ändern an dem Grundsatze nichts, denn die natürliche Einteilung kommt immer wieder zu ihrem Recht. Gelegentlich wird auch die Lehre der Politik zu Hilfe gekommen sein und wird bei Eroberungen die gottgewollte Zusammengehörigkeit mit Hilfe des Himmelsbildes nachgewiesen haben[2].

---

[1]) Der Grundsatz taucht im 4. Jahrhundert v. Chr. auf; damals machten sich indische Einflüsse geltend. Beim Hausbau muß der grüne Drache und der weiße Tiger (Herbst- und Westpunkt, Frühlings- und Ostpunkt, s. de Groot, Rel. Syst. in China 982ff.) richtig liegen und die fünf Elemente (S. 17, Anm. 1; 58, Anm. 2) müssen richtig verteilt sein.

[2]) Winckler KAT[3] 158, 176ff. F. III, 360ff. Geschichte Israels II, 289f.

Wenn die Bibel das Israel-Juda gehörige Land („vom naḫal Miṣraim bis zum Paß von Hamath") als „gelobtes Land" ansieht, so liegt auch hier nur eine religiöse Vertiefung des altorientalischen Grundsatzes vor: jede Eroberung, jede politische Zusammenfassung von Landesteilen, jede Reichsgründung ist gottgewollt, sie geschieht nach Grundsätzen, die in der himmlischen Welt vorgezeichnet sind[1]. Die religiöse Vertiefung vollzieht sich auch hier auf Grund der einzigartigen religiösen Erfahrung: „der uns aus Ägyptenland geführt hat", „in das Land, das er den Vätern versprochen hat." Eine religiöse Persönlichkeit wie Amos kann sich vorstellen, daß auch bei andern Volkswanderungen und Eroberungen die gleiche göttliche Hand im Spiele ist: „Seid ihr mir nicht wie die Kuschiten? spricht Jahwe; habe ich nicht Israel aus Ägypten geführt, wie die Philister von Kaphtor und die Aramäer aus Kir?"

Abb. 21: Templum (Weltmittelpunkt) aus Ilios. 2. oder 3. vorchristliches Jahrtausend[2].

Als Mikrokosmos hat jedes Land einen Weltberg (vgl. S. 53) als Sitz der Gottheit und des Paradieses, einen Weltmittelpunkt (Nabel), s. Abb. 21, einen heiligen Fluß, der dem himmlischen Flußlauf (Milchstraße?) entspricht[3], einen Eingang zur Unter-

[1]) Spuren einer kosmischen Einteilung des Landes zeigen die hebräischen Bezeichnungen jamîn, ḳedem, שמאל (Sam'al ist das Gebiet von Sendschirli im ʿAmḳ, also der nördliche Teil des Westlandes Amurrû); Süden ist rechts, Norden links nach babylonischer Kibla. Namen wie Kirjat Arba, Kirjat Sepher, Beerseba, Gilgal haben kosmischen Sinn, s. BNT 63. Für das Verständnis der Vätergeschichten (Umdeutung der Örtlichkeiten bei J und E auf Nord- und Süd-Kanaan) ist die Erkenntnis von grundlegender Wichtigkeit, s. Winckler F. III, 264.

[2]) Vgl. hierzu Kap. III unter Etrusker.

[3]) Abana und Parphar bei Damaskus 2 Kg 5, 12, Choaspes in Persien, „aus dem nur die Könige trinken", Nil, Euphrat, Ganges, Achelous bei

welt usw. Der Babylonier kennt einen himmlischen Euphrat und Tigris (wiederum vgl. Milchstraße), ein kosmisches Babylon [1], Eridu, Nineveh. Und der gesamte Orient kennt diese Anschauung.

Für den Stadtbezirk von Sidon ist der Nachweis der Lokalisierung der Weltteile in einer Bauinschrift Bod-Astarts, des Enkels Ešmunazars, kürzlich in überraschender Weise geführt worden. Die Inschrift unterscheidet ein Meer-Sidon, Ebenen-Sidon, Unterwelts-Sidon. Clermont-Ganneau vermutete den mythologisch-kosmischen Sinn der Namen, ohne daß ihm die zugrunde liegende altorientalische Theorie bekannt war; s. v. Landau MVAG 1904, 321 ff. Auch die Flüsse Phöniziens haben mythologisch-kosmische Bedeutung, s. Winckler F. III, 25 f. Im Libanon heißen zwei Quellflüsse des Nahr-el-Kelb: Nebaʿ el-ʿAsal, Honigquell, Nebaʿ el-Leben, Milchquell, s. Baedeker, Palästina.

Auch bei Einteilung der Bevölkerung wird das himmlische System zugrunde gelegt. Daraus erklärt sich die Zwölfzahl der Stämme und die Siebzig (Var. 72, 73, s. S. 59) als Gesamtzahl der Staaten und Völker [2].

Die Anschauung von der Entsprechung zwischen Himmelsbild und Land ruht selbstverständlich auf der Idee, daß die gesamte Erde ein Abbild des Himmels ist. Die praktische Ausgestaltung dieser Lehre hängt natürlich von der größeren oder geringeren Kenntnis von der Ausdehnung der Erde ab. Die arabischen Geographen kennen die Einteilung der Erde in sieben Klimata nach den 7 Zonen der himmlischen Erde [3], die Einteilung des Erdballs in 12 *ὥρων κλίματα* ist in Griechenland wie in Mexiko und Ostasien [4] zu finden. Boll hat in seinen Texten, die er in seiner Sphaera behandelt, eine Einteilung des

---

den Griechen. Zum Gottessitz (Sinai-Horeb, Bethel-Gilgal-Mizpa, Zion-Morija, der Idealberg Jes 2, Mi 4) vgl. Kap. V „Paradies", zu 1 Mos 28; Ez 5,5 etc.

[1]) Der von Hommel Geogr. und Gesch. 323 ff. behandelte Text. Reisner, Hymnen S. 142, schildert das himmlische Babylon (H. Zimmern).

[2]) Zum Schema der Zwölfstämme s. später, zu den 12 Etruskerstaaten Kap. III u. Etrusker, zwölf Araberstämme zählt Abulfaradsch, Hist. Dynast. 101. Das Seleukidenreich wird als 72-teilig dargestellt. Ungarn hat im Mittelalter angeblich 73 Komitate, die mittelalterliche Kirche zählt 70 europäische Staaten mit je einem Schutzheiligen; vgl. BNT 93, Winckler, Ex or. lux II, 2, 44.

[3]) Hieran sieht man besonders deutlich, daß in der Lehre das Himmelsbild das Ursprüngliche ist und nicht etwa das Erdbild. Woher sollte man 7 Zonen der Erde kennen?

[4]) S. Ideler, Zeitrechnung der Chinesen 1839, 5 ff.

Globus in 12 Zonen gefunden (Dodekaoros), die dem ostasiatischen Tierzyklus von 12jährigen Perioden entsprechen, von denen je eine nach einem Tiere benannt ist. Die 12 Teile des Dodekaoros, die den Tierkreiszeichen entsprechen, sind die folgenden[1]:

Land	Dodekaoros	Tierkreis
Persien	Maus	Widder
Babylon	Hund	Stier
Kappadokien	Schlange	Zwillinge
Armenien	Käfer	Krebs
Asia	Esel	Löwe
Jonia	Löwe	Jungfrau
Libya	Bock	Wage
Italien	Stier	Skorpion
Kreta	Habicht	Schütze
Syrien	Affe	Steinbock
Indien	Krokodil	Fisch.

Auch in der chinesischen Mythengeschichte erscheint das Land als Bild des Kosmos. Jao (um 2350 v. Chr.) befreite das Land von den Folgen der sintflutartigen Überschwemmung, „die Hügel begrub, Berge verschwinden ließ und den Himmel bedrohte", wie der Schu-king sagt. „Unter seinem Nachfolger wurde das Land nach den vier Weltgegenden eingeteilt und nach den vier Bergen, über deren jeden ein Oberhaupt gesetzt wurde; zwölf Mandarinen, die das Volk regierten, sechs Aufseher über den Ackerbau, über das häusliche Leben, zum Schutze, über die Handwerke und Nahrung, endlich Musik und Erziehung. Etwas später wurde das Ganze in neun Provinzen geteilt, jede ihrem eigenen Regenten untergeben, die Provinz Ki in der Mitte vom Kaiser selbst regiert. Im Zentrum befand sich der Hof, umgeben von seinen Äckern, dann im Kreise herum die Äcker des Volkes, im zweiten Kreise die Viehweiden, im dritten die Wälder und Jagdreviere. Die Provinzen stießen daher in den Wäldern aneinander, und ein Weg führte von einer Hauptstadt zur andern. Der Kaiser war Oberpriester, er ordnete die Feste, und er allein opferte im ganzen Volke dem Tien, dem Herrn des Himmels." S. Görres, Mythengeschichte S. 17.

2. Die Tempel.

Dem Walten der Götter am Himmel entspricht ihr Walten auf Erden. Und wie jede Gottheit ihren Wirkungskreis, ihre Offenbarungsstätte am Himmel hat („Häuser" am Himmel, s. S. 26, *τέμενος,* templum), so hat er auch seine Wirkungsstätte

---

[1]) Boll, Sphaera 296 und dazu Winckler OLZ 1904, 96 = Krit. Schr. III, 96 mit der Erklärung des Steinbocks auf Syrien. Tierkreis und Dodekaoros zusammen zeigt auch der ägyptische Globus bei Kircher, Oedipus Aegyptiacus II, 2, 206 f. — Zur Bezeichnung der Ekliptik, und zwar so, daß das erste Tier dem Widder entspricht, dienen die Figuren des Tierzyklus auch in Japan, s. Stern, Gött. Gel. Anz. 1840, 2013 f.

auf Erden. In diesem Sinne ist die Gottheit der Herr des Landes (kanaanäisch baʿal, babylonisch bêlu). Darum schleppt der Eroberer die Gottesstatue fort, wenn er Rechtsansprüche auf das Land erhebt, und richtet die Statue des Gottes auf, in dessen Stellvertretung er regiert. Und wenn die Gottheit das Land verlassen hat, ist das Land herrenlos[1]. Im Krieg gegen Judäa spielte für den babylonischen König die Bundeslade die Rolle der Gottesstatue. Und die Leute redeten aus dieser Anschauung heraus, wenn sie sagten: „Jahve siehet uns nicht; Jahve hat das Land verlassen." Nach Ezechiels Vision wohnte Jahve während des Exils in Babylon, die Merkaba ist der Wagen, auf dem er einherfährt: Ez 9, 3; 10, 4 besucht er seinen Gottessitz in Jerusalem.

Wie das gesamte Land, so ist insbesondere der Tempelbezirk Abbild der himmlischen Welt. Wie jedes himmlische Götterhaus sein Abbild im irdischen Kultort hat, so wird dieser siebenstufige Planetenhimmel (die Auftürmung des Tierkreises) in den siebenstufigen Tempeltürmen abgebildet, von denen jede Stufe einem Planeten geweiht ist und dem entsprechend eine der sieben Planetenfarben zeigt (s. Kap. XII). Schon Gudea redet von dem Tempel der sieben tubḳâti, dessen Besteigen das Aufsteigen zum Himmel bedeutet und darum ein gottwohlgefälliges Werk ist: Ningirsu bestimmt dem ein gutes Geschick, der bis zur Spitze steigt[2]. Hammurabi sagt[3], er habe den Tempel Bar, den Sonnentempel von Sippar, groß gemacht; er sei „wie die Wohnung (šubat) des Himmels".

Die Tempelstufen entsprechen den Stufen des Tierkreises[4], die Tempelsäulen den kritischen Weltpunkten (Ost und West oder Nord und Süd, je nach der Ḳibla). Im einzelnen stellt das *ἄδυτον* wiederum den Gottessitz dar, Stufen führen hinauf zur Statue der Gottheit.

Wenn aber der Tempel als Mittelpunkt einer Welt gilt, so ist jeder Tempelbezirk ein Mikrokosmos, in dem die Mythen von der Weltentstehung, vom Kampf und Sieg gegen die finstern Mächte und alle sonstigen Erscheinungen der Götterwelt sich wiederholen. Darum begegnen uns die Mythen in tausendfältigen Variationen, die immer wieder auf dieselben Grundideen alt-

---

[1]) S. Winckler in KAT[3] 158 und zum Folgenden Gesch. Isr. II, 2; F. III, 383.

[2]) Cyl. G, col. I. [3]) Cod. III, 29 ff.

[4]) Vgl. S. 6 und die „Himmelsleiter" in Jakobs Traum.

orientalischer Weisheit zurückgehen, wie bereits S. 4f. besprochen wurde. Die Erkennungszeichen gemeinschaftlicher Herkunft sind die immer wiederkehrenden Motive, die aus der einen mythologischen, d. h. himmlischen, astralen Schatzkammer hervorgehen.

Das eigentliche Heiligtum (Adyton) stellt den Sitz des summus deus dar. Jeder Tempel entspricht dem Mittelpunkt der Welt, jeder Lokalgott ist für seinen Bezirk höchster Gott. Die Tempellehre weist nach, daß sein Kultort dem entsprechenden kosmischen Ort entspricht. Und da jede Gottheit Offenbarung der gesamten göttlichen Macht ist, so wird gezeigt, daß die Segnungen der Gottheit sich an dem betreffenden Kultort gerade durch die hier verehrte Gottesgestalt offenbaren müssen.

Der Tempelplan wird vom Himmel her vorgezeichnet. Die Gudea-Bautexte z. B. handeln zum großen Teil von dieser göttlichen Bestimmung. Die einzelnen Teile des Tempels entsprechen dem Himmelsbild.

Im israelitischen Heiligtum zeigt sich die gleiche Anschauung, nur wiederum geistig vertieft und auf jeder Stufe der Entwickelung der Vorstellung von Jahve als dem „Herrn der Herren, der Götter Gott" oder als dem alleinigen Gott, der Himmel und Erde gemacht hat, entsprechend: 1. im 'ohel mo'ed, wo Jahve auf Kerubim thront, mit seinen Kultstücken, die der astralen Welt entsprechen; 2. im salomonischen Tempel; 3. im Idealtempel Ezechiels. Das wird im einzelnen an den betreffenden Stellen besprochen werden.

3. Der Königssitz.

Der König ist nach orientalischer Anschauung Stellvertreter Gottes auf Erden, gleichsam als Inkarnation der Gottheit[1]. Im Etana-Mythus sehen sich Ištar und Bel im Himmel und auf Erden nach einem König um. Inzwischen liegen bereits die Insignien, Zepter, Binde, Mütze, Stab vor Anu, dem summus deus, im Himmel bereit. Und in einem Hymnus auf Marduk heißt es: „Zepter, itḳurtu (?), Waffe, Krone bringt er hervor für den König."

Der König von Babylon repräsentiert demnach Marduk. Der Jupiter wird aber als „Sonnenstier" bezeichnet, sein Platz am Himmel als „Furche des Himmels" (pidnu ša šamê, s. Hommel, Aufs. u. Abh. 356), ebenso ist der Pflug das Attribut des Osiris. Nebukadnezar nennt sich Landmann (ikkaru) von Babylon. Der Kaiser von China zieht alljährlich die Furche

---

[1]) Die südbabylonischen Könige haben das Götter-Determinativ, ebenso Sargon I. und Naramsin, s. Winckler, Geschichte Israels II, 300. Die Pharaonen nehmen die gleiche Würde in Anspruch, in besonderem Sinne Kuenaten. Der Kaiser von China ist „Sohn des Himmels" (Tien „Himmel", Schang-tien „höchster Herrscher des obersten Himmels").

mit gelbem Pfluge. Das wird jetzt nur als landwirtschaftliche Festsitte empfunden; den ursprünglichen Sinn deutet die orientalische Lehre. Vgl. das Pflug-Motiv bei Beginn einer neuen Ära (der römische Diktator, Saul) und die Sitte, bei einer Stadtgründung das Gebiet mit dem Pfluge abzustecken, s. H. Winckler, Ex oriente lux II, 2, 52. Vgl. unten S. 68.

In Babylon ist das Neujahrsfest das Fest der Inauguration des Königs. Er „ergreift die Hände Marduks" und übernimmt damit die Regierung aus seinen Händen. Das pûru akrur („ich warf das Los") des Königs ist in Assyrien als gleichbedeutende Handlung bezeugt. Am Neujahrstag bestimmt die Gottheit das Geschick, der König handelt stellvertretend.

Der Hofstaat des Königs ist Abbild des himmlischen Hofstaates. Der Thron entspricht dem Sitz des summus deus, zu dem Stufen emporführen[1]. Die obersten (weil ältesten) Ämter sind Bäcker und Mundschenk. Auch sie entsprechen einer göttlichen Funktion; Marduks Hofstaat hat die beiden Beamten Minâ-îkul-bêli, Mina išti-bêli, „was trinkt mein Herr", „was ißt mein Herr"; im Adapa-Mythus erscheint ebenfalls der „göttliche Bäcker"[2]. Die dritte Würde, die gelegentlich hinzukommt (z. B. bei den Assyrern), ist die des Heerführers.

Die Schilderung einer orientalischen himmlischen Ratsversammlung gibt Apk 4, 2 ff., vgl. Da 7, 9ff., s. mein BNT 14ff. Beim Diwan sitzen die obersten Würdenträger zur Rechten und zur Linken; die Mutter der Söhne Zebedäi denkt sich die gleiche Anordnung im himmlischen Reich. Ein anderes Zeremoniell setzt die Königin-Mutter zur Seite des Königs, s. 1 Kg 2, 19; Jer 13, 18; vgl. 1 Kg 15, 19. Sie entspricht dann der Muttergöttin, der Himmelskönigin zur Seite des summus deus, s. S. 35 f. u. 102.

Der Thron des Königs, zu dem Stufen emporführen, entspricht dem Throne der Gottheit im Adyton[3].

X. **Die Astrologie.**

„Die Astrologie ist ihrem Ursprung nach nicht ein Aberglaube, sondern der Ausdruck bez. Niederschlag einer Religion oder Weltauffassung von imposanter Einheitlichkeit"[4]. Sie ruht auf der konsequenten Anwendung des post hoc ergo propter hoc. Daß die Heimat dieser Weltanschauung Babylonien ist, wird man nicht länger verneinen können. Die Astrologie gilt nach einer nie abgerissenen Tradition als „chaldäische Weisheit."

---

[1]) Hebr. miftan, s. zu Ze 1, 9.

[2]) S. zu 1 Mos 41, 10; vgl. Zimmern ZDMG 53, 115ff.

[3]) Während des Druckes erschien Wünsche, Salomos Thron und Hippodrom Ex or. lux II, 3; bietet viel wertvolles Material zur Bestätigung.

[4]) Boll, Sphaera S. 45f. mit Bezug auf H. Wincklers Erklärung der altorientalischen Weltanschauung.

Längst vor Entdeckung der Urkunden hat Dodwell Babylonien als Ursprungsland erkannt. Ideler, Histor. Untersuchungen S. 147 hielt Ägypten für die Heimat. Das ist verständlich, denn dem Abendlande ist das altorientalische Wissen durch Ägypten vermittelt worden. Nach Entdeckung der indischen Urkunden riet man auf Indien (Bohlen). Der Strafzug gegen China hat wieder die alte Hypothese von China als Ursprungsland aufgefrischt. Die Fäden, die vom vorderen Orient über Eran nach Indien und China führen, werden nach und nach bloßgelegt. Ebenso werden sich die Zusammenhänge des altmexikanischen Kalenders mit Babylonien klären. Für den babylonischen Ursprung der chinesischen Astronomie s. S. 12.

Plinius, hist. nat. VII, 56 spricht von uralten babylonischen Beobachtungen, die auf gebrannten Ziegelsteinen aufgezeichnet waren (e diverso Epigenes apud Babylonios DCCXX annorum observationes siderum coctilibus laterculis inscriptas docet). Simplicius sagt in seinem Kommentar zu dem Werke des Aristoteles de coelo (p. 123a), Callisthenes, der Alexander den Großen nach Asien begleitete, habe seinem Lehrer Aristoteles eine Reihe astronomischer Beobachtungen aus Babylon geschickt, die nach der Versicherung des Porphyrius einen Zeitraum von 1905 Jahren vor Alexander umfaßt hätten. Diodor spricht II, 145 von 473000-jährigen Beobachtungen der Babylonier und Cicero, de divinatione I, 19 (vgl. auch II, 46) spottet über den Hochmut der Babylonier, daß sie 470000-jähriger (CCCCLXX milia annorum) astraler Beobachtungen sich rühmen. Die Riesenzahlen hängen wohl mit den Angaben des Berosus über die Urkönige der vorsintflutlichen Zeit zusammen, s. Kap. Urväter. Thales reiste nach dem Orient, um die Sonnenfinsternisse zu berechnen. Pythagoras war ein assyrischer Söldner. Nach Jamblichus, vita Pyth. läßt sich Pythagoras von Thales bewegen, nach Ägypten zu reisen, um bei den Priestern in Memphis und Theben Unterricht zu nehmen. Dort hat er chaldäische Weisheit gelernt. Ptolemäus hat seine Exzerpte nach seinen Zitaten von Hipparch, aber Hipparchs Weisheit stammt aus Babylonien. Der ptolemäische Kanon, der durch Jahrhunderte fortgesetzte Terminbeobachtungen kodifiziert, beginnt mit dem Eintritt des Widderzeitalters und der entsprechenden Reform des babylonischen Königs Nabonassar. Syncellus, Chronogr. 207 (vgl. unten S. 68) aber sagt: „Seit Nabonassar schrieben die Chaldäer die Bewegungen der Sterne auf.“

Da die altorientalische „offenbarte“ Lehre den Zweck hat, die gesamten Erscheinungen der Welt als Ausfluß des gesetzmäßigen Waltens der Gottheit zu erweisen, so muß aus den Bewegungen und aus der Konstellation der Gestirne der Wille und die Tätigkeit der Götter erkannt werden. Der Priester eines Heiligtums observiert den entsprechenden kosmischen *τέμενος* und schließt aus der Bewegung der Gestirne auf den Willen der Götter und auf den Lauf des Geschickes.

Ptolemäus verrät uns in seinem Werke „Über den Einfluß und Charakter der Gestirne“ III, 3 näher das Geheimnis: „Was sich aus der Natur der Dinge begreifen läßt, kommt aus der Beobachtung der Konfiguration der verwandten Örter. Zuerst beobachte man den Ort des Zodiakus, der dem vorgelegten Gegenstand verwandt oder angehörig ist. Dann betrachte man die Gestirne, welche an seiner Stelle eine Macht oder Herrschaft besitzen. Ferner achte man auf das Wesen jener Gestirne, auf ihre Stellung gegen den Horizont und den Tierkreis. Endlich schließe man auf die Zeit im allgemeinen aus ihrer Morgen- und Abendstellung gegen die Sonne und gegen den Horizont.“ Diodor II, 31: „Auf die Geburt der Menschen sind die Planeten von größtem Einfluß im guten und im bösen Sinne. Aus deren Beschaffenheit und Aussehen erkennen sie hauptsächlich, was dem Menschen widerfahren muß. Sie (die Chaldäer) sollen vielen Königen Voraussagungen gemacht haben, so Alexander, als er Darius besiegte, und nach ihm Antigonos und Seleukos Nikator. In allem aber scheinen sie das Richtige getroffen zu haben.“ Der Astronom Julius Firmicus, der die Söhne Konstantins vor heidnischen Irrtümern warnt, richtet nach seiner Astron. I, 4, 14f. Gebete an die Planeten für das Wohl des Kaisers und seines Hauses. Kaiser und Papst haben im Mittelalter den Astrologen befragt. Am Hofe Rudolfs II. lebte Tycho de Brahe, der in seinem Calendarium naturale magicum die Sterndeuterei wissenschaftlich verteidigte. Der Philosoph Bacon nennt die Astrologie die vornehmste der Wissenschaften. Philipp Melanchthon schrieb 1545 ein empfehlendes Vorwort zu der Schrift des Astrologen Schoner über das dem Kaiser Maximilian gestellte Horoskop. Kepler bekämpft abergläubischen Mißbrauch, aber die Lehre von der Einheit der Sterne mit dem Erd- und Menschengeist steht ihm fest. Noch heute werden in Persien und in der Türkei, in Indien und China die Astrologen bei wichtigen Ereignissen befragt. Im 19. Jahrhundert hat der Astronom Pfaff in Erlangen den Zusammenhang der Gestirne „mit dem Leben der Erde und dem Tun und Leiden ihrer Geschöpfe“ verteidigt und der Leipziger Philosoph und Physiker Fechner hat in seiner Psychophysik die alte Anschauung in neuer Form gelehrt. Bei der Geburt des Kronprinzen von Italien hat jüngst auf Veranlassung eines Neapeler Blattes der Astrolog Papus aus der Planetenstellung die Geburtsstunde geweissagt. Zur Astrologie bei den Juden vgl. vorläufig BNT S. 50ff.

XI. Die heiligen Zahlen.

Da die Bewegungen der Gestirne und die Konstellationen, durch die sich der Wille der Gottheit kundgibt, und ebenso die „Entsprechungen“ der Teile des Kosmos in Zahlen zum Ausdruck kommen, so ergibt sich für die altorientalische Religion eine mathematische und für die Mathematik eine religiöse, d. h. astrale Grundlage[1]. Hierin liegt die Bedeutung der mystischen Zahlen. Alle Zahlen sind heilig. Wenn hier und dort

[1]) Darum überbringt Oannes der Menschheit die *μαθήματα*, s. S. 44. Hier liegt auch die Grundlage der Lehre des Pythagoras.

bestimmte Zahlen hervortreten, so ist das dem Einfluß eines bestimmten religiösen Kalendersystems zuzuschreiben.

Die grundlegenden Ziffern des astralen Systems sind, wie wir früher sahen, fünf und sieben, die Zahlen der Dolmetscher des göttlichen Willens. Sie ergeben die Grundzahlen des Duodezimal- bez. Sexagesimal-Systems: $5 + 7 = 12$; $5 \times 12 = 60$[1]. Syncellus[2] sagt, die Babylonier hätten einen sossos von 60 Jahren, einen neros von 10×60 Jahren und einen saros von 60×60 Jahren gehabt. Die Keilschriftziffern bezeichnen mit dem Zeichen für 1 (ein senkrechter Keil) außer der Einheit die 60 und die $3600 = 60 \times 60$. Aber die Beschaffenheit der Keilschriftziffern zeigt, daß in Babylonien ebenso das Dezimalsystem bekannt war. Beide Systeme sind in ihrer Entstehung für uns prähistorisch.

Wir tragen im folgenden einiges Material für Anwendung der Zahlen zusammen[3].

0: Die Einführung der Null bedeutet eine große Geistestat[4]. Ob sie bereits den Babyloniern bekannt war, läßt sich nicht sagen. Spuren sind vorhanden, z. B. bei Schreibung der 600 (Neros?).

2: Sonne und Mond, Zweiteilung des Jahres: Sommer und Winter, Samen und Ernte, Frost und Hitze, Tag und Nacht. Im Weltall entspricht ihr die Zweiteilung, wie wir sie in der ältesten attischen Poesie (Uranos und Gaia bei Äschylos etc.) finden.

3: Dreiteilung des Weltalls, entsprechend Dreiteilung des Tierkreises, Dreiteilung des Jahres. Drei große Gestirne als Beherrscher des Tierkreises. Daher die beiden Göttertriaden Anu, Bel, Ea; Sin, Šamaš, Ištar. Dazu tritt die Trias der göttlichen Emanationen[5]: Apsû, Tiâmat, Mummu; Ea, Damkina, Marduk; andererseits Ea Vater, Marduk Sohn, Nabû Willens-

---

[1]) Die 12-Teilung des Tierkreises nach dem Sonnenlauf, bez. die 24-Teilung des Tierkreises nach dem Mondlauf (V R 46, wohl nach den 24 Tagen des siderischen Monats, in denen der Mond sichtbar ist), sind nicht für den Ursprung des Duodezimal-Systems heranzuziehen, s. unter 12.

[2]) Chronogr. ed. Goar p. 17.

[3]) Vgl. Winckler, Himmels- und Weltenbild der Babylonier AO III, 2—3. Zur Heranziehung von Parallelen aus außerbabylonischen und nichtorientalischen Völkern vgl. die grundsätzliche Bemerkung S. 4f. 55. Vorliebe für ungrade Zahlen ist allgemein: numero deus impare gaudet.

[4]) S. Gustav Oppert Berl. Gesellsch. für Anthropologie 1900, 122ff.

[5]) Vgl. die Triaden der ägyptischen Religion: Keb, Nut, Schu, Abb. 1; Hathor mit Sonne und Mond. Altiranisch: Mond, Sonne, Tištrya (Sirius).

verkünder. In der Zeitmessung würden ihr drei Jahreszeiten entsprechen: Frühling, Sommer, Winter (so bei Homer), wobei wahrscheinlich der Winter zu 6 Monaten gerechnet ist, ferner die Teilung der Monate in 3 × 9 bez. 3 × 10 Tage und der Nacht in 3 Wochen.

4: Die Viertelerscheinungen des Kreislaufs der Sonne und der Phasen des Mondes und der Venus. Ihnen entsprechen die vier Planeten (ohne Venus) als Repräsentanten der vier Weltecken: Jupiter, Mars, Merkur, Saturn[1].

5: Die Ergänzung zur 7 für die Grundzahl des Duodezimal-Ziffersystems (Zwölfteilung des Kreislaufs von Sonne und Mond) und zugleich neben 12 die zweite Grundzahl der als Einheit (keilinschriftlich mit I) bezeichneten 60. 5×12 = 60. Sie entsteht durch Verwandlung des Heptagramms in das Pentagramm. Dabei sind zwei Rechnungen möglich. Entweder die beiden Unglücksplaneten scheiden aus, wobei der Saturn durch Sonne, der Mars durch Mond vertreten wird, oder Sonne und Mond scheiden aus der Reihe der sieben, s. die Zeichnungen S. 34. Den sieben Planetenfarben entsprechen dann fünf[2]. In der Zeiteinteilung erscheint die fünf (ḫamuštu) in der Fünferwoche, die nach dem Zeugnis der sog. kappadokischen Keilschrifttafeln

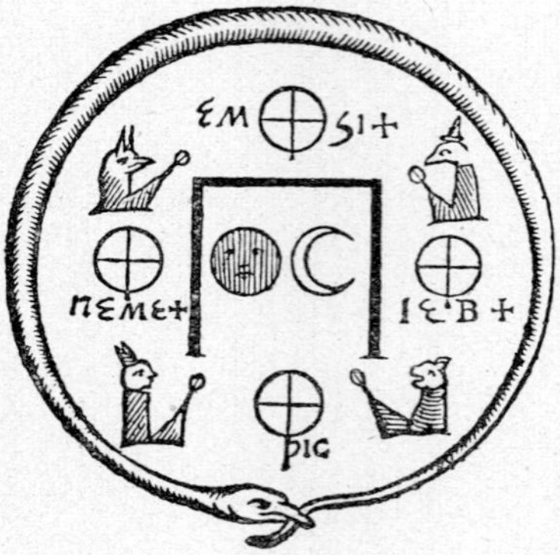

Abb. 22:
Koptische Darstellung des Weltkreislaufs nach Kircher, Oedipus Aegyptiacus II, 2, 193; III, 154.

[1]) Vgl. die vier Gespanne bei Sacharja (6, 1 ff.), die nach den vier Himmelsgegenden ausgesendet werden, vgl. MVAG 1901, 327, die vier Thronträger als Repräsentanten der vier Weltecken in der Merkaba Ezechiels etc.; vgl. auch das koptische Bild des Weltkreislaufs Abb. 22 und vgl. hierzu S. 22, Anm. 4; S. 28, Anm. 2.

[2]) Es entsprechen blau Merkur, schwarz Saturn, gelb Jupiter, weiß Venus, rot Mars, s. Hommel, Aufs. und Abhandl. 383 ff. und vgl. mein BNT zu Apk. 24f. Die fünf Farben der Chinesen, die bei den Mandschu und Mongolen verdoppelt (wie die entsprechenden fünf Elemente der Chinesen, s. S. 17, Anm. 1, vgl. S. 48, Anm. 1) den zehntägigen Zyklus bilden, dienten nach Vettius Valens bei Salmasius, de annis climactericis et de antiqua astrologia 1648, S. 260 „bei den Alten zur Bezeichnung der fünf Planeten", s. Stern, Gött. gel. Anz. 1890, 2031. Zu den Planetenfarben bei den „Ssabiern" s. Chwolsohn II, 401. 658. 839.

in Babylonien neben der Siebenerwoche (šebû'a) in Gebrauch war [1]. Spuren einer solchen Fünferwoche liegen vielleicht auch im Kalendarium VR 48 vor, wo am 5. und 25. Tage die Berührung des Weibes verboten ist. Zwölf Fünferwochen (ḫamušat) geben einen Doppelmonat zu 60 Tagen, 70 Fünferwochen geben ein Mondjahr zu 350 (statt 354) Tagen, 72 ein Sonnenjahr zu 360 (statt 365¼); 73 geben ein Sonnenjahr einschließlich der 5 (5¼) Ausgleichstage, vgl. die 5 Gātā-Tage nebst Schaltmonat aller 120 Jahre im altpersischen Kalender und die 5 „unnützen Tage" im mexikanischen Kalender. Damit erklärt sich die Bedeutung der 70 mit Variante 72 oder 73 als Zahl für den Gesamtkreislauf. Wie den Siebenerwochen in der Apokalyptik Jahrwochen von 7 und 70 Jahren entsprechen, so entspricht der Fünferwoche das Lustrum [2]. Das Sexagesimalsystem ergibt den Zeitraum von 60 Jahren = 5 × 12 (im Orient von gleicher Bedeutung wie das „Jahrhundert" des Dezimalsystems). Vor allem aber spielt die 5 im Mythus und Festspiel eine große Rolle als Zahl der „überflüssigen" Ausgleichstage: Epagomenenfest, Fest der Tyrannenvertreibung etc., vgl. S. 86.

6: Die Zahl der Doppelmonate = 12 Fünferwochen. Diese finden sich noch im römischen Kalender (Kalendergesetzgebung des Numa Pompilius, die durch die Etrusker aus dem Orient stammt), und in den je zwei Monate umfassenden „Jahreszeiten" der vorislamischen Araber [3]. Aus der Siebenerreihe der Planeten verschwindet dabei die Sonne (bez. der Saturn). Die Farbenliste II R 26, 48 zählt 6 Farben: zu den 5 Planetenfarben, die wir früher fanden, kommt als sechste grün, die dem Monde zugehörige Farbe [4].

7: Die Zahl der Planeten, einschließlich Sonne und Mond. Diese Siebenzahl hat sicherlich zur Einführung einer Siebenerwoche geführt [5]. Die 7 ist die Zahl des Opferers, der Sühne,

---

1) S. Winckler, F. II, 95ff. 354ff.

2) Da 7, 25: „nach zwei Zeiten und einer halben" wird die Vollendung eintreten, d. h. in 1½ ḫamuštu-Jahrwoche, s. Winckler. KAT [3] 335; Ex oriente lux I, 1, S. 18; vor allem F. II, 95ff.

3) S. Wellhausen, Skizzen III, 101.

4) II R 26, 48 zählt sechs Farben; grün als Mondfarbe s. Stucken MVAG 1902, 159ff.

5) Vgl. S. 14, Anm. 3; S. 38f. und zu 1 Mos 2, 3. Dio Cassius führt die Zuteilung der Wochentage an die Planeten bekanntlich auf die Ägypter zurück. Für Vorderasien bezeugt den Zusammenhang die Nabatäerschrift Maqrîsi, s. S. 38f. Zu der siebentägigen Woche vgl. auch mein Kampf um Babel und Bibel [4] S. 33. 43f.

der Rache, des Gebets[1]. Den 7 Tageswochen entsprechen im größeren Zyklus die Jahrwochen zu 7 bez. 70 Jahren; daher ihre Bedeutung in der Apokalyptik. Die böse Sieben hängt mit dem 7. Planeten zusammen (Nergal, Unterwelt) und mit dem Siebengestirn (Plejaden), dem Gestirn Nergals, das mit seinem vierzigtägigen Verschwinden unter den Horizont die Sturmzeit, die Zeit der Äquinoktialstürme vor Anbruch des Frühlings in der Tagesgleiche repräsentiert, s. S. 62.

9[2]: Im babylonischen Orient würde auch die 9 als Vierteilung des Kreislaufs zu erwarten sein: $4 \times 9 = 36$ Dekane (s. S. 11), $4 \times 90 = 360$. In der ägyptischen Lehre von On-Heliopolis dominiert die Neunzahl, die große und kleine Neunheit der Götter. Im mexikanischen Kalender ist die 9 Grundzahl. Ebenso dominiert sie in Griechenland (9 Musen, 9 Archonten). Die Edda zählt 9 Himmel. Zuweilen gilt wohl auch die 9 als Dreiteilung des siderischen Mondmonats: $27 : 3 = 9$. Der römische Kalenderbegriff der Nonae weist darauf hin[3]. Er ist ein fossiler Überrest eines vergangenen Kalenders. Vielleicht gehört er auch der Kalendergesetzgebung des Numa an. Auch die 27 Opferplätze weisen ja auf die Zahl der Tage des siderischen Monats.

10: Zum Dezimalsystem s. S. 57. Der Zehnerteilung entsprechen die 36 Dekane im Kreislauf der 360. Die Einteilung würde eine Zehnerwoche ergeben. In den späteren Weltzeitaltern sind die Zwölftausende vielleicht unter occidentalischem Einfluß in Zehntausende verwandelt, so bei den Persern.

12: Das Duodezimalsystem stammt nicht vom Tierkreis, vgl. S. 9ff. Eher ist die Herrschaft des 12-Systems durch den Tierkreis begünstigt worden[4]. Da Jupiter 12 Jahre braucht, um den Tierkreis zu durchlaufen, erwartet man ein Jupiterjahr; m. W. sind bisher keine Spuren in babylonischen Texten ge-

---

[1]) 4 Mos 23, 29: Bileam opfert 7 Farren und 7 Widder auf 7 Altären. Ein anderes charakteristisches Beispiel Jos 6: am 7. Tage wird Jericho erobert, nachdem 7 Priester 7 Tage geblasen haben, am 7. Tage 7mal.

[2]) Reiches Material für 7 und 9 bietet W. H. Roscher „Die Sieben- und Neunzahl im Kultus und Mythus der Griechen", Kgl. Sächs. Ges. der Wissenschaft. Phil.-hist. Kl. 24 Nr. 1. Der Zusammenhang der Zahlentheorie mit dem alten Orient ist hier leider ignoriert.

[3]) Ebenso die aus einem verschwundenen Kalendersystem stammende Festwoche der nundinae, die den späteren Epagomenen entspricht; s. Winckler, Ex oriente lux I, 1, S. 21.

[4]) Dem Zwölferkreis entspricht die Einteilung der Erde in 12 Länder, die durch Tiere symbolisiert sind, die 12jährige Periode des ostasiatischen Tierzyklus, s. S. 50f.

funden[1]. Auch eine andre Form des 12jährigen Zyklus weist der ostasiatische Tierzyklus auf, s. S. 51. In Babylonien entspricht die 12 der Einteilung des Jahres nach Mondmonaten, sodann auch der Zählung nach theoretischen Monaten bei Ausgleich des Sonnen- und Mondjahres. Nach zwölfmaligem Umlauf trifft der Mond mit der Sonne im gleichen Tierkreiszeichen wieder zusammen, vgl. hierzu S. 23). Dem Kreislauf des Sonnenjahres entspricht der Tag als Mikrojahr. Er wird deshalb in 12 Doppelstunden[2] geteilt[3]. Das entsprechende Längenmaß ist die Meile, die nach orientalischen Wegeverhältnissen einer Doppelwegstunde entspricht. Die Zählung nach einfachen Stunden würde der Zweiteilung des Jahres entsprechen (Sommer und Winter = Tag und Nacht). Die Einheit dieser Teilung ist die Sekunde: 3600 Sekunden (die größte I des Sexagesimalsystems) = 60 Minuten = 1 Stunde.

Eine besondere Bedeutung gewinnt die 12 als Zahl der Schalttage (statt 5) bei Ausgleich vom reinen Mondjahr (354) zu 366 Tagen (die Zwölfnächte mit Götterumzug und Schicksalsbestimmung in der germanischen Mythologie; die Träume bestimmen das Geschick der 12 Monate).

13: Bei Rechnung von 12 Schalttagen als Festzeit ist der 13. Tag der des beginnenden Handelns. So im arabischen Mondjahre, s. Winckler F. II, 350; dies die Bedeutung der 13 neben der Mondzahl 318 1 Mos 14, 4. 14, vgl. z. St. Andrerseits ist die 13 Zahl eines Schaltmonats, der mit dem 13. Tierkreisbild, dem Raben, bezeichnet wird. Der persische Kalender z. B. berechnet 360 Tage + 5 Gātā und dazu einen 13. Monat

---

[1]) In Indien heißt ein 12jähriger Zyklus vrihaspati mâna, Jupiterjahr. Auch die Chinesen haben einen uralten Zyklus von 12 Jahren, s. Stern, Gött. Gel. Anz. 1840, 2028.

[2]) Daß das Wort für Stunde im Hebräischen fehlt, beweist natürlich nichts für das Fehlen der Stundenrechnung. Die Sonnenuhr des Ahas 2 Kg 20, 9—11 vgl. Jes 38, 8 muß Stunden gezeigt haben, die den Stufen entsprechen. In den Amarnabriefen heißt die Stunde „kanaanäisch" še-ti.

[3]) Vgl. III R 51, Nr. 1 f.: In der Tag- und Nachtgleiche 6 kaspu Tag, 6 kaspu Nacht. Achilles Tatius, Isag. in Aratum (s. Winckler, KAT [3] 328) sagt, die Chaldäer hätten den 30. Teil der Stunde in der Tagesgleiche als Maßeinheit des Sonnenlaufs genommen. Die Einheit des Mikrojahres ist also die Doppelminute, die der täglichen Vorwärtsbewegung der Sonne durch die Ekliptik entspricht. Die Sonne läuft in den 12 Stunden ihrer täglichen oberweltlichen Bahn den 720. Teil des Kreislaufs. Der entsprechende Teil des Tages (Mikrojahres) ist eine Doppelminute.

aller 120 Jahre. Im mexikanischen Tonalamatl (d. h. Schicksalsbuch oder Buch der guten und bösen Tage), dem die Venusrechnung zugrunde liegt, ist die 13 eine der Grundzahlen[1].

40: Die Regen- und Winterszeit wird durch die Plejaden verkörpert, die rund 40 Tage unter den Horizont verschwunden sind und zu Beginn des Frühjahrs am Horizont erscheinen, s. S. 60. Es sind die Tage des Sturms und des Unheils IV R 5, die Tage der Äquinoktialstürme, wo nach Hesiod, Opera et dies v. 385, die Schiffahrt aussetzt (s. Winckler, KAT [3] 389), vgl. AG 27, 9. Die Plejadenzahl ist deshalb die Zahl aller Nöte und Entbehrungen: 40 Jahre Wüstenzug nach dem Priesterkodex unter Moses, 40 Tage wandert Elias durch die Wüste; 40 Tage verbirgt sich Esra mit fünf Männern am geheimen Ort IV Esr 14, 22ff., 40 Tage Fastenzeit Mt 4, 2, 40 Tage des castus im Attiskult zu Rom, 40 Tage Fastenzeit im römischen Kalender, 40 Schläge weniger eins 2 Ko 11, 24 etc.

70, 72, 73: Die Zahl des Kreislaufs nach der ḫamuštu-Rechnung: 70 = 350 : 5; 72 = 360 : 5; 73 = 365 : 5; s. bereits S. 59. Darum 70 Völker in der Völkertafel, 70 (Var. 72) Jünger als weiterer Kreis; 72 Älteste in der Akademie R. Eliesers; 70 (72) Übersetzer der Bibel (Septuaginta) etc.

XII. **Weltzeitalter.**

Der Kreislauf der großen Gestirne ergibt die Zeiteinteilung des Kalenders: Tag, Jahr, Weltjahr. Der Einteilung des Kreislaufs in 72 Teile[2] entspricht die Zeitperiode der 72 Sonnenjahre, in denen die Bewegungen der Fixsterne der Sonne um einen Tag vorausgeeilt sind. Das zu 360 Tagen gerechnete Jahr[3] entspricht 5 solchen Perioden, 50 × 72 ergibt den babylonischen

---

[1]) Die kleine Periode beträgt hier 13 × 20 Tage, die große Periode 52 Jahre. Sie ist folgendermaßen zu erklären: Die mittlere synodische Umlaufszeit der Venus, die im Tonalamatl wiederholt zum Ausdruck gebracht wird, beträgt rund 584 Tage; 8 Sonnenjahre = 5 Venus-Umläufe. Ein Sonnenjahr 5 × 73 und ein Mondjahr 8 × 73 geben zusammen 13 × 73 Tage. 20 × 13 × 73 Tage sind 52 Jahre, s. Seler, Codex Vatikanus Nr. 3773, I. Hälfte, S. 3ff., Berlin 1902.

[2]) S. oben. Die „ägyptische" Einteilung in 2 oder 4 oder 12 oder 36 oder 72 bezeugt Jamblichus, de mysteriis VIII, 3 (Bunsen, Die Plejaden S. 22).

[3]) In der Praxis entspricht es sowohl der Sonnen- wie der Mondrechnung; denn der Monat hat nach Sonnenrechnung 30 Tage (dazu kommen dann die Schalttage) und der Neumond fällt auch abwechselnd auf den 29. oder 30. Tag.

Saros[1]. Für den babylonischen Kalender ist am bedeutungsvollsten die Rechnung geworden, die den Weltkreislauf nach dem allmählichen Vorrücken des Tagesgleichenpunktes durch den Tierkreis berechnet[2].

Die Neigung der Erdachse zur Sonnenbahn ist veränderlich. Dementsprechend verschiebt sich der Schnittpunkt der scheinbaren Sonnenbahn und des Äquators. Für die Beobachtung der Alten ergab das folgende Erscheinung: Der Stand der Sonne in der Frühlingsgleiche rückt von Jahr zu Jahr weiter nach Osten. In 72 Jahren beträgt das Vorrücken einen Tag, wie oben bereits bemerkt wurde, in je 2200 Jahren also ca. ein Tierkreisbild (Monat). Der Frühlingspunkt durchschreitet in 12 × 2200 Jahren die Wasserregion (Sintflut) und die Feuerregion (Feuerflut)[3].

„Berosus, der den Bel interpretiert hat, sagt, daß alles (vorher Geschilderte) durch den Lauf der Gestirne geschehe, und er behauptet das so sicher, daß er für den Weltbrand und die Sintflut die Zeiten bestimmt. Er behauptet, daß die Welt brennen werde, wenn alle Gestirne, die jetzt verschiedene Bahnen gehen, im Krebs zusammenkommen (bei Widderrechnung ist der Krebs der Sonnenwendepunkt, wie wir ja noch vom Wendekreis des Krebses sprechen), so daß sie alle in einer graden Linie im selben Zeichen stehen, und daß die künftige (darauffolgende) Sintflut eintritt, wenn dieselbe Konjunktion im Steinbock stattfindet

---

[1]) 500 × 72 = 36000 Jahr ist die ägyptische Phönixperiode und der Zyklus bei Berosus, 5000 × 72 = 360000 Jahre ist das große Jahr der Chinesen. Das würde buchstäblich der Vorstellung entsprechen: 1000 Jahre sind wie ein Tag, Ps 90, 4. S. Bunsen l. c. 18 ff. Die ägyptische Geschichte rechnet nachweisbar seit 4221 v. Chr. nach der Sirius-Periode je 4 × 365 = 1460 (bez. 1461 Jahre), da der Sirius (Sothis) alle 4 Jahre einen Tag später heliakisch aufgeht. S. Mahler in OLZ 1905, 473 ff.: „So wie nach Auffassung der Ägypter die irdische Geographie Ägyptens ein Abbild der Himmelsgeographie war, so war auch der irdische Kalender eine Kopie des großen Himmelskalenders, der „Tag“ entsprach dem „Quadriennium“, das „Jahr“ der großen „Sothisperiode“. Das Quadriennium zählte 1461 irdische Tage, die Sothisperiode 1461 ägyptische Jahre.“

[2]) Für die durch die ganze Welt gewanderte Idee von den Weltzeitaltern sei noch folgendes Material notiert: Bei den Persern umfaßt nach Plutarch und Bundeheš die auf die „grenzenlose Zeit“ folgende „herrschende Zeit der langen Periode“ 12000 Jahre, die von Ormuzd für diese Welt bestimmt ist: 4 × 3000 Jahre. Jedem Millennium steht ein Tierkreiszeichen vor. – Vier Weltzeitalter, die immer schlechter werden, kennt Manus Gesetzbuch; 4800 + 3600 + 2400 + 1200 (künstliches System, auf alten Ideen beruhend). Die Etrusker zählen nach Suidas s. v. *Τυρρηνία* 12 Jahrtausende, je unter der Herrschaft eines Tierkreiszeichens. — Hesiod und Ovid bezeugen die Lehre von den schlechter werdenden Zeitaltern (Gold, Silber, Kupfer, Eisen) für die klassische Welt; Hesiod, Opera 90 ff.; Ovid, Metam. I, 89 ff. — Das biblische und jüdische Material wird später besprochen, s. Register „Weltzeitalter“.

[3]) Eine Lichtflut im Gegensatz zur Wasserflut (Jensen KB VI, 1, 563. 580 und mit ihm Zimmern KAT[3] 495. 549) gibt es nicht.

(d. i. Winterwendekreis). Denn jenes ist die Sommersonnenwende, dieses die Wintersonnenwende; das sind die maßgebenden Tierkreiszeichen, weil in ihnen die Wendepunkte (momenta) des Jahres liegen" (Seneca, s. Müller, Fragm. hist. graec. II, 510)[1].

Zu dieser Angabe des Berosus stimmt die Erwähnung von „Königen vor der Flut" im Gegensatz zu Königen nach der Flut. Man denkt sich in der Vergangenheit:

1. lam abûbi, die Zeit vor der Sintflut. Das würde der Zeit entsprechen, in der der Frühlingspunkt durch Anus Reich im Tierkreis ging (vier Bilder). Der Beginn war das paradiesische Zeitalter. Damals lebten die Weisen[2]. Berosus nennt neben den Weisen die Urkönige, die zusammen 120 Saren lebten, s. Kap. Urväter, vgl. Rost, MVAG 1897, 105 ff.

2. Sintflut-Zeitalter. Der Frühlingspunkt ging durch Eas Reich, ehe er in die Zwillinge trat, womit das historische Zeitalter beginnt.

3. Die geschichtliche Zeit. Der Frühlingspunkt geht durch Bels Reich. Das Ende ist die Feuerflut, die Sommersonnenwende des Weltjahrs. Aus ihr geht die neue Welt hervor.

Aus Spuren von Kalenderreformen im Verlaufe der babylonischen Geschichte läßt sich erweisen, daß die Babylonier für die geschichtliche Zeit die Zeitalterrechnung seit den frühesten aus Urkunden redenden Zeiten angewendet haben müssen[3].

Die Beobachtung ist dann für die historische Zeit auf die Perioden der Geschichte übertragen, so wie wir sie kennen. Das erklärt die Anwendung der Weltzeitalterlehre bei Daniel, bei den Persern, Indern etc.

Zwillingszeitalter.

In dem ältesten Zeitalter, das wir bisher im Lichte der Geschichte kennen[4], war das Tierkreiszeichen der Frühlings-

---

[1]) Auch der Weltbrand des Avesta kann nur auf dieser Anschauung ruhen. Die Mexikaner kennen vier Zeitalter der Welt, darunter Wasserflut und Feuerflut; fast alle amerikanischen Kosmogonien erwähnen beide Katastrophen, s. Ehrenreich, Die Mythen und Legenden der südamerikanischen Urvölker, S. 30.

[2]) Asurbanipal spricht von Inschriften aus der Zeit vor der Flut; ein magischer Text nennt einen Ausspruch der alten Weisen vor der Flut. KAT[3] 537. V R 44, 20a spricht von Königen „nach der Flut".

[3]) Die Bedeutung der Weltzeitalterrechnung für die altorientalische Geschichte hat H. Winckler erkannt, s. Geschichte Israels II, 282 ff. Ex oriente lux I, 27. 50; vgl. F. II, 370 jetzt auch III, 289 f.

[4]) Über Spuren älterer Zeitalter s. Winckler, F. II, 368; Hommel, Aufs. u. Abh. II, 446 ff. Die spät-ägyptische Krebs-Rechnung ist archaisiert.

tagesgleiche, die Zwillinge[1]. Als Zwillinge werden von den Babyloniern Sin und Nergal angesehen, d. i. Mond und Sonne, wie wir S. 104 sehen werden, bez. ab- und zunehmender Mond. Bei Sonnen- und Mondrechnung gebührt aber in Babylonien dem Monde der Vorrang, denn er ist nach dem System der Lebenbringende im Gegensatz zur Sonne, die die Unterwelt repräsentiert. Deshalb ist das Zwillingszeitalter das Zeitalter des Mondgottes. Sargon sagt in seiner Prunkinschrift vom Könige von Meluḫḫa, seine Väter hätten seit fernen Tagen, dem

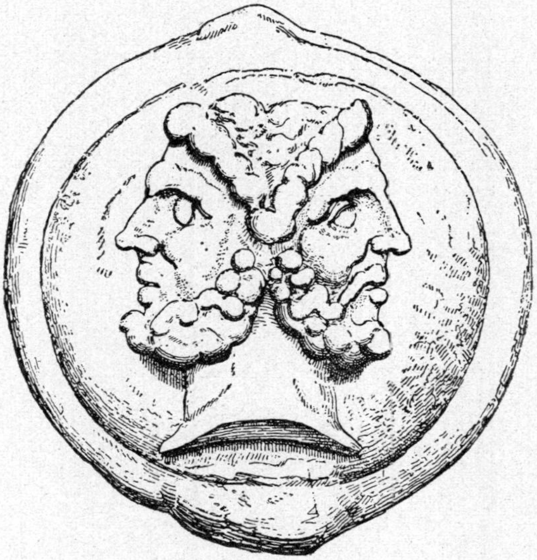

Abb. 23: Janus auf einem römischen Libralas.

Äon des Mondes (adî Nannar), keine Boten mehr an seine Vorgänger geschickt. Die königlichen Astrologen, die die Ereignisse mit den Gestirnen in Zusammenhang bringen, rechnen also nach dem alten Zeitalter. Auch andere Angaben bei Sargon zeigen die gleiche Erscheinung, daß statt des Nisan der um zwei

[1]) So sieht es wenigstens vom geschichtlich uns am besten bekannten Stierzeitalter rückwärts gesehen aus. Für das historische Zwillingszeitalter kam es nicht auf den Frühlingspunkt, sondern auf den Herbstpunkt an. Aber die Sache bleibt dieselbe. Wenn die Sonne in den Zwillingen bei der Frühjahrsgleiche stand, so stand der Vollmond im Herbstpunkte in Opposition.

Stellen rückwärts liegende Sivan als Jahresanfang behandelt wird, als der Monat des die Geschicke regierenden Mondgottes (bêl purussê)[1]. Das Jahr begann im Zwillingszeitalter mit dem Sivan und schloß mit dem Ijjar; vgl. hierzu die Monatsliste S. 37 f.

Der römische Kalender beginnt das Jahr mit dem Janus, dessen Bild die beiden Mondhälften darstellt. Er entspricht also dem Zwillings-(Mond-) Zeitalter, s. Abb. 23. Mit dem Dioskurenmythus ist deshalb auch der Anfang der römischen Geschichte ausgestattet, s. Winckler, l. c. Das scheint ein künstlicher Archaismus zu sein, der vielleicht auf die Etrusker zurückgeht. Der römische Kalender nennt den 7.—12. Monat Quinctilis bis Dezember; man weiß also, daß man an der Uhr des Weltjahrzeigers um zwei Stufen zurück ist[2].

Stierzeitalter.

Ungefähr von 3000 an stimmte der Kalender nicht mehr zur tatsächlichen Stellung des Frühlingsäquinoktialpunktes. Die Zeitrechnung mußte auf den Stier gestimmt werden, denn in das Zeichen des Stieres war der Frühlingspunkt gerückt. Das ist in der Tat geschehen, unter Sargon wird sich die Reform durchgesetzt haben. Hammurabi hat das Vorrücken des Frühlingspunktes zur Glorifizierung seiner Herrschaft als einer neuen Weltepoche benutzt. Es gelingt ihm „die Erhebung des Marduk“, des Stadtgottes von Babylon, zum König der Götter. Ein direktes Zeugnis, wie bei der Reform des Kalenders unter Nabonassar, besitzen wir nicht.

Der Jahresanfang müßte der Präzession entsprechend einen Monat rückwärts, in den Ijjar, verlegt worden sein und der Jahresschluß in den Nisan. Auch dafür haben wir keine direkten Zeugnisse. Aber wenn der König von Assyrien im zweiten Monat Ijjar inauguriert wird statt im Nisan, der im Widderzeitalter die Frühjahrstagesgleiche und damit das Neujahrsfest hat, so läßt sich das nur aus dieser Erscheinung erklären[3]. Man

---

[1]) Dieses Zeitalter war das der Einwanderung der semitischen Babylonier. Auf der Zwillingsrechnung ruhn die mythologischen Motive, die dem Beginn von Zeitaltern angehängt werden (Mondgestalt und Dioskurenmythus), s. Winckler, F. II, 370ff., III, 289.

[2]) Zur Bedeutung der römischen Namen vgl. S. 38.

[3]) Ganz korrekt entspricht dem Widderzeitalter das Eponymat des Sargon, der dem dritten Zeitalter entsprechend im dritten Jahre seiner Regierung Eponym ist. Die gleiche Rechnung zeigt sich bei Nebukadnezar. Sargon bewies durch diese Anerkennung des Nabonassar-Kalenders seine Babylon-Freundlichkeit. Aber man hat eben zu gewissen Zeiten in Assyrien vielleicht im bewußten Gegensatz zu Babylonien den Fortschritt nicht mit gemacht; man ist beim alten Kalender geblieben, wie heutzutage die Russen.

mußte erwarten, daß dieses auf den Zwillings- bez. „Mond-Äon" folgende Zeitalter Sonnencharakter trägt, schon deshalb, weil die Hammurabi-Dynastie aus der Sonnenstadt Sippar stammt. Und das stimmt auch insofern, als Marduk wesentlich Sonnengott ist[1]. Aber die Sonne erscheint hier nicht als Partnerin des Mondes, sondern in ihrer Zwei- und Vierteilung. Der Hauptpunkt ist dabei in jedem Falle der Punkt, in dem sich die Frühjahrstagesgleiche offenbart, der Sieg des Sommers über die finstere Macht. Dieser Punkt im Weltall gebührt ursprünglich Nebo; Nabû heißt „Verkünder", als Morgenstern verkündigt er den neuen Tag im Jahres- und Weltjahrlauf. Aber wir wissen, daß Marduk an seine Stelle trat, s. S. 24. So wurde die Prärogative Babylons durch Vorgänge des astralen Weltlaufs begründet. Hammurabi rühmt sich, daß ihm die Erhebung Mar-

[1]) Hommels Ansicht, daß der Sonnenkult genuin babylonisch und der Mondkult westsemitisch ist (Gesch. u. Geogr. Babyloniens S. 84 u. ö.) ist in der vorgetragenen Form unhaltbar. Nur soviel ist richtig, daß die Ackerbau treibenden Babylonier den Kult der Sonne von jeher besonders gepflegt haben (die Sonne bringt Wachstum und Ernte), während die nomadisierenden Babylonier westlich vom Euphrat den Mondkult besonders gepflegt haben; denn die heiße Sonne ist ihr Feind, der Mond des Nachts ist ihr Freund. Aber Sonnenkult und Mondkult haben immer nebeneinander bestanden. Der astrale Charakter macht, wie wir sehen, die altorientalischen Religionen geradezu zu Kalenderreligionen. Jeder Kalender aber, der mit den Jahreszeiten rechnet (und es handelt sich überall um die astralen Beziehungen zu den Erscheinungen des Naturlebens) ruht auf dem Ausgleich von Sonne und Mond. Gewiß gibt es eine kultische Hervorhebung des Sonnen- und des Mondkultus. Sie kann auf örtlichem Kult beruhen, sie kann durch die Interessen des Nomadenlebens einerseits und des Ackerbaulebens andererseits verursacht sein, sie kann auf einem die ganze orientalische Welt umspannenden System ruhen, für das Babylonien Mondland und Ägypten Sonnenland ist, aber weder in der Lehre noch in der die Lehre popularisierenden Mythologie des Orients kann irgendwie von der Sonne die Rede sein, ohne daß die Beziehungen zum Monde in Betracht kommen und umgekehrt. In der Theorie hatte in der ältesten uns bekannten Zeit der Mond, später die Sonne den Vorzug. Wenn von der Sargon-Zeit an die Sonne in den Vordergrund tritt, so ist doch der Mondkult auch zu seinem Rechte gekommen (z. B.: Hammurabi erhält die Gesetze vom Sonnengott, aber er sorgt auch für die Ausstattung der Mondstadt Ur), und er ist nie von seinen Kultorten verdrängt worden. Die Hervorhebung der Sonne in dem späteren Zeitalter beruht aber auf der geistigen Übermacht Babylons. Sehr spät ist noch einmal der Mond zur Vorherrschaft im vordern Orient gekommen: durch die Reform Muhammeds, der an die Kalender und Institutionen der Mondstadt Haran mit Bewußtsein angeknüpft hat. Das Werk Muhammeds bedeutet wie in diesem, so in manchem andern Punkte die letzte altbabylonische Renaissance, s. Winckler, MVAG 1901, 237 ff.

duks gelungen ist. Babylon ist Weltmetropole, weil Marduk, der durch den Stier symbolisiert ist, in dem Sonnenzeitalter als der siegreiche Jahrgott gilt, der dann auch den gesamten astralen Weltkreislauf repräsentiert[1].

Widderzeitalter.

Mit dem achten vorchristlichen Jahrhundert ist der Frühlingspunkt in das Zeitalter des Widders gerückt. Die astronomische Anerkennung und Festlegung dieser Tatsache gibt dem sonst unbedeutenden König Nabonassar (Nabû-naṣir 747 bis 734) ein bedeutendes Relief. Sowohl die keilinschriftliche „babylonische Chronik" wie der ptolemäische Kanon fangen mit ihm an[2], denn er beginnt astronomisch angesehen ein neues Zeitalter und wir müssen annehmen, daß er eine Kalender- und Zeitrechnungsreform durchgeführt hat, welche für Babylon als maßgebend anerkannt wurde. Und Syncellus sagt, Nabonassar habe nach dem Zeugnis des Alexander Polyhistor und Berosus sämtliche historische Urkunden, die seine Vorgänger betrafen, zerbrochen, damit nur noch nach ihm datiert werde[3]. Die babylonische

---

[1]) Jedenfalls spielte der Zufall dabei eine Rolle. Die politische und wirtschaftliche Lage kam der Kalenderreform zu Hilfe, vgl. meine Monotheistischen Strömungen innerhalb der babyl. Religion, S. 7ff. Auch der Jupiter-Charakter Marduks wird in Betracht gekommen sein. Jupiter ist nach Venus der leuchtendste Planet. Stand Jupiter, der etwa jährlich ein Tierkreiszeichen durchläuft, etwa in entscheidender Zeit im Stiere? Und wie steht es mit dem Stier-Symbol? Marduk wird auf dem Stiere stehend abgebildet. Ist die Stier-Symbolisierung des Marduk dem neuen Äon zuliebe und zur Bestätigung des Marduk als Obersten der Götter erfunden? Oder hat bei der Verlegung der Residenz von Sippar (denn dort residierte doch wohl vorher die Hammurabi-Dynastie) nach Babylon der Stier-Charakter des Stadtgottes Merodach den Ausschlag gegeben? Man könnte dazu die Rolle vergleichen, die das Widderheiligtum in der Ammon-Oase im Widderzeitalter erhielt, als die wissenschaftliche Zentrale von Babylonien nach Ägypten verlegt wurde. Zu beachten ist, daß das Ideogramm des Planeten Jupiter „Sonnenstier" bedeutet und als „Furche des Himmels" (die der Sonnenstier pflügt) erklärt wird, s. Hommel, Aufs. und Abhandl. S. 356 u. vgl. oben S. 53f. Welchen mächtigen Einfluß übrigens das Marduk-Jupiter-Zeitalter über seine Grenzen hinaus ausgeübt hat, mag man auch daran erkennen, daß sowohl die Griechen, wie die Römer statt ihres Stadtgottes den an sich durchaus nicht hervorragenden Zeus-Jupiter zum summus deus erhoben. — Auf das Stierzeitalter als Entstehungszeit deutet auch die dem Mithraskult zugrunde liegende Lehre.

[2]) KB II, 274. 290.

[3]) Chronographia 207 (vgl. ob. S. 55): *συναγαγὼν τὰς πράξεις τῶν πρὸ αὐτοῦ βασιλέων ἠφάνισεν, ὅπως ἀπ᾿ αὐτοῦ ἡ καθαρίθμησις γένηται τῶν Χαλδαίων βασιλέων.* Dem Tafelzerbrechen entspricht bei andern Zeitalter-Reformen das

Reform des Widderzeitalters ist in Babylonien nicht recht zur Geltung gekommen; denn sein astronomischer Beginn fiel mit dem allmählichen Niedergang Babyloniens zusammen. Aber die überwältigende Macht der babylonischen Kultur zeigt sich noch durch jahrtausendelange Nachwirkung der Normen des Marduk-Stier-Zeitalters. Bis Xerxes blieb Babylon Herrin des Orients. Nach der Zerstörung des Marduk-Tempels ging die Pflege der Tradition auf Ägypten über. Das Orakel des Jupiter Amon in der Ammonoase gewinnt bei den Griechen besondere Bedeutung. Alexander der Große befragt das Orakel. Jupiter Amon ist seinem Wesen nach identisch mit Marduk. Aber er wird widderköpfig verehrt entsprechend dem neuen Zeitalter. Ein Zeugnis für die Durchführung der Widderrechnung liegt vielleicht bei Manetho vor. Er sagt, daß unter Bokchoris „ein *ἀρνίον* sprach"; *ἀρνίον* ist der Widder des Tierkreises[1]. Christus ist in der Apokalypse als Bringer des neuen Zeitalters *ἀρνίον*, s. mein BNT 16ff.

XIII. Weltzeitaltermotive und astralmythologische Motive in der Geschichtsdarstellung.

Eine orientalische Geschichtsdarstellung ohne Rechnung mit Weltzeitaltern ist nicht denkbar. Die Gestirne regieren den Wechsel der Zeiten. Wenn die älteren biblischen Schriftsteller

---

sagenhafte Verbrennen der Bücher, in Persien unter Alexander, in China 213 v. Chr. unter Tschin-schi-hoang. Auch bei dem Brand der Bibliothek von Alexandrien wird dies Motiv mit in Betracht zu ziehen sein. Es bedeutet den Beginn der islamischen Ära in Ägypten unter Omar, s. Winckler, Ex or. lux II, 2, 63.

[1]) Unser Kalender nennt heute noch den Frühlingspunkt den Widderpunkt, obwohl die Präzession längst in die Fische gerückt ist, und er spricht vom Wendekreis des Krebses und Steinbocks, obwohl er längst Wendekreis der Zwillinge und des Schützen heißen müßte. Vielleicht erklärt sich aus den „Fischen" das Fisch-Symbol der ersten Christenheit; in den Katakomben-Lampen sind es zwei Fische, von denen einer den andern verschlingt; die Erklärung aus den Buchstaben des Wortes *ἰχθύς*: *Ιησους Χριστος θεου υίος σωτηρ* ist eine späte (vgl. Augustin civ. dei 18, 23) geistvolle Spielerei. Die Christen haben vielleicht unter dem Einfluß der orientalischen Gepflogenheit, die Zeitalter nach der Präzession zu charakterisieren, die neu angebrochene Aera mit den Fischen symbolisiert, um sie vom heidnischen Widderzeitalter zu unterscheiden. Die Tierkreisbilder nehmen verschiedenen Raum ein. Das Bild der Fische ist langgestreckt und beginnt dicht beim Widder. Der Talmud nennt den Messias ינון, der ein neues Gesetz bringen wird. Das ist doch wohl Wortspiel mit nûn „Fisch". Ein jüdischer Kommentar zu Daniel (14. Jahrh.) erwartet den Messias im Zeichen der Fische.

davon schweigen, so beweist das nichts für Unkenntnis. Gekannt hat man die Zeitalterrechnung auch in Israel zu allen Zeiten vor Daniel. Wir werden auch Spuren davon finden. Verschiedenartig ist die Ausprägung. Die Ägypter rechnen mit der Sothisperiode von 1460 Sonnenjahren. Die 4 × 3000 Jahre des Avesta ruhen auf dem altorientalischen System. Ebenso die vier mexikanischen Zeitalter[1]. Mit Vorliebe werden die Zeitalter nach Metallen bezeichnet. Gewisse Metalle entsprechen, wie die Farben etc., den Planeten. Dem Mondgott gehört das Silber, der Sonne das Gold, der Venus das Kupfer. Die drei Zeitalter müßten demgemäß nach babylonischer Rechnung heißen: silbernes, goldenes, kupfernes Zeitalter. Statt dessen wird aber in späterer Zeit aus verschiedenen Gründen der Zeitalter-Rechnung die Anschauung zugrunde gelegt, die der Sonne den Vorrang gibt[2]: goldenes, silbernes, kupfernes Zeitalter. Die Sonne kann in ihren göttlichen Wirkungen, wie wir sahen, Saturn gleichgesetzt werden. Darum ist das goldene Zeitalter auch das Zeitalter Saturns[3]. Das ist die Zeitalterrechnung bei Daniel und im Okzident bei Hesiod. Sie setzt zu den drei vergangenen Zeitaltern noch das Zeitalter der Gegenwart: das eiserne hinzu. Ob auch dies eiserne Zeitalter dem astralen System entspricht, oder nur eine praktische Ergänzung ist, die an die Kämpfe der Gegenwart erinnert, mag dahingestellt sein. Jedenfalls liegt in der Anordnung der pessimistische Gedanke: die Zeiten werden schlechter. Und die Sehnsucht der Welt geht auf Wiederkehr des goldenen Zeitalters[4].

Der Wechsel der astralen Zeitalter wird in bestimmten Mythen dargestellt, die das Weltensystem wiederspiegeln[5]. Diese Mythen bilden für die Geschichtserzählung des Alten

---

[1]) Näheres s. im Abschnitt Biblische Zeitalter.

[2]) Es würde der ägyptischen Anschauung entsprechen, die dem Okzident die philosophia orientalis vermittelt hat.

[3]) Winckler F. III, 187f. nimmt an, daß man nach babylonischer Reihenfolge auf das Marduk-Zeitalter ein Nebo-Zeitalter folgen ließ. Der Zweiteilung Nebo-Marduk (winterliche Hälfte, sommerliche Hälfte) entspricht aber bei Vierteilung der Beginn mit Nergal-Saturn.

[4]) Dem Beginn mit der Sonne entspricht die Wochenzählung, die mit Sonntag beginnt; dem Beginn mit Saturn die (jüdische) Wochenzählung, die mit Sonnabend anhebt.

[5]) Vgl. hierzu die Ausführungen Wincklers, Ex oriente lux I, 1 S. 33ff., von denen ich, wie sich aus obigen Ausführungen ergibt, in einigen Punkten abweiche.

Orients eine fertig gelieferte Zutat, die für den Schriftsteller dasselbe sind, was für den Dichter die Metrik und gehobene Sprache, für den Maler Linie, Schatten und Farbe ist. Insbesondere werden in jedem Zeitalter die Geschichtsanfänge so charakterisiert, daß die anhebende Person die Züge der astralen Jahrgottheit trägt, die dem Anfangspunkt eines Zeitalters entspricht[1].

Beispiele: Die Geburtsgeschichte Sargons I. mit dem Motiv der geheimnisvollen Herkunft, Aussetzung und Errettung, s. zur Kindheitsgeschichte Mosis 2 Mos 2, wo eine große Anzahl Parallelen aus babylonischen Texten und aus allen Enden der Welt aufgeführt werden sollen. Mit dem gleichen Motive stattet die indische Legende Buddha und Krischna, die persische Zarathustra, die chinesische Fohi aus. Die gleichen Motive zeigt die ägyptische Geschichte in der Mythologie der Geburtsgeschichten des Königssohnes (s. Erman, Ägyptische Religion S. 40, wo sie als „Wahnwitz" charakterisiert wird). Es ist die dem Stierzeitalter entsprechende Marduk-Osiris-Legende, die uns übrigens bisher nur in dieser Gestalt des Dynastiengründer-Mythus bekannt ist, noch nicht in den Marduk-Mythen selbst, obwohl sie auch hier sicher existiert hat. Die Romulus-Legende fügt das Motiv des Zwillingszeitalters hinzu, eine Archaisierung, die uns bereits S. 66 begegnete, ebenso die persische Cyrus-Kambyses-Legende und die athenische Legende von der Tyrannenvertreibung. H. Winckler erklärt aus den Motiven des Zwillingszeitalters, das dies älteste Zeitalter darstellte, den Beginn aller Geschichtslegende, die eine Mondgestalt einerseits und eine Zwillings-(Dioskuren-) Legende andererseits aufweist, s. S. 66. Der Hauptstrom der Wanderung scheint in das Stierzeitalter zu fallen. — Dem Widderzeitalter-Motiv begegnen wir bei Alexander, der sich von Apelles als Jupiter malen läßt und in der Oase des Jupiter-Amon das Orakel des widderköpfigen Amon-Jupiter besucht, s. S. 69. In der Apokalypse entspricht die Symbolisierung des siegenden Christus durch ἀρνίον dem Widderzeitalter, s. S. 69. — Nach einem andern Weltzeitalter-Motiv läßt sich Sanherib, der durch die Zerstörung Babylons eine neue Welt-Aera eröffnen wollte, als neuer Adam darstellen (Adapa abkallu = Marduk, s. Kap. IV); Sargon sagt, 350 Könige hätten vor ihm regiert, mit ihm beginnt ein neues Mondzeitalter. Insbesondere lieben es die babylonischen und assyrischen Herrscher, daß die Tafelschreiber ihre Regierung mit den Motiven des Erlösungs-Zeitalters ausstatten (Asurnaṣirpal, Merodachbaladan II., Asurbanipal, ebenso dann Cyrus, s. BNT S. 27 f.). — Da der nebî (Prophet) Verkünder bez. Bringer des neuen Zeitalters ist (s. S. 82 f.), so wird auch seine Geschichte mit den Motiven des neuen Zeitalters ausgestattet, wie wir es z. B. in den Elias- und Elisa-Erzählungen finden werden.

Aber auch über die übrigen Erzählungsstoffe spannt sich der Mythus gleich dem Netz einer entworfenen Zeichnung aus.

---

[1]) H. Winckler, Gesch. Isr. II, 10: „In der Überlieferergilde bilden sich feste Normen heraus, die in Anspielungen auf bekannte Mythen bestehen und zugleich eine poetische Einkleidung des jeweilig besungenen Ereignisses darstellen."

Er zeigt sich in Wortmotiven, Wortspielen und Motiven, mit denen entweder die historischen Stoffe umrankt werden oder die an unwesentliche Züge der Geschichte angeknüpft werden, besonders gern auch in der Bildung künstlicher Namen und Beinamen. Bestimmte Vorstellungen der Mythologie gelten dabei allmählich als typischer Ausdruck für bestimmte Ereignisse. Der Sieg des Helden erscheint als Sieg über den Drachen, Überschreitung des Meeres oder Flusses in kritischer Entscheidung wird mit dem Motiv der Spaltung des Drachens ausgestattet. An Stelle des Drachenkampfes tritt auch die Tötung der Fünf (Epagomenen als Repräsentanten der zu Ende gehenden Winterzeit), Tötung des Tyrannen (Orion) oder Riesen[1], mit dem Motiv der Trunkenheit bei Ernte oder Schafschur, Titanenkampf, Tötung der 70 Söhne als Ausrottung des Geschlechts usw.

Von diesem mythologischen Einschlag gilt dasselbe, wie von der Mythendichtung: „Die echte Mythendichtung ist wie die schaffende Natur nirgends willkürlich, sie hat selbst für Dinge, die sie nur zum Schmuck einzufügen scheint, ihren bestimmten Grund.“ Die Geschichtserzählung der Alexanderzeit, der Perserzeit, die altrömische Geschichte zeigt diese Erscheinung; in besonders hohem Maße die Geschichte Muhammeds und seiner Nachfolger. Auf westeuropäischem Boden sei an die Geschichte von König Artus, Karl dem Großen erinnert.

Besondere Erregung hat nun die Behauptung hervorgerufen, daß diese mythologisch-historische Erzählungsform auch bei den biblischen Geschichten ihr Wesen treibe[2]. Wincklers Geschichte Israels II hat die Tendenz, an der biblischen Geschichte als einem besonders charakteristischen Beispiel die mythologische Darstellungsform nachzuweisen. Winckler geht hier über das Ziel hinaus. So glaube ich z. B. nicht, daß das Schema der Trias (Mond und dann Sonne in ihren beiden Hälftenerscheinungen Marduk und Nebo) von der Geschichtsdarstellung systematisch verwendet worden ist: Saul-Mond, David-Marduk, Salomo-Nebo: es sind wohl nur Motive in den

---

[1]) Vgl. S. 86.

[2]) Tammuz-Motive in der Josephsgeschichte, Tammuz bez. Marduk-Nebo-Motive in der Mosesgeschichte, Marduk-Motive bei Josua, David etc. Beispiele für die typischen Motive: Drachenkampf bei Errettung aus Ägypten; Spaltung des Drachen beim Durchgang durchs Meer und bei Überschreiten des Jordans (s. zu 2 Mos 14, Jos 3), Tötung der 70 Söhne Ahabs 2 Kg 10, 6f. (vgl. C. Niebuhr OLZ 1897, 380f.), Besiegung der fünf Könige 1 Mos 14, Jos 10f., 4 Mos 31.

Einzelgestalten anzunehmen. Sicher aber ist, daß die sagenhafte Ausschmückung der späteren Zeit systematisch arbeitet. Jedenfalls handelt es sich um eine epochemachende Entdeckung, die für das Verständnis der alttestamentlichen Sprechweise von weittragender Wichtigkeit ist. Verfasser hat deshalb mit vollem Bedacht dem „mythologischen Einschlag" in seiner Streitschrift „Im Kampf um Babel und Bibel" [1] das Wort geredet, und es wird eine Aufgabe auch dieses Buches sein zu zeigen, wie das altbabylonische Weltbild und der Weltenmythus seine Spuren in der alttestamentlichen Erzählungskunst hinterlassen hat.

Die Erkenntnis vom Vorhandensein des mythologischen Einschlags als der Darstellungsform der alttestamentlichen Erzählung hat seit dem Erscheinen der 1. Auflage dieses Buches in weiteren Kreisen sich Bahn gebrochen, so daß seine Aufnahme in den festen Bestand der Bibelexegese seitens der Kundigen als gesichert gelten kann. Die wichtigste Frage ist dann die: inwieweit darf bei Auffindung mythologischer Anspielungen die Geschichtlichkeit der Begebenheiten noch festgehalten werden? Allgemeine Regeln werden sich nicht aufstellen lassen. Die Entscheidung wird von Fall zu Fall zu treffen sein.

Folgende Leitsätze möchte ich zur Debatte stellen. Sie liegen den Ausführungen des vorliegenden Buches, soweit es sich um mythologischen Einschlag handelt, zugrunde:

1. Mythologische Motive, die der Erzählung anhaften, beweisen an sich nichts gegen Geschichtlichkeit des gesamten Stoffes. Sargon I. wurde von Assyriologen für eine mythische Person gehalten, weil von ihm die Geschichte geheimnisvoller Geburt, Aussetzung im Korbe, Auffindung durch Ištar erzählt wird. Jetzt besitzen wir Abschriften von Annalen aus seiner und seines Sohnes Naramsin gewaltiger Regierung. Minos galt bis vor kurzem als unhistorisch wegen des mythologischen Charakters der Geschichten, die von ihm überliefert sind; abgesehen von seiner Person ist zum mindesten nachgewiesen, daß in der jüngst entdeckten kretischen Kultur die Voraussetzungen für eine Person wie Minos vorhanden sind. Midas von Phrygien ist trotz der Eselsohren, der mythischen Goldsucht und des gordischen Knotens durch die assyrischen Inschriften als historische Persönlichkeit beglaubigt. In diesem Zusammenhange ist sogar für eine Gestalt wie Simson, dessen Geschichte nur rein Mythisches enthalten soll und dessen bloßer Name als

---

[1]) Leipzig, J. C. Hinrichs, 4. Auflage 1903.

Beweis für seinen mythischen Charakter vorgeführt zu werden pflegt, historische Grundlage nicht ausgeschlossen. Von solchen Gesichtspunkten aus ist auch von Winckler für die Vätergeschichten, bei denen ein historischer Gehalt von der „historisch-kritischen Schule“ als vollkommen ausgeschlossen angesehen wurde, ein historischer Gehalt angenommen worden.

Winckler hatte in der Geschichte Israels den naheliegenden Trugschluß, der mit dem Nachweis der mythologischen Züge die historische Tatsache eliminiert, nicht allenthalben vermieden, hat aber im Schlußkapitel bei der Zusammenfassung der Ergebnisse ausdrücklich betont (S. 298), daß sich die richtige Erkenntnis dieser Ausdrucks- und Auffassungsweise des Altertums ebensogut mit der vollkommensten Gläubigkeit wie mit der weitgehendsten Zweifelsucht in bezug auf die erzählten Tatsachen vereinigen läßt.

2. Es ist zu unterscheiden zwischen verschiedenen erzählenden Partieen des Alten Testaments. Die Urgeschichten der Bibel sind anders zu beurteilen wie die Vätergeschichten und die Erzählungen aus der vorkönigischen Zeit, und diese wiederum anders als die im hellen Lichte der Geschichte liegenden Erzählungen der Königszeit.

Die Urgeschichten sind Einleitungen zu israelitischen Geschichtswerken bez. Gesetzeswerken, die später redaktionell überarbeitet bez. zusammengefaßt worden sind. Sie nehmen ihren Stoff aus der altorientalischen Lehre über Weltentstehung und Weltentwicklung im Sinne der Wissenschaft ihrer Zeit (vgl. hierzu Kap. IV). Sie sind weder Sagen noch verblaßte Mythen [1], sondern religiös angewendete Weltanschauung. Das System, dessen Konturen sie möglichst zurücktreten lassen, ist ihnen das Gefäß für schöpferische religiöse Ideen. Wie weit es sich z. B. bei der Sintflut um Überlieferung realer Tatsachen handelt, läßt sich mit den heutigen Mitteln der Kritik nicht entscheiden.

Die Vätergeschichten sind von neuem auf ihre historische Glaubwürdigkeit zu prüfen. Daß sie eine rückwärts projizierte Idealgeschichte darstellen, ist ausgeschlossen. Das Milieu wird sich als historisch bis in die kleinsten Züge erweisen. So werden

---

[1]) Nur verblaßte mythologische Anklänge sind zu konstatieren, wie z. B. bei tohu und bohu. Die Mythologie ist Popularisierung und Substantiierung der Lehre. Schwierige Begriffe werden auch in den biblischen Urgeschichten unwillkürlich durch ihre mythologischen Bilder und Symbole ersetzt. Die gleiche Erscheinung zeigt jede Religionslehre.

auch die Gestalten historisch sein. Selbst die Existenz schriftlicher Quellen halten wir für die Urzeit Israels nicht für ausgeschlossen. Die Historizität einzelner Züge kann ebenfalls mit den Mitteln der Literarkritik nicht festgestellt werden. Jedenfalls darf einer Erzählung die Geschichtlichkeit im Sinne des Berichterstatters nicht deshalb abgesprochen werden, weil etwa eine Legende hindurchschimmert, die sonst als Einkleidung eines kosmischen Vorgangs bekannt ist, wie z. B. im Jakobstraum, bei Jakobs Kampf an der Furt des Jabbok usw. An Fragen aber, ob man dem mythologischen Motiv zuliebe der Geschichte leise Verschiebungen gegeben habe, oder ob in andern Fällen das Motiv in einem ausschmückenden Nebenzug liegt, in Hervorhebung eines Wortspiels, in Unterstreichung einer an sich nebensächlichen Tatsache, in Erfindung von bedeutungsvollen Namen usw., wird in Zukunft die alttestamentliche Wissenschaft nicht vorübergehen können.

In den eigentlichen Geschichtsbüchern[1] bilden die mythologischen Motive das künstliche Beiwerk. Die Bearbeiter der uns vorliegenden Geschichtsbücher, die die eigentlichen uns verloren gegangenen Annalen nur auszugsweise benutzen, kannten den Sinn der mythologischen Motive und haben sie als Mittel wissenschaftlicher Darstellung im Sinne ihrer Zeit weiter ausgebildet[2]. Mythologische Umrankungen der Geschichte und beigefügte mythologische Anekdoten sind leicht als solche erkennbar. Eine Reihe von Geschichten, bei denen konservative Exegeten zu bemerken pflegen, man werde hier die Spuren der dichtenden Sage anerkennen müssen, werden so ihre Erklärung finden. Wir erinnern an die Geschichte vom Riesen Goliath[3] und an die Angaben über Davids Helden 2 Sa 21, 15 ff., vgl. 1 Chr 21 [20], 1 ff., an die Ausschmückung der Geschichten von Nabal und Abigail 1 Sa 25 und von Amnon und Thamar 2 Sa 13, an das Anzünden des Feldes Joabs in der Absalomgeschichte 2 Sa 14, 30 ff., an die Ausschmückung der dreifachen Zweikämpfe bei Gibeon 2 Sa 2, 12 ff.

---

[1]) Von den besonderen Problemen der Quellen für die Josua- und Richterzeit wird an anderer Stelle die Rede sein.

[2]) Beispiele bei Winckler, Gesch. Isr. II, 31. 218 vgl. 277.

[3]) S. 86, Anm. 1.

Zweites Kapitel.

Die babylonische Religion.

I. Die Mysterien.

Da die altorientalische Lehre, die die Welt nach ihrem Ursprung, Zweck oder Ziel darstellt, göttliches Wissen darstellt, also mit „Wissenschaft“ identisch ist, so kann sie ebensowenig Gemeingut des Volkes gewesen sein, wie heutzutage unsre Wissenschaft. Dem Volke wurde die Lehre durch die Mythologie (ἱερός λόγος heißen in hellenistischer Zeit die orientalischen Mythen) popularisiert und durch Festspiele dramatisch dargestellt. Die priesterliche Lehre wurde als Arkan-Disziplin, als Mysterium (niṣirtu) vererbt. Von Enmeduranki, einem der 7 Urkönige, erfuhren wir, er habe das Geheimnis Anus [Bels und Eas], die Tafel der Götter, die Omentafel (?), das Mysterium von Himmel [und Erde] empfangen und seinen Sohn gelehrt. Ferner heißt es, daß der Weise, der Wissende (mudû) das Mysterium der großen Götter bewahrt und seinen Sohn auf Tafel und Tafelstift schwören läßt[1]. Diese „Schreibtafel des Geheimnisses von Himmel und Erde“ stellt ebenso wie die „Bücher der Urzeit“ bei Berosus das in die Sage übertragene Offenbarungsbuch des gestirnten Himmels dar. Auch sonst ist von Tradition einer Geheimlehre die Rede. Am Schluß des Epos Enuma eliš, das Marduk als Drachenkämpfer, Weltbildner und Herrn der Geschicke verherrlicht, heißt es von den 50 Ehrennamen, in die der Weltlauf hineingeheimnist ist: „Sie sollen bewahrt werden, und der „Erste“ soll sie lehren, der Weise und Gelehrte sollen sie miteinander überdenken, es soll sie überliefern der Vater, sie seinem Sohne lehren.“ Auch die Tafelunterschriften der Bibliothek Asurbanipals kennen den Unterschied von Wissenden und Nichtwissenden (z. B. V R 64): „Der Wissende soll es dem Wissenden zeigen; der Nichtwissende soll es nicht sehen[2].“ Die „Überlieferung der Gelehrten Baby-

---

[1]) S. 47. Ihm entspricht bei den Persern der Gründer der Magier-Sekte Manuschir.

[2]) In den Berichten über die Mosaische Zeit erscheinen die 70 Ältesten als Träger einer Geheim-Tradition. Jesus redet von denen, die „den Schlüssel der Erkenntnis haben“, den Heiden gegenüber wurden dann wieder die Hauptstücke der christlichen Lehre (Bekenntnis und Sakrament) als Mysterien behandelt.

lons" beschäftigt Mani nach der Legende 12 Jahre, nachdem er vom Engel El tâum (Gottgenosse) Befehl bekommen hat, sich von seiner Umgebung abzusondern [1].

Monumentale Zeugnisse über babylonische Arkan-Disziplin werden wir der Natur der Sache nach nicht erwarten dürfen. Aber wir können aus dem Wesen der orientalischen Lehre und nach Analogie späterer Mysterien-Kulte, die der altorientalischen Lehre entsprechen (insbesondere Isis- und Attis- und Mithrasmysterien), den Schluß ziehen, daß es sich für die Mysterien um dreierlei handelte:

1. Um Betrachtung und Verständnis der Natur, abzielend auf die Erkenntnis, daß die Erscheinungen des gestirnten Himmels und des Naturlebens Offenbarung einer einheitlichen göttlichen Macht sind.

2. Um Einführung in die Erfahrung, daß im Kreislauf des Lebens aus Leben Tod und aus Tod Leben hervorgeht, — das Geheimnis der Unsterblichkeit [2].

3. Um das Geheimnis der Gemeinschaft mit der Gottheit. Dieser Gedanke ist später reich ausgebildet, wohl auch unter nicht-orientalischem Einfluß, und wird insbesondere mit dem Verlangen noch einem bevorzugten Geschick im Jenseits verbunden (Himmelsreise der Seele; die physikalischen Mysterien werden mit ethischen verknüpft). Daß aber Spuren davon auch in Babylonien vorhanden sind, beweist meines Erachtens

a) die gottwohlgefällige Handlung des Emporsteigens auf dem Planetenturm, s. S. 52,

b) die mystische Verbindung der Totenfeier mit der Feier des sterbenden und auferstehenden Jahrgotts, wie sie z. B. in der Höllenfahrt der Ištar bezeugt ist.

II. **Latenter Monotheismus und göttliche Trias.**

„Wie Sonne und Mond, Himmel, Erde und Meer allen Menschen gemein sind und nur bei andern Völkern anders genannt werden, so gibt es nach Verschiedenheit der Völker verschiedene Benennungen und Verehrungen jenes einzigen Wesens, das alle Dinge in Ordnung hält." Mit diesem Ausspruch formuliert Plutarch, dem wir mancherlei Kenntnis über die antiken Mysterien verdanken [3], die Einheit der antiken Re-

---

[1]) S. Bischoff, Im Reiche der Gnosis S. 53.

[2]) Näheres zu 1 und 2 s. in meinen Monotheist. Strömungen S. 10ff.

[3]) Er war delphischer Priesterbeamter und Dionysos-Myste.

ligionen, die uns mehr und mehr als „Dialekte einer und derselben Sprache des Geistes“ erscheinen. In der Tat sind die Erscheinungen in der Welt der „ewigen Sterne“ und im Wechsel des Naturlebens den Wissenden nicht „Götter“ im polytheistischen Sinne, sondern sind Träger der einen göttlichen Macht, die sich in mannigfacher Weise kundgibt. Jede Tempellehre wird das gesamte Wissen umfaßt und den Nachweis geführt haben, daß sich die Gottheit an dem betreffenden Orte in der bestimmten lokalen Gestalt und Art offenbart, die sich aus der Übereinstimmung des betreffenden Tempels mit dem entsprechenden heiligen Bezirk am Himmel ergibt. Der Lokalgott erscheint für diesen Bezirk als Inbegriff der gesamten göttlichen Macht, die Tempellehre erweist ihn als den Wohltäter, die übrigen Götter erscheinen gleich wundertätigen Heiligen; „wie der Sterne Heer um die Sonne sich stellt, umstehn sie geschäftig den Herrscher der Welt“, das gilt mutatis mutandis vom Göttersystem jedes Lokalkults und bei politischen Konzentrierungen, die immer zugleich religiöse Konzentrierungen sind, von jedem Staats- und Reichskult im alten Orient. So sagt für einen Mond-Kultort die Lehre der „Wissenden“: „Der Mond heißt vom 1. bis 5. Tag Anu, vom 6. bis 10. Tag Ea, vom 11. bis 15. Tag Bel[1].“ In Babylon lehrte man, in der Tempellehre Marduks:

> „Wenn der Stern des Marduk (der Planet Jupiter) im Aufgehen ist, ist er Nebo; wenn er [1½?] Doppelstunden hoch steht, ist er Marduk; wenn er kulminiert, ist er Nibiru[2].“

Ebenso erklärt sich der vielbesprochene, zufällig nur aus neubabylonischer Zeit überlieferte Text[3]:

Ninib: Marduk der Kraft,
Nergal: Marduk des Kampfes,
Bel: Marduk der Herrschaft und Regierung;
Nabu: Marduk des Geschäfts (?),
Sin: Marduk Erleuchter der Nacht,
Šamaš: Marduk des Rechts,
Addu (Adad-Ramman): Marduk des Regens.

Aus der Lehre vom Tierkreis als dem Offenbarungsbuche des göttlichen Willens ergibt sich ferner für die esoterische

---

[1]) III R 55, Nr. 3. [2]) III R 54, Nr. 5. Zu Nibiru s. S. 20f.

[3]) 81—11—3, 111 (Brit. Mus., d. h. Nr. 111 der am 3. Novbr. 1881 erworbenen bez. registrierten Texte). Vgl. Chwolsohn II, 714 über die Ssabier: „Die Idole sind nicht Götter, sondern Repräsentanten der unsichtbaren Gottheiten, durch die man sich ihnen nähert.“

Religion eine trinitarische Auffassung von der Gottheit. Sonne, Mond und Venus sind die Regenten des Tierkreises, die vier übrigen Planeten entsprechen ihren Viertelerscheinungen (s. S. 14ff.). Sowohl die Trias in ihrem Verhältnis zueinander, wie jede einzelne der drei Erscheinungen verkörpert das gesamte Wesen der Gottheit. Je nach den kultischen Verhältnissen des betreffenden Tempels wird die eine oder andere Seite kultisch hervorgehoben[1]. Es ist jedesmal zu fragen, ob die Gottheit an der betreffenden Stelle und zur betreffenden Zeit Sonnen-, Mond- oder Venus-Ištar-Charakter zeigt[2]; in jedem Falle aber repräsentiert die Gottheit zugleich den gesamten Kreislauf, der in jedem Mikrokosmos des Naturlebens seine Erscheinungen wiederholt.

In der alteranischen Magierlehre, sofern sie Zarathustra unter Hervorhebung des Feuerpunktes im Weltall (auf Grund des Kults seiner Heimat?) in sein System aufgenommen hat, ist die Trias Sonne, Mond und Tištrya (Sirius), s. Kap. III unter Eranier. Jeden der sechs Amšaspands (bez. sieben mit Einschluß des Ormuzd) geleitet die Trias. In Ägypten finden wir die Trias Sonne, Mond und Hathor-Isis. Hathor trägt Sonne und Mond auf dem Haupte. Osiris, der Abb. 25 vor ihr steht, von ihren Flügeln geschützt, ist = Marduk der Bringer des neuen Weltzeitalters, vgl. S. 81. Die gleiche Erscheinung zeigt die karthagische Tanit, die Abb. 24 vom sullam (Tierkreisbogen, vgl. S. 13) umwölbt ist und Sonne und Mond in ihren Händen trägt[3]. — Tacitus, Germ. 9 sehnt sich nach dem secretum, das bei den Germanen verehrt wird: Merkur (Allwalter nach c. 39), Herkules und Mars. Merkur ist Wotan, Herkules Donar, Mars ist Tiu oder Ziu. Die Germanisten sind der Ansicht, daß diese Angabe in Widerspruch stehe mit Caesar, bell. gall. VI, 21, der als germanische Göttertrias Sol, Vulcanus, Luna nennt. Aber beide Angaben stimmen zusammen. Die drei entsprechen der Trias der astralen Lehre: Luna = Jupiter-Wotan-Merkur; Sol = Donar-

---

[1]) Beispiel: Von dem vedischen Varuna heißt es, das eine seiner Augen sei die Sonne. Natürlich ist das andre der Mond. Er repräsentiert den Sonne-Mond-Kreislauf mit seinem Kampf und Sieg. Dabei hebt sein Kult selbst den Mondcharakter empor, ergänzt durch Mithra, der in seinen Beziehungen zu Varuna-Mond Sonnencharakter trägt (sol invictus bei den Römern). Aber sowohl Varuna wie Mithra offenbaren die gesamte göttliche Macht.

[2]) Vgl. jetzt auch v. Landau, Beitr. zur Altertumskunde IV, 10ff. — S. Winckler, F. III, 274ff.

[3]) Das Bild ist reproduziert nach Corpus Inscript. Semit. Atlas I, 45, 183. Auf einem aus dem umgebauten Dom zu Meldorf an der Nordsee zutage geförderten frühmittelalterlichen Grabstein, der im dortigen Museum aufbewahrt wird, fand ich dasselbe Motiv. Die nordafrikanischen Seefahrer kamen bekanntlich bis vor wenig Jahrzehnten an die Küste der Nordsee.

Herkules; Vulcanus = Ziu-Ramman[1], entsprechend Ninib-Mars bez. Venus als malkat šamaim = Luzifer (Höllenfürst)[2].

Mit dem System wird die Trias dadurch in Verbindung gebracht, daß die drei als Kinder (zwei von ihnen Geschwistergatten)[3] von Anu, dem „Göttervater“ oder von Bel, dem eigentlichen Herrn des Tierkreises (vgl. S. 13f.), gelten:

Abb. 24: Die karthagische Himmelskönigin (Tanit), Sonne und Mond in den Händen tragend.

---

1) Auch das von Tacitus erwähnte Schiff mit der Isis-artigen Göttin stimmt dazu. Sie ist identisch mit Nerthus (Mutter Erde) und Tanfana. Das jugendliche Brüderpaar der Alcis entspricht den Zwillingen; Tacitus vergleicht sie selbst mit Kastor und Pollux. Die Bilder von Tieren, die in den heiligen Hainen hängen und im Kriege vorangetragen werden, sind dann wohl ebenfalls astral zu erklären.

2) Zum Verständnis dieser Gleichsetzungen beachte den Wechsel der Trias Sonne-Mond-Venus mit Sonne-Mond-Ramman S. 14; ferner den Umstand, daß der Nordpunkt als Feuerpunkt Ninib-Mars gehört (S. 28), wie auch der Himmelskönigin Ištar (männlich Attar, Luzifer), S. 35f.

3) Zu erschließen aus den Tammuz-Mythen. Dabei ist dann immer Ištar Mondgöttin. Aus dem Folgenden ergibt sich, daß sie auch Sonnencharakter tragen kann; dann ist ihr Partner (Bruder) Mondgottheit.

Anu
Sin Šamaš Ištar
Geschwistergatten
Bel
Sin Šamaš Ištar

Das Verhältnis der drei zueinander stellt sich so dar:

Sin
Šamaš (männlich) u. Ištar
oder
Sin
Attar u. Šamaš (weiblich)[1]
oder
Šamaš
Sin u. Ištar (mit Sonnencharakter)
Šamaš
Attar u. weiblicher Mond
Hekate, Selene etc.

Abb. 25: Hathor-Isis mit Sonne und Mond auf dem Haupte, Osiris beschützend. Berlin 13778.

Abb. 26, Abb. 27.
Kampf der drei großen Einheitsgestirne, s. S. 82, Anm. 1, gegen Kingu und Tiâmat oder entsprechende Gewalten.
Abb. 26 Siegelzylinder im Brit. Museum? (Nach einem Gipsabdruck.)
Abb. 27 aus Lajard, Culte de Mithra.

[1]) So in den altarabischen Kulten, aber auch z. B. auf dem Relief von Maltaja (Abb. 7), wo Nr. 2 das Weib die Sonne ist. Im Mysterienkult der Minäer im Texte Gl. 232 führen die Frauen dem Attar das Weib zu, das die Šamaš darstellt (nicht etwa Menschenopfer, wie H. Grimme OLZ 1906, Nr. 2 annimmt). Im Kult von Petra ist Attar = Dusares; der schwarze Stein (παρθένος, χαάβα nach Epiphanius, s. MVAG 1901, 276 ff.) ist die Gemahlin-Mutter.

Das Verhältnis der Geschwistergatten bez. (was dasselbe ist) das Verhältnis des Sohnes zur Gemahlin-Mutter zeigen am deutlichsten die Tammuz-Attis-Dusares-Mythen und die entsprechenden Göttersagen von der verderbenbringenden Liebe oder von dem Hinabsinken in die Unterwelt und der Errettung. Dabei trägt der Rettende Mondcharakter und der Gerettete Sonnencharakter oder umgekehrt, oder eine der Gestalten repräsentiert den Kreislauf des Naturlebens, wie S. 31 ff. gezeigt wurde.

Noch eine weitere Lehre der esoterischen Religion ist hier hervorzuheben, die zum Teil ebenfalls rückwärts aus den popularisierenden Mythen erschlossen werden muß.

In der Kosmogonie fanden wir den Grundsatz, daß dem neuen Weltäon eine neue Emanation der göttlichen Offenbarung entspricht. Abb. 25 illustriert, wie aus der Trias Hathor Mond Sonne (Hathor trägt die Mondhörner und darin die Sonne auf dem Kopf) Osiris hervorgeht, der die neue Welt hervorbringt[1]. Osiris ist identisch mit Marduk[2]. Marduk erscheint als die Emanation Eas[3], der ilu amelu „Gott Mensch" ist (s. S. 97). Als solcher ist er abkallu, Träger der Weisheit, identisch mit dem Urmenschen Adapa, dem zer amelûti (Same des Menschengeschlechts), der ebenfalls abkallu ist (s. Kap. IV) und dem der neue Adapa im neuen Zeitalter entsprechen wird. Marduk aber ist der Vermittler zwischen der Gottheit und den Menschen (s. S. 97 f.). Das ist die Lehre von Eridu, die auf Marduk von Babylon übertragen ist. In Babylon-Borsippa ist in der Zeit vor der Hegemonie eine andere Lehre herrschend gewesen, die Nabû-Nebo als Verkünder des neuen Zeitalters und als Vermittler zwischen der Gottheit und den Menschen gekannt hat (vgl. S. 35)[4].

---

[1]) Durch Sieg über den Drachen, wie es die Lehre von Amon darstellt. Als kosmogonische Variante würden wir erwarten Erschaffung der neuen Welt durch Zeugung mit der Mutter, s. S. 7. Das Sonnenkind Tammuz-Osiris wird zum Geliebten bez. Gemahl der Himmelskönigin und Muttergöttin. Abb. 24 und 25 stellen den Kampf mit Kingu und Tiâmat dar, und dabei ist die Trias Mond Sonne Ištar durch Mondsichel, Lebensbaum (vgl. Selene und Helios im Paradies S. 22) und vagina angedeutet.

[2]) Als solcher hat er Sonnencharakter, andrerseits ist er auch Mondoffenbarung s. S. 79 und beachte das orientierende Beispiel S. 79, Anm. 1.

[3]) Die Beziehungen Marduks zu Ištar, die Osiris-Isis entsprechen würden, sind urkundlich noch nicht bezeugt, sie sind aber vorhanden, wie die auf Marduk sich beziehenden Königsberufungssagen zeigen, s. zu 2 Mos 2, 1 ff.

[4]) Diese babylonische Mittler-Lehre ist für das Verständnis der verschiedenen Logos-Lehren entscheidend, vgl. dazu die Auffassungen bei Hommel, Geographie und Geschichte 115 ö., Winckler, F. III, 298 ff. Selbstverständlich liegt in der biblischen Auffassung eine wesentliche Vertiefung

Zur Verehrung des „höchsten Gottes" im Kosmos, ferner zum monarchischen Polytheismus der Volksreligion und zur Theologie der babylonischen Bußpsalmen s. meine Monotheistischen Strömungen innerhalb der babylonischen Religion, Leipzig, J. C. Hinrichs 1904.

Die Popularisierung der Lehre liegt in den Kalenderfesten, von denen wir auf babylonischem Boden bisher nur wenig Zeugnisse haben, und in der Mythologie.

III. **Kalenderfeste.**

Das Neujahrsfest des babylonischen Zeitalters ist Frühlingsfest. In vorbabylonischer Zeit, z. B. als Fest der Bau zu Gudeas Zeit, muß es Herbstfest gewesen sein (Fest des Nebo), wie der Name Tišri, d. h. „Anfang", noch zeigt. Als höchstes Fest erscheint das Neujahrsfest schon im babylonischen Sintflutbericht[1].

Der Held des Festes, das babylonisch Zagmuk d. h. rêš šatti, Jahresanfang, oder Akîtu-Fest heißt, ist im babylonischen Zeitalter „der Sonnensohn" Marduk. Er hat den Winter besiegt, der als Wasserdrache erscheint (entsprechend dem Sieg über Kingu bez. Tiâmat bei dem Beginn des gegenwärtigen Äons). Darum fällt das Fest in die Tag- und Nachtgleiche (šitkulu).

Aus assyrischer Zeit ist die dramatische Feier des Sieges über den Winter bezeugt[2]. Kingu (vgl. Abb. 26 f. S. 81), durch ein Schaf reprä-

---

der Idee vor. Der personifizierte Logos ist der Offenbarer Gottes ganz im Sinne von Nabû, der Verkündiger (im letzten Grunde Verkündigung des neuen Zeitalters, der Erlösung). 1 Mos 1 verbirgt sich die Vorstellung in dem „Worte", das das Licht schafft (vgl. Jo 1, 1 ff.: Im Anfang war der Logos, in ihm war das Leben und das Leben war das Licht der Menschen). Moses war ein Nebo im israelitisch-religiösen Sinne (zum „Nebo" als Todesberg s. später), vgl. 5 Mos 18, 15: „Einen nebî wie mich etc." Ich halte es nicht für unmöglich, daß man z. B. im babylonisierten Samarien noch an solche Beziehungen gedacht hat, vgl. Jo 4, 19: „Herr ich sehe, daß du *προφήτης* (nebî, ohne Artikel) bist." Nebo als Erretter entspricht altbabylonischer Auffassung. Es würde also ein Archaismus vorliegen, wie er zur Zeit der chaldäischen Herrscher beliebt war (s. S. 125). Nach babylonischer Lehre ist Marduk der Bringer der neuen Zeit. — Im Äon der Urwelt entspricht dem Sohne Eas Mummu, der Sohn von Apsû und Tiâmat, der mit Tiâmat die neue Welt schafft. Er begegnete uns bereits bei Damascius, der *Μωυμις* als *νοητὸς κόσμος,* die intelligible Welt erklärt, ferner im Namen der babylonischen Weisheitsschule bît mummu S. 7, er wird uns weiter begegnen im Beinamen Eas als Mummu bân kala, der „alles Gestaltende".

[1]) S. 31 vgl. S. 26.

[2]) K 3476 = CT XV, 44 und 43, s. meine Monoth. Strömungen S. 24 nach H. Zimmerns Mitteilung.

sentiert, wird auf brennendem Kohlenbecken verbrannt. Der „Sänger" rezitiert während des Spiels. Die Austreibung, Ersäufung, Verbrennung des Winters findet sich in der ganzen Welt.

Die gleiche Bedeutung hat das Osiris-Spiel in Ägypten, s. mein BNT 19. In einem Frauengrabe in Antinoe in Oberägypten fand Gayet ein barkenähnliches Marionettentheater auf Holz und Kupferblech, auf dem Szenen aus dem Leben des Osiris dargestellt wurden. Näheres über solche Festspiele entnehmen wir dem Buche Ermans, Die ägyptische Religion[1] und der Veröffentlichung Schäfers, die Mysterien des Osiris in Abydos.

Auf einem Denkstein der Berl. Königl. Sammlung[2] erfahren wir, daß ein vornehmer Schatzbeamter, der unter dem König Sesostris III. in Abydos zu tun hatte, in priesterlicher Würde als „Herr über die Geheimnisse" an den Festen des Osiris teilnahm:

Ich veranstaltete den Auszug des Wep-wawet[3], als er ging, um seinem Vater (Osiris) zu helfen.

Ich schlug die zurück, die sich gegen die Neschemetbarke auflehnten, und warf die Feinde des Osiris nieder.

Ich veranstaltete den „großen Auszug"[4] und folgte dem Gott auf seinem Schritte.

Ich ließ das Gottesschiff fahren, und Toth .... die Fahrt.

Ich versah die „Er (Osiris) erscheint in Wahrheit" genannte Barke des Herrn von Abydos mit einerKajüte und legte ihm seinen schönen Schmuck an, damit er sich nach der Stätte Peker begebe.

Ich leitete die Wege des Gottes zu seinem Grabe in Peker.

Ich rächte den Wenen-nofen (Osiris) an jenem Tage des großen Kampfes und warf alle seine Feinde nieder auf dem Gewässer von Nedif.

Ich ließ ihn einziehen in das Schiff (wrt). Es trug seine Schönheit.

Ich machte das Herz der Bewohner des Ostens weit vor Freude und brachte Jubel in die Bewohner des Westens, als sie die Schönheit der Neschemetbarke sahen. Sie landete in Abydos und brachte Osiris, den ersten derer im Westen, den Herrn von Abydos zu seinem Palaste.

König Ramses IV. zündete in Abydos am Grabe des Osiris Licht an am Tage, wo man seine Mumie balsamierte. Er wehrte den Set von

---

[1]) Erman l. c. sagt wiederholt von den Texten: „deren Sinn uns entgeht". Der Schlüssel liegt in der Astrallehre, s. meinen Aufsatz „Der Alte Orient und die ägyptische Religion" in Wiss. Beilage zur Lpzg. Ztg. 1905, Nr. 91. Es handelt sich um Kampf zwischen Oberwelt und Unterwelt (Titanenkampf), um Tod, Auferstehung und Glorifizierung des Osiris, dessen Inkarnation der König ist, der das neue Zeitalter bringen wird.

[2]) Schäfer in Sethes Untersuchungen IV, 2 Lpz. 1904.

[3]) Als Schakal dargestellt, zu dessen Füßen sich eine Schlange windet.

[4]) Vgl. den „Auszug" beim Marduk-Fest. Sonnenwende oder Tagesgleiche. In der Sommersonnenwende bez. Herbsttagesgleiche stirbt Osiris. Darauf folgt die Totenklage, die Herodot II, 61 beschreibt. Wintersonnenwende bez. Frühjahrstagesgleiche ist Jubelfest. Davon berichtet der Schluß des Textes.

ihm ab, als er seine Glieder rauben wollte[1]. Er setzte seinen Sohn Horus als seinen Thronerben ein. Und bei dem Feste des Horus in Abydos bespie derselbe König sein Auge, nachdem es von seinem Bezwinger geraubt worden war. Er gab ihm den Thron seines Vaters und sein Erbe im ganzen Lande. Er machte sein Wort wahr am Tage, wo man richtet. Er ließ ihn Ägypten und das rote Land durchziehen als den Vertreter des Har-achte. Bei einer anderen Feier, dem Feste der Aufrichtung des Osirispfeilers, das ursprünglich in Memphis gefeiert wurde, wurde ein solcher Pfeiler an Stricken in die Höhe gezogen, bis er aufrecht stand; es war der Osiris, den man so erhob, nachdem man an den Tagen vorher sein Begräbnis dargestellt hatte[2]. Daran schlossen sich dann allerlei mimische Handlungen an[3]. Ein Teil der Menge tanzte und sprang; andere gingen aufeinander los und der eine rief: ich habe den Horus ergriffen, wieder andere Haufen prügelten sich mit Stöcken und Fäusten, sie stellten Leute der beiden Städte Pe und Dep vor, aus denen die alte Hauptstadt Buto bestand. Und endlich wurden vier Herden von Ochsen und Eseln viermal um die Stadt getrieben. Diese Feier wird später auch mit einer andern verbunden, die sich auf die Thronbesteigung des irdischen Königs bezieht, mit seinen Jubiläen, dem berühmten Setfeste, das man das erste Mal dreißig Jahre nach der Erhebung zum Thronfolger feierte und dann aller drei Jahre wiederholte.

Auch an andrer Stelle entnehmen wir dem von Erman dargebotenen Stoff den Beweis dafür, daß die ägyptische Götterlehre in Kalenderfesten ihren Ausdruck fand und in dieser Gestalt Zug um Zug mit der „babylonischen" Lehre identisch ist. Erman sagt S. 51:

> „In der Regel gab es ein oder mehrere Hauptfeste, die an bestimmten Tagen gefeiert wurden, an denen wichtige Ereignisse der Göttersage stattgefunden hatten, etwa am Tage, wo der Gott geboren war, oder an dem Tage, wo er seinen Feind besiegt hatte. Daneben beging man noch die Anfänge der Zeitabschnitte[4], wie den Neujahrstag oder die Ersten der Monate."

Auch hier ist der Sinn durchaus nicht dunkel. Die Sage des Gottes ist die populäre Lehre über sein Wesen, die sein himmlisches Tun wiederspiegelt. Der Neujahrstag ist der Tag, an dem der Jahrgott immer von neuem siegt. Die Ersten der Monate haben dieselbe Bedeutung für den Mondlauf (Hilal), s. S. 32 f.

Von den entsprechenden Feiern des Todes und des Sieges beim Kultus des Tammuz, Attis und Balder wird S. 89ff. u. S. 114ff. die Rede sein.

---

[1]) Zerstückelungsmotiv, s. mein Babylonisches im Neuen Testament S. 121.

[2]) Kreuzigung des Osiris und Auferstehungsfest. Vgl. bei Julius Firmicus Die Kreuzigung des Attis.

[3]) Zu den Festen vgl. Herodot II, 59ff. (dazu Wiedemanns Kommentierung). Herodot sagt, es stelle die Heimkehr des „Ares" (wohl Horus) aus der Fremde dar, der mit seinen Dienern den Zugang zu seiner Mutter erkämpft, der er beiwohnen will. Dieser Inzest ist Motiv der Welterneuerung (S. 7) und im Kalenderfest Frühjahrsmotiv. Die Prügelszenen sind also auch hier Winteraustreibung.

[4]) Denkstein I-cher-nofrets Z. 14 (Schäfer l. c. S. 17).

Die Mythen von dem Sieg über die 5, oder über den Riesen, bei dem geflissentlich die Zahl $5^{1}/_{4}$ hervorgehoben wird[1], zeigen, daß man in den Mythen und Spielen die Epagomenen (Ausgleich von 360 und $365^{1}/_{4}$ Tag) als Repräsentanten der bösen Wintermacht ansah[2]; die Orion-Motive der Tyrannenvertreibung beweisen dasselbe für die Anwendung auf den Auf- und Niedergang des Orion. Insbesondere aber gelten die Plejaden als Repräsentanten der Wintermacht. Die „40 Tage", die dem Aufgang der Plejaden im Stier vorausgehen, sind die Zeiten der Äquinoktialstürme, s. S. 62. 101. Pantomimisch scheint das Fest dadurch gefeiert worden zu sein, daß die Priesterinnen des Nebo-Tempels bei Sommerbeginn feierlich in den Tempel Marduks zogen, wie umgekehrt bei Winterbeginn die Priesterinnen des Marduk-Tempels in den Nebo-Tempel zogen, um den Wechsel der Jahreshälfte darzustellen, vgl. S. 26.

Insofern der Jahrgott stirbt und aufersteht, ist das Neujahrsfest das Fest der Auferstehung. Darum heißt es auch das Fest des Aufstehens (tabû) Marduks. Es bildet dann den Gegensatz zur Trauerfeier des sterbenden Jahrgottes. Vielleicht hängt damit die Bezeichnung Marduks zusammen: „Der das erhabene Haus des Todesschattens niederwirft" [3].

Der Sieger über die Wintermacht erhält zum Lohn die Leitung der Weltgeschicke. Darum ist das Frühlingsfest zu Neujahr zugleich Fest der Schicksalsbestimmung[4]. Marduk ist mušîm šîmâte. Am Neujahrsfeste ziehen die Götter nach Babylon und versammeln sich im Schicksalsgemach (Duazag im Ubšugina). Auch Nebo kommt herbei. Er, der ursprünglich Herr der Geschicke ist, dient im babylonischen Zeitalter als Schreiber. So bestimmen die Götter die Geschicke. Die stellvertretende entsprechende Handlung des Königs, der am Neujahrstag im Tempel Marduks erschien, um „die Hände Bels zu ergreifen", ist durch das assyrische pûru akrur „ich warf

---

[1]) Z. B. die Motive in den Erzählungen von Goliath, der vierzig Tage Israel höhnte (Plejadenzahl) 1 Sa 17, und 16 Ellen und eine Hand breit groß war (statt $5^{1}/_{4}$, wie aus der Variante 1 Chr 12 [11], 23 hervorgeht), und vom indischen Riesenkönig in der Alexanderlegende, der über fünf Ellen groß ist. Weitere Beispiele Ex or. lux II, 2, S. 62, Anm. 41.

[2]) Vgl. S. 40 und 59. Ägyptisch bezeugt in der Pyramide Pepi's II: „Als die Götter geboren wurden an den fünf Epagomenen"; vgl. S. 28 Anm. 2. Das Sakäenfest (Berosus bei Athenäus, Fragm. hist. gr. II, 495) ist Tammuz-Fest Sonnenwende, nicht Neujahrsfest im Frühling. Es dauert 5 Tage, also Epagomenenfest. Der ζωγανης ist Narrenkönig.

[3]) ṣallutum K 3351 (BA V, 330).

[4]) Eine Spur davon hat sich in den Zwölfnächten mit ihren Schicksalsträumen erhalten. Die 12 sind Epagomenen gleich den 5, wenn es gilt 354 und 366 auszugleichen. — Zum Charakteristikum des Neujahrsfestes gilt das Trinken. Das Vorbild dazu liegt im Trinkgelage der Götter nach dem Siege über Tiâmat, wie es im Epos Enuma eliš geschildert ist. Ob dabei von „umhertaumeln" die Rede ist (egû), ist nicht sicher.

das Los" bezeugt, wobei wohl an das Auslosen der limu zu denken ist[1]. Ein Hauptakt des Festes ist der Auszug Marduks. Auf der Prozessionsstraße, die auf beiden Seiten von Tiergestalten in Ziegelrelief geschmückt war (s. Abb. 39 und 58), wird das Götterschiff (auf Rädern) feierlich in Prozession gefahren. Auf diesen Auszug bezieht sich[2] der folgende Hymnus:

Abb. 28: Stier (rêmu) in Ziegelrelief. Von der Torlaibung des Ištar-Tores in Babylon.

Auf, zieh aus, o Bel, der König erwartet dich;
auf, zieh aus, unsre Belit, der König erwartet dich.
Es zieht aus Bel von Babel, es beugen sich die Länder vor ihm;
es zieht aus Ṣarpanit, Kräuter zündet man an voller Duft;
es zieht aus Tašmet, Räucherbecken zündet man an voll Zypressen.
Seite an Seite der Ištar von Babel
auf der Flöte, der Assinu-Priester und der Kurgaru-Priester,
spielen, ja spielen sie.

Auf den Wiedereinzug bezieht sich der folgende Gesang[3]:

O Herr, bei deinem Einzug in das Haus [freue] dein Haus [sich deiner];
ehrwürdiger Herr Marduk, bei deinem Einzug in das Haus [freue] dein Haus [sich deiner] . . .
Ruhe, Herr, ruhe, Herr, dein Haus [freue sich deiner];
ruhe, Herr von Babel, dein Haus [freue sich deiner] . . .

---

[1]) Ursprung des Purim-Festes, s. Peiser KB IV, 106 und vgl. Winckler F II, 334 f.

[2]) Nach Zimmern AO VII, 3, 9. K 9876 (Bezold Cat. III, 1046).

[3]) Ib. S. 10, Weißbach, Miszellen Nr. 13.

Endlich gilt das Fest Marduks als *Hochzeitsfest*[1]. Von der Festfeier Marduks heißt es einmal: iḫîš ana ḫadaššûtu, „er eilte zur Brautschaft“[2]. Schon zu Gudeas Zeit ist das Neujahrsfest *Hochzeitsfest* des Gottes Ningirsu mit Bau[3]. Von der Hochzeit Marduks mit Ṣarpanîtu[4] ist sonst nichts bekannt.

Dem Fest des *Aufstehens* Marduks entspricht die Feier des Todes des Jahrgotts, die *Trauerfeier* der sterbenden Natur. Daß eine solche Trauerfeier dem Neujahrsfest vorausgegangen sei in Babylonien, ist bisher nicht bezeugt, falls man nicht das Zeugnis Herodots vom „Grabe des Bel“ gelten lassen will, mit dem es die gleiche Bewandtnis hat wie mit dem „Grabe des Osiris“[5] und mit dem mit Grün bekleideten Grabe der Malkat-Ištar in Sippar[6]. Nach der oben festgestellten Lehre konnte man das dem Frühjahrsfest entsprechende Totenfest im Herbst feiern (nach Sonnenrechnung), aber auch 3 Tage vor dem Auferstehungsfest nach Mondrechnung (vgl. S. 32 ff.).

Die Todes- und Auferstehungsfeier im Herbst und Frühling entspricht der Vierteilung des Jahres[7]. Bei Zweiteilung feiert man

das Fest der Sonnenwenden.

Die Wintersonnenwende ist dann der Geburtstag des Jahrgottes (dies solis invicti im römischen Kalender), die Sommersonnenwende das Fest des Todes des Tammuz. Der Tod des Tammuz wird mit dem Eber zusammengebracht, dem Tier des Ninib-Mars, dem der Sonnenpunkt des Sonnenkreislaufs gehört. Da das Eber-Motiv alt ist[8] und das alljährliche Weinen der Ištar

---

[1]) Über den astralmythologischen Zusammenhang des Hochzeits-Motivs mit der neuen Weltzeit vgl. S. 32 ff., s. BNT 45.

[2]) Reisner, Hymnen Nr. VIII, s. Zimmern KAT[3] 371.

[3]) Gudea C II, 1—7, s. Zimmern l. c.

[4]) Gemahlin Marduks, mit Ištar identisch, s. Dt 109, AB V, 375f.

[5]) Herod. I, 183, Herod. II, 170f.; Plutarch, Isis et Osiris 359, s. BNT 9, 19 und die dort zitierte Literatur. Zum Grab des Set s. Chwolsohn, Ssabier II, 617: nach der Nabatäerschrift El Asojûthî hielten die Kopten die beiden großen Pyramiden für Königsgräber, die Ssabier hielten sie für Gräber des Set und des Hermes und opferten dort.

[6]) Hamm. Cod. II, 26ff. Der Mythus von der herabgesunkenen Venus hat aber mit Neujahr nichts zu tun, s. S. 110.

[7]) Plutarch, Isis et Osiris c. 69: die Phryger feiern ein Fest im Herbst, wenn Attis einschläft, ein zweites im Frühling, wenn er erwacht.

[8]) Stucken, Astralmythen 18ff. Ninib gehört der Monat Tammuz (IV R 33, Nr. 2, 6) und ihm ist der *Eber* (ḫumṣiru) heilig. Nach einer syrischen Überlieferung ist Tammuz *Jäger* und *Wildschütz*, s. Stucken, Astralmythen S. 89. Varianten sind der *Löwe* (Tierkreisbild der Sommer-

Abb. 29: Griechischer Sarkophag, Abschied und Tod des Adonis und Adonis-Trauer darstellend. Nach Roscher Lex. d. Myth. s. v. Adonis.

(Muttergöttin und zugleich verderbenbringende Gemahlin) um Tammuz schon in der VI. Tafel des Gilgameš-Epos bezeugt ist, so wird auch das Motiv bereits in alter Zeit verwertet worden sein.

Von der Trauerfeier selbst geben für Babylonien neben der hernach zu erwähnenden Höllenfahrt der Ištar einige Hymnen Zeugnis, die wohl bei den Festen rezitiert wurden:

„Hirte, Herr, Tammuz, Gatte der Ištar,
Herr des Totenreichs, Herr der Wasserwohnung,
Eine Tamariske, die in der Furche kein Wasser trank,
Deren Zweig in der Steppe Blüte nicht hervorbrachte,
Ein Bäumchen, das man nicht in seine Wasserrinne gepflanzt hat,
Ein Bäumchen, dessen Wurzeln ausgerissen sind“[1].

Abb. 30: Adonisgärtchen. Wandbild in Pompeji. Nach Annales du Musée Guimet XVI (Vellay).

sonnenwende im Stierzeitalter, so bei Hygin, s. Winckler, Krit. Schriften III, 108, Landau, Beitr. IV, 24f.) und der Bär (entsprechend dem Sternbild des Bären am Nordpunkt des Himmels, das von den Arabern als Bahre, nämlich als Totenlager des sterbenden Jahrgottes angesehen wird), vgl. Stucken l. c. 34f. und s. Abb. 31.

[1]) IV R 27; vgl. mein Hölle und Paradies AO I, 3^2, 10, s. jetzt Zimmern VII, 3, 10f. Vgl. die Adonisgärtchen *κῆποι Ἀδώνιδος,* deren wurzellose oder in flache Erde gesäte und der Sonne ausgesetzte Blumen rasch welken. Abb. 30 stellt ein solches Adonisgärtchen nach einem pompejanischen Wandbilde dar. In den Anthosphorien wurde die Rückkehr der Persephone gefeiert durch Flötenspielen und Jungfrauen mit Blumenkörben.

In einem andern Liede[1] ist ausdrücklich von der Wehklage die Rede, an dem Tage, da Tammuz in große Trübsal fiel (Sommersonnenwende), in dem Monat, der sein Lebensjahr nicht zur Vollendung kommen läßt, Šamaš (hier = Ninib) habe ihn in die Totenwelt sinken lassen auf den Pfad, da es aus ist

Abb. 31: Tod des Tammuz durch den Bär (vgl. S. 88 Anm. 8) und Klage um Tammuz. Felsenrelief im Libanon.
Nach Landau Beitr. IV. Vgl. Renan, Expedition en Phénicie, Pl. XXXVI.

mit den Menschen, oder, wie der Tafelschreiber resigniert hinzufügt, „der die Menschenkinder zur Ruhe bringt".

Der Schluß der Höllenfahrt der Ištar bezeugt eine solche Todes- und Auferstehungsfeier. Genauer unterrichtet sind wir über die Festfeier im Kult der Baalat von Byblos in späterer Zeit durch Pseudo-Lucian, de dea Syria, und für Kleinasien und Rom durch die Berichte vom Kybele-Attis-Fest, vor

[1]) Hölle und Paradies l. c. 10.

allem im Briefe des Astronomen Firmicus Maternus an die Söhne Konstantins, über den Irrtum der heidnischen Religionen[1]. Von den Felsenreliefs in el-Ghine im Libanon im Bereiche des Adonisflusses (nahr Ibrahim), die den Tammuz-Mythus darstellen (Abb. 31), wird S. 116 die Rede sein. Bei den Judäern scheint das Fest sehr beliebt gewesen zu sein, besonders in Zeiten, da man fürchtete, „Jahve habe das Land verlassen", Ez 9, 9, und anderweit nach Tröstungen ausschaute. Ez 8, 14 weinen die Frauen am Stadttor um Tammuz (die Kehrseite ist die Auferstehungsfeier). Das Fest der Himmelskönigin, das nach Jer 44, 17 ff. zu allen Zeiten in Israel gefeiert wurde, ist mit dieser Todes- und Auferstehungsfeier identisch[2]; es ist das Fest Jer 7, 18 vgl. 44, 17 ff., bei dem von der Jugend Feuer angezündet (Sonnenwendfest) und der „Himmelskönigin" Kuchen gebacken werden. Als Josia sein tragisches Ende gefunden hatte, beweinte man ihn nach Sach 12, 11 vgl. 2 Chr 35, 25 mit Hadad-Rimmon, d. i. Tammuz-Liedern, die vielleicht zugleich von der Hoffnung auf seine Wiederkunft sprachen[3]. Der Erzähler der Josefs-Geschichten läßt Tammuz-Motive anklingen in der Geschichte von dem ins Unglück sinkenden und als Segenspender emporsteigenden Volksheroen (S. Kap. Josefsgeschichte).

Was in den Josefs-Geschichten etc. als poetische Verwendung mythologischer Motive erscheint, ist in dem von Ezechiel und Jeremia getadelten judäischen Tammuz-Kult Rückfall ins Heidentum. Nahe beieinander wohnen die Gedanken. Wir erleben es heutzutage bei uns, daß germanische Wotan-Poesie zur Rückkehr zum Wotan-Kult in der Sommersonnenwende führen kann. Aber in Israel kommt noch eine andre Beziehung in Betracht. Man kann vielleicht nirgends so deutlich wie hier sehen, wie verwandt die israelitische und auch die christliche

---

[1]) Weiteres über den babylonischen, phönizischen und phrygisch-lydischen Kult S. 114 ff. In dem wertvollen Buche von Hepding, Attis — seine Mythen und sein Kult, ist der Zusammenhang des Systems nicht erkannt, sonst würde der Verfasser z. B. nicht eine Trennung des Kultes der großen Mutter von dem des Attis (S. 12 f.) für möglich halten; auch die Verwandtschaft mit den entsprechenden griechischen Kulten ist hier unterschätzt.

[2]) Tammuz ist im Mythus des Naturlebens die sterbende und aufkeimende Saat (s. BNT 23 ff.). „Weil Tammuz' Gebeine in der Mühle gemahlen worden", darf man bei den „Ssabiern" zu gewissen Zeiten nichts Gemahlenes essen (Chwolsohn II, 204). Das Kuchenbacken ist der Gegensatz bei der Freudenfeier.

[3]) Wie man in Ägypten zur Mumie sagt: du bist Osiris, d. h. du wirst wieder leben, so gilt hier: du bist Tammuz. Am Grabe des Achilles in Elis halten die Frauen die gleiche Feier nach Pausanias VI, 23, 1.

Religion mit der altorientalischen Mysterienweisheit ist und zugleich, wie hoch sie über ihr steht, indem sie neuen Schatz in die irdenen Gefäße der Naturbetrachtung legt. Die Sprüche der tiefsinnigsten Erlösererwartung bei den Propheten, vor allem Jes 53 der Spruch von der Auferweckung des in den Tod gesunkenen Lammes, sind in ihren Motiven eng verwandt mit den Motiven des sterbenden und zum Leben erwachenden Jahrgottes, s. zu Jes 53, und die Apokalypse benutzt die gleichen Motive zur Verherrlichung des siegreichen, das Weltregiment antretenden Christus, wie ich BNT 13ff. zu zeigen versucht habe.

IV. **Das Pantheon.**

Das babylonische Pantheon erscheint bei oberflächlicher Betrachtung als eine unentwirrbare Anhäufung von Göttergestalten und Dämonen. Das oben geschilderte Weltbild bietet den Ariadne-Faden für das mythologische Labyrinth. Jede Gottheit entspricht einer astralen Erscheinung oder einem mit dem Gestirnlauf in Zusammenhang gebrachten Vorgang oder Gegenstand des Naturlebens. Die in der Natur waltenden göttlichen Kräfte erscheinen in Menschengestalt. Denn wie der Mensch nach altorientalischer Anschauung als Bild Gottes geschaffen ist, so muß die Gottesvorstellung anthropomorphisch sein[1]. Eine niedere Anschauung, die die Gottheit selbst in der Tierwelt oder in Bäumen und Pflanzen sucht (Totemismus, Fetischismus), ist für die historisch bekannte altorientalische Welt ausgeschlossen. Wenn in Ägypten (wie in Mexiko) die Götter als Tiere erscheinen, so entspricht das der babylonischen Darstellung, in der die Götter auf Tieren stehen (s. z. B. Abb. 7 u. 40). Man könnte darin Zeugen einer prähistorischen Kulturstufe sehen, die von der „Lehre" überkleidet worden ist. Aber zwingend ist das nicht. Wir sehen in den Tieren das Abbild der Gestalten am Himmel, in denen sich die göttlichen Kräfte offenbaren[2].

Im ältesten Babylonien finden wir Stadtkulte. Der Kultort entspricht dem Ort am Himmel, s. S. 51 f. 56. Aber indem Teile und Ganzes sich entsprechen, spiegeln zusammengehörige Kultstädte das gesamte Himmelsbild wieder[3].

---

[1]) Im Mythus vom Vogel Zu will Zu die Schicksalstafeln rauben. Er wartet, bis der Tag anbricht, bis Bel sich mit reinem Wasser gewaschen, auf seinen Thron gesetzt und die Krone aufgesetzt hat.

[2]) Wie man dazu kam, Tierbilder an den Himmel zu versetzen, ist eine prähistorische Frage. Wir können nur die Erscheinungen feststellen.

[3]) Ob in diesem Falle die Gottheiten des Weltsystems im fertigen Staatengebilde auf die Hauptorte in dem S. 50 geschilderten Sinn gleichsam verteilt wurden, oder ob umgekehrt, was ja näher liegt, die Hauptkultorte mit ihren Gottheiten die Bildung des Systems beeinflußt haben, läßt sich bei der Dunkelheit der alten Verhältnisse natürlich nicht entscheiden.

Der älteste Staat, den wir kennen, war das südbabylonische Sumer (wohl identisch mit Kingi). Die Städte, die dieses Staatsgebilde[1] umfaßte, haben wie Ur in historischer Zeit ihre politische Bedeutung verloren, soweit sie überhaupt eine solche besessen haben (Eridu, Nippur). Aber ihre religiöse Bedeutung wurde nie vergessen. Diese Hauptorte sind:

Erech mit dem Tempel des Anu (E-ana) und der Ištar,
Nippur: Bel,
Eridu: Ea,
Ur: Sin,
Larsa: Šamaš.

Man sieht, daß in diesen fünf Hauptorten von Sumer die beiden obersten Göttertriaden lückenlos vertreten sind[2].

Das zweitälteste politische Gebilde, das wir kennen, ist das nordbabylonische Akkad. Ehe das zur Geltung gekommen ist, müssen politische Umwälzungen großen Stils vor sich gegangen sein, von denen wir nichts wissen. Dies zeigen die verschollenen Städte, von denen uns z. B. die Tempellisten von Telloh berichten, ferner die dunkle Vergangenheit von Borsippa, der Schwesterstadt Babylons, die mit ihrem Nebo-Kult in alter Zeit Babylon überragt haben muß. Wahrscheinlich ist Akkad erst durch die ersten semitischen Wanderungen in die Höhe gekommen. Leider haben hier noch nicht viel Ausgrabungen stattgefunden. Das Wichtigste haben uns die Grabungen von Sippar vermittelt. Aber es scheint, daß auch hier die Kultorte das astrale System wiederspiegeln, und zwar das System der Planeten-Gottheiten

? :	Sin,
Sippar:	Šamaš,
Akkad:	Ištar,
Babel:	Marduk-Jupiter,
Borsippa:	Nebo-Merkur,
Kutha:	Nergal-Saturn,
Kiš (?) (Harsagkalama):	Ninib-Mars (Zamama)[3].

Auffällig ist, daß Sin fehlt. Vielleicht sind die mesopotamischen Gebiete mit dem Mondkult (Haran) hereinzuziehen. Ein Kultort des Ninib, des Partners Nergals, ist bis jetzt in Nordbabylonien nicht sicher nachzuweisen (in Südbabylonien wird er in Nippur bevorzugt). Von der obersten Göttertrias findet man in den bisher bekannten nordbabylonischen Kultorten nur Anu, den Gott von Durilu, der Grenzfestung gegen Elam, s. S. 94 f.

Eine völlig neue Periode babylonischer Theologie ist mit der „Erhebung Marduks" unter der Hammurabi-Dynastie angebrochen. Babylon wurde Metropole des geeinigten babylonischen Reiches und zugleich der geistige Mittelpunkt des gesamten vorderen Orients. Die synkretistische Gestalt des Marduk von Babylon, die mit allen Hauptgöttern und Hauptkulten in Beziehung gesetzt und in diesem Sinne durch Mythen und Hymnen verherrlicht wird, gibt dieser politischen Tatsache das religiöse Relief.

---

1) Zur Zeit Lugalzaggisis kann man wirklich von einem Staate Sumer sprechen.

2) Lagaš mit dem Ninib-Kult spielt nur eine kurze Zeit eine Rolle zur Gudea-Zeit.

3) Auch in Babylon ist ein Ninib-Heiligtum, s. Cod. Hammur. II, 56 ff.

Wir geben nun eine kurze Charakteristik der Hauptgestalten des babylonischen Pantheons, insbesondere in ihren Beziehungen zum astralen System.

Anu.

Anu ist der Vater oder König in der Götterfamilie (ab, šar ilâni), der summus deus im eigentlichen Sinne. In der Zû-Legende z. B. spricht er zu den „Göttern, seinen Kindern". Der Anfang des Epos Enuma eliš zeigt die Götterversammlung als eine Familienzusammenkunft, bei der dem klügsten Sohne (Marduk) gewissermaßen vom Vater, der allerdings hier nach einer ältern (vorweltlichen) Götteremanation Anšar, nicht Anu ist, das Regiment abgetreten wird. Auch da, wo der Stadtgott als Götterkönig gilt, wird Anus Würde anerkannt. So sagt Hammurabi in der Einleitung seiner Gesetzessammlung:

„Als Anu[1], der Erhabene, der König der Anunnaki, und Bel, der Herr von Himmel und Erde, welche festsetzten die Schicksale des Landes, Marduk, dem Herrschersohn Eas, die Herrschaft über die irdische Menschheit zuerteilt hatten usw."

Der Sitz Anus (An = „Himmel") ist der Nordhimmel. Am Nordpol des Himmels ist sein Thron, auf dem er sitzt, von dem er z. B. im Adapa-Mythus aufsteht[2]. Nach dem Gesetz der Entsprechungen gehört ihm auch der Nordpunkt der Weltteile, weshalb er im System als Sin und Ninib erscheinen konnte[3]. Wenn Ištar auf der VI. Tafel des Gilgameš-Epos im Zorn zum Himmel Anus emporsteigt, wenn die Götter aus Schrecken über die Sintflut „empor zum Himmel Anus" steigen und an den kamâti (das ist wohl die Mauer der obersten der Kreisstufen, die den Tierkreis hinaufführen) niederkauern, so wird man an ein Emporsteigen auf den Tierkreisstufen zu denken haben[4].

Die kanaanäische Benennung dieser obersten Gottheit ist ilu (d. i. אֵל), z. B. in Dur-ilu, der Stadt Anus. Von ihr stammen die hebräischen Gottes-

---

[1]) Es ist das Zeichen An wohl zunächst ilu zu lesen, d. i. „kanaanäisch" êl; aber dieser ilu-êl entspricht dem babylonischen Anu, s. unten ilu rabû von Dêr = Anu.

[2]) Die volkstümliche Vorstellung in Israel denkt sich das ähnlich; vgl. Jes 40, 22: Gott thront über dem ḫûg der Erde, daß ihre Bewohner Heuschrecken gleichen.

[3]) S. zu diesen mythologischen Identifizierungen S. 27. 100 und zum Gottesberg im Norden, s. Ps. 48, 3, wo „Norden" zweifellos zu „Berg" gehört, und zu Hi 37, 22.

[4]) In der Götterdämmerung der nordischen Mythologie steigen die Götter auf den sieben Regenbogenstufen empor. Regenbogen und Tierkreis entsprechen einander, s. zu 1 Mos 9, 13. Die Stufen, die zum Palast Gottes führen, sieht Jakob im Traum, s. zu 1 Mos 28.

namen אֵל, אלאה, אלהים. Das Wort bezeichnet gewiß nicht das „Ziel" katexochen, wie Delitzsch BB I mit de Lagarde annimmt, vielmehr nehmen wir mit Zimmern an, daß il wie an Bezeichnungen des Nordpols des Himmels sind, s. S. 45 und Monotheistische Strömungen S. 19[1].

Von Kultorten des Anu kennen wir in Südbabylonien Erech, „Wohnung Anus und der Ištar" in der sog. Dibarra-Legende genannt (Tempel E-ana); in Nordbabylonien Durilu = Dêr[2].

Bel.

Bel, dessen „sumerischer" Name In-lil[3] lautet, ist Herr der „Länder" d. h. der Erde und zwar sowohl der himmlischen Erde, d. i. des Tierkreises, als auch der irdischen Erde[4]. In diesem wie jenem Sinne heißt er šadû rabû, denn sowohl das himmlische als das irdische Erdreich ist als Berg gedacht (ḫarsag-kurkura), oder bel matâti „Herr der Länder" (nämlich der himmlischen wie der irdischen bewohnten Länder im Gegensatz zu Luft und Meer)[5].

Sein besonderer Kultort war in Südbabylonien Nippur mit dem Tempel E-kur[6]. Dieser E-kur entspricht dem kosmischen Ort, der den eigentlichen babylonischen Olymp, den Gotteswohnsitz darstellt.

Ea.

Ea, wohl umgekehrt A-e gelesen (Ἀός bei Damascius) „sumerisch" En-ki. Der Name E-a drückt seine Beziehung

---

[1]) Ob der Gott der Sepharwiter ענמלך 2 Kg 17, 31 den Gottesnamen Anu enthält, ist unsicher, s. z. St.

[2]) Nebukadnezar I. nennt Dêr „die Stadt des Anu" (KB III, 1, 165), und in der Eponymenenliste für 834, 815 und 786 (KT [2] 76 f.) heißt es: ilu rabû, der große Gott, zog aus Dêr aus.

[3]) Was der Name bedeutet, wissen wir nicht. Wenn Hommels Erklärung „Herr der Luft" richtig ist, so ist jedenfalls Bel nicht „Herr der Luft" im Gegensatz etwa zu En-ki als „Herr der Erde", s. unten S. 96. Die Ausführungen Zimmerns KAT [3] S. 355 kombinieren in nicht glücklicher Weise die von Hommel, Jensen und Winckler aufgestellten Theorien. Insbesondere ist nicht richtig, daß vom Bel-Kult in Nippur viel auf Marduk übertragen sei. Daß die Schreibung In-lil auch In-lil ausgesprochen wurde, also nicht nur Ideogramm ist, zeigt die Wiedergabe Ἴλλινος bei Damascius; in den alten epischen Texten aus der Hammurabi-Zeit (Cun. Texts XV, 1—6) heißt er Lillu, Lellu, vgl. IV R 27, 56 f.

[4]) Vgl. Sintfl. 36 f.: „Weil Bel mich haßt, will ich auf der Erde (ḳaḳḳar) Bels nicht länger weilen, zum Ozean will ich hinabgehen, bei Ea, meinem Herrn zu wohnen."

[5]) Als „Herr der Länder" besitzt er auch gelegentlich die Schicksalstafeln, s. S. 46.

[6]) Vgl. Hilprecht, Die Ausgrabungen im Bel-Tempel von Nippur.

zum Wasser aus, der Name En-ki vielleicht seine (indirekte) Beziehung zur Unterwelt (s. S. 14). In Ergänzung von Anu und Bel ist er Herr des apsû, sowohl des Himmelsozeans als auch des irdischen Ozeans, der die Erde umgibt und unter der Erde strömt. Der apsû selbst wird deshalb als ZU-AB „Weisheitshaus“ gedeutet, denn aus ihm steigt die Weisheit Eas empor[1]. Als Schöpfergott, aus dessen Reich der Äon der jetzigen Welt hervorstieg (s. S. 8 f.), ist er auch „Vater der Götter“[2].

Abb. 32: Ea-Oannes-Relief aus Kujundschik

Sein besonderer Kultort ist Eridu[3], d. i. Abu Šahrein, südlich (!) von Ur. Der Tempel in Eridu heißt E-apsû „Haus des Ozeans“. Aus den Kultvorschriften, bei denen das Wasser „an der Mündung der Ströme“ eine große Rolle spielt, darf man entnehmen, daß in uralten Zeiten Eridu am Meere lag und daß Euphrat und Tigris dort ursprünglich getrennt in das Persische Meer mündeten. Bei den Schilderungen des Heiligtums in den religiösen Texten ist in jedem Falle zu unterscheiden, ob das irdische Eridu oder das entsprechende kosmische Heiligtum des Ea gemeint ist. Mit dem kosmischen Eridu wird irgendwie der Eridanos am südlichen Sternhimmel zusammenhängen. Der Tempel von Eridu heißt Esagila (s. KT 99) wie später der Marduk-Tempel von Babylon.

Ea begegnet als der Gott der Weisheit und Kunst, als Schutzgott der Handwerker und als Gesetzgeber[4]. Insbesondere ist er der Herr aller magischen Kräfte: „Der große Herr Ea hat mich gesandt, seinen Zauberspruch hat er mir in den Mund gelegt.“

Regelmäßig ist sein Kult mit der Vorstellung von heiligem Wasser verbunden. V R 51 tritt in einem kultischen Texte der Priester in einem „Gewande aus Linnen von Eridu“ an der Schwelle des „Hauses der Reinigung“ dem Könige entgegen und grüßt ihn mit dem Spruch:

---

[1]) S. 6 f. 43 f.. Zu Ea = Oannes (Abb. 32) s. S. 43 f.

[2]) King Nr. 12.

[3]) Auch in Šurippak, Girsu, dem Kultort des Nin-Girsu, und in Erech hat Ea besondere Heiligtümer.

[4]) S. 43.

Ea möge sich über dich freuen,
Damkina, die Königin der Wassertiefe, erleuchte dich mit ihrem
Angesichte,
Marduk, der große Aufseher der Igigi, möge dein Haupt erheben[1].

Von Ea als ilu amelu Gott Mensch und von Marduk-Adapa als Sohn des Gott Menschen war bereits S. 9 die Rede. Als Ursprung aller Zeugung ist er Ea ša nabnîti oder Mummu bân kâla, der alles gestaltende Mummu[2].

Der „Sproß der Menschheit" (zer amelûti), den Ea in Eridu schafft und der als Heros Adapa heißt, erscheint in der Göttergenealogie als Marduk, Sohn des Ea[3]. Als solcher ist er Herr der neuen Welt. Die Mythologie drückt diese Lehre dadurch aus, daß alle Götter ihre Gewalt in seine Hände legen und Ea sagt: dein Name sei wie der meine Ea. Darum ist er in dem Kap. III wiedergegebenen Schöpfungsbericht der Demiurg und in den Beschwörungstexten Helfer und Bannlöser, der alles Leid heilt und der es liebt, „von den Toten zu erwecken". Als solcher ist er einer der Götter mit dem großen Ohr[4]. IV R 17a, 38—42 heißt es:

„Der Gott-Mensch um seines Sohnes willen ist er dir in Demut zu
Diensten,
der Herr hat mich gesandt,
der große Herr Ea hat mich gesandt"[5].

Bei den Beschwörungen entwickelt sich zwischen Vater und Sohn ein Zwiegespräch, das dem Sohne das gleiche Wissen und

---

1) Man beachte die Anklänge im aaronitischen Segen 4 Mos 6, 24 ff.

2) Vgl. S. 6 f. 83, Anm.

3) S. meine Monographie über Marduk in Roschers Lexikon der Mythologie II, Sp. 2340 ff., wo ich aber die ursprünglich selbständige Bedeutung dieses Marduk von Eridu gegenüber dem Marduk von Babylon noch nicht klar erkannt hatte. Auch Hehn, Hymnen und Gebete an Marduk (AB V, 279 ff.), der zuletzt gründlich über Marduk geschrieben hat, hat den Unterschied nicht erkannt. Über die Einsetzung Marduks an Stelle von Nebo, dem eigentlichen „Verkünder" der neuen Zeit, s. S. 67. 83.

4) Diese Vorstellung eignet sich zur Illustrierung der Tatsache, daß die Ideen gewandert sind. Abb. 33 stellt Marduk mit dem großen Ohr dar. Abb. 34 eine ägyptische Weihetafel mit dem Ohr der Gottheit. Dazu vergleiche man, daß Buddha stets mit dem großen Ohr dargestellt wird. Die Buddhabilder aus griechischer Zeit zeigen auch sonst babylonischen Einfluß.

5) S. Winckler, F. III, 299 und oben S. 9. 43. Dazu vgl. IV Esr 13, 25 f. (Kautzsch, Pseudepigr. 396): „Wenn du einen Mann aus dem Herzen des Meeres hast emporsteigen sehen: das ist der, durch den er die Schöpfung erlösen will." Nach Enuma eliš Taf. VII hat Marduk, der Drachenkämpfer, „die Menschen geschaffen, sie zu erlösen", s. S. 169 f.

die gleiche Macht zuschreibt. Zur Illustration seien einige der Texte in Übersetzung mitgeteilt:

Beschwörung. Ein böser Fluch hat wie ein Dämon einen Menschen befallen,
Jammer, Schmerz hat ihn befallen,
unseliger Jammer hat ihn befallen,
ein böser Fluch, Bann, Seuche!
Jenen Menschen schlachtete der böse Fluch wie ein Lamm dahin,
sein Gott wich von seinem Leibe,
seine fürsorgende Göttin stellte sich abseits,

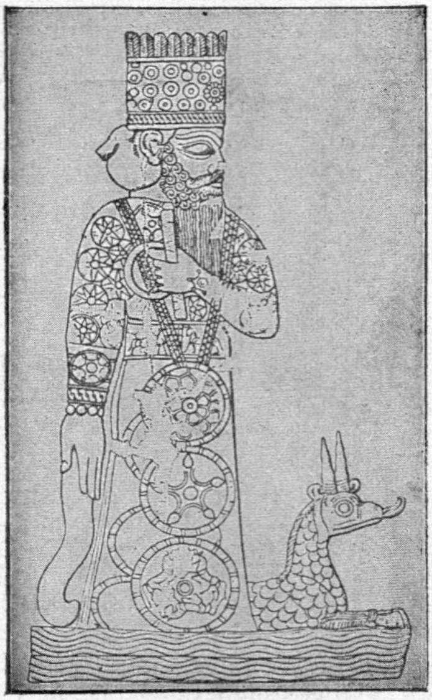

Abb. 33: Der Gott Marduk, in Babylon gefunden.

Abb. 34: Denkstein, dem Amon-Re für die Erhörung eines Gebetes geweiht. Nach Erman, Aeg. Religion S. 63 Fig. 56.

Schmerzensjammer verhüllte ihn wie ein Kleid und überwältigte ihn.
Da erblickte ihn Marduk,
zu seinem Vater Ea trat er ins Haus und sprach:
Mein Vater! Ein böser Fluch hat wie ein Dämon einen Menschen befallen.
Zum zweiten Male erzählte er es ihm.
Nicht weiß ich, was jener Mensch begangen, und wodurch er genesen wird.
Ea antwortet seinem Sohne Marduk:
Mein Sohn! Was wüßtest du nicht, was könnte ich dir noch mehr sagen;
Marduk! Was wüßtest du nicht, was könnte ich dir noch weiter sagen?
Was ich weiß, das weißt auch du.

Geh aber hin, mein Sohn Marduk!
Zum Hause der heiligen Besprengung bring ihn,
seinen Bann brich, seinen Bann löse[1]!
Das quälende Übel seines Leibes,
ob ein Fluch seines Vaters,
ob ein Fluch seiner Mutter,
ob ein Fluch seines älteren Bruders,
ob ein Fluch der Mörderin, die dem Menschen unbekannt,
der Bann werde durch die Beschwörung Eas
wie eine Zwiebel abgeschält,
wie eine Dattel abgeschnitten,
wie eine Palmenrispe aufgebrochen!
Bann! Beim Himmel sei beschworen, bei der Erde sei beschworen!

In einem andern Texte der Šurpu-Serie heißt es:

Den Kranken zu heilen[2], vermagst du,
den Gefallenen aufzurichten, vermagst du,
dem Schwachen aufzuhelfen, vermagst du,
ein böses Geschick zu [wenden], vermagst du usw.

Einmal wird von ihm gesagt[3]:

Weiser, Erstgeborener Eas, Schöpfer der Menschheit insgesamt!
Ja, der Herr bist du, wie Vater und Mutter[4] unter den Menschen (?) bist du,
ja du, wie der Sonnengott erleuchtest du ihr Dunkel!

Ein andermal heißt es[5], sein Zürnen sei wie eine Sintflut, sein Versöhntwerden wie ein barmherziger Vater.

Aus den Hymnen geht klar hervor, daß der Kult des Marduk von Eridu seinen Sonnencharakter betonte. Die Wirkungen des Sohnes Eas offenbaren sich in der Frühsonne und Frühjahrssonne, die täglich und jährlich aus dem Ozean hervorsteigt und neues Leben bringt. Sein Charakter als Gott, der im Planeten Jupiter seine Wirkungen zeigt, scheint erst im Kult von Babylon, wie die Verbindung mit Nebo (Merkur) von Borsippa und Nergal (Saturn) von Kutha zeigt, im Vordergrunde zu stehen.

Zu Marduk von Babylon s. S. 121 ff.

---

[1]) Als besonderes Beschwörungsmittel gilt der Name der großen Götter. Dies ist zu beachten bei der Erklärung des religionsgeschichtlichen Ursprungs des Begriffes Schem „Name", s. BNT 104 ff.

[2]) Bulluṭu, eig. „lebendig zu machen"; vgl. noch die jüdische Redeweise Jo 4, 50: „dein Sohn lebet", d. h. er ist genesen.

[3]) King, Babylonian Magic Nr. 12.

[4]) In dem vorhergehenden Texte der Sammlung von King, der aber auf Marduk von Babylon sich zu beziehen scheint, heißt es: „Dein Herz, wie das des Vaters, der mich erzeugte, und wie der Mutter, die mich gebar, erheitere es sich."

[5]) King, Babylonian Magic Nr. 11.

Sin.

Sin oder Nannar[1], „sumerisch" En-zu, ist der Mondgott. Bei der Vorherrschaft des Mondkultus gilt als der ihm im Weltall gebührende Punkt der Nordpunkt im Tierkreis: wie Anu ist er „Vater" der Götter[2]; Ištar, die Tochter Anus, ist auch Tochter des Sin; in dem herrlichen Mondhymnus IV R 9 wird er einmal geradezu Anu genannt. Wenn aber der Mond und zwar als Vollmond am Nordpunkt steht, ist die Sonne in der Opposition, also am Tiefpunkt angelangt. Der Mond trägt in der babylonischen Lehre Oberweltscharakter. Er repräsentiert das Leben, die Auferstehung, denn er ist inbu ša ina rammanišu ibbanû, Frucht, die sich aus sich selbst erzeugt. Die Sonne trägt dementsprechend Unterweltscharakter. Sie repräsentiert den Tod, in ihr verschwinden die Gestirne. In Ägypten, dem Sonnenland, ists umgekehrt: Osiris-Mond ist Unterweltsgottheit, die Sonne Oberweltsgottheit. Als Auferstehungsgottheit kommt Sin die grüne Farbe zu[3].

Abb. 35: Sin als Neumond und Venus-Ištar (mit „Morgenstern"! vgl. Abb. 42). Babyl. Siegelcyl.; Orig. in Rom.

Unter den Phasen des Mondes wird naturgemäß der Neumond hervorgehoben. Er wird im gesamten Orient mit Jubel

[1]) Mit demselben Ideogramm geschrieben, wie die Stadt Ur (liegt ein Spiel mit urru „Licht" vor?). Nannar ist „der Erleuchter", s. Zimmern KAT [3] 362; in dem bei King, Seven Tablets veröffentlichten Ištar-Hymnus heißt Ištar: nannarat šamê u irṣitim „die Erleuchterin Himmels und der Erde".

[2]) Die Benennung des Sin als bûru „Stier" bezieht sich auf die Hörner des Stieres, die an die gehörnte Mondsichel erinnern; K 100 Obv 7 heißt Sin „Träger gewaltiger Hörner", s. auch unten S. 103. Im Mithras-Kult erscheint Luna auf einer von weißen Stieren gezogenen Biga. Cumont, Die Mysterien des Mithra 89, erklärt die Stiere aus der Bedeutung des Mondes für das Wachstum; das entspricht der alten aufzugebenden Anschauung. Jeder Gott kann Stier sein (bûru), sofern er Mondcharakter hat, und jede Göttin Kuh.

[3]) Vgl. S. 59.

begrüßt als Sichelschwert, das den Drachen besiegt hat[1]. Besondere Bedeutung kommt, wie wir sahen, dem Frühjahrs-

Abb. 36: Anbetende werden vor den Mondgott geführt.
Altbabylonischer Siegelzylinder aus Menant, Glyptique I, pl. IV, 2.

Neumond[2] bez. Frühjahrsvollmond zu (S. 32 ff.). Der Frühjahrsgleiche gehen die vierzigtägigen Äquinoktialstürme voraus[3]. Es sind die Tage der Plejaden, die nach Stierrechnung dem Frühlingsanfang vorausgehen, die darum als sieben böse Geister, als Gewalten Nergals gelten. Wir besitzen einen mythologischen Text, der den Kampf und Sieg schildert:

Abb. 37: Halbmond und Hand (Venus), heiliges Zeichen der Araber. Amulet im Besitze des Verfassers.

---

[1]) Das arabische Hilal; wahrscheinlich liegt hier, wie zuerst de Lagarde vermutet hat, der formale Ursprung des Hallelu-(jah). Vgl. das astronomische Bild S. 33 Abb. 15. Jes 27, 1 ist Sichelschwert Mond-Motiv. Vgl. hierzu S. 33.

[2]) Neumond und Venus bilden das heilige Zeichen der Araber. Da unter den Körperteilen der Venus die Hand entspricht (s. Hommel, Geographie und Geschichte S. 101), so tritt in dem Abb. 37 wiedergegebenen heiligen Zeichen des Muhammedaners die Hand an Stelle des Venussternes. Sie wird von den Muslims dann als „Hand Muhammeds" gedeutet.

[3]) Sie repräsentieren den Winter, ähnlich wie die Epagomenen am Jahresschluß, vgl. S. 86. Sie gelten als vierzigtägig (ʿarabaîn in Syrien noch heute) oder fünfzigtägig (ḫamsîn).

Der babylonische Mythus vom Schwarzmond und seiner Befreiung von den „Sieben bösen Geistern"[1].

(Anfang fehlt. Nach Z. 23 ist zu ergänzen, daß Bel, dem Beherrscher des Tierkreises, Kunde gebracht wird von der Bedrängnis des Mondes durch die sieben bösen Geister.)

„Losbrechende Stürme[2], die bösen Geister sind es,
schonungslose Dämonen, die auf dem Himmelsdamm (Tierkreis)[3] erzeugt sind;
sie sind es, die Krankheit bringen,
bewirkend, daß dem Haupte (des Menschen) Böses zustößt, täglich Übles [.......].......[4]
Sieben sind es, die Boten Anus, ihres Königs.
Von Ort zu Ort bringen sie Verfinsterung,
ein Orkan, welcher am Himmel grimmig dahinjagt, sind sie,
dichtes Gewölk, das am Himmel Finsternis verursacht, sind sie,
der Ansturm der hervorbrechenden Winde sind sie, der am hellen Tage Finsternis verursacht;
mit dem Unwetter, dem bösen Winde, toben sie einher,
der Regen Rammans (Adad), eine mächtige Verwüstung, sind sie;
Zur Rechten Rammans gehen sie einher,
am Grunde des Himmels wie Blitze [....],
Vernichtung anzurichten rücken sie heran;
am weiten Himmel, der Wohnung des Königs Anu, stehen sie feindlich, und keiner ist, der ihnen entgegentritt."

Als Bel diese Botschaft vernahm, erwog er die Sache in seinem Herzen
und hielt Rat mit Ea, dem erhabenen massû der Götter.
Sie setzten Sin, Šamaš, Ištar zur Verwaltung des Himmelsdammes ein[5],
mit Anu teilte er ihnen die Herrschaft über den ganzen Himmel zu,
den Dreien, den Göttern, seinen Kindern;
Tag und Nacht ohne Unterlaß sollten sie dort Dienst verrichten.

Als nun die Sieben, die bösen Götter, am Himmelsdamm einhertobten,
legten sie sich vor den Leuchter hin als Belagerer,
machten sie den Helden Šamaš (die Sonne) und den starken Ramman zu ihren Bundesgenossen,
während Ištar bei Anu ihre herrliche Wohnung bezogen hatte und Himmelskönigin zu werden begehrte[6].

Die folgenden verstümmelten Zeilen schildern das Unheil, das die Verfinsterung mitbringt. Das Land ist verödet, die Menschen sind in Trübsal niedergedrückt.

Sein Licht war verdunkelt, auf seinem Herrschersitze saß er (der Mond[7]) nicht.
Die bösen Götter, die Boten ihres Königs Anu,

---

1) Im Beschwörungstext IV R 5 als Rezitation aufgenommen. Vgl. die Erläuterung von Winckler F. III, 58 ff., Himmelsbild und Weltenbild AO III, 2-3², 65 ff. Die Zeugnisse dieses wichtigen astral-mythologischen Textes wurden bereits an mehreren Stellen von uns herangezogen, s. S. 34 f.

2) S. 101 Anm. 3. 3) šupuk šamê s. S. 13 f.

4) Das Folgende verstümmelt, jeder der sieben erscheint als Ungeheuer. 5) S. 13 f. 6) S. 35. 108.

7) Vollmondspunkt, s. die Zeichnung S. 33 Abb. 15.

indem sie bewirken, daß dem Haupte (des Menschen) Böses zustößt,
machen sie erzittern . . . . .,
nach Bösem trachten sie,
aus dem Himmel heraus stürzen sie wie ein Wind über das Land.
Bel sah am Himmel die Verdunkelung des Helden Sin;
der Herr spricht zu seinem Diener Nusku:
„Mein Diener Nusku, eine Botschaft bringe zum apsû (Ozean, Reich Eas),
die Kunde von meinem Sohne Sin, der am Himmel elend verdunkelt ist,
melde dem Ea im apsû."
Nusku vernahm gehorsam das Wort seines Herrn,
ging eilend zu Ea in den apsû;
zum Fürsten, dem erhabenen massû, dem Herrn Ea,
trug Nusku das Wort seines Herrn.
Ea im apsû vernahm diese Kunde,
er biß sich auf die Lippe, sein Mund war voll Wehklagen.
Ea sprach zu seinem Sohne Marduk und ließ ihn das Wort vernehmen[1]:
„Gehe, mein Sohn Marduk,
den Fürstensohn, den Leuchter Sin, der am Himmel elend verdunkelt wird,
seine Verdunkelung laß am Himmel erstrahlen,
die Sieben, die bösen Götter, die die Gebote nicht fürchten,
die Sieben, die bösen Götter, die wie eine Sintflut hervorbrechen und das Land heimsuchen,
über das Land wie ein Regenguß hereinbrechen,
vor den Leuchter Sin haben sie sich gewalttätig gelegt,
den Helden Šamaš und Adad haben sie zu ihren Bundesgenossen gemacht"[2].

Auf der V. Tafel des Epos Enuma eliš werden die Phasen geschildert (vgl. hierzu die Mondlauf-Tafel Abb. 15, S. 33)[3]:

Den Mond[4] ließ er aufleuchten, damit er die Nacht verwalte, er bestimmte ihn als einen Nachtkörper, um die Tage zu kennzeichnen: „monatsweise, unaufhörlich, aus der (dunklen) Mondscheibe (Tarnkappe) geh heraus (Neumond)[5], um am Beginn des Monats wieder aufzuleuchten über das Land[6] (Hilal!), strahle mit den Hörnern, zu bestimmen sechs Tage (am siebenten Tage ist Halbmond; da sind die Hörner verschwunden); am siebenten Tage sei die Mondscheibe halb, am 14. sollst du erreichen (?) die Hälfte [allmonat]lich (Vollmond, die Hälfte des monatlichen Laufes). Wenn Šamaš (die Sonne) am Grunde des Himmels dich . . . . leuchte (?) hinter ihm (?). (Vom Vollmond an steht die Sonne unter dem Horizonte, wenn der Mond aufgeht, beleuchtet also seine rückwärtige Seite). [Am 21.] nähere dich dem Wege der Sonne, [am 27. bez. 28.] sollst du mit Šamaš zu-

---

[1]) Auch hier hat Marduk die Rolle, die ursprünglich Nebo gebührt, vgl. S. 35.

[2]) Der Rest fehlt. Es folgt dann die Beschwörungsformel.

[3]) Z. 12ff. (Fortsetzung zu der S. 27f. gegebenen Analyse).

[4]) Var. seinen Stern! Es wird Ninib-Mars zu ergänzen sein!

[5]) Lies umuš (Imp. von namâšu).

[6]) Nicht „im Lande"; e-[li], s. King 193.

sammentreffen, mit ihm gleichstehen (mit der Sonne zusammentreffen, in ihr verschwinden)[1].

Seine Kultorte sind in Südbabylonien Ur, in Mesopotamien Haran, wo er als Bel-Ḫaran, aber auch unter dem Namen Sin verehrt wird; Nabonid redet von dem Tempel des Sin in Haran[2].

Von dem Charakter der „Zwillinge" Sin und Nergal war bereits die Rede[3]. Nergal war dabei gleich der Sonne. Wenn V R 46 Lugalgira und Šitlamtaëa als Zwillinge genannt sind:

Gestirn der großen Zwillinge Lugalgira und Šitlamtaëa,
Sin und Nergal,

so ergibt sich auf Grund der oben S. 15f. gegebenen Ausführungen folgende Gleichung:

Zwillinge = Mond und Sonne
= Ninib und Nergal[4]
= obere Hälfte und untere Hälfte der Ekliptik

Nun ist aber Lugalgira = Gibil, denn Gibil als Feuergott gehört an den (heißen) Nordpunkt der Ekliptik, also Lugalgira = Ninib (in diesem System Mondplanet) und dann Šitlamtaëa = Nergal (in diesem System Sonnenplanet).

Die Vorstellung von den Zwillingen kann aber auch der Mond allein vertreten und zwar in den beiden Mondhälften des ab- und zunehmenden Mondes (er heißt deshalb vielleicht wiederholt ellammê „Zwillinge" und vgl. die Tierkreis-Hieroglyphe, die die Zwillinge abbildet:)()[5]; und in diesem Zusammenhange kann Lugalgira auch die zunehmende und Šitlamtaëa die abnehmende Mondhälfte vertreten.

Als Orakelgott ist Sin bêl purussê, „Herr der Entscheidung". Der Priester liest in Asurbanipals Annalen nachts auf der (Voll-mond)scheibe, was Nebo darauf geschrieben hat.

---

1) Leider ist das Folgende verstümmelt.

2) S. auch Hommel, Grundriß der Geographie und Geschichte des AO, S. 87. Wieweit in den bisher bekannten südarabischen Götternamen, auf deren ausschließlichem Mondcharakter Hommel die weitgehendsten Schlüsse aufbaut, die Namen wirklich den Mond bedeuten, ist m. E. vorläufig nicht überall zu entscheiden. Die Hadramauter kennen den Sin, die Sabäer verstehen unter Haubas (Haubas und seine Heere) gewiß den Mond. Was der ʿAmm der Katabanen ist, scheint mir trotz der Namen wie ʿAmm-nêr nicht sicher, und der Wadd der Minäer ist eher Marduk als Sin. Man muß bei den „kanaanäischen" Gottheiten immer bedenken, daß Sonne, Mond und Ištar dieselben Erscheinungen (s. oben S. 24) zeigen.

3) S. 65.

4) Diese grundlegende Gleichung hat Zimmern KAT[3] 413 im Anschluß an Jensen nicht beachtet; eine ganze Reihe seiner Bemängelungen des „Systems" beruhen darauf.

5) S. Zimmern KAT[3] S. 363f., vgl. 413, von dessen Auffassung ich dabei freilich in wesentlichen Punkten abweiche [vgl. jetzt Winckler, F. III, 286ff.].

Im Mythus ist der Mond der Wanderer und der Jäger. Seine Symbole sind Stab (Zauberstab) und Lanze, während die Sonne durch den Bogen charakterisiert ist. Auch die beiden andern Zaubermittel des Altertums, Becher und Schüssel, werden mit den Phasen des Mondes zusammenhängen, der Becher ist wohl die Sichel des abnehmenden Mondes[1], die Schüssel nach Hüsing der Halbmond.

Šamaš.

Šamaš, „sumerisch" Utu, ist die Sonnengottheit, die Licht und Wahrheit offenbart. Auf der Stele Hammurabis (27, 14) heißt er „der große Richter von Himmel und Erde, welcher aufrecht erhält alle Lebewesen, der Herr des Lebensmutes". V R 50 schildert ein Hymnus, wie Šamaš am Morgen aus dem großen Berge heraustritt, dort, wo Himmel und Erde zusammenstoßen (vgl. S. 21 f. und s. Abb. 11), da versammeln sich Götter um ihn zum Gericht, die Menschen harren auf ihn, die Augen der vierfüßigen Tiere sind auf sein großes Licht gerichtet.

In einem andern Hymnus heißt es[2]:

Šamaš, König Himmels und der Erde, Ordner des das droben und des das drunten;
 Šamaš, den Toten lebendig zu machen, den Gebundenen zu lösen, steht in deiner Hand!
Unbestechlicher Richter, Ordner der Menschen,
 hoher Sproß des Herrn des glänzenden Ostberges.
Gewaltiger, herrlicher Sohn, Licht der Länder,
 Schöpfer von allem im Himmel und auf Erden, Šamaš, bist ja du!

Ein Abendlied sagt[3]:

Šamaš, wenn du in das Innere des Himmels eintrittst:
 Mögen die glänzenden Riegel des Himmels dir Gruß zurufen;
 mögen die Türflügel des Himmels (s. Abb. 11) dich segnen
 — — — — — — — — — — — — — — — — — — —
 möge Aja, deine geliebte Gemahlin, freudig dir darbringen,
 beruhigt möge sie dein Herz beruhigen,
 dein Göttermahl werde dir hingesetzt . . . .

Wie bei allen Völkern, ist auch hier der Sonnengott Arzt. Šamaš bringt aber auch in andre Dunkelheiten Licht („die Sonne bringt es an den Tag"). Er ist „unbestechlicher Richter" und Orakelgott. Seine Fahrt über den Himmel wird als Wagenfahrt gedacht. „Niemand außer Šamaš hat das Meer

---

1) Hier liegt der mythologische Sinn für den „Becher der Trübsal, des Todes".

2) Zimmern AO VII, 3, 14. Text bei Craig, Rel. Texts II, 3.

3) AO VII, 3, 15.

überschritten", heißt es im Gilgameš-Epos. Auch das wird so zu deuten sein; denn es ist ausdrücklich von seinem Wagenlenker Bunene die Rede, der V R 65, 33[b] ff. auf dem Wagen fährt, auf dem der Sonnengott sitzt und dessen Rosse er anschirrt[1]. Nach einer andern Vorstellung verläßt er morgens als Held das Brautgemach und läuft die Bahn[2].

Die Kultorte des Šamaš sind Larsa in Südbabylonien (Senkereh, südöstlich von Nippur, wahrscheinlich das Ellasar von 1 Mos 14, 1) und Sippar in Nordbabylonien (Abu Habba). An beiden Orten heißt der Tempel E-babbara, „das weiße Haus". In Sippar wird neben ihm A-a (Ai) genannt als seine „Braut"[3], und Kettu und Mešaru, Recht und Gerechtigkeit, als seine Kinder[4].

Neben dem reinen Sonnenkultus, von dem wir zurzeit noch nicht viel wissen, betont der babylonische Kult die von der Sonne abhängigen Begleiterscheinungen der vier (bez. zwei) Jahreszeiten (gewissermaßen vier Sonnenphasen) und sieht dann in den vier Planeten der vier Hauptpunkte des Tierkreises Sonnenerscheinungen, d. h. (für die durch Marduk als Frühlingspunkt gekennzeichnete Epoche): Marduk = Frühlingssonne und Morgensonne, Nebo = Herbstsonne, Ninib = Sommersonne, Nergal = Wintersonne, s. oben S. 29.

Zum Verhältnis der Trias Šamaš Sin Ištar s. S. 79 ff.

---

[1]) S. zu 2 Kg 23, 11 „Entfernung der Sonnenrosse und Sonnenwagen". — Den altpersischen Sonnenwagen mit eilenden Rossen bezeugt der erste Hymnus des Yasna. — Im Mithras-Kult hat die Sonne den gleichen Charakter. Sie reinigt am Morgen die Welt und überschreitet im Wagen den Ozean (s. Cumont, Mysterien des Mithra S. 88. 101). — Der Sonnenwagen gehört zu den Kultstücken, die vom Orient nach Europa gewandert sind. Bei Sofus Müller, Urgeschichte Europas 116, findet sich die Abbildung eines Sonnenwagens aus der Bronzezeit, in Seeland gefunden. In der Edda (Völuspa) ist von Sonnenrossen die Rede. Auch in den Pirke R. Elieser „fährt die Sonne in einem Wagen". Ein hethitischer Sonnenwagen wird in den Abbildungen zu Jos 1 zu finden sein.

[2]) Vgl. Ps 19, 6f. mit seinem mythischen Anklang. Im oben wiedergegebenen Šamaš-Hymnus kehrt Šamaš am Abend heim zur Gemahlin Aja.

[3]) Hommel, zuletzt Grundriß S. 96 erklärt A-a als Mond („weiblich" im Gegensatz zu einem „chaldäischen" bez. westsemitischen männlichen Mondgott Ai) und zieht daraus die weitgehendsten Schlüsse. Selbst wenn es bei Sargon (BA II, 37) heißt „Seit den Zeiten des Šamaš und der Ai", und K 669, 11 „So lange Šamaš und Ai existieren", so ist das nicht zwingend für die Deutung als Mond. Wenn Ai Mond ist, so ist das nur in dem S. 14 besprochenen Sinne zu verstehen.

[4]) S. unten S. 124 und S. 143.

Ištar.

Ištar ist je nach ihrer Stellung im System Anus Tochter, oder Bels Tochter, oder Sins Tochter (s. S. 80 f.).

Sie ist die Göttin, ihr Name bezeichnet den Begriff „Göttin" ganz im allgemeinen. Die sämtlichen weiblichen Erscheinungen des babylonischen Pantheons sind im letzten Grunde in ihr verkörpert. Sie ist die weibliche Entsprechung der Gottheit schlechthin. Deshalb wird sie ḫîrtu „Gattin" mit dem Ideogramm Nin-dingir-ra, d. i. Belit ilâni geschrieben. Als solche ist sie:

Abb. 38: Ištar mit Kind. Berl. Mus. V. A. 2408.

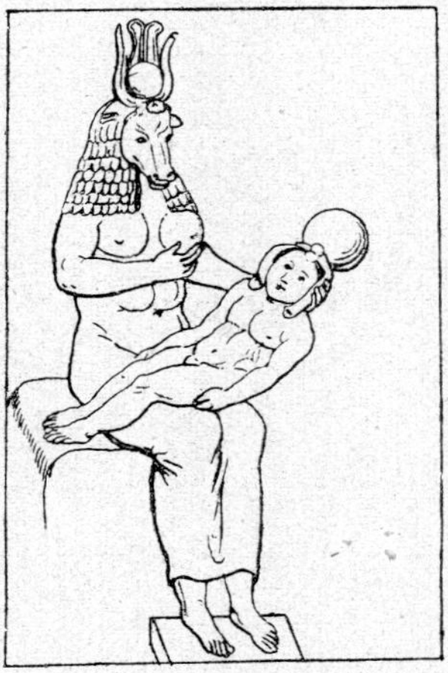

Abb. 39: Hathor, den Osirisknaben nährend.

1. die Muttergöttin; darum wird sie in den Hymnen überschwenglich als „Helferin" angerufen, als bânat tênišeti, muštešerat gimir nabnîtu, als himmlische Geburtshelferin. Nach der Sintflut sitzen die Götter mit ihr auf dem ašru (Tierkreis?)[1] und weinen über „ihre Menschen", die wie Fischbrut das Meer füllen. Und in der Beschreibung der Göttertypen CT IX, 121 heißt es von ihr: „Ihre Brust ist offen, auf ihrer Linken trägt sie ein Kind, das an ihrer Brust sich nährt, während sie mit ihrer Rechten segnet (?)"[2]. In der bei Roscher, Lexikon der Mythologie III, Sp. 61 ff. übersetzten Nebo-Liturgie aus Asurbanipals Zeit heißt es:

---

[1]) S. Kap. Sintflut zu Bab. Sintfl. Z. 126. [2]) S. Abb. 38.

Klein warst du, Asurbanipal, als ich dich zurückließ bei der göttlichen Königin von Niniveh,
schwach warst du, Asurbanipal, als du saßest auf dem Schoß der göttlichen Königin von Niniveh,
du hast von den vier Brüsten, die dir in den Mund gesteckt wurden, aus zweien gesaugt und in die zwei andern dich hineinvergraben mit deinem Gesicht[1].

Abb. 40: Indische Himmelskönigin.
Nach Niklas Müller, Glauben, Wissen und Kunst der Hindus Tab. I, 6.

2. Die Himmelskönigin (šarrat šamami u kakkabê), die den Sitz an Anus Seite einnimmt, während Sonne und Mond den Kampf ausfechten. „Sie begehrt, Himmelskönigin zu werden" in dem S. 35 f. angegebenen Sinne. „Himmelskönigin droben und drunten werde verkündet, das mein Ruhm", heißt es in einem Ištar-Psalm[2].

Als solche ist Ištar mit der Venus verbunden (šarrat kakkabê, Königin der Sterne) und mit dem Tierkreisbild der Jungfrau. Als Jungfrau trägt sie das Kind[3]

---

[1]) Sie ist also Kuh wie Hathor-Isis und schließlich jede Göttin, s. S. 100, Anm. 2. Aber das ist nicht etwa Totemismus, ebensowenig wie die heilige Kuh in der iranischen Religion (noch Jackson im Hdb. der iranischen Philologie erklärt die Kuh und den Hund als Vergötterung des nomadischen Ideals — der Hund ist Tištrya-Sirius). In Ägypten ist Hathor-Isis die Kuh. E. Naville hat kürzlich in Theben ein Heiligtum entdeckt, dessen Decke den gestirnten Himmel darstellt und darin die Kuh, an deren Zitzen Osiris säugt (vgl. dazu weiter Anm. 3 und s. Abb. 39). Hier dürfte wohl der Totemismus zu schanden werden.

[2]) Sm 954, s. mein Izdubar Nimrod 61 f., jetzt Zimmern AO VII, 3, 22. Zur „Himmelskönigin" vgl. die malkat šamaim der Bibel, s. S. 91; Attar samaim (weiblich) bei den Kedarenern, s. Winckler, Gesch. Isr. II, 90.

[3]) Vgl. BNT 36 f., s. das indische Bild Abb. 40, die Himmelskönigin mit der Tammuz entsprechenden Gottheit vom Tierkreis umgeben, Löwe und Adler darunter wie auf den Wappen der Gudea-Zeit, die spätere Abbildungen zeigen werden. Das Bild (Original Schnitzwerk in Basrelief, Kopie aus der Mappe eines Brahmanen) mag stark modernisiert sein, aber die Elemente des Bildes müssen alten Vorbildern entnommen sein. Auch Abb. 39 gehört hierher aus dem ägyptischen Gebiet. Das oben Anm. 1 erwähnte Hathor-Heiligtum zeigt auch Osiris im fortgeschrittenen Lebens-

oder hat die Ähre in der Hand. Spica, „Ähre“ ist der hellste Stern der Jungfrau. In einem Arsacidentext heißt das ganze Bild šêru, d. h. Ähre, aram. שבלתא. Ištar ist die Sibylle (= šibbolet)[1].

3. Da Ištar-Venus[2] mit Sonne und Mond eng verbunden wird, so ist zu vermuten, daß der Mythus auch bei ihr vier, bez. zwei astrale Phasen-Erscheinungen unterscheidet; bei der tiefgehenden astralen Kenntnis der Babylonier und bei der Klarheit des orientalischen Sternhimmels ist es sehr wahrscheinlich, daß man die Phasen der Venus gekannt hat. Diese Zweiteilung wird natürlich auch hier zugleich mit der Offenbarung des Naturlebens in Verbindung gebracht[3]. Nach ihren tellurischen Eigenschaften ist sie einerseits die lebentötende (vgl. Ištar in der VI. Tafel des Gilgameš-Epos, die ihren Liebhabern Verderben bringt, Kore, Persephone), andererseits die zu neuem Leben erweckende, aus

Abb. 41: Die verschleierte Ištar (Ašera) in Marmor gefunden bei Ras-el-ʿain in Mesopotamien.

---

alter. Das Kind wird zum aufblühenden Jüngling und ist dann der Geliebte der Himmelskönigin (so vielleicht auch auf dem indischen Bilde Abb. 40 gedacht). Die Altersstufen entsprechen den Jahreszeiten. In den Kalenderdarstellungen werden meist sechs gezählt (Greisenalter ist Tod der Sonne), z. B. auf dem BNT 49 f. besprochenen Tierkreisrelief von Notre Dame.

[1]) Das Erkennungszeichen Sibboleth Ri 12, 6 hat also tiefern Sinn!

[2]) III R 53, 34 [b] f. ausdrücklich bezeugt; in den Monumenten als acht- oder sechzehnstrahliger Stern neben Mond und Sonne; vgl. Abb. 42.

[3]) Wir haben wiederholt bemerkt, daß die Betonung dieser „Zwiespältigkeit des Naturlebens“ im Kultus „kanaanäisch“ zu sein scheint. Daher also die Hervorhebung der Astarte im kanaanäischen Kult!

der Unterwelt rettende Göttin (= Ceres) — Sommer und Winter, Tag und Nacht. Hammurabi sagt Cod. II, 26ff., daß er „die Grabstätte der Malkat“ (d. i. Ištar von Sippar als Gemahlin des Sonnengottes) „mit Grün bekleidet habe“, der Farbe der Auferstehung (s. S. 88. 100). Ištar im Grabe ist identisch mit Tammuz in der Unterwelt, mit Marduk im Grabe. Überall handelt es sich um den Kreislauf von Tod und Leben. Die „Höllenfahrt der Ištar“ schildert ihre Hinabfahrt in die Unterwelt (Winter), bei der aber alles Leben erstirbt. Sie bringt den hinabgesunkenen Gatten-Jahrgott herauf, wie im umgekehrten Mythus die hinabgesunkene Ištar vom Gatten, z. B. Eriškigal von Nergal, Euridice von Orpheus heraufgeholt wird. Der eine Teil stellt die Natur, der andre die Sonne dar, oder umgekehrt. Als Leben bringende Göttin ist sie verschleiert (s. Abb. 40), die entschleierte Ištar bringt den Tod[1].

Auch in ihrer Doppeleigenschaft als Morgen- und Abendstern offenbart übrigens Ištar die Zwiespältigkeit des Naturlebens. Als ilat šêrêti verkündet sie das neue Leben (Morgenstern, griechisch Phosphoros), als Abendstern stürzt sie (Helal ben Šaḫar Jes 14, 12ff., Luzifer) vom Himmel hinab in die Unterwelt, wie die Sonne (Tammuz) im Winter und wie der Mond in der letzten Phase. Auf diesen Venus-Mythus bezieht sich das S. 88 erwähnte „grünende Grab“. Šamaš bringt den Morgenstern herauf. Aber es kann auch Jahresmythus sein.

Sicherlich hat sich frühzeitig mit dieser Vorstellung ein Kultus verknüpft, der mit Prostitution verbunden ist. Schon in der sog. Dibarra-Legende (KB VI, 56ff.) ist sie von den Šamḫâti und Ḫarimâti umgeben, „deren Händen Ištar den Mann erstattet und zu eigen gibt“[2]. Die Namen šamḫâti und ḫarimâti

---

[1]) S. Winckler in MVAG 1901, 304ff. und s. zu 1 Mos 38, 14. Das Schleiermotiv wird uns öfter begegnen. Eine verschleierte Ištar stellt Abb. 41 dar; über den Fund s. M. Oppenheim, Zeitschr. der Berl. Gesellsch. f. Erdk. Bd. XXVI; eine andere sieht Friedrich auf dem Siegel Clercq II, 229 BA V, 476. Auch in dem oben S. 107 angeführten Text ist der Schleier der Ištar erwähnt, die Meerjungfrau im Gilgameš-Epos ist verschleiert. Auch in Taannek wurde von Sellin eine verschleierte Ištar gefunden. Das verschleierte Bild zu Sais! Demeter „mit glänzendem Schleier“, s. hierzu Maaß, Orpheus, ein Buch, das äußerst wertvolles Material beibringt, aber den orientalischen Charakter der Mysterien verkennt.

[2]) Weder die kulturgeschichtlichen (das Weib löst sich vom Familienverbande durch die Ehe und durch die Weihe an die Gottheit), noch die religionsgeschichtlichen Wurzeln dieses Astarte-Kultes lassen sich mit den heutigen Mitteln bloßlegen. Zu betonen ist, daß neben

Abb. 42: Ištar als Göttin der Jagd. Brit. Museum.

sind zugleich die gewöhnlichen Bezeichnungen für die „Dirnen“ der babylonischen und assyrischen Städte.

4. Die jungfräuliche Ištar ist auch Kriegsgöttin oder Jagdgöttin (Diana, Mondgöttin). So schon in altbabylonischer Zeit, wie Abb. 42 zeigt. Bei Hammurabi, aber besonders bei den Assyrern, ist sie „Herrin des Kampfes und der Schlacht“[1] und bei Nabonid ist Ištar (Anunit) Schlachtgöttin

Abb. 43: Ištar neben Šamaš (aufgehende Sonne? s. Abb. 11 S. 21) und andern Göttern. Brit. Museum.

mit Köcher und Bogen[2]. „In Flammen gekleidet“[3], mit Köcher und Bogen, auf dem Leoparden stehend wird sie dargestellt (s. Abb. 42). „In der Schlacht fliege ich wie eine Schwalbe dahin“, heißt es in einem Hymnus[4] — die altorientalische Walküre!

dem Kult der Unzucht, der vielleicht eine Dekadence ist, die sexuellen Dinge (insbesondere der Phalluskult) auch unter rein religiösen Gesichtspunkten gestanden haben müssen. Der Phallus, den Bacchus am Tore des Hades pflegt, ist Auferstehungssymbol. Bei den Sexualgliedern wird im A. T. geschworen. Vgl. Jakob Grimm, Myth. II, 1200: „Der Phallusdienst muß aus schuldloser Verehrung des zeugenden Prinzips hergeleitet werden, die eine spätere, ihrer Schande bewußte Zeit ängstlich mied.“

[1]) Ein altbab. Monument mit Ištar als Schlachtengöttin s. zu 2 Mos 14, 24.

[2]) KB III, 1, 113; 2, 105. [3]) Vgl. Abb. 54.

[4]) Reisner Hymn. 108, 44 s. Zimmern KAT[3] 431[5].

Bei dem mannweiblichen Charakter jeder Gottheit und insbesondere (s. oben S. 81. 110f.) der Ištar kann es nicht verwundern, daß wir auch eine bärtige Ištar in den Urkunden finden, z. B. Craig, Relig. Texts I, 7: „Wie Assur ist sie mit einem Barte versehen" (vgl. die Venus mit dem Bart bei den Römern, die

Abb. 44: Götterbild, in Babylon gefunden (Adad-Ramman).

Abb. 45: Gott Tešub. Von den hethitischen Tonplatten in Sendschirli.

bärtige Aphrodite auf Kypros [1]). Sie ist dann nichts anderes, als eine Erscheinung des Tammuz, ihres Gegenparts, arabisch Aṯtar [2].

Die Kultorte der Ištar sind in Südbabylonien Uruk, in Nordbabylonien Akkad, in Assyrien Niniveh und Arbela.

[1]) S. Preller-Robert I, 509. Vgl. ferner die mannweibliche Kybele als Agdestis; ihre Priester in Weiberkleidern. Andererseits dient Adonis Apollo als Weib.

[2]) S. oben S. 81. Er ist Abend- und Morgenstern (Phosphoros-Luzifer), s. S. 110.

Ramman-Adad.

Ramman, der in der kanaanäischen Aussprache des Ideogramms Adad (Hadad)[1] heißt, ist identisch mit dem alten Wettergott IM, der in dem aus der Zeit Ammizadugas stammenden Atarḫasis-Mythus und in Eigennamen von Telloh auftaucht. Die Betonung des Ramman, der häufig in der zweiten Göttertrias (Sin, Šamaš, Ištar) an die Stelle der Ištar tritt, scheint ebenfalls „kanaanäischen" Ursprungs zu sein. Salmanassar opfert dem Adad in Aleppo[2]. Seinen Doppelcharakter (Zwiespältigkeit der Natur) konnte man bisher nur aus Sach 12, 11 (Hadad-Rimmon-Tammuz, s. S. 91) belegen. Er ist Sturm-, Gewitter- und Regengott (Addu S. 78) und sein Symbol Blitzbündel und Axt[3]. Als der Gott, der den Regen zurückhält (und Verheerung anrichtet) und vor allem als Gewittergott ist er der Verderben bringende; als der Gott, der den Regen herbeibringt, ist er der Segen spendende.

Abb. 46: Der Gott Adad, in Babylon gefunden.

Ein Hymnus auf Adad-Ramman sagt[4]:

Der Herr, wenn er zürnt, zittern die Himmel vor ihm,
Adad, wenn er grollt, bebt die Erde vor ihm;
große Berge werden vor ihm niedergeworfen.

---

[1]) Auf einer von Belck-Lehmann gefundenen präarmenischen Inschrift ist A-da-di-nirari geschrieben (Ramman-nirari). Als die im Assyrischen gewöhnlichste Lesung war sie bereits vorher wahrscheinlich gemacht.

[2]) Bei den Hethitern heißt der Gott Tešub, s. Abb. 44 und 45. Der Jupiter Dolichenus, der dieselben Embleme hat, verrät hier den Übergang vom Orient zum Okzident. Auf europäischem Boden begegnet er uns als Thor mit dem Doppelbeil; nach Sofus Müller, Urgeschichte Europas 59 ist die Vorstellung vom vormykenischen Kreta, wo das Doppelbeil des Zeus erscheint, nach Europa gewandert.

[3]) Andre Adadbilder bespricht Friedrich BA V, 458ff., doch s. S. 125 Anm. 4. Entsprechende Tešub-Bilder aus Syrien s. zu Josua 1 ff.

[4]) IV R 28, Nr. 2, s. Zimmern AO VII, 3, 12. In den poetischen Schilderungen der Gerichte Jahves erinnern viele Züge an Adad: 1 Sa 7, 10 vgl. 12, 17ff.; Jes 29, 6; Jer 23, 19; Ez 13, 13; vgl. Friedrich BA V, 466.

Vor seinem Zürnen, vor seinem Grollen,
vor seinem Brüllen, vor seinem Donnern
steigen die Götter des Himmels zum Himmel hinauf,
gehen die Götter der Unterwelt in die Unterwelt hinein,
geht die Sonne in des Himmels Grund hinein,
verschwindet der Mond in des Himmels Höhe.

Adad-Ramman ist (besonders neben Šamaš) auch Orakelgott, s. z. B. die von H. Zimmern, Beiträge 190 ff. veröffentlichten Gebete an Šamaš und Adad. Das mag sich daraus erklären, daß sein kritischer Punkt als tellurischer Gott (s. unten Anm. 2) der alles beherrschende Nordpunkt ist, der Punkt des Sin, der ja bel purûssê Herr der Orakel ist; aus demselben Grunde ist auch Ninib Asurn. I, 3 „der große Entscheider". Als Herr des Nordpunkts, der Feuerregion, ist er in den Mythen der hinkende Schmied, s. S. 28 (warum hinkend?) und als solcher identisch mit Ninib-Mars, dem andern Herrn des Nordpunktes.

Tammuz.

Die Gestalt des Tammuz[1] wurde bereits in früheren Kapiteln behandelt. Er repräsentiert den in die Unterwelt sinkenden und zu neuem Leben emporsteigenden Kreislauf und kann als solcher Sonnen- oder Mond- oder Venus- (Aṯtar, Luzifer, Phosphoros)-Charakter tragen, auch verbindet er die Erscheinungen von Marduk (lichte Hälfte) und Nebo (dunkle Hälfte), bez. von Ninib und Nergal, s. S. 32 ff. und Abb. 14 f., S. 80 f. Von den Kalenderfesten, die den Tod und die Auferstehung des Tammuz darstellen, war S. 88 ff. die Rede. S. 89 f. wurden auch Tammuz-Hymnen mitgeteilt.

Tammuz, dem wir als einer Repräsentation für das doppelte Naturleben (Marduk + Nebo) im System bereits wiederholt begegneten, erscheint schon bei Gudea und im Adapa-Mythus[2]. In mythologischer Ausgestaltung ist die Lehre von Tammuz keilinschriftlich vor allem in dem Beschwörungstext IV R 31 von der Höllenfahrt der Ištar bezeugt[3]. Ištar fährt zur Unter-

---

[1]) Zur Charakteristik des Tammuz vgl. mein Hölle und Paradies AO I, 3², 9 f. 32; Vellay, Le culte d'Adonis-Tammouz; vgl. unten S. 117 Anm. 1.

[2]) Hier Tammuz und Gišzida am Tore Anus, wie IV R ² 30, Nr. 2, wo allerdings von Tammuz als Sohn des Ningišzida die Rede ist, im entgegengesetzten Gebiete, in der Unterwelt. Sie repräsentieren die beiden Hälften des Jahres am Nord- und Südpunkt, vgl. S. 21 Anm. 4; S. 143, wie Jachin und Boas den Ost- und Westpunkt; der Nordpunkt ist als Sommersonnenwende der kritische Punkt für alle tellurischen Erscheinungen.

[3]) S. die Übersetzung in meinen Bab.-assyr. Vorstellungen vom Leben nach dem Tode S. 1 ff., verbessert Artikel Nergal bei Roscher, Lex. der Mythologie, Jensen KB VI, 80 ff.

welt, um den von der Unterweltsgöttin zurückgehaltenen Tammuz zu holen. Der Schluß des Textes bezeugt die Todes- und Auferstehungsfeier des Tammuz.

Eine euhemeristische Wendung des Tammuz-Mythus findet sich in dem Nabatäerbuche El-Maqrîsi (Chwolsohn II, 604 ff.): Tammuz sei der erste gewesen, welcher einen König zur göttlichen Verehrung der sieben Planeten und der zwölf Zeichen des Tierkreises aufgefordert hätte. Dieser König habe ihn getötet, er sei aber nach seiner Hinrichtung wieder lebendig geworden. Dann habe ihn jener König dreimal hintereinander auf eine grausame Weise hingerichtet, er sei aber nach jeder Hinrichtung wieder lebendig geworden, bis er nach der letzten Hinrichtung tot blieb[1] ...... Die babylonischen und harranischen Ssabier klagen und weinen[2] insgesamt über Tammuz bis auf unsre Tage (d. h. 10. Jahrh. n. Chr.) in dem gleichnamigen Monat, an einem ihrer Feste, das auf Tammuz Bezug hat, und feiern ein großes Fest, welches vorzugsweise von den Frauen gefeiert wird; denn diese versammeln sich insgesamt, klagen und weinen über Tammuz.

Die Betonung und eigenartige Ausprägung seines Kultus, die zu einer Art volkstümlicher Auferstehungsfeier geführt hat, ist „kanaanäisch". Da er im Hochsommer stirbt, ist sein kritischer Punkt ebenfalls der Nordpunkt, der Ninib-Punkt.

Dem Tammuz entspricht Aṯtar bei den vorislamischen Arabern, Dusares im Kult von Petra[3], Tammuz-Adonis bei den Phöniziern und Griechen[4], Attis bei den Phrygiern[5].

Wir wollen im folgenden zur Ergänzung des früher Gesagten noch einiges aus diesen Mythenkreisen mitteilen.

Über den phönizischen Tammuz-Kult sind wir durch Lucian, De dea syra und durch Monumente an der Quelle des Adonis-Flusses im Libanon genauer unterrichtet. Abb. 31 (S. 90) haben wir das Felsenrelief an der Quelle des jährlich sich rötenden Adonis-Flusses (Nahr Ibrahim[6]) wiedergegeben, das auch Ma-

---

[1]) Es wurde also mit oder ohne Auferstehung gefeiert.

[2]) Am 1. Tage des Tammuz, sagt der Schluß des Textes. Dort heißt es auch, man verstünde den Sinn nicht, beriefe sich nur auf die gleiche Feier der Vorfahren.

[3]) Zu Aṯtar und Dusares s. S. 81, Anm. 1.

[4]) In der hellenistischen Adonis-Mythologie werden die Klage-Instrumente personifiziert: *Ἀβώβας* hat seinen Namen von der Trauerflöte abûb; *Κίνυρας*, der Vater des Adonis, von kinnûr. Die Höllenfahrt des Aeneas enthält wie die Sage von Orpheus und Eurydice die Motive der orientalischen Höllenfahrt.

[5]) Macrobius, Saturnal. I, 21 hat die Identität von Adonis, Attis, Osiris, Horus als Repräsentanten des Kreislaufs noch gekannt.

[6]) Die Araber kennen die Tammuz-Motive in der Abrahams-Überlieferung!

crobius Saturn. I, 21 beschrieben. Renan, der in der Expédition en Phénicie Pl. XXXVI das Relief nach einer ungenauen Zeichnung wiedergibt, teilt noch ein anderes daneben befindliches Felsenrelief mit, das den Jäger Adonis-Tammuz mit zwei Hunden darstellt.

Macrobius Sat. I, 21: „Bei den Assyrern oder Phöniziern wird die Göttin Venus (so nennen sie die obere Hemisphäre, während die untere Proserpina heißt) als trauernde Göttin eingeführt, weil die Sonne im jährlichen Laufe durch die zwölf Tierkreiszeichen auch in den Bereich der untern Hemisphäre kommt; denn sechs von den Tierkreiszeichen halten sie für unterirdisch, sechs für oberirdisch. Wenn die Sonne in den untern Zeichen steht und deshalb die Tage kürzer macht, dann sagt man, die Göttin trauere, als sei die Sonne durch zeitweiligen Tod entrissen und werde von Proserpina zurückgehalten[1], welche die Gottheit des untern Erdkreises und der Antipoden darstellt[2]. Dann glauben sie, daß Adonis der Venus zurückgegeben sei, wenn die Sonne nach Besiegung der sechs untern Zeichen anfängt, unsre Hemisphäre zu durchlaufen unter Zunahme von Licht und Tagen. Sie sagen aber, Adonis sei vom Eber getötet worden, indem sie in diesem Tiere das Bild des Winters abbilden .... Das Bild der (trauernden) Göttin ist im Libanon mit verhülltem Haupte und mit dem Ausdruck der Trauer abgebildet; die linke Hand stützt das Haupt mit dem Obergewand, so daß die Betrachtenden glauben, sie weine."

Lucian, De dea Syra 9: „Ein Fluß, der vom Berge Libanon kommt, mündet in das Meer: er heißt Adonis. Er wird alljährlich blutrot, färbt durch sein Wasser das Meer weithin rot und gibt den Bybliern das Zeichen zur Trauer. Sie erzählen, daß in diesen Tagen Adonis auf dem Libanon verwundet wird, und daß sein Blut das Wasser des Flusses verändert, von dem er den Namen bekommt." ib. 6: „Ich sah in Byblos ein großes Heiligtum der Aphrodite, in dem die Mysterien zu Ehren des Adonis gefeiert werden, mit denen ich mich bekannt gemacht habe. Sie erzählen, daß die Geschichte mit dem Schwein in ihrer Gegend dem Adonis zugestoßen sei, und zur Erinnerung an den Vorfall wird einmal in jedem Jahre eine große Landestrauer angelegt, und sie begehen die Mysterien unter Wehklagen und indem sie sich an die Brust schlagen. Haben sie beides zur Genüge getan, so bringen sie zuerst dem Adonis als Leiche Totenopfer dar, darauf tragen sie am andern Tage die Sage vor, er lebe, und geleiten ihn an die Luft und verschleiern sich den Kopf . . . Unter den Bewohnern von Byblos befinden sich einige, die sagen, der ägyptische Osiris sei bei ihnen begraben, und die Trauer und die Mysterien geschähen nicht zu Ehren des Adonis, sondern alles zu Ehren des Osiris"[3].

Abb. 47 und 48 stellen den Tod des Adonis-Tammuz und die Klage der Ištar-Aphrodite um Tammuz dar. Vellay hat in seinem zitierten Werke die Bilder als Zeugen für den antiken Kultus herangezogen. Die Bilder stammen aus Montfaucon, Antiquité illustrée, und Vellay hat sie

---

[1]) Vgl. oben Höllenfahrt der Ištar S. 34. 110.

[2]) Man beachte, daß Macrobius die Kugelgestalt der Erde kennt.

[3]) Vgl. v. Landau, Beiträge IV, 18ff.

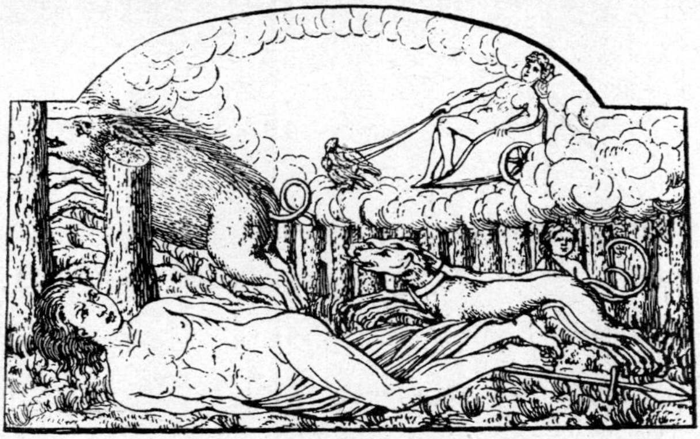

Abb. 47: Tod des Tammuz-Adonis (nicht antik, s. Text).

Abb. 48: Beweinung des Tammuz-Adonis (nicht antik, s. Text).

einfach auf Treu und Glauben als antike Bilder wiedergegeben[1]. Montfaucon, der sie wiederum aus Beger, Thesaurus Brandenburgicus (1696) I, S. 202 entnommen hat, bemerkt zu Abb. 47, das Original sei im Cabinet de Brandebourg. Die Generalverwaltung der Königlichen Museen hat mir auf Anfrage mitgeteilt, daß bei den Museen über den Verbleib beider Stücke nichts bekannt ist. Unzweifelhaft seien aber beide nicht antik. Wir geben die Bilder trotzdem wieder, weil der Künstler in sehr feiner Weise die Momente des Mythus wiedergegeben hat, ebenso wie der Künstler des spätgriechischen Sarkophags Abb. 29 S. 89. — Abb. 49 gibt einen etruskischen Spiegel wieder; die zweite Gestalt links stellt laut Beischrift „Atunis" dar, neben ihm Aphrodite.

Der phrygische und lydische Attis ist die kleinasiatische Variation des Tammuz. Seine Ergänzung bildet hier „die große Mutter" (Kybele, μεγάλη μήτηρ). Zeus, der unter hellenistischem Einfluß an die Stelle des Mars-Ninib tritt (s. Abb. 13 S. 25), sendet nach lydischem Mythus den Eber, der Attis

[1]) Das Buch Vellays ist mit großer Vorsicht zu benutzen, aber es bietet eine gute Sammlung des klassischen Materials.

Abb. 49: Etruskischer Spiegel. Aphrodite und Adonis. Nach Vellay S. 68.

tötet, weil er die Lyder in die Orgien der großen Mutter einweihte (so berichtet euhemeristisch Pausanias VII, 17, 9). „Daher rühren die pessinuntischen Galater die Schweine nicht an.“ Die große Mutter beweint und bestattet ihn. In Pessinus wurde ein Grab des Attis gezeigt (vgl. die Göttergräber S. 88). Die „Orgien“ verraten, daß in Phrygien die Neubelebung der Natur und dementsprechend die Auferstehung des Attis gefeiert wird, wie im Ištar-Tammuz-Kult. In Phrygien wurde im Kultus das Hinsterben der Natur geflissentlich betont. Das ist der Sinn der Kastration, die hier mit der Attisfeier verbunden ist; das Gegenstück bildet wohl die Abschneidung der Brüste bei den Amazonen, den Begleiterinnen der großen Mutter. Festbräuche des Attis-Kult erwähnt Herodot IV, 76; Plutarch, de Is. et Osir. 69, ferner der Astronom Julius Firmicus Maternus, de errore profan. relig. (vgl. BNT 19). — Der Kultus wanderte zu den Griechen, wie Inschriften aus dem Anfang des 2. vorchristl. Jahrh. zeigen, s. Hepding l. c. 134, in Rom wurde der Kult auf den Rat der sibyllinischen Bücher (!) i. J. 204 v. Chr. auf dem Palatin eingeführt; seit Claudius wurde das Fest in der zweiten Hälfte des März öffentlich begangen. In der Trauerzeit wurde castus (Kasteiung!) gefordert. Am dritten Tage rasten die Gallen, ritzten sich mit Messern. Dann kam die Parusie (Epiphanie) des Gottes. Der Oberpriester meldet am 25. März „des Gottes voll": Attis ist wiedergekehrt, freuet euch seiner Parusia. Firmicus schildert die Zeremonie näher[1]. Der Priester murmelt mit leiser Stimme:

θαρρεῖτε μύσται τοῦ θεοῦ σεσωσμένου
ἔσται γὰρ ὑμῖν ἐκ πόνων σωτηρία.
„Tröstet euch, ihr Eingeweihten, der Rettung des Gottes,
denn es wird sein für euch eine Rettung von der Mühsal[2]."

Nachdem wir bereits wiederholt die Ansicht ausgesprochen haben, daß die „altorientalische" Lehre auch den germanischen Mythen zugrunde liege, und da wir beabsichtigen, in Kap. III auch die nordischen bez. germanischen Kosmogonien heranzuziehen, sei es gestattet, in diesem Zusammenhange auch auf den Mythus von Balder zu weisen. Fr. Kauffmann, Balder in Mythus und Sage, Straßburg 1902, hat den Baldermythus als Wiederspiegelung eines himmlischen Vorganges hingestellt: Leben und Sterben im Jahreslauf und im Kreislauf der Weltzeiten. „Die Alten sprechen von einem Weltenjahr oder Großjahr (mahāyngam; annus maximus; annus mundanus), nach dessen Ablauf die Sterne wieder die Konstellation einnehmen werden, die sie im Anfang der Zeiten innehatten. Dieses Großjahr beginnt mit einer Sintflut und schließt mit einem Weltbrand[3]." In Form einer Prophezeiung habe diese kosmische Spekulation früh auch in Skandinavien Eingang gefunden. Der Baldermythus sei in den Mittelpunkt dieser Prophetie gestellt worden. Kauffmann knüpft daran religionsgeschichtliche Spekulationen. „Balder sei das Opfer, das den Verfall der bestehenden Weltordnung aufhalte. Das Opfer Balders aber erschöpfe sich. Einst werde das Leben im großen

---

1) Hepding zweifelt, ob es sich um Attis oder Osiris handelt. Beide sind wesensgleich. Daß die Auferstehung gefeiert wird, zeigt die Erzählung von Damaskios in der vita Isidori, wo vom Hilarienfest der Göttermutter erzählt wird: *ὅπερ ἐδήλου τὴν ἐξ Ἅιδου γεγονυῖαν ἡμῶν σωτηρίαν.*

2) Wer würde nicht an den Ausdruck der Erlösererwartung 1 Mos 5, 29 erinnert, s. z. St.

3) Vgl. das Zeugnis des Berosus S. 63 f.

Sühnopfer der Götterdämmerung untergehen. Dann kommt das goldene Zeitalter. Opfertod schafft neues Leben. Balder wird wiederkommen.“ Hervorragende Germanisten haben diese Schlußfolgerungen als unberechtigt erwiesen[1]. Dennoch glaube ich, daß Kauffmann gegen Ende seines Buches den Baldermythus mit Recht in den Zusammenhang der altorientalischen Lehre gerückt hat[2]. Kauffmann wird dann übrigens zugeben müssen, daß bereits Rudbeck 1689 gar nicht so unrecht hatte, wenn er den Baldermythus auf das Ergebnis führte: ad solis circuitum annuum haec omnia referenda esse, und daß der „längst vergessene“ Finn Magnusen, der Rudbecks Ansicht eine kosmische Perspektive gab, und der in Balder ein Prototyp des großen Weltenjahres und seines im Weltbrand sich erfüllenden Endes sah, samt seinen Nachfolgern E. G. Geijer und N. M. Petersen auf dem richtigen Wege gewesen ist. Die germanische Mythologie wird in entscheidenden Punkten auf die mit Unrecht geringschätzig behandelten Forschungen vor Jakob Grimm zurückgreifen müssen.

In Völuspa erzählt die Völve uraltes Erlebnis. Sechs Walküren reiten vom Himmel zur Erde. Im Geäst eines hochragenden Baumes wächst die Mistel, die zum Pfeil in der Hand Lokis wird. Frigg klagt um den getöteten Sohn. Aber Balder wird einst nach Walhall zurückkommen. Dann werden „unbesät die Äcker Frucht tragen[3], alles Böse wird aufhören“.

Die Fragmente von Ulfrs Gedicht Husdrapa (um 975) beziehen sich auf mythologische Bilder, die im neuen Hause eines Großen im westlichen Island an die Wände gemalt waren, und die den Kampf Heimdallrs mit Loki, die Leichenfeier Balders u. a. darstellten. Ulfr war ein Anhänger des alten Glaubens. Nach den Fragmenten, die sich auf Balder beziehen, ist der Scheiterhaufen Balders auf dem Schiffe zugerüstet. Odin selbst erscheint, von Walküren und Raben begleitet. Freyr reitet auf goldborstigem Eber (!) herbei; Heimdallr zu Roß. Aus Snorres Edda läßt sich die Szene ergänzen: Nanna, des Nefr Tochter[4], stirbt vor

---

[1]) Heusler in D. Lit. Ztg. 1903, Nr. 8. Mogk im Literaturblatt für german. u. roman. Philologie 1905, Nr. 6. Prof. Mogk bin ich durch den Hinweis auf Irrtümer des Kauffmannschen Buches zu großem Danke verpflichtet.

[2]) Kauffmann hält es „insbesondere für nicht unwahrscheinlich, daß der ganze Vorstellungskreis von einem im Himmel um Odin sich sammelnden Heer, das gleich den Sternen, die vom Himmel fallen, dem großen Weltbrand erliegen wird, in prähistorischer Zeit (!) aus dem Orient (!) den Germanen zugekommen und entlehnt ist.“

[3]) Vgl. zu diesem Motiv des goldenen Zeitalters Zimmern KAT³ 380 ff. mein BNT 31 ff.

[4]) Snorres Edda nennt Forseti als Sohn der beiden.

Kummer und wird auf den Scheiterhaufen gelegt. Die Riesin Hyrokin stößt das Schiff vom Lande, dann weiht Thor den Scheiterhaufen mit dem Hammer. Die Götter aber senden einen Boten, Balder aus dem Hause der Hel zu erlösen[1].

In einer Halbstrophe der um 1220 entstandenen Rafns saga heißt es: „Alles weinte – das habe ich, so wunderbar es erschien, vernommen — um Balder aus der Unterwelt zu erlösen.“ Und in einer Spruchsammlung des 12. Jahrhunderts hören wir: „. . . . die Unterwelt hatte Balder verschlungen; alle weinten ihm nach, Trauer war ihnen bereitet; seine Geschichte ist ja männiglich bekannt, was brauch ich darüber viel Worte zu machen?“

Snorres Edda berichtet, wie Balder, der gute Sohn Odins, vom blinden Hödur[2] auf dem Ringplatz auf Lokis heimtückisches Betreiben durch den Mistelzweig, der von den Naturdingen durch Frigg einzig nicht vereidigt war, getötet wurde. Alle Götter weinen bitterlich[3]. Frigg fragt, wer von den Göttern zur Unterwelt reiten will, um Balder auszulösen. Hermodr, ein Bruder Balders, reitet neun Nächte durch finstere Täler bis zur goldenen Brücke, die eine Jungfrau bewacht. Nordwärts führt der Weg zur Unterwelt, deren Tor Hermodrs Roß im Sprunge nahm. Balder soll freigegeben werden, wenn mit den Asen alle Dinge, lebende und tote, um ihn weinen. Hermodr kehrt heim, Balder gibt für Odin den Ring Draupnir mit, Nanna für Frigg ihr Kopftuch. Die Asen schicken Sendboten zu allen Wesen, Balder loszuweinen[4]. „Menschen und Tiere, Erde und Gestein, alles Holz und Erz weinte um Balder, wie du gesehen haben wirst, daß diese Wesen alle weinen in Frost und Hitze (!).“ Nur eine Riesin weigert sich: „Behalte Hel, was sie hat.“

Marduk von Babylon.

Die Gestalt des Marduk von Babylon, wie wir sie seit der Hammurabi-Zeit kennen, ist eine Schöpfung der babylonischen Priesterschaft, die dem Anspruch Babylons auf die Weltherrschaft die religiöse Sanktionierung gibt. Der scheinbare Synkretismus stellt die Personifikation des gesamten Systems dar. Ursprünglich, bei Entstehung des Systems, scheint er identisch mit Marduk von Eridu gewesen zu sein, aber für die historische Zeit sind beide Erscheinungen, die auch mit verschiedenen Ideogrammen bezeichnet werden, voneinander zu unterscheiden. Marduk von Eridu scheint von jeher Sonnencharakter gehabt zu haben (AMAR UD = Sonnenstier), während Marduk von

---

[1]) Zur Sichtung von Snorres Bericht s. Kauffmann S. 30ff.

[2]) In der isländischen Fassung Loki, Snorre schiebt Hödur ein?

[3]) Kauffmann ist die ungermanische Weinseligkeit der Götter im nordischen Mythus mit Recht aufgefallen. Es ist die Tammuz-Klage.

[4]) S. Anm. 4. Alles Leben ist erstorben, daher die Klage, vgl. Höllenfahrt der Ištar. Nicht „erlösende Kraft der Muttertränen“ ist das Motiv, wie Kauffmann S. 53. 63 will.

Babylon speziell mit dem Jupiter verbunden zu sein scheint[1] als Partner des Nebo (Borsippa), Nergal (Kutha) und Ninib (s. S. 93). „Am glänzenden Himmel (burummi ellûti) ist gewaltig seine Bahn“, heißt es in einem Hymnus.

Die folgenden Übertragungen auf Marduk glauben wir nachweisen zu können:

1. Die Funktionen des Königs der Götter sind ihm übertragen. Das Epos Enuma eliš stellt es so dar, daß ihm bei der Götterversammlung als dem Berufensten die Herrscherrolle zugesprochen worden sei. Anšar hat Kampf und Herrschaft zuerst Anu zugedacht, der aber vor dem Kampfe zurückschreckte. Sein Anrecht dazu hat er sich als Besieger der Tiâmat erworben, s. Kap. III S. 132ff. Dabei erhält Marduk fünfzig Namen — das heißt, der ganze Kreislauf der Natur durch Jahr und Äon wird in ihm verkörpert (s. S. 28).

2. Von Bel, dem Beherrscher des Tierkreises, übernimmt er die Rolle als mušîm šîmâti, „Bestimmer der Geschicke“ und als bel matâti, „Herr der Länder“. So heißt Bel z. B. auf der Schlußansprache der Hammurabi-Stele. Im Schöpfungsepos heißt es ausdrücklich, daß ihm u. a. die Stellung als Bel zugesprochen wurde. Er heißt deshalb auch Bel[2], z. B. IV R 40, Nr. 1:

„Bel, deine Wohnung ist Babel, Borsippa dein Throngemach,
den weiten Himmel, dein ganzes Herz,
Bel, mit deinen Augen durchschaust du alles.“

3. Von Ea übernimmt er die Rolle des abkal ilâni (z. B. Šurpu IV, 77; VIII, 71), des Weisen unter den Göttern. Das verraten die Begleitworte des Codex Hammurabi. Dort ist der Marduk-Kult noch in der Durchführung begriffen, und wir finden Ea mit Epitheta geschmückt, die später Marduk von Babylon auszeichnen.

4. Die Eigenschaften des Marduk von Eridu, des Sohnes Eas (S. 97ff.), gehen auf ihn über. Auch der Tempelname Esagila wurde von Eridu auf Babylon übertragen. Ebenso gehört die Schicksalsbestimmung ursprünglich in das Reich des Sohnes Eas. In einem Beschwörungshymnus[3] an Marduk heißt es:

„Ein Gott, ohne den in der Wassertiefe das Los der Menschen nicht bestimmt wird.“

---

[1]) Zu Marduk-Jupiter s. Jensen, Kosmologie S. 134f.

[2]) So auch bei Jes 46, 1 und im Apokryphon vom Bel zu Babel.

[3]) S. Hehn Nr. 3. AB V.

Von Eridu stammt auch die im Epos Enuma eliš verherrlichte Stellung des Marduk von Babylon als Demiurg, nicht, wie bisher allgemein, aber ohne Begründung angenommen wurde, vom Bel von Nippur. In dem eigentlichen Schöpfungsbericht (s. S. 129ff.) ist Marduk von Eridu Schöpfer der Erde und der Menschen. Viele der Hymnen, die Marduk in der Rolle des Sohnes Eas verherrlichen, scheinen geradezu auf den Stadtgott von Babylon umgedichtet worden zu sein, vor allem die von dem barmherzigen, großohrigen (S. 98) Gotte handelnden, der wohltuend umherzieht und die Menschen errettet.

Abb. 50: Quetzalcuatl. Nach Seler Cod. Vatic. 3773.

5. Auch Nebo von Borsippa hat seinen alten Ruhm an Marduk von Babylon abgeben müssen. In den Zeiten vor der ersten Dynastie muß man für Nebo die Rolle voraussetzen, die später Marduk zufiel. Ihm müssen früher wie Anu und Bel die Schicksalstafeln zugesprochen sein, die beim Tiâmat-Kampf an Marduk übergeben werden. Seit der Hammurabi-Zeit ist er zum „Schreiber der Geschicke" im Du-azag, dem Schicksalsgemach, degradiert. Das ist in der Kalenderreform, in dem Vorrücken der Präzession (s. oben S. 66) begründet. Die Sonne ist in den Stier gerückt, der dem Marduk-Jupiter gehört[1]. Dadurch bekam Marduk die Rolle des „Verkünders" und Retters, die ursprünglich Nebo zukam[2].

So wird Marduk von Babylon schließlich zum „Gott des Weltalls" „König der Götter", „König Himmels und der Erde", „Herr der Herren, König der Könige". In einem der Hymnen, die diesen Marduk verherrlichen, versteigt sich der dichtende Priester bis zu dem Gedanken[3]:

„Ich will verkünden deine Größe den weiten Völkern."

---

[1]) Im mexikanischen Tonalamatl entspricht Marduk der Gott des Ostens Quetzalcuatl s. Abb. 50.

[2]) Vgl. S. 82f. Ich habe in meiner Monographie Nebo bei Roscher auf den ursprünglichen Vorrang Nebos hingewiesen, ohne die Zusammenhänge klar zu erkennen, wie sie jetzt durch Winckler, z. B. F. III, 277 ff. klargestellt worden sind. S. dann auch Zimmern, KAT [3] S. 402 vgl. 399, der aber irrtümlich Marduk und Nabû für „möglicherweise ursprünglich identisch" hält.

[3]) King, Bab. Magic 18.

Der siebenstufige Tempel dieses Marduk in Babylon heißt E-temen-an-ki, „Haus des Fundaments Himmels und der Erde". Von ihm heißt es bei Erneuerungsbauten wiederholt, man habe „seine Spitze bis an den Himmel reichen lassen". Er bildet den Prototyp für den biblischen „Turmbau zu Babel" s. Kap. Turmbau.

Zum Neujahrsfest s. S. 86f.

An die Gestalt des Marduk hat sich eine ausgebildete naturalistische Erlösungslehre angeknüpft. Marduk ist „der Barmherzige, der es liebt, von den Toten zu erwecken, der Großohrige", der die Bitten der Menschen hört. Diese Erlöserlehre hat sich bis über die christliche Ära hinaus auf babylonischem Boden entwickelt. Sie lebt fort in der Religion der Mandäer, die noch heute in den Sumpfgegenden des Euphrat und Tigris und in den Grenzgebieten von Persien existiert und deren Erlösergott Mandâ de ḥajjê oder Hibil Ziwâ identisch ist mit Marduk, dem Sieger über das Ungeheuer der Finsternis.

Zum Schluß sei noch ein Hymnus an Marduk von Babel im Auszug wiedergegeben, der wohl ursprünglich nach Eridu gehört und religiös interessante Gedanken enthält[1]:

— —

Marduk, dein Name ist überall im Munde der Menschen glückbringend!
Marduk, großer Herr, auf dein erhabenes Gebet
möge ich gesund und heil sein und so deine Gottheit verehren;
wie ich es wünsche, möge ich es erlangen!
Lege Wahrheit in meinen Mund;
laß gute Gedanken in meinem Herzen sein!
Trabant und Leibwächter[2] mögen Gutes künden!
Mein Gott möge an meine Rechte treten;
meine Göttin möge an meine Linke treten;
ein Gott, der mich bewahrt, möge mir zur Seite stehen!

— —

Nebo.

Nebo vertritt im astralen System des Stierzeitalters die westliche, winterliche Jahreshälfte. Sein Offenbarungsgestirn ist Merkur, der nach der Lehre von Babylon in Opposition zu Marduk-Jupiter den Westpunkt des Tierkreises beherrscht[3].

In früherer Zeit hat er, wie bereits bemerkt, die Rolle gespielt, die seit Babylons Vorherrschaft Marduk einnimmt. Nebo-Merkur ist der Morgenstern, der die neue Zeit verkündet, s. S. 67.

---

[1]) Hehn, Hymnen an Marduk Nr. 13 AB V. Zimmern, AO VII, 3, 16.

[2]) Wahrscheinlich zwei Götterkinder, wie Kettu und Mešaru, Recht und Gerechtigkeit, die Šamaš zur Seite stehen. [3]) Vgl. S. 26.

In Gedichten über Elamiterkämpfe, die der Hammurabi-Zeit vorausgingen, heißt Nebo „Hüter der Welt“[1]. Die Assyrer heben in Zeiten, in denen sie den politischen Gegensatz zur Marduk-Hierarchie von Babylon zu betonen Ursache haben, den Nebo auffällig hervor. So Adadnirâri III: „Auf Nebo vertraue, auf einen andern Gott vertraue nicht“, s. Abb. 51. Asurbanipal bevorzugt ihn auffällig[2]. Und in neubabylonischer Zeit (Nabopolassar, Nebukadnezar, Nabonid), in der man Archaismen liebt und ein neues Zeitalter markieren will, wird immer „Nabû und Marduk“ statt des früheren „Marduk und Nabû“ gesagt.

Abb. 51: Die sog. Nebo-Statue des Adad-nirari III.

Die Urkunden verraten noch, daß Nebo ursprünglich die Schicksalstafeln hatte. In der Marduk-Zeit ist er nur der Schreiber der Geschicke[3]. Er hat die Schreibkunst („Weisheit Nebos“) den Menschen übermittelt und ist so nahe verwandt mit Ea-Oannes. Als Gott der winterlichen Hälfte ist Nebo auch Gott der Unterwelt und Geleitsmann der Toten. Er ist der babylonische Hermes. Die Wage deutet

Abb. 52: Gebet vor Nebo mit dem Schreibgriffel (?).[4] Nach altbab. Siegelzylindern.

[1]) Nabû pa-ḳid kiš-šat steht in dem von Pinches (Transact. of the Victoria Inst. 1897, p. 89) veröffentlichten Text Sp. 158 + Sp. II, 962 Rev. Z. 25. Vgl. Hommel, Altisr. Überl. 183. Die Zeit der Kämpfe ist sehr fraglich.

[2]) S. die S. 107 f. bereits erwähnte Liturgie auf Nebo bei Roscher, Lexikon der Mythologie III, Sp. 61 ff.

[3]) S. 123. Pesikta r. 96a nennt ihn „Schreiber der Sonne“ (E. Bischoff).

[4]) Vgl. Roscher III, Sp. 47 Zylinder mit dem gleichen Gottesbild und der Unterschrift: Nebo, der Schreiber von Esagila, Liebling des Marduk. Daß die Gestalt Adad ist, erscheint mir doch unwahrscheinlich trotz der wertvollen Studie Friedrichs BA V, 458 ff. Ein Schwert ist das Instrument nicht.

nicht auf die Herbsttagesgleiche, sonst müßte sie auch beim Frühlingspunkt erscheinen. Es ist die Totenwage.

Der Kultort des Nebo ist Borsippa, die Schwesterstadt Babylons (s. zu Jes 46, 1). Sein Tempel hieß Ezida, auch „Haus der Nacht“ genannt, s. S. 29, mit dem Tempelturm E-ur-imin-an-ki, d. h. „Tempel der sieben Befehlsvermittler Himmels und der Erde“, dessen Trümmer von den Eingeborenen Birs, von den „Franken“ Birs Nimrûd genannt werden.

Zu Nebo in außerbabyl. Kulten s. meinen Artikel Nebo in RPTh[3].

Im Alten Testament begegnet uns Nebo außer Jes 46, 1, als göttlicher Schreiber Ez 9, 2f., im Bergnamen Nebo 5 Mos 32, 49f.; 34, 1 und 5 und in der Priesterstadt Nob. Eine Stadt Nebo wohl auch 4 Mos 32, 3. 38; Jes 15, 2; Jer 48, 1. 22 moabitisch, eine andre (נְבוֹ אַחֵר) Esr 2, 29; 10, 43; Neh 7, 33.

Nergal.

Nergal ist in der uns bekannten Zeit als planetarische Gottheit mit dem Saturn verknüpft[1]. Als solcher gebührt ihm der Mitternachts- und Winterpunkt, d. h. der südlichste Teil des Tierkreises, der unsichtbar, weil zugleich Unterweltspunkt ist. Daher ist Saturn der Unglücksplanet. Sein Name wird als Ne-uru-gal „Herr der großen Wohnung“, d. i. des Totenreiches, gedeutet. Als Totengott ist er auch Herr der Seuchen und der Pest. Sein Kultort ist Kutha, d. i. vielleicht die Totenstadt von Babylon. Die Lage der Stadt ist unbekannt[2]; sie wird immer mit Babylon und Borsippa zusammen genannt. Die Unterwelt wird geradezu Kutha genannt. Die Eriškigal-Legende erzählt, wie Nergal König der Unterwelt wurde[3]. Außerdem ist Nergal, wie Ninib, mit dem er ja wechselt, Gott des Krieges und der Jagd.

Daß Nergal als planetarische Gottheit auch Sonnencharakter hat, ergibt sich aus dem System, s. S. 29. Man erwartet, daß

---

[1]) Später wechselt Saturn mit Mars, s. S. 24; die mandäischen Planetenlisten bezeichnen Mars mit נריג und נרגיל; s. meinen Artikel Nergal in RPTh[3], wo auch die außerbabylonischen Erwähnungen des Nergal besprochen sind.

[2]) Gewöhnlich nimmt man Tel Ibrahim an; s. Hommel, Geschichte und Geographie S. 340f.

[3]) Vgl. zu Nergal als Höllengott mein Hölle und Paradies AO I, 3[2].

er die Wintersonnenwende repräsentiert. In dem mehrfach erwähnten Texte der Arsacidenzeit (S. 26 f.) heißt es auch wirklich:

Am 18. Tamuz steigt Nergal in die Unterwelt hinab, am 28. Kislev steigt er wieder herauf. Šamaš und Nergal sind eins.

Es ist also hier von der Sonne die Rede und gesagt, daß sie als die hinabsteigende, als Wintersonne, Nergal heißt.

In einer Beschwörung heißt es[1]:

Du leuchtest am strahlenden Himmel, dein Standort ist hoch;
groß bist du im Totenreich, hast keinen, der dir gleichkommt.

Wenn Nergal auch der Gott der Sommersonne ist, so beruht das auf dem Wechsel mit Ninib, der in der Opposition, am Sommersonnenwendepunkt, die ihm im Weltall zugehörige Stelle hat. V R 46 sagt, Nergal werde im Westlande Šarrapu „Verbrenner, Versenger" genannt. Das bezieht sich gewiß zunächst auf die Sonne und sekundär auf das Fieber. IV R 24, 54ª wird er gradezu Gibil, der „Feuergott mit glühendem Munde", genannt. Auch ist oft von seinem „Schreckensglanz" die Rede. Als Gott der Glutsonne erscheint Nergal unter dem Bilde des Löwen, wie Marduk unter dem Bilde des Stieres. In der Beschreibung der Göttertypen[2] dürfte Nergal unter folgender Beschreibung gemeint sein:

„Horn eines Stieres, ein Haarbüschel fällt auf seinen Rücken (?) herab; Menschenantlitz und letu eines .... Flügel .... seine Vorderfüße und einen Löwenleib, der auf vier Füßen [ruht]."

Das stimmt zu den Löwenkolossen, die an Torlaibungen aufgestellt wurden und die bei Sargon und Sanherib nir-(?)gallu heißen. Auch aus der sog. Dibarra-Legende, in der sich der Pestgott, d. i. Nergal, in einen Löwen verwandelt, sieht man, daß der Löwe Nergals Tier ist.

Ninib.

Ninib-Mars ist nach der Lehre von Babylon Mondplanet; ihm gehört der Nordpunkt der Ekliptik, wie S. 27f. gezeigt wurde. Da er im höchsten Bereich der Ekliptik steht, so ist er nach seinem solaren Charakter der eigentliche Vertreter der Glut- und Sommersonne; nach seinem Mondcharakter identisch mit Sin. Am Tierkreis ist sein Reich das Feuerreich, durch das man hindurch muß (Fegefeuer!), wenn man in den Himmel

---

[1]) Böllenrücher, Gebete an Nergal, Nr. 1.

[2]) CT IX, 121.

Anus steigt[1]. Die Erscheinung der Sternschnuppen[2] mag hier der Phantasie zu Hilfe gekommen sein. Wenn die Sonne in Ninibs Bereich kommt (jetzt August, ehemals Sommersonnenwende), ist Sternschnuppenfall. K 128 heißt er „angezündetes Feuer, das die [. . . .] verbrennt".

Als ḳurad ilâni, „Held der Götter", und himmlischer Jäger (Mond-Motiv) ist Ninib Gott des Krieges und der Jagd. Wie aber Nergal mit Ninib wechselt, so umgekehrt Ninib mit Nergal. Wenn es einmal heißt: „Von dem Arallû sprichst du", so kann das der Gipfel des Weltbergs und auch die Unterwelt heißen.

Der Ninib-Eber tötet Tammuz (Sommersonnenwende)[3].

Bei der Sintflut (Z. 15 ff.) treten als Verderbenbringer neben Anu und Bel „ihr Herold Ninib, ihr Führer Ennugi" auf, also die beiden Unglücks-Planetengötter; Ennugi ist hier doch wohl (gegen Jensen) Nergal trotz Šurpu IV 82.

---

[1]) Vgl. zum Beweis die Berosus-Stelle, die den Sommersonnenwendepunkt als den Punkt der Feuerflut charakterisiert S. 63 f. und vgl. S. 28. Während bei Lukas 16, 26 Himmel und Gehinnom durch eine große Kluft getrennt sind, findet sich, wie mir E. Bischoff mitteilt, schon im 2. Jahrh. n. Chr. bei den Rabbinen die Ansicht, daß zwischen Himmel und Gehinnom nur 1 Finger breit Zwischenraum ist, ähnlich wie im Koran zwischen Himmel und Hölle. Gehinnom trägt allerdings vielfach Fegefeuer-Charakter. (Ähnlich liegen in Grimms Märchen Himmel und Hölle beieinander und dabei auch das Fegefeuer, „der Ort Wart-ein-Weilchen, wo die guten Soldaten hinkommen".) Dann aber bleibt auch noch in Kraft die alte Vorstellung von einer unterirdischen Hölle, einem Totenreich; die weitergebildete Scheol-Vorstellung!

[2]) II R 49 Nr. 3 und 51, Nr. 2 heißt kakkab DIR = miḳit išati „Herabfallen des Feuers". Es könnte Ideogramm für Sternschnuppe sein. Es scheint aber doch, daß hier Z. 41 ff. von Kaimanu-Saturn die Rede ist und daß vorher Nergal-Mars, der rotfunkelnde Planet, gemeint ist.

[3]) Zum Eber-(Schwein-)Motiv vgl. 88. 114 ff. Vgl. ferner die Sage von Amyntor (Mars-Ninib), der den Eber des Adonis tötet. Ἀγκαῖος, einer der Argonauten, findet im Juli (Sommersonnenwende) durch ein Schwein seinen Tod; er pflegte einen Weinberg (Motiv des neuen Zeitalters, s. BNT 31 ff.)! Der rettenden Demeter (Wintersonnenwende) bringt man nach Herod. VI, 134 Schweinsopfer.

Drittes Kapitel.

Die außerbiblischen Kosmogonien.

Babylonien.

Daß die biblische Schöpfungsgeschichte „in den Hauptzügen chaldäisch sei“ hat bereits Bunsen[1] auf Grund der Fragmente des Berosus behauptet. Die Keilschriftfunde haben in allen bisher kontrollierbaren Punkten die Zuverlässigkeit der Berosus-Fragmente bestätigt. Insbesondere hat sich gezeigt, daß die Erzählungen des Berosus, der zu Alexanders Zeit Priester in Babylon war, zu dem in Babylon von Marduk-Priestern verfaßten Epos stimmen, das auf sieben Keilschrifttafeln den Kampf Marduks mit dem Drachen Tiâmat und den darauf folgenden Bau der Welt durch Marduk berichtet[2]. In erster Linie ist aber nicht die mythologische Legende des Epos Enuma eliš zu nennen, sondern ein babylonischer lehrhafter Bericht, der als Einleitung zu einer Beschwörung uns überliefert ist.

a) Ein babylonischer Weltschöpfungsbericht[3].

Ein heiliges Haus, ein Götterhaus, war an reinem (d. h. für den Kultus geeignetem) Ort noch nicht geschaffen, 2ein Rohr nicht

---

1) Bibelwerk V, 21ff.

2) Enuma eliš genannt nach den Anfangsworten der ersten Tafel; auf uns gekommen durch eine Abschrift aus der Bibliothek Asurbanipals. Dieser König (668—626) ließ durch seine Tafelschreiber die babylonischen und assyrischen Literaturdenkmäler abschreiben und legte eine großartige Bibliothek an, die in einem der Paläste von Niniveh-Kujundschik entdeckt wurde. Tausende von Fragmenten, die aber nur einen Bruchteil der Bibliothek darstellen, wurden in das Britische Museum gebracht. Die Fragmente der Bibliothek, von Bezold katalogisiert, sind im folgenden durch K (= Kujundschik) bezeichnet (Catalogue of the Cuneiform Tablets in the Koujoundik Collection, London 5 Bände).

3) Brit. Museum 82-5-22, 1048. Der Text, den Pinches im Journal of the Royal Asiatic Soc. 1891, S. 393ff. veröffentlichte und erstmalig übersetzte, ist ein sog. „zweisprachiger“; neu veröffentlicht in den CT XIII, 35ff. Er stammt sicher aus alter Zeit, wenn wir auch nur eine neubabylonische Abschrift besitzen. Sie ist in der vorliegenden Rezension zur Verherrlichung des Marduk von Babylon überarbeitet. Zimmern KAT[3] S. 498 unter b) spricht von einem „Hymnus“ auf die Weltschöpfung. Daß Winckler die Bedeutung des Textes erkannt hat, zeigt KT S. 98f., wo er als Schöpfungsbericht der mythologischen Schöpfungslegende Enuma eliš (S. 102ff.) vorangestellt ist.

hervorgesprossen, ein Baum nicht geschaffen, 3 Ziegel nicht gelegt, ein Unterbau nicht gebaut, 4 ein Haus nicht gemacht, eine Ansiedlung nicht erbaut, 5 eine Ansiedlung nicht gemacht, Gewimmel noch nicht vorhanden, 6 Nippur nicht gemacht, (E)kur nicht gebaut (d. i. Bels Heiligtum), 7 Uruk nicht gemacht, (E-)ana nicht gebaut (d. i. Anus Heiligtum!), 8 der apsû („der Ozean", Eas Sitz)[1] nicht gemacht, Eridu (Eas Heiligtum) nicht gebaut; 9 für heilige Häuser, für Götterhäuser war die Stätte noch nicht gemacht; 10 die Länder allesamt waren noch tâmtu (Meer, das Urchaos), 11 das Feste der Insel war (noch) Wasserfluß (d. h. es gab noch keine Inseln): 12 da wurde Eridu geschaffen, (E-)sagila erbaut (Eas Reich), 13 (E-)sagila, welches inmitten des Ozeans der Gott Ungal-dulazag bewohnt (d. i. nach dem folgenden und vorhergehenden Marduk von Eridu); 14 [*Babel wurde gemacht, (E-)sagil vollendet*][2], 15 die Anunnaki (das muß hier eine allgemeine Bezeichnung für die Götter als Anu-Kinder sein) werden insgesamt gemacht, 16 die heilige Stadt, den Wohnsitz, der ihnen wohltut, benannten (d. h. erschufen) sie hehr. 17 Marduk fügte ein Rohrgeflecht auf der Fläche des Wassers zusammen; 18 Erdmasse machte er, schüttete sie mit dem Rohrgeflecht (epiri išpuk) zusammen[3]. Damit die Götter in Wohlbehagen darauf wohnen sollten, schuf er Menschen[4]; 21 Aruru schuf mit ihm Menschengeschlecht[5], 22 Tiere des Feldes und Lebewesen im Freien schuf er, 23 den Tigris und Euphrat schuf er, machte sie auf der Erde (ašru)[6]. 24 Ihre Namen nannte er wohl (ṭâbiš). 25 Gras (?), Halme der Wiese, Rohr und Schlingpflanzen machte

---

[1]) Cod. Hamm. II, 1 f. apsû = Eridu.

[2]) Das ist eine Glosse, die der Textschreiber vielleicht schon in relativ alter Zeit eingefügt hat, um die Weltschöpfung dem Marduk von Babylon auf den Leib zu schreiben, wie im Epos Enuma eliš. Gemeint ist ursprünglich Marduk, der Sohn Eas von Eridu. Vgl. S. 97 ff. Die Glosse hat bisher das Verständnis nach verschiedenen Richtungen erschwert und Verwirrung angerichtet. Wie ich nachträglich sah, hatte bereits Jastrow, Rel. of Bab. 447 den glossatorischen Charakter der Stelle erkannt.

[3]) Vgl. die Schilderung Herodots vom Mauerbau in Babylon Kap. XI. Das Festland entsteht wie die Tiberinsel in der römischen Sage bei Livius, und wie in der jüdischen Sage, wo Rom aus Rohr, an das sich Leim heftete, und Euphratwasser gebildet wird, s. Grünbaum, Beitr. zur vergleichenden Mythologie ZDMG 31, 183 ff.

[4]) Also die Menschen sind der Götter wegen geschaffen; genau so im Epos Enuma eliš. Plato, Symposion XV ironisiert die Anschauung.

[5]) Zu Aruru s. S. 166.

[6]) Zu ašru „himmlisches Erdreich" (hier „irdisches Erdreich") s. S. 70 und Kap. IX zu Sintfl. Z. 126.

er, 26 das Grün des Feldes machte er, 27 die Länder, Wiesen und das Schilf. 28 Die Wildkuh, ihr Junges, das Kalb, das Schaf, sein Junges, das Lamm der Hürde, 29 die Haine und die Wälder, 30 Ziegenbock und Gazellenbock (?) .... ten es. 31 Der Herr Marduk füllte auf der Fläche des Meeres eine Plattform auf, 32 indem er .... von Rohr und Erdmasse machte, 33 eine .... ließ er entstehen. 34 [Rohr] schuf er, Holz schuf er, 35 ..... auf der Erde (ašru) schuf er. 36 [Ziegel strich er], einen Unterbau führte er aus, 37 [ein Haus erbaute er, eine Ansiedlung baute er], [Nippur schuf er; schuf (E-)kur, Uruk schuf er], schuf (E-)ana ..... (der Text ist abgebrochen; die folgende Zeile hat sicher die Erschaffung des irdischen Eridu mit Esagila aufgezählt).

Für das Verständnis des Textes ist folgendes zu beachten: Zuerst wird das Weltchaos geschildert: es war noch kein Himmel (Z. 1), noch keine Erde vorhanden (Z. 2ff.), alles, selbst das spätere Inselland (Z. 11), war noch Wasser. Insbesondere gab es noch keine Tempel, sodann werden Z. 6—8 die Heiligtümer der obersten Göttertrias (Bel, Anu, Ea) genannt. Es ist nicht ohne weiteres richtig, wenn Winckler KT S. 98, Anm. 1 annimmt, daß Z. 6ff. die kosmischen Orte gemeint sind. Denn was Z. 6ff. noch nicht da ist (Nippur, Erech), wird Z. 39ff. geschaffen und hier ist offenbar irdisches Gebiet gemeint. Aber dem Erzähler schweben die kosmischen Weltteile vor, er weiß, daß die Tempel irdische Verkörperungen der kosmischen Götterreiche sind, vgl. S. 51f. Das zeigt Z. 8 der Name apsû für die Stätte des Ea-Heiligtums Eridu, vgl. Z. 13, wo dieser kosmische Ort ausdrücklich genannt wird: Esagila im apsû als Wohnsitz des Demiurgen. — Z. 1ff. ist also allgemein zu fassen: es gab noch keine Götterwohnungen und noch keine menschlichen Ansiedlungen. Am Anfang war alles „Meer" (Z. 10 tâmtu, vgl. tiâmat, תהום). In diesem Tehom wird dann zunächst die himmlische Welt geschaffen: 1. Eridu mit Esagila, das himmlische Wasserreich, Z. 12f. Aus dem Wasserreich erhebt sich die himmlische Oberwelt (vgl. S. 6 Anm. 1). 2. Das himmlische Reich des Anu, die „heilige Stadt" und „Wohnsitz" der Anunnaki", d. h. hier wohl der Anu-Kinder allgemein Z. 15f. 3. Das himmlische Reich des Bel, das himmlische Erdreich, der Tierkreis (šupuk šamê S. 9ff., vgl. das Verbum Z. 18 išpuk). Damit dort die Astralgötter in Wohlbehagen wohnen sollten Z. 20, schuf er Menschen. Menschenschöpfung, Tier- und Pflanzenschöpfung wird Z. 21ff. proleptisch erzählt; Z. 31ff. erst die Erschaffung der Erde, die ebenso wie das himmlische Erdreich dadurch entsteht, daß Erde und Rohr vermengt wird und damit ein Festland auf dem Wasser gebaut wird. Dann folgen Z. 37f. die irdischen Kultstätten.

Es entspricht dem Charakter solcher epischen Stücke, die Beschwörungen einleiten, daß sie nur andeutend erzählen, Bekanntes voraussetzend; Unklarheiten sind dabei an sich unvermeidlich, vielleicht auf Rechnung von Übertragungen zu schreiben.

Wie in der biblischen Genesis, in der Geschichte Kains des Städtebauers (1 Mos 4, 17), wird der Bau der Städte an den Anfang der Welt gesetzt. In einem andern Schöpfungstext (S. 170) wird ṣêru und alu „Steppe" und „Stadt" gegenübergestellt.

b) Das Siebentafel-Epos Enuma eliš[1].

Tafel I.

Als droben der Himmel noch nicht benannt war,
unten die Erde (ammatum) noch nicht mit Namen genannt[2],
indem Apsû und der mitwaltende Sohn und Erzeuger Mummu (und)
Tiâmat, die sie alle gebar,
ihre Wasser in eins vereinigten —[3],
als ein Rohrstand sich noch nicht vereinigt hatte und ein Rohrdickicht
noch nicht entstanden war[4];
als von den Göttern noch keiner geschaffen war,
ein Name nicht genannt, ein Geschick noch nicht bestimmt war[5],
da wurden die Götter geschaffen inmitten des .....[6]

Das folgende Stück ist unklar und nur in Bruchstücken erhalten. Wir können es mit Sicherheit ergänzen durch Damascius, de primis principiis, 125[7]: „Die Babylonier übergehen den Ursprung aller Dinge mit Stillschweigen, nehmen aber zwei (uranfängliche) Prinzipien an: Tauṭe und Apason (Tiâmat und Apsû), indem sie Apason zum Manne der Tauṭe machen, diese aber Mutter der Götter nennen. Ihr einziger Sohn sei Moymis (Mummu), den ich für das geistig vorzustellende Weltall halte, wie er aus den beiden Elementen entstanden ist. Ferner sei aus ihnen

---

[1]) S. King, The Seven Tablets of Creation, London 1902.

[2]) D. h. noch nicht existierte. Name = Sache und Person, wie im Hebräischen. Der „Name" der Gottheit ist das höchste Beschwörungsmittel, s. BNT S. 104 ff. Wenn der Zauberer den „Namen" hat, so hat er sich der Person bemächtigt. Das ist wichtig für das Verständnis von Stellen wie Jes 43, 1, vor allem wichtig für das formale Verständnis des Taufbefehls. Vielleicht kommt auch Ps 147, 4 in Betracht.

[3]) Die Stelle ist verdorben; Mummu ist im Text in die falsche Zeile gekommen. Vgl. Stucken, Astralmythen I, 57, MVAG 1902, S. 66 und vgl. oben S. 8 Anm. 2. Daß Mummu der Sohn des Apsû ist, wird in den seitdem bekannt gewordenen Fragmenten ausdrücklich gesagt und durch Damascius bezeugt. Tiâmat ist das Weib des Apsû, Mummu (= Kingu) erzeugt mit seiner Mutter die Welten. Vgl. S. 6 f., vgl. S. 82 Anm. 1. Der Rhapsod deutet nur an, vgl. S. 131.

[4]) Die Stelle, die immer irrtümlich auf Baumwuchs bezogen und zu 1 Mos 2, 5 in Verbindung gesetzt wurde, will sagen: es hatte sich auf dem Wasser noch kein Festland gebildet. Das beweist unwiderleglich Z. 17 f. des vorhin S. 129 f. analysierten Textes.

[5]) D. h. es lebten weder himmlische noch irdische Wesen.

[6]) Zu ergänzen jedenfalls: „des Meeres". Damascius sagt, Tauṭe (Tiâmat) gelte bei den Babyloniern als die Mutter der Götter. Vgl. den Text S. 171, wo Tiâmat Geschöpfe säugt. Wie im oben wiedergegebenen Text der Demiurg vom apsû, vom Ozean aus, Himmel und Erde und Menschen schafft, so vollzieht sich die Theogonie hier im apsû.

[7]) Vgl. hierzu S. 8.

eine neue Generation entsprossen: Lache und Lachos (Laḫmu und Laḫamu), und dann eine dritte: Kissare und Assoros (Ki-šar und An-šar). Von diesen drei: Anos, Illil und Aos. Der Sohn von Aos und Dauke sei Bel gewesen, den sie als den Weltenschöpfer (Demiurg) annehmen.

In der Götterwelt entsteht Kampf. Apsû und Tiâmat und Mummu, der Sohn und „Gehilfe“ des Apsû, planen eine Empörung gegen die neu entstandene Götterwelt. Tiâmat, „die Göttermutter“, übernimmt die Führung. Die Ursache zum Kampfe ist „der Weg“, d. h. das Handeln der neuen Götterwelt. Ea hat entscheidend eingegriffen; wie es scheint, hat er Apsû „erschlagen“ (ḫarâbu) und Mummu gefesselt. Tiâmat rüstet sich zum entscheidenden Kampf. Sie schafft elf Ungeheuer[1] und übergibt einem derselben, Kingu, der jetzt an Stelle Apsûs Tiâmat zur Seite steht, die Schicksalstafeln.

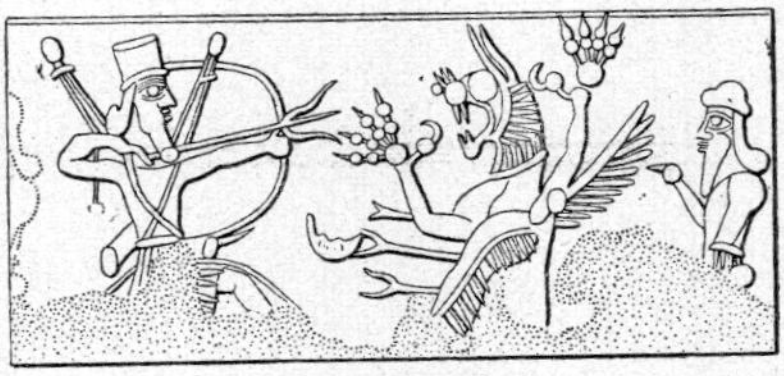

Abb. 53: Drachenkampf.
Assyrischer Siegelzylinder (Jaspis).

In dieser Situation setzt die

Schöpfungslegende nach Berosus[2]

ein. Sie berichtet an Stelle des Kampfes nur von der Spaltung der Tiâmat und schließt daran die Schöpfungsakte.

Berosus sagt, es habe eine Zeit gegeben, wo das All Finsternis und Wasser war und darin seien wunderbar und eigentümlich geartete und aussehende Lebewesen entstanden. Menschen mit zwei, auch solche mit vier Flügeln und zwei Köpfen, auch solche mit einem Körper aber mit zwei Köpfen, einem männlichen und weiblichen und mit zwei Geschlechtsteilen, männlich und weiblich[3]; ebenso andere Menschen, die einen mit Ziegenbeinen und Hörnern, andere mit Pferdefüßen, wieder andere mit dem Hinterteile von Pferden und dem Vorderteile von Menschen, also wie Kentauren anzusehen. Auch Stiere mit Menschenköpfen und Hunde mit vier Leibern, die hinten in einen Fischschwanz ausgingen und Pferde mit Hundsköpfen und Menschen und andere Tiere mit Köpfen und Leibern von Pferden und Fischschwänzen, und andere Lebewesen mit verschiedenartigen Tiergestalten. Außerdem noch Fische und Kriechtiere und Schlangen und allerlei andere wunderbare Lebewesen mit Mischgestalten. Ihre Bilder seien im Tempel Bels[4] vorhanden.

---

[1]) Es sind die 11 Tierkreisbilder (vgl. Skorpionmensch, Fischmensch, Widder). Das 12. ist jeweilig in der Sonne verschwunden. Der Herr der XI ist hier Kingu, wie später Marduk.

[2]) Nach Alexander Polyhistor bei Eusebius Chronic. I. Übersetzung zuletzt KT [2] 100f., KAT [3] 488f.

[3]) Vgl. Plato Symposion XIV die astralmytholog. Deutung (F. Israel).

[4]) Merodachtempel Esagila. Sie sind teilweise durch die Ausgrabungen der DOG aufgefunden, vgl. Abb. 28. 58.

Über sie alle habe aber ein Weib geherrscht mit Namen Omorka, was auf chaldäisch tamat (ṭamte) heiße und griechisch „Meer" *(θάλασσα)* bedeute, von gleichem Zahlenwert wie *σελήνη* [1].

Als alles so beschaffen war, da sei Bel gekommen und habe das Weib in der Mitte durchgespalten und aus ihrer einen Hälfte die Erde, aus ihrer andern den Himmel gemacht, die ihr zugehörigen Tiere aber vertilgt.

Das alles sei aber eine allegorische Naturbeschreibung [2]. *Als nämlich alles noch ein Urwasser war und Tiere darin lebten, habe dieser Gott seinen Kopf sich abgeschlagen und das herausfließende Blut hätten die Götter mit der Erde vermischt und (so) die Menschen gebildet. Deshalb hätten diese Vernunft und göttlichen Verstand. Bel aber, den man als Zeus bezeichnen kann, habe die Finsternis in der Mitte gespalten und Erde und Himmel voneinander getrennt und so das Weltall geordnet. Die Tiere aber hätten die Kraft des Lichtes nicht ertragen und seien umgekommen.*

Als Bel aber die Erde vereinsamt, aber doch (?) fruchttragend gesehen habe, habe er einem der Götter befohlen, ihm den Kopf abzuschlagen, mit dem herausfließenden Blute die Erde zu mischen und die Menschen und Tiere zu bilden, welche vermöchten die Luft zu ertragen. Bel habe aber auch die Gestirne, sowie Sonne, Mond und die fünf Planeten gebildet.

Taf. II. Ea erstattet von dieser Empörung dem Anšar Bericht. Weder Anu, noch Ea selbst können Hilfe bringen. Marduk übernimmt den Kampf, verlangt aber als Siegespreis das Recht der Schicksalsbestimmung; das Geschick (d. h. die Weltordnung) soll nach seinem Siege neu bestimmt werden, er selbst will dann, wie es die andern bisher getan, die Weltordnung bestimmen. „Nicht soll geändert werden, was ich schaffe, nicht soll rückgängig werden, nicht hinfällig der Befehl meiner Lippe."

Die Weltordnung des Apsû und der Tiâmat, deren Leitung in die Hände Kingus durch Übergabe der Schicksalstafeln gegeben ist, ist also eine feindliche Weltordnung, der die Ordnung, „der Weg", der Götter Laḫmu-Laḫamu, Anšar-Kišar, Anu-Ea gegenübersteht. Die Rolle, die Kingu in der alten Weltordnung hat, empfängt Marduk in dem neuen Weltäon nach der Besiegung Tiâmats. Er bekommt dafür auf der letzten Tafel u. a. den Ehrennamen: „der sich erbarmt des Zustands (?) der gefangenen Götter, der das auferlegte Joch abnahm den Göttern, seinen Feinden". Als solcher heißt er Tu-Tu, was K 2107, 9 als „Erzeuger der Götter, Erneuerer der Götter" erklärt wird, s. Hehn AB V, 288.

---

[1]) Man kennt also das Astralmotiv des Sonne-Mond-Kampfes. Vgl. S. 137.

[2]) Das kursiv Gedruckte gehört einer andern Rezension an; die Ausscheidung stellt den Zusammenhang auf die einfachste Weise her. Es ergeben sich einfach zwei Berichte. Im kursiv Gedruckten sind die beiden Teile, Schöpfung der Menschen und Schöpfung von Himmel und Erde umzustellen.

Taf. III. Anšar meldet durch einen Götterboten die Empörung Tiâmats und das Anerbieten Marduks dem Götterpaar Laḫmu-Laḫamu. Sie sollen eine Götterversammlung berufen und Marduk mit dem Kampfe beauftragen. Nach einem Festmahl wird Marduk mit dem Kampfe beauftragt. Er soll, wie die nächste Tafel sagt, nach dem Siege „die Königsherrschaft über das ganze All insgesamt erhalten“: die Götter, seine Väter, sprechen ihm die Stellung des Bel zu. Aber bereits beim Mahl übertragen sie ihm die Schicksalsbestimmung.

Taf. IV. Marduk zeigt durch das Verschwindenlassen und Wiedererstehen eines Kleides[1] die Schöpfermacht seines Wortes. Dann rüstet er sich zum Kampf. Auf dem Wagen mit Viergespann fährt er, mit Bogen, Pfeil und Köcher ausgerüstet, mit der „Gotteswaffe“ in der Rechten, mit „Blitz“ und Netz[2] ausgerüstet, zum Kampfe mit Tiâmat. Die Hauptwaffe heißt abûbu[4]. Eine Schar von Winden sind in seinem Gefolge. Kingu und seine Partner sind bestürzt. Tiâmat tritt Marduk mit herausfordernder Rede (!) entgegen. Marduk schilt ihre Empörung und sagt: „Tritt her, ich und du wollen miteinander kämpfen.“ Als Tiâmat solches vernahm, ward sie wahnsinnig. Marduk tötet dann Tiâmat, indem er sie mit dem Netz umschließt, einen Wind in ihren Rachen treibt und einen Pfeil in ihren

Abb. 54: Kampf mit dem Drachen. Siegelzylinder. Vgl. Abb. 53[3].

[1]) Über den kosmischen Sinn wird später zu reden sein, s. S. 162 f.

[2]) Vgl. Ez 12, 13.

[3]) ATAO[1] war S. 54 Abb. 24 ein Siegelzylinder aus des Verfassers Besitz wiedergegeben, der einen Kampf darstellt, bei dem ein geflügelter Genius mit zwei geflügelten Drachen zur Rechten und zur Linken kämpft. Die Echtheit des Zylinders ist von Kennern angezweifelt worden. Es ist in solchen Fällen freilich die Möglichkeit offen zu lassen, daß es sich um antike Nachahmungen zu Amulet-Zwecken handelt.

[4]) Sicherlich ist der Kampf ein Kampf des Lichts mit der Finsternis, wie es auch Berosus ausdrücklich darstellt, speziell ist an die Motive des Kampfes zwischen Sonne und Mond gedacht, s. S. 5 ff. und 101 ff. Aber abûbu ist nicht „Lichtflut“, wie Zimmern l. c. S. 495, Anm. 1 im Anschluß an Jensen folgert, s. S. 63. Der Wasserflut, die allerdings Tiâmat verkörpert, steht nicht eine Lichtflut, sondern eine Feuerflut im Laufe der Äonen gegenüber. S. Register „Feuerfluten“ und vgl. S. 63.

Leib schießt, dann „warf er ihren Leichnam hin und stellte sich darauf". Die feindlichen Götter setzt er gefangen[1], bindet die elf Geschöpfe, entreißt dem Kingu die Schicksalstafeln und legt sie an seine Brust. Darauf zerschlägt er den Leichnam der Tiâmat wie einen Fisch in zwei Teile und benutzt sie, wie wir nach Berosus ergänzen dürfen, zum Bau der Welt[2]:

Die Hälfte von ihr stellte er auf, und ließ sie den Himmel überschatten (?)[3],
schob einen parku (eig. Riegel, d. i. der Tierkreis)[4] vor, stellte Wächter[5] hin,
ihre (der oberen Hälfte) Wasser nicht herauszulassen[6], befahl er ihnen.
Den (eben geschilderten) Himmel gründete (?) er als Gegenstück zur unteren Welt (ašratum),
stellte ihn gegenüber dem apsû (Himmelsozean), der Wohnung des Ea[7].
Dann maß der Herr die Gestalt des apsû
und errichtete als einen Großbau nach seinem Muster E-šarra[8],
den Großbau E-šarra, den er als Himmel baute,
Anu, Bel und Ea ließ er ihre Wohnstätten einnehmen[9].

---

1) S. unten zu Jes 24, 21 ff.

2) S. unten Anm. 3. Im einzelnen ist hier vieles noch unklar. Man bedenke, daß es sich um eine Dichtung, nicht um eine gelehrte Auseinandersetzung handelt. Einmal ist Tiâmat das Urchaos, ein andermal mythologisierter Teil des Weltalls, vgl. S. 164 f.

3) Astrologisch heißt das: er versetzte die Tiâmat an den Nordhimmel; im mythologischen Hergang ist sie selbst der Nordhimmel, s. Anm. 2.

4) Vgl. rakia' 1 Mos 1, der die oberen und unteren Wasser trennt und den חֹק (Grenze) Ps 148, 6, der gesetzt ist, damit die oberen Wasser ihre Grenze nicht überschreiten. 1 Mos 7, 11 wird adubba (Gitter) weggenommen und die oberen und unteren Wasser strömen zusammen.

5) Das sind die Zophasemim, die Tierkreisbilder der neuen von Marduk geschaffenen Weltordnung. Bei Zimmern bleibt S. 496 die Stelle unverstanden.

6) Es ist nicht etwa an den Regen zu denken, sondern an den den Tierkreis umgebenden Himmelsozean.

7) Berosus sagt: Bel habe die tamat mitten entzwei gespalten und aus der einen Hälfte von ihr die Erde, aus der andern den Himmel gemacht. Das muß auch hier der Sinn der dunklen Zeilen sein. Vgl. auch die Notiz des Schluß-Hymnus, die sagt, daß Marduk den tannînu gebildet habe; hier hat die „Erde" (tannînu), wie Fr. Hommel, Geogr. u. Gesch. S. 85 u. 86, Anm. 1, bemerkt hat, einen mythologischen Namen (vgl. 4 Mos 16 Rotte Korah, unser „die Erde sperrt den Rachen auf, verschlingt jemanden"), der an das Chaos-Ungeheuer erinnert. Vgl. übrigens auch Ps 74, 13: *„Du hast gespalten das Meer"* (parallel: *„die Häupter der Tanninim auf dem Wasser"*).

8) S. zu Hiob 38, 5: *„Wer legte ihre* (der Erde) *Maßstäbe an, wer spannte die Meßschnur über sie aus?"*

9) Dieser ešarra, der die Reiche des Anu, Bel, Ea enthält, ist der eigentliche Olymp. Es wird der über dem Tierkreis gedachte siebenstufige Bau sein (vgl. S. 14 f.), der himmlische ḫarsag-kurkura.

Taf. V. Erschaffung der Himmelskörper, Festlegung der „Weltecken", Lauf des Mondes, s. S. 27 f. und S. 103, wo die betreffenden Stücke analysiert sind [Pflanzen- und Tierschöpfung].

Taf. VI beginnt mit der Menschenschöpfung, s. S. 166 ff.

Taf. VII. Lobpreis Marduks, der 50 Ehrennamen erhält, s. S. 28. 122.

Abb. 55: Drachenkampf. Siegelzylinder, Brit. Museum.

Hinter dem der Dichtung zugrunde liegenden Mythus verbergen sich astrologische Spekulationen und Naturbeobachtungen. Tiâmat ist die Wasser- bez. Winterregion des Tierkreises, die die Sonne jährlich durchläuft (vier Tierkreisbilder bei Dreiteilung, sechs bei Zweiteilung, deren Opposition die vier bez. sechs Bilder der Sommerregion bilden). Marduk kämpft mit Tiâmat. Das Ende ist die Tag- und Nachtgleiche im Frühling, bei der Marduk nach Bändigung der Wassermassen wieder ans Land tritt. Diese Naturerscheinung ist die Parallelerscheinung zu dem Himmelsvorgang, bei dem der vom Drachen befreite Frühlingsmond mit der siegenden Frühjahrssonne zusammentrifft (vgl. S. 34 f.). Darum berechnet Berosus, thalassa habe den gleichen Zahlenwert wie selene, s. S. 134. Bei Marduk sind die Sonnenmotive durch die Waffen (Pfeil und Bogen) an gedeutet. Im Sintflutmythus tritt an die Stelle von Tiâmat der mythologische Begriff der Wasserflut.

Abb. 56: Fragment eines Siegelzylinders aus R. Stewarts Sammlung.

Marduk von Babylon erscheint hier als der Demiurg, wie in dem S. 129 f. wiedergegebenen Schöpfungs**bericht**. Zu beachten ist, daß im Epos dem von Marduk geleiteten Weltenbau bereits ein Weltäon vorausgeht, in dem die Welt zwar nicht mit Menschen, aber mit Göttern bevölkert ist, die gegeneinander im Kampfe liegen. Zwischen jener Urwelt (S. 6 ff.) und der Menschenwelt liegt der Kampf Marduks mit dem Drachen. Ihm entspricht am gestirnten Himmel der Drache am Nordhimmel[1] und als

[1]) Da sich der Kampf mit Tiâmat auf den Durchgang der Sonne durch die Wasserregion bezieht, kann natürlich an sich jedes Wassertier am Himmel, hydra, draco, serpens, cetus der Tiâmat entsprechen.

Gegenstück die Wasserschlange am Südhimmel[1]. Einen Kampf mit dieser Schlange scheint nun ein andrer Text Rm 282 zu erzählen. Der Kampf gegen das Ungetüm, dessen Bild am Himmel von Bel gezeichnet ist, wird ebenfalls von einem der Götter geführt, nachdem andre ihre Ohnmacht erklärt haben; und wie beim Tiâmatkampf erhält der siegende Gott die Königsherrschaft. Die Tat ist hier von der Welt-

Abb. 57: Schlangenkampf. Sog. Williams-Siegelzylinder, Brit. Museum.

schöpfung getrennt und in historische Heroenzeit verlegt, vor dem Kampf existieren bereits Menschen und Städte. Das Fragment lautet folgendermaßen[2]:

c) Der Kampf mit dem Labbu[3].

(Vorderseite): Es seufzten die Städte, die Menschen .....
es klagten die Menschen [.....],
auf ihr Wehgeschrei .... nicht ....
auf ihr Gebrüll .... nicht ....
Wer ist muš[gallu][4]?
Ist tâmtu (das Meer) der muš[gallu]?

---

[1]) Man könnte vermuten, daß in dem Tiâmat-Kampfe der in den Fragmenten verschwindende Kingu die gleiche Rolle gespielt hat. Oder ist Kingu der feuerspeiende Drache, der in dem durch die Welt wandernden Mythus neben dem wasserspeienden Drachen (Tiâmat) eine große Rolle spielt? Er wäre theoretisch am äußersten Nordhimmel zu suchen.

[2]) Zuletzt bearbeitet von Hrozný, VAG 1903, S. 264ff. Hrozný sieht in dem Labbu die Personifikation des Nebels. Das ist mythologisch ganz undenkbar. Schon die „Zeichnung am Himmel" sagt übrigens deutlich, daß es sich um eine astrale Erscheinung handelt.

[3]) Wir geben den Text in extenso, weil er den Kampf mit Rahab und Leviathan in den poetischen Stücken des A. T. illustriert.

[4]) So wohl mit Hrozný nach einer Parallelstelle zu ergänzen. In dem Ninib-Hymnus II R 19 wird Ninibs Waffe mit dem mušruššû tâmtim „der wütenden (Jensen: rotglänzenden) Schlange des Meeres" verglichen und vorher mit dem mušmaḫḫu, der „großen Schlange", wobei von „sieben Köpfen" die Rede ist. Vgl. Zimmern KAT [3] 504 u. s. zu Jes 30, 6; vgl. auch S. 140.

Bel zeichnete am Himmel [das Bild des Labbu][1]:
50 Meilen seine Länge, 1 Meile [sein Kopf],
½ Gar sein Mund, 1 Gar .....,
1 Gar die Umrisse .....,
5 Gar weit [....] er einen Vogel [....]
im Wasser 9 Ellen schleppt er .....,
(und) richtet empor seinen Schwanz .....
Alle Götter des Himmels .....
im Himmel beugen sich die Götter vor .....
an andern ..... des Sin (Mondgott) ..... sie eilends.
„Wer wird hingehen und den Labbu [töten],
Das weite Land erretten .....,
und die Königsherrschaft ausüben .....?"
„Gehe hin, Tišpak (Ninib)[2], töte den Labbu,
errette das weite Land .....
und übe die Königsherrschaft aus .....!"
„Du hast mich geschickt, o Herr, das Geschöpf (?) des Flusses .....,
ich kenne nicht ..... des Labbu
. . . .
. . . .
(Rückseite): ..... tat seinen Mund auf und [spricht] zu .....,
„Laß Wolken heraufsteigen, ... den Sturmwind,
..... dein Lebenssiegel vor dein Gesicht,
.....(?)[3] und töte den Labbu.
Und er ließ Wolken heraufsteigen, ... den Sturmwind,
..... sein Lebenssiegel vors Gesicht,
..... und tötete den Labbu.
3 Jahre 3 Monate Tag und [Nacht]
fließt dahin das Blut des Labbu .....

d) Der Kampf gegen die „bösen Sieben" s. S. 102 ff.

Der „Kampf mit dem Drachen" wurde auf Siegelzylindern oft abgebildet (Abb. 53 bis 59). Der Phantasie blieb freier Spielraum. Es ist nicht immer möglich, im einzelnen die Bilder mit einer bestimmten Form des Mythus zu identifizieren. Wie der „Drache von Babel", der mit dem Marduk kämpfte, also das Chaosungeheuer Tiâmat, vorgestellt wurde, wissen wir

---

[1]) Die letzten drei Zeilen erkläre ich wie H. Zimmern. Daß Bel ein Schlangenbild zeichnet, beweisen die folgenden Maße.

[2]) Die Szene spielt also am Nordpunkt des Weltalls (s. S. 138 Anm. 1, vgl. S. 27 f.).

[3]) uskamma, issukamma von nasâku? Das Verbum bedeutet im Nimrod-Epos (den Bogen) spannen (eig. auf die Erde einsetzen), im Tiâmat-Mythus charakterisiert es auch den Kampf: issuk mulmulla. Vielleicht auch hier ein Kampfterminus. Jensen KB VI z. St. (auch Hrozný) erklärt „herabsteigen" (vom Himmel in Wolken und Wetter), aber es ist nicht sicher.

jetzt aus den Ausgrabungen der deutschen Orientgesellschaft in Babylon: es ist ein drachenartiges Ungeheuer mit zweigehörntem Schlangenkopf. Das Mischwesen verbindet also die Vorstellung von Schlange und Drache. Auf den Emaillereliefs der Prozessionsstraße ist das Ungeheuer schreitend dargestellt (Abb. 58), auf dem Mardukbilde, das den Verzierungen eines Thronsessels angehörte (Abb. 98), ist es, wie auf den „Grenzsteinen" (Abb. 2—5), liegend dargestellt.

Abb. 58: Der Drache (ṣîr ruššû) in Ziegelrelief vom Ištar-Tor in Babylon.

Agumkakrime berichtet, daß er im Marduk-Tempel in Babylon neben dem Marduk-Bilde auch den mušruššû aufgestellt habe; er ist ebenfalls das Chaosungetüm[1]. Später haben die Assyrer den Mythus für ihren Hauptgott Ašur reklamiert. In einer Bauinschrift Sanheribs wird gesagt, daß am Tore eines assyrischen Tempels, der „Haus des Neujahrsfestes" (bît akîti) heißt, der Kampf in Schmiedearbeit („Werk des Ea, des Schmiedegottes") dargestellt wurde: Ašur fährt mit den Waffen, die im Epos Marduk trägt, auf dem Streitwagen gegen Tiâmat,

[1]) S. 138 Anm. 4.

von andern Göttern zu Fuße und zu Wagen begleitet[1]. Auch das bekannte vielbesprochene Relief aus Nimrud, das den Kampf mit einem geflügelten Ungeheuer darstellt (Abb. 59), wird wahrscheinlich auch auf Ašurs Kämpfe mit einem der Ungeheuer der altbabylonischen Astralmythologie sich beziehen.

Abb. 59: Kampf mit dem Drachen. Relief aus Nimrud-Kelach.

Phönizien[2].

Über die nach der Angabe des Philo von Byblos von Sanchuniathon überlieferte Kosmogonie der alten Phönizier berichtet Eusebius (im Sinne christlicher Polemik) in der Praeparatio evangelica cap. 10[3]:

Als Urprinzip dieses Weltalls setzt er finstere, von Geist befruchtete Luft, oder den Hauch finsterer Luft und das schlammige, finstere Chaos. Dieses sei unermeßlich und grenzenlos durch lange Zeit. Als aber der Geist (Pneuma), so sagt er (Sanchuniathon), in Liebe zu seinem Urprinzip entbrannte und eine Vermischung[4] entstand, wurde diese Um-

---

[1]) S. Zimmern, Keilinschriften und Bibel S. 18, Anm. Gemeint ist der von Meißner und Rost, Die Bauinschriften Sanheribs, S. 101f., übersetzte, aber an dieser Stelle unrichtig interpretierte Text K 1356.

[2]) Vgl. Herder, Ideen zur Philosophie der Geschichte der Menschheit (Krit. Ausg. des Bibl. Instituts III), S. 315f.

[3]) Daß Philo von Byblos eine alte phönizische Quelle benutzt hat, und daß die Kosmogonie echt phönizisch ist (wenn auch nicht von dem als Zeitgenossen Davids geltenden Sanchuniathon), ist sicher trotz der sonstigen literarkritischen Schwierigkeiten, die man bei Lukas, Grundbegriffe der Kosmogonien, S. 139ff. zusammengestellt findet. Zum Texte s. Sanchuniathonis fragmenta ed. Orellius, Leipzig, J. C. Hinrichs 1826.

[4]) Das dürfte dem babylonischen Mummu entsprechen.

armung Pothos (Geschlechtstrieb) genannt. Dies ist das Prinzip der Schöpfung aller Dinge. Der Geist aber kennt seine Schöpfung nicht (d. h. er ist nicht geschaffen). Und aus dieser Umarmung des Geistes entstand Mot. Das ist nach den einen Schlamm, nach andern eine faulige, wässerige Mischung. Und aus dieser kam alles Erzeugnis der Schöpfung und die Entstehung des Weltalls. Es waren aber gewisse Lebewesen ohne Bewußtsein; aus ihnen gingen vernunftbegabte Wesen hervor, die den Namen Zophasemin (wohl zu lesen Zophesamim), das heißt Beschauer (Wächter) des Himmels[1], erhielten und die wie ein Ei gestaltet waren (die elliptische Gestalt des Tierkreises?)[2]. Und es leuchtete hervor Mot[3], Sonne und Mond, die Sterne und die großen Gestirne.

Dann wird erzählt, wie die Lebewesen entstehen:

„Als die Luft durchleuchtet war, entstanden durch Feuer, Wasser und Meer: Winde, Wolken und sehr große Ergüsse und Fluten himmlischer Wasser. Und nachdem sie geschieden und von ihrem ursprünglichen Orte losgerissen waren durch den Feuerbrand der Sonne, und alles sich wieder in der Luft begegnete und aneinander stieß, da entstanden Donner und Blitze und bei dem beschriebenen Donnerkrachen erwachten lebende Wesen, erschraken bei dem Lärm, und so rührte sich auf der Erde und im Meer Männliches und Weibliches. Das wurde in der Kosmogonie des Taut[4] und in seinen Kommentaren niedergeschrieben, wie es mit Gründen und Vermutungen sein Verstand durchschaut, ausgedacht und uns erläutert hat." Nachdem er dann (so fügt Eusebius hinzu) die Namen des Notos und Boreas und der übrigen Winde

---

[1]) Vgl. Winckler, AO III, 2/3[2], S. 26f. Bei Diodor II, 30 sind es 36 Dekane, s. S. 11 Anm. 3. H. Zimmern vermißt KAT[3] S. 629 den inschriftlichen Beleg. Wir finden ihn in den Wächtern, die auf der IV. Tafel von Enuma eliš den parku bewachen, s. S. 136.

[2]) Für die Annahme eines Welteies in der phönizischen Kosmogonie darf man sich auf diese Stelle nicht berufen. Wohl aber redet eine von Philo abweichende Kosmogonie der „Sidonier", die von Damascius, de prim. princ. c. 125 (Ausgabe von Kopp, S. 385) berichtet wird und auf Eudemos zurückgeht, von einem Ei, das aus der Urmaterie hervorging, als sich mit dem nebelhaften Urstoff (*'Ομίχλη*) das Verlangen (*Πόθος*) verbunden hatte. Auch die von Damascius ib. erwähnte phönizische Kosmogonie nach Mochos spricht vom Weltei: Aus *Αἰθήρ* und *'Αήρ* ging Ulomos hervor, der intelligible *νοῦς*; aus ihm ging Chusoros hervor, die intelligible *δύναμις*, hierauf das Ei, das zu Himmel und Erde sich spaltete. Das Ei begegnet uns ferner in der späten chinesischen und japanischen Kosmogonie, s. S. 153.

[3]) Wie 1 Mos 1 existiert also auch hier Licht vor der Schöpfung von Sonne und Mond. Die Auffassung scheint anzunehmen, daß schon durch die Erschaffung des Tierkreises Licht wird. Freilich bleibt dieses Mot ebenso wie das vorher erwähnte Mot dunkel.

[4]) Dieser Taut wird später (s. unten S. 143) als der Erfinder der Niederschrift der Uranfänge geschildert. Es heißt dort: die Ägypter nannten ihn Toot, die Alexandriner Toyt, die Griechen Hermes. Es ist Nebo. Die Niederschriften der Uranfänge sind die Schicksalstafeln, die ja vor Marduk in Nebos Händen sind, s. oben S. 46. 125.

erklärt hat, fährt er fort: „diese aber haben zuerst die Keime der Erde gesegnet, haben an die Götter geglaubt und vor ihnen, durch die sie entstanden waren, die Knie gebeugt — sowohl sie selbst, wie die Folgenden, wie die Vorhergegangenen und haben Speise- und Trankopfer dargebracht.“ Und er fügt hinzu: „Dieses (es muß vorher etwas ausgelassen sein) waren die Grundgedanken der Anbetung, wie sie ihrer Schwachheit und ihrem Kleinmut (*ψυχῆς ἀτολμία*) entsprachen. Dann (so heißt es) seien aus dem Kolpia-Winde und aus seinem Weibe Bau, was so viel heiße wie Nacht, Aion und Protogonos, die sterblichen Menschen entstanden, die so hießen. Aion habe die Nahrung von den Bäumen erfunden; die von ihnen Erzeugten seien Genos und Genea genannt worden. Diese hätten Phönizien bewohnt und als es sehr heiß wurde, hätten sie die Hände zum Himmel emporgehoben, zur Sonne. Diese hielten sie, so sagen sie, für den alleinigen Herrn des Himmels, nannten ihn Beelsamen [1], das ist bei den Phöniziern Herr des Himmels, bei den Griechen Zeus.“

In der folgenden Darstellung von Göttergenealogien ist hier noch eine Stelle von Interesse:

Von diesen (den Titanen!) stammen Amynos und Magos, welche den Gebrauch von Dörfern und Herden lehrten; von diesen Misor und Sydyk [2], d. h. der Gerade und der Gerechte, die den Gebrauch des Salzes erfanden; von Misor: Taut, welcher die Niederschrift der Uranfänge erfand [3].

Abb. 60: Tonmodell eines phönizischen Tempels (Louvre).

---

[1]) Aramäische Form für phönizisch Baal-Šamîm, hebräisch בעל שמים.

[2]) Vgl. in den babylonischen Ritualtafeln und auch sonst die beiden Kinder des Šamaš: Kettu und Mešaru, Recht und Gradheit, die sich in der Psalmenpoesie wiederspiegeln als Säulen des Thrones Jahves (Ps 89, 15) und die symbolisiert erscheinen in den beiden Säulen rechts und links vom Tempeleingange in Jerusalem: Jachin und Boas (1 Kg 7, 21, vgl. die älteste Abbildung des Tempels bei Riehm, Handwörterb. S. 1650), mit denen man die zwei Obelisken am Eingange jedes ägyptischen Sonnentempels und an dem Abb. 60 wiedergegebenen phönizischen Tempelchen vergleiche. Der Aufgang zum Tempel stellt den Tierkreis dar. Die Säulen sind Ost- und Westpunkt (Marduk und Nebo), die beiden Sonnenwenden, oder Nord- und Südpunkt, je nach der Orientierung. Auch die beiden Wächter am Tore des Anu-Himmels in dem Adapa-Mythus, Tammuz und Giš-zida, gehören in diesen Vorstellungskreis, s. 114 Anm. 2.

[3]) S. oben S. 142 Anm. 4.

Ägypten.

Von der Identität der ägyptischen Lehre mit dem altorientalischen System war bereits an verschiedenen Stellen die Rede, s. S. 4. 79. 84f. In der Lehre von On ist das dreigeteilte Weltbild bezeugt, s. Abb. 1, S. 7. Auch hier ist in der Theorie das Himmelsbild gleich dem Weltenbild. Das „Land" ist ein Spiegelbild des Himmels. Darum wiederholen sich die geographischen Namen, die kosmischen Sinn haben, in Ober- und Unterägypten. Und um dieser Theorie willen hält man daran fest, daß der Nil bei Elephantine entspringt (Kultort des Chnum = Ea), auch in Zeiten, in denen man längst bis Chartum gekommen ist.

Daneben aber finden wir eine populäre Anschauung, die sowohl den Himmel wie die Unterwelt als ein Spiegelbild der Welt, d. h. Ägyptens ansieht[1]:

1. Die Erde, d. h. ein Land mit Wasser, Inseln und Kanälen, nämlich Ägypten.

2. Der Himmel; er wird vorgestellt wie Ägypten als Land mit Wasser, Inseln, Kanälen. Es gibt keine bildlichen Darstellungen, aber die Pyramidentexte bezeugen es.

3. Die Totenwelt als Gegenbild der irdischen Welt.

In anderen Vorstellungen, die ursprünglich gewiß lokal getrennt waren, werden die Toten im Himmel, in andern wiederum auf Erden, im Westen, gelegentlich auch im Norden, weiter lebend gedacht.

Einen Text, der die Weltschöpfung im Zusammenhang schildert, gibt es nicht. Es finden sich nur verstreute Notizen.

Die Kosmogonie ist auch in Ägypten gleich Theogonie. In der Legende vom Untergange des Menschengeschlechts (dem sog. Kuhbuche) redet der Sonnengott das Urgewässer Nun an:

> Du ältester Gott,
> aus dem ich entstanden bin!

Vorher hat er alle Götter aufgerufen, mit denen er in der Urzeit in dem Urgewässer Nun (!) zusammen war.

Hingegen finden wir in Ägypten einen Mythus vom Schlangenkampf und Welten-Neubau, der nur mit anderen Worten dasselbe berichtet, was der babylonische Mythus von Marduk dem Drachenkämpfer und

---

[1]) Mitteilung des Prof. G. Steindorff. Vollständiges Material bei Wiedemann, Religion of Egypt in Hastings Dictionary, Suppl. Bd. 176ff.

Demiurgen sagt. Amon von Theben entspricht hiernach in seinem Wesen und Wirken genau Marduk von Babylon.

Nach Vertreibung der Hyksos wurde Theben Metropole eines einheitlichen ägyptischen Reiches. Wie die Priester von Babylon das Recht der Stadt auf die Weltherrschaft mit dem Nachweis begründeten, daß Marduk Drachenbesieger und Weltschöpfer sei, so scheinen die Priester von Theben das Recht auf die Weltherrschaft mit dem Siege Amons zu begründen. Alles, was kürzlich[1] aus den Texten von Amon mitgeteilt wurde, ist identisch mit der Marduk-Lehre. Wie Marduk der Götterkönig von Babylonien, so ist Amon „von freundlichem Herzen, wenn man zu ihm ruft". Abb. 34 zeigt die Ohren Amons auf dem Denkstein, Marduk ist „großohrig" (s. Abb. 33); denn er hört alle Bitten. Amon-Re ist „die lebende Lampe, die aus dem Himmelsozean aufgeht". Von Marduk heißt es: „Erstgeborner Eas (d. i. der Ozean), wie der Sonnengott erleuchtest du das Dunkel der Menschen." Amon-Re ist der „Stier von Heliopolis", wie Marduk „der Stier zu Babylon". „Er bekämpft den Apophis", wie Marduk Tiâmat, und wie bei Re „ist es sein Auge, das die Feinde fällt" — die Sonne verschlingt die Gestirne! „Seine Mannschaft jauchzt, wenn sie sehen, wie der Feind (die Schlange Apophis) gefällt ist, wie seine Glieder mit dem Messer zerfleischt sind, wie das Feuer ihn gefressen hat ..... die Götter jauchzen, die Mannschaft des Re ist zufrieden." Als sieghafter Sonnengott ist er nun Schöpfer, Erhalter und Ernährer aller Wesen. Er baut die Welt auf wie der Demiurg Marduk nach dem Sieg über Tiâmat. „Er befahl, und die Götter entstanden, er ist der Vater der Götter, der die Menschen machte und die Tiere schuf ..... Er ist der, der das Kraut macht für die Herden und den Fruchtbaum für die Menschen; der schafft, wovon die Fische im Strome leben und die Vögel unter dem Himmel usw."

Im Amon-Hymnus von Kairo, der aus der 20. Dynastie überliefert ist, aber sicher älteres Material verwertet, heißt es:

I, 5f.: „Oberster aller Götter, Herr der Menschheit, Vater der Götter, der die Menschen machte und die Tiere schuf, der Herr dessen, was da ist, der den Lebensbaum schafft, der das Kraut macht und Fruchtbäume, der das Vieh ernährt."

---

[1]) Erman, Religion der Ägypter 62f., vgl. oben 83ff.

II, 7: „Preis dir, der den Himmel erhob, und die Erde [gründete?]“[1]
IV, 7: „Atum, der die Menschen schuf, welcher ihre Art (?) erhebt und ihr Leben macht, der ihre Farbe unterscheidet, einen vom andern.“
VI, 3: „Die Menschen kamen aus seinen Augen und die Götter entstanden aus seinem Munde.“

Immer wird die Gottheit als Schöpfer und Erhalter der Welt bis ins kleinste gepriesen (bis zu Ungeziefer und Mäusen).

Was hier von Amon gesagt ist, wird anderswo von Chnum oder von Thaut gesagt. Die Anschauungen variieren in Theben, Heliopolis, Memphis.

Abb. 61: Der ägyptische Gott Chnum modelliert den Menschen auf der Töpferscheibe. Aus dem Tempel von Luxor.

Die große Neunheit von On[2] geht aus dem Urmeer hervor, wie in allen Theogonien und Kosmogonien des Orients. Erdgott Keb und Himmelsgöttin Nut liegen zur Zeugung verschlungen im Urmeer (vgl. Mummu und Tiâmat S. 6 f.), bis Schu die Himmelsgöttin emporhebt, s. unten Anm. 1.

Sonnengott

Schu — Tefnet

Keb Nut

Dazu kommen Osiris mit Isis und sein feindlicher Bruder Set mit Nephtys. Der großen Neunheit entspricht eine kleine Neunheit:

Horos, Sohn der Isis, mit Osiris identisch[3]

|

8 Götter, die ihn gegen seine Feinde verteidigen.

Zur Trias Sonne, Mond, Hathor-Isis s. S. 82.

---

[1]) Die kosmogonische Vorstellung wird so abgebildet (s. Abb. 1): Der Erdgott liegt auf dem Rücken, die Himmelsgöttin, auf deren Leibe die Sterne abgebildet sind, liegt über ihm und wird durch den Luftgott Schu emporgehoben, so daß sie mit Fußspitzen und Fingerspitzen den Erdgott einschließt (Horizont) und mit ihrem sternenbedeckten Leibe sich über dem Erdgott wölbt. Auf einigen Darstellungen schwimmt die Sonnenbarke auf dem Rücken der Himmelsgöttin.

[2]) Vgl. Erman l. c. S. 30. Sie entsprechen einer Neunerwoche. Zur 9 s. S. 60.

[3]) Gemahl und Sohn zugleich. In der babylonischen Mythologie erzeugen Mutter und Sohn die neue Welt, s. S. 7 und S. 82 Anm. 1.

Die Menschenschöpfung wird als Töpferarbeit dargestellt. Der Mensch wird auf der Töpferscheibe modelliert[1].

Eranier und Perser.

Die Theologie Zarathustras, dessen Auftreten von den Neueren ins 6. Jahrhundert v. Chr. verlegt wird, knüpft an eine ältere Religion an. Auch diese ältere Religion, soweit sie aus der avestischen Literatur rekonstruiert werden kann, kennt die Lehre von der Weltentwickelung, die sich im Kampf wider die finsteren Mächte vollzieht. Zarathustra hebt das Feuer hervor, wir dürfen deshalb vielleicht annehmen, daß sein Weltbild die Nord-Ḳibla betont, den Feuerpunkt[2], umgekehrt als in Babylon, wo der Südpunkt, der apsû, als Ausgangspunkt der Weltentwickelung betont wird[3] (S. 30).

Die altpersische Kosmogonie[4] läßt sich aus der Schriftensammlung Avesta rekonstruieren. Avesta ist der Name der eranischen heiligen Schrift und bedeutet nach der auch sonst mehrfach angenommenen Erklärung von Haug „das Wissen" ($\sqrt{}$ vid). Zend ist die Übersetzung ins Mittelpersische aus der Sassanidenzeit und ist identisch mit Gnosis[5]. Schon in diesen Namen begegnet uns der Grundgedanke altorientalischer Lehre; alles Wissen liegt in den Uranfängen, ist göttlichen Ursprungs, Religion ruht auf Überlieferung und Reinhaltung dieses Wissens.

Daß schon die alte Religion auf astraler Grundlage ruhte, glauben wir annehmen zu dürfen auch auf Grund von Stellen, wie Yasna, Hymnus I: „Ich verehre die Sterne, die Geschöpfe des heiligen Geistes, den Tištrya (Sirius), den glänzenden, herrlichen Stern, den Mond, der den Samen des Stiers besitzt, und die strahlende Sonne mit den eilenden Rossen, das Auge des Ahuramazda (zur Trias Sonne, Mond, Sirius s. S. 79); ich verehre

---

1) S. Abb. 61. Eusebius, praep. ev. I, 12 erwähnt ein solches Bild.

2) S. 21. 28. Daß die avestische Lehre den mit dem Tierkreis zusammenhängenden Weltkreislauf kennt, beweist die Lehre vom Weltbrand, s. S. 149.

3) Das gibt vielleicht einen Wink für die Entstehungsgeschichte der Religion Zarathustras. Nach Analogie anderer religiöser Bewegungen wird sie einen reformatorischen Gegensatz zur bestehenden Lehre bedeuten. War diese Lehre die babylonische? Beachte die gehässige Rolle, die Babylon im Epos spielt, s. S. 150.

4) Zum Folgenden vgl. Lehmann bei Chantepie de la Saussaye[3] und Jackson im Handbuch der eranischen Philologie. Der Zusammenhang mit der altorientalischen Lehre wurde von beiden nicht erkannt. Jackson trennt nicht genügend alte Lehre und spätere Strömungen.

5) Nach freundlicher Mitteilung von Prof. Dr. Lindner. Die übliche Erklärung Zend-Avesta „Tradition des Wissens" ist nicht richtig. Die Angaben über avestische Lehren verdanke ich der Belehrung Br. Lindners.

die Schutzgeister der Gerechten in dir, dem Feuer, samt jedem andern Feuer, das gute Wasser und jedes andere Wasser, wie auch jedes geschaffene Kraut." Also neben Feuer das Wasser (Lebenswasser) und die heilige Pflanze (Haoma). Die heilige Kuh und der „Hund" Tištrya sind nicht Ackerbau-Ideal, wie noch Jackson im Handbuch der eranischen Philologie annimmt, die Kuh ist die göttliche Mutter (s. S. 108 u. 157); „die Kuh gewinnen" ist Seligkeit; der „Hund" ist der Sirius. Herodot I, 131 sagt: „Die Perser verehrten die Sonne, Mond, Sterne, Erde, Wasser, Feuer."

Vom Urchaos sagt die Kosmogonie des Avesta, soweit wir sie kennen, nichts. Die Lichtwelt, die Ahuramazda geschaffen hat, wird von der finstern Welt, deren Repräsentant Ahriman ist, bedroht, wie in der babylonischen Kosmogonie die Welt Anšars durch Tiâmat und Kingu. Der Welt des Lichts tritt als Gegenschöpfung eine Welt der Finsternis gegenüber. Zwischen beiden ist eine Leere (im Avesta vayu, in den Pahlavi-Texten vāē), die den Schauplatz der Begegnung und des Kampfes bildet.

Nach dem bedeutendsten Werk der Pahlaviliteratur, dem spätüberlieferten Bundeheš (d. h. Urschöpfung), dessen Lehre aber auf alten verloren gegangenen avestischen Traditionen beruht, vollzieht sich der Kampf in einer Reihe von Weltzeitaltern. Auf die „grenzenlose Zeit" folgt „die herrschende Zeit der langen Periode", 12000 Jahre, die Ahuramazda für das Walten der feindlichen Macht bestimmt hat, 4 × 3000 Jahre. Jedem der Millennien steht ein Tierkreiszeichen vor. Diese Zeitalter-Disposition ist in der vorhandenen Avesta-Literatur nicht zu belegen. Aber bereits Plutarch, Is. et Osir. c. 47 (nach Theopomp?) bezeugt sie für die Perser.

1. 3000 Jahre geistiger Schöpfung. Während dieser Zeit werden die reinen Geister geschaffen[1].

2. Im zweiten Dreijahrtausend schafft Ahuramazda die sechs Amšaspands, je drei zu seiner Seite; jeder von den sieben ist von der Trias Sonne, Mond und Tištrya begleitet. Sie sitzen auf goldenen Thronen, jedem ist im priesterlichen Kalender ein Monat (Doppelmonat?) heilig, je ein Monatstag (nach Plutarch kommen zu den sechs noch 24 „andre", also 30 Monatsgeister). Wenn Tagesname und Monatsname zusammenfallen, ist Festtag. Ihnen stehen in der Gegenschöpfung die sechs daēva entgegen[2], je drei zur Seite Ahrimans. Weiter schafft Ahuramazda 1. den Himmel, 2. Wasser, 3. Erde, 4. Pflanzen, 5. Tiere, 6. den

---

[1]) Nach Jackson „die himmlischen Urbilder". Ein vorläufiges Auftreten Ahrimans wird durch Ahuramazdas heiliges Wort zurückgeschlagen.

[2]) Asmodäus im Buche Tobias, d. h. av. aēsma daēva, Dämon der Wut.

Menschen. Dabei helfen die Fravašis, die zur ursprünglichen Geisterschöpfung gehören, wie sie bei Regierung der Welt beteiligt sind.

3. Im dritten Dreijahrtausend tritt Ahriman auf. Er vernichtet alles, tötet den Urstier, der vor der Erschaffung des Menschen allein auf der Erde war[1], und den Urmenschen. Aus ihrem Samen, der durch die Bewegung des Lichtes der Sonne gereinigt wird, entsteht nach ihrem Tode Tierleben und Menschenleben. Die höllische Rotte, die Ahriman begleitet, wird von den himmlischen Geistern geschlagen. Es ist das goldene Zeitalter. Ahuramazda beauftragt Yima[2], er solle die heilige Lehre bewahren und verkünden. Er lehnt es ab, da er untüchtig sei. Dann bekommt er den Auftrag, die Geschöpfe zu hüten[3]. Es ist die Zeit des unentschiedenen Kampfes. In diese Periode wird auch der Sintflutbericht eingefügt. Yima bekommt den Auftrag, zu retten, was zu retten ist. Er birgt die Geretteten nicht im Schiff, sondern in einem umwallten Ort[4].

4. Im vierten Dreijahrtausend tritt Zarathustra[5] auf und bringt die göttliche Lehre. Nun wird der Erretter erwartet, alle tausend Jahre soll ein neuer Prophet kommen. Am Ende der Dinge werden alle Toten auferstehen, Ahuramazda wird Ahriman besiegen, aus dem Weltbrand wird eine neue, reine Welt hervorgehen. Die Metalle in der Erde schmelzen. Die Hölle wird durch Feuer zerstört. Von Ahriman bleibt nichts übrig, auch nicht die Sünde, die er verursacht hat. Auch die Bösen sind gerettet in der Apokatastasis.

Die Kosmogonie und Weltzeitalterlehre entspricht also der Lehre vom Weltkreislauf. Wenn der Weltkreislauf in der Feuerregion angekommen ist, tritt die Welterneuerung ein (vgl. S. 63 f.).

---

[1]) Der Stier des Minos, den Theseus tötet, bekommt hierdurch seine Erklärung. Zum Urmenschen und Urstier und ihren Mythen vgl. Hüsing bei Göll, Mythologie, 8. Aufl., S. 310 f.: Der Urmensch lebt auf dem Götterberge (später = Damāvand), der im Meere liegt und auf dem der Weltbaum steht, s. S. 194.

[2]) Yima Herr des Paradieses, s. S. 191. Nach Hüsing l. c. 313 entspricht er dem Monde, der nach dem Sterben nicht tot ist.

[3]) Vendidad II, s. die Übersetzung von Geldner, Ztschr. f. vergl. Sprachforschung XXV, 181 f. Vendidad ist ein Teil des Avesta. Ritual aus alter Zeit, mit kosmogonischen Bemerkungen beginnend und mit eschatologischen Betrachtungen schließend.

[4]) S. Lindner im Festgruß für Roth 213 ff. Oldenberg, Rel. der Veda 276 führt auch diese Überlieferung (gegen Lindner) auf Babylon zurück.

[5]) Er entspricht dem Urmenschen, ist also der neue Adam. Darum wird der Mythus von der Verfolgung auf ihn übertragen, s. Hüsing l. c. 311.

Aber auch der Kampf ist astral gedacht. Auf Ahrimans Seite stehen sieben böse Planeten[1]. Nach den Bundeheš stürzen sich die bösen Sterne zusammen mit vielen Dämonen in die himmlische Sphäre. Ahuramazda bringt die sieben unter seine Macht und gibt ihnen neue Namen, darunter ist sein eigener Name. Nun werden sie im Zaum gehalten durch die guten Gestirne, die Wächter des Himmels (unter ihnen Tištrya), und sie alle helfen, die Tore der Unterwelt zu hüten[2].

Neben dieser rein astralen Lehre findet sich häufig der Kampf als Drachenkampf dargestellt. Die Achämeniden-Skulpturen stellen sie im Bilde dar. Eine der ältesten im Avesta aufbewahrten Mythen (in den Opferliedern Yašt) schildert den Kampf des âtar (Feuer) gegen Azhi Dahâka, den Drachen, dem zwei Schlangen aus den Schultern wachsen. Sonst wird der Drachenkampf von Tištrya übernommen. In allerlei Gestalten tritt er auf, als schöner Jüngling, als weißer, goldgehörnter Ochs, als weißes Roß. In dieser Gestalt kämpft er mit dem schwarzen Roß, mit dem Dämon Apaoša. Der Gegenstand des Kampfes ist der See Vonrakaša, der kosmische Ursprung aller Gewässer, von dem alle Gewässer strömen; Ahuramazda hilft, daß die Ströme über die Erde fließen.

Das Schlangenungeheuer Azhi Dahâka ist ein Sohn Ahrimans und der Uda, mit der er im ehelichen Umgang lebt. Im Epos besiegt ihn Feridun (der avestische Thraētona) und kettet ihn fest unter dem Berge Damāvand, nachdem er 1000 Jahre in Babylon (!)[3] geherrscht hat. Am Weltende wird er noch einmal loskommen, um dann endgültig von Keresāspa, der getötet war und zum Leben erweckt ist, vernichtet zu werden. Nach einem andern Mythus erschlägt Keresāspa den „gehörnten Drachen" Azhi Srvara. Nach einem dritten erschlägt er das gehörnte Ungeheuer mit steinernen Händen Snāvidhka; es hatte prahlend (!) erklärt, daß es Himmel und Erde, ja sogar Ahuramazda und Ahriman in Verwirrung bringen werde. Keresāspa kehrt im persischen Nationalepos Schahname wieder als mythischer König und Retter Rustem, dessen Roß (s. zu Sach 6, 1 ff.) die Weltzeitalter darstellt.

---

[1]) So Jackson. Der Kreislauf der sieben Planeten ist also in zwei Hälften geteilt. Je eine Hälfte des Weltalls hat sieben Planeten (Stufenturm nach oben und nach unten nach „babylonischer" Vorstellung).

[2]) Wie deutlich zeigt hier der Mythus den Sinn: Kreislauf durch Tag und Nacht, Sommer und Winter, Weltenjahr.

[3]) Im Avesta ist bawri die Reṣidenz des Dahāki (Yašt 5, 29). Justi erklärt bawri als Babylon (nach Br. Lindner irrtümlich).

Inder.

Im 10. Buch des Rigveda, das vielleicht bereits aus der Zeit der ältesten Brahmana stammt, wird im 129. Hymnus die Weltentstehung besungen [1].

Damals war weder das Seiende, noch das Nichtseiende, weder der Luftraum noch der Himmel jenseits desselben. Wer hat alles dieses so mächtig verhüllt? Wo, in wessen Obhut war das Wasser, der unergründliche Abgrund?

Damals gab es weder Tod noch Unsterblichkeit, weder Tag noch Nacht. Einzig und allein das Eine (Tad, Dieses) hauchte, von keinem Winde bewegt, durch sich selbst; außer ihm gab es kein Anderes.

Finsternis war da, von der Finsternis verdeckt war dieses All im Anfange unterschiedloses Wasser; das Gewaltige, das umhüllt war von dem leeren Raume, das ward allein durch die Macht der inbrünstigen Betrachtung (Tapas) hervorgebracht.

Der Wille (kâma) kam darüber zuerst zustande, des Geistes ursprünglicher Same war er; die Verwandtschaft des Seienden machten die Weisen ausfindig im Nichtseienden, nachdem sie im Herzen danach geforscht hatten.

Von einem zum andern wurde von ihnen das Band gezogen, war es wohl unten oder war es oben? Es waren befruchtende Wesen, es waren Nächte, Selbstwesenheit von der einen, Streben von der anderen Seite.

Wer weiß es in Wahrheit, wer kann es verkünden, woher geboren, woher ist diese Schöpfung; herwärts sind die Götter durch Dieses (Tad) Sendung gelangt, wer aber weiß, woher er selber gekommen?

Der, von dem diese Schöpfung herrührt, sei es, daß er sie geschaffen oder nicht geschaffen, der ihr Hüter ist im höchsten Raume, nur der weiß es oder auch er weiß es nicht.

Hymnus X, 190 berichtet, wie aus Tapas (inbrünstige Betrachtung) sich die Welt entwickelt:

Aus des Tapas Inbrunst entsprang das Gesetz (Ritam) und die Wahrheit (Satyam); darauf entstand die Nacht und das wogende Meer.

Aus dem wogenden Meere ward die Zeit (Samoatsara) geboren, sie setzte fest die Tage und die Nächte, sie, die Macht hat über alles, was die Augen bewegt.

Der Reihe nach bildete der Schöpfer Sonne und Mond, Himmel und Erde, den Luftraum und das Ätherreich.

Hymnus X, 72 setzt eine Theogonie voraus, die an die Emanationen der babylonischen Urwelt erinnert:

Zur Zeit des ersten Göttergeschlechts wurde aus dem Nichtseienden das Seiende geboren. Sodann entstanden aus der Gebärerin die Welträume. Die Welt aus der Gebärerin, die Welträume aus der Welt.

Die Gebärerin ist Aditi, sie erzeugt mit Dakša die Âdityas im Urmeer. In beiden hat sich Tad differenziert. Unter den

[1]) Lukas, Kosmogonien 66ff. Dort die Literatur.

sieben Âdityas, die das gerechte Weltregiment führen, ist der höchste Varuna. Ein andrer ist Mitra, sein Freund. Hier zeigt sich wieder deutlich die astrale Lehre. Varuna ist der Mond als summus deus, Mitra die Sonne [1], die übrigen fünf Âdityas sind die fünf Planeten. Die Morgenröte erscheint als Jungfrau Uša, der der jugendliche Sonnengott folgt. Das Zwillingspaar Ašvin, die licht- und heilbringenden Boten, die den Sonnenwagen ziehen, aber nie paarweise zu sehen sind, sind Morgen- und Abendstern.

Rigveda X, 90 berichtet von der Entstehung der Welt: Aus dem Urwesen Puruša entstehen die Tiere, Wälder und Dörfer, die Rik- und Sâmanlieder, die Metra und das Yajus; die Pferde, die Tiere mit zwei Zahnreihen, die Rinder, Ziegen und Schafe. Aus seinem Munde wurde der Brahmane, aus den Armen die Krieger, aus den Schenkeln die Bauern, aus den Füßen die Sudras; aus dem Geiste der Mond, aus dem Auge die Sonne, aus dem Munde Indra und Agni, aus dem Atem Yâju; aus dem Nabel wurde der Luftraum, aus dem Haupte der Himmel, aus den Füßen die Erde, aus den Ohren die Weltgegenden.

China.

Nach dem chinesischen Dichter Küh-Yüan (starb 294 v. Chr.)[2], der Skulpturen und Traditionen aus Südchina benutzt, gab es „im Anfang oben und unten noch keine Gestalt", nur die „Bilder" (!) waren vorhanden. Im Schan-hai-King verknüpft er mit den Traditionen von der Kanalisierung der Stromläufe kosmologische Spekulationen. Ein geflügelter Drache zeichnet die Flußläufe vor; die Flüsse selbst erscheinen als neunköpfiger Drache, den Yü erschlägt, und aus dessen eingedämmtem Blute er einen Bau errichtet. Derselbe Dichter spielt an eine Gigantomachie an, die Lich-tze (4.—5. Jahrh. v. Chr.) näher berichtet. Einer der Urkaiser kämpft mit Kung-kung. Dieser stößt gegen den Puh-tschon-Berg (Himmelspfeiler), zerhaut die Säulen des Himmels und zerschneidet die Bande der Erde. Deshalb laufen die Gestirne nach Westen und die Flüsse nach Osten, bis die schlangenleibige Kaiserin Kü-kna mit „fünffarbigen Steinen" (!) die Erdsenkung repariert [3].

---

[1]) S. Oldenberg, Religion der Veden 185ff. Vgl. S. 79 Anm. 1.

[2]) Ich verdanke die Angabe der Güte des Professors Conrady.

[3]) Eine jüngere Sage, aber vielleicht aus Südchina stammende Sage, berichtet von Päk-kü, der die Welt aus dem Chaos meißelt, oder aus dessen Leibe die Welt gemacht wird.

Der Y-king erklärt die 64 Linienzeichen des mythischen Fohi. Der Urgegensatz in der Welt wird in der ganzen weißen Linie Yang —— und in der gebrochenen schwarzen Linie Yin —— —— gesehen. ☰ ist das reine Yang, der Himmel, die alles bewegende und leitende Lichtwelt. Ihm gegenüber steht ☷, das reine Yin, die dunkle, empfangende Erde. Die unterste Yang-Linie bezeichnet den Wasserdrachen. Der Himmel ist Vater, die Erde ist Mutter. Durch Vermischung beider entstehen die „tausend Dinge". Aber beide sind Substanz, die Vernunft repräsentiert allein der Mensch, insbesondere der Kaiser, der für den Himmel regiert, und die unwandelbare Ordnung in der Welt, das Gleichgewicht im Mannigfaltigen erhält[1]. Der spätere Mythus redet wohl unter indischem Einfluß viel vom Weltei.

Japan.

Auch die Kosmologie der alten japanischen Religion redet vom Weltei: „In alter Zeit, da Himmel und Erde noch nicht geschieden waren, das Trübe (Ju) und das Klare (Joo) noch nicht geteilt waren, war Tai-Kijok, der Uräther: — es war ein Gemenge, gleich einem Ei. Das Klare schwebte als das Leichte nach außen, nach oben und wurde Himmel; das Schwere, Trübe gerann im Wasser zum Niederschlage und wurde Erde"[2]. Die Haupturkunde der Shinto-Religion ist Kojiki, kodifiziert 712 n. Chr. „nach alten Überlieferungen". Sie lehrt den „Weg der Götter"[3], den Kōtaku (645—654) verachtete, als er die Lehre Buddhas annahm. Sie führt die gegenwärtige Welt auf das Geschwisterpaar Izanagi und Izanami zurück[4]. Auf Geheiß der Götter tauchten beide, auf der Himmelsbrücke stehend (!), einen Edelsteinspeer in das schäumige Wasser der chaotischen Urflut. Aus dem herunterfallenden Tropfen entstand die erste Insel. Bei der Geburt des Feuergottes stirbt die Sonnentochter Izanami, steigt in die Unterwelt (Yomi), Izanagi folgt ihr, um sie auf die Oberwelt zu geleiten[5]. Die „häßlichen Götter" der Unterwelt verfolgen ihn, er wirft, um sich zu retten, seinen

---

1) S. Wuttke, Kosmogonie der heidnischen Völker 16 ff.

2) S. Wuttke l. c. 27; Lange bei Chantepie de la Saussaye, Rel. Gesch.[3].

3) Zu dem Begriff „Weg" s. S. 133.

4) Ihnen ist der zweigipflige Berg (Mond und Sonne) bei Tokyo geweiht, s. S. 22 Anm. 2.

5) S. 34 Anm. 1.

Kopfputz, dann einen Kamm, zuletzt drei Pfirsiche hinter sich[1]. Als er sich von der Befleckung der Unterwelt wäscht, entstehen beim Waschen der beiden Augen Sonne (weiblich) und Mond, beim Waschen der Nase Susanos. Von dem letzteren stammen die Kaiser.

Etrusker.

Bei Suidas findet sich s. v. *Τυρρηνία* als tuskische[2] Lehre, die aus dem tuskischen Geschichtsbuch geschöpft sei, die folgende:

„Der Demiurg habe der Welt zwölf Jahrtausende zum Lebensalter anberaumt, und jedes Tausend unter die Herrschaft eines Tierkreiszeichens gestellt. Sechs Jahrtausende habe die Schöpfung gedauert, sechs solle der Bestand sein. Im ersten sei Himmel und Erde, im zweiten das Firmament, im dritten Meer und Gewässer, dann die beiden großen Lichter, die Seelen der Tiere, zuletzt der Mensch geschaffen worden."

Mit Otfried Müller, Die Etrusker (herausgeg. v. Deecke) II, 38 wird wohl allgemein angenommen, daß die tuskische Lehre von der biblischen Schöpfungsgeschichte abhängig sei. Dieses Urteil war erklärlich, solange man die übrigen altorientalischen Urkunden nicht kannte. Die Etrusker sind Reste der Seevölker. Sie kamen aus der vorderasiatischen Welt. Die Verwandtschaft mit der biblischen Kosmogonie, die durch die Verbindung mit dem Weltzeitalter und Tierkreisbilderzyklus dokumentiert ist, ruht auch hier auf der gemeinsamen Lehre vom Ursprung der Welt und von dem Weltzeitalter. Dabei sind die Duodezimaläonen des Orients in Millennien eingeteilt, wie in der Lehre des Zoroaster, s. S. 148.

Auch auf andern Gebieten zeigen die Etrusker altorientalische Weisheit. Die im Jahre 83 v. Chr. verbrannten sibyllinischen Orakel[3], die dem Schicksalsbuche entsprechen (s.

[1]) Dieses Motiv hat Stucken in allen Ecken der Welt nachgewiesen. Es ist geeignet, die Thesis von den Elementargedanken gründlich ins Wanken zu bringen (vgl. S. 4). Wir fügen noch hinzu den Hinweis auf Papyrus d'Orbinay, wo in der Geschichte von den Brüdern das gleiche Motiv bezeugt ist.

[2]) Tuskisch nennen Lateiner und Umbrer das Volk, das sich in Etrurien niederließ. Die Griechen nennen es Tyrsener oder Tyrrhener. Zur Lemnos-Inschrift vgl. Torp, Die vorgriechische Inschrift von Lemnos, Christiania 1903; vgl. auch Hommel, Gesch. und Geogr. 240.

[3]) Neues Material hierfür bietet, ohne daß Berührungen hervorgehoben werden, die Leipziger Dissert. (1903) von Wülker, Die geschichtliche Entwickelung des Prodigienwesens bei den Römern.

S. 44ff.), zeigten im Gegensatz zu den später neubeschafften die Form der altbabylonischen Omina: „wenn dies geschieht usw." (vgl. Kautzsch, Pseudepigr. II, S. 178, Abs. 2). Sie sind auf etruskischen Ursprung zurückzuführen. Ebenso entspricht die systematische Hervorhebung der Zwölfzahl (und die von den Römern übernommene sescenties) dem altorientalischen System. Die römische Kriegsgeschichte spricht von zwölf Staaten, in die Etrurien eingeteilt gewesen sei; ebenso im Paduslande und im etruskischen Kampanien. Aber die Geschichtsforschung bemüht sich vergeblich, zwölf Bundesglieder auszuzählen, jedenfalls waren es mehr, s. Müller-Deecke I, 320. Auch der Gründer der Zwölfstädte, sowohl im eigentlichen Etrurien als im Padus-

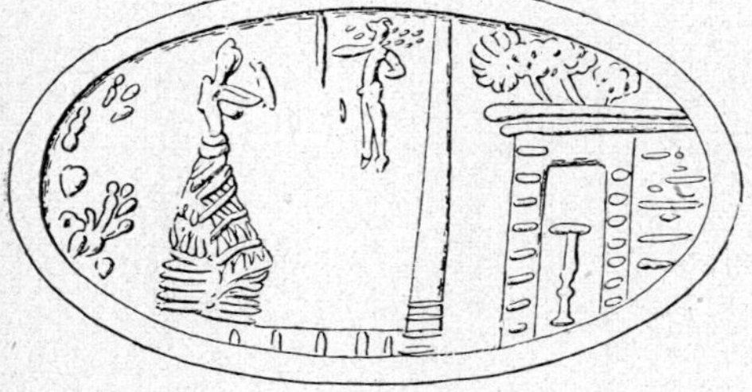

Abb. 62: Theophanie.
Von einem in Knossos gefundenen goldenen Ringe.

Abb. 63: Zeus
von der Ziege Amalthea genährt (?).
Fund aus Knossos. 14. Jahrh. v. Chr.

lande, namens Tarchon, Sohn und Bruder des Tyrrhenos, der Heros eponymos der „urbs florentissima" Tarquinii ist eine mythische Gestalt nach orientalischer Art. — Endlich ist hier die etruskische Wahrsagung aus der Schafsleber zu nennen, die mit der babylonischen verwandt ist[1].

Die hier für die Etrusker bezeugte Kenntnis der altorientalischen Lehre erstreckt sich natürlich auch auf die übrigen Völker der Mittelmeerkulturen. Es sei hier nur auf die Funde aus Knossos und Ilion hingewiesen, von denen Abb. 21 (Nabel der Welt) und Abb. 62 u. 63 Proben geben mögen, auf die wir an anderer Stelle zurückkommen werden. Der „babylonische" Charakter dieser Darstellungen ist von Milani, Bibbia prebabelica (Studi religiosi vol. VI, 1906) behandelt worden.

[1]) Vgl. Abb. zu Ez 21, 26; cf. Zimmern, Beitr. 84, KAT [3] 605; zu den etruskischen Lebern s. Boissier, Note sur un document babyl., Genève 1901; nach Boissier soll sogar der erste Bestandteil des Wortes haruspex auf babyl. ḪAR Leber zurückgehen.

Nordische Kosmogonie.

Aus der Lieder-Edda und der aus ihr schöpfenden Edda des Snorre Sturluson ergibt sich folgende Darstellung:

In Völuspa erzählt die Völve den Menschen, Heimdalls heiligem Geschlecht, von der Urzeit: Im Anfang war weder Sand noch See noch kalte Woge, nicht Erde noch Himmel, nur Ginnungagap („die gähnende Kluft", das Urchaos), doch nirgends Gras, bis die Söhne Burs die Menschenwelt schufen. Sie hoben die Erdscheibe aus dem Meer und schufen Midgard, die von den Menschen bewohnte Welt[1].

Ich heische Gehör von den heil'gen Geschlechtern,
von Heimdalls Kindern, den hohen und niedern;
Walvater Odin wünscht es, so will ich erzählen
der Vorzeit Geschichten aus frühster Erinn'rung.

Zu der Riesen Ahnherrn reicht mein Gedächtnis,
die vor Zeiten erzeugt mich haben;
neun Welten kenn' ich, neun Räume des Weltbaums,
der tief im Innern der Erde wurzelt.

In der Vorzeit war's, als Ymir lebte[2]:
Da war nicht Kies noch Meer noch kalte Woge;
nicht Erde gab es, noch Oberhimmel,
nur gähnende Kluft, doch Gras nirgends.

Da lüpften Burs Söhne die Lande empor
und erschufen den schönen Midgard,
von Süden beschien die Sonne den Boden,
da wuchs auf dem Grunde grünendes Kraut.

Die Sonne von Süden, gesellt dem Monde,
rührte mit der Rechten den Rand des Himmels;
nicht wußte die Sonne, wo sie Wohnung hatte,
der Mond wußte nicht, welche Macht er hatte,
die Sterne wußten nicht, welche Stätte sie hatten.

Da gingen zu Sitze die Götter alle,
die heiligen Herrscher, und hielten Rat:
sie benannten die Nacht, Neumond und Vollmond,
Morgen und Abend, Mittag und Vesper,
die Zeiten all zur Zählung der Jahre.

Im Norden von Ginnungagap war es eisig kalt, im Süden heiß. Im Norden Niflheim und drinnen der Brunnen Hvergelmir, aus dem sich 12 Flüsse von Wasser und Nebel ergießen. Im Süden war Muspellsheim, die helle, heiße Gegend. Durch Ver-

---

[1]) Die folgende Übersetzung aus Hugo Gering, Die Edda.

[2]) Ältere Variante: „als eitel nichts war".

mischung beider entstand der Riese Ymir. Von Ymir kommt das Riesengeschlecht (die der Sintflut vorangehende Heroenzeit!). Unter seinem linken Arm entsteht aus dem Schweiß ein Riesenpaar, die Füße erzeugen den sechsköpfigen Riesen Thrudgelmir. Aus dem tropfenden Reife entsteht auch die Kuh Audumla [1]. Die vier Milchströme ihrer Zitzen ernähren Ymir. Sie selbst nährt sich durch Belecken des salzigen Reifsteins [2]. Als sie leckte, kam eines Mannes Haar zum Vorschein, am zweiten Tage der Kopf, am dritten der ganze Mensch. Sein Name war Buri. Er war der Vater des Bur, der Bestla, die Riesentochter, zur Frau nahm und mit ihr drei Söhne zeugte: Odin, Wili und We.

Diese Trias der Söhne Burs tötet Ymir, und sie ertränkten in seinem Blute die Reifriesen. Nur Bergelmir entkam, der Sohn jenes sechshäuptigen Thrudgelmir. Er wurde bei der blutigen Sintflut [3] in ein Boot gelegt.

Aus Ymirs Fleisch erschaffen die Söhne Burs die Welt:

Aus Ymirs Fleisch ward die Erde geschaffen,
aus dem Blute das brausende Meer,
die Berge aus dem Gebein, die Bäume aus den Haaren,
aus dem Schädel das schimmernde Himmelsdach.
Doch aus seinen Wimpern schufen weise Götter
Midgard dem Menschengeschlecht;
aus dem Hirne endlich sind all die hartgesinnten Wetterwolken
gemacht.

Wir haben in dieser Kosmogonie und der mit ihr zusammenhängenden Lehre von dem Weltzeitalter, Drachenkampf, Welterneuung Zug um Zug die altorientalische Lehre in höchst eigenartiger, nationaler Ausprägung. E. H. Meyer, 434ff., nimmt Beeinflussung durch antike Gelehrsamkeit an; in der Wala findet er die Sophia des alexandrinischen Judentums; der Riese Thrudgelmir soll aus der Orphitenlehre stammen; Platos Timaeus soll seine Einflüsse ausgeübt haben. Mogk, Germanische Mythologie 147ff. lehnt dies mit Recht ab. Es wäre ja auch zu bedenken, daß die genannten Quellen auf die gleiche altorientalische Lehre zurückgehen. Golther, S. 518, zieht selbständige, unabhängige Entstehung vor, aber er fällt in die alte Theorie zurück, wenn er 531 den Weltbaum Yggdrasil für eine Nachahmung des christlichen Kreuzesbaumes ausgibt. An anderer Stelle ist Golther auf richtiger Fährte, wenn er zur Annahme

---

[1]) Vgl. zu dieser Repräsentation der Muttergöttin (die übliche Erklärung als Naß und Fruchtbarkeit spendende Wolke mag späterer poetischer Ausdeutung entsprechen, der ursprüngliche Sinn des Mythus ist ein anderer) S. 108.

[2]) Das Salz ist nach nordischer Auffassung der Urquell alles geistigen Lebens.

[3]) Vgl. den Hathor-Mythus im ägyptischen „Kuhbuch" Kap. IX.

von „Entlehnung“ neigt (richtiger: Wanderung der Lehre). Er sagt 502: „Wenn sich Gleichungen in einer zusammenhängenden, stufenreichen und sinnvollen Reihenfolge von Schöpfungsakten einstellen, wenn Einzelheiten, die einem kunstvollen, willkürlichen Gedankengang entspringen, zusammenstimmen, so liegt die Annahme der Entlehnung nahe.“ Aus der sehr instruktiven Einleitung Golthers kann man lernen, daß die germanische Mythologie jenseits Jakob Grimm, ihn selbst teilweise mit eingeschlossen, auf der richtigen Fährte war, ehe das altorientalische Material vorlag. Mit noch viel größerer Vorsicht ist die Behauptung biblischer Beeinflussung aufzunehmen. Nur für Einzelzüge könnte das gelten. Nach Meyer 434ff. ist die gesamte Kosmogonie eine Umdichtung der biblischen Schöpfungsgeschichte[1]. Auch in der fränkisch-germanischen Mythologie finden wir die altorientalische Lehre. Wir haben das S. 79f. für die Göttertrias gezeigt, bei der Caesar und Tacitus nicht in Widerspruch stehen, und werden weitere Nachweise bei der Menschenschöpfung, beim Weltbaum bringen (s. das Register).

Das Wessobrunner Gebet (8. oder 9. Jahrh. n. Chr.) beginnt im Tone der Sibylle mit dem Fragment einer Kosmogonie:

> „Dies erfuhr ich als höchstes Wissen von den Lebenden. Als weder die Erde, noch der Himmel darüber, als weder Baum noch Berg war, die Sonne nicht schien, der Mond nicht leuchtete, als der vielberühmte See, als nichts der Enden und Grenzen vorhanden war, da war schon der eine allmächtige Gott, der Männer wildester, da waren mit ihm schon die Menge der göttlichen Geister.“

Man wird nach dem hier beigebrachten Material, das eine durch die Welt gewanderte Lehre von der Weltentstehung bezeugt, kaum mehr geneigt sein, Wackernagel zuzustimmen, der das Gebet für den Anfang einer Übersetzung von 1 Mos 1 hielt, wenn es auch sicher im Sinne des Glaubens an den einen allmächtigen Gott und durch Vergleichung mit der biblischen Geschichte christianisiert ist. Auch ist es nicht ausgeschlossen, daß mittelalterliche Ausmalungen der Schöpfungsgeschichte, die wiederum vom Orient beeinflußt sein können, Stoff geliefert haben. Lucas l. c. stellt das Gebet jedenfalls mit Recht mit den Kosmogonien der Edda zusammen, und Müllenhoff, Deutsche Altertumskunde S. 68 wird mit seiner Vermutung recht haben, nach der das Gedicht in seiner verloren gegangenen Fortsetzung auch den Weltuntergang geschildert haben dürfte.

---

[1]) Zu den Quellen und zur Übersetzung s. Golther, Handb. der germ. Myth. 517. Es ist das also die nachsintflutliche Welt. Daß die Sintflut parallel ist zum Urchaos und aus ihr eine neue Welt entsteht, entspricht der Lehre. Näheres darüber im Kapitel Sintflut. In der oben nach Völuspa geschilderten Weltschöpfung sind die Äonen vermischt.

Viertes Kapitel.

Der biblische Schöpfungsbericht.

1 Mos 1—2, 3.

Die aus der sog. Priesterschrift stammende Schöpfungsgeschichte des Himmels und der Erde umfaßt die folgenden Stücke:

1. Im Urzustand ist die Welt Tehom (Tohu und Bohu), d. i. das Urwasser.

2. Über Tehom war Finsternis, über majim „brütet" der Geist Gottes.

3. Die Schöpfung geht aus dem Urwasser hervor durch das Wort Gottes.

4. Die Schöpfung vollzieht sich nun nicht als Resultat dieses „Brütens", sondern in sieben bez. acht durch das Wort Gottes hervorgerufenen Schöpferakten, die sich auf sechs Tagewerke verteilen. Siebenmal sagt Gott dabei, daß es gut war, dreimal heißt es: „er segnete":

a) Es wird Licht.

b) Es wird eine Raḳîʿa geschaffen, die „das Urwasser" (Tehom) in „obere Wasser" und „untere Wasser" scheidet;

c) aus dem „unteren Wasser" tritt das Festland hervor und wird mit Gras, Pflanzen und Bäumen bekleidet;

d) an der Raḳîʿa des Himmels werden Sonne, Mond und Sterne angebracht, die als Merkzeichen dienen und nach denen Zeiträume und Tage und Jahre bestimmt werden sollen.

e) Wasser und Luft werden mit Tieren belebt.

f) Das Festland wird mit Haustieren, Gewürm und wilden Tieren bevölkert.

g) Die Menschen werden geschaffen nach Gottes Bild als Mann und Weib.

5. Gott ruht am siebenten Tage und heiligt den siebenten Tag.

Der Verfasser von 1 Mos 1 ist ein religiöser Reformator[1]. Er kennt das altorientalische Weltbild.

[1]) Über die Veranlassung zu den Urgeschichten und über das Verhältnis von Mythologie und Geschichte s. bereits S. 74.

Denn dieses Weltbild entspricht der Wissenschaft der damaligen Zeit in demselben Sinne, in dem unsre heutige Wissenschaft von Tertiärzeit, Diluvialzeit etc. redet, nur daß jene Wissenschaft einheitlicher und stabiler war als die unsrige, und daß sie mit ihren kosmischen Spekulationen einen weiteren Horizont hatte, als die heutige rein tellurische Weltbetrachtung. Aber der biblische Erzähler bekümmert sich um die Spekulationen nicht näher, ja er mißachtet sie und polemisiert wohl gelegentlich im stillen gegen die mythologische Gestaltung der Lehre, obwohl er als ein Kind seiner Zeit sie selbst nicht ganz vermeiden kann. Ihm kommt es auf Darstellung religiöser Gedanken an, und er erfüllt alte Formen mit neuem Inhalt[1].

Für die einzelnen Punkte ist folgendes Material zur Vergleichung heranzuziehen:

Zu 1. Im Anfang schuf Gott Himmel und Erde, und die Erde war tohu wa bohu. Diese „Erde", von der 1 Mos 1, 2 spricht, kann nicht unsre „Erde" sein, wie die spätere Entfaltung des Begriffes zeigt. Aus der Erde = Tohu und Bohu entsteht ja hernach das dreigeteilte irdische All: der Lufthimmel, die Erde, das Meer. Dann wird also auch in dem Worte „die Himmel" (im Anfang schuf Gott Himmel und Erde) das dreigeteilte himmlische All sich verbergen, wenn auch später die Trennung nicht aufrechterhalten wird. Es fehlen dem Erzähler die Worte, ebenso wie z. B. den Griechen, die Uranos und Gäa sagen, und damit die gesamte obere und die untere Welt bezeichnen. Die orientalischen Kosmogonien haben dafür künstliche mythologische Personifikationen, die die vereinfachte Darstellung nicht wiedergeben kann.

Das irdische All ist also chaotische Urflut. Die Lehre vom chaotischen Urwasser fanden wir in sämtlichen altorientalischen Kosmogonien. Aus dem Urmeer steigen die Welten empor, s. S. 6.

---

[1]) Wir schicken diesen Grundgedanken, den ATAO[1] in einem späteren Kapitel (S. 77ff.) ausgeführt hatte, zum Verständnis voraus. S. jetzt auch Winckler F III, 386 f., der sich in gleichem Sinne ausspricht. Die Erzähler der Urgeschichten knüpfen an die Wissenschaft ihrer Zeit an, wie wenn etwa ein moderner Theologe, von der Darwinischen Weltentwickelung überzeugt, die Deszendenztheorie zur Grundlage eines Predigt-Vortrags über Weltschöpfung machen würde. Eine lyrisch-religiöse Weltbetrachtung, die sich wiederum an 1 Mos 1 anschließt, liegt bekanntlich Ps 104 vor.

Das Wort Tehom, der Name für die Urflut (ohne Artikel, also personifiziert gedacht), entspricht einerseits dem babylonischen Worte tâmtu „Meer“, das in dem S. 129ff. besprochenen babylonischen Schöpfungsberichte die Urflut bezeichnet, die (vgl. 2 Pt 3, 5) die spätere himmlische und irdische Welt umfaßt; andrerseits dem mythologischen Begriff Tiâmat, dem drachenartigen Ungeheuer, dessen Besiegung durch den Lichtgott Marduk im babylonischen Epos Enuma eliš der Welt-Neuschöpfung vorausgeht. In dem Worte steckt ein Rest der Mythologisierung der Lehre, die dem Verfasser wohl bekannt ist, die er aber vermeiden will. Noch deutlicher zeigt sich die Mythologie in der Bezeichnung Tohu und Bohu. Wie Tohu Ti(h)âmat entspricht, so klingt Bohu an Behemot (behemat) an, den Namen eines andren Chaosungeheuers. Beim Kampfe Marduks stellen zwei Ungeheuer das Chaos dar, Kingu und Tiâmat, s. S. 133. Ihnen entsprechen am Globus die Drachen am Nordhimmel und Südhimmel der Sternkarte[1].

Tohu und Bohu gehören der Urwelt an. Die phönizische Báu, die nach Philo die Mutter der Urmenschen ist, und die babylonische Muttergöttin Báu[2] „entsprechen“ Bohu, sie gehören aber dem gegenwärtigen Weltäon an.

Zu 2. In dem Bilde „der Geist Gottes brütet“ verbirgt sich ebenfalls ein Stück altorientalischer Lehre in mythologischer Gestalt. Der weltschaffende „Geist Gottes“ ist im höheren Sinne das, was in der babylonischen Lehre Mummu (nach Damascius *Μωυμις,* „die intelligible Welt“ ist, s. S. 6f. 83. Es ist die Sophia, die nach Spr 8, 22ff. (S. 173) in der Urflut wohnt und die bei der Weltschöpfung wirksam ist. Das Brüten ist der formale Rest einer mythologischen Aussage. Nach einem ägyptischen Mythus (s. Brugsch, Religion 161) soll der Bildner Chnum auf der Töpferscheibe das Ei[3] modellieren, welches das Licht in sich trägt.

---

[1]) S. Lepsius, Reich Christi 1903, 227 der für Bohu = behemot, ägypt. p-ehe-mau auf den ägyptischen Himmelsglobus weist, der an Stelle des nördlichen Drachens unsers Globus das Nilpferd zeigt. Daß der Verfasser von 1 Mos 1 die Chaosungeheuer kennt, zeigt die Erwähnung der Tanninim bei den Wassertieren, s. unten S. 166.

[2]) Wenn Hommels Gleichung der Göttin Gur = Bau (Semiten 364 und 379) sich doch bewährt, so ist II R 54, Nr. 3, 18 von Bedeutung, wo ilu Gur = Am-utu-an-ki „Mutter, die Himmel und Erde geboren“ (s. Stucken, Astralmythen S. 71) sich findet.

[3]) Vgl. S. 167. Zum Weltei der phönizischen Kosmogonie s. oben S. 142. Zum indischen und chinesischen Weltei etc. S. 153, zum indischen

Zu 3. In einer mythologischen Darstellung würde die entstehende Welt als Resultat des „Brütens des Geistes" dargestellt sein. Aber der religiöse Gedanke durchbricht die Form. Die Welt entsteht durch das Wort des unabhängig von der Welt und erhaben über der Welt waltenden Gottes. Hier ist nichts von Theogonie zu finden. Die Sicherheit, mit der hier „Gott" gesagt wird, hebt die biblische Schöpfungslehre hoch empor über jede orientalische Kosmogonie.

Daß auch im Babylonischen der Gedanke eines Schöpferwerkes durch das Wort der Gottheit auftauchen konnte, mag andererseits als Beweis für das hohe geistige Niveau der babylonischen Religion gelten. Als Marduk in der Götterversammlung zum Rächer an Tiâmat und zum Himmelsherrn bestimmt ist, dem „die Königsherrschaft über das ganze All insgesamt zukommen soll", soll er durch ein Wunderzeichen seine Herrschaft inaugurieren:

„Sie stellten in ihren Kreis ein „Gewand",
sprachen zu Marduk, ihrem Erstgebornen:
deine Schicksals(bestimmung), o Herr, stehe vor (der) der Götter!
Vernichten und schaffen befiehl, so soll es werden!
Wenn dein Mund sich auftut, soll das Gewand vergehen!
Befiehl ihm wieder, so soll das Gewand (wieder) unversehrt sein!
Da befahl er mit seinem Munde, da war das Gewand vernichtet,
er befahl ihm wieder, da war das Gewand (wieder) geschaffen.
Wie die Götter, seine Väter, sahen, was aus seinem Munde ausging,
freuten sie sich, huldigten: Marduk ist König!"

Die Sache klingt kindisch, aber es liegt ihr ein tieferer Sinn zugrunde. Die Stelle gehört zu denen, in welchen der Rezitator Dinge, die den Hörern bekannt sind oder die umgekehrt vielleicht als Mysterium gelten, nur andeutet. Das „Gewand" kann nicht ein einfaches Kleid sein. Dazu paßt das folgende „unversehrt sein" nicht. Es wird sich um ein kosmisches Kleid handeln, das der Schicksalsbestimmung dient. Marduks Kleid Abb. 20 zeigt kosmische Figuren, die jedenfalls die Herrschaft über die Weltgeschicke darstellen. Wir werden bei Besprechung des biblischen Ephod und des hohenpriesterlichen Kleides mit seinen kosmischen Verzierungen (s. zu 2 Mos 28, 31 ff.) die gleiche Vorstellung finden. Die Krönungsmäntel, die sich einige der deutschen mittelalterlichen Kaiser „mit Darstellungen aus der Apokalypse" in Byzanz anfertigen ließen, werden ebenfalls die Weltherrschaft bedeutet haben.

---

speziell die höchst interessanten Bilder aus Niklas Müller, Glauben, Wissen und Kunst der Hindu, Mainz 1822.

Zu 4a. Im Lapidarstil berichtet der biblische Erzähler: „*Und Gott sprach: Es werde Licht! Und es ward Licht!*“ Die heidnischen Kosmogonien sprechen in der uns überlieferten mythologischen Form von einem phantastischen Sieg des Lichtgottes über das finstere Urchaos. Denn die Welt ist aus dem Urchaos hervorgegangen, wie die neue Welt im Frühjahr nach Besiegung des Winterdrachens aus der Winterflut emporsteigt.

Daß Marduk als Lichtspender erscheint, gewinnt eine besondere Bedeutung, wenn man bedenkt, daß in der babylonischen Lehre Marduk, der Bringer des Lichts, als Sohn Eas mit Adapa, dem zêr amelûti, „dem Sproß der Menschheit“, der auch das neue Zeitalter bringen wird, gleichgesetzt wird (s. S. 97 und 82). Auch an die biblische Lichtschöpfung, die der Sonne vorausgeht, haben sich bekanntlich Spekulationen von einem Schöpfungsvermittler angeschlossen, wenn sie sich nicht gar ursprünglich dahinter verbergen. Im 104. Psalm, der die sieben Schöpfungsakte lyrisch widerspiegelt, wird der erste Schöpfungsakt mit den Worten angedeutet: „der sich in Licht hüllt, wie in einen Mantel“ und im Prolog des Johannesevangeliums, das absichtlich an 1 Mos 1 anknüpft („im Anfang“) wird das Leben des Logos als das Licht charakterisiert, das von jeher alle göttliche Schöpfung durchwaltet; der erhöhte Christus der Apokalypse, der den Drachen besiegt und die neue Welt schafft, heißt Apk 3, 14 „Urgrund der Schöpfung Gottes“[1]. Das Licht geht also mit gutem Grunde Sonne und Mond voraus, vgl. Jes 60, 20; Apk 22, 5 und 21, 23, wo das Licht vom *ἀρνίου* ausgeht[2].

Zu den Zahlen 7 und 3 s. S. 57 ff. Im Epos Enuma eliš, das auf sieben Tafeln verteilt ist, läßt sich die Zahl der Schöpferwerke bei dem fragmentarischen Charakter der Tafeln nicht feststellen. Die Reihenfolge scheint nach den Aufzählungen im Lobpreis des Marduk auf der letzten Tafel so ziemlich mit der des biblischen Sechstagewerkes zu stimmen. Auch die Schöpfungswerke des babylonischen Schöpfungs**berichts** (S. 129 ff.) erinnern an die Reihenfolge in 1 Mos 1, nur daß im babylonischen Berichte der Mensch vorangeht, was andrerseits

---

[1]) Marduk als Sohn Eas entspricht also dem Logos als dem Mittler der Schöpfung. Wenn andrerseits Mummu (= Ea, s. S. 9) als *νοητὸς κόσμος* dem Logos entspricht, so ist das kein Widerspruch. Der Sohn entspricht dem Vater im neuen Weltäon. S. hierzu S. 82 f. Anm. 4.

[2]) „Widder“ = Christus, s. S. 69 BNT 16. Der Deutung Wincklers F. III, 282 kann ich mich nicht anschließen.

zu 1 Mos 2 stimmt. Die S. 154ff. mitgeteilte etruskische Lehre stimmt überein, ebenso der indische Bericht und der persische im Bundeheš, s. S. 147ff. und 151f., vgl. auch das Wessobrunner Gebet S. 158.

Zu 4b. Entstehung des raḳîaʿ zur Trennung der oberen und unteren Wasser. Eine Spur von der Dreiteilung des himmlischen Alls, das wir in dem Begriff „Himmel" S. 160 fanden, steckt in dem Begriffe raḳîaʿ. Es ist dasselbe Wort, das Ez 1, 22ff., 10, 1 die Basis des göttlichen Thronwagens bezeichnet, der von vier Keruben, den Repräsentanten der vier Weltecken, getragen wird. Wenn der Erzähler v. 8 sagt: „Gott nannte den raḳîaʿ, der die oberen und unteren Wasser trennen sollte, ‚Himmel'", so kann nicht der „Himmel" in unserm Sinne gemeint sein[1]. Raḳîaʿ heißt das „Festgestampfte", die Aufschüttung, entsprechend babylonisch šupuk. Es wird ausdrücklich „raḳîaʿ des Himmels" (das ist babylonisch šupuk šamê) gesagt v. 14. 17. 20, und v. 14ff. entstehen am raḳîaʿ Sonne und Mond und kokabim („Sterne", speziell ist wohl an die Planeten gedacht) „als Merkzeichen". Daß der Verfasser von 1 Mos 1 die doppelte raḳîaʿ kannte[2], ist durch den Ausdruck raḳîa ha šamaim bewiesen. Raḳîaʿ als himmlisches Erdreich ist also der Tierkreis; denn am Tierkreis wandeln die Zeitbestimmer. Für das alte Weltbild ist der Tierkreis als Offenbarungsstätte der Gestirne so wichtig, daß die andern Gebiete der himmlischen Welt in den Hintergrund treten. Raḳîaʿ wird einfach für „Himmel" gesetzt[3]. Auf das mythologische himmlische All wird dann in 1 Mos 1 völlig verzichtet. An seine Stelle ist der lebendige Gott getreten, der als Schöpfer dem Himmel und der Erde majestätisch gegenübersteht[4].

---

[1]) S. S. 136 Anm. 4.

[2]) Chagiga 12[b]: „Es gibt zwei raḳîaʿ nach 5 Mos 10, 14." Ib. 12[a]: „In die raḳîaʿ sind Sonne, Mond, Planeten und Tierkreisbilder eingesenkt." Vgl. auch den hebr. Text von Si 41.

[3]) 1 Mos 1, 20 sollen die Vögel (Ps 104, 12 „Vögel des Himmels") „hinfliegen am raḳîaʿ des Himmels", das heißt an der uns zugewendeten Vorderseite der himmlischen Welt, die durch den Tierkreis repräsentiert ist. Der Glossator hat als Glosse vorgesetzt: „über der Erde".

[4]) Ich habe die Ausführungen aus ATAO[1] 78 wesentlich unverändert stehen lassen, bitte aber, jetzt Winckler F. III, 387f. (Glossen zur Genesis) nachzuprüfen, der meint, daß v. 6, wo der raḳîaʿ geschaffen wird, in der Mitte der Wasser, um Wasser und Wasser zu trennen, das irdische Erdreich, der irdische raḳîaʿ gemeint ist, der als Aufschüttung entsteht, wie die Erde und der Tierkreis im babylonischen Schöpfungsbericht S. 129ff.

Zum raḳîaʿ als Tierkreis in der Bibel vgl. noch S. 174.

Zu 4c. Aus der noch immer die irdische Erde umfassenden Urflut tritt das trockene Land hervor, die eigentliche Erde (hebr. têbêl, assyr. nabalu oder tannînu). Genau so wird im babylonischen Schöpfungsbericht (S. 129ff.) die Erde auf dem Wasserreich aufgebaut. Ebenso wird Ps 24, 2 die Erde aufs Meer gegründet und auf Fluten aufgestellt, wie sie im babylonischen Bericht aus Rohr und Erdmasse auf dem Wasser gebaut wird, s. S. 130. In einer assyrischen Rezension des Marduk-Mythus, in dem Aššur, der Hauptgott der Assyrer, die Rolle des Weltschöpfers spielt[1], wird der Erdboden (ḳaḳḳaru) „über dem Ozean und gegenüber Ešara" geschaffen. Daß auch die fehlenden Stücke des Epos Enuma eliš Ähnliches erzählt haben, zeigt der Schluß-Hymnus, der von Marduk sagt, er habe den ašru (hier die „himmlische Erde")[2] geschaffen und (gegenüber dem ašru) den dannînu bez. tannînu gebildet, d. i. das irdische Festland[3]:

> Weil er den ašru geschaffen, die Erde gebildet hat, hat ihn Vater Bel „Herr der Länder" genannt. (Taf. VII, 115f.)

Die Erschaffung des Pflanzenwuchses schilderte ebenfalls der S. 129ff. besprochene babylonische Schöpfungsbericht.

Daß auch das Epos Enuma eliš diesen Schöpferakt schilderte, zeigt nach einem neu gefundenen Fragment der Schluß-Hymnus der VII. Tafel, der Marduk auch als Schöpfer der Pflanzenwelt preist[4].

Der Verfasser von 1 Mos 1 habe dann die Vorstellungen nicht klar auseinandergehalten und den irdischen raḳîaʿ an den Himmel versetzt. Die sehr scharfsinnigen Ausführungen von J. Lepsius, Reich Christi 1903 S. 227f. werden danach zu rektifizieren sein. Lepsius nimmt übrigens an, daß v. 14—18 ursprünglich hinter v. 8 gehören.

[1]) K 3445 + Rm 396, veröffentlicht Cun. Texts XIII, 24f., von Delitzsch, Das babylonische Weltschöpfungsepos unter Nr. 20 versuchsweise zu Enuma eliš gerechnet. Aššur ist hier von den Priestern von Niniveh mit Anšar (doch wohl nur künstlich) gleich gesetzt, der zu den Göttern der Urwelt gehörte, s. S. 133, um seine Rolle plausibel zu machen. Zu der assyrischen Reklamierung der Weltschöpferwürde s. auch oben S. 140f. und vgl. schon Zimmern KAT[3] S. 351 und 496.

[2]) S. zu Sintfl. Z. 127 in Kap. IX; ašru (ašratum) als „irdisches Erdreich" S. 136.

[3]) S. S. 136 Anm. 7.

[4]) KT 125; das Fragment V R 21, Nr. 4 (Delitzsch, Weltschöpfungsepos S. 152) „kommentiert" diese vier Zeilen des Marduk-Hymnus. Die Bemerkung Zimmerns KAT[3] 510 betr. die Erschaffung der fruchttragenden Erde im babylonischen ist hinfällig, da ešara nicht die Erde, sondern den „Olymp" bedeutet.

Zu 4d. Die Anschauung von den Sternen als geistigen Wesen ist fast ausgetilgt. Es leuchtet durch in dem Ausdruck „Herrschaft von Sonne und Mond" 1, 16 und 2, 1 „Himmel und Erde mit ihrem ganzen Heer".

Vgl. Ri 5, 20: Vom Himmel her kämpften die Sterne, von ihren Bahnen aus kämpften sie wider Sisera. Auch in den Stellen, die Sterne als mächtige Herrscher auffassen, wie Jes 40, 26; Hi 38, 7; 5 Mos 4, 19 und im Vergleich des Königs mit einem Stern, wie 4 Mos 24, 17; Jes 14, 12 mag sich die Anschauung verbergen. Zur ganzen Materie s. mein BNT 83 ff. Die mythologische Vorstellung von der Sonne, die als jugendlicher Held am Morgen das Brautgemach verläßt, ist Ps 19, 6 poetisch verwendet, s. S. 106.

Während die mythologische Bedeutung der Sterne verschwunden ist, ist die astrologische Bedeutung, von der wir die gesamte babylonische Anschauung beherrscht fanden, wenigstens v. 14f. noch erkennbar („sie sollen zu Merkzeichen dienen"). Die ôtôt sind astrale Vorzeichen, vor deren Mißbrauch Jer. 10,2 warnt — v. 17f. ist auch die letzte Spur verschwunden, wie in dem Hymnus auf Sonne, Mond und Sterne Si 43, 1 ff.

Zur babylonischen Gestirnschöpfung s. S. 27f. u. 130f.

Zu 4e. Unter den Wassertieren erscheinen die Tanninim, die „Seeschlangen". Der alte Orient denkt sich das Meer, weil es Unterweltscharakter trägt (S. 8. 14f.), mit Ungeheuern bevölkert, wie die Reliefs von Niniveh zeigen. Daß hier ein Anklang an das Chaosungeheuer zu suchen ist, könnte man nach Ps 74, 13 (s. S. 179) befürworten. Ps 104, 26 (nach 1 Mos 1 gedichtet) nennt den Leviathan als Meerungeheuer[1].

Zu 4f vergleiche die Erschaffung der Tiere in einem babylonischen Fragment S. 75 und in dem babylonischen Schöpfungsbericht S. 130f.

Zu 4g Menschenschöpfung.

Zur Vorstellung von der Menschen-Erschaffung ist ein reichhaltiges babylonisches Material vorzulegen. Die Menschenschöpfung wird in der babylonischen religiösen Vorstellungswelt Ea zugeschrieben und Aruru, einer Erscheinungsform der Muttergöttin; sodann dem Marduk von Eridu, dem Sohne Eas, dem Demiurgen, der andrerseits selbst „Urmensch" (Adapa = Adam[2],

---

[1]) Wie es scheint, allerdings nachträglich eingesetzt. Die Stelle macht im masoretischen Text einen ungeschickten Eindruck.

[2]) *ΑΔΑΜ, ΑΔΑΠ,* vielleicht absichtlich differenziert. S. Stucken, Astralmythen 60. 71; Zimmern KAT[3] 523; Winckler F. III, 2976. K 3459,

zêr amêlûti, „Sproß der Menschheit“) ist; endlich der Muttergöttin Ištar selbst. Das Material, aus dem der Mensch geschaffen wird, ist ṭîṭu „Lehm“; ṭîṭu iḳtariṣ, „er kniff Lehm ab“, heißt es bei einer der Menschenschöpfungen, wörtlich wie Hi 33, 6, vgl. 1, 21[1]. Von einem Menschen, der gestorben ist, heißt es, sein Leben sei „zu Erde“ (ṭîṭiš) geworden. Ea heißt deshalb II R 58, Nr. 5, 57 der „Töpfer“. Diese Vorstellung ist im Ägyptischen noch weiter ausgebildet, wo der Menschenbildner an der Töpferscheibe sitzend dargestellt wird[2]. Den Gedanken einer Erschaffung „nach dem Bilde“ der Gottheit kennt ebenfalls die babylonische Lehre, wenn auch ohne die tiefe religiöse Reflexion, die dem hymnenartigen Spruche 1 Mos 1, 26f. zugrunde liegt. Bei der Erschaffung des Eabani, bei der Aruru „Lehm abkneift“, heißt es (S. 170), sie habe vorher „in ihrem Herzen ein zikru des Gottes Anu geschaffen“, und in einem andern Text (S. 171) erschafft die Ištar (Mami, Cod. Hamm. III, 27 ff. Ma-ma, s. S. 171) sieben Männlein und Weiblein miḫruša, wohl „als ihr Gegenstück“[3]. Von der geistigen Ausstattung des Menschen redet die Erzählung von der Erschaffung des Adapa.

Die folgenden Texte und Fragmente der Keilschriftliteratur kommen für Adapa in Betracht:

---

col. II, 12 (AB V, 320) scheint adapu Epitheton Marduks zu sein. Marduk ist Sohn Eas in der vorweltlichen Theogonie; Adapa ist die entsprechende Erscheinung im Heroenzeitalter, Adam im Menschenzeitalter.

[1]) S. mein Izdubar-Nimrod, 1891, S. 46. Vgl. auch Ps 139, 15, Hen 2, 7. Weitere Belege zur Erschaffung aus ṭîṭu s. bei Zimmern KAT[3] 506.

[2]) S. 147 u. 161 und Abb. 61. Die Vorstellung vom „Erdgeborenen“ geht durch die ganze Welt. Der erste indische Mensch Purša, der sonst auch zuerst statt Brahma aus dem Weltei hervorgeht, soll nach Dharma Schâstra (Gesetzbuchkommentar) auf Befehl Wischnus aus der Erde hervorgegangen sein, worauf ihm Gott das Leben (die Seele) gegeben habe, so daß er seinen Schöpfer erkennen und anbeten konnte (s. Lueken, Die Traditionen des Menschengeschlechts[2], S. 57). Im chinesischen Fong-su-tong heißt es: „Als Himmel und Erde erschaffen waren, fehlte noch der Mensch. Niu-hoa (der Demiurg) nahm gelbe Erde und bildete daraus den Menschen.“ — Bei den Griechen bildet Prometheus in einem dem Hesiod zugeschriebenen Fragment den ersten Menschen aus Lehm, und Minerva gibt ihm die Seele; Aristophanes (Aves 686) nennt die Menschen „Gebild aus Lehm“; Pausanias (10, 4) „sah noch die Lehm-Reliquie des Prometheus in einer Kapelle in Phokis“.

[3]) So Zimmern KAT[3] 506, vgl. Jensen KB VI, 546. Höllenfahrt der Ištar, wo auch Ea, ehe er den Götterboten schafft, erst ein Bild in seinem Herzen schuf, s. unten S. 170.

1. Die Adapa-Legende, die unter den aus Kanaan und Babylonien stammenden Texten in Amarna gefunden wurde[1].

Der Bericht über den eigentlichen Schöpfungsakt ist nicht erhalten. Auf dem erhaltenen Fragment wird erzählt, daß Ea seinem Geschöpfe „göttliche“ Vollmacht verlieh, einen weiten Sinn, zu offenbaren die Gestaltungen des Landes, daß er ihm Weisheit gab — nicht aber gab er ihm ewiges Leben — und daß er ihn, das Kind von Eridu, wie einen Weisen (?)[2] unter den Menschen schuf. Weiter erfahren wir, daß er als ein „Weiser und Übergescheiter“ (abkallu und atraḫâsis)[3] mit allerlei priesterlichen Funktionen betraut wird und als göttlicher Bäcker und Mundschenk waltet[4]. Mit dem Bäcker von Eridu besorgt er das Backen, täglich versorgt er Brot und Wasser für Eridu, mit seiner reinen Hand versorgt er die Schüssel, keine Schüssel wird ohne ihn zubereitet, täglich besteigt er das Schiff und geht auf den Fischfang für Eridu: wenn Ea auf seinem Lager sich ausstreckt, verläßt Adapa Eridu und fährt auf einem Schiffe während der Nacht umher, um Fische zu fangen. Aus den Fragmenten, die Adapas späteres Geschick erzählen, erfahren wir, daß der Himmelsgott Anu darüber sinnt, wie diesem Geschöpf, das an einer Stelle ausdrücklich als „Sproß der Menschheit“ bezeichnet wird, auch noch die Gabe des ewigen Lebens gegeben werden könnte. Als er eines Tages auf den Fischfang fuhr, warf der Südwind plötzlich sein Schiff um, und er fiel ins Meer. Aus Rache zerbrach er dem Südwind (Vogel Zû) die Flügel, daß er sieben Tage nicht wehen konnte. Anu, der Himmelsgott, fordert Rechenschaft und sagt: „Kein Erbarmen!“ Auf Fürbitten der Torwächter Tammuz und Gišzida besänftigt Anu seinen Zorn und befiehlt, ihm ein Gastmahl zu bereiten, ein Feierkleid ihm zu reichen und Öl zur Salbung; Kleidung und Öl nimmt er an, aber Speise und Trank schlägt er aus. Ea hatte ihn gewarnt: „Wenn du vor Anu hintrittst, Speise des Todes wird man dir reichen: iß nicht davon! Wasser des Todes wird man dir reichen: trink nicht davon! Ein Gewand wird man dir reichen: ziehe es an! Öl wird man dir hinhalten: salbe dich damit[5].“ Aber siehe da, es war Lebensspeise und Lebenswasser! Anu bricht in Staunen aus. Er hat dem Menschen, den sein Schöpfer Ea das Innere des Himmels und der Erde schauen ließ (d. h. mit Kenntnis der Mysterien ausgestattet hat, s. S. 76 f.), auch noch die Unsterblichkeit geben wollen. Der „Götterneid“ hat ihn betrogen[6].

Dieser Text ist mit diplomatischen Aktenstücken gleich dem Eriškigal-Mythus an den ägyptischen König gelegentlich

---

[1]) Vollständige Transkription und Übersetzung bei Jensen KB VI, 92 ff.

[2]) S. Jensen KB VI, 406. Sowohl der göttliche Sohn Eas, Marduk, wie der menschliche Sohn Adapa sind abkallu.

[3]) Umkehrung Ḫasis-atra (Xisuthros) bei Berosus. Epitheton des Anfängers der neuen Welt nach der Sintflut.

[4]) S. 54.

[5]) Zu den Gastmahlssitten und dem Kleid s. Ps 23, 5. Mt 22, 12.

[6]) 1 Mos 3, 5 liegt der Gedanke vom „Neide Gottes“ in den Worten der Schlange!

mitgeschickt worden, wohl als Musterstück für Lese- und Schreibübungen. Die gute Schrift und Stilart, die sich von den kanaanäischen Schriftstücken wohltuend unterscheidet, spricht für Babylonien als Ursprungsland.

2. Auf dem Fragment Rassam 982 [1] ist von der Erschaffung eines männlichen Wesens durch Ea inmitten des Ozeans die Rede, das hernach gesäugt wird. Zimmern vermutet, daß es sich hier um die Geburtsgeschichte des Adapa handelt.

3. Im Epos Enuma eliš schildert der Anfang der VI. Tafel nach feierlicher Einleitung als letztes Schöpfungswerk die Erschaffung der Menschen:

„Als Marduk die Rede [2] der Götter hörte,
da nahm er sich in den Sinn, zu schaffen [Kunstreiches].
Er öffnete seinen Mund und sprach zu Ea,
was er in seinem Innern ersann (ihm) mitteilend:
Blut [3] will ich nehmen, und Bein will ich [bilden, abkneifen] [4],
will hinstellen den Menschen, der Mensch möge [ ];
will erschaffen den Menschen, daß er bewohne [ ];
auferlegt sei [ihm] der Dienst der Götter, diese seien [in ihren] Götterkammern [5]."

Das Folgende ist verstümmelt.

Im Rückblick auf diese Schöpfertat heißt es am Schluß der Tafeln Enuma eliš im Lobpreis des Marduk:

„— — — der die Menschen schuf, sie zu erlösen, der Barmherzige, dem es zusteht, lebendig zu machen; bestehen mögen und

[1]) Delitzsch, Das Weltschöpfungsepos S. 110f. Vgl. Zimmern KAT [3] 520.

[2]) Leider ist diese Rede, die den Schluß der V. Tafel bildete, nur in geringen, von King l. c. mitgeteilten Fragmenten erhalten.

[3]) Oder „mein Blut"? Ein anderes episches Fragment Cun. Texts VI, 5, s. Zimmern KAT [3] 497 spricht davon, daß die Göttermutter Menschen aus Lehmerde und aus dem Blute eines geschlachteten Gottes gebildet habe. Berosus' Bericht, nach dem sich Bel (Marduk) den Kopf abgeschlagen und mit dem herabfließenden Blute die Erde vermischt und so Menschen (und Tiere) gebildet habe, hat sich bestätigt. Daß der Geköpfte dann „hört" und „sich etwas in den Sinn nimmt" und „seinen Mund öffnet", bringt der Mythus schon fertig. Es handelt sich ja, wie Berosus sagt, „um allegorische Darstellung von Naturvorgängen". Der Kopf wächst nach wie bei der Schlange im persischen Mythus S. 150. Ablehnen müssen wir freilich die religionsgeschichtlichen, beinahe dogmatischen Schlußfolgerungen, die Fr. Hommel im Probeheft von „Glauben und Wissen" (Volkstümliche Blätter zur Verteidigung und Vertiefung des christlichen Glaubens, herausgegeben von Dennert) durchblicken läßt in dem Artikel: „Heidnische Weissagungen auf den Messias".

[4]) Oder: ein Stück Lehm will ich [abkneifen]?, s. KAT [3] 586, Anm. 3.

[5]) Die Menschen sind zum Dienste der Götter geschaffen, vgl. S. 130.

nicht vergessen werden die Reden von ihm im Munde der Schwarzköpfigen, die seine Hände schufen."

Der Sinn der Worte „sie zu erlösen" (assyrisch padû, vgl. das entsprechende hebräische Wort), wird sich gewiß auf die S. 97 ff. vgl. 180 geschilderte Erlösertätigkeit Marduks beziehen, insbesondere auf seinen Kampf mit der finstern Macht, der als fortgesetzter Kampf zu gelten hat bis zur Welterneuerung. Auch hier ist zu beachten, daß Marduk die Rolle Nebos übernommen hat, des Verkündigers und Bringers des neuen Zeitalters (S. 67 und 83 und vgl. S. 82 Anm. 4).

4. In einer fragmentarischen Stelle zur VII. Tafel heißt es [1]:

Er benannte die Weltgegenden, schuf die Menschen (die Schwarzköpfigen).

5. Die Erschaffung des Eabani im Gilgameš-Epos Tafel I:

„— — — du Aruru, hast [Gilgameš] geschaffen,
nun schaffe sein Ebenbild! — — —
Als Aruru dies hörte, schuf sie in ihrem Herzen ein Ebenbild des Anu.
Aruru wusch ihre Hände, kniff Lehm ab, spuckte darauf (?),
..... Eabani, schuf einen Gewaltigen ....."

6. Bei der „Höllenfahrt der Ištar" schafft Ea einen amelu asinnu, der die Befreiung der Ištar aus der Unterwelt besorgen soll:

„Ea schuf in seinem Herzen ein Bild (?),
Bildete Uddušu-namir, einen asinnu-Menschen."

7. Das Fragment DT 41 [2] beginnt:

„Nachdem die Götter allesamt [das Weltall] gemacht,
den Himmel hergestellt, [das Erdreich] gefü[gt],
hervorbrachten beseelte [Wes]en ..[....],
Vieh des Feldes, [Getier] des Feldes und Gewimmel [der Stadt gebaut],
[......] den Lebewesen [... gegeben],
[dem Vieh des] Feldes und dem Gewimmel der Stadt [..] zug[eteilt]
[das Vieh des Feldes, die Sch]ar des Gewimmels | jegliches Geschöpf [...]
[....], das in der Schar meiner Familie [...],
da Ea [heraufka]m und zwei klein[e Wesen schuf],
[in der Sch]ar des Gewimmels [ihre Gestalt (?)] herrlich machte —" [3]
(es folgen noch verstümmelte Zeilen).

Nach den letzten zwei Zeilen ist anzunehmen, daß Ea aus dem Ozean heraufsteigt und unter den bereits geschaffenen Menschen [4] zwei besonders schöne kleine Menschen schafft.

---

[1]) KT 127; dort irrtümlich: „erschuf".

[2]) Zuletzt übersetzt von Jensen in KB VI, S. 42f.

[3]) Ergänzung durch den Merodachbaladan-Stein gesichert: uštarriḫ nabnîtsun.

[4]) Daß solche vorhanden gedacht sind, setzt Jensen nach den Ausdrücken „Gewimmel der Stadt" und „meine Familie" mit Recht voraus.

8. In der Beschwörungsserie Šurpu[1] heißt es:

„Es trete auf Ea, der Herr der Menschheit, dessen Hände die Menschen geschaffen haben."

9. In einem Beschwörungstexte[2], der, wie es scheint, bei Geburten rezitiert wurde, klagt Atarḫasis bei Heimsuchungen, die über die Menschen gekommen sind (wahrscheinlich vor der Sintflut, s. unten), indem er vor Ea, seinen Herrn, tritt:

„— — — ihr habt uns geschaffen und
[möge (darum) abgewe]hrt werden Krankheit, Sumpffieber, Schüttelfieber, Unglück."

Am Schluß dieses Textes hat die Göttermutter und Menschenbildnerin Mami von je 7 Frauen: 7 Männlein und 7 Weiblein „schön bilden" lassen und „als ihr Gegenstück vollendet". Hammurabi nennt sich Cod. III, 27 ff. Geschöpf der weisen Ma-ma. Sie ist eine Erscheinungsform der Muttergöttin Ištar, vgl. S. 107 f.

10. In der sog. „kuthäischen Schöpfungslegende[3]" wird in zunächst noch dunklen Zusammenhängen erzählt, wie ein König von Kutha in der Urzeit von Ungeheuern bedrängt wird. Die Erschaffung derselben wird folgendermaßen erzählt:

„Die Krieger mit Leibern von Höhlenvögeln, Menschen mit Rabengesichtern,
es erzeugten sie die großen Götter und
auf dem Boden, da die Götter seine Stadt (?) gebaut hatten,
säugte sie Tiâmat,
bildete sie ihre Mutter, die Herrin der Götter, schön.
Inmitten des Gebirges wurden sie groß und wurden sie mannbar und bekamen sie ‚Maße'."

Wenn 1 Mos 1, 26 die Erschaffung des Menschen durch die Anrede eingeleitet wird

„*Lasset uns Menschen machen nach unserm Bilde, uns ähnlich*",

so ist hinter diesen Worten der Rest einer Vorstellung von einer himmlischen Ratsversammlung verborgen[4], ähnlich, wie sie Jes 6, 8 gedacht ist oder wie es in der außerbiblischen Legende über die Geschichte des Moses in Ägypten heißt:

---

[1]) Taf. IV, Z. 70. Veröff. von H. Zimmern, Beiträge zur Kenntnis der babyl. Religion.

[2]) K 3399 + 3934. S. Jensen KB VI, 274 ff.

[3]) Zuletzt behandelt von Jensen KB VI, 290 ff. („der König von Kutha") und vorher von Zimmern, ZA XI, 317 ff.: „König tukulti bel niši" und die „kuthäische Schöpfungslegende."

[4]) Vgl. 1 Mos 3, 22; 11, 7; Hi 1, 6 ff. Im Wessobruner Gebet sind die Mengen der himmlischen Geister um Gott versammelt bei der Weltschöpfung, s. S. 158.

„Da öffneten sich seinen Blicken die himmlischen Höhen, Geheimnisse ferner Welten erschlossen sich ihm, die Engel Gottes waren um den Thron des Allmächtigen versammelt, um Gericht zu halten über die Geschehnisse auf Erden [1].“

Wie Hi 38, 7 würde es sich um bewundernde Zuschauer handeln. An Helfer bei der Schöpfung wäre dabei zunächst nicht notwendig zu denken, also auch nicht an einen „Nachklang des Polytheismus der babylonischen Grundlage“ (Budde, Urgeschichte 484).

Die babylonischen Parallelen zur Erschaffung des Menschen „nach dem Bilde“ der Gottheit wurden bereits oben S. 170 angeführt.

Die Schöpfung bei dem sog. Jahvisten.

1 Mos 2, 4ff.

Zur Zeit, als Jahve Gott Erde und Himmel machte — es gab aber auf Erden noch gar kein Gesträuch auf den Fluren und noch sproßten keine Pflanzen auf den Fluren; denn Jahve Gott hatte noch nicht regnen lassen auf der Erde, und Menschen waren [noch] nicht da, um den Boden zu bebauen [es stieg aber ein Strom auf und tränkte die ganze Oberfläche des Erdbodens][2] *— da bildete Jahve Gott den Menschen aus Erde vom Ackerboden und blies in seine Nase Lebensodem; so wurde der Mensch ein lebendiges Wesen.*

Das sind die Worte, mit denen der sog. Jahvist die Menschheitsgeschichte einleitet. Der Ton der Erzählung klingt an den S. 129 ff. besprochenen babylonischen Anfang des Schöpfungsberichts und auch an den Anfang des Epos Enuma eliš an. Die nordische Kosmogonie S. 157 und das Wessobruner Gebet beginnen ähnlich. — „. . . . da bildete Jahve den Menschen.“ Es klingt fast wie eine absichtliche Polemik gegen die außerbiblische Theogonie: „. . . da wurden die Götter gebildet“. Die irdischen Schöpfungswerke beginnen in dem S. 129 ff. besprochenen babylonischen Schöpfungsbericht ebenfalls mit dem Menschen.

---

[1]) S. Beer, Leben Mosis (Manuskript gedruckt aus handschriftlichem Nachlaß); zur himmlischen Ratsversammlung vgl. BNT S. 13ff.

[2]) Der 6. Vers, der den Zusammenhang stört, gehörte vielleicht ursprünglich zur Schilderung des Gartens, in dem neben dem Lebensbaum das Lebenswasser fehlt. S. Holzinger z. St. in Martis Handkommentar. Wenn unser Vergleich mit der babylonischen Erzählung stimmt, so würde dadurch die Vermutung neu gestützt. Zur Stelle s. S. 101.

Die Weltschöpfung im Spruchbuch.

Spr 8, 22—31.

Die Weisheit (ḫokma, sophia) spricht:

„Jahve schuf mich als den Anfang seiner Wege, als erstes seiner Werke, vorlängst.
Von Ewigkeit her bin ich eingesetzt, zu Anbeginn, seit dem Ursprung der Erde.
Als die Urfluten noch nicht waren, wurde ich geboren, als es noch keine Quellen gab, reich an Wasser.
Ehe die Berge eingesenkt waren, vor den Hügeln wurde ich geboren,
ehe er noch Land und Fluren geschaffen hatte und die Masse der Schollen des Erdkreises.
Als er den Himmel herstellte, war ich dabei, als er die Wölbung über dem Ozean festsetzte,
als er die Wolken droben befestigte, als die Quellen des Ozeans mächtig wurden,
als er dem Meer seine Schranke setzte, daß die Wasser seinen Befehl nicht überschreiten durften, als er die Grundfesten der Erde feststellte:
Da war ich ihm als Werkmeisterin zur Seite; da war ich (ganz) Entzücken Tag für Tag, spielend (geschäftig) vor ihm zu jeder Zeit,
spielend auf seinem Erdenrund, und hatte mein Entzücken bei den Menschenkindern."

Die Weisheit wohnt in der Urflut, aus der die Welt hervorgeht[1]. Sie entspricht dem *νοητὸς κόσμος* bei Damascius (mythologisiert als Mummu, Ea, Marduk-abkallu), dem „Geist, der über dem Wasser schwebt" 1 Mos 1, dem Logos, s. S. 6. 82[4]. 161.

Die Weltschöpfung bei Hiob

Hi 38, 4—7.

Wo warst du, als ich die Erde gründete? Sag an, wenn du Einsicht besitzest!
Wer hat ihre Maße bestimmt — du weißt es ja! — oder wer hat über sie die Meßschnur gespannt?
Auf was sind ihre Pfeiler eingesenkt, oder wer hat ihren Eckstein hingeworfen,
unter dem Jubel der Morgensterne allzumal, als alle Gottessöhne jauchzten?

Dann werden die einzelnen Teile der irdischen Welt geschildert. Züge des „wissenschaftlichen" Weltbildes sind hier durch rein poetische Schilderungen erweitert.

---

[1]) S. Peiser OLZ 1900, 451. Vgl. unten S. 175 Anm.

Zum biblischen Weltbild

ist nachfolgendes nachzutragen (vgl. S. 160):

Raḳîaʿ als Tierkreis (S. 164 f.) begegnet uns verblaßt noch im 19. Psalm:

Die Himmel erzählen die Herrlichkeit Gottes (und zwar insbesondere) *der raḳîaʿ verkündigt das Werk seiner Hände* (es ist der Kommentar für die Willensoffenbarung der Gottheit).

In diesem Zusammenhange sei die Frage aufgeworfen, ob nicht das šeḫaḳîm, das mit šamajim „Himmel" zuweilen parallel steht, an einigen Stellen den „Himmel" in demselben Sinne bedeutet wie das babylonische ešara, das als „Olymp" dem apsû gegenüber erbaut wird, s. S. 136:

Hast du gestampft (das zu raḳîaʿ gehörige Verbum steht da) *mit ihm zu* še-ḫaḳîm, *fest wie gegossener Spiegel?* (Hi 37, 18.)

Jahve, in den Himmeln ist deine Gnade, deine Treue bis zu den šeḫaḳîm, deine Gerechtigkeit wie Berge Gottes, deine Satzungen[1] *die große Tehom*[2]. (Ps 36, 6 f.)

Da an der letzteren Stelle Himmel und Berge sich gegenüberstehen, so müssen šeḫaḳîm und Tehom (der Ozean) als einander entsprechende himmlische und irdische Begriffe gedacht sein[3].

5 Mos 33, 15 ff. wird Josefs Land als das gesegnetste, als Weltmittelpunkt geschildert. Dabei werden „der Himmel oben und die tehom, die unten lagert", als Gegensätze genannt; daneben Sonne und kulminierender Mond, vgl. S. 31, Anm. 1 (Winckler F. III, 306 ff.).

Die Dreiteilung der Welt kennt auch der sog. Elohist 2 Mos 20, 4.

Du sollst dir keinen Götzen verfertigen, noch irgend ein Abbild von etwas, was droben in den Himmeln, oder unten auf der Erde, oder im Wasser unter der Erde ist.

„Im Wasser unter der Erde" gibt eine verblaßte unklare Vorstellung. Der Ozean ist rings um die Erde und unter der Erde gedacht. Wenn die Stelle verbietet, Bilder zu machen von dem, was im Meer ist (vgl. v. 11 „Meer und alles, was darinnen ist"), so ist wohl nicht nur an die Fische, sondern auch an die Meerungeheuer: Leviathan, Tanninim, Tehomot

---

1) צדקות, nicht „Gerichte" (Kautzsch).

2) Sept. hier und anderwärts durch ἄβυσσος wiedergegeben, Vulg. abyssus.

3) Man könnte allerdings auch bei šeḫaḳîm an die „oberen Wasser" denken, die den „unteren Wassern" wie in 1 Mos 1 gegenüberstehen.

und Behemot, wie sie oft in den poetischen Stücken auftauchen, zu denken, vgl. S. 166. Derartige mythische Meerungeheuer waren im Tempel zu Jerusalem bildlich aufgestellt, wie Ezechiel verrät, s. zu Ez 8, 1 ff. Daß gerade in 2 Mos 20 die „wissenschaftliche" Vorstellung durchscheint, erklärt sich durch die Polemik.

Vgl. auch Ps 135, 6: „*Alles, was ihm beliebt, hat Jahve getan, im Himmel und auf Erden, im Meer und in allen Tehomot.*"

Verblaßte Vorstellungen vom Weltbild finden wir auch Ps 148.

v. 1, „*rühmet vom Himmel her*",
v. 7, „*rühmet von der Erde her*".

Die „Himmel" sind näher erklärt als m^{e}romîm; dort sind es die Sterne, die wie Jes 24, 21 ff. (s. S. 179) zur Heerschar Jahves geworden sind (die Priesterschrift würde sie ganz ausgetilgt haben). V. 4 redet dann noch besonders von den Gewässern des Himmels, denen ein חֹק (Grenze) gegeben ist, den sie nicht überschreiten dürfen, s. S. 136, Anm. 4.

Zur Erde, d. h. zum irdischen Bereich im Gegensatz zum himmlischen gehören das Meer v. 7 mit den tanninîm und allen tehomôt (tiâmat! oder ist behemot zu lesen?), alle mythischen Seeungeheuer, dann alle irdischen Kreaturen und Bewohner.

Das „Meer" im mythologischen Sinne ist im Babylonischen apsû als Sitz der „Weisheit". Ea, der im apsû wohnt, ist bêl nimeḳi „Herr der Weisheit" (s. oben S. 96). Ps 36, 6 sind die Satzungen Gottes mit der „großen tehom" verglichen. Und in den Proverbien ist die Weisheit in der tehom sitzend gedacht[1]. Also auch hier biblische Spuren des altorientalischen Weltbildes.

Wenn die Erde Ps 24, 2 „aufs Meer (יַמִּים) gegründet und auf Fluten (נְהָרוֹת)" aufgestellt ist, so entspricht das auch dem babylonischen Weltbild (s. oben S. 130). Ursprünglich war alles Meer; die Erde ist darauf aufgebaut; darum ist der Ozean nicht nur rings um die Erde, sondern auch unter der Erde. So öffnen sich 1 Mos 7, 11 bei der Flut die Quellen der großen tehom (s. Kap. X) und 1 Mos 49, 25 kommt Segensfülle aus der tehom, „die darunter lagert", wie vom Himmel droben.

---

[1]) S. 173. Zur „Erlösung", die aus dem „Meere" durch Marduk gebracht wird, vgl. S. 97 Anm. 5.

Was sind die Fenster des Himmels (ארבות), 1 Mos 7, 11; 2 Kg 7, 2; Jes 24, 18; Mal 3, 10? Ist es nur poetische Vorstellung von Himmelsschleusen beim Regen? Oder hängt die Vorstellung mit dem Weltbild und seinen noch immer rätselhaften „oberen Wassern" zusammen, die durch den ḥoḳ (Riegel) abgeschlossen werden, s. oben S. 136?

Wie im Babylonischen finden wir auch in der biblischen Weltvorstellung neben der Dreiteilung: Himmel, Erde und Wasser eine volkstümliche Teilung, die über der Erde den Himmel, unter der Erde die Unterwelt sieht. Der Himmel ist Gottes Wohnung, die Erde der Menschen, die Unterwelt der Toten Wohnplatz.

Der Himmel ist Himmel Jahves; die Erde hat er den Menschen gegeben; die in die Stille hinabgefahren sind, rühmen Jahve nicht (Ps 115, 16 f.).

Erbitte dir ein Zeichen, tief unten aus der Unterwelt oder hoch oben aus den Höhen (Jes 7, 11).

Himmlisch ist seine Weisheit, tiefer als die Unterwelt (Hi 11, 8).

Daß der Himmel ein kugelförmiges Gewölbe ist, mußte man an der Drehung der Milchstraße sehen. Für die griechische Zeit ist es in der biblischen Literatur bezeugt durch Koh 1, 5: „*Die Sonne geht auf und geht unter und eilt an ihren Ort, an dem sie aufgeht.*" Die Griechen reden von Antipoden (Macrobius I, 21, s. S. 116, auch Aristarch bereits, 3. Jahrh. v. Chr.), wissen also, daß die Erde eine Kugel ist.

Von den Spuren eines „wissenschaftlichen" Weltbildes ist ganz zu trennen die poetische Weltschilderung, die sich besonders in den Psalmen findet und die die Welt als ein kunstvolles Haus vor Augen malt, bei dem die Erde das untere Stockwerk und der Himmel das obere Stockwerk ist, wo Gott mit den höheren Wesen wohnt und die Vorräte aufspeichert, während das Meer (תְּהוֹם bez. אפסי ארץ[1], entspr. bab. apsû) die Quellen speist. So Ps 36. Auch der Verfasser von Ps 104 mag nichts mit kosmologischen Schilderungen zu tun haben. Er schildert, wie Gottes Herrlichkeit die ganze Natur durchwaltet, und schafft sich eigne Bilder. Aber in einzelnen Ausdrücken (raḳîaʿ, Leviathan) verrät er, daß ihm die Mythologie bekannt ist.

B. Duhm hat im Psalmenkommentar (zu Ps 36 und 104) das biblische Weltbild grade nach den poetischen Schilderungen aufgebaut, die mit einem System nichts zu tun haben. Daneben unterschätzt er die kosmologischen Kenntnisse der Israeliten. „Obwohl die Juden über die ganze Welt verstreut waren, kannten sie gleichwohl die wirkliche

---

[1]) Das Wort wäre dann etymologisch von âpês „alle sein" zu trennen.

Welt (gemeint ist das Weltbild) viel weniger als die Griechen, weil sie von wissenschaftlicher Sammlung und Bearbeitung des zerstreuten Wissens keine Ahnung hatten" (S. XXVI). Das dürfte man keinesfalls aus der Bibel allein schließen. Die gelehrten Juden von Babylon werden das Wissen ihrer Zeit ebensogut beherrscht haben wie die übrigen orientalischen Gelehrten ihrer Zeit, wie die Juden des Hellenismus das ihrer Zeit und die mittelalterlichen das islamische. Duhms Erklärung des Weltbildes liegen offenbar auch sonst die Vorstellungen der Griechen zugrunde. — Auch in dem Buche von Schiaparelli, Die Astronomie im Alten Testament, sind leider die auf „Wissenschaft" beruhenden Vorstellungen von den poetischen Bildern nicht getrennt.

Der Kampf Jahve's mit dem Drachen.

In einigen poetischen Stücken des Alten Testaments, in denen Jahve's Kampf und Sieg über drachengestaltige Wesen oder wider das personifizierte Urmeer Tehom geschildert wird, spiegelt sich orientalische Mythologie wieder[1]. H. Gunkel hat in seinem Buche: „Schöpfung und Chaos" dieses Problem eingehend behandelt. Aber nur ein Teil der von Gunkel behandelten Stellen trägt in der Form wirklich mythologischen Charakter. Zimmern hat mit Gunkel angesichts der Stellen, die direkt hinter dem Kampfe von der Schöpfung der Welt durch Jahve sprechen, den Schluß gezogen, daß hier deutliche Spuren einer älteren Rezension der Schöpfungserzählung sich zeigen, die dem im Epos „Enuma eliš" vorliegenden babylonischen Mythus näher ständen, als 1 Mos 1 in seiner jetzigen Gestalt, und daß der in Israel ursprünglich bekannt gewesene Kampf des Schöpfergottes in 1 Mos 1 absichtlich unterdrückt worden sei und in der Nennung der Tehom als Urwasser noch eine dunkle Spur zurückgelassen habe. Daß der Jahve-Tehom-Drachenkampf und der Marduk-Tiâmat-Kampf ein und demselben Vorstellungskreise angehören, unterliegt keinem Zweifel. Aber wie wir der literarischen Entlehnung widersprechen und behaupten, daß es sich vielmehr um eine gemeinsame mythologisierte Weltanschauung handele, so lehnen wir auch die Ansicht ab, die in den alttestamentlichen Anklängen ein Residuum altisraelitischer Religion im Gegensatz zu geläuterten religiösen Vorstellungen der späteren Zeit sieht. Es handelt sich an den betreffenden Stellen bei Hiob, Jesaias, in den Psalmen um Bilderrede in gehobener Sprache, die ihre Züge und Farben der auch in Kanaan bekannten altorientalischen Mythologie ent-

[1]) Vgl. BNT 36 ff.

nimmt, genau so, wie es die gehobene christliche Rede tut, insbesondere die Kanzelrede, nur daß uns außer dem Gebiete der orientalischen Mythologie noch die germanische reiche Anregung bietet[1]. Wenn der Israelit den Kampf Jahves wider böse Mächte schildern will, so kleidet er das in die Bilder vom Kampfe mit Rahab oder Leviathan, den Ungeheuern der orientalischen Mythologie, ebenso wie er bei Schilderung der Todesschrecken an den altorientalischen Totenfluß („*Bäche Belials schreckten mich*“ Ps 18, 5) denkt[2]. Wenn der Verfasser der Priesterschrift derartige poetische Anspielungen vermeidet, so liegt das an seiner besonders strengen Richtung, die auch den Schein mythologischer, heidnischer Vorstellungen vermeiden will[3].

Die wichtigsten Stellen, die hier in Betracht kommen, sind die folgenden:

Hi 26, 12f.: *In seiner Kraft schlug er das Meer,*
und in seiner Klugheit zerschmiß er Rahab (mascul.),
durch seinen Wind ..... der Himmel,
seine Hand durchbohrt die naḫaš (Schlange) *bariaḫ*[4].

Vgl. die „*Helfer Rahabs, die sich unter Jahve krümmten*“ Hi 9, 13 mit den „Helfern der Tiâmat“ S. 133. Hi 3, 8 stehen die „*Tagverflucher*“ (Zauberersekte?), also die Widersacher des Lichtes, bez. Lichtgottes, (wozu man beachte, daß Enuma eliš I, 109 die Marduk feindlichen Götter den Tag verfluchen[5] und an Tiâmats Seite treten) im Bunde mit Leviathan und Rahab.

Ps 89, 11ff.: *Du hast zerschmettert .... Rahab* (v. 10 vgl. Hi 9, 13 parallel „Meer“)
mit starkem Arm deine Feinde zerstreut;
dein ist der Himmel, dein die Erde,
tebel (Erde im Gegensatz zu raḳîa‘) *und was sie füllt, hast du gegründet.*

Jes 51, 9f.: *Auf auf, wappne dich mit Kraft, Jahves Arm!*
Auf wie in den Tagen der Vorzeit, den Geschlechtern der Urzeit!

---

[1]) Man vergleiche Luthers Schmalkaldische Artikel mit ihrem Kampf wider den Drachenschwanz in Rom, die Bilder im Heliand, im Titurel. Manche Gesangbuchlieder sind voll von mythologischen Anspielungen, z. B. die alten Osterlieder, die Christi Sieg besingen.

[2]) Auf alte Elemente der israelitischen Religion hieraus zu schließen, wäre ebenso verkehrt, wie wenn man Schillers Zeit für die griechische Religion reklamieren wollte, weil er in der Glocke die teure Gattin vom schwarzen Fürsten der Schatten wegführen läßt.

[3]) Vgl. S. 160. Ein anderes Beispiel: Der Elohist redet oft von den Engeln. Der Jahvist setzt dafür Jahve (1 Mos 28). Er mag wissen, daß von einer einwandfreien Engelvorstellung bis zur heidnischen, wie sie sich in der Tat im späteren Judentum ausgebildet hat, kein weiter Schritt ist. So vermeidet er die Engel ganz.

[4]) Es liegt die Vorstellung vom Sternbilde des gekrümmten Drachen am Nordhimmel und vorher der Schlange am Südhimmel zugrunde.

[5]) Übersetzung allerdings unsicher.

Bist du's nicht, der Rahab zerschmetterte,
den tannîn[1] *......?*[2]

Ps 74, 13f.: *Du hast gespalten machtvoll das Meer;*
hast zerbrochen die Häupter der tannînîm im Wasser;
du hast zerschlagen die Häupter Leviathans[3] ......

Es folgt der Lobpreis des Schöpfers, der Mond und Sonne, Tages- und Jahreszeiten geschaffen hat.

Jes 27, 1: *An diesem Tage wird Jahve zu seinem Sichelschwerte*[4] *greifen gegen den Lev'jatan, den naḥaš bariaḥ und gegen Lev'jatan, den gekrümmten naḥaš, und den tannîn im Meere*[5] *wird er töten.*

Für die formelle Verwandtschaft der babylonischen und biblischen Vorstellungen vom Kampf und Sieg Marduks bez. Jahve's kommt aber vor allem eine bisher nicht genügend beachtete Stelle in Betracht, die den Kampf Jahve's wider eine feindliche Weltordnung in den gleichen Formen schildert, wie man sich den Kampf Marduks gegen Tiâmat und die Götter einer feindlichen Welt vorzustellen hat[6]: Jes 24, 21ff. Jahve besiegt hier die heidnischen Könige und die „Heere der Höhe", das sind die Sterne samt Mond und Sonne (vgl. v. 23, also die den alten Orient beherrschende Götterwelt). Das Ende wird sein, daß Jahve ihre Herrschaft stürzt, sie einsperrt, wie Ea den Mummu und Marduk die Helfer Tiâmats, um dann von Zion dem Weltmittelpunkte aus die Königsherrschaft über die Welt anzutreten[7].

---

[1]) Zu tannînu Erde, eig. Drache s. S. 136, Anm. 7.

[2]) Man hat, wie z. B. die Fortsetzung dieser Stelle zeigt, bei der Schilderung gelegentlich insbesondere an den Sieg über Ägypten in der Urzeit und an die Durchschreitung des roten Meeres gedacht, s. zu 2 Mos 14, 23ff. und vgl. S. 180. Aber daraus folgt nicht, daß speziell an ägyptische mythologische Elemente (Rahab kann als Emblem des Krokodils gelten) zu denken ist, s. S. 180.

[3]) Hrozný denkt an einen Zusammenhang mit dem labbu-Drachenungeheuer der babylonischen Mythologie S. 138f., s. MVAG 1903, S. 264ff. Zu Leviathan als mehrköpfige Schlange vgl. S. 138, Anm. 4.

[4]) Marduks Waffe, s. Winckler F. III, 220f. Vgl. oben S. 101. Sichelschwert ist Mondmotiv, s. Abb. 15.

[5]) Zu tannîn s. oben zu Jes 51, 9f. und S. 136, Anm. 7. Kautzsch: „Das Krokodil im Nil", s. die Anm. 2.

[6]) Bousset, Jüdische Apokalyptik, hält die Stelle für persisch beeinflußt. Aber (abgesehen von der Gemeinsamkeit der Lehre) — sie ist ganz besonders „echt".

[7]) V. 23b ist ein nachträglich hinzugefügtes Liederzitat; die vorhergehenden Sätze reden mit alten Worten und Begriffen.

Hinter der Mythologie vom Kampfe Marduks mit dem Drachen steht die Lehre von der Erwartung eines Erretters, der das neue Weltzeitalter bringt. Auf babylonischem Gebiete fanden wir Spuren dieser Lehre, s. S. 97 ff., vgl. S. 170. Besonders deutlich ausgeprägt trat uns die Lehre auf persischem Gebiete entgegen S. 149 f.

Auch die biblische Erlösererwartung bedient sich des Bildes vom Drachenkampf. Zunächst ist das bei der Errettung aus Ägypten zu beobachten. Ägypten ist die finstere Macht, die besiegt werden mußte, ehe die Ära Israels anbrach. Darum werden uns Drachenkampf-Motive beim Auszug aus Ägypten begegnen. In den prophetischen Bildern erscheint Ägypten oft als das Ungeheuer der Urzeit[1], Tobias 8, 3 wird der böse Geist nach Ägypten (= Unterwelt) verbannt und dort gebunden.

Mit der Weltzeitalterlehre verbunden erscheint der Kampf Da 7, 9ff. In der Ratsversammlung tritt der „Sohn des Menschen" auf, der in den Wolken des Himmels erscheint[2]. Er hat das Tier getötet, das hochfahrende Worte redet[3]. Zum Lohne wird ihm Macht, Ehre und Herrschaft verliehen[4].

Die Endzeit entspricht auch hier der Urzeit. Der Drachenkampf beginnt nach der Vertreibung aus dem Paradiese. 1 Mos 3, 15 wird der Kampf angekündigt, s. z. St. Es ist ein fortgesetzter Kampf, der in der Endzeit vollendet wird.

Schlußwort zur „Schöpfung".

Die vorstehenden Ausführungen dürften zur Genüge zeigen, daß die Schöpfungsberichte von 1 Mos nach der Form ihrer Erzählung und nach dem ihnen zugrunde liegenden Weltbilde demselben Boden entsprossen sind, wie die übrigen altorientalischen Kosmogonien.

---

[1]) Ps 87, 4; 89, 11. Jes 30, 7; 51, 9, s. S. 179.

[2]) Dieses Motiv der Gerichtserscheinung findet sich bekanntlich in der neutestamentlichen Apokalyptik Mt 26, 64; Apk 1, 7. Vielleicht ist Wettererscheinung gemeint. Auf die Vermutung führt der Vergleich mit dem Kampf wider den Labbu, s. S. 139 (Rückseite des Textes), wo der Sieger unter Wettererscheinungen mit dem Lebenssiegel vor dem Gesicht erscheint.

[3]) Vgl. S. 135 Tiâmats Auftreten.

[4]) Näheres zu Da 7. Der jetzige Text hat das Bild verwischt. Es ist die gleiche Szene wie Apk 4f., wo das *ἀρνίον* als Sieger auftritt und das Schicksalsbuch empfängt, s. BNT 13f. Vgl. dort auch S. 94f., wo Mt 4 aus diesem Zusammenhange heraus erläutert wird.

Die herrschende Annahme einer literarischen Abhängigkeit der biblischen Weltschöpfungsstoffe von babylonischen Texten ist hinfällig oder kommt angesichts der die ganze Welt überspannenden Lehre von Weltentstehung und Weltentwickelung gar nicht oder wenigstens (wie bei der Sintflut) erst in zweiter oder dritter Linie in Betracht[1]. Wenn ein Israelit über Weltentstehung redete, so bewegte er sich unwillkürlich in dem Ideenkreise des altorientalischen Weltbildes. Und wenn er auch neue religiöse Ideen mitzuteilen hatte, so stand doch die Form seiner Erzählungen, die Bildersprache, deren er sich bediente und nur bedienen konnte, unter dem Einflusse der ihn umgebenden Welt.

Die Erhabenheit der biblischen Erzählung in 1 Mos 1 und 2 über jede heidnische, und insbesondere über die babylonische Kosmogonie und ihr religiöser Wert liegt m. E. in den folgenden Punkten[2]:

1. In der Sicherheit, mit der hier Gott gesagt wird. Alle heidnischen Schöpfungserzählungen berichten zugleich von der Entstehung der Götter: die Kosmogonien sind verbunden mit Theogonien. Der Gott, der in 1 Mos 1 Himmel und Erde gemacht, hat nichts mit der Schöpfung gemein; er steht erhaben seinem Werke gegenüber.

2. Die bei der Schöpfung wirkenden Mächte und die einzelnen Teile der sichtbaren Schöpfung erscheinen in den übrigen orientalischen Kosmogonien als Götter und Ungeheuer. Die

---

[1]) H. Gunkel sagt übrigens unter vorsichtiger Zurückhaltung (s. Genesis [1] 109 f.), die in 1 Mos 1 vorliegende hebräische Tradition oder vielmehr die vorauszusetzende Urrezension müsse vor allem deshalb von dem babylonischen Mythus (gemeint ist immer nur der in Enuma eliš vorliegende Mythus, der S. 129 ff. behandelte babylonische Bericht ist fast gar nicht beachtet worden, obwohl er 1 Mos 1 näher steht wie das Epos) abhängig sein, weil die beiden Traditionen die Zerteilung des Urwassers gemeinsam haben, und weil diese Tradition nur in einem Lande denkbar sei, wo im Winter, in der finsteren Jahreszeit, überall Wasser herrscht, im Frühling aber, wo das neue Licht entsteht, die Wasser nach oben und unten geteilt werden. Man werde also auf ein Land schließen müssen, wo der Winterregen und große Überschwemmungen das Klima bestimmen: ein solches Land sei nicht Kanaan, aber Babylonien. Aber die Spaltung der Tiâmat, die dem zugrunde liegenden kosmischen Mythus entspricht, ist aus dem Weltbild zu erklären, nicht aus klimatischen Verhältnissen. Denselben Einwand erhebt, wie ich nachträglich sehe, Nikel, Genesis und Keilschriftforschung, S. 75, mit dessen Weltbild selbst ich sonst nicht allenthalben einverstanden sein kann.

[2]) S. mein „Kampf um Babel und Bibel“ [4] S. 17.

Lehre, die die Naturerscheinungen als Wirkungen der einen göttlichen Macht kennt, ist überall mythologisiert. Beim biblischen Erzähler sind nur Spuren übrig geblieben, die zur Poesie der Sprache gehören („tohu und bohu", „der Geist Gottes brütet"). Er kennt das Weltbild seiner Zeit und die Lehre von der Weltentstehung. Aber diese „Wissenschaft" ist ihm nicht Selbstzweck, sondern sie dient ihm als Gefäß einer einzigartigen religiösen Gedankenwelt. Von mythologischen Personifizierungen ist in 1 Mos 1 keine Spur zu finden.

3. Die Tendenz der biblischen Erzählung von der Schöpfung ist Anbetung und Dankbarkeit gegen den allmächtigen Schöpfer und Erhalter der Welt. Man vergleiche den lyrischen Widerhall von 1 Mos 1 in Ps 104. Die heidnischen Kosmogonien sind nicht religiösen Zwecken dienstbar. Das Epos Enuma eliš hat z. B. einen politischen Zweck: es will beweisen, daß Babylon die Weltherrschaft gebührt; der Stadtgott Marduk hat die Welt erschaffen.

Die siebentägige Woche und der Sabbat.

1 Mos 2, 3: „*Und es segnete Gott den siebenten Tag und heiligte ihn.*"

Die siebentägige Woche und zwar eine durch das ganze Sonnenjahr hindurchrollende Woche von sieben Tagen bildet die Einheit des israelitischen Kalenders. Die Einrichtung dieser fortrollenden Woche (šabûʿa vgl. 1 Mos 29, 27; Ri 14, 17)[1] bedeutet eine große Geistestat. Woher es die Israeliten haben, ist nicht nachweisbar. Erfunden haben sie das nicht; wir haben keine Spuren davon, daß sich die in kulturellen Dingen durchaus abhängigen Israeliten mit dergleichen beschäftigt haben. In Babylonien ist in dem bisher zugänglichen Material nur eine fortrollende Fünferwoche (ḫamuštu) nachweisbar[2]. Die Siebenerwoche kennen die uns bekannten Hemerologien nur innerhalb der einzelnen Monate. Spuren einer fortrollenden siebentägigen Woche zeigt die Bedeutung des 19. Tages, der als $7 \times 7 = 49$. Tag, vom Beginn des vorhergehenden Monats an gezählt,

---

[1]) Spuren einer daneben gebräuchlichen zehntägigen Woche liegen vielleicht vor 2 Mos 12, 3: der Monat würde dann in drei Zehner geteilt sein; 3 Mos 16, 29; 23, 27; 25, 9: der zehnte Tag des Monats der Askese und Ruhe geweiht, ein Versöhnungstag; vgl. auch die Redensart „einen Tag oder zehn" 1 Mos 24, 55. Sie entspricht der Einteilung des Kreislaufs in 36 Dekane: $10 \times 36 = 360$, der gesamte Kreislauf, s. S. 11.

[2]) S. 58 f.

ausgezeichnet wird, und die oben S. 28 besprochene Hervorhebung der Zahl 50 ($50 \times 7 = 350$, d. i. Mondjahr) zur Bezeichnung des gesamten Jahres- bez. Weltenzyklus: Marduk erhält die Zahl 50 als Ehrenname, Ninib-Ningirsu, der den Nordpunkt, die meta des Sonnenlaufs beherrscht, wohnt im „Tempel 50".

Eine besondere Frage ist die, ob die babylonischen „Siebentage" mit den Mondphasen zusammenhängen oder nicht. Was S. 41 von den in Israel geltenden Kalendern gesagt wurde, gilt für das gesamte altorientalische Kulturgebiet. Die Siebenerwoche [1] hat mit dem Mondlauf zunächst nichts zu tun; hingegen ist keine Zeit denkbar, in der man dabei nicht an die sieben Planeten gedacht haben sollte. Was die Nabatäerschrift Dimešqî c. 10 sagt (Chwolsohn, Ssabier II, 400), gilt von dem gesamten alten Orient: „Die sieben Planeten regieren die Welt [2]."

Für den Orient ist es selbstverständlich, daß die Siebenzahl der Wochentage religiöse Bedeutung hat. Warum hat die Woche 7 Tage? Die Israeliten antworten: Weil die Welt in einer Siebenerwoche geschaffen wurde. Das ist ein echt orientalischer Gedanke in spezifisch israelitischer Ausprägung. Alle Einrichtungen der Welt richten sich nach himmlischen Vorgängen. Aber diese religiöse Begründung schließt nicht aus, daß der Siebenzahl ursprünglich andre Beobachtungen zugrunde liegen.

---

[1]) Vgl. S. 41. Die Herrschaft der Siebener- oder der Fünferwoche oder irgendeiner anderen Wocheneinheit beruht auf historisch-politischen Zufälligkeiten. Die Kalender gehören im Orient zur Staatsverfassung. Unter bestimmten Verhältnissen hat sich diese oder jene Woche besondere Geltung verschafft. Die europäischen Völker haben die Siebenerwoche von den Römern geerbt; nach Rom ist sie vom Orient gekommen. „Heilig" und demnach geeignet für den Kalender kann jede Zahl sein, soweit sie der Berechnung der Sternenbahnen entnommen wurde. Es war Sache der Kalenderwissenschaft, zu zeigen, wie jede Zahl in das Weltensystem sich fügte.

[2]) Vgl. S. 14. 39f. 59. Kugler freilich, der auf dem Gebiete der Keilschrift-Astronomie als besondere Autorität zu gelten hat, verbindet die Siebenerwoche mit dem Mond seit ältester Zeit und verlegt die Entstehung der babylonischen Siebentage in eine Zeit, in der man die Phasen des Mondes astronomisch noch nicht zu bestimmen verstand. „Da der 14. Tag in der Regel der Vollmondstag war, so war es natürlich, das erste und letzte Viertel auf den 7. bez. 21. Tag anzusetzen. Dazu kommt, daß man den Vollmondstag in den späteren astronomischen Inschriften einfach den „14. Tag" nennt, wiewohl man wußte, daß er auch auf den 13. oder 15. fallen konnte" (briefliche Mitteilung an den Verfasser).

Daß die 7 in der Bibel im besonderen Sinne als heilige Zahl erscheint, ist bekannt[1]. Eine Beziehung auf die 7-Zahl der Planeten wird uns in vielen Fällen begegnen: beim Kultgerät des ʾohel moʿed, bei den 7 Gottesboten Ez 9, 2, von denen der 7. mit dem Schreibgriffel die Züge des Nebo-Merkur trägt, den 7 Augen und 7 Lampen Sach 3, 9; 4, 2, vgl. Apk 2, 1; den 7 Säulen der Weisheit Spr 9, 1. Vielleicht gehört hierher auch, wie schon mehrfach vermutet, der Ursprung des Wortes schwören; nišbaʿ von šebaʿ „sieben“[2].

Der Sabbat als der siebente Tag. „*Gott segnete den 7. Tag und heiligte ihn.*“ Vgl. Jes 58, 13: am Sabbat, dem heiligen Tage, dem Tage Jahve's, dem Tage der Wonne, darf man keine Geschäfte verrichten. Fr. Delitzsch, Babel und Bibel I, S. 29 sagt, daß wir „die in der Sabbat- bez. Sonntagsruhe beschlossene Segensfülle im letzten Grunde dem alten Kulturvolk vom Euphrat und Tigris verdanken“. Das ist cum grano salis verstanden richtig. Daß naturgemäß orientalische Zusammenhänge vorhanden sein müssen, kann nach den obigen Ausführungen nicht bezweifelt werden.

Die Babylonier kannten nach den bisher bekannt gewordenen Hemerologien einen 7. Tag zunächst als „bösen Tag“, an dem man mancherlei unterlassen soll, weil es Unglück bringt. Sie kannten auch einen Tag, den sie šabattum nannten und als ûm nuḫ libbi, „Tag der Beruhigung des Herzens“ (der Götter) erklärten. Aber es läßt sich nicht nachweisen, daß dieser šabattum ein siebenter, geschweige daß er Ruhetag im Sinne von Jes 58, 13 war.

IV R 32 handelt von dem 7. Tage bei den Babyloniern. Die Bestimmungen gelten durchaus nicht nur für den König. Beim 7. Tage heißt es, und beim 14. 21. 28. und beim 19. (das ist der 7 × 7. Tag von dem Beginn des vorhergehenden Monats an gerechnet) wiederholen sich die Bestimmungen (mit Ausnahme des eckig Eingeklammerten)[3]:

VII. Tag. [nubattum. Marduk und Ṣarpanitum (geweiht)]. Günstiger Tag.

---

[1]) Das heißt: die biblische Anschauung legt dem Rechnungssystem die Siebenteilung zugrunde. Daß es die Siebenteilung und nicht irgendeine andere (3, 5, 10) ist, beruht auf der „wissenschaftlichen“ Anschauung, welche der biblischen Gesetzgebung (Moses?!) zugrunde liegt.

[2]) Abraham schwört 1 Mos 21, 28 ff. bei Beerseba, d. i. Siebenbrunnen (Plejaden? s. S. 60) und opfert dabei 7 Lämmer; Herodot 3, 8 erzählt, daß die Araber ihre Bündnisse durch 7 mit Blut bestrichene Steine weihten unter Anrufung der beiden obersten Planetengottheiten (Dionysos und Urania, sagt Herodot, d. i. Sonne und Mond).

[3]) Zum Folgenden vgl. jetzt auch Delitzsch, Babel und Bibel I, S. 61 ff.

Böser Tag. Der Hirte (König oder Oberpriester?) der großen Völker —

Fleisch, das auf Kohle gekocht ist, Speise, die mit Feuer (in Berührung gekommen ist), soll er nicht essen,

seinen Leibrock soll er nicht wechseln, seine Gewänder soll er nicht anziehen,

Libation soll er nicht ausgießen, der König soll den Wagen nicht besteigen!

er soll nicht ....[1] soll keine Entscheidung fällen, am Orte der Heimlichkeit

soll der Magier nicht orakeln,

der Arzt soll seine Hand nicht an den Kranken legen,

eine Angelegenheit zu verrichten ist (der Tag) nicht geeignet.

[Bei Nacht (Morgenanbruch) soll der König sein Opfer bringen,

Libation ausgießen — und seine Händeerhebung wird vor der Gottheit angenehm sein].

Daß dieser siebente Tag auch ein Ruhetag war, folgt hieraus nicht. Wenn Delitzsch aus dem Umstand, daß šabâtu synonym von gamâru vollenden ist, auf „Ruhetag" schließt, so ist das wohl nicht zutreffend[2]. Grade der Begriff gamâru stimmt zum Versöhnungstag; denn gamâru ist in den Kontrakten ein Terminus für Abtragung einer Schuld[3]. Aber gewiß liegen Vorstellungen zugrunde, welche sich mit den in der biblischen Religion durchgeführten berühren. Und auch ohne inschriftlichen Beweis scheint mir der formale Zusammenhang zwischen der israelitischen Annahme eines Ruhetags und einem babylonischen Ruhetag sehr wahrscheinlich, und zwar wegen der Entwicklung, die die Anschauung vom Sabbat in der spätjüdischen Zeit unter offenbarem Einfluß Babyloniens genommen hat[4]: man darf dies und jenes nicht tun, weil es Unglück bringt.

---

[1]) šal-ṭiš (Variante K 3597 in Bezolds Katalog šal-ṭi-iš) i-tam-me nicht sicher zu übersetzen.

[2]) Vielleicht darf man den Namen nubattum, den der 7. Tag (freilich ebenso der 3. und 16.) auch führt, als Beweis für „Ruhetag" ins Feld führen. K 618, 26 (BA I, 225) bedeuten ûmê nu-bat-te doch wohl „Ruhetage". Sonst heißt nubattum „Station". Die Wandrer im Gilgameš-Epos (Tafel XI, 318f., vgl. Tafel V, KB VI, 162, 252) kochen nach je zwanzig Wegeinheiten ab (iksupu kusapa) und nach je dreißig Wegeinheiten machen sie nubattu („Station"; ich erklärte bereits so 1891 in Izdubar Nimrod; Jensen KB VI, 253: „Totenklage"!). Wenn nubattu Rast am Abend bedeutet, so stimmt das ungefähr zur Praxis der Wüstenreisen: $^2/_3$ bis zur Mittagsstation, $^1/_3$ am Nachmittag bis zum Nachtlager. Da kaspu Doppelstunde ist, handelt es sich freilich um Riesenmärsche, die aber im Mythus nicht verwunderlich sind.

[3]) S. Kugler, S. J., Babylon und Christentum S. 16.

[4]) Man vergleiche nur die jüdischen Gebote und Verbote mit den Kultusvorschriften etwa der Šurpu-Tafeln, wie sie Kap. VI wiedergegeben sind.

Vernunft ist Unsinn, Wohltat Plage geworden[1]. Grade wenn der altisraelitische Sabbat als Ruhetag und Segenstag von einem altorientalischen Ruhe- und Unglückstag ausgegangen ist, so liegt darin eines der vielen schönen Zeugnisse für die reformierende Kraft der Jahve-Religion.

Die heidnisch-orientalische Vorstellung vom siebenten Tag als Unglückstag, die nur im Spätjudentum nachweisbar ist, aber sicher in Gestalt des Aberglaubens im alten Israel auch ihr Dasein fristete[2], hängt zweifellos mit dem Unglücksplaneten Saturn zusammen. Das bezeugt Tacitus, histor. 5, 4 für die erste nachchristliche Zeit, vielleicht auch die talmudische Bezeichnung des Saturn als Sabbatsstern[3]. Wer aber im alten Orient vom Saturn sprach, der dachte an Unglück, wie wir bei der Sonne an Licht und Wärme denken. In diesem Sinne hat die Überlieferung der Juden, die Beer im „Leben Mosis" (handschriftlicher Nachlaß) registriert, auch ihre Beweiskraft: Moses habe seinen Landsleuten beim Pharao in Ägypten einen Ruhetag ausgemacht. „Und welchen Tag würdest du hierzu am geeignetsten halten?", fragte der König. „Den dem Planeten Saturn geweihten siebenten; Arbeiten, an diesem Tage verrichtet, pflegen ohnehin nicht zu gedeihen!"

Der Frage nach dem Zusammenhang des israelitischen Sabbat mit einem babylonischen Ruhetag ist neues Material zugeführt worden durch eine von Th. Pinches aufgefundene Liste von Tagesbezeichnungen, in der šapatti als 15. Tag bezeichnet ist[4]. Das ist der Vollmondstag, der Tag der Hauptstation des

---

[1]) Näheres siehe in meinem Kampf um Babel und Bibel[4] S. 37f. Als charakteristisches Beispiel sei noch angeführt: der Scheinverkauf von Kaufläden mit sämtlichen Waren während der Passahzeit, wenn man annehmen muß, daß sich Gesäuertes unter den Waren befindet.

[2]) Es gibt bei solchen allgemeinen Kulturanschauungen keinen prinzipiellen Unterschied zwischen früherem und späterem Judentum. Der Unterschied zwischen vor- und nachexilischem Judentum mit Bezug auf kulturelle und wissenschaftliche Anschauungen ist aufzugeben. Der „Gegensinn" von Glück und Unglück, Segen und Fluch war immer vorhanden. Uns ist der Freitag der höchste Segenstag, und doch gilt er als Unglückstag.

[3]) Der Planet kann allerdings seinen Namen שבתי vom Sabbat haben, s. Schürer, Gesch. des jüd. Volkes III, 430.

[4]) Pinches, Šapattu, the bab. sabbath, Proc. of the Soc. of Bibl. Arch. 1904, 51ff., vgl. dazu Zimmern ZDMG 1904, 199ff.; 458ff. Delitzschs Ansicht, es sei šapatti „(Tag) der Monatsmitte" zu lesen, ist nicht haltbar. šabattu wird wiederholt mit dem Zeichen geschrieben, das pat zu lesen ist.

Mondes bei seinem Kreislauf durch die Ekliptik (s. Abb. 15). Man könnte nun annehmen, daß man rückwärts und vorwärts den 8. und 1. und den 22. Tag šapattu genannt hat, daß also auf diese Weise eine siebentägige Woche dem Mond auf den Leib geschrieben worden ist[1]. Wir haben unsre Bedenken gegen den Zusammenhang der siebentägigen Woche mit dem Mondlauf S. 41 und 183 ausgesprochen. Es würde ja auch nicht für eine durchrollende Woche stimmen, sondern nur für eine Einteilung, die wie in den assyrischen Hemerologien mit jedem Monat neu anhebt. Wir bleiben also dabei, daß der Sabbat nach seinem astralen Ursprung ein Planetentag ist, der Tag des summus deus[2].

Während des Druckes erschien die Schrift H. Wincklers, „Religionsgeschichtler und geschichtlicher Orient" (Leipzig, J. C. Hinrichs 1906), die am Schluß S. 55 ff. den „Kalender" behandelt (s. auch oben S. 36 ff.). Winckler ist ebenfalls der Ansicht, daß die siebentägige Woche nicht mit dem Mondlauf zusammenhängt, sondern mit der Verteilung des Zeitabschnittes auf die sieben Planeten (S. 39). Der Sabbat aber ist zunächst der Vollmondstag, er entspricht der Kulmination des Mondlaufs, der einmal im Monat seinen Herrschaftspunkt erreicht, der an den Himmel des summus deus stößt. Andrerseits wird der Höhepunkt durch Ersteigen der sieben Stufen des Planetenturmes erreicht, so daß also jeder siebente Tag Sabbat ist. Die Natur des Sabbat als Saturnstag (s. unten Anm. 2) läßt aber erkennen, daß die biblische Religion mit ihrem Sabbat von der Mondlehre abrückte und sich der Sonnenlehre anschloß (Saturn-Nergal = Sonne, s. S. 27)[3]. Der Sabbat als siebenter Tag vereinigt also beides — der Name entspricht dem Mondlauf, die Verbindung mit Saturn berücksichtigt die Sonnendeutung, ganz entsprechend dem Grundsatz, daß für den Kalender nicht Sonne oder Mond, sondern beides zugleich maßgebend ist.

Zum Charakter des Tages als Ruhetag wird auf den Text der Statue Gudea's B, 3, 15 ff. hingewiesen. Beim Tempelfest Ninibs (dem in seiner Mondeigenschaft der Nordpunkt, also Vollmondspunkt gebührt, s. oben S. 27 f., weshalb es sich um ein Vollmondsfest, also um einen šapattu handeln dürfte), heißt es:

---

[1]) Der avestische Kalender bezeichnet den 1. und 8. und 15. und 23. als dem Ormuzd heilig. Die 23 (so wenigstens nach Jackson im Handbuch der eranischen Philologie) ist mir rätselhaft. Man zählt 12 Monate zu 30 Tagen, 5 Schalttage, alle 120 Jahre einen Schaltmonat. Die 30 Tage werden in 14 + 16 zerlegt.

[2]) Sofern der Sabbat Saturnstag ist, würde Saturn als solcher gelten. Das zeigt sich in der Tat in dem spanischen Judentum, das den Zusammenhang mit den altorientalischen Mysterien am deutlichsten bewahrt hat. Der Spiritus Saturni beseelt die Propheten, s. Neander, Entwurf eines gnostischen Systems S. 266.

[3]) Sie muß nicht ägyptisch sein, wie Winckler annimmt, sondern kann dem babylonischen Mardukzeitalter entsprechen, das Sonnenzeitalter ist im Gegensatz zum vorbabylonischen Mondzeitalter, s. S. 65 ff.

„Niemand wurde mit der Peitsche geschlagen, die Mutter züchtigte nicht ihr Kind, die Statthalter, die Aufseher, die Bearbeiter der Wolle .....: es hörte auf (das Werk) ihrer Hände. In den Gräben der Stadt wurde ..... kein Leichnam wurde begraben. Der kalû spielte keine Psalmen, stieß keine Klagerufe aus, die Klagefrau ließ keine Klagelieder hören. Im Gebiete von Lagaš ging kein Mensch, der einen Rechtsstreit hatte, zur Stätte des Schwurs. Kein ..... drang in jemandes Haus ein."

Fünftes Kapitel.

Das Paradies.

1 Mos 2, 8: „*Und es pflanzte Gott einen Garten in Eden in Ḳedem und setzte dorthin den Menschen, den er gebildet hatte.*"

In der Steppe wurde ein Gottesgarten angepflanzt[1]. Eden ist das Land, in dem der Garten[2] lag. Erst später (z. B. Ez 28, 13) wurde Eden selbst als der Gottesgarten gedeutet und in dem Namen durch Volksetymologie das Wort ʿêden „Wonne" gehört.

Der Erzähler denkt sich den Garten in Babylonien. Darauf weisen die Flußnamen mit Bestimmtheit. „In ḳedem" ist Himmelsrichtung, im „Osten" liegt Sinear-Babylonien. Aber nach der wissenschaftlichen Lehre vom Weltbilde und von der Weltentwickelung, die den Urgeschichten zugrunde liegt (s. S. 74 und 160), ist das Paradies ein kosmischer Ort und eden und ḳedem haben

---

[1]) êdinu erscheint in einem der sog. Syllabare der Keilschriftliteratur (S^b) als Synonym von ṣêru „Wüste". Auch einen geographischen Begriff „Eden" scheint die Keilschriftliteratur in dem Namen Gu-edin-na zu bezeugen. Wenn sich Hommels weittragende Hypothese, daß Gu-edin-na der alte Name für Chaldäer sei, nicht halten läßt, bleibt doch der Hinweis für die Frage, wo der biblische Erzähler sich das Paradies denkt, wichtig. II R 53, 4 wird Gu-edin-na zwischen Nippur und Erech genannt. IV R 21*, No. 2, Rev. 19 ist die westländische Göttin Gu-bar-ra (= Ašrat) die Herrin von Gu-edin-na (II R 59, Rev. 43 Nin-gu-edin-na die Gemahlin des Martu). In den Listen der Könige von Ur begegnet ein Fluß nâr-edin-na und in den Inschriften von Telloh ein Fluß kiš-edin-na (das gesamte Material bei Hommel, Geogr. u. Gesch. 241 ff.).

[2]) Das dem hebräischen Worte Gan „Garten" entsprechende babylonische Wort kommt im Plural gannâti in der Unterschrift einer „Gartentafel" vor, die 62 Gartengewächse (und 6 Gerätnamen) aufzählt und die Unterschrift trägt: Gärten des (babylonischen) Königs Merodach-baladan, s. Delitzsch, Handwörterbuch S. 202.

im letzten Grunde kosmischen Sinn[1]. Im kosmischen Sinne entspricht êdinu, „die Steppe" des irdischen Weltalls, der Unterwelt, aus der die Welten emporsteigen, bez. dem Ozean, in dem die Unterwelt im engeren Sinne ein topos ist (s. S. 8)[2]. Ḳedem ist vordere Seite, also bei der nach Süden, dem Ort der Weltentstehung gerichteten Ḳibla (S. 29) die untere Welthälfte. Wenn Adam in Eden wohnt und dort die Menschheit entsteht, so entspricht das der babylonischen Lehre, nach der Adapa in Eridu an der Mündung der Ströme (auch hier kosmisch gedacht) geschaffen wird. Daß der Erzähler den kosmischen Sinn kennt[3], zeigt 11, 2: „*Und es geschah, als sie aufbrachen von ḳedem, kamen sie in eine Ebene im Lande Sinear*", vielleicht auch 2, 8: „*Er pflanzte den Garten in Eden von ḳedem her*"[4] und der biblische Garten ist Wohnsitz Jahve's. Er entspricht ja dem Gottesberg, dem Sitz der Gottheit. Darum ist er auch als Bergheiligtum zu denken, wie bei Ezechiels Paradiesschilderungen noch deutlich zu sehen ist. — 3, 8: „*Jahve wandelt in der Abendkühle im Garten.*" Babylonische Vorstellungen von einem Paradies, in dem die Gottheit wohnt und in dem Menschen wohnen, die in näherem Umgang mit der Gottheit stehen, werden uns später mehrfach begegnen, wo von den Lebensbäumen und vom Lebenskraut die Rede ist.

Da jedes „Land" ein Mikrokosmos ist (S. 48 ff.), so findet sich das Paradies in zahllosen Wiederholungen. Eridu[5] in Südbabylonien ist ein irdisches Abbild des Paradieses (s. S. 96. 198). Ebenso Babylon. Sein alter Name TIN-TER (ki), d. h. „Wohnung des Lebens", deutet darauf hin, wie auch die volksetymologische Deutung des Namens als Bab-ilu „Pforte Gottes" („Hohe Pforte!"). Der heilige Zedernberg und Zedernwald mit dem „Wohnsitz der Götter, dem Allerheiligsten der Irnini", wo der

---

1) Zum Folgenden vgl. Winckler F. III, 311 ff.

2) Das Paradies, in dem Gilgameš, der babylonische Noah, seinen Urahn findet, wird jenseits der Mündung der Ströme nach Überschreitung des Totenflusses erreicht. Eden ist Wortspiel; „in Eden" stimmt nicht einmal ganz zu Babylonien; das liegt jenseits der Steppe im Osten.

3) Die Zeit entspricht dem Raum; auch ḳedem „Vorzeit", verrät im Hebräischen die Kenntnis des kosmischen Sinnes, der in dem Begriff liegt.

4) Die Erklärung „östlich" (Ges.-Buhl) oder „fern im Osten" (Gunkel) ist gezwungen. Rein geographisch heißt miḳḳedem „von Osten her" Jes 9, 11; das gibt hier keinen Sinn.

5) Bei Eridu flossen einst die Ströme Euphrat und Tigris getrennt ins Meer. Es handelt sich bei den kultischen Befehlen um einen erreichbaren Ort.

elamitische Heros Ḫumbaba auf „wohlgepflegten Pfaden erhabenen Trittes wandelt“, ist vielleicht nach der Meinung des Epos Babylon, das einst unter elamitischer Herrschaft stand[1]. Innerhalb des biblischen Gesichtskreises ist Damaskus ein mikrokosmisches Paradies mit seinen heiligen Flüssen (2 Kg 5, 12), ebenso Tyrus (Ez 28, 2 ff.); die Gegend von Sodom und Gomorrha in altkananäischer Zeit (1 Mos 13, 10, wo „gleich Ägyptenland“ Glosse ist).

Der biblische Erzähler von 1 Mos 3 schildert das Paradies einer älteren Ära, die jenseits der israelitischen Ära liegt. Für die altisraelitische Ära gilt Bethel als Weltmittelpunkt, für die historische Zeit ist Zion-Morija der Gottessitz, s. Ez 47, 7 ff.

Eine Schilderung des kosmischen Paradieses in der untern Welt, bez. im Ozean, haben wir im Gilgameš-Epos, wo der Held einen Göttergarten findet mit Edelsteine tragenden Wunderbäumen und dann jenseits der Totengewässer den Aufenthaltsort des Ut-napištim, der mit seinem Weibe nach der Sintflut „in die Versammlung der Götter hineingetreten ist“ und nun „in der Ferne an der Mündung der Ströme“ wohnt. Hier ist der „Waschort“, an dem der aussätzige (?) Held „rein wie Schnee“ wird, nachdem ihm die beiden Bewohner durch magische Akte „Leben“ verschafft haben. Hier ist die Pflanze, die den Greis wieder jung macht, zu finden (s. S. 198)[2]. Von weiteren Bewohnern hören wir nichts. Aber man wird annehmen dürfen, daß der Babylonier sich dieses Elysium auch anderweit bevölkert denkt. Von Enmeduranki heißt es ebenso, er sei „in die Gemeinschaft der Götter“ berufen worden (S. 47).

Eine überraschende Parallele bieten die pseudepigraphischen Henoch-Sagen. Henoch kommt wie Gilgameš über das erythräische Meer ins Paradies. Henoch 65, 2 erzählt, wie der Held bis zum Ende

---

[1]) S. mein Izdubar-Nimrod S. 23. Noch Alexander der Große soll nach Arrian und Strabo Zypressen in den Götterhainen Babylons zum Schiffsbau geschlagen haben.

[2]) Jensen KB VI hat sich um das bessere Verständnis der Erzählung bemüht. Aber ich darf wohl auch auf meine bereits im Jahre 1886 erschienene Interpretation „Assyrisch-babylonische Vorstellungen vom Leben nach dem Tode“ verweisen, in der ich zum ersten Male die Fortsetzung der Sintflutgeschichte erklärt habe, später 1892 verbessert in Izdubar-Nimrod. Insbesondere hatte ich hier bereits das Wunderkraut erklärt. Der Erklärung Jensens kann ich grade bei diesem Passus nur teilweise folgen. Auch Zimmern KAT³ 577 ff. kehrt in wesentlichen Punkten zur alten, von mir vorgeschlagenen Deutung zurück.

der Erde gegangen ist und seinem Großvater Henoch entgegenschreit: er wolle nicht mit untergehen (wie ja auch Gilgameš dem Ahnen sein Leid klagt und sich gegen den Tod sträubt). 65, 9 heißt es: „Danach faßte mich mein Großvater Henoch mit seiner Hand, hob mich auf und sagte zu mir usw." — Es würde sich verlohnen, die kosmische Reise in Lucians satirischen verae historiae auf ihre Kenntnis des altorientalischen Weltbildes zu untersuchen. Auch hier ist ein Paradies geschildert, auch eine himmlische Stadt.

Von den außerisraelitischen Paradiesesvorstellungen sei hier noch die eranische erwähnt. Das traditionelle „Paradies" (Neh 2, 8) hat seinen Namen vom zendischen Pariděza, das als Ort der Seligen im eranischen Heroenzeitalter gilt. Dort leben 15 Helden, die einst mit den Ungeheuern gekämpft haben und die beim letzten Kampfe wieder eingreifen werden[1].

Die Bäume im Paradies.

1 Mos 2, 9.

Im Garten stehen zwei besondere Bäume. Der „Baum des Lebens" mitten im Garten 2, 9 und der „Baum des Erkennens" (Gutes und Böses) nach 3, 3 ebenfalls mitten im Garten. Von beiden gehen wohl nach der ursprünglichen Vorstellung übernatürliche Kräfte aus: vom Baum des Lebens sagt es 3, 22: „wer davon ißt, wird ewiglich leben", vom Baum des Erkennens ist es 3, 5 vorausgesetzt: „wer davon ißt, wird wie Gott". Daß einer der beiden Bäume nachträglich eingefügt sei, darf nicht mehr angenommen werden, da wir den Sinn der beiden Bäume aus dem babylonischen Weltbilde kennen.

Als israelitisches Theologumenon erscheint uns der Zusatz: „*Gutes und Böses*" und die entsprechende Erweiterung 3, 5: (daß ihr werdet wie Gott), „*erkennend Gutes und Böses*". Aber grade mit diesem Zusatz verbindet sich der sittliche Gedanke, der die Geschichte 1 Mos 3 weit über den kosmischen Mythus der Völker hinaushebt. Theologumenon ist ferner der Gedanke von 3, 22, der die Vertreibung damit motiviert: daß er nun nicht etwa die Hand ausstreckt und von dem Baum des Lebens nimmt und ißt und ewiglich lebt. Haben im Sinne der Erzählung die Menschen vorher unverboten von dem Baume des Lebens essen dürfen?

Der „Baum des Lebens" gehört zum Gemeinbesitz der Menschheit[2]. Auf biblischem Gebiete sei erinnert an Spr 3, 18;

---

[1]) S. G. Hüsing bei Göll, Mythologie, 8. Aufl., S. 312.

[2]) Vgl. die wertvolle Studie Wünsche's „Die Sagen vom Lebensbaum und Lebenswasser". Ex or. lux I, 2/3.

11, 30; 13, 12; 15, 4; Ez 28, 13; Apk 2, 7; 22, 2. Die Stelle bei Ezechiel zeigt, daß die biblischen Schriftsteller das kosmische Paradies so gut, wie sein irdisches Abbild kennen. Auf dem tönernen Räucheraltar, den Sellin in Taʿannek in der Ebene Jesreel fand, findet sich als Reliefdarstellung der Lebensbaum mit zwei Steinböcken und ein eine Schlange würgender Knabe [1].

Abb. 64: Sabäische Opfertafel zum Dank für glückliche Ernte.

Die biblische Erzählung zeigt auch hier das „babylonische Weltbild", und die religiöse Verwertung knüpft an die hinter dem Weltbild stehende Lehre an. Die beiden Bäume repräsentieren im kosmischen Mythus Leben und Tod, Oberwelt und Unterwelt. Sie erscheinen deshalb in den kosmischen Legenden als Sonne und Mond, wobei die Sonne den Tod und der Mond das Leben darstellt [2] oder umgekehrt die Sonne das Leben und der Mond (Erkennungsmotiv) den Tod [3]. Im Adapa-Mythus sind beide personifiziert als Tammuz und Gišzida am Portal des Anu-Himmels, vgl. S. 114 Anm. 2. Ningišzida ist nach Gudea Cyl. B 9, 1 „Herr des Baumes der Rechten"; Tammuz würde demnach „Herr des Baumes der Linken" (Todesbaum) sein; er heißt in der Tat „Herr von kinnuri", d. i. Unterwelt, und „legitimer Sohn des apsû".

---

[1]) Wenn der Altar auch aus späterer Zeit stammen sollte (8. Jahrh.), so ist doch die Vorlage sicher alt (Sellin). Auch eine sabäische Opfertafel von Amran (Brit. Museum) zeigt den Lebensbaum mit den Tieren, s. Abb. 64. Die okzidentalische Kulturwelt kennt den Lebensbaum ebenfalls als Zeichen des den Tod überwindenden Lebens.

[2]) Nach G. Hüsing l. c. 313 ist Homa der Mond als Blüte des Weltbaumes (s. S. 194), die göttliche Kraft des Unsterblichkeitstrankes.

[3]) S. 100. Ephrem der Syrer nennt den Lebensbaum „die Sonne des Paradieses" (Wünsche l. c. S. 7). Zu Helios und Selene als Bäume im Paradies und Höhepunkt des Tierkreises S. 22. In den kosmischen Kultstücken des Hohenpriesters entsprechen Urim und Tummim inmitten der zwölf Edelsteine (Tierkreiszeichen): Leben und Tod, Ja und Nein, Licht und Finsternis.

Im Sinne des Mythus darf man auch nach der Art der Bäume fragen. Insbesondere vertreten Weinstock und Feigenbaum im Mythus die oberirdische und unterirdische Welt, Leben und Tod. Die an sich ungeeigneten „Feigenblätter", aus denen die ersten Menschen ihre Kleider herstellen, stammen vielleicht vom Feigenbaum als dem Baume der Erkenntnis[1]. Der Weinstock ist Lebensbaum (ideogr. als „Lebensholz" bezeichnet, Wein als „Lebenstrank" s. S. 199). Auch der „Apfelbaum" entspricht

Abb. 65: Assyrischer Siegelzylinder mit dem heiligen Baume. Brit. Museum.

dem Mythus; es ist dann an die „Liebesäpfel" zu denken[2]. In der jüdischen Legende ist der Lebensbaum „Ölbaum"[3].

---

[1]) S. Winckler F. III, 389. Durch das „Erkennen" tritt der Tod ein. Der Mondlauf bietet die kosmische Erscheinung dar, durch die (beim Vollmond) das „Erkennen", „die Vermählung" und das daraus folgende „Verfallen an die Unterweltsmacht" illustriert wird, s. S. 33 Abb. 15.

[2]) Wohl Granatapfel, oder „Paradiesapfel" (Tomate)? 1 Mos 30, 14ff. überläßt Rahel ihrer Schwester Lea für den Preis einiger dudaim, die Liebeszauber vermitteln (Sept. *μῆλα μανδραγορῶν*, Vulg. mandragorae, vgl. Stucken, Astralmythen S. 5), Jakob für eine Nacht, und Lea empfängt Isaschar. Vgl. HL 7, 14, wo der Geruch der Äpfel zur Liebe aufmuntert; man denke ferner an den Apfel als Festrätsel der Adonisfeste auf Samos.

[3]) Zum Weinstock s. BNT 33, zum Ölbaum Wünsche l. c. Der mythische Pythios, Sohn des Atys (!), Herodot VII, 27 begegnet Xerxes, beschenkt ihn und sagt, er sei derselbe, der seinem Vater „den goldenen Palmenzweig und den goldenen Weinstock" geschenkt habe, d. h. die Weltherrschaft, s. Mücke, Vom Euphrat zum Tiber S. 92. In diesem Ideenkreis liegen ferner die Ölbäume Sach 4, Zeder und Weinstock, unter denen eine Quelle floß, die zur verwüstenden Flut wurde syr. Baruch 36; der Wunderbaum bei den sieben Feuerbergen Henoch 24.

Aus dem Ozean steigt die Welt empor, die irdische und die himmlische Welt. Darum gibt es ein Paradies in der Wasserwelt und ein Paradies in der himmlischen Welt, das dann in den Mikrokosmen der irdischen Welt sich wiederspiegelt, in der jedes „Land" sein Paradies hat. Die beiden Bäume stellen dann in der neuen Welt, die aus dem Urozean emporgestiegen ist, die beiden Welthälften, bez. die beiden Hälften des Kreislaufes dar: oberirdisch und unterirdisch, Leben und Tod, Himmelsmacht und Unterweltsmacht.

Aber auch die gesamte aus der Unterwelt (Wasserwelt) emporsteigende Welt erscheint als Baum, als Weltenbaum[1]. Ezechiel kennt, wie es scheint, die Vorstellung vom Welten-

Abb. 66: Der heilige Baum mit knieenden Genien. Palastrelief aus Nimrud.

baum, dessen Wurzeln in Tehom sind und dessen Wipfel in den Himmel hineinwächst, und vergleicht damit Ägypten, das Unterweltsland.

Ez 31, 3 ff. Fürwahr, ... eine Zeder [stand] auf dem Libanon, schön von Astwerk und schattenspendender Belaubung und hohem Wuchs, und zwischen den Wolken war ihr Wipfel. — — — Zedern verdunkelten sie nicht im Garten Gottes, Zypressen glichen ihr nicht mit ihren Zweigen, und Platanen kamen ihr nicht gleich mit ihren Ästen, kein Baum im Garten Gottes glich ihr an Schönheit. Schön hatte ich sie gemacht in der Fülle ihrer Zweige, und es beneideten sie alle Bäume Edens, die im Garten Gottes standen.

---

[1]) Winckler F. III, 312. Am Himmel entspricht dem Weltbaum die Milchstraße, die scheinbar vier breite Äste über die Wassergegend erstreckt, s. Stucken, Astralmythen S. 72 und Hommel, Grundriß d. Geogr. u. Gesch. S. 366.

Das eranische Weltbild[1] versetzt den Urmenschen an einen Ort, der später als Gottesberg erscheint (Haraburzati, irdisch lokalisiert in Damāvand). Haraburzati („hoher Berg") liegt im Meere Worukascham, und auf ihm steht der Weltbaum, Homa genannt nach seinen goldenen Blüten. Seine Wurzeln saugen an der Quelle, von der aus die Ströme über die Erde fließen.

Für den babylonischen „Lebensbaum", bez. für den „Weltenbaum" kommt noch folgendes Material in Betracht:

1. Der stilisierte heilige Baum auf den babylonischen Siegelzylindern und auf den assyrischen Palastreliefs, der eine Art

Abb. 67: Relief aus dem Palast Sargons in Khorsabad.

Dattelpalme mit einer Koniferenart verquickt. Er trägt eine Frucht[2], nach der häufig die adler- oder menschenköpfigen Genien greifen. Auch der sog. „Sündenfall"-Zylinder zeigt am Baume die Früchte (s. Abb. 69 und vgl. Abb. 65—67). Dieselbe Frucht tragen dann auf anderen Darstellungen die Genien in der einen Hand (also wohl, um sie den Menschen zu bringen), während die andere ein korbartiges Gefäß hält, auf dessen Vorderseite die

[1]) Das Folgende nach G. Hüsing l. c. 312.

[2]) Vgl. Eb. Schrader, Berl. Ak. der Wiss. Monatsbericht 1881, 413ff. Die Frucht ist wohl die Dattelrispe. Sie findet sich auch als Verzierung auf den stilisierten Zeichnungen der Ziegel-Emaille-Reliefs in Babylon. Verwandt ist wohl auch die riesige Rispe auf dem Damasus-Hofe im Vatikan.

gesamte Darstellung wiederholt erscheint. Da die Früchte doch sicher von dem Lebensbaume stammen, so vermuten wir, daß das Gefäß „Lebenswasser" (s. unten S. 200 f.) enthalten soll, ähnlich dem karpat egubbû „Weihwassergefäß", aus dem nach IV R 57, 16 b Marduk Gnade spendet und mit dem man nach IV R 60, 21 a Wasser aus dem Brunnen des Marduk-Tempels (!) schöpft. Eine Schilderung solcher Lebensbäume findet sich in der verstümmelten Stelle Ez 41, 17 f. (Ez 23, 14 zeigt, daß die Phantasie des Propheten mit Bildern aus babylonischen Palästen erfüllt ist):

„Und es waren (rings an der Wand) Kerube und Palmen angebracht und zwar je ein Palmbaum zwischen zwei Keruben"[1].

Auch das Schnitzwerk der Wände beim Tempelbau 1 Kg 6, 29, „Keruben, Palmen und Blumengehänge" darstellend, ferner die „Löwen, Rinder und Kerube" 1 Kg 7, 29 wird man sich nach babylonischem Muster vorzustellen haben.

2. Die heilige Zeder in dem Zedernwald bez. auf dem Zedernberg im Heiligtum der Irnini.

Die beiden Gefährten Gilgameš und Eabani wandern nach dem Zedernwald, wo Ḫumbaba die heilige Zeder bewacht[2]:

Um unversehrt zu erhalten (šullumu) die Zeder,
hat ihn Bel zum Fürchten für die Menschen bestimmt;
und wer seinen Wald betritt, den packt Ohnmacht.

Als sie in die Nähe gekommen sind, heißt es (Tafel V, col. I des Epos):

Sie standen, den Wald betrachtend,
schauen an die Höhe der Zeder,
schauen an den Eingang des Waldes,
wo Ḫumbaba zu wandeln pflegt erhabenen Schrittes.
Wege sind angelegt, gutgemacht ist der Pfad,
Sie schauen an den Zedernberg, den Wohnsitz der Götter, das Allerheiligste der Irnini.
Vor dem Berge erhebt eine Zeder ihre Pracht,
Gut ist ihr Schatten, mit Jubel erfüllend — —

Nach dem Vorhergehenden scheint ein Fluß in der Nähe dieses Paradieses (heiliger Baum und heiliges Wasser!) zu entspringen, bez. zu fließen. Zu einer elamitischen Lokalisierung am Choaspes, dem Fluß von Susa, aus dem nach Herodot I, 108 die persischen Könige ausschließlich tranken, könnte der elami-

[1]) Der Vergleich mit den Abbildungen zeigt, daß hebr. Kerub die verschiedenartigen Gestalten am Lebensbaum bezeichnet. 2 Mos 36, 8 sind sie in die Teppiche gestickt, 2 Mos 36, 35 in die Vorhänge. 1 Kg 6, 23 ff. Kerube im Tempel.

[2]) KB VI, 156 ff., vorher mein Izdubar-Nimrod S. 23.

tische Name Ḫumbaba verleiten[1]. Aber es ist immer zu beachten, daß kosmische Vorstellungen zugrunde liegen, die schließlich überall lokalisiert werden können.

Von Ezechiels mythischem „Garten Gottes“ auf dem Libanon, der ebenfalls eine wundervolle Zeder als Hauptschmuck aufweist, war S. 194 f. die Rede.

3. Der Garten am Meere mit den Wunderbäumen auf der IX. Tafel des Gilgameš-Epos.

Gilgameš kommt dahin, wo die Jungfrau Siduri Sabitu auf dem „Throne des Meeres“ wohnt[2]. Am Meere stehen „Bäume der Götter“. Dabei heißt es:

> samtu-Steine trägt er als Frucht,
> die Äste sind damit behangen, prächtig anzuschauen,
> Lasursteine trägt die Krone (?),
> Früchte trägt er, köstlich anzuschauen[3].

Wie die Zeder im Heiligtum der Irnini an die Zeder im „Garten Gottes“ Ez 31, 3 ff. erinnert, so erinnert dieser Park der „Götterbäume“ an Ez 28, 13 (Anrede an den König von Tyrus):

Abb. 68: Lebensbaum mit Genien. Phönizischer (?), sicher nicht babylonischer Zylinder. Brit. Museum? Nach einem Gipsabdruck im Besitz des Verfassers.

„In Eden[4], dem Gottesgarten, warst du; lauter Edelsteine waren deine Decke: Karneol, Topas, Jaspis, Chrysolith, Schoham, Onyx, Saphir, Rubin[5], „und aus Gold“ waren deine ...... gearbeitet; am Tage, da du geschaffen wurdest, wurden sie bereitet. Zum .... hatte

---

[1]) S. Jensen, KB VI, 437. 441 f.

[2]) Jensen KB VI, 469 erinnert an die diamantenreiche Königin von Saba, gibt aber 575 ff. den Vergleich wieder auf. In welchem Sinne Siduri als Sabäerin gelten kann, dafür s. Winckler, Kritische Schriften II, 110.

[3]) Siehe mein Izdubar-Nimrod, S. 30; abweichend Jensen KB VI, 208 f. In der Geschichte von Abu Muhammed, dem Faulpelz, (1001 Nacht, Reclam III, 1, S. 19 ff.) hat der Held Bäumchen mit Smaragden als Blättern und Perlen als Früchten; die stammen aus der kupfernen Stadt, wo ein Mädchen auf goldenem Stuhle sitzt, mitten im Garten von goldenen Bäumen, deren Früchte aus kostbaren Edelsteinen, Perlen und Korallen bestanden. Man sieht, wie die Sagenstoffe wandern und sich spalten, ohne daß man ohne weiteres von literarischer Entlehnung sprechen darf.

[4]) Man möchte fast vermuten, daß Eridu gemeint ist.

[5]) Nach Sept. grade zwölf Edelsteine, vgl. Zimmern KAT[3] 629 unten. Die Krone Apollos hat auf Gemmen gelegentlich zwölf Edelsteine.

ich dich bestellt; auf dem heiligen Gottesberge warst du, mitten unter feurigen Steinen wandeltest du umher."

4. In Eridu, dem Heiligtum Eas, also dort, wo Adapa geschaffen wurde (s. S. 168), ist ein paradiesisches Baumheiligtum.

Am Schlusse einer der Beschwörungen von Eridu (IV R 15* = Cun. Texts XVI, 42ff.), in der der Feuergott durch Marduk, den Sohn von Eridu, Ea um Vermittlung bittet, heißt es:

In Eridu wächst eine dunkle Palme, an einem reinen Ort ist sie entsprossen,
ihr Aussehen ist glänzend wie uknû-Stein, sie überschattet den Ozean,
der Wandel Eas ist in Eridu, voll von Überfluß;
seine Wohnung ist der Ort der unteren Welt;
sein Wohnplatz ist das Lager der Gur (Bau?);
in das Innere des glänzenden Hauses, das schattig ist wie der Wald, darf niemand eintreten;
drinnen (wohnen) Šamaš (und) Tammuz
zwischen der Mündung der beiden Ströme
haben die Götter . . . . ., die Kerube (ilu gud-dub) von Eridu, diesen kiškanû-Baum verpflanzt und auf den kranken Menschen die Beschwörung des apsû gelegt,
und auf das Haupt des umherirrenden Menschen gebracht[1].

Daß in diesem Paradies von Eridu auch Lebenswasser sich befindet, würde an sich schon der vielerwähnte Wasserkult von Eridu beweisen. Die assyrischen Beschwörungen der Maḳlû-Serie (VII, 115f.) bezeugen es ausdrücklich:

„Ich habe meine Hände gewaschen, meinen Leib gereinigt ina mê naḳbi ellûtim ša ina [al] Eridu ibbanû, „in dem Wasser des reinen Quellorts, der in Eridu geschaffen ist".

5. Das Zauberkraut šîbu iṣṣaḫir amelu „obwohl Greis wird der Mensch wieder jung" beim Aufenthaltsort des babylonischen Noah (s. oben S. 189 Anm. 2). Gilgameš will es nach Erech bringen, davon essen und in den Zustand seiner Jugend zurückkehren. Auf der Heimfahrt nimmt ihm eine Schlange an einer Zisterne das Zauberkraut fort.

6. Mit diesem „Zauberkraut" der Seligeninsel ist die Vorstellung von dem „Lebenskraut" verwandt, das die Götter geben können. In einem Marduk-Hymnus (Craig, Rel. Texts I, 59) wird Marduk als Besitzer des „Lebenskrautes" angesehen. In einem Hymnus[2] heißt er selbst šammu balâṭi „Lebenskraut". Assyrische Ḳönige vergleichen gern ihre Herrschaft mit der

---

[1]) Hommel, Grundriß der G. u. G. 276: „Die Paradieseswächter haben vom Baum in Eridu einen Zweig gepflückt und den kranken Menschen geheilt." S. Thompson, The Devils and Evil Spirits of Babylonia I, p. LIIIff. (The Garden of Eden).

[2]) K 8961, Z 5 Hehn (BAV 360f.).

heilbringenden Wirkung dieses Krautes. So sagt Adad-nirâri, sein „Hirtenamt" habe Gott den Assyrern wohltuend gemacht wie „Lebenskraut". Und Asarhaddon wünscht, daß seine Herrschaft den Menschen wie „Lebenskraut" zuträglich sei. Aus einem der assyrischen Briefe[1] geht übrigens, worauf Zimmern aufmerksam macht, hervor, daß beim Lebenskraut nicht nur das Essen, sondern auch das Riechen in Betracht kommt: „wir waren tote Hunde, da hat der Herr König uns wieder lebendig gemacht (d. h. begnadigt), indem er das Lebenskraut an unsre Nase legte"[2].

7. Endlich ist die babylonische Ambrosia zu erwähnen, die die Götter besitzen. Es gibt einen altbabylonischen Namen Lugal-kurum-zigum, „der König ist Himmelsspeise". Im Adapa-Mythus wird im Himmel des Anu „Brot" dargereicht[3] (im irdischen Heiligtum von Eridu bäckt Adapa das Brot von Eridu und bereitet das „Wasser" von Eridu), und „Wasser des Lebens". Beim Gastmahl der Götter im Epos Enuma eliš[4] essen die Götter Weizen(brot) (ašnan) und trinken Wein. Auch das „Wasser", das Adapa „bereitet", und das Lebenswasser, das ihm im Himmel vorgesetzt ist, dürfte als besonderer Göttertrank zu denken sein. Der Wein, der auch im Alten Testament eine Gottesgabe ist, die „des Menschen Herz erfreut", wird im Babylonischen ideographisch als „Lebenstrank" oder „Lebensholz" bezeichnet.

Wasser des Lebens und Paradiesesströme.

Vom „Wasser des Lebens" ist in der biblischen Paradiesesschilderung scheinbar keine Rede. Aber die Vorstellung verbirgt sich

---

1) Harper, Assyrian Letters 771.

2) Joma 72[b] ist die Thora ein סם חיים (ass. sammât, Wohlgeruch) „Lebenskraut" für die Würdigen, ein סם מיתה „Todeskraut" für die Unwürdigen. Auch hier ist an Riechen zu denken. Vgl. 2 Ko 2, 16: ein Geruch des Todes, ein Geruch des Lebens. Im Targum zu Cant 7, 8 duftet der Ruf Daniels und seiner Freunde lieblich wie Paradiesesfrüchte. Weiteres zu 1 Mos 8, 21 („Gott roch den Duft") S. 246 und BNT S. 73.

3) Die übrigen Gastgeschenke des Himmels sind Lebenswasser (-Wein? s. unten), Kleid, Öl. Vgl. hierzu die Züge in den Bildern des 23. Psalm („du salbest mein Haupt mit Öl") und in der Gleichnisrede vom „hochzeitlichen Kleid" Mt 22, 11f.

4) KT 115.

1. in der Quelle[1] 2, 6, sofern er ursprünglich zur Schilderung des Gartens gehört,

2. im Paradiesesstrom 2, 10.

Ez 47, 1 ff. zeigt, daß die Israeliten ein Paradies mit Lebensbaum und Lebenswasser kennen. Dort ist von Quellen die Rede, die vom Tempel, dem Abbild des Gottessitzes (S. 51 f.), ausgehen und durch deren Fluten das tote Meer genesen soll:

„An den Ufern sollen allerlei Bäume mit genießbaren Früchten wachsen; das Laub soll nicht welken und die Früchte sollen kein Ende nehmen; alle Monate sollen sie frische Früchte tragen, denn ihr Wasser geht vom Heiligtume aus; und ihre Früchte werden als Speise dienen und ihr Laub als Heilmittel."

Auch auf Sach 14, 8 ist hinzuweisen, wo in paradiesischer Zeit sich „lebendige Wasser" von Jerusalem ergießen werden.

Vgl. ferner Apk 22, 1:

„Er zeigte mir einen Strom von Lebenswasser, hervorkommend aus dem Throne Gottes .... hüben und drüben am Strom der Baum des Lebens".

Auch ohne unmittelbare Verbindung mit dem Gottessitz ist oft vom Lebenswasser die Rede. In den babylonischen Texten erscheint es besonders im Kultus des Ea. Eridu, der Kultort Eas an der Mündung der Ströme, entspricht ja dem kosmischen Paradies im Ozean[2]. Vgl. Maqlu VII, 115 f. oben S. 198. Ferner IV R 25, col. IV[3]:

Reines Wasser brachte er hinein;
Nin-zadim, der große Juwelier des Anu,
hat dich mit seinen reinen Händen zubereitet;
Ea nahm dich weg an den Ort der Reinigung,
an den Ort der Reinigung nahm er dich,
mit seinen reinen Händen nahm er dich,
in (?) Milch und Honig nahm er dich,
Wasser der Beschwörung schüttete er dir an deinen Mund,
deinen Mund öffnete er mittels Beschwörungskunst:
‚wie der Himmel sei rein, wie die Erde sei rein, wie das Innere des Himmels leuchte'.

Bei der „Höllenfahrt der Ištar" finden wir einen Lebenswasser-Quell in der Unterwelt und im Gilgameš-Epos ist ein Waschort, der Reinigung vom Aussatz gibt, auf der Seligeninsel jenseits des Totenflusses[4].

---

[1]) S. 172 „Strom"; besser wohl mit Holzinger, Genesis S. 24 אֵד nach Sept. etc. als „Quelle" zu fassen. [2]) S. 198.

[3]) Nach Zimmern, Beiträge, 139 bezieht sich der Text auf die Zeremonien (Mundöffnung und Mundwaschung) bei Einweihung eines Götterbildes, s. jetzt Zimmern in Orient. Studien (Festschrift für Noeldeke) S. 962.

[4]) S. mein Hölle und Paradies AO I, 3[2].

Die jüdische Theologie und die neutestamentliche Sprechweise kennen ebenfalls das „Wasser des Lebens". In einem apokr. Evangeliumfragment[1] sagt Jesus, er und seine Jünger seien mit „Wasser des Lebens" gereinigt; auch wird hier ein Hagneuterion (Reinigungsort) als Teil des Tempels genannt. Die Rabbiner reden von „Wasser des Lebens" und „Quellen des Heils" (מי חיים, מעיני הישועה). Das Wasserschöpfen am Laubhüttenfest im Teiche Siloah (Tractat Succa IV, 7, unter Hinweis auf Jes 12, 3 in der bab. Gemara Succa 48 b) schreibt dem Wasser magische Kraft zu[2]. Jo 4, 10 ff.; 7, 37 f. knüpft an die Vorstellung vom Lebenswasser an und Apk 7, 17; 21, 6; 22, 17 führt der erhöhte Christus die Überwinder zum Lebenswasser[3].

Die Paradiesesströme.

1 Mos 2, 10: „*Und ein Strom geht von Eden aus, den Garten zu bewässern, alsdann teilt er sich in vier Flußläufe*" (eig. Quellen[4]). Das Paradies als kosmischer Ort ist vom Ozean umspült. Der Strom ist das himmlische Wasserreich. Aus dem kosmischen Paradies entspringen vier Quellen, die dann beim Eintritt in die irdische Welt als Flüsse erscheinen. Das irdische „Paradies" der vorisraelitischen Ära (denn die Erzähler der Urgeschichten sprechen von einer Ära jenseits der israelitischen, später tritt Kanaan als ein der himmlischen Welt entsprechender Mikrokosmos in den Vordergrund) wird durch vier Länder bezeichnet, die von den vier Strömen umflossen werden:

1. Pišon, *der die ganze Havila umfließt, woselbst sich das Gold findet . . . . und Bedolachharz* (Gummi) *und Šohamsteine.*

Damit ist jedenfalls Arabien gemeint, bez. ein Teil Arabiens[5].

2. Giḫon, *welcher ganz Kuš umfließt.*

Es ist das Niltal oberhalb Ägyptens. Der Giḫon ist der Nil in seinem Oberlauf. Ägypten ist mit eingeschlossen, vielleicht absichtlich unterdrückt.

---

[1]) Gefunden von Grenfell und Hunt in Oxyrhynchus in Südägypten; noch nicht veröffentlicht.

[2]) Auch der Jordan hat Heilkraft. 2 Kg 5 wird Naeman durch siebenmaliges Untertauchen im Jordan vom Aussatz geheilt, und er wundert sich, daß der Jordan besser sein soll als die Flüsse von Damaskus Abana und Parphar, die ebenfalls als Paradiesesflüsse gelten. Vgl. Boissier, Documents 33 als Mittel gegen den Skorpionstich: „Zum Flusse (Euphrat?) soll er hinabgehen, siebenmal untertauchen."

[3]) Vgl. mein BNT 73 ff.

[4]) roš kann nicht „Flußarm" heißen, es ist vielmehr Flußkopf, Quelle, s. hierzu und zum Folgenden Winckler F. III, 313.

[5]) S. Siegfried bei Guthe, Bibelwörterbuch s. v. Havila.

3. Ḫiddeḳel[1], *der südwärts*[2] *von Assur fließt.*

4. Perat, ohne Zusatz, d. i. der Euphrat[3], der Fluß von Babylonien.

Die beiden erstgenannten Länder mit ihren Flüssen entsprechen der unterirdischen Welthälfte; die beiden letztgenannten entsprechen der oberirdischen Welthälfte.

Man hat sich vielfach bemüht, das biblische Paradies nach der alten Landkarte zu lokalisieren[4]. Dabei können sich verschiedene Lösungen ergeben, von denen jede relativ richtig sein kann. Denn in jedem Lande wird das kosmische Paradies lokalisiert. Der biblische Erzähler denkt an die Euphrat- und Tigrisgegend, das kosmische ḳedem (Süden, himmlische Wassergegend[5]) verwandelt sich ihm in das „östlich" gelegene Babylonien. Es liegt darin m. E. ein starkes Zeugnis für das Bewußtsein Israels von der babylonischen Urheimat. Nach Si 24, 34 scheint die spätere Zeit den Pišon als einen Hauptstrom neben Euphrat und Tigris gedacht zu haben[6].

---

[1]) Nur noch Da 10, 4. Daß die Israeliten den Tigris meinten, zeigt Si 24, 34—36 (Tigris mit Pišon und Euphrat zusammengenannt in Erinnerung an unsre Stelle). Assyr. Idiḳlat II R 50, 7 c d; nach der Behistuninschrift heißt der Fluß Assyriens Diḳlat (vgl. targumisch-talmudisch Diglat). Unser Tigris gibt die persische Aussprache wieder.

[2]) „ḳidmat aššûr, d. h. vor = südlich von Assur, nicht ‚östlich', denn östlich von Assyrien ist der Tigris nie geflossen, er bildet die Südgrenze des Landes", Winckler F III 314.

[3]) Babyl. purattu, altpersisch ufrâtus, arabisch furât. Jes 8, 7; 1 Mos 15, 18 „der Strom", wie die Babylonier ihn selbst ideographisch als das „Wasser" bezeichnen.

[4]) Vgl. vor allem Delitzsch, Wo lag das Paradies? [5]) S. 188 f.

[6]) In der Identifizierung der vier Paradiesesströme mit den vier Strömen, die in der Urzeit getrennt in den Persischen Meerbusen strömten (Jensen, Kosmol. 507 ff.), so daß der Ulai (jetzt Karun) = Pišon, und der Uknu (jetzt Kercha) = Giḫon wäre, liegt m. E. keine Lösung der Frage: Wo lag das Paradies? Daß auch die Babylonier eine irdische Lokalisierung von vier heiligen Flüssen kannten, soll nach Hommel, Aufsätze und Abhandlungen 326 ff. Grundriß 272. 289 f., die Aufzählung von vier göttlichen Flüssen (da das „Weib" und der „Sohn" des Flußgottes folgt, handelt es sich hier allerdings nicht nur um vier Namen des ilu Naru, des Flußgottes [so Jensen]) II R 56, 26—29 c d. vgl. V R 22, 27 ff. zeigen. Hommel hat darauf hingewiesen und glaubt nachweisen zu können, daß in den südarabischen Inschriften die gleichen Vorstellungen von vier heiligen Flüssen begegnen, s. Aufs. u. Abh. 273 ff. und Grundriß der G. u. G. 145 u. 298 Anm. 1. Wenn das richtig ist, so ist damit eine Paradies-Lokalisierung für das betreffende arabische Ländergebiet konstatiert; für die biblische Paradiesesfrage hat es für Hommel insofern Bedeutung, als er annimmt, daß es sich in der babylonischen und arabischen Liste, wie auch in 1 Mos 2, um das gleiche Gebiet südwestlich von Eridu handelt.

Sechstes Kapitel.

Der Sündenfall.

1 Mos 3.

Ein der Sündenfall-Erzählung entsprechender babylonischer Text ist bisher nicht aufgefunden worden. Der vielbesprochene Siegelzylinder Abb. 69[1] ist nicht sicher deutbar. Der Baum mit seinen zwei Früchten ist sicher der Lebensbaum. Aber die beiden bekleideten (!) sitzenden Gestalten greifen nicht nach den Früchten. Eine derselben trägt die gehörnte Kopfbedeckung, die bei den Babyloniern ausschließlich göttliches Abzeichen ist. Die Linie hinter der links sitzenden Gestalt ist bestimmt eine Schlange[2]. Aber ihre Stellung spricht nicht für eine Rolle, die der Sündenfall-Situation entsprechen würde.

Abb. 69: Lebensbaum mit göttlichen Wesen und Schlange. Bab. Siegelzylinder. Brit. Museum.

Abb. 70: Siegelzylinder. Original im Privatbesitz des Verfassers.

Hingegen erinnert das Bild an eine Szene am Schluß der 11. Tafel des Gilgameš-Epos. Der babylonische Noah und sein

[1]) Brit. Mus. Nr. 89, 326.

[2]) Die von Oppert, Halévy u. a. geäußerte Ansicht, es handle sich vielleicht nur um ein Ornament, ist unberechtigt. Unsere Wiedergabe des Bildes läßt keinen Zweifel: es ist eine Schlange.

Weib (vergöttlichte Gestalten) verfügen über das Lebenskraut. Gilgameš nimmt einen Büschel davon mit, aber eine Schlange am Brunnen (Unterwelt!) raubt ihm das kostbare Gut. Unser Bild stellt den Lebensbaum dar und im Hintergrunde die Schlange als Hüterin. Es ist demnach eine Verwandtschaft der Sage mit der biblischen Erzählung im weiteren Sinne möglich[1].

Spuren der Bekanntschaft mit einzelnen Elementen der Sündenfallgeschichte sind nachweisbar. Der Flußname an-muš-tin-tir-dub II R 51, 44a kann übersetzt werden: „Fluß des Schlangengottes, der die Wohnung des Lebens zerstört"; aber der Name steht in einer Aufzählung, deren Zusammenhang nichts besagt. — Daß das Weib Verführerin von Anfang ist, scheint der Text DT 67[2] vorauszusetzen, der von einer Magd, der „Mutter der Sünde" spricht, die in Weinen ausbricht und später nach dem im einzelnen noch dunklen, fragmentarischen und schwierigen Texte im Staube liegt, von dem tödlichen Blick der Gottheit getroffen.

Die Voraussetzung eines Sündenfalles ist ein bestimmtes göttliches Gebot an die Menschen. Dafür giebt es keine babylonische Parallele. Daß die Gebote von der Gottheit stammen, entspricht allerdings der babylonischen Gedankenwelt. So bringt Hammurabi seine Gesetzgebung mit dem Sonnengott in Verbindung, ja er geberdet sich selbst als Gesetze vorschreibender Sonnengott. Der in Susa gefundene Stein der Gesetzgebung[3] stellt dar, wie Hammurabi die göttliche Unterweisung empfängt. Auf der Schlußtafel des Epos Enuma eliš aber heißt es ausdrücklich, daß Marduk die Gebote des Ea[4] den Menschen bringen soll:

„Sie mögen festgehalten werden und der „Erste" möge sie lehren[5],
der Weise und der Kundige mögen sie zusammen überdenken!

---

[1]) Abb. 70 zeigt einen babylonischen Siegelzylinder aus dem Besitze des Verfassers, auf dem zwischen der sitzenden Gottheit und dem herzutretenden Beter eine Schlange emporzusteigen scheint (vgl. hierzu die Schlange Abb. 27). Die Echtheit des Siegelzylinders ist zweifelhaft. Wir geben ihn trotzdem wieder, weil es sich um antike Imitation handeln kann.

[2]) S. Delitzsch BB I[4], 70.

[3]) S. zu 2 Mos 20.

[4]) Vgl. oben S. 46 f., wo von Büchern und Tafeln die Rede ist, auf denen den Menschen göttliche Weisheit und göttliche Vorschrift vermittelt wird.

[5]) Das ist Marduk und in weiterem Sinne dann der Urmensch oder der erste der Weisen der Heroenzeit.

Es soll sie überliefern der Vater, er lehre sie den Sohn.
Des Hirten und des Hüters (?) Ohr möge er öffnen,
daß er sich freue über den Herrn der Götter, Marduk,
daß sein Land gedeihe, ihm selbst es wohl gehe!
Beständig ist sein Wort, nicht gewandelt wird sein Befehl;
das Wort seines Mundes ändert nicht irgend ein Gott.
Blickt er böse an, wendet er seinen Nacken nicht wieder (zur Gnade),
wenn er zürnt, wenn er ergrimmt ist, tritt ihm kein Gott entgegen.
Der Hochherzige, Weitsinnige.
Vor dem Frevel und Sünde . . . . . .
. . . . (5 weitere Zeilen verstümmelt)

Auf einem Fragment K 3364 + 7897 (= CT XIII, 29 f.) finden sich sittliche Ermahnungen, von denen ausdrücklich gesagt ist, daß sie auf einer Tafel stehen[1]:

Zu deinem Gott sollst du ein Herz der . . . . . . haben,
das ist es, was zukommt der Gottheit.
Beten, Flehen und Niederwerfung des Angesichts
sollst du ihm . . . . . .[2] darbringen
und überschüssig sollst du es . . . . . . machen.
Bei deinem Lernen (?) sieh auf die Tafel;
Gottesfurcht gebiert Gnade,
Opfer vermehrt das Leben
Und Gebet . . . . . . die Sünde[3].
Dem, der die Götter fürchtet, dessen Fundament ist nicht . . . .,
Wer die Anunnaki fürchtet, verlängert [sein Leben].
Gegen Freund und Genossen rede nichts [Böses],
Niedriges rede nicht, Freundlichkeit (?) . . . . .,
Wenn du versprichst, so gib . . . . . . (?),
wenn du ermutigst (?) . . . . . .!

Klagen über Sünde und Gebete wegen Befreiung von „Sünde" und „Sündenstrafe" finden sich reichlich in der babylonischen religiösen Literatur. „Die große Sünde, die ich seit meiner Jugend begangen habe, löse, vernichte sie siebenmal; dein Herz gleich dem des Vaters und der Mutter, die mich geboren, kehre an seinen Ort zurück, ich will dein gehorsamer Diener sein, o Marduk", heißt es in einer Litanei. „Die Sünden meines Vaters und Großvaters, meiner Mutter und Großmutter,

---

[1]) Delitzsch, Weltschöpfungsepos S. 19, 54 f., 111 f. rechnet sie zum Epos Enuma eliš mit sehr fraglichem Recht und spricht von „Ermahnungen des Schöpfergottes an den ersten Menschen". Die Übersetzung Delitzsch's ist sehr frei und nicht ohne willkürliche Ergänzungen. Merkwürdigerweise ist bei Besprechungen der Stelle die wichtige Erwähnung der Tafel, von der man lernen soll, bisher übersehen worden.

[2]) ud-da-at. Delitzsch: frühmorgens.

[3]) Das zweite jüdische Neujahrsgebot sagt, daß Reue, Gebet und Almosen böses Verhängnis abwenden.

meiner Familie, meines Geschlechts, meiner Verwandtschaft mögen sich mir nicht mehr nahen[1].“ Einige Stellen aus den babylonischen „Bußpsalmen“ (a-ši-ša-ku-ga = „Klagelied zur Herzensberuhigung“ scil. der Gottheit) seien angeführt[2].

IV R 10 Daß doch das Toben im Herzen meines Gottes zur Ruhe komme ......
Solches, das meinem Gott ein Greuel wurde, habe ich unwissentlich gegessen,
auf solches, das meiner Göttin ein Abscheu, habe ich unwissentlich getreten,
O Herr, meiner Sünden sind viel, groß sind meine Vergehen.
Mein Gott, meiner Sünden sind viel, groß sind meine Vergehen;
meine Göttin, meiner Sünden sind viel, groß sind meine Vergehen.
Gott, den ich kenne, nicht kenne, meiner Sünden sind viel, groß sind meine Vergehen.
Göttin, die ich kenne, nicht kenne, meiner Sünden sind viel, groß sind meine Vergehen.
Die Sünde, die ich begangen, kenne ich nicht,
das Vergehen, das ich verübt, kenne ich nicht.
Den Greuel, von dem ich gegessen, kenne ich nicht;
das Abscheuliche, auf das ich getreten, kenne ich nicht.
Der Herr hat im Zorn seines Herzens mich böse angeblickt.
. . . .
Ich suchte nach Hilfe, aber niemand faßte mich bei der Hand;
ich weinte, aber niemand kam an meine Seite.
Ich stoße Schreie aus, aber niemand hört auf mich;
ich bin voll Schmerz, überwältigt, kann nicht aufblicken.
Zu meinem barmherzigen Gotte wende ich mich, flehe ich laut;
die Füße meiner Göttin küsse ich, rühre sie an.
Zu dem Gott, den ich kenne, nicht kenne, flehe ich laut.
Zu der Göttin, die ich kenne, nicht kenne, flehe ich laut.
. . . .
Die Menschen sind verstockt, sie wissen nichts.
Die Menschen, so weit sie existieren, was wissen sie?
Mögen sie schlecht handeln, mögen sie Gutes erweisen, nichts wissen sie.
O Herr, deinen Knecht, stürze ihn nicht;
in die Wasser des Schlammes geworfen, fasse ihn bei der Hand!
Die Sünde, die ich begangen, wandle in Gutes;
den Frevel, den ich verübt, führe der Wind fort!
meine vielen Schlechtigkeiten ziehe mir aus wie ein Kleid!

---

[1]) King, Babyl. Magic Nr. 11 (Hehn AB V, 365 f.).

[2]) Vgl. H. Zimmern, Babylonische Bußpsalmen 1885 und AO VII, 3 (Babyl. Hymnen und Gebete), und die Schrift des Assyriologen und katholischen Theologen Hehn, Sünde und Erlösung nach biblischer und babylonischer Anschauung, 1903.

Mein Gott, sind meiner Sünden auch siebenmal sieben, so löse meine Sünden!
Gott, den ich kenne, nicht kenne, sind meiner Sünden auch siebenmal sieben, so löse meine Sünden;
Göttin, die ich kenne, nicht kenne, sind meiner Sünden auch siebenmal sieben, so löse meine Sünden.

IV R 54 Sein inbrünstiges Flehen möge dich droben barmherzig stimmen!
Seufzer oder Gnade — bis wann noch[1]? mögen sie zu dir sprechen.
Sieh doch an seinen elenden Zustand,
es möge doch ruhen dein Herz, gewähre ihm Gnade!
Ergreife seine Hand, löse seine Sünde!
Vertreibe die Krankheit und das Elend von ihm.

IV R 29. Ich dein Knecht, seufzend rufe ich dich,
wer Sünde hat, du nimmst an sein inbrünstig Flehen,
wenn du einen Menschen erblickst, so lebt der Mensch,
Allmächtige Herrin der Menschheit,
Barmherzige, deren Zuwenden gut ist, die annimmt das Gebet!
Sein Gott und seine Göttin zürnen, dich ruft er an.
Deinen Nacken wende zu, ergreife seine Hand!
Außer dir gibt es ja keine rechtleitende Gottheit!

K 3459[2] . . . .
Es schafft Linderung Marduk [. . . .]
er nimmt die Bitten an [. . . .],
nachdem er im Zorn seines Herzens [. . .],
Marduk, deinem Diener, adapu[3], welcher [. . . .]
entferne doch seine Sünde, o Bêl [. . . .].
Sünde vollbrachte sein Mund [. . . .],
richte ihn doch empor aus der großen Flut [. . . .].

Wir werden vor allem fragen müssen, was verstehen die Gebete unter Sünde? Dem primitiven heidnischen Bewußtsein ist Sünde oft nur kultisches Vergehen und Versehen. Der arme Geplagte hat bei religiösen Zeremonieen irgend etwas unwissentlich versehen, ein tabu der Gottheit berührt, ein Opfer nicht rite vollzogen, er ist gleichsam in eine Falle geraten[4]. Auch die Begriffe arnu, d. h. eigentlich „Empörung", ḫîṭu (hebr. ḫeṭ), das oft vom politischen Verbrechen gebraucht wird[5], bedeuten

---

1) Aḫulap, sonst auch adi mati, terminus technicus wie in den alttestamentlichen Psalmen.

2) Hehn BA V, 322 f., Col. 2, Z. 9—15.

3) Epitheton = Adapa?!

4) Dazu braucht man ja vor allem die Priester in den heidnischen Kulten: sie kennen die geheimen Einzelheiten, sie können vor „Sünde" bewahren.

5) Grundbedeutung: (das Ziel) verfehlen.

oft genug „kultisches Versehen"; egû scheint „Versäumnis" zu heißen, ḳillatu „schlechte", eig. „leichte Handlung"; die Schlußzeilen des Epos Enuma eliš sprechen von annu und ḳillatu wider die Gottheit. Sehr zu beachten ist auch, daß in den Hammurabigesetzen arnu den Schaden bedeutet, der mit der Rechtsbeugung (d. i. immer Vermögensverletzung) verknüpft ist, ḫiṭîtu aber den objektiven Schaden.

Und doch würde man sehr irren, wenn man annehmen wollte, daß der Babylonier unter Sünde nicht auch sittliche Mängel und Schäden begreift. Die Beschwörungstafeln der Šurpu-Serie[1] zeigen, was man im einzelnen Falle unter Sünde versteht:

Hat er Vater und Sohn entzweit,
hat er Mutter und Tochter entzweit,
hat er Schwiegermutter und Schwiegertochter entzweit,
hat er Bruder und Bruder entzweit,
hat er Freund und Freund entzweit,
hat er einen Gefangenen nicht freigelassen,
einen Gebundenen nicht gelöst?
Ist's Gewalttat gegen das Oberhaupt (?), Haß gegen den älteren Bruder,
hat er Vater und Mutter verachtet, die ältere Schwester beleidigt,
der jüngeren (Schwester) gegeben, der älteren verweigert,
zu Nein Ja
zu Ja Nein gesagt,
Unlauteres gesprochen,
Frevelhaftes gesprochen,
falsche Wage gebraucht,
falsches Geld genommen,
einen rechtmäßigen Sohn enterbt, einen unrechtmäßigen eingesetzt,
falsche Grenze gezogen,
Grenze, Mark und Gebiet verrückt?
Hat er seines Nächsten Haus betreten,
seines Nächsten Weib sich genaht,
seines Nächsten Blut vergossen,
seines Nächsten Kleid geraubt?
Hat er aus seiner Gewalt (?) einen Mann nicht gelassen,
einen braven Mann aus der Familie vertrieben,
eine wohlvereinte Sippe zersprengt,
gegen einen Vorgesetzten sich erhoben?
War er mit dem Munde aufrichtig, im Herzen falsch?
Mit dem Munde voller Ja, im Herzen voller Nein?
Ist's wegen Ungerechtigkeit, auf die er sann,

---

[1]) Herausgegeben und erklärt von Zimmern, Beiträge; die Texte scheinen in der vorliegenden Rezension nach der Götteraufzählung aus der Babylon-(Marduk-)Epoche zu stammen (alle Götter, auch die ausländischen wie die kossäischen und die von Elam, das ja zu Babylon zeitweise gehörte, werden angerufen, vor allem Šamaš und Marduk), aber sie werden viel älteren Ursprungs sein.

um Gerechte zu vertreiben, zu vernichten,
zu freveln, zu rauben, rauben zu lassen,
mit Bösem sich zu befassen?
Ist unflätig sein Mund,
widerspenstig seine Lippen?
Hat er Unlauteres gelehrt, Ungeziemendes unterwiesen?
Hat er mit Zauberei und Hexerei sich befaßt?

Hat er mit Herz und Mund versprochen, aber nicht gehalten,
durch ein (nicht innegehaltenes) Geschenk den Namen seines Gottes mißachtet,
etwas geweiht, aber zurückbehalten,
etwas geschenkt (das Opferfleisch) ... aber es gegessen?
Gelöst werde, wodurch er auch immer gebannt ist.

Ob er solches, das für seine Stadt ein Greuel, gegessen,
ein Gerede über seine Stadt ausgesprengt,
den Ruf seiner Stadt schlecht gemacht,
ob er einem Gebannten entgegen gegangen,
ob er mit einem Gebannten Gemeinschaft gehabt (in seinem Bett geschlafen, auf seinem Stuhl gesessen, aus seinem Becher getrunken)?

Auf der 3. Tafel Šurpu wird angenommen, daß auf einem der Bann ruhen kann,

weil er jemand durch Bestechung zum Recht verholfen hat,
Pflanzen aus dem Feld ausgerissen,
Rohr im Dickicht abgeschnitten hat,
. . . .
für einen Tag um eine Rinne gebeten wurde und es abgeschlagen hat,
für einen Tag um einen Wasserbehälter gebeten wurde und hat es abgeschlagen,
des Nächsten Kanal verstopft,
statt den Gegnern zu willfahren, ihnen Feind geblieben,
einen Fluß verunreinigt, oder in einen Fluß gespieen hat.

Alle Verfehlungen, die die Kehrseite des 2. und 3.—10. Gebotes bilden, kann man aus diesen Texten herauslesen, einige sogar in der Reihenfolge des Dekalogs (s. zu 2 Mos 20)[1]. Dazu kommen soziale Vergehungen, die übrigens höchst interessante Blicke in das bürgerliche Leben der Babylonier gestatten. Aber je deutlicher die Verwandtschaft zwischen babylonischen und biblischen Gedanken aufgezeigt wird, um so klarer muß auch der tiefgehende Unterschied zutage treten. Die biblischen Bußpsalmen sind religiös ungleich wertvoller. Sie ruhen auf einem

---

[1]) Zum 2. und 3. Gebot, natürlich mutatis mutandis vgl. die Stelle IV R 60* (S. 211), die vom leichtsinnigen und ehrfurchtsvollen Aussprechen des Namens Gottes, von der Feier des Tages der Verehrung Gottes unter Beten und Singen handelt.

klaren Bewußtsein vom Verhältnis des Menschen zu Gott und sie kennen die innere sittliche Verantwortlichkeit. Man hat mit Recht gesagt, daß die liturgische Formel „unbekannter Gott“, „unbekannte Göttin“ wie eine Parodie klingt auf Worte wie Ps 51, 6: „An dir allein hab ich gesündigt und übel in deinen Augen getan.“ Wo sind in den babylonischen Psalmen Gedanken zu finden, wie Ps 32, 5: „Ich sprach, ich will dem Herrn meine Sünde bekennen, da vergabst du mir die Missetat meiner Sünde“; Ps 51, 12: „Schaffe in mir Gott ein reines Herz“ [1]?

Daß den Babyloniern bei solcher Betonung von Sünde und Schuld der Gedanke an einen „Sündenfall“ am Anfang der Menschengeschichte nicht fern gelegen hat, ist zu erwarten. In der Tat zeigt die Auffassung der Sintflut als einer Strafe, die um der Frevel der Menschen willen gekommen ist, und die Mythen von Strafheimsuchungen, die der Sintflut vorausgegangen sind und deren Höhepunkt das Verderben der Flut war (s. dazu S. 233), daß man von Sünden der Urzeit redete.

Schließlich sei noch ein Text[2] mitgeteilt, der in der ausgezeichneten Interpretierung H. Zimmerns in weiten Kreisen bekannt geworden ist und berechtigtes Interesse erweckt hat, weil er uns wie kein anderer einen tiefen Blick tun läßt in die Psychologie des babylonischen Büßers und in die gesamte Weltanschauung des außerbiblischen vorderen Orients: „Himmelhoch jauchzend, zum Tode betrübt“.

„Ich gelangte zu (langem) Leben, über das (Lebens)ziel ging es hinaus.
Wo ich mich auch hinwende, da steht es schlimm, ja schlimm;
meine Drangsal nimmt überhand, mein Wohlergehen erblicke ich nicht.
Rief ich zu meinem Gott, so gewährte er mir nicht sein Antlitz,
flehte ich zu meiner Göttin, so erhob sich ihr Haupt nicht.
Der Wahrsager deutete nicht durch Wahrsagung die Zukunft,
durch eine Spende stellte der Seher mein Recht nicht her.
Ging ich den Totenbeschwörer an, so ließ er mich nichts vernehmen,
der Zauberer löste nicht durch ein Zaubermittel meinen Bann.
Was für verkehrte Dinge in der Welt!

Blickte ich hinter mich, so verfolgte mich Mühsal.
Als ob ich eine Spende meinem Gott nicht dargebracht hätte,
oder bei der Mahlzeit meine Göttin nicht angerufen worden wäre,

---

[1]) Vgl. Fr. Jeremias bei Chantepie de la Saussaye, Religionsgesch.³ 322 f.; Sellin, Ertrag der Ausgrabungen S. 17.

[2]) Zimmern, zuletzt AO VII, 3, S. 28 ff. Text: IV R 60*. Zu diesem alten Texte existiert ein philologischer Kommentar in Keilschrift V R 47; vgl. auch Delitzsch, BB III, 54.

mein Antlitz nicht niedergeschlagen, mein Fußfall nicht sichtbar gewesen wäre;
(wie einer), in dessen Munde stockten Gebet und Flehen,
(bei dem) der Tag Gottes aufhörte, der Festtag ausfiel;
der nachlässig war, auf (der Götter) Ausspruch (?) nicht achtete,
Furcht und Verehrung (Gottes) seine Leute nicht lehrte;
der seinen Gott nicht anrief, von seiner Speise aß,
seine Göttin verließ, ein Schriftstück (?) ihr nicht brachte;
der den, der geehrt war, seinen Herrn, vergaß,
den Namen seines mächtigen Gottes geringschätzig aussprach — so erschien ich.

Ich selbst aber dachte nur an Gebet und Flehen,
Gebet war meine Regel, Opfer meine Ordnung.
Der Tag der Gottes-Verehrung war meine Herzenslust,
der Tag der Nachfolge der Göttin war (mir) Gewinn und Reichtum.
Dem König zu huldigen, das war meine Freude,
auch ihm zu spielen, das war mir angenehm.
Ich lehrte mein Land auf den Namen Gottes zu achten,
den Namen der Göttin zu ehren, unterwies ich meine Leute.
Die Verehrung des Königs machte ich riesen(?)gleich,
auch in der Ehrfurcht vor dem Palaste unterwies ich das Volk.

Wüßte ich doch, daß vor Gott solches wohlgefällig ist!
Was aber einem selbst gut erscheint, das ist bei Gott schlecht;
was nach jemandes Sinn verächtlich ist, das ist bei seinem Gotte gut.
Wer verstünde den Rat der Götter im Himmel,
den Plan eines Gottes, voll von Dunkelheit (?), wer ergründete ihn!
Wie verstünden den Weg eines Gottes die blöden Menschen!

Der am Abend noch lebte, war am Morgen tot,
plötzlich ward er betrübt, eilends ward er zerschlagen;
im Augenblick singt und spielt er noch,
im Nu heult er wie ein Klagemann.
Tag und Nacht ändert sich ihr[1] Sinn.
Hungern sie, so gleichen sie einer Leiche,
sind sie satt, so wollen sie ihrem Gotte gleichkommen.
Gehts ihnen gut, so reden sie vom Aufsteigen zum Himmel,
sind sie voll Schmerzen, so sprechen sie vom Hinabfahren zur Hölle.
(fehlt ein größeres Stück[2])

Zum Gefängnis ist mir das Haus geworden.
In die Fessel meines Fleisches sind meine Arme gelegt,

---

[1]) Nämlich der Menschen.

[2]) Einige Zeilen der Lücke können aus dem Kommentar zu diesem Texte, sowie aus einem Konstantinopeler Duplikat ergänzt werden. Dieselben enthalten bereits eine Schilderung des Leidenszustandes des Sprechenden, eingeleitet durch die Worte: „Ein böser Totengeist ist aus seinem Loche hervorgekommen" (Zimmern).

in meine eigenen Bande sind meine Füße geworfen.
(fehlt eine Zeile)
Mit einer Peitsche hat er mich geschlagen, voll von . . . .,
mit seinem Stabe hat er mich durchbohrt, der Stich war gewaltig.
Den ganzen Tag verfolgt der Verfolger mich,
inmitten der Nacht läßt er nicht mich aufatmen einen Augenblick.

Durch Zerreißen (?) sind gesprengt meine Gelenke,
meine Gliedmaßen sind aufgelöst, sind . . . .
In meinem Kote wälzte (?) ich mich wie ein Stier,
war begossen wie ein Schaf mit meinem Unrat.
Meine Fiebererscheinungen sind dem Zauberer unklar geblieben (?);
auch hat meine Vorzeichen der Wahrsager dunkel gelassen.
Nicht hat der Beschwörer meinen Krankheitszustand gut behandelt;
auch gab einen Endpunkt für mein Siechtum der Wahrsager nicht an.
Nicht half mir mein Gott, faßte mich nicht bei der Hand,
nicht erbarmte sich meiner meine Göttin, ging mir nicht zur Seite.

Geöffnet war (schon) der Sarg, man machte sich an meine Beisetzung (?),
ohne schon tot zu sein, ward die Wehklage um mich vollführt.
Mein ganzes Land rief: „Wie ist er übel zugerichtet!"
Da solches mein Feind hörte, erglänzte sein Angesicht;
meiner Feindin (?) verkündete man es, ihr (?) Sinn ward heiter.

Ich weiß (aber) eine Zeit für meine gesamte Familie,
wo inmitten der Manen ihre Göttlichkeit geehrt sein wird[1]."

Für das Kapitel Sünde und Sündenfall bietet in gewisser Beziehung noch wertvolleres Material die Religion des Avesta. Wir haben S. 147 ff. die avestische Lehre kennen gelernt, nach der zwei Welten im Kampfe stehen, die Welt des Ahuramazda und die Welt des Ahriman. Zarathustras Theologie hat den Schauplatz des Kampfes in die Seele des Menschen verlegt. Ahriman ist Ursache der Sünde. Yima, der Repräsentant des goldenen Zeitalters (S. 149), „der gute Hirte, der über die sieben Weltgegenden herrschte", fand an falschen und unwahren Worten Gefallen, und die Herrlichkeit flog in Gestalt eines Vogels von ihm weg[2]. Die Vollendung der Erlösung in der Welterneuerung wird mit Ahriman auch die Sünde vernichten. Die Verbindung des finstren chaotischen Ungeheuers, das als Drache oder Schlange erscheint, mit dem Verführer zur Sünde ist in der Religion Zarathustras deutlich vorhanden. Der biblischen Anschauung liegt sie ebenfalls zugrunde, wenn es auch in unsern

---

[1]) Die Übersetzung der beiden letzten Zeilen ist sehr unsicher.
[2]) Yast 19, 31 ff. Orelli, Religionsgesch. 549.

Texten nicht deutlich hervortritt. Die Schlange im Paradies, deren Vernichtung 1 Mos 3, 15 versprochen wird, ist im letzten Grunde identisch mit den Chaosungeheuern Leviathan, Rahab, die Jahve besiegt. In der Apok. Joh. wird die Endzeit geschildert, die der Urzeit entspricht. Dort tritt die Verbindung klar hervor in dem „Drachen", „der alten Schlange, die die ganze Welt verführt", 12, 9; 20, 8. Es kann kaum zweifelhaft sein, daß die babylonische Lehre den Gedanken von dem Chaos-

Abb. 71: Mexikanische Piktographie; die erste Frau (Cihuacohuate) mit Schlange und Zwillingssöhnen.

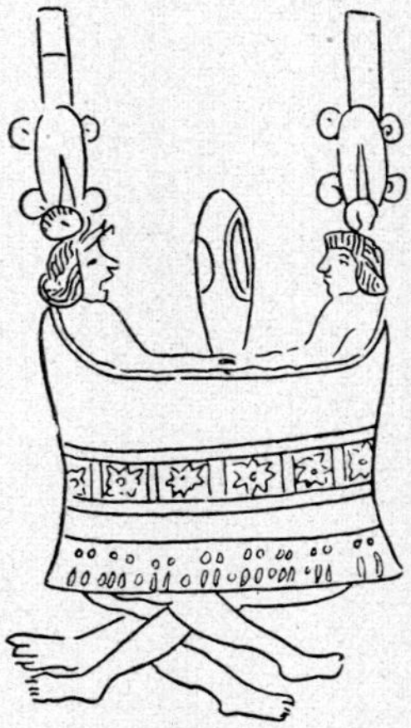

Abb. 72: Das mexikanische erste Menschenpaar. Cod. Vatic. A (Nr. 3738) fol. 12 verso [1].

ungeheuer als Ursache des Verderbens auch gekannt hat, wenn auch noch keine direkten Zeugnisse vorliegen. In einem Dankpsalm, von dem nur Fragmente vorhanden sind[2], heißt es:

„Beim göttlichen Strom, woselbst das Gericht der Menschen gehalten wird, wurde mir das Mal abgewischt, die Kette abgenommen,
in den Rachen des Löwen[3], der mich verschlingen wollte, hat Marduk Gebiß gelegt."

In der mexikanischen Mythologie heißt das erste Weib „die Frau mit der Schlange" oder „die Frau von unserm Fleische" und hat Zwillingssöhne. Die Abb. 71[4] stellt sie dar,

---

[1]) Seler, Cod. Vat. Nr. 3773, I, S. 133.

[2]) Zimmern AO VII, 3, 30f. Text V R 48. Es ist nur von leiblichen Leiden die Rede, aber es handelt sich um einen Bußpsalm.

[3]) Darf an 1 Pt 5, 8 erinnert werden?

[4]) Vgl. Humbold, Pittoreske Ansichten der Cordilleren II, 41 und 42 (Tafel 13), Lueken, l. c. S. 132.

mit der Schlange redend, während die Zwillingskinder im Streit erscheinen. Sie wird in Mexiko verehrt als Gattin des Gottes des himmlischen Paradieses.

Ebenso kennen die Inder eine göttliche Urmutter des Menschengeschlechts, die im Paradiese (dem indischen Meru) wohnt. So hat im Anfang die Schlange den bösen Dämon Mahišasura bekämpft, ihm den Kopf zertreten und abgeschlagen — ein Sieg, der sich am Ende der Weltzeit wiederholen wird, wenn Brahma dem Indra die Weltherrschaft zurückgeben wird [1].

Die Chinesen haben einen Mythus, nach dem Fo-hi, der erste Mensch, die Wissenschaft von Yang und Yin, dem männlichen und weiblichen Prinzip (Himmel und Erde) erfunden habe, s. S. 153. Ein Drache, der aus der Tiefe kam, habe sie ihm gelehrt [2]. „Das Weib", heißt es in einer erklärenden Glosse, „ist die erste Quelle und die Wurzel aller Übel".

Der glückliche Zustand des Urmenschen.

Die Sündenfall-Geschichte setzt ein goldenes Zeitalter voraus, in dem die Menschen in Gottesnähe und Frieden lebten. Auch dieser Gedanke ist Gemeingut der Menschen. Man hat gesagt [3], der Mythus vom Frieden der Menschen atme die Sehnsucht eines kriegesmüden gealterten Volkes nach Ruhe und Frieden, das älteste Israel könne ihn also nicht erzeugt haben. Erzeugt hat Israel die Lehre vom goldenen Zeitalter nicht. Aber die zugrunde liegende Weltanschauung (nicht Mythus) fragt nicht nach politischen Zuständen. Der glückliche Urzustand hängt mit der Weltzeitalterlehre zusammen, s. S. 62ff. Auf das goldene Zeitalter folgt das silberne [4], dann das kupferne, dann das eiserne. Die Zeiten werden schlechter. Die Endzeit wird Zustände der Urzeit wiederholen (vgl. z. B. AG 14, 11). Die babylonischen und assyrischen Texte reden oft von einer Segenszeit, in der sich Gedanken von einer vergangenen glücklichen Zeit wiederspiegeln [5].

Das Gilgameš-Epos erzählt von einem Freunde des Helden, einem an Pan und Priapus erinnernden, am ganzen Körper behaarten Heros Eabani. Er ist das Geschöpf, das Aruru schuf,

---

[1]) Lueken l. c. 90f. [2]) Lueken S. 98. [3]) Gunkel, Genesis 109.

[4]) Eigentlich müßte die Reihenfolge sein: Silber (Mondzeitalter), Gold (Sonnenzeitalter, bez. Saturn-Zeitalter, denn Sonne = Saturn-Nergal S. 24). Die Umkehrung ist unter der Herrschaft der Lehre von Marduk (Sonnenerscheinung) oder unter ägyptischem Einfluß erfolgt.

[5]) KAT [3] 380f. BNT 31f. 57.

indem sie „Lehmerde abkniff“ und „ein Bild Anus schuf“[1]. Er ist ein Geschöpf von riesiger Kraft. „Mit den Gazellen zusammen frißt er Kraut[2], mit dem Vieh zusammen sättigt er sich (?) an der Tränke, mit den Fischen (eig. Gewimmel) im Wasser ist ihm wohl[3].“ Dem „Jäger“ verdirbt er die Jagd. Aus Liebe zu den Tieren zerstört er Gruben und Fangnetze (?), so daß das Wild entkommt. Da wird ihm durch die List des Jägers, der sich vor ihm fürchtet, ein Weib zugeführt, das ihn verführt und ihn sechs Tage und sieben Nächte von seinen Gefährten, den Tieren, abzieht. Als er dann wiederkam, wich das Vieh des Feldes ihm aus, sein Vieh ging davon. Nun folgt Eabani dem Weibe und läßt sich in die Stadt Erech führen. Das Weib erscheint in den folgenden Stücken des Epos als die Ursache seiner Mühen und Leiden. An einer späteren Stelle wird berichtet, daß Eabani es verflucht hat.

Abb. 73: Zylinder in der Bibliothèque nationale.

Vom Urmenschen ist hier nicht die Rede. Aber eine gewisse Ideenverwandtschaft dieser Schilderung mit der Erzählung vom friedlichen Urzustande Adams wird man zugeben müssen[4].

---

[1]) S. 170. Zur Erklärung des Textes s. mein Izdubar-Nimrod 1891 S. 15. 46; Jensen KB VI, 120ff.

[2]) Das friedliche Zusammenleben von Menschen und Tieren 1 Mos 1 kehrt in der Endzeit wieder, s. Jes 11, 6—8, vgl. 65, 25; Hi 5, 23.

[3]) Vegetarische Ernährung ist nach Plato, Plutarch, Ovid auch bei den klassischen Völkern Charakteristikum des goldenen Zeitalters, s. Dillmann, Genesis 36.

[4]) Jastrow, American Journal of Semitic Languages 1899, 193ff.; P. Keil, Zur Babel- und Bibelfrage, S. 59f. Stade, Der Mythus vom Paradies und die Zeit seiner Einwanderung in Israel, ZAW 1903, 174f., sagt von der naiven Erzählung: 1 Mos 2, 19ff. verhielte sich zu dieser Eabani-Erzählung wie ein lauterer Gebirgsquell zu einer verjauchten Dorfpfütze!! Seine Ansicht, daß vielleicht der Eabani-Mythus als eine

Die Folgen des Sündenfalls.

1 Mos 3, 14: Die Schlange soll *auf dem Bauche kriechen, Staub essen ihr Leben lang.* Der Fluch setzt voraus, daß die Schlange ursprünglich nicht auf der Erde kroch[1]. Die altorientalische Vorstellung kennt aufrechtstehende Schlangenungeheuer. Man vergleiche die vierbeinigen mušruššu (ṣirruššu) Abb. 58 und die Gestalt mit aufrechtstehendem Menschenleib und Schlangenunterleib Abb. 73[2], ferner die steinernen Sphinxe mit Schlangenleib in Sendschirli. Weiter aber verbirgt sich in dem Wort „Staub essen" eine bildliche Redeweise, die allgemein „zuschanden werden" und speziell „in die Hölle fahren" bedeutet. Das Staubfressen kann nicht buchstäblich gemeint sein[3]. Tel Amarna L, 42, 35 heißt es: „Es mögen es sehen unsre Feinde und akalu ipru", d. h. Staub fressen. Dabei ist zunächst an das „Küssen der Erde" zu denken, das immer vom besiegten Feinde gesagt wird. Aber der Redensart liegt eine Idee zugrunde, die mit dem natürlichen Vorgang zusammenstimmt. Die Redensart sagt: „Du sollst verachtet sein, sollst ein Kriechtier sein." Mi 7, 17 kennt die Redewendung, ebenso Jes 65, 25. Die Glossatoren haben sie nach 1 Mos 3 umgedeutet, wenn sie bei Mi hinzufügen: „wie die Schlangen, die am Boden kriechen" und bei Jes 65, 25: „doch die Schlange, ihr Brot ist Staub"[4].

3, 15: *„Feindschaft will ich setzen zwischen dir und dem Weibe und zwischen deinem Samen und ihrem Samen; er trete*

Verunstaltung einer ursprünglich mündlich tradierten (!) Sage vom Urmenschen und seinem Zustande sich charakterisiere, kommt auf die literarische Entlehnungstheorie hinaus, die wir für irrtümlich halten.

¹) Luther sagt: sie muß aufrechtgestanden haben wie ein Hahn.

²) Nach Curtiss. Die Zeichnung erscheint verdächtig, aber es existieren Varianten, eine bei Nielsen, Mondreligion 107. Erichthonius (der Sohn der Erde, Il. II, 546) war oben Mensch und unten Schlange. Ovid, Met. II, 552.

³) Oder frißt die Schlange Staub? Sie nährt sich doch nicht von Vegetabilien. Dann höchstens könnte von Staub fressen die Rede sein (s. meine Polemik gegen Gunkel, Theol. Lit. Bl. 1905, Sp. 345).

⁴) Winckler, Babyl. Kultur 48; Krit. Schr. II, 31; III, 3. „Staub essen" ist wiederum eine Verfeinerung für den Ausdruck: „Kot essen". „Kot ist das Element der Hölle" (vgl. S. 7 die Bedeutung des Mistkäfers im Ägyptischen; zu Gold als Kot der Hölle, Mammon = ilu manman = Nergal vgl. BNT 96). H. Winckler schlägt vor (vgl. auch F. I, 291), Jes 1, 20 statt ḫereb „vom Schwert gefressen werden" חרא zu lesen d. h. wie im Arabischen „Unrat essen". Dann wäre die Redensart „Staub essen" auch im drastischen Sinne im A. T. bezeugt.

dir nach dem Kopfe, du schnappe ihm nach der Ferse.“ Das Wortspiel mit שׁוּף läßt sich mit der Hilfe des Lexikons nicht feststellen[1]. Dem Sinne des Vorgangs nach muß so übersetzt werden. Der Schlangentöter sucht die Schlange durch den Kopftritt zu vernichten, sie verwundet ihn durch den Fersenstich. Als Ausgang des Kampfes ist doch wohl Vernichtung der Schlange in Aussicht gestellt.

Die Schlange ist in der zugrunde liegenden Weltvorstellung einerseits das finstere Urchaos, aus dem der Schöpfer die Welt erbaut hat, andrerseits die fortwirkende feindliche Macht, die der erwartete Erretter vernichten soll. Beides fanden wir klar ausgeprägt in der babylonischen Vorstellungswelt. Hingegen fehlte hier die Beziehung der Drachen-Schlange (vgl. Apk 12, 7—9) zur Sünde. Auf außerbiblischem Gebiet findet sich diese Verbindung deutlich in der Lehre des Avesta, s. S. 212. Die biblische Weltanschauung kennt beide Seiten der Lehre und erfüllt sie mit tiefem religiösen Inhalt bei Beantwortung der Frage: Woher kommt die Sünde? und bei der andern Frage: wie wird die Rettung sich gestalten?

Wir haben hier den Drachenkampf in abgeblaßter Form. Die kirchliche Auslegung (zuerst wohl Irenäus) hat eine gute Witterung gehabt, als sie 1 Mos 3, 15 mit dem Drachenkampf der Apokalypse in Verbindung setzte und unsre Stelle das „Protevangelium“ nannte[2]. Der Sieger tritt auf den Drachen. Der Fersenstich ist originell[3]. Es ist durchaus nicht unmöglich, daß er das religiöse Mysterium verbirgt, das später in den Motiven

[1]) Winckler F. III, 391 erinnert an den Kreislauf, der im Wechsel der lichten und dunklen Hälfte besteht: Die beiden Kämpfer sind die beiden Hälften, der eine greift den andern beim Kopfe, dieser ihn an der Ferse an (das einfache Symbol stellt die Schlange dar, die sich in den Schwanz beißt, eine indische Darstellung bei Nikl. Müller, Glaube, Wissen und Kunst der Indier stellt Brahma dar, der die Zehe des emporgehobenen Beines mit dem Munde faßt). Es ist möglich, daß das Motiv dieses Bildes angedeutet wird und daß sich daraus erklärt, daß für beide Akte dasselbe Wort (שׁוּף) gebraucht wird.

[2]) Das literarische Alter der Stelle ist hier gleichgültig; die Vorstellung, die zugrunde liegt, ist uralt. Es scheint fast, als ob der Schriftsteller seine alte „Vorlage“ nicht mehr verstanden hat.

[3]) Aber auch hier gibt es Analogien. Herakles wird beim Hydrakampf von einem großen Krebse, der der Hydra half (Sommersonnenwende), in den Fuß gebissen. Obwohl er ihr (der neunköpfigen Hydra) mit der Keule die Köpfe abschlug, so konnte er doch nicht zum Ziele kommen; war nämlich ein Haupt abgeschlagen, so wuchsen deren zwei hervor; vgl. Stucken, Astralmythen 24.

vom Leiden des Erretters ausgesprochen wird. Wie Tiâmat und Marduk, Set und Typhon stehen sich Schlange und Weibessame (vgl. Adapa als „Menschheitssame“ s. S. 97. 167) gegenüber. Das Paradies wird verschlossen. Der Drachentöter wird das Paradies und damit den Zugang zum Lebensbaum zurückerobern. In der Bildersprache der Apokalypse ist das Gesamtbild deutlich zu erkennen. In den Urgeschichten sind die Züge verblaßt.

3, 17: *Verflucht sei die Erde; durch deine Arbeit [in Mühsal] sollst du sie nutzbar machen.* Statt ba'abureka „um deinetwillen“ ist wohl ba-'abod-ka zu lesen, Sept. ἐν τοῖς ἔργοις σου. „In Mühsal“ b^{e}iṣṣabon ist vielleicht Glosse. Während bisher der Natursegen von selbst sich einstellte im goldenen Zeitalter, muß jetzt die Erde mühsam bearbeitet werden[1]. akâlu „nutzbar machen“, „den Nießbrauch haben“, t. t. z. B. im Cod. Hamm. 13a, 1: adi baltat ikal „ihr Leben lang soll sie (die Schenkung des Mannes) nießnutzen“, 15a, 13. 57. 73.

3, 24: *„Und er ließ vor dem Garten Eden die Keruben sich lagern und die ‚Flamme des hin und her sich bewegenden Schwertes‘, zu bewachen den Weg zum Baume des Lebens.“*

Es ist an Gestalten zu denken, wie sie in den Torlaibungen und an den Terrassen der Paläste und Tempel stehen, und an die vor den Toren lagernden ägyptischen Sphinxe. Insbesondere werden die menschen- und adlerköpfigen Genien unserer Vorstellung zu Hilfe kommen, die wir zur Rechten und Linken vom Lebensbaum finden[2]. Sie stehen oder lagern hier vor dem Paradiese, am Eingang zur himmlischen Welt. Bei Ez 1f. sind die Kerubim die Träger des Thronwagens, in der Apokalypse 4, 6 sind sie die Thronträger.

Einen inschriftlichen Beleg für das entsprechende babylonische Wort kirûbu können wir nicht beibringen; vgl. jedoch Hommel, Grundriß 276, Anm. 1, und 324 (gud-dub = karûbu?). Lenormant wollte das Wort auf einem Amulet in der Collection de Clercq gelesen haben (s. KAT [2] 39). Ich habe durch eine Korrespondenz mit Mr. de Clercq vor Jahren festgestellt (s. Roscher, Lex. Art. Nergal), daß in diesem Falle bei dem genialen Lenormant der Wunsch der Vater der Entzifferung war. Der babylonische kirûbu treibt trotzdem noch allenthalben sein Wesen.

„Die Flamme des hin und her sich bewegenden Schwertes.“ Es ist das Schwert, das später der Drachenkämpfer führt und

---

[1]) 5, 29 bestätigt Lamechs Wort diese Auffassung; 8, 21 „ich will die Erde [um des Menschen willen] nicht mehr verfluchen“ ist „um des Menschen willen“ vielleicht Glosse auf Grund der Lesung ba'abur 3, 17. S. hierzu Winckler F. III, 389ff. [2]) Vgl. oben Abb. 65—67.

das als „zweischneidiges“[1], d. h. auf beiden Seiten geschliffen, mit beiden Händen gefaßt und nach rechts und links geschwungen wird (das liegt vielleicht in dem mithapeket, sofern es zum Schwertmotiv gehört)[2].

Es scheint aber noch eine andere Vorstellung hineinzuspielen, die im vorliegenden Texte verwischt ist. Das flammende Schwert hat hier keinen Träger; die Phantasie muß zu Hilfe kommen, die es einem Kerub in die Hand gibt, etwa wie 4 Mos 22, 23ff. der Engel mit gezücktem Schwert Bileam entgegentritt. Beim Zugang zum Paradies bez. zur himmlischen Welt erwartet man aber nach dem orientalischen Weltbild noch ein zweites Hindernis: die Feuerlohe[3]. Sure 72, 8 heißt es: „Wir rührten den Himmel an und fanden ihn voll von Wächtern und Feuerbrand“. Man denke ferner an die „Waberlohe“, durch die der Retter Siegfried hindurch muß. Das Wort חרב, bei dem der überlieferte Text an Schwert denkt, könnte in der Tat auch Gluthitze bedeuten[4]. Neben den Kerubim würde dann „die Flamme des lodernden Feuers“ den Zugang zum Lebensbaum versperren.

Daß man später unter der „Flamme des zuckenden Schwertes“ den „Blitz“ verstanden hat, dürften die Zusätze zu Daniel II (Susanna, Kautzsch, Apokr. S. 188f.) zeigen, wo der Engel des Herrn „mit dem Schwert“ angekündigt wird (II, 59), während er bei dem Strafvollzug (II, 62) Feuer mitten durch die in die Schlucht Geworfenen schleuderte (damit ist doch wohl der Blitz gemeint).

Thureau-Dangin weist in der Revue d'hist. et de litt. rel. I, 146ff. auf eine Stelle der Inschrift Tiglatpilesers I. (col VI, 15, s. KB I, 37): Nach der Zerstörung der festen Stadt Ḫanusa errichtet Tiglatpileser auf der Ruinenstätte einen „ehernen Blitz“ und schreibt darauf eine Verherrlichung seines Sieges und eine Warnung vor Wiederaufbau der Stadt. „Ein Haus von Ziegelsteinen errichtete ich darauf und stellte jenen Blitz aus Kupfer darinnen auf.“

---

[1]) Vgl. Apk 1, 16 (hier bildlich für Zunge des Weltenrichters, der das vernichtende Urteil spricht) mit 2, 12, wo es der Kämpfer gegen den in Pergamon thronenden Satan (2, 16!) trägt.

[2]) „Schwert, das nach allen Seiten schlägt“, „haue hierhin, haue dahin“ in 1001 Nacht, das „hauende Schwert“ des Siegfried, Theseus usw. S. hierzu und zum Folgenden (Waberlohe) Winckler F. III, 392f.

[3]) S. 28 u. ö. Darf an den brennenden Dornbusch erinnert werden, der 2 Mos 3, 2 die Gottesnähe anzeigt?

[4]) Horeb (Sonne) neben Sinai (Mond) s. Winckler F. III, 308 vgl. oben S. 23 Anm. 1.

Siebentes Kapitel.

Die Urväter.

1 Mos 4, 17ff.: *Die Kainiten.* 1 Mos 4, 25f., 5, 1ff.: *Die Sethiten.*

Daß in den Ahnentafeln zwei Varianten einer Überlieferung vorliegen, hat neuerdings allgemeine Zustimmung gefunden[1]. H. Zimmern[2] vermutet, daß zu den beiden Varianten von zehn Urvätern und sieben „Weisen"[3], als welche ja die „erfinderischen Urväter" in 1 Mos 4 in erster Linie erscheinen, bereits im Babylonischen der Prototyp vorliege in der Zehnzahl der Urkönige und in der Siebenzahl der Offenbarungsmittler.

Das folgende babylonische Material kommt in Betracht:

1. Die Babylonier erzählen ebenfalls von Geschlechtern „vor der Flut". Sie reden von „Zeiten vor der Flut" und eine Liste von Namen altbabylonischer Könige V R 44, 20a trägt die Überschrift: „Dies sind die Könige nach der Flut." Im Gilgameš-Epos ist von Königen die Rede, „die von uralters das Land beherrschten", und von der Stadt, „die uralt war", als die Sintflut hereinbrach. Der Text der „Weltkarte" Abb. 9 (S. 16) nennt den Helden der Sintflut Ut-napištim als einen der Könige, die vor der Flut regiert haben[4]. K 4023 werden magische Anweisungen auf „Aussprüche der alten Weisen vor der Flut" (ša pî abkallê labirûti ša lam abûbi) zurückgeführt[5].

Ausdrücklich wird für diese Zeit schriftliche Tradition behauptet. Asurbanipal sagt[6], er habe „Steine aus der Zeit vor der Flut" gelesen. Berosus berichtet, wie S. 47 besprochen wurde, von Tafeln, die der babylonische Noah vor der Flut in Sippar verbarg und deren Inhalt nach der Flut von seinen Kindern unter den Menschen verbreitet wurde.

---

[1]) Zuerst Buttmann, Mythologus 1828 I, 170f. Vgl. Budde, Die bibl. Urgeschichte 90 ff.

[2]) KAT [3] 541.

[3]) Zehnzahl und Siebenzahl bei den Urvätern und Urkönigen bei Ägyptern, Phöniziern, Persern, Indern, Chinesen, s. Lueken, Die Traditionen des Menschengeschlechts, 148 ff. Hier genügt sicher nicht „Völkeridee" zur Erklärung.

[4]) S. mein Izdubar-Nimrod 1891, S. 37; vgl. oben S. 64.

[5]) Vgl. KAT [3] 537.

[6]) Lehmann, Šamaššumukin II. Tafel XXXV, Z. 18.

Listen von Urkönigen und nähere Aufschlüsse über die Weisen der Urzeit haben sich in den bis jetzt zugänglichen Keilschriftquellen nicht gefunden. Jedoch darf die Liste der zehn Urkönige bei Berosus nach den Erfahrungen, die wir mit seinen übrigen Berichten gemacht haben, als zuverlässig gelten [1]. Einige bestätigende Spuren sind gefunden. In einem Mythen- und Epen-Katalog [2] werden die Weisen genannt, denen die alten Legenden in den Mund gelegt werden, und von denen einige als vorsintflutliche Weise gelten dürfen. Ihre Namen stimmen zum Teil mit den Namen bei Berosus überein.

Die Liste der Urväter.

Berosus	Keilinschriftliche Parallelen	Biblische Parallelen	Planeten
Aloros	= Arûru		
Alaparos = Adaparos [4]	= Adapa [3]	Seth [3]	
Amelon	= amêlu (Mensch)	Enôsch (Mensch)	
Ammenon	= ummânu „Werkmeister"	Ḳain = Ḳênan (Schmied) [5]	
Megalaros, Megalanos	?	Mahalalel	
Daonos, Daos	?	? (Jared)	
Evedorachos, Evedoreschos	= Enmeduranki [6]	Henoch	Šamaš [7]

[1]) S. hierzu meinen Artikel Oannes-Ea bei Roscher, Lexikon der Mythologie III, 577 ff. und dazu jetzt vor allem Zimmern KAT [3] 530 ff.

[2]) Veröffentlicht von Haupt, Nimrod-Epos 90—92.

[3]) Vgl. oben S. 97. 166. Adapa ist Demiurg, Logos. Die spätjüdische Tradition macht Seth zum Messias. Die Gleichsetzung von Arûru und Adapa findet sich, wie ich nachträglich sehe, bereits bei Hommel, PSBA 1893, 243 ff.

[4]) S. meinen Artikel Oannes-Ea bei Roscher, Lex. der Myth. III, Sp. 587, Anm.

[5]) Vgl. aramäisch kainâjâ „Schmied". Die Identifizierung von Ḳain-Ḳênan und Ammenon-ummânu stammt von Hommel. [6]) S. oben S. 47.

[7]) Vgl. die Überlieferung der Pseudepigraphen, nach der Henoch wie Enmeduranki in alle Geheimnisse des Himmels eingeweiht wird. Er schrieb nach Sohar Chadasch fol. 35, col. 3 (zitiert nach Nork, Rabb. Quellen 272, Zur Charakteristik der Sohar-Literatur s. BNT 65) seine Wahrnehmungen in ein Buch; das ist nach der Sage das kabbalistische Buch Jezirah. Die 365 Lebensjahre des Henoch sind deutlich die Sonnenzahl!! Das jüdische Ḫanûka-(Henoch-)Fest ist Wintersonnenwendfest (24. Dezember), später mit einem historischen Ereignis (Tempelweihe) verknüpft. Jubiläen 4, 21: „Henoch war bei den Engeln Gottes

Berosus	Keilinschriftliche Parallelen	Biblische Parallelen	Planeten
Amempsinos	= Amel-Sin, Mann des Gottes Sin[1]	Metusalah	Sin
Otiartes	= Ubara-Tutu[2]	? (Lamech)	Marduk
Xisuthros, Sisuthros, Sisithros	= Atraḫâsis[3] (Hasis-atra)	Noah	Nergal? (im Sinne von Unterwelt = Reich Eas?)

„*Henoch wandelte mit Gott*“ 5, 24 (vgl. 17, 1 bei Abraham: Wandel vor dem Angesicht Gottes). Gemeint ist in Gemeinschaft mit Gott, wie Enmeduranki S. 47, der die himmlischen Geheimnisse empfing. „*Weil er mit Elohim gewandelt war, verschwand er einst: Gott hatte ihn entrückt*“ 5, 24. Zur Entrückung des Henoch ist auch die Entrückung des babylonischen Noah mit Weib und Steuermann zu vergleichen. Berosus sagt ausdrücklich, sie seien „entrückt worden“ (*γενέσθαι ἀφανῆ*). Die babylonische Erzählung sagt, sie seien in die „Versammlung (puḫru) der Götter“ gekommen und hätten „Leben“ erlangt: „Da nahmen sie mich, und in der Ferne an der Mündung der Ströme ließen sie mich wohnen[4].“ Dabei ist derselbe Ausdruck gebraucht (leḳû), wie bei der Entrückung des Henoch und Elias (2 Kg 2, 3ff.), worauf Zimmern aufmerksam macht, und wie Jes 53, 8 bei der Apotheose des leidenden Erretters!

---

6 Jubiläen, und sie zeigten ihm alles, was im Himmel und auf Erden ist, die Herrschaft der Sonne, und er schrieb alles auf.“ Das heißt: sie führen ihn in die Geheimnisse des altorientalischen Weltbildes ein, wie es bei den Mysterien des Mithras geschieht. In der von Dieterich veröffentlichten Mithrasliturgie soll der Myste wie ein Adler (zu 5 Mos 32, 11) den Himmel beschreiten und alles beschauen. Er wird selbst wie ein Wandelstern sein und den Weg der Götter sehen!

[1]) So heißt ein „Weiser von Ur“, dessen „Geheimnisse“ (niṣirtu — derselbe Ausdruck, den der babylonische Noah vor der Sintfluterzählung braucht) ein noch unveröffentlichter Text mitteilt (Zimmern).

[2]) Vater des babylonischen Noah. Tutu ist Marduk als Herr der Beschwörungen. Otiartes wird in Opartes zu korrigieren sein.

[3]) „Der Erzgescheite“, Beiname des babyl. Noah (Ut-napištim), Xisuthros ist die Umkehrung. Er bittet in einem Epos (s. S. 242) die Götter um Befreiung der Menschen von schwerer Heimsuchung, die ihr Frevel verursacht hat.

[4]) Wir führen noch zwei klassische Analogien zur Entrückung zur Gottheit an. Ganymed, der dritte Sohn des Troas, wurde wegen seiner Schönheit in Sturm und Wetter weggenommen, um Jupiter als Mundschenk (vgl. S. 54. 168) zu dienen. Vgl. ferner auch Il. XX, 233.

1 Mos 5, 29 (Noah als Erlöser), s. S. 250 und vgl. S. 119.

1 Mos 6, 3: „*Die Lebensdauer betrage 120 Jahre*". Das gilt als Strafgericht, vgl. 1 Sa 2, 31 f. Es gab vielleicht wirklich längere Lebensdauer in früheren Zeitaltern. Die Hammurabidynastie in Babylon zeigt z. B. riesige Regierungszeiten und dementsprechend Lebensalter.

1 Mos 6, 4. Aus dem Umgang der bene ha-elohim mit den Menschen entstanden „*Riesen, die in uralter Zeit hochberühmt waren*". Es ist hier das Heroenzeitalter angedeutet, das im Mythus zwischen Göttern und Menschengeschlecht liegt (z. B. Marduk als Adapa Heros s. S. 97), wie die im Gilgameš-Epos erwähnten Helden, die in der Unterwelt wohnen, wie die Giganten der Griechen, die Zeus in den Tartaros stürzt. Jos. Ant. I, 3, 1 vergleicht die Riesen mit den Giganten der Griechen[1]. Bar. 3, 26 ff.: „Dort (in Gottes Haus, d. h. in der Welt) wurden die Riesen geboren, die hochberühmten, die uralten, die Männer hohen Wuchses."

In außerbiblischen Traditionen sind die „Riesen" mit der Turmbaugeschichte verwoben, s. Kap. 12.

Achtes Kapitel.

Biblische Weltzeitalter.

Die Weltentwicklung wird aufgefaßt als ein Zyklus, als Kreislauf eines Weltenjahres, das dem Mondjahr oder dem Sonnenjahr entspricht, je nach der Betonung des Mondes oder der Sonne im astrologischen System. Das ergibt als Weltzeitalter entweder die Vierteilung in vier Weltjahreszeiten oder die Zwölfteilung nach Monaten[2] oder die Teilung in 72 (beziehent-

[1]) Die Heroenzeit wird hier mit dem später ausgesponnenen Engelfall verbunden. Die Engel stürzen aus der himmlischen Welt in die Materie. Der j. Targum z. St. nennt ihre Namen. Die rabbinische Sage läßt schon Eva mit Sammael verkehren.

[2]) So die 12 Weltzeitalter der Etrusker S. 154, auf das Dezimalsystem übertragen; wie die 12000 Jahre Weltdauer bei Zoroaster. Vgl. z. B. IV Esr 14, 11; Apk Ba 53. Vgl. auch die 12000 Jahre der Inder (die Flut tritt ein, wenn Brahma schläft), s. F. Schlegel, Weisheit der Inder 230; 12000 Jahre als Zeitalter der Götter in Manus Gesetzbuch (I, 72). Auch die Zyklen des Berosus (36000 Jahre) sind wohl als 12 mal 3000 nach den

lich 70 nach dem Mondsystem) Fünferwochen; der Theorie nach wäre auch möglich die Teilung in 52 (50 nach dem Mondsystem) Siebenerwochen. Die Berechnung, wann ein Äon beginnt, ist Sache der jeweiligen Spekulation. Von den Weltzeitaltern war S. 62ff. die Rede. Die biblischen Schriftsteller wollen zum Teil von dem System nichts wissen. An seine Stelle tritt die Weltregierung Gottes. Aber sie kennen die Theorie, und wir finden gerade unter den Erzählern, denen „wissenschaftliche Kenntnisse" zugetraut werden können, Versuche, die Äonen spekulativ auf die gesamte Weltentwicklung anzuwenden (a) oder auf einzelne historische oder apokalyptische Stücke des Weltlaufs zu übertragen (b c):

a) Die Priesterschrift mit ihren sieben (?) Toledoth[1]:

1. Das Zeitalter „des Himmels und der Erde" mit den 7 „Tagen" der Schöpfungen[2], 1 Mos 2, 4.

2. Das Zeitalter Adams 1 Mos 5, 1: die Urväter mit den riesigen Lebensaltern[3].

3. Das Zeitalter Noahs nach der Flut 1 Mos 6, 9.

4. Das Zeitalter Terachs (Abraham) 1 Mos 11, 27.

5. Das Zeitalter des Moses.

[6. Das Zeitalter Davids, s. Ruth 4, 18.

7. Das Zeitalter, das der priesterliche Redaktor als „neue Zeit" verherrlicht haben wird — Josia? Esra?]

b) Die vier „geschichtlichen" Weltzeitalter in Da 7.

c) Speziell auf Perioden der Endzeit übertragen: 70 Wochen (šabû'im)[4] bei Da 9, 24f.; die 12 letzten „Hirten" Henoch 90, 17 (Kautzsch, Pseudepigr. 296), die 12 Perioden der Drangsale Apk

---

zwölf Tierkreiszeichen zu verstehen. Das Dezimalsystem ist sekundär. Der „falsche Orpheus" Orph. Argon. 1100 gibt 12 Myriadenjahre als Dauer des Weltjahres an.

[1]) Siehe Gunkel, Genesis 241ff., Zimmern KAT[3] 542. Gunkel hat bereits gesehen, daß die Toledoth des Adam, Noah, Terach, Moses Weltzeitaltern entsprechen. Aber keinesfalls handelt es sich hier um die Vierzahl. S. auch Anm. 2.

[2]) Daß hier Toledoth 1 Mos 2, 4 nichts andres bedeutet, als an den andern Stellen (gegen Kautzsch), hat Hommel in seinem Grundriß S. 182 Anm. 3 mit Recht hervorgehoben.

[3]) Wenn in den Zahlen „Weltmonate" sich verbergen (s. Zimmern KAT[3] 541), so ist das keinesfalls im Sinne von 10/12 des gesamten Zyklus zu verstehen (s. Zimmern l. c. 541, 556). Die einzelnen Äonen spiegeln für sich wieder den Weltenzyklus ab.

[4]) Vgl. die 70 Jahre Jer 25, 11 und zum Übergang der Jahre in Tage Winckler, KAT[3] 334, s. auch S. 225 Anm. 1.

Baruch 27 (ib. S. 421); die 4 Etappen der Endzeit Apk 6, 1 ff., 8, 6 ff. gehören hierher[1].

Mit besonderer Vorliebe hat die spätere jüdische Literatur die alte Lehre von den Weltzeitaltern aufgegriffen. In dem Buch der Jubiläen, das man neuerdings in die Makkabäerzeit verlegt und das dem Priesterkodex nahe verwandt ist, rechnet man nach Jahrwochen und Weltjahren. I, 29 redet von Tafeln (!), auf die die Weltjahre bis zur Welterneuerung eingezeichnet sind. Im Buche Henoch[2] scheinen sieben Perioden von Adam an gezählt zu sein. Wie tief diese Spekulationen bis in späte christliche Zeiten gewirkt haben, zeigt der Sachsenspiegel[3], der die Streitfrage, ob es sechs oder sieben Heerschilde (ebenbürtige Ritterklassen) gibt, dahin entscheidet: es stehe damit wie mit dem 7. Weltzeitalter. Man wisse nicht, ob es sieben oder sechs gebe. Er selbst tritt für sieben Heerschilde und Weltzeitalter ein und beruft sich auf „Origenes“[4], wo sechs Zeitalter bis zur Menschwerdung Gottes gezählt werden; das 7. ist dann das, in dem der Ritter Eike von Repgau den Sachsenspiegel schreibt[5].

Am Beginn jedes Weltzeitalters steht der „Lehrer“. So scheint bei Berosus' Urvätern eine viermalige Offenbarung je an der Wende der vier Quartale des Weltjahres gedacht zu sein[6]. Die Gottesoffenbarungen in der priesterlichen Erzählung von Adam, Noah, Abraham, Mose entsprechen dieser Spekulation[7].

Spätere jüdische Spekulationen nennen als Lehrer: 1. Seth, unter dem man den Namen Jahve zuerst anrief; 2. Noah, der die sieben Gebote lehrte; 3. Moses, der Gesetzgeber; als 4. gilt

---

1) Die 10 Wochen der Endzeit bei Henoch 93 wie die 10 „Tage“ Endzeit Apk 2, 10 gehören demselben Motiv an wie iom kippor als 10. Tag (Befreiungstag) nach dem jüdischen Herbst-Neujahr, das Gerichtszeit bedeutet, vgl. BNT 70 f.

2) 85 ff. (Kautzsch, Pseudepigr. 289 ff.).

3) Ausgabe von Homeyer, 3. Aufl. 1861.

4) Gemeint ist Isidorus von Sevilla in seinem Werke Etymologiarum seu originum libri XX (V, 38, s. Migne SL 83, 1017 ff.). Aber es stimmt nicht ganz zu Isidor. Dieser nennt Adam, Noah, Abraham, David, Auswanderung nach Babylon, Menschwerdung als Anfänge der sechs Zeitalter; der Sachsenspiegel: Adam, Noah, Abraham, Mose, David, Menschwerdung.

5) Die orientalischen Geschichtsdarstellungen haben die Tendenz, den Eintritt eines neuen Zeitalters nachzuweisen. Berosus zeigt, daß die Seleuciden (Alexander) das neue Zeitalter brachten, s. KAT[3] 317.

6) Zimmern KAT[3] 542.

7) Gunkel, Genesis[1] 241 ff.

der erwartete David. Mit dieser Lehre verbindet sich eine Art Seelenwanderungs-Theorie (Gilgul): die Seele Seths geht in Noah über, die Seele Noahs in Moses.

Auch die Zweiteilung in das gegenwärtige und zukünftige Weltzeitalter (הַזֶּה und הַבָּא) geht im letzten Grunde auf die astrale Weltanschauung zurück. Aber hier zeigt sich ein wesentlicher Unterschied zwischen der babylonischen und biblischen Weltanschauung. Die babylonischen „wissenschaftlichen" Berechnungen wissen nichts von einer Segenszeit jenseits des Weltuntergangs. Eine Apokatastasis und Palingenesie findet sich nur in der Theologie Zoroasters, dessen theologische Anwendung der „Lehre" eine Parallele zur biblischen Theologie bildet.

Neuntes Kapitel.

Außerbiblische Traditionen über die Sintflut[1].

Babylonien.

Daß die biblische Erzählung mit einer babylonischen Sintfluttradition verwandt ist, wußte man längst vor Entdeckung der Keilinschriften. Abydenus und Alexander Polyhistor hatten die Erzählung des babylonischen Priesters Berosus von der großen Flut *(μέγας κατακλυσμός)* übermittelt.

Die Überlieferung nach Berosus[2].

„Alexander (Polyhistor) erzählt nach der chaldäischen Schrift ferner .... folgendermaßen: Nach dem Tode des Ardatos regierte sein Sohn Xisuthros 18 Saren. Unter diesem habe eine große Überflutung statt-

---

[1]) Eine Flutüberlieferung im größern Stile kann fast an allen Enden der Welt nachgewiesen werden. Andrée, „Die Flutsagen ethnographisch betrachtet" (1891) hat 60 Flutsagen gesammelt. Er kommt zu dem Resultat, daß 40 davon genuin seien, während 20 mit der babylonischen Sage durch Zusätze oder als Nachbildungen zusammenhängen. Das ist keinesfalls richtig. Vgl. S. 239. Literarische Abhängigkeit spielt auch hier nicht die Hauptrolle. Es handelt sich wie bei der Kosmogonie um Überlieferungen, die durch die Welt wandern, deren Ursitz vielleicht das Euphratland ist.

[2]) Syncellus 53, 19—56, 3; Euseb. chron. I, 19 ff. Fragm. hist. Graec. II, 501 f. Vgl. Abydenus, Fragm. hist. Graec. IV, 281. Der Bericht weicht vielfach von der uns bekannten keilschriftlichen Rezension ab. Die eigentliche Vorlage des Berosus, die auf Babylon zugeschnitten war, ist noch nicht gefunden.

gefunden. Die Erzählung darüber laute folgendermaßen: Kronos[1] sei ihm im Traum erschienen und habe ihm gesagt, daß am 15. Daisios[2] die Menschheit durch eine Überflutung vernichtet werden solle. Er habe ihm daher befohlen, mit Schriftzeichen alle Dinge nach Anfang, Mitte und Ende einzugraben und in der Stadt Sippar niederzulegen[3], dann ein Fahrzeug zu bauen und mit den Verwandten und Nahestehenden hineinzugehen. Auch Vorräte sollten sie hineintun und geflügelte und vierfüßige Tiere hineinbringen, und losfahren, wenn alles versorgt sei. Wenn man ihn aber frage, wohin er fahre, solle er antworten: „zu den Göttern, um für das Wohlergehen der Menschen zu bitten". Xisuthros habe gehorcht und ein Fahrzeug von fünf (Var. des Armenius: 15) Stadien Länge und zwei Stadien Breite gebaut. Dann habe er alles Angeordnete ausgeführt und Weib und Kind, sowie die ihm Nahestehenden hineingebracht.

Als aber die Überflutung geschehen sei, habe er sofort nach ihrem Aufhören einige der Vögel losgelassen. Diese hätten aber keinen Ort gefunden, wo sie sich niederlassen konnten, und seien deshalb in das Schiff zurückgekommen. Darauf habe er nach einigen Tagen sie wieder losgelassen, und sie seien zurückgekommen mit von Erde beschmutzten Füssen. Als er sie dann zum drittenmal losgelassen habe, seien sie nicht mehr in das Schiff zurückgekommen. Daraus habe Xisuthros entnommen, daß die Erde wieder emporgetaucht sei. Er habe deshalb ein Stück von den Fugen des Schiffes auseinandergetan und gesehen, daß das Schiff an einen Berg getrieben sei. Darauf sei er mit Weib und Tochter und dem Steuermann herausgegangen, habe sich anbetend auf die Erde niedergeworfen und einen Altar errichtet. Nachdem er auf diesem den Göttern geopfert habe, sei er mit den aus dem Schiffe Gegangenen verschwunden. Die im Schiffe Zurückgebliebenen seien, als Xisuthros mit jenen nicht wieder zurückkam, ebenfalls herausgetreten und hätten ihn gesucht, indem sie ihn mit Namen riefen. Er selbst sei ihnen dabei zwar nicht wieder sichtbar geworden, es sei aber eine Stimme vom Himmel gekommen, welche ihnen zurief, gottesfürchtig zu sein, denn auch er selbst sei wegen seiner Gottesfurcht dazu gekommen, mit den Göttern zu wohnen. Derselben Ehre seien aber auch seine Frau und Tochter und der Steuermann teilhaftig geworden. Er befahl ihnen aber auch, daß sie wieder nach Babylon zurückkehren sollten und daß es ihnen bestimmt sei, die Schriften aus Sippar zu entnehmen und unter den Menschen zu verbreiten. Die Stelle, wo sie seien, sei in Armenien.

Abb. 74: Altbabylonischer Siegelzylinder. Zur Sintflut gehörig?

---

1) Wohl = Bel.

2) In der Vollmondnacht des Monats Sivan.

3) S. 47. In Sippar liegt Wortspiel mit sepher (šipru) Offenbarungsbuch (vgl. das biblische Kirjat-sepher), s. S. 43 und vgl. S. 241 Anm. 2.

Als jene das gehört, hätten sie den Göttern geopfert und seien zu Fuß (zu Lande) nach Babylon (!) gezogen. Von dem Schiffe, das sich dort niedergelassen, sei aber noch etwas in den Bergen der Gordyaier in Armenien übrig, und manche schabten Asphalt davon ab und brauchten ihn als Schutzmittel gegen Krankheiten.

So seien jene nach Babylonien gekommen, hätten die Schriften aus Sippar entnommen, viele Städte und Heiligtümer gegründet und Babylonien besiedelt.

Abb. 75: Altbabylonischer Siegelzylinder.

Der keilinschriftliche Sintflutbericht[1].

Gilgameš ist jenseits der Gewässer des Todes auf der „Insel der Seligen" bei seinem Urahn Ut-napištim[2]. Der erzählt ihm die Geschichte:

Ut-napištim sagte zu ihm, zu Gilgameš:
Ich will dir eröffnen, o Gilgameš, die verborgene Sache,
und ein Geheimnis der Götter will ich dir ansagen.
Šurippak, die Stadt, die du kennst,
[die am Ufer] des Euphrat gelegen ist,
jene Stadt besteht seit alters, die Götter in ihr —
einen Flutsturm zu machen trieb ihr Herz an die großen Götter.
(Es war) ihr Vater drinnen Anu,
ihr Berater der Held Bel,
ihr Herold Ninib,
ihr Führer En-nu-gi.
„Der Herr der Weisheit", Ea, ... (?) mit ihnen
und erzählte ihre Rede einem kikkišu (Rohrzaun?)[3]:
„O kikkišu, kikkišu, o igaru, igaru (Wand),

---

[1]) Eingearbeitet in die XI. Tafel des Gilgameš-Epos (Bibliothek Asurbanipals; literarische Spuren lassen sich bis in die Hammurabi-Epoche verfolgen; wir haben ein verwandtes Fragment aus der Zeit Ammizadugas, ca. 2100). Übersetzt zuletzt KT [2] 84 ff., vgl. Jensen KB VI, 230 ff.; die Literatur Nikel, Genesis und Keilschrift f. 176.

[2]) So definitiv zu lesen; ein altbabylonisches Fragment des Epos MVAG 1902, 1 ff. schreibt U-ta-na-pi-iš-tim; der Name bedeutet wahrscheinlich: „er sah das Leben" (Jensen). Die beiden Abb. 74 und 75 sollen hier lediglich als Material beigegeben werden. Man hat sie von jeher mit dem altbabylonischen Gilgameš-Mythenkreis in Zusammenhang gebracht.

[3]) Nach Z. 196 sendet er eine Traumvision.

kikkišu, höre, igaru merke auf[1]!
O Mann von Šurippak, Sohn des Ubaratutu,
reiß ein (?) das Haus, baue ein Schiff,
laß Hab und Gut, sorge für das Leben —
gib preis die Habe, rette das Leben;
bringe hinein lebende Wesen aller Art in das Schiff.
Das Schiff, das du bauen sollst,
. . . Ellen (?) werden gemessen seine Maße,
. . . Ellen (?) werden entworfen (?) seine Breite und seine Länge.
. . . auf den Ozean laß es herab (?)[2]."
Ich verstand es und sprach zu Ea, meinem Herrn:
„reiß ein (?), mein Herr; was du so befahlst,
beachtete ich und werde es ausführen.
Aber was (?) soll ich sagen der Stadt, dem Volke und den Ältesten?"
Ea tat den Mund auf, indem er sprach,
er sagte zu mir, seinem Knecht:
„Du sollst so zu ihnen sagen:
„„Weil Bel mich haßt,
will ich in eurer Stadt nicht wohnen,
auf der Erde Bels nicht (länger) weilen,
zum Ozean will ich hinabgehen, bei Ea, meinem Herrn zu wohnen.
Über euch werden sie (die Götter) regnen lassen Fülle.
[. . . . .] Vögeln, Beute an Fischen,
[. . . . .] Ernte
[Einen Zeitpunkt hat Ea (Šamaš?) festgesetzt (?)[3],] „die den kukku regieren
[werden an einem Abend regnen lassen] über euch einen . . . . . Regen." "

[Sobald etwas vom Morgenrot] erschien

ca. 7 Zeilen verstümmelt.

der Starke . . . . brachte das zum Bau Nötige.
Am fünften Tage entwarf ich seine Gestalt.

Nach dem Entwurf (??) waren 120 Ellen hoch seine Wände
140 Ellen erreichte der Rand seines Daches.
Ich warf hin (zeichnete) seinen . . . . (das Schiff) selbst zeichnete ich.
Ich baute es (?) in 6 Stockwerken (?),
teilte es in 7 Abteilungen.
Sein Inneres teilte ich in 9 Abteilungen.
Die šikkat (?) begoß ich mit Wasser in seinem Innern.
Ich verfertigte (?) mir ein Ruder und legte die Geräte hin.

---

[1]) Nach Z. 195 hängt die rätselhafte Stelle mit Traumvisionen zusammen, die Ea dem babylonischen Noah zuteil werden läßt. Berosus sagt: Kronos sei ihm im Schlafe erschienen und habe ihm die Flut offenbart.

[2]) Nach Berosus bekam er noch den Befehl, Tafeln mit Aufzeichnung des Anfanges, der Mitte und des Endes aller Dinge in Sippar zu vergraben, s. S. 227. 241.

[3]) Nach Berosus Vollmondsnacht des Sivan, s. S. 227.

3 (Var. 6) Saren Erdpech goß ich aus auf den Ofen[1],
3 Saren Asphalt goß ich hinein.
Während 3 Saren herzu trugen die Träger seines (des Schiffes) sussulu an Öl:
außer einem Sar Öl, den man verzehren sollte beim Opfer (?)[2],
verbrauchte (?) 2 Saren Öl der Schiffbauer.
Den [Leuten] schlachtete ich Rinder,
ich stach ab Lämmer täglich,
mit Most (?), ... (?) Öl und Wein
[tränkte ich] das Volk wie mit Flußwasser,
ein Fest [veranstaltete ich], wie zur Zeit des Neujahrsfestes.
. . . . in (?) Salbe tat ich in meine Hand.
. . . . . [vo]r Sonnenunter[gang] . . . . . war das Schiff fertig.
. . . . war schwierig
. . . . oben und unten
. . . . zwei Drittel davon

[Mit allem, was ich hatte,] füllte ich es (das Schiff),
Mit allem, was ich hatte an Silber, füllte ich es,
Mit allem, was ich hatte an Gold, füllte ich es.
Mit allem, was ich hatte an lebenden Wesen, füllte ich es.
Ich brachte hinauf auf das Schiff meine männliche und weibliche Hausgenossenschaft[3].
Vieh des Feldes, Tiere des Feldes, Handwerker, sie alle brachte ich hinauf.
Die bestimmte Zeit hatte Šamaš festgesetzt.
„Wenn die Regenten des kukku am Abend einen . . . . -Regen regnen lassen,
dann tritt in das Schiff und verschließe dein Tor (Var. das Schiff).“
Jene festgesetzte Zeit kam heran,
die Regenten des kukku ließen am Abend . . . . -Regen regnen.
Das Aufleuchten des (dieses) Tages fürchtete ich,
den Tag zu sehen, hatte ich Angst.
Ich ging hinein in das Schiff, verschloß mein Tor.
Zur Verwaltung des Schiffes übergab ich Puzur-Bêl, dem Schiffer,
das Gebäude samt seiner Habe.

Sobald etwas vom Morgenrot erschien,
stieg auf vom Grunde des Himmels schwarzes Gewölk.
Adad donnerte darinnen.
Während Nebo und „der König“ (Marduk?) vorhergingen,
(beide) als Thronträger (?) über Berg und Tal zogen,
Nergal das targullu losriß,
Ninib[4] einherzog, ließ er (Adad) einen Wasserguß herunter strömen.

---

[1]) Kîru vgl. hebr. kîr; s. Cun. Texts XVII, 4, Z. 5 (Zimmern).

[2]) Es sind die 71—76 geschilderten Festlichkeiten gemeint.

[3]) Bei Berosus: Frau, Tochter und Steuermann und andre Leute, s. S. 227. Vgl. den zweiten Keilschrifttext S. 233.

[4]) S. S. 128. Die vier Planetengötter der vier Weltecken! Vgl. S. 26 ff.

Die Anunnaki erhoben die Fackeln,
indem sie durch ihren (der Fackeln) Glanz das Land erhellten.
Adads Unwetter überzog den Himmel,
verwandelte alles Helle in [Finsternis]
Er [überschwemmte] das Land wie ......,
Einen Tag lang .... te der Sturm,
wehte stürmisch, [die Wasser stiegen über?] das Gebirge,
wie ein Schlachtsturm fuhren sie auf die Menschen los ...,
so daß der Bruder den Bruder nicht sah,
nicht erkannt wurden die Menschen im Himmel.
Die Götter fürchteten die Sturmflut,
sie zogen sich zurück, stiegen empor zum Himmel des Anu.
Die Götter waren wie ein Hund zusammengeduckt, an der Ringmauer (?) gelagert[1].
Es schrie Ištar wie eine Gebärende,
es rief die „Herrin der Götter", die schönstimmige:
„Das Vergangene ist zu Erde geworden.
Weil ich vor den (Var. in der Versammlung der) Göttern Böses anordnete,
wie ich vor den (Var. in der Versammlung der) Göttern Böses anordnete,
zur Vernichtung meiner Menschen den Kampf anordnete,
(aber jetzt frage) ich: „gebäre ich meine Menschen,
damit (?) sie wie Fischbrut das Meer füllen?"
Die Götter der Anunnaki weinten mit ihr,
die Götter saßen auf dem ašru[2] unter Weinen,
geschlossen waren ihre Lippen ....
Sechs Tage und [sechs] Nächte
zieht dahin (dauert) der Wind, die Sturmflut und der Orkan fegt das Land.
Als der siebente Tag herankam, ließ der Orkan, die Sturmflut nach,
die gekämpft hatte wie ein Heerhaufen (?)[3].
Es beruhigte sich das Meer, es legte sich der Sturm, die Sturmflut hörte auf.
Ich blickte auf das Meer, indem ich Wehklagen erschallen ließ (??),
und alle Menschen waren wieder zu Erde geworden,
wie uri breitete sich aus vor mir das Gefild (?)[4].
Ich öffnete die Luke, das Licht fiel auf mein Antlitz,
Ich kniete nieder, setzte mich und weinte,
über mein Antlitz rannen die Tränen.
Ich sah auf die Weltteile, indem ich blickte (?) auf das Meer.
Nach 12 (Doppelstunden?) stieg Land empor,
an den Berg Niṣir legte sich das Schiff an.
Der Berg Niṣir hielt das Schiff fest, ließ es sich nicht (fort) bewegen.

---

1) Vgl. S. 249 und s. Anm. 2 zu Z. 126.

2) Ašru, gewöhnlich übersetzt „waren niedergebeugt". Ich vermute einen kosmischen Ort wie Z. 116; s. S. 107. 130. 165.

3) „Wie eine Kreißende"? Jensen KB VI, 580.

4) So Winckler. Sehr unsicher. Jensen, KB VI, 239 vermutet: „Sowie das Tageslicht herangekommen war, betete ich."

Einen Tag, einen zweiten Tag hielt der Berg Niṣir etc.
den dritten Tag, den vierten Tag der Berg Niṣir etc.
den fünften, den sechsten der Berg Niṣir etc.
Als der siebente Tag herankam,

---

ließ ich eine Taube hinaus und ließ sie los.
Es flog die Taube fort und kehrte zurück,
da ein Ort zum Sitzen nicht da war, kehrte sie zurück.
Ich ließ eine Schwalbe hinaus und ließ sie los.
Es flog die Schwalbe fort und kehrte zurück,
Ich ließ einen Raben hinaus und ließ ihn los.
Es flog der Rabe weg, sah die Verminderung (?) der Wasser,
flog näher hinzu(?), ... krächzt (?) und kehrt nicht zurück.
(Da) ließ ich hinaus (alles) nach den vier Winden, opferte ein Opfer,
machte eine Spende auf dem Gipfel des Berges,
zweimal sieben Opfergefäße stellte ich auf,
unter sie schüttete ich Kalmus, Zedernholz und Myrthe.
Die Götter rochen den Geruch,
die Götter rochen den Wohlgeruch,
die Götter sammelten sich wie Fliegen über dem Opferer.
Sobald „die Herrin der Götter" herangekommen war,
erhob sie die edlen elûti (?) . ., die Anu gefertigt hatte nach ihrem Wunsche:
Diese Tage (?) — beim Schmucke meines Halses — werde ich nicht vergessen,
an diese Tage werde ich denken, werde sie auf ewig nicht vergessen.
Die Götter mögen hingehen an die Spende,
Bel (aber) soll nicht hingehen an die Spende,
weil er sich nicht besonnen hat, die Sturmflut erregt hat
und meine Menschen überantwortet hat dem Verderben."
Als nun zuletzt Bel herzukam,
sah das Schiff, zürnte Bel,
ward erzürnt über die Götter, die Igigi:
„Wer ist entronnen von Lebewesen?
Nicht soll ein Mensch leben bleiben beim Strafgericht (?)."
Ninib öffnete den Mund, indem er sprach,
er sagte zum Helden Bel:
„Wer außer Ea stiftet Dinge an?
Weiß doch Ea jegliche Verrichtung."
Ea öffnete seinen Mund, indem er sprach,
er sagte zum Helden Bel:
„Du Kluger unter den Göttern, Held Bel,
wie, hast du nicht überlegt, als du die Sturmflut erregtest?
Dem Sünder lege seine Sünde auf,
dem Frevler lege seine Frevel auf,
aber ... werden nicht vertilgt ....
Warum hast du eine Sturmflut erregt?
Wäre ein Löwe gekommen und hätte die Menschen vermindert!
Warum hast du eine Sturmflut erregt?
Wäre ein Panther gekommen und hätte die Menschen vermindert!
Warum hast du eine Sturmflut erregt?

Hungersnot mochte einkehren und das Land [verheeren]!
Warum hast du eine Sturmflut erregt?
Nergal (die Pest) mochte kommen und das Land [schlagen].
Ich habe nicht verraten das Geheimnis der großen Götter.
Den Atra-ḫasis ließ ich Träume sehen (und so) vernahm er das Geheimnis der Götter."
Als er zur Vernunft gekommen,
stieg hinauf Bel auf das Schiff.
Er ergriff meine Hand, führte mich hinauf (aufs Ufer).
Er führte mein Weib hinauf und ließ sie niederknieen an meiner Seite,
er faßte uns an (?), indem er zwischen uns trat und uns segnete:
„Vormals war Ut-napištim ein Mensch,
nunmehr sollen Ut-napištim und sein Weib geachtet werden, wie wir Götter selbst.
Wohnen soll Ut-napištim in der Ferne an der Mündung der Ströme."
Da brachten sie mich in die Ferne, an der Mündung der Ströme ließen sie mich wohnen[1].

Außer dieser Erzählungs-Rezension gab es noch andere literarisch fixierte Formen der Erzählung:

a) Der Text DT 42[2] aus Asurbanipals Bibliothek, in dem Ut-napištim den Namen Atraḫasis, „der Erzgescheite", der auf der XI. Tafel des Gilgameš-Epos Beiname ist, als Eigenname führt:

. . . .
[wenn eintritt] die Zeit, die ich dir bezeichnen werde,
gehe in das Schiff hinein, verschließe wieder die Tür des Schiffes.
Bringe hinein dein Getreide, dein Hab und Gut,
deine [Frau], deine männliche und weibliche Familie, die Handwerker,
Vieh des Feldes, Tiere des Feldes, soviele Grünes fress[en],
will ich dir schicken, sie sollen dein Tor bewachen.

Atra-ḫasis tat seinen Mund auf, indem er sprach,
und er sagte zu Ea seinem Herrn:
[„Niemals] habe ich ein Schiff gebaut . . .
Zeichne mir auf die Erde einen Abriß (davon).
(Dann) will ich mir den Abriß ansehen und ein Schiff [bauen].
. . . . . . zeichne auf die Erde . . .
. . . ., das du befahlst . . . . . .

b) Das mythologische Fragment aus der Zeit Ammizadugas (ca. 2100 v. Chr.), das ebenfalls von Atraḫasis redet und in dem die Sintflut (abûbu) bevorsteht. Der Text ist nahe verwandt einem andern von Ea und Atraḫasis handelnden Texte, der von Heimsuchungen erzählt, die wegen der Frevel der Menschen kommen und die in der Sintflut zu gipfeln scheinen[3].

---

1) Bei Berosus wohnen Xisuthros, sein Weib, seine Tochter und der Steuermann bei den Göttern, die andern kehren nach Babylon zurück.

2) Zuletzt übersetzt KT, 94 f.

3) Text und Übersetzung beider Texte KB, 288 ff., 274 ff.; s. Zimmern KAT[3], 552 ff. Weiteres darüber S. 241 f. vgl. 210.

c) Zum Text der „babylonischen Weltkarte“ (s. Abb. 9), der Ut-napištim erwähnt als König, Vorgänger des Dagan (?) . . . . ., und auf dem von dem „Jahr der wütenden Schlange“ (mušruššu) die Rede zu sein scheint, vgl. oben S. 220 vgl. S. 16 f.

Ein Niederschlag der Überlieferung liegt auch in der Bezeichnung der Ruinenhügel (heute „Tel“ genannt) als til abûbi. Schon Hammurabi sagt, das Land dessen, der seine Gesetze nicht befolgt, werde er wie til abûbi d. h. „Sintfluthügel“ machen (Cod. Hamm. 27, 79 f.). Man sah die verschütteten Hügel als Reste der großen Flut an [1].

Ägypten [2].

Im „Kuhbuch“ wird folgendes berichtet. Der Sonnengott war in der Urzeit König der Erde. Aber die Menschen glaubten nicht mehr an seine Autorität, da er alt geworden war. Auf seinen Befehl richtet die Göttin Hathor ein Blutbad unter den Menschen an. Einige rettet er durch List. Er läßt Bier brauen und dieses in das vergossene Blut gießen. Hathor trinkt von dem Gemisch, sie wird betrunken, so daß sie die Menschen nicht mehr erkennen und verderben kann [3].

Im Tempel des Amon-Ra, den Darius I. zu Hib in der großen Oase errichten ließ, findet sich in Hieroglyphenschrift ein Hymnus, dessen Lehren mit denen des Kuhbuchs in Zusammenhang stehen, in dem es heißt [4]:

„Dein Sitz von alters her war auf dem Hochfeld von Hermopolis-Magna. Du hattest verlassen (die Inseln der Seligen), das Land der Oase, und erschienest im feuchten, im verborgenen Ei. In deiner Nähe war die Göttin Amente. Du nahmest Platz auf der Kuh und faßtest ihre Hörner und schwammest einher auf der großen Flut der heiligen Meh-ur. Kein Pflanzenwuchs war. Er begann, als sich einte er (selbst) mit der Erde und als das Gewässer zum Berge emporstieg.“

Das Thebanische Totenbuch enthält in dem schlecht erhaltenen Kapitel 175 [5] die Erwähnung einer Flut, an deren Schluß Osiris, König von Heracleopolis, wird.

---

[1]) Winckler, Die Gesetze Hammurabis S. 80 f.

[2]) Vgl. Wiedemann, Religion of the ancient Egyptians (verbesserte Ausgabe der deutschen „Religion der alten Ägypter“). Die Flut des Papyrus Evers erledigt sich durch Schaefer, Aeg. Ztschr. 36, 129 ff.

[3]) Vgl. hierzu das Motiv der blutigen Sintflut in der eddischen Überlieferung S. 157.

[4]) Brugsch, Reise nach der großen Oase El Khargeh Leipzig 1878. Analoges findet sich in den Chnum-Hymnen, s. Daressy in Rec. de travaux rel. à la phil. Egypt. 27, S. 82 ff. 187 ff.

[5]) Behandelt von Naville Proc. Soc. Bibl. Arch. 26, 251 ff. 287 ff.

Syrien.

Nach Pseudolucian, De dea Syria 12, wurde in Bambyke im Tempel der Derketo von den Hellenen eine verwandte Überlieferung gepflegt in Gestalt einer Gründungsgeschichte des Heiligtums. Die Griechen haben die Sage durch Benennung des Helden als Deukalion für die eigene Urzeit reklamiert. Aber in dem verstümmelten Beinamen *Σκυθέα* verrät sich Xisuthros bez. Sisithros; es ist nach Buttmanns feiner Konjektur *Δευκαλίωνα τὸν Σισυθέα* zu lesen und der zweite Name als Vatername zu verstehen. Die Sage erzählt (nach Usener S. 47 f.) folgendes:

Die Bosheit der Menschen sei so groß geworden, daß sie ausgetilgt werden mußten. Da öffneten sich die Quellen der Erde und die Schleusen des Himmels gleichzeitig, das Meer stieg immer höher, die ganze Erde wurde von Wasser bedeckt und alle Menschen gingen unter. Nur der fromme Deukalion (Xisuthros) wurde gerettet, indem er sich mit seinen Weibern und Kindern in einem großen Kasten (*λάρναξ*), „den er selbst besaß“, verbarg. Als er einstieg, kamen alle Arten von Vierfüßlern, Schlangen und was sonst auf der Erde lebt, paarweise heran. Er nahm sie alle auf und große Freundschaft war von Gottes wegen unter ihnen. Schließlich lief das Wasser durch einen kleinen Erdschlund ab. Deukalion schloß die Truhe auf, errichtete Altäre und gründete über dem Erdschlund den heiligen Tempel der Göttin.

Die Arche auf den Münzen von Apameia. Eine merkwürdige lokale Ausprägung zeigen die Bilder auf den Bronzemünzen[1] der phrygischen Stadt Kelainai, später Apameia genannt, deren Beinamen *Κιβωτὸς* „Truhe“ bis zurück in Augustus' Zeiten nachweisbar ist. Die Münzen (Abb. 76) zeigen zwei Sintflutszenen. Rechts steht auf Wasserwellen die Truhe, aus der Mann und Weib hervorragen, und auf deren aufgeschlagenem Deckel eine Taube sitzt, während eine zweite (!) Taube mit einem Zweige von links heranfliegt. Links stehen die gleichen Gestalten (das Weib trägt in beiden Darstellungen einen zurückgeschlagenen Schleier), die Rechte zum Gebet erhoben. Das Bild illustriert sicher eine alte phrygische Gestalt der Sage, die die hellenischen Phrygier hier vorgefunden haben[2]. Mit Apameia

Abb. 76: Phrygische Münze von Apameia.

[1]) 4. Jahrh. n. Chr. Vgl. hierzu Usener 48 ff.

[2]) Eine zweite phrygische Sintflutsage wird bei Sodom und Gomorrha besprochen werden (Baucis und Philemon Ovid Met. VIII, 615 ff.).

war sie in besonderer Weise verbunden, vielleicht in Erinnerung an bestimmte historische Ereignisse. Der Name Noahs (*ΝΩΕ*) ruht auf jüdischer (oder christlicher?) Beeinflussung.

Die eranische Flutsage

Vendidad II wurde S. 149 erwähnt. Sie wird mit Yima, dem Heros der Urzeit, in Zusammenhang gebracht. Er erhält von Ahuramazda den Auftrag, vor der Flut, die als Strafgericht über die sündige Menschheit kommt, sich zu retten und für den Fortbestand der Schöpfung zu sorgen. Er birgt die Geretteten in einem umwallten Ort[1].

Die indische Sintflutsage[2].

Bereits in der vedischen Zeit steht die Sage in allen wesentlichen Zügen fest[3].

Das Brahmana „der hundert Pfade" erzählt:

Dem Manu, dem ersten Menschen und Sohn des Sonnengottes, kam beim Waschen ein Fisch in die Hände, der zu ihm sprach: „Pflege mich, ich will dich retten". „Wovor willst du mich retten?" „Eine Flut wird alle diese Geschöpfe fortführen, davor will ich dich retten." Manu pflegt den Fisch, der gewaltig wuchs. Als er ein Großfisch geworden war (vgl. Ea in der babylonischen Flutgeschichte), schaffte er ihn ins Meer. Vorher aber sprach er: „Das und das Jahr wird die Flut kommen, dann magst du ein Schiff zimmern und dich (im Geiste) zu mir wenden: wenn die Flut sich erhebt, magst du das Schiff besteigen, dann will ich dich retten." Manu baute das Schiff, bestieg es zur bestimmten Zeit und band das Tau an das Horn des Fisches, der herangeschwommen war. Damit eilte er (der Fisch) zum nördlichen Berge (Weltberg, s. S. 245!) hin. Als dann das Wasser fiel, sank das Schiff allmählich hinab. Darum heißt der nördliche Berg Manor avasarpanam („Herabsteigen des Manu"). Die Flut hatte alle Geschöpfe fortgeführt, Manu war allein übrig. Er lebte betend und fastend, nach Nachkommenschaft begierig. Da verrichtete er auch das pāka-Opfer. Er opferte Butter und Dickmilch. Daraus entstand ein Weib. Sie kam zu Manu. Manu sprach zu ihr: „Wer bist du?" „Deine Tochter." „Wieso, Herrliche, meine Tochter?" „Aus jenen Opfergaben hast du mich erzeugt. Ich bin Idā (d. i. der Segensspruch). Wende mich beim Opfer an; dann wirst du reich an Nachkommenschaft und Vieh werden.

---

[1]) Die Katastrophe ist hier nicht Regen, sondern Winterkälte, die aber durch die Schneeschmelze Überschwemmung verursacht.

[2]) Ihre Selbständigkeit als iranische Fortbildung eines altarischen Mythus von ursprünglich religiöser Bedeutung betont Lindner im Festgruß an R. Roth, 213 ff. Das ist richtig gegenüber der Entlehnungshypothese von Nöldeke u. a. Aber die ganze Kontroverse fällt mit der Annahme, daß die Stoffe gewandert sind, auch zu den Eraniern. Woher sie kamen, ist cura posterior.

[3]) Usener 25 ff.

Welchen Segensspruch du irgend mit mir wünschen wirst, der wird dir ganz zuteil werden." Manu lebte mit ihr betend und fastend, nach Nachkommenschaft begierig. Er erzeugte durch sie dieses Geschlecht, was jetzt hier das Geschlecht des Manu heißt. Welchen Segenswunsch er irgend mit ihr wünschte, der ward ihm zuteil.

Innerhalb der vedischen Literatur nimmt nur eine Stelle des Kāṭhaka auf die Sage Bezug:

Die Wasser wischten (die Welt) aus [1], Manu allein blieb übrig.

Das Epos Mahābhārata hat die alte Sage erweitert:

Manu ist hier nicht mehr der erste Mensch, sondern ein Heros, der seinen Vater und Großvater an Stärke, Kraft und Schönheit und Askese übertraf. Mit erhobenen Armen auf einem Beine stehend, gesenkten Hauptes, nie blinzelnd, übte er 10000 Jahre lang Buße. Ein Fisch, glänzend wie Mondschein, kommt zu ihm, bittet ihn um Schutz, kündigt ihm die Weltüberschwemmung an und verschafft ihm die Rettung. Mit Manu besteigen sieben Weise (Rischi) das Schiff. Samen jeglicher Art, „wie es vor Zeiten die Brahmanen lehrten", bringt er an Bord. Viele Jahre schleppt der Fisch an seinem Horn das Schiff durch die weiten Wasser. „Kein Land zeigte sich und alle Himmelsgegenden waren unkennbar; alles war ein Wasser und Luft und Himmel." Auf dem höchsten Gipfel des Himalaya wird das Schiff von den sieben Weisen verankert. Der Fisch offenbart sich als „Brahman, der Prajāpāti": „keinen höhern gibts als mich; in Fischgestalt habe ich euch aus dieser Gefahr befreit. Und Manu soll alle Wesen schaffen mitsamt Göttern, Asuren und Menschen, und alle Welten und was sich regt und was reglos ist."

Die chinesische Flutsage [2].

Sie trat ein, als die Erde (Welt, China) längst als ein geordnetes Staatswesen bestand. Die Tradition tritt bereits in ihrer ältesten (metrisch überlieferten) Form als eine zur Sage gewordene Erinnerung an die Entwässerung, Kanalisierung und Überwachung des Huang-ho-Stromgebietes auf. Diese Entwässerung wird in der ältesten Fassung der Sage den technischen Arbeiten des Yü zugeschrieben [3] und erst später (4. Jahrhundert v. Chr.) tritt die — an sich vielleicht ältere — Variante von der Hilfe des geflügelten Drachen hinzu (vgl. die Dichtung des Küh Yüan S. 152).

---

[1]) Oder „wischten die Welt ab?" Liegt ein Vergleich wie 1 Pt 3, 20f. vor: die Flut eine Abwaschung der Welt? Nach H. Jacobi (Usener 28) würden erst im Epos Mahābhārata und in den Purāṇas die Weltzerstörungen durch Wasser oder Feuer mit der Verderbtheit der Geschöpfe begründet.

[2]) Schu-king I, 10, 11 und II, 4, 1 (Legge, Chin. Class. III, 1, 24 und 77, vgl. auch III, 1, 60. Eine erweiterte Schilderung bei Mencius III, 1. IV, 7; III, 2, IX, 3 (Legge, Chin. class. II, 250. 279). Die betreffenden Angaben verdanke ich Prof. Conrady.

[3]) Richthofen, China I, 344 ff.

Eine nordische Flutsage[1]

ist nur durch eine einzige Stelle der Edda bezeugt, die S. 157 erwähnt wurde.

„Ungezählte Winter vor der Erde Schöpfung
geschah Bergelmirs Geburt;
als Frühstes weiß ich, daß der erfahrene Riese
im Boote geborgen ward[2]."

Bergelmir ist einer der älteren Riesen. Snorres Edda berichtet (Gylfaginning 7)[3]: „Die Söhne Burs töteten Ymir, es lief aus seinem Körper so viel Blut, daß sie darin das ganze Geschlecht der Reifriesen ertränkten. Nur einer entkam mit seinen Angehörigen. Er begab sich in sein Boot und rettete sich darin."

Die griechische Sintflutsage

berichtet Apollodor I, 712 ff. Zeus will das Menschengeschlecht des ehernen Zeitalters (!) vernichten; aber auf den Rat des Prometheus zimmert Deukalion einen Kasten, trägt Lebensmittel hinein und besteigt ihn mit seinem Weibe Pyrrha. Etliche retten sich durch Flucht auf die Berge. Nach neun Tagen und Nächten landet Deukalion auf dem Parnass. Er steigt aus und bringt dem Zeus ein Opfer. Als Zeus ihm erlaubt, einen Wunsch zu äußern, bittet er um Menschen. Sie entstehen, indem er „die Gebeine der Mutter", d. h. Steine des Gebirges über seinen Kopf wirft, die sich in Menschen verwandeln[4].

---

[1]) Lindner, Die iranische Flutsage im Festgruß an Rud. v. Roth 1893, 213 ff. Oldenberg, Religion der Veda, denkt an direkte babylonische Entlehnung. Es liegt auch hier Wanderung der Lehre vor.

[2]) Lindner, Wafthrudnir 35; Gehring, Edda S. 64.

[3]) Gehring S. 302 f.

[4]) Dasselbe Motiv in der slawischen Sage vom Regenbogen s. S. 248. Odyssee IX, 164 ist von dem Steine die Rede, von dem die Menschen abstammen. Ist an die beseelten Steine zu denken, die Meteore (Baitylos = bet-ili), die als herabgefallene Sterne lebendige Wesen sind? Bei Eusebius, praep. ev. 1, 10 heißt Betylos einer der vier Söhne, die Uranos (der Himmel) mit der Erde erzeugte und die Bätylien werden als die beseelten Steine geschildert, die Uranos hervorbrachte. Solche Steine waren es, die Arion zum Tanzen brachte (Sphärenmusik), und Amphion baute aus solchen Steinen das kosmische Theben. Die sieben oder zwölf Kinder des Amphion, die in Steine verwandelt werden, sind umgekehrt Sterne, die sieben sind die Planeten, die zwölf sind die Tierkreisbilder. Von unserm Standpunkte aus müssen wir annehmen, daß auch hier Ideen vorliegen, die auf eine Wurzel zurückgehen. Und dann kann auch der orientalische Ursprung der Deukalion-Sage nicht mehr zweifelhaft sein. Zum „Stein des Lebens" s. BNT S. 79 ff.

Es wären noch viele Sintflutsagen aufzuführen, die auf eine einheitliche Tradition weisen. Eine sehr interessante slawische Sintflutsage wird S. 248 erwähnt werden. Riem l. c. zählt 68 verwandte Sintflutsagen, indem er unter Hinzunahme neu bekannt gewordener die von Andrée (S. 226 Anm. 1) zusammengerechneten 85 auf diese Zahl reduziert.

Zehntes Kapitel.

Der biblische Sintflutbericht.

	Jahvist	Priesterschrift
1. Da die Sünde der Menschen überhand genommen hat, beschließt Gott, die Menschen und Tiere zu vernichten	6, 5—7	6, 11—13
2. Nur Noah soll verschont werden	6, 8 vgl. 7, 6	6, 9
3. Mitteilung an Noah	7, 4	6, 13 und 17
4. Befehl, die Arche zu bauen mit Angabe der Maße	(7, 1 — die Arche ist schon vorhanden)[1]	6, 14—16
5. Die Bewohner der Arche		
a) Menschen	7, 1 (Noah und sein Haus)	6, 18 Noah selbacht
b) Tiere	7, 2—3 (von den reinen Tieren und von den Vögeln je 7 Paare, von den unreinen je 1 Paar)	6, 19 und 20 (je ein Paar von jeder Art)
c) Vorräte		6, 21
6. Der Befehl Gottes wird ausgeführt	7, 5. 7—9	6, 22; 7, 13—16

---

[1]) In der dem Redaktor vorliegenden J-Quelle war der Auftrag zum Bau gewiß auch erzählt. Der Erzähler hat mit Geschick die Quellen kombiniert, von jeder das Charakteristische aufnehmend. Um die Herstellung der Quellen hat sich zuerst Budde, Die biblische Urgeschichte, 248 ff., bemüht.

	Jahvist	Priesterschrift
7. Jahve verschließt die Tür	7, 16[b]	
8. Der Anfang der Sintflut	7, 4 (40 Tage Regen)	7, 11 (Von der großen Tehom und vom Himmel her strömt Wasser)
9. Die Überschwemmung	7, 17 (Alles Trockne der Erde überschwemmt)	7, 18—20 (Flut bergehoch, 15 Ellen über die höchsten Berge hinaus)
10. Die Dauer	7, 4. 12. 17 und 8, 6—12 (40 u. 10 (?) Tage)[1]	7, 24. 8, 1—3. 5. 14 (150 Tage wächst das Wasser, im ganzen dauert die Flut 365 Tage)
11. Ende der Flut	8, 2[b]—3[a]	8, 1—2[a]. 3[b]—5. 13[a]. 14—17
12. Das Verderben der Flut	7, 22. 23	7, 21
13. Landung auf einem der Berge von Ararat		8, 4
14. Aussendung der Vögel	8, 6—12	
15. Noah und die Seinen verlassen die Arche		8, 15—19
16. Noah bringt ein Opfer	8, 20.	
17. Beschluß Gottes, keine Sintflut mehr anzurichten	8, 21. 22	9, 8—11
18. Segnung der Geretteten		9, 1—7
19. Aufrichtung des Bogens als Bundeszeichen		9, 12—17

Zu 1. 1 Mos 4 ließ durchblicken, wie die Sünde überhand nimmt. Auch 6, 1 ff. der „Engelfall", aus dem Riesengeschlechter entstehen, schildert die Entartung. 6, 3 deutet an, daß Jahve auch andere Züchtigungen erwogen hat (Herabsetzung der Lebens-

[1]) S. 246 Anm. 1.

dauer auf 120 Jahre), ehe er zum äußersten schreitet. So hängt die Sintflut mit der Geschichte der Urväter zusammen[1].

Ebenso bringt die babylonische Tradition die Sintflut mit den babylonischen Urkönigen zusammen. Die in das Gilgameš-Epos eingeflochtene Sintflutgeschichte weiß zwar nichts davon. Die Dichtung hat hier den Stoff frei verwendet. Aber aus Berosus konnte man früher bereits schließen, daß auch in Babylonien der Zusammenhang bestand. Xisuthros ist der letzte der zehn Urkönige und die Verbindung mit den Weisen der Urzeit ist dadurch hergestellt, daß nach Berosus Xisuthros vor der Flut Schriften in Sippar[2] vergrub, die dann von den Angehörigen des babylonischen Noah ausgegraben und unter den Menschen verbreitet wurden.

Als Höhepunkt in einer Reihe von Strafgerichten erscheint die Sintflut in der Seite 233 unter b) erwähnten Gruppe von babylonischen Mythendichtungen. Ein wahrscheinlich aus Sippar stammendes Epenfragment, das laut Unterschrift in die Zeit des Ammizaduga[3] gehört, eines der Könige der Hammurabi-Dynastie, und in dem der Held der Sintflut Atraḫasis „der Erzgescheite" heißt, läßt erkennen, daß der Sintflut andere Strafen

[1]) Das Töten der Tiere scheint nach den Worten Gottes am Ende der Flut zu dem Frevel zu gehören. Wir akzeptieren die ansprechende Vermutung Wincklers (F. III, 396f.), daß das Gericht sich auch auf die Tierwelt bezieht (das Ende alles Fleisches ist gekommen) und finden den Sündenfall der Tiere in 6, 13: „siehe sie ruinieren die (l. hinnenâm mašḫitîm) Erde". Vgl. hierzu S. 247 und vgl. Jubil. 5, 2: „Sie alle (auch die Tiere) verderbten ihren Wandel und begannen sich gegenseitig zu verschlingen."

[2]) S. 227. In der Verbindung mit Sippar steckt einerseits ein Wortspiel mit šipru (sepher) „Buch", andrerseits eine noch unbekannte religionsgeschichtliche Beziehung, die in der kultischen Bedeutung der Sonnenstadt Sippar zu suchen sein wird. Ein solches Vergraben der Tafeln kennt auch die jüdische Sage. Im slav. Henoch läßt Gott durch zwei Engel die Handschriften Adams und Seths vergraben, damit sie nicht in der Sintflut umkommen. Ebenso Vita Adae et Evae 49 f. (Kautzsch, Pseudepigr. 506 ff.). Eine persische Sintflutgeschichte bei Albiruni, Chronology (Sachaus Übersetzung S. 28), läßt Tahmûrath vor der Flut alle Bücher von wissenschaftlichem Inhalt verbergen, s. Boeklen l. c. S. 35.

[3]) Die Erzählungen von Ea und Atraḫasis repräsentieren vielleicht eine literarische Vermischung zweier Mythenstoffe. Die Sintfluterzählung gehört in das eigentliche Babylonien (der Schauplatz das Inundationsgebiet des Euphrat, Bel von Nippur der Herr der Sintflut, Šurippak der Wohnort des babylonischen Noah, Sippar nach Berosus der Aufbewahrungsort der heiligen Bücher, Babylon die Stadt, in die dann die Geretteten zurückkehren), während der Ea-Atraḫasis-Mythus nach Eridu gehört.

vorhergegangen sind, und daß die Menschen gleichwohl von neuem sich vergangen hatten. Mit diesem Text hat H. Zimmern mit Recht eine andere Erzählung in Verbindung gebracht, die in Abschrift aus der Bibliothek Asurbanipals stammt und ebenfalls Atarḫasis[1] zum Helden hat. Hier wie dort redet Atarḫasis mit seinem Herrn, d. i. Ea. Er tritt wiederholt für die Menschen ein, angesichts des Jammers, den die Strafen (erst sechs Jahre Hungersnot, Dürre, Unfruchtbarkeit, dann Fieberseuche, dann wiederum Mißwachs) über die Menschen gebracht haben, und erinnert daran, daß die Menschen doch von den Göttern geschaffen wurden. Die Verwandtschaft dieser Erzählung mit dem vorher erwähnten Fragment läßt mit Sicherheit darauf schließen, daß auch hier die Strafgerichte, die von Bel in der Götterversammlung verhängt werden, „weil [die Sünden] nicht abgenommen, sondern gegen früher sich noch vermehrt haben", mit der Sintflut schließen. Der Zusammenhang des Flutgerichts mit anderen vorausgegangenen Gerichten, der in 1 Mos verwischt ist, findet sich also deutlich im babylonischen Mythenkreis.

Zu 2. 6, 9: *„Noah war ein gerechter und vollkommener Mann in seinen Wegen*[2], *in Gemeinschaft mit Gott wandelte Noah."* Die babylonische Erzählung setzt Z. 182 ff. voraus, daß Utnapištim um seiner Frömmigkeit willen gerettet wird. Ebenso setzt Berosus voraus, daß Kronos dem Xisuthros als einem Gottesfürchtigen im Traum erschien. Am Schluß erzählt er, Xisuthros sei entrückt worden und eine Stimme (Xisuthros?) habe aus der Luft den Geretteten befohlen[3], sie sollten gebührend gottesfürchtig sein, s. S. 227. Noah „wandelte mit Gott" wie Henoch 5, 24 s. S. 222. Die Rettung Noahs (= bab. Ut-napištim-Xisuthros) entspricht der Entrückung Henochs (= Enmeduranki). Sollte es eine Überlieferung gegeben haben, nach der auch der biblische Noah (er lebte nach 9, 28 noch 350 Jahre nach der Sintflut!) entrückt worden ist? Der Ausdruck bei J 6, 8 *„er hatte Gnade bei Jahve gefunden"* ist spezifisch israelitisch.

Zu 3. Im babylonischen Bericht und bei Berosus geschieht die Offenbarung im Traum. Auch 1 Mos 6, 13 kann Traumgesicht gemeint sein. Die spätere jüdische Zeit hat in apokryphischen Dichtungen den Verkehr Gottes mit Noah ausgemalt.

---

[1]) Atarḫasis ist Variante des Namens Atraḫasis.
[2]) דרכיו zu lesen, s. Winckler F. III, 396.
[3]) Zur Stimme bei der Himmelfahrt vgl. auch Apk 11, 12!

Zu 4. 1 Mos 6, 14ff. Die Maße sind im babylonischen Bericht abweichend. Aber wie in der Bibel wird die Arche in Zellen geteilt Z. 63. Sechs Stockwerke Z. 61 könnte zu der biblischen Angabe *30 Ellen hoch* stimmen.

Bei der Beschreibung der Arche 6, 14—16 ist der Text nicht in Ordnung. Daraus erklären sich die exegetischen Schwierigkeiten. Winckler hat durch einfache Umstellung der Worte den Sinn m. E. richtig hergestellt:

„*Mache dir einen Kasten aus gopher-Holz und verpiche ihn von innen und außen mit Erdpech. Und so sollst du ihn machen: 300 Ellen die Länge des Kastens, 50 Ellen seine Breite und 30 Ellen seine Höhe; nach der Elle sollst du ihn vollenden*[1]. *Ein Dach sollst du machen in den Kasten oben und eine Tür in seiner Seite anbringen. In Stockwerken*[2] *sollst du den Kasten bauen, unteres, zweites und drittes (Stockwerk) sollst du ihn bauen.*“

In der babylonischen Erzählung wird Utnapištim von den Leuten wegen des Baues des Kastens verlacht. Der Zug findet sich auch im Koran 11. Sure, und bei der Rettung Lots aus der Feuerflut 1 Mos 19, 14. Auch die außerbiblisch-jüdische Überlieferung redet davon, daß Noah verlacht wurde, wie der Talmud-Tractat Sanhedrin 323, Fol. 108^b zeigt. Die Leute fragen hier Noah, ob eine Wasserflut oder eine Feuerflut kommen werde.

Zu 5. Die gerettete Menschheit ist in der Bibel (6, 18) auf Noahs Familie beschränkt, wohl im Interesse der Einheit des Menschengeschlechts, die von einem stammen soll, wie die vorsintflutliche Menschheit von einem, dem Adam. Im babylonischen Bericht wird Utnapištim entrückt. Die Menschheit stammt von den andern Geretteten ab, zu denen auch ein Hausverwalter und kunstgeübte Handwerker gehören[3]. Der Jahvist bevorzugt die reinen Tiere 7, 2f. Die Unterscheidung zwischen reinen und unreinen Tieren kennt der gesamte Orient, speziell beim Opfer vgl. 8, 20. Der babylonische Noah nimmt seine ganze Habe mit, vor allem Gold und Silber, die Vorräte bei P beschränken sich auf Nahrungsmittel.

---

[1]) So auch bei assyrischen Maßangaben, z. B. XXX ina išten ammat, dreißig zu einer Elle (mit einer Elle gemessen) [Winckler].

[2]) קן „Wohnsitz“. Die Arche entspricht dem dreigeteilten irdischen und himmlischen All, s. S. 8.

[3]) Sie werden hinter den Tieren aufgezählt; sie gehören zum Besitz, wie bei den Geschenken, die der Pharao 1 Mos 12, 16 Abraham überläßt: Schafe, Rinder, Esel, Knechte und Mägde.

Zu 7. Utnapištim verschließt das Tor. Die Bibel (J) betont 7, 16 die Fürsorge Gottes: Jahve verschließt die Tür[1].

Zu 8. Von der Schilderung vom Hereinbruch der Flut unterscheidet sich wesentlich die übrigens poetisch wundervolle Schilderung des babylonischen Berichts, die die Naturerscheinungen mythologisch als Götter darstellt: Neben Adad, dem Sturm- und Gewittergott, wirken die vier Planetengötter Nebo, Marduk, Nergal, Ninib und die der Unterwelt angehörigen Anunnaki, die mit ihren Fackeln die Szene beleuchten. Die von P benutzte Quelle hat das Hereinbrechen in ihrer Weise ebenfalls poetisch geschildert. V. 11b ist ein Vers (Gunkel 131 f.) und nennt die große Tehom (der Ozean ist gemeint, aber der poetische Ausdruck soll an die Urflut erinnern) als eine der Quellen der Flut.

Zu 9. Die babylonische Flut umfaßt das gesamte geschaffene All bis zum Himmel Anus. Der biblische Bericht denkt in der vorliegenden Gestalt der Erzählung nur an die Erde. Aber es sind Spuren vorhanden, die zeigen, daß seine „Vorlage" die Überflutung des gesamten Kosmos im Sinne hat. Der Ruheort (manoaḫ), auf dem die Taube das Ölblatt entnimmt, ist im letzten Grunde der Gipfel des Weltberges, s. S. 250 u. vgl. S. 236.

Zu 10. Zur Sonnenzahl 365 bei P s. S. 221 Anm. 7. Die Zahlen sind bei J: 40 und 3 × 7. Die 40 ist die Zahl der Plejaden und bezeichnet die Regen- und Winterzeit, s. S. 62. Winckler F. III, 96 rechnet übrigens statt der 3 × 7 für die „alte Quelle" 2 × 7 heraus, das wäre 2 × 7 + 40 = 54 Tage, die Zeit eines siderischen Doppelmonats, d. h. so lange wie die Sonne in einer der sechs Himmelsabteilungen weilt. Die 2 × 7 würden dann der babylonischen Flutdauer entsprechen; 7 Tage dauert die Flut, 7 Tage geht sie zurück.

Zu 12. Die ergreifende Klage über das Verderben der Flut (bab. Bericht Z. 133 ff.) fehlt in der Bibel.

Zu 13. Die Wasser sinken. Die lange Zeit deutet auf den Weltberg dem ursprünglichen Sinne nach, s. S. 250. Die Ursache des šakak, der Beruhigung (nicht Sinken) des Wassers, ist der ruaḫ, das ist derselbe Geist, der 1, 3 über den Wassern „brütet"[2]. In der Bibel P: „*Auf einem der Berggipfel von Ararat.*" Der

---

[1]) Oder ist mit Klostermann, Pentateuch S. 40 Jahve als Glosse aufzufassen, so daß auch hier Noah die Tür verschließt?

[2]) Winckler F. III, 399. In einer mythologisierten Erzählung würde ein Götterbote kommen.

Schauplatz der Noahgeschichte (die Landschaft Urarṭu in Armenien) ist also ungefähr derselbe, wie beim babylonischen Erzähler. Auch J meint die gleiche Gegend, vgl. v. 11, 2. Der babylonische Bericht nennt den Namen des höchsten Gipfels des Berglandes: Niṣir. Als Sintflutberg gilt heutzutage der Gebel Gudi in der Ararat-Gegend. Sieben Tage sitzt die Arche auf, wie im babylonischen Berichte.

Zu 14. Nach 1 Mos 8, 6 scheint es fast, als ob es eine Quelle gegeben hätte, die nur vom Raben erzählte. Die Aussendung des Raben stört den Zusammenhang[1]. Das „*flog hin und wieder*“ heißt vielleicht: er flog wiederholt aus und kam wiederholt zurück, bis sich das Wasser verlaufen hatte; dann blieb der Rabe aus. Das würde zu der Rolle des Raben im Keilschriftbericht stimmen Z. 154f. Es bleiben dann drei Vogelaussendungen.

Der Erzähler des babylonischen Berichts hat die Reihenfolge: Taube, Schwalbe, Rabe. Der biblische Erzähler hat die sinnvollere: Rabe, Schwalbe (an ihre Stelle ist die erste Taubenaussendung getreten), Taube. Mit dem Bringen des Ölblatts ist der Höhepunkt erreicht. Das erneute Aussenden der Taube, die nicht wiederkommt, 8, 12, stört den Sinn. Die Taube als Haustier kommt in jedem Falle wieder. Sowohl der biblische Erzähler wie der babylonische in der uns vorliegenden Rezension haben das kosmische Motiv nicht mehr verstanden. Die Taube[2] bringt das Ölblatt vom Lebensbaum, der auf dem Gipfel des Weltberges, neben dem Todesbaum, dem Baume des Erkennens, steht, s. S. 250 vgl. 192 ff.

Wenn die letzte Taubenaussendung wegfällt, dann fallen auch für die Zeitberechnung die zweiten sieben Tage weg. Die Flut dauert 40 Tage (Plejadenzeit, Not- und Karenzzeit, s. S. 62). Wir würden nach der orientalischen Kalendersymbolik nun einen Termin, der die Befreiung bringt, erwarten, drei Tage oder zehn Tage[3]. Winckler F. III, 401 rechnet die zehn Tage heraus: der Rabe wird am 41. Tage ausgesendet 8, 7. Er kommt nicht zurück. Nun folgt die Aussendung der Schwalbe (Taube), da der Rabe keine Botschaft bringt. Sie wird gewiß sehr bald, am Abend oder am nächsten Morgen gedacht sein, jedenfalls am folgenden, also 42. Tag. Nun wartet Noah sieben Tage (8, 10 „andre“ sieben Tage,

---

1) Wellhausen, Komposition S. 15, vgl. Winckler F. III, 95f.

2) Gunkel hat also recht, wenn er Genesis[1] 60 mythologische Spuren bei der Taube sucht. Nach Plutarch, de sol. anim. 13 findet sich die Taube auch im Deukalion-Mythus.

3) Die zehn Tage liegen als Motiv vor bei der Ansetzung des iom kippor als des Befreiungstages am 10. Tage nach Neujahr, das als Gerichtszeit gilt, s. BNT 70 f. Ferner Apk 2, 10!

„andre" fällt nach dem oben Gesagten weg). Am 49. Tage sendet er die Taube aus, am 50. bringt sie das Ölblatt[1].

Zu 16. Berosus: Xisuthros küßte die Erde, errichtete einen Altar und opferte den Göttern[2]. Ausführlicher im Keilschriftbericht: „Die Götter rochen den Geruch, die Götter rochen den Wohlgeruch, sie sammeln sich wie Fliegen um den Opferer." J sagt 8, 21: „*Jahve roch den angenehmen Duft!*" Daß das hier nur noch eine Form des Ausdruckes im Sinne von „Gott hatte Wohlgefallen" ist, zeigt Am 5, 21; Lev 26, 31. Drastischer 1 Sa 26, 19f. (David spricht zu Saul): „Hat Jahve dich gegen mich erregt, so mag er Opferduft zu riechen bekommen." Ez 8, 17 vom heidnischen Kult in Jerusalem: „Fürwahr, sie lassen ihren [Opfer-]Gestank zu meiner Nase emporsteigen." Ebenfalls aus der Opfervorstellung erklärt sich der „Wohlgeruch Christi" 2 Ko 2, 15, vgl. Phil 4, 18. Die rabbinische Theologie spricht von drei Gott angenehmen Gerüchen (Geruch des Opfers, des Gebets, der tugendhaften Handlungen, der letztere sei der lieblichste), Jalkut Rubeni 30^{b}. Eine andre Bilderrede vom „Geruch" gibt die Vorstellung vom Lebenskraut, das man riecht, s. oben S. 199. Und selbst wenn es wirklich anthropomorphisch zu verstehen wäre (im selben Sinne wie 6, 6 die Reue und Bekümmernis Gottes), wie weit wäre das entfernt von der satirischen Schilderung der babylonischen Erzählung.

Zu 17. Zu dem Beschluß Gottes bei J vgl. den babylonischen Bericht Z. 180ff. Die Worte 8, 22 עד כל־ימי הארץ werden übersetzt, indem man ʿod liest: „*fortan, alle Tage der Erde .... sollen nicht aufhören.*" Die syntaktische Verbindung verlangt die Lesung ʿad „bis" Sept.: πάσας τὰς ἡμέρας τῆς γῆς. „*Bis [vollendet sind] alle*[3] *Tage der Erde, soll nicht aufhören Säen und Ernten, Frost und Hitze, Sommer und Winter, Tag und*

---

[1]) Die 50 hat die gleiche kalendarische Bedeutung wie die 50 zwischen Passah und Pfingsten, die ja auf Grund der Ereignisse im Leben Jesu auch die christlichen Feste Ostern und Pfingsten trennt. Die Einteilung in 40 (Himmelfahrt) + 10 ist vielleicht dem Kalendermotiv zuliebe zurechtgerückt. Die Himmelfahrt fiel in Wirklichkeit nicht auf den 40. Tag, sondern auf den 42. Tag, also auf einen Sabbat, was vielleicht der „Sabbatweg" AG 1, 12 andeutet: Jesus erschien am Osterabend, also am Beginn des auf die Auferstehung folgenden Tages zum ersten Male seinen Jüngern Lc 24, 29. 36, dann „ließ er sich sehen 40 Tage lang" AG 1, 3; der Abschied würde also auf den 42. Tag fallen, also auf unsern Sonnabend vor Exaudi, s. Lichtenstein in Saat auf Hoffnung 1906, S. 118ff.

[2]) Vgl. auch die indische Sage S. 236f.

[3]) Winckler korrigiert: עד כלות.

Nacht.“ Das entspricht der Weltzeitalter-Lehre. Wenn die Tage der Erde vollendet sind, kommt die Feuerflut, vgl. 2 P 3, 6f.: „die damalige Welt ging durch Wasserflut zugrunde ..... die jetzigen Himmel aber und die Erde sind fürs Feuer aufgespart.“

Zu 18. Zur Segnung der Geretteten vgl. den babylonischen Bericht Z. 200ff. 9, 2ff. werden die Tiere als Nahrung gestattet, wie bisher die Vegetabilien. Das Schlachten und Töten ist erlaubt. Die Tiere waren ja in den Sündenfall und in das Flutgericht hineingezogen, s. S. 241 Anm. 1. Jetzt beginnt das, was Paulus Rö 8, 19ff. das Seufzen der Kreatur nennt, die nun ebenfalls auf Erlösung wartet. Nur der Genuß des Fleisches im Blut ist 9, 4 (P) verboten. Für solches Tierblut will Gott den Menschen zur Rechenschaft ziehen. Der Sinn von 9, 5 ist: Menschenblut will Gott an jedem Lebewesen rächen (auch das Tier, das den Menschen tötet, ist bekanntlich dem Tode verfallen). Wenn der Mensch den Menschen tötet, so fordert Gott noch mehr, er fordert vom Mörder das Leben (die Seele, nepheš) des Bruders [1]. 9, 6 fügt hierzu einen spruchartigen Rechtssatz und eine theologische Begründung: der Mensch, nach dem Bilde Gottes geschaffen, steht höher als das Tier.

Zu 19. Der Bogen, der natürlich auch im Sinne des biblischen Erzählers bereits vorhanden war, soll für die Menschen das Erinnerungszeichen sein. 9, 16: „*Dann wird der Bogen in den Wolken stehen und ihr sollt ihn sehen zu gedenken* [2] *des Bündnisses.*“ Die Übergabe eines Zeichens finden wir im Babylonischen bei Belehnungen. Vgl. z. B. die Symbolübergabe bei der Belehnungsurkunde Merodachbaladans, s. Abb. zu Jes 39, 1 (Frucht?, im germanischen Recht wird eine Ähre übergeben).

Was bedeutet der Bogen? Wellhausen, Prolegomena[3] 327 schließt aus dem Worte ḳešet (sonst Bogen zum Schießen), daß der Kriegsbogen dadurch symbolisiert wird, den der pfeilschießende Gott beiseitestellt, zum Zeichen seines abgelegten Zornes; auch die Araber fassen die Iris als Kriegsbogen Gottes auf: Ḳuzaḥ schießt Pfeile von seinem Bogen und hängt ihn dann in den Wolken auf. Bei den Indern heißt der Regenbogen Indrayudha, „Indras Waffe“, als der Bogen, von dem er Blitzpfeile gegen die aufrührerischen Asuras schleudert.

---

[1]) Die Entwirrung des Textes, die diesen Sinn herstellt, gibt Winckler F. III, 402f.

[2]) So mit Winckler ראיתיה zu lesen. Josephus scheint noch so gelesen zu haben. Ant. I, 3, 8: „Zum Zeichen meiner Huld soll euch der Bogen dienen.“ Gott bedarf der Erinnerung nicht.

Als babylonisches Material sei folgendes angeführt:

1. Im babylonischen Sintflutbericht 164 ff. hebt Ištar einen mit Nim bezeichneten Gegenstand empor, den Anu auf ihren Wunsch gemacht hat, und schwört, sie werde sich dieser Tage bis in ferne Zukunft erinnern.

2. Im babylonischen Schöpfungsepos (V. Tafel?) wird von der Verwendung der Waffen geredet, mit denen Marduk die Tiâmat besiegt hat[1]:

Das Netz, das er gemacht hatte, sahen die Götter [seine Väter],
sie sahen den Bogen, daß er kunstvoll [gefertigt war],
und das Werk, das er vollendet hatte, priesen sie ....
Es erhob Anu in der Versammlung der Götter ....
den Bogen pries (?) er: „er ist ....“
[Die Namen] des Bogens nannte er folgendermaßen:
„Langholz“ ist der eine, der andre ....,
sein dritter Name „Bogenstern am Himmel ....“
Er setzte fest seinen Platz (?) ......

Danach würde der „Bogen“ ḳešet nichts mit dem Regenbogen zu schaffen haben. Ḳešet ist eine Waffe, und der Bogen des Schützen, der an den Enden dünn ist, stimmt in der Tat nicht zum Regenbogen. Da der Bogen am Himmel steht, so müssen wir ein astrales Motiv suchen. Und in der Tat paßt die Sichel des Neumondes ausgezeichnet in den Zusammenhang. Boeklen hat l. c. 123 ff. die Erklärung sehr wahrscheinlich gemacht. Jes 27, 1 (S. 179) erscheint übrigens der Neumond, der den Sieg über die finstere Macht verkündigt, als Sichelschwert in Jahves Hand[2]. Der Bogen des Neumonds, der jubelnd begrüßt wird (Hilal!), ist das Erinnerungszeichen an den Bund Gottes mit Noah.

Aber auch die Tradition, die den Bogen als Regenbogen auffaßt, wird recht behalten. Der ursprüngliche Sinn mag auf einen göttlichen Kriegsbogen weisen, aber wohl schon der Redaktor des vorliegenden Textes hat an den Regenbogen gedacht. Auch die spätjüdische Auffassung sieht in dem Regenbogen den göttlichen Tröster. Merkwürdigerweise erscheint er so in der slavischen Sintflutsage (Hanusch, Slawische Märchen, S. 234): der Herrscher des Alls sah vom Fenster des Himmels Krieg und Mord auf Erden. Da ließ er 20 Tage und Nächte die Erde durch Wasser und Wind vernichten. Nur ein Greisenpaar war übriggeblieben. Ihnen sandte er den Regenbogen als Tröster (Liuxmine), der ihnen riet, über der Erde Gebeine (Steine) zu springen. So entstanden neue Menschenpaare, die Ureltern der lithauischen Geschlechter.

Gilt übrigens der Regenbogen als Himmelsbrücke? Wir fanden diese Himmelsbrücke in der japanischen Kosmologie S. 153. In der Edda bewacht Heimdal die mythische Brücke, auf der die Asen zum Himmel emporsteigen, und die bei der Götterdämmerung abgebrochen wird. Und in den deutschen Märchen werden die Seelen von den Schutzengeln über den Regenbogen in den Himmel geführt. Daß diese Himmelsbrücke orientalischen Ursprungs ist, beweist die Auffassung als Stiege (natürlich mit den sieben farbigen Stufen). Der Regenbogen mit seinen sieben Farben „entspricht“ (vgl. S. 8 f.) dem Tierkreis mit den gleichen sieben Planeten-Farben, auf dessen Stufen die Astralgötter zum Himmel Anus emporsteigen, s. S. 14 f.

---

1) KT 123. 2) Apk. 14, 14 ff. wird sie zur Sichel der Gerichtsernte.

Die kosmischen und astralen Motive der Sintfluterzählung.

Der biblische Erzähler nimmt offenbar an, daß die Sintflut einem historischen Ereignis der Urzeit entspricht, einem „Ereignis, das das älteste und großartigste gewesen ist, das jemals die Menschheit betroffen hat“[1]. Auch die babylonische Überlieferung mit ihrer Unterscheidung von Königen vor oder nach der Flut (S. 64. 220) scheint ein historisches Ereignis im Auge zu haben. Die babylonische Sintfluterzählung lehnt dabei ihre Schilderung an Naturereignisse an, die bei Sturmfluten im Euphratlande von Zeit zu Zeit zu beobachten sind[2].

Aber die Darstellung läßt kosmische und astrale Motive anklingen. Die Weltzeitalterlehre rechnet mit einer Sintflut und mit einer Feuerflut im Laufe der Äonen, die den gesamten Kosmos umfaßt. Wenn die Präzession des Frühlingspunktes durch die Wasserregion des Kreislaufs geht, tritt die Sintflut ein, wenn die Präzession durch die Feuerregion des Kreislaufs geht, tritt Feuerflut ein, s. S. 63 f[3].

Der babylonische Bericht denkt an die kosmische Flut. Die Götter flüchten sich bis zum Anu-Himmel Z. 115 und kauern an den kamâti des Anu-Himmels. Also die tupuḳâti, die sieben Planetenhimmel (vgl. S. 15) sind überschwemmt. Ut-napištim heißt ḫasisatra wie Adapa (= Marduk als Heros, s. S. 97); er ist der „neue Adapa“, der Bringer des neuen Zeitalters.

Aber auch der biblische Erzähler kennt die kosmische Flut. Er läßt den Naturmythus und die Weltzeitalterlehre anklingen; sie bilden gleichsam den „wissenschaftlichen“ Hintergrund (s. S. 74. 160) für seinen Flutbericht. Wir weisen auf folgende Punkte:

---

[1]) Riem, Die Sintflut. Eine ethnographisch-naturwissenschaftliche Untersuchung, Stuttgart, Kielmann 1906. Mit den Mitteln historischer Kritik wird man die Tatsache nicht feststellen können. Bei der Beurteilung der biblischen Geschichte werden andere Instanzen die Entscheidung für oder wider herbeiführen, s. S. 74 f.

[2]) Auf solche Zyklone bezieht sich wohl auch die Redeweise der historischen Inschriften, die eine vernichtende Zerstörung „gleich einer Flut“ (abûbu) den Feinden ankündigt.

[3]) Die biblische Auffassung protestiert gegen das eherne Geschick der Äonen-Lehre. Es soll keine Sintflut wieder kommen, 1 Mos 9, 15; vgl. Jes 54, 9: „Ich habe geschworen, daß die Wasser Noahs die Erde nicht nochmals überfluten werden.“ Vgl. aber zu 2 Pt 3, 6 f. S. 247, BNT 116.

1. Die Einreihung in die Weltzeitalter, s. S. 240 f. und 246 f. Noah ist einer der Offenbarungsträger, die die Zeitalter inaugurieren[1].

2. Der „Kasten“, hebr. tebah. Es ist dasselbe Wort, das den Korb bezeichnet, in dem Moses ausgesetzt wird. Dieser Kasten ist Requisit des Mythus vom neuen Zeitalter. Der Bringer des neuen Zeitalters wird im Kasten gerettet, s. zu 2 Mos 2[2].

3. Der Ruheplatz der Taube 8, 9, manoaḥ, auf dem der Ölbaum steht, ist der Gipfel des Weltbergs[3]. Das Sinken des Wassers bei P zeigt, daß es sich um eine riesige Höhe handelt.

4. Noah ist mit den Motiven des Bringers des neuen Zeitalters ausgestattet. Das zeigte sich im Namen und in der Motivierung der Namengebung 5, 29, die den Motiven[4] der Erlösererwartung entspricht, s. S. 119. Darum wird bei Noah die Weinerfindung betont. Der Weinstock ist das Symbol der neuen Zeit[5].

5. Die Sintflut entspricht der Wasserflut, dem Tehom, im früheren Äon (vgl. 7, 11: die Quellen des Tehom brachen auf, s. S. 244 und vgl. den ruaḥ, der das Sinken veranlaßt S. 244). Nach der Sintflut wird die Welt neu gebaut. Ein verblaßter Hinweis auf die Neuschöpfung liegt vielleicht in den Worten 8, 22; 9, 1 ff.

6. Die spätjüdische Auffassung stellt die Sintflut mit der Feuerflut zusammen. Die erwähnte Stelle im Sanhedrin sagt, daß die Leute Noah fragen, ob Wasserflut oder Feuerflut kommen wird. Nach IV. Esra 7 gehen die „Wege des jetzigen Äon“ „zwischen Feuer und Wasser“[6]. Die Christl. Sibyll. VII, 9

---

[1]) Siehe Gunkel, Genesis S. 130. Weiteres s. Punkt 4.

[2]) Vgl. auch BNT S. 9 f. 30 ff. Ägyptisch: Schiff der Isis und des Osiris.

[3]) Vgl. S. 245 u. s. Winckler F. III, 68. Wortspiel mit Erlösermotiv נוח, s. Anm. 4.

[4]) Wortspiel mit den Motiven נוח und נחם; vgl. S. 119 die Tröstung des Attiskult, vgl. auch S. 218 zu 1 Mos 3, 17.

[5]) „Weinstock und Feigenbaum“ = Weltherrschaft, Oberwelt und Unterwelt, s. S. 193 und BNT 33. Mythos von Dionysos, Bacchos! Das (Welt)-Neujahrs-Motiv der Trunkenheit gehört dazu. Dem trunkenen Noah entspricht der trunkene Lot nach der Feuerflut. Ein weiteres Motiv ist das der Zeugung. Das Motiv wird travestiert. Dem Verhalten Hams entspricht das Verhalten der Töchter Lots.

[6]) Kautzsch, Pseudepigr. 368. Nicht Wasser und Feuer! Und das ist das richtige. Die Präzession (Zwillinge — Stier — Widder — Fische) wendet sich der Wasserregion zu und kommt von der Feuerregion. Die Inkongruenz in der babylonischen Rechnung hängt mit der Umkehrung Marduk = Nebo zusammen. Die Sanhedrin-Stelle spricht von „heißem Wasser“, wie die Sintflut im Koran, vermengt also Wasser- und Feuerflut. Die Kabbalisten (Jalkut Rubeni 32[b]) kennen die Feuerflut, die auf die Wasserflut folgt, s. S. 277.

(Hennecke, Neut. Apokr., S. 323) sagen: „Schwimmen wird die Erde, schwimmen die Berge, schwimmen wird auch der Äther. Wasser wird alles sein, durch Wasser wird alles zugrunde gehen. Stillhalten werden die Winde und anheben ein zweites Zeitalter." Z. 25 ff.: „Gott, der durch viele Sterne wirken wird .....", wird eine Säule messen (?) mit gewaltigem Feuer, dessen Tropfen der Menschen Geschlechter, die übel gehandelt haben, verderben werden." Und in der Vita Ad. et Ev. (Kautzsch, Pseudepigr. 506 ff.) heißt es, daß Gott zweimal ein Zorngericht über die Menschen bringen werde, zuerst mit Wasser, dann mit Feuer.

Die neueren Erklärungen der Sintflut-Erzählung als Sonnen-Mythus (Usener) oder Mond-Mythus (Boeklen)[1] sind hiernach zu rektifizieren. Auflösung in Mythen geht m. E. über das Ziel hinaus, ebenso wie die Auffassung Stuckens und Wincklers, die in der Sintflut nur einen „himmlischen Vorgang" sieht. Da es sich um kosmische Motive handelt, so sind sowohl Sonnen- wie Mondmotive zu erwarten. Der Sonnen- und Mondlauf entsprechen dem Kreislauf der Äonen. In der Sintflutdauer von 365 Tagen bei P und in den Zahlen 40 und 10 (s. S. 246) bei J liegen Sonnen-Motive (S. 244)[2].

Schlußwort zur Sintflut.

Die Erzählung zeigt in beiden biblischen Rezensionen Verwandtschaft mit der babylonischen Tradition und zwar bei weitem engere Verwandtschaft wie bei der Schöpfung. Gleichwohl ist auch hier vor der Annahme literarischer Entlehnung zu warnen. Die Stoffe sind gewandert. Ein biblischer Erzähler bedurfte dann nicht der Einsichtnahme in babylonische Keilschrifttafeln; eine literarische Anlehnung würde er übrigens aus religiösen Gründen perhorresziert haben[3].

Jedenfalls liegt auch hier das religiös Wertvolle nicht in dem, was Bibel und Babel gemeinsam haben, sondern in dem, worin sich beide unterscheiden.

An Stelle der mythologischen Götterwelt, die sich gegenseitig belügt und überlistet und launisch über die Menschen schaltet, die in kindischer Angst vor der Flut und dann wieder

---

[1]) Usener, Sintflutsagen; Boeklen im Archiv für Relig. Wiss. VI, 1 u. 2.

[2]) Zahlreiche Mondmotive hat Boeklen nachgewiesen.

[3]) Ähnlich urteilt Gunkel, Genesis 67 f., nur daß er dem alten Israel zu wenig eigene Kultur zutraut. Er meint, daß sie die Urmythen übernommen haben, „als sie in die kanaanäische Kultur hineinwuchsen". W i r a b e r k e n n e n k e i n e k u l t u r l o s e Z e i t I s r a e l s, s. S. 287 ff.

in gierigem Verlangen beim Opfer Noahs erscheint, finden wir in der Bibel den zürnenden Gott, der die Welt richtet, und der sich des Gerechten erbarmt. Die biblische Sintflutgeschichte trägt bis auf den heutigen Tag in sich die Kraft, das Gewissen der Welt zu wecken, und der biblische Erzähler hat sie in dieser pädagogischen, sittlichen Absicht niedergeschrieben. Davon wissen die außerbiblischen Sintflutberichte nichts.

Elftes Kapitel.

Die Völkertafel.

1 Mos 10 spiegelt in seinem Grundstock das geographische und ethnographische Weltbild wieder, wie es sich im 8. vorchristlichen Jahrhundert dem Israeliten darstellte. Es gilt als „unlösbare Aufgabe, nach den Angaben der Völkertafel eine Weltkarte zu entwerfen" (Socin in Guthes Bibelwörterbuch). Wir hoffen das Vorurteil beseitigen zu können und werden zeigen, daß die biblischen Schriftsteller in der politischen Geographie ihrer Zeit gut unterrichtet waren.

Dillmann, Genesis, s. S. 165, meint, die in 1 Mos 10 zusammengestellten Völker seien nur zum kleinsten Teile solche, mit welchen die Israeliten in nahen Beziehungen standen. Das ist aus der Anschauung heraus gesprochen, die Kanaan für ein vom Völkerverkehr relativ abgeschlossenes Land hielt. Die Denkmäler des vorderen Orients haben uns Aufschluß darüber gegeben, daß die Staaten am Mittelmeer im regen Verkehr untereinander und mit der umliegenden Welt gestanden haben[1].

Eine Karte (Nr. I), die mir Oberst a. D. Billerbeck in gewohnter, dankenswerter Hilfsbereitschaft auf Grund meiner Besprechung von 1 Mos 10 gezeichnet hat, soll die Übersicht erleichtern.

10, 2: *Die Söhne Japhets waren: Gomer, Magog, Madai, Javan, Tubal, Mesech und Tiras.*

---

[1]) Wellhausen sagt „Israelitische und jüdische Geschichte" 1901 (13 Jahre nach Entdeckung der Amarna-Briefe): „Bis dahin (um 750) bestanden in Palästina und Syrien eine Anzahl kleiner Völker und Reiche, die sich untereinander befehdeten und vertrugen, über ihre nächsten Nachbarn nicht hinausblickten und um das Draußen unbekümmert ein jedes sich um seine Axe drehten."!

Gomer. Das sind die Kimmerier, wie Ez 38, 6, wo sie auch mit den Thogarma zusammen genannt sind, die Gamir bez. Gimirrai der assyrischen Inschriften. Sie gehören zu den indogermanischen Völkerscharen (Meder, Aškuza, Kimmerier), die in den assyrischen Inschriften oft mit dem Sammelnamen Manda genannt werden und die Herodot Skythen nennt. Homer sucht in der Odyssee XI, 14 die Kimmerier noch im nördlichen Europa. Auf assyrischem Gebiete tauchen sie zu Sargons Zeiten auf. Damals haben sie das Reich von Urarṭu[1] gestürzt und in seinem Gebiete sich angesiedelt[2]. Von diesen Kämpfen berichten die Briefe des jungen Sanherib, die er an seinen Vater Sargon schrieb, während er das Oberkommando in den Nordprovinzen an den Grenzen von Urartu hatte, und die Briefe eines seiner Generäle, ferner die Orakelanfragen an den Sonnengott aus Asarhaddons Zeit. Auf Betreiben Asarhaddons wurden sie durch die mit dem assyrischen Reiche verbündeten Aškuza von den assyrischen Grenzen vertrieben und nach Westen gedrängt. Die kleinasiatische Überlieferung, die das bezeugt, wird durch Asurbanipals Angaben bestätigt. Auf kleinasiatischem Boden haben sie das Reich der Phryger unter Midas gestürzt, ebenso Lydien unter Gyges. Allmählich sind sie den von neuem gekräftigten kleinasiatischen Kulturvölkern unterlegen.

Kleinasiatische Dichter haben die Schrecken der Zeit besungen. Eine Zeitlang ist die kimmerische Hochflut so stark gewesen, daß der Hauptteil Kleinasiens vorübergehend Gomer hieß. Auch die Kämpfe um Urarṭu haben ihre Spur hinterlassen. Die Krim (der kimmiräische Bosporus) verdankt ihren Namen den Gimirrai, und die Armenier nennen Kappadozien, den Schauplatz der oben erwähnten Kämpfe zwischen den Aškuza und Gimirrai: Gamir[3]. Vgl. jetzt Hommel, Grundriß, 210 ff.

---

[1]) Das heutige Armenien; der Name ist im Berge Ararat erhalten.

[2]) Sie sind also nicht erst, wie Ed. Meyer annimmt, zu Beginn des 7. Jahrhunderts von Europa aufgebrochen. Holzinger, Genesis S. 95, hält daran fest, obgleich inzwischen das inschriftliche Material vorgelegt worden ist. Vgl. zu der Geschichte der Kimmerier wie der Aškuza H. Winckler F. I, 484 ff. und in Helmolts Weltgeschichte III, 1, S. 132.

[3]) Allerdings ist diese armenische Bezeichnung wohl nachträglich der Bibel entnommen, der Genesis- und Ezechiel-Stelle. Die Armenier sind stolz auf die in der Bibel vorkommenden Erwähnungen ihres Landes. So haben sie der Geschichte von den Söhnen Sanheribs, die ihren Vater ermordeten und „in das Land Ararat entrannen" (2 Kg 19, 37), eine christliche Färbung gegeben, und feiern sie als eine Art Nationalhelden, s. Chalatianz, Die armenische Heldensage in Zeitschrift des Vereins für Volkskunde in Berlin 1902, Heft 2 ff.

Magog. Bei Ezechiel c. 38f. erscheint König Gog vom Lande Magog als der erwartete unheimliche Feind. Daß Gog ein alter Name für das Barbarentum des fernsten Nordens ist, wie die eben besprochenen Kimmerier in Homers Odyssee, zeigt der in Tel-Amarna gefundene Brief des Nimmuria an Kadašman-Bel aus dem 15. vorchristlichen Jahrhundert (KB V, 5). Der Briefschreiber ist mißtrauisch, ob die ihm aus der Ferne zuzusendende Frau auch eine echte Prinzessin sein wird. Er sagt:

„Wer weiß denn, ob es nicht die Tochter eines Unfreien, oder eines (Bewohners) vom Lande Ga-ga (Ga-ga-ai, eine Gagäerin) oder eine Tochter vom Lande Ḫanigalbat ist, oder wer weiß, ob sie nicht aus Ugarit stammt, die meine Boten zu sehen bekommen."

Er rückt also mit seinem Verdacht von Gaga, d. i. doch wohl unser Gog, nach Ḫanigalbat, und von da nach dem wohl noch näher liegenden Ugarit. Gog ist auch hier das fabelhafte Land, wie die Klassiker vom Lande der Skythen reden, oder wie wir sagen: „wo der Pfeffer wächst."

Madai (assyr. ebenso, gr. *Μῆδοι* oder *Μᾶδοι*) ist der Name eines Volksstammes, der seit Mitte des 9. Jahrhunderts im Gesichtskreis des vorderen Asien im Gebiete von Anzan auftaucht. Bei den Assyrern heißen sie „die fernen Meder des Ostens" (Madai rukûti ša ṣît šamši), „die nie bezwungenen Meder" (lâ kansûti)[1]; sie werden zunächst unter die Umman-Manda, d. i. der Sammelname für die Völker des Nordostens, gerechnet, die etwa den (östlichen) „Skythen" der Klassiker entsprechen, und die „gleich Heuschrecken" gegen Assyrien und Babylonien vordrängen. Was Asurbanipal von den stammesverwandten Kimmeriern sagt: „Kein Dolmetscher versteht ihre Sprache", hat auch von den Manda gegolten. Ihre Stämme stehen unter Führung von ḫazanâti, sie hausen „wie Räuber in der Wüste". Es sind die ersten vordringenden Indogermanen[2]. Hier werden die zu den Manda gehörigen Madai zu Japhet gerechnet! Sie kommen gleich den Hettitern aus Europa und rücken hinter dem hettitischen Völkerzuge her.

Die Gründung des Mederreiches fällt erst in die letzte assyrische Zeit. Herodot verlegt es in frühere Zeit. Aber in dem Staatengründer Deiokes und der Reichshauptstadt Ekbatana bei Herodot steckt historisches Gut. Von Ekbatana ging wohl die Einigung aus, der Name der Stadt Bit-Daiakku spricht für einen Volksheros Daiakku. Auch den Nachfolger Phraortes können wir geschichtlich noch nicht beurteilen. Wir müssen Kyaxares als eigentlichen Reichsgründer ansehen. Es ist der

---

[1]) KB II, 39. 41. 43. 55, vgl. 61!

[2]) Herodot VII, 62: sie wurden vor alters *Ἄριοι* genannt.

Uvakšatara der Dariusinschrift von Behistun, der hier als Repräsentant des legitimen Königtums erscheint, indem sich ein Thronprätendent seinen Namen beilegt. Auf Kyaxares folgt Astyages, dann Cyrus, der Gründer des Perserreichs. 2 Kg 17, 6; 18, 11 werden Israeliten nach den Gebirgen (Sept. ἐν ὄρεις) Mediens deportiert. Jes 13, 17ff.; Jer 25, 25; 51, 11. 28 erscheint es als Königreich. Das Buch Daniel, Esther, Judith kennt hier eine Judenschaft, die von den Verbannten stammt. 1 Mak zeigt Medien unter syrischer (6, 56), dann unter parthischer (14, 2 vgl. Josephus, Ant. 20, 3, 3) Herrschaft. Die Pfingstgeschichte nennt es unter den Diasporaländern AG 2, 9. Näheres über die Geschichte in meinem Artikel Niniveh bei Hauck, RPrTh[3].

Javan. Das sind die Griechen (griech. Jaon, Jaones mit Digamma), die hier von den Israeliten, wie von den Assyrern und später von den Persern mit dem Namen benannt werden, den sie an der kleinasiatischen Küste führen. Hier und auf Cypern lernte man sie kennen; das eigentliche Griechenland ist für Vorderasien dunkles Hinterland und kommt erst in zweiter Linie in Betracht[1]. Ob 1 Mos 10, 2 auch das europäische Griechenland umfaßt, ist bei den dunklen geographischen Begriffen auch durch „die Söhne Javans" v. 4 nicht zu beweisen. In den assyrischen Inschriften begegnen uns Jonier (Jamania, Jamnai) zuerst unter Sargon. Wir erfahren, daß sie Einfälle an der cilicischen Küste gemacht haben. Sargon heißt[2] „der tapfere Kämpfer, der inmitten des Meeres die Jonier mit dem Netze (?) wie Fische fing und Ruhe schaffte Ḳue und Tyrus". Er hat sie also in einer Seeschlacht geschlagen, jedenfalls mit Hilfe tyrischer Schiffe, da Tyrus selbst, oder wohl vielmehr tyrische Kolonien auf Cypern, von den Joniern bedroht waren. Es handelt sich hier um jonische Könige auf Cypern[3]. Cypern ist von da an Assyrien tributpflichtig. Sargon erwähnt in diesem Sinne später[4] sieben Könige von „Ja", einem Distrikte des Landes Jatnana (d. i. Name für Cypern); Asurbanipal nennt zehn solche Könige mit Namen[5].

Die eigentlichen Griechen und zwar unter ausdrücklicher Unterscheidung der kleinasiatischen und der europäischen — beide unter dem Namen Jamanai — werden in den Darius-Inschriften genannt.

---

1) Ebenso nennen die Griechen Kanaan und sein Hinterland nach dem nächstliegenden Küstenstrich: Palästina, d. i. Philisterland.

2) KB II, 43.

3) Aber Kittim 10, 4 ist nicht Kition, gegen Schrader KAT[2] 81.

4) KB II, 75.

5) KB II, 173.

Exkurs über die Völkerlisten des Darius[1].

Das Grabmonument des Darius in Naqš-i-Rustem stellt die 30 dem Darius unterworfenen Völker dar und zählt sie in der Inschrift auf. Die Figuren auf dem Grabe des Darius haben durch die Verwitterung des Felsens sehr gelitten und sind zum Teil ganz unkenntlich geworden. Glücklicherweise sind die andern am gleichen Orte befindlichen Achämeniden-Gräber eine genaue Kopie des Darius-Grabes. Unsere Abbildung 77 zeigt das Grab des Xerxes, das am besten erhalten ist. Nach dem Bilde lassen sich die in der Inschrift aufgezählten Völker bestimmen,

Abb. 77: Grab des Xerxes in Naqš-i-Rustem.

so daß die Erklärung der Liste als völlig gesichert gelten darf. Zugleich hat sich die große Zuverlässigkeit der Völkerbeschreibungen des Herodot herausgestellt.

In der Grabinschrift werden 30 Völker aufgezählt, die in folgende Gruppen zerfallen:

1. Die Völker zwischen der die mesopotamische Ebene begrenzenden Gebirgserhebung einerseits und den Pamirketten und dem Indus anderseits: 1. Meder, 2. Chuzier, 3. Parther, 4. Areier, 5. Baktrier, 6. Sogder, 7. Chorasmier, 8. Zarangen, 9. Arachosier, 10. Sattagyden, 11. Gandarer, 12. Inder, 13. Saken, 14. Haumavarken (Ἀμύργιοι des Herodot, bisher fälschlich als Beiwort zu Saken gefaßt), 15. spitzhütige Saken;

[1]) Nach den Verhandlungen des 13. Internat. Orientalistenkongresses 1902 in Hamburg, Vortrag von Prof. Dr. F. C. Andreas (vgl. auch Hommel, Grundriß 199, Anm. 3).

2. Die Völker des südwestlichen Asiens: 16. Babylonier, 17. Assyrer, 18. Araber, 19. Ägypter;

3. Die Völker des nördlichen West-Asiens: 20. Armenier, 21. Kappadokier, 22. Lyder, 23. Kleinasiatische Griechen;

4. Die Völker Europas: 24. pontische Skythen oder Skoloten, 25. Thraker, 26. die den Petasos tragenden Griechen (pers. Yaunā Takabarā), d. h. die Makedonen (vielleicht schloß jene Bezeichnung die europäischen Griechen mit ein);

5. Die Völker Afrikas; A im Süden: 27. Putier, d. h. die biblischen Pūṭ, Punt der Ägypter, die Äthiopen Herodots; 28. Kuš, d. h. die Negerstämme; B im Westen: 29. Maxyer und 30. Karthago, deren beide Figuren links und rechts außerhalb des Throngerüstes stehn.

Der herrschende Stamm der Perser ist natürlich nicht unter den den Thron des Darius tragenden Figuren der unterworfenen Völker zu suchen, er ist durch die Figur des Königs selbst, sowie durch die sechs Seitenfiguren repräsentiert, die uns die Häupter der sechs neben dem Königsgeschlechte der Achämeniden stehenden Geschlechter des Stammes Pārsa zeigen. Über einer jeden dieser Figuren muß ursprünglich eine Inschrift gestanden haben, die den Namen und die Würde des Dargestellten enthielt; nur zwei davon sind bisher bekannt, die übrigen vielleicht zerstört. Durch jene wissen wir, daß die oberste Figur links Gobryas, der Lanzenträger des Darius, ist und die darunterstehende, die Schild und Streitaxt trägt, der Schildträger (pers. vursawara) Aspathines ist. Aus dem Bericht eines byzantinischen Historikers (Petrus Patricius fragm. 14) ersehen wir, daß bei den Persern der Schildträger des Königs zugleich der Hauptmann der Leibwache war.

Tubal. Gemeint sind die Tabal der Keilinschriften. Sie gehören zu den letzten Schüben der „Hettiter", von denen wir zunächst die Kummuḫ (von denen später Kommagene den Namen hat), dann die Muski, Tabal und Kaski unter Tiglatpileser I. einen Vorstoß gegen das nördliche Mesopotamien machen sehen. Als Land begegnet Tabal zuerst bei Salmanassar II. Sargon gibt (Annalen 170 ff.) dem Könige Ambaridi, dem Tabaläer, seine Tochter zur Frau, und Ḫilaki[1] als Mitgift. Später sind die Tabal nach Klein-Armenien abgedrängt worden. Reste der Tabaläer sind die Tibarener des Herodot (3, 94; 7, 78 wie hier mit den Moscher, d. s. die Muski-Mesech, zusammengenannt), die im Gebirgslande südöstlich vom Schwarzen Meere wohnen. Da diese Bergvölker im Altertum (vgl. z. B. Ez 27, 13) und noch heute durch Erzarbeiten berühmt sind, könnte man vermuten, daß die monströse unhebräische Namenbildung des Urvaters Tubal-ḳain damit zusammenhängt. Dem Namen des Ḳain, der „Schmied" bedeutet, des „Stammvaters aller derer,

[1]) Das ist nicht etwa Kilikien, sondern ein Teil von Kappadozien, südlich am mittleren Halys.

die Erz und Eisen bearbeiten" (1 Mos 4, 22) hätte man dann als Pendant zu Jubal den Namen der erzberühmten Tubal nachträglich zugefügt.

Meseḫ. Das sind die Muski der assyrischen Königsinschriften. Sie gehören, wie die Tabal, zu den hettitischen Nachschüben, die unter Tiglatpileser I. auftauchen. Nachdem die Kummuḫ, die sich im nördlichen Mesopotamien im Gebiet des einstigen Mitanni-Reiches niedergelassen hatten, von Tiglatpileser I. unterworfen waren, wird das Gebiet um 1100 von den Muski bedroht, hinter denen die eben besprochenen Tabal und die Kasku nachdrängen. Später haben sich die Muski in Phrygien festgesetzt; sie wollten das Erbe des alten Ḫatti-Reiches antreten. In der Zeit Sargons erscheint als Gegner Sargons Mita von Muski in der Rolle der ehemaligen Könige der Chatti. Dieser Mita ist Midas von Phrygien[1].

Bei den späteren Propheten erscheinen wiederholt die gleichen Völkergruppen, wie 1 Mos 10, 2. Ez 27, 13: Javan, Tubal, Mesech als Händler mit Sklaven und ehernen Geräten. Ez 32, 26 u. a. sind die Mesech und Tubal als kriegerische Völker genannt. Jes 66, 19 werden nach der Septuaginta ebenfalls Mesech, Tubal und Javan zusammen genannt.

Ez 38, 2 ff. vgl. 39, 1 ff. „Menschensohn, richte dein Angesicht gegen Gog im Lande Magog, den Fürsten (Glosse: Roš) von Meseḫ und Tubal, weissage wider ihn und sprich: So spricht der Herr Jahwe: Fürwahr ich will an dich, Fürst (Roš) von Meseḫ und Tubal . . . .[2], Gomer und alle seine Kriegerhaufen, das Haus Togarma, der äußerste Norden und alle seine Kriegerhaufen — viele Völker [sind] mit dir."

Der hier von Ezechiel beschriebene Zug Gogs wird gewöhnlich als ein prophetisches Nachbild des zu Josias Zeit über Asien hereingebrochenen Skythenzuges (Her 1, 103 ff.) angesehen.

Das historisch-geographische Bild, das diesem eschatologischen Gemälde zugrunde liegt, ist dasselbe, wie es der in 1 Mos 10, 2 und 3 vorliegenden Quelle des Kompilators der Völkertafel vorgeschwebt hat. Dazu paßt, wie aus den vorhergehenden und nachfolgenden Notizen zu 1 Mos 10, 2 und 3 hervorgeht, nur das 8. Jahrhundert. Das ergibt einen festen Punkt für die literarhistorische Beurteilung der Völkertafel.

Tiras führt von den Muski-Phrygiern nach der Westküste von Kleinasien. Dort werden, etwa im Gebiete von Lydien

---

[1]) S. H. Winckler, KAT[3] 68. 74. Deshalb sucht auch der letzte König von Karkemisch, dessen Provinz allein noch von der alten Hettiterherrlichkeit übriggeblieben war, Hilfe bei diesem Eroberer der alten Ḫatti-Länder. Midas soll den indogermanischen Kimmeriern erlegen sein. An Stelle der Phrygier treten als Hauptmacht in Kleinasien die Lyder.

[2]) Der ethnologische Zusatz: „Paras, Kusch und Puṭ sind mit ihnen usw." ist offenbar später eingeschoben, wahrscheinlich auch aus der Völkertafel 1 Mos 10, 6.

und der Troas, Reste der Seevölker gesessen haben, der Tyrsener, die in alten Zeiten als Seeräuber berüchtigt waren und an deren Zusammenhang mit den italischen Tyrsenern zu zweifeln kein vernünftiger Grund vorliegt. Die ägyptischen Inschriften aus der Zeit des Mernephta nennen sie unter dem Namen Turuša[1]. Der Name in der Völkertafel ist also ein später Zeuge für die Seevölkerbewegung, die in vorgriechischer Zeit eine ähnliche Rolle gespielt hat, wie später die griechische. Wenn wir auch von dem Gange dieser Bewegung noch nichts Näheres wissen, lohnt es sich doch, davon Notiz zu nehmen[2].

10, 3: „*Und die Söhne Gomers: Askenas, Riphat und Togarma.*"

Askenas ist die indogermanische Völkerschaft der Aškuza[3], die zu Asarhaddons Zeit südöstlich vom Urumiya-See, östlich von den Kimmeriern sitzt. Der hebräische Name ist durch Verschreibung verstümmelt[4]. Bartatua, der Aškuza-König, der bei Herodot als Skythenkönig Protothyes erscheint, wird durch Asarhaddon mit dem assyrischen Königshause verschwägert. Eine der Anfragen Asarhaddons an den Sonnengott[5] will wissen, ob er ein treuer Freund Assyriens bleiben werde, wenn er die Tochter erhalte. Der Assyrerkönig benutzt die Aškuza beim Kampf gegen die übrigen Manda-Horden, zuerst gegen die Kimmerier (s. oben), dann gegen die Meder. Madyes, der Sohn Bartatuas, hat noch im letzten Augenblick versucht, Niniveh zu Hilfe zu kommen. Mit den Assyrern sind dann die Aškuza den Medern erlegen. Das Orakel Jer 51, 27 nennt das Reich

---

1) Hommels Schluß (Aufs. u. Abh. S. 317 f.), die Erwähnung der Seevölker weise für den Grundstock von 1 Mos 10 auf die mosaische Epoche, schießt über das Ziel; das gilt erst recht von den l. c. folgenden Bemerkungen Hommels, nach denen Teile des Grundstockes in die abrahameische und vor-abrahameische Epoche weisen sollen. Wenn Elam unter den Söhnen Sems erscheint v. 22, so weist das nicht auf die Zeit, „wo Elam noch vorwiegend semitische Bevölkerung besaß" (3. Jahrtausend), sondern spiegelt nur die Tatsache wieder, daß Elam politisch und kulturell zum babylonischen Machtbereich gehörte. Dieser Anspruch aber bestand zu allen Zeiten und zeigt sich vielleicht noch bei der Beuteteilung nach dem Fall Ninivehs, s. S. 269 und 276. Nach von P. Scheil zugänglich gemachten Texten scheint Susa an Babylon gefallen zu sein.

2) Ein wichtiger Zeuge ist eine auf Lemnos (!) gefundene etruskische Inschrift.

3) Assyrisch Aš-gu-za-ai bei Asarhaddon und Iš-ku-za-ai in den Anfragen an den Sonnengott aus derselben Zeit.

4) Knudtzon, Gebete an den Sonnengott, S. 131.

5) Nr. 29 in Knudtzons Veröffentlichung. Vgl. Winckler F. I, 484 ff.

der Aškuza neben dem Königreiche Ararat (Urartu), Minni (ass. Mannai) und Medien und ruft sie alle gegen das verhaßte Land auf. Hier sind die indogermanischen Horden beisammen, die seit Sargons Zeiten gegen das assyrische Reich anstürmten. Das Orakel muß also aus assyrischer Zeit stammen, nach dem Fall Ninives war die Aufforderung gegenstandslos.

Togarma [1] sind die Bewohner von Tilgarimmu, das bei Sargon neben Kammanu im nördlichen Taurus genannt wird [2], und bei Sanherib neben den Leuten von Hilakki [3]; an beiden Stellen wird Tilgarimmu vom assyrischen König erobert. Die Taurusgegend, in deren Nähe Kammanu und Togarma zu suchen sind, heißt bei Salmanassar I. und bei Tiglatpileser I. Muṣri [4].

Von hier bezog Salomo seine Pferde. Es heißt 1 Kg 10, 28 = 2 Chr 1, 16 f.: „die Ausfuhr der Pferde für Salomo (fand statt) aus Muṣri und Ḳuë, die Händler des Königs kauften sie aus Ḳuë um den Kaufpreis“ [5]. Ez 27, 14 stimmt dazu. Hier wird unser Togarma speziell als Pferdemarkt genannt: „Die vom Hause Togarma brachten Gespanne und Reitpferde und Maultiere auf deinen Markt.“ Noch in persischer Zeit ist Cilicien die Gegend für Pferdeausfuhr.

10, 4: *Und die Söhne Javans: Eliša, Tarsis, die Kittim und die Rodanim.*

Eliša. Nach Septuaginta ist die Gegend von Karthago gemeint. Das stimmt zu der historisch-geographischen Situation der Stelle. Jedenfalls hat Karthago einen älteren Namen gehabt, und man erinnert sich an die Legende von der Gründung Karthagos durch Dido-Elissa [6]. Elissa ist dann hier als Repräsentant der phönizischen Kolonien an der Küste und auf den Inseln Nordafrikas gemeint [7].

Wenn Ez 27, 7 sagt, daß Tyrus seinen Purpurstoff von den Inseln Elišas holt, so bleibt das auffällig, da Tyrus die uralte Heimat des Purpurs ist, an der auch die Sagen von der Auffindung der Purpurschnecke hängen. Es müßte sich um einen besonderen Stoff handeln, wie er auf der Insel

---

1) Sept. Thergama, Thorgama, Thorgoma. Die Stellung des kleinen Togarma neben den mächtigen Kimmeriern und Aškuza bleibt auffällig.

2) KB II, 63.

3) Nicht Cilicien, sondern Gegend am Halys, vgl. S. 257 f.

4) Bei Salmanassar II. neben dem südlich davon gelegenen Ḳuë, unserm Cilicien, genannt.

5) Die Stelle wurde später auf das für Pferdezucht ganz ungeeignete Ägypten bezogen (s. Winckler, Altt. Untersuchungen, S. 172 ff., der Ausgangspunkt seiner Muṣri-Forschung; S. 172 ib. ist wohl betr. der Lage von Muṣri nördlich vom Taurus statt südlich vom Taurus einzusetzen).

6) S. Ed. Meyer, Geschichte I, 282 Anm.

7) Nach H. Grimme, Lit. Rundschau 1904, S. 346 = Alašia der Amarnabriefe = Cypern. S. dagegen unten unter Kittim.

Meninx südöstlich von Karthago gefunden wird. An sich könnte die Ezechielstelle für die Erklärung von Eliša auf ein anderes Küstengebiet führen, das auch durch Purpur berühmt ist und ebenfalls zur Situation passen würde: auf Süditalien. Das Targ. zu Ez 27, 7 versteht in der Tat unter Eliša eine Stadt Italiens. Aber das kann auch auf späterer Umdeutung beruhen, wie 1 Mak 1, 1 und 8, 5 Kittim-Macedonien als Ausgangspunkt Alexanders bez. als Reich des Perseus[1].

Tarsis ist der Name des Bergwerksdistriktes im südlichen Spanien. Es bezeichnet den äußersten Westen[2], wie Gog den äußersten Norden. Der „alte Orient" hat vorläufig zur Lösung der Tarsis-Frage nichts beizubringen.

P. Haupt hat in einem Vortrage auf dem Hamburger Orientalisten-Kongreß 1902 dargelegt, daß die im Alten Testament erwähnten Tarsis-Steine Zinnober-Kristalle aus Almaden in Spanien sind, aus denen Tätowierungsfarbe fabriziert wurde, und daß die Stelle HL 5, 14 sagt, die gebräunten, bronzefarbenen Arme seien mit Zinnoberrot tätowiert und der vor der Sonne geschützte elfenbeinerne Leib mit Lasurfarbe. Tätowierung vermutet schon Winckler, F. I, 293. — Jes 60, 9; Ps 72, 10 erscheint Tarsis wie hier neben den „Inseln".

Kittim. Die Deutung des Namens auf Cypern[3] ist aufzugeben. Der griechische Name der Hauptstadt Kition ist nicht beweiskräftig. Die Stadt heißt in den assyrischen Inschriften Ḳarthadašt (Karthago), nur in den aus persischer Zeit stammenden phönizischen Inschriften heißt sie Kiti. Die Insel selbst nennen die Amarnabriefe Alašia, ägyptisch Alas oder Asi, unter Sargon heißt sie Ja' und Jatnana. Jes 23, 1 und 12 ist Kittim ein Ziel der Tarsis-Schiffe. Bei Da 11, 30 ist Kittim speziell Rom. Gemeint ist also unter Kittim Süditalien, besonders Sizilien, das dann als Hauptvertreter der westlichen Inselwelt gilt und mit Eliša-Afrika das Hauptgebiet phönizischer Kolonien darstellt.

Dodanim. 1 Chr 1, 7 (Abschrift von 1 Mos 10, 4) steht Rodanim. Da es ebenfalls zu den Kindern Javans gehört, also zur Welt der westlichen Länder und Inseln, so ist an Rhodos zu denken, das in alter Zeit eine große Bedeutung hatte. Eine andre Konjektur, die 1 Chr unberücksichtigt läßt, ist: Dorânim = Dorer. Es würde dann das eigentliche Griechenland als Sohn Javans genannt sein, was der naiven geographischen Auffassung entspräche, der die Jonier, die kleinasiatischen Griechen, näher liegen.

---

1) S. hierzu und zum folgenden Kittim H. Winckler F. II, 422, 564ff.
2) Vgl. Jon 1, 3; 4, 2, wonach es zu Schiff erreicht wird.
3) So noch bei Kautzsch zu Jes 23, 1 und 1 Mak 1, 1.

10, 5: *Von diesen* (von Eliša-Karthago, Tarsis-Spanien, Kittim-Süditalien, Rodanim-Rhodos [?]) *zweigten sich ab die Inseln der Heiden*, d. h. die Inseln und Kolonien des Mittelmeerbeckens. Das ergibt ein klares geographisches Bild.

10, 6: *Und die Söhne Hams waren Kuš, Miṣraim, Puṭ und Kanaan.*

Kuš entspricht dem antiken Begriff Äthiopien, das heutige Nubien und ein Stück des Sudan bis etwa Chartum umfassend[1]. Erst zu Sanheribs Zeit ist das Gebiet durch das Auftreten Tirhakas in den deutlichen Gesichtskreis Israels getreten, Tirhaka Jes 37, 9 ist König von Kuš. Die vorderasiatischen Völker nannten so aber auch den Strich Arabiens, den man auf dem Wege nach dem dunklen afrikanischen Hinterlande passieren mußte, so wie sie den nördlichen Landstrich Arabiens, wo es nach Ägypten „durch" geht, Muṣri nannten, indem sie Arabien in Zusammenhang mit den gegenüberliegenden Teilen Afrikas stehend sich dachten[2]. Die Nomenklatur entspricht den unklaren geographischen Begriffen des Altertums, wobei noch zu bedenken ist, daß wenigstens Ägypten im Altertum zu Vorderasien gerechnet wird; der schwarze Erdteil begann erst jenseits der Wüste. Daß hier zugleich an die arabische Landschaft Kuš gedacht ist, wie zuerst Glaser ausgesprochen hat, zeigen die von Kuš abgeleiteten Söhne, von denen einige als arabische Landschaftsnamen identifiziert werden können. Auch die Gattin Mosis, von der 4 Mos 12, 1 spricht, ist in diesem arabischen Sinne ein Weib von Kuš; der Kušit Zeraḫ 2 Chr 14, 9 ist ein arabischer Häuptling. Besonders deutlich ist die Deutung des Namens Kuš Jes 45, 14, wo neben dem Handelsvertrag von Kuš die „Sabäer, die hochgewachsenen Männer" genannt sind. Vielleicht ist auch Hab 3, 7 Kušan als Schreibfehler für Kuš[3] zu fassen; es steht hier parallel zu den Zeltdecken der Midianiter[4].

Miṣraim ist Ägypten. Es verhält sich hier wie bei Kuš-Nubien. Miṣraim ist ein geographischer Gesamtbegriff, der, wie H. Winckler erkannt hat, auch einen Teil Arabiens umfaßt und

---

[1]) S. Spiegelberg, Ägyptologische Randglossen S. 10.

[2]) Ähnlich unterscheidet man noch heute im Anschluß an die Benennungen des klassischen Zeitalters das rechte Nilufer als „arabische Wüste" im Gegensatz zur libyschen Wüste.

[3]) Oder südarabische Bildung — alter Artikel? vgl. Midian, ferner Muṣran von Muṣur.

[4]) S. hierzu H. Winckler, KAT [3] 144, der das inschriftliche Material beibringt und vgl. Hommel, Aufs. und Abh. 208 ff.

zwar den Strich, bei dem es nach Ägypten „durch" geht. Da unter Kuš wegen der arabischen Söhne sicher zugleich an die arabische Landschaft gedacht ist, und da sich das Reich Punt (Puṭ, s. unten) anschließt, so wäre von vornherein zu erwarten, daß auch hier das arabische Land gemeint ist. Aber der Verfasser von v. 13 denkt, wie die „Söhne" zeigen, an das eigentliche Ägypten. Für Muṣri-Arabien würde die geographisch-politische Situation sprechen. Der betreffende arabische Landstrich heißt in den Keilinschriften Muṣri (hebräisch also etwa Moṣar), in den minäischen Inschriften Muṣran (immer mit Artikel). Hier befand sich eine Handelskolonie des Reiches Ma'in (Minäer), deren Haupthandelsartikel Weihrauch und Myrrhen gewesen sein mögen. Es ist das biblische Midian[1]. Die „midianitischen" Kaufleute der Josefsgeschichte sind Minäer, der midianitische Schwiegervater Jethros ist Minäer. In den Zeiten des Niederganges des minäischen Reiches[2] wurde die Kolonie in Muṣri unabhängig. Als im 8. Jahrhundert, also in der Zeit, in der der Verfasser unsrer Stelle schrieb, die assyrischen Könige nach Nordarabien kamen, war Muṣri unabhängig. In diese Zeit (nach Hommel ca. 1000 v. Chr.) gehört nach Winckler u. a. die berühmte Inschrift Glaser 1155 = Halévy 535[3], die vom Statthalter von Muṣran und den Minäern von Muṣran spricht, die einen Handelszug nach Ägypten, A'šur (nach Hommel Edom) und Ibr naharan unternahmen und die uns die Sabäer (s. unten S. 265) auf dem Zuge nach dem Süden zeigt.

Puṭ. Die Sept. gibt Puṭ bei Ezechiel und Jeremia mit „Libyer" wieder. Gemeint ist das Reich Punt (ägyptisch Pwnt), das die Landstriche zu beiden Seiten des Roten Meeres umfaßte[4]. Es hatte bereits mit dem ägyptischen Reiche enge Handelsverbindung gehabt und stand im 8. und 7. Jahrhundert gleichwie Kuš in naher Beziehung zu Ägypten. Dieses Punt reichte weit nach Arabien hinein und auf afrikanischer Seite ziemlich weit nördlich über die Meerenge von Bab el Mandeb hinaus, wobei wiederum zu bedenken ist, daß dieser Teil Afrikas einschließlich Ägyptens im Altertum zu Asien gerechnet wurde.

---

[1]) Nach Grimme, Lit. Rundschau 1904, 346 ist Midian vielmehr M-d-j der nachher erwähnten Inschrift Glaser 1155. Zur Muṣri-Frage s. zuletzt MVAG 1906, 102 ff.

[2]) Im 7. Jahrhundert ist es von den aus Norden gekommenen Sabäern abgelöst, s. zu Saba S. 265.

[3]) MVAG 1898 Tafel zu S. 56 vgl. S. 20; AO III, 1.

[4]) S. W. M. Müller, Asien und Europa, 106 ff.

Ed. Glaser, MVAG, 1899, 3, 51ff. meint, daß unter Pwnt vom ägyptischen Standpunkte aus schließlich die gesamten Völker Südarabiens und der Ostküste Afrikas zu verstehen sind, und meint gerade deshalb, daß in der Bibel eher Kuš als Puṭ diesen Gesamtbegriff wiedergibt. Jedenfalls liegt dem Puṭ der Völkertafel ein allgemeiner dunkler geographischer, nicht ethnographischer Begriff zugrunde. Daraus erklärt sich wohl auch, daß die Völkertafel bei Puṭ auf Unterabteilungen verzichtet.

Und **Kanaan.** Kanaan steht hier wie auch sonst für Ham. Die Ham-Bevölkerung ist die Sklavenwelt, die der Sem-Bevölkerung dienstbar sein soll (1 Mos 9, 26f.). Der Verfasser unserer Stelle setzt dafür Kanaan, d. h. die Bevölkerung, die im eigenen Lande als unterjochte Urbevölkerung diese Sklavenrolle spielen soll. Von diesem politischen Gesichtspunkte aus ist es vielleicht nachträglich hier bei den „Südländern" eingeschoben.

10, 7: *Und die Söhne von Kuš: Šeba, Hevila, Sabta, Raema und Sabteḫa; die Söhne Raemas waren Šeba und Dedan.*

Die Namen Šeba, Hevila und Dedan genügen, um zu zeigen, daß wir uns in Arabien befinden, nicht auf ägyptischem Boden, wie Holzinger, Genesis bei Šeba meint. Daß arabische Distrikte als „Söhne Kuš's" erscheinen, erklärt sich aus dem zu Miṣraim, Kuš, Puṭ Gesagten, s. noch zu 10, 8f. **Hevila** vertritt die arabische Landschaft in Zentral- und Nordostarabien, s. Glaser, Skizze II, 323ff. Bei **Sabta** (Sabteḫa Variante?) denkt man an Sabota, die Hauptstadt von Hadramaut, der südarabischen Landschaft östlich von Jemen, deren Land und Ruinen neuerdings viel bereist und untersucht worden sind (Literatur bei Guthe, Bibelwörterbuch S. 244). Glaser, Skizze II, 252 denkt bei Sabta an das bei Ptolemäus erwähnte *Σάφϑα* am persischen Meere[1]. **Hadramaut** (Haṣarmaveth) wird zwar v. 26 besonders erwähnt, aber dort gehört es nicht hin, denn dort sind nicht mehr Völker und Stämme aufgezählt, sondern (mit Ausnahme der zwölf Söhne Joktans, s. unten S. 276f.) Heroen; es ist vielleicht von hier nach v. 26 versprengt. **Raema** (1 Chr 1, 9 Ragema, Septuaginta Regma) wird wie hier mit Saba zusammen genannt. Auf der oben erwähnten minäischen Inschrift Glaser 1155 wird bei Zeile 2 berichtet, daß die Götter sich den Statthaltern von Muṣr und vom muṣrischen Maîn (minäische Kolonie in Muṣr, s. S. 263) erkenntlich erwiesen für den Bau eines Terrassenturmes und „sie bewahrten sie vor den Angriffen, womit sie angriff Saba' und

[1]) Anders Hommel, Aufs. u. Abh. 315.

Ḫaulân auf dem Wege (?) zwischen Maʿîn und Ragmat (Hauptstadt von Nedjrân) und aus dem Kriege, der stattfand zwischen dem . . . des Südens und dem des Nordens". Die Verbindung mit dem biblischen Raema verbietet anscheinend der Lautbestand.

Saba. Gemeint sind die Sabäer, die späteren Erben des minäischen Reiches (s. die überzeugenden Ausführungen bei Glaser, Skizze I). Das „Reich von Saba" ist bei Abfassung von 1 Mos 10 noch nicht vorhanden. In den assyrischen Inschriften Tiglatpilesers III. und Sargons erscheinen die Sabäer als Verbündete der Aribi [1], sind noch nicht im Besitze von Jemen, sondern im nordarabischen Djof. Die oben erwähnte minäische Inschrift erwähnt die Sabäer als bedrohenden Feind. Da zur Zeit der Niederschrift unserer Stelle die Sabäer noch keine festen Sitze hatten, erklärt sich **Šeba** vielleicht als Variante: dem Schreiber schwebt irgendein Teil der Sabäer vor.

Dedan sind ebenfalls in Nordarabien zu suchen. Zu Ezechiels Zeit (Ez 25, 13, vgl. Jer 25, 23; 49, 8) grenzen ihre Sitze an Edom. Glaser II, 329ff. sucht sie wohl richtig in den Distrikten nördlich von Medina bis zur edomitischen Grenze. Vielleicht sind sie auch in der 31. Zeile der Mesa-Inschrift erwähnt.

10, 8f.: *Und Kuš erzeugte den Nimrod; dieser fing an, ein Gewaltiger zu werden auf der Erde. Dieser war ein gewaltiger Jäger vor Jahve, daher pflegt man zu sagen: ein gewaltiger Jäger vor Jahve, wie Nimrod.*

Da wir nach den bisherigen Ausführungen in v. 7 in Arabien sind, so ist wenigstens im Sinne des Verfassers unsrer Stelle die Nationalität von **Nimrod** bestimmt: er ist der Heros eponymos der aus der Völkerkammer Arabiens auftauchenden semitischen Völker. Dazu würde stimmen, daß er nach v. 8b sprichwörtlich ist auf kanaanäischem Boden [2].

Auf babylonischem Boden begegnet uns der gewaltige Jäger in der Gestalt des Gilgameš (Izdubar). Gilgameš ist Licht-

---

[1]) Eine Verbindung mit Jareb Ho 5, 13 Hommel, Aufs. u. Abh. 230ff., besteht nicht; die spätere Hauptstadt der Sabäer hieß Marjab, doch s. zu Jareb S. 277. S. zu den Sabäern auch Winckler, MVAG 1898, 18; 22f. Weber, AO III, 1.

[2]) Wir dürfen übrigens vermuten, daß die noch heute fortlebende arabische Nimrod-Tradition nicht allein an 1 Mos 10 anknüpft, sondern wenigstens teilweise außerbiblischen Ursprungs ist, ebenso wie die Nimrod-Überlieferung des Talmud.

Abb. 78: Gilgameš der Löwentöter. Relief an assyr. Palästen.

heros[1]. Der Name könnte babylonisiert nâmir-uddu heißen, d. h. „glänzendes Licht“[2]. Die auf Siegelzylindern häufige Gestalt (mit sieben Locken!), die einen Löwen spielend erwürgt (Abb. 78—80), stellt höchstwahrscheinlich den Gilgameš-Nimrod dar.

Gunkel 146 übersetzt „ein gewaltiger Jäger trotz Jahve“ und sieht darin einen Orion-Mythus, der „trotz Jahve“, d. h. also am Himmel zu jagen wagt, und darum an den Himmel gefesselt ist, Hi 38, 31[b]. In der Tat wird Nimrod mit Orion identifiziert, nach Chron. pasch. 64 bei den Persern und nach Cedrenus 27. 28 bei den Assyrern, s. Stucken, Astralmythen S. 27f. Man könnte ebensogut sagen: Orion ist der Jäger Osiris (bei den Ägyptern ist Osiris oft als Herrschergestalt des Orion gedacht, s. zu 1 Mos 32, 11) oder der Jäger Tammuz; der Auf- und Untergang des Orion fällt mit den kritischen Tammuz-Punkten, den Punkten der Sonnenwenden, zusammen (vgl. hierzu S. 88 ff. 114 ff.). Es mag wohl an unsrer Stelle der Doppelsinn beabsichtigt sein; aber zu ausschließlicher Bedeutung „trotz Jahve“ paßt das Sprichwort nicht, das doch einen Heroen verherrlicht.

Abb. 79: Gilgameš im Kampfe mit dem Löwen. Babylon. Siegelzylinder. Brit. Museum.

[1]) Sonne oder Mond oder Tammuz, je nach der Auffassung des Mythus, vgl. S. 78f., jedenfalls ṣajjâd „Jäger“, bez. „jagender Tyrann“ (gibbôr = gabbâr). S. hierzu Winckler, Gesch. Isr. II, S. 286 Anm. 3; F. III, 403 f. und auch bereits mein Izdubar-Nimrod, Leipzig B. G. Teubner 1891, S. 1 ff.

[2]) S. mein Izdubar-Nimrod S. 5. Wir müssen auch die Vermutung aufrechterhalten, daß der gleiche Name in der Umkehrung in Uddušu-nâmir, dem Namen des Götterboten in der Höllenfahrt der Ištar vorliegt, d. h. „sein Licht leuchtet“. Vgl. hierzu Hommel, Gesch. Bab. u. Assyr. 394, Anm. 4, der jetzt noch auf ûmu-namri Gudanna beim ersten Kassitenkönig Gaddaš hinweist.

10, 10: *Es erstreckte sich aber seine (Nimrods) Herrschaft anfänglich auf Babel und Ereḫ und Akkad und Kalneh im Lande Sinear.*

Der Name **Sinear** ist doch vielleicht identisch mit Sumer, der keilinschriftlichen Bezeichnung des ältesten babylonischen Kulturlandes im südlichen Euphratgebiete. Sicherlich ist es nicht das Šanḫar der Amarnabriefe (Brief aus Alašia-Cypern), das Sanḳara der Ägypter, womit vielmehr das Gebiet zwischen Taurus und Antitaurus gemeint ist, das die Assyrer Muṣri nennen[1]. Jedenfalls bezeichnet Sinear das gesamte babylonische

Abb. 80: Gilgameš im Kampfe mit dem Löwen.
Assyr. Siegelzylinder. Brit. Museum? Gipsabdruck im Besitze des Verfassers.

Gebiet, also Sumer (Südbabylonien) und Akkad (Nordbabylonien). Josephus Ant. I, 4 sagt (doch wohl nach 1 Mos 11, 2) „Ebene Sennaar"[2].

Babel. Die nordbabylonische Stadt Babylon (zum Namen s. S. 189) ist seit Hammurabi die Metropole des babylonischen Reiches und später nach dem Fall Ninivehs Metropole des babylonisch-chaldäischen Weltreichs („Mutter der Chaldäer" Jer 50, 12, Chaldaicarum gentium caput bei Plinius, hist. nat. 6, 30). Aber auch während der dazwischenliegenden assyrischen Vorherrschaft ist Babylon anerkannt als politischer und kultureller Mittelpunkt. Die assyrischen Könige ergreifen „die Hände Bels" (Marduk) in Babylon und proklamieren sich durch diese

---

[1]) S. Winckler F. II, 107 und KAT³ 238 und vgl. oben S. 262f.

[2]) Er zitiert Hestiaeus: „Die geretteten Priester kamen mit den Heiligtümern des Zeus Enyalios nach Sennaar in Babylonien."

feierliche Zeremonie als Herren des Weltreichs. „König von Babylon“ blieb seit der Hammurabi-Dynastie für alle Zeiten der wichtigste Titel der vorderasiatischen Könige. Die älteste Geschichte Babylons ist noch dunkel. Der Gründer der Stadt war vielleicht jener Sargon von Agade, dessen Siegel (Abb. 86) in den Böcken das Motiv des Zwillingszeitalters zeigt, das der Ära Babylons vorausging, dessen Geburtsgeschichte aber bereits mit den Motiven des Stierzeitalters (das Sonnenkind wird verfolgt und ausgesetzt und von der Himmelskönigin gerettet), verbunden wird. Die von Thureau-Dangin veröffentlichten Datierungen Sargons I. erwähnen Babylon; die Omina Sargons scheinen an einer allerdings verstümmelten Stelle von der Erbauung der Stadt zu sprechen. Sicherlich hat Sargon Babylon zu einer führenden Stellung erhoben. Von jeher hat Babylon mit Borsippa eine Doppelstadt gebildet. Erst seit der Vereinigung der Stadtkönigtümer Süd- und Nordbabyloniens durch Hammurabi — also in verhältnismäßig später Zeit — gewinnt Babylon die entscheidende weltgeschichtliche Bedeutung, die uns bei Nennung des Namens vorschwebt.

In der assyrischen Periode führt der Widerspruch, der zwischen der kulturellen bez. hierarchischen Bedeutung Babylons und seiner politischen Abhängigkeit von der weltlichen Herrschaft klafft, nicht selten zu schweren Konflikten. Sanherib machte den gewaltsamen Versuch, die Ansprüche Babylons auf die geistige Führung zu beschränken. Um Niniveh zur Hauptstadt des gesamten Reiches und zum Mittelpunkt des Welthandels erheben zu können, zerstörte er 682 Babylon in barbarischer Weise, erklärte das Stadtgebiet als Ödland und führte die Götterstatuen nach Assyrien. Sein Sohn Asarhaddon, der Sohn einer Babylonierin, stand auf seiten der babylonischen Hierarchie. Er erkämpfte sich 681 wohl von Babylon aus den Thron und gab Befehl, die zerstörte Stadt wieder aufzubauen. Seinen Plan, Babylon zum Mittelpunkt des Reiches zu machen, durchkreuzte freilich die assyrische Partei. Sie zwang ihn, seinen Sohn Asurbanipal zum Mitregenten zu machen (er wurde 668 sein Thronerbe). Die Ernennung des anderen Sohnes Šamaš-šum-ukin zum Sonderkönig von Babylon machte den Bruderkrieg unvermeidlich. Nach schweren Kämpfen, bei denen die Elamiter als Helfer der Babylonier entscheidend eingegriffen haben, wurde Babylon erobert, und Asurbanipal ließ sich unter dem Namen Kandalanu zum König von Babylon krönen. Aber in dem Siege lag der Keim des Untergangs für die assyrische Macht. Die Vernichtung des Erbfeindes Elam hatte den Damm niedergerissen, der den Strom der indogermanischen Völker aufgehalten hatte. — Nach dem Sturze Assyriens begann für Babylon eine neue glänzende Epoche. Seit dem 11. Jahrhundert etwa hatten sich in Babylon chaldäische Stämme angesiedelt. Sie haben zunächst unter eigenen Fürsten die Landbevölkerung gebildet, haben aber von jeher danach gestrebt, die Schutzherrschaft über Babylon und damit den Anspruch auf die Weltherrschaft zu gewinnen. Nachdem wiederholt in Babylon chaldäische

Könige vorübergehend regiert hatten, erreichten sie definitiv ihr Ziel während der assyrischen Wirren unter Nabopolassar. Unter der mit ihm beginnenden chaldäischen Dynastie wurde Babylonien wieder selbständig und verbündete sich mit dem neu erstandenen medischen Reiche. Nach dem Fall Ninivehs wurde die Beute zwischen Babyloniern und Medern geteilt. Das chaldäisch-neubabylonische Reich Nebukadnezars (605—562), das so entstand, bildete die Fortsetzung des assyrischen Reiches. Nebukadnezar legte große Befestigungen und Wasserwerke an, erneuerte die Tempel, vor allem den Marduk-Tempel Esagila mit dem Stufenturm und erbaute sich einen riesigen Palast. Über die weitere politische Geschichte s. unten zu Kap. 22. Cyrus besetzte Babylon am 16. Tišri 539; „ohne Kampf und Schlacht" zog er ein, nachdem ihm die Stadt durch Verrat übergeben worden war. Abermals erwies die babylonische Kultur ihre unverwüstliche Kraft durch Unterwerfung des Siegers. Cyrus selbst wurde „Babylonier". Eine entgegengesetzte Politik schlug Darius ein. Er wollte der östlichen Reichshälfte das Übergewicht verschaffen, betonte deshalb den persischen Kult des Ahuramazda gegenüber dem babylonischen Marduk-Kult und machte Susa, die alte Hauptstadt der Elamiter, der Erbfeinde Babyloniens, zur Metropole. Eine Empörung Babylons wurde niedergeschlagen. Babylon öffnete Darius die Tore und ein Teil der Befestigungen wurde geschleift. Die Berichte Herodots über die Belagerungen des Cyrus und Darius sind mit Fabeln ausgeschmückt. Bald nach Darius hat Babylon seine Bedeutung, die ihm bisher neben Susa gewahrt blieb, eingebüßt. Der Tempel Esagila wurde durch Xerxes zerstört, die Statue Marduks wurde nach Susa geschleppt (Herodot I, 183). Babylon verlor dadurch seine politische und religiöse Bedeutung. Der Titel „König von Babylon" verschwindet seit Xerxes, die Zentrale des Handels (vgl. Ez 17, 4: „Babylon ein Krämerland und eine Kaufmannsstadt") übernahm Opis, später Seleucia, schließlich Bagdad. Babylon ad solitudinem rediit exhausta vicinitate Seleuciae, sagt Plinius (VI, 30). Noch einmal flackerte die Leuchte Babylons auf, als unter Alexander dem Großen die griechische Kultur ihren Zug nach dem Osten hielt. Babylon hat Alexanders Politik anerkannt und erwartete, daß Alexander ihm die alten Rechte verschaffen würde. Alexander wollte Babylon zur Metropole seiner Weltherrschaft machen und den Marduk-Tempel wieder aufbauen [1]. Er starb zu früh in Babylon. Seleukos verlegte die Residenz nach Antiochien in Syrien. Damit verzichtete der Hellenismus auf Wiederbelebung des altorientalischen Weltreichs. Nach dem Tode „Alexanders, des Sohnes Alexanders" erlosch der letzte Schimmer. Das Marduk-Heiligtum behielt mit seiner Priesterschaft noch lange großen Einfluß. Strabo XVI sagt, daß der von der Perserzeit übriggebliebene Teil infolge der Vernachlässigung von seiten der Makedonier zugrunde ging; die Stadt sei eine große Einöde geworden. Ganz verlassen kann sie aber auch in der Partherzeit nicht gewesen sein. Der parthische König Evemerus schickt im Jahre 127 viele Familien aus Babylon nach Medien und verbrennt

---

[1]) Arrian, Exp. Alex. VII, 17. Er wollte das brachliegende Heer dazu benutzen. Die Priester, die eine Störung ihrer Sinekure gefürchtet haben mögen, scheinen selbst das Werk verhindert zu haben. Über ihr Treiben gibt Ep. Jerem. bei Baruch 6, 10. 11. 28 interessanten Aufschluß.

große Gebäude, die noch erhalten waren[1]. Bei Beginn der christlichen Ära war Babylon Sitz einer starken jüdischen Diaspora und einer jüdischen Hochschule[2]. Trajan soll nach den Exzerpten des Diodor p. 785 in Babylon dem Alexander zu Ehren Opfer veranstaltet haben. Cyrill von Alexandrien sagt, daß im Anfang des 5. Jahrhunderts Babylon in einen Sumpf verwandelt war infolge des Durchbruchs der Kanäle[3]. Vgl. St. Croix, Acad. des Inscr. et Belles Lettres 48, wo alle Stellen über den Verfall Babylons zusammengetragen sind.

Die Trümmer von Babylon liegen in der Nähe des Städtchens Hillah. Systematische Ausgrabungen wurden 1849—55 durch Loftus und Taylor, versuchsweise auch durch Layard betrieben, 1851—54 durch die Franzosen Fresnel und Oppert, deren Funde am 23. Mai 1855 im Tigris untergegangen sind. Im Jahre 1879 begannen planmäßige Ausgrabungen, durch die Brunnenanlagen und Wasserleitungen, Pfeiler und Terrassentrümmer (hängende Gärten wie in Niniveh?) in Babylon bloßgelegt wurden und denen die Auffindung des Cyrus-Zylinders durch Hormuzd Rassam zu danken ist. Seit Ostern 1899 hat die Deutsche Orientgesellschaft begonnen, im Kasr systematisch zu graben. Man legte Gemächer des Palastes Nebukadnezars bloß und entdeckte u. a. die Prozessionsstraße zum Tempel Esagila. Näheres s. in meinem Artikel Niniveh und Babylon RPrTh[3], und Hommel, Grundriß 298 ff.

Erech ist Uruk der babylonischen Literatur (auch Arku geschrieben) bei den Klassikern Ὀρχοή und liegt unter den Trümmern des heutigen Warka begraben[4]. Die Stadt war Hauptsitz des Anu- und Ištar-Kultus und bildet den Schauplatz der Heldentaten des Gilgameš-Nimrod.

Akkad ist das Agade der Keilinschriften, die Stadt des alten Sargon und dann Name des nordbabylonischen Reiches, dessen Hauptstadt Agade war. Die Gleichsetzung mit Agade ist jetzt inschriftlich gesichert durch K 9906 Bezold, Catalogue IV 1049, vgl. Weißbach, ZDMG 1899, S. 661.

Kalneh (nicht zu verwechseln mit der nordsyrischen Stadt Kalne Am 6, 2 = Kalno Jes 10, 9 = Kullani der Keilinschriften?) ist keilinschriftlich noch nicht sicher nachzuweisen.

Jensen, Theol. Lit. Ztg. 1895, Sp. 510 nimmt Textfehler für כלבה = Kullaba an, eine keilinschriftlich vorkommende altbabylonische Stadt. Gewagt ist Hilprechts Hypothese, Kalneh sei wirklich das alte Nippur; Hommel meint ergänzend, Ki + Illin, d. i. Bel-Enlil (Damascius Ἴλλινος) stecke darin; Nippur aber ist die alte Stadt des Bel. Die talmudische Überlieferung, auf die sich Hilprecht beruft, ist wohl Joma 7, 9[b] und 10,

[1]) Diod. Sic. Fragm. 34, 21; Justinian 42, 1; Athenäus 11, p. 463, s. Layard, Niniveh und Babylon, S. 407.

[2]) Für die spätere Zeit vgl. Funk, Die Juden in Babylonien 200—500, Berlin 1902. Die Verachtung Babylons, die in der Apokalypse stark hervortritt, zeigt sich auch in der rabbinischen Literatur, z. B. Kidduschin 72, wo babylonische Städte als Lasterorte erwähnt werden (s. Nork, Rabb. Quellen S. CXVIII f.).

[3]) Jes 14, 23: „Ich will Babylon zum Wassersee machen." Jer 51, 42: „Es ist ein Meer über Babel gegangen."

[4]) Zu den keilinschriftlichen Erwähnungen vgl. Delitzsch, Wo lag das Paradies, S. 221 ff.

wo innerhalb ganz verworrener Erklärungen zu Genesis 10 Kalneh als נִפַּר bezeichnet wird. Die Nennung von Nippur wäre in der Tat in dem Zusammenhang zu erwarten, s. Hommel, Grundriß, vgl. Hilprecht, Excavations in Bible Lands 410f. und Kittel in RPrTh³, Artikel Nimrod.

10, 11: *Von diesem Lande zog er aus nach Assur (?) und erbaute Niniveh und Rehoboth-Ir und Kalah und Resen zwischen Niniveh und Kalah — [das ist die große Stadt]*[1].

Zu der Nachricht, daß Nimrod von Babylon aus in der Landschaft **Assur** die Stadt Niniveh gegründet habe, stimmt Mi 5, 5, wo „Land Nimrods" mit Hitzig epexegetisch zu Assyrien gehört, nicht etwa Sinear. Babylonien im Gegensatz zu „Land Assur"; vgl. Clemens, Recognitiones I, 30.

Niniveh, assyrisch Ninua, Ninâ, hebr. Nînevêh, Sept. *Νινευί*, bei den Klassikern *ἡ Νῖνος*, hat den Namen wahrscheinlich von Nin-ib als dem summus deus in Ninua (seine weibliche Entsprechung ist Ištar von Ninua (Ninus, Sohn Bels = Ninib, Sohn Bels), s. Hommel, Grundriß S. 41, Anm. 1. Die geschichtlichen Zeugnisse führen uns nicht bis an den Ursprung Ninivehs zurück. Von altersher mag die Ortschaft an der Karawanenstraße, die an der Chosermündung über den Tigris führt, als Handelskolonie und dann natürlich auch als Kultort von Bedeutung gewesen sein. Ursprünglich ist es wohl Filiale einer babylonischen Stadt gleichen Namens, Ninua-ki, das immer in Verbindung mit Ki-nu-nir-ki (Borsippa?) genannt wird und das wohl identisch ist mit der Stadt Ninua-ki der Tempellisten von Telloh[2]. Wenn der südbabylonische König Gudea von Lagaš erzählt, er habe in Nineveh einen Ištartempel gebaut, so mag das babylonische Niniveh gemeint sein. Aber auch das assyrische Niniveh war damals bereits von Bedeutung. Im Louvre befindet sich eine Inschrift des zweiten Königs von Ur (Dungi um 2700), die in Niniveh gefunden wurde und von der Erbauung eines Nergaltempels berichtet und die kaum nachträglich dahin geschleppt sein kann. Cod. Hammurabi 4, 60 nennt es neben Assur als zu seinem Machtbezirke gehörig und erwähnt den Ištartempel. Und nach den Votivschalen Salmanassars I., deren Angaben durch die historischen Reminiszenzen der Annalen Tiglatpilesers I. ihre Ergänzung finden, hat schon der assyrische König Samsi-Ramman I., Sohn Išme-Dagans (um 1820) den Ištartempel in Niniveh

---

[1]) Der letztere Zusatz ist Glosse, s. S. 273.

[2]) Wenn man nicht annehmen will, daß es zwei babylonische Niniveh gegeben hat. Auch der arabische Geograph Jaķut kennt ein babylonisches Nînawâj.

renoviert, den dann Asuruballiṭ und Salmanassar I. selbst (um 1300) erneuert haben. Gleichwohl ist es sicher, daß das Niniveh der ältesten uns bekannten Zeit weder zu Babylonien noch zu Assyrien gehörte. Vielmehr ist es der Mittelpunkt einer der selbständigen Staatenbildungen gewesen, die im eigentlichen Mesopotamien lagen, eine Zeitlang das Reich kiššati gebildet haben, und die als Vermittler babylonischer Kultur zu den angrenzenden Völkern, besonders den Assyrern, eine wichtige Aufgabe erfüllt haben. In der Amarnazeit (um 1450) gehört Niniveh zu dem Reiche der (hettitischen) Mitanni, die das Kiššati-Reich überflutet haben. Der Mitannikönig Tušratta muß Niniveh besessen haben; denn er schickt eine Statue der Stadtgöttin als Huldigung nach Ägypten, und in einem anderen Mitannibriefe heißt Niniveh die Stadt der Göttin Ša-uš-[bi], das ist aber der Mitanni-Name der Ištar. Dann haben die Könige von Assur Niniveh erobert, frühestens unter Ašuruballiṭ. Die assyrischen Könige des 14.—12. Jahrhunderts erwähnen wiederholt Tempelbauten in Niniveh. Die Hauptstadt Assyriens und Residenz der Könige war Asur, 14 Wegstunden südlich von Niniveh gelegen[1], später Kelach. Niniveh blieb vorläufig eine unansehnliche Stadt.

Seine Glanzzeit verdankt Niniveh dem König Sanherib. Er hatte Babylon zerstört und wollte Niniveh zur ersten Stadt des Orients erheben. In einer seiner Bau-Inschriften heißt es (KAT [3] 75):

> „Damals vergrößerte ich den Umfang meiner Residenz Niniveh. Ihre Straße — den Weg „Königstraße“ — änderte ich und baute sie herrlich. Wall und Mauer baute ich kunstvoll und berghoch, 100 große Ellen machte ich ihren Graben weit. Auf beiden Seiten ließ ich Inschriften anbringen: 62 große Ellen habe ich die Breite der Königstraße bis zum Parktore gemessen. Wenn je einer von den Einwohnern Ninivehs sein altes Haus umbaut und ein neues baut, und damit mit dem Fundament seines Hauses in die Königstraße einrückt, den soll man auf seinem Hause an einen Pfahl hängen.“

Unter Asarhaddon und Asurbanipal ward Niniveh zur großen „erhabenen Stadt“. Als die schönste und vielleicht größte Stadt des Orients hat sie hundert Jahre lang die Welt mit Staunen und Schrecken erfüllt. Von hier aus zogen die siegreichen Heere und die tributfordernden Boten (Na 2, 14) durch die Welt. Sie war der Mittelpunkt des Handels (Na 3, 16 „Ninivehs Kaufleute zahlreicher als die Sterne des Himmels“). Der ganze Haß und Zorn der von Assyrien geknechteten Völker entlud sich über Niniveh. Bald aber ging es abwärts. Unter Sanheribs Sohn und Nach-

---

[1]) Die Ruinenstätte Kalʿa Šerkat, wurde vom Sultan dem Deutschen Kaiser 1902 zur Ausgrabung geschenkt; sie verspricht reiche Kunde von der ältesten Geschichte Assyriens. Die Ausgrabungen durch die deutsche Orientgesellschaft sind 1902 eingeleitet worden. Vgl. MDOG 1903 ff.

folger Asarhaddon und unter Asurbanipal begannen die Erschütterungen, die das assyrische Reich zerstörten um 608. Unter Asurbanipal mag sich der Völkerhaß gegen Niniveh noch gesteigert haben. Niniveh wurde damals wirklich zu einer „Stadt der Bluttaten" (Na 3, 1). Aber Niniveh wurde auch zu einer Hochschule „chaldäischer Weisheit". Asurbanipal, der griechische Sardanapal, errichtete in seinem Palaste eine Bibliothek der babylonischen Literatur, in deren Schätzen wir noch heute die babylonisch-assyrische Geisteswelt studieren[1]. Unter seinem Sohne Sarakos wurde Niniveh 607/606 zerstört. Daß es nicht von Grund aus vernichtet wurde, beweist der Zustand der Trümmerhügel. Der Dialog bei dem aus Samosata (!) stammenden Lucian zwischen Merkur und Charon: „Mein guter Fährmann, Nineveh ist so zerstört, daß man nicht sagen kann, wo es gestanden hat; keine Spur ist übrig geblieben", beruht auf Übertreibung[2].

Die Trümmerhügel, die das alte Niniveh bergen, liegen gegenüber der heutigen Stadt Mosul, auf dem linken Tigrisufer an der Mündung des Choser. Der Bahnbrecher für die Ausgrabung Ninivehs war James Rich, nach ihm arbeiteten Emil Botta und Victor Place und vor allem Austen Henry Layard. Die Ausgrabung ist auch heute nur bis zur Hälfte gediehen, wird aber gegenwärtig von neuem aufgenommen. Botta wurde durch die ersten Ausgrabungen enttäuscht. Ein Bauer lenkte seine Aufmerksamkeit auf Khorsabad, das vier Stunden nördlicher lag. Hier wurde die Residenz des Königs Sargon gefunden, der (722) Samarien erobert hat. Henry Layard fand, später in der Arbeit verbunden mit dem englischen Konsul von Mosul Hormuzd Rassam, südlich von Niniveh in Nimrud (der Stätte des biblischen Kelaḫ) im Gebiete Ninivehs den Palast Sanheribs mit 71 Räumen, Hormuzd Rassam stieß 1854 auf den Palast Asurbanipals, des griechischen Sardanapal. In dem Löwenjagdsaale fand er in Tausenden von gebrannten Backsteinscherben einen Teil der oben erwähnten königlichen Bibliothek. Dieser Fund bildet noch heute „das höchste Kleinod der Keilschriftforschung".

Die Ausdehnung und Größe der alten Stadt Nineveh läßt sich nach den Ausgrabungen zurzeit noch nicht angeben. Die Angabe Jon 3, 3; 4, 11 wird kaum übertrieben sein. Hingegen beruht die Annahme des uns vorliegenden Textes: „*Nineveh und Rehoboth-Ir und Kalah, und Resen zwischen Nineveh und Kalah — das ist die große Stadt*", auf einem Irrtum des Glossators. „*Das ist die große Stadt*" ist Einschub des Glossators[3]. **Rehoboth-Ir** ist wahrscheinlich das rêbit Ninâ der Keilinschriften und ist wohl an der Stelle des heutigen Mosul, gegenüber von Niniveh, dem es gewissermaßen als Brückenkopf diente, zu suchen (Billerbeck), **Kalah** ist Kelaḫ, die oben S. 273 erwähnte Stadt unter dem Trümmerhügel Nimrud, an der Mündung des oberen Zab. Salmanasser I. hatte sie um 1300 zur Hauptstadt gemacht an Stelle von Assur. Auch Sargon residierte hier, bis er sich eine eigene Residenz baute (s. oben), die 706, ein Jahr vor seiner Ermordung, eingeweiht wurde.

[1]) Bezold, Zentralblatt für Bibl. Wesen, Juni 1904.

[2]) Näheres zur Geschichte Ninivehs s. in meinem Artikel Niniveh und Babylon in RPrTh[3] und Zehnpfund AO V, 3.

[3]) Der Glossator denkt an das schreckenerregende Niniveh. Nach Hommel wäre es Glosse zu Resen, Anspielung auf den Haupttempel E-gal-maḫ.

Sanherib erhob Niniveh zur Residenz. **Resen** ist ebenfalls ein selbständiger Ort, der unter einem der Trümmerhügel zwischen Niniveh und Nimrud zu suchen sein wird. Hommel identifiziert Resen mit Nisin, Xenophons Larissa.

10, 13 und 14: *Und Miṣraim zeugte Lud und ʿAnamîm und die Lehabîm und die Naphtuḫîm und die Patrusîm und die Kasluḫîm, woher die Philister auszogen [und die Kaphtorim].*

Aus der Erwähnung der **Patrusîm** (Oberägypten, Thebais) konnte man von jeher mit Recht schließen, daß ägyptisches Gebiet gemeint ist, obwohl andre Namen auf Mittelmeervölker deuten. W. M. Müller hat in OLZ 1902, Sp. 471 ff. die annehmbare Vermutung ausgesprochen, daß Patrusîm Glosse ist, von einem Leser wahrscheinlich nach den Erwähnungen von Pathros bei den Propheten eingefügt, und daß diese Glosse sich als Kuckucksei erwiesen hat, indem sie die Gelehrten auf irrige ägyptische Wege führte. Es handelt sich nicht um Provinzen Ägyptens, sondern um benachbarte auswärtige Besitzungen und Vasallen der Ägypter[1]. Statt **Kasluḫîm** kann nach Septuaginta Kasmonîm gelesen werden. W. M. Müller emendiert diese Lesung im Anlaut (k und n sind hebräisch sehr ähnlich) und erinnert an die Nasamonen, eine Bevölkerung in der Nähe der großen am weitesten nördlich gelegenen Ammon-Oase. Bei **ʿAnamîm** liest er im Anlaut K statt des Hauchlauts (auch diese Entstellung der Buchstaben wäre leicht erklärlich) und denkt an die Bewohner der südlichsten und größten Oase, der von Knmt (das t findet sich in Septuaginta: Enemetieim), was seinerzeit schon Brugsch, Reise nach der großen Oase S. 68, vermutet hat. In **Naphtuḫîm** würde man dann gern die dritte große zwischen der Ammon- und der Knmt-Oase suchen. Diese mittlere Oase, das „Kuhland“, ist die von Farâfra. W. M. Müller stellt eine Vermutung auf, die auf den ersten Augenblick sehr kühn erscheint: er konstruiert für „Kuhland“ einen ägyptischen Namen, der allerdings hebräisch Naphtuḫîm geschrieben sein könnte. — Die **Ludîm** sind doch vielleicht die Lydier (Sept. Gesenius), die später in Kleinasien auftauchen und dort von Cyrus vernichtet werden. — Die Lybier westlich von Cyrene, die Na 3, 9 neben Puṭ (Punt s. oben S. 263 f.) erwähnt werden, stecken wohl sicher in den **Lehabîm** (inschriftlich Lebu).

---

[1]) Ich hatte im Anschluß an die Erwähnung der Libyer dies bereits als Vermutung ausgesprochen und ausgeführt, ehe ich W. M. Müllers scharfsinnigen Aufsatz zu Gesicht bekam.

„Und die **Kaphtorîm**“ ist eine aus Am 9, 7 entnommene, durch die Erwähnung der Philister veranlaßte Glosse [1].

10, 15ff.: **Die kanaanäischen Stämme.** Unter Kanaan ist hier das gesamte Gebiet vom Libanon bis zum naḫal Muṣri gemeint. **Sidon** bezeichnet Phönizien (die Phönizier nennen sich selbst Sidonier), **Hettiter** (Ḫittîm, die bald nach der Amarna-Zeit nach Syrien und Phönizien vordringen s. S. 312; Syrien heißt deshalb assyrisch Ḫatti-Land. Sie dringen bis an die Nordgrenze des spätern Israel vor [der Hermon bildet die Grenze]), **Jebusiter** (im Gebiet Jerusalems), **Amoriter** (Reste der Amurrî). Die **Arkiter** sind das Irḳata der Amarna-Texte; das Ar-ḳa-(a) Tiglatpilesers III., das III R 9 u. 10 zweimal neben Ṣimirra genannt ist, ist eine nordphönizische, noch in der römischen Kaiserzeit blühende Stadt [2]. **Siniter** — Siannu, das Tiglatpileser III. (KB II, 26f.) in der in Betracht kommenden Gegend erwähnt. Die Angaben v. 19 „bis Gerar“ und „bis Gaza“ sind identisch — es ist das Grenzgebiet am naḫal Muṣri.

Die **Arvaditer** (v. 18) sind Leute des „Staates“ Arvad. Arvad lag auf einer Insel im nördlichen Phönizien, keilinschriftlich A-ru-a-di-(a), (Sanherib: ḳabal tâmti, mitten im Meer gelegen). Ez 27, 8. 11 schildert sie als Schiffer und tapfere Krieger. Das Gebiet war nach dem sogleich zu erwähnenden Feldzug Tiglatpilesers III. selbständig geblieben.

Die **Ṣemariter** sind die Ṣimirra der assyrischen Inschriften, ihr Sitz ist noch nicht bestimmt. Tiglatpileser III [3] nennt Ṣimirra unter den 19 eingezogenen Städten von Hamath. Es wurde Sitz des assyrischen Statthalters über die neue Provinz, und der erste Präfekt war der spätere König Salmanassar. Wahrscheinlich ist die Stadt identisch mit der in den Amarnabriefen (Briefe Rib-Addis von Gebal) häufig genannten Stadt Ṣumur (Ṣumur = Ṣimir wie Muṣur = Miṣir), die Rib-Addi von Gebal durch den vordringenden Aziru streitig gemacht wird. Nachdem Aziru von Norden kommend Irḳata (= Arḳâ) genommen hat, hindert ihn Ṣumur am Vordringen gegen Gebal. Es liegt also zwischen Arḳâ und Gebal. Tiglatpileser nennt übrigens neben Ṣimirra eine andere nordphönizische Stadt Zimarra; das

---

1) Das scheint mir näher zu liegen als die früher vorgetragene Ansicht, daß die Bemerkung, „woher die Philister auszogen“, als Glosse hinter Kaphtorîm gehört.

2) IV R 34, Nr. 2, 58 mat I-ri-ḳa-at-ta, Hommel, Ass. notes § 9 PBAS 1895, 202. 3) Kl. Inschriften I, 2.

ist das südlich von Arvad gelegene Simyra, darf also nicht mit dem nördlich gelegenen Ṣimirra verwechselt werden[1].

Die **Ḫamathiter** vertreten das syrische Hamath. Die beiden obengenannten Provinzen Arvad und Ṣimirra beteiligten sich samt Damaskus und Samarien 720 an dem Aufstand Jâ'ubidi's von Hamat gegen Sargon.

Die Aufzählung der Reiche Siniter (Siannu), Arvaditer (Aruad), Ṣemariter (Ṣimirra) und Hemathiter (Hamath) entspricht also der politischen Situation der syrisch-phönizischen Kleinstaaten zur Zeit Tiglatpilesers III. (2. Hälfte des 8. Jahrhunderts) und seiner Nachfolger; der Schreiber von 1 Mos 10, 15 ff. muß um diese Zeit gelebt haben. Der Zusatz von 18b gehört dann einer späteren Redaktion an.

10, 22: *Die Söhne Sems sind Elam, Assur, Arpakšad, Lud und Aram.* Daß Elam unter den Söhnen Sems genannt wird, hat guten Grund und verrät gute politisch-geographische Kenntnisse. Das semitische Babylonien hat stets Anspruch auf Elam erhoben, und es hat von jeher zum babylonischen Kulturkreis gehört. In Arpakšad (Arpakešad?) steckt wohl kaum Arrapḫa (+ Kesed = Kasdim?), der Name des Gebietes zwischen Medien und Assyrien, das in vorassyrischer Zeit ein besonderes Reich gebildet hat, dann unter Sargon als Provinz Arpaḫa erscheint, aber auf der Nabonid-Stele wieder als selbständige Provinz auftaucht. Man erwartet in dem Zusammenhange eine Bezeichnung für das eigentliche Babylonien[2].

Lud ist das Lubdi[3] der Keilinschriften (eventuell leicht zu erklärender Schreibfehler), die Landschaft zwischen dem oberen Tigris und Euphrat, nördlich vom mons Masius oder dessen westlicher Fortsetzung. Adadnirai I. sagt, er habe seine Eroberungen von Lubdi bis Rapiḳu ausgedehnt. Samsi-Adad I. nennt es unter den abtrünnigen assyrischen Provinzen. Zu trennen aber sind von diesem Lud die Luditer in v. 14.

Von 10, 24 an (dazu gehört 21) setzt eine andre Quelle ein, die nicht mehr Völker, sondern Heroen nennt. Als Söhne Joktans werden jedoch einige arabische Landschaftsnamen ein-

---

[1]) 10, 5 ist eine kuriose Auswahl von „Sklavenvölkern", bei der wohl der Verfasser nicht systematisch verfahren ist.

[2]) Vgl. Jensen, ZA 15, 226 (= arb-kišadi, „Vieruferland") und ähnlich schon Delitzsch, Paradies 255 f.

[3]) Jensen, D. Lit. Ztg. 1899, S. 936; zu Lubdi s. Winckler F. II, 47 und Streck, ZA 14 167 f.

gestreut[1]. Daß **Hazarmaveth** = Hadramaut der südarabischen Inschriften nach v. 26 versprengt ist, wurde schon oben bemerkt S. 264. Vielleicht sind auch Šeba v. 28 (s. oben S. 265) und Ophir (Goldland in Südarabien, mit Hüsing in Elam, oder in Indien zu suchen?), Hevila (s. oben S. 264), Jobab v. 29 versprengt. Wir können die Vermutung nicht unterdrücken, daß in **Jobab** der längst gesuchte arabische Landschaftsname Jareb[2] stecken dürfte. Halévy dachte an den Namen Juhaibib auf sabäischen Inschriften.

Die Grenzorte **Meša** und **Sephar** v. 30 sind nicht sicher zu bestimmen. Dillmann liest Massa (in Nordarabien), Sephar ist vielleicht das Saprapha des Ptolemäus und Plinius, das heutige Safar in der Mitte der Südküste von Arabien[3].

Zwölftes Kapitel.

Der Turmbau zu Babel.

1 Mos 11, 2: „*Und es geschah, da sie aufbrachen von ḳedem*[4], *kamen sie*[5] *in eine Ebene* (biḳeʿa) *im Lande Sinear und ließen sich dort* (šâm) *nieder.*“ Hiermit beginnt das nachsintflutliche Zeitalter. Die Verbindung mit der Weltzeitalterlehre ist nicht mehr zu erkennen. Im kabbalistischen Jalkut Rubeni 32[b] wird spintisiert, man habe nach der Sintflut den Turm gebaut, um sich vor der nun zu erwartenden Feuerflut (מבול של אש) zu retten. Kosmische Motive liegen in ḳedem und šâm[6].

1 Mos 11, 4f.: „*Wohlan, wir wollen uns eine Stadt bauen und wollen daselbst einen Migdal errichten*[7], *dessen Spitze bis*

---

1) Nach Hommel, Aufs. u. Abh. 316 Anm. 6 zwölf Söhne.

2) Ho 5, 13 „König [von] Jareb“, s. KAT[3] 150f.

3) Hommel, Aufs. u. Abh. 293f. sucht den Berg (= שפר 4 Mos 33, 23f.) zwischen ʿAḳaba und Ḳadeš.

4) Über den Sinn dieser Angabe der Richtung s. S. 188. Ebenso 1 Mos 25, 6.

5) S. Winckler F. III, 312, מצא, nicht „fanden sie“.

6) šâm ist Stichwort, vgl. v. 7. 8. 9, s. Winckler F. III, 405, auch 35, 15. Als Gegensatz von ḳedem Süden (S. 274) ist šâm Norden, wie die Araber nach vorislamischer Bezeichnung die nördliche Gegend (Syrien) mit šâm bezeichnen (im Gegensatz zum südlichen Jemen). Der übliche Zusatz maghrib und mašriḳ zeigt, daß die babylonische Ḳibla nach Osten zu Grunde liegt.

7) Hinter עיר setzen wir mit Winckler l. c. das an falsche Stelle gerückte נעשׂה לנו שם ein; שם nicht „Name“ sondern šâm, Stichwort s. Anm. 6.

an den Himmel reicht, damit wir uns nicht über die ganze Erde zerstreuen." Sie wollen eine feste Organisation bilden. Hammurabi Cod. II, 42 ff. „machte hoch die Spitze (des Tempelturms) von An-na (in Uruk) und häufte Vorräte auf für Anu und Ištar (die Göttin von Uruk); er war der Schirm seines Landes, der wieder zusammenbrachte die zerstreuten Einwohner (mupaḫḫir niši šapḫâtim) von Isin usw." Hier sind die beiden Gegensätze bei einander. Turmbau (bez. migdal, d. i. Burg mit Tempelturm) als Symbolum der staatlichen Organisation; Gegensatz dazu die „Zerstreuung" der Einwohner[1]. Darum gehört auch das „Sammeln der Zerstreuten" (mupaḫḫir šapḫâti) zu den Motiven des erwarteten Erretters. Merodachbaladan II. läßt sich auf dem im Berliner Museum aufgestellten Grenzstein als den von der Gottheit berufenen Erretter verherrlichen, von dem das Orakel verkündet: „dieser sei der Hirte, der die Versprengten zusammenbringt" (mupaḫḫiru šapḫâti). Darum heißt es auch von dem Jes 44, 24 ff. als Erlöser begrüßten Cyrus: „er werde die Städte Judas wieder aufbauen, er werde der Hirte sein, der von Jerusalem spricht: es werde wieder aufgebaut! und vom Tempel: er werde neu gegründet!", und Ez 11, 17 u. ö. ist das „Sammeln der Zerstreuten" Motiv der erwarteten Erlösung[2]. „*Migdal, dessen Spitze bis an den Himmel reicht.*" Ein echt babylonischer Bauplan. Im Tempelbezirk jeder Stadt bildete der Tempelturm den Mittelpunkt[3]. Vom Turm von Babylon heißt es wiederholt bei Renovationen:

---

[1]) S. Winckler l. c. 404 f.

[2]) Wie im Babylonischen: Sammeln und Zerstreuen in dem Bilde des Hirten Ez 12, 15; Mt 26, 31 u. ö. Zum Zerstreuen (Motivwort פוץ bez. נפץ) vgl. noch Jes 33, 3, vielleicht auch Ze 3, 10. Zum Sammeln vgl. den Namen še'ar jašûb, „der Rest wird gesammelt" (die passivische Bedeutung halten wir mit Erbt, Ebräer 133 für sekundär); und den Namen Josep-el, „Sammler ist El" (ib. 37).

[3]) Der dreistufige oder siebenstufige Tempelturm (s. S. 16) gehört zu den charakteristischen Stücken der ältesten uns bekannten vorderasiatischen Kultur. Die ägyptische Pyramide scheint im Stufenturm ihren Ursprung zu haben (s. Hommel, Geschichte, S. 17, Aufs. u. Abh. 391 ff., Grundriß 126 f.). Die aus Backsteinen erbaute Stufenpyramide von Sakkara (Pharao Zoser von der 3. Dynastie s. Abb. 81) ist ursprünglich siebenstufig, ebenso wie die Medum-Pyramide des Snofru (4. Dynastie). Daneben gab es dreistufige Pyramiden, wie in Babylonien, vgl. das Vasenbild bei de Morgan, Recherches sur les origines de l'Egypte II, 236. Die Ägypter bauten seit Cheops Zeiten Pyramiden an Stelle der früheren Mastabas.

seine Spitze soll bis an den Himmel reichen[1]. Nebukadnezar erhöht die Spitze des Stufenturms Etemenanki, „daß sie mit dem Himmel wetteifere". Der Verfasser schildert babylonische Bauart. „*Wir wollen Ziegel streichen*" (vgl. 2 Mos 1, 14, assyrisch dieselben Worte labânu libittu, vgl. Na 3, 14 malbên, Ziegelform). Nebukadnezar sagt ausdrücklich, daß er den Turm von Babylon mit Ziegeln und Erdpech erneuern ließ; ein andermal berichtet er, er habe ihn mit emaillierten Ziegeln überzogen und die Spitze von uknû-Stein (KB III, 2, S. 15. 31) gemacht. Die ältesten Baureste des Turmes in Nippur aus roh bearbeiteten, rechteckigen Backsteinen zeigen noch heute die Reste des Erdpechs

Abb. 81: Die Stufenpyramide von Sakkarah.

(1 Mos 11, 3 ḥemar, „Asphalt", assyrisch kupru wie bei der Arche 1 Mos 6, 14 kopher, aram. kuphrâ), das als Bindemittel benutzt wurde.

Herodot beschreibt I, 179 die Bauart ganz richtig bei der Schilderung des Mauerbaues von Babylon. Er schildert die Mauer, die bereits abgetragen war, irrt sich aber in den Größenverhältnissen, s. Billerbeck, AO I, 4, S. 7 Anm.:

„Sie fertigten Ziegel aus der Erde, die aus dem Graben geworfen wurde; und nachdem sie eine hinreichende Zahl von Ziegeln gestrichen hatten, brannten sie dieselben in Öfen. Nachher aber nahmen sie als Mörtel heißes Erdpech und stopften zwischen je dreißig Schichten von Ziegeln eine Lage von Rohrgeflecht."

Die Beschreibung ist genau. Die Zwischenlagen von Rohr hat man in den Bautrümmern von Babylon gefunden.

---

[1]) Nabopolassar I, 36f. (KB III, 1, 5) und Neb. Hilpr. (Tonzylinder) II, 5, s. BA III, 548. [2]) MVAG 1904, 191.

Die Trümmer solcher Tempeltürme finden sich auf allen großen Tells des Zweistromlandes. Der Aufstieg ging in Windungen oder auf Stufen empor; oft beides zugleich, s. S. 187. 281. Der Neboturm von Borsippa (s. Abb. 82) ragt noch heute 48 Meter über den Hügel Birs Nimrud empor. Er bestand aus sieben Etagen entsprechend den sieben Planeten, und noch heute sind die Reste der Planetenfarben zu sehen[1]. Es ist selbstverständlich, daß diese gigantische Ruine auch in nachbabylonischer Zeit von Sagen umwoben war. So erklärt es sich wohl, daß die jüdische Tradition (vgl. Beresch. Rabba 42, 1) 1 Mos 11 mit dem Borsippa-Tempel statt mit dem Bel-Merodach-

Abb. 82: Die Ruinen des Neboturmes von Borsippa.

Tempel von Babylon in Verbindung brachte, und daß Alexander Polyhistor und Abydenus an die gigantischen Trümmer von Birs Nimrud eine der Genesis-Erzählung entsprechende (von ihr abhängige?) Überlieferung knüpften[2].

Rekonstruktionen solcher Tempeltürme nach Herodot und den Keilinschriften stellte der Architekt Chipiez 1879 im Salon in Paris aus; sie sind beschrieben und abgebildet bei Perrot et Chipiez, Histoire de l'art dans l'Antiquité II, 379 ff. Eine authentische Abbildung findet sich auf

---

[1]) Näheres darüber s. in meinem „Kampf um Babel und Bibel“, S. 40, und vorher in meiner Monographie Nebo in Roschers Lexikon der Mythologie. Vgl. auch Hommel, Aufs. u. Abh. 384 f. u. 457 f. und Zimmern KAT [3] 616 f., Anm. 7.

[2]) Andere Tempeltürme wurden bereits früher S. 28 und 126 erwähnt, s. auch unten S. 281 Anm. 2.

einem Alabasterrelief in Niniveh, s. Abb. 8 und auf dem S. 10, Abb. 3, wiedergegebenen Merodachbaladan-Stein, wo der Stufenturm mit unter Schlangen- und Drachenungeheuern steht. Zu Abb. 8 vgl. Bischoff, Im Reiche der Gnosis S. 80. Zu den von der amerikanischen Expedition bloßgelegten Trümmern des Tempelturmes von Nippur s. Abb. 83 und vgl. Hilprecht, Die Ausgrabungen im Bêl-Tempel zu Nippur; zu den Trümmern des Stufenturmes von Assur s. MDOG 1905.

Eine nach dem Befund der Ausgrabungen im allgemeinen zuverlässige Schilderung des Marduk-Tempels von Babylon gibt Herodot I, 181 f.:

„In jedem der beiden Teile der Stadt befindet sich in der Mitte, in dem einen Teile die königliche Burg innerhalb einer großen und starken Umfassungsmauer, in dem andern das Heiligtum des Zeus Belus mit ehernen Toren; dieses war noch bis zu meiner Zeit vorhanden, ein Viereck im Umfang von zwei Stadien auf jeder Seite; in der Mitte des Heiligtums ist ein Turm gebaut, fest von Stein, in der Länge und Breite eines Stadiums; auf diesem Turm erhebt sich ein anderer Turm, auf diesem wieder ein anderer, bis zu acht (!) Türmen; man steigt hinauf auf einer Treppe, die von außen ringsherum um alle diese Türme (!) angebracht ist. In der Mitte ungefähr beim Hinaufsteigen ist ein Ruhepunkt mit Sitzen zum Ausruhen, auf denen die Aufsteigenden sich niederlassen, um auszuruhen; in dem letzten Turme ist ein großer Tempel: in diesem Tempel befindet sich eine große wohl gebettete Lagerstätte, und daneben steht ein goldener Tisch; ein Götterbild ist aber dort nicht aufgerichtet, auch verweilt kein Mensch darin des Nachts, außer einem Weibe, einem von den Eingeborenen, die der Gott sich aus allen erwählt hat, wie die Chaldäer versichern, die Priester dieses Gottes sind.

Eben dieselben behaupten auch, wovon sie jedoch mich nicht überzeugt haben, daß der Gott selbst in den Tempel komme und auf dem Lager ruhe, gerade wie in dem ägyptischen Theben auf dieselbe Weise, nach Angabe der Ägypter. Denn auch dort schläft in dem Tempel des Thebanischen Zeus ein Weib. Diese beiden pflegen, wie man sagt, mit keinem Manne Umgang. Ebenso auch verhält es sich in dem Lycischen Patara mit der Priesterin des Gottes zur Zeit der Orakelung; denn es findet diese nicht immer daselbst statt; wenn sie aber stattfindet, so wird sie dann die Nächte hindurch mit dem Gott in den Tempel eingeschlossen."

Welchem Zwecke dienten die babylonischen Tempeltürme? Wie alle Tempelheiligtümer waren sie Abbild eines himmlischen (kosmischen) Heiligtums. Wie die astrologischen Bilder auf den Grenzsteinen „Häuser" (bez. Throne)[1] für die planetarischen Gottheiten darstellen, so zeigt der Grenzstein Merodach-Baladans[2] einen Etagenturm am Himmel. Die siebenstufigen Tempeltürme sind das Abbild des himmlischen Etagenturmes[3],

---

[1]) Vgl. z. B. S. 10 Abb. 2. [2]) S. 10 Abb. 3, s. oben.

[3]) Auch die anderen Tempeltürme haben Namen, die sich auf den Kosmos beziehen. „Haus der 50" (das ist der Weltzyklus, s. oben S. 28) hieß der Tempel in Girsu. Der Marduktempel in Babylon hieß E-temen-

den die Planetenbahnen (tubuḳâti) über dem Tierkreis bilden, und die, welche hinaufsteigen, tun ein dem Gotte wohlgefälliges Werk, s. 52.

Wir dürfen annehmen, daß dieser kultische Zweck auch später betont wurde. Die Tempeltürme würden dann den Versuch einer Annäherung an die Gottheit bedeuten. Das scheint auch der Erzähler 1 Mos 11 anzunehmen, nur daß er ein solches Vorhaben als heidnische Tollkühnheit und als frevelhaften Übermut brandmarkt.

Daß die Tempeltürme, deren Spitze den Zugang zum Himmel darstellt, mit einem Heiligtum gekrönt gewesen sind, darf von vornherein angenommen werden. Nebukadnezar berichtet, er habe auf der Spitze der Tempeltürme von Babylon und Borsippa ein strahlendes Heiligtum als „wohlbestellte Kammer" erbaut [1]. Wie weit die Schilderung Herodots zutrifft, läßt sich mit dem vorhandenen Material nicht entscheiden. Es ist sehr wohl möglich, daß der Dienst der „Weiber Marduks", von denen der Cod. Hamm. spricht, mit der Tempelkapelle zusammenhängt.

Bei der hohen Bedeutung, die der Astronomie in Babylonien zukam, wird man fernerhin erwarten, daß die Türme auch astronomischen Zwecken dienten [2]. Die Inschriften verraten bisher nichts davon. Aber Apollonius von Tyana (I, 25), der bei seiner Beschreibung Babylons aus guten Quellen zu schöpfen scheint, hat vielleicht den Tempelturm im Auge, wenn er von einem großen Gebäude aus Ziegeln, mit Bronze belegt, spricht und sagt, daß sich darin eine von Gold und Saphir strahlende Kapelle befand, die das Firmament (den Sternhimmel?) darstellte.

Endlich wäre zu erwarten, daß die Türme Begräbniszwecken gedient haben. Der Bel-Tempel von Nippur (s. Abb. 83) ist von Gräbern umgeben, gleich den Pyramiden; einer seiner Namen ist E-gigunû „Haus der Gräber". Bekanntlich behaupten die Klassiker, der Tempel von Babylon habe ein Grabmal des Gottes Bel enthalten. Dazu stimmt, daß der Turm zu Larsa in einer Nabonid-Inschrift „Grab des Sonnengottes" genannt

---

an-ki „Haus des Fundamentes Himmels und der Erde", der Tempelturm von Nippur hieß u. a. E-sag-aš „Haus der Entscheidung", wohl im Sinne der Schicksalsbestimmung. Der siebenstufige Bel-Tempel von Nippur (s. Abb. 83) hieß u. a. Dur-an-ki „Band Himmels und der Erde" (Hommel, Grundriß 351, Anm. 2).

[1]) maštaku taḳnî KB III, 2, 31.

[2]) Ebenso hatten nach neueren Feststellungen die Pyramiden Richtkanäle zur Feststellung der Sonnenwenden.

wird[1]. Vielleicht ist auch das Grab des Ningirsu im Tempel zu Lagaš, das Gudea errichtet, und die Grabstätte der Malkat zu Sippar, die Hammurabi in der Einleitung zum Gesetzeskodex mit Grün, der Farbe der Auferstehung, bekleidet, s. S. 110, im Tempelturm zu suchen. Es sind Heiligtümer der Gottheit, die das Sterben und Wiederauferstehen des Naturlebens (Mond, Sonne oder Kreislauf) verkörpern. Zugleich aber wird es sich um Königsgräber handeln, wie bei den Pyramiden[2]. Die altbabylonischen Könige gelten gleich den Pharaonen als Inkarnationen der Gottheit. Naramsin, Gudea, Dungi haben das Götterdeterminativ[3]. Die Ägypter sagten zur Mumie des Königs: du bist Osiris, d. h. du wirst auferstehn (S. 82 ff.). Mit ähnlichen Gedanken wird man an die Königsgräber in den Tempeltürmen Babyloniens getreten sein.

Abb. 83: Trümmer vom Stufenturm in Nippur.

Außerbiblische Traditionen.

In den Sibyllinischen Orakeln (zitiert bei Theophilus ad Autolycum) heißt es im 3. Buch (Kautzsch, Pseudepigr. 187 f.):

---

1) KB III, 2, S. 90, Z. 16; s. Hilprecht l. c. S. 71.

2) Hilprecht, Die Ausgrabungen im Bel-Tempel zu Nippur 68 ff., sieht in den Etagentürmen die Darstellung einer feinsinnigen kosmisch-religiösen Idee: im oberen Teile repräsentierend die Majestät der Gottheit, im mittleren Teile die Kultstätte der auf Erden wohnenden Menschheit, und in dem in den Hades hinabreichenden unteren Teil den Ort der Toten. Diese Konstruktion Hilprechts stimmt nicht allenthalben zum babylonischen Weltbild; es spielen hier wohl modern-religiöse Vorstellungen hinein, die der Antike zu viel zumuten.

3) So auch Hommel, Grundriß S. 126 vgl. Aufs. u. Abh. 390 ff.

‚Als sie'[1] den Turm bauten im assyrischen Lande — sie waren aber alle von gleicher Sprache und wollten emporsteigen zum gestirnten (!) Himmel. Alsbald aber ‚legte' der Unsterbliche ‚den Winden mächtigen Zwang auf', und da warfen die Stürme den großen Turm ‚von hoch' hinab und erregten der Sterblichen Streit gegeneinander; darum gaben dann die Menschen der Stadt den Namen Babylon. Als aber der Turm gefallen war und die Zungen der Menschen sich in mannigfache Sprachen verkehrt hatten, aber die ganze Erde mit Sterblichen sich füllte, indem die ‚Königreiche' sich teilten, da war das zehnte Geschlecht der redenden Menschen, seitdem die Sintflut über die früheren Männer gekommen, und es wurden Herrscher Kronos, Titan und Japetos (!)[2].

Alexander Polyhistor (Syncellus 44) bringt die Sage mit dem Kampf des Titan und Prometheus gegen Kronos zusammen und sagt ebenfalls, die Götter hätten den Turm gestürzt und jedem eine eigne Sprache gegeben. Er beruft sich auf die Sibylle, die auch sonst die Sibylle des Berosus heißt. Es ist anzunehmen, daß sich bei Berosus eine ähnliche Erzählung gefunden hat. Die gleiche Quelle kennt Josephus, Antiqu. I, 1, 4. Er erzählt mit denselben Worten („die Götter erregten einen Sturm" usw.). Nur die griechischen Namen nennt er nicht. Vorher aber berichtet er im gleichen Kapitel den Turmbau nach jüdischer Tradition, die die „Verachtung und Verhöhnung Gottes" auf Nebrod (Nimrod), den Enkel Chamas', des Sohnes Noës, zurückführt: „denn er war kühn und seiner Hände Kraft groß".

Der Geschichtsschreiber Eupolemos sagt nach Euseb. Praep. ev. 9, 17:

Die Stadt Babylon sei zuerst von den aus der Sintflut Geretteten gebaut. Es waren das aber Riesen, und sie bauten den (!) berühmten Turm. Als aber dieser durch den Willen des Gottes einstürzte (!), seien die Riesen über die ganze Erde zerstreut worden."

Moses von Chorene, der armenische Geschichtsschreiber (5. Jahrh. n. Chr.) erzählt[3]:

„Von ihnen (den göttlichen Wesen, die in den ersten Zeiten die Erde bewohnten) entsprang das Geschlecht der Riesen von starkem Körperbau und ungeheurer Größe. Voll Hochmut und Trotz faßten sie den gottlosen Plan, einen hohen Turm zu bauen. Aber während sie mit dem Bau beschäftigt waren, zerstörte ein schrecklicher Wind, durch den Zorn Gottes erregt, das ungeheure Gebäude und warf unter

---

[1]) ‚ ' ist Zitat bei Theophilus.

[2]) Zur Ergänzung dienen die andern hier angeführten Sibyllen-Zeugnisse, die gleich der Bibel die Sprachverwirrung anknüpfen.

[3]) S. zu diesen letzten Zeugnissen Lueken S. 314.

die Menschen unbekannte Worte, wodurch Uneinigkeit und Verwirrung unter ihnen entstand."

Das äthiopisch erhaltene Buch der Jubiläen, cp. 10 (Kautzsch, Pseudepigr. 59) erzählt:

„Und im 33. Jubiläum, im 1. Jahr in der 2. Jahrwoche, nahm sich Peleg ein Weib mit Namen Lomna, die Tochter Sinears, und sie gebar ihm einen Sohn im 4. Jahre dieser Jahrwoche. Und er nannte seinen Namen Regu, denn er sagte: Siehe, die Menschenkinder sind böse geworden durch den gottlosen Plan, sich im Lande Sinear eine Stadt und einen Turm zu bauen. Denn sie wanderten aus dem Land Ararat gen Osten in das Land Sinear. Denn in seinen Tagen bauten sie die Stadt und den Turm, indem sie sprachen: Kommt, wir wollen auf ihm in den Himmel steigen! Und sie fingen an zu bauen; und in der 4. Jahrwoche brannten sie Ziegel mit Feuer, und es dienten ihnen Ziegel als Steine, und als Ton, womit sie tünchten, Asphalt, der aus dem Meere kommt und aus den Wasserquellen in Sinear. Und sie bauten ihn; vierzig Jahre und drei Jahre bauten sie an ihm: ‚Ziegel (in) der Breite waren 203 an ihm, und die Höhe (eines Ziegels) war das Drittel von einem': 5433 Ellen stieg seine Höhe empor und zwei Handbreiten und 13 Stadien. Und der Herr unser Gott sprach zu uns: Siehe (sie sind) ein Volk und haben zu handeln begonnen, und jetzt ist nicht(s) mehr unerreichbar für sie. Kommt, laßt uns hinabsteigen und ihre Sprache zusammenschütten, daß keiner die Rede des andern verstehen soll, und sie werden zerstreut werden in Städte und in Völker, und ein Sinn wird nicht mehr unter ihnen herrschen bis zum Tage des Gerichts. Und Gott stieg hinab, und wir stiegen mit ihm hinab, um die Stadt und den Turm zu sehen, den die Menschenkinder gebaut hatten. Und Gott schüttete ihre Sprachen zusammen, und keiner verstand mehr die Rede des andern; und sie hörten nunmehr auf, die Stadt und den Turm zu bauen. Und deswegen wurde das ganze Land Sinear Babel genannt; denn hier schüttete Gott alle Sprachen der Menschenkinder zusammen, und von hier aus zerstreuten sie sich in ihre Städte, je nach ihren Sprachen und je nach ihren Völkern. Und Gott schickte einen heftigen Wind gegen den Turm und zerstörte ihn auf der Erde, und siehe, er (war) zwischen Assur und Babylon im Lande Sinear; und man nannte seinen Namen „Trümmer". In der 4. Jahrwoche, im 1. Jahr in seinem Anfang, im 34. Jubiläum wurden sie aus dem Lande Sinear zerstreut."

Von den Turmbausagen außerhalb Asiens heben wir die mexikanische hervor. Der Turmbau ist ein echt babylonischer, und das entspricht den mexikanischen Tempeltürmen, deren Verwandtschaft mit den babylonischen schon A. von Humboldt auffiel.

Einer der geretteten Riesen habe zum Andenken an den Berg Tlalok in Cholula einen künstlichen Hügel aus Ziegeln erbaut. Die Götter sahen dies Gebäude, dessen Spitze die Wolken erreichen sollte, mit Unwillen, und schleuderten Feuer auf die Pyramide; darum ist die Pyramide von Cholula unvollendet.

Bereits im 16. Jahrhundert, nach der Wiederentdeckung Amerikas hat Pedro de los Rios die Sage mitgeteilt und hat dazu berichtet, daß sie beim Tanz um den Stufenturm rezitiert wurde in einem Liede, das verschollenes mexikanisches Sprachgut enthalten habe (Humboldt, Cordilleren I 42)[1].

Die griechische Sage von den Riesen, die Ossa und Olymp aufeinandersetzten, um den Himmel zu stürmen, und die Zeus durch Blitze zerschmetterte, ist auch deshalb erwähnenswert, weil Julianus Apostata behauptet hat, 1 Mos 11, 1—9 sei dem griechischen Mythus entlehnt.

Eine babylonische Turmbauerzählung in Keilschrift ist bisher nicht gefunden. In meiner Monographie Nebo bei Roscher, Lexikon III, 54f., wurde der aus Smith-Delitzsch, Chaldäische Genesis stammende immer wieder auftauchende Irrtum nachgewiesen. Der herangezogene Text K 3657 (Bezold Cat. 2, 552) hat nichts mit dem Turmbau zu tun[2]. Es ist auch kaum anzunehmen, daß eine solche Erzählung in Keilschrift gefunden wird. Die Pointe des Turmbaus richtet sich gegen das stolze Babylon. „Das ist die große Babel, die ich erbaut habe“ Da 4, 27, bezeichnet sprichwörtlich den babylonischen Hochmut (vgl. die mit den Turmbauten verknüpfte Redeweise: „bis an den Himmel soll die Spitze reichen“, S. 287f.). Der Ursprung der Geschichte ist jedenfalls außerhalb Babylons zu suchen. Stades Hypothese, der hebräische Erzähler habe eine literarisch fixierte babylonische Vorlage benutzt, erscheint von vornherein unhaltbar. Die Tendenz der Geschichte ist eine religiöse; nach einem geschichtlichen Vorgang ist hier gar nicht

---

[1]) Man hat den Wert der Sage angezweifelt und gesagt, sie vermische heimische Traditionen mit biblischer Geschichte (E. B. Tylor, Anahuac, London 1861, 276; Andree 104f.). Aber die Geschichte dürfte doch ebensogut altorientalisch sein wie die Pyramiden, deren Ursprung sie erzählt. Man darf sie nicht auf gleiche Stufe stellen mit den erdichteten Erläuterungen der mexikanischen Piktographien, wie z. B. der Taube, die nach der Sintflut die Sprachen ausgeteilt haben soll (s. Lueken, Tafel III, vgl. dazu Andrée S. 105ff.).

[2]) Es ist, wie bereits im Artikel Nebo in Roschers Lexikon gezeigt wurde, von einer Zeit des Verfalls in Babylon (Elamiternot?) die Rede. „Die Bevölkerung Babyloniens war an Frondienste gespannt.“ Der Held will, wie es scheint, das Land vom Tyrannen befreien. „Über ihr Geschrei war er den ganzen Tag bekümmert, wegen ihrer Wehklage fand er auf seinem Lager keinen Schlaf, in seinem Zorne verlor er den Verstand; auf den Sturz der Regierung war sein Sinn gerichtet.“ Der Text jetzt bei King, The Seven Tablets of Creation II, Pl. LXXIIIf.; dazu ib. I, 219f.

zu fragen. Vielleicht protestiert die Geschichte gegen die Astralreligion, die sich in den Türmen repräsentiert[1].

Mit der Turmbauerzählung ist die Tradition von der Sprachverwirrung und Völkerscheidung[2] verknüpft. Herder sagt im „Geist der hebräischen Poesie": „Da muß was Positives vorgefallen sein, das diese Köpfe auseinanderwarf; philosophische Deduktionen tun kein Genüge." Vielleicht ist das Positive die in die Form der Erzählung gehüllte kulturgeschichtliche Wahrheit, daß das Land Sinear in der Tat die Wiege der Menschheits- und Völkerkulturen ist.

Dreizehntes Kapitel.

Das vorisraelitische Kanaan.

1 Mos 12, 1: *Ziehe hinweg aus deinem Lande in das Land, das ich dir zeigen will.* Das Ziel der Wanderung ist das biblische Kanaan. Wir versuchen, an der Hand der Quellen ein Bild von dem Lande zu entwerfen, das als Ziel der Abrahamswanderung gilt und das später den Schauplatz der Geschichte der „Kinder Israel" bildet.

Das Küstengebiet am Mittelmeer, zu dem Kanaan im engeren Sinne gehört, ist von Babylonien durch die syrisch-arabische Wüste getrennt und wird nach seiner geographischen Lage von den Babyloniern das „Westland" genannt. Zur Bezeichnung dient dasselbe Ideogramm, das den Westwind bezeichnet: Mar-tu, in Silbenschrift erklärt durch A-mur-ru-u[3]. Dieses „Westland" bildete von den ältesten uns bekannten

---

[1]) Vgl. die griechische Sage von Atlas, dem Erfinder der Astrologie, der zur Strafe in einen Berg verwandelt wurde.

[2]) Die 143. Fabel des Hyginus erzählt die Sprachenverwirrung allein: „Vor vielen Jahrhunderten führten die Menschen ein Leben ohne Städte und Gesetze, nur eine Sprache redend. Aber nachdem Merkurius (Nebo!) die Sprache der Menschen vervielfacht und auch die Nationen geteilt hatte, begann Zwiespalt zu herrschen unter den Menschen, was Jupiter mißfällig aufnahm."

[3]) Nicht Aḫarru, wie früher gelesen wurde; die Amarna-Briefe schreiben A-mu-ur-ri. Zu Amurru „Amoriterland" s. S. 287 ff. 309.

Zeiten her die Brücke zwischen den Euphratländern und Ägypten[1]. Den Babyloniern bot es besonders in den Zeiten, in denen der Zugang zum persischen Meer durch das in seiner geschichtlichen Bedeutung noch dunkle, mächtige „Meerland“ verschlossen war, den erwünschten „Weg nach dem Meere“, nach den Häfen des Mittelmeeres. Die babylonischen Karawanen und Heereszüge gelangten dahin auf demselben Wege, der in der Abrahams-Wanderung angegeben ist, über Harran, den Euphrat bei Biredjik

Abb. 84: Marmorkopf eines „Sumerers“.

Abb. 85: Frauengestalt aus Telloh, Gudea-Zeit.

überschreitend. Alte Datierungslisten[2] zeigen, daß längst vor der Hammurabizeit die Könige von Ur, das als Heimat Abrahams gilt (S. 329 f.), Beziehungen zum „Westlande“ hatten[3]. Gudea,

[1]) Wie schwer es der alten Auffassung fällt, diese monumental bezeugte Tatsache in Rechnung zu ziehen und die alte Voraussetzung aufzugeben, die das Bibelland gewissermaßen als ein abgeschlossenes Gebiet ansah, bezeugt die S. 252 Anm. 1 zitierte Stelle von Wellhausens Geschichte Israels und Judas. In Löhrs Geschichte Israels heißt es: „Kanaan war die Brücke für den Weltverkehr zwischen Asien und Afrika und doch gleichzeitig ein abgeschlossenes, dem Verkehr entzogenes Land.“

[2]) Scheil in Recueil d'archéologie égypt. assyr. vol. 17.

[3]) Auch zu Arabien? Die lokalen Ansetzungen Hommels, Altisr. Überl. 37, nämlich Imgi, Sâbu und Ki-maš (nach Scheil letztere beiden nach Elam zu), sind nicht genügend gesichert. Zu den Beziehungen zwischen Ur und dem „Westlande“ s. l. c. S. 57; H. Winckler, Gesch. Isr. II, 296.

der Fürst von Lagaš, berichtet, daß er Bauholz vom Amanus-Gebirge geholt habe. Für seine Zeit ist auch der Verkehr mit Arabien bezeugt: er holt ušu-Holz und

Abb. 86: Siegel des Königs Sargon I.

Eisen aus Meluḫ und Diorit aus Magan. Die auf die Zeit um 3000 zurückführenden Omina beschäftigen sich häufig mit den Ländern, durch welche die nach Westen führende Heerstraße geht (das Reich der kiššati, zu dem Harran gehört, und Suri) und mit dem „Westlande" selbst[1].

Abb. 87: Naramsin, Sargons I. Sohn.

III R 59, 5: „Wenn am 14. Adar eine Mondfinsternis in der ersten Nachtwache eintritt, so gibt sie das Vorzeichen für den König der kiššati, Ur und Mar-tu (Amurrû)"[2].

III R 58, 1: „Wenn der Mond am 30. Ṭebet sich zeigt, werden Suri die aḫlamû (Nomaden) verheeren, ein fremdes Volk wird das Land Mar-tu (Amurrû) erobern."

Insbesondere wird von den babylonischen Königen Sargon (um 2800) und seinem Sohne Naramsin eine Ausdehnung der Herr-

---

[1]) In den Fragmenten der Bibliothek Asurbanipals wird „das Westland" zehnmal in astrologischen Zusammenhängen genannt, s. MVAG 1903, 48. Dasselbe Interesse für das Westland setzt Mt 2 voraus. Die Magier haben an einer Konstellation im Osten ein Ereignis im „Westland" gelesen, das auch für sie von Bedeutung ist, s. BNT 50 ff.

[2]) Dieses Orakel enthält alle drei Stationen der Abrahamswanderung; denn zu dem Reich der kiššati gehört Harran, vgl. meinen Art. Harran in RPTh[3].

schaft nach dem „Westlande" und darüber hinaus berichtet [1] und zwar in einer Weise, die erkennen läßt, daß es zum natürlichen Interessengebiet Babyloniens längst gehörte. Ihre Taten sind uns leider nur fragmentarisch als „Omina" in der Bibliothek Asurbanipals aufbewahrt, und zwar ist bei jedem Ereignis die Konstellation angegeben, unter der es geschah.

Abb. 88: Siegesstele Naramsins [2].

In der Urkunde, die die Neugründung Babylons durch Sargon berichtet hat, heißt es:

„Sargon, der unter dem Vorzeichen .... die Regierung [nach dem Gebiete von] Babylon ver[legte], die Erdmassen in der Umgebung (?) des Tuna-Tores wegräumte ... — [nach dem Muster (?)] von Agade eine Stadt baute, sie [Babi]lu nannte" ....

Eine weitere Omina-Urkunde berichtet die Unterwerfung Elams:

„Er warf das Meer nieder und wendete sich gegen Gutium (Armenien), er warf Gutium nieder und wendete sich gegen Elam, er warf Elam nieder und ....."

Sodann heißt es in einer Urkunde:

„Sargon, der (unter dem Vorzeichen ......) ...... hinaufzog, einen widerstandsfähigen Gegner nicht fand, seinen Schrecken über ......, das Meer des Westens überschritt, drei Jahre im Westen [verweilte, das Land] eroberte, es einigte, seine Bildsäulen im Westen [aufste]llte, ihre Gefangenen in Menge über das Meer führte."

---

[1]) Abb. 86 Sargons Siegel. Zur Geburtslegende Sargons s. zu 2 Mos 2. Abb. 87 Naramsin. Abb. 88 Feldzug Naramsins, in der Darstellung auffällig verwandt mit dem mykenischen Schlachtendenkmal Abb. 89, s. hierzu und zum Folgenden Winckler, AO VII, 2, S. 12. Sargon galt als Typus babylonischer Herrschermacht. Der Begründer der letzten assyrischen Dynastie nennt sich Sargon der Zweite. Er will ein neues Weltzeitalter eröffnen; 350 (Welten-Mondjahr) Könige hätten vor ihm regiert. Nach dem Vorbild Sargons I. stellt er in Kition auf Cypern seine Bildsäule auf.

[2]) Sie stellt den Triumph der Babylonier über die Elamiter dar. Die babylonische Inschrift ist von den Elamitern, die später die Siegesstele als Beutestück nach Elam schleppten, teilweise ausgekratzt und

Abb. 89: Bruchstück eines silbernen Bechers aus einem mykenischen Grabe. (Nach Perrot-Chipier, histoire de l'art.)

Woher hatte Sargon die Schiffe? Baute er sie selbst? Oder lieferten sie ihm die Küstenstädte? Jedenfalls bestanden die späteren phönizischen Städte längst. In einer Inschrift, die sich auf Sargon oder seinen Sohn Naramsin bezieht, heißt es, daß ihm „Könige der Meeresküste“ aus 32 Städten gehorchten.

Unsre Abbildungen 90—95 sollen die Kultur

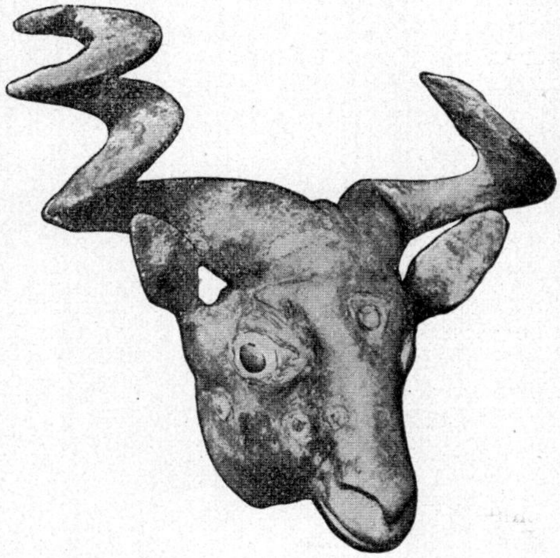

Abb. 90: Altbabylonischer Ziegenkopf nach Hilprecht aus Fara bei Babylon.

---

durch eine Inschrift des elamitischen Herrschers Šutruknaḫunte ersetzt worden. Die Astralgötter können auf Abb. 88 übrigens auch als „Weltregenten“ gelten.

Babyloniens illustrieren, deren Einflüsse seit den ältesten uns bekannten Zeiten auch das Gebiet des späteren Bibellandes überfluteten [1].

Abb. 91: Altbabylonische Spinnerin (Gudea-Zeit). Gefunden in Susa [2].

Ein gewaltiges, in unsre Zeit hineinragendes monumentales Zeugnis für die Heereszüge der Ägypter und Babylonier durch das „Westland“ ist das Defilé am Nahr el Kelb (Hundsfluß) bei Beirut, in dem Pharaonen von Ägypten und Könige von Assyrien ihre Bildnisse und Inschriften in die Felsen gemeißelt haben. Abb. 96 gibt ein Gesamtbild der Felsengruppen am linken Ufer des Hundsflusses aus früherer Zeit. Ein neueres Bild gibt es m. W. nicht. Jetzt führt eine Bahn vorüber; die alte Heeresstraße bei den Denkmälern ist fast ungangbar. Am rechten Ufer wurde eine Inschrift Nebukadnezars gefunden. Abb. 97 zeigt zwei der Monumente, ein ägyptisches und ein assyrisches (Asarhaddon). Leider sind die übrigen noch nicht

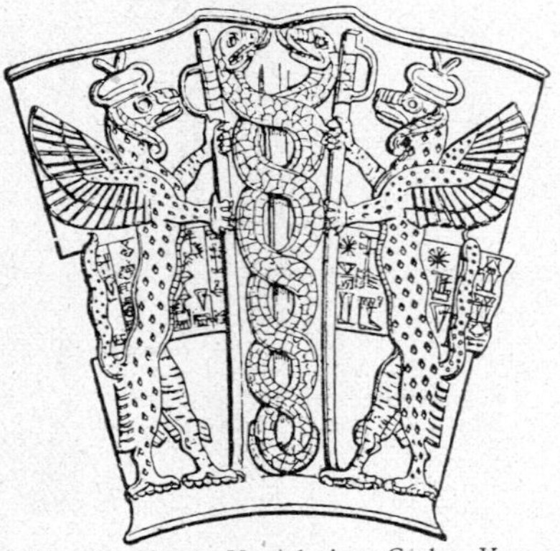

Abb. 92: Vasen-Mantel einer Gudea-Vase. Gefunden in Telloh. 3. Jahrtausend v. Chr.

Abb. 93. Abb. 94.
Verlegerzeichen einer in Rom im 16. Jahrh. n. Chr. erschienenen Theokritos-Ausgabe.

---

[1]) Abb. 93 und 94 ist ein höchst instruktives Beispiel für die durch die Jahrtausende gewanderten Wappen-Motive. Der Äskulap-Stab und die Wappen-Adler auf der Gudea-Vase und Entemena-Vase Abb. 95. Ein anderes Beispiel der Wanderung s. S. 290 f. und Hommel, Grundriß S. 122 Anm. 1 (die zwei Löwen). Für das Wappen der Gudea-Vase hat Hommel ib. 112 Anm. 4 auf ein altägyptisches Pendant hingewiesen.

[2]) Hinter der königlichen (?) Spinnerin steht die Sklavin mit dem Wedel. Die Spinnerin sitzt mit eingeschlagenen Beinen auf einem Schemel. Das Bild ergänzt unsre Bemerkungen zu 1 Mos 18, 4.

publiziert. Eine genaue Registrierung der Denkmäler findet man in Baedekers Palästina 1904, das Benzinger bearbeitet hat, S. 248. Die Abbildungen 98 und 99 sollen Wanderungen auf der Karawanenstraße illustrieren. Nach den Dattelpalmen zu schließen, dürfte es sich Abb. 98 nicht um Assyrer handeln, sondern um Babylonier.

Abb. 95: Silbervase des Entemena von Lagaš mit dem Wappen von Lagaš (Gudea-Zeit). Gefunden in Telloh.

Da das „Westland" als ein wichtiger Teil des babylonischen Herrschaftsgebietes galt, so erscheint es auch bald als ein politischer Begriff. Aus dem Briefwechsel der Hammurabizeit[1] erfahren wir, daß der Name Amurrû ursprünglich eine Völkerschaft bedeutet (gleich den biblischen Amoritern), denn es ist hier von Amurrû in der syrischen Wüste die Rede, die eine ähnliche Rolle spielen, wie später die Suti, Aramäer, Araber in

Abb. 96: Das Defilé am Nahr el Kelb.
Nach einer Zeichnung aus der Mitte des 19. Jahrhunderts.

[1]) Vgl. Peiser in MVAG VI, 144 ff.

derselben Gegend. Aber Amurrû bezeichnet in dieser Zeit auch ein bestimmtes Ländergebiet, das spätere Phönizien, Palästina und Cölesyrien umfassend[1]. Der Vater des Rîm-Sin (Eri-Aku, vielleicht der biblische Arioch 1 Mos 14), ein elamitischer König in der Dynastie von Larsa, nennt sich ad-da des Westlandes[2]. Hammurabi aber, sein Zeitgenosse und Besieger, der Süd- und Nordbabylonien (Sumer und Akkad) zu einem Reiche geeinigt hat, nennt sich auf einer Steinplatteninschrift, die sein Bildnis zeigt (Abb. 100) und der westländischen Ištar (Ašratu) geweiht ist, „König von Mar-tu (Amurrû)“, und einer seiner Briefe ist an Aḫati, die Gemahlin des Sin-idina, gerichtet, der als rabiân (Befehls-

Abb. 97: Monumente vom Nahr el Kelb. Nach Bezold, Ninive und Babylon.

Abb. 98: Wanderung einer assyrischen Familie.

[1]) Winckler, KAT [3] 178.

[2]) Es bedeutet wohl König oder dergleichen, vielleicht den Begriff „Vormund“ deckend (so vermute ich nach einer Stelle in Peisers Urkunden, S. 37).

haber) von Mar-tu erscheint[1]. Und der um 2000 regierende König der gleichen Dynastie, Ammiditana[2], sagt: „König von Babylon, König der Stadt Kiš, König von Sumer und Akkad, König von Dagamu[3], dem Bergland von Mar-tu bin ich." Man sieht, daß das „Westland" bei der babylonischen Reichsbildung eine hervorragende Rolle spielt. Nebukadnezar I. (um 1100) nennt V R 55, 10 die A-mur-ri-i zwischen den Lulubî und Kaššî und erwähnt in einem Wechselgespräch mit Marduk (Cun. Texts XIII, 48 vgl. Winckler F. I, 542f.) an einer leider ver-

Abb. 99: In Ägypten Einlaß begehrende semitische Familie.
Ägyptische Darstellung des mittleren Reiches (um 1900 v. Chr.)[4].

stümmelten Stelle nach seinem Siege über Elam das Land Mar-tu[5].

---

[1]) King Nr. 98. Mar-tu kann nur als „Westland" in unserm Sinne gedeutet werden. Dafür bürgt die Erwähnung von Ašrat auf der Steinplatteninschrift des Hammurabi (Abb. 100).

[2]) So, nicht Ammisatana, zu lesen, s. Ranke, Pers. Names S. 65.

[3]) Nach Hommel, Grundriß 10. 89. 390 Anm. 2 steht im Original deutlich da-ga-mu; vgl. King, Letters III, 207.

[4]) Früher als „Einzug Jakobs in Ägypten" erklärt! Vgl. W. M. Müller, Asien und Europa, S. 36.

[5]) Meißner Berl. Ph. W. 1902, Sp. 980 nimmt ein westliches und ein östliches Amurrû an. Es könnte sich höchstens um eine Verschiebung des politisch-geographischen Begriffes handeln, s. aber schon Winckler, Unters. zur altor. Gesch. S. 37 Anm. 2, KAT[3] 179, wo übrigens Z. 20f. der Drucksatz in Verwirrung geraten ist, und Hommel, Grundriß S. 242 Anm. 2.

Ob in babylonischer Zeit das spezifisch biblische Land, das „Land der Verheißung“ im Sinne von 1 Mos 12, 1, zu Amurrû im politischen Sinne gehörte, wissen wir nicht. Es lag vielleicht jenseits der Südgrenze des Machtbereichs der babylonischen Könige.

Während der jahrhundertelangen babylonischen Vorherrschaft über das „Westland“ hat sich im Westlande selbstver-

Abb. 100: Steintafel aus dem Britischen Museum mit dem Bildnis Hammurabis.

ständlich babylonische Kultur und babylonisches Geisteswesen ausgebreitet. Ein überraschendes Zeugnis hierfür bot der Fund von Amarna, der für die Mitte des 15. vorchristlichen Jahrhunderts bezeugt, daß man in diesem „Westlande“ in babylonischer Keilschrift schrieb. Davon wird weiter unten (S. 307ff.) die Rede sein. Nur eine Kulturmacht hätte in jener alten Zeit mit dem babylonischen Einfluß konkurrieren können: Ägypten. Daß auch Ägypten auf Kanaan geistig eingewirkt hat, ist sicher. Aber ebenso sicher ist, daß der spezifisch babylonische Einfluß überwog. Beides bezeugen die jüngsten Funde von Taanak und Mutesellim (Megiddo) auf palästinensischem Boden (S. 315ff.). Daß Ägypten politisch die Übermacht über Syrien und Palästina gewonnen hat, und zwar bald nach der Hammurabizeit, wußten wir bereits aus den ägyptischen Urkunden. Die Amarnazeit hat die Verhältnisse der ägyptischen Vorherrschaft für die Mitte des 15. Jahrhunderts lebendig illustriert[1].

Die ägyptischen Zeugnisse.

Die ältesten ägyptischen Nachrichten über das asiatische Ländergebiet, dem Kanaan im engeren Sinne angehört, scheinen bereits die uralten Könige der 2. Dynastie, deren Gräber bei Abydos entdeckt wurden, zu geben[2]. Sie reden von Konflikten mit asiatischen Beduinen, die von der Küste ins Delta herüberkamen, um Beute zu suchen. Wegen ihrer Beutesucht verhaßt, galten die Asiaten den Ägyptern von jeher als verächtliche Barbaren, „Sandbewohner", von denen man ungern redet. Die zahlreichen Grenzbefestigungen im Delta, deren bedeutendste „die Fürstenmauer" ist (s. S. 298), „bestimmt die Asiaten abzuwehren", bezeugen, wie groß die Asiatengefahr den Ägyptern erschien, wenn sie auch in ihren Denkmälern nicht viel davon reden[3]. Der erste Feldzug nach Asien herüber ist uns unter Apopy I. von der 6. Dynastie (2500) bezeugt. Bei den fünf Feldzügen dieses Königs, die durch die Sinaihalbinsel gingen und dann zu Schiff gegen asiatische Gebiete nördlich von Palästina sich richteten, werden die Syrer als Rebellen behandelt und bestraft: „Das Heer warf ihre festen Burgen um, schnitt ihre Weinstöcke und Feigenbäume (!) ab, warf Feuer in ihre Lagerplätze (?), erschlug viele Zehntausende von Truppen und schleppte viele Gefangene fort." Wenn man hieraus schließen darf, daß Teile von

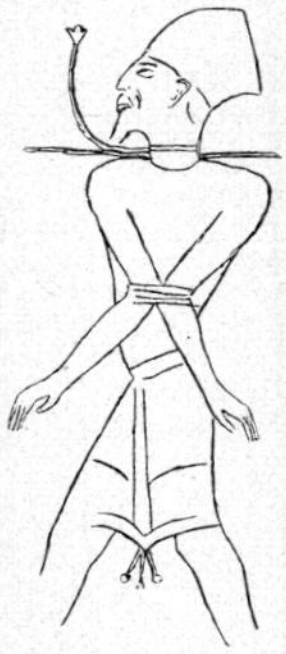

Abb. 101: Amoriter-Gefangener Ramses III.

Abb. 102: Beduine von ʿA-ma-ra (Amoriterland) als Gefangener in Ägypten, LD 209.

[1]) Vgl. zu den ägyptischen und babylonischen Beziehungen, die in diesem Kapitel besprochen sind, bereits Fr. Hommel, Altisraelitische Überlieferung in inschriftlicher Beleuchtung, München 1897.

[2]) Vgl. W. M. Müller, AO V, 1.

[3]) S. Abb. 101 und 102 und vgl. Abb. 103 und 109f. In der Sinuhe-Erzählung (S. 298ff.) findet der Flüchtling bei der Grenzbefestigung „Wächter auf der Zinne".

Palästina bereits vor der 6. Dynastie, also zur Zeit der großen Pyramidenerbauer, Ägypten tributpflichtig waren, so haben wir andrerseits ein indirektes Zeugnis dafür, daß in der folgenden Periode während der politischen Schwäche der 7.—11. Dynastie (2500—2000 vor Chr.) in Syrien mächtige Staaten entstanden sind. Wir müssen das aus der Tatsache schließen, daß die Monumente der mächtigen 12. Dynastie keine Spur von einem Einfluß auf Syrien zeigen, und finden die Tatsache bestätigt durch die respektvolle Art, mit der eine auf uns gekommene Erzählung aus dieser Zeit von syrischen Fürsten redet.

Eine ausführlichere Kunde von dem Lande, zu dem Kanaan im engeren Sinne gehört, verdanken wir nämlich einer ägyptischen Papyrushandschrift, die das Leben des Sinuhe[1], eines Fürsten und Gefolgsmannes am Hofe Usertesen I. (etwa um 2000 v. Chr.) erzählt. Die Dichtung, die die Ägypter zu ihrer klassischen Literatur rechneten und durch viele Jahrhunderte hindurch in ihren Schulen als Musterstück benutzten, gibt uns zugleich eine lebendige und für die folgenden Untersuchungen hochwillkommene Darstellung des Beduinenlebens im alten Palästina. Sinuhe ist aus irgend einem Grunde vom Hofe des Königs über die Landenge von Suez nach Asien geflohen („über die Fürstenmauer")[2]. Er blieb erst anderthalb Jahre in Ḳedem[3], wo er Ägypter (als Kaufleute?) ansässig findet, und kommt dann zum Fürsten „des oberen Tenu"[4]. Der setzte ihn „an die Spitze seiner Kinder" und verheiratete ihn mit seiner ältesten Tochter. Dann heißt es:

---

[1]) P. 3022 des Berliner Museums, zuletzt übersetzt bei Erman-Krebs, Aus den Papyrus der Königl. Museen zu Berlin S. 14ff. Vgl. auch W. M. Müller, Asien und Europa, S. 38ff., und Hommel, Altisr. Überl. 48ff.

[2]) Ähnlich wird der historische Hintergrund der Flucht Mosis vom ägyptischen Hofe nach Midian zu denken sein. Er war eine politisch mißliebige Persönlichkeit geworden, vielleicht auf religiösem Gebiete. Die biblische Überlieferung hat Spuren davon in der Erzählung von der Ermordung des Ägypters. Die Legende weiß mehr davon. In Wirklichkeit war dies gewiß nur der Anlaß, nicht die Ursache für das Exil des Moses.

[3]) D. h. wohl die Gegend um das Tote Meer, vgl. Hommel, Aufs. u. Abh. 293 Anm. 4.

[4]) Erman meint, es sei wohl dasselbe Land, das um 1500 v. Chr. das „obere Retenu" heißt und Palästina bezeichnet. Es zerfiel in zwei Distrikte, deren südlicher Teil Kenʿana hieß, der nördliche ʾEmur (Kanaan und Amoriterland). Unter dem „unteren Retenu" verstand man die syrische Tiefebene. Keft ist nicht Phönizien (Erman, Ägypten S. 680), sondern = Kaphtor = Kreta, wie W. M. Müller gezeigt hat.

„Er ließ mich einen Teil seines Landes auswählen, von dem Auserlesensten, das er besaß, auf der Grenze zu einem anderen Lande. Es war das schöne Land Jaa[1]. Es gibt Feigen in ihm und Weintrauben, und es hat mehr Wein als Wasser; es ist reich an Honig und hat vieles Öl, und alle Früchte sind auf seinen Bäumen. Es gibt Gerste darin und Weizen, und alle Herden sind ohne Zahl. Und viel war auch, was mir zukam . . ., als er mich zum Fürsten eines Stammes machte, von dem Erlesensten seines Landes. Ich machte Brote als Tageskost und Wein als tägliche Speise, gekochtes Fleisch und Gänse als Braten. Dazu noch das Wild der Wüste, das man in Fallen für mich fing und mir brachte, außerdem was meine Hunde erbeuteten. Man machte mir viele . . . . und Milch in jeder Zubereitung. So verbrachte ich viele Jahre, und meine Kinder wuchsen zu Starken heran, ein jeder als Held seines Stammes. Der Bote, der nach Norden zog oder zum Hofe südwärts reiste, verweilte bei mir. Ich nahm alle Leute auf; ich gab dem Dürstenden Wasser und brachte den Verirrten auf den Weg und wehrte dem Räuber. Wenn die Beduinen in die Ferne zogen . . ., um die Fürsten der Völker zu bekriegen, so beriet ich ihren Zug.

Dieser Fürst von Tenu ließ mich viele Jahre den Befehlshaber seines Heeres sein, und in jedem Lande, zu dem ich zog, war ich ein Held . . . . bei den Weideplätzen seiner Brunnen (!); ich erbeutete seine Herden, ich führte seine Leute fort und raubte ihre Nahrung; ich tötete die Menschen in ihm mit meinem Schwert und meinem Bogen, durch meine Märsche und durch kluge Pläne.

Das gefiel ihm und er liebte mich; er wußte, wie tapfer ich war und setzte mich an die Spitze seiner Kinder. Er sah, was meine Arme vermochten.

Es kam ein Starker von Tenu und verhöhnte (?) mich in meinem Zelte; er war ein . . . ., der nicht seines Gleichen hatte und hatte ganz Tenu bezwungen. Er sagte, er werde mit mir kämpfen; er meinte, er werde mich schlagen; er dachte meine Herde zu erbeuten . . . für seinen Stamm.

Da beriet jener Fürst mit mir und ich sagte: „Ich kenne ihn nicht. . . . . Er greift mich an wie ein kämpfender Stier inmitten der Kühe, den ein Stier der Herde stößt. . . . Ein Stier, wenn er den Kampf liebt . . ., ist er voll Schrecken vor dem, der ihn prüft? Wenn sein Herz nach Kampf steht, so sagt er seinen Wunsch.“ . . .

In der Nacht bespannte ich meinen Bogen, ich rüstete meine Pfeile, ich schärfte (?) meinen Dolch und schmückte meine Waffen[2]. Als es tagte, kam Tenu herbei und seine Stämme waren versammelt und die Länder neben ihm hatten sich angeschlossen. Wenn sie an diesen Kampf dachten, so brannte jedes Herz für mich, die Weiber und Männer schrien und jedes Herz hatte Mitleid mit mir. Sie sprachen: „Gibt es denn keinen andern Starken, der gegen ihn kämpfen konnte?“

Da ergriff er seinen Schild, seine Lanze und seinen Arm voll Speere. Aber nachdem ich seine Waffen herausgelockt hatte, so ließ ich seine

---

[1]) So heißt bei Sargon Cypern. Er sagt: ana Ja-' nagê ša mat Jatnana, d. h. „nach Ja-', dem Insellande von Jatnana“.

[2]) Die Erzählung erinnert in vielen Zügen an David und Goliath.

Speere neben mir vorbeifliegen, nutzlos auf die Erde, so daß einer auf den andern traf. Da kam er auf mich los (?), und ich schoß ihn, daß mein Pfeil in seinem Nacken steckte. Er schrie und fiel auf seine Nase, und ich fällte ihn mit seiner Lanze. Mein Siegesgeschrei stieß ich auf seinem Rücken (!) aus, und alle Asiaten schrien. Ich pries den Gott Month, aber seine Leute trauerten um ihn. Dieser Fürst Amienschi schloß mich in seine Arme. Da führte ich seine Habe fort und erbeutete seine Herden, und was er mir zu tun gedacht hatte, tat ich ihm an. Ich raubte, was in seinem Zelte war und plünderte sein Lager. Davon ward ich groß und weit an Schätzen und reich an meinen Herden."

Später wurde Sinuhe am ägyptischen Hofe wieder in Gnaden angenommen. Nachdem er seine Habe seinen Kindern vermacht, so daß der älteste Sohn die Führung des Stammes erhielt und der Stamm und alle Habe ihm gehörte, seine Leute und alle seine Herden, seine Früchte und alle seine süßen (Dattel)bäume, zog er gen Süden (heim nach Ägypten).

Die Beduinenstämme Palästinas stehen also in engster Verbindung mit dem Kulturlande Ägypten. Ihre Scheichs verkehren nach dem Zeugnis des Papyrus gelegentlich (auch vorher ist von einem Beduinen die Rede, der in Ägypten war) am Hofe des Pharao und wissen Bescheid über die Vorgänge in Ägypten. Gesandte ziehen mit schriftlichen Botschaften zwischen dem Euphratland und Ägypten hin und her. Diese asiatischen Beduinen sind durchaus keine Barbaren, die barbarischen Völker, die der ägyptische König bekämpft, werden ausdrücklich im Gegensatz zu ihnen genannt. Die Beduinenscheichs schließen sich selber zu Kriegszügen zusammen gegen „die Fürsten der Völker"; in unserem Gedicht ist Sinuhe ihr Führer und Berater, wie Abraham 1 Mos 14 im Kampfe gegen die Könige.

Nach der Vertreibung der Hyksos durch Amosis drangen die Ägypter nach Syrien vor. Nach bildlichen Darstellungen aus der Zeit seines Sohnes Amenophis I. nimmt man an, daß dieser König Feldzüge nach Asien geführt hat [1]. In den Urkunden seines Nachfolgers Thutmes I. ist bereits vom Euphrat die Rede und dem „verkehrten Wasser, auf dem man nach Norden fährt, wenn man stromauf fährt" [2]. Thutmes III. (um 1600), unter dessen Herrschaft wohl die babylonische Vorherrschaft über Kanaan auf Ägypten übergegangen ist, hat an der Tempelmauer von Karnak in Theben eine Liste der von ihm unter-

[1]) S. Niebuhr in Helmolts Weltgeschichte III, 617.

[2]) Gegensatz zum Nil.

jochten kanaanäischen Städte hinterlassen (s. Abb. 103)[1]. Unter den Namen befinden sich die biblischen Ortschaften Akzib, Beroth, Beth-Anoth, Gibea, Hazor, Jibleam, Laisa, Megiddo, Ophra, die Hafenstädte Akko, Beirut, Joppe, ferner Damaskus und andere. Auch der Negeb, der später zu Juda gehörende

Abb. 103: Thutmes-Liste an der Tempelmauer des Amonstempels in Karnak; Außenwand des Allerheiligsten.

„Südgau" wird erwähnt. Der merkwürdigste Name unter den eroberten Ortschaften ist Ja'ḳob-el[2]. Wie die Babylonier und

---

[1]) Zuletzt besprochen von Maspero, Sur les noms de la liste de Thutmes III., vgl. Histoire ancienne S. 256; W. M. Müller, Asien und Europa 161f. 191. 196.

[2]) W. M. Müller, Asien und Europa, sucht den Ort in Mittelpalästina; Šanda in VAG 1902, 90ff. will ihn am Jabboḳ finden und als Variante von Penuel erklären. Die Identifizierung mit dem Jakob der Vätergeschichte ist schon deshalb unsicher, weil der Name Ja'kub-ilu bez. Ja'kub auch in babylonischen Kontrakten zu Hammurabis Zeit vorkommt. Der andere vielbesprochene Name ist Išpar, das Joseph-el zu lesen sein soll. Auch hier ist für alle Fälle zu notieren, daß Jašup-ilu in Hammurabi-Kontrakten vorkommt; vgl. Hommel, Altisr. Überlief. 95; 111 passim. Spiegelberg, Der Aufenthalt Israels in Ägypten, spricht von einem Hyksoskönig Jakob-el und von einem andren Namen eines Hyksosfürsten, der

Assyrer holten auch die Ägypter mit Vorliebe Holz von den syrischen Gebirgen (s. Abb. 104).

Sethi I. (um 1400), der Vater Ramses II., nennt unter seinen Eroberungen Beth-Anath (Jos 19, 38; Ri 1, 33) und Kirjath-Anab („die Weintraubenstadt" Jos 11, 21) und Jenu'am auf der Tempelmauer zu Karnak (Abb. 103)[1], auch die phönizische Stadt Tyrus. Ramses II. (um 1240), der neuerdings wieder als Pharao der Unterdrückung angesehen wird, hat uns in seinen Inschriften eine genaue Schilderung seines Sieges über die Hettiter in der Schlacht von Ḳadeš hinterlassen[2]. Wir erfahren hier, daß der Hettiterkönig unterjochte Scharen „aus allen Ländern, die zum Gebiete des Chetalandes, des Landes Naharena und des ganzen Ḳedelandes gehören", um sich gesammelt hat und daß sich Ramses beklagt, daß „die Vorsteher der Bauernschaft und die Großen, denen das Land des Pharao untergeben ist", ihm darüber nicht berichtet haben. Die Schlacht von Ḳadeš hat die Entscheidung nicht gebracht. Der endgültige Friedensschluß, der die Kämpfe zwischen Ägyptern und Hettitern auf kanaanäischem Gebiete beendete, wurde durch einen auf Silbertafeln geschriebenen Staatsvertrag besiegelt. Näheres s. Kap. „Geschichte der Staaten Israel und Juda".

Abb. 104: Die Fürsten vom Libanon fällen Bäume für Sethi I. (Ros. 46).

In die Zeit Ramses II. gehört auch das satirische, in der Schule benutzte (!) Literaturstück des Papyrus Anastasi I.[3], in

Simeon zu lesen sei. Er nimmt an, daß die in Abraham und Jakob verkörperten Wanderungen nach Ägypten zu den Hyksos-Wanderungen (um 1700 beginnend) gehören. (Zur semitischen Abkunft der Hyksos s. Spiegelberg OLZ 1904, 130 ff.)

[1]) Ist Janûn auch hier gemeint? Vgl. S. 305 Anm. 3.

[2]) S. Erman, Ägypten S. 696 ff. Eines der Denkmäler am Nahr el Kelb (S. 294) gehört ihm an, ebenso ein Denkmal im Ostjordanlande.

[3]) Bearbeitet von Chabas, Voyage d'un Egyptien en Palestine; Stücke übersetzt bei Erman, Ägypten S. 508 ff., wo der polemische Zweck des Schriftstückes erkannt wurde, s. auch W. M. Müller, Asien und Europa S. 57; 172 ff.; 394. Eine neue Kollation und vollständige Übersetzung des Textes ist m. W. in Vorbereitung.

dem die Reise eines Mahar (Bevollmächtigten) Ramses II., Namens Nechtsotep, durch Syrien erzählt wird. Er hat Denkmäler für den König transportiert, Obelisken in Syene gebrochen und mit 4000 Soldaten in den Brüchen von Ḥammamat einen Aufruhr niedergeschlagen. Der Mahar hat seinem Freunde, einem „Künstler der heiligen Schriften, einem Lehrer im Saale der Bücher" seine Reise geschildert. Der Freund findet den Brief nicht stilgerecht und wiederholt ihn im rhetorischen Stil mit satirischen Seitenhieben auf die Abenteuer des Freundes. Wir geben ein Stück des Textes wieder und vergegenwärtigen uns dabei, daß die Erzählung uns Einblick in geographische und kulturelle Verhältnisse Kanaans um 1400 tun läßt.

Er begleitet seinen Freund in Gedanken durch alle Stationen der Reise:

„Ich bin ein Schreiber und Mahar, so sagst du wiederholt. Nun wohl, was du sagst, ist wahr. Komm heraus. Du siehst dein Gespann nach, die Pferde sind schnell wie die Schakale, einem Sturmwind gleich, wenn sie losgehen. Du faßt den Zügel, nimmst den Bogen — wir wollen nun sehen, was deine Hand tut. Ich werde dir schildern, wie es einem Mahar geht und werde dir erzählen, was er tut.

Kommst du nicht zum Chetalande und siehst du nicht das 'Eupaland? Ḫaduma, kennst du nicht seine Gestalt? und ebenso Ygadïy, wie ist es beschaffen? Das D'ar des Königs Sesostris — auf welcher Seite von ihm liegt denn die Stadt Charbu? und wie ist seine Furt beschaffen?

Ziehst du nicht nach Ḳadeš[1] und Tubache[2]? Kamst du nicht zu den Beduinen mit Hilfstruppen und Soldaten? Betrittst du nicht den Weg nach dem Magar? wo der Himmel am Tage finster ist, denn er ist bewachsen mit himmelhohen Eichen und Zedern (?), wo die Löwen häufiger sind als Schakale und Hyänen, und wo die Beduinen den Weg umringen.

Steigst du nicht auf den Berg Schana[3]? ... Wenn du nachts zurückkehrst, so sind alle deine Glieder zermahlen und deine Knochen zerschlagen, und du schläfst ein. Wenn du aufwachst, ist es die Zeit der traurigen Nacht, und du bist ganz allein. Ist nicht ein Dieb gekommen, um dich zu bestehlen? ... Der Dieb hat sich in der Nacht davongemacht und hat deine Kleider gestohlen. Dein Stallknecht ist nachts aufgewacht, hat gemerkt, was geschehen war und hat mit sich genommen, was noch übrig war. Er ist dann unter die Bösen gegangen, hat sich unter die Stämme der Beduinen gemischt und hat sich zum Asiaten gemacht. ... Ich will dir auch von einer andern geheimnisvollen Stadt erzählen, die Kepuna (Gubna, Gebal) heißt. Wie ist sie? ihre Göttin — ein anderes Mal. Hast du sie nicht betreten?

---

[1]) Das syrische Ḳadeš, nicht das israelitische (Müller, l. c. 173), ist wohl gemeint.

[2]) Tubich der Amarna-Briefe (Dbḫu der Thutmes-Liste?).

[3]) Sa'na in den Inschriften Tiglatpilesers III.?

Ich rufe: Komm nach Barut'e (Beirut), nach D'i(du)na (Sidon) und D'arput'e (Sarepta). Wo ist die Furt des Nat'ana[1]? Wo ist 'Eutu[2]? Sie liegen über einer andern Stadt an dem Meere, D'ar (Tyrus) der Küste heißt sie; das Wasser wird ihr auf Schiffen zugeführt, sie ist reicher an Fischen als an Sand ..... Wohin führt der Weg von ʿAksapu[3]? nach welcher Stadt?

Ich rufe: komm zum Berge User[4]. Wie ist sein Gipfel? wo ist der Berg von Sakama[5]? Wer wird ihn besetzen? der Mahar. Wo marschiert er nach Hud'aru? Wie ist seine Furt? Zeige mir, wo man nach Hamat'e (Hamath) geht[6], nach Degar und Degar-'ear, dem Ort, wo sich der Mahar ergeht."

Weiter heißt es, nachdem in der üblichen Weise gefragt ist, wo die Furt des Jordan sei, wo Megiddo liege und ob es etwa noch einen ebenso tapferen Mahar gebe:

„Paß auf, auf die Schlucht mit dem Abgrund von zweitausend Ellen Tiefe, die voll ist von Blöcken und Geröll. Du machst einen Umweg. Greifst du nach dem Bogen .... und zeigst dich den guten Fürsten (d. h. den Verbündeten Ägyptens), so ermüdet ihr Auge an deiner Hand. „'Ebata kama 'ear mahar nʿamu" sagen sie und du erwirbst dir den Namen eines Mahar, des besten der Offiziere Ägyptens. Dein Name wird berühmt bei ihnen wie der des Qad'ardey, des Fürsten von 'Esaru, als ihn die Hyänen fanden innen im Dickicht, im Engpaß, der von den Beduinen versperrt war; sie waren unter den Büschen verborgen, und manche von ihnen maßen vier Ellen von der Nase bis zur Ferse, sie hatten wilde Augen, ihr Herz war unfreundlich, und auf Schmeicheleien hörten sie nicht. Du bist allein, kein Späher ist bei dir, kein Heer folgt dir, und du findest niemand, der die Wegrichtung zeige. Du mußt allein gehen und weißt doch den Weg nicht. Da faßt dich die Angst, dein Haar sträubte sich und deine Seele liegt dir auf der Hand. Dein Weg ist voll von Blöcken und Geröll, du kannst nicht auf ihm vorwärts kommen wegen der 'Esbururu- und Qad'apflanzen, wegen der Nahapflanzen und wegen des Wolfssohlenkrautes. Auf einer Seite hast du die Abgründe, auf der anderen die Bergwand, so gehst du bergab."

Das Ende dieser bösen Fahrt ist, daß die Pferde scheuen und ihre Stränge zerreißen; in der Sonnenglut muß der arme Mahar zu Fuße wandern, von Durst und Angst vor lauernden Feinden gequält. Überhaupt wird er vom Unglück auf seiner Reise verfolgt.

---

[1]) Nahr el Kasimije, der Leontes, heute im Oberlauf Litani.

[2]) Usu, Palätyrus, s. Winckler, Gesch. Isr. I, 201.

[3]) Akzib in der Thutmes-Liste S. 195; bei Eusebius Ekdippa.

[4]) Muß die Scala Tyriorum sein.

[5]) Sichem, also der Ebal oder Garizim? S. Müller, l. c. 394.

[6]) Paß, „wo man nach Hamath geht", die Grenze des hettitischen, dann des ägyptischen, dann des assyrischen Machtgebietes, der nördlichste Punkt des Reiches Israel.

„Wenn du nach Joppe hineinkommst", berichtet spottend der Verfasser, „so findest du den Garten grünend zu seiner Zeit. Da dringst du ein, um zu essen und findest darin das schöne Mädchen, das die Weinberge bewacht, die schließt sich dir als Genossin an und gewährt dir ihre Reize."

Ein Dieb benutzt die Stunde, um dem Mahar die Pferde vom Wagen zu schneiden und seine Waffen zu stehlen. Am Schlusse heißt es:

„Sieh dies freundlich an, damit du nicht sagst, ich hätte deinen Namen bei andern Leuten stinkend gemacht. Sieh, ich habe dir ja nur geschildert, wie es einem Mahar ergeht; ich habe Syrien für dich durchlaufen, ich habe dir die Länder zusammen vorgeführt und die Städte mit ihren Gebräuchen. Sei uns gnädig und sieh es mit Ruhe an."

Aus dem ägyptischen Material[1] ist noch eine überaus wichtige von Flinders Petrie entdeckte Inschrift aus der Zeit um 1250 hervorzuheben, die „Israel" als Landesbewohner, die zu Kanaan gehören, nennt, und in der Merneptah als ein König verherrlicht wird, der Länder erobert und „beruhigt" hat (Abb. 105):

Die Fürsten sind zu Boden geworfen
und sagen šalôm[2],
niemand unter den Fremdvölkern erhebt sein Haupt.
Verwüstet ist Libyen,
Cheta ist zur Ruhe gebracht,
das Kanaan ist erobert in allem Bösen (?),
fortgeführt ist Askalon,
überwältigt ist Gezer,
Y-nu-ʿm[3] ist vernichtet,
Y-si-r-ʾ-l[4] ist verwüstet (?) ohne Frucht[5];
alle Länder insgesamt sind in Frieden;
jeder, der umherschweifte, ist durch den König Merneptah .... gezüchtigt worden.

Es läßt sich nicht mit Sicherheit entscheiden, in welchem Verhältnis das hier genannte Israel zu den unter Moses und

---

[1]) Abb. 101 f. stellen Gefangene aus dem Amoriterlande dar.

[2]) Semitisches Fremdwort im ägyptischen Text (Spiegelberg). Der bekannte Gruß, hier = um Frieden bitten, assyr. šaʾalu šulmi.

[3]) Ist wohl das Janoaḫ Jos 16, 6f., das heutige Janûn, südöstlich von Sichem. Ist es dieselbe Stadt, deren Eroberung durch Sethi auf der Außenwand des Säulensaales in Karnak verherrlicht wird? S. Abb. 109 links oben.

[4]) „Israel" mit Determinativ für Menschen.

[5]) Die letzten Zeilen nach der Übersetzung Steindorffs. Spiegelberg l. c. S. 39: „Palästina ist eine Witwe (vgl. Klagel 1, 1) für Ägypten geworden."

Abb. 105: Die sog. Israel-Stele 1250 v. Chr.
Aus Spiegelberg, Aufenthalt Israels in Ägypten.

Josua aus Ägypten gewanderten Stämmen steht. Merneptah soll nach einigen der Pharao der Unterdrückung sein (s. S. 407). Wenn das richtig ist, so sind die hier erwähnten Israeliten Hebräer in dem S. 313 angedeuteten Sinne, mit denen sich die aus Gosen einwandernden Stämme auf Grund alter Zugehörigkeit hernach verbanden, oder es sind die aus Gosen ausgewanderten bene Jisrael selbst. Irgendein Zusammenhang mit den Israeliten der mosaischen Zeit, die im Streit mit dem Pharao standen, dürfte bestehen[1].

Abb. 106: Amenophis III.
Relief aus einem thebanischen Grabe. Berlin.

Die wichtigsten Auskünfte über die Zustände Kanaans in vorisraelitischer Zeit gewähren uns, wie bereits angedeutet, die im Jahre 1887 in den Ruinen von Chut-Aten, dem heutigen **Tell-el-Amarna** aufgefundenen **Tontafeln.** Es sind Staatsurkunden aus der Regierung der Pharaonen Amenophis III. und vor allem Amenophis IV. (Chuenaten, s. Abb. 106 und 107), also aus der Zeit um 1450 v. Chr.[2], bestehend in Briefen vorderasiatischer

[1]) Vgl. Erbt, Ebräer S. 1 ff., der bestimmte Beziehungen nachweisen zu können glaubt.

[2]) Soweit sie bisher bekannt geworden sind (ca. 300 Bruchstücke), werden sie im Berliner Museum, im Museum von Gizeh (Kairo) und im Britischen Museum aufbewahrt, einige sind in Privatbesitz. Den in Berlin und Kairo befindlichen Teil veröffentlichten Winckler und Abel, „Der Tontafelfund von el-Amarna" 1889—90; die Tafeln des Britischen Museums gab C. Bezold heraus: „The Tell-el-Amarna Tablets in the British Museum" 1892. Transskription und Übersetzung gab H. Winckler KB V. Eine neue vollständige kritische Ausgabe in Transskription, Übersetzung

Könige (von Mitanni, Babylonien, Assyrien), die erkennen lassen, daß man Ägypten als dominierende Macht anerkennt, und in Berichterstattungen der kanaanäischen Amelu (Fürsten) und ägyptischer Rabiṣ (Verwaltungsbeamte, Statthalter) an den ägyptischen Herrscher; außerdem enthalten sie einige mythologische Stücke und das Rundschreiben eines unbekannten vorderasiatischen Herrschers an die Statthalter von Kanaan.

Abb. 107: Amenophis IV. und seine Familie (Kalkstein). Berlin. Relief aus Amarna.

Der Name Kanaan (Kinaḫni und Kinaḫḫi, s. S. 309f.) bedeutet hier, wie auch sonst in den ägyptischen Nachrichten[1], den südlichen Teil von Syrien, Phönizien und Palästina; der Name Amurrû ist auf das Libanongebiet beschränkt[2].

Der Brief des Burnaburiaš (KB V, 17) zeigt, daß die Bewohner des Landes Kanaan in Kampfzeiten eine politische Einheit bildeten. Es heißt dort:

---

und mit textkritischen und sachlichen Anmerkungen bearbeitet gegenwärtig Knudtzon; sie erscheint als Band der Vorderasiatischen Bibliothek (Leipzig, J. C. Hinrichs); in der Einleitung findet man ausführliche Angaben über die Geschichte der Tafelfunde.

[1]) Vgl. W. M. Müller. Asien und Europa S. 205ff. Bei den Ägyptern heißt es immer appellativisch p꜀-K꜀-n'-n' „das Kanaan".

[2]) Dieselbe Nomenklatur zeigen die ägyptischen Inschriften: Kenʿana ist der südliche, 'Emur der nördliche Teil des „oberen Retenu", s. S. 298 Anm. 4.

Zur Zeit Kurigalzus, meines Vaters, haben die Kanaanäer (Ki-na-ḫa-ai-u) allesamt an ihn geschrieben: gegen die Grenze des Landes (also wohl gegen den Negeb bez. gegen Ägypten) wollen wir ziehen und einen Einfall machen; mit dir wollen wir uns vereinigen[1].

Wenn Amos vom „Amoriterland“ und von den „Amoritern“ spricht, die vorher das Land besaßen, und wenn der Elohist die Ureinwohner „Amoriter“ nennt, und wenn es Ezechiel 16, 3 vgl. 45 satirisch heißt: „Du (Jerusalem) stammst aus dem Lande der Kanaaniter; dein Vater war der Amoriter und deine Mutter eine Hettiterin“, so bezeugt das also eine durchaus den Tatsachen entsprechende Kenntnis der alten historisch-ethnographischen Verhältnisse. Denn wenn auch vielleicht in den Keilinschriften Amurrû „Westland“ und Amurru „Amoriterland“ nicht immer identisch sind, so hängen doch beide Namen sprachlich wie politisch-geographisch eng zusammen.

Abb. 108: Motiv aus einer Wanddekoration im Palaste Amenophis IV. (um 1450 v. Chr.). Verwandtschaft mit japanischer Kunst!

Später scheint mit Verschwinden der Amoriter in dem nördlichen Teile des „Westlandes“ der Name Kanaan auch nördlichere Gebiete mit umfaßt zu haben und dann (vielleicht mit dem Aufkommen des Namens Palästina[2] für den südlichen Teil) auf Phönizien eingeschränkt worden zu sein. Eine tyrische Münzlegende aus griechischer Zeit nennt eine Stadt Laodicea „Hauptstadt in Kanaan“ (Em be-kanaan). Das ist doch wohl die Stadt Laodicea am Libanon, und Philo von Byblos nennt Phönizien Chnâ.

Die Bezeichnung Kanaan in dem 9. und 10. Kapitel von 1 Mos entspricht der Nomenklatur der Amarna-Zeit und ebenso die Bezeichnung der Ureinwohner als Kanaanäer beim Jahvisten, die also ebenso ihr

---

[1]) Also ein Zusammenhalten der Kanaanäer wie zu Hiskias Zeiten gegen Sanherib.

[2]) Der Name Palästina (bei Herodot Palaistine, hebräisch Peleschet) bezeichnet seit der Einwanderung der Philister das Küstenland, das Judäa vorgelagert ist, die Ebene Saron bis in die Nähe von Jaffa. Die Griechen haben den Namen dieses Küstengebietes südlich von Phönizien auf das gesamte Hinterland ausgedehnt: Israel-Juda samt Edom, Moab, Ammon. Wie die Perser Griechenland Jonien nennen nach der ihnen zunächst gelegenen Küste Kleinasiens, so nennen die Griechen das ganze Land nach dem Küstenstrich. Noch heute bezeichnen wir mit Palästina das gesamte Gebiet des „heiligen Landes“.

historisches Recht hat, wie die an ältere Verhältnisse erinnernde Bezeichnung Amoriter durch den Elohisten.

Einige der Briefe stammen vom Fürsten und Statthalter Abdḫiba aus Urusalim, d. i. aus Jerusalem[1]. Im übrigen lassen die in den Amarna-Tafeln erwähnten Städte den Schluß zu, daß gerade das Gebiet des späteren Israel verhältnismäßig wenig bewohnt war. Die rot gedruckten Namen auf unsrer

Abb. 109: Sethi kämpft gegen die Hettiter. Außenwand des Säulensaales von Karnak[2].

Karte Nr. II geben eine Übersicht der in den Amarna-Tafeln erwähnten Namen, soweit sie zu identifizieren sind.

Man sieht, daß vor allem die Küsten- und Hafenstädte genannt werden, die bereits damals Ausgangspunkte blühenden Handels gewesen sind.

Dieses begehrenswerte Land stand also in jener Zeit politisch unter der ägyptischen Herrschaft. Aber es war und blieb

---

[1]) In der israelitischen Volksetymologie ist der Name als „Friedensstadt" gedeutet, vgl. Šalem Psalm 110; man beachte aber, daß Šalem ursprünglich = Sichem ist, s. S. 348 und 350.

[2]) Links oben die Eroberung von Jenuʿam verherrlicht, vgl. S. 305 Anm. 3.

auch während der ägyptischen Hegemonie unter babylonischer Kultur, denn sämtliche Briefe aus Kanaan sind in babylonischer Sprache und Keilschrift geschrieben, einige der Urkunden zeigen noch die Tintenpunkte der ägyptischen Leser, durch die sich der ägyptische Empfänger das Lesen zu erleichtern suchte, da der Keilschrift die Worttrennungen fehlen. Babylonische Sprache und Keilschrift beherrschten den öffentlichen Verkehr in Syrien

Abb. 110: Sethi führt die hettitischen Gefangenen vor die Trias von Theben.

und Palästina. Selbst der ägyptische König schreibt nach Kanaan babylonisch in Briefen, die mit ägyptisierenden Sprachfehlern durchsetzt sind[1]. Wenn aber „babylonisch" Verkehrssprache war, so muß das Land vorher durch Jahrhunderte unter dem Einfluß babylonischer Bildung gestanden haben, auch politisch von Babylonien abhängig gewesen sein. Das stimmt ja auch zu den S. 287 ff. mitgeteilten Nachrichten aus altbabylonischer Zeit.

---

[1]) Auch der König der Mitanni, Tušratta, zwingt seine barbarische hettitische (?) Muttersprache in die babylonische Wort- und Silbenschrift. Er schreibt übrigens bezeichnenderweise im „assyrischen Duktus"; Mesopotamien hat die babylonische Kultur nach Assyrien vermittelt.

Zur Zeit der Abfassung der Tell Amarna-Briefe, also um 1450 v. Chr., haben nach dem Zeugnis dieser Urkunden besonders zwei innere Feinde den Städtebewohnern von Syrien und Palästina zu schaffen gemacht. Die einen sind die Ḫatti, die Hettiter, die andern heißen amelu Ḫabiri, die Ḫabiri-Leute. Beide Gruppen stellen Beduinenstämme dar, die im Begriffe sind, sich ansässig zu machen.

Der Zug der Hettiter ist uns ohne weiteres verständlich. Es sind die Cheta der ägyptischen Inschriften (s. Abb. 111 und vgl. Abb. 45), die damals von Kappadozien her nach Syrien und Palästina vordringen, im Laufe der nächsten Jahrhunderte Syrien bis zum Hermon sich unterworfen haben und noch im

Abb. 111: Hettitische Hirschjagd. Original im Louvre.

13. Jahrhundert wiederholt den Ägyptern zu schaffen machen. Ein Rest dieser Chatti hat sich um Karkemisch am Euphrat bis zum Jahre 717 n. Chr. erhalten[1].

Wenn beim Begräbnis Sarahs nach dem Bericht 1 Mos 23 der Totenacker von Hettitern gekauft werden muß, die Land und Stadt besitzen, und wenn es Ez 16, 3 (s. oben S. 309) heißt: „Dein Vater war Amoriter und deine Mutter war Hettiterin", und wenn Esau hettitische Weiber nimmt 1 Mos 26, 34 f., so entspricht das den Zuständen, die uns

---

[1]) Vgl. meinen Artikel Karkemisch in Haucks RPrTh [3]. Dieser Stamm der Ḫatti gehört einer Völkergruppe an, die weder semitisch noch indogermanisch ist, deren Gesamtnamen wir nicht kennen, die wir aber gewöhnlich Hettiter nennen. Diese Bezeichnung „Hettiter" im weiteren Sinne wird häufig mit den eigentlichen Ḫatti verwechselt. Eine der ersten Gruppen dieser Ḫatti im weiteren Sinne, die nach Syrien vordringen, sind die Mitanni, die ebenfalls in den Amarna-Briefen eine große Rolle spielen. Sie haben die babylonische Macht im Westland gebrochen und sind jedenfalls die Bahnbrecher der ägyptischen Oberherrschaft in Kanaan geworden. S. hierzu Messerschmidt AO IV 1.

die Amarna-Briefe bezeugen. Es ist gar nicht zu bezweifeln, daß sich damals die Hettiter auch in Palästina als Eroberer Besitzrechte geltend gemacht haben. Man sollte hier nicht einen künstlichen „Archaismus“ annehmen[1], sondern anerkennen, daß die zugrundeliegende Quellenschrift historisch gut unterrichtet war[2].

Wer sind die Ḫabiri-Leute? Von Anfang an haben die Entzifferer der Briefe von Tell Amarna darauf hingewiesen, daß sich der Name lautlich mit dem der Hebräer deckt. Die Namen sind sicher identisch. Eine ganz andere Frage ist, in welchem Verhältnis die Ḫabiri der Amarna-Briefe zu den biblischen „Hebräern“ stehen. Sie bezeichnen hier die nichtansässige Bevölkerung, die den Stadtbewohnern gefährlich schien. In demselben Sinne heißt Abraham in Kanaan 1 Mos 14, 13 „Hebräer“, womit man in der Abimelech-Geschichte das Verhältnis zu den Stadtbewohnern vergleiche, und Joseph heißt in Ägypten „Hebräer“[3].

Die „Sprache Kanaans“ in den Amarna-Briefen ist, wie gesagt, die babylonische als offizielle Amtssprache. Aber es ist nicht die eigentliche Landessprache. Als Landessprache findet man vielmehr eine lingua franca, babylonisch mit einheimischem Sprachgut vermischt. Aus Glossen, die hier und da dem babylonischen Texte zugefügt werden, kann man sich eine Vorstellung von der Beschaffenheit dieser Landessprache machen. Sie zeigt sich, wie zu erwarten ist, als so gut wie identisch mit dem Dialekt, den Jesaias 19, 18 die „Sprache Kanaans“ nennt und den wir hebräisch nennen[4].

---

[1]) So Holzinger in Martis Handkommentar z. St. mit Stade, Geschichte Israels I S. 143 Anm. 1, weil „die Hettiter zur Zeit der biblischen Kodifizierung des sog. Priesterkodex verschollen gewesen seien.“

[2]) Der Verfasser von Ri 1, 10 nennt Kanaaniter als Besitzer Hebrons. Das ist kein Widerspruch, sondern es entspricht eben späteren Verhältnissen. Die Erzählung von der hettitischen Höhle Makpela (nach Sept. eine Doppelhöhle, von deren Durchforschung, die bisher verhindert wurde, wir viel erwarten dürfen; vgl. Gautier, Souvenirs de terre sainte 1898), hat übrigens der Priesterkodex allein. Der Priesterkodex verrät auch sonst alte Weisheit und alte Erinnerungen. Es mag bis zu einem gewissen Grade wahr sein, daß sein Abraham als eine Idealgestalt ohne Fleisch und Blut erscheint, der Abraham seiner uns verloren gegangenen Quellenvorlage wird schon Fleisch und Blut gehabt haben.

[3]) 1 Mos 40, 15; 41, 12, s. S. 387. Zu den Ḫabiri in den Amarna-Briefen vgl. Winckler F. III, 90 ff. Zu den mit Ḫabiri identischen SA-GAŠ = „Räuber“ = Gad (vgl. das Wortspiel 1 Mos 49, 19 'îš gedûdîm, Ho 6, 9 ins Babylonische übertragen?) Erbt, Hebräer 41 f.

[4]) Das Nähere s. bei Zimmern KAT [3] 651 ff.

In neuster Zeit hat der Boden Kanaans selbst Zeugnisse aus vorisraelitischer Zeit zutage gefördert[1].

Bei einer Ausgrabung des englischen Palästinavereins in Tell Hesy[2], an der Ruinenstätte der Stadt Lakiš (s. zu 2 Kg 18, 14. 17), fand 1891 der Amerikaner Bliß eine Keilschrifttafel, die den Amarna-Tafeln gleicht und von einem Fürsten von Lakiš, namens Zimrida, spricht, der bereits aus den Amarna-Tafeln bekannt war.

Der Briefschreiber berichtet an den „Großen", d. i. an den ägyptischen Machthaber und Kornkammerverwalter Janḫamu, dessen Stellung merkwürdig an die Josefs in Ägypten erinnert (S. 390 ff.), daß ein gewisser Šipṭi-Addi den Zimrida von Lakiš zum Abfall gebracht und in gleichem Sinne an ihn geschrieben; s. zuletzt KAT[3], 202 f.

Im Südwesten Palästinas entdeckten 1899 und 1900 Bliß und Macalister in vier Trümmerhügeln (Tell es Safi = Gath?, Tell Zakarrijja = Azekah?, Tell Sandahannah = Mareschah, Tell el Judeideh) Reste alter Burgen und Städte teilweise aus alter kanaanäischer Zeit[3]. Und seit 1902 gräbt Macalister im Auftrage des englischen Palästinavereins auf dem Tell Abuschuscha, drei Stunden östlich von Jaffa, an der Stelle des biblischen Gezer, das Salomo vom Pharao als Mitgift erhielt 1 Kg 9, 16[4]. Den wichtigsten Fund für unsre Frage bilden hier drei Siegel mit mythologischen Darstellungen, von denen die eine sicher babylonisch ist (Sternanbetung), und eine assyrische Stele in Tell es-Safi[5], je eine ägyptische Stelen-Inschrift in Tell es-Safi[6] und in Gezer[7], und ebenfalls in Gezer

---

[1]) Die teilweise Bloßlegung der davidisch-salomonischen Mauern durch die englische Grabung unter Warren (The recovery of Jerusalem 1871) und die Fortsetzung dieser Grabung durch den deutschen Palästinaverein unter H. Guthes Leitung (ZDPV V), ebenso die Fortsetzung der Arbeiten durch Bliß 1894—97 (Bliß and Dickie, Excavations at Jerusalem 1898), hauptsächlich die vorbyzantinische Mauer betreffend, übergehen wir hier.

[2]) Die Trümmer von sieben Städten wurden hier aufgeschichtet gefunden, vgl. Flinders Petrie, Tell el Hesy 1891; Bliß, A mound of many cities 1898. Abb. 117 f. stammen aus Tell Hesy.

[3]) Bliß and Macalister, Excavations in Palestine, London 1902.

[4]) Berichte in den Statements des Palestine Explor. Fund 1902 ff. Für den Fortgang vgl. künftig auch die Altertums-Berichte aus dem Kulturkreis des Mittelmeers, die OLZ seit Mai 1906 in jeder Nummer bringt. Zur folgenden Zusammenstellung vgl. Sellin, Der Ertrag der Ausgrabungen.

[5]) S. Bliß and Macalister, l. c. 41 vgl. zu den Siegeln 153.

[6]) l. c. S. 43.

[7]) Pal. Explor. Fund 1903, S. 37.

ägyptische Götterbilder (darunter Isis mit Kind), Vasen und Räucherschalen[1].

Besonders erfolgreich sind in den letzten Jahren die deutschen Arbeiten gewesen.

In dem nordpalästinensischen **Taʿannek,** an der Stelle des biblischen Taanaḫ in der Ebene Jesreel unweit Megiddo, hat E. Sellin in den Jahren 1902 bis 1904 eine erfolgreiche Ausgrabung veranstaltet[2]. Er legte dort eine Stadt bloß, die etwa 2000—600 v. Chr. existiert haben muß und an vier Stellen durch Burgen befestigt war. In einem der Bauwerke, aus unbehauenen, polygonalen, harten Kalksteinen gebaut, das vor allem auf Grund der stockwerkartigen Aufführung der Umfassungsmauern als altkanaanäisch erkannt wurde, fand Sellin eine Bibliothekskiste (vgl. Jer 32, 14) des Fürsten von Taʿannek, die leider nur noch zwei Tontafeln enthielt, Listen von Einwohnern enthaltend; in der Nähe fanden sich zwei Briefe und dann noch sechs Tontafeln, sämtlich in babylonischer Keilschrift geschrieben. Die eine der Listen zählt Familienväter auf, die einen, zwei oder drei Mann zu stellen haben. Der Zweck der andern ist fraglich. Da bei der Summierung einmal steht „20 Männer des Adad", ein andres Mal, wie es scheint, „20 Männer des Amon", so ist an eine Priesterliste zu denken oder an eine Liste von Bürgern bez. Bauern, die von dem Tempel abhängig sind. Die beiden zuerst gefundenen Briefe lauten folgendermaßen[3]:

Nr. 1.

An Ištarwašur: Guli-Addi. Lebe glücklich! Die Götter mögen begrüßen Dich, Dein Haus und Deine Söhne! Du hast mir betreffs des Geldes geschrieben, und siehe, ich will 50 Geldstücke geben, damit man es nicht tue. Warum hast Du von neuem Deinen Gruß hierher geschickt? Alles, was Du gehört hattest, habe ich von dort durch Belram erfahren. Wenn sich der Finger der Aširat zeigen wird, so möge man es sich einprägen und es befolgen! Und das Zeichen und die Sache berichte mir. Was Deine Tochter betrifft, so kennen wir diejenige, die in Rubute[4] ist, Šalmiša. Wenn sie groß geworden, dann gib sie zur Königsherrschaft: sie soll dem Herrn gehören!

---

[1]) Bliß and Macalister, l. c. Pl. 24ff., vgl. Bliß, A mound of many cities passim.

[2]) Sellin, Tell Taʿannek 1904; Nachlese auf dem Tell Taʿannek 1906; vgl. Sellin, Ertrag der Ausgrabungen im Orient, Leipzig 1905.

[3]) Die erste Übersetzung gab der Assyriologe Hrozný bei Sellin l. c.

[4]) Rabbith Jos 19, 20?

Nr. 2[1].

An Ištarwašur: Aḫi-Jawi. Der Herr der Götter möge dein Leben behüten, denn ein Bruder bist Du, und die Liebe ist am Orte Deiner Eingeweide und in Deinem Herzen. Als ich in Gurra[2] im Hinterhalte lag, da hat mir ein Werkmeister zwei Messer, eine Lanze und zwei Keulen umsonst gegeben. Und wenn schadhaft geworden ist die Lanze, so wird er sie ausbessern und durch Buritpi schicken. Gibt es noch Weinen für Deine Städte, oder hast Du Dich wieder in den Besitz derselben gesetzt? Über meinem Haupte ist jemand, der da ist über die Städte. Jetzt siehe doch, ob er Dir Gutes erweisen will. Wenn er das Angesicht zeigt, so werden sie zuschanden werden, und der Sieg wird gewaltig sein. Es möge hineingehn Ilurabi in Raḫab[3] und entweder meinen Vogt zu Dir schicken oder ihn beschützen.

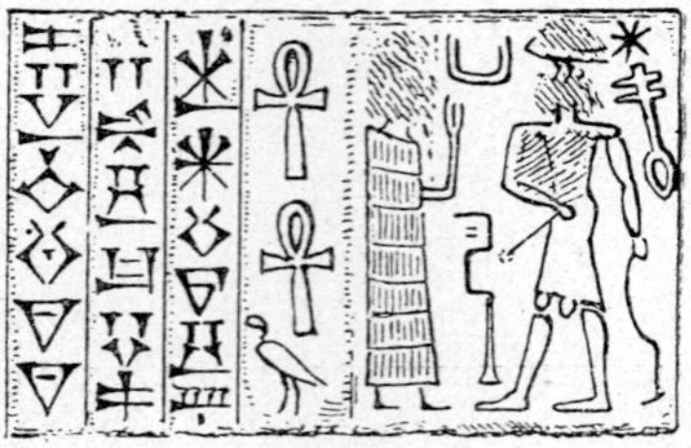

Abb. 112: Siegelzylinder gefunden in Taʿannek.

Die Schrift und Sprache der Urkunden, die von verschiedenen Schreibern verfaßt sind, ist babylonisch und bezeugt, daß die Kanaanäer des 15. Jahrhunderts (denn um diese Zeit wird es sich wie bei den Amarna-Funden handeln) nicht nur im diplomatischen Verkehr mit Ägypten, sondern auch untereinander babylonisch redeten und schrieben. Das setzt aber eine durch Jahrhunderte vorhergegangene Beeinflussung durch babylonische Kultur und Geisteswelt voraus. Der angesichts der Amarna-Briefe geltend gemachte Einwand, die Stadttyrannen würden sich wohl nur aus Ehrgeiz Schreiber zugelegt haben, die die babylonische Sprache wohl oder übel verstanden und zu schreiben wußten, kann nach der Auffindung dieser Privaturkunden von Taʿannek nicht mehr aufrechterhalten werden.

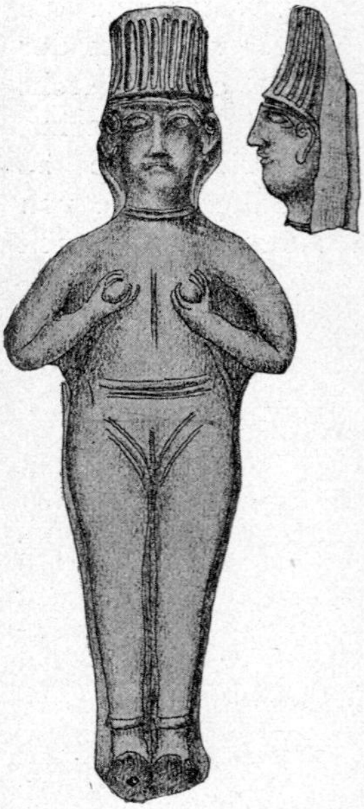

Abb. 113: Ištar von Taʿannek.

Auf religiösem Gebiete sind noch folgende Taʿannek-Funde zu nennen:

[1]) S. zu diesem Brief S. 323 f. [2]) Gur 2 Kg 9, 27.
[3]) Rechob Ri 1, 31.

1. Ein Steinaltar bei einem Kinderfriedhof aus altkanaanäischer Zeit (Sellin, Tell Taʿannek S. 34). Es ist eine Stufe hineingehauen (vgl. dagegen das Verbot 2 Mos 20, 25f.).

2. Zwei Säulen auf der Hauptstraße, die sich durch Schalenlöcher als Opfersäulen ausweisen.

3. Säulenreihen unter der Nordburg (zwei Reihen zu je fünf), Säulen an Hauseingängen, die wohl mit Öl oder Blut bestrichen wurden.

4. Ištar-Bilder, und zwar 19 in bestimmtem sonst nicht nachweisbaren Typus (s. Abb. 113)[1], vier in abweichendem Typus. Näheres S. 321.

Abb. 114: Lebensbaum mit Steinböcken am Räucheraltar von Taʿannek.

5. Ein Siegelzylinder trägt in altbabylonischer Keilschrift im Charakter der Hammurabi-Zeit die Inschrift: „Atanaḫili, Sohn des Ḫabsi, Knecht des Gottes Nergal“ und daneben ägyptische Hieroglyphen, die einen Segenswunsch ausdrücken (s. Abb. 112). Das entspricht ganz der Erwartung: Babylonien und Ägypten beherrschten geistig gemeinsam das alte Kanaan.

6. Ein Räucheraltar aus Ton, der als Altarhorn ein Widderhorn (nicht Stierhorn) hat. Er zeigt auf jeder Seite drei Gestalten mit bartlosem Gesicht, Tierleib und Flügeln, die gleichsam auf den vor dem Altar Stehenden zuschreiten. Zwischen ihnen liegen Löwen (im ganzen vier), deren Vordertatzen auf den Kopf des nächsten Mischwesens treten. Auf der linken Seite ist in die Körper hinein das Bild eines Knaben geschoben, der eine Schlange würgt, die sich mit offenem Rachen vor ihm aufgerichtet hat. Ein Reliefbild auf der Vorderwand zeigt den Lebensbaum mit zwei Steinböcken. Nach Sellin mag der Altar, dessen Maße zum Teil mit den 2 Mos 30, 2 vorgeschriebenen stimmen, und dessen Form sich nach oben eigenartig verjüngt, aus der klassisch-israelitischen Zeit, etwa aus dem 8. Jahrhundert, stammen, aber sein künstlerisches Vorbild ist gewiß älter und wird von dem Auslande stammen, gleich dem Altar 2 Kg 16, 11, den Ahas nach damaszenischem Muster bauen ließ. Der Altar ist tragbar gewesen und

---

[1]) Diese und die folgenden Abbildungen nach Sellin, Tell Taʿannek.

diente gleich einem anderen in Fragmenten gefundenen Altar offenbar dem Räucheropfer des Privatkultus. S. Abb. 114 und 115 und 116.

Neben der babylonischen und ägyptischen Kultur will Sellin auch eine originell kanaanitische Kultur konstatieren, vor allem an gewissen Erzeugnissen der Keramik, die durch Schraffierungen, eigenartig gewölbte Handgriffe und bestimmte Dekorationen sich kennzeichnen. Was sich aus der israelitischen Ära (also etwa seit 1200) als originell erweist, ist ungeschickt und plump und entspricht der Erwartung: Israel war in allen kulturellen Dingen abhängig.

Abb. 115: Räucheraltar von Ta'annek. Original im Museum zu Konstantinopel.

Sellin glaubt beobachtet zu haben, daß in der israelitischen Ära der babylonische Einfluß aufhört. Wir können das kaum für möglich halten. Gewiß, die babylonische Macht sank damals, aber die assyrische war in kultureller Beziehung mit der babylonischen identisch. Übrigens sind der babylonische Löwe auf dem Siegel von Megiddo, ferner der in Gezer gefundene Keilschrift-Kontrakt[1] und die in Sebaste gefundenen assyrisch-babylonischen Siegelzylinder Zeugen für das Gegenteil. Wir werden auch biblische Spuren finden, nach denen das Babylonische noch später seinen Einfluß geltend machte, auch in Sprache und Schrift.

Die Ausgrabungen in Palästina haben übrigens neben dem babylonischen und ägyptischen noch einen dritten Kulturfaktor für das Bibelland erwiesen, der seit dem 14. Jahrhundert sich geltend macht, nämlich den sog. mykenischen[2]. Wir haben

[1]) Palest. Explor. Fund 1904, 229ff., vgl. Sellin l. c. S. 28.

[2]) Ein solcher Einfluß erklärte sich auch mit der Einwanderung der Seevölker, zu denen die Philister (Kreta-Keft-Kaphtor) gehörten.

S. 290f. an einem Beispiel gezeigt, welche nahe Verwandtschaft auch hier mit Babylonien sich zeigt. Wenn übrigens eine gewisse Emanzipation von Babylonien und Ägypten zutage tritt, so entspricht das der Tatsache, daß in dieser Zeit (seit dem 13. Jahrhundert) die palästinensischen Staaten für eine freiere Entfaltung Raum hatten. Es ist ja zugleich die Zeit, in der die hebräische Buchstabenschrift eingedrungen sein muß[1], die die Keilschrift in Kanaan verdrängt hat. Kenntlich ist diese Kultur an Krugscherben mit sog. Leiterdekoration, geometrischer Dekoration, Fischen, Vögeln, Tieren, besonders Steinböcken (s. Abb. 117 und 118). Solche Krüge wurden auch auf Cypern und in Ägypten gefunden und als phönizische bezeichnet; sie ähneln aber Scherben von Mykenä und Rhodus, die als hier fabrizierte Ware angesehen werden dürfen[2].

Abb. 116: Räucheraltar von Ta'annek. Original im Museum von Konstantinopel.

Abb. 117 und 118: Siegelzylinder aus Tell Hesy (Bliß, A Mound of many cities S. 79).

Die Grabungen des Deutschen Palästinavereins in **Mutesellim** (Megiddo) haben ebenfalls wichtige mächtige altkanaanäische Burganlagen und wichtige Einzelfunde zutage ge-

[1]) Zu ihrer Entstehung in viel älterer Zeit s. Hommel, Grundriß S. 28.

[2]) Nach Sellin, Ertrag der Ausgrabungen S. 26f.

fördert. Zu diesem Funde gehört das Abb. 119 wiedergegebene althebräische Siegel des „Šema', des Dieners Jerobeams“[1]. Wir heben noch folgendes hervor:

Ein ägyptisches Räuchergerät (abgebildet MDPV 1904, S. 55), ein babylonischer Siegelzylinder aus Jaspis, ein babylonischer Siegelstein mit Lebensbaum und Greifen und anderen Tierfiguren, Lebensbaum mit Greifen auch auf einem weißen Email-Amulet, Astarte-Figuren, behauene Malsteine, wie in Ta'annek, Trümmer eines Felsenaltars.

Abb. 119: Das Siegel des „Šema', des Dieners Jerobeams“ (in doppelter Größe). Nach MDPV 1904, S. 2.

In beiden Hügeln fand man Krüge mit Resten von massenhaften Kinderleichen. Sellin u. a. schließen auf Kinderopfer. Wir möchten dieser Hypothese entschieden widersprechen. Man wird die Kinder im Hause begraben haben, wofür auch die jüngst in Assur gefundenen Grabanlagen sprechen, und, wenn möglich, in der Nähe von Heiligtümern. Auch das „durchs Feuer Gehen“ des Erstgeborenen ist nicht Menschenopfer, sondern Zeremonie des Sonnenwendfestes gewesen. Menschenopfer, wie sie mit Entsetzen vom Moabiterkönig berichtet werden (2 Kg 3, 27), werden zu den grausigen Seltenheiten gehört haben.

Die Religion im vorisraelitischen Kanaan.

Die Geschichte der Kulte spiegelt wie überall so auch in Kanaan die Schichten der Eroberungen wieder. Politische Umwälzungen identifizieren die Kulte. Dabei ist aber auf vorderasiatischem Gebiete zu beachten, daß hinter sämtlichen Kulten die gleiche religiöse Lehre steht. Wenn für Tammuz Osiris, für Ištar die Ba'alat von Gobal, für Ba'al Amon erscheint, so ist das nur ein Wechsel der Namen. Von „Mischreligion“ darf nur unter diesem Gesichtspunkt geredet werden[2]. Der oben

[1]) Kautzsch, Mittlg. u. Nachr. des DPV 1904, 1 ff. In den Jahrgängen 1904 ff. findet man die ausführlichen Berichte über Mutesellim.

[2]) Vgl. Frdr. Jeremias bei Chantepie de la Sassaye, Religionsg.[3] 348 ff. 359 ff. Auch Sellins Darstellung von den kanaanäischen Religionen auf Grund der Ta'annek-Funde l. c. S. 105 ff. ist noch von der alten Anschauung beherrscht, die die innere Einheit der Kulte verkennt. Verhängnis-

S. 316 abgebildete Siegelzylinder mit babylonischem Bild und babylonischer Legende und Segenswunsch in Hieroglyphen entspricht dem politischen Zustand: Ägypten und Babylonien kämpfen um die Oberhoheit in Syrien.

Die in der Bibel bezeugten kanaanäischen Götter Baʿal und Molek entsprechen wahrscheinlich der Oberwelt- und Unterwelt-Erscheinung der kanaanäischen Astral-Gottheit[1]; es sind Sonnengottheiten in den beiden Hälften des Kreislaufs, die eine segenbringend, die andere verderbenbringend.

Nach den Amarna-Urkunden[2] tritt in allen Gebieten Kanaans Addu hervor (s. S. 78). Er ist die Repräsentation des Naturkreislaufs unter Betonung der Wettererscheinungen (S. 113), entsprechend dem babylonischen Adad-Ramman, oder, was im letzten Grunde dasselbe ist, Marduk nach gewissen Seiten seiner Erscheinung, und dem hettitischen Tešup (S. 112, Abb. 44 u. 45). Die Griechen würden sagen: Jupiter Dolichenus (S. 113). Br. 149, 13ff.[3]: „Der König läßt seine Stimme am Himmel wie Addu ertönen, so daß das ganze Land vor seiner Stimme erzittert.“ Es ist der Ramman von Ḫalmân (Aleppo), dem Salmanassar II. opfert, als er Syrien betritt[4].

Die weibliche Entsprechung ist Ištar, die an jedem Kultort unter einem besonderen Typus verehrt wird[5]. In Taʿannek fanden sich 19 Fragmente von Ištar-Statuetten in gleichem charakteristischen Typus, vier von anderen Typen. Die Göttin heißt Aštarti oder, wohl in der speziellen Kultform des Pfahles,

---

voller aber ist der Irrtum von „ursprünglich“ primitiven religiösen Zuständen: Steinkultus, Baumkultus, Tierkultus (Sellin S. 107 „ältere religiöse Verehrung der Tiere“, S. 109 „uralter Baumkultus“). Das sind Eierschalen der evolutionistischen Auffassung.

[1]) Baʿal ist der babylonische bêlu, „Herr“. In Molek (1 Kg 11, 7, sonst immer mit Artikel) verbirgt sich wahrscheinlich das „babylonische“ Götterattribut malik „Entscheider“. Die Vokalisierung von Molek ist absichtliche Verderbung nach Analogie von bošet. Die Opferbrandstätte Jes 30, 33 gilt nicht dem Molek sondern der malkâ, d. i. Ašera, s. Erbt, Die Ebräer S. 235. Der greuliche Moloch verschwindet endgültig in der Versenkung.

[2]) S. Trampe, Syrien vor dem Eindringen der Israeliten, Wissensch. Beilage zum Jahresbericht des Lessing-Gymnasiums 1898 und 1901. Eine sehr tüchtige Bearbeitung der Briefe nach ihrer kulturellen Seite; in bezug auf die Religion herrscht auch hier die alte Auffassung, die vom „spätern Baal“ etc. spricht.

[3]) Zitiert noch nach der Ausgabe in KBV.

[4]) KB I, 172f.

[5]) Man denke an die verschiedenen Marien im katholischen Kultus, die alle dieselbe Himmelskönigin darstellen.

der in das Bild der Göttin ausläuft (S. 110 und Abb. 41), Ašera, Aširta, Ašratum[1]. In besonderem Ansehen steht die Baʿalat von Gobal (Byblos) Br. 57, 4 etc. Ihr Verhältnis zu Tammuz-Adonis wurde S. 115f. besprochen.

Ferner erscheint in Eigennamen der S. 335 besprochene Gottesname Ilu (bez. Ilâni), ferner in theophoren Namen Ninib (Bît-Ninib Stadt bei Gebal 55, 31 und bei Urusalimmu Br. 183, 15), Dagon Br. 215f. in Dagan-takala. Von ägyptischen Gottesnamen erscheint Amon (Am-mu-nira heißt ein Einwohner von Berut Br. 128, 3 und Amanḫatbi Br. 134f.). Die Briefschreiber rufen ihn dem Pharao zuliebe an: „Amana, der Gott des Königs" Br. 54, 4. Als seine Partnerin erscheint Bêlit von Gobal Br. 67, 5, sie entspricht ja Isis. Br. 87, 64ff. schreibt Rib-Addi: „Dein Vater war Ilâni (Plur. von Ilu, wie Elohim, s. S. 336) und Šamaš und Bêlit für Gobal." Babylonisch entspricht Amon-Re einerseits Marduk, andrerseits Šamaš; Abimilki von Tyrus sagt Br. 150, 6ff.: „O König, wie Šamaš, wie Addu am Himmel bist du." Der Pharao erscheint als Inkarnation der Sonne und heißt als solcher in den Briefen Šamaš. Br. 144, 16ff.: „Mein Herr ist die Sonne am Himmel, wie auf das Aufgehen der Sonne vom Himmel, so warten die Diener auf das Hervorkommen des Wortes aus dem Munde seines (!) Herrn." Br. 138, 1 nennt den Pharao mar Šamaš, „Sohn der Sonne", Br. 208, 18ff.: „Der König, die Sonne vom Himmel, Sohn der Sonne, den Šamaš liebt"[2].

Die Gottheit erscheint ja als summus deus, als Baʿal, in ihrem Gebiet. Dabei gilt der Grundsatz, daß man Sukkurs von anderen haben kann, wie in der Jonas-Geschichte anschaulich dargestellt ist Jon 1, 5f. Br. 146, 14ff. schreibt Ittakama: „Wenn deine Götter und dein Šamaš vor mir einherziehen, will ich die

---

[1]) Ašrat auf der Inschrift Hammurabis als des Herrschers über das Westland, s. S. 294. Am.-Br. 40, 3 Abd-aš-ta-[ar]-ti (Schreibfehler: aštati), var. Br. 38, 2: Abd-(ilu)-aš-ra-tum, 124, 6: Abdaširta, Varianten 58, 19; 137, 60; 65, 10 Abd-ašratum und Abd-ašrati.

[2]) Als Stadtgottheit von Tyrus erscheint Šalmajâti (Br. 152, 31f. 40. 51f.) Trampe hat l. c. die ansprechende Vermutung ausgesprochen, daß Melkarth nur Epitheton ist: Melek-ḳarth „König der Stadt"; vgl. Hommel, Altisr. Überl. 223f.; Grundriß 160 Anm. 4 und Šargânî-šar-ali (ilu šar ali schon bei Urnina). Winckler hat die Benennung Jedidjas, des Sohnes Davids (Salomo, Vasall von Tyrus) damit in Verbindung gebracht, s. Winckler, KAT³ 195. 236, Erbt, Hebräer S. 74 und 152. Nach Hommel wäre Šalmajâti Pl. maj. von Šalmai (vgl. Nabajâti von Nabiu), auch der arabische Frauenname Salmai wäre zu vergleichen.

Städte zurückbringen." Die Vasallen haben deshalb die Pflicht, die Götter ihres Oberherrn zu verehren. Br. 213,9 f. aus Askalon: „Ich bewache für meinen Herrn (?) die Götter des Königs, meines Herrn." Eroberungen werden dadurch besiegelt, daß man wie in Babylonien und Assyrien die Götterstatuen wegführt und damit das Land herrenlos macht, oder dadurch, daß der König seinen Namen auf die Götterstatue setzt (Beispiele: Br. 138, Rev. 18 ff. 29) Die zürnende Gottheit verläßt das Land (vgl. die Ansicht im jüdischen Volke: Jahve sieht uns nicht, Jahve hat das Land verlassen Ez 9, 9).

Br. 71, 61 spricht von Tempeln (bît-ilâni) und Tempelschätzen. Der Kultus von Gobal wurde von Priesterinnen verwaltet, von denen Br. 61, 54; 69, 85 zwei mit Namen nennen.

Die Funde von Ta'annek und Mutesellim zeigen natürlich die gleichen Erscheinungen. Von den Ištar-Typen war S. 316f. die Rede. Der Siegelzylinder mit dem Nergal-Bild (Abb. 112) kann kaum als Zeuge für Nergal-Kult gelten. Neben Ištar, bez. Aširat, deren Kult hier ausdrücklich bezeugt wird und deren Orakel gern befragt wurden, erscheinen auch hier Bel, Adad und Amon (Amuna bez. Aman in dem Namen Ama-an-an-ḫa-sir).

Ein religionsgeschichtlich höchst interessantes Dokument ist der S. 316 wiedergegebene Brief des Aḫi-Jami an Ištar-wašur[1]. Ob der spätere israelitische Gottesname in Jami stecken kann, bleibe dahingestellt[2]. Die tiefe Religiosität des Briefes läßt vermuten, daß es sich um einen Gottesverehrer handelt, der den „Kindern Israel" nahe steht, sei es nun, daß er zu den „Hebräern" gehört, unter denen sich altes religiöses Gut erhalten hat (S. 328) oder daß es sich um den Angehörigen eines israelitischen Stammes handelt, der zeitiger eingewandert war, als das Gros unter Josua[3]. „Der Herr der Götter möge dein

---

[1]) S. OLZ Mai 1906.

[2]) mi (nicht wi steht da) ist Variante des postpositiven ma, das sich auch sonst bei Eigennamen findet; die Vermutung Zimmerns bei Sellin trifft sicher das Richtige. Zum Namen vergleicht Sellin אחראם 2 Sa 23, 33.

[3]) Asser? (Hommel, Altisr. Überl. 228; W. M. Müller, Asien und Europa 236f.; Erbt, Hebräer 46.) Oder bereits einer der Lea-Stämme, die aus Ägypten kamen (Steuernagel, Die Einwanderung der israel. Stämme 115ff.)? Vgl. Ri 5, 17f. (Sellin l.c. 108f.). Zur religiösen Würdigung des Briefes s. Fr. Jeremias bei Chantepie de la Saussaye[3] I, 353; Baentsch, Monotheismus S. 57.

Leben behüten; über meinem Haupte ist einer, der da ist über die Städte, sieh, ob er dir Gutes erweisen will — wenn er sein Angesicht zeigt, so werden die Feinde zuschanden.“ So hätte Elias an den König von Tyrus, und Elisa an den König von Damaskus schreiben können. Der Schreiber dieses Briefes kennt den Herrn der Herren, der Götter Gott, der über seinem Haupte waltet, und den Sieg verleiht, wenn er sein Angesicht zuneigt. Darin liegt mehr, als monotheistische Unterströmung. Das führt uns zum folgenden Kapitel.

Vierzehntes Kapitel.

Abraham als Babylonier.

Die Geschichten 1 Mos geben von 11, 26 an auf Grund verschiedener Quellschriften die Überlieferung wieder, die in frommen Kreisen Israels in bezug auf die Urzeit Israels im Umlauf waren. Außer 1 Mos kommt noch in Betracht Jos 24, 2; Jes 63, 16; 51, 1 f.; Jer 33, 26 und (Sodom und Gomorrha betreffend) Am 4, 11; Jes 1, 9.

Die Erzvätergeschichten sind in der uns vorliegenden Gestalt unvollständig und idealisiert. Wir wissen nicht, wie die Quellschriften, aus denen die Erzählungen geschöpft sind, ursprünglich ausgesehen haben, und was sonst mündlich erzählt wurde. Dem Verfasser der sog. Priesterschrift haben zwei in der Hauptsache übereinstimmende Quellen vorgelegen. Er hat sie nach gewissen Gesichtspunkten exzerpiert, wohl auch außer seinem genealogischen Abriß einiges aus andern Quellen selbständig hinzugefügt. Aber seine Exzerpte sind unvollständig[1].

---

[1]) Ergänzungen zur Überlieferung werden wir in den Sagenstoffen der außerbiblischen und islamischen Tradition suchen dürfen (die islamische Religion wird auf Abraham zurückgeführt, wie die biblische). Auf beiden Gebieten finden wir Traditionsstoff, der unabhängig von den biblischen Quellen ist und nicht einfach erfunden sein kann. Auch die neutestamentlichen Schriftsteller (eine Übersicht über solche Stellen s. BNT 112, vgl. auch zu Hbr 11, 21 S. 376) benutzen für die Väterzeit Quellen, die neben der Bibel hergehen, und die das gleiche Recht haben, gehört zu werden, wie die durch den Redaktor uns aufbewahrten Überlieferungsstücke. Es ist z. B. im einzelnen Falle nicht ausgeschlossen, daß sie Teilen der Quellschriften entstammen, die bei der Arbeit des Redaktors unter den Tisch gefallen sind, vgl. ThLBl 1906, Sp. 348.

Auf Grund der Voraussetzungen, die in der Überlieferung aus der mosaischen Zeit liegen, müßten wir z. B. lebhaftere Beziehungen zu Arabien erwarten, vor allem würden wir Berichte über eine Kultstätte des „Gottes der Hebräer" erwarten[1]. Daß Beziehungen zur arabischen Steppe vorhanden waren, zeigt die Geschichte Lots und die Wanderung Abrahams mit Sarah in Notzeiten. Der Schauplatz der Opferung Isaaks 1 Mos 22, 2 war wohl nach dem ursprünglichen Text „auf einem Berge im Lande Muṣri" (der mas. Text schreibt Morijah, s. S. 368!), auf dem Sinai-Horeb. Aber die Tradition ist verwischt. Auch von dem Blutritus, den die Passah-Feier 2 Mos 12, 7 doch wohl als bekannt voraussetzt, wissen die Vätergeschichten nichts; er ist aber für die vorisraelitische Zeit Kanaans bezeugt durch die Auffindung der Maṣṣeben an den Häusern (S. 317), die an Stelle der Türpfosten mit Blut bestrichen wurden.

Sodann trägt die Vätergeschichte die Spuren der Idealisierung. So wird bei P die Beschneidung in die Vätergeschichte eingetragen, um dieser Vorschrift eine besondere Weihe zu geben, während ja von Moses und seinen Söhnen ausdrücklich bezeugt ist, daß sie unbeschnitten waren[2]. Aber grade der Umstand, daß die Idealisierung nicht Selbstzweck ist, spricht für geschichtlichen Kern der Erzählung. Eine idealisierende Legende ohne tatsächlichen Hintergrund würde gewiß die Väter nicht als Fremdlinge im Lande haben wohnen lassen, die mit den Barbaren um einen Begräbnisplatz handeln müssen. Sie würde ferner die Zweischwestern-Heirat des Jakob, die 3 Mos 18, 18 widerspricht, unterdrückt haben[3]. Auch mancher stark menschliche Zug, der arge Flecken an den sonnenhaften Volksheroen zeigt, würde bei Sagenbildung über Idealgestalten des Volkes unerklärlich sein. Vor allem aber bezeugt die Echtheit des Milieus, daß es sich um Überlieferung, nicht um Dichtung handelt. Der zeitgeschichtliche Hintergrund und die Einzelheiten der Sitten und Gebräuche stimmen zu dem, was uns die Denkmäler aus jener Zeit berichten.

Man wendet ein, es sei unmöglich, daß sich eine solche Vätergeschichtsüberlieferung durch Jahrhunderte fortgepflanzt habe. Zum

---

[1]) S. 2 Mos 3, 18; 10, 3, 9, vgl. 1 Kg 19, 8, wo die 40 Tage nicht nach der Landkarte zu messen sind (s. S. 86); 5 Mos 32, 2; Ri 5, 4.

[2]) 2 Mos 4, 24 ff. Diesen Widerspruch zwischen Tradition und Gesetz benutzt einmal Jesus in den Streitgesprächen mit den Pharisäern auf eigenartige Weise, s. Jo 7, 22.

[3]) Vgl. S. 358.

Beweis hat man Versuche angestellt, wie weit etwa in Bauernfamilien eine mündliche Überlieferung über Kriegsereignisse u. dgl. zurückverfolgt werden könne. Weder Einwand noch Beweis sind stichhaltig. Man kann das Einzelgedächtnis der Gegenwart nicht mit dem Volksgedächtnis für entscheidende religiöse oder vermeintlich religiöse Ereignisse vergleichen. Der Odenwald z. B. steckt noch heute voll von altgermanischen Erinnerungen. Aber es muß einer (etwa als alter Pfarrer) jahrzehntelang das Vertrauen der alten Odenwaldbauern, die ihre Söhne gern Siegfried nennen, gewonnen haben, ehe sie heimlich erzählen, was sich von den Urvätern her vererbt hat. Und in der Wendei oder in Ostpreußen kann man noch heute „unheimliche" Weiber finden, die in der Hexensabbathnacht oder in der Sonnenwendenacht die alten heidnischen Opfer darbringen und die Geheimnisse bewahren, die sie von den Müttern der Vorzeit geerbt haben. Man bedenke, daß immer drei Generationen zugleich leben und daß bei zähen Völkern nicht allzuviel Generationen zu einem Jahrtausend gehören. Und dazu handelt es sich hier um orientalisches Gedächtnis. Wer als Kenner des alten Orients 1001 Nacht liest, sieht mit Staunen, welche Zähigkeit die Tradition im Orient besitzt. Übrigens dürfen wir annehmen, daß den Quellschriften des Elohisten und Jahvisten nicht nur mündliche, sondern auch schriftliche Überlieferung[1] zugrunde lag, wie ja auch die babylonischen Erzählungen, die in neubabylonischer Zeit von den Helden aus Hammurabis Zeit berichteten, sich als Abschriften oder Umdichtungen alter Urkunden darbieten, vgl. S. 215ff.[2]

---

[1]) Vgl. jetzt Erbt, Die Ebräer S. 61ff.: „Abraham erscheint als eine Gestalt von Fleisch und Blut aus der Zeit Hammurabis." Erbt glaubt, daß geschichtliche Urkunden aus kanaanäischer Zeit vorgelegen haben. Die Heiligtümer von Penuel-Mahanaim und Sichem können Archive gehabt haben mit Urkunden aus der Hammurabi-Zeit. Auch Jerusalem kann Traditionen schriftlich aufbewahrt haben (vgl. Malkîṣedek in Ps 110, s. S. 351).

[2]) Nach den Gesetzen der ethnographischen Forschung kann Familiengeschichte nicht Ausgangspunkt einer Völkergeschichte sein. Völker und Stämme entstehen durch Verschmelzung von Familien und Geschlechtern, nicht durch Vermehrung und Spaltung von Familien. Aber „auch die Familien sind nicht vom Himmel gefallen" (Nikel, Genesis u. KF 211). Die meisten israelitischen Stammnamen sind ursprünglich Personennamen (Hommel, Grundriß, S. 185f.). In Arabien leiten sich noch heute viele Stämme von einem Stammvater ab (vgl. Cornill, Geschichte des V. I. 37f., wo auf türkische Statistiken über Beduinenstämme des Dscholan und Hauran gewiesen wird, und ZDPV XXIII, 58). Die Gesetze der Ethnographie würden uns übrigens keinesfalls abhalten, die Herkunft Israels von einem Stamme anzunehmen, wenn nicht andre Gründe dagegen sprechen würden. Dieselben Gesetze schließen ja auch die Abstammung des Menschengeschlechts von einem Paare aus, die wir vom Standpunkte der christlichen Weltanschauung aus festhalten. Gesetze sind Kategorien des menschlichen Denkens. In der Geschichte Israels ist vieles in Religion und Geschichte ohne Analogie. Man könnte für den Volksanfang der Israeliten sehr wohl eine Ausnahme zugestehen, wenn man die besondere Rolle anerkennt, die Israel in der Geschichte der Erziehung des

Abraham erscheint in der vorliegenden Darstellung als „Stammvater“. Es ist ein Charakteristikum aller semitischen Geschichtsdarstellung, daß das Volk gleich dem Stamm als eine Familie erscheint, die ihren Ursprung auf einen Stammvater zurückführt. Aber die Überlieferung läßt selbst durchblicken, daß die Familiengeschichte nicht im Sinne einer ethnologischen Spaltung verstanden sein will. Es will nur insofern geschichtlich sein, als das Familienschema Traditionen von hervorragenden Häuptern der „Kinder Israel“ in ihren Anfängen aufbewahrt, unter denen es auch einen Jakob mit ca. zwölf Söhnen gab. Die Stammbäume sind später künstlich gemacht. Jeder wollte vom Adel der Urzeit stammen. Weiteres hierzu s. S. 363 ff.

Abraham ist nicht Stammvater im ethnologischen, sondern im religiösen Sinne, „Vater der Gläubigen“. Wenn er „zum großen Volke gemacht werden soll“, so ist das von der religiösen Gemeinde zu verstehen, wie 4 Mos 14, 12, wo Moses Stammvater eines neuen Volkes werden soll, wenn etwa das alte ausgerottet werden muß. Das ethnographische Mißverständnis, e lumbis Abrahae, ist das Unglück der Juden geworden. Johannis der Täufer und Jesus haben damit zu kämpfen gehabt. Um so nachdrücklicher betonen wir die religiöse Bedeutung der Abstammung von Abraham. Die Religion Israels, die sich später um den Namen יהוה schart, beginnt nicht erst mit Moses. Sie ruht auf Offenbarung. Moses ist im besonderen Sinne Träger der Offenbarung. Aber die Offenbarung hat Vorstufen in der vormosaischen Zeit. Und auch hier kann sie nur auf Persönlichkeiten gewirkt haben. Die führenden religiösen Persönlichkeiten und Offenbarungsträger der Urzeit Israels sind die Erzväter.

Die biblische Überlieferung läßt durchblicken, daß die Anfänge der religiösen Gemeinschaft, die später „Kinder Israels“ heißt, aus einer Wanderung[1] hervorgegangen sind, die aus

---

Menschengeschlechts zukommt. Auf Grund von Axiomen, nach denen die Urprobleme der Menschheit als unlösbar gelten, pflegt man freilich dergleichen Deduktionen von vornherein als unwissenschaftlich zu brandmarken. Vielleicht ändert sich das einmal. Aber wie gesagt, die Behauptung einer autochthonen Herkunft der „Kinder Israel“ stimmt gar nicht zum Sinne der Überlieferung.

[1]) Daß Klostermann, Gesch. Isr. 31, eine ähnliche Auffassung von der Wanderung Abrahams als einer historischen Volkswanderung hat, sah ich nachträglich, durch eine Zuschrift D. Klostermanns aufmerksam ge-

Babylonien kam, also eine Art Hedschra aus religiösen Motiven. An der Spitze stand Abraham, gleichsam ein Mahdi. „Die Leute, die sie in Harran gewonnen hatten", können sehr wohl im Sinne von Anhängerschaft verstanden werden[1]. Wir sehen sodann, daß er 318 Leute ausrüsten kann, auch die Erzählung über die Trennung von Lot (1 Mos 13, 6 ff.) zeigt, daß es sich um größere Scharen handelt. Später wird uns von Zuzügen aus Ägypten bez. Muṣri (12, 15 f. u. 20) und aus Gerar[2] (20, 14) berichtet. Wenn das auch zunächst Sklaven waren (Hagar 16, 1 und Ismaels Weib gehörten dazu 21, 21), so konnten sie doch zur Kultusgemeinschaft und später zu der Volksgemeinschaft gehören, die dann „Kinder Israels" heißen. Auch wird 1 Mos 32, 8 ausdrücklich ein neuer Zuzug aus Harran angenommen.

Nach dem Vorbild ähnlicher orientalischer Erscheinungen (Muhammed), werden wir uns den Zug Abrahams als Eroberungszug, wenn auch in der mildesten Form, zu denken haben. Wenn es die biblische Erzählung verhüllt, so gehört das zur Idealisierung des Berichtes. Die außerbiblische orientalische Tradition, nach der „Abraham (dessen Vater babylonischer Feldherr war) Nimrods Heere überwältigt und das Land Kanaan an sich riß", ist gewiß nicht rein erfunden[3]. 1 Mos 21, 22 setzt voraus, daß Abraham kriegerische Fähigkeit hatte und die Episode 1 Mos 14 schildert ihn direkt als Führer im Kampfe, genau wie den ägyptischen Flüchtling Sinuhe, der

---

macht. Wir sind auf verschiedenen Wegen zu ähnlichen Resultaten gekommen. Klostermann hat sich große Verdienste um eine neue kritische Untersuchung der Vätergeschichten erworben. S. 363 ff. folge ich seinen Spuren.

[1]) 12, 5 steht hannepheš (Kautzsch übersetzt wie Luther: Seelen). Nepheš kann nach Ez 27, 13 „Sklave" heißen (hier steht aber nepheš-adam), und ist dann = babylonisch napištu, worauf m. W. nicht geachtet worden ist. Die Übersetzung: „Sklaven, die sie gekauft hatten" (עָשׂוּ) ist sehr fraglich. Und warum steht hier nepheš, das den Menschen als geistiges Wesen (speziell im Gegensatz zu Tieren) bezeichnet? Der Sklave heißt sonst ʿebed. Warum wird nicht nepheš, wenn es Sklave heißen soll, vor der Habe aufgezählt, oder, wie sonst, als dinglicher Besitz (vgl. S. 243 Anm. 3) in die Habe (rekuš) mit eingerechnet? Für den Sinn „Anhängerschaft" sprechen überdies die mystischen ḫanikîm 14, 14, s. S. 348.

[2]) Daß dies „Philister" waren (1 Mos 26, 1), beruht auf späterem Mißverständnis. Die Philister (Reste der Seevölker) waren damals noch nicht eingewandert. Zur Berechtigung der Heranziehung solcher jüdischen Sagen s. S. 324 Anm. 1; 333 Anm. 1; BNT 65 Anm. 2 und 67, auch Boeklen, Archiv f. Rel. Wiss. VI, S. 6.

[3]) S. Beer, Leben Mosis nach Auffassung der jüdischen Sage S. 40 und Leben Abrahams S. 1.

in Syrien (um 2000) ein Führer der Stämme im Kampfe gegen die Völker wird. In Sichem ist er Genosse eines Stammesbundes (sie heißen ba'alê-berît s. S. 348). Vielleicht ist die Namensänderung Abraham „Vater des Getümmels" (= Sin ḳarid ilâni, Kriegsheld der Götter) in diesem Sinne zu deuten[1].

Die Wanderung der Abrahamsleute.

1 Mos 11, 28 Ur Kasdim (Ur der Chaldäer) wird bei P[2] als der ursprüngliche Ausgangspunkt der Wanderung genannt[3]. Die Sibyllinen reden vom Lande Ur der Chaldäer (Kautzsch, Pseudepigr. 189). Es ist das Uru der Keilinschriften; der Name umfaßt die zugehörige Stadt und Landschaft.

„Könige von Ur" haben in Babylonien die Hegemonie in der ersten Hälfte des 3. Jahrtausends nach den Patesi von Lagaš, deren bekanntester Gudea ist. Sie nennen sich auch Könige von Kingi und Urṭu[4]. Der älteste uns bekannte König eines Reiches mit dem Sitz in Ur ist Ur-Gur. Er baute und erneuerte viele Tempel. Obwohl von ihm bisher nur Inschriften aus Südbabylonien bekannt sind, umfaßte seine Herrschaft gewiß auch Nordbabylonien. Sein Sohn Dungi, der mehr als 50 Jahre regierte, nennt sich „König der vier Weltgegenden". Seine Nachfolger (die sog. „2. Dynastie von Ur" ist aufzugeben) haben semitische Namen. Nach der Dynastie von Ur folgt eine Dynastie von Isin (zu ihr gehört Išme-Dagan mit dem kanaanäischen Namen), dann eine solche von Larsa, die unter Rim-Sin durch Hammurabi gestürzt wird. Hammurabi sagt auf seiner Gesetzes-Stele von sich: „den Sin schuf, der reich machte Ur, der Reichtum nach Giš-šir-gal (Mondtempel in Ur) bringt".

---

1) Hommel, Altisr. Überl. 277 hält אברהם für eine ältere orthographische Form. Aber der Doppelname der beiden Stammväter Abram-Abraham und Jakob-Israel wird wohl seinen besondern Sinn haben; er könnte einem Mond-Motiv (Janus-Mond mit Doppelgesicht) entsprechen.

2) 11, 28 wird als Glosse aus P angesehen. Die Herkunft nach der eloh. Quelle ist verloren gegangen. Nach spätern Spuren ist der Ausgangspunkt bei E in der Gegend rechts vom Euphrat gewesen. Der Jahvist läßt die Wanderung von Harran ausgehen. Alle drei Ausgangspunkte liegen auf der Straße, die von Babylonien nach Kanaan führt. Daß die Überlieferung einheitlich ist, zeigt die Zusammengehörigkeit von Ur und Harran als der beiden Mond-Kultorte, s. S. 331 f.

3) Auch an Urfa knüpfen sich viele Abrahamslegenden. Das darf natürlich nicht dazu verleiten, hier die Stätte von Ur zu suchen (Rassam, Joh. Lepsius). Eine andere Abrahams-Tradition nennt Arpakšad als Urheimat. Das wären die Konsonanten von Urfa Kasdim; aber Urfa ist doch wohl nur ein moderner Name (nach Hommel, Grundriß 193 Anm. 3 von Orrhoe, syr. Urhoi, אורהוי, arab. Ruhâ = Edessa, formell zu trennen; 'Urfa = ערפה Landrücken).

4) Das ist geographisch-politisch dasselbe wie Sumer und Akkad, Süd- und Nordbabylonien. Nach den Vokabularen ist speziell Kingi = Sumer und Urṭu = Akkad.

Die Stadt Ur ist wiederentdeckt in den Ruinen von El-muḳajjar (el-Mugheir) im südlichen Babylonien auf dem rechten Euphratufer. Es sind hier Königssiegel mit dem Namen Uru gefunden worden, Inschriften von Dungi, Kudur-Mabug, Išme-Dagan, aber auch noch von Nabonid. Die Stadt war Hauptsitz des südbabylonischen Mondkults[1].

1 Mos 11, 31. Die Abrahamsleute ziehen nach Harran, der nördlichen Mondstadt, dem Hauptort des eigentlichen Meso-

Abb. 120: Ruinen von El-muḳajjar (Ur-Kasdim der Bibel, Heimat Abrahams).

potamien[2]. Wenn ihr Ziel schon damals Kanaan war, so ist das trotz des riesigen Bogens der gewöhnliche Karawanenweg von Babylonien aus[3].

Der Mondgott heißt hier neben Sin speziell Bel-Ḫarrân und hat als solcher einen starken Einfluß auf Syrien ausgeübt[4]. Die Reformen des

---

[1]) Eupolemos (um 160 v. Chr.) bei Eusebius praep. evang. IX, 7 (Müller, Fragm. III, 211 f.) sagt, Abraham sei in der Stadt Babyloniens Kamarine, die manche *Οὐρίη* nennen, geboren. Kamarine, wohl aus dem Arabischen ḳamar Mond zu erklären, wird auch in der Sibylle (Kautzsch, Pseudepigr. 189) als Stadtname „im Lande Ur" zu lesen sein.

[2]) Es ist aus der alten Anschauung vom urisraelitischen Leben in der Wüste heraus geredet, wenn Gunkel, Gen. 150 sagt, nach 1 Mos 12, 1 würden Abrahams Vorfahren, als sie von Haran ausgehend geschildert werden, nicht als Städtebewohner gedacht. Wenn aber Guthe, Geschichte Israels 10, sagt: „um der Freiheit der Wüste willen hatten sie oder ihre Väter dem Kulturlande den Rücken gekehrt", so widerspricht das nicht nur den tatsächlichen Verhältnissen der israelitischen Urzeit, sondern es enthält überhaupt eine kulturgeschichtliche Unmöglichkeit.

[3]) Die Wanderung Esaus, die mit denselben Worten erzählt wird, wie die Abrahams (36, 6 vgl. 12, 5), hat andre Motive; aber sie will auch als Wanderung einer Gemeinschaft angesehen sein, wie Klostermann, Gesch. Isr. 30 gesehen hat.

[4]) Ein Relief aus Sendschirli in Syrien bezeugt den Kultus für Syrien. In Nerab bei Aleppo wurden zwei Grabsteine gefunden, die für Priester

Islam knüpfen wohl vielfach an Harran an. Bis ins Mittelalter erhielten sich in diesem Bollwerk des heidnischen Kultus Spuren des Mondkultus bei den harranischen Sabiern.

Von Harran führt der Weg bei Biredjik über den Euphrat. Sachau fand Spuren der alten Straße. In 1001 Nacht (Reclams Ausgabe Heft 20, 147 ff.) wird eine interessante Reise von Harran nach Samarien erzählt. Der Weg der Abrahamsleute geht auf der uralten Karawanen- und Kriegsstraße, die Ägypten und Babylonien verband. Als Hauptstation wäre Damaskus zu erwarten[1]. 1 Mos 15, 2 zeigt in der Tat Spuren einer Verbindung der biblischen Vätergeschichten mit Damaskus (s. S. 352 Anm. 2). Die Tradition lebt noch heute in Damaskus[2]. Josephus sagt Ant. I, 7, noch zu seiner Zeit sei Abrams Name im Damaszener-Lande berühmt, und er zitiert aus dem 4. Buche der Geschichte des Nikolaus von Damaskus die folgende Geschichte:

„Zu Damaskus regierte Abram, der mit einem Heere aus dem oberhalb Babylons gelegenen Lande der Chaldäer[3] dorthin gekommen sein soll. Und nicht lange nachher wanderte er mit seinem Volke von dort wieder aus nach Chananaea, welches jetzt Judäa heißt, und wo sich die Seinen stark vermehrten.“

Fünfzehntes Kapitel.

Abraham als Kanaanäer.

Die Religion der Abrahamsleute.

Die Jahve-Religion der mosaischen Zeit hat nach der biblischen Überlieferung ihre Vorstufe in der Religion der Väter, vgl. 2 Mos 3, 16. Wir sind der Meinung, daß diese Überlieferung einer religionsgeschichtlichen Tatsache entspricht.

Die Wanderung der Abrahamsleute bringt die Überlieferung in Zusammenhang mit den beiden großen Kultstätten des Mond-

des Mondgottes von Harran errichtet sind. In einem Vertrage des Matiilu, Fürsten von Arpad (s. S. 369), mit dem assyrischen König Ašurnirâri wird Sin von Harran an erster Stelle angerufen.

1) Assyrisch Dimašḳi, in der Thutmosis-Liste aus dem 16. Jahrhundert (vgl. S. 300 f.) Timasḳi.

2) Der über Damaskus sich erhebende Dschebel Ḳasjûn ist den Moslems heilig; hier sei u. a. Abraham zur Erkenntnis der Einheit Gottes gekommen, s. Baedeker[6] (Benzinger) S. 280.

3) Das ist wohl ein später Zusatz, der Harran mit Ur verwechselt oder gleich Ur zu Chaldäa rechnet. Sonst könnte sich Lepsius, der Urfa für die Urheimat hält, hierauf berufen.

gottes (Sin von Ur und Bel-Ḫarran). Von den Vorfahren Abrahams sagt die Überlieferung Jos 24, 2, sie hätten jenseits des Euphrats „anderen Göttern“ gedient[1], also den Göttern der babylonischen Astralreligion. Wir haben die monotheistischen Strömungen kennen gelernt, die hinter dieser Astralreligion für die „Wissenden“ sich verbergen. Diese Strömungen müssen vor der Hammurabi-Zeit in Babylonien besonders kräftig im Bereiche des Mondkultus zur Geltung gekommen sein. Der Mondkult beherrschte das Zeitalter, bis der Kult Marduks von Babylon die Sonnenerscheinungen in den Vordergrund rückte[2]. Daß der Mond als summus deus galt (das hieß aber für die Wissenden: er ist Inbegriff aller göttlichen Macht), folgte ja in mehr als einer Beziehung aus dem System. Unter den sieben Planetenhimmeln bildet der Mondhimmel die oberste Stufe, die in den Himmel des Anu führt. Darum ist Sin = Anu als „Vater der Götter“ und „König der Götter“ (S. 100). In der trinitarischen Auffassung der göttlichen Macht, die sich im Tierkreis kundgibt, gilt der Mond als Vater[3]. Der Begriff Ab d. h. „(göttlicher) Vater“ im Namen Ab-ram bezieht sich auf den Mond, vgl. S. 339. Wir besitzen einen Hymnus auf Sin von Ur, der den Mond als „barmherzigen Vater“ preist. Hier sei eine Stelle dieses prächtigen Mondhymnus wiedergegeben[4]:

Gewaltiger Anführer, dessen tiefes Inneres kein Gott durchschaut;
hurtiger, dessen Knie nicht ermatten, der eröffnet den Weg der Götter, seiner Brüder.
Der vom Grund des Himmels bis zur Höhe des Himmels glänzend dahinwandelt,
der da öffnet die Tür des Himmels, Licht schafft allen Menschen;
Vater, Erzeuger von allem, der auf die Lebewesen blickt, ..., der auf . . . . . . bedacht ist.
Herr, der die Entscheidung für Himmel und Erde fällt, dessen Befehl niemand (abändert);
der da hält Feuer und Wasser, der leitet die Lebewesen, welcher Gott käme dir gleich?
Im Himmel, wer ist erhaben? Du, du allein bist erhaben!
Auf Erden, wer ist erhaben? Du, du allein bist erhaben!

---

[1]) Vgl. Sure VI, 76: „Sprich: Wahrlich, mich hat mein Herr auf den rechten Weg geleitet, zur Religion des rechtgläubigen Abraham, der kein Götzendiener war.“ Der Islam will Abrahams Religion sein.

[2]) S. 78. Vgl. ferner Monotheistische Strömungen innerhalb der babyl. Religion, Lpzg. 1904; Baentsch, Altorientalischer und israelitischer Monotheismus, Tübingen 1906.

[3]) S. 100. [4]) Zimmern AO VII, 3, 13, vgl. auch unten S. 339.

Dein, dein Wort, wenn es im Himmel erschallt, werfen die Igigi sich auf das Antlitz nieder;
dein, dein Wort, wenn es auf Erden erschallt, küssen die Anunnaki den Boden.
Dein, dein Wort, wenn es droben wie der Sturmwind dahinfährt, läßt es Speise und Trank gedeihen;
dein, dein Wort, wenn es auf die Erde sich niederläßt, so entsteht das Grün.
Dein, dein Wort macht Stall und Hürde fett, breitet aus die Lebewesen;
dein, dein Wort läßt Wahrheit und Gerechtigkeit entstehen, so daß die Menschen die Wahrheit sprechen.
Dein, dein Wort gleicht den fernen Himmeln, der verborgenen Unterwelt, die niemand durchschaut;
dein, dein Wort, wer verstände es, wer käme ihm gleich?
O Herr, im Himmel an Herrschertum, auf Erden an Herrschaft hast du unter den Göttern, deinen Brüdern, keinen Rivalen;
König der Könige, erhabener, gegen dessen Befehl niemand ankommt, dem an Göttlichkeit kein Gott gleicht.

Über die religiösen Motive, die zur Wanderung der Abrahamsleute geführt haben, können wir natürlich nur Vermutungen aussprechen. Nach Analogie anderer religionsgeschichtlicher Erscheinungen auf dem Gebiete des alten Orients dürfen wir annehmen, daß es sich um eine reformatorische Bewegung handelt, die gegen religiöse Entartung der herrschenden Kreise protestiert[1]. Nach Lage der Sache könnte es sich um Entartung im Bereiche des Mondkultus handeln oder um einen Protest gegen den durch die Hammurabi-Dynastie zur Geltung gebrachten Kult des neuen astronomischen Zeitalters (Marduk-Kult, s. S. 66f.)[2]. Weder in diesem noch in jenem Falle würde es sich um eine völlige Negierung des betreffenden astralreligiösen Systems handeln, sondern nur um einen Protest gegen den auf der Lehre ruhenden polytheistischen Kultus. Die Lehre selbst haben die Träger der Jahve-Religion in der Väterzeit ebenso wie auf späteren Stufen (mosaische Religion, prophetische Religion) sehr wohl gekannt. Das zeigt sich in den astralmythologischen Motiven[3] und vor allem, wie

---

[1]) Die jüdische und die islamische Legende machten Abraham zum Märtyrer unter Nimrod. Wir sind auch hier der Meinung (vgl. S. 324 Anm. 1 BNT 65. 67), daß es sich nicht um Hirngespinste und Spintisierungen handelt, sondern um eine legendär vorgetragene mit mythologischen Motiven ausgestattete religionsgeschichtliche Wahrheit.

[2]) So jetzt Winckler, Abraham als Babylonier S. 24 ff., die Gesetze Hammurabis S. XXXI.

[3]) Für die Abrahamsüberlieferung s. S. 338 ff. Baentsch l. c. S. 60 überschätzt m. E. die religiöse Bedeutung dieser poetischen Motive, wenn er

wir später sehen werden, in der Symbolik des Kultus, in der sich die Elemente der astralen Lehre erhalten haben[1].

Wir sehen also in Abraham einen Mahdi. Der Auszug aus Babylonien erscheint uns als Hedschra. Die religiöse Bewegung unter Muhammed bietet in vielen Punkten eine religionsgeschichtliche Analogie. Wie die Religion Muhammeds, so knüpfte die Religion Abrahams an die vorhandene Ideenwelt an im Sinne eines reformatorischen Fortschritts[2]. Die Überlieferung weiß von visionären Erlebnissen in Ur (Neh 9, 7) wie in Harran (1 Mos 12, 1). Auf höhern Befehl führt er die Seinen nach dem Westlande; wie es scheint, nach dem Gebiet, das jenseits des Herrschaftsgebietes des babylonischen Herrschers lag. In Kanaan ist sein ganzes Leben durch visionäre und ekstatische Erlebnisse charakterisiert: 1 Mos 12, 7; 13, 14; 15, 1ff.; 17, 1ff.; besonders 15, 12ff.

Hier tritt nun eine Tatsache in Kraft, die mit den Mitteln historisch-kritischer Untersuchung weder bewiesen noch widerlegt werden kann. Abraham machte die Erfahrung von dem Eingreifen des lebendigen Gottes der Urzeit, der Himmel und Erde gemacht hat, in das eigne Leben und in die Erziehung des Menschengeschlechts[3]. Gott hat Abraham seine Wege wissen

---

annimmt, daß sie das Anzeichen dafür bilden, daß die Väterreligion noch keinen prinzipiellen Bruch mit der Astralreligion hat bedeuten wollen, wenn sie auch einen Schritt über die altbabylonische Religion hinaus vorstellt.

[1]) In den Kreis dieser Symbolik würden wir auch die Nomenklatur des Berges der Gottesoffenbarung als Sinai rechnen, der nach 2 Mos 3 (hier Horeb genannt) bereits für die Väterzeit als Kultort angenommen wird.

[2]) AG 7, 2 scheint eine Überlieferung anzudeuten, nach der Abraham bereits von Ur aus religiöse Propaganda nach Mesopotamien hin getrieben hatte. Die Stelle sagt, Abraham habe „in Mesopotamien, ehe er in Harran war", den Befehl zur Auswanderung erhalten. Harran kann selbst bei der mißbräuchlichsten Anwendung des Namens Mesopotamien nicht in Gegensatz zu Mesopotamien gesetzt werden, dessen Hauptort es ist. Die Abraham-Apokalypse scheint nun in der Tat von einer früheren Reise Abrahams nach Fandana, d. i. Paddan Aram, zu wissen (s. Apok. Abrahams, ed. Bonwetsch in Studien zur Geschichte der Theologie und Kirche I, 1); vgl. meinen Artikel Mesopotamien in Hauck, RPTh[3].

[3]) Die Kritik sagt natürlich: Das ist im Sinne der späteren prophetischen Religion zu verstehen. Aber das ist petitio principii. Übrigens: wenn Gott sich den Propheten kundgab, muß er dann in den Anfängen der israelitischen Religion untätig gewesen sein? Wenn man fragt: wo war denn dann seine Offenbarung vor Abraham? so sagen wir mit AG 14, 16: „Er ließ die Menschen ihre eignen Wege gehen", aber im Sinne von

lassen und die Abrahamsleute sein Tun. Er erweist sich als der barmherzige Gott, der Gebete erhört und Sünden vergibt. Das ist der Anfang der „Offenbarung" im biblischen Sinne, die im Christentum ihr Ziel hat, und die in ihren Anfängen und Fortschritten immer nur auf Personen wirken konnte. Das Wie? bleibt ein Rätsel, das nur die religiöse Erfahrung lösen kann. Aber ein Gesetz dieser Offenbarung kennen wir. Sie fällt nie vom Himmel, sondern knüpft immer an Gegebenes an und wirkt läuternd auf eine allmähliche religiöse und sittliche Entwicklung. Über das Nähere können wir nur Vermutungen aufstellen.

Es erhebt sich zunächst die Frage, ob die uns erhaltenen Überlieferungsstücke einen Rückschluß auf die Religion der Abrahamszeit gestatten.

Es finden sich charakteristische Gottesnamen in der Väterüberlieferung, die nicht auf Rechnung späterer Überarbeitung gesetzt werden können[1]. Der Gott Abrahams heißt 'el, 1 Mos 21, 33 beim Heiligtum von Beerseba[2] 'el ʿolam, „Gott der Urzeit" und 'el šaddai 1 Mos 17, 1, 2 Mos 6, 3, vgl. 1 Mos 49, 25f., was noch keine befriedigende Erklärung gefunden hat. Die Gottesbezeichnung ilu an sich besagt nichts über den Gottesbegriff. Der gleiche Gottesname ist als Zeugnis monotheistischer Neigung auch sonst auf babylonischem und kanaanäischem Gebiete vielfach zu finden[3]; der Plural 'elohîm findet sich als

Rö 1, 19ff. Mit dem „Vater der Gläubigen" trat das Novum ein, eine auf Heilsgeschichte abzielende Offenbarung.

1) Baentsch l. c. 56: „Sie würde kaum einen 'el šaddai oder einen abstrakten elohim eigens für Abraham konstruiert haben. Gerade in diesem Punkte müssen wir daher eine alte, gut historische Überlieferung sehen, die man nicht so leichten Kaufes drangeben darf, und die gerade von einer Theologie, die sich selbst so geflissentlich als eine religionsgeschichtliche bezeichnet, mit besonderer Gewissenhaftigkeit gewürdigt werden sollte."

2) Brunnen der „Sieben", d. h. der Plejaden, die die Unterweltsmacht repräsentieren.

3) Delitzsch, BBI 4, 75: Ilu-amranni, „Ilu, sieh mich an", Ilu-tûram, „Ilu, wende dich wieder zu", Ilu-ittia, „Ilu mit mir", Ilu-amtaḫar, „Ilu rief ich an", Ilu-abi, „Ilu ist mein Vater", Jarbi-ilu, „groß ist Ilu", Jamlik-ilu, „Ilu sitzt im Regiment", Ibši-ina-ili, „durch Ilu trat er ins Dasein", Avêl-ilu, „Knecht Ilus", Ilûma-abi, „Ilu ist mein Vater", Ilûma-ili, „Ilu ist Gott", Šumma-ilu-lâ-ilia, „wenn Ilu nicht mein Gott wäre" usw. — In den Amarna-Tafeln kommen Namen vor, wie: Šabi-ilu, Milki-ilu, Ilimilku, Jabni-ilu. (Vgl. hierzu Hommel, Altisr. Überl. Kap. III und jetzt vor allem Ranke, Early Babyl. Personal Names, Philadelphia 1905.)

Bezeichnung für Gott im pluralis majest. (ilâni) auch in den Amarnabriefen. Einen Wink für die Qualität des Gottesbegriffes gibt vielleicht das Epitheton 'el 'olam, das Abraham seinem Gotte unter dem Eindruck des Bundesschlusses mit Abimelech beilegt[1]. 'El 'olam kann heißen: „Gott der Urzeit" oder „Gott der Welt" ('olam für Zeit und Raum gebraucht), speziell die Gottheit, die (als summus deus) am Nordpunkt des Weltalls ihren Sitz hat[2]. Charakteristisch ist auch die Begegnung mit Malkîṣedek. Malkîṣedek, der Priester von Jerusalem (zur geschichtlichen Würdigung dieser Gestalt s. S. 349 ff.), nennt den Gott Abrahams 'el 'eljon, Schöpfer (קנה[3], nicht בעל) von Himmel und Erde 14, 19. Abraham bedient sich des gleichen Namens im Gespräch mit dem König von Sodom. Es ist also der Kultname des Gottes Abrahams in Sichem, s. 14, 22.

Wie verhält es sich mit dem Namen Jahve in den Abrahamsgeschichten? Man kann ihn natürlich mit gutem Recht auf die Traditionsform der einen Quellschrift zurückführen. Gleichwohl muß konstatiert werden, daß ein entsprechender babylonischer Gottesname auch in der babylonischen Nomenklatur existiert hat, in der Form Ja'u[4]. An Stellen, wie 2 Mos 15, 2 („der Gott meines Vaters ist Jah!"), Jes 12, 2 (Jah neben Jahve), im Ruf Hallelu-jah, in den Eigennamen mit יהו zusammengefügt scheint diese babylonische Form des Gottesnamens vorzuliegen[5]. Aber auch wenn die Gottesbezeichnung bereits für die Väterzeit zu reklamieren wäre, würde sie nichts über den Gottesbegriff der Urzeit Israels aussagen.

Übrigens: „Name ist Schall und Rauch". Der Name sagt nichts über den Inhalt des Gottesbegriffs aus[6]. Den Hauptnach-

---

[1]) S. Klostermann, Gesch. Isr. S. 35, der mit Recht der Konjektur von עולם in עליון widerspricht und in dem Namen die Erkenntnis von dem uranfänglichen Gott aller Menschen vermutet.

[2]) 'olam Gegensatz zu ḳedem als Südpunkt (Urmeer, aus dem die Welt hervorging), s. Winckler F. III, 305 f. (auch zu Zeit = Raum). Das ist auch der Sinn von 'olam in Ps 24, 7.

[3]) Vgl. den Namen El-kana, und zur Sache den Gottesnamen bei J 24, 3, bei dem Elieser schwören muß. Oder קֹנֶה = Besitzer. Es ist Motivwort.

[4]) S. Delitzsch, BB I, 74 f.; vgl. mein Kampf um Babel und Bibel[4] S. 20.

[5]) Im Tetragramm יהוה sehen wir eine feierliche Differenzierung vom „heidnischen" Namen, die am Sinai das Signal zur religiösen Konzentrierung wurde; s. mein Kampf um Babel und Bibel[4] S. 20; Hommel, Die altor. Denkmäler und das AT[2] Anhang.

[6]) Unser Wort „Gott" stammt auch aus dem Heidentum, ebenso der *ϑεός* des Neuen Testamentes; vgl. hierzu jetzt auch Erbt, Hebräer S. 39.

druck legt die Überlieferung auf das sittliche Verhältnis zur Gottheit, das ein absolutes Novum gegenüber Polytheismus und Astralreligion bedeutet. „Wandle vor mir und sei fromm“ 17, 1. „Jahve, vor dem ich wandle“ 24, 40. Die Erzählung hebt in allen Überlieferungsteilen hervor, wie Abrahams Verhalten ihn zum Freunde Gottes und zum Segenbringer für die Zukunft macht.

Wie hat nun Abraham seine religiöse Propaganda betrieben? Gewiß ähnlich, wie Paulus in Athen oder wie die christlichen Missionare im heidnischen Germanien. Er knüpfte an vorhandene Heiligtümer und Kulte an, mit besonderer Vorliebe an „heilige Bäume“ (S. 191 ff.)[1]. Der Orakelbaum More 12, 6 in der Nähe der kanaanäischen Kultstätte Sichem und der Orakelbaum Mamre in Hebron 1 Mos 13, 18 sind Weltenbäume[2]. Hier sammelte er Gläubige. Dem Sinne nach wird Luthers Übersetzung das Richtige treffen: „Er predigte den Namen des Herrn.“

Die jüdische Legende malt das weiter aus. Wir heben eine Sage hervor, die auffällig an das Milieu der Sinuhe-Geschichte (s. S. 298 ff.) erinnert:

> Abraham gründete zunächst ein Asyl für unstäte Wanderer[3] und bewirtete sie. Statt Lohn und Dank zu nehmen, wies er sie auf den Herrn des Hauses. „Wo finden wir dieses gütige Wesen?“ fragen die Wanderer. „Es ist der Gott, der Himmel und Erde gemacht hat.“ Und wenn man wissen wollte, wie jenes allmächtige Wesen anzubeten sei, so habe er sie die Worte gelehrt (die noch heute die Anfangsformel des jüdischen Tischgebetes bilden, wenn drei oder mehr Männer miteinander essen): „Gelobet sei der Ewige, der Gebenedeite für und für; gelobet sei der Weltengott, von dessen Gute wir gespeist.“ Vgl. Beer, Leben Abrahams 56. 174.

Selbstverständlich nehmen wir nicht an, daß die Religion Israels nur an dem „dünnen Faden der Urzeit“ hängt. Wie die Sittlichkeit ihre Geschichte hat in Israel, so hat sich auch die Religion entfaltet. Nur wird man sich die Entwicklung auch hier nicht gradlinig, sondern in Wellenlinien zu denken haben[4].

---

[1]) 1 Mos 21, 33: „Er pflanzte eine Tamariske in Beerseba und rief dort den Namen Jahve als ’el ‘olam an.“

[2]) Nach Winckler F. III, 406 sind beide identisch: More = Mamre, der eine gehört der Überlieferung an, die Abraham im Süden wohnen läßt (Hebron), die andre der Überlieferung, die seine Geschichte im Norden sucht (Sichem); vgl. auch S. 348. Der Baum von More (מורה = Belehrung, wie Thora) entspricht dem Baum des Erkennens (s. S. 191 f.).

[3]) Vgl. S. 375 die Asyl-Gründung Jakobs.

[4]) Andrerseits können wir den Faden nicht zerschneiden, der nach der Überlieferung die Geschichte der religiösen Gemeinschaft, die später national „Kinder Israel“ heißt, mit Abraham als Religionsstifter („Vater der Gläubigen“) verbindet, wenn auch nicht im ethnologischen Sinne

Der hier skizzierten Auffassung von der Religion Abrahams steht die Auffassung der sog. „religionsgeschichtlichen Schule" entgegen, die parallel mit ihrer Konstruktion der Geschichte Israels eine allmähliche Entwickelung in der Religion Israels erkennt: 1. Beduinen-Religion; 2. Bauern-Religion; 3. Propheten-Religion. Wenn wir es auch als relativ richtig anerkennen, daß Israel eine nomadische und eine Ackerbau-Periode gehabt hat, so hat diese „Entwickelung" mit der biblischen Religion nichts zu tun. Wir unterscheiden durchaus Jahve-Religion und israelitische Volksreligion. Die Volksreligion Israels war heidnisch, und auch in den Kreisen, wo Jahve als „der Götter Gott" in den Kreis der religiösen Vorstellungen aufgenommen wurde, blieb es bei einer mit heidnischen Vorstellungen durchsetzten Jahve-Volksreligion (ein Beispiel s. S. 368). Eine reine Jahve-Religion ist das Ideal, das von den religiösen Führern und von religiös angeregten Kreisen gepflegt wird. Es gab von jeher ein „Israel nach dem Geist". Nur auf Höhepunkten der geschichtlichen Entwickelungen wurde das Volk von der reinen Religion impulsiv erfaßt. Darum gilt mit Recht sein Zustand als „Abfall". Die Propheten rufen ihm zu: „kehrt zurück." Eine Entwickelung im Sinne der „religionsgeschichtlichen Schule" gilt nur für gewisse Erscheinungen der Volksreligion, die im Gegensatz zur Jahve-Religion stand[1].

✳ Astralmythologische Motive.

Die Abramsgeschichten sind mit besonderen astralen Motiven ausgestattet, weil Abram (mit Lot) der Begründer einer neuen Ära ist, wie die Segnung 1 Mos 12, 3f. ausdrücklich sagt. Die orientalische Ge-

---

(s. S. 327 und vgl. S. 363ff.). Baentsch l. c. hält noch an der Anschauung fest, die Abraham für eine kanaanäische Gestalt hält; die israelitische Überlieferung habe die kanaanäische Abramüberlieferung übernommen und dem Abram unter den Vätern Israels den Ehrenplatz eingeräumt.

[1]) Und auch diese Entwickelung ist u. E. durchaus anders geartet, als die herrschende Ansicht voraussetzt, die von niedern Formen des Animismus, Totemismus etc. ausgeht. Die Volksreligion ist Astralreligion unter Hervorhebung der mit dem Gestirnlauf parallel laufenden Erscheinungen im Naturleben. Die obigen Ausführungen sind einer Darstellung der „Beziehungen Babyloniens zur Religion Israels" entnommen, die Verfasser der Eisenacher theologischen Konferenz Pfingsten 1906 vorlegte und die anderweit im Druck erscheinen soll. Zu gleicher Zeit erschien Wincklers Schrift: „Religionsgeschichtler und geschichtlicher Orient", Eine Prüfung der Voraussetzungen der „religionsgeschichtlichen Betrachtung" des A. T. und der Wellhausenschen Schule, und Baentsch, „Altorient. und israelit. Monotheismus, Ein Wort zur Revision der entwickelungsgeschichtlichen Auffassung der israelitischen Religionsgeschichte."

schichtserzählung stattet den Bringer einer neuen Ära mit den Motiven der astralen Gestalt aus, die den Beginn des Zeitalters repräsentiert. Abram lebte im Marduk-Zeitalter, s. S. 66 f. Die religiöse Bewegung, in der er stand, wird sich gegen den herrschenden Kultus gerichtet haben. Das vorhergehende Zeitalter war das des Mondes oder der Zwillinge, wie S. 64 ff. gezeigt wurde. Wenn alte kanaanäische Urkunden von Abram berichteten, so werden sie aus diesem Grunde veranlaßt gewesen sein, die dem Zeitalter des Mondes oder der Zwillinge entsprechenden Motive in der Darstellung anklingen zu lassen. Dabei wird zu beachten sein, daß der die Motive abgebende kritische Punkt nicht, wie beim Marduk-Zeitalter, im Frühjahrspunkt, sondern in den Sonnenwenden liegt (s. S. 31 f. und Abb. 14). Ob der Verfasser unseres Textes die Anspielungen noch verstanden hat, ist eine andre Frage. Vielleicht sind bei seiner zusammenfassenden Arbeit viele dergleichen Züge verloren gegangen. Das spätere Judentum hat die Motivenlehre wieder gekannt und neu belebt, wie die Ausdeutungen in den Pseudepigraphen und in den rabbinischen Sagen zeigen.

1. Der astrale Charakter der Namen. Ab-ram ist ein echt babylonischer Name[1]. Er bedeutet: der (göttliche) Vater ist erhaben; vgl. Ab-ner, der (göttliche) Vater ist die Leuchte. Als „Vater" wird der Mondgott mit Vorliebe bezeichnet (Sin abu ilâni vgl. S. 100), z. B. in dem Hymnus an den Mondgott Sin von Ur, der Heimat Teraḫs, IV R 9, wo er neunmal als „Vater" angerufen wird, und wo es u. a. heißt[2]:

„Barmherziger, gnädiger Vater, in dessen Hand das Leben des ganzen Landes liegt,
Herr, deine Gottheit ist wie der ferne Himmel, wie das weite Meer, mit Ehrfurcht erfüllend, . . .
Vater, Erzeuger der Götter und Menschen, der Wohnsitze aufschlagen ließ, Opfer einsetzte,
der zum Königtum beruft, das Szepter verleiht, der das Geschick auf ferne Tage hinaus bestimmt."

In südarabischen Inschriften sind die theophoren Namen mit Ab = Mondgott besonders als Priesternamen bezeugt. Der Name deutet also vielleicht auf einen priesterlichen Charakter Abrahams. Der andre Name Ab-raham, den P 17, 5 als Umnennung einführt und als „Vater des Getümmels" deutet, würde Sin als ḳarid ilâni „Kampfesheld der Götter" entsprechen.

---

[1]) Der viel zitierte Name auf einer Kontrakttafel des Königs Apil-Sin (Großvater Hammurabis) ist nicht Abi-ramû zu lesen, sondern (mit Ranke) Abi-eraḫ, „mein Vater ist der Mond". Aber der assyrische Eponym vom Jahre 677/76 (s. KB I, 207, vgl. Zimmern KAT[3] 482) trägt den gleichen Namen: Abi-râma, ebenso die Mutterschwester Asarhaddons, s. Johns, Deeds Nr. 70, Rev. 6; Ranke, Personal-Names verzeichnet S. 86 für Hammurabi die Variante Ḫa-am-mi-ra-am, d. h. mein (göttlicher) Oheim ist erhaben. Danach hätte also Hammurabi dem Sinne nach den gleichen Namen wie sein Zeitgenosse (S. 345 f.) Abraham. Vgl. noch Hommel in PSBA, Mai 1894 und Altisr. Überl. 143.

[2]) Zimmern KAT[3] 607 ff. AO VII, 3. Ein anderes Stück dieses Hymnus s. S. 332 f.

Saras Name[1] entspricht der Bezeichnung der Mondgöttin von Harran: Nikkal-šarratu (šarratu = Königin), und der Name der Schwägerin Abrahams: Milka, trifft mit malkatu, einem Epitheton der Ištar, zusammen[2].

Im Namen des Vaters Abrams, Teraḫ, verbirgt sich vielleicht der Name des Mondes jeraḫ; der Name könnte absichtlich verstümmelt sein, wie es oft bei theophoren Namen „heidnischen" Charakters geschah[3].

Der Name Laban bezeichnet den Mond (hebr. poet. lebana HL 6, 9; Jes 24, 23; 30, 26, und in den jüdischen planetarischen Wochentagen Name für Montag)[4].

2. Mond-Motive in den Abrahams-Geschichten[5].

a) In der Zahl 318 1 Mos 14, 14, die doch sicher nicht historisch sein will. Es ist die Zahl der Tage im Mondjahr, an denen der Mond sichtbar ist (354 Tage weniger 12 × 3 Schwarzmondtage = 318 Tage). Abraham kämpft gegen die Feinde; 318 Genossen stehen ihm zur Verfügung, wie dem Mond im Kampf gegen die Finsternis 318 Tage[6]. Sie heißen deshalb mystisch 1 Mos 14, 14 ḫanikîm, d. i. dem Sinne nach Sonnenleute, s. S. 221 und S. 348. Wenn die Kabbalistik für den Namen Eliesers, des Knechtes Abrahams, den Zahlenwert 318 berechnet, so beweist das, daß man im späten Judentum die astrale Symbolik genau kannte.

b) In der Zahl 13 als der Zahl des beginnenden Handelns 14, 4: „Zwölf Jahre hatten sie K. gedient, im 13. empörten sie sich." Das ist entscheidende Mondzahl. Das Mondjahr (354) verlangt als Ausgleich mit dem Sonnenjahr zwölf Zusatztage. Die zwölf Tage gelten als „zwischen den Jahren" liegend, wie die fünf Epogomen bei Ausgleich von 360 und 365, die Neujahrsfesttage. Wir kennen sie als die zwölf Tage mit den

---

1) Sa-ra-ai Name in einem Keilschrift-Brief K 1274, Obv. 2. שָׂרָה *Σαρρα* ist kanaan. Form, שָׂרַי, Sa-ra-ai, arab.-aram. Femininform (Hommel, Grundriß S. 186[3]).

2) S. Zimmern KAT[3] 364f. Zu dem Gottesnamen, der in Nahôr steckt, s. ib. 477 f.

3) Winckler, Gesch. Isr. II, 23 hatte in diesem Zusammenhange von Abram als „heroischem Niederschlag des Mondgottes" gesprochen und von der „Gestalt Abrahams als Ausfluß des Mondgottes". Stucken urteilt ähnlich in seinen Astralmythen. Aber Winckler hat später diesen Trugschluß vermieden. Das Urteil von Procksch, Nordhebr. Sagenbuch S. 332 über „die himmelwandelnde Geschichtsastrologie, die die erdwandelnden Erzväter an falscher Stelle sucht", und die deshalb „unberücksichtigt bleiben kann", trifft weder Wincklers noch meine Auffassung.

4) Ob der Gottesname ilu La-ban III R 66, 6b heranzuziehen ist? Es folgt Nebo und es geht Šamaš und Bel labiru voraus, also wahrscheinlich Sin (s. Hommel, Assyr. Notes § 50, wo die Liste III R 66 transskribiert ist).

5) Baentsch, Altorient. und israel. Monotheismus, sieht in den Mondmotiven, mit denen die Abramüberlieferung ausgestattet ist, ein Anzeichen dafür, daß die Abramsreligion noch keinen prinzipiellen Bruch mit dieser Religion bedeuten sollte. Darin liegt m. E. eine Überschätzung der Motive.

6) S. Baentsch l. c. S. 61 f.

Schicksalsnächten bei der Jahreswende. Mit dem 13. Tage hebt das neue Jahr an. Darum ist Muhammed, der Mondverehrer, nach der Legende (Ibn Hišam 102) am 13. Rebîʿ I geboren, und zwar an einem Montage[1].

c) Der Mond ist „der Wanderer". Vielleicht schwebt dem Erzähler auch dies Motiv bei Nennung der Namen der Hauptstationen vor. Abraham wandert von Osten nach Westen, wie der Mond. Ḫarran, die Stadt des Bêl-Ḫarran, heißt „Weg", Gerar, wo Abram als Fremdling weilt, enthält das Wortspiel mit girru „Pfad". 13, 3 zieht Abraham למסעיו „in seinen Stationen", — gleich dem Mond[2]. Das Motiv der Mondwanderung werden wir bei der Wanderung zum Sinai wiederfinden. Das Wort erscheint nur noch bei den Stationen der Wüstenreise, s. S. 422.

3. Zwillings-(Dioskuren-)Motiv. Das Zwillings-Motiv, das Mond und Sonne in Gegensatz zueinander stellt[3], zeigt die Geschichte von Abram und Lot. Abram und Lot sind die Vertreter des neuen Zeitalters. Darum ist ihre Geschichte mit den Zwillings-Motiven ausgestattet[4]. Wenn die Sommersonnenwende als Beginn des neuen Zeitalters angesehen wird, so trägt der eine der Dioskuren die Motive des Mondes auf dem Höhepunkt der Bahn (s. Abb. 14 S. 32), der andre in Opposition dazu die Motive der Sonne in der Unterwelt[5]. Die Zwillinge sind die getrennten, bez. die feindlichen Brüder. 1 Mos 13, 9 klingt das Motiv an:

„*Wenn du links willst, will ich rechts gehen; und wenn du rechts willst, so will ich links gehen.*"

Zu den Zwillingen gehört ferner das Gastlichkeits-Motiv[6]. Abram und Lot bewirten himmlische Gäste 1 Mos 18, 3 ff. und 19, 3. Ferner das Beistands-Motiv. Der Bericht Hygins über die ritterliche Hilfeleistung des Pollux für Castor (fab. LXXX) zeigt eine Reihe verwandter Motive mit der von Anspielungen wimmelnden Geschichte 1 Mos 14. Endlich das Motiv des Verzichtes auf Lohn.

Die babylonische Lehre zeigte uns (S. 32 f. 114), daß sowohl Mond, wie Sonne (und ebenso das 3. Hauptgestirn Venus) in der Tammuz-Gestalt

---

[1]) Vgl. Winckler F. II, 350. 266. Ein anderes Beispiel S. 403.

[2]) Während des Druckes sehe ich, daß Winckler F. III, 407 die gleiche Beobachtung macht.

[3]) Zwillinge = Sonne und Mond, oder ab- und zunehmender Mond (Doppelgesicht, vgl. Janus als Mondgott S. 65), oder am Fixsternhimmel, der den Planetenhimmel kommentiert, Castor und Pollux.

[4]) S. 339 vgl. S. 69 ff. Moses hat die Motive des späteren Stier-(Marduk-)Zeitalters s. zu 2 Mos 2. Lot vertritt den gestorbenen Vater.

[5]) לוט heißt „Verschleierung". Auch hier wird Wortspiel vorliegen. Bereits die alten astralmythologischen Erklärungen (Dupuis, Nork) erinnerten daran: „Abraham aus Ur (Lichtstadt) und Lot (Finsternis) konnten nicht beisammen wohnen."

[6]) Dioscuri maxime hospitales sese praebent, s. Jos. Schmeitz, De Dioscuris Graecorum diis cap. 5, Belege p. 39. Zitiert nach Stucken, Astralmythen S. 82 f., auch zum Folgenden zu vergleichen. „Selbstverständlich können solche Anklänge auf Zufall beruhen. Einen solchen Zufall anzunehmen, ist man aber nicht mehr berechtigt, wenn die kleinen, scheinbar unbedeutenden Analogien in erstaunlichem Maße sich häufen und aneinandergliedern."

erscheinen können, sofern sie in die Unterwelt sinken und emporsteigen. Die außerbiblische Legende liebt es, in die Abrahamsgestalt Tammuz-Motive hineinzuzeichnen. Abram, der von Nimrod in den feurigen Ofen geworfen[1] und gerettet wird, entspricht dem am heißen Punkt in den Tod sinkenden und emporsteigenden Tammuz. Tammuz ist ferner bekanntlich der Jäger[2]. In der Og-Sage heißt es:

„Kühn und eifrig, gleich dem Jägersmann mit den Waffen vertraut, ist dieser Abraham[3].“

Auch die Araber kennen den Tammuz-Charakter Abrahams. Der Adonis-Fluß, der im Libanon entspringt und an seiner Quelle Ištar-Tammuz-Heiligtümer zeigt (S. 90 f., Abb. 31), heißt arabisch Nahr-Ibrahim.

Aber auch unsre biblische Geschichte kennt das Tammuz-Ištar-Motiv. Die Reise Abrahams mit seiner Schwester und Gattin (!) Sarah nach Ägypten[4] wird als Unterweltsfahrt und Rettung aus der Unterwelt dargestellt. Ägypten ist als Südland Unterweltsland, s. S. 27. Wenn Ištar in die Unterwelt steigt, ist alle Zeugungskraft erloschen, wie der bekannte babylonische Text von der „Höllenfahrt der Ištar“ dramatisch darstellt. Das deutet der Erzähler an. 1 Mos 12, 17 wird das Haus Pharaos um Sarahs willen „geplagt“. Worin besteht die Plage? Die Dublette 1 Mos 20, 17 f.[5] sagt: es ist Sterilität unter die Frauen gekommen. Niemand wird das für Historie halten wollen, auch nicht im Sinne des Erzählers. Die Geschichte künstelt dem Motiv zuliebe. Nach 20, 17 ist ja Abimelech zur Strafe krank geworden, nicht die Frauen. — Auch bei der Unfruchtbarkeit Sarahs, die sich in Fruchtbarkeit verwandelt, wird durch Hervorhebung des Motiv-Wortes עקרה der Ištar-Charakter angedeutet[6]. — Endlich liegt das Motiv der Befreiung aus der Unterwelt in der Geschichte von der Errettung Lots. Lot ist in Sodom = Unterwelt. Da er die Motive der Sonne hat (neben Abraham als Mond-Dioskur), so hat seine Partnerin, das Weib Lots, wiederum Mondcharakter. Sonne und Mond verlassen die Unterwelt. Das astronomische Bild Abb. 15 (S. 33) zeigt die zugehörigen Motive. Der Mond steigt empor. Sobald er sich umkehrt, ist er der Unterwelt wieder verfallen. Lots Frau wendet sich um und stirbt.

---

1) Belegstellen bei Beer, Leben Abrahams.

2) Auch der Mond ist Jäger, sofern er (s. S. 32) Tammuz-Charakter hat.

3) Beer l. c. S. 29.

4) Bez. Muṣri, das aber in der kosmischen wie auch in der physischen Geographie zu Ägypten gerechnet wurde (S. 262 f.).

5) Man beachte, daß Abimelech mit Sara wirklich Vermählung feiern will, 20, 2: da sandte Abimelech und nahm Sarah (לקח אשה = assyr. aḫâzu aššata, hier im Sinne der Vermählung). Eine nächtliche Erscheinung Jahve's hindert ihn, wie Asmodai die Männer der Sarah, Tochter Reguels To 3, 8, s. Winckler F. III, 414, der die „Bedeckung der Augen“ 20, 16 auch sicherlich richtig als Schleier (Hauptteil der kostbaren Ausstattung, die Abimelech Sarah gibt) erklärt: Anspielung auf die verschleierte Ištar, vgl. 1 Mos 24, 65.

6) עקרה ist überall Motiv-Wort in diesem Sinne: 1 Mos 11, 30 (Sarah), 25, 21 (Rebekka), 29, 31 (Lea und Rahel); Ri 13, 2 f. (Weib Manoaḥs!); 2 Mos 23, 26, 5 Mos 7, 14, 1 Sa 2, 5, Jes 54, 1, Ps 113, 9 bei Schilderung der Segenszeit; ebenso Hi 24, 21. Das sind sämtliche Stellen.

Am Fixsternhimmel entspricht Tammuz dem Sternbild des Orion, das in der Sommersonnenwende aufgeht und in der Wintersonnenwende untergeht[1]. Darum könnte man in der Fahrt Abrahams nach Ägypten ebensogut wie an die Geschwistergatten Tammuz-Ištar an Osiris-Sirius (weiblich Sothis) denken. Daß Stucken mit dieser Idee durchaus nicht in der Irre geht, zeigt die Jakobsgeschichte (s. zu 1 Mos 32, 10), bei der wir Orion-Motive finden werden, s. S. 376 f. Und Jakob ist eine Gestalt, die als Bringer einer neuen Zeit (S. 371 ff.) Abraham entspricht. ✳

Der Kriegszug Abrahams.

1 Mos 14 erscheint Abraham „der Hebräer" als Führer und Berater kanaanäischer (amoritischer) Stämme gegen die „Fürsten der Völker", wie es die Ägypter um 2000 von ihrem Sinuhe (S. 298 ff.) erzählen. Die Erzählung gehört einer Literaturgattung an, die auf alttestamentlichem Gebiete einzigartig ist; auch auf keilinschriftlichem Gebiete ist sie in dem bisher zutage getretenen Material nicht zu belegen, wohl aber in der ägyptischen Literatur.

Th. Noeldeke hat 1869 das Kapitel für eine tendenziöse Erfindung einer späteren Zeit erklärt und Wellhausen hält dieses Verdikt für „unerschütterlich und unumstößlich". Ed. Meyer, Geschichte des Altertums I § 136 hält mit Stade 1 Mos 14 für eines der spätesten Stücke des Pentateuch und urteilt folgendermaßen: „Es scheint, daß der Jude, welcher die Erzählung 1 Mos 14 einfügte, sich in Babylon genauere Kenntnisse über die älteste Geschichte des Landes verschafft hatte, und, durch irgendein uns unbekanntes Motiv veranlaßt, den Abraham in die Geschichte Kudurlagamars (d. i. Kedorlaomer) einflocht; im übrigen hat er dann die Erzählung nach den jüdischen Anschauungen über die Urzeit ausgemalt[2]." Hingegen hat neuerdings Gunkel[3] in seiner Genesis an-

---

[1]) Die Sommersonnenwende ist zunächst der Todespunkt des Tammuz-Orion. Aber Tod und Auferstehung werden im Kultus kurz nacheinander gefeiert: nach drei Tagen bei Mondrechnung, s. S. 32 f. Firmicus Maternus sagt de errore prof. rel.: quem paulo ante sepelierant, revixisse jactant. Der Aufgang des Orion entspricht dem Neumond in der Sommersonnenwende. Der entsprechende Festtermin bei Vierteilung des Jahres ist der Neumond (bez. Vollmond) vor Frühlingsanfang. Das Gegenstück des Orion als des Bringers einer neuen Zeit in der Sommersonnenwende (Drachenbesieger, daher Nimrod = Orion, s. S. 266, Osiris = Orion, Herakles = Orion, s. zu 1 Mos 32, 10) ist der wilde Orion, der trunkene, taumelnde Riese, dessen Motive in die Goliath- und Nabal-Geschichte hineinspielen.

[2]) Daß diese Ausmalungen „vollständig unhistorisch" seien, wie Ed. Meyer im Anfang des § 136 sagt, wird der Verfasser nach dem Funde des Hammurabi-Codex (vgl. S. 355 ff. Rechtssitten in der Abrahams-Zeit) gewiß selbst nicht mehr aufrechterhalten.

[3]) Die Bemerkung der 1. Auflage, Gunkel sei der erste, der auf theologischer Seite die Denkmalforschung ernstlich in Betracht gezogen

erkannt, daß die Erzählung uralte, sicher historische Angaben enthält, vor allem was den geschichtlichen Rahmen des Ganzen anlangt. Aber andrerseits urteilt er mit Noeldeke, daß die Erzählung innerlich Unmögliches enthalte — so in der Waffentat Abrahams, in der Voraussetzung der einstigen Existenz Sodoms und Gomorrhas. Die Erzählung enthalte also in schreiendem Gegensatz gut Beglaubigtes und ganz Unmögliches. H. Winckler, Geschichte Israels II, 26ff., zerlegte (damals noch unter dem starken Einfluß der literarkritischen Methode stehend) die in 1 Mos 14 vorliegende Überlieferung in drei Phasen: 1. Ein israelitischer Chronikenschreiber, der seine literarische Bildung aus Keilschrifttafeln erworben hatte und der vielleicht den Briefverkehr zwischen dem israelitischen und babylonischen Hofe zu verwalten hatte, lernte Hymnen auf Kedorlaomer und Tidʿal kennen[1], in denen geschichtliche Ereignisse von Feldzügen nach dem „Westlande" und von einem Kampfe im „Siddimtale" in mythologisierender Weise verherrlicht wurden. 2. Der Elohist übertrug ihre Nachrichten auf heimischen Boden, identifizierte den Ḫabiri-Scheich, der die Könige besiegte, mit Abram. 3. Der Jahvist fügte Zusätze von Sodom und Lot und von Melchisedek u. a. hinzu. — In seiner Schrift „Abraham als Babylonier" hebt Winckler „die Treue des geschichtlichen Hintergrundes der Vätersage" hervor; die persönlich gehaltenen anderen Erzählungen könnten zwar über die persönlichen Geschicke Abrahams keinen Aufschluß geben, wohl aber habe die Überlieferung den Sinn, den großen weltpolitischen Hintergrund der Abrahamszeit zu zeigen und das Land, welches Abraham aufsuchte, in den Zusammenhang der den damaligen Orient bewegenden Fragen zu stellen. Dabei hält er daran fest, daß Abraham im Sinne der Überlieferung 1 Mos 14, 1 als Zeitgenosse des Hammurabi aufzufassen sei, und daß seine Wanderung einen Gegensatz zu der religiösen Umwälzung bedeute, durch die die Herrschaft der ersten Dynastie von Babylon gekennzeichnet sei, die die Verehrung Marduks, des rettenden Frühlingsgottes, an die Stelle des alten Mondkultus gesetzt habe. — Fr. Hommel, Altisr. Überlieferung 153, hält das ganze Kapitel für uralt; das wahrscheinlich babylonisch abgefaßte Original sei aus dem Archiv der vorisraelitischen Könige Salems in hebräischer Übersetzung in das jerusalemische Tempelarchiv herübergerettet worden[2]. — Erbt, Die Hebräer S. 61ff. knüpft an die Darstellung in der 1. Auflage dieses Buches an, bekämpft die „Auflösung der Genesis in Sagen" durch Gunkel und sucht zu zeigen, daß eine ununterbrochene Traditionskette vorhanden ist, die die Vätergeschichten mit der späteren Zeit verbindet.

---

habe, wurde von beteiligter Seite als „schreiende Ungerechtigkeit" bezeichnet. Einen entscheidenden Schritt bedeutet allerdings in dieser Hinsicht bereits das Buch Buddes (von dem aber der Einwand nicht herrührt): Die biblische Urgeschichte. Budde hat die hier eingeschlagene Bahn später verlassen.

[1]) Solche Dichtungen sind in der Tat in neubabylonischen Abschriften gefunden worden. Es kommen Namen darin vor, die Tidʿal (Tudḫulu) und vielleicht Kedorlaomer entsprechen, s. S. 346.

[2]) Schon Dillmann hatte die Ansicht ausgesprochen, daß der Verfasser von 1 Mos 14 aus kanaanäischer Tradition schöpfe.

1 Mos 14, 1 ff. erzählt:

„*Und es begab sich in den Tagen Amraph(el)s*[1], *als über Sinear (Babylonien) Arioch herrschte*[2], *König von Elleasar (Larsa), da zogen zu Felde Kedorlaomer, König von Elam, und Tid'al, König von Gojim*

gegen Bera', König von Sodom, Birša', König von Gomorrha, Sin'ab, König von Adma, Šem'eber, König von Ṣebojim, und den König von Bela' (das ist Ṣo'ar):

alle diese versammelten sich im Tale Siddim (das ist das Salzmeer).

Zwölf Jahre waren sie Kedorlaomer untertänig gewesen; und im dreizehnten Jahre[3] *hatten sie sich empört.*

Im vierzehnten Jahre aber kam Kedorlaomer samt den Königen, die mit ihm waren, herbei."

Es wird also hier von einem Feldzug gegen das Westland berichtet, der durchaus den geschichtlichen Verhältnissen der alten Zeit entspricht. Die Völkerschaften Kanaans haben zwölf Jahre lang (also seit einem siegreichen elamitischen Feldzug gegen das „Westland") Tribut gezahlt und haben im 13. Jahre sich empört, d. h. die Tributzahlungen eingestellt. Dafür sollen sie gezüchtigt werden. Bei dieser Auffassung erledigt sich wenigstens zum Teil Gunkels Einwand: „Wie kann man die kleinen Stadtkönige des Siddimtales mit dem gewaltigen Weltreich in Zusammenhang bringen?" Die Erzählung fordert auch durchaus nicht die Annahme, daß König Kedorlaomer und sein Bundesgenosse persönlich zugegen gewesen seien. Die Könige des Weltreichs haben nicht nötig, persönlich den Streitwagen zu besteigen, wenn es gilt, tributsäumige Vasallen zu züchtigen. Aber in den Annalen gehört es zum feierlichen Stil, den König als Repräsentanten seiner Kriegsschar zu nennen, auch wenn er nicht persönlich zugegen war. Die Heerhaufen werden auf

---

[1]) Das l am Ende des Namens Amraphel soll nach G. Hüsing zum folgenden Worte gehören: li-melok, vgl. dazu die Regierungsangabe bei Eschmunazar (Lidzbarski, Handb. der nordsemit. Epigraphik 417, v. Landau, Beitr. zur Altertumskunde des AO II, 5, 1; 6, 1): למלכי מלכְ.

[2]) Hammurabi hat in der ersten Zeit noch unter der Oberhoheit des Eri-aku (Rim-Sin), des Königs von Sumer und Akkad gestanden, der in Larsa residierte und der sich ad-da des Westlandes nannte (s. S. 294). Die Angabe würde sich auf eine Zeit beziehen, in der die Oberhoheit nur noch nominell war, s. Winckler, Abraham als Babylonier, Josef als Ägypter Lpzg. 1903.

[3]) Zum Motiv der 12/13 s. S. 340 f. Ein andres Beispiel S. 403.

beiden Seiten nicht riesig gewesen sein; die 318 ḫanîkîm Abrahams geben an sich zu keinerlei Bedenken Anlaß, auch wenn diese mythologisch motivierte Zahl (S. 340) Abrundung der Zahl einer kleinen Schar bedeuten sollte. Die kanaanäischen Fürsten und Statthalter der Amarna-Briefe bitten den Pharao um verhältnismäßig kleine Scharen zur Rettung von den Feinden[1].

Die Verteidiger der Geschichtlichkeit von 1 Mos 14 haben in den letzten Jahren besonderen Wert auf den Nachweis gelegt, daß die Namen der babylonisch-elamitischen Könige identisch seien mit bestimmten Namen der babylonischen Keilschriftliteratur. Es handelt sich um babylonische Heldenlieder, die die Befreiungskämpfe gegen Elam schildern. Besonders Fr. Hommel hat sich in seiner altisraelitischen Überlieferung darum bemüht, hat auch einen Teil der von Pinches entdeckten Texte zum ersten Male in Übersetzung vorgelegt. Aber die Freude über den Fund verstummte bald. Einmal stellten sich Zweifel über die Identität der Namen ein. Eigennamen sind ja von jeher die crux der Assyriologie gewesen. Sie sind meist in mehrdeutigen Ideogrammen geschrieben. Die Unsicherheit ihrer Entzifferung hat übrigens bei vielen das ganz unberechtigte Mißtrauen geweckt, als sei auch die Entzifferung des übrigen Textes unzuverlässig. Sicher scheint uns die Gleichsetzung von Amraph(el)[2] mit Hammurabi und die Identität von Ellasar mit Larsa, dessen Trümmer unter dem Hügel von Senkereh, südöstlich von Uruk (Erech) verborgen liegen, wahrscheinlich die Identifizierung des biblischen Arioch mit Rim-Sin, der „sumerisch" Eri-Aku heißt, s. S. 329 u. 345 Anm. 2.

Der Führer ist Kedorlaomer. Dieser Name ist echt elamitisch. Er bedeutet Knecht (?) der auch sonst bezeugten elamitischen Göttin Lagamar. Hommel war bei Gleichsetzung dieses Namens mit einem keilinschriftlichen durch einen vermeintlichen Fund des P. Scheil irregeführt worden, der in einem Briefe Hammurabis den Namen in der Form Kudur-Nuḫgamar wiedergefunden haben wollte. Die Lesung hat sich bei genauerem Studium des in Konstantinopel liegenden Briefes als irrtümlich erwiesen, und damit fällt auch ein Teil von Hommels Schlußfolgerungen[3]. Aber auch wenn die Namen identisch sind mit den alten Helden der oben erwähnten babylonischen Epen vom Elamiterkrieg, so würde das denen nichts helfen, die mit

---

[1]) Gunkel sagt: „Was soll man von einem Erzähler sagen, der solches berichtet", und zitiert Noeldekes Wort: „Wenn das möglich ist, ist eben alles möglich." S. Winckler, Hammurabi S. XXXI Anm. 2.

[2]) Zum l s. S. 345 Anm. 1.

[3]) Eine Gleichsetzung von Kedorla'omer mit Kudurmabuk (auf Grund einer falschen Lesung des keilinschriftlichen Originals), dem Vater Rim-Sins, adda von Emutbaba, der seinen Sohn in Larsa regieren ließ, schlägt Erbt, Ebräer S. 67 vor und vermutete bereits Hommel, Gesch. Bab. u. Ass. 366. Lagamar ist Elamisierung von Lagamal (schonungslos).

solchen Gründen die Authentizität von 1 Mos 14 beweisen wollen. Denn jene Lieder sind uns nur in Abschriften aus der Achämenidenzeit bekannt. Seit den Zeiten Nabonids liebte man es, die altbabylonischen Namen hervorzuholen und altbabylonische Heldentaten zu preisen. Da nun grade die Juden im Exil und nach dem Exil Zeugen dieser babylonischen Altertümelei gewesen sind, so lag es nahe, den Schluß umzukehren und zu sagen: 1 Mos 14 ist eine Tendenzdichtung, die die Idealgestalt eines Abraham mit möglichst vielen alten Namen zusammenstellt, die Erzählung ist das Werk „eines in babylonischen Palästen und Tempelarchiven arbeitenden Judäers“[1].

Daß freilich eine derartige literarisch-kritische Beurteilung unhaltbar ist, wird jeder zugeben, der das Alte Testament im Lichte des alten Orients zu betrachten begonnen hat. Die biblischen Schriftsteller, deren Werke in unsere Bibel verarbeitet sind, konnten zum mindesten ebensogut in der Königszeit aus babylonischer Überlieferung schöpfen, wie in nachexilischer Zeit. 1 Mos 14 liegen Geschichtstatsachen und die Kunde von geschichtlichen Persönlichkeiten zugrunde. Jene Abschriften aus der Achämenidenzeit zeigen, wie lebendig die Vorgänge der altbabylonischen Zeit im vordern Orient im Gedächtnis waren. Und die Israeliten wußten jederzeit gut Bescheid über die Vorgänge in den großen Weltreichen. Das wird uns die Königszeit illustrieren. Die Frage ist nur, ob das Auftreten Abrahams historisch ist oder ob ihm die Geschichte von dem Sieg über die vier Könige auf den Leib geschrieben ist. Wer die Existenz Abrahams für abgetan hält, für den ist die Frage erledigt. Aber die Geschichte enthält doch schwerwiegendes Material für die Verteidigung der Persönlichkeit Abrahams. Abraham war ja auch sonst als Feldherrngestalt aufzufassen (s. oben S. 328 f.). Das Auftreten des „Hebräers“ Abraham entspricht ganz den Verhältnissen jener Zeit, wie sie uns z. B. die Sinuhe-Geschichte zeigt. Sein Eintreten ist abgesehen von den verwandtschaftlichen Beziehungen zu Lot dadurch motiviert, daß der Kriegszug einen Teil der Abrahamsleute mit Deportation bedrohte (1 Mos 14, 12), so daß die religiöse Bewegung gefährdet war.

---

[1]) Die Erklärung als „Midrasch“ (Kautzsch u. a.) wird der Eigenart der Erzählung durchaus nicht gerecht, selbst wenn man erkannt hat, daß ein Midrasch nicht bloß eine aus den Fingern gesogene Geschichte sein muß.

1 Mos 14, 8 „*Vier Könige gegen fünf.*“ Die „fünf“ ist die Zahl des Drachenkampfes, wird deshalb besonders hervorgehoben (s. S. 72. 86. 362 Anm. 1).

1 Mos 14, 10f. Die Könige von Sodom und Gomorrha versanken in Gruben (בארת = bôr!) im Tale der Dämonen. Sodom, der Aufenthaltsort Lots, trägt Unterweltscharakter. Die spätere Überlieferung hat in Erinnerung an Sodoms Geschick und den Charakter der Gegend des toten Meeres Asphaltgruben (בארת חמר) daraus gemacht.

1 Mos 14, 13ff. kommt Abram, der Hebräer (!), zu Hilfe. Abram wohnte in Sichem beim Weltenbaum More[1], s. S. 337 (13, 8 Mamre in Hebron überträgt die Geschichte auf den südlichen Schauplatz, s. oben S. 337) mit drei Bundesbrüdern[2] (בעלי ברית). Um Lot zu befreien, „zählte“[3] *Abram seine 318 ḫanîkîm*[4], *die in seinem Hause geboren waren, und jagte nach bis Dan.*“ „*Da teilte er sich über sie* (gegen sie) *des Nachts, er und seine Knechte, und schlug sie.*“ Das Teilen in drei Teile gehört zu den Motiven des Mondkampfes[5], entspricht den drei Wachen während der Mondzeit, weshalb die Nachtwachen auffällig hervorgehoben werden. Dasselbe finden wir in dem mit mythologischen Motiven des Mondkampfes ausgestatteten Kampfe Gideons gegen die Midianiter Ri 7, 16, Sauls gegen die Ammoniter 1 Sa 11, 11 und in den Kämpfen bei Gibea und Michmas[6].

---

[1]) 1 Mos 12, 6, vgl. 5 Mos 11, 29f. in der Nähe des Garizim und Ebal.

[2]) Mamre, 'Eškôl und 'Aner ('Enaḳ?). In ba'alê berît liegt Anklang an den Ba'al berît in Sichem Ri 8, 33; 9, 4 (Kultort auf Garizim oder Ebal). Auch Isaak verbündet sich mit 3 Männern durch Schwur-Bündnis (berît): Abimeleḫ, Aḫuzat und Phikol 26, 26ff. Er bewirtet sie, wie Abraham die 3 Männer, die ihn besuchen 18, 2ff. und erhält dann die Erfüllung eines Wunsches: seine Leute finden Wasser.

[3]) Zu den Varianten s. Kittel, Biblia, Sept. ἠρίθμησε.

[4]) Nur an dieser Stelle. Es ist astrales Motivwort, das zum Mythus der Befreiung der Sonne aus der Unterwelt (Lot) durch den Mond gehören muß: die 318 Nächte, an denen der Mond sichtbar ist, helfen beim Kampf des Mondes gegen die Mächte des Südlandes (Sonne). Wir erinnern uns an den Sonnencharakter des Ḫanok (Henoch), der 365 Jahre alt wurde, und an das ḫanûka-Fest der Sonnenwende, s. S. 221 Anm. 7 und Winckler, Krit. Schr. IV, 64, F. III, 407. Die ḫanîkîm sind eine geweihte Schar des Sichembundes wie die auserlesenen Jünglinge im Sichembunde Ri 7, 1ff. (s. Erbt, Ebräer S. 76f.)

[5]) Winckler l. c. 407. Das Teilen gehört zu der Zeitbestimmung „des Nachts“; Kautzsch, Gunkel u. a. übersetzen ungenau.

[6]) S. Winckler, Gesch. Isr. II, 139. 157. Auch Hi 1, 17 finden wir das gleiche Manöver, es scheint feststehendes Motiv für Kampferzählungen geworden zu sein.

1 Mos 14, 18: *Und Malkî-ṣedeḳ, der König von Šalem, brachte Brot und Wein heraus; derselbe war ein Priester des El-ʿeljon.* Šalem ist wenigstens in der späteren Auffassung (vgl. Ps 76, 3) poetischer Name Jerusalems. Vgl. Jos 10, 1: Adonî-ṣedeḳ, König von Jerûšalêm. In den Amarna-Briefen begegnet uns eine Reihe von Briefen aus Urusalim (s. Abb. 121), was hebräischem Jerûšalêm entspricht[1]. Die Deutung als „Friedensstadt" ist spätere Volksetymologie. Der Fürst und Statthalter Abdiḫiba von Urusalim sagt von sich:

Siehe, was mich anlangt (was das Gebiet dieser Stadt Urusalim nalangt), so hat nicht mein Vater, nicht meine Mutter mich eingesetzt (es mir gegeben), sondern der Arm des mächtigen Königs hat mich eintreten lassen in mein Stammhaus (hat es mir gegeben). KB V 102, 9 ff.; 103, 25 ff. (s. Hommel, Altisr. Überl. 155).

Abb. 121: Brief des Abdiḫiba aus Urusalim an Amenophis IV.

Die Aussage: „nicht mein Vater, nicht meine Mutter, sondern göttlicher Berufung auf den Königsthron kann ich mich rühmen" — gehört zum mythologischen Requisit der Königsberufung. Es ist das Motiv der geheimnisvollen Herkunft, s. darüber ausführliches S. 408 ff. bei Mosis Geburt. Der König stellt sich damit als Bringer eines neuen Zeitalters, als eine Errettergestalt hin. Eine Reihe von Beispielen dafür findet sich BNT S. 29 f., andere werden zu 2 Mos 2, 2 beigebracht werden. Moses wird nach 5 Mos 33, 9 ff. (s. zu dieser Stelle S. 408 u. 378) mit demselben Motiv ausgestattet: „der von seinem Vater sagt und zu seiner Mutter sagt: ich habe sie nicht gesehen [und der seinen Bruder nicht kennt und von seinem Sohne nichts weiß][2]. Es ist dasselbe, wenn Gudea zur Himmelskönigin sagt: „Ich habe keine Mutter, du bist meine Mutter; ich habe keinen Vater, du bist mein Vater." Der Hebräerbrief verwendet dasselbe Motiv bei Malkîṣedeḳ, dem König von Salem, Hbr 7, 3: Melchisedek sei ἀπάτωρ, ἀμήτωρ, ἀγενεαλόγητος „ohne Vater, ohne Mutter, ohne Geschlechtsregister".

[1]) „Stadt des Šalem"? Šalem, assyr. Šulman ist vielleicht eine Bezeichnung Ninibs. In der Nähe von Urusalimmu erwähnen die Amarna-Briefe eine Ortschaft Bît-Ninib, s. Zimmern KAT [3] 475 f.

[2]) Die Klammer ist vielleicht Glosse eines Redaktors, der das Motiv der geheimnisvollen Geburt nicht mehr kannte.

Der „mächtige König" ist in der erwähnten Stelle zunächst Amenophis IV. (Chuenaten), ein religiöser Reformator, der eine eigenartige Form des Sonnenkultus an Stelle aller andern ägyptischen Götterkulte setzte und für diesen Kult als heiliges Gebiet jene Stadt baute, die unter den Trümmern von Amarna liegt. Während andre Pharaonen sich damit begnügten, sich mit dem Sonnengotte zu vergleichen, wollte Chuenaten als die Inkarnation des einen großen Gottes verehrt sein. Die Statthalter von Kanaan gehen natürlich gehorsam auf die Forderung ein. Sie versichern dem König: „Siehe, der König hat gelegt seinen Namen auf Jerusalem ewig, deshalb kann er nicht verlassen das Gebiet von Jerusalem." Aber hinter dieser Verbeugung vor Pharao verbirgt sich gewiß eine höhere religiöse Einsicht, die der Religion Abrahams wenigstens verwandt sein kann. Zwischen Abrahams Religion und der Religion des Priesterfürsten Malkîṣedeḳ besteht jedenfalls eine religionsgeschichtliche Verbindung, über die noch nicht das letzte Wort gesprochen ist. Die mehr oder weniger klar erkannte Anbetung „Gottes des Höchsten" verbindet Abraham, den Babylonier, mit dem frommen Fürsten der Kanaanäer.

Die Verbindung mit Jerusalem gehört einer späteren Deutung an. Der Schauplatz ist Sichem, s. S. 348. Aus Sichem muß Abraham der segnende Priester entgegenkommen (vgl. Erbt, Ebräer, S. 74 ff.). Salem ist Variante von Sichem[1]. 1 Mos 33, 18 ist ein Zeugnis dafür erhalten: „Jakob kam nach Salem, der Stadt Sichems[2]." El-ᶜeljon, der Gott Malkîṣedeḳs, ist dann identisch mit dem in Sichem (auf Ebal oder Garizim) verehrten El-berît in Sichem (so Ri 9, 46 statt Baᶜal-berît 9, 4, vgl. S. 348).

Der Segen Malkî-ṣedeḳs lautet (14, 19f.):

„*Gesegnet sei Abram dem 'El-ᶜeljon,*
dem Himmel und Erde gehören.
Und gesegnet sei 'El-ᶜeljon,
der deine Feinde in deine Hand gegeben hat."

Er erinnert an Segenssprüche der Keilschriftliteratur, vgl. S. 97.

---

[1]) S. jetzt Winckler F. III, 441 (auch zum Folgenden) gegen die frühere Meinung KAT [3] 424.

[2]) Die alten Übersetzungen haben richtig so gelesen, nicht „wohlbehalten". 34, 21 werden die Jakobsleute in Sichem aufgenommen: „Sie sollen šelêmîm mit uns sein"; wenn das auch „im Frieden leben mit uns" heißt, so ist doch absichtlich das Motiv des Namens hineingewoben.

Gunkel, Genesis 261, ist geneigt, Malkî-ṣedeḳ für eine geschichtliche Persönlichkeit zu halten und zieht daraus weitgehende Schlüsse: Jerusalem sei wohl in vorisraelitischer Zeit Sitz eines bedeutenderen Städtebundes gewesen, wie ja Jos 10 der König von Jerusalem als Haupt eines kanaanäischen Städtebundes erscheine; an diese jerusalemische Tradition habe das spätere Judentum angeknüpft, wie etwa die deutschen Kaiser als Nachfolger der römischen Cäsaren erscheinen wollten, und Ps 110 bezeuge dann, wie die höfische Tradition von Jerusalem Wert darauf legte, daß der König Jerusalems Nachfolger Melchisedeks sei[1]. Der Schritt von der Anerkennung der Geschichtlichkeit des kanaanäischen Priesterfürsten Melchisedek von Jerusalem bis zur Anerkennung der Geschichtlichkeit des Hebräers Abraham von Hebron ist nicht allzuweit.

---

1 Mos 14, 3. 8. 10: Statt שִׂדִּים siddîm ist šêdîm zu lesen[2]. Man vergleiche die Rephaim (eig. Totengeister), die als mythisch ausgemaltes Dämonenvolk erscheinen 5 Mos 2, 11. 20; Jos 12, 4 etc.

14, 20 מִגֵּן ist poetisches Motivwort für „geben", wie Ho 11, 8, das voller Motive ist, vgl. Koh 4, 9 — daraus erklärt sich die lexikalische Schwierigkeit. Ebenso ist 15, 1 zu lesen: „*ich will dir deinen Lohn geben* (nicht: *ich bin dein Schild*)"[3]. — Übrigens gibt nicht Abraham dem Malkîṣedeḳ, sondern umgekehrt Malkîṣedeḳ Abraham den Zehnten[4].

14, 21 ff. Der König von Sodom will Abraham die gesamte Beute überlassen. Abraham will nur das beanspruchen, was die

---

[1]) Wir erklären dies „Priestertum nach der Weise Melchisedeks" nicht aus dem politischen, sondern aus dem religiösen Gedankenkreis. Der weitherzige, priesterliche („du bist ein Priester nach der Weise Melchisedeks") Dichter legte Wert auf die Tradition von dem frommen Priesterfürsten der Kanaanäer, der den Abraham gesegnet hat, in dem alle Heiden Segen empfangen sollen (Ps 72, 17). Sehr beachtenswert ist Erbts Hypothese (Ebräer 74 ff.), der in Ps 110 eine auf Jahve und Zion umgedichtete Liturgie bei der Inthronisation des Priesterfürsten von Sichem sieht. Zu der Übertragung von Sichem auf Jerusalem s. S. 350.

[2]) So schon Renan, s. zu 5 Mos 32, 17; Ps 106, 37. An den beiden letztgenannten Stellen sind es Dämonen, denen Opfer gebracht werden. Die Anbetung der Dämonen, Schutzgottheiten, des Hauses und Tempels, wird zu beurteilen sein, wie bei den „Teufelsanbetern" im heutigen Tigrislande. Man opfert ihnen, um Schädigung abzuhalten (vgl. 3 Mos 17, 7). Es ist nicht ausgemacht, daß „Opfer den Dämonen im Babylonischen nur gebracht worden sind, soweit es sich um Totengeister handelt". — Das Wort ist babylonischen Ursprungs. Man unterscheidet in der babylonischen Dämonologie einen bösen und einen gnädigen šêdu. Hitzig und Wellhausen schlagen auch für Ho 12, 12 šêdim statt שׁוּרִים vor und Hoffmann, Phöniz. Inschriften S. 53 liest Hi 5, 21 šêd statt שׁוֹד (s. Zimmern, KAT[3] S. 461).

[3]) Winckler F. III, 411.

[4]) Der Text ist verdorben, s. Sievers, Metrische Studien 273.

Leute bei der Plünderung an sich genommen haben[1]. Im übrigen will er nichts annehmen „*vom Faden bis zur Schuhsohle*". Es ist eine der Motiv-Redensarten, mit denen das Ganze bezeichnet wird (Milch und Honig, Weinstock und Feigenbaum, oben und unten, eliš u šapliš, im kosmischen Sinne Oberwelt und Unterwelt).

Winckler hat erkannt, daß in Faden und Schuhriemen die gleichen Gegensätze liegen, die das Oben und Unten im Mikrokosmos und in jedem Mikrokosmos, der das Ganze wiederspiegelt, bezeichnen. Aus der Märchenwelt kennen wir den Gegensatz von Schneider und Schuster, wobei immer der Schneider der Gute ist und der Schuster der Böse, entsprechend Mond und Sonne in Opposition, Oberwelt und Unterwelt, s. S. 32, die Dioskuren als feindliche Brüder). Der Faden entspricht dem Schneider, die Schuhsohle dem Schuster. Vgl. die Legende in der Muhammedlegende Ibn Hišam 765, wo Gewand und Sandale die Gegensätze noch besser bezeichnen.

1 Mos 15, 1 und 12ff. (Ekstase), s. S. 334, zu 15, 1 (מָגֵן nicht *Schild*) s. S. 351.

1 Mos 15, 2f. ist der Text verdorben.

„*Herr Jahve, was kannst du mir geben, da ich kinderlos bin und der Sohn des Mešeḳ meines Hauses* (ben-mešeḳ bêtî, eine Wortspiel-Glosse fügt hinzu: das ist dammešeḳ)[2], *Elieser* [*Und Abram sprach: mir hast du nicht Nachkommenschaft gegeben, siehe ein Sohn meines Hauses*[3]] *wird mich beerben.* Elieser ist darum vielleicht[4] mit Winckler direkt als muškênu (es ist dann zu lesen מִשְׁק[ן]) zu fassen, d. h. nach dem Cod. Hamm. ein „Freigelassener", eine Stufe niedriger als Ismael, dessen Rechtsstand S. 355 f. besprochen

---

[1]) אכל, assyr. akâlu (Id. Ku) schon auf der Geierstele E-an-na-tums, Vorders. 6, 15 (Thureau Dangin VAB I, 13), wo der Patesi von Giš-ḫu nach den Beschlüssen seines Gottes mit seinen Leuten das geliebte Gebiet des Ningirsu „fraß". Daß die Erklärung „was sie gegessen haben" unmöglich ist, hat Winckler F. III, 410 f. gezeigt. Die Bedeutung „was sie bei der Plünderung geschluckt (vgl. arab. 'akal) haben" ist m. E. dem „gestohlen haben" vorzuziehen trotz des verlockenden Motivs. Plünderung ist Kriegsrecht, nicht Diebstahl. Dieselbe Bedeutung hat akâl 31, 15 f.: Laban hat die tirḫâtu (s. S. 358) für seine Töchter „geschluckt".

[2]) Der Glossator spielt auf die ihm bekannte Verbindung der Überlieferung mit Damaskus an (s. S. 331), wie bereits ATAO[1], S. 184 vermutet wurde. Dazu kommt vielleicht, daß ben-mešeḳ und dam-mešeḳ als Wortspiel-Variante aufgefaßt werden sollen; wie ben = Sohn, so wäre nach II R 36, 57 eventuell auch dam = Sohn (II R 36, 57 da-mu = mâru, worauf mich Hommel aufmerksam macht).

[3]) ben bêtî, das fatale mešeḳ, ist in der Dublette unterdrückt.

[4]) Die Schreibung mit ḳ steht nicht unbedingt dagegen, aber ist doch immerhin bedenklich.

wurde[1]; vermutlich also ein Sohn Abrahams von einer Sklavin, geboren während des Aufenthaltes der Abrahamsleute in Damaskus.

1 Mos 15, 6 „*Abram glaubte und das rechnete ihm Gott zur Gerechtigkeit.*" אמן (amen, he'emîn) und ṣedaḳah sind termini der Erlösererwartung. Sie gebühren Abraham als Verkünder der neuen Zeit (nebî', 1 Mos 20, 7 s. S. 82 f.) und Bringer der neuen Zeit. Die Religion Muhammeds will Abrahams-Religion sein, wie Sure VI, 76 (s. S. 332 Anm. 1) ausdrücklich bezeugt ist. Ibn Hišâm 150 nennt als die drei Verpflichtungen Muhammeds und aller früheren Propheten, er müsse Allah gegenüber: âmana (arabisch ebenfalls die Causativform!), ṣaddaḳa und naṣr.

Das dritte Motiv ist hiernach das nṣr-Motiv. Winckler meint F. III, 412 f. vgl. Ex or. lux II, 2, S. 59, das nṣr-Motiv, das er als „Rettungsmotiv" auffaßt, sei speziell das babylonische (Marduk mit der ḳibla nach Osten) und finde sich wieder bei den Noṣairiern und bei den Christen (Nazarenern). In der alttestamentlichen Religion fehle es, weil Abraham im Gegensatz zu Babylon stand (vgl. S. 333). Es ist hier nicht der Ort, die Erlösermotive zu besprechen. Nur sei bemerkt, daß m. E. das neṣer-Motiv vielmehr das Motiv des Weltenfrühlings ist, den der Erretter bringt (Jes 11, 1, Da 11, 7, Mt 2, 23 vgl. BNT 46; es ist = ṣemaḥ), und daß ich Wincklers Schlüssen betreffs des Fehlens dieses dritten Motivs an unsrer Stelle nicht beistimmen kann.

1 Mos 15, 8—11. Die Symbole des Vertragsschlusses sind von höchstem Interesse: Eine dreijährige Kuh, eine dreijährige Ziege, ein dreijähriger Widder, eine Turteltaube und eine junge Taube werden in gleiche Hälften geteilt und die Hälften (die Vögel ungeteilt) einander gegenüber gelegt. Jedem der beiden Vertragschließenden gehört ein Teil. Die Form des Bundschlusses zwischen Jahve und Abraham ist einer Form des Vertragschlusses entnommen, bei der beide Kontrahenten Menschen sind[2]. Jedenfalls gehen die Bundschließenden hindurch, wie es v. 17 von der Flammenerscheinung gesagt ist und Jer 34, 18 beschrieben wird. Beim Hindurchgehen werden die Vertragsformeln gesprochen. Es

[1]) Vgl. Stucken, Astralmythen 117, der in Isaak, Ismael, Elieser die drei Stände erkannt hat (also ein Rigsmal semitisch) und jetzt Winckler F. III, 412. Den drei Nachkommen würden die drei Nachkommenschafts-Prophezeiungen entsprechen. Eine Analogie bilden dann die drei Besuche Heimdals, von denen jeder eine Geburt zur Folge hat, zuerst der Sklave, dann der Hörige, dann der freigeborene Herr.

[2]) Was die Teilung bedeutet, ist nicht klar. Wir haben keilinschriftliche Texte, bei denen die Körperteile des Opfertiers die Körperteile des Vertragschließenden bedeuten, s. S. 368 f. zu 1 Mos 22, 13.

kamen Raubvögel. Abram „*verscheuchte*“ sie? Ist mit Winckler zu lesen: וישר „*Abram erblickte sie*“ und an den Sinn des Vogelorakels zu denken, wie in der Romulussage, wobei dem, der zuerst die Vögel sieht, das Glück zufällt[1]? — In der Nacht schreitet eine Feuererscheinung hindurch, während Abram im ekstatischen Schlafe liegt. Die Feuererscheinung gehört zur kosmischen Ausstattung des summus deus[2] (Nordpunkt des Himmels = Feuerpunkt, s. S. 28). Auch Jahve am Horeb erscheint in der Feuerlohe, 2 Mos 3, 4. Bei Manoahs Opfer Ri 13, 20 steigt der Engel Jahve's in der Altarflamme empor.

1 Mos 17 *Abimelech* s. S. 342. — 1 Mos 17, 1 s. S. 334. 337.

1 Mos 18, 2 vgl. 19, 1. Der feierliche Gruß, bei dem das Gesicht im Staube liegt, ist im alten Orient nur der Gruß vor der Gottheit und vor königlichen Personen (vgl. 1 Sa 20, 41; 24, 9). Es ist der Gruß, den noch heute die arabische Gebetssitte kennt.

In den Amarna-Briefen lautet der Gruß: „siebenmal falle ich auf den Rücken, siebenmal falle ich auf den Bauch“. Man vergleiche dazu 1 Mos 33, 3: Jakob verneigt sich siebenmal vor Esau bis auf die Erde. Der heutige Orientale grüßt ehrfurchtsvoll, indem er mit der rechten Hand den Erdboden und dann Herz und Stirn berührt.

1 Mos 18, 4: *Die Gäste Abrahams . . . beim Essen.* Das Verbum bedeutet eigentlich „sich aufstemmen“. Daß sie beim Essen „liegen“, steht nicht da[3]. Es beruht auf Irrtum, wenn Gunkel annimmt, daß das Liegen beim Essen alte Beduinensitte sei. Liegen auf Polstern ist Prunksitte im Palast, vgl. Am 6, 4. Von den ältesten Zeiten an ist im Kulturlande das Sitzen auf Stühlen bezeugt; vgl. die alten Siegel, z. B. Abb. 36. 68. 70, die Reliefs aus Kujundschik bei Botta, das bekannte Bild von Asurbanipal und Gemahlin in der Weinlaube, wo der König liegt und die Gemahlin sitzt.

✳ 1 Mos 18, 12—15 Sarah lacht. Das Lachmotiv (viermal in dem kurzen Stück) gehört zur Verkündigung der neuen Zeit, die neue Fruchtbarkeit bringt. Bei den Eleusinien lacht die betrübte Ceres, wenn die neue Fruchtbarkeit drastisch angekündigt wird (Entblößung der Ceres durch Baubo)[4]. Der Gegensatz ist das Klagemotiv (Weinen um Tammuz), wie bei der Klageeiche in Bethel 35, 8. ✳

---

[1]) Vielleicht ist noch mehr hineingeheimnist. Schon Stucken, Astralmythen S. 4 hat daran erinnert, daß eine altmekkanische Gottheit (Hobal, mit Abraham identisch) der Vogelfütterer ist: muṭ'im al-ṭair (Wellhausen, Skizzen III, 73 erinnert dabei an unsere Stelle 1 Mos 15, 11).

[2]) Vgl. Apk 1, 15.

[3]) Die Beduinen hocken beim Essen.

[4]) Vgl. Clemens Alex., admon. ad gent. p. 16.

Rechtssitten der Abrahamszeit.

1 Mos 16, 1 ff. gibt Sara, weil sie keine Kinder hat, Abraham ihre Magd Hagar als „Kebsmagd“. Die gleiche Rechtssitte, von der im späteren Israel keine Spur zu finden ist, wiederholt sich 1 Mos 30, 1 ff.: Rahel gibt dem Jakob ihre Magd Bilha.

Im Codex Hammurabi, der nach 1 Mos 14, 1 (S. 345) als Zeitgenosse des „Babyloniers“ Abraham erscheint, heißt es CH 146:

> Wenn jemand eine Frau nimmt und diese ihrem Mann eine Magd (zur Gattin) gibt und sie (die Magd) ihm Kinder gebiert, dann aber diese Magd sich ihrer Herrin gleichstellt, weil sie Kinder geboren hat: soll ihre Herrin sie nicht für Geld verkaufen, das Sklavenmal soll sie ihr antun[1], sie unter die Mägde rechnen.

Die Situation entspricht genau dem Falle Abraham-Hagar[2]. Hagar wurde dem Abraham zur Gattin gegeben[3]. Als sie sich guter Hoffnung fühlte, „sah sie ihre Herrin geringschätzig an“. Sara spricht zu Abraham 16, 5: „*Jahve sei Richter zwischen mir und dir.*“ Sie beruft sich auf den von Jahve sanktionierten Rechtszustand. In Babylonien würde sich die Beleidigte auf Šamaš bez. auf den Codex berufen, der die Gesetze enthält, „um Streitfragen zu entscheiden“, und in dessen Schlußwort

---

[1]) abuttam iššakanši.

[2]) Zur weiteren Illustrierung dienen die folgenden Vertragsurkunden aus der Zeit der ersten (kanaanäischen) Dynastie von Babylon. Bu 91—5, 9, 374 Cun. Inscr. VIII heißt es: Šamaš-nûr, die Tochter des Ibi-Ša-a-an, von Ibi-Ša-a-an, ihrem Vater, haben Bunini-abi und Beli-šunu (dessen Frau!) gekauft, für Bunini-abi zur Frau, für Beli-šunu zur Magd. Wenn Šamaš-nûr zu Beli-šunu, ihrer Herrin, sagt: „Du bist nicht meine Herrin, dann soll sie sie scheeren und für Geld verkaufen etc. Aus der Regierung Hammurabis.“ Ein gleiches Verhältnis betrifft Bu 91—5—9, 2176 A (Cun. Inscr. II): „Tarâm-Sagila und Iltani, die Tochter (Töchter) des Tarâm-Sagila, hat Arad-Šamaš zur Frau und Gattin genommen. Wenn Tarâm-Sagila zu Arad-Šamaš, ihrem Gatten, sagt: Du bist nicht mein Gatte, so soll man sie vom . . . . stürzen. Wenn Arad-Šamaš zu Tarâm-Sagila, seiner Frau sagt: Du bist nicht meine Frau, so verläßt sie Haus und Haushalt. Iltani soll die Füße der Tarâm-Sagila waschen und in ihrem Sessel zu ihrem Tempel tragen, im Schatten der Tarâm-Sagila sitzen, ihren Frieden genießen, ihr Siegel (aber) nicht öffnen.“ S. Winckler, Gesch. Isr. II, 58.

[3]) Nach einer talmudischen Überlieferung (Feuchtwang ZA VI, 441) war Hagar eine שפחת מלוג, eine Magd, deren Arbeitsleistung der Gatte als ususfructus hatte. Da mulûgu assyrisch Mitgift heißt, nimmt also der Talmud an, daß sie von Anfang an Abraham beigegeben war.

es heißt: „Der Bedrückte, der eine Rechtssache hat, soll vor mein Bildnis als König der Gerechtigkeit kommen, meine Inschrift soll ihm seine Rechtssache aufklären, sein Recht soll er finden, sein Herz soll froh werden.“ Das Wort Saras: „Jahve sei Richter“, entspricht dem ständigen Ausdruck maḫar ilim „vor der Gottheit“ im Cod. Hammurabi. „Vor der Gottheit“ werden die Rechtsentscheidungen vollzogen. Abraham erkennt den Rechtszustand an. Er gibt Rechtsbescheid und zwar wiederum im Sinne des im Cod. Hammurabi geltenden Rechts, wenn er 16, 6 sagt: „*Deine Leibmagd ist in deiner Gewalt; verfahre mit ihr, wie es dir gut dünkt.*“ Sie hat also die Privilegien verwirkt, die ihr und ihrem Kinde durch ihre Erhebung zur Kebsmagd ihres Herrn zugefallen waren (vgl. CH 146, 171), ihre Herrin darf sie als Sklavin behandeln. Sarah macht von dem Rechtsbescheid harten Gebrauch; darum entflieht Hagar 16, 6[1].

Das Gesetz Hammurabis unterscheidet von der „Kebsmagd“, der Sklavin, die dem Manne zum Zweck der propagatio beigegeben werden kann, scharf die sozial höher stehende Nebenfrau, die der Mann neben der rechtmäßigen Gattin nur dann nehmen darf, wenn er nicht bereits eine Kebsmagd akzeptiert hat.

Cod. Hamm. 144: Wenn jemand eine Frau nimmt und diese Frau (weil sie keine Kinder bekommt, vgl. 145) ihrem Manne eine Magd gibt und (diese) Kinder hat, jener Mann aber beabsichtigt, sich (neben der Magd auch noch) eine Nebenfrau zu nehmen, so soll man ihm das nicht gestatten, und er soll keine Nebenfrau nehmen.

Cod. Hamm. 145: Wenn jemand eine Frau nimmt und sie ihm keine Kinder schenkt und er beabsichtigt, eine Nebenfrau zu nehmen: so mag er die Nebenfrau nehmen und in sein Haus bringen, es soll aber diese Nebenfrau mit der Ehefrau nicht gleichstehen.

Auch bei dieser Nebenfrau ist ausdrücklich gesagt, daß sie mit der Hauptfrau nicht gleichstehen darf. Nur ist hier keine besondere Strafbestimmung getroffen für den Fall, daß sie sich im Stolz ihrer Mutterschaft über die andere Frau erhebt.

---

[1]) Mein Bruder Edm. Jeremias (Jurist), macht darauf aufmerksam, daß diese Anrufung des Rechts durch Sarah im Sinne des Erzählers voraussetzt, daß die sozialen Zustände unter den Abrahamsleuten dem Begriffe der Familie entwachsen sind. Man beachte auch, daß die Frau in diesem vorausgesetzten Gemeinleben ein gesondertes Recht hat. Ihr kommt die Vollstreckung des Urteils 1 Mos 16, 6 wie CH 146 zu. Darin liegt eine Bestätigung für unsere Auffassung der „Vätergeschichten“ S. 327.

Wie es scheint, setzt die Erzählung 1 Mos 21, 9ff., die einer anderen Quellschrift angehört, wie 16, 1ff., voraus, daß Hagar nicht Sklavin, sondern Nebenfrau war. Sie weiß nichts von einer Anrufung des Rechts durch Sara und von einer Degradierung der Hagar. Abraham schickt sie fort, um dem Streit ein Ende zu machen. Daß sie hier als Nebenfrau gilt, zeigt vielleicht das vorausgesetzte Erbrecht des Sohnes der Hagar. Sara ist nach der Geburt ihres eigenen Sohnes Isaak eifersüchtig auf den Sohn der Hagar, weil er „mit ihrem Sohne erben soll“ [1]. Die Nebenfrau untersteht aber wohl nach dem Cod. Hammurabi, wenn sie auch der Hauptfrau nicht gleichsteht (CH 145), den Bestimmungen des Eherechts [2], so betreffs des Rechts der Scheidung und des Güterrechts, vgl. CH 137, dem auch entnommen werden darf, daß die Nebenfrau in der Regel freier Herkunft ist. Daraus ergibt sich ohne weiteres als zum mindesten sehr wahrscheinlich, daß das Kind der Nebenfrau vollgiltig ist, also auch Erbrecht hat. Will man jedoch annehmen, daß auch nach 1 Mos 21, 9ff. Hagar als Sklavin gedacht ist, so trifft auch dann die Voraussetzung der Eifersucht Saras im Sinne des Hammurabi-Rechts zu. Nur müßte man dann unterstellen, daß Abraham zu Ismael gesagt hat: „Du bist mein Sohn“, d. h., daß er ihn adoptiert hat:

Cod. Hamm. 170. Wenn jemandem seine Gattin Kinder geboren hat und seine Magd Kinder geboren hat und der Vater bei Lebzeiten zu den Kindern, die ihm seine Magd geboren hat, sagt: „meine Kinder“ (das deutet die juristische Formel der Adoption an) [3] und sie den Kindern seiner Gattin zurechnet: wenn darauf der Vater stirbt, so sollen die Kinder der Gattin und der Magd das väterliche Eigentum gemeinsam teilen. Das Kind der Gattin hat zu teilen und zu wählen.

Eigentümlich ist hier, daß Kinder der Magd neben Kindern der Frau vorhanden sind. Vielleicht bedurfte es nur in diesem Falle der Adoption, während in dem Falle, wo die Magd zur propagatio beigegeben wurde von der kinderlosen Frau (oft wurde sie ja beim Frauenkauf mit übergeben, und diesen Fall hat wohl Cod. Hamm. 170 im Auge), das volle Kindesrecht des Magdsohnes notwendig aus dem Zwecke des Instituts folgt; dann erklärt sich's, daß von einer Adoption Ismaels nichts erwähnt wird.

---

[1]) 21, 9: „weil er ein Spötter war“ ist nachträglich eingeschoben von einem Erklärer, der die Situation nicht verstand, s. Gunkel, Gen. z. St. מצחק Scherz treiben wird 2 Mos 32, 6 als Götzendienst erklärt. Es hat übrigens auch einen obscönen Sinn.

[2]) S. Kohler und Peiser, Der Codex Hammurabi S. 121.

[3]) Die eigentliche Formel ist jedenfalls voller und feierlicher gewesen; vielleicht klingt in Ps 2, 7 die Formel wieder: „Du bist mein Sohn, heute habe ich dich gezeuget“, s. Kohler und Peiser, l. c. S. 123.

1 Mos 29ff. berichten, daß Jakob bei Lebzeiten seiner Ehefrau noch deren Schwester heiratet. Das gilt im späteren Recht 3 Mos 18, 18 als Blutschande, vgl. S. 325. Das altbabylonische Privatrecht aber gestattet eine solche Ehe gleichzeitig mit zwei Schwestern. Ein Legendendichter späterer Zeit hätte gewiß im Interesse der Autorität des geltenden Rechtes vermieden, auf dergleichen alte Rechtsnormen zurückzugreifen.

Bei der Eheschließung zahlt der Bräutigam (außer den üblichen Geschenken) einen Frauenpreis (mohar) an den Vater der Frau: 1 Mos 31, 15; 34, 12; 2 Mos 22, 16; 5 Mos 22, 19, der in dem Falle Jakob-Laban abverdient wird. 1 Mos 24, 53 zahlt Elieser einen solchen Malschatz an den Bruder und an die Mutter Rebekkas. Ebenso kennt der CH und zwar neben einer šeriḳtu (Schenkung, Mitgift ihrer Familie, z. B. § 137) einen Frauenpreis (tirḫâtu), der nach CH 139 eine Mine und darüber beträgt, der aber auch wegfallen kann[1], endlich noch nudunnû, die Morgengabe des Mannes, z. B. CH 172a.

Wir fügen diesen beiden Rechtsfällen, die als ein wichtiges Zeugnis für die Echtheit des Milieus der Abrahamsgeschichten gelten dürften, die Erwähnung anderer Rechtssitten an, die nicht spezifisch altbabylonisch sind, sondern auch späteren bez. intergentilen Rechtszuständen entsprechen, die aber ebenfalls wenigstens teilweise eine interessante Beleuchtung durch den Cod. Hamm. erfahren:

1 Mos 20, 16. Die Schändung einer Ehefrau wird durch eine Buße gesühnt, die der Ehemann erhält 20, 14; zu der „Augendeckung", die in einer bräutlichen Mitgift (unter Hervorhebung des Schleiers) an die beleidigte Frau besteht, s. S. 342 Anm. 5.

1 Mos 24, 4. Der Vater wählt für den Sohn die Braut. Ebenso in Babylonien nach Cod. Hamm. 155f.: „Wenn jemand seinem Sohne ein Mädchen (kallâtu) verlobt." Die Braut kommt im Cod. Hamm. durch Kauf in das Eigentum des Mannes; vgl. 1 Mos 24, 51; 31, 15 (Rahel und Lea: „Der Vater hat uns verkauft"). 159ff. setzt voraus, daß das Mädchen als Braut (kallat; d. i. aber de facto gleichbedeutend mit Frau) im Elternhause bleiben und daß der Schwiegersohn dort wohnen kann, wie

---

[1]) S. Kohler und Peiser S. 118. Eine solche tirḫâtu (in Arbeitsleistung ausgezahlt) zahlt Jakob an Laban, 31, 15f.

Jakob bei Laban, Moses bei Jethro[1]. Der Malschatz wird in das Haus des Schwiegervaters gebracht, CH 159—161; ebenso bei der Werbung um Rebekka 1 Mos 24, 10. 53.

1 Mos 31, 32 setzt einen Diebstahl an sakralen Dingen voraus, der mit dem Tode zu bestrafen ist:

Cod. Hamm. 6[2]: Wenn jemand Besitz von Gott (Tempel) oder Hof (König)[3] stiehlt, so soll er getötet werden.

1 Mos 31, 39 setzt voraus, daß der gemietete Hirte den Schaden, der bei der Herde entsteht, nur dann von rechtswegen ersetzen muß, wenn er ihn verschuldet hat.

Cod. Hamm. 267: Wenn der Hirt etwas versieht, in der Hürde ein Schaden entsteht, so soll der Hirt den Schaden ersetzen.

Die Patriarchen als Herdenbesitzer.

Daß die „Väter" der Urzeit als Hirten erscheinen, konnte als Stütze der S. 338 erwähnten Beduinentheorie gelten, solange man den alten Orient aus den Urkunden nicht kannte. Man beachtete nicht, daß die als Schauplatz in Betracht kommenden Teile des vorderen Orients in jener Zeit in viel größerem Maßstabe Kulturland waren, als heutzutage, und daß auch der Beduine der damaligen Zeit in enger Berührung mit den großen Kulturen gestanden hat[4]. Die Herdenbesitzer standen in Verbindung mit dem Herrn des Landes, wie es die Sinuhe-Geschichte S. 298 ff. illustrierte. Sie waren fürstliche Herren, die ihre Herden und Hirten verpachteten, und über Grundbesitz verfügten. Jakob ist 30, 16 bei Laban Pächter mit freier Verfügung. Der Cod. Hamm. setzt ein solches Verhältnis zwischen Besitzer und Unternehmer voraus und regelt die gegenseitigen Pflichten und Rechte.

---

1 Mos 18, 22ff.: „*Abraham stand vor Gott.*" Die Vorstellung von einem Fürbittenden, der vor der Gottheit steht,

---

[1]) Winckler, AO IV, 4[3] 26. Die besondere Situation bei Jakob und Moses genügt nicht zur Erklärung.

[2]) Hierzu und zum Folgenden s. Joh. Jeremias, Moses und Hammurabi[2], S. 44.

[3]) Vgl. Cod. Hamm. 8 und vgl. hierzu den vermeintlichen Diebstahl der Brüder Josefs am ägyptischen Hofe 1 Mos 44, 9. Zur Todesstrafe bei sonstigem schweren Diebstahl s. S. 425.

[4]) S. zum Folgenden Winckler, Altor. Geschichtsauffassung 16ff. (Ex oriente lux II, 2).

ist auch der babylonischen Religion geläufig. Wir finden sie häufig auf Siegelzylindern illustriert, s. Abb. 36 und 70[1].

Abraham hat himmlische Gäste bewirtet, nun darf er einen Wunsch sagen[2]. Er bittet um Rettung Sodoms. Abraham handelt dabei von 50 Gerechten (ṣedeḳ, der sein satukku der Gottheit gegenüber erfüllt hat) bis herab zu 10. Dieses Motiv des Abhandelns findet sich auch in der arabischen Legende als bewußtes Gegenstück zu dieser Abrahamsgeschichte in der Reise Muhammeds durch die 7 Himmel, die genau der S. 14f. geschilderten altorientalischen Vorstellung von den 7 Stufen entspricht. Muhammed werden von Allah 50 Gebete auferlegt, die aber auf Abrahams Einspruch auf 5 ermäßigt werden!

Sodom und Gomorrha und die Feuerflut.

In der gesamten Erzählung vom Gericht über Sodom und Gomorrha, wie sie vorliegt, klingen die Motive der Feuerflut an, die das Gegenstück zur Sintflut bildet[3].

Die Überleitung bildet das verletzte Gastrecht. Wir führen folgende Analogien an:

1. Ri 19f. ist ein Gegenstück zum Feuergericht über Sodom und Gomorrha[4]. In Gibea wird genau in derselben Weise wie in Sodom und Gomorrha das Gastrecht verletzt. Einem levitischen Mann mit seinem Kebsweib wurde Herberge verweigert. Sie mußten auf der Gasse bleiben. Ein alter Mann nahm sie auf 19, 20f. In der Nacht ereignete sich der gleiche Frevel, wie in Sodom. Die Gäste sollen vergewaltigt werden (vgl. 1 Mos 19, 8f. mit Ri 19, 23f.; gewisse Redewendungen sind geradezu gleichlautend). Die Strafe für das verletzte Gastrecht ist die Vernichtung der Städte Benjamins durch

---

1) Beim König ist der „Minister“ der Fürsprecher (nazâzu ina pâni, „stehen vor“ ist der technische Ausdruck). Man spricht nicht selbst zum König. Deshalb wird der betende König vom Priester geleitet, der ihn bei der Hand nimmt (ṣabit ḳât).

2) Der erste Wunsch ist die Geburt eines Kindes (vgl. S. 354). Man würde drei Wünsche erwarten. Vgl. hierzu und zum Folgenden Winckler, MVAG 1901, 353ff.

3) Vgl. S. 63f. 247. 249. In Jalkut Rubeni soll der Turmbau vor der Feuerflut schützen (מבול של אש). Zu Sodoms Feuerflut vgl. auch Jastrow, Rel. of Bab. 507 und ZA XIII, 288ff. Erbt, Die Ebräer S. 70 meint, daß das Zeitalter der „Kanaanäer“ in Kanaan durch das Motiv der Feuerflut inauguriert werden soll. — Auch der Brand von Troja hat die Motive der Feuerflut, wie die ausschmückenden Mythen zeigen.

4) Vgl. auch die Feuerflut, die über Babylon kommt, Apk 18, 8. 18; 19, 3.

Feuer Ri 20, 40. 48. Nur 600 Mann retten sich zum Felsen Rimmon (!), wie Lot mit den Seinen auf einem Berge 1 Mos 19, 17.

2. Die gleichen Motive zeigt eine buddhistische Erzählung[1]:

Der buddhistische Pilger Hiouen Thsang aus China (7. Jahrh. n. Chr.) erzählt von einer Stadt Halaolokia, die reich, aber ketzerisch war. Als einmal ein Arhat in die Stadt kam, gab man ihm nichts zu essen, sondern überschüttete ihn mit Erde und Sand. Nur ein Mann erbarmte sich sein und gab ihm zu essen. Da sprach der Arhat zu ihm: „Rette dich; in sieben Tagen wird ein Regen von Erde und Sand fallen und wird die Stadt ersticken, kein Mensch wird übrig bleiben — und nur darum, weil sie mich mit Erde geworfen haben.“ Der Mann ging in die Stadt, sagte es seinen Verwandten, aber niemand wollte es glauben, und sie spotteten darüber. Aber es kam das Unwetter, die Stadt ging unter, und nur der Mann rettete sich durch einen unterirdischen Gang.

3. Um eine Sintflut handelt es sich bei der phrygischen Sage von Philemon und Baucis. Zeus und Hermes finden nirgends gastliche Aufnahme. Die beiden Alten nehmen sie auf. Zur Strafe kommt eine Sintflut. Die beiden werden gerettet. Ihre Apotheose[2] besteht darin, a) daß ihr Haus in einen Tempel verwandelt wird, in dem sie priesterlich walten, b) daß sie in Bäume verwandelt werden (Philemon in eine Eiche, Baucis in eine Linde).

Folgende Motive sind bei der Erzählung von Sodom und Gomorrha zu beachten.

1. Das Verderben kommt über Sodom und Gomorrha, das einst dem Paradiese glich (13, 10 *gleich einem Garten Gottes,* s. S. 190; „gleich Ägyptenland“ ist Glosse) um des Frevels der Menschen willen.

2. Ein Gerechter wird mit seiner Familie gerettet.

3. Als Rettungsort wird ein Berg angewiesen, 19, 17, bez. die Stadt Zoar[3].

4. Der für die Rettung Ausersehene wird verlacht, 1 Mos 19, 14.

5. Dem richtenden Gotte wird vorgehalten, daß er nur die Frevler mit dem Gerichte treffen sollte, 18, 25.

6. Die neue Zeit und das neue Geschlecht wird durch die Tat der Töchter Lots und durch die Trunkenheit Lots angezeigt[4]).

---

[1]) P. Cassel, Mischle Sindbad S. 1 bemerkte den Anklang an die Lot-Geschichte (zitiert nach Stucken, Astralmythen 115).

[2]) Vgl. die Apotheose des babylonischen Noah und seines Weibes S. 222. 227. 233. Stucken, dem ich den Hinweis auf die Analogien verdanke, denkt bei der Verwandlung in Bäume mit Unrecht an Lots Weib.

[3]) Gunkel hat hierbei und anderwärts auf die zahlreichen Wortspiele hingewiesen, die zur orientalischen Erzählungskunst gehören. Wichtiger aber ist die Erkenntnis ihres mythologischen Sinnes, wie sie Stucken und Winckler angebahnt haben. Ein Motiven-Lexikon ist Desiderium für die Zukunft.

[4]) Travestie: 1. die neue Zeugung travestiert wie in Hams Verhalten bei der Sintflut, s. S. 250 Anm. 5 und vgl. BNT 120; vgl. hierzu das Ver-

Statt der Feuerflut kann auch Steinregen eintreten, wobei an feurige Steine zu denken ist (vgl. Apk 16, 21). Auch dies ist Motiv der Welterneuerung und zwar in der Weltensommersonnenwende. In der Sonnenwende fallen die Meteore. Einen solchen Steinregen, der vom Himmel fällt, als Ereignis bei Anbruch einer neuen Zeit, haben wir Jos 10, 11 nach Besiegung des Adoniṣedek von Jerusalem durch Josua. Nach dem Zusammenhang handelt es sich um die Besiegung der „fünf Könige", die die gesamte feindliche Macht Kanaans verkörpern, gleichsam als Winterdrachen, wie vorher Ägypten als besiegter Drache erscheint[1]. Die fünf Könige kriechen 10, 27 in die Höhle („dort sind sie bis auf den heutigen Tag" 10, 27)[2]. Der Steinregen nach dem Sieg über Adoniṣedek hinkt nach. Man sieht deutlich, wie das Motiv der Geschichte aufgesetzt ist.

Bei dem Zuge Abrahams gegen Mekka (Ibn Hišam) kommt ebenfalls ein Steinregen zu Hilfe. Gewaltige Vögel bringen in Schnabel und Klauen Steine vom Himmel und töten die Feinde.

Feuer und Schwefel als Vernichtungsmittel wider die Feinde ist zur stereotypen Redensart geworden. Vgl. Hi 18, 5: Über seine Wohnstätte wird Schwefel gestreut; Ps 11, 6: „Feuer und Schwefel"; vgl. ferner Lc 9, 54, Apk 20, 9. Die Vernichtung eines Stadtgebietes durch Salz (Schwefel?) hängt ebenfalls mit dem Motiv zusammen. Ri 9, 45 findet sich die Sitte. Ebenso in den assyrischen Inschriften. Tiglat-Pileser I. streut Salz über Ḫanusa und Asurbanipal über Susa[3]. Unfruchtbares Land heißt meleḫa (Salzland), Hi 39, 6; Ps 107, 34; Jer 17, 6.

---

fahren der Nyktimene gegen ihren berauschten Vater Nykteus, Ovid Met. 2, 589 ff., und Myth. Vat. 2, 39. 2. der Weinstock als Symbol der neuen Zeit in der Weinseligkeit Lots (vgl. Noah S. 250); 3. die Trunkenheit als Neujahrsmotiv (vgl. das Epos Enuma eliš und das Verhalten der Götter bei der Welterneuerung).

[1]) Motiv der Tyrannenvertreibung. Der Winter, der vertrieben wird, erscheint im Kalendermythus zusammengefaßt in den 5 Zusatztagen am Ende des Jahres (vor Frühlingsanfang) oder als Riese (Untergang des Orion), der besiegt wird, oder als Wasserdrache. Wenn das Motiv auf geschichtliche Ereignisse übertragen wird, so erscheint der Feind in der Zahl fünf, oder er ist in einen Riesen verkörpert, der dann die Zahl 5, bez. $5^1/_4$ an sich hat (s. zur Goliath-Geschichte). Vgl. S. 86.

[2]) Eine Variante hierzu ist der Siebenschläfermythus. Die sieben Schläfer, die unter Decius in die Höhle gehen, finden beim Erwachen das neue Zeitalter.

[3]) Tigl. Pil. Pr VI, 14 (s. Hommel, Geschichte 602, Anm. 1); Asurb. Pr. VI, 79 (Salz und šiḫlu-Kraut).

Der Verlauf der Vätergeschichte und das Schema der Zwölfstämme.

Der Verlauf der Vätergeschichte gibt sich als Geschichte einer Familie, von der die 12 Stämme herkommen, die dann „Kinder Israels“ heißen. Die Überlieferung will damit nachweisen, daß das Volk Israel in seiner Geschichte eine ununterbrochene Entwickelung darstellt. Die Geschichtsschreiber fanden in den Überlieferungen gewisser Orte feste Anhaltepunkte für die Zusammenhänge der Urgeschichte. Später ist die Herkunft von einem Stammvater religiöses Dogma geworden: „Ich rief ihn, als er noch einer war“ Jes 51, 2, — aber ein verhängnisvolles Dogma, das zum Partikularismus führte, und dem die Predigt des Täufers und die Predigt Jesu energisch entgegentrat[1].

Die Familiengeschichte ist gewiß auch in ihrer Fortsetzung nicht freie Erfindung. Die Überlieferung mag Isaak und Jakob-Israel mit gutem Recht für die markantesten Wanderscheichs der Urzeit angesehen haben, die als legitime Nachfolger Abrahams gelten konnten. Aber diese Familiengeschichte ist schematisch zur Grundlage der Urgeschichte Israels gemacht worden und zwar so, daß sie die für die Väterzeit feststehenden 215 Jahre ausfüllt[2]. Auch Jakob war gewiß eine historische Persönlichkeit, ein religiöser Führer der Vorzeit[3]. „Schaddai, der Starke (eig. Stier) Jakobs hat einen Hirten zum Grundstein Israels gemacht“ (1 Mos 49, 23 f.)[4]. Er wird auch ungefähr[5]

---

[1]) Schon Jes 51, 1 „Abraham der Brunnen, aus dem ihr gehauen seid“, hebt die religiöse Seite hervor, ebenso Ez 16, 13 vgl. 33, 24. Auch Jes 63, 16 ist so zu verstehen. Von einem „Kultus Abrahams“ ist weder hier (Duhm zu Jer 31, 15) noch sonst etwas zu spüren.

[2]) Klostermann S. 18.

[3]) Schwieriger liegt es bei Isaak. Sein Leben ist hie und da mit Schattenbildern der Abrahamsgeschichte ausgefüllt. 1 Mos 26, 1 ff. = 12, 10 ff. vgl. 20, 2 ff.; 26, 5 ff. vgl. 21, 25; 26, 26 ff. = 21, 22 ff.

[4]) So lesen wir mit Klostermann S. 19: משם („dadurch, daß er setzte“).

[5]) Die Zahl 12 stimmt nicht; sie ist dem Schema zuliebe zurechtgemacht, die Spaltung Josephs in Ephraim und Manasse ist ein deutliches Zeugnis dafür. Es scheint eine Überlieferung gegeben zu haben, nach der Jakob 3 Kinder hatte (Simeon und Levi, die Dina, ihre geschändete Schwester, rächen). An sich könnte auch die 12 geschichtlich sein. Die Geschichte baut Schemata: Kaiser Wilhelm hat 6 Söhne und 1 Tochter; die 7 Planeten mit Venus. Interessant ist auch die spätere Spintisierung, nach der Jakob 70 Söhne hatte. Midr. Schem. Rabba zu 2 Mos 1, 7 sagt: „Sie wimmelten. Manche sagen, es seien 12 auf einmal in die Welt gekommen, manche sagen, jede Frau gebar 60 auf einmal. Man sollte sich darüber nicht wundern, der Skorpion gebiert 70.“

zwölf Söhne gehabt haben, deren Geschicke einen großen Teil der Gemeinschaft nach Ägypten brachten, mit dessen arabischen Nachbargebieten man ja längst in lebhaftem Verkehre stand. Einzelne Berichte und Geschlechtsregister der späteren Zeit haben den Zweck, gewissen Stämmen oder sozialen Korporationen[1] den Zusammenhang mit den Geschlechtern der Urzeit (1 Mos 30; 35, 25ff.; 1 Mos 46, 8—27), die den Auszug erlebten, oder speziell mit Dina[2], oder mit der Familie des Nahor (1 Mos 35, 23ff.) nachzuweisen. Jedem der „12 Stämme", die übrigens eigentlich nie wirklich beisammen gewesen sind, wurde einer der „Stammväter" als Urvater beigegeben[3]. Die Traditionen einzelner Clane sind mit der Familiengeschichte der Söhne Jakobs verwoben worden.

Die Zahlen des Schemas sind die des astralen Systems: 12 und 70 bezw. 72, je nach Mond- oder Sonnensystem. Die Tabelle 46, 8—27 ist nach beiden Zahlen konstruiert. Wie man 12 Stämme Israels zählt, so gibt es nach 25, 13ff. 12 Ismael-Stämme und 1 Mos 25, 2ff. nach dem ursprünglichen Texte 12 Söhne des Abraham und der Ketura[4]. Daß der 12-Zahl die Vorstellung des Tierkreises zugrunde liegt, ist für den Alten Orient selbstverständlich. Zum Überfluß beweist es der Jakobssegen, der auf die Tierkreisbilder anspielt, s. S. 395ff. Abulfaradsch, Hist. Dyn. 101 sagt, die Araber leiteten sich von 12 Stämmen ab, und jeder der 12 Stämme stand unter einem Tierkreiszeichen[5].

Es ergibt sich nach den Spuren der biblischen Überlieferung folgender geschichtlicher Verlauf. Der Kern der um Abraham sich gruppierenden religiösen Gemeinschaft hatte sich in Süd-Kanaan niedergelassen, im Negeb, in der Nähe des peträischen Arabien, und ist von hier aus wiederholt mit den unter ägyptischen Unterkönigen (Pharaonen) stehenden Land-

---

[1]) Klostermann S. 30.

[2]) 1 Mos 46, 15 s. Klostermann S. 30.

[3]) Die Abzweigungen der Moabiter und Ammoniter, die sich im Ostjordanlande und in der Gegend des toten Meeres niederlassen, ebenso die der Edomiter und arabischen Stämme, die durch Beschneidung und andere religiöse Kultelemente den Sippen Abrahams auch später nahestehen, beruhen wie die Geschlechtsregister auf „gelehrter Forschung", nicht auf Überlieferung.

[4]) Klostermann. 1 Mos 10 urspr. wohl auch 12 Söhne Joktans (Hommel, Aufs. u. Abh. 316, Anm. 6).

[5]) Jalkut Rubeni 171 d sagt, die 12 Stämme entsprechen den 12 Tempeln (d. h. die Häuser S. 11) des Tierkreises. Zum System der 12 und 70 hat Steinschneider ZDMG 4 (1880), 145ff.; 27 (1903), 474ff. zahlreiche Beispiele beigebracht, die beliebig vermehrt werden können; vgl. auch Krauß ZATW 20, 38ff.; Kampers, Alex. der Große S. 107 und f., oben S. 60ff.

schaften in Verbindung getreten. Die südlichen Sitze sind der spätern Zeit religiös gekennzeichnet durch die (ursprünglich 7) Brunnen Isaaks und durch die von Jakob geweihten Heiligtümer Miṣpa Gilead, Pniel und Mahanaim. Dann wird sich die unter der religiösen Idee gesammelte Gemeinschaft weiter verbreitet haben. Ein großer Teil ist in Hungerzeiten nach den ägyptischen Grenzgebieten verschlagen worden[1]. Auch hier hat eine markante Persönlichkeit, die des Josef, der Tradition Anknüpfung geboten. Dann hat die religiöse Gemeinschaft neue und mächtige Impulse durch Moses empfangen. Sie ist erobernd vorgegangen, hat die versprengten Teile der alten Gemeinschaft gesammelt. Am Sinai schloß sich die durch Jethro charakterisierte Gemeinschaft an, die den alten Kultort besaß, aus den Grenzgegenden des Negeb kamen Clane hinzu, die sich auf ihre religiöse Zugehörigkeit besannen, an die jene alten Kultstätten und „hebräische" Wanderzüge aus Ägypten wie 1 Mos 50 fortgehend erinnert hatten[2].

Wir haben gezeigt, daß das Milieu der Vätergeschichten in allen Einzelheiten zu den altorientalischen Kulturverhältnissen stimmt, die uns die Denkmäler für die in Betracht kommende Zeit bezeugen. Die Existenz Abrahams ist damit nicht geschichtlich erwiesen. Man könnte einwenden: sie ist in das Gemälde hineingezeichnet. Jedenfalls aber muß man zugeben, daß die Überlieferung alt ist. Sie kann unmöglich Tendenzdichtung einer späteren Zeit sein. Wir können angesichts der geschilderten Zustände sagen: die Geschichte könnte eher ein geistvoller Mann des 20. nachchristlichen Jahrhunderts, der die orientalischen Altertümer auf Grund der Ausgrabungen kennt, erdichtet haben, als etwa ein Zeitgenosse des Hiskia, der die Kulturverhältnisse seiner Zeit zur Schilderung benutzt haben und gewiß keine Antiquitäten ausgegraben haben würde. Wellhausen ist von der Ansicht ausgegangen, daß die Vätergeschichten historisch unmöglich sind. Jetzt zeigt sich, daß sie möglich sind. Wenn Abraham

---

[1]) Ähnliche Vorgänge setzen die Amarna-Briefe wiederholt voraus, s. S. 391 f. u. 393.

[2]) 2 Mos 21, 1 und 1 Sa 14, 21 reden von „Hebräern", die auch nach der Eroberung des Landes politisch nicht mit den Kindern Israel in Zusammenhang stehen, mit denen sich jedoch die Israeliten verwandt fühlen. Wir dürfen in ihnen vielleicht Nachkommen der religiösen Gemeinschaft der Väterzeit erkennen.

gelebt hat, so kann er nur in einer Umgebung und unter Voraussetzungen gelebt haben, wie sie die Bibel schildert. Das muß der Geschichtsforschung genügen. Und man darf Wellhausen an sein eignes Wort erinnern (Komposition des Hexateuch 346): „Wenn sie (die israelitische Tradition) auch nur möglich ist, so wäre es Torheit, ihr eine andre Möglichkeit vorzuziehen.“

Sechzehntes Kapitel.

Weitere Glossen zu den Vätergeschichten.

1 Mos 19, 37. *Die Moabiter.* Der Stamm der Moabiter, der allmählich durch Angliederung verwandter Elemente zum Volke sich entwickelt hat, ist gleich den Stämmen der Israeliten erobernd im Ostjordanlande eingezogen. Nach der biblischen Überlieferung saßen die Moabiter bereits im Lande, als die Israeliten ansässig wurden, und es bestanden freundliche Beziehungen zwischen Moab und Israel (5 Mos 2, 18ff.). Dagegen spricht, daß sie in den uns bekannten vorisraelitisch-kanaanäischen Urkunden nicht erwähnt werden, auch spricht die Lage ihrer Wohnsitze nächst der Wüste dafür, daß sie erst eingezogen sind, als Israel bereits feste Wohnsitze innehatte[1].

1 Mos 19, 38. *Die Ammoniter*, keilinschriftlich Ammânu[2], sind Grenzvolk der Israeliten, nur zum Teil in der Steppe als Nomaden lebend, im übrigen der Bibel seit den ältesten Zeiten

[1]) H. Winckler, Gesch. Isr. I, 189ff. nimmt deshalb an, daß in Ri 3, 15ff. eine Erinnerung an die erste Machtentfaltung der Moabiter vorliegt, und daß die Moabiter in den Bileamgeschichten (vgl. 4 Mos 22, 4, wo „Vornehmster der Midianiter“ steht!) auf einer Verwechslung mit den später verdrängten Midianitern beruhen. Weiter über die Geschichte der Moabiter s. zu 2 Kg 3.

[2]) Die Keilinschriften nennen unter Salmanassar II. Baesa ben Reḫôb, den Ammoniter (mat A-ma-na-ai) mit 1000 Leuten neben Ahab von Israel (mit 10000 Leuten) unter den Vasallen von Damaskus, die bei Ḳarḳar geschlagen wurden (KT 16). Unter Sanherib huldigt 701 Pudu-ilu von Ammon (bît Am-ma-na-ai) und Asarhaddon nennt denselben Puduilu als Zeitgenossen des Manasse unter den Vasallen, die mit Korb und Tragbrett Frondienste leisten müssen beim Bau des Zeughauses in Niniveh (KT 44. 52). Zum Frohndienst vgl. S. 400f. und Abb. 127f.

als ein unter Königen stehender Kulturstaat bekannt. Ihre Hauptstadt Rabba[1] liegt unter den Trümmern des heutigen ʿAmmân, dessen zutage liegende prachtvolle Ruinen zumeist aber aus römischer Zeit stammen[2].

Saul verdankte seinen Ruhm dem Kampfe gegen die Ammoniter (1 Sa 11 vgl. 14, 47). Er entsetzte die vom König Nahas belagerte gileaditische Stadt Jabes. Unter der Beute befand sich die Krone des Königs (2 Sa 12, 30, Luther hat die richtige Übersetzung) und ließ sich ein Diadem daraus fertigen. Noch unter Salomo, zu dessen Zeit die kultischen Stücke („Scheusal der Moabiter" wie das Kamoš-Bild von Moab, s. zu 2 Kg 3) zu Götzendienst gemißbraucht wurden, waren die Ammoniter tributpflichtig; er hatte ammonitische Weiber, unter ihnen Rehabeams Mutter, in seinem Harem. Nach 2 Chr 20, 1 unterstützten später die Ammoniter den König Mesa gegen Israel-Juda und fielen in Juda ein. Die Nachricht beruht nicht auf Erfindung, ist nicht als „Midrasch" zu beurteilen, entspricht vielmehr duschaus der zu 2 Kg 3 zu schildernden Situation; nur erscheint hier der Zug Josaphaths als ein selbständiger, während er unter Jorams Gefolgschaft zu denken ist. Am 1, 13 ff. zeigt, daß später die Ammoniter schlimme Feinde Israels geblieben sind.

Wie der Baal von Ammon hieß, wissen wir nicht. Der Name Pudu-ilu enthält den Gottesnamen Ilu = El. Der Name Milkom ist vielleicht frühes Mißverständnis von 2 Sa 12, 30. Erbt, Hebräer 235 erklärt das Scheusal (2 Kg 23, 13 tôʿebâ) der Ammoniter „Milkom" als malkâ-milkâ (Ašera als Himmelskönigin). — Hommel, Aufs. und Abh. 155 vergleicht mit dem Namen benê Ammôn die Bezeichnung der Katabanen als walad ʿAmm, d. i. ʿAmm-Kinder und erklärt ihn als ʿAmm-Verehrer. ʿAmm bedeutet „Oheim" und erscheint in babylonischen Namen ebenso wie Ab „Vater", Aẖ „Bruder" als Bezeichnung der Gottheit, und zwar ist ʿAmm (ammu, ẖammu z. B. in Ḫammu-rabi) nicht einheimisch babylonisch, sondern „westsemitisches" Fremdwort (s. KAT[3] 480). Nach Hommel, Grundriß S. 85 soll ʿAmm den Mondgott bezeichnen, vgl. den Namen ʿAmm-nêr „ʿAmm ist Leuchte", l. c. S. 93. Aber die von Hommel für den Mondkult reklamierten arabischen Götternamen dürften ebenso wie Aẖ zunächst vielmehr Tammuz-Charakter (Kreislauf mit Betonung der Mond-Motive) haben. Ob die Tammuz-Erscheinung Sonnen- oder Mondcharakter hat, kommt auf die jeweilige Ausprägung des Kultus an, s. S. 79. 114. Daher die Zwiespältigkeit ihres Wesens. Das Epitheton der Katabanen als walad ʿAmm könnte wie bei benê Ammon den Stammvater bezeichnen.

1 Mos 20 (Sarah und Abimelech) s. S. 342. — 1 Mos 21, 9 ff. (Hagar und Ismael) s. S. 355 ff. — 1 Mos 21, 23 (El ʿolam) s. S. 336.

Die Opferung Isaaks.

1 Mos 22. Die Opferung hat nur die elohistische Quelle. Es ist auch das einzige, was aus ihr über Isaak aufgenommen

[1]) Rabbat Ammon am oberen Jabbok, dem jetzigen Wadi ʿAmmân, gelegen.

[2]) S. Guthe, Bibelwörterb. 533. Die „Mekkabahn" führt jetzt an den Trümmern vorüber.

ist. Von Beer-šebaʿ soll er nach dem Lande . . . . . gehen und auf einem der Berge, den ihm Gott angeben wird, seinen Sohn opfern. Der Gottesberg des Elohisten ist der Horeb, an dem Moses die Gotteserscheinung hat und zu dem Elias wandert[1]. Dieser Berg liegt im Gebiet des arabischen Muṣri. Wir lesen deshalb mit Cheyne: zum Lande Muṣri[2]. Die späteren Erzählungen bei JE setzen ja einen solchen Kultort des „Gottes der Hebräer" in dieser Gegend voraus[3].

Der Vater opfert den Sohn[4], aber es tritt Ersatz ein. Eine Parallele hierzu bietet 1 Sa 14, 36 ff. Das Gottesurteil, mit Hilfe von Urim und Tummim herbeigeführt, mußte zur Tötung Jonathans führen, die nach dem ganzen Zusammenhange im Sinne der Jahve-Volksreligion[5] eine Opferung vor Jahve sein würde. „Da löste das Volk Jonathan aus, daß er nicht sterben mußte." 1 Sa 14, 45. Worin bestand der Ersatz?

Eine religionsgeschichtliche Analogie bietet Agamemnons Opfer Il. VIII, 245 ff. Wie der Widder für Isaak, so tritt die Hirschkuh für Agamemnons Tochter ein.

Der Gedanke, daß das Tieropfer am Altar den Menschen vertritt[6], liegt dem Sühnopfer der ganzen antiken Welt zugrunde. Smith-Stübe, Religion der Semiten S. 279 führt Beispiele u. a. von den Ägyptern an, wo das Opfer mit einem Siegel bekleidet wird, das das Bild eines gefesselten Menschen trug, der das Schwert an der Kehle hat. Zimmern KAT[3] 597 zitiert u. a. den babylonischen kultischen Text IV R 26, Nr. 6:

---

1) Identisch mit dem Sinai des Debora-Liedes Ri 5, 4; 5 Mos 33, 2, vgl. Hbr 3, 3.

2) Die Lesung Morijah gehört der Hand eines Bearbeiters an, der Zion-Morijah an Stelle des Sinai-Horeb als Gottesberg und Weltenmittelpunkt ansieht (vgl. S. 23). Derselben Hand gehört die Ausdeutung des Ortes durch das Wortspiel יהוה יראה an. Damit erledigen sich die üblichen Konjekturen. Die samaritanische Überlieferung verlegt den Schauplatz in ihrer Weise auf den Garizim, s. ZDPV VI, 198; VII, 132 f. — Peš. liest האמרי, „Amoriterland".

3) Vgl. S. 325. 414 ff.

4) Soll Ismaels Verstoßung 1 Mos 21, 14 ff. als Gegenstück gelten? Man könnte das annehmen, ohne Stuckens Folgerungen zuzustimmen. Hagar, so heißt es, „kann nicht ansehn des Knaben Sterben". Ein Engel tritt auf: „Geh hebe den (toten?) Knaben auf und fasse ihn bei der Hand. Ich will ein großes Volk aus ihm machen." Eine solche Lohnverheißung hat gewiß auch beim Elohisten in der Isaak-Geschichte gestanden.

5) Wir haben hier eine Illustration für den Kultus der Volksreligion, die dem Heidentum sehr nahe steht, während die Opferungsgeschichte 1 Mos 22 den Geist der Idealreligion zeigt, den wir bereits für die Väterzeit voraussetzen, s. S. 338.

6) Vgl. 1 Mos 22: der Widder für Isaak. — Vgl. ferner die oben erwähnte Hirschkuh für Agamemnons Tochter.

Das Lamm, den Ersatz für den Menschen,
Das Lamm gibt er für dessen Leben.
Den Kopf des Lammes gibt er für den Kopf des Menschen,
Den Nacken des Lammes gibt er für den Nacken des Menschen,
Die Brust des Lammes gibt er für die Brust des Menschen[1].

In einem andern Texte (Zimmern, Keilinschriften und Bibel S. 27) heißt es:

Ein Ferkel gib als Ersatz für ihn (den kranken Menschen), das Fleisch anstatt seines Fleisches, das Blut anstatt seines Blutes gib hin, und die Götter mögen es annehmen.

Ferner findet sich der Gedanke der Stellvertretung in dem Vertrage zwischen Assurnirâri und Mati'ilu[2], bei dem zur Besiegelung ein Schafopfer dargebracht wird und das Tier und seine Teile symbolisch den Vertragsbrüchigen und seine Körperteile darstellt:

Dieses Haupt ist nicht das Haupt des Bockes . . . ., das Haupt des Mati'-ilu ist es . . . . Wenn Mati' ilu diese Eidschwüre [bricht], gleichwie das Haupt dieses Bockes abgeschnitten ist, ... sei das Haupt des Mati' ilu abgeschnitten . . . . Diese Lende ist nicht die Lende des Bockes, die Lende des Mati' ilu ist sie usw.

1 Mos 23 Kauf der Höhle von den Hettitern (vgl. S. 312). Es wird sich um eine künstlich in den Felsen gehauene Grabhöhle handeln, die Abraham als Erbbegräbnis dienen sollte (vgl. v. 4). Die Formen des Kaufes sind noch heute genau dieselben im Orient, s. Baedeker, Palästina [6] (Benzinger) 1904 XXVII. — 1 Mos 23, 16. *„Er wog das Geld dar — 400 šeḳel keseph —, gangbare Münze.“* Geprägte Münzen kennt der Orient erst seit der Perserzeit. Aber von alters her hatte man abgewogene Metallstücke bereit, die beim Kauf gewogen wurden[3]. Das Wort für wägen ist hier dasselbe, wie im Assyrischen: šaḳâlu. Keseph (ass. kaspu) sind die gangbaren Metallstücke; šiḳlu kaspi ist die gewöhnliche Zahlung in den Keilschrift-Kontrakten[4]. Wenn in einem der Amarna-Briefe Janḫamu von Milkiel (in der Nähe von Jerusalem) „mehrere tausend Gun (biltu) als Lösegeld“ nimmt, so kann wegen der Menge nur Kupfer gemeint sein. Das würde darauf deuten, daß „Kupfer“ die Münzeinheit in Kanaan (armes Land?) war. In Babylon war Silber die Grundlage des Münzsystems, denn kaspu ist „Geld“ schlechthin. In Ägypten, dem Sonnenland, müßte Gold der Wertmesser gewesen sein. Sofern es Silber war, liegt Einfluß Babyloniens

---

[1]) Man vergleiche damit die Grundsätze des ius talionis im Cod. Hammurabi und in der Thora: Auge um Auge, Zahn um Zahn etc.

[2]) Peiser in MVAG 1898, 228 ff., s. zu 3 Mos 16, 8.

[3]) Was ja bis in unsre Zeit z. B. bei den Dukaten geschah.

[4]) Assyrisch ist „Kupfer“ ohne erklärenden Zusatz = biltu (Aussprache?); „Silber“ ohne Zusatz = manû; „Gold“ ohne Zusatz = šiḳlu.

vor. Auch die Hervorhebung des einen oder andern Metalles hat ursprünglich unter dem Einfluß der Astralreligion gestanden. Jeder der Planeten hat ein Metall, wie besonders deutlich der Mithras-Kult zeigt. Silber ist Mond-Metall; Gold ist Sonnen-Metall[1]; Kupfer ist Ištar-Metall[2]. Das könnte zu Babylonien (Mond), Ägypten (Sonne), Kanaan (Ašera-Ištar) stimmen (in Zeiten der Hervorhebung des Mondkultus)[3].

1 Mos 24, 3 s. S. 395 u. 110 Anm. 2; 24, 4 s. S. 358; 24, 40 s. S. 337.

⁕ 1 Mos 24, 65 etc. (Rebekka). Rebekka ist mit Ištar-Zügen ausgestattet, wie Sarah. Bei der Begegnung mit Isaak 24, 65 *„nimmt sie den Schleier*[4] *und verhüllt sich,“* vgl. S. 381. Als Schwester und Gemahlin Isaaks erscheint sie in Gerar 26, 7ff. in der Rolle, wie Sarah, s. S. 342. Die Unfruchtbare[5] wird fruchtbar. Die im Mutterleibe kämpfenden beiden Söhne (genau wie bei Thamar-Ištar 38, 28ff.[6]) tragen das Motiv der beiden Welthälften bez. Weltkreishälften: der rötliche, haarige Esau

---

[1]) Vgl. III R 55, 60: Eine Scheibe von Gold wird dem Sonnengott geweiht. Vgl. zur Sache Winkler KAT[3] 340f. Ägypten als Sonnen-(Unterwelts-)Land birgt für die Vorderasiaten fabelhafte Goldschätze (Gold und Unterwelt s. S. 216 Anm. 4). In den Amarna-Briefen dürstet man nach Gold aus Ägypten. Es wird hervorgehoben, daß Abraham und Isaak reich aus dem Südland zurückkommen.

[2]) Hommel erinnert an den Anklang neḫošet Kupfer und nuḫšu Vulva. Ist der Stater die Ištar-Münze?

[3]) Vgl. Winckler F. II, 394f; C. F. Lehmann, Babyloniens Kulturmission S. 41. Mond- und Sonnenumlauf stehen im Verhältnis 27 : 360 = 1 : 13⅓. Das ist das Wertverhältnis zwischen Silber und Gold, welches das Altertum stets beibehalten hat. Das Kupfer steht zum Silber in der Regel wie 1 : 60 oder wie 1 : 72. Silber und Gold verhalten sich wie Monat und Jahr, das Kupfer repräsentiert eine Einteilung des Jahres in 60 „Wochen“ mit je 6 Tagen (die nur rechnerisch und theoretisch zu erschließen) oder in 72 Wochen mit je 5 Tagen (die bezeugt ist). Wir sind gewöhnt, die Wertschätzung als Wertmesser anzusehen. Wenn das auch für das Altertum zuträfe, so hätte das Wertverhältnis nach der Seltenheit schwanken müssen. Und warum nahm man Silber und Gold zu Wertmessern? Es gab doch wertvollere Dinge. Die Münzfähigkeit kommt nicht in Betracht, denn man wog nur die Metalle. Aber wenn auch praktische Momente hineinspielten, so ist doch im altorientalischen Sinne ein theologisches Moment, wie es S. 4, 48 ff. besprochen wurde, maßgebend gewesen, das seine Herrschaft bis in die moderne Zeit über die ganze Erde (entlegene Teile der Südsee und Afrikas ausgenommen) geltend gemacht hat.

[4]) צָעִיף Motivwort, nur noch in der Thamar-Ištar-Geschichte 38, 14 und 19 vorkommend.

[5]) עֲקָרָה als Ištar-Motiv, s. S. 342 Anm. 6.

[6]) Der rote Faden symbolisiert hier, wie bei Esau die rötliche Farbe, die dunkle Welthälfte (der Drache, die Unterweltsmacht ist rot, s. S. 138; BNT 42: Apk 12, 3; 17, 3, vgl. auch Jes 1, 18 die Farbensymbolik). Zum Kampf Esaus und Jakobs im Mutterleibe vgl. auch Ho 12, 3.

und Jakob, der seine Ferse hält[1]. Das Lied Jahve's 25, 23 ff. spricht von dem Kampf der beiden in diesem Sinne. Bei Esau sind Edom und Seʿîr Motivworte. Edom wohnt in Seʿîr, dem Südlande (32, 3, vgl. 33, 14; 36, 8), und ist Vater der Edomiter.

Das Südland ist das Land der Sonne (s. S. 27). Die Sonnenstrahlen gelten in der mythologischen Sprache als Haare, rote Haare sind Sonnenstrahlen, weiße Haare Mondstrahlen. Der haarige Esau 1 Mos 27, 21—23 heißt Edom. Edom heißt nicht nur rot, sondern auch haarig. Schon bei der Geburt 1 Mos 25, 25 kam er heraus admônî, d. h. behaart und rot zugleich. Auch bei dem geographischen Namen Seʿîr soll das Haar-Motiv anklingen. Esau entspricht der finsteren Unterweltshälfte, Jakob der kämpfenden und siegenden Oberweltshälfte, bez. Mond und Sonne oder heller Mond und Schwarzmond. Es sind die Dioskuren als feindliche Brüder, wie Kain und Abel. Das Motiv wird durchgeführt. Mit Vorliebe wird es in den Gegensatz der Berufe geheimnist. Jakob „wohnt in Zelten" (Schäfer wie Abel), Esau ist der „Mann des Feldes" (Ackerbauer wie Kain 25, 27). Der Mond ist Schäfer, die Sonne ist Ackerbauer (das Feld ist Unterweltsreich, alle chthonischen Götter sind ja Getreidegötter). Ein anderer Gegensatz der Berufe = Oberwelt und Unterwelt ist Sänger und Schmied (Jabal der Musiker und Tubal der Schmied, Abel und [Tubal-] Kain, s. S. 221)[2]. Jakob liebt nach 25, 28 Esau, weil ṣajid in seinem Munde war. Das kann kaum etwas anderes als Gesang heißen, s. Winckler l. c. 422, der an die Göttin Ṣidon bei Philo erinnert, die „den Gesang erfand, weil sie eine schöne Stimme hatte", und an Esau = Seʿîr = musikkundiger Pan; dazu stimmt die Bezeichnung als שָׂעִיר „Bock" bei den Rabbinen. Den Schmied-Gegensatz könnte man in dem hinkenden Jakob (Hephästos) finden. Esau als „Mann des ṣajid" ist ferner Jäger. Der Gegensatz ist Jakob als tâm 25, 27. Die Motive beruhen hier wie im vorhergehenden Falle auf der bekannten Umkehrung. Der Jäger sollte wie der Sänger dem Monde (Oberwelt) entsprechen, das tâm-Motiv (Urim = Licht, Tummim = Finsternis als Gegensatz zu Urim: Nein und Ja, Tod und Leben) der Sonne (Unterwelt)[3]. Hier ist es umgekehrt. Esau als Mann des ṣajid entspricht der Unterweltsmacht, wie arabisch ibn ṣajjâd der Teufel ist; Jakob als tâm ist der Mann der Lichthälfte[4]. ✳

✳ Ein andrer Motiv-Gegensatz ist saʿîr (haarig) und ḫalâḳ (glatt) 27, 11, vgl. die kosmisch-geographischen Namen Jos 11, 17 und 12, 7. ✳

1 Mos 25, 13. *Nebâjôt*. Es sind die Nabajâti Asurbanipals; hier wie Jes 60, 7 neben den *Kedar*, d. h. den seßhaft gewordenen Arabern (Ḳidri) bei Asurbanipal genannt. Sie haben nichts mit den Nabatäern zu schaffen (gegen KAT[2] 147). Ein Fürst der Nebâjôth ist Gašmu, der Araber, bei Neh 6, 2 (s. KAT[3] 151, 296). — *Adbeel* ist der Dibi'ilu bez. Idiba'il in den Annalen Tiglatpileser III. — *Mišmâʿ*, vgl. Isammê' bei Asurbanipal (KB II, 220) = Hüter eines Heiligtums der Aṯtar-samain, ähnlich wie die Koreïschiten. Mit Ismael hat der assyrische Name nichts zu tun (gegen

---

[1]) Motiv des Kreislaufs s. S. 28 Anm, 2; 217.

[2]) Schneider und Schuster = Oberwelt und Unterwelt s. S. 352.

[3]) Bez. heller Mond und Schwarzmond.

[4]) Die Verbindung des tâm-Motivs mit dem Motiv des tau bei Winckler l. c. S. 420 f. erscheint mir kaum annehmbar.

KAT [2] 148). — *Massâ*, vgl. die Mas'ai bei Tiglatpileser, Asurbanipal, auch in einem Briefe vorkommend, ein nordbabylonischer Stamm. — *Thêmâ*, vgl. die neben den Mas'ai aufgeführten Temai. Es ist das heutige Taimâ in Nordarabien, woselbst neuerdings mehrere aramäische Inschriften gefunden wurden, auf deren einer (der größten) der Stadtname Taimâ wiederholt erwähnt wird.

1 Mos 25, 18, „*wo man nach Aššur geht*". Gemeint ist vielleicht die arab. Landschaft, s. Glaser, Skizze II, 438f.; Hommel, Altisr. Überl. S. 240.

1 Mos 26, 1 ff. (Isaak und Rebekka in Gerar) vgl. S. 342 zu 1 Mos 12 und 20. — 1 Mos 26, 34 f., s. S. 312 f.

1 Mos 27, 21—23. Die Täuschung erfolgt durch die Haare von Ziegenböckchen, die um Hände und Hals gelegt sind, so daß sie behaart erscheinen (vgl. 1 Sa 19, 13). Isaak betastet ihn und wird getäuscht. Die Täuschung verursacht, daß Esau dem Jakob dienstbar wird.

Stucken, Astralmythen IV, 342ff. weist auf das gleiche Motiv in der durch Vorderasien und Europa gehenden Polyphemsage[1], wo der blinde Zyklop durch ein Widderfell, das er betastet, getäuscht wird, und auf das verwandte Motiv in der Kronossage (Hesiod, Theog. 467ff.): Rhea hüllt einen Stein in ein Widderfell, Kronos betastet ihn und hält ihn für seinen Sohn; diese Täuschung verursacht Vertauschung der Herrschaft. Zeus erlangt die Weltherrschaft; die Titanen (der „feindliche Bruder") werden ihm dienstbar. Paulus Diaconus I, 8 endlich überliefert eine Variante der Grimnismal-Sage (Edda, Gering, S. 68ff.), nach der Frigg ihren unbehaarten Sohn behaart macht und dadurch erreicht, daß ihr Gatte den Lieblingssohn segnet.

1 Mos 27, 27. Jakob riecht den Duft der Kleider. Der „Geruch des Feldes" ist Blumenduft (vgl. 2 Kg 19, 26). Es handelt sich um Feierkleider v. 15, die beim Orientalen parfümiert sind. „Geruch der Feldarbeit wäre für den Orientalen etwas Greuliches[2]."

Der Traum von der Himmelsleiter.

1 Mos 28. Zwei Erzählungen sind ineinander gearbeitet. Bei J erscheint Jahve selbst im Traum. E sieht die Engel Gottes (mal'akîm). Wie 1 Mos 32, 2 u. a. St. zeigen, gehören sie für den Elohisten zum Gefolge Jahve's. J kennt nur einen Engel Jahve's; er sieht, wie es scheint, in der Erwähnung der Engel heidnische Anklänge und eine Herabsetzung der Würde Jahve's[3].

---

[1]) S. Wilhelm Grimm, Die Sage von Polyphem, Abh. der Kgl. Akad. der Wissenschaften, Berlin 1857.

[2]) Winckler F. III, 426.

[3]) Vgl. S. 178 Anm. 3. Gegen Holzinger z. St., der umgekehrt konstruiert. Zimmern KAT [3] 456f. (vgl. Gunkel 280) sieht in den biblischen

Wir erkennen in der Engellehre der altisraelitischen Religion auf Grund der in der christlichen Weltanschauung niedergelegten religiösen Wahrheiten und im Hinblick auf die evangelischen Berichte über das Leben Jesu Realitäten der transzendenten Welt. „Gott macht Winde zu seinen Boten und Feuerflammen zu seinen Dienern“ [1], aber er hat auch andere „dienstbare Geister“ (Hbr 1, 14), um seinen Willen an die Menschen kundzutun. Und es gehört zu den Ahnungen religiöser Wahrheit (AG 17, 27f.), wenn die Keilschrifttexte von dem „Gnadenboten“ (amelu apil šipri ša dunḳu) der Gottheit reden, der mit dem König ins Feld zieht (K 523) oder von dem „Wächter des Heils und des Lebens, der dem König zur Seite steht“ (K 948) [2]. Auf alttestamentlichem Gebiete ist zu unterscheiden:

Abb. 122: Assyrischer Schutzengel aus Nimrud (Asurnaṣirpal).

1. Der mal'ak Jahve (= pene Jahve), der die sichtbare Erscheinungsform der Gottheit darstellt, an dessen Stelle in der Zeit des Tempels die Erscheinung Gottes im Allerheiligsten tritt.

2. Die Vorstellung vom Boten Gottes, die die Jahve-Religion mit der esoterischen Religion der außerbiblischen Welt gemeinsam hat, z. B. Jes 63, 9.

3. Die kosmologische Engelvorstellung, die die Gestirne als Willensverkündiger der Gottheit ansieht und als die Heerschar Gottes (Jahve Ṣebaoth, Jahve der über Kerubim thront). In

---

Engeln Spuren „depossedierter Götter“, gemäß seiner Grundanschauung, die in der israelitischen Religion (und schließlich auch in der christlichen) verfeinerte Mythologie sieht.

1) Ps 104, 4, vgl. Ps 148, 8. Luther übersetzt merkwürdigerweise umgekehrt: „Du machst deine Engel zu Winden und deine Diener zu Feuerflammen.“ Wenn man das buchstäblich nehmen wollte und nicht nur als poetische Redeweise, die sich der Mythologie bedient, so käme man auf „babylonische“ Vorstellungen, vgl. den Götterboten Nusku-Gibil, d. i. das Feuer.

2) S. Delitzsch, BB I⁴ 71 und vgl. unsre Abb. 66f. u. 122.

der reinen Jahve-Religion hat diese Vorstellung nur symbolische bez. poetische Bedeutung, z. B. Jes 24, 1, wo die Feinde Jahve's als „Heere der Höhe" erscheinen, als die heidnischen Astralgötter, denen Jahve die Herrschaft abnimmt[1]. In der Jahve-Volksreligion sind die Vorstellungen robuster, wie im Debora-Lied, wo der Kampf der Sterne in ihren Bahnen wider Sisera nicht nur als Poesie aufgefaßt sein will. Die Engel im Jakobstraum bilden gewissermaßen eine Zwischenstufe, sofern der Traum den kosmischen Tempel darstellt, dessen Stufen die Planetenstufenkreise darstellen.

4. Die Ausgestaltung der Engellehre in der nachbiblischen jüdischen Literatur, die von der babylonischen Mythologie beeinflußt ist und dem Wesen der Jahve-Religion widerspricht, dagegen der heidnischen Volksreligion in der vorexilischen Zeit nahe verwandt ist[2]. Die nachexilische jüdische Theologie, wie sie schon in den Apokryphen sich zeigt, hat hier von neuem Elemente aus der babylonischen und der babylonisierten parsischen Religion aufgenommen, die sich zu den schlichten Engelvorstellungen wie Zerrbilder verhalten. Hier sind die „depossedierten Götter" zu suchen[3].

Was Jakob nach E sieht (28, 13—16), ist der **himmlische Palast**, das Urbild aller vorderasiatischen Tempelbauten. „*Hier steht der göttliche Palast! Hier ist das Tor des Himmels.*" Der Ort erscheint ihm im Traum als der Nabel der Erde[4].

---

[1]) S. S. 179. [2]) Zur Unterscheidung von Jahve-Religion, Jahve-Volksreligion und (heidnischer) Volksreligion s. S. 338.

[3]) Über die Engellehre im Neuen Testament s. BNT 85f. Die Engelerscheinungen in den Evangelien und Episteln entsprechen den unter 1. und 2. gekennzeichneten Erscheinungen der biblischen Literatur Alten Testaments, in den *πλῆθος στρατιᾶς οὐρανίου* Lc 2, 13 und in Stellen wie Mt 26, 53, Rö 8, 38, Kol 1, 16, Apk 1, 20 u. ö. zeigt sich der unter 3. bezeichnete physikalische Hintergrund. Gegen die jüdische Engellehre protestieren die paulinischen Briefe und der Hebräerbrief (vgl. auch Apk 19, 9ff.; 22, 8ff.). Stellen wie Ju 6; 2 Pt 2, 4 und andrerseits Ju 9 (vgl. Apk 12, 7ff.) stehen nicht auf gleicher Linie mit der jüdisch-persischen Engellehre. Sie sind Produkt der gleichen orientalischen Lehre, wie die jüdische Angelologie, aber sie sind nicht wie diese rein mythologisch, sondern vertreten religiöse Realitäten.

[4]) Vgl. S. 49 und jetzt Winckler F. III, 427; babylonisch markas šamê u. irṣitim, der Punkt wo Himmel und Erde zusammentrifft (Nibiru-Punkt, S. 20f.). Im Sohar, der die alten Anschauungen kennt (s. BNT 65), heißt es (Sulzb. Ausg. fol. 124, col. 492): „Auf jenen Stein ist die Welt gegründet, er ist ihr Zentrum, in ihm steht das Allerheiligste, der Stein, den die Bauleute verworfen haben." Es ist die *μεσομφαλία γαίης* der Griechen (Delphi). Gunkel, Genesis[1] S. 29. In der 2. Auflage hat

Von hier steigt man empor. Hier ist also der Zugang zum himmlischen Palast. Vgl. 35, 7: *dort enthüllte sich ihm Gott.* Stufen führen hinauf: im Weltbild entsprechen dem sullâm die sieben Stufen des Planetenhimmels, die zum obersten Himmel führen[1]. Das „Tor des Himmels" ist babylonisch bâb-ili (so wird der Name Babilu gedeutet als Weltmittelpunkt), die „Hohe Pforte". Der andre Name, Lûz (28, 19 vgl. 35, 6; 48, 3), hat die gleiche kosmische Bedeutung. Lûz ist „Asyl" (arab. lauḏ), im Tempel das Allerheiligste, im Weltall Sitz des summus deus[2].

Das Traumbild entspricht also dem „babylonischen" Weltbild. Und es kann nicht anders sein. Es entspricht der Welt, die der Phantasie der israelitischen Urzeit vertraut ist. Wenn heute Gott einem Menschen einen Trost im Traume zusprechen wollte, so würde es in einem deutschen, nicht in einem chinesischen Traumbilde geschehen.

Im Mithras-Kultus tritt an Stelle der sieben planetarischen Stufen, die zum Turm empor führen und von denen jede eine Farbe trägt (S. 280), eine Leiter aus sieben verschiedenen Metallen (vgl. die κλῖμαξ ἑπτάπυλος bei Origenes contra Celsum VI, auf der die Seele herab- und hinaufsteigt und deren Tore den Häusern der sieben Planeten entsprechen; das 8. Tor führt zum höchsten Himmel, s. S. 15 f.), vgl. Cumont, Die Mysterien des Mithra 108, aber dazu Dieterich, Mithrasliturgie 89. Auch von den Ägyptern wird eine ähnliche Vorstellung berichtet: im Westen des Horizontes steht eine Himmelsleiter, von Hathor bewacht, an der die Seelen der Verstorbenen zum Himmel steigen[3].

1 Mos 29 s. S. 358; 29, 27 s. S. 182; 30, 1 ff. s. S. 355.

Gunkel den Passus, der Bethel als Nabel der Erde ansieht, gestrichen (warum?).

[1]) S. S. 14 ff.. Die Treppe heißt sullâm, vgl. phoen. סלמת vielleicht Stufenrampe. Die Auffassung Wincklers als „Bogen" MVAG 1901, 352 f. denkt wohl mit P. Rost an den bogenförmigen Tierkreis und an das sillu in den Bauinschriften, die Torbogen mit den auf- und absteigenden Genien, s. Abb. 6. Wenn volkstümliche Bilder die Leiter als Bogen malen, so spielen wohl andre Mythologien (s. z. B. S. 153 und die altgerm. Himmelsbrücke) hinein.

[2]) Winckler F. III, 428 f. vermutet, daß 'ulâm zu Lûz gehört („Halle des Asyls"); dann könnte allerdings auch der Anklang an ʿolâm (Nordpunkt im Gegensatz zu ḳedem) beabsichtigt sein. S. 337 wurde die jüdische Sage erwähnt, nach der Abraham ein Asyl errichtete. Das ist sicher nicht aus den Fingern gesogen. Der Erzähler kennt die Bedeutung des Asyls (Winckler, Gesch. Isr. II, 66 erinnert an die Gründung des Asyls durch Romulus Liv 1, 8). Das israelitische Kanaan hat sechs Asylstätten; 1 Mos 31, 49 wird die Errichtung einer solchen (Ramôt-Gilead = Ramôt-Miṣpa nach Jos 13, 26) berichtet: *„damit sich schützen kann* (סתר wie Ps 27, 5 wo vom göttlichen Asyl die Rede ist) *ein Mann vor dem andern."*

[3]) Gunkel [2] S. 280 teilt eine Auskunft von Prof. K. Sethe mit, nach der die dem Osiris aufgestellte Leiter durch Zaubersprüche herbeizitiert

Abb. 123: Assyrisches Götzenbild für den Hausgebrauch aus Khorsabad (Louvre).

1 Mos 30, 14ff. (Liebesäpfel), s. S. 193 Anm. 2; Bereschit Rabba erklärt als „Liebeskraut“, das wäre babylonisch die „Pflanze des Gebärens“ (šammu ša alâdi).

1 Mos 31, 19. 33—35. *Rahel stahl den Teraphim*[1] *ihres Vaters* und versteckte ihn in der Kameltasche. Es ist ein Kultstück der Volksreligion in Rahels Heimat. Vielleicht ist an Götzenbilder zu denken, wie sie in Khorsabad für den häuslichen Kult gebräuchlich waren, s. Abb. 123. Auch in Israel gehörten Teraphim zur Volksreligion. 1 Sa 19, 12—16 legt Michal den Teraphim ins Bett und maskiert das Bild mit Ziegenfell und Kleidungsstücken, daß es wie eine Mannsperson aussieht. In beiden Fällen könnte das Bild als Amulett zur Rettung des Gatten vor den feindlichen Nachstellungen gelten[2].

1 Mos 31, 32, s. S. 359. 31, 33, s. S. 359.

Der Jakobsstab.

1 Mos 32, 10: *Ich hatte nichts als diesen Stab.* Dieser Jakobsstab, der im Zusammenhang der Geschichte ganz bedeutungslos ist, vertritt ein bestimmtes Motiv. In der Hbr 11, 21 zugrunde liegenden Überlieferung kommt ihm beim Tode Jakobs noch besondere Bedeutung zu.

✳ Jakob ist als Stammvater gleich Abraham. Seine Geschichte wird deshalb mit den gleichen Motiven ausgestattet. Die Betonung des „Stabes“ entspricht einem Motiv des Mondes, der einerseits Wanderer und Zauberer (Zauberstab s. S. 105), andrerseits summus deus ist, der „Hirt“, der die Schafe weidet. Der Stab des Janus hat die gleiche Bedeutung[3]. Andrerseits aber gehört der Stab zum Orion. Das Be-

---

werde, also wohl nicht beständig dastehe. Aber auch dann liegt natürlich die Vorstellung zugrunde.

[1]) Plur. majest. wie elohîm, s. S. 335 f..

[2]) Hommel denkt an das köcherartige Gefäß auf den assyrischen Reliefs mit dem kopfartigen Deckel, das wie eine Puppe aussah und wohl die Pfeile zum Wahrsagen enthielt, vgl. G. Rawlinson, Five Great Mon.[4], I, 453. Den Schlußfolgerungen Stuckens, der das Teraphim-Motiv als Drachenkampf-Motiv ansieht (Astralmythen S. 158f.), kann ich mich nicht anschließen.

[3]) Ovid fast. 1, 99: ille tenens baculum dextra clavemque sinistra. Zu Janus-Mond s. mein Kampf um Babel und Bibel [4] S. 44ff.

wußtsein davon lebt noch heute fort. Die drei hellsten Sterne des Orion (modern „Gürtel des Orion" genannt) heißen der Stab. Die Benennung als Jakobsstab kennt die Verbindung Jakob-Orion. Orion ist einerseits Drachenbesieger, entspricht also Tammuz, Osiris, Nimrod-Gilgameš, griechisch Herakles. Das Kerykion in der Hand des Orion auf den ägyptischen Darstellungen entspricht dem Stab[1]; das Szepter gehört Osiris-Orion, der als Auferstehungsgottheit Mondcharakter hat und dem Orion als Auferstehungsgestirn im Sonnenmythus entspricht. ✳

Die Sage spinnt die Geschichte des Stabes als eines Zauberstabes weiter aus. Joseph besitzt den Stab. Er schenkt ihn Jethro-Reguel. Der Stab war aus Saphir, und der unaussprechliche Name Gottes war darauf geschrieben. Dann kehrt der Stab wieder als Mosis Zauberstab und als blühender Aaronsstab, s. Beer, Leben Mosis, S. 56.

Der Jakobskampf.

1 Mos 32, 15—33. Der Jakobskampf ist im Sinne des Erzählers als leiblicher und äußerlicher zu denken; denn Jakob hinkt v. 32 hernach wirklich. Ursprünglich wird an eine Traumvision gedacht sein (wie bei der Jakobsleiter), die mit der religiösen Vorstellung eines heftigen Ringens im Gebet verbunden ist[2].

Hinter dieser Traumerzählung aber verbergen sich die Motive eines kosmischen Mythus, die Jakob als dem Bringer einer neuen Zeit zukommen. Jakob ringt „mit jemand" (32, 24, daß es Jahve selbst ist, wagt der Erzähler nicht zu sagen) und gewinnt den Sieg[3]. Gegenstand des Kampfes und Lohn des

---

[1]) Zu Orion-Tammuz als Auferstehungsgestirn s. die Astralmotive in der Abrahamsgeschichte S. 343. Zu Gilgameš-Herakles vgl. mein Izdubar-Nimrod S. 70 ff. Zum folgenden vgl. Boll, Sphaera 167 und dazu Winckler OLZ 1904, Sp. 101, vorher Gesch. Isr. II, 82. 92. Auf germanischem Gebiete ist beim Königsszepter der Übergang vom langen Stab (= Hirtenstab) zum Kerykion (kurzes Szepter) ebenfalls zu beobachten. Daß der König „Hirte" ist (rê'u), entspricht orientalischer Vorstellung; er heißt so in babylonischen, wie in biblischen Texten.

[2]) W. H. Roscher, Ephialtes, Abh. der Kgl. Sächs. Gesellschaft der Wissenschaften, phil.-hist. Kl. XX, hat nachgewiesen, daß der Traum sämtliche Kennzeichen des Alptraums an sich trägt: der nächtliche Ringkampf, der Kampf bis zum Anbruch des Lichtes, die Verweigerung des Namens, die Verrenkung (Lähmung) der Hüftpfanne, der versprochene Segen (nach 5 Mos 7, 13 f. besteht er in Fruchtbarkeit, Reichtum, Gesundheit und Sieg). Übrigens sind die Alpträume oft so lebhaft, daß sie mit Erlebnissen des wachen Zustandes verwechselt werden. Moderne Beispiele kennt jeder Arzt. Antike Beispiele bringt Roscher l. c. S. 40. 45 f.

[3]) Der Zusatz *„und kam doch mit dem Leben davon"* ist Zusatz des Erzählers, der den Sinn nicht mehr verstand. Vgl. Ho 12, 4 ff., wo der

Sieges ist der geheimnisvolle Name, der Jakob die Macht und Herrschaft im neuen Zeitalter verbürgt[1]. Der Platz des Kampfes ist die Furt, die kosmisch dem entscheidenden Nibiru-Punkt, dem Siegespunkt des Kämpfers Ninib, entspricht (s. S. 20)[2]. Der Kampf um den Namen ist v. 30 noch deutlich zu erkennen. Jakob sagt seinen Namen, der Gegner antwortet ausweichend. Bereits die „Vorlage" unsres Erzählers wird die sinnvolle Umdeutung gehabt haben, die Jakob den neuen Namen gibt[3] und ihn segnet. Ein Gegenstück zu diesem Kampf ist der Moseskampf, von dem das alte Stück 5 Mos 33, 8 ff. berichtet und der den Sinn noch deutlicher erkennen läßt. Moses kämpfte in Kadeš mit Gott und hat gesiegt[4]. Gegenstand des Kampfes und Sieges sind hier die Urim und Tummim, über die Moses verfügt, und die dem Sinne nach mit dem „Namen" identisch sind. Beides gibt Macht über das Schicksal, Weltherrschaft[5].

Jakob hat elohîm und 'anašîm, Götter und Menschen besiegt 32, 39, er ist gleichsam ein šar ilâni, ein muštešir tênišeti und muštešir ilâni, wie der siegreiche Šamaš[6].

33, 3. Jakob verneigt sich siebenmal, der Sitte gemäß, s. S. 354[7].

---

ursprüngliche Sinn gewiß der ist: „Er kämpfte gegen den Engel und siegte; der weinte und bat um Erbarmen" (so auch Ed. Meyer, s. Anm. 5).

[1]) Zum Namen als Lohn des Siegers s. BNT 106 f.

[2]) Denselben Sinn hat der Mythus von der Sphinx, die Begegnung des Dämons in der Mittagshitze, der die tötende Frage stellt, die Waldfrau in den litauischen Mythen etc. Das noch unerklärte Motiv des Hinkens gehört zu dem Ninib-Punkt, s. S. 21. 28.

[3]) Zur Bedeutung der Umnennung s. BNT 106.

[4]) Er ist hier auch mit dem Motiv der geheimnisvollen Herkunft ausgestattet (vaterlos, mutterlos) s. S. 349 und 408.

[5]) Während des Druckes sehe ich, daß Ed. Meyer, Die Israeliten und ihre Nachbarstämme, ebenfalls die beiden Kämpfe zusammenstellt, ohne die mythologischen Zusammenhänge zu sehen. Ed. Meyer fügt noch eine 3. Parallele hinzu: 2 Mos 4, 24—26. Hier liegt der Mythus in der robusten Gestalt der Jahve-Volksreligion vor. Jahve ist der von Ṣipporas Wurf Getroffene. Der biblische Erzähler hat den Vorgang retuschiert.

[6]) Es ist noch auf Analogien zu weisen, wie auf den Kampf zwischen Göttern und Helden bei Homer Ilias III, 125 ff.; V, 308 ff., 330, ebenso auf Herkules-Sagen wie bei Nonnus, Dionysiaca 10, 376, wo H. mit Jupiter kämpft, der ihn nicht überwinden kann und sich schließlich zu erkennen gibt, oder Pausanias III, 9, 7, wo H. im Kampfe mit Hippocoon an der Hüfte verletzt wird (Movers, Phönizien I, 433 f.).

[7]) Gunkel z. St. findet es komisch. „Wir sollen lachen" (ebenso bei 25 a). Die Auffassung Gunkels von der Jakobsgeschichte als einer Sammlung von derben und behaglichen Humoresken („die Sage lacht den dummen Esau aus und jubelt über den klugen Jakob" etc.) erledigt sich auch sonst durch die Erkenntnis der ausschmückenden Motive.

✳ 1 Mos 34, 25—31. In dem Verhältnis Dinas zu den Zwillingen (s. zu 1 Mos 49) Simeon und Levi klingen die Motive der Dioskuren an, die die geschändete Schwester rächen[1]. Wie es scheint, hat es eine Überlieferung gegeben, die Jakob nur diese drei Kinder gibt. Sie wird dann in ihrer ursprünglichen Form die Motive am deutlichsten gehabt haben. Ob sie der Redaktor der vorliegenden Geschichte noch kennt, ist fraglich. In diesen Motiven entspricht Dina der Helena, der Schwester von Kastor und Polydeikes. Wie diese ihre geraubte Schwester aus der Festung Aphidna befreien, so rächen Simeon und Levi den Raub und die Schändung der Dina[2]. ✳

1 Mos 35, 23 s. S. 364.

1 Mos 36, 1 ff. *Edom*, *Esau*, wohnt in *Seʿîr*, dem Gebirgslande südlich von Juda (32, 3 vgl. 36, 8), gilt als Vater des edomitischen Volkes, s. S. 371.

Die Edomiter[3], assyrisch Udumu, haben in der geschichtlichen Zeit ihre Sitze im Gebirge Seʿîr, von wo sie nach 1 Mos 36, 20 die Urbevölkerung verdrängt haben. Seʿiriten werden unter Ramses III. genannt. 1 Mos 36, 31 ff. nennt eine Liste von acht Königen, die gelebt haben, ehe in Israel ein Königtum bestand. 1 Kg 11, 14 ff. berichtet den Sieg Davids über den „edomitischen“ König Adad im Salztale (vgl. Ps 60), den auch die Königsliste nannte[4], und die Niedermetzelung „alles Männlichen in

---

[1]) Zu Sonne und Mond (Dioskuren) tritt als drittes Gestirn Venus. Sie sind Regenten des Tierkreises und als solche Repräsentanten der neuen Zeit. Die Himmelskönigin, die das Sonnenkind gebiert, Apk 12, ist deshalb mit der Sonne bekleidet und hat den Mond unter den Füßen; zur Trias s. S. 79 ff. Die neue Zeit wird mit dem Motiv der geraubten und geschändeten Schwester inauguriert. Dieser Kampf hat dieselbe Bedeutung wie der Riesenkampf, der Kampf gegen fünf Könige (Epagomenen), es ist der Kampf der neuen Zeit mit dem Winter, s. S. 86. 362 Anm. 1. Die bekanntesten Beispiele für dieses Inaugurierungs-Motiv sind Valerius und Horatius und Virginia (Virgo, Jungfrauenmotiv im Namen!), Harmodios und Aristogeiton mit ihrer Schwester (s. Mücke, Vom Euphrat zum Tiber S. 5). Ein andres Beispiel S. 382.

[2]) S. Stucken, Astralmythen 75 Anm. 2; 144 f. Den Jungfrauräubern entsprechen Sichem und Hemor. Stucken hat in überraschender Weise gezeigt, wie die ganze Geschichte mit den Motiven durchzogen ist. Theseus, dem Sichem entspricht, ist Drachenkämpfer. Dem Drachenkämpfer wird die Jungfrau versprochen (die ausgebotene Königstochter, s. BNT 38). Bedingung ist die Vorzeigung ausgeschnittener Gliederteile (hier Forderung der Beschneidung). Die Jungfrau wird dann doch verweigert. Der Drachentöter nimmt sich seinen Lohn gewaltsam. Man mag auch hier sagen, daß Zufall waltet. Aber die Kunst der Erzähler besteht eben darin, anzudeuten, wie alles stimmt.

[3]) S. die erschöpfende Behandlung bei Buhl, Edomiter, Leipzig 1893; Baudissin RPTh[3]; Winckler, Gesch. Isr. I, 189 ff.; Noeldeke in Enc. Bibl.

[4]) 1 Sa 14, 47 ist Aram statt Edom zu lesen, s. Winckler l. c. 143. 193.

Edom". Auch Salomo hatte Edom in der Gewalt 1 Kg 9, 26, Edom blieb 200 Jahre Provinz Judas. Es war auch religiös ein wichtiger Besitz; denn der Sinai lag im Gebiete von Edom, s. S. 415. Unter Joram um 850 wurde Edom nach Kg 8, 20 von neuem selbständiges Königtum. Tiglatpileser III. nennt 733 auf den Tontafeln von Nimrud einen Fürsten Ḳauš-malak von Edom neben Ahas von Juda. Amos redet von der Feindschaft Edoms gegen Juda. Später, als Judas Macht sank, ist diese Feindschaft verhängnisvoll geworden. Im Jahre 701 nennt Sanherib bei seinem Feldzug gegen Jerusalem unter den Tributträgern Ai-rammu, König von Edom (KT S. 44). Assarhaddon und Asurbanipal nennen neben Manasse von Juda Ḳauš-gabri von Edom unter den 22 westländischen Fürsten, die Fronarbeiten und Heeresfolge bei den ägyptischen Feldzügen leisten müssen. Bei dem Zuge Nebukadnezars gegen Jerusalem trat Edom wie Moab und Ammon auf die Seite der Babylonier und rächte sich an Juda (vgl. Ez 25, Ps 137, 7, s. Obadjas „fliegendes Blatt gegen Edom"). Die ferneren Geschicke der Edomiter sind noch dunkel. Sie sind jedenfalls von arabischen Mächten (Nabatäerreich) aufgesogen worden.

Abb. 124: Ištar als Muttergöttin. Gefunden in Babylon. (Layard, Niniveh und Babylon.) Vgl. Abb. 38. Vgl. zu Jer 7, 18.

Von der Kultur der Edomiter wissen wir fast nichts. Sie standen im Rufe der Weisheit (Ob 8; Jer 49, 7; Ba 3, 22f.)

Zur Beurteilung der Religion der Edomiter sind wir auf die theophoren Namen angewiesen. Die Namen Adad und ev. Ai stimmen zu der S. 4; 113 skizzierten „kanaanäischen" Religion. Josephus nennt Ant. XV, 7, 9 als Gott der Edomiter *Κοζε* oder *Κωζαι*. Es ist der Gewittergott Ḳôs (Bogen) oder Ḳuzaḥ, wohl ihr eigentlicher Nationalgott, s. KAT[3] 472f. Hommel, Grundriß S. 89 und 165, hält auch diesen Gott für einen „Mondgott". Wir möchten eher an eine Form des Gewittergottes Adad denken, der aber natürlich ebenfalls Mondcharakter haben kann (speziell abnehmender Mond, s. Hommel l. c. 165 Anm. 1).

✳ 1 Mos 38, 14ff.[1]. Thamar geberdet sich als eine öffentliche Dirne. Ausdrücke und Sitten sind bewußt oder unbewußt dem orientalischen Kultus der Ištar entnommen[2]. Thamar wird ḳedeša (assyr. ḳadištu) genannt, d. h. eigentlich „die Geweihte", die Tempelprostituierte, dann

---

[1]) Ring und Stab gibt Juda als Pfand. Es sind die Herrschaftsabzeichen des Mannes. Auch viele babylonische Götterbilder (z. B. Abb. 133) zeigen Ring und Stab. Der Hirtenstab (šibirru) gehört zu den königlichen Insignien, die bei Anu bereitliegen für den zukünftigen König (Etana-Mythus).

[2]) Zum Ištar-Ašera-Kult in Kanaan s. S. 317; 321f. zum babyl. Ištar-Kult S. 107ff. Zum Schleier der Ištar s. S. 110 Anm. 1. Abb. 41 zeigt das von Oppenheim an der Chabûr-Quelle gefundene Ašera-Bild, das eine Marmorsäule darstellt, die in einen verschleierten Kopf der Ištar ausläuft. Hier liegt die Lösung des Rätsels, warum Ašera zuweilen als Pfahl und dann wieder als Göttin erscheint. Abb. 124 gibt einen in Babylon gefundenen Ištar-Typus wieder wie Abb. 38 S. 107.

Hure. Die entsprechende männliche Erscheinung z. B. 1 Kg 14, 24. Die Namen von Ḳadeš und Ḳedeš (Heiligtum?) dürfen als Zeugnis für derartigen orientalischen Kult in Kanaan in vorisraelitischer Zeit gelten[1]. Im Babylonischen heißt ḳadištu auch zunächst wie šamḫâtu, ḫarimtu („die Bestrickende"?) „die dem Dienste der Ištar Geweihte" (auch Ištaritum mit Götterdeterminativ IV R 50, 44a), dann die Straßendirne. Das Ištar-Zeichen ist der Schleier. Er gehört deshalb zum Kultus und dann zum Dirnenberuf, da im Orient alles in religiöse Beziehung gebracht wird[2]. Eine verschleierte Ištar ist auch die göttliche Meerjungfrau Sabitu im Gilgameš-Epos. Rebekka hüllt sich in den Schleier, als ihr der Bräutigam entgegenkommt 1 Mos 24, 65, s. S. 370. Ruth soll sich verschleiern, als sie zu Boas geht. Das hat nicht den Sinn: um nicht gesehen zu werden; dazu genügte der Auftrag, sie solle bei Nacht gehen[3].

Auf einen weiteren höchst merkwürdigen Anklang an den Ištar-Mythus in der Thamar-Geschichte 1 Mos 38, 14ff. macht Stucken, Astralmythen 16, aufmerksam. Von Ištar heißt es, daß sie ihre Liebhaber vernichtet (Nimrod-Epos VI. Tafel)[4]. Thamars Liebe hat zwei Brüder, Ger

---

1) Vgl. Aštoret-ʿAštarte 1 Kg 11, 5 und 23 (vgl. 2 Kg 23, 13) bei den Phöniziern, wie 1 Sa 31, 10 bei den Philistern. Zimmern KAT[3] 437 vgl. 436 spricht von „eventuellem babylonischem Ursprung". Das illustriert die Verschiedenheit unserer Auffassung. Ištar-Kult wird im gesamten alten Orient gepflegt. Nur die Kulte sind verschieden. In unserm Falle wird eher umgekehrt anzunehmen sein, daß im Gebiete Babyloniens ein „kanaanäischer" Ištar-Kult (s. S. 109 Anm. 3), der den Doppelcharakter (Leben und Sterben) hervorhebt, einen ursprünglich anders gearteten protobabylonischen Ištar-Kultus beeinflußt hat.

2) Megilla 10[b] sagt: Thamar ging im Hause ihres Schwiegervaters immer verschleiert. Beresch. R. zu 38, 14: Zwei Frauen verhüllten sich mit Schleiern und gebaren Zwillinge: Rebekka und Thamar (der Zusatz: „wäre sie eine Buhlerin, würde sie dann ihr Gesicht bedecken" ist Verballhornung). Sota 10[ab]: Sie wurde für eine Buhlerin gehalten, weil sie im Hause ihres Schwiegervaters ihr Antlitz verschleiert hat.

3) Die Entschleierung bedeutet Hochzeit („Erkennungsmotiv"). „Erkennen" aber und Hochzeit ist Todesmotiv. Man vergegenwärtige sich das an Abb. 14f. Die Entschleierung des Bildes von Sais bringt den Tod. Ištar, die in die Unterwelt steigt, legt ihre Gewänder ab. Haggag, der Eroberer von Mekka, der den Gegenkönig der Omajjaden besiegt, läßt sich als „Sohn des Tagesanbruchs" (Tammuz, männliche Entsprechung der Ištar) besingen und sagt: „wenn ich den Schleier hebe, erkennt ihr mich" (Winckler, MVAG 1901, 303f.). Auch sonst spielt der „Schleiermann" dhû-'l-ḫimâr in der islamischen Sage eine Rolle. Auch die Verhüllung des Angesichtes Mosis (die Entschleierung würde den Tod bedeuten), 2 Mos 34, 33ff. gehört in diesen Zusammenhang. Wenn übrigens die Vulgata cornutus übersetzt (der „gehörnte Moses" des Michelangelo), so hat sie einen andern „mythologischen" Zug in die Darstellung hineingetragen: der Übersetzer Hieronymus wird gewußt haben, daß die „Hörner" das altorientalische Götterzeichen sind. S. noch zu 2 Mos 34, 33 und 35.

4) Vgl. die Semiramis-Legende, ferner Roxane, Rhea, Zenobia. Der Ritter Blaubart ist die männliche Entsprechung.

und Onan, ums Leben gebracht. Den dritten will der Schwiegervater nicht hergeben: „es könne auch dieser sterben, wie seine Brüder". Auch Dina, die Schwester der „Dioskuren" Simeon und Levi (1 Mos 34, s. S. 379), bringt ihren Gatten den Tod. Dazu vergleiche man To 3, 8, wo Sarah (šarratu, d. i. Ištar!), Reguels Tochter geschmäht wird: „Du bist die, die ihre Männer tötet[1]!"

Auch die andre Thamar, deren Verkehr mit dem Bruder 2 Sa 13 erzählt, ist von dem Erzähler mit Zügen der Ištar ausgestattet. Ihre Brüder sind Amnon und Absalom. Die geschändete Schwester wird von einem derselben gerächt. Das Motiv der Dioskuren, die ihre Schwester rächen, wie wir es in der Simeon-Levi-Dina-Geschichte fanden (S. 379), ist hier mit dem anderen von der Tötung des einen der Dioskuren (feindliche Brüder) durch den andern vermischt. Der „weise Mann" (ḫakâm) Jonadab, der als Ratgeber auftritt, und Amnon, „der sich krank quält um seiner Schwester Thamar willen (sie war nämlich „Jungfrau" virgo! s. S. 379)", riet, sich krank zu stellen, um der Schwester allein habhaft zu werden, ist der Arzt (hakîm) in den entsprechenden arabischen Erzählungen. Winckler, Ex or. lux I, 1 hat gezeigt, wie die Geschichte in ihren Motiven Zug um Zug zur Liebesgeschichte zwischen Antiochus und seiner Stiefmutter Stratonike (= Ištar S. 413) stimmt. Als Speise wird der bekannte mythologische Kuchen gewählt, das Gebäck der Ištar[2]. Ein späterer Redaktor hat das nicht verstanden oder vertuscht; der Text ist an den Stellen v. 8 und 10 verstümmelt. Einen andern „Wink" hat der Erzähler durch das Gewand hineingeheimnist v. 18: sie trug ein ketonet passîm[3]. Das ist der Ausdruck, der nur noch für das Kleid des Josef 1 Mos 37 (s. S. 384) vorkommt, dessen Geschichte mit Tammuz-Zügen verwoben ist. Der Geschichte fehlt in der vorliegenden Konzipierung der Schluß: die heimliche Geburt des Kindes. ✳

---

[1]) Asmodäus bewirkt hier den Zauber. Die rabbinische Sage macht Reguel, den Schwiegervater Mosis, zum Blaubart, der alle Freier an einem Baume probiert und verschlingt (s. Beer, Leben Mosis).

[2]) S. zu Jer 7, 18 vgl. 44, 19: Die Kuchen für die Himmelskönigin d. i. Ištar.

[3]) Eine antiquarische Glosse fügt hinzu: das sei „von alters" das Jungfrauengewand der Prinzessinnen. Vgl. HL 5, 3 das Gewand der Geliebten („Ich habe mein Kleid ausgezogen, soll ich's wieder anziehen?" — Ištar-Motiv.). Auch dieses Kleid ist wohl als schleierartiges Gewand zu verstehen.

Siebzehntes Kapitel.

Die Josefsgeschichte.

1 Mos 37—50.

✳ Das Tammuz-Motiv in der Josefsgeschichte.

Josefs Geschicke führen nach Ägypten, also nach der kosmischen Geographie in die Unterwelt (s. S. 27; 342). Er wird im Südland in die Grube geworfen, in Ägypten ins Gefängnis. Dann steigt er als Segensspender für die Seinen empor. Seine Befreiung erscheint als Rettung aus der Unterwelt, wie später die Befreiung aus Ägypten durch Moses als Kampf und Sieg über die Unterweltsmacht erscheint (Drache, Rahab!). Die Josefsgeschichte wird deshalb mit den Motiven des Mythus von Tammuz ausgestattet, der in die Unterwelt hinabsteigt, um dann als Bringer der neuen Zeit emporzusteigen[1]. Durch Wortspiele und durch Hervorhebung bestimmter Züge und Ereignisse wird auf Tammuz angespielt. Wir finden solche Anspielungen in folgenden Zügen[2].

1. Dem ersten Traume Josefs, der dem Berufsleben der Brüder entspricht (1 Mos 37, 6ff. E: Die Garben der Brüder neigen sich vor Josefs Garben) wird ein mystischer Stern-Traum hinzugefügt: Sonne, Mond und elf Kokabim (die elf Tierkreis-Sternbilder[3]) neigten sich vor ihm. Tammuz ist der Repräsentant des gesamten durch den Tierkreis rollenden Kreislaufs. Vor ihm neigen sich Sonne, Mond und die Elf. Bereits Nork, Elias 47f. hat die Beziehung bemerkt[4].

---

1) Vgl. S. 91; 114ff. Von der hiermit verbundenen Erlöser-Idee wird am Schluß die Rede sein, S. 386.

2) S. Winckler, Gesch. Isr. II, 67ff. Meine Abweichungen und Ergänzungen wird der Leser bemerken.

3) Sind es elf, weil sich das 12. hinter der Sonne verbirgt? Oder zählt man nur elf (arcitenens und scorpio sind eins, s. mein Izdubar-Nimrod 52 und vgl. das Bild S. 10, Abb. 2 vorletzte Reihe)? Marduk hat die Zahl XI als Sieger über Tiâmat und ihre elf Helfer. Die elf Chaosungeheuer der alten Weltordnung sind die von Marduk-Tammuz regierten elf Tierkreisbilder der neuen Ordnung. Vgl. hierzu auch Hommel, Aufs. u. Ahh. 406, Anm. 1.

4) Ein neuerer Kritiker bemerkt ironisch: „da Tammuz doch die Sonne sein soll, so verneigt sie sich also vor sich selbst". Tammuz ist nicht die Sonne. Er trägt als Repräsentant des Zyklus Sonnen-, Mond- oder Ištar-Charakter, s. S. 79; 114. Ohne Kenntnis der altorientalischen Lehre ist das Kritisieren verhängnisvoll. — Das Ausscheiden der Sonne bei Winckler l. c. 70 (wegen der Nacht) ist unnötig.

2. Josef wird in den Brunnen geworfen (37, 24ff. E). Der Brunnen gilt als Zugang zur Unterwelt. Vgl. Ps 69, 16; Apk 9, 1ff., wo die Bildersprache des Mythus von dem in den Brunnen des Abgrunds hinabsinkenden Stern (Attar-Tammuz als Abendstern) besonders deutlich erhalten ist. Zu bôr = Unterwelt vgl. auch Erubin 19a, und die entsprechenden Züge in den aus dem Orient stammenden Märchen: Der Brunnen führt in die Unterwelt[1]. Die Testamente der Patriarchen kennen die Tammuz-Motive. Wenn Test. Seb. sagt, Josef sei drei Tage im Brunnen gewesen, so entspricht das dem Tammuz-Mond-Motiv (drei Tage Unterweltsmacht im Kreislauf des Mondes, dann wächst er empor, s. S. 32 f.). Was beim Mond-Kreislauf drei Tage bedeuten, sind beim Sonnen-Kreislauf drei Monate und fünf Tage (das Winterquartal samt den fünf Epagomenen, die den Ausgleich von 360 zu 365 bilden), s. S. 86; 362 Anm. 1; 379 Anm. 1. Dies Motiv kennt Test. Jos. 11, das besagt, Josef sei drei Monate und fünf Tage beim Sklavenhändler gewesen. Der Aufenthalt beim Sklavenhändler (Gefangenschaft s. den nächsten Punkt) gilt auch als Verweilen in der Unterwelt[2].

3. Josef kommt ins Gefängnis, 39, 20ff. Das Gefängnis ist ebenfalls gleich Unterwelt. In den assyrischen Bußpsalmen ist das Gefängnis Bild für Todesnöte (s. z. B. S. 211), der aus dem Gefängnis Begnadigte stieg durch den Geruch des Lebenskrautes aus der Unterwelt empor (s. z. B. S. 199). Apk 20, 7 vgl. 3 ist Abyssos gleich Gefängnis und 1 Pt 3, 19 steigt Christus hinab ins „Gefängnis“, um den Toten zu predigen. Aber der Gang der Geschichte liefert noch weitere Anklänge. Zum Tammuz in der Unterwelt gehören auch die beiden Mitgefangenen, der Oberbäcker und Obermundschenk, von denen einer gut, der andre böse ist. Sie entsprechen den beiden Ministern des Marduk-Adapa („Was ißt mein Herr?“ „Was trinkt mein Herr?“ s. S. 54. 168) und in der Verspottung des Jahrkönigs den beiden Mitgehenkten, s. BNT 20 f.

4. Der „bunte Rock“ Josefs 1 Mos 37, 3. 23. 32 ff. wird mit dem Motiv-Wort ketonet passîm bezeichnet, das nur noch 2 Sa 13, 18f. als Bezeichnung des Gewandes der Thamar erscheint, die Ištar-Charakter trägt, s. S. 382 u. Anm. 3. Die Brüder verabreden 37, 20: *wir wollen sagen, ein böses Tier habe ihn zerrissen.* Sie tauchen das Kleid in Blut und schicken es dem Vater. Jakob ruft:

---

[1]) Vgl. auch Gunkel, Schöpfung und Chaos 214 Anm. 1. Variante zum Brunnen ist die Grube, in die z. B. die fünf Könige im Dämonentale fallen 1 Mos 14, 10f. s. S. 348. — Im ägyptischen Totenbuch (s. Erman, Äg. Rel. 11) grüßen die Toten, die Bewohner der Höhlen (!), Osiris auf seiner nächtlichen Fahrt (Osiris als „Mann im Monde“).

[2]) Andre Zeugnisse dafür, daß die spät-jüdische Welt die Motive noch kannte, finden wir Rosch ha-schanah 10b: Josefs Geburt wird der Rahel am Neujahrstag angekündigt; Jubil 28, 2 ist der 1. Tammuz der Geburtstag Josefs. Auch der Segen 5 Mos 33 ist voll mythologischer Anspielungen. Im Testament der zwölf Patriarchen heißt es bei Naphtali (Kautzsch S. 487), daß Josef mit einem geflügelten Stier (vgl. 5 Mos 33, 17) in die Höhe kommt. Ist das eine Anspielung auf Marduk-Tammuz? Man vergleiche das Stiersymbol des Osiris-Tammuz.

„Ein wildes Tier hat ihn gefressen; ja ja, zerrissen ist Josef.“
Die hervorgehobenen rhythmischen Worte entsprechen der Klage um Tammuz, den der Eber zerrissen hat[1]. Josef ist ṭerîpha, das ist der Ausdruck für das dem Tammuz heilige und darum (!) zur Nahrung verbotene Schwein.

5. Der schöne Jüngling Josef wird von Potiphars Weib verlockt (39, 6 ff. E). Sie behält das Gewand in der Hand, als Josef sich weigert, ihr zu Willen zu sein, und rächt sich für die verschmähte Liebe[2]. Die Erzählung enthält Motive, die Josef als Tammuz charakterisieren: Die Schönheit des Helden (v. 7) und die Keuschheit. Tammuz wird von Ištar begehrt und sie „bereitet ihm Weinen“, weil er ihre Werbung verschmäht. Und den Helden Gilgameš, der ihre Liebe verschmäht, verklagt sie bei ihrem Vater Anu (Gilg.-Ep. Taf. VI). Ištar rächt sich für die ihr angetane Schmach.

6. In Ägypten vermählt sich Josef mit der Tochter des Sonnenpriesters von On-Heliopolis (41, 45 E). Dem Erzähler, der Tammuz-Motive in die Geschichte webt, wird das wie ein Siegel erschienen sein. Hochzeit des Tammuz mit der Sonnentochter als Lohn für seine Verdienste.

7. Das Stier-Marduk-Motiv im Segen über Josef 1 Mos 49, s. S. 399.

8. Josef und Benjamin verhalten sich wie Tammuz und Giszida. Benjamin ist dem Namen nach der Mann „zur Rechten“, wie Giszida, vgl. S. 114 Anm. 2; 143 Anm. 2. Die zwölf Söhne entsprechen den zwölf Tierkreisbildern, bez. den Monaten des Jahres[3], und Benjamin ist der 12. Ihm gehören also die fünf Epagomenen. Deshalb bekommt er fünf Ehrenkleider (45, 22) und bekommt fünfmal soviel zu essen als seine Brüder (43, 34).

9. Den Tammuz-Motiven der Josefsgestalt entspricht es, daß seine zwei Söhne mit den Motiven der beiden Hälften des Kreislaufs ausgestattet werden. Das zeigt sich in der Geschichte der Vertauschung beim Jahvisten. Jakob kreuzt die Arme und legt dem Jüngeren die rechte, dem Älteren die linke Hand auf 1 Mos 48, 17 ff. Was diese Symbolik bedeutet, zeigt die Vertauschung des Marduk- und Nebo-Punktes (Frühjahrs-Neujahr und Herbst-Neujahr) S. 24; 26.

---

[1]) Vgl. S. 88. 114 f. 128. Es seien noch folgende Analogien notiert. Bei den Siamesen tötet ein Riese, in den Eber verwandelt, den Tagesgott. Die skandinavische Sage läßt Odin durch einen Eber verwunden; aus den Blutstropfen erblühen die Blumen im Frühjahr.

[2]) V. 6 gehört zur Erzählung des Jahvisten. Potiphar ist auf Reisen (v. 16). Nur die nötigen Lebensbedürfnisse hat er mitgenommen. Das sagt der Vers. Während seiner Abwesenheit passiert die Geschichte. Zahlreiche Analogien aus 1001 Nacht ließen sich beibringen.

[3]) Die Reisen der Brüder nach Ägypten werden dargestellt als Hinabsteigen der Tierkreisbilder in die Unterwelt, vgl. S. 23 Anm. 1; 27; 385 ff. Jedesmal behält Josef einen bei sich. Wenn er den Jüngsten behält, ist der Kreislauf zu Ende, s. Winckler, Gesch. Isr. II, 62 f. Das würde also eine Weiterführung des Motivs, das der Traum Josefs ankündigt, bedeuten. Man beachte auch, daß Josef 72 Nachkommen hat, die von fünf Frauen abstammen sollen. Lea hat sieben Kinder, Bilha und Ṣilpa, die Nebenfrauen haben fünf Söhne.

Die Verbindung Josefs mit Tammuz-Motiven hat noch einen besonderen Sinn. Sie charakterisiert Josef als Repräsentanten der Erlösererwartung. Man beachte folgendes:

Die Heimat Josefs ist Sichem. Der Baal berît (El-berît) von Sichem (s. S. 348) ist eine Tammuz-Gestalt, also ein Repräsentant der orientalischen Erlösererwartung. Dazu stimmt der Name Šalem (= Sichem, s. S. 348. 350). Eine Verbindung zwischen der altorientalischen Erlösererwartung und der Erlösererwartung der Jahve-Religion hat zu allen Zeiten bestanden[1]. Die Tatsache, daß Gideon Ri 6, 24 den Altar Jahve-Šalem nennt (s. Winckler F. III, 441), gewinnt hierdurch ihre religionsgeschichtliche Beleuchtung. Und daß man mit Josefs Person Tammuz-Gedanken im Sinne der Erlösererwartung verband, beweist sein Begräbnis. Man legt ihn in eine Lade 50, 26 ('arôn; man beachte, daß die „Bundeslade" ebenso heißt; sie hat auch Tammuz-Osiris-Zusammenhänge!). Mose nimmt dann die Lade mit den Gebeinen Josefs mit 2 Mos 13, 19, damit sie im Lande der Verheißung bestattet werden kann. Jos 24, 32 erzählt das Begräbnis in Sichem. Josef ist eine israelitische Erlösergestalt —: ein Typus des Tammuz, altorientalisch geredet; ein Typus auf Christus, christlich geredet[2]. Die gleiche Erscheinung werden wir bei Josua finden, der ebenfalls als eine Errettergestalt erscheint und als solche noch in der jüdischen Theologie aufgefaßt wird. Jos 8, 30 ff. (5 Mos 11, 29, vgl. 27, 11 ff.) vollzieht er auf den Bergen Ebal und Garizim, zwischen denen Sichem liegt, eine symbolische Handlung, die dem charakteristischen Gedanken der Tammuz-Erscheinung entspricht: sechs Stämme stehen auf dem Garizim, sechs auf dem Ebal. Die eine Hälfte repräsentiert die lichte Hälfte des Weltkreislaufs (Segen), die andre die dunkle Hälfte (Fluch), wobei man sich daran erinnern muß, daß die zwölf Stämme bewußt mit den zwölf Tierkreiszeichen verbunden werden, s. zu 1 Mos 49, S. 395 ff. Der Elohist aber legt den Höhepunkt seiner Tätigkeit nach Sichem Jos 24. In Sichem stellt Josua alle Stämme „vor Gott auf" und gibt ihnen in Sichem „Gesetz und Recht". Dann richtet er zur Erinnerung einen Stein auf „unter der Eiche, die sich im Heiligtume Jahve's" (in Sichem!) befindet. ✳

Der Hebräer Josef in Ägypten.

Die Josefsgeschichten und die Geschichte vom Auszug zeigen echt ägyptisches Kolorit und beweisen, daß die Schriftsteller aus guten Traditionen geschöpft haben.

Georg Ebers, Ägypten und die Bücher Mosis (1868) sagt: „Die ganze Geschichte Josefs muß als durchaus entsprechend den wahren Verhältnissen im alten Ägypten bezeichnet werden." J. Marquart, Philologus VII S. 689 urteilt: „Die Josefsgeschichte in ihrer ursprünglichen Form ist für mich ein neuer glänzender

---

[1]) Auch in Ägypten, s. S. 406, Anm. 2; 407.

[2]) Hier liegt die Erklärung für den jüdischen Messias ben Josef im Gegensatz zum Messias, ben David. S. hierzu vorläufig BNT 39 ff. 92.

Beweis für die hohe Altertümlichkeit der Erzählung des älteren Elohisten."

Josef heißt wie Abraham 1 Mos 14, 13 „*der Hebräer*" (40, 15; 41, 12). Das ist nicht ein „naiver Anachronismus", sondern es ist im Munde der Ägypter eine allgemeine Bezeichnung für den Ausländer, den asiatischen Beduinen, entsprechend den Ḫabiri der Amarna-Briefe, s. S. 313.

1 Mos 37, 28: „*Es kamen aber midianitische Händler vorüber, die zogen Josef heraus und führten ihn nach Ägypten.*" So der Elohist. Die andere Quelle sagt: *Ismaeliter von Gilead*, d. h. allgemein Beduinen aus dem angrenzenden Ostjordanlande. Der Elohist nennt die Kaufleute Midianiter[1]. Die Midianiter wohnten in der nördlichen Tihâma und vermittelten in der Zeit ca. 2000—600 v. Chr. den nordarabischen Handel nach Palästina. Midianiter scheint ein allgemeiner Terminus für Kaufleute geworden zu sein. Wir wissen aber auch, daß Midian von dem angrenzenden Maon nicht scharf unterschieden wurde. Die Völker von Maon sind aus Handelskolonien des südarabischen Reiches Maon entstanden. Eine Verwechslung zwischen Midian und Maon liegt z. B. Ri 10, 12 vor, wo die Ma'oniter (Minäer) als eine der Israel bedrängenden Völkerschaften aufgezählt werden, wofür dann Sept. Madiam (Midian) liest[2]. Diese „Midianiter" brachten auf der über Gaza führenden Handelsstraße auf Kamelen nek'ôt (Gummi? Aquila: *στύραξ*) und zerî (Weihrauch?) und lôṭ (Ladanum?) nach Ägypten[3].

Glossen zur Josefsgeschichte.

1 Mos 39, 6 ff. Josef und Potiphars Weib, s. S. 385. Der Papyrus d'Orbiney aus der 19. Dynastie „von den zwei Brüdern" erzählt eine ähnliche Geschichte[4].

---

[1]) Büdinger, De coloniarum Phoeniciarum primordiis 1892, sieht in der Geschichte eine Erinnerung an eine Kriegsgefangenschaft der Josefstämme, die mit Hilfe der Midianiter, die als Ägyptens Verbündete nachgewiesen werden, zustande kam.

[2]) S. Hommel, Altisr. Überl. 271; Weber in MVAG 1901, 28; Grimme, Muhammed, S. 14.

[3]) Glaser erklärt Ladanum als Myrrhe. Vgl. zu den Waren Plinius 12, 54.

[4]) Übersetzt z. B. bei Erman, Ägypten und ägyptisches Leben im Altertum, S. 505 f.; vgl. Stucken, Astralmythen 128, 159 ff. Man achte auf den mythologischen Schluß, der gewiß den Schlüssel zum Ganzen bildet, und der nicht als abstruser Einfall abgetan werden darf, wie es bei Erman geschieht. Es wird hier erzählt (nach einer von G. Steindorff erbetenen

1 Mos 39, 20. Josef in Gefangenschaft. Er kommt in das bêt-hasor, ins Gefangenenhaus des Königs. Da er nicht in flagranti ertappt worden ist, bleibt er am Leben, wird aber Königssklave (arad šarri)[1]. So bei J. Die andre Quelle (E) hat die Verführungsgeschichte nicht[2]. Hier ist Josef Diener im Hause des sar-ṭabbaḫîm und hat dort die Staatsgefangenen zu versorgen.

1 Mos 40. Josef wird berühmt durch Traumdeutungen. Er ist ja bereits nach 37, 19 der ba'al ḫalomôt. Traumdeutungen sind in Babylonien (Gudea, Nabonid!) wie in Ägypten von hoher Bedeutung[3]. Im Altertum sind die Chaldäer und die Ägypter die Traumdeuter (Astrologen). Tacitus sagt, daß die ägyptischen Priester Traumdeuter waren, Herodot erzählt von einem Traume des Priesters Ptah, der das Weltreich Ramses II. vorausverkündigt hat. Eine Inschrift von Karnak berichtet, Merneptah I. habe einen Traum gehabt, in dem er eine Statue des Ptah gesehen hat. Die habe sich vor ihn hingestellt und ihn gehindert, mit seinem Heere gegen die Feinde zu ziehen, die vom Mittelmeere in Ägypten eindrangen.

Die Traumbücher auf unseren Messen und Märkten bezeugen bis heute, daß Traumdeuten speziell als „ägyptische Weisheit" gilt. Lane, Sitten und Gebräuche der heutigen Ägypter ²II, S. 81f. sagt: „Die Ägypter setzen großes Vertrauen auf Träume und lassen sich oft in den wichtigsten Angelegenheiten des Lebens von denselben leiten. Sie besitzen zwei große und berühmte Werke über Traumauslegung. Diese Bücher werden selbst von manchen Gelehrten mit unbedingtem Vertrauen zu Rate gezogen." Der „Hofphilosoph", den der Khedive aus Höflichkeit gegen den deutschen Kaiser samt seiner Waffensammlung 1896 zur Industrieausstellung nach Berlin geschickt hatte, war vor allem, wovon ich mich selbst überzeugte, Traumdeuter.

Übersetzung), daß der Flüchtling den Göttern begegnete, die Mitleid mit ihm hatten. „Der Sonnengott sagte zu Chnum: ‚Schaffe doch eine Frau für Bata, damit er nicht allein sei.' Chnum machte ihm eine Genossin, die an ihrem Leibe schöner war, als alle Frauen im ganzen Lande; jeder Gott war in ihr. Die sieben Hathorgöttinnen (vgl. zu diesen Erman, Äg. Rel. S. 82) kamen, um sie zu besehen. Sie sagten aus einem Munde: ‚Sie stirbt eines gewaltsamen Todes.' Er verliebte sich ganz in sie, sie wohnte in seinem Hause usw." Die Flucht-Erzählung enthält die Motive der drei Hindernisse, die den Verfolger aufhalten und die Stucken an allen Ecken der Welt nachgewiesen hat.

[1]) Vgl. Cod. Hamm. 129—132. Winckler l. c. weist auf § 129: wenn der Ehemann sein Weib verschont, soll der König auch den Sklaven leben lassen; aber er ist fortan Königssklave. Vgl. S. 425.

[2]) J hat die Anekdote um der Motive willen angehängt.

[3]) S. Ebers, Ägypten und die Bücher Mosis S. 321f.

Die Färbung der Traumerzählung ist ägyptisch. *Aḫu „Gras“* 1 Mos 41, 2 ist ägyptisches Lehnwort[1]. Wenn der Nil (bezeichnet als jeôr, Fluß = assyr. ja'uru, die semitische Bezeichnung ist wohl gewählt, weil sie einem der ägyptischen Namen des Nil ähnlich klang)[2] der Schauplatz des ersten Traumes ist, so wird vorausgesetzt, daß die Leser wissen, daß in dem fast regenlosen Lande der Nil mit seinen Überschwemmungen gleichsam der Träger der Fruchtbarkeit ist. „O daß der Nil mir Speise verschaffen möge, Nahrung, jedes Gewächs zu seiner Zeit“, sagt ein alter Text. „Der Nil ist es, der alle Menschen durch Nahrung und Speise erhält“ (Erman, Ägypten S. 566). Die „sieben Kühe“ gehören der Mythologie an. Nach Diodorus Siculus 1, 51 ist das männliche Rind Symbol des Nil und dem Osiris, dem Erfinder des Ackerbaues (vgl. ib. 1, 21), heilig, vgl. Abb. zu 2 Mos 32 f. Der Osiris-Stier erscheint oft in Begleitung von sieben Kühen, z. B. auf den Vignetten des 110. Kapitels des alten und neuen Totenbuchs. Die zugehörige Textstelle bittet Osiris, daß entweder er, oder die sieben Kühe mit dem Stier, dessen Namen er weiß, ihn im Tode mit Nahrung versorgen möchten. Osiris aber entspricht Marduk! Sieben Ähren, die auf einem Halme wachsen, sind bei dem ägyptischen Weizen (triticum compositum) vorstellbar. Der Ostwind, der die Ähren versengen soll, stimmt zu dem gefürchteten Chamsin, der aus den südöstlichen Wüstengegenden kommt und noch heute Februar bis Juni die Vegetation bedroht.

„Mundschenk und oberster Bäcker“ erscheinen als hohe Beamte. Die ägyptische Literatur nennt unter den höheren Beamten des königlichen Hofhaltes wiederholt den „Schenktischschreiber“ und den „Süßigkeitenbereiter“. Im Grabe Ramses III. fand man an den Wänden die Darstellung einer vollständigen königlichen Bäckerei[3], auch bei den Grabungen der Deutschen Orientgesellschaft (s. die Bäckerei im Museum der Leipziger Universität). Der irdische Hofstaat entspricht dem himmlischen Hofstaat. Die beiden entsprechen dem himmlischen Bäcker und Mundschenk, s. S. 54. 168. Von dem mythologischen Symbolismus, der hier in die Geschichte hineinspielt, war S. 384 die Rede.

1 Mos 41, 14. *Josef ließ sich scheren, wechselte seine Kleider und begab sich hinein zum Pharao.* Das Scheren, bez. Rasieren des Kopfes, ist ägyptische Etikette, aber durch die Köpfe aus Telloh (s. Abb. 84) auch für Alt-Babylonien bezeugt. Vielleicht sind auch die assyrischen Haartrachten nur Perrücken. Auch der heutige Orientale rasiert den Kopf[4]. Die Erzählung

---

[1]) S. Ebers, Ägypten und die Bücher Mosis, 338 f.

[2]) S. Frdr. Delitzsch, Hebrew Language, S. 25, Anm.

[3]) Wiedergegeben z. B. bei Erman l. c. S. 269.

[4]) Die ägyptischen Denkmäler zeigen Darstellungen des sehr gesuchten Barbierhandwerkes. Ein sehr altes Gedicht nennt den Barbier,

macht den Eindruck, als komme dem Pharao göttliche Verehrung zu.

1 Mos 41, 29ff. Die Kornkammern in Ägypten für die Zeit der Teuerung. Ähnliche Vorgänge werden in der ägyptischen Literatur an folgenden Stellen berichtet:

1. An den Abhängen von Beni Hassan findet sich in den Inschriften, die Ameni, ein Beamter des Pharao Usertesen I., bei Lebzeiten am Eingange seines Grabmals anbringen ließ, folgender Bericht[1]:

„Es entstanden Jahre der Hungersnot. Da pflügte ich alle Äcker des ‚Ziegengaus' (Besitztum des Ameni) bis zu seinen südlichen und nördlichen Grenzen. Ich ernährte seine (des Usertesen) Untertanen, ich besorgte ihre Speise, so daß kein Hungriger unter ihnen war. Ich gab den Witwen ebenso, wie denen, die keinen Mann besitzen, nicht bevorzugte ich die Großen vor den Kleinen bei allem, was ich gab. — — — Wenn aber große Nilüberschwemmungen entstanden, die Getreide und Spelt und alle möglichen anderen Sachen bringen, so nahm ich nicht den Rückstand des Ackersmanns[2]."

2. Die Inschrift eines Grabdenkmals in El-Kab, die einem gewissen Baba gilt (veröffentlicht bei Lepsius, Denkmäler), sagt:

„Ich sammelte die Ernte ein als ein Freund des Erntegottes. Ich war wachsam in der Zeit des Säens. Als aber eine mehrjährige Hungersnot ausbrach, verteilte ich der Stadt in jedem Hungerjahre Getreide."

3. Eine ägyptische Hungersnot aus dem Anfang des 13. nachchristlichen Jahrhunderts schildert Abdallatif (de Sacy, Abdallatif S. 360ff.) mit allen ihren Schrecken. Eine siebenjährige Hungersnot soll zum letzten Male für die Jahre 1064 bis 1071 unsrer Zeitrechnung unter dem Chalifat von El-Mustanṣir Billah nachzuweisen sein[3].

Weitere Beispiele sind S. 393f. aufgeführt.

Josef = Janḫamu?

Wenn Josef im Sinne der spätägyptischen Überlieferung zu Amenophis IV. gehört (vgl. die S. 405 f. besprochene Verwechslung, die Osarsiph-Josef mit Moses zusammenbringt), so erklärt

---

der von Straße zu Straße geht, um Kunden zu suchen, unter den selbständigen, nicht leibeigenen und nicht im Dienst des Staates stehenden Handwerkern. Die Museen zeigen uns kunstvoll gearbeitete ägyptische Rasiermesser.

[1]) Veröffentlicht in Egyptian Explor. Found I, 8, Übersetzung nach G. Steindorff.

[2]) D. h. ich forderte nicht den in den Hungerjahren rückständig gebliebenen Pachtzins ein.

[3]) S. Sayce, Alte Denkmäler 60.

sich die Rolle, die Heliopolis (On) in der biblischen Josefsgeschichte spielt. Josef ist nach 41, 45 der Schwiegersohn des Hohenpriesters von On. Heliopolis-On aber, der Kultort, an dem der Sonnengott Ra unter dem Bilde der Sonnenscheibe (Aten) verehrt wurde, ist sicher der Ausgangspunkt der monotheistischen Reform gewesen. Auch der Name Potiphar („Geschenk des Sonnengottes Ra"), den der Hohepriester von On mit dem Käufer des Josef gemeinsam hat, würde im Sinne des Aten-Kultus zu erklären sein.

Vor allem aber gewinnt dann eine Gestalt hohe Bedeutung, die in den Tell-Amarna-Tafeln als Machthaber bedeutsam hervortritt. Es ist Janḫamu, der Resident von Jarimuta. Dem Namen nach ist er ein Semit. Im kosmopolitischen neuen Reiche ist es nichts Seltenes, daß ein Ausländer zu hohen Ehren kommt. Wenn dieser Mann auch nicht identisch ist mit dem Josef der Tradition, wie man vermutet hat, so bietet doch sein Bild eine wichtige Illustration für die biblische Vorstellung von dem ägyptischen Josef und zeigt, daß das Milieu der Geschichte gut ägyptisch ist[1].

Dieser Janḫamu verwaltet in den Briefen des Rib-Addi von Gobal das Land Jarimuta, das für die Küstenländer des östlichen Mittelmeeres zurzeit die Kornkammer bildet. Nach den Briefen ist das Land vom Hafen von Gobal aus erreichbar, und man mußte sein Gebiet berühren, wenn man zur Hauptstadt Chut-Aten wollte, es liegt also im Nildelta[2]. Möglich, daß es identisch ist mit der Landschaft Gosen[3], jedenfalls lag es in der Nähe. Janḫamu ist ein semitischer Name. Er kennt die Verhältnisse in Kanaan, der Statthalter von Jerusalem bittet einmal, Janḫamu möchte nach Jerusalem gesendet werden, dort

---

[1]) Marquart l. c. S. 680 hat zuerst mit Nachdruck darauf aufmerksam gemacht. Er zieht freilich Folgerungen, bei denen für den historischen Kern der biblischen Überlieferung nicht viel übrig bleibt. — S. ferner H. Winckler KAT³ S. 211 und Abraham als Babylonier, Josef als Ägypter.

[2]) C. Niebuhr MVAG 1896 S. 208 ff. hat die Bedeutung von Jarimuta bestimmt: er identifizierte es mit dem gesamten Nildelta, was natürlich aufzugeben ist.

[3]) H. Winckler F. III 215 hat es wahrscheinlich gemacht, daß die biblische Überlieferung davon weiß. Jos 10, 41 = 12, 16 nennt „das ganze Land Gosen" unter den Eroberungen Josuas. Das ist natürlich ein Einschub. Aber wie ist er entstanden? Da in Kap. 10 die Eroberung von Jarmut erzählt wird, so könnte das einen Leser, der die Bedeutung des Namens Jarimuta = Gosen gekannt hat, veranlaßt haben, den Zusatz zu machen.

Ordnung zu schaffen. Im ägyptischen Reiche verfügte er als Bevollmächtigter des Königs über unumschränkte Gewalt. Von ihm hängt es ab, ob die Kornkammern für die Bittenden geöffnet werden. Silber und Holz, ja Knaben und Mädchen müssen gesendet werden, wenn man Getreide aus Jarimuta haben will. Wir geben einige Stellen aus den Briefen wieder, die Janḫamu und die Kornkammern von Jarimuta betreffen:

In Nr. 69 (Winckler, Keilinschriftl. Biblioth. V) heißt es: „Janḫamu .... nahm für Silber ihre Söhne .... nach dem Lande Jarimuta". Und vorher: „Was soll ich meinen Bauern zu essen geben? Dahin sind ihre Söhne, Töchter und das Holzwerk ihrer Häuser, weil wir sie nach Jarimuta geben mußten für unsern Lebensbedarf. Ferner höre der König die Worte seines getreuen Knechtes und schicke Getreide in Schiffen zur Erhaltung seines Knechtes und seiner Stadt." Nr. 74: „... alles wurde weggegeben nach Jarimuta für meinen Lebensbedarf." Nr. 79 (vgl. Nr. 69): „Dahin sind Knaben, Mädchen, das Holz der Häuser, weil sie gegeben wurden nach Jarimuta für Nahrung (Nr. 69: zur Erhaltung ihres Lebens)." In Nr. 61 wird vorausgesetzt, daß eine Geisel, von Rib-Addi von Gobal dem Pharao gesandt, in dem Hause des mächtigen Janḫamu geblieben ist.

Die Züge der Josefsgeschichte, die von den Brüdern berichten, die als Geiseln zurückbleiben sollen, und die Sorge um den Knaben Benjamin stimmen zu dem Inhalt dieser Briefe. 1 Mos 47, 13 ff. wird die Agrarpolitik Josefs geschildert, die auffällig an die des Janḫamu erinnert.

Die Investitur Josefs 41, 42 ff., sowie die 1 Mos 43, 32 vorausgesetzten Speisesitten sind spezifisch ägyptisch, s. Gunkel z. St., Holzinger z. St. Die Namen 41, 45 צָפְנַת פַּעְנֵחַ und אָסְנַת sind beide gut ägyptisch. Der erste bedeutet nach Steindorff: „Es spricht Gott und er lebt", der andre bedeutet Ns-nt, d. i. die der Göttin Neit (Lokalgöttin von Sais) gehörige. Nach Spiegelberg l. c. 53 sind die Namen Potiphar und פַּעְנֵחַ צָפְנַת vor der 20. Dynastie (1200 v. Chr.) nicht nachweisbar, wohl aber der Name אָסְנַת.

1 Mos 44, 2. 5. 15 erscheint der Becher Josefs als Zauberbecher[1]. Es ist Josefs gewöhnlicher Trinkbecher. Aber 44, 15 wird vorausgesetzt, daß er sich auf die schwarzen Künste versteht[2].

---

[1]) S. Dillmann z. St. und vgl. Hunger, Becherwahrsagung bei den Babyloniern in Leipz. Semit. Studien I, 1, S. 4. Die gnostischen Naassener bringen den Becher Anakreons mit dem Becher Josefs in Verbindung, s. Müller, System der Kosmologie 211.

[2]) Vgl. H. Winckler, Abraham als Babylonier und Josef als Ägypter, der aus der Darstellung Josefs als eines Ägypters weitgehende Schlußfolgerungen für den Sinn der Erzählung zieht.

Die Söhne Jakobs in Ägypten.

Von dem lebhaften Verkehr zwischen Syrien und Ägypten war S. 297ff. die Rede. Die „Fürstenmauer" diente zur Abwehr ungebetener Gäste[1]. Daß Asiaten in Hungerszeiten in Ägypten Hilfe suchten und fanden, wird in den Texten des neuen Reiches nicht selten bezeugt[2]:

1. In den Amarna-Texten werden wiederholt ägyptische Kornkammern erwähnt, aus denen kanaanäische Leute Getreide holen, s. oben S. 392. Vgl. 1 Mos 41, 54: „Es ward eine Teuerung in allen Landen, aber in ganz Ägyptenland war Brot."

2. Im Fragment einer Ansprache eines hohen Beamten unter Ḥaremḥeb (um 1360 v. Chr.) ist von Barbaren die Rede, „die nicht zu leben wissen"; sie werden den Unterbeamten übergeben mit der Anweisung, ihnen eine Überschreitung der ihnen angewiesenen Gebiete nicht zu gestatten.

3. Im Papyrus Anastasi VI, 4, 14ff. berichtet ein ägyptischer Beamter: „Wir haben die Beduinenstämme von Edom die Merneptah-Festung nach den Teichen des Merneptah passieren lassen, um sich und ihr Vieh zu ernähren auf dem großen Weideland des Pharao, der schönen Sonne aller Länder[3]."

4. Nach dem Abschluß des Staatsvertrags zwischen Ramses II. und den Hettitern (S. 302) schickt Ramses II. bei einer Landeskalamität den Hettitern Schiffe mit Korn, Mar. Karn. 53, 24, s. Erman, Ägypten S. 707.

1 Mos 46, 34, s. S. 405 Anm. 1.

1 Mos 47, 7f. Die Landschaft, die den syrischen Hirten eingeräumt wird, heißt nach der jahvistischen Quelle Gosen. Sie liegt im Delta. Es war fruchtbares Weideland (47, 6), wohl geeignet für die hebräischen Schafzüchter (46, 34). An zwei Stellen des jahvistischen Berichts sagt die Sept. statt Gosen „Distrikt der Stadt Gosen in Arabien" (1 Mos 45, 10; 46, 34). Diese Stadt Gosen ist durch die Ausgrabung Navilles sicher identifiziert mit der ägyptischen Stadt Gsm an der Stelle des heutigen

---

[1]) S. oben S. 297. Vgl. Müller, Asien und Europa 102; ZDPV VIII, 217. Brugsch, Die biblischen sieben Jahre der Hungersnot, meint, daß die „Mauerwüste" (midbar-sûr) 2 Mos 15, 22 nach dieser Mauer benannt war.

[2]) Zu den Hungersnöten Ägyptens s. S. 390.

[3]) S. Spiegelberg, Der Aufenthalt Israels in Ägypten, S. 24f. Es folgen nach einer Lücke „die andern Namen der Stämme, die die Festung des Merneptah passierten".

Ṣaft el Henne, östlich vom Nilarme Bubastis, der Hauptstadt der ägyptischen „Provinz Arabien“, die den religiösen Namen „Gau des Gottes Spṭ“, „der die Sinaibewohner schlägt“ führt[1].

Allerdings läßt sich nicht beweisen, daß das Gosen des Jahvisten mit dem ägyptischen Gsm identisch ist. Aber der Zusammenhang des jahvistischen Berichts weist auf dieselbe Gegend: eine Landschaft im Osten des Reiches diesseits der auf der Landenge von Suez gelegenen Grenzfestungen; jenseits derselben ist unfruchtbare Wüste[2].

Abb. 125: Vorratskammer aus Pithom.
(Aus Spiegelberg, Aufenthalt Israels in Ägypten.)

Wenn der Priesterkodex die Gegend das „Land des Ramses“ nennt (1 Mos 47, 11), so ist das ebenso zu beurteilen wie die Angabe der griechischen und memphitischen Übersetzung 1 Mos 46, 28: Pethom, Stadt im Lande des Ramses. Es sind hier Namen aus dem Bereiche der späteren Ereignisse (die bedrückten Hebräer sollen Pithom unter Ramses gebaut haben) in den Bericht später eingetragen worden. Sept. nennt auch den Orṭ der Begegnung, dort, wo der hebräische Text des Jahvisten einfach Gosen sagt 1 Mos 46, 28: bei der Stadt Heroon im Lande des Ramses, — während die memphitische Übersetzung „nach Pethom, der Stadt im Lande von Ramasse“ und im v. 29 „in die Gegend der Stadt Pethom“ sagt. Durch die Ausgrabungen Ed. Navilles[3] in Tell el Mas-

[1]) Der Name im modern. Ṣaft erhalten, s. Art. Gosen in RPTh[3].

[2]) S. zu Jarimuta = Gosen S. 391.

[3]) Vgl. Naville, The store city of Pithom and the route of Exodus, London 1888; Steindorff, Artikel Gosen in RPTh[3].

khuta (1883) ist festgestellt, daß diese nahe bei der Landenge von Suez im Wadi Tumilât gelegene Trümmerstätte den Ort einer Stadt bezeichnet, die den religiösen Namen Pr-'tm (vokalisiert nach Steindorff etwa Pi-Atom „Haus des Gottes Atom") führt, und die offenbar identisch ist mit der 2 Mos 1, 11 von den bedrückten Hebräern erbauten Stadt Pithom. Da dies Pithom in der Gegend von Hero zu suchen ist[1], so stimmt diese Angabe der Sept. mit J überein und der Begegnungsort der Sept. liegt im Gebiete oder in der Nähe der Landschaft Gosen, östlich vom Nilarme Bubastis.

1 Mos 47, 13 ff, s. S. 392, 395.

1 Mos 47, 29. Josef schwört, indem er die Hand auf das Zeugungsglied Jakobs legt, ebenso Elieser dem Abraham 24, 2 f. Noch heute ist diese Art des Schwurs bei arabischen Stämmen zu finden[2]. Darin liegt ein Zeugnis für die S. 110 Anm. 2 besprochene Heiligkeit der propagatio.

✳ Die Tierkreisbilder im Jakobssegen.

1 Mos 49.

Daß die Sprüche des Segens Jakobs auf die zwölf Tierkreiszeichen anspielen, haben bereits Gelehrte wie Athanasius Kircher[3] erkannt. Der gegenwärtige Text, dessen Redaktor den Sinn nicht mehr verstanden hat, läßt die Motive nicht mehr überall klar erkennen. Die Tatsache selbst stimmt zu dem, was wir bereits früher an astralmythologischen Motiven gefunden haben. In Josefs Traum (S. 383) erschienen ja die elf Brüder bereits als die Tierkreiszeichen, die sich mit Sonne und Mond vor dem den Weltkreislauf und das anbrechende neue Zeitalter repräsentierenden Josef (Tammuz) verbeugten. Auch die Reisen der Söhne nach Ägypten zeigten die Motive der Wanderung der zwölf Tierkreisbilder in die Region der Unterwelt (S. 385 Anm. 3). Im folgenden stellen wir Spuren von Tierkreisbilder-Motiven zusammen, wie wir sie in den Sprüchen Jakobs finden. Andre werden andre Spuren finden. Die Textüberlieferung ist schlecht. Es ist sehr leicht möglich, daß der vorliegende Text verschiedene „Theorien" vermengt. Andre werden darum vielleicht auch eine andre Motivenreihe finden.

---

[1]) J. Dillmann, Pithom, Hero, Klysma in dem Sitzungsberichte der Kgl. Ak. der Wissenschaften 1885 XXXIX.

[2]) Beispiel bei Nork, Mythologie I, 154. Zum Schwur beim „Phallus Allah's" s. Curtiss l. c. 118 f. Auch die Phallen im antiken Kunstgewerbe, die Phallen als Amulette der Frauen, die noch heute in Neapel getragen werden (vgl. die wächsernen Priapusfiguren am Feste Damians, das 1781 abgeschafft wurde), haben ursprünglich nichts mit „Unzucht" zu schaffen, s. S. 110 Anm. 2.

[3]) Oedipus Aegyptiacus 1654, z. B. II, 1, S. 21. Aus der neueren Literatur vgl. (außer Dupuis und Nork, passim) Stucken, Astralmythen MVAG 1902, 166 ff.; Zimmern, ZA 1892, 161 ff., KAT³ 628; J. Lepsius, Reich Christi VI, 375 f.; Winckler F. III, 464 ff.

(11) **Ruben** — **Wassermann.**

Er heißt viermal „der Erste", und das Recht „des Ersten" wird ihm entrissen. Er muß nach einer andern Überlieferung die Führerrolle Judas gehabt haben (Dillmann, Genesis 457). Als Wassermann würde er Ea entsprechen, oder vielmehr in einem vorhergehenden, durch Ea abgelösten Äon Mummu (zu Mummu = Ea bez. im nächsten Äon = Marduk-Adapa, Sohn Eas, s. S. 6f. 9). Die neue Zeit entsteht durch Zeugung zwischen Mutter und Sohn. Ruben *„befleckte das Bett seines Vaters"*[1]. Vom Standpunkte des neuen Zeitalters ist der Träger des alten Zeitalters (Kingu, Mummu) der Wasserdrache. Auch dieses Motiv findet sich im Ruben-Segen. Es ist von פחז כמים die Rede. Schon Dillmann, Genesis S. 458 übersetzt das mit „Überschwall des Wassers" (Sept. ἐξύβρισας ὡς ὕδωρ). Mit Ruben wird hiernach jedenfalls eine wasserspeiende Erscheinung in Zusammenhang gebracht. Das Flußpferd, an das man zunächst denkt, ist nach Hi 40, 14ff. gleich Behemot, dem Chaosdrachen der Urzeit. Behemot ist nach Hi 40, 19 „Erstling" wie Ruben, „Erstling der Wege Gottes", Herr des vergangenen Äon. Plutarch, de Is. et Os. cp. 32 sagt: „Die Ägypter schreiben dem Flußpferde Schamlosigkeit zu; denn es soll seinen Vater töten und mit Gewalt seiner Mutter beiwohnen[2]." Ruben entspricht also einem Tierkreisbild in der Wasserregion, das an der Stelle unsres Wassermanns gestanden hat und als Flußpferd oder dergleichen dargestellt wurde.

(3) **Simeon und Levi** — **Zwillinge.**

Sie erhalten zusammen einen Spruch und werden als „Brüder" besonders bezeichnet neben vier andern Brüdern derselben Mutter. Als Dioskuren fanden wir sie bereits bei der Rache für die Schändung ihrer Schwester Dina

---

[1]) Bilha (wohl an Stelle der Lea gesetzt) trägt Züge der Ištar-Aphrodite, der Gattin des hinkenden Ninib-Mars-Hephästos. Ruben begibt sich zu ihr; „Unterwelt" = „Ozean", s. S. 8 und 14, die Szene am Südpunkt statt am Nordpunkt (man beachte, daß 1 Mos 49, 4 עלה steht, nicht ירד), Ninib = Nergal S. 24.

[2]) Ob in der zweiten Hälfte ein Doppelsinn beabsichtigt ist („du wurdest geschändet" statt „du hast Schändung verübt"), wie Stucken will, so daß auch das andre Motiv der Urzeit, das Motiv der Kastration des Urvaters (Rahab Ps 89, 11 wird kastriert) hineinspielt, wage ich nicht zu entscheiden.

(Motiv des neuen Zeitalters, s. S. 379). *Sie töteten in ihrem Zorne den Mann* (Tyrannentötung?) *und verstümmelten den Stier,* wie die Dioskuren Gilgameš und Eabani[1] im Gilgameš-Epos, dessen zwölf Gesänge ebenfalls mit dem Tierkreis zusammenhängen, den Himmelsstier verstümmeln und vorher den Tyrannen (Ḫumbaba) töten.

(5) **Juda**

Löwe.

Juda wird als Löwe gepriesen (vgl. Apk 5, 5) mit šebeṭ (Szepter, Parallelglied: meḫoḳeḳ zu

Abb. 126: Horoskop Antiochos I. von Kommagene (um 70 v. Chr.) aus der Westterrasse des Nemrud-Dagh (aus Humann-Puchstein, Reise in Kleinasien und Nordsyrien).

seinen Füßen)[2]. Das Sternbild des Löwen hat den Regulus, den „Königsstern" zwischen den Füßen. Der Regulus heißt schon bei den Babyloniern Königsstern. In den astrologischen Horoskopen wird König, wer bei Aufgang des Regulus geboren wird. Abb. 126 zeigt ein solches Horoskop[3]. Das ist der „Herr-

[1]) S. Zimmern l. c. 162. Aber nicht eine „Reminiszenz an Gilgameš und Eabani" finden wir hier, sondern in beiden Fällen das gleiche kosmisch-mythologische Motiv. Zu Gilgameš und Tierkreis s. mein Izdubar-Nimrod, S. 66 ff.

[2]) Natürlich ist nur ein Attribut gemeint; zu meḫoḳeḳ vgl. 4 Mos 21, 18.

[3]) Es ist das Horoskop des Antiochos von Kommagene. Die drei großen sechzehnstrahligen Sterne auf dem Rücken haben die Beischrift: *Πυρόεις Ἡρακλ[έους], Στίλβων Ἀπόλλωνος* und *Φαέθων Διός* = Mars, Merkur, Jupiter. Es ist das Sternbild des Löwen (auch auf Münzen des Antiochos

scherstab zu den Füßen des Löwen Juda.“ Šilo ist ein Motiv der Erlösererwartung, das trotz neuerer Hypothesen der Erklärung spottet [1].

(10) **Sebulon** — **Steinbock.**

Sebulon wohnt am Meere. Beim Steinbock beginnt die Wasserregion. Er ist dem „Jäger“ (Wortspiel mit Ṣidon am Meere, ṣaid „Jagd“), dem arcitenens, benachbart.

4) **Issaḫar** — **Krebs.**

Issaḫar wird mit einem Esel verglichen. Die Esel (aselli) mit der Krippe sind im Sternbild des Krebses.

(7) **Dan** — **Wage.**

Dan schafft sich Recht. Daher das Symbol der Wage. Und er ist eine „Viper am Wege“. Serpens ist libra benachbart.

(9) **Gad** — **Schütze.**

Gad wehrt sich (als Bogenschütze), wenn die Schützen am Wege (die räuberischen Beduinen) ihn mit Pfeilen beschießen.

(12) **Asser** — **Fische.**

Asser liefert Königsleckerbissen. Der Fisch ist im orientalischen Mythus (vgl. die Märchen aus 1001 Nacht, Ring des Polykrates) der Königsleckerbissen.

(1) **Naphtali** — **Widder.**

Statt ajjâlâ kann ajil „Widder“ gelesen werden. „*Von ihm kommen anmutige Reden.*“ Da wir bereits bei Ruben ägyptische Färbung fanden, so wird an die Reden des „Widders“ unter König Bokchoris in den Prophezeiungen des weisen Amenophis zu erinnern sein, die das neue Zeitalter ankündigen [2].

---

zu finden). Neunzehn der Sterne stimmen zu dem Eratosthenischen Sternkatalog. Antiochos nennt sich θεὸς δίκαιος und ἐπιφανής.

[1]) Wichtig ist der von Kittel im Kommentar zitierte Zusatz der syrischen Übersetzung zu 1 Chr 5, 1—2: „Von Juda wird der König, der Messias, ausgehen.“ Die Auslegungen von 1 Mos 49, 10 im Altertum bis Ende des Mittelalters hat Posnanski, Schilo, Ein Beitrag zur Geschichte der Messiaslehre 1904, gesammelt. Zu Silo = Še'ôl s. S. 399 Anm. 3.

[2]) Vgl. S. 69 (die Überlieferung nach Manetho bei Krall, Vom König Bokchoris in den Festgaben für Büdinger 1898) und zum weisen Amenophis S. 406.

(2) **Josef** — **Stier.**

Josef wird im Mosessegen 5 Mos 33, 17 mit einem Stier (Wildochs) verglichen. Denselben Sinn hat wohl 1 Mos 49, 22: „*Ein Farre ist Josef, ein Farre, ein 'Alî - . . . . .*[1]*; mein spätgeborener Sohn ist ein Alî-Stier.*" In dem Stier ist der Bringer des neuen Zeitalters gekennzeichnet, s. S. 66 f. Ein entsprechendes Motiv berührt der siegreiche Bogen Josefs. Es wird an den Bogen Marduks (bab. = „Bogenstern") zu denken sein, oder an den Bogen Orions (Orion = Marduk-Tammuz s. S. 376 f.)[2].

(8) **Benjamin** — **Skorpion.**

Benjamin wird als Wolf geschildert. Der Wolf (lupus) steht südlich von scorpio; dem Stier (Josef) entgegengesetzt (zu Josef-Benjamin als Gegenpole s. S. 385). Der Wolf ist im Mythus Frauenräuber. Der Wolf Benjamin Ri 21 raubt die Frauen von Silo[3], wie der Wölfling Romulus die Sabinerinnen und wie Wölunder, Slagfidr und Egil, die im Wolfstal wohnen, sich die Frauen rauben, die im Wolfsee baden (s. Stucken, Astralmythen 101; MVAG 1902, 43).

(6) **Dina** — **Jungfrau.**

Der Tierkreis hat ein weibliches Sternbild: die Jungfrau, ebenso wie die Planetenreihe der Wochentage. Nur Dina, als Tochter Leas, kann in Betracht kommen. Ihre mythologische Bedeutung neben den Dioskuren Simeon und Levi fanden wir S. 379. Ihr Ištar-Charakter zeigt sich 1 Mos 34 darin, daß sie dem Gatten den Tod bringt, s. S. 382. In den Sprüchen Jakobs wird sie nicht erwähnt, falls nicht, wie Hommel vermutet, in dem doppelten Spruch für Dan eine Hälfte Dina gehört.

Die Reihenfolge der Aufzählung entspricht in dem jetzigen Texte den Genealogien (nach den Müttern) und der geographischen Lage. Sie wird ursprünglich der Reihenfolge der Tierkreisbilder gefolgt sein. Der Redaktor hat die Motive nicht verstanden. Wincklers Bemühungen F. III,

[1]) Das Parallelglied muß Stier bedeuten. Der Text ist verdorben. Zimmern erinnert für עלי an den Himmelsstier Alû im Gilgameš-Epos und fordert im Hinblick auf 5 Mos 33, 17 und auf das Parallelglied שור statt עין ein Wort wie ראם (bab. rêmu), Stier.

[2]) Die Gleichsetzung des „Bogens Josefs" mit Orion in Bereschit rabba ist nicht nur „der Kuriosität wegen" zu nennen (Zimmern); sie zeigt, daß die Juden die Motive verstanden.

[3]) Hier soll sicher auf Še'ôl, Šilân „Unterwelt" angespielt werden. Zimmern sucht ZA VII, 163 f. dieselbe Bedeutung 1 Mos 49, 10. Die Frauen werden aus der Unterwelt geraubt.

465ff., die jetzige Reihenfolge aus der Reihenfolge der den Tierkreisbildern entsprechenden Monatsgötter („Engel des Tierkreises" s. Henoch cp. 82; Apk 21, 12) zu erklären, halte ich nicht für geglückt. ✳

1 Mos 49, 23 f., s. S. 363; 49, 25, s. S. 175.

✳ 1 Mos 50. Der Trauerzug entspricht einem Tammuz-Begräbnis. Der Tote wird wiederkommen. „*Auf dein Heil harre ich, Jahve*", hat Jakob gesagt 49, 18[1]. Ich schlage vor 50, 10f. statt גרן האטד zu lesen גרן הדד, „Hadad-Tenne" (absichtliches Verderben des heidnischen Namens). Es ist eine siebentägige (50, 10) Tammuz-Osiris-Klage wie die Klage um Josia Sach 12, 11 (vgl. 2 Chr 35, 24f.), dessen Wiederkunft als Erretter man erwartete. Zur Ägyptertrauer s. S. 407. ✳

1 Mos 50, 26, s. S. 386.

Achtzehntes Kapitel.

Der Auszug aus Ägypten.

Wie die Geschichte Abrahams mit Babylonien, so ist die Geschichte Jakobs mit Ägypten verbunden. Nach der Erzählung 2 Mos 1 haben in Gosen im Delta nomadisierende Hebräer allmählich eine Gefahr für Ägypten gebildet, wie die nomadisierenden Aramäer und Chaldäer später für Assyrien[2]. Darum hat einer der Pharaonen die arbeitsfähigen hebräischen Grenzbewohner unter strenge Aufsicht gestellt[3] und zu Fronarbeiten benutzt, wie wir dergleichen oft von assyrischen Königen erfahren (vgl. Abb. 127 und 128). 2 Mos 1 ff. erzählt nun, wie die Hebräer unter der Führung Mosis den „Auszug aus Ägypten" erzwungen und das Joch abgeschüttelt haben.

Die ägyptischen Denkmäler berichten nichts über den Aufenthalt der Israeliten in Ägypten und über den Auszug[4]. Stade

---

[1]) Mitten in den Tierkreis-Motiven. Das ist sehr zu beachten. Der Tierkreis stellt den Kreislauf dar, der den Weltenfrühling bringt, s. S. 23; 27; 385 Anm. 3; 395.

[2]) Gegen Stades ganz unverständliche Ansicht, in dem dicht besiedelten Ägypten sei für ein fremdes Nomadenvolk mit seinen Herden so wenig Platz gewesen, wie etwa im „deutschen Reiche", s. Winckler, Krit. Schr. I S. 28f.

[3]) S. S. 393 Nr. 2; 407. Zum Frondienst vgl. S. 366 Anm. 2.

[4]) Das prachtvoll gedruckte Buch eines gewissen Forster, der die Entdeckung von Niederschriften Mosis und der Kinder Israels während

sagt: „Wir werden Genaues über Israels Befreiung nur erfahren, wenn die Steine Ägyptens weiter reden wollen.“ In der Tat sind aus der in Betracht kommenden Gegend bisher nur sehr wenig

Abb. 127: Assyrische Fronarbeiter beim Transport eines Stierkolosses. Relief aus Khorsabad.

Denkmäler zutage getreten. Aber auch wenn zeitgenössische Nachrichten aus dem Delta vorhanden wären, ist es nach allem, was wir von den uns zugänglichen Nachrichten über den alten

Abb. 128: Kriegsgefangene Asiaten, rechts oben der aufsichtführende Fronvogt (Aus Spiegelberg, Aufenthalt Israels in Ägypten).

Orient wissen, sehr unwahrscheinlich, daß Ereignisse wie der Exodus Gegenstand eines Berichts sein würden[1]. Die ägyp-

ihres Wüstenaufenthaltes in den nabatäischen Inschriften findet, bildet ein fast unglaubliches Beispiel für die reklamehafte Apologetik, durch die die Denkmalforschung in Mißkredit gebracht worden ist.

[1]) „Die assyrischen Nachrichten sind viel ausführlicher, unendlich viel genauer in ihren Angaben über die politischen Ereignisse ihrer Zeit,

tischen Historiographen vermeiden ängstlich, Ereignisse, die für Ägypten demütigend sind, zu berichten. Selbst der gewaltsame Tod des Pharao (der übrigens aus der Erzählung gar nicht unbedingt hervorgeht[1]), würde nicht erzählt werden[2]. Grade über den Tod der Pharaonen erfahren wir selten etwas.

Aber wenn auch die ägyptischen Staatsurkunden nichts über den „Auszug" berichten, so hat sich doch in sagenhaften Überlieferungen eine Erinnerung an die Hebräer in Ägypten erhalten.

1. Die Austreibung der Aussätzigen.

Hekatäus von Abdera (Zeitgenosse Alexanders des Großen) erzählt nach Diodorus Siculus 40, 3: „Es lebten viele Fremde unter den Ägyptern und dienten den Göttern in anderer Weise als diese. Eine Pest, von welcher das Land heimgesucht wurde, war den Ägyptern ein Zeichen dafür, daß die Götter über den Verfall der ägyptischen Gottesverehrung zürnten. Sie vertrieben daher alle Ausländer; ein Teil der letzteren zog unter der Führung Mosis nach Judäa und gründete dort die Stadt Jerusalem."

Manetho, Priester und Tempelschreiber zu Heliopolis zur Zeit der ersten Ptolemäer, erzählt nach Josephus contra Apionem I, 26f.[3]: „König Amenophis wünschte, gleich einem seiner Vorfahren, Namens Horos, des Glückes teilhaftig zu werden, die Götter zu schauen. Ein weiser Mann, welchem er sein Verlangen mitteilte, erklärte ihm, daß sein Wunsch nur dann gewährt werden könne, wenn er ganz Ägypten von den Aussätzigen und übrigen Unreinen befreie. Infolgedessen ließ er alle mit Körpergebrechen Behafteten, 80000 an Zahl, aus dem ganzen Lande zusammenbringen und in die Steinbrüche östlich vom Nil zwischen diesem und dem roten Meer abführen, wo sie schwere Arbeit verrichten mußten. Auf ihre Bitte gestattete er ihnen indes später, sich in der von den Hyksos verlassenen Stadt Avaris anzusiedeln. Hier nun machten sie einen ehemaligen heliopolitanischen Priester Namens Osarsiph zu ihrem Anführer und schwuren ihm unbedingten Gehorsam. Die erste Sorge

---

aber nicht einmal dort würde man dergleichen erwarten können, geschweige denn in dem Phrasenschwulst der ägyptischen Annalen. Man mache sich nur klar, was das Ereignis — immer seine Geschichtlichkeit in den Formen der Exodus-Erzählung vorausgesetzt — für Ägypten bedeutet oder besser, was es nicht bedeutet hätte." Winckler, Krit. Schriften I, 27.

[1]) Höchstens bei J könnte davon die Rede sein. 15, 4 spricht für das Gegenteil, Ps 136, 15 beweist nichts (s. Hummelauer, Rev. des quest. hist. 1891, 358). Vgl. übrigens S. 345 zu 1 Mos 14.

[2]) Wir werden sehen, daß Merneptah II. in Betracht kommt. Sein Grab lag in Theben in Biban-el-Moluk, wurde aber schon zu den Zeiten der Griechen geöffnet, s. Miketta, Der Pharao des Auszuges, S. 45. Das Fehlen der Mumie beweist nichts. Nach einem Nilhymnus ist er in hohem Alter gestorben, s. Wiedemann, Ägypt. Gesch. 477.

[3]) Nach I, 16 stammten diese Erzählungen aus unverbürgten Überlieferungen (ἀδεσπότως μυθολογούμενα).

Osarsiphs, welcher seinen Namen jetzt in Mose umgewandelt haben soll, ging dahin, einer etwaigen neuen Verschmelzung der Aussätzigen mit den Ägyptern entgegenzuarbeiten. Daher erließ er Gesetze, wonach die Aussätzigen mit keinem außerhalb ihrer Genossenschaft Stehenden Gemeinschaft pflegen, keine Götter anbeten und der von den Ägyptern als heilig verehrten Tiere sich nicht länger enthalten, sondern sie schlachten oder sonst töten sollten. Nachdem er hierauf auch noch die Stadt Avaris stark befestigt hatte, traf er alle Vorbereitungen zu einem Kriege gegen Amenophis und verbündete sich zu dem Ende mit den Hyksos in Jerusalem, von welchen er mit einem Heere von 200000 Mann unterstützt wurde. Auf die Nachricht hiervon sandte Amenophis seinen erst fünfjährigen Sohn Sethos, der auch Ramesses hieß, zu dem ihm befreundeten Könige von Äthiopien, um ihn dort in Sicherheit zu wissen, und trat dann selbst an der Spitze von 300000 Mann den Aufständischen entgegen, wagte aber schließlich keine Schlacht, sondern zog sich erst nach Memphis, dann nach Äthiopien zurück. Ägypten war hierdurch der Gewalt der verbündeten Aussätzigen und Hyksos preisgegeben, und diese wüteten gegen alles, was den Ägyptern heilig war. Nach Verlauf von 13 Jahren (!)[1] aber kehrte Amenophis mit seinem Sohne Ramesses an der Spitze zweier großer Heere nach Ägypten zurück, schlug die Verbündeten und trieb sie bis an die syrische Grenze." — In diesen Aussätzigen sah Manetho, so fügt Josephus hinzu, die Vorfahren der Israeliten.

Lysimachus von Alexandrien (ca. 70 v. Chr.) berichtet nach Josephus contra Apionem I, 34: Zur Zeit des Königs Bokchoris[2] habe das Volk der Juden, welches aus Aussätzigen, Krätzigen und anderweitigen Kranken bestand, in den ägyptischen Tempeln gelagert und gebettelt. Auf Weisung des Gottes Amon habe Bokchoris die Aussätzigen und Krätzigen im Meere ertränkt, die übrigen in die Wüste getrieben. Diese letzteren seien nun unter Führung Mosis nach Judäa gezogen und hätten dort die Stadt Jerusalem gegründet.

2. Die Austreibung der Hyksos.

Manetho erzählt nach Josephus contra Apionem I, 14 vgl. Eusebius, praep. evang. X, 13: „Unter der Regierung des ägyptischen Königs Timaos seien Fremde von unberühmtem Geschlecht, welche von einigen für Araber gehalten würden und jedenfalls Hirten oder Nomaden waren, in Ägypten eingefallen. Sie eroberten das Land, zerstörten die Tempel, mißhandelten die Eingeborenen und machten einen aus ihrer Mitte, Namens Salatis, zum Könige. Dieser wählte sich Memphis zur Residenz, forderte in Unter- und Oberägypten Tribut ein und hielt das Land durch Besatzungen, welche er in die wichtigeren Orte legte, in Gehorsam. Die Ostgrenze des Landes befestigte er gegen etwaige Einfälle der Assyrer und baute namentlich eine im saitischen Nomos[3] auf der Ostseite des bubastischen Nilarmes gelegene Stadt, welche nach einer alten Göttersage Avaris hieß, zu einer sehr starken Festung aus, der er eine Besatzung von 240000 Mann gab und welche den Hauptstützpunkt seiner Macht gebildet zu

[1]) Zum Motiv der 13 s. S. 61.

[2]) S. S. 406.

[3]) Nach Julius Africanus und Eusebius im sethroitischen Nomos.

haben scheint. Diese eingedrungenen Fremdlinge wurden Hyksos genannt. Nachdem die Hyksos 511 Jahre lang geherrscht hatten, empörten sich die einheimischen Dynastien der Thebais und der übrigen Landesteile und begannen einen großen und langwierigen Krieg gegen sie. Endlich gelang es dem Könige Alisphragmuthosis (Misphragmuthosis), sie zu besiegen und in einem Orte einzuschließen, welcher Avaris hieß und einen Umfang von 10000 Tagwerk hatte. Da sie Avaris zu einer starken Festung ausbauten, so waren sie nicht mit Gewalt daraus zu vertreiben. Nur auf gütlichem Wege konnte sie Thummosis (Tethmosis), der Sohn Alisphragmuthosis zum Abzug bestimmen: 240000 Mann stark zogen sie mit ihrem Besitztum nach der syrischen Wüste, ließen sich in dem nachmaligen Judäa nieder und gründeten die Stadt Jerusalem."

Ptolemäus Mendesius (Anfang des 1. nachchr. Jahrh.) sagt, daß Israel unter dem Pharao Amosis (Eusebius, praep. ev. 10, 10, 11)[1] ausgezogen sei. Und Apion bei Josephus contra Apionem II, 2 beruft sich auf ihn mit seiner Angabe, daß Mose aus Heliopolis im 1. Jahre der 7. Olympiade, d. i. 752 v. Chr. 110000 Aussätzige, Blinde, Lahme und sonstige Kranke innerhalb sechs Tagen nach Judäa geführt habe; diese Ausgewanderten oder Vertriebenen waren die Juden.

Chairemon von Naukratis (1. nachchr. Jahrhundert) berichtet in seinem Werke *Αἰγυπτιακά* nach Josephus contra Apionem I, 32: Amenophis habe 250000 Unreine und Bresthafte aus Ägypten vertrieben. Die Ausgetriebenen wandten sich unter Führung der Schriftkundigen Tisiten d. i Moses und Peteseph d. i. Josef nach Pelusium, trafen dort 380000 Leute, welchen Amenophis ein weiteres Vordringen in Ägypten nicht gestattete, verbündeten sich mit ihnen und nötigten Amenophis zur Flucht nach Äthiopien. Erst sein Sohn Ramesses (andere Lesart Messenes), welcher gerade während der Flucht seines Vaters geboren war, habe, zum Manne herangereift, die Juden, 300000 an Zahl, aus Ägypten vertrieben und bis nach Syrien verfolgt.

Diodorus Siculus 34, 1 läßt die Juden als Fluchbeladene, mit der weißen Krankheit und dem Aussatz Behaftete aus Ägypten vertrieben worden sein; Tacitus, hist. V, 3—5 bezeichnet dies als die Annahme der meisten und datiert die Vertreibung aus der Zeit des Königs Bokchoris.

In dieser doppelten Überlieferungsreihe verbirgt sich historische Erinnerung an Ereignisse, die uns die Bibel als den Auszug der Josefsleute erzählt[2].

---

[1]) Georgius Syncellus nennt den Auszugspharao „Amosis, der auch Tethmosis heißt".

[2]) Spiegelberg, Der Aufenthalt der Israeliten in Ägypten S. 13 vgl. 29 und OLZ 1904, 130 setzt die Hyksos-Dynastie 1700—1550 an. Einer der Hyksos-Könige hieß Ja'kob-hel (vgl. aber jetzt Ed. Meyer, Israel und seine Nachbarstämme S. 282), ein andrer trägt einen Namen, der Simeon gelesen werden kann. Zur Tradition des Josephus vgl. auch Lepsius, Chronologie der Ägypter 332. Die Einwanderung der Jakob-Söhne kann sehr wohl mit der Hyksos-Zeit zusammenfallen.

Beide Berichte stimmen darin überein, daß eine religiöse Bewegung, die sich innerhalb Ägyptens gegen den polytheistischen Kultus geltend macht, mit Nomaden sympathisiert, die aus Palästina kommen und schließlich dahin zurückkehren. Die Anhänger der ägyptischen Bewegung werden samt ihren syrischen Verbündeten „Unreine" und „Aussätzige" genannt[1] — das ist nicht wörtlich zu verstehen, sondern als Ausdruck des religiösen Abscheus. Der Stützpunkt der Bewegung ist in beiden Überlieferungen die Stadt Avaris. Die Volksetymologie wird dabei an die Hebräer gedacht haben. Denn das hebräische Wandervolk ist es — so sagt deutlich die spätere ägyptische Deutung der Überlieferung —, das dort eine Feste hatte und das von den „Aussätzigen" zu Hilfe gerufen wurde. Der Führer dieser ausländischen Nomaden ist nach Manetho Osarsiph, nach Chairemon Tisiten. Osar-siph ist Jo-seph. Die ägyptische Überlieferung hat den als Gottesnamen verstandenen ersten Teil des Namens (Jahu, vgl. Ps 81, 6 die Namensform Jehoseph) durch den ägyptischen Götternamen Osiris ersetzt. Der Name Tis-iten stimmt dazu, wie wir gleich sehen werden. Beide Traditionen haben die Gestalt des Josef mit dem späteren Führer Moses vermengt: Manetho, indem er beide für identisch hält, Chairemon, indem er Moses neben Josef (Osarsiph) als Führer nennt.

Es muß eine monotheistische Bewegung in Ägypten sein, an die Manethos und Chairemons Berichte anknüpfen. Man denkt ohne weiteres an die Gestalt Amenophis IV., der 1380 die Stadt Chut-Aten als Residenz baute, sich selbst Chu-en-Aten (d. h. Abglanz der Sonnenscheibe) nannte und sich als Inkarnation des Einen Gottes, des Sonnengottes, verehren ließ. Es ist der Napḫuriria (Napḫururia) der Amarna-Briefe. Wir wissen, daß nach seinem Tode die Reform wieder ausgerottet und Chut-Aten gewaltsam zerstört wurde. Wenn der Führer

---

[1]) Im Papyrus Sallier heißen sie „die Fieberleute", d. h. die, welche aus den Deltasümpfen die Malaria bringen, s. Marquart S. 670. Auch ist daran zu erinnern, daß die Verachtung der Schafhirten als „Unreiner" bei den Ägyptern Anlaß zu der Verwechslung bot. Auch die ägyptische Bezeichnung der Syrer als šasu kann dazu beigetragen haben, s. Marquart l. c. S. 673. 1 Mos 46, 34 scheint sich in den Schlußworten („die Schafhirten der Ägypter ein Gegenstand des Abscheus") eine Erinnerung an die Verachtung der „aussätzigen" Asiaten zu verbergen. Die Begründung stimmt nicht zu dem Vorhergehenden. Die Aussage, daß die Jakobleute friedliche Hirten sind, soll doch wohl den Pharao beruhigen, nicht seinen Abscheu wecken!

der syrischen Verbündeten nach Chairemon Tisiten heißt, den Manetho Osarsiph nennt, so würde das zu der auch sonst bezeugten Erscheinung unter Amenophis stimmen, daß Vasallen Namen erhielten, die den neuen Kultus verherrlichten —: iten ist die Sonnenscheibe. Die Annahme, daß Chuenaten der mit dem Syrer Osarsiph verbundene „aussätzige" Pharao ist, stimmt auch ziemlich zu dem chronologischen Anhalt, den Manetho gibt. Denn der Pharao Amenophis, der hier im ägyptischen Sinne als der „fromme" König erscheint, ist offenbar Amenophis III. Unter seiner Regierung lebte in der Tat jener weise Mann Amenophis, Sohn des Paapis (Ḫapu), dem später in ptolemäischer Zeit Sprüche zugeschrieben werden, die eine Analogie zu den Sprüchen der Sieben Weisen bilden. Die biblische Zeitrechnung, die 480 Jahre vom Auszug aus Ägypten bis zur Tempelweihe rechnet, führt auf die Zeit des Amenophis.

Abb. 129: Ramses II. (Aus Spiegelberg, Aufenthalt Israels in Ägypten.)

Dieser Amenophis ist wahrscheinlich mit jenem Bokchoris identisch, zu dessen Zeiten Amenophis lebte und unter dessen Regierung nach Manetho ein *ἀρνίον* sprach (der zodiakale Widder als Verkünder der neuen Zeit)[1]. Es handelt sich um Zukunftsweissagungen, wie sie bereits aus dem mittleren Reich bezeugt sind. „Das ständige Schema ist, daß ein Weiser das Hereinbrechen schweren Unheils verkündet, den Umsturz aller Ordnungen, die Eroberung Ägyptens durch fremde Völker etc.; danach wird die Erlösung folgen durch einen gerechten, göttergeliebten König, der die Fremden verjagt, Ordnung und Kultur wiederherstellt und eine lange gesegnete Regierung führt[2]." Wir dürfen uns also vor-

---

[1]) Wie das *ἀρνίον* der Apokalypse, s. S. 69, vgl. BNT 16 f.

[2]) Ed. Meyer l. c. 452 ff. (= Ber. Kgl. Preuß. Akad. d. Wiss. 1905, XXXI) sagt, er könne sich, je öfter er das Problem überlege, um so weniger der Einsicht verschließen, daß ein geschichtlicher Zusammenhang mit der Erlösererwartung der israelitischen Propheten vorliegt. Ganz gewiß! Nur handelt es sich nicht um „Übernahme des Inhalts der Zukunftsverkündigung aus Ägypten", sondern um Einheit der religiösen Weltanschauung im alten Orient. Dieselbe Erlösererwartung be-

stellen, daß zur Zeit des Aufenthalts Israels in Ägypten auch die ägyptische Welt voll von Erlösererwartung war. Hierdurch gewinnt auch die „Ägyptertrauer" um Jakob (1 Mos 50) einen tieferen Sinn.

Als Pharao der Bedrückung gilt neuerdings, freilich im unaufgeklärten Gegensatz zu der oben besprochenen spätägyptischen Tradition, Ramses II. (s. Abb. 129 und 130). Maßgebend für diese Ansicht ist die späte Glosse רעמסס zu Pithom.

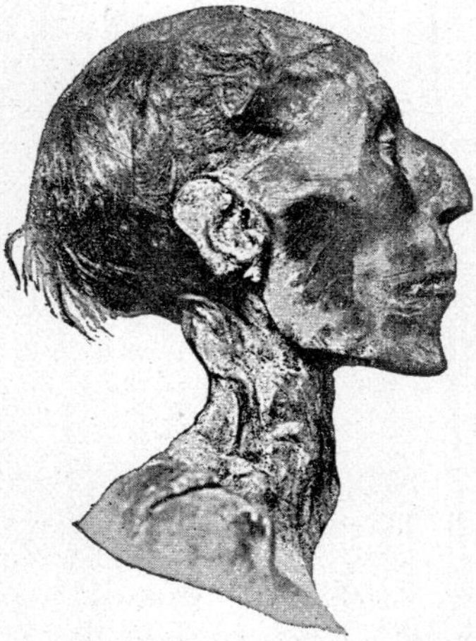

Abb. 130: Ramses II. Kopf der Mumie. (Aus Spiegelberg, Aufenthalt Israels in Ägypten.)

Abb. 131: Merneptah. (Aus Spiegelberg, Aufenthalt Israels in Ägypten.)

Zu seiner Zeit bildeten allerdings die asiatischen Nomaden eine große Gefahr, so daß er wohl Veranlassung haben konnte, auf die Hebräer in Gosen ein scharfes Auge zu haben. Nach seinem Tode unter Merneptah brachten libysche und nubische Horden Ägypten an den Rand des Verderbens. Die Gosenstämme mögen damals mit den verwandten bene Jisrael in Kanaan konspiriert

---

herrscht Babylonien und Kanaan, s. BNT 8 ff.. Und wenn Ed. Meyer in diesem Punkte die Fenster zum Alten Orient öffnet, so verstehe ich nicht, wie er l. c. S. 1 von der Romulussage, die das altorientalische Motiv des neuen Zeitalters besonders charakteristisch zeigt (s. das Folgende), annehmen kann, sie sei aus der Tragödie des Sophokles entlehnt. Man sieht auch hier, wie die Entlehnungstheorie das Verständnis versperrt!

haben. Die Merneptah-Inschrift S. 306 („Israel ist verwüstet") mag damit zusammenhängen. Von Merneptah (um 1250, s. Abb. 131) würde dann der Exodus erzwungen worden sein.

✳ Die Geburtsgeschichte Mosis.

Moses ist wie Jakob und Josef eine Erretter-Gestalt. Die Befreiung aus Ägypten gilt, wie wir sehen werden, als Kampf und Sieg über den Drachen. Die Erlöser-Motive, mit denen seine Gestalt verwebt wird, entsprechen ganz der spätjüdischen Auffassung. Schemot rabba zu 2 Mos 1, 22 berichtet, daß die Sterndeuter (!) dem Pharao gesagt hatten, eine Frau gehe mit dem Erlöser Israels schwanger; und zu 2, 4 heißt es, Mirjam habe geweissagt: meine Mutter wird einen Sohn gebären, welcher Israel erretten wird.

Der Bringer der neuen Zeit wird mit bestimmten Motiven ausgestattet, die entweder mit den überlieferten Ereignissen seines Lebens verbunden oder als ausschmückendes Beiwerk der Erzählung beigegeben werden, oder in Namen, Zahlen und Wortspiele hineingeheimnist werden.

1. Zunächst ist der Held der neuen Zeit von geheimnisvoller Herkunft. Selbst, wenn die Geschichte den Namen des Vaters kennt, wird er als „vaterlos" bezeichnet. Daß die Elternschaft von Amram und Jokebed 6, 20 nicht stimmt (Zusatz von P), hat man längst bemerkt [1]. Im Segen Mosis hat sich die Überlieferung von der vaterlosen Herkunft Mosis erhalten:

> 5 Mos 33, 9: „Der von Vater und Mutter sprach: Ich sah sie nicht, der seine Brüder nicht anerkannte und nichts wissen wollte von seinen Kindern."

Man vergleiche damit das ἀπάτωρ, ἀμήτωρ, ἀγενεαλόγητος bei Malkiṣedek Hebr 7, 3, ferner Berach. 58a: Elias habe weder Vater noch Mutter gehabt, und aus dem babylonischen Material Gudea Cyl. A II, 28ff., III, 1 ff.: „Ich habe keine Mutter, du (die Göttin) bist meine Mutter, ich habe keinen Vater, du bist mein Vater, ... am heiligen Orte hast du mich geboren"; vgl. ferner Sargons Abstammung von einer Vestalin und einem Manne aus niederem Geschlecht [2].

2. Der Held wird verfolgt vom Drachen und in einem Kasten gerettet. Die Stelle des Drachen vertritt hier der Pharao von Ägypten [3]. Der Kasten heißt tebah, wie der Kasten, in dem Noah, der Bringer des

---

[1]) Orelli RPrTh [3] 13, 487: „Amram ist nach 4 Mos 3, 27 f. schwerlich der eigentliche Vater Mosis." 2 Mos 2, 1 „Und er nahm die Tochter Levis" (Sept. korrigiert τῶν θυγατρῶν) ist historisch nicht zu verstehen; der Aufenthalt in Ägypten dauerte 430 Jahre.

[2]) S. 410 f.. Wir kennen den Namen des königlichen Vaters. Der Vater „aus niederem Geschlecht" ist Variante zur vaterlosen Geburt. „Mein Vater war ein dunkler Ehrenmann", s. S. 410 Anm. 3.

[3]) BNT 46ff. habe ich gezeigt, daß Matthäus die Motive kennt und seine Freude daran hat, anzudeuten, wie die Motive auch in der Kindheit Jesu stimmen. Der Drache ist hier Herodes. Noch die mittelalterlichen Spiele kennen das Motiv, indem sie Herodes stets als rotbärtig (vgl.

neuen Weltzeitalters gerettet wird. Nachdem die Mutter das Kind drei Monate (!) verborgen hatte (2 Mos 2, 2), *weil sie sah, daß er* „stattlich“ (ṭôb) *war, nahm sie für ihn*[1] *einen Kasten von Schilf und verpichte ihn mit Asphalt und Pech* (vgl. 1 Mos 6, 14) *und setzte ihn, nachdem sie das Kind hineingelegt hatte, ins Schilf am Ufer des Nils.* In der Sargongeschichte heißt es: „die Mutter legte mich in einen Korb von šûru-Rohr, ina iddê bâbi-ia (beachte den Ausdruck bâbu „Tor“ bei einem Kästchen) ipḫi, verschloß mit Pech meine Tür.“

3. Die Himmelskönigin nimmt sich des Geretteten an. Ištar liebt Tammuz. In der Sargon-Legende ist es eine „Schwester Marduks“, eine Vestalin, die Ištar vertritt (vgl. den Romulus-Mythus), die Mutter. Ištar selbst gewinnt ihn lieb und verleiht ihm Macht und Herrschaft. Mutter und Gemahlin sind ja im Mythus vom neuen Zeitalter eins[2]. Die Kindheitsgeschichte Mosis benutzt zur Hervorhebung des Motivs die Überlieferung von der Erziehung Mosis am königlichen Hofe. Die Himmelskönigin Ištar ist durch die königliche Prinzessin vertreten. Dasselbe Motiv erscheint noch einmal bei der Erziehung Hadads (Name = Tammuz!) 1 Kg 11, 14—25, der dann die Prinzessin Thachpenes heiratet, die ihm den Knaben Genubath gebar.

4. Auch der rätselhafte Name Mošeh enthält ein Motiv. Der Name entspricht vielleicht dem ägyptischen Personennamen, der „Sohn“ bedeutet. Ein Gottesname wäre zu ergänzen, vgl. Thut-mosis, „Sohn des Thot“. In den abgekürzten hebraisierten Namen aber verbirgt sich ein Motiv. *„Der aus dem Wasser Gezogene“* erklärt jemand 2, 10, der das Motiv nicht verstand. Der Name bedeutet, hebräisch gedacht, vielmehr „der Ziehende“[3]. In der Sargongeschichte soll das Wasserschöpfen etwas Entscheidendes bedeuten. Es wird dreimal wiederholt. Aḳḳî heißt: „Ich habe Wasser gezogen“; nâḳ mê ist der Wasserziehende. Der Wasserschöpfer ist der Gärtner[4]. Hinter dem Rettenden verbirgt sich Ea, der „Wasserschöpfer“ und Weltengärtner (vgl. 1 Mos 3 Jahve als Gärtner). Die Variante ist der Ackerbauer. Der Gerettete bekommt den Beruf des göttlichen Vaters. Auch das verbindet die Geschichte mit den Mo-

---

S. 370 Anm. 6) darstellen. Besonders klar sieht man die Motive Apk 12, 1 ff. Der Drache will das Kind verschlingen. Es wird gerettet und sitzt auf dem Thron. Der rettende Kasten zeigt sich Apk 11, 19! Es ist die mit κιβωτός bezeichnete Lade des Zeltes im Himmel! Der Gerettete sitzt auf dem Thron. Lade und Thron sind identisch. Diese Beobachtung ist entscheidend für die Frage nach dem ursprünglichen religionsgeschichtlichen Sinn der Lade.

1) לקח, das Motivwort der Entrückung, s. S. 222.

2) Vgl. S. 6 ff. 108 f. Die Himmelskönigin Apk 12, 1 ist die Mutter des Siegers, dann die Braut des Siegers 21, 9 f.

3) So schon ATAO 1 256 unter Hinweis auf Aḳḳi, den „Wasserträger“ bei Sargon, s. jetzt Winckler F. III, 468 f.

4) Nicht „als armseliger Beruf des Tagelöhners, der Wasser mit dem šaddûf auf das Feld schöpft“, wie Winckler l. c. 469 will. Beiläufig bemerkt, handelt es sich um den armseligen Beruf der Wasserschöpfer im A. T. an den Stellen 1 Kg 14, 10; 1 Sam 25, 22. 34, wo sich also Luthers kuriose Übersetzung („bis zum Knaben, der an die Wand pißt“, ähnlich bei Kautzsch) erledigt.

tiven der Sargon-Erzählung. Sargon (= Marduk, Sohn Eas) ist Gärtner, oder, was dasselbe ist, „Landmann" (ikkaru von Babylon), vgl. hierzu S. 53f. 68. Das zeigt den Sinn, der sich hinter der Geschichte verbirgt. Da der Erzähler von 2 Mos 2 offenbar den Sinn der Motive und speziell die Sargon-Geschichte gekannt hat, so ist es wohl möglich, daß ihm beim Namen Mošeh das Motiv des Gärtners (Wasserziehers[1]) vorschwebte.

Wir wollen gleich an dieser Stelle einige weitere Marduk-Tammuz-Motive der Moses-Geschichte zusammenstellen:

2 Mos 7, 1: „Ich mache dich zum Gott für Pharao und Aaron soll dein Prophet sein." Moses ist Marduk und Aaron Nebo (nebî'), wie Barnabas und Paulus AG 14, 1ff. den Lystrensern als Jupiter und Merkur erscheinen, die das neue Zeitalter bringen. Vgl. noch S. 418 zu 2 Mos 7, 1.

Die Befreiung aus Ägypten ist Sieg über den Drachen. Die Spaltung des Meeres 2 Mos 14, 21f. soll wie die Spaltung des Jordans durch Josua Jos 3, 16 an die Spaltung des Chaosungeheuers erinnern.

Moses tritt vor das Volk verschleiert (Tammuz-Aṯtar-Schleier). Seine Entschleierung würde den Tod bedeuten, s. S. 110; 381 Anm. 3 und S. 452.

Er trägt den Wunder-Stab, der zu den Requisiten des Orion-Tammuz gehört, s. S. 376f.

Als er im Sterben war, „war sein Auge nicht erloschen, seine Frische nicht verschwunden", 5 Mos 34, 7. Vgl. Henoch 72, 37: „Wie sie aufgeht, so geht sie unter" (die Sonne). Tammuz-Marduk steigt jugendfrisch in die Unterwelt.

Dem Marduk-Motiv der Geburtsgeschichte entspricht das Nebo-Motiv der Sterbegeschichte. Nebo ist der sterbende Marduk, s. S. 26. Darum nennt eine Quelle den Todesberg Nebo 5 Mos 32, 49. Nach 34, 1 ist es Pisga im Abarim-(Nibiru-)Gebirge, s. S. 462.

Dreißig Tage währt die Trauer. *„Und die Israeliten beweinten Mose 30 Tage lang"* (das ist die Zeit der Tammuz-Trauer, Monat Tammuz); *erst dann war die Zeit des Trauerns um Moses voll* 5 Mos 34, 8. Dieselbe Trauerzeit zeigt die Feier des Ramadhân[2].

Beispiele zur Rettung im Kasten.

Die Aussetzung Sargons, des Gründers von Babylon (um 2800 v. Chr.) lautet[3]:

„Sargon, der mächtige König von Agade, bin ich. Meine Mutter war Vestalin[4], mein Vater aus niederem Geschlecht[5], während der Bruder meines Vaters das Gebirge bewohnte. Meine Stadt ist Azupiranu, welches am Ufer des Euphrat gelegen ist. Es empfing mich meine Vestalin-Mutter, im Verborgenen gebar sie mich. Sie legte mich in einen Kasten von

[1]) Zum „Gärtner" vgl. S. 411 Anm. 2.

[2]) S. Winckler F. II, 345, Gesch. Isr. II, 89.

[3]) Text III R 4 Nr. 7; Pinches, PBAS XVIII, 257; CT XIII, 42.

[4]) enîtu ist die „Gottesschwester" der Gesetze Hammurabis.

[5]) ul idî „unbekannt". So heißt es in den Zeugennamen der neubabylonischen Kontrakte bei den nachträglich anerkannten Vollbürgern, im Gegensatz zu den Vollbürgern, die Vater und Großvater bez. Stammvater nennen, s. S. 464 und S. 408 Anm. 2.

Schilfrohr, verschloß mit Erdpech meine Tür, legte mich in den Fluß.... Der Fluß trug mich hinab zu Aḳḳi, dem Wasserschöpfer[1]. Aḳḳi der Wasserschöpfer beim Schöpfen..... zog er mich heraus, Aḳḳi der Wasserschöpfer zog mich auf als sein Kind, Aḳḳi der Wasserschöpfer machte mich zu seinem Gärtner. Als Gärtner[2] gewann Ištar mich lieb...... Jahre übte ich die Herrschaft aus, ... Jahre beherrschte ich die Schwarzköpfigen und regierte sie[3]."

Abraham wird nach der jüdischen Sage nach seiner Geburt verfolgt und in eine Höhle gerettet, s. Beer, Leben Abrahams.

Die ägyptische Göttermutter Hathor flieht, von Typhon verfolgt, in einem Papyrus-Nachen und gebiert auf einer schwimmenden Insel den Horus.

Der ägyptisch-phönizische Osiris-Adonis-Mythus[4] erzählt: Als Osiris in die Truhe[5] eingeschlossen und in den Fluß geworfen war, schwamm er nach Phönizien, wo man ihn Adonis nannte. Isis suchte ihn auf, kam nach Byblos, setzte sich in ihrer Betrübnis an eine Quelle, wo sie niemand anredete, als die Mägde des königlichen Hauses, durch welche sie bei der Königin (sie hieß Astarte!) Aufnahme fand und zur Wärterin ihres Sohnes bestellt wurde.

Zeus wird in der Grotte Ida geboren, wohin seine Mutter Rhea sich geflüchtet hatte vor Kronos, der seine eignen Kinder verschlang. Die Bienen des Gebirges und die Ziege Amalthea versorgen das Kind mit Milch und Honig (!), während die Kureten durch Waffentänze das Geschrei des Kindes übertäuben (s. Abb. 63, S. 155).

Von Gilgamos erzählt Aelian, Hist. Anim. XII, 21: Als Senechoros über die Babylonier herrschte, sagten die chaldäischen Wahrsager, der Sohn der königlichen Tochter werde seinem Großvater das Königreich entreißen; und dieser Ausspruch war eine Weissagung der Chaldäer. Diese fürchtete der König, und wurde, um scherzhaft zu sprechen, für seine Tochter ein zweiter Akrisius, denn er bewachte sie mit großer Strenge. Die Tochter aber — denn das Schicksal war weiser, als der Babylonier — gebar heimlich von einem unscheinbaren Manne. Das Kind

---

[1]) S. S. 409.

[2]) Abdalonymus von Sidon (Excerpt des Justinus 11; Curtius IV, 3), s. Winckler F. II, 168 Anm., wird als Gärtner aus seinem Garten zur Königsherrschaft berufen; dasselbe Motiv bei Gilgamos S. 412.

[3]) Der Etana-Mythus erzählt, wie die Götter auf Erden nach einem geeigneten Menschen begehren, der die im Himmel bereit liegenden Insignien des Königtums tragen soll (s. S. 53)! Ištar macht sich auf, einen solchen zu suchen. Dann wird (nach einer Lücke im fragmentarischen Text) die Geburt eines Kindes geschildert; es kann sich nur um das Kind handeln, das zum Königtum bestimmt ist. Der Vater Etana muß göttliche Hilfe suchen. Er verlangt nach dem Wunderkraut des Gebärens. Der Adler soll es ihm verschaffen. Aber die „Nachtschlange" hat ihn zerzaust, weil er ihre Jungen gefressen hat. Der Adler trägt ihn empor zum Thron der Ištar. Schließlich stürzen Adler und Etana zur Erde. Über das Geschick des Kindes erzählen die Fragmente nichts.

[4]) Plutarch, de Is. et Os. 13 ff., vgl. 39, 50; s. Movers, Phönizier I, 235 ff.

[5]) Ein „schöner, prächtig verzierter Kasten", s. Herod. II, 86.

warfen die Wächter aus Furcht vor dem Könige von der Akropolis herab; denn hier war die königliche Tochter eingeschlossen. Da sah der Adler mit seinen scharfen Augen den Fall des Knaben; ehe er gegen die Erde anschlug, nahm er ihn mit dem Rücken auf sich, trug ihn in einen Garten und setzte ihn hier mit großer Behutsamkeit nieder. Wie nun der Aufseher des Platzes (Gärtner!) das schöne Knäbchen sieht, gewinnt er es lieb und erzieht es; es bekommt den Namen Gilgamos und wird König von Babylonien. — Auch die Fragmente des babylonischen Gilgameš-Epos heben die Mutter des Helden hervor.

Thoas wurde bei dem allgemeinen Männermorde von seiner Mutter in einen Kasten eingeschlossen, welcher nach Skythien schwamm. Aigisthos, der über Agamemnons Volk herrschte, wurde als neugebornes Kind von seiner Mutter ausgesetzt, mit der Milch einer Ziege aufgezogen.

Telephos von Auge, durch Herakles erzeugt, wird von Aleos, seinem Großvater (dessen erster Sohn Lykurg war) samt seiner Mutter in eine Lade gesteckt und ins Meer geworfen.

Die Geburt des Bacchus bei Paus. III, 24 wird mit einer Sage ausgeschmückt, die lebhaft an die Mosesgeschichten erinnert. Er wird in Ägypten geboren, in einer Kiste im Nil ausgesetzt, damit er der Verfolgung des ägyptischen Königs entgehen sollte, und wird, drei Monate alt (!), durch eine Königstochter gerettet.

Diodor 2, 9 erzählt von der Herkunft der Semiramis. Nahe bei Askalon hatte die syrische Göttin Derketo, deren Gesicht das eines Weibes war, während sie im übrigen den Körper eines Fisches hatte, einem jungen Syrer eine Tochter geboren. Sie tötete den Jüngling und setzte die Tochter im öden Felsengebirge aus. Das Kind wurde von Tauben ernährt, später von den Hirten gefunden und vom Aufseher der königlichen Herden, namens Simmas, aufgezogen. Onnes, einer der Räte des Königs, heiratete sie. Später nahm sie der König Ninus selbst zur Gemahlin.

Aelian, Hist. Anim. XII, 21 sagt, auch Achämenes, von dem der Adel der Perser herkomme, sei der Zögling eines Adlers gewesen.

Herodot I, 113 erzählt von Cyrus, dem Gründer des Perserreiches, er sei auf Befehl seines Großvaters infolge einer Traumdeutung ausgesetzt, aber durch einen Hirten gerettet und erzogen worden. Auf eine Variante dieser Kyros-Sage weist Hüsing hin OLZ 1903, 145 f.

Suidas, s. v. *Λάγος*, berichtet, Ptolemaios, der Sohn des Lagos und der Arsinoë, sei als Kind ausgesetzt worden; ein Adler habe ihn gegen Sonnenschein, Regen und Raubvögel geschützt.

Herodot V, 92 ff. erzählt von Kypselos, dem Gründer einer korinthischen Dynastie, er sei von der lahmen Labda geboren, in einer Kiste (Anspielung auf den Namen Kypselos!) verborgen worden, weil ihm zehn Männer nach dem Leben trachteten, und er sei später 30 Jahre lang der Herrscher von Korinth geworden.

Apollod. 2, 4, 1 erzählt von Perseus, er sei als Sohn der Danae und des Gottes Zeus von seinem Großvater Akrisius mitsamt seiner Mutter in einem Kasten ins Meer geworfen worden. Sie landeten an fremder Küste und das Kind wurde bei dem fremden Herrscher aufgezogen. Er tötete Medusa, befreite die äthiopische Königstochter Andromeda, wurde König von Argos, dann von Tirynth und erbaute Mykenä.

Romulus und Remus, die sagenhaften Gründer des römischen Reiches, gelten als Söhne der Vestalin (!) Rhea Silvia und des Kriegsgottes

Mars. Ihre Mutter wurde wegen ihres Gelübdebruches ertränkt. Die Kinder ließ Aemulius gleich nach ihrer Geburt in einer Mulde in den Tiber werfen. An den Wurzeln eines Feigenbaums blieb die Mulde hängen. Hier fand sie eine Wölfin. Sie nährte die Kinder, bis sie vom Oberhirten Faustulus aufgefunden wurden[1].

Nach der Wilkinasage wurde Sigurd, Sohn des Siegmund, in einem Metglase im Flusse ausgesetzt, von einer Hinde großgezogen und von Mimer aufgefunden[2].

Ein Beispiel dafür, wie solche mythische Motive mit vollem Bewußtsein geschichtlichen Persönlichkeiten angehängt wurden, bietet Stratonike, die Wiedererbauerin des Tempels von Hierapolis und Gattin des Seleukos und dann ihres Stiefsohnes Antiochos. Die Erzählung überträgt die Züge der Ištar-Semiramis auf die Königin, und offenbar soll auch der Name an Ištar anklingen[3].

---

2 Mos 2, 15. Moses flieht nach Midian. Die eigentlichen Motive der Flucht haben wir uns an der Sinuhe-Geschichte veranschaulicht, S. 298. Moses war gewiß bereits damals eine politische Persönlichkeit, vgl. 2 Mos 11, 3. Er kommt nach Midian (s. S. 387) zu Jethro, der am Horeb als kohen (= arab. kâhin) an einem Heiligtum seines Amtes waltete innerhalb einer Organisation, die wir uns ähnlich wie die des Stammes der Koreischiten am Mekka-Heiligtum vorstellen dürfen. Die Geschichte führt uns in minäisches Kulturland, in ein Gebiet, auf dem später das Nabatäerreich und dann die römische Provinz Arabia Peträa blühten. Der Kultus in jener Gegend zeigt, wie wir sehen werden (S. 433), viel Verwandtschaft mit dem späteren israelitischen Kultus. Vielleicht war er das Bindeglied zwischen den Hebräern in Kanaan und den Hebräern in Gosen. Zu Babylonien und Ägypten meldet sich jedenfalls als drittes Kulturzentrum, das seine Einflüsse auf Israel geltend macht: Arabien[4].

Das nordwestliche Gebiet, einschließlich der Sinai-Halbinsel, das den Schauplatz der Exodus-Geschichte bildet, war in jener Zeit von minäischer Kultur mindestens in demselben Grade beherrscht, wie heute von der islamischen Kultur. Bis kurz vor der mosaischen Zeit gehörte es zur ägyptischen Macht-

---

[1]) Ein vor kurzem entdecktes Wandgemälde in Pompeji stellt den Mythus anschaulich dar.

[2]) Weitere Beispiele BNT 31. Dort sind auch S. 28 f. Beispiele für das Motiv der Ernährung des Bringers des neuen Zeitalters durch die Himmelskönigin aufgeführt.

[3]) S. Winckler, Gesch. Isr. II, 227 f.; mein Kampf um Babel u. Bibel[4] S. 35.

[4]) Zum Folgenden vgl. Nielsen, Altarabische Mondreligion, Straßburg 1904. Das Buch bietet wertvolles Material und enthält viele anregende Gedanken, leidet aber an Mangel historischer Kritik. Der Text der Überlieferung wird ohne Quellenscheidung und Kritik übernommen.

sphäre, wie die Inschriften von Meghâra und Jarbut el ḥadam zeigen. Die Ägypter holten hier Malaḫit (mafkat); sie nennen die Bevölkerung die Mentu. Bereits die ältesten bekannten Pharaonen, wie Snefru, Chufu (Cheops), ferner Usertesen II. und Amenemḥat III. erwähnen das Gebiet als ihre Interessensphäre. In den für uns in Betracht kommenden Zeiten schweigen die Inschriften über diese Gegend, nur Ramses II. in einer Meghâra-Inschrift erwähnt sie gelegentlich. Wenn Moses nach Midian ging, so überschritt er als politischer Flüchtling die Machtsphäre des Pharao, wie einst Abraham (S. 328 f.) die Grenze des Reiches Hammurabis überschritt, als er nach Kanaan zog. Die ägyptische Herrschaft war durch den Einfluß der südarabischen Handelsstädte abgelöst, die ihren Einfluß bis zu den Philisterhäfen geltend machten. Das Alphabet der sog. Harra-Inschriften, das südarabischen Einfluß zeigt, und die sog. Liḥjan-Inschriften bezeugen südarabische Kultur in Nordwestarabien [1].

Es ist Hoffnung vorhanden, daß uns Inschriften von Ma'în, wie sie Ed. Glaser gesammelt hat, einst über jene Gegenden im 2. Jahrtausend Aufschluß geben. Aus dem Ende des 2. vorchr. Jahrtausends stammen 70 von Euting zwischen Petra und Medina gefundene kleinere Inschriften, die in minäischer Schrift und Sprache abgefaßt sind. Sie beweisen die politische Abhängigkeit vom südlichen Mutterlande und die Herrschaft minäischer Kultur und Religion in Nordarabien für die „Minäer von Muṣr" (Ma'ân Muṣrân), wie sie in den südarabischen Inschriften genannt werden. Wir werden die gleichen Zustände für die Verbindungsstraßen zwischen Ägypten und Palästina voraussetzen dürfen.

2 Mos 3, 1 (E). *Moses hütet die Schafe Jethros, des Priesters von Midian.* Es wird sich um die Opferherden des minäischen Priesters handeln [2]. Er wäre dann Tempelhirt. Eine Bâmâ, die in jener Gegend erhalten ist, stellt Abb. 152 dar.

Horeb und Sinai als Gottesberg.

Der Gottesberg (har ha-elohîm) heißt bei E Horeb 2 Mos 3, 1; 17, 6, wo in einer Art Glosse der Wunderfels „der Felsen

---

[1]) S. Hommel, Aufs. u. Abh. 230ff.; Winckler F. III, 367ff.; Weber MVAG 1901, 1ff. Die Sinaihalbinsel gehörte zu dem geographischen Begriff Meluḫḫa (Nord- und Westarabien, im Gegensatz zu Magan, das Ost- und Südarabien bezeichnet).

[2]) Nielsen l. c. 132. Das folgt aber nicht aus dem Weideplatz am Horeb. Die Geschichte will wohl sagen, daß Moses unversehens an die heilige Kultstätte der Väter kommt.

am Horeb“ heißt[1]. Ebenso hat das Deuteronomium den Namen Horeb (zu 5 Mos 33, 2 s. sogleich).

Sinai heißt der Berg in den alten poetischen Stücken 5 Mos 33, 2 („Jahve kam vom Sinai her“; Parallelglied: „er glänzte auf von Seʿîr“) und Ri 5, 4 f.: „Als Jahve auszog aus Seir (Parallelglied: Edom, s. S. 371), da wankte vor ihm der Sinai.“ Vgl. Ps 68. Auch J nennt den Berg Sinai (zu Sinai bei P s. später); 2 Mos 19, 11, 18 (Jahve fährt vom Sinai herab), 34, 1 ff.

Wo suchen diese Überlieferungen den Gottesberg? Es stimmt m. E. alles zu der Gegend von Kadeš-Barnea. Hier ist Seir-Edom-Gebiet[2]. Dazu paßt die Angabe vom midianitischen Gebiet (אחר המדבר 2 Mos 3, 1; Midian zu Muṣr gehörig, s. S. 413) und auch die Angabe 2 Mos 3, 18 „drei Tagereisen weit“, wobei an gute Heerstraße zu denken ist.

Auch die Reise Elias' nach dem Gottesberge Horeb 1 Kg 19, 8 bietet keinen Widerspruch. Die 40-Zahl ist Motiv-Zahl, sie ist zu beurteilen, wie die 40 Jahre bei P. Elias ist nach dem 1. Tage der Wanderung totmüde. Die alten Stellen 5 Mos 33, 2 und Ri 5, 2 ff. machen es überdies gewiß, daß Elias in die Edom-Seʿîr-Gegend wandert.

Die späteste Quelle P spricht allein von der „Wüste Sinai“. Die Stationenwanderung zum Gottesberg wird hier in die fernere Gegend, in den Süden der Sinai-Halbinsel, verlegt. Daran knüpft dann die spätere Tradition an, die als Sinai den Serbal (seit Eusebius; für das höhere Alter der Tradition sprechen die zahlreichen Inschriften in diesem Berggebiet[3]) und den Dschebel Musâ (seit Justinian) bezeichnet. Die Verlegung in fernere Gegend entspricht der Vorliebe der späteren utopistischen Geographie, die aus dem naḫal Muṣri den Nil, aus ʿeber hannahar das Euphratgebiet gemacht hat[4].

---

[1]) 33, 6 „vom Berge Horeb“ gehört keinesfalls hierher. Die Konjektur, die die Worte in 33, 9 einfügt („So oft Moses zum Zelte kam, senkte sich die Wolkensäule herab vom Berge Horeb“) ist hinfällig, da diese fragmentarische Stelle ursprünglich gar nicht zu den Sinai-Erzählungen gehört, s. S. 442 f. Wir folgen Klostermanns Konjektur Pentateuch II, 448: מָהֵר הוֹרֵד: „Sie rissen sich ihren Schmuck ab, eilig machend das Herunterreißen.“

[2]) Ri 1, 16 (4, 11) redet von den Söhnen des Keniters (Stamm Kain!), des Schwagers Mosis (4 Mos 10, 29 Hobab). Die Stelle wird zu J gerechnet. Dann wäre also auch nach J der Wohnsitz Jethro-Reguels nahe am israelitischen Gebiete zu suchen.

[3]) M. A. Levy in ZDMG 1860, 363 ff.; Lepsius, Denkmäler a. Ägypten u. Äthiopien VI, Bl. 14—26. Die Inschr. b. Euting, Sinai-Inschr., Berlin 1891.

[4]) S. zu dem Thema und auch zum Folgenden Winckler F. III, 360 ff.

⁎ Der doppelte Name Sinai und Horeb wird im letzten Grunde auf eine kosmische Idee zurückzuführen sein. Der Gottesberg ist das Abbild des himmlischen Gottessitzes. Und dieser Gottesberg ist, wie wir S. 21f. sahen, zweigipflig. Der kosmische Sinn würde mit Winckler l. c. in den Namen zu suchen sein: Sinai, dem Mond entsprechend (Unterweltspunkt nach ägyptischer Rechnung), Horeb, der Sonne[1] (Höhepunkt des Kreislaufs in der heißen Region)[2]. Die gleiche kosmische Bedeutung hat Ebal und Garizim (s. S. 23). Sobald diese kosmische Betrachtung in Kraft tritt, wird die geographische Lage gleichgiltig. Vielleicht erklärt sich hieraus die zwiefache Überlieferung. Ebal und Garizim als Berge der Gottesoffenbarung lagen auch nicht für jeden Erzähler bei Sichem, wie 5 Mos 11, 30 zeigt, wo sie bei Gilgal-Bethel, also ebenfalls bei einer Lokalisierung des Gottessitzes (s. S. 374f.) gesucht werden. ⁎

Die Offenbarung aus dem brennenden Dornbusch 3, 2ff. haben beide Quellschriften. Bei J verkündet Jahve's Engel, daß das Volk befreit werden soll. Bei E ruft Gott aus dem brennenden Dornbusch. Sie sollen ihm als dem Gott der Väter an diesem Berge huldigen.

3, 5: „*Tritt nicht näher herzu! Ziehe deine Schuhe aus, denn die Stätte, auf die du trittst, ist heiliger Boden.*“ Es entspricht das nicht nur arabischer Sitte, die noch heute im Bereich des Islams herrscht. Šemot rabba zu 3, 5 sagt: Ebenso verrichten die Priester barfuß den Tempeldienst. Noch heute hat sich die Sitte beim Versöhnungsfest erhalten[3].

Der Dornbusch ist der Gottessitz. Er ist vom Gottesberge nicht zu trennen. 5 Mos 33, 16 (Mosessegen) wohnt Gott im Dornbusch. Das lodernde Feuer (labbat-eš mitôk ha-sene) ist dasselbe wie die Waberlohe, die 1 Mos 3, 24 den Zutritt zum Gottessitz verschließt[4]. Das Lebenswasser in diesem Paradies[5] finde ich in dem „Wunderfelsen am Horeb“ 2 Mos 17, 6.

---

[1]) ḫrb wie 1 Mos 3, 24, s. S. 219 „Waberlohe“ (am Nordpunkt des Weltalls); zu ḫrb Gluthitze vgl. Stellen wie 1 Mos 31, 40. Zu dem Gegensatz Horeb-Sinai s. auch S. 23, Anm. 1. Oder ist Horeb in der Bedeutung „Trockner“ als abnehmender Mond im Gegensatz zu Sin als zunehmendem Mond zu fassen? Die beiden Mondphasen prägen den gleichen Gegensatz aus, wie Sonne und Mond in Opposition.

[2]) Vgl. S. 334 Anm. 1. [3]) S. Nathanael (Berl. Inst. jud. 1902, S. 79).

[4]) Vielleicht darf an die Variante vom verlorenen Paradies erinnert werden, wie sie in Märchenform im Dornröschen vorliegt.

[5]) S. 199f., vgl. den Anfang dieses Abschnitts S. 415f.

Die Offenbarung des Namens Gottes bezeichnet ihn als „*Ich will werden, der ich bin*“, d. h. was Gott an sich ist, soll in den zukünftigen Geschehnissen offenbar werden, zunächst im Sinne der hier angekündigten Rettung. „*Du sollst zu den Israeliten sagen:* יהוה[1] *hat mich zu euch gesandt.*“

Eine gewisse Analogie bietet die Geschichte der Entstehung des dodonäischen Orakels nach der Deukalion-Flut. Die Taubenpriesterinnen sagen: „Zeus war, Zeus ist, Zeus wird sein, o du großer Zeus“ (*Ζευς ἦν, Ζευς ἐστι, Ζευς ἐσεται, ὦ μεγαλε Ζευς)*, Paus. X, 12, 10. — Ähnlich die von Plutarch de Is. et Osir. c. 76 überlieferte Überschrift des Tempels zu Sais: *Ἐγω εἰμι το παν το γεγονος, και ὄν, και ἐσομενον.*

2 Mos 3, 16 s. S. 331; 3, 18 s. S. 325.

2 Mos 5, 5. „*Es sind viele — und ihr wollt sie feiern lassen.*“ Winckler, OLZ 1901, 249 verbessert den Text gut in „faul ist das Volk“ (נרפים statt ורבים). Es wäre sonst kein Gegensatz. „Durch Arbeiten werden es doch nicht weniger; denn tot arbeitet sich kein Mensch im Orient.“

2 Mos 4, 2 erscheint der Hirtenstab Mosis als Schlangenstab (vgl. 7, 15ff.). Es ist nicht der Wunderstab, den Moses v. 17 vgl. 20 bekommt (Stab Gottes). Zu dem letzteren vgl. S. 377. Hier zeigt sich zum ersten Male das Schlangensymbol, das als Symbolum der Gottheit in jenen Gegenden (vgl. das Schlangenmonument von Petra, S. 458, die aufgerichtete Schlange 4 Mos 21, 8f., neḫuštân 2 Kg 18, 4) bezeugt ist. Bedeutet die Verwandlung des Hirtenstabes Inaugurierung?

2 Mos 4, 14 (E) wird Moses „*sein Bruder Aaron, der Levit*“ als Begleiter gegeben (vgl. 7, 1 und 4, 16: Moses ist Gott[2] und Aaron sein Sprecher, s. S. 410). „Der Levit“ ist hier Amtsname, und es ist sehr zu beachten, daß lawi' eine minäische Priesterklasse bezeichnet (S. 433). „Dein Bruder“ (aḫîka) muß nicht leibliche Verwandtschaft bezeichnen; an Stellen wie 4 Mos 8, 26 bezeichnet es den Priesterkollegen. Die Annahme, daß Aaron ein minäischer Priester ist, der Moses begleitet, ist nicht von der Hand zu weisen[3], wozu auch die Namensform stimmen

---

[1]) Wir stimmen Wellhausen zu, der mit Ibn Ezra יהוה für אהיה liest (s. Procksch l. c. S. 65). Aber es wird nicht grammatische Form sein (יַהְוֶה im Munde Mosis und אהיה im Munde Gottes); vielmehr stammt die Lesung אהיה u. E. aus einer Zeit, in der man bereits eine grammatische Form in dem Namen suchte. Die Aussprache des feierlichen Namens (s. S. 336) wird vielmehr Jehovah von jeher gewesen sein mit den Vokalen von 'Adonai ('Edonai).

[2]) Für die Bedeutung des „Gott sprach zu Mose“ ist das von Belang. Moses-Orakel sind Gottessprüche.

[3]) S. Nielsen, S. 138, den freilich die Quellen nicht kümmern. Die vom Redaktor benutzten Quellen vermischten bereits damit die andre Tradition, die bei J ausgeprägt ist, und die Moses und seine Familie mit

würde[1]. Die Annahme würde weitgehende Konsequenzen haben und die Hypothese stützen, nach der der gesamte Opferkult auf Aaron zurückgeht und zunächst nichts mit der Thora Mosis zu tun hat, deren Charakteristikum Mi 6, 8 angibt[2].

2 Mos 4, 24 ff., s. S. 325 Anm. 2.

2 Mos 5, 1a 3, vgl. 7, 15 ff. (E) treten Moses und Aaron vor Pharao mit dem Spruch des „Gottes der Ebräer". Sie wollen in der Wüste (drei Tagereisen weit, am Horeb, s. S. 414f.) ihrem Gott opfern, damit er sie nicht überfalle mit Pest oder Schwert[3]. 8, 25 macht Pharao das Zugeständnis: opfert eurem Gott im Lande (auf ägyptischem Gebiet). Der Gegensatz ist: sie wollen „eine Pilgerfahrt machen" (jaḫoggû 2 Mos 5, 1)[4]; das Wort ist in dem arabischen Wort für Pilgerfest (ḥagg) noch heute lebendig, hebräisch ist es die Bezeichnung für alle drei Wallfahrtsfeste. Bei diesem Wallfahrtsfeste sollen Schlachtopfer und Brandopfer dargebracht werden 10, 25.

2 Mos 7, 1 s. S. 410. Moses ist Schweiger, Aaron Redner, wie bei den Ismaeliten jeder Mahdi ein ṣâmit (Schweiger) ist und einen nâtiḳ (Redner) hat. Es handelt sich auch hier um die das All repräsentierenden Gegensätze, wie wir sie z. B. S. 371 fanden[5].

Die Pesaḫ-Feier.

Was für ein Fest wollte man in der Wüste am Gottesberge feiern? Doch wohl das Pesaḫ-Fest, das dann in der Auszugsnacht gefeiert wurde, nachdem sich die Wallfahrt durch die Weigerung des Pharao verzögert hatte. Die Terminangaben 12, 1 ff., die im jetzigen Text zu P gehören, werden auch für den Bericht des E anzunehmen sein: Am Vollmondstage des Neujahrmonats ist Pesaḫ-Fest. Pesaḫ heißt „Vorübergang", babyl. nibiru. „Jahve geht vorüber[6]". Der astraltheologische Hintergrund[7] kann von der Sonne oder vom Monde (nibiru

dem Stamme Levi verbindet, wofür die Genealogie 2 Mos 6, 16 ff. geschaffen wurde. Die Bezeichnung aḫ mag zu Hilfe gekommen sein.

[1]) Der Name ʿAharôn ist mit der Determination ôn (= ân) spezifisch minäisch, vgl. Salḫân, ʿAlahân in den Inschriften; vielleicht hat er in der Inschrift Euting 25 im Namen Aharôn (Hommel) eine direkte Wiedergabe.

[2]) Erbt, Die Hebräer, S. 82. [3]) Zu den Strafgerichten vgl. Ez 14, 21.

[4]) J? der Begriff paßt in dieser Bedeutung sehr gut zur Erzählung von E.

[5]) S. Winckler, Ex oriente lux II, 1, S. 35.

[6]) Der Nachweis, daß die Entstehung der mosaischen Religionsformen sich in einer Umgebung vollzieht, die astrale Kultformen hat und zwar unter Hervorhebung des Mondes, ist das Verdienst von Nielsen.

[7]) Das schließt nicht aus, daß man auch an ein Wortspiel mit pašaḫu „besänftigen (die erzürnte Gottheit)" dachte, s. Zimmern, Beitr. 92.

der Sonne = Sommersonnenwende, nibiru des Mondes = Vollmond im kritischen Monat der Sonnenwende oder der Tagesgleiche, je nachdem, s. S. 34 f.) hergeleitet sein. Hier handelt es sich um den Mond. Die Neujahrsvollmondnacht ist „die Nacht der שמרים für Jahve", d. i. die Nacht der Mondbeobachtung (maṣṣartu)[1]. In dieser Nacht herrscht nach babylonischer Anschauung Ninib-Mars, dem der Nibiru-Punkt gehört; er heißt mušmît bûli, „der das Vieh tötet", darum opfert man erstgeborenes Vieh. Dem pesaḫ des Gottes der Hebräer liegt die gleiche Vorstellung zugrunde. Jahve „geht auf" (jôṣe') über Ägypten, kulminiert (ʿabartî) und schlägt die Erstgeburt (alle Erstgeburt, s. 2 Mos 13, 12 f.), aber der Würger „zieht vorüber" an den Häusern der Kinder Israel. Die Strafe, die bei Unterlassung des Opferfestes drohte 5, 3[b], trifft die Ägypter.

Das Vorüberziehen des Würgers wird 12, 7 durch Bestreichen der Türpfosten mit Blut erreicht.

מזוז *Türpfosten* ist das ass. manzazu. Das Wort bedeutet „Standort", als Türpfosten „Standort" kat exochen, Standort der Gottheit. Die Obelisken am Tempeltor zu Theben heißen assyrisch manzazu, s. S. 494 Anm. 3. Was beim Tempel die Säulen am Eingang sind, s. zu 1 Kg 7, 15 ff. und vgl. Am. 9, 7, wo Säulen und Schwellen mit Altären in Verbindung gebracht sind, das sind beim Privathaus die Türpfosten. Darum hat zu 21, 6 „und es soll ihn sein Herr zum Gotte führen" der Glossator hinzugefügt: „und er soll ihn zu der Tür oder zum Türpfosten führen"[2]. Wenn die Israeliten am Hauseingange etwas Heiliges anbrachten (2 Mos 12, 7; 1 Mos 4, 7; 5 Mos 6, 8; Jes 57, 8), so liegt der Gebrauch auf derselben Linie. Die heilige מְזוּזָה der späteren Juden, die an der Türpfoste befestigte Scheide, in der die Stelle 5 Mos 6, 4—9 auf Pergament geschrieben steht, hat ihren Namen vom (heiligen) Türpfosten[3].

Nach arabischer Anschauung liegt im Türpfosten der Schutz gegen feindliche Mächte. Züchtigung eines Kindes auf der Schwelle bringt Unglück. MDPV 1899, 10, Nr. 19. Vgl. Trumbull, The treshold covenant. Zur Schwelle als Sitz der Gottheit s. zu Jos 6, 26. Unser Hufeisen an der Türschwelle deutet auf verwandte germanische Vorstellungen; das Hufeisen ist wohl Wotans Zeichen.

---

[1]) Es kann Mondfinsternis in der Vollmondnacht eintreten; s. hierzu und zu pesaḫ überhaupt Winckler, Krit. Schriften IV, 65 ff.; MVAG 1901, 206; Nielsen S. 144 ff. Die Festschilderung bei P geht auch nach dem Mondkalender: Am 10. Tag (7 Tage nach Neumond) Auswahl des Opfertieres, am Abend des 14. Opferung, in der Vollmondnacht Opferungszeit (am Morgen, wenn der Mond untergeht, muß alles erledigt sein 12, 7 ff.), dann 7 Tage, von Vollmond bis zum letzten Viertel: Essen der maṣṣot. Der Vollmondstag und der 7. Tag nachher sind Ruhetage! (12, 14—20), s. S. 186 f.

[2]) S. Winckler OLZ 1901, 250. Zur entsprechenden assyrischen Sitte s. Nachträge.

[3]) Zu den φυλακτήρια (Schutzmittel gegen böse Geister; auch die Mezuza ist ein φυλακτήριον) s. BNT, 102.

Das Bestreichen der Türpfosten mit Blut setzt für die Religion der „Väter" eine Bekanntschaft mit einem Sühnopfer voraus[1], von dem unsre Quellen der israelitischen Urgeschichte nichts wissen (s. S. 325). Aber die Maṣṣeben, die in Kanaan gefunden wurden und die ebenfalls mit Blut bestrichen wurden, vertreten den Türpfosten und bezeugen den Ritus für die vorisraelitische Zeit Kanaans (s. S. 317. 325). Der Würgengel geht vorüber — hier ist im Sühnopfer bereits die blutige Arbeit verrichtet; das ist der ursprüngliche Sinn. Das „Bestreichen der Schwellen mit Blut" ist vielleicht auch in den babylonischen Ritualtafeln bezeugt. Dort heißt es[2] Nr. 26, 3, 20:

„Der Beschwörer soll zum ......-Tore hinausgehen, ein Schaf im Tor des Palastes opfern, mit dem Blut dieses Lammes die Oberschwellen (?)......" (Es ist vielleicht I. [DIB] = askuppatu zu ergänzen.)

W. R. Smith, Semiten 261, berichtet von dem arabischen Brauch, eignes Blut an die Türpfosten des Beleidigten zu streichen. Trumbull, The treshold convenant und Curtiss, Ursemitische Religon bringen Belege aus Volksleben des heutigen Orients. In der Nähe vom See Tiberias opferte nach Curtiss Beobachtungen jede Familie ein weißes Schaf ihren Vorfahren und besprengte damit die Vorderwand des Maḳâm (S. XV). Oder man streicht das Blut des Opfertieres auf die Türpfosten und Schwelle des Maḳâm (S. 206) oder man macht Blutzeichen an der Tür in Gestalt eines T (S. 217); im Irâk bestreicht man alle Türen mit Opferblut und mit dem Zeichen der blutigen Hand (S. 243); die Eingeborenen sollen es damit erklären, daß man den Heiligen die Ankunft seines Opfers ankündigen will (S. 264). Curtiss vergleicht mit Recht S. 259 den bei Ezechiel bezeugten Ritus, bei dem der Priester mit dem Blut des Sündopfers die Türpfosten des Tempels, die vier Ecken des Altarrandes und die Pfosten des Tores zum innern Hof bestreichen muß.

2 Mos 12, 2 s. S. 42; 2 Mos 12, 3 s. S. 182 Anm. 1; 2 Mos 12, 7 s. S. 325; 2 Mos 14, 21 f. s. S. 179 f. und 410.

2 Mos 14, 24: „*Jahve erhob sich in der Feuersäule und Wolke.*" Wenn Gott 1 Mos 15 als rauchender Ofen und als Feuerfackel durch die Opferstücke geht, so liegt die gleiche Anschauung zugrunde. Der assyrische König Asarhaddon empfängt das Orakel: „Ich, Ištar von Arbela, werde zu deiner Rechten Rauch und zu deiner Linken Feuer aufsteigen lassen"[3]. Und bei den Klassikern heißt es oft: per noctem flamma, per diem fumans significat sociis hostium adventum.

2 Mos 14, 24. *Als die Morgenwache kam.* 3 Mond-Nachtwachen werden gezählt, vgl. Ri 7, 19; 1 Sam 11, 11 u. s. S. 348.

---

[1]) אין כפרה אלא בדם „keine Sühne ohne Blut" Joma 5a u. ö.

[2]) s. Zimmern, l. c. S. 127, vgl. aber KAT[3] 599.

[3]) Abb. 132, Ištar als Walküre darstellend, diene als Nachtrag zu S. 111 f.

Sie wurden bis in die römische Zeit für den Tempeldienst beibehalten. Ebenso kennen die Babylonier 3 Nachtwachen: bararîtu, šad muši, šad urri[1].

✳ Die heilige Pilgerfahrt zum Berge Gottes vollzieht sich bei P nach kalendarischen Abschnitten, die Schritt für Schritt mit dem Monde rechnen[2]. Das ist um so beachtenswerter, als diese Mond-Datierungen mit der Ankunft am Sinai völlig verschwinden. Der astrale Charakter des Kultus der Hebräer zeigt sich dann nur noch in den kultischen Symbolen. Die Ortsangaben bei P spotten der Geographie. Es ist eine Himmelsreise nach dem Sitz Gottes. Die geographischen Namen werden Motive enthalten, die wir zurzeit nicht aufklären können. Die Kalender-Datierung bei Pihaḫirôt 14, 20 ist verloren gegangen. Nach den Textresten, die wir P zuschreiben, scheint es, als ob es für die Israeliten licht war, während die Ägypter die Dunkelheit der Nacht gehindert hat — also Neumond-Zeit. Am Tage nach der Vollmondsnacht des 2. Monats kommen sie nach der Wüste Sin (Mondname), die zwischen Elim[3] und Sinai liegt. 16, 9—10 befiehlt Moses *„vor Jahve zu treten“; sie schauten nach der Wüste hin* (nach Osten); *da erscheint die Herrlichkeit Jahve's am Himmel*[4]: der Vollmond geht auf! Wer im Orient je den Vollmond aufgehen sah, versteht, wie er die

Abb. 132:
Ištar als Kriegsgöttin. Persische Zeit.

---

[1]) S. Delitzsch ZA II, 284. Schiaparelli, Astronomie 84, 89. Mt. 24, 25. Dagegen Berachoth 3b: Unsre Rabbiner lehren, daß die Nacht in vier Wachen eingeteilt werde (Sonnenrechnung).

[2]) Nielsen l. c.

[3]) Dunkel sind die Motive im vorhergehenden Stück des vorliegenden Textes: Šur, Bitterwasser (Apk 8, 10f. wird den Schlüssel zur Lösung des Rätsels bieten; vgl. auch das Bitterwasser auf der Alexanderreise Ps. Callisthenes 3, 17) Massa und Meriba (hier müssen nach 5 Mos 33, 8 Hauptpointen einer verloren gegangenen Erzählung gelegen haben), Elim mit 12 Quellen und 70 Palmen.

[4]) Nielsen, S. 151 עָנָן, vgl. das entsprechende arabische Wort.

„Herrlichkeit Gottes" verkörpern kann. Auch hier ist mit der Mondfeier der Ruhetag (šabat Jahve's)[1] scharf hervorgehoben, wie bei der Pesaḫ-Vollmondfeier cp. 12. 17, 1 ziehen die Israeliten aus der Wüste Sin „stationenweise": lemasʿehem. Der Terminus ist der Wandergeschichte bei P eigentümlich (vgl. 4 Mos 10, 6. 12. 28; 33, 1 f.) und wir fanden ihn bereits 1 Mos 13, 3 bei den Motiven, die Abrahams Wanderung als Mondwanderung kennzeichnen sollen (S. 341); die „Stationen" sollen an die Mondstationen erinnern. Am Neumondstag des 3. Monats sind sie 19, 1 (vgl. 18, 5) am heiligen Berge. Drei Tage ist Schwarzmondzeit. In diesen Tagen sollten sie sich durch Lustrationen auf die Erscheinung Gottes vorbereiten (19, 10 ff., in einem Zusammenhang, der im vorliegenden Text JE gehört). Am 3. Tage (19, 16), wenn das Horn geblasen wird, sollen sie an den Berg gehen. Dieser 3. Tag ist also Neumondstag. Das Horn (vgl. 4 Mos 10, 10, vgl. Ps 81, 4) verkündigt den Neumond (Hilal! s. S. 101 Anm. 1). An diesem Tage offenbart sich Gott. Nun folgt bei P wieder eine 7 tägige Periode 24, 16: „*Die Herrlichkeit Jahve's thronte auf dem Sinai; die Wolken aber hüllten ihn 6 Tage lang ein; am 7. Tage rief er Mose aus der Wolke zu.*" Nun ist die Reise zum Gottessitz, die bei P in das Gewand des Mond-Mythus gekleidet ist, beendet. Die Mond-Datierungen hören auf. Die Offenbarungsstätte Gottes ist vom Sinai an im ʾohel moʿed. ✳

2 Mos 15, 2, s. S. 336. — 2 Mos 20, 4, s. S. 8 Anm. 4; 174. — 2 Mos 21, 6, s. S. 419 und Nachträge.

Neunzehntes Kapitel.

Israelitische und babylonische Gesetzgebung.

Das Charakteristische der mosaischen Religion liegt im Gottesbegriff. Gott ist der Heilige, d. h. der an sich Gute, der darum eifert, weil Abweichung die Menschen ins Verderben bringt, und andrerseits der Barmherzige. Die Religionsgemeinde, die Moses am Sinai sammelt, soll das Wesen Gottes widerspiegeln und dadurch das Gewissen der Völker werden. Treibende Kraft soll Dankbarkeit für Errettung und Hoffnung auf weitere Errettung sein.

Eine auf die Gottheit zurückgeführte in Stein gegrabene Gesetzgebung fanden wir auch bei den Babyloniern im steinernen Gesetzes-Codex Hammurabis (Abb. 133 f.)[2]. Auch Josua scheint

---

[1]) Als šabatôn mit minäischem Artikel bezeichnet, s. Aharôn S. 418. Der Priesterkodex zeigt auch hier alte Ingredienzien!

[2]) Der Block (Abb. 133) ist 2¼ Meter hoch. Die 5 unteren Kolumnen sind ausgekratzt von den Elamitern, die die Stele erbeuteten. Die Einsetzung einer elamitischen Inschrift ist aus unbekannten Gründen unterblieben. Der Text kann nach alten Abschriften teilweise ergänzt werden.

auf Grund codifizierter, auf Steine geschriebener Gesetze zu richten, Jos 8, 32[1]. Die in den babylonischen Texten vorausgesetzten moralischen Forderungen führen sämtliche Verbote auf, die das 2. und 3.—10. Gebot enthalten. Sogar das 2. Gebot hat sein babylonisches Gegenstück, s. S. 209 Anm. 1; 211. Auch Feiertagsheiligung durch Gebet und Gesang fanden wir bezeugt. Freilich sind die Motive andere als die, die das mosaische Gebot kennt. In Babylonien fehlt die Berufung auf religiöse Erfahrung, die Voraussetzung dankbarer Gottesverehrung ist. Die pessimistische Stimmung des babylonischen Dichters S. 210ff. klagt über den Mangel an solcher Erfahrung. Und in den übrigen Geboten fehlt das Gebot der Nächstenliebe und die Bekämpfung der Begierde und Selbstsucht[2].

Abb. 133: Hammurabi, vom Sonnengott die Gesetze empfangend. Szene am oberen Teile des Dioritblockes, vgl. Abb. 134.

In welcher Schrift sind die Gebote in die Gesetzestafeln eingeschrieben gedacht? 2 Mos 32, 16 (Elohist, die

---

Der Block hat die Gestalt eines Phallus! Auf die gleiche Sitte bei den Grenzsteinen machte ich bei Roscher, Lex. III, Sp. 66 aufmerksam. Das Bild stellt die Belehnung Hammurabis durch den Sonnengott mit Ring und Stab dar, s. S. 380 Anm. 1. Eine handliche Ausgabe des Textes mit Transskription und Übersetzung bietet H. Winckler, Die Gesetze Hammurabis. 1904. Dort ist auch die Literatur angegeben. Die Hypothese D. H. Müllers über ein Urgesetz, aus dem sowohl der Cod. Hamm. als die bürgerliche Gesetzgebung der Israeliten stammt, ist nicht spruchreif.

1) Anders Jos 24, 26f., wo die Gesetze in ein Buch geschrieben werden; erst dann wird ein Stein aufgerichtet.

2) Vgl. aber S. 427 Anm. 2. Zur Sache s. J. Jeremias, Moses und Hammurabi[2] 54. Entsprechende Gebote im ägyptischen Totenbuche s. Leist, Gräkoitalische Rechtsgeschichte, S. 758ff.

ältere Quelle): Gott selbst hat die Schrift eingegraben; 5 Mos 27, 8: Moses schrieb die Gebote auf die Tafeln. Nach dem Befund der Amarna-Zeit ist anzunehmen, daß Moses in babylonischer Keilschrift geschrieben hat. Wenn Jes 8, 1 die hebräische Buchstabenschrift „Menschenschrift" im Gegensatz zur Keilschrift heißt[1], so würde die Keilschrift zu Jesaias' Zeit als hieratische Schrift gegolten haben und noch im Gebrauch gewesen sein. Der Ausdruck 2 Mos 32, 16 könnte dann Umschreibung für „Keilschrift" sein.

Abb. 134: Dioritblock, die Gesetze Hammurabis enthaltend.

Die Ethik des Codex Hammurabi[2].

Die Grundlage des staatlichen Lebens ist die Familie, die Sippe mit dem Vater als Oberhaupt. Die Familie ruht auf der Einzelehe. Die Annahme einer Nebenfrau und die Zubilligung von Kebsmägden ist gesetzlich geordnet, s. S. 355ff. Daß Geschwisterehen als möglich gelten, kann man e silentio schließen; die Ehen zwischen Eltern und Kindern, auch Stief- und Schwiegerkindern, sind streng ausgeschlossen.

Die Eheschließung erfolgt auf Grund eines Ehevertrags durch Brautkauf, der Bräutigam gibt dem Vater Geschenke, zahlt den Frauenpreis[3] und erhält die Mitgift. Die Frau ist Eigentum des Mannes. Er kann sie wegen Schulden verkaufen oder zu Zwangsarbeit vergeben. Wenn sich die Frau vergeht, so wird sie gesackt. Scheidung ist leicht zu erreichen. Beim Manne genügt der Spruch: „Du bist nicht meine Frau[4]." Wenn genügender Grund zur Scheidung vorliegt, sagt der Mann: „Ich verstoße dich." Er braucht ihr dann nicht das Eingebrachte zurückzustellen, ja er kann sie sogar als Dienerin behalten (CH 141). Auch die Frau kann Scheidung verlangen wegen

---

[1]) So Winckler F. III, 164 ff.; Krit. Schriften II, 116.

[2]) Im wesentlichen übereinstimmend mit J. Jeremias, Moses und Hammurabi[2], Leipzig, J. C. Hinrichs 1903. Hier sind auch die auffälligen Übereinstimmungen des Bundesbuches (2 Mos 21—23) mit dem Codex Hammurabi dargelegt und in Tabellenform erläutert. Vgl. noch Öttli, Das Gesetz Hammurabis und die Thora Israels, Leipzig 1903; Kohler und Peiser, Hammurabis Gesetz, Leipzig 1903; D. H. Müller, Die Gesetze Hammurabis, Wien 1903. Zur Vervollständigung des Bildes wurden an einigen Stellen die Bestimmungen des anderweit bezeugten altbabylonischen Privatrechts (s. Meißner, AB XI) herangezogen.

[3]) tirḫâtu, der mohar des altisr. Rechts, s. S. 358.

[4]) S. Kohler und Peiser, l. c. 120.

böswilligen Verlassens und wegen rechtlich festgestellter Vernachlässigung (CH 142). Verbannung des Mannes löst unter Umständen die Ehe (CH 136). Ehebruch der Frau wird an beiden Ehebrechern mit Wassertod bestraft; der Ehemann kann die Frau, der König kann den Ehebrecher begnadigen, vgl. S. 388 Anm. 1.

Über Kindererziehung finden sich im CH keine rechtlichen Bestimmungen. Reich ausgebildet sind die Bestimmungen über Adoption. Nicht nur in kinderlosen Ehen findet sie statt, häufig zum Zweck der Aufnahme in eine bestimmte Handwerkergilde (CH 188ff.). Autoritätsvergehen[1] gegen den Vater wird schwer geahndet. Es hat Ausstoßung aus dem Kindesverhältnis zur Folge, aber wie 5 Mos 21, 18f. nur auf Grund richterlicher Entscheidung (CH 168).

Sklavenschaft entsteht infolge von Kriegsgefangenschaft und durch Verschuldung im Zivil- oder Strafrecht. Das Sklavenrecht ist hart und grausam. Der Sklave ist Sache, sein Herr hat Recht über Leben und Tod[2]. Die Schuldknechtschaft erlischt im CH im 4. Jahre (CH 117)[3]. Dann gilt die Schuld für alle Fälle als abgearbeitet. Gegen Körperverletzung ist wenigstens der fremde Sklave geschützt: die Verletzung bedeutet ja vermögensrechtliche Schädigung.

Als Rechtsgüter sind geschützt: Vermögen, Ehre, Leben. šarraq iddak, „der Dieb wird getötet“ (CH 7)[4]. Ehrabschneider werden bestraft. Wer durch Denunzierung des Bräutigams eine Verlobung rückgängig macht, darf das Mädchen nicht heiraten, deren Bräutigam er schlecht gemacht hat (CH 161. Wie weise!). Besondere Bestrafung ist angedroht für falsches Zeugnis vor dem Richter (CH 3f., vgl. 5 Mos 19, 15). Von Kapitalverbrechen wird nur die Anstiftung zum Gattenmorde erwähnt (CH 153).

Die Strafen sind grausam: Tod, Körperverstümmelung in zehn Variationen kennt der CH[5].

Der Grundsatz der Talion (Wiedervergeltung) beherrscht das Strafrecht des CH.

Mit denselben Worten, wie im CH (z. B. 196f. 200), begegnet uns die Talion in sämtlichen Schichten der Thora: Auge um Auge, Zahn um

---

[1]) Nicht Pietätsvergehen, wie J. Jeremias annimmt. Der ungehorsame Sohn hat das Eigentumsrecht des Vaters verletzt. Von der Mutter schweigt der CH. „Du sollst deinen Vater und deine Mutter ehren“, sagt das Gesetz Mosis. Die Gleichstellung der Mutter illustriert das höhere Niveau ebenso wie das Versprechen des forterbenden Segens.

[2]) Auch in dem Bundesbuch ist der Sklave keseph, aber Leben und Gesundheit ist geschützt.

[3]) Vgl. 2 Mos 21, 2; 3 Mos 25, 40; 5 Mos 15, 12 und Jer 34, 8ff.: 6 Jahre, eventuell nur bis zum Halljahr. Über den hier vorliegenden sozialen Fortschritt s. S. 426 Anm. 3.

[4]) Strenge Ahndung, wie in altgermanischen Rechten, vorübergehend auch in der „Neuzeit“ (z. B. unter Jakob I. in England). Die Gestalt der Nummer 7 des Gebotes, so sagen die alten Volksprediger, zeigt das Bild des Galgens. Der Dieb wird gehängt.

[5]) Die Thora redet nur einmal von Handabhauen bei besonders ausgeklügelten Vergehen (5 Mos 25, 12); das ist ein zufällig erhaltener Rest alter grausamer Gesittung. Zum Verlust des Auges bei Ungehorsam des Sohnes (CH 193) vgl. die Bilderrede Spr 30, 17.

Zahn, Knochen um Knochen. Aber allenthalben ist hier, mit einziger Ausnahme der vorsätzlichen Tötung, ein Ersatz, eine Ermäßigung der Talion durch Buße oder Reugeld vorgesehen[1]. Das Recht der Mischna bestätigt die auch in der Thora mehrfach vorgesehene Verwandlung der Vergeltungsstrafe in eine in das freie Ermessen des Geschädigten gesetzte Vermögensbuße.

Die Blutrache ist im CH bereits überwunden[2], aber nicht durch sittlichen, sondern sozialen Fortschritt[3]: die staatliche Gewalt sichert die Rechtsgüter.

Für die Strafbarkeit der Handlung ist im CH nur der Erfolg des Vergehens maßgebend, der Grad der Vermögensbeschädigung[4]. Dem Arzte wird für eine unglückliche Operation die Hand abgehauen (CH 218). Arnu heißt der Schade, der aus dem Rechtsbruch erwächst, ḫiṭîtu ist der objektive Schaden, s. S. 208. Doch sind Ansätze zu einer feineren Rechtsanschauung vorhanden in der Unterscheidung von vorsätzlicher und unvorsätzlicher Körperverletzung CH 206 (derselbe Ansatz im Recht des Bundesbuches 2 Mos 21, 18ff.).

Zu den Beweismitteln gehört neben Zeugenaussagen und Eid das Gottesurteil. Der Beschuldigte muß die Wasserprobe bestehen[5].

---

[1]) Vgl. hierzu Anm. 3.

[2]) In der Thora ist Blutrache noch vorhanden s. zu Ri 8, 18—21 vgl. 2 Sa 21, 1—4, aber gemäßigt durch das Asylrecht (Jos 20) und den religiösen Grundsatz, daß Jahve der eigentliche Bluträcher ist. Nach 5 Mos 27, 24 scheint es Sache der Familie zu sein, Blutrache zu üben.

[3]) Diesen sozialen Fortschritt zeigt auch die vorerwähnte Verwandlung von Talion in Buße. Nach der herrschenden rechtsgeschichtlichen Auffassung stammt der Talionsgedanke aus der Zeit, wo über den Geschlechtern noch nicht der Staat herrschte und das Forum der Rechtsbrüche der Geschlechterkrieg (vgl. Blutrache) war. Die Talion ist, wie mich mein Bruder E. Jeremias belehrt, der erste geniale Versuch, einen gerechten Strafmaßstab zu finden, nach dem wir heute noch suchen. Ebenso ist die S. 425 erwähnte Entwickelung des Sklavenrechts ein Stück sozialen, nicht notwendig sittlichen Fortschritts, wobei zu bedenken ist, daß (z. B. in Rom) der Sklavenstand auch politisch nicht bedeutungslos war. Die juristische Denkform: Sklave = Sache, schließt übrigens im patriarchalischen Zeitalter gute Behandlung nicht aus. Frau, Sohn und Tochter waren ja auch der unbeschränkten Gewalt des pater familias unterstellt.

[4]) In der Thora entscheidet die Versündigung gegen die Gottheit.

[5]) S. Winckler, Cod. Hamm. S. 9 Anm. 4. Wasserprobe bei Ehebruch auch CH 132; s. ib. S. 38 Anm. 2. Das israelitische Recht kennt das Gottesurteil des Fluchwassers 4 Mos 5, 15 ff. (vgl. den Traktat Sotar, der das Ordale des Bitterwassers für Ehebruchverdächtige behandelt) und das Gottesgericht durch das Los 2 Mos 22, 8 u. ö. S. Kohler und Peiser, l. c. 132. 2 Mos 32, 20 müssen die Leute Wasser mit Metallstaub trinken (J). Wer mit dem Leben davon kommt, gilt als schuldlos. Das ist der Sinn. Bei E 32, 26 ist das Verfahren anders: Her zu mir, wer Gott angehört! Die andern werden niedergemetzelt. Auch die Slaven kennen Feuer- und Wasserprobe, s. Grimm, Deutsche Rechts-

Humane Ansätze finden sich CH 32: Lösung eines Gefangenen durch seine Angehörigen; CH 48: Zinserlaß bei Mißernten; CH 116: Schutz für Leib und Leben der Schuldgefangenen. Im übrigen ist Mangel an Ethik zu konstatieren. Man kennt keinen Respekt vor der Individualität, soweit nicht der pater familias in Betracht kommt, der in seinem Eigentum nicht geschädigt werden darf. Daneben ist das Stammesbewußtsein stark ausgeprägt[1].

Die wesentlichen Unterschiede[2] gegenüber der israelitischen Thora sind die folgenden:

1. nirgends wird die Begierde bekämpft;

2. nirgends ist die Selbstsucht durch Altruismus eingeschränkt;

3. nirgends findet sich das Postulat der Nächstenliebe;

4. nirgends findet sich das religiöse Motiv, das die Sünde als der Leute Verderben erkennt, weil sie der Gottesfurcht widerspricht.

Im Codex Hammurabi fehlt jeder religiöse Gedanke; hinter dem israelitischen Gesetz steht allenthalben der gebieterische Wille eines heiligen Gottes, es trägt durchaus religiösen Charakter.

Biblisch-babylonische Verwandtschaft im Opfer-Ritual[3].

Auch in der intergentilsten Erscheinung des religiösen Lebens, im Opferwesen, zeigen sich parallele Erscheinungen

---

altertümer, 933 ff. Bei den Griechen findet sich Durchgehen durch die Flamme und geglühtes Eisen, Soph. Antig. 264. Dasselbe Gottesurteil z. B. bei den Dschagga-Negern. Auch bei vielen andern Völkern ist es nachweisbar, vgl. Wilutzky, Vorgeschichte des Rechts 1903. Die Ordalien haben auch in der christlichen Ära Geltung behalten. Im Mittelalter wurden sie seit dem 8. Jahrh. kirchlich sanktioniert, s. Augusti, Denkmäler der christl. Archäologie 10.

1) Noch heute im Orient. Wenn sich die einzelnen Familienglieder noch so sehr hassen: innerhalb des Familienverbandes kommt kein Rechtsbruch vor.

2) In der 1. Auflage hatte ich von „Mängeln" gesprochen. Die Gerechtigkeit erfordert, darauf hinzuweisen, daß die Thora Recht und religiöse Ethik ineinander darbietet (der Dekalog z. B. enthält Normen, nicht Strafsatzungen), während es der Codex Hammurabi nur mit den Rechtsnormen zu tun hat.

3) Vgl. J. Jeremias, Die Kultustafel von Sippar, Leipzig 1889 (Dissert. mit Anhang) und Artikel Ritual in Encycl. Bibl.; H. Zimmern KAT ^{3} 594 ff.; P. Haupt, Babylonian Elements in the Levitic Ritual, S.-A. aus Journal of Biblical Literature 1900.

zwischen Babylonien und der biblischen Thora. Aber grade hier zeigt sich, daß Israel eigne und höhere Wege gegangen ist.

1. Namen.

Biblisch.	Babylonisch-assyrisch.
minḫâ „Gabe".	Entspricht šurḳînu, das vielleicht nicht „Altar", sondern „Geschenk" bedeutet[1].
ḳorbân (PC) Opfergabe (profan Almosen, vgl. Mk 7, 11).	Identisch mit ḳirbannu; mit kitrubu darf es nicht ohne weiteres zusammengestellt werden, dagegen mit ḳurrubu, (Opfer) darbringen.
tamîd (an Zeit und Pflicht gebundenes Opfer).	Entspricht sachlich sattukku, eig. „das Beständige" oder ginû, „die Gerechtsame". Die beiderseitigen Ausdrücke bezeichnen die jährliche, monatliche, selten tägliche Tempelabgabe.
n^edabâ.	Ein entsprechendes nindabû gibt es nicht. Das assyr. nindabû „Brotopfer"[3] ist etymologisch davon zu trennen.
זֶבַח „Opfer"[2].	zîbu (selten, z. B. V R 3, 112).
menaḳḳît, Opferschale, von נקה „ausgeleert sein".	naḳû eig. ausgießen, Libation darbringen, dann aber auch vom Opfer, speziell Schafopfer, gebraucht[4].
עָשָׂה לַיהוָה, Jahve opfern (eig. tun).	epêšu opfern, eig. tun, z. B. epêš niḳê-ia ‖ nadân zîbê-ia.
ṭabâḫ.	ṭabâḫu „schlachten".
כִּפֶּר sühnen, urspr. abwischen.	kuppuru „zudecken", dann „abwischen, läutern, reinigen" (Subst. takpirtu, term. techn. des Sühnerituals)[5]
šelem.	= šalamu, šalammu in den Kontrakten.

---

[1]) Zimmern KAT[3] 595 allerdings „Schüttopfer" von šarâḳu beschütten (das Räucherbecken).

[2]) Dem בעל־זבח auf der Opfertafel von Marseille, Corp. Inscr. Sem. I, 165 entspricht wörtlich der assyrische bêl niḳê „Opferer".

[3]) Ideogr. bedeutet „Brot der Ištar", s. zu Jer 7, 18.

[4]) Vgl. 1 Sa 7, 6, wo die Libation eine auffällige Rolle spielt; 2 Sa 23, 13—17; 1 Chr 11, 15—19. PC kennt die Libation nicht!

[5]) Vgl. Zimmern, Beiträge 92; Hehn BA VI, 373.

2. Opfermaterial.

In Israel werden nur Erzeugnisse von Viehzucht und Ackerbau geopfert, in Babylonien auch andre Vegetabilien[1], karânu, kurunnu, Wein, Most; šikaru Rauschtrank (vgl. 4 Mos 28, 7), aus Korn und Datteln oder Honig und Datteln zubereitet; dišpu, Honig; ḫemêtu, Butter; šamnu, Öl; suluppu, Datteln; ṭabtu, Salz (urspr. Weihrauch).

Zu den 12 Schaubroten ist zu bemerken, daß auch nach den babylonischen Ritualtexten[2] 12 Brote oder 3 × 12 Brote vor der Gottheit aufgelegt werden, von denen gesagt wird, daß sie aus feinem Mehl hergestellt und daß sie akal mutḳi, d. h. süß, sein müssen.

Abb. 135: Altar aus dem Palaste Sargons II.

Als blutiges Opfer werden beim babylonischen Opfer Lämmer (niḳû), Schafe (šu'u, hebr. שֶׂה), Ziegen (buḫâdu u. a.), Stiere (gumaḫḫu) und Gazellen (ṣabîtu) genannt; von Vögeln: Tauben, Hühner u. a.

Mit Vorliebe werden einjährige Tiere geopfert: apil oder marat šatti, wie in PC בֶּן־שָׁנָה. Daneben zwei-, drei- und vierjährige Tiere. Das Opfertier muß kräftig und von tadellosem Wuchs sein: rabû, duššû, marû. Vor allem muß es „rein“ sein: ellu, ebbu (bibl. תְּמִימִים). Im haruspicium soll die (unverschuldete) Wahl fehlerhafter Tiere das Orakel nicht beeinflussen[3], wie im Dankopfer des PC (3 Mos 22, 23) fehlerhafter Wuchs freigelassen ist.

In der Regel ist das Opfertier männlichen Geschlechts; doch kommen auch weibliche Tiere vor, z. B. Sanh. Bav. 33. Bei Reinigungen werden wohl immer weibliche Tiere verwendet[4].

---

[1]) Selten in Israel: Wein 4 Mos 15, 5; 28, 7; 1 Sa 1, 24. Öl: 1 Mos 35, 14; Mi 6, 7. Weihrauchopfer (s. unten zu Ez 8, 1 ff.) kennt nur PC, Jesaias polemisiert dagegen und nennt 65, 3 Babylonien als Heimat; die eigentliche Heimat ist jedoch Südarabien.

[2]) Vgl. Zimmern, Beiträge 94 ff.

[3]) Vgl. Knudtzon, Gebete an den Sonnengott, dazu Zimmern, Beiträge, Index s. v. šalâmu.

[4]) Haupt, Nimr. Ep. 44, 60. Oft ist in Einleitungen zu Hymnen vom Opfer eines weiblichen Tieres (lâ pitû) die Rede. Man vergleiche hierzu

Das Opfer wird gekocht (vgl. 1 Sa 2, 14) oder verbrannt[1].

3. Ort, Zeit und Ausrichtung des Opfers.

Opfer werden spontan dargebracht, vor allem bei Staatsaktionen und Festen. Vom jährlichen Opfer wie 1 Sa 20, 6 spricht Tiglatpil. VII, 16. In den Kontrakten ist oft von täglichen Opfern die Rede. Zu den Opfern am 7. Tage (ein Beispiel S. 180) vgl. 2 Mos 29, 38 ff. Die Ausrichtung des Opfers liegt in Babylon, wenigstens in relativ späterer Zeit, ausschließlich dem Priester ob. Auch der König bedarf ihrer Vermittelung. In Assyrien hingegen ist der König Oberpriester und Opferer[2].

Abb. 136: Assyr. Opferszene aus Nimrud-Kelaḫ (Palast Asurnaṣirpals). Links Diwan im Tor?

Über den Anteil des Priesters vgl. J. Jeremias, Kultustafel von Sippar, S. 19f. Über die Makellosigkeit des Priesters (vgl. 3 Mos 21, 21) gibt Aufschluß der Enmeduranki-Text, Zimmern, Beitr. 116 ff., übersetzt KAT³ 534.

4. Idee des Opfers.

Der Opferer bringt seinen Tribut dar, ebenso die Erde ihrem Großherrn (vgl. IV R 20, Obv. 22 ff.). Die Gottheit wird als die Opferspeise genießend vorgestellt; vgl. Sintfl. Z. 151[3]; 1 Mos 8, 21; 5 Mos 33, 10^{b} klingt die Vorstellung noch an, s. S. 246.

Neben dem Opferer steht auf den Abbildungen der Beter. Das Opfer soll die Gottheit zugunsten des Gebers beeinflussen, vgl. 1 Sa 13, 12. „Die Götter freuen sich über die Mahlzeit", heißt es in Asarhaddons Anfragen an den Sonnengott. Vgl. hierzu 5 Mos 12, 7.

---

4 Mos 15, 27, wo für das Sündopfer des einzelnen eine einjährige weibliche Ziege gefordert wird.

1) Teile des Opfers nennt die Liste II R 44, 1—5ef; 14—18gh, vgl. J. Jeremias, Die Kultustafel von Sippar.

2) Vgl. S. 180 und die Kontrakte, die häufig die Opfer des Königs und Kronprinzen nennen.

3) „Sie rochen den süßen Duft und scharten sich wie Fliegen um den Opfernden".

Aber es fehlt auch der Gedanke der Sühne nicht. Der term. t. ist kuppuru „sühnen“ (hebr. כִּפֶּר, s. S. 428). In den neubabylonischen Kontrakten ist vom alap tapṭîri die Rede,

Abb. 137: Asurbanipal opfert über erbeuteten Löwen. Palastrelief in Kujundjik.

„Stier der Loslösung (?)“, vgl. 3 Mos 4, 3. Von אשם und חטאת findet sich im Babylonischen keine Spur. Die Vorstellung von der sakralen Gemeinschaft, die sich im israelitischen wie altarabischen Opfer findet, kennt der Babylonier nicht[1].

Abb. 138: Trankopfer über erlegten Löwen mit Musik. Relief aus dem Palast Asurnaṣirpals.

5. Reinigungen.

Den Reinigungen liegt der Gedanke zugrunde, daß das Reine sympathetische Kraft hat. Neben Wasser wirkt reinigend Wein, Honig, Butter, Salz, Zedernholz (IV R 16, 32; V R 51, 15

[1]) Zur Frage des Menschenopfers s. S. 320 und 454.

vgl. 3 Mos 14, 4), Cypressenholz, Palmenholz und allerlei Rauchwerk. Dem קנה הטוב Jer 6, 20 entspricht genau ḳânu ṭâbu. Der „Sündenbock" wird in die Wüste geschickt, 3 Mos 16, 8 vgl. Henoch 10, 4[1]. Im Babylonischen heißt die Wüste ašru ellu, „reiner Ort", IV R 8, 43b u. ö. Das ist euphemistisch zu verstehen von der Wüste als Ort der Dämonen. Jos. Ant. III, 10, 3 wird der zu verbrennende Bock *εἰς καθαρώτατον* geschickt[2]. Berührung von Toten und geschlechtlich Unreinen verunreinigt bei den Babyloniern, wie in Israel, vgl. IV R 26, Nr. 5[3].

Abb. 139: Opferszene nach Layard, Monuments of Niniveh.

Auch für die Speisen gilt das Gesetz von rein und unrein. V R 48f. verbietet Fisch für den 9. Ijjar, Schweinefleisch für den 30. Ab, Schweinefleisch und Rindfleisch für den 27. Tišri, Datteln für den 10. Marḫešvan, Berührung eines Weibes für den 25. Ijjar, 29. Kislev und 6. Tebet.

Im babylonischen Ritual IV R 4, 2b; 59, Nr. 2, Rev. 14 soll ein Vogel die Unreinigkeit forttragen; ebenso 3 Mos 14, 4. Die 3 Mos 14 spezifizierten Vorschriften behufs Reinigung des Aussatzes, die durchgängig nicht religiös, sondern kultisch zu werten sind, stimmen zum babylonischen Ritual: Zedernholz, Wolle und Ysop, ebenso die siebenmalige Besprengung und die den Schluß der Manipulationen bildende Opferung des Lammes.

---

[1]) S. zu 3 Mos 16, 8.

[2]) Wüste als Sitz der Dämonen auch bei den Juden gedacht. To 8, 3 wird Asmodai in die Wüste („nach Ägypten", s. S. 180) geschickt. Belegstellen aus dem Talmud bei Nork, Rabb. Quellen LXXXIV und 19. Mt 4 ist die Wüste Sitz des Teufels. Vgl. auch Lc 4, 1f.: „in der Wüste umgetrieben versucht vom Teufel". Mc 1, 13: „und war bei den wilden Tieren", wobei vielleicht an dämonische Ungeheuer zu denken ist.

[3]) = Cun. Texts XVII, 41 und s. ibid. S. 38.

Minäische Elemente im mosaischen Ritualgesetz.

In dem midianitischen Fürsten Jethro (Reguel)[1] erkannten wir einen „Minäer aus Muṣri"[2]. Nach 2 Mos 18, 19 ff. hat er entscheidenden Anteil an den von Moses aufgestellten Rechtsgrundsätzen[3]. Da wir annehmen durften, daß ihr Kult am Sinai mit dem israelitischen irgendwie zusammenhängt, so ist es von Bedeutung, daß die minäischen und sabäischen Inschriften eine Reihe kultischer termini aufweisen, die in dem mosaischen Kultus wiederkehren:

a) aus den minäischen Inschriften im biblischen Midian (el Öla):
lawi'u und lawi'ât Priester und Priesterin.

Man beachte dazu, daß 2 Mos 4, 14 Aaron, der die erbliche Priesterschaft bekommt, als Levit bezeichnet wird. Übrigens kannte wohl auch der altisraelitische Kultus Levitinnen, die später erst um naheliegender Mißstände willen abgeschafft wurden; Sanherib nennt unter den besonderen Tributgaben an Sanherib aus Jerusalem Musikanten und Musikantinnen, s. S. 527. Das sind doch sicher Tempelmusiker.

Mašlam-Altar = Ort des Šalem-Opfer?

baššala weihen (eig. Opferfleisch kochen?) s. unten sabäisch mabšal. Die Jahre werden hier, wie zeitweilig bei den Sabäern, nach Kabiren (kabîr), d. h. Oberpriestern gerechnet[4].

b) Aus den sabäischen Inschriften in Harim, das zum ehemaligen minäischen Dschof gehörte:

Hal. 156, vgl. 151 die Sonnengöttin Ḏât-Ḥimaj, d. i. die „Herrin des heiligen Geheges" (Hommel, Grundriß 144).

Bronzetafel Gl. 1054 (Wiener Hofmuseum): „Weil ihr am 3. Tage des Festes und noch dazu während sie unrein war, ein Mann genaht war", vgl. 2 Mos 19, 15 (Hommel, Grundriß 144, der noch die folgenden Parallelen erwähnt):

tannaḫaja „er brachte Dankopfer" (vgl. hebr. מִנְחָה?), mabšal Heiligtum (eig. Ort, wo das Opferfleisch gekocht wird? vgl. Ez 46, 23).

aḥdâr „Opferhöfe" (vgl. hebr. ḥaṣêr Vorhof), makânat (Opfergerät) (Abb. 179 S. 535 Hal. 485 Gl. 1076), die mekônah von 1 Kg 7, 27 ff. Jer 52, 17 ff. vgl. kên 2 Mos 30, 18 u. ö. das Gestell des Beckens im Vorhofe.

aḥlâj wahrscheinlich die süßen Brote, hebr. ḥallôt.

---

[1]) In der jüdischen Legende, Beer, Leben Mosis S. 56, hat er sieben Namen. Minäische Priester haben nach den Inschriften wiederholt zwei Namen, s. Nielsen, Die altarabische Mondreligion. Verwandte Namen kennen die Inschriften der Sabäer, die als Erben der minäischen Kultur zu gelten haben (s. S. 262 f.): ותרם, ותראל u. a.

[2]) So nennen die südarabischen Texte die nördlichen Minäer: Ma'ân Muṣrân.

[3]) S. MVAG 1901, 29. Schon daraus mußte man schließen, daß es sich nicht um einen „Beduinen" handeln kann. Von einem solchen hätte sich Moses gewiß nicht dreinreden lassen. Nach der jüdischen Sage (Beer, l. c. S. 60) war Jethro vorher Bilderschriftkundiger und Ratgeber am ägyptischen Hofe. Er ist verbannt vom Hofe wie Sinuhe (S. 298) und wie Moses selbst!

[4]) Vgl. allerdings hierzu Grimme, Lit. Rundschau 1904, 347.

Zwanzigstes Kapitel.

„Stiftshütte“ und „Bundeslade“[1].

2 Mos 25—31.

An die Erlebnisse am Sinai schließt der Redactor des Pentateuch Berichte über das am Sinai begründete Heiligtum an[2].

Der „Gott der Väter“, zu dessen Offenbarungsstätte am Gottesberge die Hebräer gewandert sind, wird künftig in einem Zeltheiligtum dem Volke gegenwärtig sein und seinen Willen

---

[1]) Wir geben das Folgende etwas ausführlicher, als es dem Plane des Buches entsprechen würde, da der Gegenstand im Mittelpunkt des Interesses steht. Gegen das Buch von M. Dibelius, Die Lade Jahve's 1906 (dort die Literatur) und die zustimmenden Ausführungen von Gunkel, Ztschr. f. Missionsw. u. Religionsw. 1906, wendet sich Budde's Abhandlung in Theol. Stud. u. Krit. 1906, 489 ff., indem er in seiner klaren und vornehmen Weise Abweichungen von der herrschenden Lehrmeinung zurückweist. Dibelius zeigt einen gesunden Sinn für Auffindung der alten Elemente. Aber die Schule, der seine Methode angehört, benutzt vorläufig nur Einzelheiten des einheitlichen altorientalischen Weltbildes. Die Übersicht über das gesamte Material wird die Methode umstoßen. Die kritische Voraussetzung bei Dibelius weicht von dem herrschenden (übrigens von seinem Verfasser später zurückgezogenen) Urteile Vatkes vom Jahre 1835, daß „wir berechtigt sind, die Nachrichten von der mosaischen Stiftshütte und Bundeslade für Dichtung zu erklären, die erst später nach dem Vorbilde des Tempels, dessen Typus man von Mose und von Jehova selbst herleiten wollte, entworfen wurde“ (Religion des A. T., S. 333) insofern ab, als er die geschichtliche Existenz der Lade und des Zeltes in Israel hinaufrückt. Aber mit dem mosaischen Kultus soll sie nichts zu tun haben. Sie ist in Kanaan angefertigt oder übernommen worden. Dabei wird wenigstens mit der Anschauung gebrochen, nach der die Lade ursprünglich einem fetischistischen Kult gedient haben soll (S. 118). — An der Hypothese einer Fiktion durch den Priesterkodex, gegen die z. B. auch Kittel, Geschichte der Hebräer I, 216 sich ausgesprochen hatte, mußte schon der Umstand irre machen, daß der zweite Tempel, dem die neue Gemeindeordnung gelten sollte, gar keine Lade im Heiligtum gehabt hat, wie auch den geistigen Leitern nach Jer 3, 16 gar nichts an einem Ersatz für dieses Heiligtum gelegen war.

[2]) S. zum Folgenden Klostermanns entscheidende Untersuchungen Pentateuch II, 1906, 67 ff. Ib. S. 67 (vgl. I, 15 ff. 1883, Gesch. Isr. 76): „Der Pentateuch hat als maßgebendes Gemeindebuch Rezensionen erfahren, die in praktischer Verständigkeit das Mißdeutbare umschrieben und störende Differenzen ausglichen.“

kundtun, nachdem er sich durch die Rettung aus Ägypten als der Erlösergott erwiesen und durch das auf steinernen Tafeln kodifizierte Gesetz seine göttliche Herrschaft über das Volk normiert hat.

Moses hat in visionären Erlebnissen auf dem Gottesberge das Gesetz Gottes erfahren und hat das Modell zu dem Heiligtum der künftigen sakramentalen Gegenwart Gottes im Geiste geschaut. Die Offenbarung knüpft an einen Grundgedanken der orientalischen religiösen Weltanschauung an, nach dem jedes Heiligtum Abbild des himmlischen Heiligtums ist. S. 51 ff. war davon die Rede[1]. Moses soll das Heiligtum nach dem himmlischen Modell bauen. 25, 9: „*Genau nach dem Modell* (תבנית) *der Wohnung und aller ihrer Geräte, das ich dir zeige (gezeigt habe), sollt ihr es errichten*“, vgl. 25, 40 (auf Lade, Tisch, Leuchter und Räucheraltar[2] bezüglich): „*Sieh zu und mache sie entsprechend ihrem Modell, das dir zu schauen gezeigt wurde.*“ Die Gottesrede 25, 1 ff., die die Anweisungen zur Ausführung des Baues gibt, setzt eine Erzählung über die entsprechende Vision auf dem Berge voraus, die in dem uns vorliegenden Texte ausgefallen ist. Die Ausführung der heiligen Bauhütte ist kunstverständigen Männern übergeben, denen Jahve „Einsicht gegeben hat“, 2 Mos 31, 1 ff., 36, 1. Über die Möglichkeit eines Kunstbauwerks in Midian ist kein Wort zu verlieren[3].

Das Heiligtum heißt ʾohel moʿed „Zelt der Versammlung“ (Sept. *σκηνὴ τοῦ μαρτυρίου*) und allgemein משכן יהוה[4] „Wohnung Jahve's“. Es sind zwei Namen für dieselbe Sache. Den besondern Namen ʾohel moʿed setzt Moses nach 33, 7 fest, weil darin das Orakel Jahve's erteilt wird: „*Wer irgend Jahve befragen wollte, der begab sich zu dem ʾohel moʿed hinaus vor das Lager.*“ ʾOhel moʿed heißt „Zelt der *Versammlung*“. Die Israeliten mögen dabei an die Versammlung des Volkes gedacht haben, wie ja die großen Feste מעדים hießen[5]. Aber der

---

1) Vgl. BNT 62 ff., ferner Apg 7, 44.

2) 25, 38 ist, wie Klostermann gezeigt hat, der Rest der Bauangabe für den Räucheraltar. Auch der Opferaltar entspricht einem himmlischen, auf dem Berge vorgezeigten Modell 27, 8 vgl. 26, 30.

3) Auch Gunkel (l. c.) nimmt im Gegensatz zu Dibelius Anfertigung in mosaischer Zeit an.

4) Vgl. auch Jos 18, 1; 22, 19. Beide Bezeichnungen in Parallele z. B. 4 Mos 3, 38.

5) 2 Mos 40, 34 erklärt den Namen: weil Gott hier verabredetermaßen gefunden werden kann.

religionsgeschichtliche Ursprung des Namens (ebenso wie bei har moʿed Jes 14, 14, Zion als irdisches Abbild des himmlischen Gottesberges), liegt in der orientalischen Vorstellung vom himmlischen bez. irdischen Heiligtum, in dem sich die Götter zum Zweck der Schicksalsbestimmung versammeln: ʾohel moʿed ist eigentlich „Zelt der Versammlung (zum Zweck der Schicksalsbestimmung)“.

Abb. 140: Siegelzylinder, ein Götterschiff mit Götterthron (Sonnengott über das Meer fahrend?) darstellend.

Im ʾohel moʿed steht nach PC an erster Stelle (2 Mos 30, 26) die „Lade“, ארון העדת יהוה (Sept. ἡ κιβωτὸς τοῦ μαρτυρίου)[1], angefertigt aus Akazienholz, „dem einzigen Bauholz, das es auf dem Sinai gab“[2], das übrigens als „Lebensholz“ galt[3]. Sie enthält die Tafeln des Bundes (לוחת הברית, auch einfach

---

[1]) 2 Sa 7, 2. 6. 7, wonach die Lade von jeher im Zelt war, gilt, weil deuteronomisch überarbeitet, nicht als beweiskräftig.

[2]) Der Fiktionshypothese gilt das natürlich als Raffinement der Dichtung, ebenso wie der Umstand, daß „Bronze“ statt Eisen im PC als Material gilt. Das ist stark modern gedacht.

[3]) Sept. ξύλον ἄσηπτον u. 2 Mos 26, 32 etc. στύλοι ἄσηπτοι, Säulen von Akazienholz. Nach Kircher, Oedip. Aegypt. III, c. 2 war es in Ägypten dem Sonnengott heilig.

ברית „Bund" genannt)[1] 5 Mos 10, 1 ff.[2] Wir bezweifeln nicht, daß diese Angaben des Pentateuchs der historischen Wirklichkeit vom Sinai an entspricht. Die auf den Tafeln niedergelegten Satzungen Gottes entsprechen den Schicksalstafeln, die im babylonischen Schicksalsgemach bei der Versammlung der Götter beschrieben werden[3]. Bei der Prozession Marduks, dem die Schicksalstafeln (tup-šimâti) verliehen worden sind, wird eine Art Monstranz (parak šimâti, vgl. die Kästen Abb. 2 ff.) von Dul-azagga in Esagila aus nach dem Opfer- oder Hochzeitshaus auf einem Götterschiff gefahren[4]; Hommel vermutet, daß in diesem parak[5] šimâti die tup-šimâti (Schicksalstafeln als himmlische Gesetze) aufbewahrt wurden, wie in der Bundeslade die Gesetzestafeln. Es scheint mir, als ob unser Text eine alte Terminologie verriete, nach der die Lade mit den Tafeln auch im mosaischen Kultus parakku (paroket) hieß. Entspricht etwa 3 Mos 24, 3 paroket ha-'eduth direkt dem babylonischen parak šimâti? Ebenso würde dann 2 Mos 27, 21 zu beurteilen sein. Wie dort der Räucheraltar[6], so soll hier der Leuchter neben der Lade im Heiligtum Aufstellung finden[7].

Die Lade ist aber nicht nur Behälter für die steinernen Tafeln, sondern sie gilt symbolisch als Thron Jahve's. Das zeigt klar und deutlich Jer 3, 16 f.: „*Einst wird die Lade mit dem Gesetz Jahve's niemand mehr in den Sinn kommen; vielmehr wird man zu jener Zeit Jerusalem ‚Thron Jahve's'*

---

[1]) Vgl. 1 Kg 8, 9 und s. Klostermanns Kommentar zu dieser Stelle.

[2]) Die Tafeln heißen auch „Tafeln der 'eduth" 2 Mos 32, 15 (= Tafeln der berith 5 Mos 9, 15). 'Eduth sind die schriftlich fixierten Zeugnisse des göttlichen Willens, Jos 4, 16 heißt die Lade „Lade der 'eduth" als die für die Steintafeln gebaute Kiste. In 'eduth hörte das Sprachgefühl des Volkes denselben Begriff, wie in mo'ed, s. Klostermann l. c. 69.

[3]) Vgl. S. 46. Die ATAO[1], S. 262 f. mitgeteilte hiermit in Verbindung stehende Vermutung über die Anordnung des Dekalogs nach den Planeten (anschließend an Wincklers Bemerkungen Krit. Schr. II, 65) ziehe ich vorläufig unter Vorbehalt einer späteren näheren Begründung zurück.

[4]) Nach Mitteilung Hommel's aus einem ungedruckten für die Expository Times bestimmten Aufsatz, in dem die Verwandtschaft der Gesetztafel-Lade mit dem die tup-šimâti wahrscheinlich enthaltenden parak šimâti nachgewiesen werden soll. [5]) Syrisch perakka „Götzenschrein".

[6]) Der zu den alten Kultstücken des 'ohel mo'ed gehört, s. S. 435.

[7]) 2 Mos 26, 34 hat Sept. kapporet, der hebräische Text hat paroket. Zu 30, 6 sagt Sept.: „vor die paroket, die die Lade bedeckt", der hebräische Text fügt als Dublette hinzu: „vor die kapporet, die die Lade bedeckt". Auch hier bezeichnete paroket („Vorhang", eig. das „Absondernde") im ursprünglichen Texte vielleicht den heiligen Schrein. Es besteht etymologischer, vielleicht aber auch kultischer Zusammenhang mit parakku.

nennen.“ Und es entspricht das auch dem, was wir aus der orientalischen Weltanschauung heraus, innerhalb deren der Kultus entstanden ist, erwarten müssen. Es ist also ein kultisches Gerät, das einen himmlischen Mikrokosmos darstellt (s. S. 44 ff.). Klostermann hat mich davon überzeugt, daß es sich in der Symbolik des Kultus bei der Lade zunächst nicht um den Thron selbst, sondern um den Schemel des Thrones handelt[1]. 2 Mos 24, 10 erblicken Mose und seine Gefährten auf dem Berge den Gott Israels auf seinem Thron: „*Zu seinen Füßen war ein Pflaster aus Saphir und wie der Himmel*

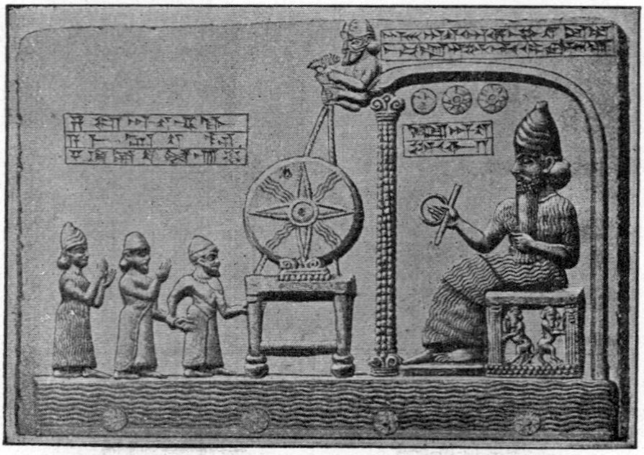

Abb. 141: Das Heiligtum des Sonnengottes von Sippar.

zur Zeit der größten Klarheit.“ Wenn der Bericht von der Vision vollständig wäre, so hätten wir eine Beschreibung des göttlichen Thrones auf dem Berge, dem der Thron im ʾohel moʿed entspricht. Dem geschilderten Fußgestell entspricht die kapporet der Lade. Ein entsprechendes Kultgerät ist die Deckplatte (raḳîaʿ) der Merkaba, die als Thronwagen Gottes von Norden her kommt bei Ezechiel, vgl. Ez 1, 22: „*Über den Häuptern der Tiere war ein Gebilde wie eine raḳîaʿ, glänzend*

1) Klostermann l. c. S. 73. Vgl. Ps 132, 7: „Laßt uns in seine Wohnung eingehen, vor dem Schemel seiner Füße niederfallen; brich auf, Jahve, nach deiner Ruhestätte, du und deine mächtige Lade.“ Ez 43, 7: „Hast du gesehen die Stätte meines Thrones und die Stätte meiner Fußsohlen?“ 1 Chr 28, 2 erscheint die Lade als „Schemel der Füße“ Jahve's (v. 18 nennt die Keruben, die das Adyton im Tempel decken, merkaba, wie Ez 1 der Keruben-Thronwagen Gottes heißt).

wie Kristall.“ In diesem Zusammenhange ist übrigens sehr zu beachten, daß die Chronik die Kerubim, die im Tempel die Lade decken, merkaba nennt (1 Chr 28, 18). Die Quelle des Chronisten kennt den Zusammenhang zwischen dem Throne Gottes, der Lade und dem göttlichen Thronwagen bei Ezechiel[1].

Abb. 142: Heiliger Schrein vom ägypt. Götterschiff. (Ohnefalsch-Richter, Kypros, Bibel und Homer).

Aber wenn auch der Deckel der Lade als Untersatz des Thrones gilt, so ist das doch nur pars pro toto. Die Verzierungen der Lade sind die des göttlichen Thrones. Und 2 Mos 25, 22; 4 Mos 7, 89 kommt die Stimme Gottes von der „Deckplatte“ her, zwischen den Keruben hervor. 2 Mos 25, 20 werden Keruben-Gestalten als Thronträger an dem Deckel der

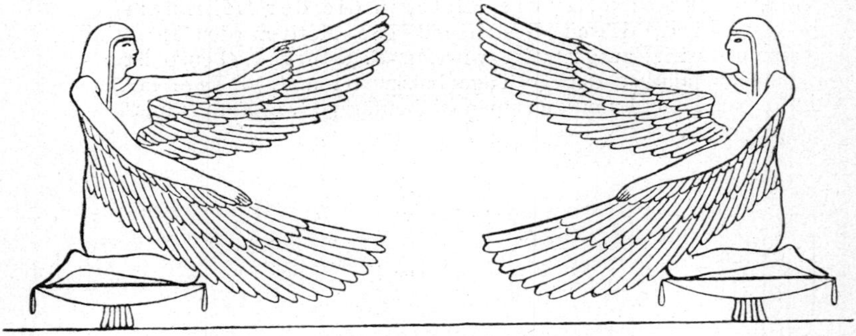

Abb. 143: Keruben im Tierkreis-Heiligtum von Dendera. Nach Dibelius, Lade Jahve's (vgl. S. 441 Anm. 2).

Lade angebracht: „*Es sollen die Kerube ihre Flügel nach oben [gegen die Deckplatte hin] ausgebreitet halten, indem sie mit ihren Flügeln die Deckplatte überdecken, während ihre Gesichter ein-*

[1]) Daß die Rabbinen den Zusammenhang zwischen dem Thronheiligtum Gottes auf dem Sinai, dessen irdisches Abbild doch das Zeltheiligtum sein soll, und der Merkaba mit den vier Tieren kannten, beweist die S. 452 Anm. 1 herangezogene interessante Stelle aus Schemot Rabba.

ander zugekehrt sind; eins gegen das andre[1] *sollen die Gesichter der Kerube gerichtet sein.*“ Die Kerube sind als Thronträger gedacht wie bei der Merkaba Ezechiels. Vielleicht behält auch Klostermann mit seiner Annahme recht, daß es sich um vier Kerube handelt (zwei Keruben, jeder mit doppeltem Gesicht).

⚹ Die Lade als Kasten und die mit Keruben geschmückte kapporet[2] als Thron bez. Thronschemel haben einen logischen Zusammenhang, der in der mosaischen Kult-Symbolik nicht mehr zu erkennen ist. Hier ist die Lade der heilige Schrein für die Gesetztafeln. Sofern die Lade zum Throne gehört, stellt sie im altorientalischen Mythus von der Erlösererwartung den Kasten dar (bez. das Schiff, Schiff der Isis, Arche der Sintflut), in dem der zukünftige Retter geborgen wird. Nachdem die Wasser (Winterzeit) durchschifft und die Gefahr überwunden ist (s. die Beispiele S. 409 ff.), tritt er die Herrschaft an. Der Retter entsteigt dem Kasten und der Kasten wird zum Thron, auf dem der Bringer des Weltenfrühlings sitzt. S. 409 wurde bereits auf Apk 11, 19; 12, 1 ff. hingewiesen. Der Seher sieht die Lade (κιβωτός, wie Sept. zu 2 Mos 27, 21; 39, 35 etc.) im Heiligtum. Dann hat er die Vision von der Geburt des Sonnenkindes, das vom Drachen bedroht und im himmlischen Heiligtum geborgen wird. Ist der Thron, auf dem er Apk 12, 5 sitzt, die 11, 19 gezeigte Lade im himmlischen Heiligtum? Die junge Quelle würde dann wieder einmal die Zusammenhänge deutlicher zeigen, wie die alten Berichte. Aber auch die religiöse Phantasie der alten biblischen Erzähler kannte vielleicht die Zusammenhänge. Die Lade heißt 'arôn, wie 1 Mos 50, 25 die Kiste, in die der Leichnam Josephs gelegt wird, dessen Gestalt mit den Motiven des Errettermythus (Tammuz-Osiris) ausgestattet wird (s. S. 386), und ebenso ist wohl der Leichnam Jakobs, der 40 Tage balsamiert und 70 Tage beklagt wird (1 Mos 50, 2) und um den man siebentägige „Ägyptertrauer“ auf der Hadad-Tenne hält (1 Mos 50, 10f., s. S. 400) im 'arôn aufgebahrt zu denken. 'Arôn entspricht also der Tammuz-Osiris-Lade. Der volkstümliche Mythus verkörpert die Erlösererwartung in Osiris und Tammuz. Darin liegt ja auch der Sinn der Osiris-Tammuz-Marduk-Motive, die wir in den Erzählungen fanden. Am deutlichsten fanden wir das Motiv des verfolgten und geborgenen Erretters in Mosis Kindheitsgeschichte. Wie das Apk 12 geborgene Sonnenkind tritt er nach seiner Errettung als Drachenkämpfer auf (Befreiung aus Ägypten, s. S. 180). Aber Moses ist doch nur ein Heros, der im Auftrag Gottes handelt. Der Retter ist Gott selbst. Daß er der Erlösergott ist, ist der Sinn der Offenbarungen am

---

[1]) „gegen die Deckplatte“ haben wir in den ersten Teil des Satzes verlegt. So fällt die unnatürliche Haltung (vornüber auf die Lade gebeugt) weg. Das „gegen die Deckplatte hin“ bezeichnet m. E. nur die Richtung zur Deckplatte von der Seite her, vgl. Abb. 143.

[2]) Für das Verhältnis von Lade und Thron wäre die Frage von Wichtigkeit, ob die kapporet als Deckel der Lade oder als Aufsatz auf die an sich schon oben verschlossene Lade gilt. Nach 2 Mos 25, 17 ff. bildet sie ein gesondertes Stück, dessen Anbringung besonders befohlen wird; 2 Mos 26, 34; 31, 7 etc. wird sie auch als etwas Besonderes erwähnt.

Horeb-Sinai. Darum liegt es sehr nahe, daß die Symbolik des Kultus am Sinai an die Requisiten des Erlöser-Mythus anknüpfte. Die von Gott mit göttlicher Einsicht begabten Künstler (S. 435) werden an die Osiris-Tammuz-Lade gedacht haben, als sie die Lade, den heiligen Schrein für die steinernen Tafeln, herstellten. Die Voraussetzung unsrer Ansicht ist natürlich die, daß Jahve selbst für den Israeliten die Züge des heidnischen Osiris-Tammuz trug. Das ist auch sehr verständlich; denn in den Tammuz-Osiris-Mythen sind religiöse Realitäten verborgen: Erwartung eines göttlichen Erlösers. Das Volk wird freilich gröbere Verbindungslinien gesehen haben. In der reinen Jahve-Religion war nur das Symbol übriggeblieben, das in feinen Konturen die poesievollen Formen des Mythus zeigt. Mit aller Reserve möchte ich die Frage aufwerfen, ob an Stellen wie 2 Mos 34, 23[1]; Mal 3, 1; Ps 114, 7 'Adon direkt dem phönizischen Gottesnamen Adonis (= Tammuz) entspricht. Um Jojakim soll (Jer 22, 18) nicht geklagt werden: hoj adôn (Adonis als der Hinabgesunkene, dessen Auferstehung und Sieg man erwartet, s. S. 83 ff). Hingegen klagte man so um Josia, den man als Erlöser betrauerte und wiederersehnte, s. S. 91. Es wäre wohl denkbar, daß man den Errettergott, der im Heiligtum sich offenbart, mit dem gleichen Namen angerufen hätte.

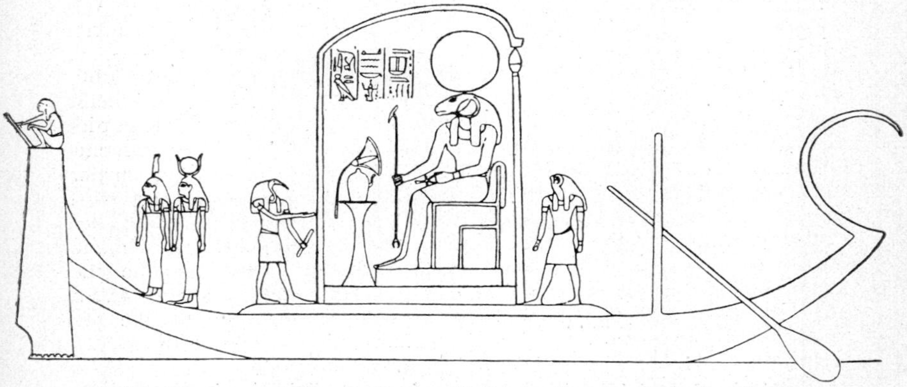

Abb. 144: Das Sonnenschiff im Tempel von Wadi Sebua (Lepsius, Denkmäler III, 181).

Von dem Bildermaterial, das für die Frage nach dem Sinn der Lade aus den altorientalischen Monumenten herangezogen werden kann, kommen besonders die Abb. 140—142 wiedergegebenen Geräte in Betracht. Das wichtigste scheint mir Abb. 140 zu sein[2]. Hier wird der auf ein Schiff gestellte Thron, auf dem die Gottheit einherfährt[3], von Tier-

[1]) Samarit. hat 'arôn Jahve.

[2]) Gerade diesen Keruben-Thron, auf ein Schiff gestellt, den wir ATAO[1] zu Ez 1 (Merkaba) gestellt hatten, hat Dibelius, aus dessen Buche die Heranziehung von Abb. 142—144 und der Hinweis auf Abb. 141 übernommen wurde, übersehen.

[3]) Der Sonnengott? Vgl. Abb. 144.

gestalten getragen. Abb. 145 S. 444 zeigt babylonische tragbare Throne in einer Götterprozession. Abb. 143 (Keruben aus Dendera) illustriert uns die 2 Mos 37, 9 (vgl. S. 439 f.) vorgeschriebene Flügelstellung der Keruben. Abb. 144 zeigt einen ägyptischen, heiligen Mysterienkasten, auf dem Schiff stehend. ✳

Der Bau des Heiligtumes bedeutet gewissermaßen einen kultischen Wiederaufbau des himmlischen Gottessitzes auf Erden, der nach der Vollendung des Weltenbaues errichtet wurde und der mit der Vertreibung aus dem Paradies verschlossen wurde. Die Erscheinung am Horeb zeigte Moses den mit Dornen und Waberlohe umzäunten Gottessitz (s. S. 416). Klostermann[1] hat gezeigt, wie der Redaktor der Erzählungen, der Verfasser des Pentateuchs, auf die Zusammenhänge hat hinweisen wollen. Der Bau dauert nicht sieben Jahre, wie der salomonische Tempel, nicht sieben Tage, wie der Weltenbau, sondern sieben Monate[2]. Den sieben Schöpfungswerken entspricht die siebenmalige Formel: „wie Jahve Mose befohlen hat“[3]. Die Fertigstellung des Materials 2 Mos 39, 32 wird mit Worten begleitet, die ausdrücklich an 1 Mos 2, 1 f. erinnern. Und wie Gott am Ende des Werkes befriedigt ist (1 Mos 1, 31) und Segen austeilt (1, 28; 2, 3), so segnet Moses 2 Mos 39, 43 die Baumeister.

1 Mos 2, 1 f.: So wurden vollendet der Himmel und die Erde mit ihrem ganzen Heer. Und Gott vollendete am 7. Tage sein Werk, das er gemacht hatte.	2 Mos 39, 32: So wurden sämtliche Arbeiten für ʾohel moʿed vollendet und die Israeliten taten ganz, wie Jahve Mose befohlen hatte — so taten sie.
1 Mos 1, 31; 1, 28; 2, 3. Und Gott sah, daß alles, was er gemacht, sehr gut sei .... Da segnete sie Gott und sprach zu ihnen ..... Und Gott segnete den 7. Tag.	2 Mos 39, 43. Als aber Mose wahrnahm, daß sie nunmehr die ganze Arbeit getan hatten wie Jahve befohlen hatte, so hatten sie getan — da segnete sie Mose.

Zu dem Verhältnis der Urim und Tummim zum Baum des Lebens und Baum des Erkennens s. S. 450.

Im ʾohel moʿed ist die Lade mit dem Keruben-Deckel also die Stelle, an der man sich Jahve gegenwärtig denkt. Als 1 Sa 4, 3 ff. die Lade Jahve's Ṣebaoth, der auf Kerubim thront, in ihr Lager

[1]) l. c. S. 93.

[2]) S. Klostermann I, 162 ff. II, 93.

[3]) 2 Mos 40, 19. 21. 23. 25. 27. 29. 32. Dieser siebenmaligen Formel muß ein siebenmaliges göttliches Gebot entsprochen haben (vgl. 2 Mos 25, 1; 30, 11. 17. 22; 31, 1. 12; 40, 1). Ebenso sieben Schnitte bei Anfertigung des Priestermantels 39, 1. 5. 7. 21. 26. 29. 31; sieben Abschnitte bei der Erzählung über die Priesterweihe und die erste Opferhandlung der Priester, s. Klostermann l. c. II, 95.

geholt worden ist, gilt das als ein Kommen Gottes ins Lager[1], und die Geschichte vom Schluß des Kapitels (Ikabod) zeigt, daß mit dem Verlust der Lade der Kabod, die Herrlichkeit Jahve's, von Israel genommen ist[2]. Dies sakramentale Heiligtum heißt auch הקדש, weil es sich in einem gegen das übrige Zelt abgeschlossenen Raume befindet. „Vor dem קדש" ist dasselbe, wie „vor der 'eduth-Lade" oder „vor dem 'eduth"[3]. Von dem Kerubenthron soll die Stimme Gottes kommen, wenn Gott sich offenbart und mit Mose redet. Der Vorgang der Orakel-Einholung ist 2 Mos 33, 7—10, 34, 33—35 geschildert. Die Stellen sind versprengte, eng zusammengehörige Fragmente. Sie geben folgendes Bild:

Jahve offenbart sich außerhalb des Lagers. Wer Jahve befragen will, begibt sich hinaus aus den Zelten des Lagers vor das Offenbarungszelt und wartet auf den Bescheid. Die Einholung des Orakels geschieht durch Moses. Wenn er zur feierlichen Kulthandlung hinausgeht, erheben sich alle Leute innerhalb des Lagerzeltes und schauen ihm ehrfurchtsvoll nach. Sobald Moses das Zelt betritt, senkt sich die Wolke, die nach 40, 34 seit der Vollendung des Baues das Zelt bedeckt, zum Zeichen, daß hier Jahve gefunden werden kann, herab an den Eingang des Zeltes. Drinnen redet Gott persönlich mit Mose, „wie jemand mit seinem Freunde redet." Wenn Moses dann zurückkam, sahen die Israeliten, „daß die Haut des Antlitzes Mosis leuchtete". So legte er jedesmal, wenn er aus dem Zelte kam, den Schleier vor sein Angesicht[4].

Das heilige Zelt bildet das templum des israelitischen Lagers. Das Lager selbst ist nach den vier Weltrichtungen orientiert. Die Lade samt der Wohnung schützt das Lager, und das Lager wiederum bildet den Schutz der Lade. Wie das Heiligtum der Kaaba in Mekka für uns eine Illustration zu dem

---

[1]) 1 Sa 4, 7 (nicht Rede der Philister) vgl. v. 3, wo durch Glosse der aktive volkstümliche Ausdruck „unser Gott" (= Lade; vgl. die Verba „er soll ausziehen", „er soll erretten") verwischt ist, s. Klosterman im Kommentar zur Stelle.

[2]) 1 Sa 4, 21. S. Dibelius l. c. S. 17f.

[3]) Klostermann II, 72: „Daß dies aber nicht die Steintafeln sind, sondern die Lade in ihrer ins Auge fallenden Kunstform, geht aus 2 Mos 25, 22 und 4 Mos 7, 89 hervor, wo die redende Stimme zwischen den Keruben hervorkommt."

[4]) Der Zusammenhang, in dem das Fragment 2 Mos 34, 33—35 jetzt steht, hat zu der verkehrten Ansicht geführt, als ob Moses jedesmal auf den Sinai gestiegen sei und als ob die Verschleierung und Entschleierung mit diesen Bergbesteigungen zusammenhinge. Zur Sache s. S. 381.

israelitischen Zeltheiligtum bildet, so ist die muhammedanische Lagerordnung noch von den gleichen Grundsätzen aus gestaltet. Auch die Parallele der von Polybius geschilderten römischen Heerlagerordnung, die ja wohl etruskischen und damit orientalischen Ursprungs ist, wurde mit Recht zur Vergleichung herangezogen[1]; dem 'ohel mo'ed entspricht hier das templum des Augurs, nach dessen Angaben das Lager nach den vier Weltrichtungen ausgemessen wird.

Die Lade war tragbar eingerichtet[2]. Die Angaben 2 Mos 25, 13ff. werden durch die Träger 2 Sa 6, 13; 15, 24 ungesucht bestätigt. Jedoch beziehen sich die Anweisungen für das Tragen der Lade nur auf den Transport aus dem Adyton zum Wagen

Abb. 145: Assyrische Götterprozession. (Aus Layard, Monuments of Niniveh I, 65).

und vom Wagen ins Adyton, und sodann auf den Gebrauch der Lade bei Prozessionen, z. B. wie beim Umzug um die Mauern Jerichos (Jos 6, s. S. 468f.)[3]. Bei den Wanderungen von Station zu Station wurde ein mit Rindern bespannter Wagen als Transportmittel benutzt. Die Zugtiere und Rinder dienen demselben Zweck wie die Räder der Merkaba bei Ezechiel. Die Kerube symbolisieren die Thronträger, sie können sich aber

---

[1]) Klostermann II, 144; Nissen, Das templum.

[2]) Den Einwand Buddes Stud. u. Krit. 1906, 492 gegen die unwürdige Stellung, die dem thronenden Jahve zugewiesen wird, wenn er beim Tragen der Lade seitlich sitzt oder gar rittlings mit dem Angesicht nach vorn, wird sich durch einen Blick auf Abb. 145 erledigen (vgl auch Abb. 7 S. 15, zweite Gottheit von links). So würde der getragene Thron zu denken sein.

[3]) Auf Tragen in der Prozession bezieht sich wohl auch 2 Chr 35, 3: „Setzt die heilige Lade in den Tempel .... ihr braucht sie nicht mehr auf der Schulter zu tragen." Es ist kaum an Kriegsgebrauch zu denken, s. z. St. Dibelius l. c. 44.

nicht fortbewegen[1]. 4 Mos 7, 3 wird ausdrücklich berichtet, daß die Stammeshäupter Rinder und Wagen stellen mußten zum Dienst am 'ohel moʿed. Daß der Transport auf dem Ochsenwagen dem heiligen Usus entsprach, zeigt die Behandlung der Lade durch die Philister (1 Sa 6, 7 ff.). Sie werden sich gewiß im eignen Interesse genau nach der Zeremonie gerichtet haben, die der Lade gebührte. 4 Mos 10, 33 wird angenommen, daß die Lade bei der Wanderung drei Tagereisen vorauszog. Drei Tagereisen ist wohl symbolische Zahl. Aber die Annahme, daß man dem Instinkt der Tiere, die z. B. für Wasser Witterung haben, die Leitung überließ, ist sehr einleuchtend[2].

4 Mos 10, 35 ff. sind die liturgischen Formeln aufbewahrt, die beim Aufbruch zu einer neuen Station und bei der Ankunft an einer neuen Station gesprochen wurden[3].

Wenn die Lade sich auf den Weg machte (beim Suchen nach einer neuen Station) sprach Mose:

Mache dich auf, Jahve, daß deine Feinde sich zerstreuen
und deine Widersacher vor dir fliehen.

Und wenn sie den Lagerplatz erreichte, sprach er:

So umgib[4] wieder, Jahve,
die zehntausendmal Tausende Israels.

Der Gedanke würde sein: Bei der Wanderung ist die in der Lade verbürgte Gegenwart Jahve's die schützende Führung des Zuges, im Lager bildet er den Israel umgebenden Schutz, wie bei Sach 2, 8 f. der Herr „Jerusalem umgibt gleich einer heiligen Mauer".

---

1) Noeldeke stellt sich vor, daß die Keruben mit der Lade durch die Luft fliegend gedacht sind. Das ist nur möglich, wenn man das Ganze für Fiktion hält.

2) So Klostermann, auch von Holzinger, Exodus angenommen. Parallele Beispiele bei Curtiß, Ursemitische Religion. Das Weli wird dort errichtet, wo das zum Opfern bestimmte Schaf sich niederläßt. Stucken l. c. 18 f. erinnert an die wegweisende Kuh des Kadmos, die wegweisenden Kamele in altarabischen Mythen (Wellhausen, Skizzen III, 147) und die wegweisenden Hirsche in germanischen Sagen.

3) Die termini sind נסע und נוח. Beides sind Motivworte. Der Sinn von נסע, wie er sich uns S. 341 und 422 aus dem Ausdruck מסעות erschlossen (Stationen, kosmischer Sinn: Stationen des Mond- bez. Sonnenlaufs), ist entscheidend für das Verständnis.

4) Der hebr. Text hat שובה var. שבה (s. Kittel, Bibl. Hebr. z. St.). Die Emendation שבבה folgt einer Vermutung Klostermanns. Sept. hat *ἐπίστρεψε,* könnte also die Lesung שבבה decken. Keinesfalls kann (wie in der Übersetzung von Dibelius l. c. S. 11) שובה mit dem folgenden persönlichen Akkusativ als Ziel der örtlichen Bewegung verbunden werden („Laß dich nieder zum etc., kehr' heim zum etc.").

In den Kriegen Jahve's wurde die Lade in ähnlicher Weise als Kriegssymbol gebraucht. Daß es in alter Zeit nicht Regel war, zeigt 1 Sa 4, 7, wo das Herbeiholen der Lade als etwas Außergewöhnliches empfunden wird. 2 Sa 11, 11 wird diese kriegerische Bedeutung für die Kriege Davids vorausgesetzt[1].

Daß die Angaben über das Zelt und die Lade Jahve's im Priesterkodex einer faktischen geschichtlichen Vergangenheit entsprechen, zeigt auch das Verhalten Davids. Wenn er die Sanktionierung Jerusalems durch Aufstellung eines Heiligtumes vollzog, so wird er sich gewiß sorgfältig nach den alten Traditionen gerichtet haben. Wie hätte sonst die Errichtung des Heiligtums den gewünschten Eindruck auf das Volk machen können. Bereits zu Samuels Zeiten scheint allerdings die Tendenz vorhanden gewesen zu sein, an Stelle des Zeltes ein massives Gebäude zu setzen. Das Heiligtum in Siloh scheint wirklich nicht mehr ein einfaches Zeltheiligtum gewesen zu sein. Aber David griff auf die alte Tradition zurück und verzichtete auf den Hausbau. Aber es ist sehr zu beachten, daß bei den Anweisungen, die David Salomo für den Bau des Tempels gab, 1 Chr 28, 11ff. von Modellen die Rede ist (tabnît, s. S. 435), die dem künftigen Erbauer übergeben werden. Die Tradition ist beachtenswert und kann sehr wohl zu dem guten Überlieferungsgut der Chronik gehören. David hat gewiß treulich alle Traditionen über das alte Heiligtum gesammelt[2].

Im salomonischen Tempel war nun entsprechend dem Charakter des festen Baus die Ḳibla der religiösen Verehrung, das Sanktuarium, das die Gegenwart Jahve's verbürgte, festgelegt. Das gesamte Adyton ist nun der Ort der Thronherrlichkeit Jahve's[3]. Darum wurden Kerub-Gestalten aufgestellt, die mit ihren ausgebreiteten Flügeln das ganze Adyton überschatteten. Der Gedanke des Thrones Jahve's, den die kapporet mit den Keruben symbolisch darstellt, hat in den großen Keruben gewissermaßen seine Wiederholung.

---

[1]) Klostermann, Komm. z. St. ergänzt auch 10, 7 und 12 die Lade.

[2]) Der Prophet Gad, der 2 Sa 24, 18ff. die Anweisungen zum Altarbau gibt, hat dabei vielleicht eine besondere Rolle gespielt, s. Klostermann, Gesch. Isr. 170f., der 1 Chr 28, 19 liest: „Das Ganze in einer Schrift Gads (מ zu tilgen mit Sept.) des Sehers (גָּד הַחֹזֶה wie 1 Chr 29, 30) für ihn zur Unterweisung (l. mit Sept. und Targ. לְהַשְׂכִּיל) über die Einrichtungen des Modells.“

[3]) Daß die Lade noch weiter als Kriegsheiligtum mit in den Kampf genommen wurde, ist unwahrscheinlich. Die Stelle 2 Chr 35, 2 ist nicht zwingend. Die religiöse Vertiefung der prophetischen Zeit konnte auf diese kompakte Garantierung der Gegenwart Jahve's wohl verzichten.

Mit der Lade erscheinen im Laufe der Geschichte aufs engste verbunden die Gottesnamen Jahve Ṣebaoth und Jahve, der auf Kerubim thront. Das Heiligtum in Siloh gehört Jahve Ṣebaoth, der auf Kerubim thront, s. 1 Sa 4, 4. Besonders charakteristisch ist 2 Sa 6, 2f.: Vor der Gotteslade, die auf einem neuen, mit Rindern bespannten Wagen von dem Bergheiligtum Abinadabs nach dem Zion gebracht werden soll, heißt es: „die Lade, über der ein Name genannt ist, der Name Jahve Ṣebaoth genannt ist, der auf Kerubim thront.“ Auch Jes 37, 14ff. gehört hierher. Hiskia breitet einen Brief im Tempel „vor Jahve Ṣebaoth, dem Gott Israels, der über den Kerubim thront“ aus, d. h. doch gewiß: vor der Lade[1]. Beide Namen haben den gleichen kosmischen Sinn: Jahve ist Herr der gestirnten Welt[2]. Die Kerubim sind die Repräsentanten der vier Weltecken, gleichsam die Thronträger Gottes[3], ornamental angedeutet an der Lade Jahve's und hernach im Adyton des salomonischen Tempels.

Das Fehlen der Namen im Pentateuch ist auffällig. Wenn die Lade für die mosaische Zeit historisch ist, müssen auch die Namen alt sein[4]. Daß sie im jetzigen Texte, der den Pentateuch getrennt vom Buche Josua als redigiertes Gemeindebuch darstellt, fehlen, wird auf dem S. 434 Anm. 2 angedeuteten, von Klostermann hervorgehobenen praktischen Motiv beruhen. Die Namen hatten für die spätere Zeit einen heidnischen Klang. Wie es scheint hat man dafür eingesetzt: die Lade Jahve's, des Herrn der ganzen Welt (adon kol ha-areṣ Sept. *κύριος πάσης τῆς γῆς*). So Jos 3, 11. 13. Die Benennung adon Jahve 2 Mos 23, 17; 34, 23 (Sept. *ἐνώπιον κυρίου τοῦ θεοῦ Ἰσραήλ*) ist vielleicht ein Rest dieser Umnennung[5]. Daß sie in dem Geiste

---

[1]) S. Dibelius l. c. S. 47. In der Variante 2 Kg 19 fehlt Ṣebaoth.

[2]) S. 166. Die hexaplarischen Übersetzungen haben für Jahve Ṣebaoth neben *κύριος Σαβαώθ* die Namen *κύριος τῶν δυνάμεων, κύριος τῶν στρατιῶν*. Zu der kosmischen Bedeutung von *δυνάμεις* und *στρατιά* im N. T. s. BNT 85f. Die Sterne sind Kriegsscharen Gottes, s. Ri 5, 20. Die Übertragung auf Israels Kriegsscharen lag sehr nahe. Besonders charakteristisch für die Beziehung der Herrschaft Jahve's auf die gestirnte Welt ist Jes 24, 21ff., s. z. St. und bereits S. 179. Vgl. ferner unsere Ausführungen zu 2 Kg 21, 5; 23, 5 über die volkstümliche Auffassung von Jahve.

[3]) Die vier Tiere der Apokalypse.

[4]) Auch Dibelius tritt wenigstens für das relative Alter der Namen ein, l. c. S. 21; den Namen Jahve Ṣebaoth läßt auch Budde, Bücher Samuelis, als ursprünglich gelten.

[5]) So Klostermann, Geschichte Israels S. 76.

der späteren Zeit liegt, sieht man Sach 4, 14, wo die beiden Gesalbten, die zur Seite des Leuchters stehen, Diener des adon kol ha-areṣ heißen, während man in diesem kosmischen Gemälde einen Namen wie Jahve Ṣebaoth erwarten würde[1].

Einundzwanzigstes Kapitel.

Weitere Glossen zum Pentateuch.

2 Mos 25, 23ff. Zwölf Schaubrote. Ähnliches Kultstück im babylonischen Ritual, s. S. 429; vgl. auch die „süßen Brote" (?) ahlaj in den minäischen Inschriften (S. 433). Die „Brote des Angesichts" vermitteln im Mysterium des Kultus das Anschauen Gottes. 2 Mos 24, 11: Die Ältesten, die zum Gottessitz auf dem Berge steigen, „schauten Gott, indem sie aßen und tranken". Das Essen der Brote im 'ohel mo'ed soll die gleiche sakramentale Wirkung haben. Man vergleiche die religiöse Bilderrede: „Ich werde gesättigt, wenn ich erwache nach deinem Bilde." Wie alle kultischen Symbole, so haben auch die zwölf Brote kosmischen Sinn. Jos. Ant. 3, 717 sagt:

> „Die zwölf Brote entsprechen den zwölf Monaten des Jahres (bez. den zwölf Sternbildern im Tierkreis); der aus 70 Teilen bestehende Leuchter bedeutet die Zeichen, durch die die Planeten gehen, und seine sieben Lampen die Planeten selbst."

2 Mos 25, 31ff. Der siebenarmige Leuchter. Auf dem Titusbogen in Rom ist Schaubrottisch und Leuchter des herodianischen Tempels abgebildet. Die Beziehung auf die sieben Planeten (Josefus s. oben) bespricht auch Philo[2]. Wie die sieben Planeten in der orientalischen Mystik die gesamte Offenbarung des göttlichen Willens repräsentieren, so verbürgt der siebenarmige Leuchter die Gegenwart Gottes. Eine inter-

---

[1]) Klostermann l. c. S. 76f. möchte nach dieser Analogie in dem modern und abstrakt klingenden Namen „Jahve, Gott der Geister alles Fleisches" 4 Mos 16, 22; 27, 16 eine Umschreibung des Namens „Jahve, der auf Kerubim thront", sehen. Das erscheint mir sehr einleuchtend, da es sich um die schwierige Einbeziehung der Tiere in die Repräsentation der Herrlichkeit Gottes handelt. Man beachte, daß Ezechiel die Tiere der Merkaba cp. 1 nur ḥajjôt „Lebewesen" nennt, und später erst (cp. 10), nachdem er die Deutung bekommen hat, nennt er sie kerubim.

[2]) Zu den Parallelen in der Apk Joh s. BNT 24ff.

essante Variante zu dieser religiösen Symbolik sind die „sieben Augen Gottes, die die Welt durchschweifen", s. zu Sach 4, 10.

2 Mos 28, 6 ff. 31 ff. Das hohepriesterliche Gewand. Auch hier verbergen sich hinter der ausschmückenden Darstellung des Priesterkodex alte Elemente. Das Gewand stellt den Kosmos dar nach Zeit und Raum[1]. Der Hohepriester trägt es also als Stellvertreter Gottes. Von diesem kosmischen

Abb. 146: Relief des Titusbogens in Rom.

Kleide war S. 162 die Rede[2]. Die jüdischen Ausleger kennen den Sinn. Sie sagen, die Zahl der Granatäpfel sei 12 oder 72 oder 365 gewesen, das sind die Zahlen des Zyklus. Übrigens sind auch die Granatäpfel als Glocken zu denken[3].

2 Mos 28, 17 ff. vgl. 39, 8 ff. Urim und Tummim. So heißen die beiden Gegenstände, die Aaron in der Orakel-Tasche auf der Brust trägt. Aus dem alten Liede 5 Mos 33, 8 geht deutlich hervor, daß die Urim und Tummim in einer alten Überlieferung auch Moses zugeschrieben wurden. Er hat sie im

---

[1]) Ebenso der Prophetenmantel, s. S. 497. Umgekehrt ist der Himmel das Kleid Gottes Ps 104, 2.

[2]) Josefus 3, 717 hat den Sinn nicht mehr recht verstanden.

[3]) Zur Zahlensymbolik vgl. Jacob, Der Pentateuch, Leipzig 1905.

Kampfe Gott abgerungen[1] und wir werden annehmen dürfen, daß in dem fragmentarisch erhaltenen Text 2 Mos 33, 8 ff., der die Orakelpraxis Mosis erzählt hat, auch von Urim und Tummim die Rede war. Urim und Tummim dienen zur Orakelbefragung. Das Orakel aber offenbart die Geschicke, und der Träger der Urim und Tummim verwaltet gewissermaßen die Geschicke. So bilden die auf der Brust getragenen Urim und Tummim eine Analogie zu den babylonischen Schicksalstafeln (tup-šimâti, s. S. 46), die ebenfalls auf der Brust getragen werden. Was bedeuten Urim und Tummim? Offenbar sind es Gegensätze. Wir kennen die Hervorhebung des Gegensatzes der beiden

Abb. 147: Ägyptischer heiliger Stier. Museum zu Gizeh.

Kreislauf-Hälften: Licht und Finsternis, Tod und Leben. Urim und Tummim sind Leben und Tod, Ja und Nein, Licht und Finsternis[2]. Im Heiligtum des ʾohel moʿed verbirgt sich also hinter den Symbolen des Urim und Tummim der gleiche Sinn wie hinter den Bäumen des Lebens und des Erkennens (Leben und Tod, Selene und Helios) im Paradies[3].

Man begreift, daß die Urim und Tummim in der prophetischen Zeit verhältnismäßig heidnisch erscheinen konnten. Des-

---

[1]) Zum Sinn dieses Kampfes, der die gleiche Bedeutung hat wie Jakobs Kampf, s. S. 377 f.

[2]) So hatte ich bereits früher erklärt, ohne Tummim sprachlich erklären zu können (Urim „Licht" ist deutlich). Die Bestätigung bietet das durch Winckler F. III 420 f. aufgewiesene Tam-Motiv, s. oben S. 371.

[3]) S. S. 22.

halb werden sie auch nach dem Exil nicht mehr aufgenommen, obwohl man sie nach Neh 7, 65 vermissen mochte.

Zu den zwölf Edelsteinen auf der Orakeltasche vgl. die sechs Edelsteine an der Brust des babylonischen Königs IV R 18* Nr. 3 und s. S. 197. Die Siegelstecherkunst (28, 11) war in der gesamten vorderasiatischen Welt verbreitet.

Abb. 148: Heilige Kuh der Ägypter. Grab Sethi I.

Zum Ephod s. die Ausführungen BNT 111.

2 Mos 29, 38 ff. s. S. 430.

2 Mos 30, 13 müssen die Erwachsenen Tribut zahlen, soweit sie „*eingetreten sind in die Zahl der Eingeweihten*“[1].

2 Mos 32, 4. Das goldene Kalb. Die Sache bleibt dunkel. Ist an den ägyptischen Stier zu denken[2]? Aber der

[1]) Winckler OLZ 1901, 289; nicht „vorübergehen beim Zähler“. Es handelt sich um einen feierlichen Akt, dem die Beschneidung im 12. oder 13. Jahre bei den Arabern, das Nehmen der toga virilis bei den Römern entspricht. Vgl. zu den Mysten oben S. 76 f., BNT 106 f.

[2]) Vgl. Abb. 147 und 148. Das 2. Bild zeigt, daß der Kultus astralmythologischen Ursprung hat; an dem 1. ist die Betrachtung der Hörner als Mondsichel besonders deutlich zu sehen. Auch Abb. 156 ist instruktiv. Vgl. ferner S. 389.

Stier wurde doch wohl nur lebend verehrt. Bildliche Darstellungen der heiligen Kuh, die Hathor darstellt, sind allerdings bezeugt; z. B. durch das neuentdeckte Hathor-Osiris-Heiligtum, s. S. 108 A. 1. Wenn die südarabischen Stierköpfe des Wiener Museums (vgl. Nielsen, l. c. S. 112) alten minäischen Vorbildern entsprechen, so könnte 2 Mos 32, 4 auch Nachahmung eines arabischen Kultus vorliegen. In allen Fällen aber handelt es sich um einen kosmisch-astralen Kultus im Sinne von Am 5, 26 (s. S. 598), vgl. AG 7, 42f. Der Stier soll den Rettergott darstellen, der den Frühling bringt (die Babylonier jener Zeit nannten ihn Marduk)[1]. Das Bild wird vorher mit einem Griffel vorgezeichnet[2].

✳ 2 Mos 34, 33 und 35 *Moses bedeckt sein Antlitz* s. S. 110 und 381, Anm. 3. Zu dem „gehörnten Moses" der Vulgata vgl. noch das Wortspiel v. 35: כי קרן עור. Der dhû-'l-ḥimâr „Schleiermann" der islamischen Legende wird übrigens dem dhû-'l-ḳarnain „Hörnermann"[3] gleichgesetzt. Alexander der Große sagt in der Alexander-Legende, die ihn als den Erretter darstellt: „Ich weiß, daß du meine Hörner auf meinem Haupte hast wachsen lassen, daß ich die Reiche der Welt zerstoße[4]." Den gleichen Sinn haben die Hörner in der Darstellung von Naramsin Abb. 88 S. 290, auf dem Siegelzylinder Abb. 69 S. 203 und auf dem Haupte des Hadad in der Stele von Sendschirli (v. Luschan, Ausgrabungen in Sendschirli, Tafel VI, Original im Berliner Museum). Es sind die Abzeichen der göttlichen Macht. Ob man an die Hörner einer bestimmten göttlichen Erscheinung zu denken hat, an Mondhörner oder Hadadhörner, wäre in jedem Falle besonders zu untersuchen. Bei der Volksvorstellung, die Moses Hörner gibt, liegt es nahe, an Hadad-Tammuz zu denken: einerseits, weil die Darstellung Mosis Hadad-Tammuz-Züge trägt (s. S. 410) und sodann, weil Jahve, dessen Vertreter Moses ist, in der Volksreligion mit Zügen des Wettergottes ausgestattet erscheint (s. S. 113, Anm. 4). ✳

2 Mos 35, 25f. Spinnen als Frauenarbeit. Eine altbabylonische Spinnerin zeigt Abb. 91 S. 292. Das Bild ist in Susa gefunden, stammt aus Babylon und gehört etwa in die Gudea-Zeit um 3000. Die Ritualtafeln reden von der Hexe mit der Spindel.

---

1) Midrasch Schemoth Rabba Par. III zu 3, 8 sagt: „Gott sagt, er werde mit seinem Viergespann (Merkaba) auf den Sinai kommen, die Israeliten werden eins von den ḥajjot (also den Kerub, der den Stier darstellt) losmachen und ihn erzürnen: das ist das goldene Kalb." Der Mann, der dies spintisierte, kannte den Sinn. Die Stelle ist auch interessant durch die Verbindungslinie, die sie zwischen dem 2 Mos 24, 10 fragmentarisch geschilderten Thron Jahve's auf dem Sinai und der Merkaba Ezechiels herstellt, die wir S. 25 bereits hervorgehoben haben.

2) *Eingeritzt*, Socin bei Kautzsch irrtümlich: „*bearbeitete es*", Luther richtig.

3) Vgl. B. Beer, Welche Aufschlüsse geben die jüdischen Quellen über den „Zweihörnigen" des Koran, ZDMG 1855, 791ff.

4) S. Kampers, Hist. Jahrb. der Görresgesellsch. XIX, 434ff.

3 Mos 2, 13. Salz beim Speiseopfer. Das Salz ist den Alten heilig. Homer: *θεῖον ἅλα*, Plato nennt es *θεοφιλές*; Tacitus bezeugt es für die Germanen; bei den Römern fordert die Ehrfurcht vor den Penaten, daß das Salzfaß nie auf dem Tische fehlt. Mc 9, 49f.: „Alles Opfer wird mit Salz gesalzen." Beim Schlachtopfer Ez 43, 24[1] mag ein sanitärer Grund hinzugekommen sein[2]. Babylonisch heißt ṭâbtu sowohl Weihrauch als Salz.

3 Mos 4, 3, s. S. 431.

3 Mos 5, 16. Es wird also beim Zurücktreten vom Vertrag 1/5, d. i. 20 Prozent Schadenersatz gezahlt. Ebenso im Babylonischen[3].

3 Mos 12, 8. Opfer der Reinigung: *Der Wohlhabende ein Schaf; der Arme zwei Tauben.* vgl. Lc 2, 24. In den Ritualtafeln soll der rubû, der Adlige (Vollbürger), eine Taube zu Asche (?) verbrennen, der muškênu, der Hörige, soll das Herz (?) eines Schafes verbrennen[4].

3 Mos 14, 4, s. S. 432.

3 Mos 16, 8. 16. 26. Azazel (vgl. S. 432) gilt nach Henoch 9, 6 u. ö. als Anführer der gefallenen Engel. Der Name ist vorläufig aus dem Babylonischen nicht zu erklären. An die Zeremonie erinnert der Vertragsschluß zwischen Assurnirari und Mati'ilu von Arpad[5], wo zum Vollzuge der Eidschwüre (nicht zum Opfer) ein Bock von der Herde gebracht wird, dessen einzelne Körperteile die Körperteile des Mati'ilu und seiner Familie darstellen. Henoch 10, 4 wird Azazel (er ist mit seinem Tiere identisch) in eine Grube in der Wüste geworfen (bôr = Unterwelt, s. S. 348; 384). Der Bock ist gleich Azazel, die Unterweltsmacht, der Teufel[6]. Er wird in die Wüste, d. h. in die Unterwelt gejagt. Vgl. Jes 13, 21.

3 Mos 18, 18, s. S. 325; 358.

---

[1]) Ebenso bei den Babyloniern, wofür Beispiele in den Ritualtafeln sich finden.

[2]) Jalkut Simeoni sagt (merkwürdigerweise zu 3 Mos 2, 13), man habe bituminöses Salz genommen, um das Verbrennen zu beschleunigen und den üblen Geruch zu mildern. Nach Menachoth 20a müssen nicht nur die Opfergaben, sondern auch das Feuerholz beim Opfer gesalzen sein. Vgl. ferner Berachoth 5a (Winckler, Neue Beiträge S. 39).

[3]) Belege bei Kohler und Peiser, Bab. Verträge.

[4]) KAT[3] 598f. Zu den Ständen s. S. 352 und 464.

[5]) Peiser in MVAG 1898, 228ff., vgl. oben S. 369.

[6]) Bei Se'îr = Bock in den Motiven der Esau-Jakob-Geschichte begegnet uns bereits die Idee S. 371.

3 Mos 18, 21. Molech (Moloch), s. S. 321 Anm. 1. In Zusammenhang mit der Frage nach der Existenz Molochs auf babylonischem Gebiet pflegt man die Frage zu erörtern, ob die babylonisch-assyrischen Völker Menschenopfer gehabt haben[1]. Inschriftlich ist keine bestimmte Spur von Menschenopfer bei den Babyloniern zu finden. Die Bemerkung Tieles, man habe vielleicht geflissentlich in den Inschriften dergleichen verheimlicht, ist nicht ohne weiteres von der Hand zu weisen. Zimmern weist auf folgende Spuren: In einem Beschwörungstext[2] scheint die Möglichkeit des Opfers eines Sklaven (amêlûtu) neben der eines Rindes oder Schafes ausgesprochen zu sein. In den juristischen Texten[3] wird für den Fall des Vertragsbruchs die Verbrennung des ältesten Sohnes oder der ältesten Tochter auf dem Altar des Sin und der Bêlit-ṣêri angedroht. Darin verbirgt sich vielleicht die Erinnerung an frühere Kinderopfer. Das gleiche gilt vielleicht von Stellen in den Königs-Inschriften, wie bei Asurnaṣirpal[4]: „Ihre Knaben und Mädchen verbrannte ich in der Glut". Zeremonielle Menschenschlächtereien sind bei den Assyrern wenigstens nichts Unerhörtes. Asurbanipal erzählt (V R 4, 70 ff.), er habe bei demselben Stierkoloß, bei welchem einst Sanherib, sein Vater, ermordet wurde, babylonische Kriegsgefangene als Totenopfer hingeschlachtet[5]. Der in Abb. 149 wiedergegebene Siegelzylinder ist unseres Erachtens unter allen

Abb. 149: Assyr. Siegelzylinder. Menant. Glypt. orient. Fig. 95. Menschenopfer?

[1]) Sayces Aufstellungen in dem Aufsatze „On human sacrifice among the Babylonians" (Transact. of the Soc. of Bibl. Arch. 4, 25; vgl. Zeitschr. f. Keilschriftf. 2, 282) beruhen auf einem argen Mißverständnis: nicht von Menschenopfern ist an der fraglichen Stelle die Rede (III Rawl. 64), sondern von Getreide, das in der Sonnenglut verbrennt! Und die von Lenormant, Études accadiennes 3, 112 als fragment sur les sacrifices d'enfants bezeichnete Stelle entpuppt sich bei näherer Betrachtung als harmlose Beschwörung eines Magiers, der die einzelnen Körperteile des Menschen seinen priesterlichen Manipulationen unterzieht (IV Rawl. 26).

[2]) Bu 88-5-12, 5, Z. 34, s. Zimmern KAT[3] 599.

[3]) Johns, Assyr. Deeds.

[4]) KB I, 91.

[5]) Niedermetzelung von Gefangenen wird auch im Alten Testament metonymisch als זֶבַח לַיהוה bezeichnet: Jes 34, 6; vgl. 1 Sa 15, 33 und zu Ri 9, 5.

bisher bekannt gewordenen der einzige, der für die Frage nach Darstellung von Menschenopfern in Betracht kommen könnte[1].

3 Mos 21. Vorschriften über die Qualifikation zum Priestertum. Wir kennen auf babylonischem Gebiet eng verwandte Vorschriften für den Wahrsagepriester, die aber jedenfalls auch für andre Priesterklassen gegolten haben, s. S. 430 die Vorschriften über die körperliche Makellosigkeit (3 Mos 21, 21). Das Priestertum ist erblich. Nur Leute von legitimer Geburt und ohne Gebrechen sind tauglich. Die Vorschriften stimmen

Abb. 150: Künstlich erweiterter vulkanischer Spalt auf dem Forum von Rom (Lacus Curtius, Eingang zur Unterwelt).
(Nach einer photographischen Aufnahme des Verfassers.)

schon in der Form mit denen des Priesterkodex im AT überein: man liebt die direkte Anrede in der 2. Person des Präsens, nicht Imperativ[2].

4 Mos 5, 15 ff., s. S. 426 Anm. 5. — 4 Mos 10, 6, 12, 28 (Stationen), s. S. 422. — 4 Mos 10, 35 ff., s. S. 445 f. — 4 Mos 12, 1 (Ṣippora), s. S. 262.

4 Mos 16, 30. Die Erde verschlingt die Rotte Korah. Die Erde ist als Unterwelt und Drache gedacht, s. S. 136 A. 7 u. 179.

---

[1]) Zu ähnlichem Resultat kommt die Studie W. H. Wards, Human sacrifices on Babyl. cylinders in Amer. Journ. of arch. V, 1, 34—39. Abb. 91 in ATAO[1] (hier wieder aufgenommen als Abb. 164) stellt das Zerschlagen einer Götterstatue dar.

[2]) S. hierzu Zimmern KAT[3] 589, Beitr. 81 ff.

Die Geschichte Aarons ist mit Sagen ausgestattet. Das gleiche Sagenmotiv bei Plutarch, Parallel. hist. gr. et rom. 5, wonach Midas' Sohn Anchuros sich in einen sich öffnenden Erdschlund stürzt, um eine Pest zu vertreiben. Wie sich dergleichen Sagen an Erscheinungen der Wirklichkeit anknüpfen, zeigt die Bloßlegung des vulkanischen mit Asphalt künstlich überdeckten Lacus auf dem Forum von Rom (Abb. 150)[1], an die sich die bekannte Sage von Curtius Rufus angeschlossen hat, vgl. hierzu Roscher, Lexikon II, 250f. (Steuding).

4 Mos 17, 8ff. Aarons blühender Stab. Ebenfalls Sagenmotiv. Wie es scheint, soll er die Seuche hemmen. Man denkt an den Hermes-Stab, der Tote erweckt (Äskulap-Stab,

Abb. 151: Schlangenwürgende Knaben. Relief aus den Ruinen der Stadt Petra. Nach einer Originalphotographie von Dr. Fr. Jeremias.

s. das altbabylonische Prototyp S. 292 Abb. 92) und an die Keule des Herakles, Pausanias 2, 31, 13, die vom Ölbaum geschnitten war, und, angelehnt an eine Hermes-Säule, frische Triebe bekam. Nach 17, 10. 28 scheint man dem Aaronsstab Rettung vom Tode zugeschrieben zu haben. Das Motiv des blühenden Stabes (vgl. Hebr 9, 4) gehört zur Erlösererwartung, es ist verwandt mit dem neṣer-ṣemaḥ-Motiv (s. hierzu S. 353).

4 Mos 20, 27(ff.). Der Berg Hor, Aarons Todesstätte. Die Umgebung des edomitischen Petra ist von Traditionen an Moses und Aaron erfüllt. Durch die Felsen von Petra zwängt sich von den Mosesquellen her der Mosesbach und der aus der Wüste aufsteigende Dschebel Nebi Harûn trägt das von den

[1]) Der Spalt ist künstlich erweitert, wie das auch sonst bei dergleichen Erdspalten, die als Eingang zur Unterwelt galten, üblich war.

Moslems hochgehaltene Aaronsgrab[1]. Es liegt kein Grund vor, an der Identität des Dsch. Harûn mit dem Berg Hor der Bibel zu zweifeln. Auch wenn Petra in der Bibel nicht erwähnt ist

Abb. 152: Bama von Petra.
Nach einer Originalphotographie von Dr. Fr. Jeremias.

(Ṣelaᶜ 2 Kg 14, 7? und LXX zu 2 Chr 26, 7) und in ältester Zeit nicht besiedelt war, ist es doch eine alte Kultstätte gewesen.

Auf der Höhe, an deren Abhängen die ältesten nabatäischen Gräber sich befinden, erheben sich zwei Obelisken, die Wahr-

Abb. 153: Spendestätte der Bama von Petra.

zeichen der Götter von Petra: Dusares und Allat, (d. i. Tammuz-Mond und Ištar-Sonne). Das Hauptfest des Dusareskult wurde in der Wintersonnenwende gefeiert. Unter den Trümmern der römi-

¹) Das Folgende beruht auf Reisebeobachtungen meines Bruders Fr. Jeremias. Vgl. auch Brünnow u. Domaszewski, Die Provincia Arabia Bd. I.

schen Stadt findet sich zweimal das Relief eines Kindes, das in beiden Händen aufsteigende Schlangen würgt, deren Leib auch von den Tatzen der beiden Löwen umkrallt wird, s. Abb. 151.

Unweit der Obelisken steht auf freiem Platze mit dem Ausblick auf den Berg Hor ein Doppelaltar, das besterhaltene deutliche Beispiel einer bâmâ. Der Hauptaltar (des Dusares) hat einen in den Felsen gehauenen Umgang und diente zu Brandopfern. Der Nebenaltar (der Allat) weist Einrichtung für Spendeopfer auf. Vor den Altären liegt ein großer in den Felsen gehauener Hof mit einer Steinplatte in der Mitte und mit erhöhten Sitzgelegenheiten in Form eines Trikliniums an den drei freien Seiten, s. Abb. 153.

Abb. 154: Schlangenmonument (Petra).
Nach einer Originalphotographie von Dr. Fr. Jeremias.

4 Mos 21, 4ff. Im Süden von Petra, auf dem Wege nach dem Berge Hor, also in der Gegend, in deren Nähe die Geschichte von der ehernen Schlange spielt, erhebt sich eins der merkwürdigsten Monumente Petras. Auf einem gewaltigen Sockel in Würfelform windet sich eine riesige Schlange um einen Steinkegel. Der Unterbau enthält ein Grab. Zur Schlange, s. S. 417 und Abb. 154.

4 Mos 22, 5. *Pethor, das am Flusse (nahar) liegt,* die Heimat Bileams. Mit Marquart [1] nehmen wir an, daß unter dem Flusse

[1]) Fundamente der israelitischen und jüdischen Geschichte, vgl. Winckler KAT [3] 148.

der naḫal Muṣri zu verstehen ist, die Südgrenze von Judäa, die durch Mißverständnis zum „Bach Ägyptens" geworden ist. Das Pitru der Keilinschriften, z. B. bei Salmanassar II., KB I, 133, das in Mesopotamien am Sagur, einem Nebenfluß des Euphrat, liegt, kann nicht als Heimat Bileams gedacht sein.

Bileam.

Für die Erforschung der Beziehungen zwischen der heidnischen und israelitischen Erlösererwartung ist die Gestalt Bileams von hoher Bedeutung. Sein Auftreten in der Geschichte Israels hat seine Analogie im Auftreten des Simon Magus in der Apostelgeschichte[1]. Die jüdische Theologie kannte die Beziehungen, s. Dillmann, z. St. Er gilt als einer der Repräsentanten der feindlichen Macht (dunkle Welthälfte, Drache) bei der Befreiung aus Ägypten. Darum sind in der Legende Jannes und Jambres, die Zauberer Pharaos, Söhne Bileams (s. 2 Tim 3, 8)[2]. Die Rabbiner nennen ihn „den Bösen" (הרשע), vgl. 2 P 2, 15, Jud 11, Apk 2, 14 (vgl. 6 und 15 die Übersetzung *Νικόλαος*), wo die Tradition in der Namengebung nachwirkt. Auch die Gestalt des Armillus ist eine Wiederholung Bileams[3]. Wir heben noch folgende charakteristische Züge hervor:

Bileam ist im orientalischen Sinne als Myste gedacht, für den Jahve nicht nur als Gott Israels Geltung hat, sondern der in das Geheimnis der Gottheit eingeweiht ist, 23, 3 ff., 23, 30.

Boten mit Geschenken holen den berühmten Zauberpriester aus seiner Heimat, 22, 7.

Unterwegs begegnet ihm der mal'ak Jahve's mit dem gezückten Schwert, 22, 23, vgl. hierzu S. 219 und Jos 5, 13 ff.[4]

Sieben Altäre zum Opfer von 7 jungen Stieren und 7 Widdern werden bereit gestellt; zur 7 s. S. 59.

Im ekstatischen Zustande (24, 16 f. zeigt, wie wir uns die prophetische Ekstase auch sonst zu denken haben) empfängt er Gesichte und Weisungen.

Der Gegensatz von Fluch und Segen 22, 6 entspricht den beiden Seiten des Kreislaufs, vgl. den Segen und Fluch auf Garizim und Ebal S. 386, die Segen- und Fluchformeln auf den babylonischen Urkunden, z. B. am Schluß des Cod. Hammurabi.

---

[1]) Die patristische Literatur betont die Verwandtschaft, worauf schon Gfrörer in seinem Buche über das „Urchristentum" hinwies.

[2]) Auch mit Laban, „der Jakob vernichten wollte", gilt er als identisch im jer. Targ. zu 4 Mos 31, 8.

[3]) Die jüdischen Toledoth Jesu (s. die Ausgabe von Krauß) machen Jesus zu einem Messias-Zerrbild, dem dieselben Züge anhaften wie Bileam im jer. Targum zu 4 Mos 31, 8 (Luftreise mit Hilfe der schwarzen Kunst etc.)

[4]) Beim redenden Esel ist daran zu erinnern, daß der Esel das Tier des friedebringenden Messias ist im Gegensatz zum Roß des Eroberers (z. B. Bukephalos Alexanders), vgl. Sach 9, 9. Beim festum asinorum im Mittelalter ist der redende Esel Verkündiger des Messias.

Zum Charakter Bileams als eines Repräsentanten der Unterweltsmacht und der dunklen Hälfte des Kreislaufes stimmt es, daß er zugleich Verkünder der neuen Zeit ist[1].

Es liegt im Wesen dieser mythologischen Erlösergestalten, die ja eine Hälfte des Kreislaufs repräsentieren, daß sie zugleich Verkünder der neuen Zeit sind. Nach der zitierten Targum-Stelle, die den Bericht über die Bileams-Sprüche weiter ausführt, hat er alle Schicksale des erwarteten Erlösers vorausverkündigt. Die Embleme des von Bileam verkündigten Erretters 4 Mos 24, 17 (Stern u. Zepter) bezeichnen ihn als eine königliche Himmelserscheinung, die das goldene Zeitalter bringen wird, in ähnlichem Sinne wie der „Löwe aus Juda, der den Herrscherstab zwischen den Füßen hat", s. S 37 Anm. 2 und 397 und beachte das Sternbild des Löwen, der den Regulus (Königsstern) zwischen den Füßen hat[2]. Es erscheint mir nicht ausgeschlossen, daß der berühmte Bileamsspruch dem erwarteten Erlöser im voraus das Horoskop des aufgehenden Regulus stellt. Auf alle Fälle ist an eine Gestirnerscheinung im Osten zu denken. Im Osten kündigt sich das Erscheinen des Erretters an (ἐν ἀνατολῇ Mt. 2, 2, s. BNT 50ff.). Als Sternenkönig im Sinne des Bileam-Spruches gab sich unter Hadrian, eine Zeitlang geschützt durch den großen Akiba, Bar Kochba (d. h. Sternensohn) aus[3], s. Abb. 155, ganz im Sinne der jüdischen Erlösererwartung.

Abb. 155: Sekel des Bar-Kochba.

Abb. 156: Spätägyptisches Kalenderbild nach Richter, Phantasien des Altertums, Taf. I.

4 Mos 22, 4 (Moabiter statt Midianiter?), s. S. 366 Anm. 1.

4 Mos 24, 22 *da wird Assyrien dich gefangen führen.* Es sind nicht Syrer gemeint. Die Ausführungen KAT ^{2} 156f. sind hinfällig. Es handelt sich um eine späte Stelle und um eine Drohung, die für jede beliebige Zeit gelten konnte.

---

[1]) Nach einem der Hauptaxiome der orientalischen Weltanschauung: Umkehr ins Gegenteil auf den Höhepunkten der Entwickelung, vgl. S. 24. 26.

[2]) Die Gegner (finstre Macht) sind 24, 18 historisch determiniert als Moabiter und benê-šet. Vielleicht sind mit letzteren die S. 569 besprochenen Suti gemeint.

[3]) S. Klostermann in RPrTh ^{3}.

4 Mos 25, 4 (Aufhängen vor Jahve im Angesicht der Sonne), s. S. 470 Anm. 1. — 4 Mos 25, 43 zu Jos 8, 29.

5 Mos 3, 9 *Senîr* (Ez 27, 5 Zypressen vom Senîr neben Zedern vom Libanon) ist Name für den Hermon, assyr. Saniru.

Abb. 157: Etana's Auffahrt. Zylinder 89767 des Brit. Museums[1].

5 Mos 4, 19 s. S. 166. — 5 Mos 6, 4—9 s. S. 419. — 5 Mos 7, 14f. (Motive der Segenszeit) s. S. 342 Anm. 6; 377 Anm. 2. — 5 Mos 17, 3 s. zu 2 Kg 23, 5. — 5 Mos 11, 29; 27, 11ff. vgl. Jos 8, 30ff. (die kultische Handlung von Ebal und Garizim), s. S. 23; 386. — 5 Mos 11, 30, s. S. 416. — 5 Mos 17, 8 (Tor als Ort des Gerichts) s. Abb. 136. — 5 Mos 19, 15, s. S. 425. — 5 Mos 20, 19 (Verbot des Bäumefällens) s. S. 515 Anm. 2 und Abb. 104. — 5 Mos 21, 18f., s. S. 425.

5 Mos 22, 5 (Männer in Frauentracht, Frauen in Männertracht) deutet auf Kultgebräuche im Dienste der mann-weiblichen Astarte, s. S. 112. Die moslemischen Knaben tragen bei der Beschneidung Mädchenkleider.

5 Mos 25, 12 s. S. 425 Anm. 5. — 5 Mos 27, 24 s. S. 426 Anm. 2.

5 Mos 30, 12 setzt Bekanntschaft von Mythen voraus, die von der Erlangung eines ersehnten Gutes im Himmel (Etana,

Abb. 158: Siegelzylinder, an Etana's Auffahrt erinnernd.

Adapa) oder jenseits des Meeres (Gilgameš) erzählen, s. zu 5 Mos 32, 11; so Zimmern KAT³ 565f.

5 Mos 32, 11 vgl. 2 Mos 19, 4 zeigt das Motiv des Etana-Mythus[2]. In der Assumptio Mosis 10, 8 heißt es: „du wirst

---

¹) Vgl. OLZ 1906, 479f.

²) S. Stucken, l. c. 7; Winckler OLZ 1901, Sp. 287 = Krit. Schr. II, 64.

glücklich sein, Israel, und auf den Flügeln des Adlers (zum Sternenhimmel) emporsteigen", s. Abb. 157 f. und Abb. 159, die Apotheose des Titus in der Wölbung des Titusbogens darstellend (vgl. Abb. 160); vgl. ferner die S. 221 Anm. 7 wiedergegebene Stelle der Mithras-Liturgie, und zu Jes 14, 12—15.

Abb. 159: Apotheose des Titus in der Wölbung des Rundbogens am Triumphtor in Rom.

5 Mos 32, 17 vgl. Ps 106,37, und S. 351. Šêdîm sind Dämonen (Sept. δαιμόνια). Hier, wie Ps 106, 37 („sie haben ihre Söhne den šêdîm geopfert" vgl. v. 38 „den Göttern Kanaans") ist das Wort im allgemeinen Sinne für „Götter der Heiden" gebraucht, vgl. Sept. zu Ps 96, 15: „Alle Götter der Heiden sind Dämonen." Das sehr häufig erwähnte Dämonenpaar šêdu lemnu und šêdu damḳu (der böse und der gute šêdu) hat also nicht den Ausgangspunkt für die biblischen šêdîm gebildet[1]. Wie Paulus 1 Kor 10, sind gewiß schon in Israel die Wissenden geneigt, hinter den heidnischen Göttern dämonische Gewalten zu suchen.

Abb. 160: Ganymed, vom Adler getragen. Griechische Gemme nach Richter, Phantasien des Altertums, Taf. VII.

5 Mos 32, 49; 34, 1. Der Name des Berges, auf dem Moses starb, ist nach 5 Mos 34, 1 der Pisga auf dem Abarim-Gebirge. Einem kosmisch-mythologischen Motiv zuliebe nennt eine andere Hand 32, 49 den Berg Nebo[2]. Nebo bedeutet

[1]) Wenn übrigens den babylonischen šêdîm Opfer gebracht wurden, so folgt daraus nicht, daß es Totengeister sind, wie Zimmern KAT[3] 461 f. annimmt. Die Anbetung ist vielmehr wie die der heutigen „Teufelsanbeter" in Armenien zu beurteilen: man opfert ihnen, um ihren bösen Einfluß zu brechen. [2]) S. bereits S. 410.

im Kreislauf den Todespunkt des Tammuz im Gegensatz zu dem Marduk-Punkt, s. S. 83. Auch bei dem Namen Abarim soll das Motiv anklingen. Bei Zweiteilung des Kreislaufs ist Nibiru (Abarim) der kritische Punkt, wie Nebo bei Vierteilung (vgl. S. 67). Für die mythische Geographie der Erlösererwartung entspricht Ägypten und die Wüste der dunklen Welt (entsprechend der winterlichen Jahreshälfte), Moses schaut von hier in das Land, „wo Milch und Honig fließt“, d. i. die lichte Welt (entsprechend der sommerlichen Jahreshälfte)[1].

5 Mos 33, 2 s. S. 415. — 5 Mos 33, 8 (Moses kämpft um die Urim und Tummim), s. S. 378; 421, Anm. 3. — 5 Mos 33, 9 (das Motiv der wunderbaren Geburt bei Moses), s. S. 408. — 5 Mos 33, 16, s. S. 416. — 5 Mos 34, 7 und 34, 8, s. S. 410.

Zweiundzwanzigstes Kapitel.

Glossen zum Buche Josua.

Wie ist die Ansiedelung „der Kinder Israels“ in Kanaan nach altorientalischen Verhältnissen zu denken? Das Land besaß bereits vorher Kultstätten, die zugleich Kulturmittelpunkte waren. Einige dieser Stätten, wie Hebron, Sichem, Beerseba, Pniel, Mahanaim, stellten den Zusammenhang mit der Urzeit der Kinder Israels her. Die Eroberer werden sich diese Kultstätten angeeignet und ihren Kultus an den Stätten eingeführt haben[2], etwa wie christliche Kirchen auf vorchristlichen keltischen, germanischen, slavischen Kultstätten erbaut worden sind. Bei dieser Ansiedelung sind die alten Gaue von den Geschlechtsverbänden der israelitischen Stämme besetzt worden. Die alte Bevölkerung, soweit sie nicht vertrieben und ausgerottet wurde, ist leibeigen geworden und wird allmählich aufgesaugt. Aber unter den neuen Geschlechtsverbänden machte das Land seine Kulturwirkungen geltend. Die Geschlechtsverbände werden Gauverbände. Bisher waren die einzelnen Clane durch Blutsverwandtschaft zusammengehalten.

---

[1]) Vgl. S. 31 ff. 352 u. a. Bei der Reise des Äneas von Troja nach Etrurien spielt das gleiche Motiv an.

[2]) Vgl. auch die „Altäre Isaaks“ Am 7, 9. 16.

Die Autorität der „Ältesten“ beruhte einfach auf familiärer Anerkennung. Jetzt wirken andere Kräfte mit. Es gilt die näher und ferner wohnenden Glieder des Gauverbandes durch politische Autorität zusammenzuhalten. Sind die im Gau Ansässigen Bauern, so tritt an ihre Spitze der Rôš, der Gaugraf. Wenn aber eine Stadt den Mittelpunkt des Gaues bildet, so entsteht städtische Verwaltung; die Führer des Adels bez. der Vollbürger und der Handwerker bildeten das Kollegium der „Ältesten“, Zekenîm.

Man vergleiche die Namensnennungen, etwa die Zeugennamen in den neubabylonischen Kontrakten. Es heißt entweder

A Sohn des X, Sohn des Y (der Großvater wird genannt; häufig ist es der Stammvater, nicht der leibliche Großvater) — so nennt sich der Adlige, bez. der Vollbürger,

oder:

A Sohn des X, Sohn des ul idi (d. h. Sohn des „Ungenannt“) oder lâ manman — so nennt sich der aus irgendeinem Grunde nachträglich anerkannte Vollbürger; vielleicht ist das der muškênu (im Gegensatz zum rubû vgl. S. 352. 453),

oder:

A Sohn des X, Sohn des nappaḫu („Schmied“ oder irgendein anderer Handwerker) — so nennt sich der Zunft-Angehörige [1].

War die Stadt vor der Eroberung Sitz eines Königs, so ist der Übergang zur nächsten Stufe gegeben: es entsteht ein Königtum. Das Richterbuch spiegelt diese Verhältnisse wieder. Jephta Ri 11 zeigt den primitiveren Zustand: er ist Rôš; Abimelech Ri 9 ist bereits König in dem angegebenen Sinne [2].

An sich könnte man sich die Besitzergreifung des Landes Kanaan durch die „Kinder Israels“ als allmähliche Einwanderung oder als Eroberung vorstellen. Nimmt man allmähliche Einwanderung an, so würde sie ruckweise zu denken sein, bis es allmählich unter dem Einfluß der neuen Verhältnisse zu einer politischen bez. religiösen Einigung gekommen wäre [3]. Aber

---

[1]) Daß es genau so bei den Israeliten war, sieht man bei den Exilierungen: Fortgeführt werden die Reichen und die, welche eine Kunst verstehen (die Handwerker). Zu dem „Ungenannt“ vgl. Palṭiel von Gallien, Sohn des La-iš (d. h. des Niemand) 1 Sa 25, 44, und die alten Namen von Dan, Ri 18, 27 f. und Josua 19, 47: La-iš und La-šem (so mit Winckler statt לֶשֶׁם zu lesen), d. h. „namenlos“ = „existenzlos“ (Namen haben = existieren, s. S. 132 und 571).

[2]) Ein Gegensatz von מלך ist שליט tyrannus Pr 10, 5.

[3]) So die herrschende Anschauung, die vor allem von Stade vertreten wird, und die von der Prämisse ausgeht, daß Juda ursprünglich nicht zu Israel gehört. Wir halten die Prämisse für irrig. H. Winckler

eins ist dann unmöglich: es kann dann überhaupt keinerlei politische oder — was für den alten Orient dasselbe ist — religiöse Gemeinschaft vorher die einzelnen Teile der späteren „Kinder Israel" verbunden haben. Denn eine solche Gemeinschaft wäre bei stoßweise erfolgender Einwanderung verloren gegangen, und es müßte eine Trennung zwischen Ansässigen und Nichtansässigen eingetreten sein. Das widerspricht aber dem Grundgedanken aller israelitischen Volkserinnerung. Und darin sind doch alle modernen Darsteller einig (freilich durchaus im Widerspruch zu ihren eigenen Prämissen), daß am „Schilfmeer" etwas Großes geschehen ist, das für alle Zeit als religiöses Signal galt, und daß am Sinai die magna Charta gegeben wurde, die im Mittelpunkt der Religion des gesamten Staates Israel-Juda steht. Die biblische Tradition spricht deshalb folgerichtig von einer Eroberung des Landes unter einheitlicher Führung (Josua) und unter einheitlicher Idee [1].

Es erhebt sich hierbei nur die Frage, ob es unter den Voraussetzungen, die uns die Kenntnis des alten Orients auf Grund der Denkmäler und der Geschichte an die Hand gibt, denkbar ist, daß eine religiöse Bewegung die Fahne ist, unter der sich eine solche Eroberung vollzieht. Daß dies möglich ist, zeigt die Geschichte der Religionen im Orient bis auf den heutigen Tag. Das anschaulichste Beispiel ist die religiöse Bewegung unter Muhammed.

Josua.

Josua ist eine israelitische Errettergestalt, wie Moses. Sein Anteil an der Gesetzgebung [2] ist in dem vorliegenden Texte wohl zugunsten Mosis verwischt. Der Durchzug durch den Jordan unter Josua entspricht dem Durchzug durch das rote Meer unter Moses. Der Befreiung aus der Gewalt Ägyptens entspricht die Besiegung der kanaanäischen Könige. In beiden Fällen wird Kampf und Sieg mit den Farben des Sieges über den Drachen dargestellt.

---

ist von derselben Prämisse ausgegangen, hat aber dann wenigstens den logisch richtigen Schluß gezogen: wenn Jahve nur der Gott Judas und zwar im Sinne altorientalischer Lehre ist, kann er nicht zugleich der Gott Israels gewesen sein.

[1]) Sie erstreckt sich gegen die ursprüngliche Absicht auf das Ostjordanland. Die Besiegung des Westjordanlandes war das Ziel. Ezechiel beschränkt das Land der Zukunft auf das Westjordanland.

[2]) Vgl. S. 422 f.

✳ Astralmythologische Motive.

1. Seine Namen bezeichnen ihn als Erretter[1]. 2 Mos 17, 9 taucht er als Gehilfe Mosis auf und 33, 11 heißt er „Sohn des Nûn". In die Namen werden die Motive geheimnist. Der „Sohn des Fisches" wäre babylonisch gedacht entweder Ea selbst (s. S. 43 f., das könnte zu Josua als Gesetzgeber stimmen), oder Eas Sohn Marduk[2]. Als solcher ist er einerseits der, dem Gott sein Wissen kund tut (wie 2 Mos 7, 1: „ich mache dich zum Gott für Pharao und Aaron soll dein Sprecher sein", s. S. 410) andererseits der Erretter, der die finstere Macht besiegt und die neue Zeit bringt.

2. Er durchschreitet den Jordan. Jos 3, 16 hält das Wasser vor der Lade im Laufe inne und „stand aufrecht wie ein Wall". Darin liegt das stehende typische Motiv der Spaltung des Drachens[3].

3. Zwölf Steine werden aufgerichtet nach Überschreitung des Jordans, 4, 20 „im Gilgal" (Gilgal bedeutet selbst den heiligen Steinkreis)[4]. Nach Überschreiten des Wassers, das für das Werk Josua's die gleiche Bedeutung hat, wie das Durchschreiten des roten Meeres unter Moses, wird die neue Welt jenseits der Wüste gleichsam symbolisch gebaut durch Aufrichtung der 12 Steine, die den 12 Tierkreisstationen entsprechen, die der Besieger des Drachens aufstellt, um die neue Welt zu bauen[5]. Die pesilîm am Gilgal Ri 3, 19. 26 scheinen diese Steine zu bedeuten.

4. Der Sieg über die fünf Könige bei Gibeon Jos 10 zeigt die Motive des Sieges über die finstere (winterliche) Macht. Daher die Zahl fünf, s. S. 86 und 362, Anm. 1 (fünf Könige 1 Mos 14, 9; 4 Mos 31, 8), den fünf Zusatztagen, die vor den Frühlingsanfang fallen und den gesamten Winter repräsentieren, entsprechend[6]. Jos 10, 12 f.: Damals sprach Josua:

---

1) Wenigstens in den Volksetymologien (הושעה und יהושיעה, vgl. Sept. *Ἰησοῦς*). Im Talmud ist Josua bekanntlich eine Messias-Gestalt der Zukunft.

2) Anders Winckler OLZ 1901, 357.

3) S. S. 410; Winckler, Gesch. Isr. II, 236 f. Stuckens Ausführungen, Astralmythen 164 ff., der im Josuabuch durch Verbindung Josuas mit den Kundschaftern und mit Achan den gesamten Komplex der Drachenkampf-Motive sieht, hängt zu viel an einen Nagel. Die Analogien zum Rigveda (Stucken nennt das Josuabuch den semitischen Rigveda) sind überraschend.

4) Etwas ganz anderes ist das im jetzigen Text unklare Aufrichten von Steinen im Jordan, Jos 4, 9, das einer anderen Quelle angehört. Winckler denkt l. c. II, 107 an die Reste eines Brückenbau-Berichtes.

5) Vgl. die 12 turmhohen Altäre, die Alexander am Hyphasis an der Grenze seiner Eroberungen errichtet, Arrian 5, 29, 1; s. Winckler, Gesch. Isr. II, 107.

6) S. S. 362 und Anm. 1. Eigentlich beträgt der Ausgleich zwischen Sonnen- und Mondjahr $5^1/_4$. Der Bruchteil erscheint im Märchen-Mythus, auch als Motiv des Bringers des Frühlings (der „Däumling", der den Riesen besiegt). Gewöhnlich aber wird er zum Winterriesen hinzugefügt, der etwa 5 Ellen und eine Spanne lang ist oder sechs Finger und sechs Zehen hat (s. zur Goliathgeschichte S. 488 f.). — Eine andere Zahl, die die Wintermacht repräsentiert, ist **zwölf** (beruht auf 12 Epagomenen,

„Sonne, stehe still zu Gibeon,
und Mond im Tale Ajalon!
Da stand die Sonne still, und der Mond blieb stehen.“

Man könnte bei dieser Stelle, die ausdrücklich als poetisches Zitat angekündigt wird, an die Eigenschaft der Gestirne als Kämpfer denken (vgl. Ri 5, 20: „Die Sterne stritten in ihren Stationen“, s. S. 474 oder an Abb. 161, wo Sonne, Mond und Venus als Zuschauer des Kampfes erscheinen, wie ihre Gegenwart am Kopfe jeder Urkunde angedeutet wird. Aber es scheint sich zunächst wirklich um ein feststehendes Motiv des Drachenkampfes zu handeln. Im Rigveda vollbringt der

Abb. 161: Hettitisches Relief. Berliner Museum. Tešup kämpft gegen den Löwen; Sonnengott und Mondgott kommen zu Hilfe (sog. „Löwenjagd von Saktsche-Gözü“)[1].

Drachentöter Indra das gleiche Wunder im Kampfe mit den Dasas. Der Ausgang des Kampfes hängt davon ab, ob der Tag lang genug sein wird. Da reißt Indra der Sonne das eine Rad von ihrem Wagen ab und hemmt dadurch ihren Lauf[2]. Aber das schließt die andre Vorstellung nicht aus, daß Sonne und Mond als Zuschauer angerufen werden. Daß dies richtig ist, zeigen Abb. 161 und 162. Abb. 161 zeigt ein hettitisches Relief, wo Sonne und Mond dem Tešup (= Marduk, s. S. 112) im Kampfe gegen den Löwen helfen. Die Sonne steht mit Pfeil und Bogen auf dem Wagen, der Mond trägt die Lanze. Die vier Rosetten deuten die fehlenden 4 Planeten an. Abb. 162 zeigt eine Skulptur aus Suêda im Hauran. Jupiter kämpft hier gegen ein Steine werfendes Ungeheuer mit Schlangenleibern und Löwentatzen; die Sonne ist Zuschauer, der Mond ist durch Rosette markiert.

Ausgleich von 354 und 366, vgl. unsere Zwölfnächte). Dieses Motiv liegt vor Jos 24, 12 bei den „12 besiegten Amoriterkönigen“. — Nach AG 13, 19 sind 7 Völker in Kanaan ausgerottet worden; ebenfalls Motivzahl.

[1]) Nach Humann und Puchstein, Reisen in Kleinasien und Nordsyrien, Tafel XLVI, vgl. Winckler, Gesch. Isr. II, 96 f.

[2]) 2 Chr 28, 18 nennt Ajalon neben Bet-Šemeš. Die Stadt scheint mit dem Mondkult zusammenzuhängen. Gibeon war gewiß in Kanaan Sonnenkultstätte gewesen, ehe der Kultort für Jahve reklamiert wurde (1 Kg 3, 4; 1 Chr 21, 29), s. S. 463.

Jos 10, 5 ff. verstecken sich die fünf Könige in der Höhle bei Makeda (Höhle = Unterwelt). Josua ließ sie hervorholen, auf Pfähle stecken und ihre Leichen bei Sonnenuntergang in die Höhle werfen, die mit großen Steinen verschlossen wurde. „Dort liegen sie bis auf den heutigen Tag.“ S. hierzu und zur Variante des Siebenschläfermythus S. 362.

Auch der „Steinregen“, der 10, 11 zu Hilfe kommt, gehört zu den typischen Erscheinungen beim Drachenkampf. Vgl. S. 362. Winckler F. III, 207. Sure 67, 5: „Wir haben den untern Himmel mit Leuchten geschmückt (Sternschnuppen), um die Satane damit zu steinigen[1].“ Es ist an Meteorsteine zu denken. Ebenso bei der Feuerflut Apk 16, 21. ☀

Jos 5, 13 ff. wird eine Vision berichtet, in der Josua bei Jericho den „Anführer des Kriegsheeres Jahve's“ mit „gezücktem Schwert“ sieht. Er soll die Schuhe ausziehen, denn er steht

Abb. 162: Skulptur aus Suêda im Hauran.
Veröffentlicht von Clermont-Ganneau, Études d'arch. orient. I, 179.

auf heiliger Stätte. Die Erscheinung ist dieselbe wie in der Bileamsgeschichte 4 Mos 22, 23 (s. S. 219 und 459). Wie es scheint, ist der Eingang zum Wohnsitz Gottes gemeint, wie bei der Vision Mosis am Horeb, s. S. 416. Der Engel mit dem gezückten Schwert (vgl. auch 1 Chr 21, 16, wo in der Variante zu 2 Sa 24 der Engel mit dem Schwert den Altar zu bauen befiehlt dort, wo später das irdische Abbild des himmlischen Wohnsitzes stehen soll) würde dann zu den S. 219 besprochenen Vorstellungen vom verschlossenen Paradies gehören.

☀ Jos 6, 1 ff. Die Eroberung Jerichos. Zur Prozession mit der Lade s. S. 444. Siebenmal wandert die Prozession in Mekka um die Kaaba. Zur 7-Zahl S. 59 f. Einzelne Motive, wie der rote Faden 2, 18 (vgl. den roten Faden bei Serahs Geburt 1 Mos 38, 28) in Rahabs Hause, bei der Eroberung selbst das Umblasen der Mauern sind noch nicht gedeutet. Der Name Jericho wurde volksetymologisch wohl als „Mondstadt“ verstanden. Da sie hier die feindliche Macht verkörpert, so ist

---

[1]) Vgl. Sure 15, 5 ff. Nach der arabischen Sage stiegen sie in den Tierkreis und teilten den Zauberern die Geheimnisse des göttlichen Willens mit.

an das Motiv des Kampfes gegen den Schwarzmond zu denken (vgl. das Blasen am Neumondstage des 7. Monats 3 Mos 23, 24 und zum Jobel nach 7 × 7 Jahren). Das gleiche Motiv (nur Kopie?) zeigt die Geschichte des Pseudo-Messias bei Josef. Ant. 20, 8, 6, der vom Ölberg aus die Mauern Jerusalems durch sein Wort stürzen will. Auch der Name Raḫab (Drache, s. S. 178f.) scheint Motivname zu sein. Der rote Faden deutet auf das Drachenmotiv (s. S. 138, 370 Anm. 6). Ihr Geschick spiegelt die Wendung der Dinge wieder: mit der Eroberung Jericho's bricht die neue Zeit an. Raḫab wird im Umschwung der Dinge mit herübergezogen in die neue Zeit[1]. ✳

Jos 6, 26. *Wenn er ihren (der Stadt) Grund legt, so koste es ihn seinen Erstgeborenen, und wenn er ihre Tore einsetzt, seinen jüngsten Sohn.* In diesem poetischen Stück (vgl. 1 Kg 16, 34) liegt eine Erinnerung an Bauopfer[2]. Der religionsgeschichtliche Grund des Bauopfers ist: die Gottheit wohnt in der Schwelle (vgl. S. 419)[3]. In Mutesellim (Megiddo) fand man jüngst ein Gerippe, das direkt in die Mauer eingemauert war.

Jos 7, 21. *Der babylonische Mantel.* Zeugnis für babylonische Kultur im vorisraelitischen Kanaan. Die übliche Erklärung als babylonische „Mode" entspricht nicht orientalischem Wesen, am wenigsten im Altertum.

Achan eignet sich aus der Jahve geweihten Beute einen babylonischen Mantel, zweihundert Sekel Silber und eine fünfzig Sekel schwere „goldne Zunge" an. Es handelt sich wohl um ein abgewogenes Metallstück, an deren Stelle später geprägte Münzen traten, vgl. S. 369.

Jos 7, 26. Die Aufhäufung von Steinen gehört noch heute bei den Arabern zur Herrichtung des Grabes. Die nachträgliche Vermehrung des Haufens gilt als Ehrung[4] der Toten.

✳ Jos 8, 18 und 26. Die ausgestreckte Lanze stellt ein Drachenkampf-Motiv dar, und zwar Mond-Motiv, s. S. 105 und Abb. 161. ✳

Jos 8, 29, vgl. 10, 26f. Der Delinquent **wird an einen Baum gehängt bis Sonnenuntergang**. Kreuzigungsstrafe?

---

[1]) Das Geschlechtsregister Mt 1 hebt sie gleich Thamar und Ruth hervor, was sehr beachtenswert ist. Kimchi teilt eine Tradition mit im Kommentar zu Josua, nach der sie Josuas Gemahlin wurde; vgl. auch die Hervorhebung „der Hure Rahab" Hbr 11, 31.

[2]) Vgl. zum Bauopfer Sartori, Zeitschr. f. Ethnol. 1898, I, 53; zur Stelle Kuenen, Onderz.[2] 233, Winckler, Krit. Schriften II, 12f.

[3]) Anders Stucken, Astralmythen 184: Die Leiche soll den Dämon abhalten; er sieht, daß hier die Arbeit schon getan ist. So deuteten auch wir das Blut an den Türpfosten, s. S. 419f.

[4]) S. Holzinger z. St., Wellhausen, Reste arab. Heidentums 80.

Sept.: ἐπὶ ξύλου διδύμου. Der Gehenkte gilt als Weihopfer vor der Gottheit[1].

Jos 8, 30ff., s. S. 386. — Jos 8, 32 (steinerner Gesetzes-Codex), s. S. 432. — Jos 8, 33 (die Aufstellung von je 6 Stämmen auf Ebal und Garizim), s. S. 386. — Jos 10, 1 (Adoniṣedeḳ), s. S. 362. — Jos 10, 1ff. (Besiegung der fünf Könige, Steinregen), s. S. 466f. — Jos 10, 26f. (Pfählung), s. zu 8, 29.

Jos 13, 3 zu den Hafenstädten s. die Karte Nr. II, Kanaan in der Amarna-Zeit.

Jos 15, 41 Bet-Dagon, der Stadtname, der auch bei Sanherib neben Joppe erwähnt wird (Bît-Daganna, KB II, 93) und wohl identisch ist mit dem heutigen Bêt-Değân südöstlich von Joppe, enthält den Namen des philistäischen Gottes Dagon[2]. Ri 16, 23 erwähnt ein Opferfest für Dagon in Gaza, 16, 24 Gesang zu Ehren Dagons, nach 1 Sa 5, 1ff. hat er einen Tempel in Asdod. Da der Name auch in den Amarna-Briefen vorkommt[3], andererseits in Südbabylonien im Namen des alten Königs Išme-Dagan von der Dynastie von Isin[4], so ist erwiesen, daß es sich um eine kanaanäische Gottheit handelt, deren Namen die Philister nach ihrer Einwanderung vorgefunden und zur Bezeichnung eines ihrer Hauptgötter übernommen haben, so wie sie für ihre weibliche Gottheit den Namen ʿAštoret, ʿAštart mit den Phöniziern gemeinsam haben (1 Kg 11, 5 vgl. mit 1 Sa 31, 10). Nach Cod. Hamm. (Einleitung 4, 28) war Dagon die Gottheit, die in Hammurabis Volk oder Stamm besonders verehrt wurde; Hammurabi sagt, er habe die Wohnstätten am Ud-kib-nun-na der Botmäßigkeit Dagons, seines Erzeugers, unterworfen. Weiteres zu Dagon s. zu 1 Sa 5, 1ff. S. 483.

Die Zusammenstellung mit Ea-Oannes weist Zimmern KAT[3] 358 wohl mit Recht ab. Die Vorstellung von Dagon als fischgestaltiger Gottheit, die als kühner Schluß aus dem verdorbenen Text von 1 Sa 5, 4 angesehen wird, bleibt aber doch wahrscheinlich. Nach Kimchi hatte er vom Nabel an Menschengestalt. Wenn Abarbanel eine Überlieferung kennt, nach der Dagon auch die Füße eines Menschen besessen habe, so ist

---

1) 2 Sa 21, 6: aufhängen לַיהוה und 4 Mos 25, 4 נֶגֶד הַשֶּׁמֶשׁ לַיהוה „vor Jahve im Angesicht der Sonne" kann nur als formales Rudiment eines Sonnenopfers verstanden werden. Wenn der Gekreuzigte vor Sonnenuntergang abgenommen werden muß, so hat das in dem historischen Falle seine Ursache am Festgesetz, aber im letzten Grunde liegt hier die Erklärung, s. BNT 22f.

2) Jensen, Kosmologie 449ff.; Winckler, Gesch. Isr. I, 216f.

3) Dagan-takala heißt ein Briefschreiber KB V, Nr. 215f., vgl. ferner S. 322.

4) In der Mauer des südlichen Tempels von Muḳajjar, s. KB III[1], S. 87; auch in Eigennamen auf dem Obelisk Maništusus.

darauf hinzuweisen, daß auch Ea-Oannes Menschenfüße unter dem Fischschwanz hat, s. Abb. 32 S. 96.

Jos 16, 6 f. (Janoaḫ), s. S. 305 Anm. 3. — Jos 19, 20 (Rabbith), s. S. 315.

Jos 19, 44. Eltheke wird von Sanherib erwähnt. Er hat Tamnâ (Timnah in v. 43) und Altaḳû zerstört und ist dann nach Ekron gezogen, um den vertriebenen Padî wieder einzusetzen.

Jos 20 (Asylrecht), s. S. 426 Anm. 2 und S. 375. — Jos 24, 32, s. S. 386.

Dreiundzwanzigstes Kapitel.

Das Buch der Richter.

Die Israeliten sollen durch šopheṭim[1] regiert worden sein, ehe das Königtum eingeführt wurde. S. 463 ff. wurde gezeigt, wie die Verfassung nach der Niederlassung im Lande zu denken ist, je nachdem es sich um ländliches oder städtisches Gebiet handelt; daß die „Zwölfstämme" unter einheitlicher Führung und Rechtsprechung durch zwölf Richter gestanden haben, ist nicht historisch. Die vorliegende Gestalt der Überlieferung behauptet auch in keinem Falle, daß die Stämme auch nur unter einem der Richter geeint gewesen wären. Jos 18, 2 scheint eine Organisierung von 5 Stämmen zu kennen. Dem Stamm Juda gehörte nach dem Signalwort „Juda ziehe voran" Ri 1, 2 in der Theorie die führende Rolle. Die „Richter" werden historisch als heroische Volksführer aufzufassen sein, die im Kampfe gegen die Völker einzelne Stämme oder eine Gruppe von Stämmen geführt haben und Autoritäten in der Rechtsprechung waren (vgl. Ri 4, 5, wo Debora unter dem heiligen Baume Recht spricht). Die Zwölfzahl, die den zwölf Stämmen entsprechen soll, ist künstliches Schema, mühsam unter Heranziehung unbedeutender Gestalten (fünf „kleine Richter", Samgar 3, 31 ist überzählig) aus dem gewiß reichlichen Überlieferungsmaterial über Häuptlinge der Vorzeit hergestellt[2].

[1]) Die Suffeten der Karthager, die als Inhaber der Exekutivgewalt bei den Karthagern gewählt wurden, haben den gleichen Namen; vielleicht besteht auch sachliche Berührung. Die Organisation ist im Orient allenthalben Ausfluß der gleichen Lehre.

[2]) S. Budde, Richter S. X, Winckler, Gesch. Isr. II, 115 ff.

Die **Religion der sog. Richterzeit** steht in einer Periode des Niedergangs. Die reine Jahve-Religion wird auch in dieser Zeit in kleinen Kreisen lebendig gewesen sein. Die Jahve-Volksreligion (s. S. 338), deren Spuren uns die Überlieferung zeigt, ist mit heidnischen Elementen stark durchsetzt[1]. Der Kultus wurde an Heiligtümern betrieben, die an Gedenkstätten der Urzeit oder über heidnischen Kultstätten (s. zu 6, 25 ff.) oder an Erinnerungsstätten großer Erlebnisse errichtet wurden. Sie werden als eine Art Filialen des Siloh-Heiligtums (S. 315) gegolten haben. Denn wir sehen an dem Beispiel von Ri 17, 10, daß brotlose wandernde Leviten sich um Kirchendienerstellen an solchen Heiligtümern bewarben. Mit Ephod und Teraphim wird abergläubischer Mißbrauch getrieben (8, 27; 17, 3; 18, 17 ff.; 18, 31 vgl. 18, 24). Der Kern der religiösen Gedankenwelt war auch zu dieser Zeit die Erwartung des Erretters. Das Lied der Debora preist den Errettergott, der vom Sinai her kommt. In die Geschichten Gideons und Simsons u. a. sind die mannigfaltigsten Motive vom Erretter, der die finstere Macht besiegt und den Frühling bringt, hineingeheimnist.

Ri 1, 16, s. S. 415 Anm. 1. — Ri 1, 27 vgl. 5, 19 **Taanaḫ**, s. S. 315 ff.

Ri 3, 7 ff. **Othniel** ersteht auf Jahve's Geheiß als „Retter" (מוֹשִׁיעַ) von der achtjährigen Tyrannenherrschaft des Königs von Aram Naharaim[2]. Darauf hatte das Land vierzig Jahre Ruhe[3].

Wie alle folgenden Richtergestalten wird Othniel als Retter dargestellt: „**Jahve ließ šopheṭim erstehen, die Israel erretteten aus der Gewalt ihrer Plünderer**", 2, 16, das ist das Thema aller Erzählungen. Die Retter werden mit bestimmten Motiven ausgestattet, die den Requisiten des orientalischen Mythus vom erwarteten Erretter entnommen sind. Die Motive werden in Namen und Zahlen hineingewoben, wobei oft genug der Zufall zu Hilfe gekommen sein mag, vor allem aber werden sie mit geeigneten Zügen der Volkssage verknüpft. Historische Tatsachen werden in jedem Falle zugrunde liegen. Wie weit Einzelheiten historisch sind, läßt sich nicht ausmachen.

---

1) Vgl. die Klagen Hoseas 9, 10; 10, 1; 11, 1 f.; 13, 5 f.

2) Syrien, als Aramäerland nach spätern Bevölkerungsverhältnissen Aramäerland genannt. Der Fluß ist der Euphrat. Ägyptisch heißt das Gebiet Naharna. S. KAT³ 28 f.

3) 3, 30 achtzig Jahre (2 × 40); 8, 28 vierzig Jahre; 13, 1 umgekehrt vierzig Jahre Notzeit, s. hierzu S. 86. 101.

Bei den grundsätzlichen Ausführungen S. 74 ff. über das Verhältnis der mythologischen Motive zu den Geschichtstatsachen wurde die besonders schwierige vorkönigliche Zeit vorläufig außer Betracht gelassen. Hier heißt es im Einzelfalle: sub iudice lis. Und es ergeht dem Erklärer wie Plutarch [1], der im Theseus seinem Freunde Sossius Senecio mit feinem Humor schreibt:

„Es wäre freilich zu wünschen, daß das Mythologische sich mit Hilfe der Kritik gänzlich absondern ließe und die Gestalt der Geschichte annähme. Sollte es aber sich trotzig gegen die Glaubwürdigkeit sträuben und sich mit der Wahrscheinlichkeit durchaus nicht vereinigen lassen [2], so hoffe ich, daß die Leser billig genug sein werden, die Erzählung so entfernter Begebenheiten mit Nachsicht aufzunehmen."

Ri 3, 12 ff. Ehud tritt als Retter auf (3, 15) und tötet den moabitischen Tyrannen Eglon.

✳ Ehud ist linkshändig. Er ist ein Benjaminit (s. Budde z. St.). 20, 16 sind die 700 Benjaminiten, die den Frauenraub ausführen (s. S. 399) linkshändig. Der Sinn des Motivs (daß ein solches vorliegt, wird niemand bestreiten können) ist mir noch nicht klar trotz Stucken, Astralmythen 256, Winckler, Gesch. Isr. II, 121 f., die den linkshändigen Ziu-Tyr, dem der Fenriwolf die rechte Hand abbiß, und den linkshändigen Mucius Scaevola heranziehen. Vielleicht deutet auch sein Name ein astralmythologisches Motiv an; denn A-ḫu-ud ist II R 47, 22c ein Beiname des Jupiter (Gudbir) bez. Merkur (s. S. 17). Mit der linken Hand führt Ehud das mythische zweischneidige Schwert (s. S. 219), mit dem er den Tyrannen tötet. Daß die Motive die Geschichtlichkeit der Gestalt Ehuds aufheben, nimmt wohl Winckler (gegen Gesch. Isr. II, 121 f.) jetzt nicht mehr an. ✳

3, 31 Samgar, dessen Geschichte wohl aus guten Gründen (vgl. die Charakteristik seiner Zeit 5, 6) unterdrückt wurde, ist überzählig im Schema der Zwölf, s. S. 471. Zum Ochsenstecken s. S. 481.

4, 1 ff. Debora [3] vernichtet den kanaanäischen Feldherrn Sisera.

Motive des Drachenkampfes verbergen sich in dem rätselhaften שְׂמִיכָה 4, 18, mit dem Debora Sisera zudeckt; es erinnert an das Jagdnetz Marduk-Orions zum Einfangen der Tiâmat. Noch deutlicher ist das Netz-Motiv in der Judithgeschichte, Judith 13, 9. 15 und vor allem 16, 20, wo das scheinbar harmlose Fliegennetz als Weihgeschenk aufgehängt wird. Ein gutes Beispiel für die Verknüpfung einfacher Vorgänge mit mythologischen Motiven. Ein Drachenkampf-Motiv liegt ferner in der

---

[1]) Plutarch war Apollo-Priester und kannte sehr wohl den Sinn der mythologischen Motive.

[2]) Vgl. die Beispiele S. 480 Anm. 4.

[3]) Vgl. S. 471 und 480.

eigenartigen Waffe, dem Hammer, mit dem Debora Siseras Haupt zerschmettert, während er trinkt[1] (vgl. den Namen des Erretters Judas Makkab, dessen Beiname ebenfalls den Hammer als Heldenwaffe angibt, s. Abb. 161 den Hammer im Drachenkampf und vgl. zum Tešup-Marduk-Hammer S. 112). Die andere Waffe des Drachenkämpfers ist der Blitz; Barak, den die Geschichte als Feldherrn im Kampfe gegen Sisera nennt und der wohl der eigentliche „Richter" jener Zeit ist, heißt „der Blitz" (phöniz. barkas, vgl. den Beinamen des karthagischen Helden Hamilkar Barkas)[2].

Ri 5, 4, s. S. 325 Anm. 1; 415.

Ri 5, 20 *Vom Himmel her kämpften die Sterne, von ihren Standorten kämpfte das Volk Siseras.*

So ist wohl der Sinn mit Winckler Gesch. Isr. II, 131 zu fassen. S. 166 danach zu korrigieren. Es ist die Gegenpartei Jahve's. Wie Tiâmat mit ihren Helfershelfern, den Tierkreisbildern des früheren Äon (S. 133 Anm. 1), gegen Marduk kämpft, so erscheinen hier die Sterne an ihren Standorten (מזלות zu lesen, s. hierzu S. 548. 560), d. h. ebenfalls die Tierkreisbilder auf der Seite des Tyrannen Sisera. Die Ausmalung des Kampfes und Sieges Jahve's wie Jes 24, 21 ff., s. S. 179. 569.

Ri 5, 28, 30 eine kulturhistorisch höchst interessante Szene in dem alten Heldenliede aus dem Harem in Siseras väterlichem Palaste. Die Verse könnten in 1001 Nacht stehen.

Ri 6, 11—8, 35. Gideon[3] (Jerubba'al) aus Ophra in Manasse.

⁜ Die Vorgeschichte, der Berufungsgeschichte Simsons (13, 2 ff.) verwandt, enthält einige der Motive, die uns im altorientalischen Mythus von der Berufung des Königs und Erretters begegneten. Gideon ist aus niederem Geschlecht 6, 15 (vgl. S. 408). Er ist ein Erwählter Gottes und wird als „tapfrer Held" zum Kampfe, den Gott selber führen wird, berufen (vgl. 7, 18 „hie Schwert Jahve's und Gideon"). Der Engel Jahve's findet ihn auf der Weizentenne 6, 11 vgl. 37 (Variante zur Berufung vom Pfluge weg bei Saul und Elisa S. 484. 538, zum Sinn vgl. S. 53). ⁜

Ri 6, 24 *(Altar Jahve-Šalem)*, s. S. 386.

Ri 6, 25 ff. bietet ein Beispiel für die Umwandlung einer heidnischen Kultstätte in Kanaan in eine Kultstätte Jahve's[4]. Gideon reißt den auf dem Hügel stehenden Altar

---

[1]) S. Budde z. St.

[2]) Zu Makkab und Barkas s. Winckler F. III, 82; mein Kampf um Babel und Bibel[4] 32.

[3]) Gideon und Jerubba'al, ursprünglich wohl zwei „Richter", vielleicht dem Schema der zwölf zuliebe zusammengezogen. Die Quellenscheidung (s. vor allem Budde im Kommentar) kommt für die uns hier interessierenden Fragen nicht in Betracht.

[4]) Daß die Geschichte etwa im Sinne deuteronomischer Reform erfunden sei, um den Namen Jerubba'al zu erklären, halten wir für ausgeschlossen. Das „Zeit- und Ortskolorit" ist echt. S. Budde S. 56, der das Stück E. zuschreibt (warum aber „keine frühe Schicht?").

Baals ein und zerschlägt die daneben stehende Ašera (s. unten), baut Jahve einen Altar Jahve's, und opfert darauf einen siebenjährigen Stier. Die Wut des Volkes beschwichtigt Gideons Vater: „Ist Baal ein Gott, so streite er für sich." Der Vorgang ist religionsgeschichtlich zu vergleichen mit dem Umhauen der Wotan-Eiche bei Geismar durch Winfried-Bonifatius. Die Heiden warten auf das Eingreifen Wotans. Aus dem Holze der Eiche wird eine Petrikapelle gebaut. Das Verhalten des Volkes bei Gideons Tat illustriert übrigens die Tatsache, daß die Volksreligion durchaus heidnisch war.[1] Reine Jahve-Religion im Sinne der mosaischen Zeit fand sich wohl bei führenden Geistern in kleinen Kreisen, aus denen der nebî' stammt, der 6, 8 Gideon ermutigt. Die Jahvereligion Gideons, von der die eine Quelle zu berichten weiß, zeigt robuste Formen; sie bietet ein Beispiel für die Jahve-Volksreligion (S. 338). Das Opfer (minḫa) bedeutet ihm ein reales Speisen der Gottheit 6, 18 ff.; das Anschauen des Engels Jahve's, dessen Zauberstab die Opfergabe in Flammen setzt, und der in der Opferflamme emporzusteigen scheint, hat tötliche Wirkung; Jahve erscheint als zorniger Gott (6, 39). Den Jahve-Altar nennt Gideon synkretistisch Jahve-Šalem (vgl. hierzu S. 348 ff. 386); die Orakelbefragung, für die 6, 36 ff. ein merkwürdiges Beispiel gibt (auch 6, 32 ist wohl Orakel vorausgesetzt) legt Wert auf Mirakel[2].

Ri 6, 28. Die von Gideon gefällte (gespaltene) Ašera ist als Holzbild gleich dem Abb. 41 wiedergegebenen Marmorbild zu denken: ein Pfahl, dessen oberes Ende in den Kopf der Göttin ausläuft.

Ri 7, 2 ff. wird die Würdigkeit zur Heeresfolge (6, 35) durch eine eigentümliche Handlung festgestellt. Die Geschichte spielt in Sichem, wie der Auszug Abrahams. Wie bei Abrahams ḫanikîm (S. 348) handelt es sich hier um eine auserlesene Schar (ṣerûfîm Ri 7, 4)[3]. Das „Wasserlecken gleich Hunden" ent-

---

[1]) Die Anfertigung eines „Ephod" durch Jerubba'al gehört wohl einer andern Person an. Es wird sich um ein rein heidnisches Bild handeln (ba'al im Namen des Helden); der jetzige Text scheint die Sache abzumildern, als handle es sich um ein Bild Jahve's.

[2]) Die Geschichte ist innerhalb der Religion Israels zu beurteilen, etwa wie jene römische Legende von Liberius und Johannes, die nach einem gleichzeitigen Traumgesicht die Kirche S. Maria Maggiore dort bauen sollten, wo sie am Morgen des 4. Aug. 352 frisch gefallenen Schnee fanden.

[3]) So mit Erbt, Die Hebräer 76; vgl. bereits Stucken, Astralmythen 137.

spricht einer nicht näher bekannten kultischen Handlung am heiligen Wasser von Sichem, einem Geheimkult, an dem die erkannt werden, die würdige Kampfgenossen des Retters und Drachenkämpfers Gideon sein werden.

✳ Motive des Mythus, der die Kämpfe als Erscheinungen des Kreislaufs auffaßt, liegen 8, 14 vor, wo 77, d. i. 72 + 5 (Kreislauf = 72, dazu 5 Epagomenen) Leute von Sukkoth zur Vernichtung proskribiert werden. Die gleiche Bedeutung hat die Zahl der Söhne Gideons: 70 (8, 30) + 2 (Abimelech und Jotam); vgl. dazu die 70 Söhne Ahabs 2 Kg 10, 1 u. 7.

Das Teilen des Heeres in drei Haufen Ri 7, 16, vgl. 3, 13 bei Abimelech wurde S. 348 als Motiv des Mondkampfes besprochen. Mond-Motive zeigt ferner der Traum von dem ins Lager der Feinde rollenden Gerstenbrot (gedeutet als „das Schwert Gideons“). Es stellt den Mond dar. Monderscheinungen bringen in Kriegslegenden oft das Heerlager in Verwirrung (Beispiele aus der orientalischen Legende bei Mücke, Vom Euphrat zum Tiber, S. 96). Das Blasen der Posaunen und der Lärm mit den zerschlagenen Krügen 7, 16ff. sollen den Traum in der nächsten Nacht verwirklichen. Auch das ist Motiv des Mondkampfes (s. Winckler, Gesch. Isr. II, 139). Das Lärmen und Blasen ist zu beurteilen wie das Umblasen der Mauern von Jericho, s. S. 468 f. Der Sinn ist: der Drache, der in der Mondfinsternis oder im dreitägigen Schwarzmond gesehen wird, wird durch Lärmen und Posaunenblasen vertrieben. In der Kriegsgeschichte ist der Feind der Monddrache. Das Schwert Gideons ist wie die Sichel Jahve's (Jes 27, 1, S. 179) der siegende Neumond. ✳

Ri 7, 19 (Nachtwachen) s. S. 420.

Ri 8, 18—21 vgl. 2 Sa 21, 1—14. Hier ist Blutrache vorausgesetzt, die erst dort überwunden ist, wo die staatliche Gewalt die Rechtsgüter sichert, wobei es sich also weniger um einen ethischen als um einen sozialen Fortschritt handelt[1]. Das Rechtsleben der Israeliten ist religiös normiert unter dem Grundsatz, daß Gott der höchste Bluträcher ist (Ps 9, 13, vgl. 1 Mos 9, 5f.; 3 Mos 24, 17; 4 Mos 35, 18ff.). Darum finden wir hier keine eigentliche Blutrache. Jedenfalls ist sie eingeschränkt durch das Asylrecht, s. oben S. 426. Daß 1 Mos 27, 45 Blutrache vorausgesetzt sein soll, leuchtet mir nicht ein. In den „Gesetzen Hammurabis“ ist die Strafvollstreckung unter schärfster Anwendung des ius talionis staatlich geordnet. Als Rest der Blutrache erscheinen hier die merkwürdigen Bestimmungen, nach denen unter Umständen ein möglichst gleichwertiges Familienglied (Sohn oder Tochter) für die Tat haftet, vgl. hierzu S. 426.

Die Blutrache kommt, wie die Kabbala unter Berufung auf 1 Mos 4, 10 sagt, aus der Vorstellung, daß das Blut des Gemordeten in Auf-

---

[1]) S. S. 426, Anm. 2.

wallung ist, solange er nicht unter der Erde ruht, besonders wenn der Mörder in die Nähe kommt; vgl. die Volksanschauung, nach der dann die Wunden wieder bluten (Hagen an Siegfrieds Leiche) und nach der der Geist des Gemordeten nicht zur Ruhe kommt, solange nicht der Mörder durch den Bluträcher (Goël) gerichtet ist. Deshalb wird er auch nach dem Talmud am Orte der Tat mit seinen Kleidern und mit dem anhaftenden Blutschmutz „der Rache wegen" begraben.

Ri 8, 21. Mond-Amulette an den Hälsen der Kamele, s. zu 2 Kg 23, 5 und Abb. 37. Auch in Kanaan ist eine auffällige Neigung zu Schmucksachen in alter Zeit nachzuweisen. Sellin fand in einem dürftigen Hause bei der Leiche einer Frau zehn Schmuckstücke.

Ri 9, 5. Abimelech dingt für 70 Sekel aus dem Tempel des Baal-berit in Sichem eine Schar und ermordet die 70 Söhne Jerubba'als auf einem (Opfer-)stein. Die Hinschlachtung soll rituellen Charakter tragen, aber sie ist nicht als Menschenopfer anzusehen, sondern zu beurteilen, wie etwa der S. 454 erwähnte Bericht Asurbanipals, nach dem Leute als Totenopfer hingeschlachtet wurden.

Ri 9, 7 ff. erzählt der entronnene Jotham den Sichemiten die Fabel von den Bäumen, die sich einen König wählten. Abimelech ist König (s. S. 464), nicht „Richter". Die Fabel stammt aus dem Volksmunde[1]. Als Literaturgattung ist die Fabel natürlich auch Gemeingut des gesamten Orients. In den epischen Dichtungen der Babylonier vom Helden Ninib[2] K 133[3] wird erzählt:

„Er bestieg einen Berg und säete Samen weithin aus.
Einstimmig beriefen die Pflanzen seinen Namen zur Königsherrschaft über sich,
in ihrer Mitte wie ein großer Wildochs erhebt er seine Hörner[4]."

Ri 9, 13. „Wein, der Götter und Menschen fröhlich macht." Nicht an Trankopfer ist zu denken (Budde z. St.), sondern an mythologische Vorstellungen von Göttermahlzeiten, wie im Epos Enuma eliš, s. S. 199.

Ri 9, 45. Die Stadt zerstörte er und streute Salz (Schwefel?) darauf, s. S. 362. — Ri 9, 46 (El-berît), s. S. 350.

---

1) S. Budde, Richter z. St. Eine andre Fabel 2 Kg 14, 9.

2) Er heißt „Sproß, 'Meinen Vater kenne ich nicht'", s. zu dem Motiv S. 349; 408 ff.

3) Hrozný in MVAG 1903, 198 ff.

4) Wie es scheint, sollen auch hier die Pflanzen als Menschen verstanden werden. Der Zusammenhang ist dunkel.

Ri 11, 30 ff. Die Opferung der Tochter Jephta's. Der gegenwärtige Text verhüllt den Tatbestand der Überlieferung, nach dem es sich um Opferung der Jungfrau handelt. Die rabbinische Erklärung[1] scheut sich nicht, die Tatsache anzuerkennen. Sie stellt die Opferung mit der Opferung Isaaks zusammen, vergleicht sogar die Opferung des Sohnes des heidnischen Königs 2 Kg 3, 27[2].

✳ Die Opferung ist in den Formen des Tammuz-Ištar-Kultus zu denken. Zwei Monate betrauert Jephta's Tochter auf den Bergen mit ihren Gefährtinnen „ihr Sterben im Jungfrauenalter". Das ist ein Doppelmonat, entsprechend einer der sechs Jahreszeiten im vorislamischen Kalender.[3] Die kultische Sitte, die alljährlich viertägige Feier zum Gedächtnis an Jephta's Tochter fordert (11, 39 f.), sieht in der Geopferten die himmlische Virgo selbst, die ins Totenreich sinkt (oder täglich als Abendstern, vgl. S. 110), aber auch wieder emporsteigt (s. S. 110). Für die Samaritaner bezeugt ausdrücklich den Kultus der Tochter Jephta's als Kore (= Ištar), Epiphanius adv. haeres. III, 2, 1055 (ed. Patavius): „In Sichem, dem jetzigen Neapolis, opfern die Einwohner auf den Namen der Kore, offenbar unter Beziehung auf die Tochter Jephta's, die einst der Gottheit zum Opfer geweiht worden ist." Die vier Tage werden sich als 3 + 1 erklären: 3 Tage Totenklage und am 4. Tage Freudenfeier der „Auferstehung" (s. S. 33 Abb. 15 und S. 86 ff.). ✳

Ri 12, 5 f. Šibboleth als Erkennungszeichen. Es handelt sich zunächst um die Aussprache des Zischlautes als Erkennungszeichen. Aber vielleicht ist die Parole nicht zufällig gewählt, sondern zu erklären aus der Jahve-Volksreligion, die heidnischen Aberglauben mit dem Jahve-Kult vermengte. Mit Šibboleth, „die Ähre" kann Ištar bezeichnet sein, die himmlische Virgo mit der Ähre, deren volkstümlicher Kult durch die voraufgehende Erzählung von der Feier der Opferung von Jephta's Tochter bezeugt ist.

Ri 12, 9 (dreißig Söhne und dreißig Töchter) s. S. 479.

Ri 13 ff. Simson. Auch den Geschichten von Simson liegt gewiß die israelitische Überlieferung über eine besonders reckenhafte Gestalt der vorköniglichen Periode der Geschichte Israels zugrunde. Die Geschichten von diesem Erretter aus der Philisternot sind besonders reich mit den Motiven der orientalischen Erlösererwartung ausgestattet.

1. Der Vater heißt Manoaḫ (Erlöser-Motivname, s. S. 244. 250). Die Frau war unfruchtbar (עֲקָרָה, Motivwort, das nur im Zusammenhang mit der Errettererwartung gebraucht wird, s. S. 342 Anm. 6 und 370 Anm. 5).

---

[1]) Vgl. Thaannit 3b.

[2]) Aus Jer 19, 5 wird dann geschlossen, daß Gott die Opferung nicht gebilligt habe.

[3]) S. 59, vgl. die sechs Altersstufen unsrer Kalendersymbolik.

2. Die wunderbare Geburt durch die unfruchtbare Mutter wird durch göttliche Botschaft verkündigt. Der Neugeborne soll von Mutterleibe an ein Naziräer sein und als solcher wird er ein Erretter (הוֹשִׁיעַ Motivwort) Israels sein.

3. Die astralmythologischen Motive, die den Erretter kennzeichnen, können vom Sonnen- oder Mondlauf genommen sein oder sie können Tammuz-Ištar-Motive (Kreislauf) sein, s. S. 79. Hier sind Sonnenmotive hervorgehoben. Šimšon ist Kosewort und heißt „Sönnchen“[1].

4. Simson heiratet eine Philisterin, cp. 14. Bei der Hochzeit[2], die 7 Tage währte (wie die Hochzeit bei Jakob und Lea, s. Mos 29, 27), hat Simson 30 Brautgesellen und verspricht denen, die das Rätsel lösen, 30 Unterkleider und 30 Festgewänder: 30 Mann in Askalon erschlägt er und nimmt ihre Kleider als Beute zur Einlösung des Versprechens. Im Kreislauf, den das Leben des Helden wiederspiegelt, ist der Hochzeits-

Abb. 163: Asurbanipal als Löwentöter (Relief aus Niniveh).

punkt der Punkt der Sommersonnenwende. Dazu gehört das Motiv des Rätselratens[3]. Das Hochzeitsrätsel Simsons (14, 14) lautet:

„Speise ging aus von dem Fresser,
Und Süßigkeit ging aus von dem Starken.“

Die Pointe paßt ebensowenig, wie die Fabel Ri 9, 7 ff. Es ist um der Motive willen aus dem Vorrat der Volksanekdoten herausgeholt und eingefügt. Die Angabe, daß sie drei Tage vergeblich raten und am vierten Tage die Lösung haben (3 + 1 s. S. 88), deutet darauf, daß es sich um ein Motiv des Sonne-Mondkampfs handelt bei der Geschichte, die nach

---

[1]) Der Ort Ṣorʿa, der als Geburtsort angegeben wird, liegt in der Nähe von Bet-Šemeš. Dort waren Sonnen-Mythen wohlbekannt. Nach Winckler KB V, 298 ist es das Ṣarḫa der Amarnabriefe.

[2]) In Thimnat, wo auch die Juda-Thamar-Geschichte spielt, 1 Mos 38, 13 ff. Ištar-Motiv auch hier.

[3]) Rätsel der Sphinx, Rätsel beim Adoniskult.

14, 5 ff. dem Rätsel zugrunde liegen soll. Ein Löwenkampf verschafft ihm die Liebe des Mädchens. Mit Hilfe des Geistes Jahve's hat er ihn zerrissen[1]. Im Aas des Löwen findet er dann Honig. Der Löwe ist der Repräsentant des himmlischen Nordpunkts (s. S. 21), am Tierkreis des Sonnenwendepunkts. Die Tötung des Löwen ist Gewinnung der Weltherrschaft, dasselbe bedeutet der Honig. „Milch und Honig" ist einer der typischen Ausdrücke für die Zusammenfassung des gesamten Kosmos (wie Weinstock und Feigenbaum, s. S. 250 Anm. 5, eins vertritt die Oberweltshälfte, das andere die Unterweltshälfte)[2]. Der Bienenschwarm gehört auch der Motivenreihe an. Es ist zu beachten, daß Debora, die Retterin, die den Tyrannen tötet, „Biene" heißt (Motivname wie Simson?). Jedenfalls soll der Vorgang und das daran anknüpfende Rätsel Simson als Tyrannenvertreiber und als rettenden Weltenherrn charakterisieren[3].

5. Die Geschichte von Simsons Rache an den Philistern Ri 15, 1 ff. soll als Exempel der Taten des rettenden Sonnenmannes gelten. Wir verstehen die Motive nur teilweise.

Dreihundert eingefangene Füchse[4] werden je zwei mit brennenden Fackeln zwischen den Schwänzen in die Felder der Philister gejagt. Ist die Geschichte auf eine Linie zu stellen mit dem Motiv der brennenden Felder in der Absalomgeschichte 2 Sam 14, 30 f., die völlig rätselhaft ist? Die Verbrennung des Weibes samt ihrem Vater gehört dazu. Es sieht mir aus wie ein Feuerflut-Motiv. In der Geschichte von Sodom und Gomorrha und bei dem Gegenstück Ri 19 f. (s. S. 360 ff.) geht auch das Motiv des verletzten Gastrechts voraus und das Motiv der sexuellen Vergewaltigung wie hier, wo Simson die Aufnahme verweigert wird und sein Weib 30 Gesellen ausgeliefert wurde. Der Sinn wäre dann: Simson bringt die Feuerflut, das Gericht des Untergangs über die Philister. 300 (30 × 10) rote Füchse mit Brandfackeln würden dann die Welten-Sommersonnenwende anzeigen.

Daß es sich um ein bekanntes Motiv handelt, zeigt Ovid Fasten VI, 681 ff. (18. und 19. April): Füchse mit lodernden Bränden auf den Rücken werden durch die Fluren gejagt, daß die Saaten verbrennen. Dabei bemerkt Ovid, daß am Feste der Ceres Füchse verbrannt werden. Der Hundsstern gilt als Fuchs, und Robigo, dem man den Brand im Getreide zuschreibt (Ovid, Fasten IV, 911 ff.) ist der Hundsstern.

6. Die Heldentat bei Lechi 15, 8 ff. Simson ist in der Höhle verborgen. 3000 Judäer (Motivzahl) kommen; man fesselt ihn mit zwei neuen Stricken und bringt ihn aus der Höhle herauf auf den Felsen.

---

[1]) Der Erretter ist Löwenkämpfer. Das kehrt auch in der Davidsgeschichte wieder. Asurbanipal läßt sich in seinem Palaste als Held darstellen, der zu Fuß mit den Händen den Löwen zerreißt, s. Abb. 163. Gilgameš ist Löwentöter, s. S. 266 Abb. 78 u. ff.

[2]) Simson ißt den Honig. Vgl. Jes 7, 15 (s. z. St.) das Motiv des erwarteten Erretters: „Milch und Honig wird er essen."

[3]) Anders, wie ich während des Druckes sehe, Winckler in dem eben erschienenen Septemberheft von OLZ, Sp. 490. Die Motive können sehr wohl vieldeutig sein.

[4]) Daß auch der Erzähler ein solches Jagdkunststück nicht als geschichtlich aufgefaßt wissen will, liegt doch wohl klar auf der Hand. Ebenso wird niemand ernstlich behaupten, daß Bienen, die gegen Gerüche äußerst empfindlich sind, in einem Tieraas sich anbauen.

Er zerreißt die Stricke und erschlägt mit einem Eselskinnbacken 1000 Mann. Aus dem gespaltenen Eselskinnbacken wurde er dann durch ein Wunder getränkt, „so daß seine Lebensgeister zurückkommen und er wieder auflebt“. Der Eselskinnbacken ist das Gegenstück zu dem Ochsenstecken, mit dem Samgar 3, 31 sechshundert Philister schlug „und Israel errettete“. In den Waffen steckt je ein Motiv des Erretters[1]. Das Wunderwasser ist das Gegenstück zum Honig nach dem Löwenkampf 14, 9. Beidemale handelt es sich um die Erquickung des Helden nach dem Kampfe[2].

7. Simson bei der Buhlerin in Gaza 16, 1 ff. Um Mitternacht faßt er die beiden Torflügel des Stadttores und trägt sie auf den Gipfel des Berges. Auch hier handelt es sich um ein Motiv des Tyrannenbesiegers. Die Tradition, nach der frühmittelalterliche Bilder die Szene als Gegenstück zum Goliathkampf darstellten, hat dies Motiv gekannt[2]. Die beiden Torflügel bedeuten dasselbe, wie die beiden Tempelsäulen in Asdod. Der Held hebt die von den Tyrannen beherrschte Welt aus den Angeln (den beiden Toren und Säulen entsprechen Ost- und Westpunkt der Welt, wie Jakin und Boas) als Bringer eines neuen Äon.

8. Simson und Delila 16, 4 ff.[3]. Der übermenschlich starke Held zerreißt sieben frische Schnüre, die ihn binden sollen; ebenso zerreißt er neue Stricke, mit denen noch keine Arbeit getan ist; den Webepflock, an den seine sieben Locken gebunden sind, reißt er aus der Erde. Aber als die sieben Locken von seinem Haare geschoren sind, wurde er schwächer und schwächer. Die Philister stachen ihm die Augen aus und warfen ihn ins Gefängnis.

Der Erretter, der in die Unterwelt steigt, ehe die neue Zeit anbricht, trägt hier besonders deutlich Sonnenmotive. Die Haare entsprechen den Sonnenstrahlen (S. 371). Abgeschnittene Haare und Blindheit und Gefängnis (S. 384) charakterisieren die Wintersonne, die dunkle Hälfte des Kreislaufs. Bei der Festfeier (Opferfest des Dagon, wohl Neujahrsfest, man achte auf das Trunkenheitsmotiv 16, 25) wird er aus dem Gefängnis geholt. Er faßt die beiden Säulen des Tempels, „eine mit der Rechten, die andre mit der Linken“, und der Tempel stürzt zu-

---

[1]) Ochs und Esel repräsentieren die beiden Welthälften, bez. Kreislaufhälften; so ist z. B. das Gegenstück des Osiris-Marduk-Stiers der eselköpfige Typhon. Ochs und Esel an der Krippe des Erlösers in der christlichen Legende sind durch Jes 1, 3 nicht genügend erklärt. — Das Esel-Motiv in den fragmentarischen Geschichten der Richter, die sämtlich als Retter gelten, ist sehr auffällig. Von Abdon heißt es 12, 13 ff.: Er hatte 40 Söhne und 30 Enkel, die auf siebzig Eselsfüllen ritten. Jair Ri 10, 3 ff. hatte 30 Söhne, die auf 30 Eselsfüllen ritten und 30 Städte besaßen.

[2]) Z. B. auf den berühmten Bildern des Gasthofs „Stern“ in Ötz in Tirol, die im 15. Jahrhundert renoviert wurden.

[3]) Die Frage, ob der Einschnitt 15, 20 anzeigt, daß eine andre Quelle für diese und die vorhergehende Geschichte vorliegt, ist ohne Belang. Die Geschichten stammen sämtlich aus einer Überlieferungsquelle und haben alle einen Zweck: Simson als Typus des erwarteten Erretters zu charakterisieren.

sammen. Die feindliche Welt ist untergegangen. Simson wird in der Gruft Manoahs (s. oben S. 478) begraben. Man hat zu ergänzen: aber er wird emporsteigen und die neue Zeit heraufbringen.

Die Verwandtschaft mit Gilgameš, dem Helden mit sieben Locken (s. Abb. 78), der Löwen tötet (s. Abb. 78 ff.), und durch Ištar ins Elend kommt, habe ich bereits in Izdubar-Nimrod (1891), S. 70 hervorgehoben. Die Verwandtschaft liegt darin, daß beide Erretter-Typen sind, und zwar mit Sonnen-Motiven ausgestattet. Auch Herakles ist in diesem Sinne eine verwandte Gestalt[1]. Eusebius hielt sehr begreiflich Herakles für eine „heidnische Nachahmung Simsons". Es ist sehr wahrscheinlich, daß unser Richterbuch aus einer Überlieferung geschöpft hat, die zwölf Taten des Simson kannte.

Ri 21, 7 ff. (der Raub der Mädchen in Siloh), s. S. 399.

Vierundzwanzigstes Kapitel.

Samuel, Saul, David, Salomo.

Samuel.

1 Sa 1 ff. ✳ Samuels Geburt und Berufung. Das Motiv der wunderbaren Geburt leitet die Geschichte ein, wie die Geschichte Simsons Ri 13, 2 ff. und Gideons Ri 6, 11 ff., s. S. 474, die die neue Zeit bringen. Die Mutter ist unfruchtbar (zu dem Motiv, das im Liede wiederkehrt 2, 5^{b}, s. S. 342; 370)[2]. Durch Orakelspruch in Siloh wird ihr der Sohn verheißen. Der Name Šemu'el, der 1, 20 gleich dem Namen Saul, als der „Erbetene" (ša'ûl) gedeutet wird, obwohl er etwas andres bedeutet[3], soll ihn wohl nicht nur als das erbetene Kind, sondern als den ersehnten Erretter bezeichnen. Als Gottgeweihter wird der Knabe zum Heiligtum gebracht. „So lange er lebt, sei er ša'ûl Jahve's." „Bei Jahve wächst der Knabe heran." 3, 4 ff. erzählt, wie Jahve persönlich ihn beruft. 3, 19: „Und Jahve war mit ihm." „Er wuchs heran und nahm zu an Gunst bei Gott und bei Menschen." Eine neue Zeit bricht an (vgl. 3, 1 mit 3, 21). Samuel ist also auch eine Errettergestalt. ✳

Das „Lied der Hannah" handelt von der Erlösererwartung. Es ist auf das Auftreten Samuels angewendet, wie die ähnlichen Erlöser-

---

[1]) In Izdubar-Nimrod S. 70 habe ich gegenüber dem Urteil v. Wilamowitz-Möllendorff (Euripides, Herakles), „es sei bodenlos, in altorientalischen Sagen Herakles zu suchen", gezeigt, daß gerade die Bestandteile des Herakles-Mythus, die als Urbestand angesehen werden, mit dem altorientalischen Mythus zusammenstimmen.

[2]) Man beachte den zarten Zug 1, 8, der die Stellung der Frau illustriert. Elkana sagt: „Bin ich dir nicht mehr wert, denn zehn Söhne?"

[3]) Eigentlich Zusammensetzung aus שׁם und אל s. KAT[3] 225; zu ša'ûl „der Befragte" s. S. 485.

erwartungslieder, die mit der Geburt des Täufers Johannes und mit der Geburt Jesu verbunden sind. Für die Geschichte der Heilserwartung sind diese Lieder von hoher Bedeutung. Das Alter des Liedes ist wohl kaum zu bestimmen. Die Bearbeitung kann natürlich jünger sein als die Formeln und Gedanken. Die Motive von der „Unfruchtbarkeit" 2, 5 f. und von Jahve, „der tötet und lebendig macht, der in die Unterwelt stürzt und heraufführt" [1], muten alt an. Wenn am Schluß vom gesalbten König die Rede ist (2, 10), der im Namen Jahve's die Errettung bringt, so müssen wir uns im Prinzip gegen die Behauptung aussprechen, als ob solch ein Wort nur in nachköniglicher Zeit in Israel erdacht sein könnte. Die Erlösererwartung konnte im Orient zu allen Zeiten als Königserwartung ausgesprochen werden; auch im alten Israel wußte man sehr wohl, was eine rettende Königsgestalt bedeutet. Das Horn des Gesalbten ist das Zeichen göttlicher Kraft, s. S. 381 Anm. 3, vgl. Abb. 88 S. 290 und Abb. 69 S. 203.

Abb. 164:
Zerschlagung von Götterstatuen. Relief aus Khorsabad; Botta II, 114.

1 Sa 2, 22 (Frauen als Dienerinnen am Heiligtum), s. S. 281 f.

1 Sa 3, 2 ff. Das Zelt Jahve's im 'ohel moʿed, als festes Gebäude in Siloh s. S. 446.

1 Sa 4, 13 (Eli auf dem Stuhle im Tore), s. S. 430 Abb. 136.

1 Sa 4, 19 ff. (Ikabod), s. S. 443.

1 Sa 5, 1 ff. Das Bild Dagons ist in Stücke zerschlagen. Kopf und Hände liegen auf den Stufen zum Postament, das das Bild der Gottheit trägt [2]. Das Volk mag das als einen förmlichen Kampf zwischen Jahve und Dagon empfunden haben.

---

1) Derselbe Gedanke als Bild der Befreiung babylonisch zu belegen, s. S. 109 f.

2) Auf dem miftan, s. zu Ze 1, 9, S. 603. Auch 1 Sa 5, 5 handelt es sich um die Stufen des Adyton, auf die die Priester nicht mehr zu treten wagen.

Das Zerschlagen einer Götterstatue illustriert Abb. 164 [1]. Näheres zu Dagon und seinem Kult wurde S. 470 besprochen.

1 Sa 5, 5 (miftann icht Schwelle), s. S. 54. 483 Anm. 2. 603.

1 Sa 6, 4 ff. Goldene Pestbeulen und goldene Mäuse werden als Weihgeschenke vor der Lade niedergelegt. Die Beulen sollen wohl in effigie zum Zwecke der Heilung die Krankheit darstellen, wie es ähnlich der bekannte katholische Brauch noch heute zeigt, der wächserne oder silberne Gliedmaßen vor dem wundertätigen Bilde weiht [2]. Dieselbe Bedeutung haben die Mäuse als Symbole der Pest. Eine goldene Maus, jedenfalls auch als Weihgeschenk benutzt, fand Ed. Glaser in Südarabien; s. Nielsen, Altarabische Mondreligion, S. 120.

1 Sa 6, 7 ff. (Die Lade auf dem Kuhwagen), s. S. 444.

1 Sa 7, 6 (Wasserschöpfen und Trankopfer vor Jahve), s. S. 428. Die kultische Sitte [3] spricht für das Alter der „Wasserschöpfung" beim Herbstfest, wie es Joh 7, 37 f. wohl auch Jes 12, 3 vorausgesetzt und im Traktat Succa beschrieben wird [4].

Saul und David.

1 Sa 8, 11 ff. schildert eine orientalische Tyrannis. Unter andrem müssen die Söhne „vor dem Wagen des Königs herlaufen", buchstäblich im Trab, wie noch heute beim Selamlik. So werden wir uns Ahas zu denken haben, als er vor dem Triumphwagen Phuls in Damaskus eingezogen ist, s. S. 521 u. S. 607.

1 Sa 9, 1 ff. Saul, Sohn des Kiš [5]. Jahve hat ihn gesalbt zum Fürsten, und er soll Israel befreien [6].

✳ Die Beschreibung führt ihn demgemäß mit den Motiven der Errettergestalten ein: Er ist stattlich und schön (baḫûr waṭôb, 9, 2, vgl. 1 Mos 39, 6 Josef, 1 Sa 16, 12 David), der schönste Mann in Israel, an Haupteslänge alle überragend (9, 2; 10, 23). Gott hat ihn auserwählt, gesalbt, und zum Erretter bestimmt. Das Werfen des Loses bestätigt die göttliche Berufung. Nach einer Quelle sucht der Erwählte „die Esel

---

1) ATAO [1] sicher irrtümlich unter Menschenopfer mit Fragezeichen gestellt, vgl. S. 454.

2) Die Beulen gehören nach Winckler Gesch. Isr. II, 152 dem Jahvisten an, der das Symbol (Mäuse-Pest) in die Wirklichkeit verwandelt.

3) Man schreibt die Stelle dem Deut. zu. Das mag von der Bearbeitung gelten. Aber es wird sich wohl hier wie bei dem „gekochten Opferfleisch" 2, 13 ff. und bei den Tempelfrauen (2, 22) um alte Kultuseinrichtungen handeln. Trankopfer für Jahve bezeugt auch 2 Sa 23, 16.

4) S. BNT 75. Eine Libation bei den Assyrern stellt Abb. 136 dar.

5) Der Name Šaulânu kommt babylonisch KB IV, 100 vor. Ḳi-i-šu heißt im assyrischen Eponymenkanon der Eponym von 755 (KB I, 20 [4]).

6) 10, 1 nach Sept. (σώζειν, hebr. הושיע), s. Klostermann z. St.

seines Vaters“[1]. Nach einer andern Quelle wird er vom Pfluge weggeholt, um seine Retterarbeit zu beginnen 11, 5 (s. S. 53 f. 474)[2] im Kampfe gegen den Amoniter Naḫaš, der den Bürgern von Jabeš das rechte Auge ausstechen will. Schon der (gewiß künstliche) Name Naḫaš (d. h. Schlange) 11, 1[3] zeigt das Motiv des Drachenkampfes an. Nach siebentägiger Frist finden die Boten den Retter Saul beim Pflug. Er zerstückt die Rinder in 12 Stücke und schickt sie als drohendes Kriegsaufgebot an die 12 Stämme (ein ganz ungeeignetes Signal, offenbar mythologisch). Mit drei Heerhaufen[4] besiegt er zur Stunde der Morgenwache die Amoniter.

Wie der Kampf gegen Jabeš, so ist auch der durchaus geschichtliche Kampf gegen die Philister astralmythologisch ausgestattet. Ein „Gottesschrecken“ verursacht eine Verwirrung, so daß die Feinde die Waffen gegeneinander wandten. Es ist das gleiche Motiv, wie beim Kampfe Gideons Ri 7, 16 ff., s. S. 476[5] und bei der Eroberung Jerichos (S. 468 f.).

Die Errettergestalt Saul trägt Mond-Motive. Auch hier soll man das vielleicht schon aus dem Namen heraushören (Ša'ûl der Befragte, der Mond ist der Herr der Orakel). Er hat drei Söhne 1 Sa 14, 49, nach 2 Sa 21, 8 zwei Söhne und fünf Enkel. Zum Mondcharakter stimmt das Hinabsteigen in die Totenwelt (1 Sa 29, s. S. 491). Auch der Tod Sauls deutet das Motiv an. Saul tötet sich, nachdem seine drei Söhne gefallen sind[6]. Er stürzt sich in seine Lanze[7]. Die Philister schneiden seiner Leiche den Kopf ab, 31, 9[8]. Der Schwarzmond (d. h. der Mond im Tode) gilt im Mondmythus als Gestalt, die den abgeschnittenen Kopf im Arme trägt. Ebenso gehört die Lanze zum Mond. Zur Lanze in den Saulgeschichten vgl. 1 Sa 18, 10 f.; 19, 10; 20, 33; 26, 22; 2 Sa 1, 6[9]. Münzen von Laodicea, Tiberias, Skythopolis, Caesarea am Meere, Sebaste und Aelia Capitolina zeigen die mannweibliche phöniz.-kleinas. Gottheit Onka-Mene, die allgemein als Mond (Lunus und Luna) gilt, mit der Lanze in der einen, mit einem abgehauenen Menschenkopf in der anderen

---

[1]) Auch ein Motiv der Königsberufungssage? Der Esel ist Tier des Messias, s. S. 459 Anm. 4.

[2]) Zur Quellenscheidung s. Winckler, Gesch. Isr. III, 153. Wir haben drei Berufungsgeschichten.

[3]) Der Sohn dieses Naḫaš läßt den Boten Davids, die nach dem Tode des Vaters kondolieren, den Bart halb abscheren und die Kleider bis ans Gesäß abschneiden. Der Bart ist den Orientalen das Heiligste. Zur andern Verspottung s. S. 574 f.

[4]) Motiv des Mondkampfes s. S. 348. 476. Winckler l. c. 155 wird mit seiner Vermutung recht haben, daß das unmotivierte Augenausstechen, das auch die Alexanderlegende verwendete, ebenfalls Mond-Motiv ist. Der historische Hintergrund könnte sein: Naḫaš wurde wie Philipp von Mazedonien (der mythische Pfeil trägt die Aufschrift: in Philipps Auge) das Auge ausgeschossen. Er will sich rächen.

[5]) S. Winckler l. c. 163. [6]) Anders nach 2 Sa 1, 10.

[7]) So wohl ursprünglich, wie der Bericht 2 Sa 1, 6 vermuten läßt, 1 Sa 31, 4 hat „Schwert“.

[8]) Seine Rüstung hängen sie 31, 10 im Ištartempel auf, s. S. 491.

[9]) S. Abb. 161 und S. 105, vgl. auch Jos 8, 18 und 26.

Hand[1]. Einer dieser Münzorte (Skythopolis, heute Bêšân oder Beisân) ist identisch mit dem biblischen Beth šeân, an dessen Stadtmauer die Leichen Sauls und seiner Söhne aufgehängt wurden (1 Sa 31, 8ff.; 2 Sa 21, 12). Die Volksreligion kannte also in jener Gegend die entsprechenden Mond-Mythen. Der abgeschlagene Kopf wird auch bei der Goliathgeschichte hervorgehoben, s. S. 490 und Abb. 167.

Die persische Geschichtserzählung nach Herodot verwendet die gleichen Motive. Während Xenophon berichtet, daß Cyrus auf seinem Totenbette ruhig eingeschlummert (bei Ktesias stirbt er an einer Wunde, nach Diodor wird er gekreuzigt) berichtet Herodot I, 21, Tomyris habe nach der Schlacht den Leichnam des Cyrus geköpft, er habe den Kopf in einen mit Blut gefüllten Schlauch gesteckt und so den Leichnam geschmäht.

Auffällig ist auch noch die Hervorhebung der Krone und der Armspange Sauls, 2 Sa 1, 10. Der Mond wird mit Vorliebe als Inhaber der Krone (bel agê oder šar agê) geschildert. Die gehörnte Mondscheibe gilt als Krone. So am Schluß des S. 102f. teilweise wiedergegebenen Mondtextes. In den Omina ist von der Krone des Mondes beim Erscheinen des Neumondes die Rede, ferner von der „riesigen Krone", die er 5 Tage trägt (bis zum Halbmond, vgl. S. 103). Daß auch hier ein Requisit des Mythus hineinspielt, dafür spricht die Parallele bei Plutarch, Artaxerxes 17. Wie hier der Amalekiter hingerichtet wird, der Krone und Armring an sich genommen hat, so läßt dort Parysatis den Eunuchen Masabates hinrichten, der dem Usurpator Kopf und rechte Hand (die Glieder, die die Königsinsignien tragen) abgehauen hatte, s. Paton in ZNW 1901, 340. ✳

1 Sa 9, 11 (die Steige zur Stadt hinauf). Wir haben uns die alten Städte Kanaans genau so vorzustellen, wie eine moderne Araberstadt mit ihren engen Stufengassen, die bis zur Burg hinaufführen. Auch das älteste Rom wird so „orientalisch" ausgesehen haben. Die Opferstätte liegt auf einer bama vor den Toren der Stadt 9, 14, s. Abb. 152 und 153.

1 Sa 9, 22 die Tafelordnung, Saul und sein Knecht an der Spitze der Geladenen, vgl. Lc 14, 8ff.

1 Sa 10, 1. Ölsalbung zum Empfang des Königs. Nach einem Amarna-Brief (KB V, 37) salbte Thutmes III. den Großvater des Fürsten von Nahašše zum König. Die Sitte ist also für das vorisraelitische Königtum in Kanaan bezeugt.

1 Sa 13, 19ff. Die Erzählung beleuchtet die trüben Zustände in Israel während der Richterzeit und erinnert an die Stelle im Deboralied Ri 5, 8: Schild ward nicht gesehen, noch Speer in Israel.

1 Sa 16, 11. Davids Berufung.

Die Biographie Davids[2] hat darauf Rücksicht zu nehmen, daß die jetzt vorliegende Erzählung zwei Überlieferungen über

---

[1]) Movers, Phönizien I, 649 nach Eckhel, Doctr. num. vet. III, 336. 426. 431. 439f. 442. Hier nach Stucken, Astralmythen 54, Winckler, Gesch. Isr. II, 169.

[2]) Der Name Da-wi-da-nim kommt dreimal in den Hammurabi-Kontrakten vor, s. Ranke, Personal Names S. 78. Der angebliche Name

die Jugend des Helden harmonisiert: die Geschichte von dem Hirtenknaben und Harfenspieler David, und die Geschichte von David, dem jugendlichen Helden, der erst als Besieger Goliaths an den Hof Sauls kommt. Den Kampf mit Goliath haben beide Überlieferungsreihen I und II berichtet[1].

Abb. 165: Spielmann und begeisterter Zuhörer. Torrelief aus Sendschirli in Syrien.

In Erzählung I wird Isai's jüngster Knabe in Bethlehem vom Felde hergeholt und zum König gesalbt[2] (zur Salbung s. S. 486), 16, 1 ff. Er hat 16, 12 vgl. 18 rötliches Haar[3], ist schön von Augen und hat wohlgebildete Gestalt (Tammuz-Motiv, s. S. 385 u. 484 zu Saul). Er war ein von Gott Erwählter von Jugend auf („Jahve war mit ihm") und hatte schon in der Jugend Heldentaten vollbracht (16, 18, ausführlicher 17, 34 ff., wo von Löwen- und Bärenkämpfen erzählt ist, s. S. 480). Er ist Harfenspieler, Dichter und Sänger[4], und bezwingt als solcher den bösen Geist. Durch den Sieg über Goliath erweist er sich als der Erretter. Von jener Zeit an war Saul eifersüchtig, denn David war Liebling des Volkes, 18, 16. Als einst David vor Saul spielte, sucht ihn Saul, vom bösen Geist getrieben, an die Wand zu nageln[5].

In Erzählung II vom Kriegsmann David wird die verhängnisvolle Feindschaft Sauls mit der beim Goliathkampf ausgebotenen Königstochter

---

Daudu eines altbabylonischen Priesterkönigs des 4. Jahrtausends, den die Ausgrabungen der Universität Chicago in Bismya zutage gefördert haben, existiert nicht. Wir geben das Bild, das mit der irreführenden Erklärung durch die illustrierten Zeitungen wandert, als nachträgliche weitere Illustration zu S. 288 wieder, s. Abb. 166 und S. 488 Anm. 3.

[1]) Zur Quellenscheidung s. Klostermann, B. Samuelis S. 60 ff. Die Erzählung von dem jungen Helden, der 17, 55 ff. Saul noch völlig unbekannt ist, beginnt 17, 12.

[2]) מֶלֶךְ, Saul ist nach 10, 1 zum נָגִיד gesalbt.

[3]) אַדְמֹנִי שֵׂעָר zu lesen, s. Klostermann z. St.

[4]) Das gehört nach orientalischem Begriff zusammen. 16, 16 Sept. *εἰδότα ψάλλειν*. Auf den Toren von Sendschirli (Taf. XXVIII in der Veröffentlichung des Berliner Museums) ist ein Spielmann abgebildet, dem ein anderer begeistert zuhört, s. Abb. 165.

[5]) Vgl. 5 Mos 15, 17 und dazu S. 419.

(S. 379 Anm. 2) in Verbindung gebracht. Saul ist eifersüchtig auf den Kriegsmann. Michal, die Tochter Sauls, warnt und rettet den Helden[1].

Abb. 166: E-SAR, der mächtige[3] König, König von Ud-NUNki (Adab). Gefunden in den Tempeltrümmern von Bismya in Babylonien. Vgl. S. 486f. Anm. 2 und unten Anm. 3.

Winckler, Gesch. Isr. II, 170f. hat auf die Geschichte des Königs Sandracottus hingewiesen, der aus niederem Geschlechte ist, vor König Nandra, der ihm nach dem Leben trachtet, flieht, auf einen Traumbefehl hin eine Räuberbande sammelt, mit ihnen den Befreiungskrieg gegen den Statthalter Alexanders führt und so zum König wird (Justin 15, 4, 15ff.); ferner auf die Alexanderlegende, nach der Alexander den Kleitos in sinnloser Wut (in Eifersucht, weil Philippus' Taten zu seinen Ungunsten durch Kleitos verherrlicht wurden) mit dem Speere zu durchbohren sucht[2]. Die Berührungen sind nicht zufällig. Wir haben bereits an vielen Beispielen gesehen, daß die orientalische Geschichtserzählung die gleichen Motive hervorzuheben liebt. Aber die Sache liegt nun nicht so, daß mit diesen Motiven einfach Geschichten aus den Fingern gesogen werden („daß die Erzähler die orientalische Legende in gleicher Weise geplündert haben", wie Winckler einmal S. 139 sich ausdrückt), sondern die Überlieferungsstoffe können dabei sehr wohl historisch sein. Man versuche nur, irgendwelche Geschichtsepisode etwa aus der Antike, die ohne die Motiv-Kunst erzählt ist, mit Hilfe der bekannten Motive auszustatten, und man wird sehen, wie die Wirklichkeit allenthalben zu Hilfe kommt. Selbstverständlich ist auch der Fall möglich, daß reine Dichtung mit Hilfe der Motive vorliegt. Aber die Glaubwürdigkeit der biblischen Erzählung mit ihrer tiefen sittlichen und religiösen Tendenz ist denn doch gewichtiger, als z. B. die der Alexanderlegende.

1 Sa 14, 21 (Hebräer), s. S. 365 Anm. 2.

1 Sa 17, 1 ff. David und Goliath. Im Philisterkrieg bietet sich

[1]) S. Winckler, Gesch. Isr. II. 170. Zur Rettungsgeschichte s. S. 376.

[2]) Er flieht und wird dann, da er umkehrt, wirklich durchbohrt.

[3]) DA-LU = dannu „mächtig", wie oft in den altbab. Königsinschriften (ich verdanke die richtige Erklärung H. Zimmern), von den Amerikanern DA-UDU gelesen und als „sumerischer König David" erklärt! Inschrift veröffentlicht Am. Journ. Sem. Lang. 1904/5, p. 59.

einer zum Zweikampf dar. Dasselbe hören wir oft in den antiken Kriegsgeschichten z. B. bei Homer. Für die Kunst der Erzählung ist der eine die Zusammenfassung der gesamten feindlichen Macht. Die Ausmalung seiner Gestalt erhält die Züge der Unterweltsmacht, der winterlichen Seite des Kreislaufes, des Chaosdrachen. Der Sieger erhält die Züge des lichten Jahrgottes, des Erretters, der die neue Zeit bringt[1].

✳ 1. Der Name Goliath würde einem babylonischen gallitu (gallatu) entsprechen, das „Meer" bedeutet. Man soll also vielleicht bereits beim Namen Goliath an die Drachengestalt (= Tehom-Tiâmat) denken[2].

2. Er tritt vierzig Tage „früh und spät" hervor, 17, 16. Wir kennen die vierzig Tage als Inbegriff der Winterzeit vor Frühjahrsbeginn, s. S. 62.

3. In der Angabe seiner Länge (sechs Ellen und eine Spanne) liegt das andre Darstellungsmittel der Winterszeit. Statt der vierzig Tage der Äquinoktialstürme vertreten die $5^1/_4$ Epagomenen die Winterszeit, die Neujahr vorangeht, oft zu fünf oder sechs abgerundet. Der Winterriese hat die entsprechende Motivzahl (in der Körperlänge oder als Mann mit sechs Fingern und sechs Zehen (so der Riese nach 2 Sa 21, 20, s. S. 490). Der Hersteller unserer Erzählung hat das Motiv nicht mehr verstanden und verballhornt: sechs und eine Spanne, statt fünf und eine Spanne[3]. Vgl. auch S. 466 Anm. 6.

4. Beim Auftreten braucht er höhnende Worte, 17, 10. 23. 26. 36. Das ist regelmäßig wiederkehrende Formel beim Drachenkampf, vgl. S. 135 (Tiâmat verhöhnt Marduk) und zu Da 7 S. 595 f.

David tritt Goliath als Drachenkämpfer entgegen[4]:

1. Dem Sieger wird 17, 25 (II) die Königstochter zur Frau angeboten. Motiv der ausgebotenen Königstochter beim Drachenkampf, s. S. 379 Anm. 2.

2. David rühmt sich, bereits als Knabe Löwen und Bären getötet zu haben. Zum Helden als Löwentöter s. S. 266 (Abb. 78) und S. 479 f. (Abb. 163).

3. Die Hervorhebung der Kleinheit Davids[5], dem keine Rüstung paßt, 17, 38 ff. entspricht dem Motiv, das wir am deutlichsten im Däum-

---

1) Vgl. Winckler, Gesch. Isr. II, 172 ff., der die Motive des Drachenkampfes in der Goliathgeschichte aufgewiesen hat.

2) So Peiser, MVAG 1901, 73, vgl. mar-galitu „Tochter des Meeres" = Perle.

3) Dasselbe Motiv bei Strabo XIII, 2 f., wo Antemenidas die Babylonier aus großer Not befreit, indem er einen riesigen Krieger mit dem Schwerte tötet, der fünf königliche Ellen weniger eine Spanne maß (vier Epagomenen des Mondjahres statt der fünf des Sonnen-Mondjahres?). — Bei Herodot ist der Erbauer des Athoskanals, der als Heros verehrt wird, „fünf Ellen weniger vier Finger" groß. Beispiele zitiert nach Winckler l. c.

4) Zwei Erzählungstypen mit I und II bezeichnet, s. S. 487.

5) Wie der „kleine, geschmeidige" Alexander den Riesen Poros tötet, Pseudo-Kallisthenes III, 4 (Winckler, Gesch. Isr. II, 176).

lingsmärchen finden [1]. Im Jahresmythus wird zuweilen dem Riesen, der die fünf Zusatztage vor Beginn des Frühlings verkörpert, ein Kleiner gegenübergestellt, der dem Bruchteil entspricht, der bei Berechnung des ausgeglichenen Sonnen-Mondjahres dem Frühling vorangeht: $^1/_4$ das zu fünf hinzukommt (s. oben). Die fünf glatten Steine 17, 40 entsprechen übrigens ebenfalls dem zu überwindenden Winterriesen.

4. Der Sieger tritt auf (nicht „neben", wie bei Kautzsch übersetzt ist) den erschlagenen Riesen 17, 51. Das ist ständiges Motiv des Drachenkampfes, s. S. 136 u. 561; vgl. Abb. 33 u. 46.

Abb. 167: Relief von den Toren von Sendschirli.

5. Er hängt das Schwert Goliaths als Trophäe im Heiligtum auf, s. S. 491.

6. David schlägt dem Riesen den Kopf ab (und trägt ihn als Triumphstück) [2].

7. Nach dem Sieg wird im Lobgesang der Erretter gepriesen.

Daß es sich hier um eine feststehende Motiv-Erzählung handelt, der natürlich ein faktisches Erlebnis aus Davids Leben zugrunde liegen kann, die aber ebensogut in die Biographie Davids frei eingefügt sein kann, zeigt 2 Sa 21, 19, wo nicht David, sondern Elḫanan, der Sohn Jairs aus Bethlehem, „der Goliath und Gath erschlug, dessen Speerschaft einem Weberbaum glich", und 21, 16, wo Jonathan einen Riesen erlegte, der je sechs Finger und sechs Zehen hatte und Israel verhöhnte (vgl. die Variante 1 Chr 21 (20), 4ff.); ferner 2 Sa 23, 21, wo Benaja als Löwentöter und Riesenbesieger geschildert wird: er ging einem der Riesen mit einem Stock entgegen (wie David 1 Sa 17, 40. 43), entriß ihm den Speer und tötete

---

[1]) Daß unsre Märchen voll von astralmythologischen Motiven sind, wird man auf die Dauer nicht bestreiten können (zu Dornröschen s. S. 416, zu Blaubart S. 381, es sind nur zufällige Beispiele). Die Übereinstimmung vieler Märchen mit 1001 Nacht ist ja längst aufgefallen. Viele Stoffe kamen aus dem Orient zur Zeit der Kreuzzüge und durch die Araber, die nach Europa Bildung vermittelten.

[2]) Dem Leichnam wird der Kopf abgeschlagen. Das heben beide Erzählungstypen hervor (I: 17, 46 und 54; II: 17, 51 und 57; zur Quellenscheidung 17, 50 und 51 s. Klostermann S. 73), vgl. das Bild vom Tore von Sendschirli Abb. 167, das einen Triumphator mit dem Kopfe des Feindes zeigt. Der abgeschlagene Kopf ist Motiv des Mondkampfes, wie S. 485 besprochen wurde. Neben den Motiven des Kampfes zwischen Wintermacht und Frühling (vgl. oben zu den vierzig Tagen) wurde auch das des Sonne-Mondkampfes angeschlagen. Goliath erscheint auch als besiegter Schwarzmond-Drache.

ihn mit dem Speere[1]. Man sieht, daß jedem Helden dergleichen „Drachenkämpfe" nachgesagt wurden.

Aber wir sind der Geschichte bereits auf ganz anderm Gebiete begegnet, nämlich in der aus der Zeit um 2000 stammenden Sinuhe-Geschichte S. 299, wo der ägyptische Held in Kanaan den riesigen Feind tötet unter ganz verwandten Umständen.

1 Sa 15, 3 ff. Vollstreckung des Bannes ist zunächst durchaus nicht ein heiliger Vorgang. Er konnte nur im theokratischen Sinne so gedeutet werden. Als rigorosen Kriegsgebrauch finden wir die Verhängung des Bannes oft in den assyrischen Kriegsannalen.

1 Sa 15, 32 ff. vgl. Ri 8, 21. Man beachte die antike Todesverachtung.

1 Sa 16, 14 ff. Saul wird durch einen „von Jahve ausgesandten bösen Geist gequält". Das ist als Resultat ärztlicher Diagnose zu verstehen, vgl. auch 18, 10; 19, 9 im Sinne der Weltanschauung, die Dämonen als Krankheitserreger ansah. 2 Sa 24, 13 ff. ist die „Pest" ein Engel Jahve's. Als Heilmittel wird gegen den Melancholie-Dämon Musik empfohlen.

1 Sa 19, 12—16 (Teraphîm), s. S. 376. — 1 Sa 19, 13, s. S. 372. — 1 Sa 20, 6, s. S. 430. — 1 Sa 26, 19 f. (Riechen), s. S. 246.

1 Sa 21, 9 das Schwert Goliaths wird als Trophäe im Heiligtum aufgehängt: Im Gilgameš-Epos wird das gleiche berichtet: Gilgameš hängt die Siegestrophäe im Heiligtum auf. Ebenso wird die Rüstung Sauls im Ištar-Tempel der Philister 1 Sa 31, 10 aufgehängt, s. S. 485. Das Schwert Goliaths „eingehüllt in das Gewand" im Heiligtum finden wir dann 21, 9 wieder.

1 Sa 28, 7 ff. Saul bei der Totenbeschwörerin[2] zu Endor. Eine verwandte Erzählung kennt die babylonische Literatur in dem Epos von Gilgameš, der den Geist seines Freundes Eabani aus der Totenwelt beschwört[3]. Eabani „fährt aus dem Loch der Unterwelt wie ein Wind empor"; Samuel ist ein „aus der Erde emporsteigender elohim". Auch an den Besuch des Odysseus in der Unterwelt zur Befragung des Teiresias ist mit Recht erinnert worden[4]. Stellen wie 2 Mos

---

1) S. Winckler, Gesch. Isr. II, 172.

2) iššа baʿalat ôb; in meinem Bab.-assyr. Vorst. vom Leben nach dem Tode S. 102 (1887) wies ich auf den babylonischen Syllabar S^b 361 hin, dessen Ideogramm, als abûtu gedeutet, mit dem Personen-Determinativ êlû (= mušêlû êkimmu, „der den Totengeist heraufführt"), Totenbeschwörer bedeutet. Babylonien und Kanaan haben Wort und Sache gemeinsam.

3) S. mein Hölle und Paradies[2] AO I, 3[2], S. 27 ff.

4) Winckler, Geschichte Isr. II, 168.

22, 18, wo von der Ausrottung der Hexen die Rede ist, geben aber der Geschichte realen Boden.

1 Sa 31, 10, s. S. 381 Anm. 1.

2 Sa 5, 21 Fortführung fremder Götterstatuen durch David. Das ist die Form der Eroberung wie in Assyrien, s. S. 268 u. 496.

2 Sa 5, 24 Das Rauschen in den Wipfeln der Baka-Hölzer ist Zeichen Jahve's [1].

2 Sa 21, 9ff. Sieben Söhne Sauls werden vor Jahve aufgehängt (vgl. S. 470) „in den ersten Tagen der Ernte". Riṣpa lagert im Trauergewand auf dem Felsen „vom Beginn der Ernte bis zum ersten Regenfall" und verscheucht die Raubtiere von den Leichen. Eine israelitische Niobe [2].

Salomo.

Salomos eigentlicher Name ist nach 2 Sa 12, 25 Jedidja [3]. Die Überlieferung stellt ihn als Friedensfürsten dem Kriegsherrn David gegenüber und betont seine Bautätigkeit (über das Verhältnis zu Ḫiram von Tyrus s. S. 508) und seine Weisheit.

1 Kg 2, 46. Die Bergwerke Salomos. Die *δυναστεύματα* der Septuaginta sind falsche Übersetzung eines zu supponierenden hebräischen בעלות [4]. Es sind die Bergwerke Salomos [5] im Libanongebiet gemeint, die 1 Kg 4, 16 in Baʿalat stecken: Beʿana war Statthalter in Ašer und (gesetzt über) die Bergwerke. Wirklicher Statthalter kann er nur in einer Provinz sein. Auch die Metallgießereien, die Salomo 1 Kg 7, 46 hat, sind wohl hier zu suchen.

1 Kg 3, 16ff. Das salomonische Urteil. Die gleiche Geschichte ist auf einem pompejanischen Wandgemälde dargestellt, s. Abb. 168. Daß es sich um eine biblische Abbildung etwa in einem jüdischen Hause handelt, ist ganz ausgeschlossen durch die Darstellung der Figuren als Karrikaturen (Pyg-

---

[1]) S. Öttli, Geschichte Israels S. 284.

[2]) S. Winckler, Gesch. Isr. II, 241f. und vgl. zu Niobe Roscher Lexikon III, 372ff.

[3]) Der Name entspricht auch in der Form dem arabisch bezeugten Salâmâ. Auch der tyrische Gottesname Šalmajâti ist verwandt: Abimilki von Tyrus in den Amarna-Briefen ist Diener Šalmajâti's und Tyrus ist die Stadt Šalmajâti's, s. Winckler KAT[3] 236, Erbt, Die Hebräer S. 74, 152.

[4]) In den sabäischen Inschriften Glasers vom Dammbruch zu Mareb bedeutet בעל „den Felsen durchbrechen".

[5]) S. Winckler, Gesch. Isr. II, 261 Anm. 2.

mäen). Das pompejanische Bild zeigt vielmehr, daß es sich um einen traditionellen Zug sagenhafter Ausschmükkung des „weisen Königs“ handelt [1].

1 Kg 4, 7 ff., s. S. 41.

1 Kg 5, 9 ff. schildert die Weisheit Salomos: *„größer als die Weisheit aller, die im Osten wohnen und alle Weisheit Ägyptens .... Und sie kamen aus allen Völkern, um die Weisheit Salomos zu hören* [2]. S. 508 werden wir

Abb. 168: Wandgemälde aus Pompeji, Pygmäen-Szene. „Salomonisches Urteil.“

---

[1]) Winckler, Geschichte Israels II, 248: „Das ‚Salomonische Urteil‘ im Streit der beiden Weiber ist natürlich als eine Erzählung anzusehen, deren Erfindung nicht judäischem Geiste gebührt, sondern in allen Ländern des Orients seit Jahrtausenden in Umlauf war, wenn wir sie auch noch nicht anderweitig belegen können.“ Unser Bild bietet den gesuchten Beleg. Zu dem Bilde selbst vgl. Overbeck, Pompeji 584. 652. Für die von den italienischen Gelehrten mit Recht angezweifelte biblische Erklärung sei erwähnt Victor Schultzes Aufsatz im „Daheim“ 1883, Nr. 5, S. 72.

[2]) Nach dem Bericht 10, 23 ff. brachten sie Huldigungsgeschenke: Man denkt an Mt 2, wo die Magier ihre Gaben dem neuen Könige bringen. Der Sinn der Salomo-Erzählungen ist: Salomo ist

wir die tyrische Überlieferung finden, die im Widerspruch hierzu zeigen will, daß Hiram weiser war als Salomo. Die Spruchdichtkunst und Fabeldichtkunst ist Gemeingut des alten Orients. Leider bietet die Keilschriftliteratur bisher wenig Material auf diesem Gebiete. Auch die Edomiter waren durch Dichtkunst berühmt, vgl. Jer 49, 7; Ob 8.

1 Kg 5, 13. Libanon. Das Gebirge Libanon (assyrisch Lab-na-na) war den Babyloniern seit den ältesten Zeiten vertraut. Von den Gebirgszügen des „Westlandes", die Gudea erwähnt: Sub-sal-la (KB III, 1 S. 35), Ti-da-num (ib. S. 37) bezeichnet das letztere (vgl. II R 48, 12: Tidanu, Tidnu = Amurru) wohl den nördlichen Libanon. Seit der Libanon unter Tiglatpileser (vgl. S. 500 f.) zum assyrischen Machtbereiche gehörte, holte man von hier das Bauholz, wie es zuvor schon die Ägypter getan hatten (s. Abb. 104, S. 302). Nebukadnezar hat im Wadi Brissa im Libanon eine Straße bauen lassen, die Zedern herabzubringen. Felsenreliefs im Wadi Brissa und am Nahr el Kelb stellen ihn dar, wie er „mit reinen Händen die Zedern bricht" [1]. Der Amanus (Am-a-num) war damals wohl schon ziemlich abgeholzt. Er wird auch schon von Gudea als das Gebirge, von dem er die Zedern holt, erwähnt, und er gilt als šad erini, Zederngebirge, in der Eponymenchronik bis ins 8. Jahrhundert [2].

1 Kg 6, 29, s. S. 196.

1 Kg 7, 15. 21. Die beiden Säulen entsprechen den Obelisken an den außerisraelitischen Tempeleingängen. Insofern der Tempel den Gottessitz widerspiegelt, stellen sie die beiden Wendepunkte des Tierkreises dar [3]. Die beiden Säulen heißen Jakin (rechts) und Boas (links).

1 Kg 7, 23. Das eherne Meer, von zwölf Rindern getragen, diente nach 2 Chr 4, 6 vgl. 2 Mos 30, 18 f. zur Waschung

---

der erwartete Erretter, und er wird als solcher begrüßt (vgl. Ps 72). Mt 2 hat dieselbe Tendenz im Sinne der Erfüllungsgeschichte. Der große Erretter-König im Westlande ist erschienen, s. BNT 50 ff.

[1]) Vgl. zu dieser Abholzung S. 515 Anm. 2. Die Nebukadnezar-Inschriften samt den Bildnissen jetzt veröffentlicht von F. H. Weißbach, Die Felseninschriften Nebukadnezars II., Leipzig 1906.

[2]) Vgl. Winckler KAT [3] 190.

[3]) Ost und West oder Nord und Süd, je nach der Orientierung, s. S. 23 ff. Asurb. Rm. II, 41 f. bezeichnet der assyrische König die beiden Obelisken des Tempels in Theben als manzaz bâb E-kur, Pfosten des Tempeltores. manzaz = hebr. מזוז 2 Mos 12, 7 (Standort der Gottheit) für die Türpfosten, die religiös dasselbe bedeuten, s. S. 419. Vgl. auch S. 419 die Maṣṣeben.

für die Priester. Man hat mit Recht darauf aufmerksam gemacht[1], daß die zum Waschen unbequeme Konstruktion auf eine ursprünglich symbolische Deutung weist. Das Gerät wird wie der eherne Altar, den die Chronik 2 Chr 4, 2 an dieser Stelle hat, im Auslande gegossen (Ḫiram von Tyrus) und wie andere Tempelgeräte nach „babylonischem" Muster. In den babylonischen Tempeln werden ebenfalls „Ozeane" aufgestellt[2].

1 Kg 7, 27 ff., vgl. Jer 52, 17 ff. Mekônah, ein kultisches Gerät zur Aufnahme des Weihkessels. Sie ist mit Löwen, Rindern und Palmen verziert. Hommel vergleicht damit ein auf Cypern gefundenes Bronzegerät, das acht geflügelte Sphinxe als Zierrat zeigte[3] und weist die Verwandtschaft mit dem minäischen Kultusgerät makânat nach. Auch an den Mi 1, 13 erwähnten heidnischen Kultuswagen von Lakiš ist zu erinnern.

1 Kg 7, 29, s. S. 196. — 1 Kg 9, 11^{b} 12 ff. Salomo als Vasall Ḫirams, s. S. 507 ff. — 1 Kg 9, 16, s. S. 314. — 1 Kg 9, 24, s. 1 Kg 10, 10. — 1 Kg 9, 26, s. S. 380.

1 Kg 10, 1 ff. Königin von Saba. Die Geschichte illustriert das 5, 9 ff. Gesagte an einem Beispiel. Sie ist sagenhaft ausgeschmückt mit Farben des späteren südarabischen sabäischen Reiches, das Juda weit entrückt war, Ps 72, 10[4], und im Rufe märchenhafter Pracht stand, Ps 72, 15. Aber auch für später sind südarabische Königinnen nicht bezeugt. Für die salomonische Zeit könnte eine der Königinnen des nordarabischen Reiches Aribi in Betracht kommen, wie sie von Tiglatpileser III. und seinen Nachfolgern erwähnt werden[5].

Winckler KAT³ 150. 237 ist geneigt, den historischen Kern in der ägyptischen Königstochter (nach Winckler von Muṣri, s. oben S. 263) zu suchen, deren Palast 1 Kg 9, 24 erwähnt wird und die eine wichtige Rolle im Leben Salomos gespielt hat. Vgl. auch Weber MVAG 1901, 23 f.

Das Rätselraten fügt 2 Chr 9, 1 ff. hinzu. Das Rätselraten ist dem ganzen vorderen Orient eigentümlich. Daß nach den

---

1) Benzinger, Könige S. 48.

2) Z. B. von Urnina KB III, 1, 13, von Agum-kakrimi KB III, 1, 43 vgl. I R 3, Nr. XII, 1, 17, das sind Wasserbecken, in denen gewiß Weihwasser zu Waschungen aufbewahrt wurde, s. S. 200 und S. 196 den Weihwasser-Brunnen im Marduk-Tempel. Der Ritualtext IV R 23 redet von einem bronzenen Becken mit zwölf bronzenen Göttern (vgl. hierzu Hommel, Aufs. u. Abh. II, 229).

3) Abb. 180 S. 535. Hommel, Aufs. und Abh. II, 222 ff. Das Bronzegerät zuerst veröffentlicht und besprochen von Furtwängler, Münchener Ak. der Wiss. II, 1899, S. 411.

4) Mt 12, 42: „vom Ende der Welt".

5) Vgl. Winckler KAT³ 57. 150.

Quellen des Menander von Ephesus Ḫiram von Tyrus weiser im Rätselraten war, erwähnten wir schon in andrem Zusammenhange. Das verrät deutlich den Sinn dieser Arabeske der Gestalt Salomos. Die Semiramis der jüdischen Sage ist auch Rätselraterin [1].

1 Kg 10, 15. Die paḫôt sind „Statthalter“ [2], assyrisch paḫâtu, Provinzpräfekt (abgekürzt aus bêl paḫâti „Herr der Provinz“).

1 Kg 10, 18 ff. (Salomo's Thron) s. Nachträge. — 1 Kg 10, 28, s. zu Ez 40 ff. — 1 Kg 10, 28 vgl. 2 Chr 1, 16 f., s. S. 260. — 1 Kg 11, 4 ff., s. S. 379; 409. — 1 Kg 11, 5 und 23 vgl. 2 Mos 23, 13, s. zu 1 Mos 38, 14 ff. S. 381.

1 Kg 11, 7. Salomo baut in der Nähe Jerusalems (nach 11, 7 auf dem Ölberg) Kultstätten für die Götter der Moabiter und Ammoniter. Diese Paganisierung ist eine Folge der politischen Ereignisse. Eroberungen werden durch Wegführung der fremden Götterstatuen und Kultstücke besiegelt. 2 Sa 5, 21 wurde ein solches Vorgehen von David berichtet. Die Jahve-Volksreligion sah im Widerspruch zur reinen Jahve-Religion, die das mosaische Bundesbuch fordert und die Jahve's Herrschaft über die ganze Welt und über alle Völker feststellt, in den Göttern der Heiden reale Mächte, Landesgötter, die mit dem Geschick ihrer Territorien untrennbar verbunden sind. Salomo wird in Zeiten, in denen sein religiöses Leben nicht auf der Höhe stand, dieser Volksreligion nahe genug gestanden haben (der Deuteronomiker sagt: „*als Salomo alt geworden war*“).

Ähnlich verhält es sich mit der durch die ausländischen Haremsfrauen vermittelten Paganisierung, die der „Deuteronomiker“ 11, 1 ff. tadelt. Politische Bündnisse wurden im alten Orient allenthalben mit Heiraten bez. Sendung fremder Prinzessinnen in den Harem des befreundeten Herrschers verbunden. Daraus erklärt sich z. B. die Heirat Salomos mit der ägyptischen, die Verheiratung Ahabs mit der tyrischen Prinzessin. Den fremden Frauen aber mußten Kapellen und Altäre für ihre Götter errichtet werden. Man kann sich denken, wie verwüstend dieser Umstand auf die religiösen Zustände Jerusalems eingewirkt hat.

1 Kg 11, 29 ff. Der Mantel des Propheten wird in 12 Stücke zerrissen. Die Handlung stimmt zur kosmischen

---

[1]) Vgl. Fz. Delitzsch, Die Blumenrätsel der Königin von Saba in Iris, Farbenstudien und Blumenstücke, S. 115 ff. Zur babylonischen Rätselliteratur s. Jäger BA II, 274 ff.

[2]) Bei Jesaias, s. zu 41, 25, und bei Ezechiel 23, 6. 12. 23 finden wir daneben als höheren Rang die seganîm = assyrisch šaknûti.

Symbolik, die mit den heiligen Gewändern verbunden ist und die S. 162 und 449 besprochen wurde[1]. Der Mantel bedeutet den Kosmos bez. den Mikrokosmos des Königreichs oder, was in der Idee dasselbe ist, das Wissen und die Macht betreffs der Geschicke. Mit dem Mantel des Elias hat es die gleiche Bewandtnis.

Die Berufung Elisa's erfolgt dadurch, daß Elias seinen Mantel auf Elisa wirft. Was es damit auf sich hat, folgt aus der obigen Bemerkung zum Mantel des Propheten von Siloh. 2 Kg 2, 8. 14 teilt der zusammengerollte Mantel den Jordan (Motiv der Drachenspaltung), 2, 13 nimmt Elisa den Mantel des Elias auf, natürlich, um ihn künftig an Elias' Stelle zu tragen.

1 Kg 12, 11. Salomo hat mit Peitschen gezüchtigt, Rehabeam will mit Skorpionen züchtigen. In der bildlichen, wohl sprichwörtlichen Redensart steckt ein Motiv. Xerxes peitscht den Hellespont, treibt das Heer mit Peitschen in den Kampf; läßt es unter Peitschenhieben arbeiten, und läßt die bekränzten Soldaten unter Peitschenhieben über die Brücken des Hellespont ziehen. Her. VII, 35, 22. 56. 223, s. Mücke, Vom Euphrat zum Tiber S. 95; Ktesias 23 erzählt dasselbe. Was ist der Sinn? Zur Sache S. 509 Anm. 3.

Fünfundzwanzigstes Kapitel.

Die politische Geschichte der Staaten Israel und Juda im Lichte der Denkmäler.

Die Quellen.

Der Staat Israel hat seine Geschichte inmitten des lebhaften Verkehrs der großen altorientalischen Kulturstaaten erlebt. Die biblische Überlieferung selbst bringt diese Beziehungen lebhaft zum Ausdruck. Die sog. Geschichtsbücher zeigen in ihrem jetzigen Zustande nicht mehr viel davon, da die Annalen (vor allem „das Buch der Kriege Jahve's"), die den Verfassern unsrer Königsbücher vorgelegen haben, zum größten Teil verloren gegangen sind[2]. Den Verfassern unsrer Königsbücher kommt es

[1]) Zu Ps 104, 2 (Himmel als Kleid Gottes) finde ich bei Gunkel, Ausgewählte Psalmen S. 258 aus dem Persischen zitiert: Yašt 13, 3 „Jenen Himmel .... den Mazda um sich nimmt als ein Gewand, ein sternengesticktes, gottgewobenes."

[2]) Auch die Bücher der Chronik enthalten einen geschichtlichen Kern und sind für die Historie durchaus nicht wertlos. Wir werden wiederholt auf wertvolle Angaben der Chronik stoßen. Benzingers Kommentar hat das richtig erkannt.

nicht auf Geschichtserzählung an, sondern auf die religiösen Vorgänge, weshalb ja auch die Geschichtsbücher in der jüdischen Tradition „die früheren Propheten" heißen. Bruchstücke wie 2 Kg 8 zeigen, wie genau die älteren Quellen über die Beziehungen zur umgebenden Welt orientiert waren, und die Völkertafel 1 Mos 10 setzt eine erstaunlich gute Kenntnis der politischen Geographie und der Völkerbewegungen im 8. Jahrhundert voraus[1]. Elias ist mit den Verhältnissen in Tyrus so gut vertraut, wie mit den Verhältnissen Israels. Er erscheint geradezu als Untertan von Tyrus. Und Elisa unterhält lebhafte Beziehungen zu Damaskus. Vor allem aber zeigen die Orakel der sog. Schriftpropheten[2], daß die führenden Männer in Israel und Juda sich auf das lebhafteste mit der Politik ihrer Zeit beschäftigten und daß sie in engem Verkehr mit der Völkerwelt standen.

Ehe die Keilschriftmonumente entziffert wurden, die aus den Palästen von Niniveh und teilweise auch aus babylonischen Trümmerhügeln zutage gefördert wurden, boten die handschriftlichen Quellen für die Geschichte Assyriens und Babyloniens für die Zeit von der Mitte des 8. Jahrhunderts bis 538, d. h. für die Periode der politischen Abhängigkeit Israel-Judas von den Reichen am Tigris und Euphrat ein sonderbares Bild. Es gab Punkte in der Chronologie, die mit voller Sicherheit bestimmt werden konnten. Aber die Nachrichten über die Begebenheiten selbst waren überaus dürftig.

Als ganz unbrauchbar erwiesen sich die erhaltenen Exzerpte aus Diodor und die Erzählungen des Ktesias über die Geschichte Ninivehs und des medischen Reiches, die 2000 Jahre lang die Geschichte Assyriens in Verwirrung gebracht haben.

Es kamen in Betracht:

a) Der astronomische „Kanon des Ptolemäus" in seinem ersten Abschnitt bis Cyrus. Er enthält astronomische Termin-Kalender von Nabonassar an[3], die bei jedem Königsjahr angeben, was sich astronomisch ereignet hat. Die babylonischen Aufzeichnungen kamen nach Ägypten, wurden hier fortgesetzt, (von Hipparch?) mit Zahlen versehen, und bis mehrere Jahrhunderte n. Chr. weiter geführt. Claudius Ptolemäus gebührt die Ehre der Namengebung, weil er die Listen gesammelt und unverfälscht überliefert hat. Für 747—538 sind Mondfinsternisse angegeben,

---

[1]) S. S. 252 ff. und Karte I.

[2]) Daß in der erhaltenen Literatur Amos als erster Schriftprophet erscheint, ist rein zufällig. Auch die frühere Zeit hat gewiß schriftliche Aufzeichnungen ihrer Propheten besessen.

[3]) S. S. 68 f. und vgl. noch Syncellus, Chronogr. 267: *ἀπὸ Ναβανασάρου τοὺς χρόνους τῆς τῶν ἀστέρων κινήσεως Χαλδαῖοι ἠκρίβωσαν.*

die später kontrolliert und dem julianischen Kalender entsprechend gefunden wurden.

b) Fragmente und Notizen aus Berosus' chaldäischer Geschichte. Er war Zeitgenosse Alexanders und schrieb im Dienste der Seleuciden seine drei Bücher *Χαλδαϊκά* und *Βαβυλωνιακά*. Da er Priester im Marduk-Tempel von Babylon war, standen ihm reichlich Urkunden zur Verfügung. Die Keilschriftmonumente haben seine Zuverlässigkeit glänzend bezeugt.

c) Notizen aus Abydenus, soweit sie Babylon betreffen. Er ist jünger als Berosus, schrieb nach Moses von Chorene „Ursprünge" (wahrscheinlich = *Ἀρχαιολογικά*), nach Eusebius chaldäische, assyrische und medische Geschichte.

d) Herodots Notizen über die Geschichte der Meder, Lyder, Babylonier, Ägypter, wie er sie gutgläubig von Einheimischen gehört hat.

e) Für die Geschichte von Tyrus drei Bruchstücke der Schriften des Menander von Ephesus bei Josephus, c. Apion. I, 117 (113!) bis 125 (Ant. 8, 144); I, 158 (Ant. 9, 283).

Josephus selbst konnte nur herangezogen werden, wenn es sich darum handelte, einen anderweit geführten Beweis zu verstärken. Chronographen wie Eusebius und Syncellus waren unbrauchbar. Ihre Schriften ruhten nicht auf guten Quellen. Das Wenige, was sie wußten, zwängten sie gewaltsam in ihr System, und Echtes war von Falschem nicht zu unterscheiden.

Reiches Quellenmaterial für die Beurteilung der mittlern Königszeit brachten die assyrischen Inschriften. Es verdient, hervorgehoben zu werden, daß in den ersten Zeiten der Entzifferung die Angaben der Bibel viel zur Aufhellung der assyrischen Annalen beigetragen haben. Die Übereinstimmung beider Quellen war so verblüffend, daß ein bekannter, bibelunfreundlicher Kritiker schrieb: schon die Behauptung dieser Übereinstimmung sei Beweis genug, daß die Entzifferung nicht als zuverlässig gelten dürfe!

Seit der Mitte des 10. Jahrhunderts besitzen wir Urkunden assyrischer Könige, die nicht mehr abbrechen; nur für die Zeit 781—754 versagen die Königsinschriften.

Mit 893 setzt die limu-Liste ein[1], in die später babylonische Listen und Chroniken eingreifen. Sie ist für die mittlere israelitische Königszeit nahezu vollständig. Nach einer bis jetzt nur für Assyrien (nicht für Babylonien) nachweisbaren Sitte sind die Regierungsjahre der Könige der Reihe nach durch je einen limu bezeichnet. Was die Archontenverzeichnisse für das Studium der hellenischen Geschichte und die Konsularfasten für die römische Geschichte, sind die nach griechischem Vorbilde benannten assyrischen Eponymenlisten für die Geschichte Vorderasiens. Das uns erhaltene Exemplar hat mit Adadnirari II., dem Sohne des uns nur dem Namen nach bekannten Tiglatpileser II. begonnen. Er hat bis 890 (891) regiert. Unser Bruchstück beginnt mit 893. Wahrscheinlich begann die Liste mit 911. Mit diesem Jahre scheint ein neuer saros (= 600 Jahre) begonnen zu haben. Der nächste saros-Beginn fällt 312/11 und eröffnet die Seleuciden-Ära. Die Bruchstücke reichen bis 666, ergänzen also den ptolemäischen Kanon der Jahre 747—555 bez. 538.

[1]) KB I, 204 ff.

Von besonderer Wichtigkeit ist der Teil der Listen, der in einer besondern Kolumne die wichtigsten Tatsachen des betreffenden Jahres mitteilt. So heißt es beim 9. Jahr Asurdans: „Im Monat Sivan erlitt die Sonne eine Verfinsterung." Man konnte berechnen, daß sich die Angabe nur auf die totale Sonnenfinsternis beziehen kann, die am 26. Juni 763 in Niniveh zu beobachten war. Damit ergab sich für Asurdan, dessen Regierungsjahre man nach der Liste abzählen konnte, als Regierungszeit 772—754. Die vorhergehenden und nachfolgenden Könige konnten nach ihren Regierungszeiten hiernach auf das bestimmteste festgestellt werden.

Zu den limu-Listen kommen ergänzend hinzu: 1. die sog. „synchronistische Geschichte", ein diplomatisches Aktenstück, ein Auszug aus Archiven, gewisse Abmachungen zwischen Assyrien und Babylon betreffend[1]; 2. die babylonischen Chroniken (aus der Bibliothek Asurbanipals, also Abschrift eines babylonischen Originals)[2]; 3. eine babylonische Königsliste[3].

Die staatsrechtlichen Ansprüche auf Syrien bis zum Karmel.

Um 1500 reicht die Macht der ägyptischen Könige (18. Dynastie) bis nach Mesopotamien. Bereits Thutmes III., mit dem wohl die Vorherrschaft über Kanaan auf Ägypten überging (s. S. 300f.), hatte die Hettiter zu Tributzahlungen gezwungen. In der Amarna-Zeit erscheinen die Hettiter als mächtige Feinde der Ägypter.

Der Silbertafelvertrag, der zwischen dem Hettiterkönig Chattusar und Pharao Ramses II. nach langen kriegerischen Verwicklungen um 1270 zu gegenseitiger Hilfsleistung[4] abgeschlossen wurde, scheint den Hettitern Syrien bis zum Karmel zugestanden zu haben. Reichlich hundert Jahre später trat der assyrische König Tukulti-apil-ešara (Tiglatpileser) I., unter dem Assyrien für kurze Zeit herrschende Großmacht wurde, in die Rechte der Hettiter[5]. Er unterwirft die Hettiter im Norden und Nordosten[6], überschreitet den Euphrat, besetzt das Land bis an den Taurus und unternimmt es, nach dem Vorbild der alt-

---

[1]) KB I, 194ff. [2]) KB II, 273ff., neu veröffentlicht von Delitzsch, Abh. d. Kgl. Sächs. Ges. der Wissenschaften 1906. [3]) KB II, 288.

[4]) Übersetzt und besprochen zuletzt von Messerschmidt AO IV, 1², S. 6 ff., vgl. S. 302.

[5]) Sanherib erwähnt in der Inschrift von Bawian Z. 50 ein Ereignis, das 418 Jahre vor seiner Eroberung Babylons (689) geschehen sei. Das gibt für die Regierung Tiglatpilesers die feste Jahreszahl 1107. Die Inschriften über die ersten sechs Jahre seiner Regierung (KB I, 14ff., dazu der hierher gehörige zerbrochene Obelisk 125ff.) sind bis jetzt unsre Haupt-Geschichtsquellen für diese Zeit.

[6]) Grotteninschrift nahe der Euphratquelle III R 4, Nr. 6; KB I, 48f.

babylonischen Könige, den über Karkemiš, Aleppo, Hamath führenden Weg nach den Mittelmeerhäfen freizulegen. Er besiegt den Hettiterkönig [....]-Tešup und dringt bis an die phönizische Küste vor. Bei seiner Hofhaltung in Arvad[1] empfängt er eine Gesandtschaft des ägyptischen Königs. Dann zieht er die phönizische Küste entlang und hat wohl das erste assyrische Bildnis am Nahr el Kelb (Baʿli-raʾsi) angebracht[2]. Durch diesen politischen Akt ist das alte Hettitergebiet, das bis an den Karmel reicht, an den assyrischen Großkönig übergegangen. Das ist wichtig für das Verständnis der späteren assyrischen Ansprüche bei den Kämpfen mit Israel.

Nun klafft in unsern Überlieferungen eine Lücke von 100 Jahren. Salmanassar II. erwähnt aus dieser Zeit die Anstrengungen eines seiner Vorgänger Assur-(ḫ)irbî, die Eroberungen in Syrien und Phönizien festzuhalten, und berichtet, daß er gleich Assur-irbî sein Bildnis am Meere errichtet habe[3].

Die Bildung der Kleinstaaten am Mittelmeer.

Während dieser Zeit der Schwäche Ägyptens und der assyrischen Hettiterkämpfe haben sich die Völker am Mittelmeere verhältnismäßig frei und selbständig entwickeln können[4]. Es entstanden phönizische Stadtkönigtümer, eine Zeitlang, wie es scheint, unter der Vorherrschaft von Sidon, später von Tyrus. An der südlichen Küste (etwa von Dor ab südlich) konsolidierte sich der philistäische Staat, der einer Niederlassung von Resten der sog. „Seevölker" seine Entstehung verdankt[5]. Im Jordanlande vollendete sich die Bildung des Staates Israel-Juda, es entstanden die Staaten Edom, Moab, Ammon. In Syrien entstanden in den alten Hettitergebieten aramäische Staaten. Bereits seit der Mitte des 2. Jahrtausends zeigen sich die Spuren der

[1]) Diese nördlichste Phönizier-Stadt wird später bei den assyrischen Kriegszügen nicht erwähnt. Sie blieb unter assyrischer Oberhoheit.

[2]) S. S. 292.

[3]) Das wären also Nr. 2 und 3 der am Nahr el Kelb zu suchenden assyrischen Bildnisse. Nr. 1 war das eben erwähnte Denkmal Tiglatpileser I.

[4]) Das merkwürdigste kulturelle Zeugnis für diese Zeit freier Entfaltung ist die Einführung der hebräischen Buchstabenschrift an Stelle der für die Amarna-Zeit und für später noch bezeugten babylonischen Silben- und Wortschrift. Die Buchstabenschrift ist bezeugt für das nördliche Syrien durch die in Sendschirli gefundene Panammû-Inschrift und für das spätere Bibelland durch den Mesa-Stein.

[5]) S. S. 318 Anm. 2, vgl. 309 Anm. 2.

Aramaja[1]. Um 1000 v. Chr. haben Syrien und Mesopotamien, das bis dahin von Hettitern überflutet war, eine vorwiegend aramäische Bevölkerung. Nur Palästina selbst ist nicht aramaisiert worden. Aber auch hier zeigt sich der aramäische Einfluß; seit der Zeit der Herrschaft Assyriens (9. Jahrhundert) ist die palästinensische Verkehrsstraße aramäisch. Die wichtigsten aramäischen Staaten mit hettitisch-aramäischer Mischbevölkerung sind:

1. Der Staat Patin nördlich und südlich vom Orontes-Gebiet. Er ist wahrscheinlich identisch mit dem biblischen Paddan-Aram. Südlich davon

2. der Staat Hamath,

3. der Staat Damaskus[2]. Für die biblischen Geschichtsschreiber ist Damaskus (Aram Dammasek̦) der Inbegriff des Aramäertums.

Da die Staaten Israel-Juda zeitweilig unter tyrischer und damaszenischer Oberhoheit gewesen sind, müssen wir unser Augenmerk auf die Geschichte von Damaskus und Tyrus richten, um die politische Geschichte Israels zu verstehen.

Damaskus.

Damaskus ist zu allen Zeiten der Riegel Syriens gewesen. Von hier führten die Karawanenstraßen ostwärts nach Babylonien, südwärts nach Arabien, nordwärts nach Mesopotamien, westwärts über die Libanonpässe nach Sidon und Tyrus und die nördlichen Phönizierstädte. Auch die via maris des Jesaias führt über die Jordanquellen nach Damaskus.

Leider sind wir für unsere Kenntnis der Geschichte von Damaskus fast lediglich auf die biblischen und keilinschriftlichen Nachrichten angewiesen. Auf die Auffindung einheimischer damaszenischer Überlieferung ist kaum zu hoffen. Der Name Dimašk̦ weist auf eine für uns prähistorische nichtsemitische Stadtgründung. Die Bevölkerung der uns hier interessierenden historischen Zeit muß eine hettitisch-aramäische Mischbevölkerung gewesen sein. Aber diese Bevölkerung war Erbin der gleichen

---

[1]) Vgl. AO IV[1] Šanda, Die Aramäer.

[2]) Südlich von Damaskus der kleine Staat Ṣoba (assyrisch Ṣubiti, in der Bibel neben Maʿaka und Reḫob 2 Sa 10, 1—14 genannt). Die Exegese nahm früher auf Grund von 2 Sa 8 und 10, vgl. mit 1 Kg 11, 23 irrtümlich ein großes aramäisches Reich Ṣoba an, das von David vernichtet worden und vom Aramäerreich Damaskus abgelöst worden sei. Vgl. dazu Winckler, Geschichte Israels I, 138 ff.

semitischen Kultur, die von der „kanaanäischen“[1] Wanderung mitgebracht wurde, deren Hochflut im 3. Jahrtausend Vorderasien überschwemmte. Daß diese Kultur noch fortlebte, beweist u. a. 2 Kg 5, 18, wonach der Kult von Damaskus der Gottheit Rimmôn galt, das ist der babylonische Rammân, in dem die Hettiter ihren Tešup erkannten[2].

Vom 16. Jahrhundert an begegnet Damaskus als eine der syrischen Städte in ägyptischen Inschriften. In den kanaanäischen Briefen des Archivs von Amarna tritt „Dimaški im Lande Ubi“ (vielleicht = Ḫoba 1 Mos 14, 15) nicht sonderlich hervor. Nach der biblischen Überlieferung war die Gegend zu Davids Zeit dem Staate Juda untertan. Zu Salomos Zeit (um 950) wurde Damaskus Sitz eines aramäischen Königtums durch Rezon, einen Offizier des Königs von Aram-Ṣoba, der als Führer einer Freibeuterschar Damaskus besetzte. 1 Kg 11, 23 ff.: „Rezon war Israels Widersacher, so lange Salomo lebte.“ Der eigentliche Begründer der damaszenischen Macht ist Benhadad 885—843. 1 Kg 15, 18 werden seine Väter genannt: Ṭab-Rimmôn und Ḫezjon; letzteres wohl irrtümlich für Rezon[3]. Benhadad[4], der Israel unter Baʿesa und dann wieder, nachdem es sich an Tyrus angeschlossen hat, unter Aḫab unterworfen hat, tritt den Assyrern machtvoll entgegen.

Der erste König der limu-Liste, von der S. 499 die Rede war, ist Tukulti-Ninib I. (889—884), der sein Bild in der Grotte an der Euphratquelle (S. 500 Anm. 6) neben das Tiglatpileser I. meißelte. Auf ihn folgt Asurnaṣirpal III. (884—860). Er sichert Mesopotamien, kämpft gegen die in Mesopotamien ansässigen Aramäer, vor allem in der Gegend von Harran gegen Bit-Adini (d. i. bʾne ʿEden der Bibel), überschreitet den Euphrat, kämpft gegen die Hettiter, deren Reste sich allmählich um Gargamiš gruppieren, und bahnt der assyrischen Macht den Weg zum Mittelmeer. Es gelingt ihm zunächst die Unterwerfung des nördlichsten der Aramäerstaaten: Patin. Er besiegt

---

1) S. S. 2 Anm.

2) Vgl. Abb. 45. Zur entsprechenden aramäischen Gottheit s. Anm. 4.

3) So mit Klostermann; s. Gesenius-Buhl s. v. חֶזְיוֹן.

4) So MT, LXX *υἱὸς Ἀδερ*, assyr. IM-ʾidri. Das Gottesideogramm İM ist Adad oder Ramman oder Bir zu lesen. Vielleicht ist Bir (in Belehnungsurkunden Be-ir neben Adad genannt, s. KAT[3] 134) die dem „kanaanäischen“ (s. S. 113) Ramman und Adad und dem hettitischen Tešup (s. S. 113) entsprechende aramäische Gottheit. Aus der biblischen Überlieferung hat man irrtümlich zwei Benhadad herausgelesen.

den Fürsten Lubarna und macht seine Stadt Aribua zum Mittelpunkt einer assyrischen Kolonie. Damit steht er an der Nordgrenze des zu Damaskus haltenden Hamath. Aber er vermeidet den Kampf mit Damaskus, zieht vielmehr südwärts am Meer entlang und läßt sein Bild am Nahr el Kelb einmeißeln[1]. Tyrus und Sidon bringen ihm Tribut.

Sein Nachfolger Salmanassar II. (860—825) nimmt den Kampf mit Damaskus auf, ohne wesentlichen Erfolg trotz mächtiger Anläufe[2]. Seine Annalen berichten von seinem Zuge im 6. Regierungsjahre (854). Er unterwirft Aleppo (Ḫalman). Weiter südlich traten ihm unter Führung Benhadads („syrisch-hamathensischer Städtebund") die Streitkräfte von Damaskus, Hamath samt denen des Ḫatti-Landes (allgemeine assyrische Bezeichnung für Syrien) und der Meeresküste am Orontes bei Ḳarḳar entgegen. Aḫab von Israel (a-ḫa-ab-bu matu sir-'i-la-ai) sei mit 2000 Wagen und 10000 Leuten beteiligt gewesen. Der assyrische Großkönig meldet, er habe in furchtbarer Schlacht gesiegt und den Orontes mit Leichen wie mit einer Brücke gedämmt. In Wirklichkeit ist er am weiteren Vordringen gehindert worden. Auch 849 und 846 sind seine Angriffe erfolglos. Die assyrische Politik suchte nun Damaskus zu isolieren. Wir werden die weiteren Geschicke des Staates Damaskus im Verlauf der Geschichte Israels zu verfolgen haben.

Phönizien, insbes. Tyrus[3].

Solange die altorientalische Kulturwelt in Dunkel gehüllt war, wurde die Bedeutung Phöniziens auf Grund der klassischen Nachrichten weit überschätzt. Das 50 Meilen lange Küstenland, im Rücken vom Libanon begrenzt, konnte keine selbständige Kultur hervorbringen, auch nicht aus eigner Macht das Meer beherrschen. Die „Phönizier" gehören der gleichen Völkerschicht an, die Babylonien mit Semiten bevölkerte und das Niltal mit den Hyksos, Kanaan mit den Amonitern, Moabitern, Edomitern und zuletzt Israel. Sie bilden den ersten Vorstoß dieses Völkerzuges, der von hier aus nach der nordafrikanischen

---

[1]) Nr. 4 der am Felsen (S. 501 Anm. 3) zu suchenden assyrischen Monumente.

[2]) Die Texte zum folgenden KT², S. 14ff.

[3]) Literatur: Pietschmann, Die Geschichte der Phönizier 1889; Fr. Jeremias, Tyrus bis zur Zeit Nebukadnezars; v. Landau in Ex or. lux I, 4 und AO II, 4; Winckler in AO VII, 2 (Die Euphratländer und das Mittelmeer), ferner KAT³ S. 126ff. und Auszug aus der Vorderasiat. Geschichte S. 74ff.

Küste vordrängte. Aber sie fanden bereits Kulturstaaten vor, von deren Geschichte wir nichts wissen. Sargon bez. seinem Sohne Naramsin gehorchten die Könige der Meeresküste und 32 Städte, s. S. 291.

In der Amarna-Zeit finden wir an der Mittelmeerküste selbständige Städte, keinen Ansatz zu Staatenbildungen. Aber es wohnt eine einheitliche Bevölkerung bis nach Gaza. Das Schreiben eines Königs Zimrida von Sidon und Briefe von Abimilki von Tyrus finden sich im Archiv von Amarna. Karte II zeigt die in den Amarna-Briefen erwähnten Städte. Dann sind die Städte der Reihe nach unter hettitische oder assyrische Oberherrschaft gekommen. Tiglatpileser, der die Hettiter-Ansprüche bis zum Karmel übernimmt, schlägt sein Quartier in Arvad auf. Als die Assyrer um 1100 hier auftauchten (S. 500f.), leisteten ihnen die phönizischen Städte keinen Widerstand. Der Gegensatz zu Damaskus trieb sie vielmehr zu den Assyrern.

Die Königsstädte nördlich vom Karmel liegen in fast symmetrischer Entfernung: Arvad (Aruada, Tripolis), Gobal (Gubla), Beerôt (Berunu, Beirut), Sidon (Ṣiduna), Tyrus (Ṣurru), Akka (Ptolemaïs). Südlich vom Karmel tragen die Städte ebenfalls phönizischen Charakter, obwohl sie unter israelitischem und philistäischem Einfluß stehen: Dor und nicht weit davon Migdal-Aštoret (Stratonsburg, Stratonos Pyrgos)[1], der einzige Hafen, der für Israel und Juda in Betracht kam[2], Jaffa (Japu, Joppe). Von hier an erstreckt sich seit dem 14. Jahrhundert das philistäische Gebiet.

Arvad, ebenso Sidon und Tyrus lagen nach den Inschriften ursprünglich auf Inseln[3]. Sidon muß irgendwann die Vorherrschaft gehabt haben. Der einheimische Name der Phönizier ist Sidonier (die Könige von Tyrus nennen sich Könige der Sidonier; Sidon ist „die Mutter Kanaans"). Auch bei Homer heißen die Phönizier Sidonier, und das A. T. bezeichnet mit Ṣidonîm die Staatenbildung, die Tyrus und Sidon vereinigt. Gemeint ist aber wohl nur die Südgruppe von Beirut an. Die

---

[1]) Vgl. Stratonike = Ištar, s. Kampf um Babel und Bibel[4] S. 35.

[2]) Wenn Josia dem Pharao Necho entgegentrat, so erwartet man, daß er ihn hier an der Landung hindern wollte. Deshalb könnte sehr wohl, wie Winckler annimmt, Megiddo (Schlacht bei Megiddo 609/8, Tod Josias) Mißverständnis für Migdal sein.

[3]) Als Zimrida von Sidon den König von Tyrus belagert, heißt es in einem Amarna-Brief: „er hat kein Wasser zum Trinken und kein Holz zum Heizen."

beiden Teile des Küstengebietes zeigen bis heute dialektischen Unterschied. Eine gewisse Isolierung zeigen Gobal und Arvad, deren Bewohner in den Inschriften wie selbständige Völker erscheinen.

In den Zeiten des Staates Israel-Juda hat Tyrus die Vorherrschaft. Als Zeitgenosse Davids erscheint Abi-baʿal (um 980), als Zeitgenosse Salomos Ḫiram I., der Cypern unterwarf und hier die Stadt Ḳart-ḫadašt baute. In den Fragmenten des Menander von Ephesus[1] erscheint Ḫiram Israel-Juda gegenüber in derselben Stellung, wie später Benhadad von Damaskus.

Die Grenzen des Staates Israel-Juda[2].

Die natürliche Grenze im Norden bildet der 3000 Meter hohe Hermon und die tiefe Senkung des nahr-el-kaṣimije, der in seinem oberen Laufe Litani heißt (Eleutheros der Griechen). Im Osten grenzt die Wüste an. Ebenso im Süden. Für die Südgrenze kommt der Wadi es Seba in Betracht. Er ist der „Bach Ägyptens" (naḫal Miṣraim bez. Muṣri)[3].

Der Eroberungsbericht Jos 11, 16f. nennt auch wirklich als Nordgrenze die Senkung zwischen Libanon und Hermon: „Baʿal Gad in der Ebene (bebiḳʿat) des Libanon unter dem Hermon", vgl. 13, 5: „bis dahin, wo es nach Hamath geht", das ist die Senkung zwischen Libanon und Hermon, durch die man nach Cölesyrien geht.

Dazu stimmt die Grenzangabe: von Dan bis Beerseba Ri 20, 1; 1 Sa 3, 20. Dafür kann man ebensogut sagen: „von dort, wo es nach Hamath geht, bis zum Bach Ägyptens (naḫal Muṣri)". Gemeint ist das nördlich von Galiläa, südlich vom Hermon gelegene Hamath. Die spätere Auffassung nahm dafür das syrische Hamath an und verlegte darum auch Ṣoba in die Gegend nördlich von Damaskus statt südlich von Damaskus.

Mit der sprichwörtlichen Angabe „Beerseba bis Dan" bez. naḫal Muṣri bis dahin „wo es nach Hamath geht" ist auch die Begrenzung des Davidsreiches gegeben. Die Volkszählung 2 Sa 24, 5 ff. legt diese Grenzbestimmung zugrunde. Als 2 Sa 8 David Hadadezer von Ṣoba und den Aramäer von Damaskus

---

[1]) S. 499.

[2]) Vgl. Buhl, Geographie Palästinas. Vor allem Winckler F. III, 249 ff., auch Nagl, Die nachdavidische Königsgeschichte.

[3]) Winckler nimmt den Wadi el Ariš als Südgrenze an, weil hier das bei Asarhaddon erwähnte Raphi liegt.

besiegt hat, bringt ihm Tou von Hamath Tribut (ša'al šulmi). Die Völker jenseits der Nordgrenze erkannten ebenso wie Philistäa, Moab, Ammon die Oberhoheit des Davidsreiches an.

Auch 1 Kg 5, 1 kann kein größeres Machtgebiet für Salomo in Anspruch nehmen. Die Stelle ist im Sinne einer späteren legendarischen Ausdehnung des Davidsreiches verdorben. Als das Volksleben vernichtet war, sah die Phantasie ein Davidsreich vom Nil (statt naḫal muṣri) bis zum nahar haggadôl (als Euphrat gedeutet statt Eleutheros)[1]. Die Stelle lautet: *(Salomo) herrschte über alle Könige vom* [großen] *Flusse* (Eleutheros), *über das Philisterland und bis zum* גבול מצרים (der naḫal Muṣri ist hier zum Strom Ägyptens, zum Nil geworden).

Aber selbst Ez 47, 15—17 begnügt sich mit der wirklichen Ausdehnung, obwohl ein Idealbild gegeben wird. Die Nordgrenze bildet hier eine Linie, die vom Meere ostwärts über Hamath läuft. Und noch die Makkabäerzeit kennt die nüchternen Grenzen. 1 Mak 12, 24—34 bringt Jonathan ein Heer gegen Demetrios auf „und zog gegen sie in das Gebiet Hamath, denn er wollte ihm nicht Zeit lassen, sein Land zu besetzen." Er nimmt also das von Ezechiel geforderte Gebiet in Anspruch. Jonathan schlägt die Feinde, aber er verfolgt sie nicht, „da sie den Fluß Eleutheros überschritten hatten" (d. i. Litani, nahr el kaṣimije). Er wendet sich gegen einen Araberscheich und kommt in das Gebiet von Damaskus (er hat also einen der vom Südabhang des Hermon hinabführenden Pässe überschritten).

1 Mos 15, 18: *„Deinen Nachkommen will ich dieses Land geben vom naḫal Muṣri bis zum nahar haggadôl* (d. i. Eleutheros, s. S. 506 und unten Anm. 1). So die ursprüngliche Meinung. 5 Mos 1, 7: *„Gehet hin zum Amoritergebirge* (d. i. der Hermon und die südlichen Ausläufer des Libanon, also die Gegend von Hamath) *und zu allen ihren Nachbarn* [Glosse: in der Steppe und im Gebirge und in der Niederung am Meere und im negeb, in das Land der Kanaaniter] *und zum Libanon bis zum großen Flusse* [Glosse: dem Euphratfluß]. Der ursprüngliche Sinn ist: sie sollen das Land bis zur Nordgrenze besetzen, bis dorthin, wo es nach Hamath geht[2].

Die Bestätigung gibt Jos 1, 4: *und den Libanon bis zum großen Flusse* [Glosse: Euphrat!].

Salomo und Ḫiram von Tyrus.

Für die Geschichte Sauls und Davids haben die Monumente nichts beizubringen. Die Angaben über Sauls Siege

---

[1]) Eleutheros soll gewiß irgend eine Wiedergabe des Beinamens „der Große (der Edle)" sein.

[2]) Die Erklärung Buhls, l. c. S. 65 ist damit hinfällig.

über die Feinde ringsum: Moab, Ammon, Aram[1] bêt Reḫob und Ṣoba (die nördlichen und nordöstlichen Nachbarn Israels) und über Davids Siege (über die Moabiter 2 Sa 8, 2, über die Philister „vom Gat bis zum Meer" 8, 1 [?]), über Hadad-ʿEzer von Ṣoba (2 Sa 10) und seine Verbündeten: Bêt-Reḫob, den König von Maʿaka (= Gešur) und das Volk von Ṭôb (vgl. Ri 11, 3. 5) werden den wirklichen Verhältnissen entsprechen. David hat das Ostjordanland von den eindringenden Aramäern befreit. Darum huldigt ihm Toʿu von Hamath[2].

Für die Geschichte Salomos sind wir nicht allein auf die biblischen Berichte angewiesen. Wie oft in der orientalischen Geschichte folgt auf den Eroberer der große Bauherr. Was die Bibel von Salomo berichtet, erzählt Menander von Ephesus, dem die tyrischen Annalen des Melḳart-Tempels zur Verfügung standen, von Ḫiram, dem Zeitgenossen Salomos, und von seinem Vater Abibaʿal. Wie Salomo Jerusalem, so haben die beiden Tyrus durch Bauten verschönt. In den Fragmenten Menanders, dessen „hellenische und barbarische Geschichte" den Schriften des Berosus von Babylon und Manetho von Ägypten gleich zu achten wäre, wird Salomo erwähnt, und zwar im Sinne einer tyrischen Polemik wider die spätbiblische Ausmalung der Weisheit Salomos. Salomo ist weise im Rätselraten, Ḫiram aber ist weiser[3]! In einer andern wichtigen Beziehung wird die biblische Erzählung zugunsten Ḫirams wirklich zu korrigieren sein. 1 Kg 9, 11[b] muß Salomo zwanzig Orte in Galiläa an Ḫiram abtreten und Geldzahlung leisten; 11, 5 huldigt Salomo dem Kult der Aštoret von Tyrus. Beides verrät die Tatsache, daß Salomo Vasall von Tyrus war[4]. Auch die gemeinsamen Handelsunternehmungen werden als Leistungen anzusehen sein, die Salomo von Ḫiram auferlegt worden sind. Ḫiram hatte keinen Hafen am roten Meer und brauchte Salomos Hafen Eṣiongeber. Nach 1 Kg 9, 27 mußte Salomo Schiffe und Mannschaft stellen. Die wenigen Leute, die Ḫiram hinzuführte, werden wohl Aufseher gewesen sein[5].

---

[1]) So statt Edom zu lesen mit Winckler, Gesch. Isr. I, 143; zum Folgenden vgl. II, 206 ff.

[2]) S. oben S. 507.

[3]) Vgl. hierzu S. 495 f.

[4]) Winckler KAT[3] 237.

[5]) 1 Kg 9, 28 und 10, 22 werden Gold, Elfenbein, Ḳôph-Affen (nach Ed. Glaser ist ḳôphîm Weihrauch) und Neger als Waren genannt. Wenn auch Ophir arabischer Hafen war, handelt es sich doch gewiß um afrikanische Waren, s. KAT[3] 239, Niebuhr OLZ 1900, 69.

Die Reichsteilung.

Der Untergang des Davidischen Reiches wurde nach dem Tode Salomos besiegelt. Die „Teilung des Reiches" war aber gewiß nicht nur die Folge innerer Kämpfe. Auswärtige Mächte haben sicherlich ihre Hand im Spiele gehabt.

Zunächst hatte der Pharao Šošenk Interesse an der Schwächung des mächtigsten der syrischen Staaten. Nach Zeiten der Schwäche, wie wir sie im Papyrus Golenischeff bezeugt finden, begann sich Ägypten wieder um die Frage der Vorherrschaft in Kanaan zu kümmern. Die Verheiratung Salomos mit der Tochter des Pharao Psusennes II., des letzten Herrschers der tanitischen Dynastie, für die ein besonderer Palast gebaut wurde, hat politischen Hintergrund[1]. In der Geschichte Jerobeams, des Sohnes Nebats, der am Hofe des Pharao erzogen wurde und der nach einer Überlieferung, die Sept. zu 1 Kg 12, 24 vorliegt, mit einer Schwägerin des Pharao verheiratet wurde, finden wir die Spuren der bekannten ägyptischen Politik, Thronaspiranten verbündeter Staaten heranzuziehen. Auch die Abhängigkeit Salomos von Tyrus wird unter ägyptischer Beihilfe zustande gekommen sein. Die Herrscher am Nil und am Euphrat liebten es, wenn kleine Vasallenstaaten in Abhängigkeit untereinander gerieten. Das vereinfachte die Tribut-Erhebung. Unklar bleibt noch immer die Stellung Rehabeams. Aus 1 Kg 15, 18f. wissen wir, daß er sich auf Damaskus gestützt hat[2]. Wie es scheint, hat er die tyrische und damit zugleich die ägyptische Oberhoheit abschütteln wollen, indem er Anschluß suchte an „den Widersacher, den Gott einst seinem Vater Salomo erweckt hatte" (1 Kg 11, 23)[3]. Damaskus hatte gewiß bereits bei den Kämpfen zwischen Jerobeam und Rehabeam hinter den Kulissen mitgewirkt und war tertius gaudens bei der Teilung des Reiches. Die Hegemonie unter den Kleinstaaten des „Westlandes" ging auf Damaskus über. Mit der Unterwerfung Israels gewann Damaskus überdies einen zu allen Jahres-

---

[1]) Da Salomo das bisher selbständige Gezer als Mitgift bekommt (1 Kg 9, 16 f.), so handelt es sich hier sicher um Ägypten, nicht um Muṣri (wie Winckler in Helmolts Weltgesch. III, 197 will). — Salomo hat seinen Rechtsanspruch auf Gezer beim Pharao geltend gemacht. Man kann sich den Vorgang durch ähnliche Prozesse in den Amarna-Briefen illustrieren.

[2]) Asa ist der zweite Sohn Rehabeams, Bruder, nicht Sohn (wie 1 Kg 15, 8 irrtümlich steht) des Abiam.

[3]) „Ich will euch mit Skorpionen züchtigen" (1 Kg 12, 11), vgl. S. 497. Hinter der Forderung stand nicht nur Jerobeam, sondern gewiß auch Ägypten, vgl. S. 510.

zeiten brauchbaren Handelsweg nach den phönizischen Häfen, sowie durch die esdralonische Ebene nach den philistäischen Hafenstädten.

Nachdem sich Rehabeam in Sichem, wo er sich die Herrschaft über Nordkanaan bestätigen lassen wollte, geweigert hatte, bestimmte Regierungsmaßregeln seines Vaters zurückzunehmen (1 Kg 12), trat der sichemitische Nordbund in Aufstand. Ägypten mischte sich (1 Kg 14, 25) zugunsten Jerobeams ein. Er plünderte Jerusalem und protegierte die Gründung eines Königtums, das Nordkanaan „von Bethel bis Dan" und das Ostjordanland unter einem Szepter vereinigte und nur dazu bestimmt sein sollte, die Politik Ägyptens in Asien zu unterstützen[1]).

Damit war Jerusalem zu einem Stadtkönigtum herabgesunken, wie einst in der Amarna-Zeit. Rehabeams zweitem Sohne Asa scheint es gelungen zu sein, die Einmischung Ägyptens abzuweisen. Die Chronik weiß von einem Siege über den Kuschiten Zeraḫ (2 Chr 14, 8 ff.). Er wird eine ägyptische bez. arabische Exekutionstruppe zurückgeschlagen haben. Dann sucht er Rückhalt bei Damaskus. Er sendet Tributgaben und erinnert (1 Kg 15, 18 f.) Benhadad an ein Bündnis, das sein Vater mit Benhadads Vater geschlossen habe. Er bittet um Hilfe gegen seinen Feind Baesa, den König von Israel, der Nadab, den Sohn Jerobeams, gestürzt hatte, und ersucht, das Bündnis aufzuheben, das zwischen Israel und Damaskus bestehe. Das heißt in Wirklichkeit: er unterwirft sich dem Herrscher von Damaskus als Vasall und tritt damit in die Stellung ein, die Israel bereits vorher hatte. Benhadad gewährt mit Vergnügen die Bitte, das heißt er übernimmt die Oberhoheit über längst begehrte Gebiete des Ostjordanlandes: Ijon und Dan und Abel-beth-Maacha und Kinneroth, samt dem ganzen Lande Naphtali: 1 Kg 15, 20. Damit erwirbt Damaskus den rechtlichen Anspruch auf diese Gebiete, und in deren Verfolgung zieht sie 733 Tiglatpileser ein, als er Damaskus zur assyrischen Provinz macht[2]. Von jener Zeit an wurde Israel gezwungen,

---

[1]) Von Tyrus hören wir in dieser Zeit nichts. Die Notiz, nach der Abdaštoret (*Ἀβδασταρτος* bei Menander) von den „vier Söhnen seiner Amme" ermordet war, zeigt, daß es durch Kämpfe im Innern beschäftigt war.

[2]) Von da ist Damaskus Schritt für Schritt vorgerückt. 1 Kg 20, 34 erfahren wir, daß Benhadad unter Omri weitere Städte besetzte und in dem neugegründeten Samarien Bazare (natürlich mit Privilegien für die Handelsartikel von Damaskus) eröffnet hat. Jedenfalls ist das der aus-

ein stehendes Heer zur Abwehr von Damaskus zu halten. Dem Übergewicht des Heeres verdankt Omri, der Feldhauptmann, seine Erhebung zum Könige.

Israel und Juda bis zum Fall Samariens.

Mit Omri beginnt ein neues Zeitalter für Kanaan. Er versucht eine Einigung von Norden her, wie sie einst David von Süden her geschaffen hatte. Einen urkundlichen Beweis für das Epochemachende seiner Erscheinung bildet der Umstand, daß die assyrische Diplomatie Israel mat Ḫumrî, bît Ḫumri(a) nennt[1]. Wenn Juda bis zu den Zeiten des Jotam und Ahas in den assyrischen Annalen nicht erwähnt wird, so liegt das einfach daran, daß es Vasallenstaat Israels war. Wo Israel erwähnt wird, ist Juda stillschweigend hinzuzudenken.

Omri schließt sich an Ithobaal von Tyrus an. Die Verheiratung seines Sohnes Aḫab mit Ithobaals Tochter Izebel hat politische Bedeutung. Und die politische Verbindung bedeutet Anerkennung des Kultus. Sie brachte den Kult des Baʿal von Tyrus nach Israel. Aḫab konnte dann seinerseits wagen, gegen Damaskus in offene Feindseligkeit zu treten (1 Kg 20 ff.). Die nun folgenden Kriege, bei denen Israel jedenfalls durch Tyrus unterstützt wurde, bei denen auch Juda gelegentlich Heeresfolge leisten mußte, hatten wechselnden Erfolg, haben aber doch schließlich die Abhängigkeit Israels von Damaskus[2] nicht aufheben können, denn wir finden bald darauf Aḫab beim Kampfe gegen Assyrien in der sicherlich erzwungenen Heeresfolge Benhadads[3].

Inzwischen war nämlich für den mächtigen Aramäerstaat Damaskus Gefahr heraufgezogen von seiten des assyrischen

---

bedungene Lohn für die Hilfe gewesen, die es dem Usurpator Omri bei seiner Thronbesteigung zuteil werden ließ. Omri hat dann als kluger Politiker versucht, durch Verbindung mit Tyrus der gefährlichen damaszenischen „Freundschaft" ein Gegengewicht zu bieten.

[1]) Auch Jehu, der von Assyrern unterstützte Usurpator, heißt „Sohn von Omri" (mar Ḫumrî).

[2]) Die kulturelle Überlegenheit des Reiches von Damaskus über Israel-Juda bezeugt Am 3, 12 und vielleicht auch 2 Kg 16, 10 f., wo Ahas das Modell eines Altars von Damaskus nach Jerusalem schickt.

[3]) Ahab zieht mit Josaphat nach dem Jabbok 1 Kg 22, 3, um Ramoth Gilead den Händen der Damaszener zu entreißen. So weit also reichte gelegentlich die Machtsphäre von Damaskus! Die Freundschaft zwischen Josaphat und Aḫab bedeutet dabei nichts anderes als Vasallenverhältnis Judas gegenüber Israel.

Reiches. Die assyrischen Könige haben seit Asurnaṣirpal als eines der Hauptziele ihrer Politik „den Zug nach dem Meere“ angesehen, d. h. sie wollten freie Bahn für ihre Handelszüge und Kriegszüge nach dem Mittelmeer gewinnen[1]. Zu diesem Zwecke mußte Damaskus überwunden werden, mit dessen Besitze zugleich die Verfügung über die kleinen Völker des Ostjordangebietes verbunden war. In Israel bildete sich bald eine Assyrien freundlich gesinnte Partei, die von dem mächtigen Reiche Befreiung vom damaszenischen Joche erhoffte.

Wohl noch unter Omri hat Israel zum ersten Male in seiner Politik unmittelbar mit Assyrien rechnen müssen. Von dieser Zeit an mußte man sich am israelitischen Hofe über die Vorgänge in Assyrien auf dem laufenden erhalten. Wir werden annehmen dürfen, daß sich jederzeit Sendboten Israels bez. Judas am Hofe von Niniveh aufgehalten haben. Die Geschichte von der Sendung Jonas gewinnt dadurch neues Licht, auch wenn sie nur historische Einkleidung einer didaktischen Schrift bedeutet. Wie entstand die Interessen-Verbindung zwischen Israel und Assyrien? Tyrus und Sidon hatten Asurnaṣirpal während seiner letzten Regierungsjahre auf nordphönizischem Boden Tribut zahlen müssen. Die phönizischen Städte werden das nicht ungern getan haben, solange sie unter dem Drucke des übermächtigen Damaskus zu leiden hatten[2]. Bei den engen Beziehungen, die zwischen Tyrus und Israel damals bestanden, ist es mehr als wahrscheinlich, daß sich Omri der Tributsendung und Huldigung angeschlossen hat, wenn diese nicht in der Huldigung von Tyrus als seinem Oberherrn eingeschlossen war. Aber erst unter dem Sohne und Nachfolger des Asurnaṣirpal erwähnen die königlichen Tafelschreiber Israel ausdrücklich. Nachdem Salmanassar II. (860—825) Babylonien unter seine Oberhoheit gebracht hatte, rüstete er zum „Zuge nach dem Meere“, wie der assyrische „Eponymenkanon“ sagt.

Während Salmanassars Vater einen Zusammenstoß mit Damaskus vermieden hatte, trat ihm 855 in der Gestalt des Adad-'idri von Damaskus ein mächtiger Widersacher entgegen. Er hatte mit Irḫuleni von Hamath ein Schutzbündnis geschlossen, dem auch Israel (mit Juda) sich anschließen mußte. Man nennt

---

[1]) Vgl. S. 292 ff. und Abb. 96 f.

[2]) Nach dem Fall von Damaskus wagen es die phönizischen Staaten, sich gegen Assyrien aufzulehnen.

die Bundesgenossenschaft[1] traditionell den damaszenisch-hamathensischen Städtebund. Aḫab von Israel wird in der Inschrift Salmanassars als A-ḫa-ab-bu Sir-i'-la-ai[2] erwähnt, und es wird gesagt, er habe mit 10000 Mann und 2000 Wagen sich beteiligt[3].

Salmanassar berichtet in einer Monolithinschrift[4] Näheres über den Feldzug vom Jahre 854. Im Gebiete von Hamath, bei Ḳarḳar, der Königsstadt des Irḫuleni, am Orontes (Arantu) sei es zur Schlacht gekommen. Das eigentliche Ziel, die Unterwerfung von Damaskus, hat Salmanassar nicht erreicht. Der König von Damaskus blieb selbständig, er behielt auch die Lehnsherrschaft über Israel. Ebenso erging es beim zweiten assyrischen Angriff im Jahre 849 und beim dritten im Jahre 846 trotz der Versicherung: ich besiegte den Adad-'idri und seine Vasallen. Nur insofern steckt ein Stück Wahrheit in der Aussage, als es ihm durch sein Auftreten irgendwie gelungen sein muß, Damaskus zu isolieren und die Vasallen, unter ihnen Aḫab von Israel, von Damaskus frei zu machen. Das zeigt sich bei dem nächsten Feldzug im Jahre 842, bei dem wir den König von Damaskus ohne Bundesgenossen finden. Schwer mag es nicht gewesen sein, die Vasallen lässig zu machen in der Hilfe gegen Assyrien. Benhadad hatte sich ja selbst die Feindschaft der Vasallen zugezogen. Die Stelle 1 Kg 20, 24[5] verrät, daß er den Versuch gemacht hat, die Könige der Vasallenstaaten zu beseitigen und damaszenische Statthalter an ihre Stelle zu setzen. Die Kriege Aḫabs gegen Benhadad, von denen die Bibel erzählt, bedeuten sicher die Reaktion gegen diese versuchte Maßregel. Unter solchen Verhältnissen mag sich zum ersten Male eine assyrische Partei in Israel gebildet haben. Es ist sehr wahrscheinlich, daß der Prophet Elisa

---

[1]) Die Zahl der Verbündeten ist unsicher; die Inschrift sagt 12, zählt aber 11 auf. Liegt auch hier absichtliche Abrundung im Sinne von S. 363 Anm. 5 vor? Die 32 in 1 Kg 20, 1 beruht auf einem Irrtum, der aus 22, 31 herübergekommen ist.

[2]) Zur Schreibung des Namens = hebr. Jisrael, s. Winckler KAT[3] S. 247.

[3]) Solange uns die damaszenische Überlieferung fehlt, müssen wir auf einen klaren Überblick über die damaligen politischen Verhältnisse verzichten. Die wertvollsten Auskünfte geben uns die Annalen Salmanassars. In den biblischen Berichten des Königsbuches stehen die israelitischen Ereignisse naturgemäß im Vordergrunde und lassen relativ Unbedeutendes als Hauptsache erscheinen.

[4]) KT[2] S. 14ff.

[5]) Die Echtheit der Stelle wird m. E. mit Unrecht angezweifelt.

der geistige Führer dieser Freunde Assyriens gewesen ist. Zweifellos ist, daß der gewaltsame Thronwechsel in Israel mit dieser Parteibildung zusammenhängt. Jehu hat seinen Staatsstreich wohl unter assyrischem Schutze ausgeführt. Die folgenden Ereignisse zeigen, daß er sich dem König von Assyrien verpflichtet fühlt. Es ist ähnlich wie später unter Pekaḫ. Eine assyrische Partei stürzt den König, der neue König erkennt zum Dank für geleistete Hilfe die assyrische Oberhoheit an.

Bei der Lockerung des Vasallenverhältnisses hatte wohl auch der Thronwechsel in Damaskus eine Rolle gespielt. Als 842 das assyrische Heer erschien, lebte der mächtige Benhadad nicht mehr. Hazael — Ḫaza-ʾilu schreiben ihn die assyrischen Inschriften — war König an seiner Statt. Die Bibel berichtet uns 2 Kg 8, 9—15 über den Thronwechsel.

Der keilinschriftliche Bericht[1] über den Zug Salmanassars gegen Ḫaza-ʾilu sagt:

Stück einer Annaleninschrift (vom Jahre 842).

Im achtzehnten meiner Regierungsjahre überschritt ich zum sechzehnten Male den Euphrat. Hazaël von Damaskus verließ sich auf die große Zahl seiner Truppen und bot seine Truppen in Menge auf. Den Sanîru[2], einen Bergkegel im Bereich des Libanon, machte er zu seiner Festung. Ich kämpfte mit ihm und besiegte ihn. 6000 seiner Krieger erschlug ich mit den Waffen; 1121 seiner Streitwagen, 470 seiner Streitrosse, sowie sein Lager nahm ich ihm weg. Er machte sich davon, um sein Leben zu retten. Ich setzte ihm nach und schloß ihn in Damaskus, seiner Hauptstadt, ein. Ich hieb seine Parke nieder und zog bis zu den Bergen des Hauran. Städte ohne Zahl zerstörte, verwüstete, verbrannte ich und führte zahllose Gefangene weg. Bis zu den Bergen des Baʿlira'si, einem Vorgebirge, zog ich und stellte mein Königsbild dort auf[3]. Damals empfing ich den Tribut der Tyrer, Sidonier und Jaua's, des Sohnes Omris.

Obelisk, Überschrift zu den Abbildungen.

Tribut Jehus, Sohnes des Omri: Silber und Goldbarren, šaplu aus Gold, zuḳût aus Gold, Becher (?) aus Gold, Eimer (?) aus Gold, Bleibarren, ḫutartu (Holzgegenstände!) für die Hand des Königs, purumḫâti[4] (Holzgegenstände!) empfing ich von ihm.

Salmanassar hat also 842 ohne Widerstand den Libanon überschreiten und an der Meeresküste vorrücken können, am Vorgebirge des Hundsflusses gleich den Vorfahren sein Bildnis ein-

---

[1]) KT[2] S. 20 ff.

[2]) Hermon (vgl. 5 Mos 3, 9: שניר).

[3]) Am Nahr el Kelb, s. S. 501, Anm. 3 und vgl. S. 292.

[4]) Oder budilḫâti (Stämme, von denen das Bedolaḫ-Harz kam?).

gegraben und versuchte nun, Damaskus vom Westen aus anzugreifen. Hazael versperrte ihm den Weg beim Gebirgspaß zwischen Hermon (Sanîru)[1] und Antilibanon, mußte sich aber schließlich auf Damaskus zurückziehen. Die Stadt zeigte sich als uneinnehmbar. Salmanassar mußte sich damit begnügen, seinen Zorn an den Gärten und Palmenhainen auszulassen[2], welche Damaskus damals wie heute umgaben; er hat die ganze Gegend bis zum Hauran barbarisch verwüstet. Dieser Sieg brachte einen Umschwung herbei in der Gesinnung der Kleinstaaten, die ehemals Vasallen des damaszenischen Staates gewesen waren. Die assyrische Partei bekam allenthalben Oberwasser. Neben Tyrus und Sidon hat auch Jehu, der König von Israel (Ja-u-a apil Ḫumrî), jedenfalls samt seinem Aftervasallen Juda, Tribut gebracht. Diese Tributsendung ist auf dem Obelisken Salmanassars illustriert. Die Abordnung Jehus wird durch die Beischriften kenntlich gemacht. Wir haben also auf den beigegebenen Bildern die älteste Darstellung israelitischer Gestalten. Über Abb. 170 stehen die Worte: „Tribut Jehus, des Sohnes Omris“.

Abb. 169: Schwarzer Obelisk Salmanassars II., u. a. die Tributgaben Jehus von Israel darstellend.

Elisa ist nach 2 Kg 8 bei seinem prophetischen Berufe auch ein zielbewußter Politiker gewesen[3]. Er hat bei dem Thronwechsel in Damaskus die Hand im Spiel, er leitet in Israel den Sturz des Hauses Omri. Die Motive, die wir nach den Bruchstücken der Königsbücher-Überlieferung nicht deutlich erkennen können, sind natürlich auf religiösem Gebiete zu suchen. Die Verehrer Jahve's haben vielleicht schon damals, wie später in der babylonischen Exilzeit, Verbindung mit den geistigen

[1]) S. S. 514, Anm. 2.

[2]) Fruchtbäume abschlagen bei der Belagerung ist nach 5 Mos 20, 19 verboten. 2 Kg 3, 19 rät Elisa gleichwohl, in Moab alle Fruchtbäume abzuschlagen und alle Quellen zu verstopfen. In Friedenszeiten wurde in den Zederngebirgen wüste gehaust. S. Abb. 104 und vgl. die Klagen des Propheten Hab 2, 17; Jes 14, 8 und die Bemerkungen zu 1 Kg 5, 13 S. 494.

[3]) Vgl. zu dieser politischen Bedeutung der Propheten H. Winckler, Ex oriente lux II, 1, 24 ff.

Führern Assyriens oder vielmehr Babyloniens im religiösen Interesse gesucht.

Die prahlerische Darstellung der palästinensischen Tributgaben kann uns auch diesmal über den zweifelhaften Erfolg

Abb. 170: Einzeldarstellung vom Obelisk Salmanassars II. Tribut Jehus von Israel.

Salmanassars nicht hinwegtäuschen. Auch beim nächsten Feldzug von 839[1] gelingt es ihm nicht, Damaskus zu erobern.

Inschrift des Obelisken (vom Jahre 839).

Im einundzwanzigsten meiner Regierungsjahre überschritt ich zum einundzwanzigsten Male den Euphrat. Gegen die Städte Hazaels von Damaskus zog ich. Vier seiner Städte eroberte ich. Den Tribut der Tyrer, Sidonier, Byblier empfing ich.

Abb. 171: Einzeldarstellung vom Obelisk Salmanassars II. Tribut Jehus von Israel.

Jehu ist also nicht dabei. Hazael hatte die Zwischenzeit benutzt, Israel und das von Israel abhängige Juda für seine

[1]) Zwischen 842 und 839 liegen einige Expeditionen nach dem Amanus, die Bauholz holen.

assyrischen Neigungen zu züchtigen und von neuem unter seine Oberhoheit zu bringen. Das berichtet 2 Kg 12, 17ff. Er muß auf dem Straffeldzuge, der bis nach Jerusalem und Philistäa führte, mörderisch gehaust haben, wie 2 Kg 8, 12 erkennen läßt. Noch Am 1, 3 erinnert mit Schrecken an die Greuel der Verwüstung und stellt das Gottesgericht fest, das dann zur Strafe über Damaskus gekommen ist. Jehu und sein Sohn Joahas mußten widerwillig unter den Heerbann von Damaskus zurückkehren. Wir erkennen es daran, daß beim letzten Zuge Salmanassars wider Damaskus 839, bei dem vier damaszenische Städte erobert wurden, Jehu nicht unter den Tributzahlenden (Gebal, Sidon, Tyrus) erscheint.

Salmanassar hat nach 839 endgiltig darauf verzichtet, den Weg nach dem Mittelmeer durch Syrien zu gewinnen. Der letzte Feldzug geht nach Tarsos, sucht also den Ausgang nach dem Meere über die kilikischen Pässe.

Die Nachfolger Salmanassars[1] haben im Westlande wenig ausrichten können; sie waren anderweit in Anspruch genommen. Hingegen berichtet Adad-nirari III. (812—783) auf der einzigen Inschrift, die uns von ihm erhalten ist[2], er habe sich der Küstenländer Tyrus, Sidon, Omriland, Edom, Philistäa bemächtigt und ihnen Tribut auferlegt, dann habe er König Marî (d. i. wohl Benhadad III) in Damaskus eingeschlossen. Er hat also nach Salmanassars Vorbild zunächst versucht, Damaskus zu isolieren. Für Israel bedeutet dieser Zug, der unter die Regierung des Joahas fällt und etwa 803 anzusetzen ist, Vertauschung der damaszenischen mit der assyrischen Herrschaft. Die assyrische Partei feiert Adadnirari III. als den Befreier. „*Jahve verlieh einen Retter*", heißt es 2 Kg 13, 5. Es wird die Rettung vom damaszenischen Joche gemeint sein. Die spätere judäische Redaktion hat daran Anstoß genommen und hat den Namen Adadnirari ausgemerzt. Hat er doch offenbar dem Reiche Israel zu seinem alten Besitzstand verholfen, den es durch den 2 Kg 8, 12 angedeuteten Rachezug der Damaszener verloren hatte. Noch unter Joahas Nachfolger Joas wird in diesem Sinne prozessiert; 2 Kg 13, 25 redet von den Erfolgen, die Joas dabei errungen hat[3].

[1]) Assurdaninpal (829—824) und Šamši-Adad (824—812).

[2]) KT [2] 22 f. Es sollte dort heißen: „Rammanirari, der Assur von Kind auf mit einem Reiche ohnegleichen belehnt hat (malû ḳatušu eig. „die Hand füllen", s. Abb. 189 S. 571) und dessen Hirtenamt er gleich einer guten Weide (vgl. Ps. 23, 1 f.) für die Leute von Asur gemacht hat."

[3]) 2 Kg 14, 25 wird die Situation nochmals erwähnt, und es wird dabei von Gebietsteilen gesprochen, die einst an Damaskus abgetreten

Adad-niraris Nachfolger [1] konnten die Erfolge im Westlande nur mühsam aufrechterhalten. Insbesondere hat eine Revolution, die im Jahre 763 ganz Assyrien erfaßte, die Aufmerksamkeit des assyrischen Großkönigs von den fernen Vasallenländern abgezogen. Damaskus konnte das assyrische Joch wieder abschütteln. Wenn in dieser Zeit Israel sich nicht wieder in das alte Lehnsverhältnis zu Damaskus zurückzwingen ließ, so ist das der starken Regierung Jerobeams II. (785—745) zu danken, der die alten Grenzen „von da an, wo es nach Hamat hineingeht bis zum Meere der Araba" (2 Kg 14, 25) wiederherstellt [2]. Seine Nachfolger Menahem (Me-ni-ḫi-im-me alu Sa-me-ri-na-ai) und Pekach (Pe-ḳa-ḫa) aber haben teils aus Gründen persönlicher Politik, teils aus Furcht, der Sturz von Damaskus könnte auch ihren Untergang bedeuten, wieder zu Damaskus gehalten. Im Todesjahre Jerobeams hatte nämlich in Assyrien der gewaltige Tiglatpileser III. [3] oder Phul [4] (745—727) den Thron bestiegen. Er hatte als Führer einer gegen die Hierarchie gerichteten Bewegung, die von Kelaḫ aus organisiert wurde, die Gewalt in die Hand bekommen. Dieser Phul steht am Anfang der letzten Blüte-Epoche des assyrischen Reiches; er hat die assyrische Macht wie keiner seiner Vorgänger nach dem Westlande ausgedehnt und das aramäische Reich Damaskus vernichtet. Leider sind seine Annalen und unter ihnen besonders die Berichte über die Kämpfe im Westen nur verstümmelt auf uns gekommen. Gut, daß wir die Beischriften des assyrischen

und dann wiedergewonnen wurden. Der glückliche Erfolg sei von Jona ben Amitai vorhergesagt worden. Winckler (KAT³ 260. 262, vgl. Ex or. lux II, 1) ist geneigt, den historischen Kern oder besser Hintergrund des Buches Jona hiermit in Verbindung zu bringen, zugleich natürlich unter Preisgabe seiner früheren Ansicht F. II, 260ff., nach der er gegen Budde die Identifizierung der beiden Jona bestritten hatte.

[1]) Salmanassar III., 782—773, der allerdings im letzten Jahre seiner Regierung vor Damaskus erschien, Asurdan 772—755, Asurnirari 754—745.

[2]) Zu den Grenzen s. S. 506 ff. In der verderbten Stelle 14, 28 scheint die Nachricht zu stecken, daß er Hamat an Israel zurückgebracht, Damaskus geschlagen und die Oberhoheit über Juda bewahrt hat, s. H. Winckler in KAT³ S. 262.

[3]) So schreibt wiederholt seinen Namen die Bibel, genau so auch die Panammû-Inschrift aus Sendschirli (s. Ausgrabungen in Sendschirli, veröffentlicht vom Orient-Komitee zu Berlin I, 55 ff.).

[4]) Das ist sein babylonischer Name. Die babylonische Königsliste nennt den Namen Pûlu, die Chronik sagt Tukulti-apil-ešarra. Wenn ihn der ptolemäische Kanon als König von Babylon Poros nennt, so liegt derselbe Lautwechsel vor, wie in mâr-galittu („Kind des Meeres" = Perle) und Margarete (F. E. Peiser).

Eponymenkanon über die Hauptereignisse des Jahres haben und die Angaben der babylonischen Chronik, die mit dem Jahre 747 einsetzt. Was 2 Kg 16 vom Untergang des Reiches von Damaskus berichtet wird, stimmt, wie im voraus bemerkt sei, mit den Angaben der Tafelschreiber des assyrischen Königs überein. Als Phul die Regierung antrat, waren die palästinensischen Staaten so unabhängig von Assyrien, wie in den Zeiten vor Salmanassar II. Israel (und Juda) hielten, wie gesagt, wieder zu Damaskus. Aber gleich im ersten Jahre seiner Regierung hat sich Phul, nachdem er sich der Herrschaft über Babylonien versichert hat, mit Nachdruck nach dem Westen gewendet. Vor allem mußte er das Königreich Arpad im mittleren Syrien, das seinem Vorgänger Assur-nirari schon zu schaffen gemacht hatte, definitiv zum Gehorsam bringen. Es trennte ihn bei der gegenwärtigen politischen Konstellation[1] von den Mittelmeerhäfen. Und auf diese Häfen ging ja das Verlangen des assyrischen Großkönigs, der hier alte Rechtsansprüche zu erneuern hatte. Für die Jahre 743—740 verzeichnet der Eponymenkanon Züge nach Arpad. Bei dem Jahre 741: „Nach Arpad zog er während dreier Jahre als Eroberer." Die Erinnerung an diesen Eroberungszug spiegelt sich 2 Kg 19, 11ff. wieder. Der Staat Arpad wurde 740 assyrische Provinz. Auch Damaskus und die andern syrischen Staaten schickten zunächst angstvoll Tribut[2]. Sobald aber Phul sich nach dem Norden wandte, um dort die Reichsgrenzen zu erweitern, versuchten die syrisch-palästinensischen Staaten sich wieder von Assyrien loszumachen. Damaskus übernahm von neuem die Führung. Sobald aber der Assyrerkönig wieder in der Nähe erschien[3], huldigten ihm Reṣon[4] von Damaskus, Menahem von Israel und die übrigen Verbündeten. Auch hier wird Juda als Anhängsel zu Israel einfach hinzuzudenken sein[5]. Aber der Gehorsam war nur Schein. Sobald sich Phul abgewendet hatte, konsolidierte sich von neuem das Bündnis unter Damaskus. Während Pekach von Israel wie sein Vorgänger Menahem sich wiederum beteiligte, verweigerte Juda,

[1]) Vgl. jetzt Šanda, Die Aramäer in AO IV[1], S. 17.

[2]) Auch Menahem 2 Kg 15, 19.

[3]) 738 kam er nach Syrien, von Panammu von Sam'al d. i. Sendschirli gegen Azrija'u zu Hilfe gerufen, der sich des zu Sa'mal gehörigen Gebietes von Jaudi bemächtigt hatte. Diese Tatsache hat große Verwirrung angerichtet. Man glaubte früher, das sei Azarja von Juda. Der Irrtum ist jetzt beseitigt, s. H. Winckler F. I, 1ff.: Das syrische Land Jaudi und der angebliche Azarja von Juda.

[4]) Statt des Reṣîn dürfte also Reṣûn zu lesen sein. [5]) S. S. 511.

der bisherige Aftervasall Israels, den Anschluß. Juda tritt hier zum ersten Male im Bereiche der assyrischen Inschriften mit Namen auf. König Ahas von Juda (Ja-u-ḫa-zi Jaudai)[1] hatte sich für Assyrien entschieden. Schon sein Vater Jotham wird geneigt gewesen sein, sich der assyrischen Macht anzuschließen. Gewiß wird auch er Phul gehuldigt haben in der Hoffnung, auf diese Weise von der Vormundschaft Israels loszukommen und mit Hilfe Assyriens das David-Reich wiederherzustellen. Er zog sich dadurch die Feindschaft Rezins von Syrien und Pekachs von Israel zu (2 Kg 15, 37), eine Feindschaft, die unter Ahas zur Belagerung Jerusalems führt. Juda sollte mit Waffengewalt genötigt werden, sich dem Bündnis gegen Tiglatpileser anzuschließen; „der Sohn Tab'els", der nach Jes 7, 6 König in Jerusalem werden soll, ist kein anderer als Rezin[2]. Jesaias hat Ahas im scharfen Gegensatz zur Stimmung des Volkes dringend vor dem Anschluß an Assyrien gewarnt[3]. Er solle dem Zorne Syriens und Israels standhalten (Jes 7) und im übrigen glauben und stille sein. Er sieht im Geist, wie die Wasser des Euphrat Juda verschlingen (Jes 8, 5 ff.). Aber sein Zeugnis war vergeblich. Er verschließt es fortan in den Kreis seiner Jünger, wie man Wein in Schläuche verschließt zur Erquickung für künftige Zeiten. Und der Gang der Ereignisse schien den Propheten zunächst ins Unrecht zu setzen.

Der Zug Phuls nach dem Westlande im Jahre 734 befreite Juda aus seiner Not. Nach 2 Kg 16, 7 hat Ahas selbst ihn durch eine (außerordentliche?) Tributsendung um sein Kommen gebeten. Das assyrische Heer zog zunächst gegen Philistäa. Auf dem Wege dahin (Annalen 227) wurde Israel durchzogen und besetzt. Phul verfolgte dabei zugleich den Zweck, Damaskus von der Hilfeleistung aus dem Süden abzuschneiden. er zieht durch Galiläa und zieht das Gebiet Manasse als damaszenisches Gebiet ein und faßt es mit Teilen des Hauran zur Provinz Ṣoba zusammen. Dieses Ereignis bedeutet den eigentlichen Untergang des Staates Israel. In einer Inschrift[4], die die Ereignisse des Jahres 733 schildert, sagt Phul, er habe alle Städte des „Hauses Omri" auf den früheren

[1]) Tontafelinschrift Tiglatpilesers III. (KT [3] 34) von Nimrud.

[2]) S. Bredenkamp im Kommentar z. Stelle und H. Winckler, Alttestamentliche Untersuchungen, S. 74.

[3]) Der Auffassung von Wilke, Jesaja und Assur über den Wechsel der assyrischen Politik Jesaias' kann ich mich nicht anschließen. Sie trennt übrigens gewaltsam Jes 7, 14 ff. u. 9, 5 ff.

[4]) Annalen 227, s. KT [3] 31.

Feldzügen zum Gebiete seines Landes gezogen, die Bewohner in die Gefangenschaft geführt und nur Samarien (Ephraim) übriggelassen. Zur Illustrierung solcher Kämpfe mögen Abb. 172f. und 211ff. dienen. Die Bibel berichtet diese Wegführung 2 Kg 15, 29. Die nördliche Hälfte Israels, Manasse, war also ganz assyrisch. Sagt deshalb Hosea fast nur Ephraim und nicht mehr Israel? Während nun Phul 733 gegen Gaza vorrückte, wurde Pekach in Samarien gestürzt und Hosea (A-u-si-')

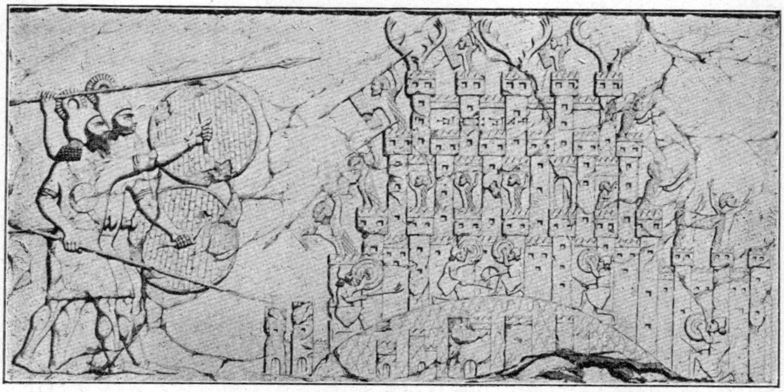

Abb. 172: Sturm auf eine feindliche Festung. Relief aus Khorsabad (Botta).

übernahm mit Genehmigung des assyrischen Königs die Herrschaft. Es heißt in den Inschriften Phuls:

„Pekach ihren König stürzten sie, Hosea setzte ich [zur Herrschaft] über sie. 10 Talente Gold . . Talente Silber empfing ich als Geschenk."

Durch diese Angabe wird die Situation in 2 Kg 15, 30 („Hosea zettelte eine Verschwörung wider Pekach an, ermordete ihn und ward König an seiner Statt") bestätigt und erläutert. Auch ergibt sich daraus, daß 2 Kg 17, 3 Salmanassar korrigiert werden muß in Phul[1]. Ahas von Juda erfüllte dann im folgenden Jahre 733 seine Lehnspflicht gegenüber Assyrien, als Phul zum Vernichtungskampf gegen das isolierte Damaskus heranzog. Wir haben uns vorzustellen, daß Ahas persönlich sich im Gefolge Tiglatpilesers befunden hat während des Siegeszuges, von dem die Tafelschreiber ausführlich erzählen. Die Belagerung von Damaskus, von der 2 Kg 16, 9 summarisch berichtet wird, scheint sich durch zwei Jahre hingezogen zu haben (733 und

[1]) S. mein Im Kampf um B. u. B.[4] S. 12. Kittel, Könige z. St. streicht Salmanassar als Glosse, vgl. auch KAT [3] 268.

732). Nach der Eroberung der Stadt standen die phönizischen Häfen dem assyrischen Großkönig offen. Lange hat sich dann auch der Rest des Staates Israel nicht halten können.

Hosea von Israel muß bald nach Phuls Tode Salmanassar IV.[1] im Einverständnis mit Tyrus und anderen Besitzern von Mittelmeerhäfen Tribut verweigert haben. Wir besitzen leider keine Inschriften aus der Zeit. Sie müßten vom Strafzug gegen das

Abb. 173: Assyrische Darstellung einer Schlacht.
Asurbanipal im Kampfe gegen die Elamiter.

Westland und von der dreijährigen Belagerung Samariens (2 Kg 17, 5) erzählen. Die Eroberung der Stadt erfolgte erst unter seinem Nachfolger Sargon (722—705)[2]. Seine Annalen erzählen gleich im Anfang den Fall Samariens:

„Im Anfang meiner Regierung (722) und in meinem ersten Regierungsjahr ... Samaria belagerte und eroberte ich ... (3 Zeilen fehlen) ... 27290 Einwohner schleppte ich fort, 50 Streitwagen als meine königliche Streitmacht hob ich dort aus. ... stellte ich wieder

[1]) Tebet 726 bis Tebet 722. [2]) Usurpator? s. S. 569 Anm. 1.

her und besiedelte es mehr als früher. Leute aus Ländern, die ich erobert, siedelte ich dort an. Meine Beamten setzte ich als Statthalter über sie. Tribut und Abgabe wie den assyrischen legte ich ihnen auf."

Wir nennen dieses Ereignis „die Wegführung der zehn Stämme". In Wirklichkeit war die Hauptsache elf Jahre früher geschehen, als Manasse assyrische Provinz wurde (S. 520). Was wir als „Wegführung der zehn Stämme" bezeichnen, konnte sich nur noch auf Ephraim beziehen, d. h. auf das Gebiet, das im Süden von Juda, im Norden von Galiläa, im Osten vom Jordan begrenzt wurde. Der Bericht 1 Chr 5, 26 und 6 wirft die Berichte der beiden Wegführungen 733 und 722 zusammen, wenn er die Wegführung auch auf die ostjordanischen Stämme bezieht. Die Zahl der Weggeführten gibt Sargon auf 27 290 an. Die Besitzlosen ließ er im Lande. Zwei Jahre später hat der Rest der alten Einwohnerschaft unter Führung Ja'u-bi'di's von Hamath noch einmal sich an einer Erhebung gegen Assyrien beteiligt. Der Erfolg war, daß auch Hamath nach einer Schlacht bei Ḳarḳar und damit der Rest des großen Aramäerstaates assyrische Provinz wurde.

Abb. 174: König Sargon II. und sein Feldmarschall.

Als Gegenden, in die die Exilierten geführt wurden, nennt 2 Kg 17 Mesopotamien und Medien, nach dem Buche Tobias auch Niniveh selbst. Näheres darüber s. S. 544 f. zu den genannten Stellen. Vielleicht sind auch hier die Gebiete der beiden Deportationen von 733 und 722 vermengt.

Geschichte der Judäer vom Fall Samariens bis zum Untergang Ninivehs.

Auch der Fall Samariens hatte die glühenden Hoffnungen der Judäer auf die Wiederaufrichtung eines geeinten Reiches nicht erfüllt. Ahas sah sich gegen Ende seiner Regierung bitter getäuscht. Deshalb hat sein Nachfolger Hiskia mit den Feinden Assyriens geliebäugelt. Die nächste Gelegenheit wird der Philisteraufstand unter dem König Ḫanûnu von Gaza, den Tiglatpileser-Phul geschont hatte, geboten haben, Jes 14, 23—32. Die Philister hatten sich offenbar durch die vorhin erwähnte Erhebung des Ja'u-bi'di von Hamat, an der auch die Reste der Samaritaner sich beteiligt hatten, ermutigen lassen. Der Aufstand hat ebenfalls ein schlimmes Ende gefunden. Ḫanûnu wurde mit 9633 Philistern nach Assyrien geschleppt, Rapiḫu, die Grenzfestung des Gebietes von Gaza am naḫal Muṣri[1], wurde geschleift. Es erhebt sich die Frage, wie weit Judäa bei diesen Vorgängen im Nachbarlande beteiligt war. In der Steinplattenschrift von Kelaḫ sagt Sargon von sich, „er habe das fernliegende Land Ja-u-du unterworfen." Wenn Judäa damit gemeint ist, so müßten wir annehmen, daß Hiskia in der Hoffnung auf einen Erfolg der Philister den Tribut an Assyrien eine Zeitlang verweigert hat, dann aber rechtzeitig sich wieder vor dem siegreichen Sargon gedemütigt hat[2]. Aber es kann auch jenes Ja'udi gemeint sein, von dem oben S. 519 die Rede war. Jedenfalls ist aber in den folgenden Jahren 713 bis 711 Juda bei den Empörungen, die in Mittelsyrien ausbrachen, beteiligt. In den Annalen Sargons wie in der Bibel wird die Beteiligung Judas an einem von der Philisterhafenstadt Asdod ausgehenden Aufstand ausdrücklich erwähnt. Sargon nennt die Beteiligten: u. a. Philistäa (Pi-lis-ti), Juda (Ja-u-di), auch Moab und Edom. Jesaias hat den König vergeblich gewarnt. Der Erfolg konnte kein glücklicher sein. Sargon erzählt, er habe Asdod zur Provinz gemacht und die Bewohner weggeführt[3]. Juda hat sich nicht über Strenge beklagen können, wenn es verschont wurde.

Inzwischen war für Hiskia von ganz andrer Seite Hoffnung auf Befreiung von der assyrischen Herrschaft heraufgestiegen. Der gefährlichste Feind Assyriens, Merodachbaladan (s. Abb. 188), der König von Babylon, hatte eine Gesandtschaft zu Hiskia nach Jerusalem geschickt, s. 2 Kg 20; Jes 39[4]. Dieselbe Ge-

---

[1]) KT[2] 38. Die Führung gegen Asur übernahm später Asdod.

[2]) Vielleicht indem er durch den 2 Kg 18, 8 (versprengtes Stück) bezeugten Zug gegen die Philister sich um Assyrien verdient macht.

[3]) Ann. 227. Pr. 107. Das stimmt aber nicht, denn bald darauf tritt ein König von Asdod auf, s. S. 527.

[4]) Assyrisch ša'al šulmi, eig. „nach der Gesundheit erkundigen", in Wirklichkeit: „seine Dienste anbieten", „seine Ergebenheit kundtun", vgl. S. 507. Eine Parallele zu dem Vorgang im wörtlichen Sinne bietet Amarna 10, 14—27. Burnaburiaš von Babylon ist sehr ungeḫalten, daß

sandtschaft wird gewiß auch andre Höfe der syrisch-palästinensischen Kleinstaaten aufgesucht haben, um die Empörung gegen Assyrien zu schüren. Merodachbaladan wollte Babylon zu einer selbständigen Machtstellung verhelfen und nahm deshalb Fühlung mit Assyriens mißmutigen Vasallen. Man hat früher allgemein angenommen, daß diese Gesandtschaft für das Jahr 702 anzusetzen sei. Sie dürfte aber wohl mit den Mißerfolgen zusammenhängen, die Sargon gleich im Anfange seiner Regierung auf babylonischem Gebiete zu verzeichnen hatte. Im Jahre 721[1] war er von den Elamitern, den Bundesgenossen der aufständischen Babylonier, geschlagen worden, — so verrät uns die babylonische Chronik, während die Annalen von einem Siege prahlen. Sargon hat in der Tat zunächst auf Babylonien verzichten müssen, erst im Jahre 710 kommt er dazu, ernsthaft gegen Merodachbaladan zu rüsten. Wir haben uns also, wie die Dinge jetzt liegen, die Gesandtschaft im Anfange der Regierung Hiskias zu denken, und nehmen an, daß sie zugleich die Glückwünsche zum Regierungsantritte brachte.

Hiskias Hoffnung geht wie einst die Hoffnung des Ahas auf Wiederherstellung des David-Reiches. Babylon sollte jetzt helfen, nachdem Assyrien seine Hilfe versagt hatte. Er baute den Millo auf Ṣion wieder auf, restaurierte die Mauern und Türme und füllte die Schatzkammern, wie die Chronik sehr glaubhaft berichtet. Eine religiöse Reform, die vom Tempel in Jerusalem ausging, sollte die neue Zeit inaugurieren. In der Nachricht der Chronik wird auch in diesem Falle geschichtliches Gut liegen. Nach 2 Chr 30, 6—11 hat Hiskia damals Boten — herumziehende „Propheten" (Sprecher) muß man sich vorstellen — durch ganz Israel, durch die Gebiete von Ephraim und Manasse geschickt, die zum Anschluß an Judäa wider Assyrien einladen sollten. Die Boten, die gewiß zugleich für die alte davidische Tradition Propaganda machen sollten, wurden in Israel verlacht und verspottet. Bei Jesaias sind uns die Warnungsstimmen der Propheten aufbewahrt, die die politische Situation klar erkannten und den Anschluß an Babylonien für hochgefährlich hielten. Es ist ja Sargon in der Tat gelungen, Babylonien gründlich zu beugen, sobald es ihm geglückt war, die elamitische Hilfe abzuschneiden. Schon im ersten Jahre des Feldzuges 710 ist er als König von Babylon eingezogen.

Pharao Napḫuria ihm nicht hier sein Beileid während seiner Krankheit ausgesprochen hat. N. sagt, er habe gar nichts von der Krankheit gewußt.

[1]) So nach den Annalen, nach der babylonischen Chronik 720.

Bekanntlich hat Sargon 705 seinen Tod gefunden. Ein Jahr vorher meldet die Eponymenliste die Einweihung seiner Residenz Dur-Šarrukin, nördlich von Niniveh. Bis dahin hatte er in Kelaḫ residiert. Die Umstände seines Todes sind noch nicht ganz aufgeklärt. Die Stellen der assyrischen Urkunden, die davon reden, sind verstümmelt. Wahrscheinlich ist er auf einem Feldzuge eines gewaltsamen Todes gestorben. Denn es heißt K 4730: „Er wurde nicht in seinem Hause begraben." Vielleicht ist das Lied von der Unterwelt, Jes 14, 14—20, dessen Dichter mit den babylonischen Gedankenkreisen wohl vertraut gewesen ist, ursprünglich auf Sargons Tod gemünzt. Sonst könnte noch Sanherib in Betracht kommen. S. z. St. S. 568.

Sargons Sohn und Nachfolger Sanherib (705—681) hat nicht nur alles darangesetzt, die Freiheitsgelüste Babyloniens definitiv zu brechen; er verfolgte vielmehr den abenteuerlichen Plan, Assyriens Herrschaft[1] von der überwiegenden Kulturmacht Babyloniens freizumachen: er wollte Ägypten erobern und mit Umgehung Babyloniens über Ägypten neue Wege eröffnen[2]. Aber grade seine gewaltsame Politik hat die Macht Assyriens erschüttert. Die fernen Vasallenstaaten verweigerten den Tribut. Die biblischen Königsbücher berichten uns, wie auch Juda unter Hiskia die assyrisch-babylonischen Wirren zur Befreiung von der assyrischen Herrschaft zu benutzen gesucht hat.

Der Plan Sanheribs, seine Macht über Arabien nach Ägypten auszudehnen, wurde für die Geschicke Judäas verhängnisvoll. Judäa mußte umklammert werden, denn es lag an der Südgrenze der assyrischen Besitzungen.

Der biblische Bericht redet von drei Feldzügen Sanheribs gegen Jerusalem.

I. Im Jahre 701 zog Sanherib, nachdem er Babylon vorläufig zur Ruhe gebracht hatte, nach dem Westlande[3]. Nur Tyrus, das Sanherib vergeblich belagerte, und Hiskia leisteten Widerstand in der Hoffnung auf die Hilfe der Scheichs von Muṣri und Meluḫḫi.

Über diesen Feldzug berichtet der biblische Bericht:

„Im vierzehnten Jahre des Königs Hiskia zog Sanherib, der König von Assyrien, wider alle festen Städte Judas und nahm sie ein. Da

---

[1]) Er unterdrückt Kelaḫ und macht Niniveh zur glänzenden Residenz, s. S. 272f.

[2]) Asarhaddon hatte das gleiche Ziel mit Hilfe Babyloniens erstrebt. Unter Asurbanipal ging Ägypten für Assyrien verloren. Vgl. die merkwürdige Stelle Jes 19, 23f.

[3]) S. Prašek, Sanheribs Feldzüge gegen Juda, MVAG 1903, 113ff., wo die übrige Literatur angegeben ist. Vgl. auch Nagl, Die nachdavidische Königsgeschichte.

sandte Hiskia, der König von Juda, an den König von Assyrien nach Lachis und ließ sagen: Ich habe mich vergangen; ziehe wieder ab von mir; was du mir auflegst, will ich tragen! Da legte der König von Assyrien Hiskia 300 Talente Silber und 30 Talente Gold auf." 2 Kg 18, 13—16.

Hiskia mußte, um diese Riesensumme aufzubringen, Tempel- und Palastschatz angreifen, ja sogar die Goldbleche von den Tempeltoren abreißen, 2 Kg 18, 16. Der assyrische Bericht erzählt die gleichen Ereignisse folgendermaßen[1]:

Und von Hizkia, dem Judäer, der sich nicht unter mein Joch gebeugt hatte, belagerte ich 46 feste Städte, mit Mauern versehene, die kleineren Städte in ihrer Umgebung ohne Zahl; mit der Niedertretung der Wälle (?) und dem Ansturm der Widder (?), dem Angriff der zûkšepâ-Truppen, Breschen, Beilen (?) und Äxten belagerte und eroberte ich (sie); 200150 Menschen, jung, alt, männlich und weiblich, Rosse, Maultiere, Esel, Kamele, Rinder und Kleinvieh ohne Zahl führte ich von ihnen heraus und rechnete sie als Beute. Ihn selbst sperrte ich wie einen Käfigvogel in Jerusalem, seiner Residenz, ein; feste Plätze

Abb. 175: Musikanten und Musikantinnen. Aus einem Palaste Asurbanipals.

befestigte ich gegen ihn und ließ die aus dem Tore seiner Stadt Herauskommenden sich zurückwenden (?). Seine Städte, die ich geplündert hatte, trennte ich von seinem Lande ab und gab sie an Mitinti, den König von Asdod[2], Padî, den König von Ekron und Ṣil-bêl, den König von Gaza und verminderte sein Land. Zu dem früheren Tribut, der Abgabe ihres Landes, fügte ich den Tribut und die Geschenke meiner Herrschaft hinzu und legte sie ihnen auf. Ihn, Hizkia, überwältigte die Furcht vor dem Glanze meiner Herrschaft und die Urbi und seine tapfern (?) Krieger, die er zur Verteidigung Jerusalems, seiner Residenz, hatte (dorthin) kommen lassen, meuterten[3]. Nebst 30 Talenten Goldes (und) 800 Talenten Silbers ließ er Edelsteine, Schminke .... echte Uknû-Steine, Ruhebetten aus Elfenbein, Thronsessel aus Elfenbein, Elefantenhaut, Elfenbein, Ušû- und Urkarinu-Holz, allerhand Kostbarkeiten in Menge und seine Töchter und Palastfrauen, Musikanten und Musikantinnen (vgl. Abb. 175)[4] nach Niniveh,

---

1) KT[2] 45f. 2) S. 524 Anm. 4.

3) iršu baṭlati (vgl. Delitzsch, Handw. 171a).

4) Die Bemerkung ist für die Geschichte der vorexilischen Tempelmusik in Jerusalem sehr wichtig und blieb bisher unbeachtet. 1 Sa 2, 22[b] wird echt sein mit seiner Erwähnung der Tempelweiber in Siloh. Mischna Erachin VIII, 4 redet auch von kanaanitischen Tempelsklavinnen in Jerusalem.

meiner Hauptstadt, mir nachbringen. Zur Ablieferung seines Tributs und Erklärung der Untertänigkeit schickte er seine Gesandten.

Beide Berichte bezeugen, daß Jerusalem bei diesem Feldzuge nicht wirklich belagert worden ist, Sanherib war jedenfalls damals gar nicht in der Lage, das mächtige Jerusalem einzunehmen. Er mußte das Gros seiner Streitkräfte nach der Heimat zurückschicken, weil in Babylon neue Unruhen ausgebrochen waren. Darum hat er sich jedenfalls damit begnügt, Jerusalem zu zernieren und von einem festen Punkte aus in Schach zu halten. Dieser feste Punkt muß nach dem biblischen Bericht Lakiš[1] gewesen sein, das bei dem heutigen Tell-el-ḫasî, südlich von der von Gaza nach Jerusalem führenden Straße lag. Die assyrische Inschrift nennt zwar Lakiš nicht, aber eine Reliefinschrift, die den König auf dem Throne zeigt, während Tributträger vor ihm erscheinen, sagt (s. Abb. 176):

Abb. 176: Sanherib thront vor Lakiš und empfängt Tribut.

„Sanherib, der König der Welt, der König von Assyrien, setzte sich auf den Thron, und die Gefangenen aus Lakiš zogen vor ihm auf."

Sie bezeugt, daß Lakiš bei dieser Gelegenheit eine solche Rolle gespielt hat. Man fragt nun aber bei der Sachlage: warum hat Hiskia sich zu der demütigenden Tributleistung verstanden? Die Lösung des Rätsels ist vielleicht in den Erfolgen Sanheribs gegen Babylon zu suchen, von der Hiskia während der Zernierung Jerusalems Kunde bekam. Hiskia, durch den Verlust seiner judäischen Städte an sich schon geängstigt, beugte sich nach

[1]) Sitz eines vorisraelitischen kanaanäischen Königtums nach Jos 10, 3. Mi 1, 3 ist doch wohl dasselbe Lakiš gemeint. Dort ist von einem Wagen ohne Rosse die Rede, der Anlaß zur Sünde wird. Es ist doch wohl ein Prozessionswagen. Ein Gegenstück zur Bundeslade?

der Unterjochung Babyloniens vor den Vertretern des Königs, die von Lakiš aus erschienen (2 Kg 18, 14 zwingt nicht zu der Annahme, daß Sanherib noch persönlich in Lakiš war) und leistete den Tribut und zwar schickte er ihn (und auch das spricht für unsre Auffassung) mit einer Deputation, die Hiskias Unterwürfigkeit beteuern mußte, nach Niniveh! Wir nehmen also auf Grund der Inschriften an, daß zwischen 2 Kg 18, 13 und 14 die glücklichen Erfolge Sanheribs in Babylon und eine langedauernde Zernierung Jerusalems zu denken sind. Ob die Tributsummen 30 Talente Gold und 300 Talente Silber nach der Bibel und 30 Talente Gold und 800 Talente Silber nach den Inschriften einander gleich sind, wissen wir nicht, da wir die assyrischen Geldwerte nicht genügend kennen. Diese Unterwerfung Hiskias registriert die Inschrift Sanheribs vom Nebi Yunus-Hügel[1] mit den Worten:

„Ich warf nieder den weiten Bezirk Juda; seinem König Hiskia legte ich Gehorsam auf."

II. Die 2 Kg 18, 17—19, 8 geschilderte Szene fassen wir als Episode des eben besprochenen Feldzugs auf[2]. Sie berichtet die von Lakiš aus mit Hiskia gepflogene Unterhandlung. Die Rede des Rabsaḳ ist Produkt einer nachträglichen poetischen Ausschmückung. Die der Rede zugrunde liegende Annahme, daß Hiskia damals schon auf Ägypten vertraut habe, das einem Rohrstabe gleicht, der dem in die Hand fährt, der sich darauf stützt, ist wohl aus der Situation des späteren Feldzugs herübergenommen, der 2 Kg 19, 9 ff. geschildert wird, eine Situation, die erst 691 eintrat, als Tirhaka, der 3. äthiopische König, zur Regierung kam und Assyrien bedrohte. Als die Boten, die von Hiskia Tribut und Unterwerfung fordern sollten, kamen, war Sanherib bereits von Lakiš abgezogen (nach Libna). Wir wissen nicht, wo Libna lag. Aber die Angabe wird zu der oben besprochenen Annahme stimmen: Sanherib mußte mit dem Gros seines Heeres von Lakiš abziehen und heimkehren, weil in Babylonien neue Wirren ausgebrochen waren.

III. Der 3. Abschnitt der Königsbücher 2 Kg 19, 9—37 (vgl. Jes 37, 9—37) redet von einem späteren Feldzug Sanheribs, der in die Zeit nach der Zerstörung Babylons fallen muß. Er ist

---

1) S. KT² 47.

2) Jes 36—37, 8 liegen die beiden Stücke 2 Kg 18, 13—16 und 18, 17—19, 8 zusammengearbeitet vor. Für die Quellenscheidung sind von grundlegender Bedeutung die Untersuchungen von B. Stade, Zeitschrift für altt. Wissensch. 1886, 173 f.

durch Tirhakas Auftreten gekennzeichnet, der erst 691 zur Regierung kam. Von diesem Feldzug haben wir keine assyrischen Nachrichten. Sanherib wurde kurz darauf ermordet[1]. Das letzte, was die Annalen von seinen Taten berichten, ist die Zerstörung Babylons. Die Tafelschreiber hatten um so weniger Veranlassung, den Zug zu schildern, als er kläglich verlaufen war. Die Keilschriftforscher und Geschichtsschreiber haben sich also vergeblich bemüht, den biblischen Bericht von dem unglücklichen Ausgang mit den Annalen Sanheribs in Einklang zu bringen. G. Rawlinson aber hatte bereits vor 40 Jahren erkannt, daß der biblische Bericht einem Feldzuge angehört, von dem Sanheribs Annalen gar nichts berichten.

Sanherib sah sich auf einem Zuge im Westlande (nach 691) plötzlich von Tirhaka, dem 3. der äthiopischen Könige (seit 691 nach ägyptischen Nachrichten), bedroht. Er schickte Boten nach Jerusalem und verlangte Übergabe der Stadt.

In diese Situation fällt das zweite hochbedeutsame Auftreten des Jesaias. Hiskia sendet zu dem Propheten und fragt an, wie er sich der Forderung der Assyrer gegenüber, die das Vertrauen auf Jahve verlachen, verhalten soll. Der König gehorcht der Stimme des Propheten und antwortet ablehnend.

Jesaias' Voraussage 2 Kg 19, 32—34, Sanherib solle in die Tore Jerusalems nicht einziehen, ja es solle nicht einmal zur Belagerung kommen, ging in besonderer Weise in Erfüllung (2 Kg 19, 35 f. vgl. 2 Chr 32, 21):

„In derselbigen Nacht aber ging der Engel Jahves aus (allegorischer Ausdruck für die Pest) und schlug im Lager der Assyrer 185000 Mann; da brach Sanherib auf und zog ab, kehrte um und blieb in Niniveh."

Dieses Ereignis, das als ein besonderes Eingreifen Gottes empfunden werden mußte, brachte Jesaias in hohes Ansehen.

Wenn 2 Chr 32, 9 nicht einen Irrtum enthält, der aus der Verwirrung in dem Verbindungsverse 2 Kg 18, 9 herrühren könnte, waren auch diesmal die Verhandlungen mit Jerusalem von Lakiš aus eingeleitet worden. Die Bibel verbindet mit dem Berichte die Mitteilung von der Ermordung Sanheribs (681).

---

[1]) Gegen die Annahme zweier Feldzüge sprechen sich aus Nagel, Der Zug des Sanherib (1902), Wilken, Jesaia und Asur. Tirhaka soll 701, achtzehn Jahre vor seiner Thronbesteigung in Ägypten, als König von Kuš (hier = Äthiopien) aufgetreten sein. Das ist geschichtlich unmöglich. Wenn es sich um einen Feldzug handelt, so wäre Tirhaka irrtümliche Glosse. Aber dann ist die direkte Verbindung der Erzählung mit Sanheribs Tod unerklärlich. Zwischen 701 und dem Tode S. liegt die stolzeste Tat seines Lebens: die Eroberung und Zerstörung Babylons.

Ende 682 wurde Sanherib von einem seiner Söhne ermordet. Die babylonische Chronik erzählt:

„Am 20. Tebet tötete den Sanherib, den König von Assyrien, sein Sohn in einem Aufruhr.“

Der Ort der Ermordung wird Babylon gewesen sein. Denn Asurbanipal erzählt, er habe bei der Eroberung Babylons bei den Bildern der Schutzgottheiten (also am Tempeleingang), bei denen Sanherib ermordet wurde, Leute als Totenopfer hingeschlachtet. Man wird aber kaum annehmen wollen, daß sie zu dem Zwecke nach Niniveh geschleppt wurden. Der spezielle Tatort wird der Marduk-Tempel gewesen sein. Der biblische Bericht widerspricht dem nicht (2 Kg 19, 37): *„Er kehrte zurück und blieb in Niniveh. Und als er anbetete im Tempel Nisroks, seines Gottes, da erschlugen ihn . . .“* Zwischen den beiden Sätzen wird eine Lücke zu denken sein. Der Name Nisrok ist in der üblichen Weise aus Marduk verstümmelt. Die zwei Söhne des biblischen Berichts beruhen auf Mißverständnis; die Bibel hat wahrscheinlich zwei Namen derselben Person überliefert[1].

Sanherib muß es kurz vor seinem Tode noch (nach dem Tode Hiskias?) gelungen sein, Jerusalem zum Gehorsam zu bringen. Denn Hiskias Nachfolger Manasse hat wieder Tribut nach Niniveh geschickt. Unter den Vasallenfürsten, die Asarhaddon (s. Abb. 181), Sanheribs Sohn und Nachfolger (681 bis 668), Tribut bringen, erscheint Me-na-si-e šar (König) Ja-u-di (Asurbanipal nennt ihn Mi-in-si-e). Nach 2 Chr 33, 11 mußte er in Babylon erscheinen, um sich zu rechtfertigen. Es wird ihm leicht geworden sein, seine „Unschuld“ zu beweisen, da Asarhaddons Politik im Widerspruch zu der seines Vorgängers stand. Er ist Asarhaddon treu geblieben. Wenn er nach 2 Kg 21, 16 „Jerusalem mit unschuldigem Blut erfüllte“, so bedeutet das wohl die Ausrottung der anti-assyrischen Partei. Das wird in diesem Falle die Jahve-Partei gewesen sein. Im Gegensatz zu ihr und zu Hiskias Politik führt Manasse assyrische Kulte ein. Insbesondere stellt er das Ašera-Bild wieder auf (21, 7), das Hiskia (18, 4) beseitigt hatte.

Als dann Asarhaddon gegen Ägypten zog (671 wurde Tirhaka geschlagen und Memphis erobert), hat Manasse gleich den übrigen Palästinensern Hilfstruppen stellen müssen. Der Zug ging durch sagenumwobene Länderstrecken Arabiens, die die Phantasie mit Fabelwesen bevölkerte. Asarhaddons Inschrift erzählt von zweiköpfigen Schlangen und anderen merkwürdigen geflügelten Tierarten, die Tod und Entsetzen in sein Heer

---

[1]) Die babylonische Chronik nennt nur einen Sohn, ebenso Berosus, nach Polyhistor: Ardumuzanus, nach Abydenus: Adramelus, s. KAT[3] 84. Die armenische Heldensage feiert die beiden biblischen Mörder wegen 2 Kg 19, 37 als Nationalhelden, s. S. 253, Anm. 3.

34*

brachten, bis Marduk, der große Herr, zu Hilfe kam und die Truppen neu belebte. Jes 30, 6 scheint eine judäische Erinnerung an die Schrecken eines solchen Feldzuges wiederzugeben:

„Durch ein Land der Not und Angst, wie [sie] dort Löwe und Löwin, Ottern und fliegende Drachen [bringen], schleppen sie ihre

Abb. 177: König Asurbanipal und Gemahlin in weinumrankter Laube.

Reichtümer auf dem Rücken von Eseln und ihre Schätze auf den Höckern von Kamelen zu einem Volke, das nichts nützt! Ägyptens Hilfe ist ja eitel und nichtig.“

Abb. 178: Cameo Nebukadnezars. Bild unecht, griechischer Charakter[1]. Berl. Museum.

Bei einem neuen ägyptischen Feldzuge gegen Tirhaka ist Asarhaddon gestorben i. J. 668. Sein Sohn Asurbanipal (s. Abb. 177) setzte die Kämpfe gegen Tirhakas Neffen Tanut-Ammon fort und eroberte Theben. Auch ihm mußte Manasse Heeresfolge leisten. Bald aber machten Schwierigkeiten in der Heimat es Asurbanipal unmöglich, seinen Siegen im Süden Nachdruck zu geben. Es begannen die Vernichtungskämpfe gegen Assyrien, die mit dem Falle Ninivehs endigten (s. oben S. 272f.).

[1]) Umschrift: Merodach, seinem Herrn, hat N., König von B., zu seinem Leben dies geschenkt. Im Haager Museum ein ähnlicher Stein ohne Kopf. Man hält beide für die Augen einer von Nebukadnezar geweihten Marduk-Statue; in spätgriechischer Zeit wurde dann in das eine Exemplar der Kopf eingesetzt.

Die judäischen Patrioten haben mit glühendem Eifer diesen Ausgang erwartet. Manasse war ihnen verhaßt gewesen, weil er assyrisch gesinnt war. Sein Sohn Amon wurde aus der gleichen Ursache 638 ermordet[1]. Auf ihn folgte Josia, der im 18. Jahre seiner Regierung seine große religiöse Reform begann. Seine Einsetzung muß mit Genehmigung Assyriens erfolgt sein, noch unter Asurbanipal. Den Judäern galt er bis über den Tod hinaus als eine „Retter"-Gestalt, wie bereits S. 91 besprochen wurde. 1 Kg 13, 2 erzählt, sein Kommen als Erretter sei im voraus angekündigt worden. Die große Reform sollte wohl wie unter Hiskia die Wiederherstellung des alten Reiches inaugurieren. Er fand sein tragisches Ende, als er (im Dienste Assyriens?) Necho bei seinem Zuge durch Syrien aufhalten wollte (Megiddo statt Migdal Aštoret? s. S. 505).

Inzwischen hatte in der Person Nabopolassars eine chaldäische Dynastie in Babylon die Herrschaft mit Erfolg erstrebt und das zweite babylonische Reich inauguriert. Seinem Sohne Nebukadnezar (vgl. Abb. 178) huldigte 605 Jojakim, nachdem jener nach Ninivehs Fall den Pharao Necho bei Karkemisch geschlagen und bei der Verfolgung des Feindes Palästina bis zur Südgrenze besetzt hatte. 2 Kg 24, 1 erzählt:

„Zu seiner (Jojakims) Zeit zog Nebukadnezar, der König von Babel, heran, und Jojakim ward ihm untertan drei Jahre lang; dann aber fiel er wieder von ihm ab."

Ein keilinschriftlich bezeugter[2] Zug Nebukadnezars gegen Ammananu (Antilibanon) ist also wohl gegen ihn und andere paläst. Staaten, die den Tribut aufgekündigt hatten, gerichtet. Die Strafe hat erst seinen Sohn Jojakin betroffen. Er wurde gefangen genommen (Da 1, 1 f., der auch sonst die Ereignisse verwirrt, sagt irrtümlich Jojakim), die Bewohner Jerusalems wurden teilweise fortgeführt und der Jahve-Kult wurde durch Wegnahme der Geräte aufgehoben[3]. Die rechtliche Stellung Zedekias, den Nebukadnezar als König anerkannte, ist un-

---

[1]) Die Partei, die ihn rächte, heißt עם הארץ, „Bauern". Es ist derselbe Sprachgebrauch, wie bei den Römern pagani = Heiden!

[2]) S. Winckler KAT[3] 107 ff., wo die Bedeutung der längst bekannten Inschrift bestimmt ist; Text KT[2] 58.

[3]) S. 2 Kg 24, 13 und vgl. 2 Chr 36, 10; dieser Akt tritt hier an die Stelle der sonst nach orientalischer Gepflogenheit nötigen Wegführung der Götterstatue, s. H. Winckler, Krit. Schr. I, 120 ff.; KAT[3] 279 f. Vgl. S. 586 f.

klar. Als seine Hoffnungen[1], für Judäa eine freie Stellung beim babylonischen Hofe durchzusetzen, fehlschlugen, ließ er sich durch Ägypten zum Aufruhr verleiten. Dafür traf ihn die grausame Strafe. Er wurde geblendet[2]. Stadt und Tempel wurden zerstört, das Stadtgebiet zu Ödland erklärt. Das übrige Land blieb davon unberührt. Miṣpa wurde Verwaltungssitz (2 Kg 25, 23), Gedalja wurde als ihr Oberhaupt anerkannt, und das Land wurde unter Aufsicht chaldäischer Beamten gestellt.

Die nach Babylon weggeführten Judäer haben im Euphratlande eine angesehene Rolle gespielt, nicht nur in wirtschaftlicher Beziehung, wie u. a. die Handelskontrakte der Nippur-Ausgrabungen zeigen, sondern es mußte auch politisch mit ihnen gerechnet werden. Amel-Marduk (Evilmerodach) hat in seinem 1. Regierungsjahre (2 Kg 25, 27) den gefangenen Jojakin als Fürsten von Juda bestätigt und damit theoretisch die Berechtigung eines jüdischen Staates auf Existenz wieder anerkannt. Seitdem hofften die Führer der Exilierten auf die Rückkehr. Nach Zeiten schwerer Enttäuschung unter der Herrschaft der Chaldäer-Zeit haben sie mit der babylonischen Hierarchie Cyrus begrüßt als den, der ihre Hoffnungen erfüllen und die vereitelte Maßregel Amel-Marduks verwirklichen würde. Jes 45, 1 wird Cyrus als der Gottgesandte, „den Jahve bei der rechten Hand ergreift“[3], von dem er sagt, „der ist mein Hirte und soll all meinen Willen vollenden“, begrüßt. Dazu stimmt die Cyrus-Inschrift, in der es heißt:

Abb. 179: Ein assyrischer König (Sargon II.) sticht einem Gefangenen die Augen aus.

[1]) Vgl. Jer 26, 16; 28, 1—4; 29, 3.

[2]) Vgl. Abb. 179.

[3]) Zur Vorstellung vom Handergreifen vgl. z. B. Abb. 36, S. 101.

Marduk sah sich um und suchte einen gerechten König und er nahm den Mann nach seinem Herzen und berief Kuraš zum Königtum über die ganze Welt (ausführlicher zu Jes 44, 28 S. 572 f.)[1].

Man hat fast den Eindruck, als ob der Verfasser des prophetischen Stückes den Text des Cyrus-Zylinders gekannt haben müßte[2]. Cyrus gab nach der Eroberung Babylons 539 die

Abb. 180: Bronzegefährt für das Weihwasserbecken (mekônah). In Cypern gefunden. Original jetzt im Antiquarium des Berliner Museums.

Erlaubnis zur Rückkehr und zur Begründung eines selbständigen Staatswesens mit eigener Verwaltung[3]. Der Streit um die Art der Verwaltung: weltliche oder religiöse Verfassung — bildet das treibende Moment in der folgenden geschichtlichen Entwickelung des Judentums.

---

[1]) Auch er hat die Judäer enttäuscht. Die Juden sagten nach Berach. 17, a: כורש החמיצ. An andren Stellen allerdings wie Rosch haschanah 1, 3[b] wird Cyrus als „rechtschaffner König" gelobt.

[2]) Vgl. Kittel in ZAW 1898, 149 ff.

[3]) Näheres hierzu besonders in bezug auf die Religion des Cyrus s. S. 572 f.

Sechsundzwanzigstes Kapitel.

Weitere Glossen zu den Büchern der Könige, Chronica, Esra, Nehemia.

Zu 1 Kg 1—12, 11 s. S. 492—497.

1 Kg 12, 28. Die goldnen Stierbilder in Bethel und Dan harren noch immer der Erklärung. Sie sollen Jahve darstellen im Sinne einer Jahve-Volksreligion. Der Sinn der Tierbilder muß aber so wie der des „goldenen Kalbes" 2 Mos 32 (s. S. 451f.) astralmythologisch sein; denn das ist der Charakter aller kultischen Tierbilder im vorderen Orient, gleichviel, woher die Vorbilder genommen sind (Hauptfesttag: am Vollmondstage des 8. Monats 12, 32f.); denn in diesen Dingen bildet der vordere Orient eine Welt. Und jeder „Wissende" in Israel verstand die Symbolik ebenso wie er den symbolischen Sinn der zwölf Rinder am Becken des Tempels verstand (S. 494f.). Wenn Elias nicht dagegen eifert, so wird er die Stierbilder als relativ ungefährlich angesehen und im Sinne der Jahve-Religion umgedeutet haben.

1 Kg 13, 2, s. S. 533. — 1 Kg 14, 24 (Ḳedešen), s. S. 380.

1 Kg 15, 13. Die Königin-Mutter hat den hohen Rang einer gebîra (vgl. 2 Kg 10, 13, Jer 13, 18 und 29, 2, wo sie direkt neben dem König rangiert). Die gleiche Stellung hat die sultâna wâlida. Auch in den assyrischen Inschriften tritt die Königin-Mutter wiederholt politisch hervor, und auch die assyrische Briefliteratur zeigt ihre bedeutungsvolle Stellung. Innerhalb der heidnisch-orientalischen Weltauffassung ist die Königin-Mutter dasselbe, was im himmlischen Hofstaate die Himmelskönigin und Muttergöttin ist[1].

1 Kg 18, 28: „*mit Messern ritzen*", 5 Mos 14, 1 als heidnische Sitte verboten. In den Annalen Sargons wird vom trauernden Babylonier gesagt: „Er hockte nieder auf die Erde, zerriß sein Gewand, nahm das Ritzmesser, brach in Geschrei aus". Zu andern Trauergesten s. zu Ez 27, 31.

---

[1]) Auch das eigentliche Frauenregiment kennt der Orient. In Phönizien war es besonders heimisch; von dort hat es seinen unheilvollen Einfluß auf Israel (Izebel) und Juda (Athalja) ausgeübt, s. S. 550.

1 Kg 19, 8, s. S. 325, Anm. 1; 415.

✳ 1 Kg 19, 19 Elisa ist beim Pflügen mit 12 Rinderpaaren, als Elias den Mantel nach ihm wirft. Das Wegholen von der Pflugschar ist Motiv bei der Berufung des Bringers oder Verkünders (nabî') der neuen Ära (Midas, Cincinnatus). Das gleiche Motiv finden wir bei Sauls Berufung. 1 Sa 11, 5 kommt er „hinter den Rindern vom Felde heim", als die Boten zu ihm kommen. Der Sinn wurde S. 53 f. besprochen, vgl. S. 538. ✳

1 Kg 20, 22. 26, s. S. 41 f.

1 Kg 22, 10 ff. Die Könige sitzen unter dem Tor (vgl. Abb. 136) und vor ihnen weissagen die Propheten, der eine durch symbolische Handlung. Ein anschauliches kulturhistorisches Bild. Sie sitzen (in feierlichen Gewändern) „auf einer Tenne"[1]. Wir vermuten, daß dies der technische Ausdruck für das Halbrund des feierlichen Diwans ist[2].

Elias und Elisa.

Elias[3] gilt in der späteren Auffassung nicht nur als Verkünder (nabî'), sondern als Vorläufer des erwarteten Erretters. Ma 3, 23: „Ich will senden den Propheten Elias, ehe der Tag Jahve's kommt." Das war der volkstümlichste Satz der Messiaserwartung. Darum tritt Johannis der Täufer in seinem ganzen Gebahren als Elias auf.

Die biblischen Erzähler verweben seine Gestalt mit den Motiven des erwarteten Erretters. Und spätere Bearbeiter, vor allem aber die rabbinischen Exegeten haben sie weiter ausgestaltet.

---

[1]) 1 Chr wiederholt וישבים vor בגרן und Sept. übersetzt nur „sie saßen auf einer Tenne".

[2]) Damit würde sich Klostermanns Konjektur erledigen. Vgl. BNT 14 f., zu Apk 12 (himmlische Ratsversammlung), wo auf Šemoth Rabba zu 2 Mos 4, 28 verwiesen ist: „Einst wird Gott die Ältesten Israels wie eine Tenne gruppieren (d. i. nach dem Folgenden im Halbrund) und als ihr Präsident Recht sprechen."

[3]) Über die politische Bedeutung seines Auftretens wider die Mächte von Tyrus Winckler KAT[3] 248 ff. und vgl. oben S. 513 f. Elias und Elisa stammen beide aus Gegenden (Elias aus Thisbe in Gilead, Elisa aus Abel Meḫola) und wirken in Gegenden, die damals unter dem Einfluß von Damaskus standen. Jesu Tätigkeit knüpft in der Gegend von Tyrus und Sidon und südlich davon an Elias- und Elisa-Erinnerungen an. Auch Heiden haben dort teil an seiner Arbeit. Auch für Elias und Elisa gab es keine engen Grenzen. Die Geschichte von der Witwe zu Ṣarpath und von der Heilung Naemans deuten vielleicht religiöse Verbindungslinien zwischen Israel und Damaskus an im Sinne der Jahve-Religion. Leider fehlen uns für Damaskus die Urkunden.

* Wir deuten folgendes an:

1. Elias tritt in dem uns vorliegenden Texte unvermittelt auf, wie ein deus ex machina. Daß die Rabbinen (Berach. 58a) ihm geheimnisvolle Geburt andichten („ohne Vater und Mutter") entspricht den uns bekannten Motiven, s. S. 408ff.

2. Auf Gottes Geheiß wird er von Raben ernährt und trinkt aus dem Bach. Das Austrocknen des Baches soll erzählt werden und damit die Geschichte von der regenlosen Zeit eingeleitet werden. Die wunderbare Ernährung hat keine unmittelbare Verbindung mit dem Folgenden. Sie erzählt in der Sprache jener Zeit die wunderbare unmittelbare Versorgung des Propheten durch Gott[1]. Die Hauptsache ist die Wasserversorgung, deren Ausbleiben vorbereitet werden soll. Und wir kennen (worauf längst aufmerksam gemacht worden ist) den mythologischen Sinn des Raben mit dem Becher am gestirnten Himmel, den die Hydra am Trinken hindert. Hygin erzählt, wie Apollo den Raben, der ihn verpflegen sollte, verflucht hat, weil er den Befehl ihn mit Wasser zu versorgen, verzögerte.

3. Die regenlose Zeit dauert 3 Jahre. Es ist eine Fluchzeit, die der Errettung vorausgeht. Dazu kommt als zweites Zeichen Gottes „Feuer von Jahve" 1 Kg 18, 38, das Elias' Opfer verzehrt. Die Tötung von 450 (sicher Motivzahl, etwa aus 350 verdorben?) Baalpriestern, die Elias allein und persönlich mit dem Schwert hinrichtet (18, 40; 19, 1), besiegelt den Sieg Jahve's über Baal. Bedeutet nicht auch hier die Einschränkung der Geschichtlichkeit durch die Erkenntnis ausschmückender Motive eine Befreiung?

4. Zu der vierzigtägigen Wanderung nach dem Gottesberge s. S. 62.

5. Elisa's Berufung durch den Mantel des Propheten, s. S. 497. Wie bei Saul geschieht die Berufung vom Pflug weg. Zum Sinn s. S. 53f., vgl. S. 537. „Zwölf Rinderpaare waren vor ihm, und er selbst befand sich bei dem zwölften." Elisa schlachtet das Rinderpaar und kocht es, indem er das Holz des Pfluges zur Feuerung benutzt. Das Motiv ist uns unverständlich; es entspricht dem Zerstücken der Pflug-Rinder bei Sauls Berufung.

6. Aus den Elisa-Geschichten ist in diesem Zusammenhange 2 Kg 2, 23f. hervorzuheben. 42 Knaben werden von Bären zerrissen, weil sie Elisa „Kahlkopf" geschimpft haben. Die Auflösung der Geschichtlichkeit wird hier niemand gereuen. Daß Motive des Jahreskreislaufs vorliegen, dessen Siegespunkt der Prophet als Sonnenmann entspricht, scheint mir sicher. Der Bär als Tier des kritischen Sonnenwendepunkts ist in der Libanongegend monumental bezeugt, s. S. 90. Die Tonsur, denn um solche handelt es sich, gebührt dem Sonnenmann. Man lese Plutarch, Theseus cp. 5 nach und vgl. oben S. 481.

Durch die Aufdeckung mythologischer und sagenhafter Motive wird die historische und religiöse Bedeutung eines Elias keineswegs geschmälert. Die Motive bilden den Nimbus, mit dem eine vergangene Zeit ihn umgab, um entsprechend dem

[1]) Paulus Eremita wird in der Legende 60 Jahre von Raben mit Speise versorgt. Aus Ps 147, 9, Hi 38, 41 könnte man schließen, daß die Volkslegende ihn in Israel als besonderen Gottesvogel ansah.

Begriffsalphabet der alten Welt seine Bedeutung dem Volke verständlich zu machen[1]. Dieser Nimbus ist für uns weit überboten durch die Glorie, mit der ihn die Auffassung und Verkündigung Jesu und die Weltanschauung der christlichen Gemeinde umgibt.

Elias' Himmelfahrt[2] „im Wetter" (2 Kg 2, 1 ff.). Was Elisa sahe, ist eine Vision, wie 6, 17, die der sieht, „dem Jahve die Augen geöffnet hat". Feurige Wagen und feurige Rosse sieht der Prophet. Er ruft: „Mein Vater, mein Vater! Israels Wagen und Reiter!" Die Worte sind zunächst nicht Charakterisierung des Elias, sondern der himmlischen Erscheinung. Wie die Gestirne als Kämpfer Jahve Ṣebaoths gelten (S. 447), so sieht der Prophet in der Erscheinung die himmlische Kriegsausrüstung des Volkes Gottes. Als die Vision vorüber war, ist Elias zum Himmel entrückt. Daß einer der Wagen mit feurigen Rossen sein Gefährt bei der Himmelfahrt war, ist nicht gesagt.

1 Kg 20, 34. Die ḫuṣôt der israelitischen Kaufleute in Damaskus sind Bazare und Stadtteile (arabisch suḳ), die den Fremden reserviert sind (unter Umständen mit Steuerfreiheit verbunden), neben den Bazaren der Einheimischen.

Im Mittelalter sind es die Fondachi der in orientalischen Handelsstädten vertretenen Handelsstaaten (H. Winckler OLZ 1901, Sp. 143). Genau dieselbe Einrichtung begegnet auf Schritt und Tritt in 1001 Nacht, und noch heute haben die Gewerbe ihre besonderen Bazargassen, s. Holzinger, Archäol. 132. Herodot berichtet II, 112 über gesonderte Bazare der Syrer in Memphis. Man vergleiche auch unsre Stadteinrichtungen in alter Zeit, Gerbergasse usw.

2 Kg 3. *Die Moabiter* s. zu 1 Mos 19, 30ff.[3]. David hatte mit Waffengewalt (2 Sa 8, 3) die Moabiter unter seine Herrschaft

---

[1]) Und wie zart ist die biblische Schriftstellerkunst gegenüber der späteren jüdischen Ausschmückung, die Elias als den Sonnenmann zum Vertreter der Fruchtbarkeit macht, der bei den Beschneidungen zugegen ist, und die die Erwartung der Wiederkunft des Elias bei der Passah-Liturgie mit einem bizarren Liede verbindet (Gadja-Lied), das den Kreislauf der Weltgeschicke besingt, der schließlich in ausgleichender Gerechtigkeit endet.

[2]) Zum Motivwort לקח für die Entrückung s. S. 222.

[3]) Zum Folgenden vgl. Buhl, Artikel Mesa und Moab in Hauck RPr. Th[3], wo aber die mit den Inschriften zusammenhängenden Partien nach dem Folgenden zu modifizieren sein werden, ebenso Artikel Mesha von Driver und Artikel Moab von G. A. Smith, Wellhausen und Cheyne in Enc. Bibl. und H. Winckler KAT[3] bes. S. 251 ff., wo die in Geschichte Isr. I besonders über 2 Kg 3 geäußerten Anschauungen modifiziert sind.

gebracht. Die dunkle Stelle 2 Sa 8, 2 von der Ausmessung sagt wahrscheinlich, daß 1/3 des Landes an den Sieger fiel, 2/3 bei Moab blieb[1]. Der Sieg ist wohl nach orientalischer Sitte durch Einführung des Landeskultus, also der Jahve-Verehrung besiegelt worden: Die Mesa-Inschrift Z. 18 berichtet in der Tat aus späterer Zeit, daß Geräte Jahve's aus der moabitischen Stadt Nebo fortgeführt wurden. Umgekehrt hat David moabitische Heiligtümer nach Jerusalem gebracht (2 Sa 8, 10ff.). Diese Trophäen wurden zu Salomos Zeiten verhängnisvoll; man hat sie wahrscheinlich zunächst in Kreisen eingewanderter Moabiter zu götzendienerischen Zwecken benutzt (1 Kg 11, 5: Verehrung des Kamoš in Jerusalem). Nach dem Buche Ruth war David selbst moabitischer Abstammung. Wir haben keine Ursache, die Geschichtlichkeit der Angabe zu bezweifeln, obwohl man 1 Sa 22, 3f., wo David „für Vater und Mutter" Zuflucht in Moab sucht, eine Andeutung erwarten würde. Mit dem Sturze des Davidreiches ist Moab naturgemäß wieder unabhängig geworden. Aber während der Herrschaft der Omri-Dynastie wurde es von dem Nordreiche wieder in Tributpflicht gehalten. Omri hat den moabitischen König Kamoš-kân (?),

Abb. 181: Mesastein.

[1]) Winckler, Gesch. Isr. II, 206 Anm. 3. „Er maß 2/3 zum Tode und das dritte Drittel zum Leben ab" ist vielleicht einfach der technische Ausdruck für diese Teilung beim Friedensschluß.

den Vater des durch die Steininschrift wohlbekannten Mesa, nach der Eroberung der Stadt Mahdaba (ca. 882) unterworfen; Aḫab hat dann unter Mesa die Unterwerfung erneuert. Zwei biblische Geschichtsquellen (2 Kg 1, 1; 3, 5) berichten dann, daß der König von Moab nach Aḫabs Tode den Tribut verweigerte. Joram zog gegen ihn zu Felde und Josaphat von Juda leistete ihm Heeresfolge[1]. Der Feldzug hat nicht zur Unterwerfung Moabs geführt; vielmehr kann der Mesastein, der nach dem 2 Kg 3 berichteten Feldzuge und nach dem Sturze des Hauses Omri geschrieben und aufgerichtet wurde (also etwa 842), von einer Ausdehnung seines Gebietes (nach Ḫôronên, jedenfalls in israelitisches Gebiet hinein) berichten. Die Angaben Mesas stimmen mit denen der Bibel völlig überein[2].

Der Mesastein (Abb. 180).

Inhalt: Danksagung an den Gott Kamoš (dem Mesa nach 2 Kg 3, um seinen Zorn zu versöhnen und den Sieg zu erlangen, seinen Sohn opfert), der ihm gegen die Feinde geholfen, sein Reich erweitern und befestigen half.

1—3. Ich bin Mesa, der Sohn des Kamoš-kân (?)[3], König von Moab, aus Dibon. Mein Vater war König über Moab dreißig Jahre, und ich wurde König nach meinem Vater...	ca. 908—878 Kamoš-kân, ca. 878- ? (nach 842) Mesa.
4—9. Omri, König von Israel bedrängte Moab lange Zeit, denn es zürnte Kamoš über sein Land. Und es folgte ihm sein Sohn, und es sprach auch er: Ich will bedrängen Moab; in meinen Tagen sprach er so, als ich sah meine Lust an ihm und an seinem Hause. Und Israel ging auf ewig zugrunde. Es hatte aber Omri besetzt das Land Mahdeba und darin gesessen seine Tage und die Gesamtheit der Tage seiner Söhne vierzig	ca. 882 Eroberung der Landschaft um Mehedeba durch Omri (in der Bibel nicht erwähnt). 876—855 Ahabs Eroberungen in Moab 2 Kg 3, 4; Mesa zahlt Tribut an Aḫab. 854—843 Joram (und Josaphat) wider Moab 1 Kg 3, nachdem gewiß 2 Kg 1, 1 Mesa nach Aḫabs Tode die Tributzahlung eingestellt hatte. Nach 3, 27 hat sich Joram schließlich zurückziehen müssen (der „Zorn“ verhüllt den Mißerfolg).

[1]) 2 Chr 20 stellt die Beteiligung Josaphats als selbständigen Kriegszug dar.

[2]) Diese anerkannte Tatsache bildet ein wichtiges Zeugnis für die Zuverlässigkeit der biblischen Geschichtsquellen! Zu 2 Kg 3 s. bereits S. 367. Zum Text KT[1] 100 ff.

[3]) Keinesfalls drei Buchstaben nach Lidzbarskis Nachprüfung des Textes, sondern nur zwei; also nicht Kamošmalik, vielleicht כן.

Jahre und es brachte es zurück Kamoš in meinen Tagen ....

Mesa ist dann vorgerückt, erlebte triumphierend den Sturz des Hauses Omri durch Jehu (s. oben „Israel ging auf ewig zugrunde"), eroberte Mahdeba zurück und das Gebiet von ʿAṭarôt und Nebo und Jaḫad und Ḫôronên und ließ bei seinen Bauten Israeliten Frondienste tun (in der Bibel ist davon nichts erwähnt).

ca. 842 Errichtung des Steines, der den Triumph verherrlicht.

10ff. Aber die Leute von Gad hatten gesessen im Gebiete ʿAṭarôt von jeher, und es hatte sich gebaut der König von Israel ʿAṭarôt. Ich aber kämpfte gegen die Stadt und nahm sie und tötete das ganze Volk der Stadt, eine Lust für Kamoš und für Moab. Und ich brachte zurück von dort den ʾarʾel[1] ihres Dod und brachte ihn vor Kamoš in Kerijôt. Und ich siedelte an darin die Leute von Šrn und die Leute von Ḫrt. Und es sprach Kamoš zu mir: Gehe und nimm Nebo gegen Israel, und ich zog aus bei Nacht und kämpfte gegen dasselbe vom Anbruch des Morgens bis zum Mittag und ich nahm es und tötete alles: siebentausend Männer und (Knaben) und Frauen und (Jungfrauen) und Mädchen; denn ʿAstar-Kamoš hatte ich es geweiht; und ich nahm weg von dort die .....[2] Jahves und brachte sie vor Kamoš. Und der König von Israel hatte gebaut Jaḫaṣ und sich darin festgesetzt, als er mit mir kämpfte. Aber Kamoš vertrieb ihn vor mir, und ich nahm von Moab 200 Mann, alle seine Häuptlinge, und führte sie gegen Jaḫaṣ und eroberte es, um es hinzuzufügen zu Dibon. Ich baute Ḳrḫh, Hômathajeʿârîn und Hômathaʿophel und ich baute seine Tore, und ich baute seine Türme, und ich baute den Königspalast, und ich machte die zwei Becken für das Wasser im Innern der Stadt. Aber ein Brunnen war nicht im Innern der Stadt, in Ḳrḫh; und ich befahl dem ganzen Volke: „Macht euch ein jeder einen Brunnen in seinem Hause." Und ich bohrte den Tunnel (Wasserleitung) für Ḳrḫh mit Gefangenen von Israel. Ich baute ʿAroʿêr und ich machte die Straße am Arnon. Ich baute Bêt-Bamôt, denn zerstört war es. Ich baute Beṣer, denn zu Ruinen war es geworden; Häuptlinge von Dibon waren fünfzig, denn ganz Dibon war untertänig. Und ich beherrschte (Häuptlinge) einhundert in den Städten, welche ich hinzugefügt hatte zum Lande. Und ich baute Mhdbâ und Bet-Diblatên und Bet-Baʿal-Meʿon und ich führte fort dort die Hirten (?) .... Schafe des Landes. Und in Ḫôronên saßen .... und .... Kamoš befahl mir: „Gehe, kämpfe gegen Ḫôronên." Und ich zog hinab ....

---

[1]) אראל, gewöhnlich als „Altaraufsatz" gedeutet, auch Z. 17/18 ist wohl zu ergänzen אראלי. Nach Sellin, Ertr. der Ausgrabungen S. 36 wäre an tragbare Altäre, wie der Abb. 115 S. 318f. dargestellte, zu denken. H. Grimme in der kath. Litt. Rundschau 1904, Sp. 347 sieht in ʾarʾel eine Person (Priester?), die fortgeschleppt werden soll.

[2]) Schlußzeichen von Z. 17 und Anfang von Z. 18 nach Z. 12 ergänzt, s. Anm. 1.

und Kamoš (gab es zurück) in meinen Tagen, und ich zog hinauf von dort nach ....?? und i(ch ....).

Daß auch später Moab dem Staate Israel in Zeiten schwerer Kämpfe mancherlei Not gemacht hat, läßt 2 Kg 13, 20 erkennen. Für die weitere Geschichte der Moabiter bieten die Keilinschriften einiges Material.

In der Mitte des 8. Jahrhunderts wurde Moab von unabhängigen „Königen" regiert. Tiglatpileser nennt Salamânu von Moab unter den Königen, die ihm beim Zuge gegen Damaskus Tribut bringen (732, zugleich mit Ja-u-ḫa-zi von Ja-u-da-ai, d. i. Joahas von Juda), s. KT² 34. Zwanzig Jahre später finden wir Moab gleich Philistäa, Juda, Edom beteiligt an der von Azuri von Asdod geleiteten Erhebung gegen Assyrien (713—711), s. KT² 41, aber Sanherib nennt beim Feldzug 701 unter den Tributären des Westlandes Kammusu-nadab von Moab, s. KT² 44. Asarhaddon berichtet, daß ihm beim Bau seines Zeughauses wie Manasse von Juda und viele andere, so auch Muṣuri von Moab fronen mußten, s. KT² 52; und Asurbanipal rühmt einen moabitischen König, weil er sich als treuer Vasall erwiesen hat im Kampfe gegen die arabischen Ḳedar, die in den letzten Zeiten des Reiches Juda nebst den Nebajôt (s. zu 1 Mos 25, 13) das Gebiet von Juda samt dem Hinterland Moab, Ammon, Edom überschwemmten (G. Smith, History of Asurbanipal p. 288 = Cyl. B 8, 37; der mit Kammusu, d. i. Kamoš zusammengesetzte Name ist leider verstümmelt). Bei der Eroberung Jerusalems werden die Moabiter gleich den Edomitern als schadenfrohe Zuschauer genannt (Ez 25, 8, vgl. jedoch Jer 40, 11). Sie haben mit Edom, Ammon und andern Stämmen das Gebiet des eroberten Juda während des Exils überschwemmt.

Der Baʿal der Moabiter war Kamoš, ein finsterer Kriegsgott, der wohl den Volkscharakter der Moabiter widerspiegelt. Vor seinem Altare wurden die gefangenen Feinde abgeschlachtet (Mesa-Inschrift Z. 11). Nach 2 Kg 3 opferte in der Kriegsnot Mesa vor Kamoš seinen eigenen Sohn. Die Gottheit עשתר כמוש, die auf dem Mesa-Stein neben ihm erscheint, ist wohl sein weibliches Korrelat, eine kriegerische Ištar, der die Kriegsgefangenen vor ihrer Abschlachtung geweiht werden. Der Name Baʿal Peor dürfte ein Epitheton des Kamoš sein, „der Herr von Peor". Daß Nebo in Moab verehrt wurde, beweist der Stadtname Nebo in Moab nicht (gegen Buhl l. c. und Hommel, Grundriß S. 89); der Name kann auch Rest ehemaliger babylonischer Kultur im Westlande sein, wie die Namen des Berges Nebo und der Priesterstadt Nob.

Die Mesa-Inschrift bezeugt für die Moabiter des 9. Jahrhunderts hohe Kultur. In Zeiten selbständiger Entwickelung hatte man sich in Kanaan von der babylonischen Keilschrift, wie sie die Amarna-Briefe und neuerdings palästinensische Funde für eine frühere Epoche bezeugen, emanzipiert. Der Mesa-Stein zeigt, wie die Panammû-Inschrift von Sendschirli Buchstabenschrift (die Anfänge unserer hebräischen Quadratschrift), in Basaltstein gegraben. In der Inschrift zeigt sich auch, daß sich die Moabiter auf Festungsbau mit Toren und Türmen und auf Anlegung von Kunststraßen (ein mesillat wird am Arnon gebaut) verstanden.

2 Kg 5 Naeman, s. S. 201 Anm. 2 und vgl. die Heilung des Gilgameš am Waschort der Seligeninsel S. 200. — 2 Kg 5, 12, s. S. 190.

2 Kg 5, 17f. Naeman will zwei Maultierlasten heiliger Erde mitnehmen, um in Damaskus einen Jahve-Altar zu bauen. Elisa gewährt die Bitte. Nur in der Kniebeugungsfrage bittet er um Nachsicht. Wenn er als Ritter vom Dienst seinen König in den Tempel des Rimmôn begleitet, wird er mit niederknien müssen. Aber die Huldigung soll im Geiste Jahve gelten. Das ist der Sinn (Klostermann z. St.). — Rimmôn (Septuag. Remman) ist der „kanaanäische" (amoritische) Wettergott, der auch Adad heißt, s. S. 113. Nach unsrer Stelle ist er speziell Stadtgott von Damaskus. Sach 12, 11 Klage um Hadad-Rimmôn = Tammuz, vgl. S. 91 und ʿEn-Rimmon Jos 15, 32[1] sind Zeugen für altkanaanäischen Kultus dieses Wettergottes[2].

2 Kg 6, 25. Während der Belagerung von Samarien wurden die Nahrungsmittel teuer. Aber weder Eselsköpfe noch Taubenmist hat man gegessen, wie noch die neuesten Kommentare annehmen (auch Benzinger, Könige z. St.). Die Stelle ist verdorben. חמור ist חמר zu lesen, d.i. Chomer, das Hohlmaß. Dazu gehört חריונים, in welchem Worte sich eine Getreideart verbirgt nach 1 Mos 40, 16. ראש ist Rest von תירוש Most; dazu gehört 1/4 ḳab. Also sowohl ein Chomer Getreide, wie 1/4 ḳab Most war unerschwinglich teuer. So H. Winckler, Krit. Schriften II, 35. 2 Kg 6, 27 bestätigt die Richtigkeit der Auffassung. Aḫab fragt: Womit soll ich dir helfen, mit etwas von der Tenne oder von der Kelter?

2 Kg 7, 1f., s. S. 176.

2 Kg 8, 13: *„Was ist doch dein Knecht, der Hund."* Kalbika „dein Hund" ist in assyrischen Briefen Ausdruck der Devotion. Sept. verstärkt wie 2 Sa 9, 8: „toter Hund."

2 Kg 9, 13. Kleider werden auf den Weg gelegt beim Königseinzug wie Mt 21, 8.

2 Kg 9, 27 (Gur), s. S. 316 Anm. 2. — 2 Kg 16, 3, s. S. 545. — 2 Kg 16, 10ff. Der Altar des Ahas, nach damaszenischem Muster gebaut, s. S. 317.

2 Kg 16, 18. In Rücksicht auf den König von Assur nimmt Ahas Neuerungen im Tempel vor. Wurde des assyrischen Königs Besuch im Tempel erwartet? Jedenfalls zeigt die Stelle, wie die politischen Verbindungen Abfall und Paganisierung zur Folge hatten.

2 Kg 17, 6, vgl. S. 255.

2 Kg 17, 6; 18, 11. *Sargon siedelte sie an zu Ḫalaḫ und am Ḫabur, dem Flusse von Gosan, und [in] den Gebirgen* (Sept. ἐν ὄρεις) *von Medien.* 1 Chr 6 [5], 26 aber berichtet, Tiglatpileser habe die Rubeniter, Gaditer und den halben Stamm

---

[1]) So zu lesen statt ʿain we-Rimmon mit Holzinger z. St.

[2]) Die Namensform Rimmôn ist auch auf den Amarna-Tafeln nachgewiesen, s. Peiser OLZ 1898, 276.

Manasse in חלח, חבור und הרא und am Flusse Gosans angesiedelt, s. S. 549. Die Trennung des „Flusses Chabur" vom „Fluß Gosans" beruht auf Versehen. Die Parallelstelle 2 Kg 15, 29 sagt einfach: Tiglatpileser führte sie weg nach Assyrien. 2 Kg 19, 12; Jes 37, 12 nennt Gosan neben Harran, Reṣeph, Eden als eine von den Assyrern unterworfene Landschaft. Die Keilschriftliteratur kennt eine Stadt Gosan im Euphratgebiet[1]. Es handelt sich jedenfalls um babylonische Landschaften. Bei den „Bergen Mediens" ist wahrscheinlich nicht an das eigentliche Mederland zu denken, sondern an die von den übrigen aufgezählten Orten nicht allzu fern gelegenen Distrikte von Suleimania, die Salmanassar kurz vorher erobert hatte[2]. Auch hier sind (vgl. S. 523) die Ereignisse von 734/33 und 722 vermengt.

2 Kg 17, 17. *Sie ließen ihre Söhne und Töchter durchs Feuer gehen.* 16, 3 erzählt dasselbe von Ahas. Nicht an Menschenopfer ist zu denken, sondern an die Zeremonie des Feuersprungs beim heidnischen Sonnenwendfest, s. S. 320.

2 Kg 17, 24 ff. Besiedelung Samariens durch Babylonier. Vielleicht bezieht sich dieser Bericht auf die Zeit Sanheribs nach der Unterwerfung Babylons. Kutha war mit Babylon eng verbunden (S. 126). Sepharwajim ist vielleicht Sippar am Euphrat (Doppelstadt?), das heutige Abu Habba[3].

2 Kg 17, 30. *Männer von Babel machen sukkôt benôt.* Man erwartet den Kult von Babylon, also Marduk-Kult.

Winckler MVAG 1901, 316 f. nimmt an, daß sukkôt dasselbe sei, wie sikkut bei Amos 5, 26, d. h. Nebo (für das Westland dem Marduk von Babylon entsprechend, also = Winter-Marduk = Tammuz, der beklagt wird). Wenn aber benôt mit Jensen ZA IV, 352 als banîtu, Beiname der Belit-Ištar, erklärt werden kann, so wäre eher an Ištar-Kult, Hütten zur Tempel-Prostitution, zu denken.

2 Kg 17, 30. *Die Leute von Kutha machten Nergal.* In einem Kommentar zum Pentateuch beruft sich Maimonides (12. Jahrh.) auf uralte Bücher der Heiden (er meint nabatäische Schriften), nach welchen die Kuthäer Sonnenkultus trieben[4].

---

[1]) Die keilinschriftlichen Zeugnisse für Guzana im Euphratgebiet s. in meinem Artikel Gosan RPTh[3]; dazu II R 53, 43[a]: Guzana = Naṣibina. Es dürfte identisch sein mit der Gauzanitis des Ptolemäus V, 17, 4 (ed. Car. Müller 1901) (zwischen Chaboras und Saocoras), heute Kauschan.

[2]) Anders Kittel, Könige (Nowacks Handk.) S. 274.

[3]) Oder ist mit Winckler, Altt. Unters. 97 ff. 105 ff. an die Esr 4, 8 - 10 erwähnte babylonische Deportation zu denken?

[4]) Baba Bathra 91 a vgl. Herrschensohn שבע חכמות S. 222.

Das ist richtig. Zur Sonnen-Erscheinung Nergals s. S. 27. 29. Im Hinblick auf die Exulanten gilt den späteren Juden das Land der Kutim als rein[1], andrerseits werden die Samaritaner wegen ihrer Vermischung mit den Heiden verächtlich Kutim genannt. *Asima*, *Nibḫas* und *Tartan* widerstreben der Deutung.

2 Kg 17, 31. *Anamelech.* Wenn der Name eine babylonische und nicht vielmehr eine syrische Gottheit bezeichnet, so würde er das einzige biblische Zeugnis für den babylonischen Himmelsgott Anu enthalten. Der Gottesname *Adrammelech* ist vielleicht in Arad-malik oder in Adad-malik zu ändern[2].

2 Kg 18, 4. *Neḫuštan*, ein Schlangensymbol, wie die eherne Schlange 4 Mos 21, 8f.[3]. Man nimmt an, daß es sich um ein offizielles Jahve-Symbol handelt. Die Sache ist religionsgeschichtlich noch dunkel. Als Stadtgottheit von Dêr, der Stadt Anus (s. S. 93. 95 Anm. 2), wird eine Schlangengottheit genannt, die „Herr (Herrin) des Lebens" heißt[4]. Zwei Schlangenmonumente aus Petra zeigen Abb. 151 u. 154.

2 Kg 18, 14. 17 s. S. 314.

2 Kg 18, 17ff. Peiser OLZ 1902, 41ff. erörtert die Frage, ob in Jerusalem zu jener Zeit Kenntnis der assyrischen Sprache vorauszusetzen ist. Es kann v. 26 „assyrisch" gestanden haben und wie häufig durch aramäisch (weil beides später gleich) ersetzt worden sein.

2 Kg 18, 34 vgl. Hommel, Grundriß 89 Anm. 3, Schiaparelli, Astronomie S. 67.

2 Kg 19, 12 und Jes 37, 12 nennen vier babylonische Landschaften bez. Städte als Verbannungsorte: Gosan (Guzana), Harran, Reṣeph und Bene Eden, s. zu 2 Kg 17, 6.

2 Kg 19, 27 s. S. 253 Anm. 3.

2 Kg 19, 37: Zur Ermordung Sanheribs s. S. 531. Seinen Nachfolger Asarhaddon zeigt Abb. 181: der König als Riese, die Besiegten als Zwerge, vom König an eisernen Ringen, die durch die Kinnbacken gezogen sind, festgehalten, vgl. hierzu S. 590.

2 Kg 20, 7. Der Prophet ist auch Arzt; er verschreibt ein Feigenpflaster.

2 Kg 20, 12 Gesandtschaft des Berodach-Baladan (d. i. Merodach-Baladan Jes 39, 1), bab. Marduk-apaliddina[5]. Er sendet Schriftstücke und Geschenke. Über den Sinn s. S. 524 Anm. 4.

---

[1]) Im Gegensatz zum Heidenland, vgl. Herrschensohn l. c. 139.
[2]) S. KAT[3] 84 Anm. 2; 408 Anm. 1.
[3]) Zur Wortbildung s. Hommel, Grundriß S. 132.
[4]) BA III, 238, 42.
[5]) S. Abb. 189, S. 571.

Das בית נכות, in das Hiskia die Gesandten führt, ist assyr. bît nakamti, das Schatzhaus, in das auch kostbare Spezereien und Öl gehörten[1]. Wichtiger war den Gesandten wohl die Führung durch „das Zeughaus", denn es handelte sich um politischen Anschluß.

2 Kg 20, 20 *Wasserleitung des Hiskia.* Dieser Bau wird nach 2 Chr 32, 30 auf den Siloah-Kanal bezogen, in dem 1880 durch H. Guthe die älteste hebräische Inschrift gefunden wurde.

2 Kg 21, 5 vgl. 23, 5. Allem Heere des Himmels werden in Jerusalem im Vorhofe des Tempels Altäre gebaut[2]. Für das Volk brauchte das nicht Ausrottung des Jahve-Kultes zu bedeuten. Die Volksreligion wird einfach Jahve Ṣebaoth wörtlich aufgefaßt haben: Herr der himmlischen Heerscharen[3]. Das Verbot 2 Mos 20, 4 bezog sich auf derartige Anbetung. Targum zu 2 Mos 22, 23 sagt: „Macht euch nicht zum Zwecke der Anbetung Bilder von Sonne und Mond, Sternbildern und Planeten oder von Engeln, die vor mir dienen"[4]. Nach Jes 3, 18 trugen die Jerusalemerinnen kleine Monde von Gold; Ri 8, 21, allerdings an einer kritisch anfechtbaren Stelle, trugen sie die Kriegskamele an den Hälsen.

Abb. 182: Siegesstele Asarhaddons aus Sendschirli. Berliner Museum. Gefangene: Tirhaḳa von Äthiopien nnd Baʿal von Tyrus.

Es ist an den zunehmenden Halbmond zu denken, der bis heute als Symbol des Wachstums und der Fruchtbarkeit gilt. Das Hillulim bei dem Herbstfest 3 Mos 19, 24 und Ri 9, 27 hängt, wie vielleicht auch Hallelujah (s. S. 33. 101. 336) ebenfalls ursprünglich mit dem Mond und seinen Festen zusammen (s. Wellhausen, Reste altarab. Heidentums S. 107 ff.). Der Halbmond als Wahrzeichen

---

[1]) Vgl. 1 Kg 10, 10 und s. Benzinger, Könige z St.

[2]) Vgl. Jer 8, 2; 5 Mos 17, 3; Hi 31, 26.

[3]) Beachte S. 447, wo gezeigt wurde, daß man später bemüht war, den heidnisch klingenden Namen zu umschreiben.

[4]) Der Talmud-Traktat Roš hašanah 24[b] sagt zu derselben Stelle: Macht euch keine Götter nach dem Bilde der Geister, die vor mir dienen in der Höhe: Ophanim (Zeitperioden), Seraphim (Jes 6), Chajjoth (Ez 1) und malkê hašerat (Dienstengel). Die jüdischen Zitate zeigen, daß man die orientalische Lehre sehr wohl kannte und daß man auch in später Zeit an der Annahme, daß die Erscheinungen des Kosmos personifizierte Gewalten Gottes sind, festhielt in Übereinstimmung mit der orientalischen Geheimlehre.

der türkischen Muhammedaner scheint erst mit der Eroberung Konstantinopels 1453 aufgekommen zu sein. Muhammed II. soll ihn damals als Wahrzeichen der Stadt in die rote Fahne aufgenommen haben[1]. Jedoch in den ersten islamischen Münzen und in den vom Islam übernommenen byzantinischen Münzen vom 2. Jahrh. v. Chr. bis 3. Jahrh. n. Chr. erscheint bereits der Halbmond. Von einigen wird das Symbol zurückgeführt auf das wunderbare Eingreifen der Mondgöttin Hekate bei der Belagerung der Stadt durch Philipp II. im Jahre 339 v. Chr.[2]. Da aber der Hekate-Kultus, der aus Kleinasien kommt, vom altorientalischen Mondkultus offenbar beeinflußt ist, so liegen doch im letzten Grunde vorderasiatische Vorbilder zugrunde, und es ist daran zu erinnern, daß altbabylonische Siegelzylinder wie neubabylonische Grenzsteine den Halbmond als Insignie zeigen (vgl. Abb. 35f. u. a.). Andererseits ist zu bemerken, daß der Islam mit dem Hobal-Mond-Kultus von Mekka (vgl. den Mondkalender Muhammeds), der mit dem harranischen Mondkultus korrespondiert, mannigfach verknüpft ist, s. auch zu Hi 38, 31ff.

Die mazzalot, die neben Sonne und Mond genannt werden (Sept. *μαζουρωθ*, Hi 38, 32 mazarot), sind die Häuser am Tierkreis (Mondstationen, bez. die Stationen der Sonnenbahn).

2 Kg 22, 8ff. Die Auffindung des Gesetzbuches. Die Frage nach dem Verhältnis dieses aufgefundenen Kodex zu den Codices der israelitisch-jüdischen Thora ist durch die Arbeiten Klostermanns in neue Bahnen gelenkt worden[3]. Jedenfalls handelt es sich im Sinne der Erzählung um Auffindung eines Original-Codex im Tempelarchiv nach Art des entscheidenden Exemplars zum Königsgesetz, das nach 5 Mos 17, 18 in Priesterobhut aufbewahrt wurde und von dem der König eine Abschrift zur Hand haben sollte. Solche geheim gehaltene Original-Niederschriften sollten das Gesetz vor Verderbnis, wie sie durch Abschreiben und mündliche Interpretation (vgl. 5 Mos 17, 8ff.) eintreten konnte, bewahren. Die Keilschrifttexte reden wiederholt von der Auffindung vergessener politischer Aktenstücke. Auch Esr 6, 1f. erwähnt einen solchen Vorgang[4].

---

[1]) Mitteil. der Münch. Orient-Ges. in Zeitschrift Asien, Dezember 1902.

[2]) Einen speziell türkischen Ursprung behauptet der persische Historiker Mirchond, nach dem die Türken den Halbmond als Feldzeichen schon aus Zentralasien mitgebracht haben sollen.

[3]) Aufsätze in Neue kirchliche Zeitschrift 1903ff. Der Pentateuch, Neue Folge, Leipzig 1906.

[4]) Ein Beispiel für die Auffindung eines religiösen Aktenstückes bietet eine Inschrift Asurbanipals, der sich gern als Bringer einer neuen Zeit darstellen läßt. In Susa sei ein Orakel gefunden worden, das ihn bereits vor 1635 (1535) Jahren als den Rächer der Göttin Nannaja von Erech geweissagt habe; nun sei „die Zeit erfüllt" (ûme imlû). Hier liegt offenbar Fälschung oder künstliche Zurechtmachung vor. Ein Vergleich dieses Vorgangs mit der Auffindung des Codex unter Josia, wie er gelegentlich vorgeschlagen wurde, ist entschieden zurückzuweisen.

2 Kg 23, 4. Die Götzenbilder werden „*mit Feuer verbrannt und die Asche in den Kidron geschüttet*“[1]. Derselbe Usus als Königsbrauch oft in den assyrischen Inschriften.

Zu 2 Kg 23, 10 vgl. Jer 7, 31 (Hinnom) s. Baedeker, Palästina[6] (Benzinger), S. 72.

2 Kg 23, 11. Die Sonnenrosse und Sonnenwagen (vgl. S. 105 f. und 467) sind kultische Requisiten des astralen heidnischen Kultus. Zum Sonnenkult im alten Kanaan, den Ortsnamen wie Bet-Šemeš bezeugen, s. S. 322 (Amarna-Zeit) und S. 321 (Baal und Moloch als Sonnengottheiten). Das Dach des Hauses (vgl. Jer 19, 13; 32, 29; Ze 1, 5) war für den Gestirnkult besonders geeignet.

2 Kg 23, 13, s. S. 367.

2 Kg 23, 29 f. Necho, König von Ägypten. Es ist Necho II. Asurbanipal erwähnt Necho I. Ni-ku-u šar al Me-im-pi u al Sa-ai, König von Memphis und Sais. Josia zieht Necho entgegen und fällt bei Megiddo (oder bei der Hafenstadt Migdal), s. S. 505. Zur Klage um den Retter Josia (vgl. 2 Chr 35, 24 f.; Sach 12, 11), s. S. 91 und 400.

2 Kg 25, 8. „Der Oberst der Leibwache, der ‚Diener‘ des Königs von Babel.“ „Diener“ steht hier im Sinne von Minister, wie ardu „Knecht“ und die entsprechenden Worte im gesamten Orient. Vergleiche das Siegel des „Dieners“ Jerobeams S. 320.

Die Bücher der Chronik.

Wertvolle Notizen, die wir den Quellen der Chronik verdanken[2], fanden wir u. a.:

1 Chr 21 (20), 1 ff. (Davids Helden), s. S. 75. 490; 2 Chr 9, 1 ff. (Rätsel Salomos), s. S. 495 f.; 2 Chr 20, 1 (Ammoniter im Bunde mit Mesa), s. S. 367; 2 Chr 35, 24 f. (Klage um Josia), s. S. 400; 1 Chr 28, 2; 28, 18; 35, 3 (zum Verständnis der Lade), s. S. 438 Anm. 1, 439, 444 Anm. 3; 1 Chr 28, 11 ff. (Modelle für den Tempel und Gads Anteil am Bau des Heiligtums), s. S. 446; 2 Chr 4, 6 (ehernes Meer), s. S. 494; 2 Chr 21, 12 (Brief des Elias), s. S. 597.

1 Chr 1, 9, s. S. 264. — 1 Chr 1, 27, s. S. 261. 1 Chr 5, [6], 26 ist das neben Ḫabur (Fluß Gosans) und Ḫalaḫ genannte הרא in חרן (Ḫarran) zu korrigieren (Sept. de Lagardes Ausgabe *Ἀρραν*) oder (mit Fritz Hommel) als mesopotamische Aussprache für חרן anzusehen. Dann haben wir rein mesopotamisches Gebiet, das die Parallelstelle 2 Kg 15, 29 richtig „Assyrien“ nennt, denn es stand zur Zeit des Exils unter der Herrschaft Assyriens. Ḫalaḫ läßt sich nicht identifizieren, ist aber keilinschriftlich wiederholt bezeugt; die Korrektur in בלח ist aufzugeben[3].

1 Chr 15, 18. 20. *Šemiramôt*, männlicher Name, anklingend an Sammurâmat, Semiramis. Die Semiramis des Ktesias (Ge-

[1]) Mit Klostermann בנחל statt בירחל zu lesen, vgl. Winckler, Krit. Schriften II, 46. [2]) Vgl. S. 497 Anm. 2.

[3]) S. meine Bemerkungen BA III, S. 91 f. und vgl. Winckler F. I, 292.

mahlin des Ninus) trägt die mythologischen Züge der Ištar[1]. Aber der Sagengestalt liegt gewiß eine historische Erscheinung zugrunde, die uns noch nicht näher bekannt ist. Königinnen kennt der vordere Orient seit uralten Zeiten. In Phönizien begegnet uns die Frauenherrschaft, gelegentlich auch in Israel und Juda, s. S. 536. Die Ausgrabungen in Susa haben eine 2500 Kilo schwere Bronzestatue einer elamitischen Königin zutage gefördert. In der Zeit Adadniraris tritt eine Frauengestalt namens Semiramis (Sammurâmat) hervor, deren Politik gegen Babylon gerichtet ist. Auf der Abb. 51 wiedergegebenen Statue ist sie, was immerhin auffällig ist, ausdrücklich erwähnt.

2 Chr 1, 16 f., s. S. 260. — 2 Chr 14, 9, s. S. 262. — 2 Chr 20, 1, s. S. 367.

Esr 1, 2. *„Alle Königreiche der Erde hat mir Jahve, der Gott des Himmels gegeben."* Schrader KAT² 372f. hat daran mit Recht Bemerkungen über die Toleranz des Cyrus geknüpft. Im 6. Jahrhundert geht ein monotheistischer Zug durch den ganzen Orient, s. meine Monotheistischen Strömungen S. 44ff.

Esr 4, 8—10, s. zu 2 Kg 17, 24 (S. 545).

Esr 4, 9 zu *Babel* und *Elam* s. oben S. 267ff. und S. 276. Arak ist, falls wirklich Stadtname vorliegt, Arku, Uruk (Erech) das heutige Warka, s. S. 270 f. Susan ist das Šušan der Keilinschriften, Hauptstadt des Landes Elam von uralter Zeit her, gegenwärtig durch eine französische Expedition ausgegraben.

Esr 4, 10. *Osnappar* ist verstümmelt aus Asurbanipal, griechisch Sardanapal, s. Abb. 137, 163 und 177.

Esr 6, 2 *Achmeta* ist Ekbatana, die Hauptstadt des medischen Reiches, auf der Behistun-Inschrift Z. 60 Agamatanu. Die Mauerzinnen von Ekbatana waren nach Herod. I, 98 mit den sieben Planetenfarben (vgl. S. 280 f.) geziert, zum Teil bemalt, zum Teil (Gold und Silber = Sonne und Mond) mit Metall überzogen.

Esr 6, 11. Pfählung. Assyrische Reliefs stellen die Todesstrafe dar. Dem Verurteilten wird entweder mit der Spitze des aufgerichteten Pfahls die Brust durchbohrt (ina zaḳîpi azḳup oder aškun), so daß der Oberkörper überhängt, oder der Körper wird (z. B. auf den Bronzetoren von Balawat) rittlings in die Pfahlspitze gebohrt.

Neh 1, 1. Die Monate Kislev und Nisan. Die neubabyl. Monatsbezeichnungen sind nach dem Exil im Gebrauch, und damit zugleich der babylonische Kalender mit Frühlingstagesgleiche als Neujahr. Cuius regio, eius religio. Der Kalender ist religiöse Staatsakte, s. S. 36ff. Der Versuch einer Reform unter Šešbaṣar und in der Makkabäer-Zeit sollte die Unabhängigkeit

[1]) S. mein Izdubar-Nimrod S. 68ff.: Ištar und Semiramis.

dokumentieren, s. S. 42. Die nachexilischen = neubabylonischen Monatsnamen sind[1]:

Jüdisch	= Babylonisch
nisan	nisannu
ijjar	airu
sivan	sivannu
tammuz	dûzu
ab	abu
elul	ululu (elulu)[2]
tišrî	tašrîtu
marḫešvan (d. h. 8. Monat)	araḫ-samna
kislev	kislivu
ṭebet	ṭebitu
šebaṭ	šabaṭu
adar	addaru

Von vorexilischen Namen werden im A. T. genannt:

Hebräisch	= Phönizisch[3]
abîb (= nisan)	
2 Mos 13, 4 u. ö.	
zîv (= ijjar)	זיב
1 Kg 6, 1. 37	(nur punisch bezeugt)
'etanîm (= tišri)	אתנם
1 Kg 8, 2	CIS 86 a
bûl (= marḫešvan)	בל
1 Kg 6, 38	CIS 3, 1; 10, 1.

Neh 2, 8. Pardes — Paradeisos, Park, vgl. Koh 2, 5; HL 4, 13. Es ist hier der königliche Park des Perserkönigs.

Das Wort ist indogermanisch, zendisch pairidêza, vgl. Lagarde, Arm. Stud. § 1878; ZDMG 32, 761; 36, 182. Babylonisch ist es bezeugt in Straßm., Contr. Cyr. 212 (Meißner ZA VI, 290 Anm. 3) und in einem babyl. Täfelchen aus der Zeit des Philippus (317 v. Chr.), wo ein Teil Ostarabiens Pardêsu heißt (Hommel, Grundriß 166 Anm. 3, vgl. 250). Die Sache selbst ist alt. Die assyrischen Könige haben derartige Parkanlagen gehabt, wie die Königsinschriften zeigen (vgl. die „hängenden Gärten" der Semiramis bei Ktesias).

Neh 2, 10 Sinballaṭ d. h. Sin schenkt Leben, s. zu Sin S. 100 f. — Neh 9, 7, s. S. 334.

Buch Ester.

✳ In die legendarische Erzählung sind Motive aus der babylonischen Mythologie von Ištar und Marduk eingearbeitet, die in den Namen Ester und Mardochai anklingen; soweit richtig Jensen bei Wildeboer in Martis

---

1) Aben Ezra sagt, daß die Juden ihre jetzigen Monatsnamen in der Gefangenschaft von den Babyloniern angenommen haben, s. Ideler, Hist. Untersuchungen 151. Vgl. zu der Materie jetzt Ginzel, Handbuch der mathematischen und technischen Chronologie, S. 113 ff.

2) So in der Hammurabi-Zeit geschrieben.

3) S. Lidzbarski, Handb. der Epigraphik 412.

Handkommentar XVII, 173ff. Daß speziell in der Ḫumbaba-Episode des Gilgameš-Epos der Grundstoff des Ester-Buches liegen soll: Haman und Wašti sind Feinde des Mardochai, — wie die Elamiter, die durch die Götter Ḫuman und Mašti vertreten sind, Feinde der Marduk-Leute, der Babylonier waren, — ist nicht richtig. Zur Deutung des Mythus und speziell der Gestalt des Haman s. Winckler F. III, 1 ff. ✳

Das Buch Ester bietet bekanntlich die Festlegende des jüdischen Purimfestes. Ein Teil dieses Festes, der *Μαρδοχαϊκὴ ἡμέρα* 2 Mak 15, 36 heißt, geht wahrscheinlich auf das babylonische Neujahrsfest, das Zagmuk = rêš šatti (ראש שנה) heißt, zurück[1].

Siebenundzwanzigstes Kapitel.

Glossen zu den sog. Lehrbüchern.

Das Buch Hiob.

Daß die dem Lehrbuch zugrunde liegende Hiobserzählung nicht als Geschichte gelten will, wußten die Juden. „Hiob hat nicht existiert und war nicht ein geschaffenes Wesen, sondern er ist ein Maschal (Gedicht)“, s. Baba bathra f. 15a. Die Materie dieses Gedichtes ist Gemeingut des alten Orients. Der Stoff ist gewandert. Aber das gilt nur von der dramatischen Einkleidung. Die religiöse Gedankenwelt mit ihrer Theophanie ist spezifisch israelitisch.

Die Reden Elihus gelten als Anhängsel. Vielleicht darf auf die Form orientalischer Dichtungen hingewiesen werden, bei denen am Schluß der Dichter seine eigene Meinung über das diskutierte Thema ausspricht. Man könnte dann annehmen, daß hinter Elihu sich der Verfasser verbirgt.

Auch auf indischem Boden findet sich der in der dramatischen Einkleidung vorliegende Sagenstoff. Der Missionar Bouchet (The religious Ceremonies and customs of the various nations p. 283) berichtet, er habe von den Brahminen die folgende Erzählung gehört[2]:

„Die Götter versammelten sich eines Tages in ihrem seligen Aufenthalte. Indra, der Gott des Luftkreises, hatte in der Versammlung den Vorsitz. Außer den Gottheiten beiderlei Geschlechts hatten sich auch die berühmtesten Büßer (Fromme) eingefunden, vor allen die sieben Menus (Altväter). Nach einigen Gesprächen wird die Frage vorgelegt, ob es möglich wäre, unter den Menschen einen fehlerlosen Fürsten zu finden. Sie behaupteten fast alle, daß es keinen einzigen ohne große

---

[1]) S. Zimmern KAT[3] 514ff.

[2]) S. zum folg. Nork, Realwörterbuch s. v. Hiob.

Fehler gebe, und Schiba Rutren (Siva Rudra, der indische Satan) stand an der Spitze derer, die diese Meinung aussprachen. Allein Vasista behauptete, daß sein Schüler Atschandira tadellos sei. Hierauf ward Rutren, der keinen Widerstand erträgt, sehr zornig, und versicherte die Götter, daß er ihnen bald die Fehler dieses Fürsten zeigen werde, wenn sie ihm denselben überliefern wollten. Vasista nahm die Herausforderung an, und es ward ausgemacht, daß derjenige, dessen Behauptung falsch sein würde, dem andern all die Verdienste abtreten sollte, die er sich durch eine lange Reihe von Büßungen erworben. Nun wurde Atschandira das Opfer dieses Streites. Rutren prüfte ihn auf alle Art, brachte ihn in die äußerste Armut, beraubte ihn seines Reiches, ließ seinen einzigen Sohn hinrichten, und nahm ihm seine Gemahlin. Dieser Unglücksfälle ungeachtet beharrte der König so standhaft in der Übung aller Tugenden, daß die Götter selbst, die diese Prüfungen über ihn ergehen ließen, unfehlbar darunter hätten erliegen müssen. Und sie belohnten ihn auf sehr freigebige Weise. Sie schenkten ihm auch seine Frau wieder, und erweckten seinen Sohn. Darauf trat Rutren dem Vergleiche gemäß alle Verdienste, die er sich zu eigen gemacht, an Vasista ab, und dieser machte dem Atschandira ein Geschenk damit. Der überwundene Rutren ging ärgerlich davon, und fing wieder eine Reihe von Büßungen an, um sich womöglich einen Vorrat neuer Verdienste zu erwerben."

✳ Wenn die mythologisierende Erzählungsform das Charakteristikum orientalischer, also auch biblischer Erzählungsweise ist, wird man diese Form vor allem in Stücken wie in der Hiobdichtung erwarten können. Sie würde vor allem in den Namen und in den Zahlen zu suchen sein. Man sucht sie im Namen Hiob (Ijjob babyl. ajjâbu der Feind). Man sucht sie ferner in den sieben Söhnen und drei Töchtern vor der Versuchung und ebensoviel nach der Versuchung, in den sieben Tagen und sieben Nächten der Freunde (2, 13), in der 140 = 2 × 70 Jahre währenden Lebenszeit nach der Versuchung. Charakteristisch sind die Namen der Töchter: Keren Happuch, Jemima und Kezia. Die Sept. übersetzen den ersten Namen *Κέρας Ἀμαλθείας,* sie fanden also eine mythologische Anspielung in dem Namen: Amalthea mit dem Füllhorn[1] (hebr. heißt das Wort sonst „Schminkhorn"); Jemima „die Tageverlängernde"? Kezia „die (den Lebensfaden) Kürzende"? Dann würden also die Namen eine Anspielung auf den orientalischen Typus der drei griechischen Parzen enthalten. Vielleicht hängt es mit dieser mythologischen Anspielung zusammen, wenn der Targum ihre Mutter Dina (= Dike, Nemesis?) nennt. Ebenso muß den rabbinischen Juden bekannt gewesen sein, daß die Freunde Hiobs mit der Mythologie der Unterwelt in Verbindung gebracht werden; der Midrasch zu Koh f. 100d sagt: „Von Hiobs Freunden wird nicht gesagt, daß jeglicher aus seinem Hause oder aus der Stadt herzugekommen, sondern aus seinem Ort", d. h. im Hinblick auf AG 1, 25 ‚Judas ging an seinen Ort': die Hölle. Diese letztere Notiz ist vielleicht geeignet, die Wincklersche Behauptung zu stützen, der einen von der Bibel unabhängigen Mythus von Hiob (Ajjûb) und seinen drei, ursprünglich zwei (wenn Hiob mitzählt) Freunden in Nabigha II findet (s. MVAG 1901, 144ff., F. III, 44). Wir würden dann von unserm Standpunkt aus

[1]) Also eine astralmythologische Anspielung; Amaltheia ist Gestirn!

annehmen, daß die Darstellung des Hiob-Lehrbuches die Geschichte des Helden mit Zügen des im Unglück (in der Unterwelt) sitzenden, aber schließlich befreiten Jahrgottes ausgestattet hat. ✳

Hi 1, 1. *Es war ein Mann im Lande Uṣ.* Das Land Uṣ, das man von alters her im weiteren Umkreise von Damaskus sucht, ist geographisch noch nicht festzustellen. Im Sinne des Erzählers spielt die Geschichte jedenfalls auf arabischem Boden. Das beweist der Überfall sabäischer Horden 1, 15. Auch die „Chaldäer“ 1, 17 können in ihren ostarabischen Ursitzen gedacht sein. Der Name Uṣ liegt wahrscheinlich in den Keilinschriften vor in dem Gentilicium Uṣṣai [1].

Hi 1, 5. *Hiob ließ sie* (seine Kinder nach ihren Schmausereien) *reinigen.* Friedrich Delitzsch, Hiob z. St. denkt an die Reinigung durch den Priester, „durch einen mullilu oder ešippu“, wie der Babylonier sagen würde. Das Verbum ḳadâš „reinmachen“ ist auch im Babylonischen ein kultisches Wort.

Hi 1, 6. *Die Göttersöhne kamen, bei Jahve zu erscheinen, und es kam auch der Satan in ihrer Gesellschaft.* Göttersöhne sind = Götter, vgl. Ps 82, 6 wie Menschensöhne = Menschen. Die Ausdrucksweise ist allgemein semitisch. „Vater“ bezeichnet die Überordnung, „Sohn“ die Unterordnung [2]. Es ist hier an eine göttliche Hofhaltung gedacht, wie 38, 7. Unter den Söhnen erscheint der Satan als „böser Gott“, wie Nergal, der Höllengott, in der göttlichen Hofhaltung des Eriškigal-Mythus [3]. Es handelt sich auch hier zunächst um die Gegensätze im Weltall und Kreislauf: Herrschaft in der Oberwelt und in der Unterwelt, Licht und Finsternis. Aber der Dualismus ist hier religiös überwunden. Der Herr der finstern Gewalten steht im Dienste Gottes. Der Kampf ist auf das sittliche Gebiet übertragen. Der Satan ist hier „Widersacher“ und „Ankläger“ Hi 1, 6ff. vgl. Sach 3, 1 f. [4]. Sodann muß mit Zimmern KAT [3] S. 461 darauf hingewiesen werden, daß in dem babylonischen Gedankenkreis vom Gerichtsverfahren zwischen Gottheit und Mensch dämonische Gestalten erscheinen, die die Rolle des „Verklägers“ [5] und „Bedrängers“ spielen. In Zimmerns

---

1) S. Friedr. Delitzsch ZKF 2, 87ff.

2) Vgl. auch b'ne labî = Löwen 4, 11 und die benoth jaanah = Straußen 30, 29.

3) S. hierzu mein Hölle und Paradies AO I, 3 [2] und s. hernach zu 2, 7.

4) Natürlich hat er auch die Eigenschaften der bösen Geister. Nach 2, 7 kann er mit Krankheit schlagen, wie der babylonische gallû und andre Begleiter des Nergal.

5) Vgl. das Gerichtsverfahren Da 3, 8.

Ritualtafeln[1] ist vom „Bedränger des Sünders" (šadiru ša bêl arni) die Rede; unter den 14 Helfershelfern des Höllengottes Nergal erscheint ein Dämon šarabdû, der II R 32, 56 in engster Verbindung mit âkil ḳarṣe „Verleumder" genannt wird[2], und der Syrer nennt den Satan Mt 4 אכל קרצא. Aber nicht um Entlehnung der Satansgestalten handelt es sich, sondern um gemeinsame Weltanschauung.

Marti, Komm. zu Sach 3, 1f. sagt: „Da eine frühere Existenz einer solchen Gestalt des Satans unerwiesen ist (Hiob halte ich auch in seinen Anfangskapiteln für später als Sach 1—8) . . . . . ist anzunehmen, daß Sacharja diese Gestalt selbst gebildet hat." Das ist ein charakteristisches Spezimen der von uns bekämpften literarischen Entlehnungstheorie.

Hi 1, 6ff., s. S. 171 Anm. 4.

Hi 1, 15. Delitzsch, Hiob z. St. weist auf den von ihm „Wo lag das Paradies" S. 302f. übersetzten Brief K 562, der einen räuberischen Überfall der nordarabischen Mas'äer auf den Stamm Nabaiât meldet: „Einer von ihnen entrann und kam herein nach der Stadt des Königs".

Hi 2, 4. Und der Satan antwortete Jahve und sprach: „*Leib um Leib!*" Das Sprichwort entspricht dem ius talionis, wie wir es in der biblischen Thora und in den Gesetzen Hammurabis fanden, s. S. 425f.

Hi 2, 7. Der Aussatz kommt hier vom Satan, wie in Babylonien von Nergal. Im Eriškigal-Mythus zieht Nergal mit sieben und sieben Helfershelfern nach dem Tore der Unterwelt: Blitz, Fieber, Gluthitze usw. sind ihre Namen. Daneben erscheint Namtar, „die Pest", als besonderer Bote der Unterwelts-Göttin.

Hi 3, 3. „*Siehe da* (Sept. ἰδοὺ) *ein Mann!*", Begrüßung bei der Geburt des Hiob. Lea nennt ihren Sohn: Reu-ben (seht, ein Sohn!); bei Sept. und in den alten Onomasticis steht Reu-bel (seht, ein Herr!). Man grüßt gleichsam den Aufgang eines glückverheißenden Sternes.

Hi 3, 8 *(die Tagverflucher)* s. S. 178.

Hi 3, 13. „*So läge ich nun und rastete, wäre gestorben und hätte Ruhe*" (Si 22, 11; 30, 17 vgl. 46, 19). In einem assyrischen Briefe klagt ein Mensch, daß er die Gunst des Königs verloren habe und nun im Elend schmachten müsse, und er sagt: „Ich beuge mein Haupt zu den Toten; Leute, die tot

---

[1]) Beiträge zur babylon. Religion 115, 19.

[2]) S. Jensen zu KB VI, 77. 79.

sind, haben Ruhe" IV R² 46 (53) Nr. 2, 16ff. Hier wie dort die gleiche pessimistische Resignation. Vgl. auch Hi 17, 16.

Hi 5, 1, s. zu 33, 23 f.

Hi 7, 9. „*Was zur Unterwelt hinabstieg, kehrt nicht wieder*" (Si 30, 11). Im Anfang der Höllenfahrt der Ištar heißt die Unterwelt „das Haus, dessen Betreten nicht wieder hinausführt, der Pfad, dessen Hinweg nicht zurückführt."

Hi 7, 12. „Meer und tannîn" (die Erde als Drache, s. S. 136 Anm. 7) poetisch als mythische Ungeheuer gedacht.

Hi 9, 9 s. zu 38, 31ff. Die „*Kammern des Südens*" sind irgendein großes Sternbild des südlichen Himmels, oder sie bezeichnen die Ea-Abteilung der Ekliptik[1].

Hi 10, 21. „*Bevor ich hingehe und nicht wiederkehre ins Land des Dunkels und der Finsternis.*" Vgl. To 4, 10: „*Barmherzigkeit rettet vom Tode und läßt nicht in die Finsternis eingehen.*" Die Höllenfahrt der Ištar sagt von der Unterwelt: „Das finstere Haus, dessen Betreter dem Lichte entrückt ist, da Licht sie nicht schauen, in Finsternis sitzen." Vgl. auch Hi 16, 22 und 17, 16 (Riegel der Unterwelt) und 38, 17 (Tore).

Hi 11, 8, s. S. 176. — Hi 18, 5, s. S. 362.

Hi 15, 28. Es ist an den Kriegsgebrauch zu denken, der eine Stadt als Ödland erklärt. So erging es Jerusalem unter Nebukadnezar.

Hi 18, 13f. heißt der Herrscher des Totenreiches „*Erstgeborner des Todes, König der Schrecken*". Die gehobene Sprache ist mythologisch. Nergal hat ähnliche Epitheta.

Hi 24, 18f. soll nach Delitzsch BB I⁴, S. 39 und 70 den Gegensatz zwischen einer heißen wasserlosen Wüste, welche für Frevler, und einem Garten mit frischem klaren Wasser, welcher für die Frommen bestimmt ist, enthalten und „die willkommene Brücke schlagen zu der neutestamentlichen Vorstellung von der glutheißen, wasserlosen, qualvollen Hölle und dem Garten, der für den Orientalen ohne Wasser, ohne reichlich fließendes lebendiges Wasser undenkbar ist". Wir müssen mit Cornill dieser Auslegung widersprechen. Überhaupt ist Delitzsch im Irrtum, wenn er l. c. S. 41 annimmt, daß das Trinken klaren Wassers im Šeol als Belohnung für die „ganz Frommen" bezeugt sei. Klares Wasser wünscht man allen Verstorbenen — der frische Wassertrunk ist das Ideal jedes Orientalen. Die Inschrift der in Babylon gefundenen Tonkegel, die als Lohn für die pietätvolle Behandlung des Sarges das Trinken klaren Wassers im Hades versprechen, bezeugen keine Unterscheidung von Hölle und Paradies. Wer einen Verstorbenen verflucht, der wünscht ihm, daß sein Totengeist vom Wasser ausgeschlossen sein möge; wer

---

[1]) So Hommel, Aufs. und Abh. 432.

einen Toten segnet, wünscht, daß er viel klares Wasser im Hades trinken möge. Daher die Libationen auf den Gräbern und die Brunnenanlagen in den babylonischen Totenstädten. Ich hatte in der 2. Auflage meines „Hölle und Paradies“ (AO I, 3) dies ausdrücklich gegen Delitzsch geltend gemacht und wiederhole meinen Einwand, nachdem Delitzsch im „Rückblick und Ausblick“ 1904, S. 4 jene m. E. verhängnisvolle Schlußfolgerung als besonders bedeutungsvoll abermals hervorgehoben hat.

Hi 24, 21, s. S. 342 Anm. 6. — Hi 26, 12 f., s. S. 178. — Hi 33, 6, s. S. 167.

Hi 33, 23 f. vgl. schon 5, 1, der Fürsprache-Engel. Die Vorstellung vom himmlischen Fürsprecher liegt im Adapa-Mythus vor, wo Tammuz und Gišzida bei Anu für Adapa bitten, KB VI, 1, S. 97 ff., in den Bußpsalmen, und oft auf den religiösen Darstellungen der Siegelzylinder, vgl. Abb. 36 S. 101 und Zimmern KAT³ 419 f.

Hi 37, 18, s. S. 174.

Hi 37, 22. „*Aus dem Norden kommt das Gold.*“ Das Gold ist nach orientalischer Vorstellung „Dreck“ der Hölle[1]. Wenn die Herkunft des Goldes hier mit dem Weltbild zusammenhängt[2], wäre der Süden zu erwarten. Aber in andrer Beziehung ist der Norden, der nach Hi 26, 7 oben ist, erklärlich[3]. Vom Norden her kommen Geister des Verderbens Ez 9, 2, die Jahve sendet und in deren Mitte der Schreiberengel ist, der die Frommen aufschreibt[4]. Der Nordpunkt der Ekliptik ist der kritische Punkt, der Todespunkt des Tammuz. Am Nordtore sitzen Ez 8, 14 die Weiber, die den in die Hölle gesunkenen Tammuz beweinen. Am Nordtore des Tempels stellen die Judäer das „Eiferbild“ auf Ez 8, 5 ff.[5].

---

[1]) S. 216 Anm. 4.

[2]) Delitzsch Hiob, zu 37, 22 identifiziert irrtümlich den Sitz des Goldes und den Götterberg. Wenn der Arallû II R 51, 11 šad ḫurâṣi heißt, so ist an das Höllen-Innere des Berges gedacht.

[3]) Die Rabbinen stellen sich vor, daß die Erde vom Himmel umringt ist, der Norden aber frei ist. Vgl. Herrschensohns hebräisch geschriebenes „Buch der 7 Weisheiten“ S. 4 und 12: „Baba bathra 2, 25b heißt es: Der Himmel liegt um die Erde wie Aksadra (drei Seiten umringt, die Nordseite nicht); das erklärt man so: dort ist kein Himmel; d. h. dort ist es offen, der Himmel hat ein Loch.“ An andrer Stelle wird erklärt, daß dort in dem Loch die Wohnung ist für die bösen Dämonen; Sturmwind, Geister, Šedim, Blitze, Dämonen kommen von dort. Vgl. hierzu auch bei Hommel, Aufs. u. Abh. 267 den Nordwind-Dämon meḫû.

[4]) S. z. St. Der „siedende Topf“, der Jer 1, 13 ff. von Norden kommt, darf hier vielleicht auch erwähnt werden.

[5]) In der Kabbala ist übrigens צפון zuweilen Beiname Gottes, s. Knorr v. Rosenroth, Kabbala denudata I, 666.

Der Nordpunkt des irdischen Alls wie des himmlischen Alls ist aber zugleich Gottessitz, der Sitz des obersten Gottes (s. S. 20) — Arallû auch Ḫarsagkurkura, šad mâtâte, genannt, der „Länderberg“. Daß die Israeliten die Vorstellung kannten, zeigt Jes 14, 13: dort redet der babylonische Weltherrscher vom Versammlungsberg[1] im äußersten Norden. Auch Ez 28, 14 ist bei dem „heiligen Berge Gottes“, der mit „Feuersteinen“ bedeckt ist, und vom Kerub bewacht wird, an den Gottessitz im Norden gedacht. Ps 48 erscheint Jahve in Flammen leuchtend auf seinem heiligen Berge, der Nordberg[2] zittert vor ihm. Der Zion ist das irdische Abbild dieses Gottessitzes für die Judäer, s. S. 49 Anm. 3; 179; 190. Jes 29, 7f. enthält ein Wortspiel, das den Arallû als Gottessitz und zugleich als Höllenort im Sinne hat: „*O Arêl, Arêl, Burg, da David sich niederließ! Füget Jahr auf Jahr, die Feste sollen kreisen, dann will ich bedrängen den Arêl; es soll Geklage und Klagen sein und er soll wie ein rechter Arêl sein.*“ Jahve will den Zion, der ein Arêl, ein Gottesberg sein sollte, bedrängen, daß er „ein rechter Arêl“ sei, das heißt ein Höllenberg voll Klagegeschrei[3].

Hi 38, 4—7, s. S. 173.

Die Harmonie der Sphären.

Hi 38, 7 vgl. S. 166; 172. Der Jubelgesang der Sterne und Planeten bei der Schöpfung erinnert an die Stelle des babylonischen Mythus, an der es heißt, nachdem Marduk die Finsternis besiegt hat: „Als das seine Väter sahen, freuten sie sich, jauchzten“ — aber es verbirgt sich darin wohl auch der Gedanke von der „Harmonie der Sphären“. Die Erscheinung beruht auf dem Grundgesetz der prästabilierten Harmonie, s. S. 42ff. 50ff. Wie die Farben und Metalle, so entsprechen auch die Töne den Planeten[4]. Daß die Lehre älter ist als die griechische

---

1) הר מועד. Zu dem entsprechenden אהל מועד s. S. 435f. Vgl. auch S. 565.

2) Ps 48, 3 הר צפון zu lesen Glosse: ירכתי צפון, s. Winckler, Gesch. Isr. II, 129f.

3) S. meine Babyl.-assyr. Vorstellungen vom Leben nach dem Tode S. 123.

4) Von den Planeten gehen Tonschwingungen aus beim Wandel durch den Tierkreis (vgl. S. 15f.). Auf ihre sieben Töne werden die Harmonien der Musik zurückgeführt mit den sieben Tönen der Oktave. Da der siebente Ton dem Planeten Nergal, dem Unglücks- und Teufelsplaneten, gehört, verbietet in der christlichen Ära die Kirchenmusik (noch heute in der schottischen Musica sacra) die Septime.

Philosophie, und daß sie vom Orient nach Griechenland gekommen ist, wo sie weitergebildet wurde, steht außer Zweifel. Der Vermittler scheint Pythagoras gewesen zu sein, bei dem orientalische Entlehnungen ausdrücklich bezeugt sind. Die alten Übersetzer des Alten Testaments haben recht mit ihrer Annahme, daß auch die alttestamentlichen Dichter diese altorientalische poetische Anschauung kannten, wenn sie auch die Anklänge an unrechter Stelle vermuteten. Aquila übersetzt die Stelle HL 6, 9, die in Wirklichkeit sagt: „*rein wie die Sonne*" mit den Worten: „*tönend wie die Sonne*". Die Vulgata übersetzt Hi 38, 37: concentum coeli quis dormire faciet, „*wer wird die Musik des Himmels zum Schweigen bringen?*" (Die Stelle sagt in Wirklichkeit: „*wer gießt des Himmels Krüge aus?*"). Zwei andere Stellen reden in der Tat von der Musik des Weltkörpers: Ez 1, 24; dort heißt es von den Keruben (das sind die Planeten der vier Hauptstationen des Tierkreises): „*Und ich hörte das Rauschen ihrer Flügel wie das Rauschen gewaltiger Wasser, wie den Donner des Allmächtigen*", Ps 19, 1—5 „*Die Himmel erzählen die Herrlichkeit Gottes; in alle Lande geht ihre Stimme aus*[1] *und ihre Worte bis ans Ende des Erdkreises.*"

Im Mittelalter hat sich gegenüber gelehrter theologischer Anfeindung die Lehre von der Harmonie der Sphären in die darstellende Kunst zurückgezogen, aber im Zeitalter der Reformation ist sie von den Theologen[2] und Astronomen neu ausgestaltet worden, während die Poesie gern auf ihre älteste Gestalt zurückgegriffen hat. Dante teilt den Himmelskörpern selige Lenker zu, die die Himmelskreise regieren und deren Gesang ein Nachklang vom Sphärenlied ist. So sagt Raphael im Prolog des Faust:

Die Sonne tönt nach alter Weise
In Brudersphären Wettgesang,
Und ihre vorgeschriebne Reise
Vollendet sie mit Donnergang.

---

[1]) So ist zu verbessern; die alten Übersetzer haben φθόγγος! Gunkel, Ausgewählte Psalmen: „Über alle Welt geht aus **ihr Gespei**!" Man traut seinen Augen nicht.

[2]) Luther sagt zu Mt 15, 34, Pythagoras rede von einer überaus lieblichen Harmonie des Himmels, gleich als ob er den Hiob gelesen hätte. Und zu 1 Mos 2, 21: Pythagoras hat gesagt, daß die gleiche und ordentliche Bewegung der Sphären unter dem Firmament einen schönen und lieblichen Gesang von sich gebe; weil ihn aber die Leute täglich hören, werden sie dagegen taub: gleichwie die Leute, so da nahe am Wasser Nilo wohnen, des großen Rauschens und Krachens des Wassers, weil sie es täglich hören, nicht achten.

Hi 38, 14. Das Bild des Lebens, das aus der nächtlichen Erde am Morgen hervortritt, wird mit dem Reliefbild verglichen, das der auf Ton abgerollte Siegelzylinder mit seinen Bildern hervorbringt. Ein Bild, für das uns erst die Kenntnis der mannigfaltigen babylonischen Siegelzylinder Verständnis gibt.

Hi 38, 31ff. *Kîma* sind kaum die Plejaden. Etwa der Stern Arcturus, der beim großen Bären (als Bärenführer) steht[1]? Kesîl = Orion, s. S. 266. Sept. *Ὠρείων,* bei Hi 9, 9 aber *Ἕσπερος*. „*Lösest du die Stränge des Kesil?*“ Der Orion ist als an den Himmel gebundener Riese gedacht, s. zu 1 Mos 10, 9. Sicher handelt es sich um Gestirne oder Sternbilder, an die sich bekannte Mythen knüpfen. — *Mazzarôt* (s. zu 2 Kg 21, 5, babylonisch manzaltu „Standort“) sind die Mondstationen bez. die Sonnenhäuser am Tierkreis. — *'Êš (mitsamt ihren Söhnen).* עש lies נעש, das freilich nur arabisch bezeugt ist. Es sind die Tierkreisbilder ursprünglich Chaosungeheuer, vgl. S. 133, Anm. 1 und Gunkel, Schöpfung und Chaos 140. Die Bahre? (der große Bär, bekanntlich auch als Bahre vorgestellt): „*Und tröstest du die Totenbahre samt ihren Kindern*“, vgl. Stucken, Astralmythen 34. — „*Kennst du den mištâr des Himmels?*“, s. S. 44, Anm. 2. Es ist das Buch der Offenbarungen Gottes im Himmel. V. 36 ist Parallelglied: „*Oder kannst du ihn auf die Erde malen?*“

Hi 38, 33 (Schrift des Himmels), s. S. 44ff. — Hi 39, 6, s. S. 362. — Hi 40, 14ff., s. S. 396.

Die Psalmen.

Zwischen den poetischen Formen der biblischen und babylonischen Lieder besteht enge Verwandtschaft. Das Volk Israel hat auf allen Gebieten des Könnens und Wissens die Kulturvölker Vorderasiens zu Lehrmeistern gehabt. Sobald es schriftstellerisch tätig war, ergab es sich ganz von selbst, daß man sich in alten längst festentwickelten Formen ausdrückte. Andrerseits kann man an der religiösen Lyrik der Psalmen besonders deutlich sehen, daß die religiöse Gedanken- und Empfindungswelt in Israel unendlich viel tiefer ist, als in Babylonien und Ägypten.

Zur vorderasiatischen Instrumentalmusik vgl. die von Fr. Jeremias bearbeitete Einleitung zu den Psalmen in Haupts Sacred Books. Babylonische und assyrische Musikinstrumente illustrieren die Abb. 182 und 183.

---

[1]) Auch der Sirius (Stern in Geigers jüd. Ztschr. 1865, 258ff.).

Ps 2, 7, s. S. 357 Anm. 3. — Ps 11, 6, s. S. 362. — Ps 19, 1 ff., s. S. 166. 174 und S. 559. — Ps 23, 5, s. S. 168 Anm. 3. — Ps 24, 2, s. S. 165; 175. — Ps 36, 6f., s. S. 175; 176.

Ps 44, 24. „*Wache auf, warum schläfst du, Herr?*“ Vgl. IV R 23, col 1, Z. 26ff.[1]:

„Der Herr, welcher schläft, wie lange wird er schlafen? Der große Berg, der Vater, der Gott Mul-lilla (Bel), welcher schläft, wie lange wird er schlafen? Der Hirte, der Bestimmer der Geschicke, welcher schläft, wie lange wird er schlafen?“

Abb. 183—185: Doppel-Flöte. Cymbel. Trommel.
Von Palast-Reliefs aus Asurbanipals Zeit.

Die Umkehrung des Gedankens wäre in Babylonien nicht denkbar: „Hüter Israels, der nicht schläft noch schlummert“, Ps 121, 4.

Ps 51, s. S. 210. — Ps 60, s. S. 379. — Ps 69, 16, s. S. 383. — Ps 72, 10, s. S. 261. — Ps 74, 13, s. S. 166; 179. — Ps 76, 3, s. S. 349. — Ps 81, 4, s. S. 422. — Ps 87, 4, s. S. 180 Anm. 1. — Ps 89, 11, s. S. 180. — Ps 89, 11 ff., s. S. 178.

Ps 91, 13: *auf Drachen treten*, s. Abb. 33 und 46, ferner S. 136 und 490 (1 Sa 17, 51) Test. Lev. 18:

Beliar wird gebunden werden und der Priester-Messias wird seinen Kindern Gewalt geben, auf die bösen Geister zu treten.

Ps 104, s. S. 160 Anm. 1; 162; 176; 182. — Ps 104, 4, s. S. 373 Anm. 1. — Ps 104, 12, s. S. 164 Anm. 3. — Ps 110, s. S. 351.

Für die Erklärung des liturgischen Begriffes šîr hammaʿalôt (Ps 120—134, Luther: Stufenpsalmen) ist die religiöse Vorstellung vom Hinaufsteigen zum Gottessitz entscheidend. Wie der Babylonier in seiner Weise den Stufenturm emporsteigt, um sich der Gottheit zu nahen (S. 52), so ist die Wanderung

[1]) S. Hommel, Aufs. und Abh. 229.

der Pilger nach dem Zion-Berge eine Wanderung zum Sitz Gottes (2 Mos 34, 24, vgl. auch die Pilgerfahrt zum Sinai S. 421). Die Wanderlieder wurden gewiß auf bestimmter Station beim „Hinaufziehen nach Jerusalem“ gesungen.

Ps 137, 7, s. S. 380. — Ps 148, 8, s. S. 373 Anm. 1.

Abb. 186:
Altbabyl. Fragment aus Telloh.
Elfsaitige Harfe[1].

Sprüche Salomonis.

Die Zurückführung der Spruchdichtung als Literaturgattung auf ägyptischen Einfluß, die neuerdings befürwortet worden ist, verkennt die Einheitlichkeit der vorderasiatischen Kultur, in die Ägypten eingeschlossen ist. Es gilt auch hier, was S. 560 zu der Psalmendichtung bemerkt wurde. Alte Môšelîm führt 4 Mos 21, 27ff. auf. In Israel mag die Literaturgattung in den Zeiten des großen Weltverkehrs, die unter David und Salomo begann, besondere Anregungen empfangen haben. Vielleicht hat auf diesem Gebiete Arabien seinen geistigen Einfluß geltend gemacht. Salomo als Spruchdichter wird ebenso historisch sein, wie die Überlieferung von David dem Psalmsänger. Die Benennung der Spruchsammlung in majorem gloriam des Salomo entspricht allgemeiner literarischer Gepflogenheit des Orients. Daß die Sprüche sämtlich von Salomo und seiner Umgebung stammen, meint auch der Sammler nicht, wie die Überschriften einzelner Gruppen zeigen.

Die personifizierte Weisheit ist in der Tehom sitzend gedacht, wie im babylonischen Mythus, s. S. 43; 96; 175.

Zu Spr 2, 16—19 hat Peiser OLZ 1900, 450f. die Vermutung aufgestellt, daß die Schilderung der weiblichen Verführerin auf jener babylonischen Dichtung beruht, in der das Hinabsinken Ištars in die Unterwelt geschildert wird:

---

[1]) Ps 12, 1: 8 Saiten; 92, 4: 10 Saiten; Harfe mit 7 Saiten ist z. B. Erachin 13[b] bezeugt. Die frühere Annahme, daß die 11-saitige Harfe griechischen Ursprungs sei, ist durch das Telloh-Denkmal widerlegt.

„Die da verläßt den Freund ihrer Jugend[1]
[und den Bund ihres Gottes verlassen hat],
denn zum Tode sinkt sie [nämlich ihr Haus],
zu den Rephaim (Todesschatten) führen ihre Pfade,
[zum Hause], von dem niemand, der hineingeht, wiederkehrt,
und nicht erreicht Lebenswege."

Spr 3, 18, s. S. 191.

5, 3—5 erinnert an die Antwort, mit der Gilgameš die Verführungskünste der Ištar in der VI. Tafel des Gilgameš-Epos zurückweist. Vgl. hierzu auch Spr. 7, 27: „Weg der Unterwelt ist ihr (der Huren) Haus, der hinabführt zu des Todes Kammern". Die Unterweltsvorstellungen der Sprüche entsprechen der babylonischen Totenwelt; vgl. 9, 18 („Er weiß nicht, daß daselbst Rephaim sind, und ihre Gäste in den Tiefen des Scheol"); 21, 6: „Wer vom Pfade der Weisen abirrt, der wird bleiben in der Gemeinde der Rephaim."

Spr 8, 22—31, s. S. 173. — Spr 9, 1, s. S. 184. — Spr 11, 30, s. S. 192. — Spr 13, 12, s. S. 192. — Spr 30, 7 ff. (Spruch in Rätselform) vgl. S. 495 f.

Das Hohelied.

In der vorliegenden Gestalt ist das Hohelied, wie die Überschrift zeigt (šîr haššîrîm), als einheitliches Ganze gemeint ohne Rücksicht auf literarische Entstehung. Die allegorisch-messianische Deutung (in der christlichen Kirche seit Origenes, im Mittelalter ist das Buch Kern und Stern der Mystik), läßt sich literarhistorisch natürlich nicht rechtfertigen, wohl aber würde sie religiös verständlich, wenn sich nachweisen ließe, daß die Synagoge in dem Hochzeitsliede Motive der Erlösererwartung erkannt[2] (ähnlich verhält es sich mit dem Hochzeitslied Psalm 45) und so die Dichtung als Ausdruck der Messiashoffnung, der Hoffnung inniger Verbindung Gottes mit der Gemeinde aufgefaßt hat. Wie es scheint, gab es in der jüdischen Auffassung zwei Strömungen: den einen galt das Lied als weltliche Dichtung (משלות), den andern als ein überaus heiliges Buch (קודש קושים). Man lese die wertvolle Einleitung zu Fz. Delitzsch's Auslegung des Hohenliedes.

HL 1, 5. *Zelte der Ḳedar* (s. S. 371) *und Zeltdecken der Salamier* (nicht Salomos), das in den nabatäischen Inschriften (Euting, Nab. Inschrift. 2) genannte Brudervolk der Nabatäer, s. Winckler F II, 545 ff.

HL 6, 4. 10 statt נדגלות ist vielleicht Nergalôt zu lesen, neben Morgenröte, Sonne und Mond bezeichnete es dann die „Zwillinge". Das Epitheton „furchtbar" stimmt zu ihrer Verbindung mit Ninib und Nergal[3].

HL 6, 9 s. S. 559.

---

1) Tammuz heißt ḫamer ṣiḫrutiša, der Gemahl der Jugend der Ištar.

2) Sehr beachtenswert sind in dieser Richtung die Aufstellungen von Erbt, Die Hebräer S. 196 ff.

3) S. Winckler F I 293, Jensen Kosm. 64 und vgl. oben S. 104.

Der Prediger Salomonis

repräsentiert in seinen Grundbestandteilen eine pessimistische Schrift, die in Widerspruch zu der Anschauung der Jahve-Religion steht und die an die S. 210f. charakterisierte pessimistische Stimmung babylonischer Dichter erinnert. Die Schrift unseres Kanon ist eine polemische Überarbeitung jener Schrift im Sinne der prophetischen Religion[1].

Eine interessante Parallele zu den epikuräischen Ratschlägen bietet ein Epenfragment aus einem Gilgameš-Epos[2]:

„Gilgameš, warum rennst du herum?
Das Leben, das du suchst, wirst du doch nicht finden.
Als die Götter die Menschen schufen,
haben sie den Tod den Menschen auferlegt,
und behielten das Leben in ihren Händen:
Du, Gilgameš, sättige deinen Leib,
Tag und Nacht freu du dich,
täglich mach ein Freudenfest;
Tag und Nacht sei ausgelassen und vergnügt.
Sauber mögen deine Kleider sein,
rein sei dein Kopf und wasche dich mit Wasser.
Schau auf den Kleinen, den deine Hand ergreift,
das Weib freue sich in deinem Schoße."

Achtundzwanzigstes Kapitel.

Glossen zu den Propheten.

Jes 1, 9, s. S. 324.

Jes 1, 11. 16f. vgl. Ps 51, 19. Die Stelle mag das Verhältnis der israelitischen und babylonischen Religion illustrieren. Hier vergeistigte, dort naturalistische Religion.

„Was soll mir die Menge eurer Schlachtopfer?" spricht Jahve. „Ich bin satt der Widderbrandopfer und des Fettes der Mastkälber . . . . Waschet euch, reiniget euch! Schafft mir eure bösen Taten aus den Augen! Höret auf, Böses zu tun! Lernet Gutes tun!"	„(O Ištar) was sollen wir dir geben? Fette Rinder, feiste Schafe?" „Nicht will ich essen fette Rinder, feiste Schafe; man möge mir geben prächtiges Aussehen der Frauen, Schönheit der Männer."

---

[1]) S. Paul Haupt, Koheleth oder Weltschmerz in der Bibel, Leipzig 1905.

[2]) VA. Th. 4105, bespr. von Meißner MVAG 1902, 1 ff.

„Die rechten Schlachtopfer für Gott sind ein zerbrochener Geist; ein zerbrochenes und zerschlagenes Herz wirst du, Gott, nicht verschmähen!“

Craig, Rel. Texts II, 19, s. Zimmern KAT [3] 595, Anm. 1.

Jes 1, 18, s. S. 372, Anm. 6.

Jes 2, 2. Hinter dem Zukunftsbilde verbirgt sich die Vorstellung von dem mythischen „Berg der Versammlung“ wie Jes 14, 13 har moʿed (s. S. 558). Im Neuen Testament erscheint er Apk 21, 10[1]. Das Gegenstück ist der Versammlungsberg der Unterweltsmächte, den ich Apk 16, 16 wiederzufinden glaube (Harmagedon, verderbt aus har-moʿed).

Abb. 187: Genius auf einem Relief des Königs Asurnaṣirpal, der trinkend in seinem Palaste sitzt (Nimrud).

Jes 6, 1 ff. Jesaias sieht in der Vision den *himmlischen Tempel*. Die Schilderung der *Seraphim* entspricht den Genien, die babylonische Bilder zeigen, s. Abb. 65 ff. 122. 187 vgl. S. 218.

Der Name ist kaum mit dem Namen Sarrab(p)u zu vergleichen, den „im Westlande“ Nergal führt nach II R 54, 76 cd (s. Zimmern KAT [3] 415). Es wird wie Kerubim (s. S. 218) ein allgemeiner Name für die Engel sein, die den Verkehr zwischen der himmlischen und irdischen Welt vermitteln.

Der Lobgesang:

„Heilig heilig ist Jahve Ṣebaoth,
alle Lande erfüllt seine Herrlichkeit (kabôd)“

entspricht den Grundgedanken der mosaischen Religion, s. S. 422.

---

[1]) Auch Mt 4 und hierzu BNT 95.

Jes 8, 11—13 wird der Grundsatz, der Jesaias' Seele in entscheidender Stunde bewegt, wiederholt, und 30, 11 zeigt, daß hier der springende Punkt lag im Kampf gegen ein in Heidentum versunkenes Volk. Hier liegt das Charakteristikum der Jahve-Religion im Gegensatz zu jeder Paganisierung, wie sie die Volksreligion (S. 338) zu allen Zeiten in Israel zeigt.

Jes 7, 14ff. *Eine Jungfrau wird einen Sohn gebären, den sie „Gott mit uns" nennen wird.* Es ist der Retter der Zukunft, der 9, 5 aufgetreten ist und der dort die misʾra auf seiner Schulter trägt[1]. Jesaias ist in tiefer Erregung dem König gegenüber getreten, um ihn vor unseligem Bündnis zu warnen und sein Vertrauen auf die Hilfe Jahve's zu wecken. Seine Worte sind abgerissen und rätselhaft. Sie kündigen ein goldenes Zeitalter an. Es handelt sich um das Kommen des Erretters wie in dem Gemälde der Endzeit Apk 12. Die Jungfrau ist im Sinne der den ganzen Orient beherrschenden, in Israel prophetisch vertieften Erlösererwartung die himmlische Jungfrau[2]. Ob der Prophet an ein in naher Zukunft zu erwartendes oder endgeschichtliches Ereignis denkt, ist zunächst gleichgültig. Den prophetischen Bildern fehlt die Perspektive. Wenn er an eine Königstochter dachte, so war ihm diese die Repräsentantin der himmlischen Jungfrau. Man könnte auch an die „Tochter Zion" bei Micha denken, die die Geburt des rettenden Königs aus Bethlehem erwartet (s. zu Mi 4f).

Milch und Honig wird er essen. Auch das ist ein feststehendes Motiv der anbrechenden Segenszeit[3], wie Mi 4, 4: *es wird jeder unter seinem „Weinstock und Feigenbaum" sitzen.* Und zwar wird dies goldene Zeitalter eintreten, wenn der Erwartete das *Böse verwerfen und das Gute erwählen lernt.* Das heißt nicht, „wenn er zwei, drei Jahre alt ist"[4], sondern wenn

---

[1]) Was ist das? Keinesfalls zunächst Abstraktum („Herrschaft", „Hoheit"), wie dann in der Anwendung v. 6. Ist es der Krönungsmantel, wie Offbg. 19, 16 (zum Kleid als Inbegriff der Weltherrschaft s. S. 497)? Vgl. die interessante Investitur Eljakims als Erlöserkönig 22, 21 ff.; er trägt den Davids-Schlüssel auf der Schulter. 22, 22 erinnert an das Entstehen und Verschwinden bei der Berufung Marduks S. 162.

[2]) Vgl. S. 108f. BNT 35ff. Die außerbiblische Welt hält sich an das Horoskop der Wintersonnenwende: die Jungfrau geht im Osten auf mit dem Kind auf dem Arm, vom Drachen verfolgt. Die biblische Weltanschauung wartet auf den wunderbar von Gott Gesendeten, auf *μέγα τὸ τῆς εὐσεβείας μυστήριον*.

[3]) S. BNT S. 47, Anm. 1.

[4]) So die Kommentare, z. B. Duhm, z. St., das ist nach moderner Kindererziehung geurteilt. Jes 8, 4 redet von solchem Kindesalter (wenn

er wehrhaftig ist, wenn er weiß, wofür es zu kämpfen gilt[1]. Dann wird er auftreten, und das goldene Zeitalter bricht an[2].

Jes 8, 1, s. S. 424. — Jes 8, 7, s. S. 202. — Jes 9, 11, s. S. 189 Anm. 4. — Jes 10, 9, s. S. 270. — Jes 11, 6—8, s. S. 215 Anm. 2.

Jes 10, 4. *Beltis* und *Osiris* hier zu finden, halten wir mit Winckler OLZ 1902, Sp. 385, für unmöglich.

Jes 10, 9. *Kalno*[3] ist wie Am 6, 2 Kalnê (nach dem Zusammenhange syrische Stadt) das nordsyrische Kullani der Keilinschriften, das ist wahrscheinlich die Hauptstadt des Landes Ja'udi[4]. Im Jahre 738 hat Tiglatpileser III. die Stadt erobert.

Jes 11, 12. Von einer Wegführung von Israeliten nach Elam, Sinear und Hamat wissen wir nichts Bestimmtes. Die unter Tiglatpileser-Phul Weggeführten können dahin gekommen sein. Schrader KAT[2] z. St. weist darauf hin, daß Sargon nach Khors. 138f. Hettiter in elamitische Gebiete und Bewohner des Westlandes nach Sinear-Babylonien wegführt; Khors. 49—56 berichtet von einer Ansiedlung von Armeniern in Hamath.

Jes 13, 7, s. S. 255.

Jes 13, 10ff., Verfinsterung der Gestirne als Zeichen der Fluchzeit, wie in den Bildern Joels und Ez 32, 7ff. Das gleiche Motiv kennen babylonische Texte; so der Text Reisner, Hymnen 131, wo die Fluchzeit geschildert wird, in der in Tier- und Menschenwelt die Verwandten einander verstoßen:

Der Mond geht über dem Lande glänzend nicht auf;
Sonne und Mond gehen über dem Lande glänzend nicht auf[5].

---

einer noch nicht „Vater“ und „Mutter“ sagen kann). Duhm hat übrigens nebenher die richtige Empfindung: „der Verfasser nimmt vielleicht an, daß der Knabe eine besondere eschatologische Größe sei, etwa der Messias, über dessen Jugendschicksale er durch Exegese eine interessante Einzelheit gefunden zu haben glaubt.“ Nicht um Exegese handelt es sich, sondern um Kenntnis der allgemein verbreiteten Motive der Erlösererwartung.

[1]) 5 Mos 1, 39 ist der Ausdruck in dem gleichen Sinne gebraucht.

[2]) Man vergleiche die Begrüßung des wunderbaren Knaben, der das goldene Zeitalter und den neuen Weltkreislauf bringt, in der berühmten 4. Idylle des Vergilius. Wenn er zum Manne herangereift ist, „wird wieder ein großer Achilles gen Troja gesandt.“ Die Motive des Weltenfrühlings sind auch hier dieselben wie in den babylonischen Texten (vgl. BNT 31f.) und in den prophetischen Reden der Bibel. Wie Jes 11, 6ff. wird der Friede in der Tierwelt und wunderbare Fruchtbarkeit auch bei Vergil verheißen.

[3]) Zu lesen Kalnî, vgl. S. 270. Zu dem babylonischen Kalneh 1 Mos 10, 10 s. ebenfalls S. 270.

[4]) Jaudi in den Inschriften von Sendschirli s. S. 519 Anm. 3.

[5]) Von Zimmern KAT[3] 393 in diesen Zusammenhang gestellt. Zur Fluchzeit s. auch BNT 97f. und zur Verfinsterung der Sonne 103.

Jes 13, 21. Bocksgeister in der Wüste. Wortspiel mit שָׂעִיר; die Wüste ist Sitz der Dämonen, s. S. 432 und 453 vgl. BNT zu Mt 4 S. 94 f., Mt 12, 43 (ib. 99 f.), Offbg. 17, 2 f.

Jes 14, 4ff. Die Verwandtschaft der biblischen Unterweltsbilder in Jes 14 und Ez 32, die in meiner Erstlingsschrift 1886: „Babylonisch-assyrische Vorstellungen vom Leben nach dem Tode, unter Berücksichtigung der alttestamentlichen Parallelen dargestellt" unter allgemeinem Widerspruch behauptet wurde, ist jetzt allgemein anerkannt. Schwally, der in seinen „Vorstellungen vom Leben nach dem Tode" meine Schrift ignorierte und nur innerjüdische Entwicklung anerkannte, sagt später OLZ 1900, Sp. 17: „Ich schreibe jetzt fremden Kreisen einen viel größeren Einfluß zu .... in die biblischen Šeol-Vorstellungen sind babylonische Züge hereingekommen." Vgl. jetzt mein Hölle und Paradies bei den Babyloniern AO I, 3².

Jes 14, 4ff. Das Lied bezieht sich auf ein bestimmtes für die Geschicke Judäas entscheidendes Ereignis. Der Tod Sargons, des Eroberers Samariens, der Judäas Hoffnungen getäuscht hatte, kommt zunächst in Betracht[1]. Budde denkt an den Tod Sanheribs. 2 Kg 19, 21—28, wo der baldige Sturz Sanheribs vorausgesagt ist, erinnert allerdings in manchen Zügen an das Lied. Jes 14, 12—15: Der König ist als Helal ben Šaḫar gleich dem strahlenden Morgenstern, der als Abendstern (Lucifer) in die Unterwelt hinabgesunken ist. Der Mythus von der Höllenfahrt trägt hier statt der Sonnen- oder Mond-Motive (S. 32ff.) die Motive der Venus als Abendstern, wie S. 110 besprochen wurde. Zum Vergleich des Königs mit dem Sterne s. S. 166. Die Mondsichel ist hier wohl kaum gemeint (so Winckler F. II, 388, Zimmern KAT³ 565); der Mythus würde übrigens auch dann der gleiche sein. Die Farben des Liedes erinnern an den Etana-Mythus[2]. S. zu 5 Mos 30, 12; 32, 11 und vgl. 2 Mos 19, 4.

Jes 14, 13 (Berg der Versammlung), s. S. 558. 565. — Jes 14, 23, s. S. 270 Anm. 3.

Jes 14, 28ff. *Freue dich nicht, Philistäa, daß zerbrochen ist der Stab, der dich schlug* (Salmanassars Tod); *denn aus der Wurzel wird eine Viper hervorgehen und seine Frucht eine geflügelte Schlange sein.* Sargon wird mit einem mythischen Drachen verglichen[3].

Jes 19, 18, s. S. 313. — Jes 23, 1. 12, s. S. 261.

Jes 20, 1. Die einzige Stelle, an der Sargon erwähnt wird, der Eroberer von Samarien (722—705, s. Abb. 174). Er heißt Šarukîn arkû, „der andre" zur Unterscheidung von Sargon I., dem Gründer von Babylon (s. S. 290). Wenn er sich (Cyl.-I. 45,

---

[1] Oder Sanherib? S. S. 526. Zum Folgenden ZAW II, 12ff.

[2] Jensen KB VI, 101 ff. — [3] S. Winckler OLZ 1902, 385 f. = Krit. Schr. III, 9.

KB II, 47) seiner 350 königlichen Vorfahren rühmt, so will er sich als Bürger eines neuen Weltzeitalters darstellen, s. S. 71[1].

Jes 22, 5—7. Das Orakel gegen Ḫizajôn konnte früher unmöglich richtig erklärt werden, da die Völkernamen nicht bekannt waren. Es heißt: „*Jahve, der Herr der Heerscharen, bringt in kriegerische Aufregung* (das Wortspiel ist nur ungefähr übersetzbar) *im Tale Ḫizajôn Ḳar und Suti*[2] *vom Gebirge her und Elam erhebt den Köcher und Aram besteigt die Pferde — und Kir erhebt den Schild und alle die Straßen werden voll von Streitwagen und Reitern, und Sôt (die Suti) besetzt das Tor.*“ Ḳîr[3] ist das Land Kares, das Arrian neben Sittakene (= Suti, identisch mit Jamutbal) nennt. Beide Bezirke liegen in der Ebene Jatburi, die zwischen Tigris und Gebirge liegt und an Elam angrenzt. Die Aramäer erscheinen Ez 23, 23 in derselben Umgebung unter der assyrischen Bezeichnung Peḳôd, d. i. Paḳûdu.

Jes 22, 21 ff., s. S. 566.

Jes 24, 21 ff. Weltgericht und Segenszeit (vgl. zu dieser Stelle bereits S. 179). Jahve besiegt die heidnischen Könige und das Heer „der Höhe“ (merôm), das sind die Sterne, zu denen nach v. 23 Mond und Sonne gehören. Er besiegt also die Gewalten, unter denen die Welt (der Orient) bisher gestanden hat, die heidnischen Könige und die astrale Götterwelt. Das Ende wird sein, daß Jahve ihre Herrschaft stürzt, sie einsperrt (!) und von Zion, dem Weltenmittelpunkt aus das Regiment antreten wird[4]. Jahve ist hier genau so vorgestellt wie Marduk. Wie Marduk die Tiâmat und die Götter einer feindlichen Welt besiegte, so besiegt Jahve die Gewalten der bisherigen Weltordnung. Der Kampf wird in den gleichen Formen gedacht.

Für das Verständnis des Begriffes *Jahve Ṣebaoth* ist dann die Stelle besonders wichtig. Die „Heere der Höhe“ צבא המרום v. 21 sind die heidnischen Astralgötter. Jahve nimmt ihnen die Herrschaft ab und wird in seiner Weise Jahve Ṣebaoth „Jahve der (Sternen)-Heere“ (vgl. Ps 148, 2, wo das Heer des Merôm Jahve's Heer, seine Engelwelt, geworden ist). Die Poesie betrachtet die Sterne als himmlische Kämpfer, s. S. 474.

Jes 27, 1 (Jahve's Sichelschwert), s. S. 101 Anm. 1; 179. — Jes 30, 3, s. S. 278 Anm. 2. — Jes 30, 7, s. S. 180 Anm. 1. — Jes 30, 26, s. S. 340. — Jes 30, 33, s. S. 321 Anm. 1.

---

[1]) Er nennt auch seinen Vater nicht. Motiv der unbekannten Herkunft? Vgl. S. 408 ff. Dann war er vielleicht nicht Usurpator.

[2]) שׁית ist für שׁיע zu lesen, s. schon Delitzsch, Paradies 240.

[3]) Lesefehler für Ḳor s. zu Ez 23, 23 nicht = Kutû, wie Delitzsch, Paradies S. 240 will, s. zu Am 9, 7 und meinen Art. Ḳir in RPTh[3].

[4]) V. 23^{b} ist ein hinzugesetztes Liederzitat; das Vorhergehende spricht mit alten Worten und Begriffen.

Jes 34, 14. Lilît ist identisch mit der babylonischen Dämonin lilîtu (Maskulinum lilû, daneben ardat lilî, „Magd des lilû“). Man erklärte früher die biblische Lilît, die auch in den hebräischen und aramäischen Zauberschalen oft vorkommt, meist als Nachtgespenst von ליל Nacht. Da aber assyrisch lîlâtu Abend bedeutet (hebr. ist לַיִל, לַיְלָה Nacht), so kann nur hebräische Volksetymologie an „Nachtgespenst“ denken. Die rabbinische Literatur faßt lilît bestimmt als Nachtgespenst auf, das besonders in der Freitagnacht und in der Neumondsnacht die Kinder gefährdet und den Gebärenden gefährlich ist[1]. Auch der Hymnus V R 50f., der die Wirkungen der aufgehenden Sonne schildert, daß die Sonne die ardat lilî vertreibt, spricht für Nachtgespenst. Von der Magd des Lilû heißt es einmal, daß sie „durch ein Fenster auf einen Menschen hin huscht“. Vielleicht ist an geflügelte Dämonen zu denken[2].

Die „zwei Weiber“, die die riš'ah zwischen Himmel und Erde nach Babylonien tragen mit je zwei Storchflügeln, in denen Wind ist, gehören auch hierher, Sach 5, 9f. Babylonisch haben die lilîtu als geflügelte Wesen ihren Namen von lil, „Wind“, assyrisch erklärt durch šâru, zaḳîḳu.

Jes 35, 5, s. zu 60, 1 ff. (Segenszeit). — Jes 37, 9, s. S. 262. — Jes 37, 29, s. S. 547 Abb. 182.

Abb. 188: Assyr. Dämon, vgl. Abb. 197.

Jes 38, 10. Zu den Pforten der Unterwelt vgl. Hi 38, 17; Ps 9, 14; Mt 16, 18; Wei Sal 16, 13 (Apk 1, 18 „Schlüssel“). Vgl. 3 Mak 5, 50: „Gott möge sich derer, die schon an den Pforten der Unterwelt stehen, durch eine Erscheinung erbarmen.“

Pförtner der Unterwelt werden in der Bibel nicht erwähnt, aber der griechische Übersetzer von Hi 38, 17b kennt solche; ebenso die späteren Juden, die Abraham zum Pförtner der Hölle machen, wie die katholische Legende den Petrus.

Jes 40, 26, s. S. 166.

Jes 39, 1. Die Gesandtschaft Merodachbaladans. Der historische Zusammenhang wurde S. 524ff. besprochen. Über den Sinn der „Gratulation zur Genesung“ (ša'al šulmi) s. S. 524 Anm. 4. Das Bild Merodachbaladans bietet Abb. 189.

---

[1]) In ihren Haaren wohnen die Buhlteufel, weshalb Mephistopheles im Faust vor dem Haar der Lilit warnt. Vgl. Erubin 100^{b}; Nidda 24^{b}.

[2]) Von den sieben babylonischen Dämonen heißt immer einer ilu, d. i. der summus deus der sieben (Planeten) bez. sein höllischer Gegenpart, vgl. die 6 + 1 in der persischen Lehre S. 148.

Jes 39, 1 und 7. Die Boten Merodachbaladans waren Eunuchen (s. Abb. 187)[1]. Der Prophet sagt, Nachkommen Hiskias würden als Eunuchen am babylonischen Hofe dienen, weil sich Hiskia mit den Eunuchen Merodachbaladans eingelassen hat.

Jes 40, 13; 55, 8 f. Man vergleiche die entsprechenden Gedanken in dem babylonischen Liede IV R 60, s. S. 211, Z. 33 ff.

Jes 40, 13. „Wer hat den Geist Jahve's ermessen und wer unterweist ihn als Ratgeber? Jes 55, 8 f. Denn meine Gedanken sind nicht eure Gedanken, und eure Wege nicht meine Wege, ist der Spruch Jahve's; sondern so viel der Himmel höher ist als die Erde, so viel sind auch meine Wege höher als eure Wege, und meine Gedanken als eure Gedanken."	IV R 60. Was einem selbst gut erscheint, ist bei Gott schlecht; was nach jemandes Sinn verächtlich ist, das ist bei Gott gut[2]. Wer verstünde den Rat der Götter im Himmel, den Plan Gottes, voll Dunkelheit (?), wer ergründete ihn! Wie verstünden den Weg eines Gottes die blöden Menschen.

Jes 41, 25. Die seganîm „Statthalter"[3] sind die assyrischen šaknûti, die als Stellvertreter des Großkönigs eingesetzten (šakânu) Verwalter der Provinzen.

Abb. 189: Merodachbaladan, König von Babylon, belehnt[4] einen seiner Würdenträger mit Ländereien.

Jes 42, 1 ff. *(Knecht Jahve's)*, s. S. 575 f.

Jes 42, 43 (*„Könige werden auf ihr Angesicht fallen und deiner Füße Staub lecken"*), s. S. 216.

Jes 43, 1 ff., s. S. 132 Anm. 2. *Ich rufe dich bei Namen* v. 1[b] bedeutet die Neuschöpfung (Gegensatz: *ich schuf dich, ich bildete dich* vor der Geburt v. 1[a]). Es ist Parallelglied zu: *ich erlöse dich*. Daß Namennennung = Neuschöpfung ist, wurde S. 132 besprochen[5]. Jahve ist Erretter (מושיע) beim Gehen durchs Wasser und beim Gehen

---

[1]) S. Duhm, Jesaias z. St.; v. 1 ist לריסים zu lesen.
[2]) In bitterer Ironie gesagt.
[3]) Zum Lautübergang vgl. Sargon = Šarrukîn.
[4]) malû katušu, s. S. 517 Anm. 2.
[5]) Vgl. die babylonische Aussage: „Marduk schuf die Menschen, sie zu erlösen", s. S. 571 f. Näheres BNT 106.

durchs Feuer (Motiv der Wasser- und Feuerflut als der beiden Gegensätze im Kreislauf, s. S. 63 f. 249).

Jes 44, 25 vgl. Jer 50, 36 ist vom Wahrsagepriester die Rede. Wir lesen mit P. Haupt ברים (bab. barû „Beschauer“)[1].

Jes 44, 28; 45, 1 ff. Cyrus wird als Erretter begrüßt. „*Er ist mein Hirte und soll all meinen Willen vollenden.*“ In der Inschrift des Cyrus (BA II, 209 ff.) heißt es nach Schilderung des Elends, das in Babylonien herrscht:

> Marduk faßte Erbarmen. In allen Ländern hielt er Umschau, musterte sie und suchte einen gerechten Fürsten nach seinem Herzen, ihn zu fassen bei seiner Hand. Kuraš, König von Anšan, berief er mit Namen, zur Herrschaft über die Gesamtheit des Alls tat er kund seinen Namen (vgl. S. 534 f.).

Sowohl unter den Babyloniern, wie unter den verbannten Judäern gab es eine Partei, die in Cyrus den Befreier sah. Beide haben Cyrus für ihre Sache gewonnen. Bei der Einnahme von Babylon wurde der Tempel Marduks sorgfältig geschützt und sein Kult begünstigt:

> „Der Herr, der in seiner Kraft die Toten erweckt, segnete sie freudig.“
>
> „Ob meines Wirkens“ (so läßt der Tafelschreiber Cyrus sagen), „freute sich Marduk, der große Herr, und segnete mich, den König, und Kambuzi'a meinen leiblichen Sohn, sowie mein ganzes Heer in Gnaden, während wir in Aufrichtigkeit vor ihm freudig priesen seine Gottheit.“

Auch andre Kulte stellt Cyrus wieder her. Aber die Götter erscheinen ihm nur als priesterliche Diener Marduks. Am Schluß des Cyrus-Cylinders heißt es:

> „Alle die Götter, die ich zurückgebracht habe ... mögen für mich bei Marduk Fürsprache tun.“

Wir dürfen annehmen, daß Cyrus die Juden unter demselben Gesichtspunkte heimziehen ließ. Was Esr 1, 2 und 2 Chr 36, 23 ihm in den Mund gelegt wird, mag dem Gedanken nach wohl authentisch sein[2].

Bereits S. 534 f. wurde auf die formelle Verwandtschaft mit der Begrüßung des Cyrus durch Deutero-Jesaias hingewiesen. Aber es handelt sich nicht nur um formelle Berührung.

Beide Begrüßungen, die babylonische und die biblische, ruhen auf der Anschauung, daß die Einsetzung des Königs vom

---

[1]) Haupt, Babyl. Elements in the Levitical Ritual, vgl. Zimmern KAT [3] 589 f.

[2]) So Lindner RPrTh [3] Art. Cyrus. Zur Religion Zarathustra's, die damals auftauchte, s. S. 147 ff.

Himmel her geleitet wird. Nur daß in der babylonischen Welt der Himmel zu niedrig hängt. S. 53 begegneten wir der Erzählung im Etana-Mythus, in der Ištar und Bel sich „im Himmel nach einem Hirten und auf Erden nach einem König umsehen".

Sodann wird auch in der außerbiblischen orientalischen Welt die Erscheinung epochemachender Herrscher mit der Erlösererwartung verknüpft. Der König ist dann die Inkarnation des rettenden Gottes, der im Kreislauf des Weltenjahres auftritt[1]. Als solcher wird er mit bestimmten sinnvollen Motiven ausgestattet, die die Segenszeit, den Weltenfrühling, schildern, den der erwartete Erretter bringt[2].

Die Folgerungen Zimmerns in KAT[3], der den letzten Ursprung der Idee vom himmlischen Erlöserkönig, wie ihn die christliche Dogmatik kennt (ebenso den „leidenden Gerechten" etc.) in der Mythologie selbst sucht, lehnen wir vom Standpunkt der christlichen Weltanschauung aus ab. Die Mythologie ist Popularisierung einer Lehre, deren religiöse Ideen mit denen der Bibel verwandt sind. Die Mythologie selbst kann nur das ABC des religiösen Gedankenausdrucks beleuchten und erklären.

Jes 45, 7 und 12. *„Ich, Jahve, bilde das Licht und schaffe die Finsternis, wirke Heil und Unheil . . . ich habe die Erde gemacht und die Menschen geschaffen; meine Hände haben den Himmel ausgespannt und all ihr Heer habe ich angeordnet."* Die Worte sind ein formulierter Protest gegen die mythologisierte altorientalische Weltanschauung. Sie stehen im Zusammenhang mit der Begrüßung des religiös hochinteressierten Cyrus (vgl. hierzu S. 572). In jene Zeit fällt das Auftreten der Lehre Zarathustras[3], die eine besondere theologische Systematisierung der religiösen Weltanschauung des vorderen Orients darstellt

---

[1]) S. 69ff.

[2]) Beispiele finden sich angedeutet S. 71. 386. 406f. Es soll an andrer Stelle näher darauf eingegangen werden. Eine Übersicht über die Zusammenhänge der altorientalischen und biblischen Erlösererwartung suchte ich in meiner Habilitations-Vorlesung in Leipzig zu geben (1. März 1905). Ein Referat über das Thema findet sich im Dresdener Journal vom 17. u. 24. März 1905. In meiner Besprechung von Cheynes Bible Problems in der Zeitschrift Hibbert Journal IV, 1, 217ff. (Okt. 1905) sind die Grundgedanken wiedergegeben. Greßmanns Buch über die israelitische Erlösererwartung verwertet nur einen kleinen Teil des zu Gebote stehenden Materials und leidet deshalb an Mangel an Kenntnis der großen Zusammenhänge der mythologischen und religiösen Ideen.

[3]) Die Überlieferung der Parsen, nach der Zarathustra „als Vierzigjähriger" 559 sein Lehramt antrat und 522 starb, dürfte der geschichtlichen Wirklichkeit nahe kommen.

(s. S. 147ff.). Die Annahme, daß der Prophet die Theologie Zarathustras wenigstens in ihrer exoterischen Auffassung[1] bekämpft, ist wohl begründet.

Jes 45, 20. *Ohne Erkenntnis sind die, welche tragen ihr hölzernes Schnitzbild, und flehen zu einem Gott, der nicht hilft.* Das ist doch wohl eine Anspielung auf Götterprozessionen, wie sie Abb. 145 S. 444 zeigt.

Jes 46, 1 redet vom Fall Babylons und nennt deshalb den Tatsachen entsprechend Bel (Marduk) und Nebo, die beiden

Abb. 190: Torschiene von dem Bronzetor von Balawat.

Hauptgötter von Babylon und Borsippa. Der Spruch, von dem wahrscheinlich der Anfang fehlt, lautet[2]:

Zusammengebrochen ist Bel, es krümmt sich Nebo.
Ihre (der Babylonier) Götterbilder sind zu Lastvieh geworden,
beladen wie mit Last, zu weiden (Vieh).
Sie krümmen sich und brechen zusammen,
vermögen nicht heil ans Ziel zu bringen die Last,
und sie selbst geraten in Gefangenschaft.

Jes 47, 2f. Das Entblößen der Schenkel und Aufheben des vorderen Gewandsaumes wurde kriegsgefangenen Frauen

[1]) Die esoterische Religion Zarathustras ist nicht in gemeinem Sinne dualistisch, s. meine Monoth. Strömungen S. 45.

[2]) S. Winckler F. III, 226f. Von Götterprozessionen (Delitzsch, Babel und Bibel I, 20. 59) ist also hier nicht die Rede, wahrscheinlich aber Jes 45, 20, s. oben.

beim Triumphzug als Schmach auferlegt, wie wir aus einer Darstellung an den Bronze-Toren von Balawat Abb. 189 sehen. Hierauf bezieht sich die Drohung Na 3, 5; Jes 20, 4; Jer 13, 22. 26; Ez 23, 29, auch Mi 4, 11 (s. z. St.).

Jes 50, 1. Die Mutter bekommt den Scheidebrief, die Kinder werden verkauft. In beiden Fällen ist es Strafe für Vergehen. Vgl. die Rechtsgrundsätze des Cod. Ham. 141 ff. und die sog. „sumerischen Familiengesetze".

Jes 51, 9, s. S. 179 Anm. 5; 180 Anm. 1. — Jes 51, 9 ff., s. S. 178 (Rahab).

Der Knecht Jahve's.

Der Knecht Jahve's, dessen Erscheinung die Lieder Jes 42, 1—7; 49, 1—6; 50, 4—11; 52, 13—53, 12 beschreiben, ist im höchsten Sinne ebenfalls eine Erretter-Gestalt. Er ist, „babylonisch" geredet, eine prophetisch ausgeprägte Tammuz-Gestalt[1]. Darum begegnen uns auch in diesen Liedern die Motive der Erlösererwartung.

⁕ 1. Er ist geheimnisvollen Ursprungs: 49, 1: „von Mutterleibe berufen, vom Schoße der Mutter an ward sein Name genannt". Die gleiche Redeweise finden wir bei der Berufung des Propheten Jeremia Jer 1, 5 und ebenso bei der Cyrus-Berufung und bei assyrischen Königen, die sich als Erretter darstellen lassen, s. S. 572. 49, 2: „verborgen im Schatten der Hand Jahve's, ein glatter Pfeil, der noch im Köcher verborgen ist." 53, 2: „aufwachsend wie ein Schößling (wörtlich: Säugling) vor Jahve und wie eine Wurzel aus dürrem Erdreich." Die Worte erinnern an das Erlösermotiv vom ṣemaḫ mit dem wunderbaren Wachstum (S. 577) und neṣer (S. 353).

2. Er ist verachtet, verlassen von Menschen, mit Leiden geschlagen. 53, 5 („durchbohrt" מחלל) kann nicht Aussatz gemeint sein, wie Duhm z. St. will. Es ist an den vom Schwert Erschlagenen zu denken, wie bei Sach 12, 10 (דקר), vielleicht an die Kreuzigung. Das Motiv des leidenden Gottgesandten findet sich bekanntlich auch bei Plato, De republ. II, 361 f.:

> „. . . Sie sagen aber, daß der Gerechte, also beschaffen, gegeißelt, gebunden, geblendet werde, und nachdem er alle Qualen ausgestanden, an einen Pfahl geheftet werde, damit er nicht gerecht zu scheinen, sondern gerecht zu sein verlange."

3. Der Knecht Jahve's wird erhöht:

a) Seine Seele wird entrückt (Motivwort לקח wie bei Henoch, Elias = bab. leḳû beim babylonischen Noah s. S. 222). 53, 8: „Aus Druck und Gericht entrafft[2]."

b) Er wird auferstehen. Er lebt, hat Kinder, ist ein beutereicher König, er nimmt Jahve's Anliegen in seine Hand (53, 10),

---

[1]) Vgl. S. 386 Joseph als Tammuz, S. 91 Josia als Tammuz usw. usw.

[2]) Luthers Übersetzung trifft den richtigen Sinn. Der Text muß verdorben sein.

und neu wird sprossen sein Alter. Die Lösung, die bei Hiob vorliegt, ist hier hoch überboten[1].

c) Er bringt die Segenszeit. Zu den Motiven 42, 7 s. zu Jes 60, 1 ff.

Jes 53, 8, s. S. 222. — Jes 54, 9, s. S. 249 Anm. 3. — Jes 57, 8, s. S. 419.

Jes 58, 9. *Finger ausstrecken,* Terminus der Gerichtssprache[2]. Mit Fingern z. B. nach den Sternen zu zeigen, gilt im Orient als verpönt.

Jes 58, 13, s. S. 184.

Jes 60, 1 ff. Schilderung der Segenszeit, vgl. 35, 5; 42, 7 und dazu Mt 11, 5 bez. Luc 7, 22. Bei Mt 11, 11 ist das Motiv der Scheidung der Zeitalter direkt angegeben und Mt 10, 35 stellt die Fluchzeit entgegen, s. BNT 97.

Jes 60, 7, s. S. 371. — Jes 60, 9, s. S. 261.

Jes 60, 18. Die Mauer heißt: „Heil", das Tor „Herrlichkeit". Es ist orientalische Sitte, Mauern und Tore mit besonderen Namen zu benennen; so in Babylon (Ištar-Tor, s. S. 140) und Niniveh wie in Jerusalem (Jer 26, 11: das neue Jahve-Tor).

Jes 60, 20, s. S. 163. — Jes 63, 9, s. S. 373. — Jes 63, 16, s. S. 363 Anm. 1. — Jes 65, 3, s. S. 429 Anm. 1.

Jes 65, 11 *Gad, die Glücksgottheit*, oft in Ortsnamen, wie Baʿal-Gad Jes 11, 17, vielleicht auch im Namen des Stammes Gad vorliegend, erscheint wiederholt in assyrischen Briefen, wie Ga-di-ja-a, Ga-di-ilu, s. Zimmern KAT ^{3} 479f.

Jes 65, 25. Zur Glosse: „*Doch die Schlange, ihr Brot ist Staub*" s. S. 216f.

Jeremias. Zum Motiv der göttlichen Berufung vor der Geburt zum nabî' der Völker Jer 1, 5, s. S. 575.

Jer 7, 18 vgl. 44, 17—19. 25. Die malkat haššamajim, der die judäischen Frauen Kuchen backen, ist die babylonisch-

---

[1]) Theologisch sind die wichtigsten Punkte: 1. Das stellvertretende Leiden. „Er trug die Sünden vieler, trat für die Abtrünnigen ein" 53, 10. „Jahve ließ ihn treffen die Verschuldung von uns allen." Also eine Abmachung zwischen Jahve und dem Knecht, die auf die Errettung (das ist „Jahve's Vorhaben") abzielt. Nicht Erlösung durch buddhistische Leiden, sondern geduldige Übernahme der Sündenstrafe, durch die eine Katharsis geschaffen wird, die Gott den Verkehr mit dem Volke wieder möglich macht, s. Duhm z. St. Auch die Idee der Stellvertretung hat heidnische Analogien bei Aeschylus im gefesselten Prometheus V, 1026 ff. (vgl. BNT 116) und bei Sophokles im Oedipus auf Kolonos V, 498 f. 2. Die Aneignung der Errettung a) durch die Beichte derer, die ihn verachteten Jes 53, 5 ff., vgl. Sach 12, 10 ff.; b) dadurch, daß er der Hirte der Schafe wird, die in der Irre gingen.

[2]) S. Winckler, Das Gesetz Hammurabis S. 36 Anm. 1.

assyrische Ištar, die kanaanäische Astarte[1]. Kuchenbacken ist charakteristischer Bestandteil des Ištar-Kultus, vgl. S. 91. Das Wort kawân, das hier steht, bezeichnet im babylonischen Kultus das Ištar-Gebäck: kamânu. K 2001 heißt es[2]: „O Ištar, ich rüstete dir eine reine Zurüstung zu, aus Milch, Kuchen, gesalzenem Röstbrot (kamân tumri)". Vgl. hierzu oben S. 91 und 380. Ein babylonisches Ideogramm für nindabû „Opfergabe" bedeutet geradezu „Brot der Ištar".

Epiph. adv. Haer. 78, 23; 79, 1: „Es gehen einige Weiber so weit, daß sie auf den Namen und zu Ehren der hl. Jungfrau Kuchen *(κολλυρίδα τινα)* opfern." „An einem gewissen Tage im Jahre setzen sie ein Brot hin und opfern auf den Namen der Maria. Sie essen aber alle von diesem Brote."

Jer 8, 1 vgl. Ba 2, 24f. Die Gebeine jüdischer Könige, Priester, Propheten und Bürger werden aus den Gräbern geworfen. Das entspricht dem grausamen Kriegsgebrauche der Assyrer. Sanherib holt die Gebeine der Vorgänger Merodachbaladans aus den Gräbern. Asurbanipal erzählt, er habe nach der Unterwerfung Susas die Mausoleen der Könige verwüstet und aufgedeckt:

„Die Grabstätten ihrer Könige[3] zerstörte ich, ihre Gebeine nahm ich mit nach Assyrien, ihren Totengeistern legte ich Ruhelosigkeit auf und schloß sie von der Totenfeier der Libation aus."

Jer 8, 2 (Gestirndienst), s. S. 547. 549. — Jer 10, 2, s. S. 166. — Jer 17, 6, s. S. 362. — Jer 22, 18 (Klage um Jojakim), s. S. 441.

Jer 23, 5. *Ṣemaḫ ṣedeḳ* „gerecht Gewächs" ist Terminus der Erlösererwartung; vgl. Jes 4, 2; 11, 1; Sach 3, 8, wie Mt 2, 23 *neṣer* „Zweig" (Wortspiel mit dem Namen Naṣaret). Die Lehre der Ptolemäer, die sich als Inkarnation der Gottheit verehren ließen, kennt, wie die Inschrift von Narnaka zeigt[4], den Terminus ṣemaḫ ṣedeḳ in gleicher Bedeutung. Die Benennung der Christen als Naṣarener hat im letzten Grunde hier ihre Erklärung. Der Name Noṣairier enthält das gleiche Motiv der Erlösererwartung[5].

Jer 25, 11, s. S. 224 Anm. 4. — Jer 25, 23, s. S. 265. — Jer 25, 25, s. S. 255.

---

[1]) Bilder der Muttergöttin S. 107 und 380 (Abb. 38 und 124).

[2]) Jensen KB VI, 380. 511.

[3]) Zur Erklärung von gigunû und zur Sache s. meine Babyl. Vorstell. vom Leben nach dem Tode S. 51f.

[4]) v. Landau Nr. 105 — Text verstümmelt; von Ptolemäus' Nachkommenschaft ist die Rede, vielleicht ist Kleopatra gemeint, s. Winckler, Krit. Schr. II, 80.

[5]) Zu neṣer-Naṣaret s. BNT 56. Zum nṣr-Motiv vgl. bereits oben S. 353. Zu dem ideenverwandten „grünenden Stabe" s. S. 456.

Jer 31, 19. „*Nachdem ich weise geworden bin, schlage ich mir die Lenden.*" Derselbe Trauergestus im Assyrischen, z. B. in der Höllenfahrt der Ištar. Der gleiche Gestus Odyssee XIII, 198.

Jer 32, 10ff. Der Landkauf in Anathot. „*Und ich schrieb auf ein Schriftstück*[1] *den Vertrag und die Gesetzesbestimmungen und siegelte ihn und führte die Zeugen auf. Dann wog ich das Geld mit der Wage zu.*" Es scheint ein Kontrakt nach babylonischer Art hier gemeint zu sein: auf Ton geschrieben, die Vertragsbestimmungen (bes. über Reugeld) dazugesetzt, die Zeugen notiert, das Siegel über die Namen der Zeugen gerollt. „*Und ich nahm die Kaufurkunde, die verschlossene*[2] *und die offene und gab sie Baruch.*" Es handelt sich wahrscheinlich um eine Tontafel nach Art jener babylonischen Urkunden, die den Kontrakt gleichsam in einem Kuvert enthielten: die Tontafel wurde noch einmal umwickelt und auf die Tonumhüllung wurde der Inhalt geschrieben samt den Zeugennamen und das Siegel darauf gerollt[3]. Der Aufbewahrungsraum ist nach v. 14 eine tönerne Kiste. Eine solche fand Sellin in Ta'annek, vgl. S. 315. Hab 2, 2 ist auch die Schrift in Ton eingegraben zu denken. 1 Mak 14, 18; 8, 22 ritzt man die Schrift auf messingne Tafeln.

Abb. 191: Altbabyl. Kontrakt mit aufgebrochenem „Kuvert". Original im Besitze des Verfassers.

Jer 32, 14, s. S. 315. — Jer 34, 8ff., s. S. 425, Anm. 3. — Jer 34, 18f., s. S. 353.

Jer 39, 3. 13. רַב־מָג hängt wohl nicht mit dem altpersischen magu, dem griechischen *μάγος* zusammen. Aber dieses letztere Wort ist doch wohl mit dem babylonischen Priesternamen maḫḫû verwandt, der nach Delitzsch, Handw. 397 ursprünglich

1) sepher, assyr. šipru, vgl. S. 43.

2) חתום, so zu übersetzen wegen des Gegensatzes.

3) S. Abb. 191. Zur Sache Winckler F. III, 171.

„der Rasende“ bedeutete. Knudtzon, Gebete an den Sonnengott 170, sieht in dem רב־מג eine Wiedergabe des wiederholt bezeugten assyrischen Beamtennamens rab mu-gi, dessen nähere Bedeutung wir nicht kennen.

Jer 43, 13. *„Und er wird zerbrechen die Maṣṣeben des Ra* (des Sonnengottes) *im Lande Ägypten und die Tempel der Götter Ägyptens wird er mit Feuer verbrennen.“* In מצבות בית שמש ist בית Dittographie. Die Maṣṣeben des Ra sind die zwei Säulen am Tempeleingang [1].

Jer 50, 2. Merodach neben Bel. Es liegt eine Ungenauigkeit vor; Bel ist = Merodach, s. S. 122 und s. zu Jes 46, 1, S. 574.

Jer 50, 12, s. S. 267.

Abb. 192: Urkunde mit Siegelabdrücken aus dem Geschäftshause Murašû u. Söhne. (5. Jahrhundert.)

Jer 51, 34 Nebukadnezar als Drache! Vgl. 51, 44 der Drache zu Babel, den die Apokryphen schildern. Bel-Marduk, der Bekämpfer der Tiâmat, ist für den Propheten selbst der Drache.

Jer 51, 42, s. S. 270 Anm. 3.

Ez 1, 1f. *Im 5. Jahre der Wegführung des Königs Jojaḫin im 4. [Monat] am 5. des Monats — als ich unter den Verbannten (im Lande der Chaldäer) am Kanale Kebar weilte.* Die Chronologie ist nach der babylonischen zu verstehen (s. zu Neh 1, 1), die im Frühlingsäquinoktium begann. Der vierte Monat ist der Tammuz, etwa unser Juli. Ezechiel lebte in einer Exulantenkolonie am Kebar [2]. Wie die Ausgrabungen der amerikanischen Nippur-Expedition 1893 bestätigt haben, ist nicht an den Fluß Chaboras zu denken [3], an dem die Exulanten

---

[1]) S. S. 143 Anm. 2 und Abb. 60 S. 143; ferner S. 419 und z. St. Winckler, Altt. Untersuch. S. 180f.

[2]) Sept. bei Ezechiel Χοβάρ, Eusebius, Onomast. Χωβαρ.

[3]) Schon Schrader (KAT [1], vgl. Friedrich Delitzsch, Wo lag das Paradies? S. 47f. 184) hatte an einen der babylonischen Kanäle gedacht. Auch aus lautlichen Gründen konnten Kebar und Ḫabûr nicht zusammengehören.

des Nordreichs saßen, s. 2 Kg 17, 6; 18, 11, sondern an den nâru ka-ba-ru, einen schiffbaren, großen Kanal bei Nippur, dem heutigen Niffer[1]. Hilprecht sucht den alten Kebar-Kanal in dem heutigen, durch Nippur in einer Breite von 36 Metern fließenden Schatten-Nil. Durch die amerikanischen Ausgrabungen wurde hier 1903 u. a. das Archiv eines großen Handelshauses, dessen Inhaber Murašû und Söhne waren, aufgefunden. Abb. 192 zeigt eine Geschäftsurkunde aus diesem Archive. In den Urkunden kommen zahlreiche jüdische Namen vor, die zeigen, daß sich die deportierten Juden in Babylonien eingebürgert und daß sie sich am Handelsleben beteiligt haben, wie es das Buch Tobias auch für das assyrische Exil voraussetzt, wenn es Tobias als assyrischen Finanzbeamten schildert.

Abb. 193: Untersatz mit tragenden Keruben aus Sendschirli.
Original in Konstantinopel.

Ez 1, 4. Die Erscheinung des Thronwagens Jahve's von Norden her.

Über den Norden als Sitz der Gottheit s. zu Hi 37, 22. Krätzschmar im Kommentar z. St. äußert Bedenken, daß an unserer Stelle der mythische Norden gemeint sei: Kap. 11 fahre der Gotteswagen nach Osten zu, und der spezielle Berg Jahve's, der Sinai, liege vielmehr im Süden; auch zieme solche mythologische Anspielung dem Propheten nicht, der da-

Abb. 194: Genius mit Adlerkopf.

[1]) S. J. Peters, Nippur 1897 II, S. 106. 192 und Hilprecht, The Babylonian Expedition of the University of Pennsylvania — in den Kontrakten des IX. Bandes wird der Kanal zweimal genannt.

gegen eifert 8, 12; 9, 9, daß Jahve das Land bereits verlassen habe. Aber das alles schließt nicht aus, daß dem Propheten der babylonische Gedanke, den er jedenfalls kannte, vorgeschwebt hat.

Abb. 195: Genius mit Menschenkopf und Adlerfüßen.

Die Lichterscheinung inmitten der Wolke leuchtet wie ḫašmal, d. i. assyr. ešmarû, ein glänzendes Metall, mit dem der Fußboden des Göttergemachs, z. B. bei Nebukadnezar, belegt ist[1]. In der Mitte der Erscheinung erblickt Ezechiel etwas, was vier Wesen glich. Sie haben Menschengestalt, jedes hat vier Gesichter: ein Menschengesicht, ein Löwengesicht, ein Stiergesicht, ein Adlergesicht. Sie tragen den Thron, auf dem die Gottheit nach den vier Himmelsrichtungen fährt. Die vier Köpfe der vier Gestalten (je vier Köpfe ist wohl späteres Versehen) entsprechen den vier babylonischen Genienarten: in Menschengestalt, Adlergestalt, Stier- und Löwengestalt, s. Abb. 194ff. Von Ezechiel sind die „vier Tiere" in die Apokalypse (Apk 7, 11) und von da in die kirchliche Symbolik auf die vier Evangelisten übertragen worden[2].

Da die Gestalten der altorientalischen Phantasie angehören, so ist ihr Sinn selbstverständlich

Abb. 196: Genius mit Stierleib und Menschenkopf.

[1]) Fr. Delitzsch bei Baer, lib. Ezech. z. St.

[2]) S. oben S. 25 und BNT 89 f. Die jüdische Theologie kennt die Gleichsetzung Michael = Löwe; Gabriel = Stier; Uriel = Mensch; Raphael = Adler. Die Merkaba (vgl. Sir 49, 8: *ἅρμα χερουβίμ*) gilt als „unergründliches Geheimnis" (vgl. z. B. Chagiga 21, fol. 12[b]; 13[a]). Die Kabbala ist voll von Ausdeutungen der Merkaba. Als Gegenstück gilt der Wagen Sammaels von Mensch, Schlange, Ochs, Esel gefahren.

Abb. 197: Genius mit Löwenleib und Menschenkopf (oben Dämonen, vgl. Abb. 187).

kosmisch-astral. Es sind aber nicht vier Tierkreisbilder[1], sondern die Repräsentanten der göttlichen Macht an den vier „Weltecken", wie bereits S. 25 näher besprochen wurde. Die Plattform heißt raḳîa' und stellt im Mikrokosmos des göttlichen Wagens, der den gesamten Himmel darstellt, den Tierkreis dar. Abb. 193, aus den Sendschirli-Funden, illustriert einen Gotteswagen, wie ihn Ez 1, 1 im Sinne hat[2].

Daß auch die arabische Überlieferung die Gestalten kennt, zeigt der Vers des Dichters Omayya aus Muhammeds Zeit:

„Ein Mann und ein Stier zu Füßen eines Mannes zu seiner Rechten, und den Adler auf der andern und ein gelagerter Löwe." (MVAG 1901, 287).

Löwe und Adler spielen schon zu Gudeas Zeit in Kunstdarstellungen und Inschriften (Gudeas Traum, s. S. 594) eine große Rolle, s. Abb. 95 S. 293, wo der Adler mit seinen Krallen an zwei Löwenrücken sich festhält, und Abb. 92.

Ez 1, 22ff., s. S. 164.

Ez 3, 15. Vom Kebar geht Ezechiel nach *Tel-Abib*, dem Hauptort der Exulanten, und bringt dort sieben Tage (!) in dumpfem Sinnen[3] zu. Man erwartet einen babylonischen Namen.

---

[1]) Stier, Löwe, Wassermann, Adler, die vier Quadranten des Tierkreises, nimmt man gewöhnlich an. So schon Nork. Das stimmt aber nicht, s. S. 25.

[2]) Man denke sich das Postament auf Räder gestellt und an allen vier Ecken von Keruben getragen. Bei der Gelegenheit sei noch auf das merkwürdige Monument aus Botta, Monument de Ninive Tafel 164, Nr. 3 aufmerksam gemacht, Abb. 198f., dessen eine Seite ähnliche „Kerube" zeigt.

[3]) Klostermann hat auf Grund eingehender medizinischer Studien nachgewiesen, daß die Visionen und Weissagungen Ezechiels in kataleptischem Zustande erfolgt sind (Th. St. und Krit. 1877, 391ff.). Daraus erklärt sich auch der häufige Ersatz der Rede durch symbolische Bilderzeichnungen.

Von jeher hat man mit Recht die in den Keilinschriften häufige Bezeichnung Til-abûbi „Sintfluthügel" verglichen. Jeder Trümmerhügel wurde von den Babyloniern als ein Rest von der Sintflut her angesehen. Krätzschmar, Ezechiel z. St. meint, Nebukadnezar werde die Judäer auf einem namenlosen til-abûb angesiedelt haben, damit sie die Gegend bewohnbar machten. Aus dem namenlosen Ort hätten dann die Hebräer ein til-abîb, „Ährenhügel" gemacht. Wahrscheinlich ist til-abîb nur Schreibfehler.

Ez 4, 1. *Nimm dir einen Lehmziegel und lege ihn vor dich hin und ritze darauf eine Stadt ein.* Babylonische Baupläne

Abb. 198 u. 199: Mythologische Ornamente aus Niniveh, auf der einen Seite geflügelte Stiere mit Menschenköpfen darstellend.

liegen uns mehrfach in Ton geritzt vor, s. Abb. 207 f.[1] Der Plan von Jerusalem soll auf einen babylonischen Lehmziegel mit einem Griffel (vgl. Abb. 208) eingeritzt werden. Den Israeliten war die babylonische Schreibweise bekannt[2]. Die Babylonier und die von ihnen abhängigen Kulturvölker (Ägypter und Kanaanäer zur Amarna-Zeit, Elamiter) gruben die Schrift in Stein oder ritzten sie in Ton, der „im feurigen Ofen" gedörrt oder gebrannt wurde. Auch als sie den Papyrus kannten, zog

[1]) Gudea-Statue (Kopf einer ähnlichen Statue s. S. 288 Abb. 84). Auf dem Schoße liegt der Plan, der in Abb. 207 besonders wiedergegeben ist. Eine andre Gudea-Statue hat auf dem Schoß den Maßstab und den Griffel, mit dem Schrift und Zeichnung eingeritzt ist (Abb. 206 ff.), vgl. zu Ez 40.

[2]) S. S. 296, 311.

man die steinerne Schreibtafel vor. Während die Holztafel der Griechen und Römer vom Zahne der Zeit vernichtet ist, hat sich die babylonische Tontafel erhalten. Nur in der tessera hospitalis[1] finden wir bei den Römern etwas Ähnliches. Eherne Tafeln fanden wir 1 Mak 14, 18; 8, 22. In Rom sind sie vom 7. Jahrh. der Stadt an in Gebrauch[2]. Bronzetafeln mit Inschriften (s. Abb. 64 auf S. 192) finden sich in Südarabien.

Ez 5, 5 *Jerusalem — und rings um J. her die Länder.* Jerusalem der Mittelpunkt der Welt und der Nabel der Erde, babylonisch markas šamê u irṣitim, „das Band zwischen Himmel und Erde". Das hat hier einen speziell religiösen Sinn, aber es entspricht der altorientalischen Weltanschauung[3]. Wenn mittelalterliche Karten die Länder der Erde um Jerusalem gruppieren (s. Abb. 200), so entspricht das dem spezifisch religiösen Sinne unserer Stelle.

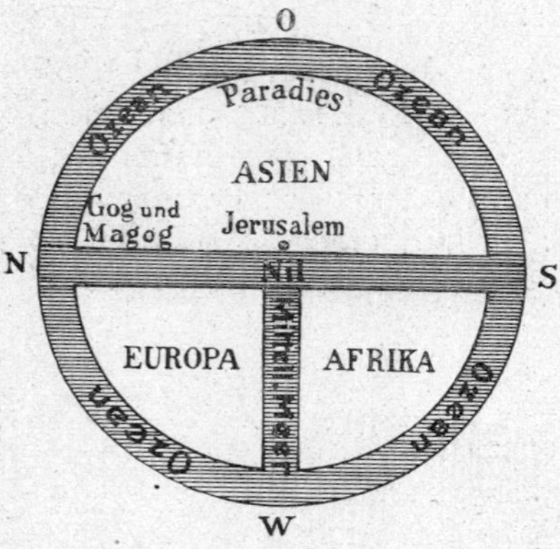

Abb. 200: Mittelalterliche Weltkarte.

Auch die Weltanschauung Muhammeds sah Jerusalem als Weltmittelpunkt und obersten Teil der Erde an, ehe er Mekka dafür einsetzte. Die Luftreise Muhammeds nach Jerusalem ist Himmelfahrt, Besuch des obersten Himmels. Daher heißt Jerusalem arabisch el-ḳuds (das Heiligtum, ḳodeš); s. v. Landau, MVAG 1904, S. 57.

Ez 5, 12 Pest, Hunger und Schwert sollen die Vertilgungsmittel sein s. S. 233, Z. 192 ff.

Ez 7, 2 *Die 4 kanephot der Erde.* Assyrisch kippât Himmels und der Erde, eig. die 4 Weltviertel. Hier die 4 Himmelsrichtungen[4].

Ez 8, 1 ff. Das Kapitel gibt Zeugnis von den heidnischen Kulten, die in den Zeiten des babylonischen Vasallen Zedekia in Jerusalem aufgekommen waren (durchaus nicht nur Rück-

---

[1]) Wohl den steinernen Gastfreundschaftsverträgen der Phönizier nachgeahmt.

[2]) S. R. v. Jhering, Vorgeschichte der Indoeuropäer S. 170 ff.

[3]) S. S. 49 f. China das „Reich der Mitte." Bagdad war der „Nabel" der islamischen Welt. Delphi galt als ὄμφαλος, s. Pindar, Pythag. 4, 131.

[4]) Haupt und Jensen, vgl. ZA VI, 1, 520 erklären kippatu nach dem Aramäischen als „Wölbung".

blick auf die Zeit des Manasse, s. Krätzschmar, Ezechiel z. St.). Der Tempel ist eingerichtet gewesen wie ein heidnischer. Die Opposition dagegen ist nie ganz durchgedrungen.

Abb. 201.

Abb. 202.

Abb. 203.
Reliefs von der Ostseite des äußeren Stadttores in Sendschirli.

1. Am Nordtore[1] des Tempels steht das „*Eiferbild*“. Der Chronist (2 Chr 33, 7, 15) nimmt an, daß es identisch sei mit

[1]) Zur Bedeutung der Nordrichtung s. S. 587.

der von Manasse einst errichteten (2 Kg 21, 7), von Josia beseitigten (2 Kg 23, 6) Ašera. Es handelt sich um irgendein Bild, wie es in syrischen oder babylonischen Tempeln sich auch fand, den Chaosdrachen oder dergleichen darstellend.

2. Die Mysterien der 70 Ältesten, die in der finstern Kammer im Tor Bildern von *Gewürm und Vieh, die an die Wand gemalt sind*, Räucheropfer darbringen. Man denkt an Darstellungen, wie die des Drachen (Abb. 58) und des rêmu (Abb. 28) oder an Tiergestalten, wie sie die Tore von Sendschirli zeigen, s. Abb. 201—203. Das Räucheropfer weist nicht notwendig auf ägyptischen Kultus. Auch die Babylonier kannten Räucheropfer[1]. Die Sargoninschriften reden von „massenhaftem Räucherwerk". Schon im Gilgameš-Epos ist vom Räucheropfer vor Šamaš die Rede, und IV R 20 No. 1 heißt es: „Opfer werden reichlich dargebracht, Räucherwerk wird aufgeschüttet." Am Schluß der „Höllenfahrt der Ištar" sollen die emporsteigenden Totengeister „Räucherwerk riechen". Der eigentliche südarabische Weihrauch (hebr. לְבֹנָה) ist beim babylonischen Opferkult in den uns bekannten Urkunden nicht nachweisbar. Die Mysterien, die immer zu nächtlicher Zeit (v. 12) stattfanden, sind babylonischen Ursprungs[2].

3. Am Nordtor sitzen Weiber. Dasselbe bedeutet die Klage um Adad-Rimmôn Sach 12, 11f. Die Weiber weinen am Nordtor, weil der Nordpunkt der kritische Punkt des Tammuz ist: die Sommersonnenwende, die den Tod des Tammuz bringt. Sinn und Bedeutung dieser Kalenderfeier wurde S. 83ff. und 114ff. ausführlich besprochen. Die VI. Tafel des Gilgameš-Epos nennt Tammuz den Jugendgemahl der Ištar und sagt, Ištar „nötigt ihm alljährlich Weinen auf". Wie bei den Ägyptern die Gestalt des Osiris, so verkörpert er bei den Babyloniern die Auferstehungshoffnung und Erlösererwartung.

Ez 8, 12 vgl. 9, 9. *Jahve hat das Land verlassen und Jahve siehet uns nicht.* Das ist die heidnisch-orientalische Vorstellung im Volksmunde. Die Bundeslade ist fort. Jahve ist aus dem Lande gezogen, wie wenn in Babylonien die Götterstatue ins Feindesland geschleppt worden und dadurch die Herrschaft der Gottheit über das Land vernichtet ist[3].

---

[1]) kutrinnu, zum Weihrauch vgl. S. 429.

[2]) S. meine Monotheistischen Strömungen innerhalb der babylonischen Religion Leipzig, Hinrichs 1904, vgl. oben S. 78.

[3]) Vgl. hierzu S. 533. Man wird aus dergleichen Redensarten nur mit aller Vorsicht religionsgeschichtliche Schlüsse ziehen dürfen. Zu-

Ez 8, 14, s. S. 91.

Ez 8, 16f. Sonnenkult, von 20 Männern[1], die nach Osten sich wenden, im inneren Vorhof zwischen Brandopferaltar und der Vorhalle zum Tempelhause ausgeübt. Sonnenkult war in Kanaan zu allen Zeiten heimisch. In der Amarna-Zeit wird er in der besonderen ägyptischen Ausprägung sich eingebürgert haben (s. S. 322). Der eigentliche kanaanäische Sonnenkult feiert den Zwiespalt des Naturlebens in den Hälften des Sonnenkreislaufs (Oberwelt und Unterwelt, Sommer und Winter, Leben und Tod, Baal-Moloch, s. S. 321)[2]. Sonnenkult in spezifisch assyrischer Ausprägung ist durch Manasse als natürliche Folge politischer Beziehungen eingeführt worden, 2 Kg 23, 5. 11, s. S. 547ff.

Sie halten Reiserbüschel an die Nase, d. h. sie riechen an Zweigen einer Pflanze, die als Lebenskraut gilt, s. S. 199.

Ez 8, 17 fügt hinzu — es ward auch heidnischer Kult im ganzen Lande betrieben: „*Fürwahr da lassen sie ihren [Opfer-] Gestank zu meiner Nase emporsteigen*“, vgl. hierzu 6, 13 und s. S. 246.

Ez 9, 2. *Und siehe, da kamen sechs Männer von der Richtung des oberen Tores her, das nach Norden zu gewandt ist, und ein jeder hatte sein Zerschmetterungsgerät in seiner Hand; und ein Mann in ihrer Mitte, in ein linnenes Gewand gekleidet und ein Schreibzeug an seinen Hüften.* Sieben Boten Gottes von Norden her gesendet! Vom Norden kommt das Verderben Nebukadnezars (vgl. 26, 7), aber im Norden wohnen auch die

---

weilen wird das vorliegen, was wir volkstümlichen Aberglauben nennen. Oft aber handelt es sich nur um eine mythologische Ausdrucksweise für einen tieferen religiösen Gedanken, vgl. S. 177f. Bei der Einweihung einer großen renovierten evangelischen Kirche, der ich kürzlich beiwohnte, sagte der Geistliche im Weihegebet: „Herr, nun kehre wieder ein in deiner heiligen Stätte, segne von neuem den Altar usw.“ So konnte auch der Babylonier sprechen, wenn die Götterstatue zurückgebracht wurde. Und jener Prediger hat gewiß nichts Babylonisches sagen wollen. Unsre Kanzelsprache steckt voll von mythologischen Redewendungen. Jede feierliche Sprache ist „mythologisch“. Der alte Homer sagte mythos im Sinne von logos, Sprache.

1) Nicht 25, Sept. hat richtig 20, d. i. die babylonische Zahl, mit der der Sonnengott bezeichnet wird.

2) Da der Kreislauf auf Ausgleich von Sonnen- und Mondlauf beruht, so ist auch bei Hervorhebung des Sonnenkultus der Mond immer von Bedeutung. Und da es sich um den Naturkreislauf handelt, so kann der Mythus jederzeit Tammuz, bez. Tammuz-Ištar in ihrem Wechselverhältnis an die Stelle der Sonne setzen.

überirdischen Geister des Verderbens[1]. Sechs tragen je einen Hammer zum Zerschmettern. Der in der Mitte einherschreitende im linnenen Priestergewand[2] hat ein Tintenfaß am Gürtel, wie die Schreiber im alten[3] und im modernen Orient. Er ist gesendet mit seinem Griffel, um vor der Vernichtung der Gottlosen die Stimmen der Gerechten zum Zeichen der Verschonung mit dem Buchstaben tau zu versehen. Es handelt sich um eine Stigmatisierung wie Apk 13, 16. Wie hat das Zeichen ausgesehen? Hieronymus sagt, daß der letzte Buchstabe im samaritanischen Alphabet einem Kreuze ähnlich gewesen sei. Auf den alten samaritanischen Steininschriften und auf dem S. 541 ff. besprochenen Mesa-Steine wird das Tau wie ein schräges Kreuz geschrieben, vgl. altgriechisch ×, griechisch *T*. Das Jahve-Zeichen ist also ein liegendes Kreuz[4]. Nach Hi 31, 35 diente dasselbe Zeichen zur Beglaubigung eines Dokuments für den Schriftunkundigen[5].

Abb. 204: Assyr. Siegelzylinder. Brit. Museum.
Gipsabguß im Besitze des Verfassers.

[1]) S. zu Hi 37, 22 S. 557.

[2]) 1 Sa 2, 18 das Kleid des Knaben Samuel und 22, 18 das linnene Schulterkleid als Priesterkennzeichen der 85 Männer. Das babylonische Priestergewand ist linnen (V R 51, 47[b]).

[3]) In einem Hymnus auf Gilgameš (? KB VI, 268 f.) ist von Schreibzeug und Schreibgriffel die Rede, die am Hüftengurt (rikis ḳabli) getragen werden.

[4]) Die mythologische Bedeutung der verschiedenen Kreuzzeichen im heidnischen Orient bedarf besonderer Untersuchung. Ein Zusammenhang mit dem christlichen Kreuz kann nur insofern bestehen, als die Erfindung der Kreuzigungsstrafe mythologische Zusammenhänge hat, vgl. BNT 20 ff.

[5]) Auch das halten wir für religiös; der Schreibunkundige macht das Jahve-Zeichen. Das beweist die sonstige orientalische Sitte. Die religiösen Darstellungen auf den babylonischen Siegelzylindern geben dem Siegel Schwurkraft. Ein arabischer Wechsel wird noch heute mit dem Schriftzug Allah gesiegelt. Eine analoge Erscheinung ist natürlich der Gebrauch des christlichen Kreuzeszeichens bei Analphabeten als Ersatz der Unterschrift.

Bei den Babyloniern, wie bei den Elamitern scheint das Kreuz als Schlußzeichen bei Urkunden gegolten zu haben. S. Hilprecht, Babyl. Inscr. II, pl. 59 auf der Kopie einer Tafel der Hammurabi-Dynastie (Nr. 1); Hommel, Aufs. und Abh. III, 474, auf einem elamitischen Grenzstein (Nr. II)[1].

Die Siebenzahl der Gottesboten weist natürlich auf altorientalische Vorstellungen, die aber Ezechiel nicht erst in Babylonien aufgenommen haben muß. Sieben ist die Zahl der großen planetarischen Gottheiten, s. S. 14. Und dann liegt es nahe[2], bei dem mit dem Schreibzeug und Griffel ausgerüsteten Engel an die Gestalt des Nebo zu denken, der als Schreiber des Schicksalsbuches (s. S. 125) mit dem Griffel dargestellt wird[3]. Auch den als himmlischen Schreiber geschilderten Erzengel des Henochbuches (man beachte, daß die spätere jüdische Tradition 7 Erzengel zählt), der durch „Weisheit“ ausgezeichnet „alle Werke des Herrn schreibt“, bringt Gunkel zweifellos richtig mit babylonischen Nebo-Vorstellungen in Zusammenhang[4].

Nr. I.

Nr. II.

Ez 9, 3 (miftan), s. S. 603.

Ez 14, 12ff. *Hungersnot, wilde Tiere, Schwert, Pest.* S. zu den Strafgerichten S. 233. 418. Es sind die Strafgerichte, die in den babylonischen Epen der Sintflut vorausgegangen sind. Wie in den Sintflutberichten, so sollen auch nach den Strafankündigungen bei Ezechiel nur die Gerechten gerettet werden[5].

Ez 16, 3, s. S. 309 und 312.

Ez 16, 17f. *Du nahmst Gold und Silber und machtest dir Mannsbilder . . . hülltest sie in deine Gewänder . . . und setztest ihnen Opfer vor.* Die ṣalmê zakar sind Weihgeschenke,

---

[1]) Vgl. auch das Kreuz auf Siegeln bei Ohnefalsch-Richter, Kypros, Bibel und Homer I, Fig. 73, S. 67. Hommel, Grundriß 100, Anm. 1, bringt wertvolles Material für die Geschichte des Kreuzzeichens und für seine mythologische Bedeutung (als Saturn-Symbol?) bei.

[2]) Gunkel, Der Schreiberengel Nabû im AT und im Judentum im Archiv für Religionswissenschaft I S. 294ff.

[3]) Dazu stimmt das aus Babylonien stammende talmudische Neujahrsfest am 1. Tišri (statt am 15. Nisan), an dem Jahve das „Buch der Lebendigen“ aufschlägt und die Jahresgeschicke bestimmt. Dieses Roš haššanah entspricht dem babylonischen reš šatti, bei dem Nebo die Geschicke schreibt. Näheres hierüber BNT 70ff.

[4]) Gunkel a. a. O. meint, daß der ägyptische Taut als Vorbild mitgewirkt haben könnte, aber Taut ist = Nebo; auch hier handelt es sich nicht um Entlehnung, sondern um Formen gemeinsamer Weltanschauung.

[5]) Vgl. S. Daiches, Ezekiel and the Babyl. account of the deluge.

wohl in Gestalt von Phallen[1]. Das Verhüllen mit dem Gewand gehört allenthalben zu den Zeremonien des Phallus-Kultus.

Ez 19, 4: „*Sie führten ihn an Nasenringen nach Ägypten*"; 19, 9: *Und sie zogen ihn mit Haken in einen Käfig und brachten ihn in Ketten zum Könige von Babel.* Vgl. Abb. 132 (S. 421) und Abb. 182 (S. 547). Die assyrischen Könige haben wirklich gefangene Könige in Käfige[2] gesperrt. Am östlichen Stadttore von Nineveh befand sich ein Käfig zu diesem Zwecke. Asurbanipal berichtet (Annalen, Col. 8), er habe einem arabischen König Hundeketten angelegt und habe die Gefangenen am östlichen Stadttor den Käfig bewachen lassen.

Abb. 205: Wahrsagungs-Leber mit magischen Linien und Orakeln. Brit. Museum (Cun. Texts VI).

Ez 21, 26. Die Leberschau begegnet uns außer in Babylonien auch bei den Etruskern, vgl. S. 155. Abb. 205 zeigt eine Schafsleber mit magischer Einteilung und eingegrabenen Orakeln aus Cun. Texts VI.

Ez 23, 14f. *Männer an die Wand gezeichnet, an ihren Hüften mit einem Gürtel umgürtet, ihre Häupter mit Turbanen umwunden.* Bilder babylonischer Wandreliefs schweben dem Propheten vor.

Ez 23, 23 (Ich will gegen dich herbeibringen) *die Peḳôd und Schoʿa und Ḳoʿa.*

Die Peḳod sind die Puḳûdu der assyrischen Inschriften, ein allgemeiner Name für die Aramäer. Schoʿa und Ḳoʿa

[1]) H. Grimme in der kath. Liter. Rundschau 1904, Sp. 347 erinnert an die entsprechenden südarabischen Weihgeschenke s-l-m.

[2]) Sûgar, assyrisch šigaru, also wohl mit P. Haupt sîgar zu lesen.

wird als Suti und Ḳor (Ḳir) zu erklären sein, s. zu Jes 22, 5—7, wo wir die Kir ebenfalls neben den Aramäern finden[1].

Ez 23, 24. *Ich werde ihnen den Rechtsstreit vorlegen und sie werden dich nach ihren Rechtssatzungen richten.* Vgl. die Schlußworte zum Cod. Hammurabi, s. S. 356. Es ist an geschriebene Rechtssatzungen gedacht, nach denen Babylonier und Assyrer in dem Rechtsstreit zwischen Jahve und seinem Volke richten werden.

Ez 23, 29. *Es wird aufgedeckt werden deine Scham.* Das Bild ist der zu Jes 47, 2f. (S. 574f.) erwähnten orientalischen Kriegssitte entnommen.

Ez 23, 40ff. Erotische Feier genau so, wie sie hundertfach in 1001 Nacht geschildert wird, mit Mahlzeit und Liederklang verbunden. Noch heute sind Schmucksachen fast die einzige Freude der Weiber im Orient.

Ez 26, 20. Bild der Unterwelt. Tehôm, die Urflut (s. S. 161 und vgl. 31, 15) wird Tyrus aus dem „Lande der Lebendigen" in die Še'ol hinabschwemmen, *zu den in die Grube Hinabgefahrenen, zum Volke der Urzeit* („Riesen der Urzeit" Ez 32, 27.) Die Unterwelt als Wohnplatz der Männer der Urzeit schildert Eabani im Gilgameš-Epos, wie er sie im Traume (?) gesehen hat. Zu den „Riesen" s. S. 223.

Ez 27, 6ff. Zu den Kittim, Elisa, Simyra, Lyder, Put, Tarsis, Tibarener, Moscher, Thogarma, Javan, Saba, Ra'ma s. zu 1 Mos 10. Zu Eden s. S. 188f., zu *Harran* s. S. 330, zu *Medien* S. 254f. — Der Wein von Helbon v. 18 ist im orientalischen Altertum wohlbekannt. Die assyrische Weinliste II R 44 erwähnt ihn auch und der Bellinozylinder Nebukadnezars I R 65 nennt Ḫilbunum als eines der Länder, von denen der König Wein bezieht. Strabo XV, 735 erzählt, daß die Perserkönige ihn ausschließlich tranken. Helbon ist das heutige Ḥalbûn nordwestlich von Damaskus[2].

Kilmad v. 23 wurde von G. Smith dem heutigen Kalwâdha bei Bagdad gleichgesetzt, wo Bronzeringe gefunden wurden mit der Inschrift: „Palast Hammurabis des Königs", s. Delitzsch, Paradies 206. Aber die Erklärung ist nicht richtig. Es steht neben Eden und Assur. Mez, Harran 33f. vermutet, daß kol-madaj zu lesen ist: „ganz Medien", Winckler (schriftliche Mitteilung) liest כלמר, d. i. Kullimeri, die Hauptstadt von Lubdi (S. 276).

Ez 27, 7, s. S. 260.

---

[1]) Vgl. auch meinen Artikel Kir in RPTh[3].

[2]) S. Wetzstein ZDMG XI, 490f.

Ez 27, 30f. Die Trauergesten bei den Hebräern sind zum größten Teil allgemein orientalisch und speziell den babylonischen Trauergebräuchen sehr verwandt. Das charakteristische Wort für „trauern" ist biblisch wie assyrisch sapad. Der Schmerzlaut wird hebräisch hôi oder hô wiedergegeben, s. Am 5, 16, assyrisch ûa und â. Das Haarscheren, bei den Männern auf Haupthaar und Bart sich beziehend, vgl. Ez 5, 1, ist 3 Mos 19, 27f.; 21, 5f.; 5 Mos 14, 1ff. als heidnische Trauersitte verboten. Das Anziehen des saḳ (assyr. šaḳḳu)[1], des zerrissenen Gewandes bei Trauer und Buße, vgl. Jon 3, 6ff. (wohl mit Schlitz an der Brust) ist verwandt mit dem Kleiderzerreißen, das nach Joel 3, 1 im übertragenen Sinne die innere Zerrissenheit andeutet; das Ideogramm für „Kleiderzerreißung" wird assyrisch durch „überströmende Bekümmernis" und „überschäumende Wut" erklärt. Zum Ritzen mit Messern s. zu 1 Kg 18, 28. Klagemänner und Klagefrauen werden 2 Chr 35, 25 vgl. Am 5, 16 genannt; nach Jer 48, 36 vgl. Mc 5, 38 (Jairus) begleitet „Flötenspiel" die Trauerzeremonie. Sach 12, 11—12 redet von Wechselgesängen zwischen Männern und Frauen, vgl. Mt 11, 17. Bei einem assyrischen Königsbegräbnis wird gesagt, daß der Musikmeister mit seinen Sängerinnen nach der Trauerversammlung Musik machen wird, und an anderer Stelle heißt es: „Es wehklagten die Gattinnen, es antworteten die Freunde" (K 7856)[2]. Klagegesänge erwähnt auch 3 Mak 6, 32. — Es seien in diesem Zusammenhange noch zwei apokry-

Abb. 206: Gudea-Statue mit Bauplan auf dem Schoß. Telloh. S. 583 Anm. 1.

[1]) Vgl. Winckler F II, 44.

[2]) Vgl. Meißner in Wiener Zeitschr. für die Kunde des Morgenl. XII, 59ff.; mein Hölle und Paradies AO I, 3², 10ff.

phische Stellen erwähnt, die die lärmende orientalische Trauersitte illustrieren, und die zugleich zeigen, daß die Einschließung der Frau im Frauenhause in nachexilischer Zeit bei den Juden ebenso Sitte war, wie im übrigen Orient:

2 Mak 3, 19ff. (bei Gefährdung des Tempelschatzes): „Die Weiber erschienen mit Trauergewändern angetan, unter der Brust gegürtet, in Menge auf den Straßen. Die Jungfrauen, die sonst nicht unter die Leute gingen, liefen, die einen an die Tore, andre auf die Mauer; einige lugten durch die Fenster." — 3 Mak 1, 18ff.: „Die in den Gemächern verschlossenen Jungfrauen stürmten samt den Müttern heran, bestreuten das Haar mit Asche und Staub und erfüllten die Straßen mit Wehklagen und Seufzen. Ja auch die, die sich ganz zurückgezogen hatten, verließen die zur Beiwohnung hergerichteten Gemächer und setzten die Scham beiseite und verführten in der Stadt ein unordentliches Laufen[1]."

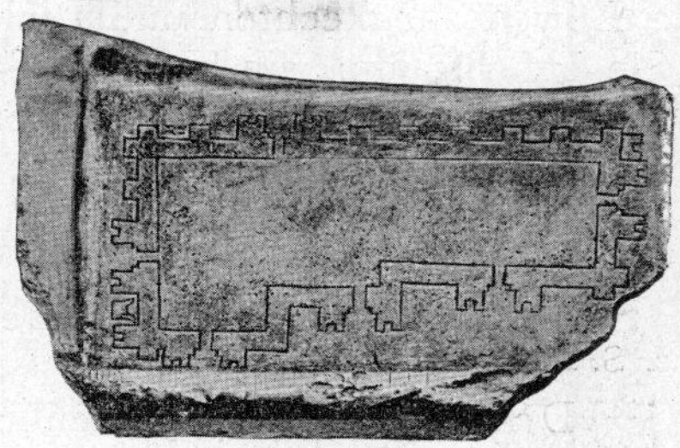

Abb. 207: Bauplan auf dem Schoße einer Gudea-Statue.

Ez 28, 2ff. *Ein Gott bin ich, einen Göttersitz bewohne ich im Herzen der Meere.* Es ist die Residenz in Tyrus gemeint; aber zugleich enthält das stolze Wort eine mythologische Anspielung auf Ea, der in dem kosmischen Eridu im Ozean thront, s. S. 96f. Auch das spricht dafür, daß bei den Sprüchen Ezechiels, die vom Gottesgarten sprechen, an Eridu zu denken ist, s. S. 189f. und Nachtrag zu S. 190.

Abb. 208:
Maßstab auf dem Schoße einer Gudea-Statue.

Zu Ez 28, 13f. *(Eden, der Garten Gottes)* s. S. 192; 197. — Ez 31, 3ff. *Die Wunderzeder* s. S. 194; 197. — Ez 36, 25 *Und ich werde reines Wasser über euch sprengen, daß ihr rein werdet.* Anklänge an den Ea-Kult, vgl. S. 200. — Ez 38, 1ff. *Gog (Magog)* s. zu S. 254. — Ez 38, 6, s. S. 253.

Ez 40ff. Der Prophet sieht in der Vision den Plan des neuen Tempels. Ähnliche Vorgänge kennt auch die babylonische Literatur. Sie entsprechen ja der altorientalischen

[1]) Die Stellung der Frau im israelitischen Orient darf nicht einseitig danach beurteilt werden, vgl. hierzu S. 536.

Grundanschauung, nach der alles Irdische himmlischen Vorbildern entspricht, vgl. S. 48ff. Eine der Inschriften Gudeas (Cyl. A) erzählt ein Traumgesicht: Gudea sieht eine göttliche Gestalt, zu deren Rechten der göttliche Vogel IM-GIG sitzt, während 2 Löwen zur Rechten und Linken lagern (vgl. 1 Kg 10, 18ff.). Sie befiehlt ihm, ein Haus zu bauen. Unter Lichterscheinungen treten himmlische Gestalten herzu mit Griffel und Tafel, die ihm den Bauplan zeigen. Vgl. die Statue Gudeas Abb. 206f. Vgl. auch S. 235. Zur Stiftshütte nach himmlischem Vorbild s. S. 435. 444 Anm. 3.

Ez 47, 1ff. (Paradies mit Lebensbaum und Lebenswasser), s. S. 200.

Daniel. Das Prophetenbuch ist wiederholt umgearbeitet worden. Der Grundstock in seiner ursprünglichen Form gehört in die Zeit des Exils[1]; der hebräische Kanon stellt deshalb das Buch richtig hinter Ezechiel und Sept. vor Esra. Der Gegenstand der Weissagung ist die Erwartung der „Endzeit", d. h. des goldenen Zeitalters für Israel. In den Formen und Bildern der altorientalischen Weltzeitalterlehre wird der Anbruch der neuen Zeit verkündigt. Die gegenwärtige Gestalt zeigt die Übertragung der Prophetie auf die Zeit des Antiochus Epiphanes und dient, zeitgeschichtlich angesehen, dem Nachweis, daß die Makkabäer-Zeit den Anbruch der Erlösung bedeutet (zu Judas Makkab als Erretter s. S. 474). Die Apokalypse des Neuen Testaments nimmt die danielischen Bilder auf in den Visionen, die die Errettung durch den erhöhten Christus in der Endzeit verkündigen.

Da 1, 7 Beltšaṣar Beiname Daniels, bab. Balâṭašu-uṣur, d. h. „schütze sein Leben"[2]. Da 4, 5 heißt es, der Name sei „nach dem Namen des Gottes Nebukadnezars" gegeben. Das beruht auf einer Verwechslung mit Belsaṣar, d. h. Bel-šar-uṣur, „Bel (Merodach), schütze den König". — Sadrak ist vielleicht verstümmelt aus Marduk[3], Abednego aus Abednebo „Knecht Nebos". Mišael — Mêšak ist vielleicht künstlich angefügt; es ist sehr wahrscheinlich, daß Daniel ursprünglich in der Dreizahl inbegriffen war[4].

Da 1, 20 vgl. 2, 2 aššâpîm hängt mit babyl. âšipu Beschwörer zusammen; vgl. âšap bez. âšep Da 2, 10.

---

[1] S. Winckler F. II, 435ff., KAT[3] 334.
[2] G. Hoffmann ZA II, 237: Balaṭ-ša(r)-uṣur.
[3] Kohler ZA IV, 150.
[4] S. Winckler F III, 47.

Da 2, 14 Ariok der „Oberste der Leibwache“ (rab ṭabbaḫim) ist doch wohl der gleiche Name wie 1 Mos 14, babyl. „Eriaku“.

Da 3, 5 (Musikinstrumente), s. S. 560f., vgl. auch Abb. 165. 175. 186.

Da 4, 1 Wahnsinn Nebukadnezars. Das Stück gehört wohl zu den Zügen, die ursprünglich sich auf Nabonid beziehen (vgl. KAT³ S. 110). Er wurde in Temâ gefangen gehalten, während sein Sohn Belsazar das Regiment führte. Dann ist zu bedenken, daß die Babylonier die Melancholie der Gefangenschaft gern drastisch schildern, vgl. zu Hi 3, 13 ff. Der „Wahnsinn“ soll das Elend des Gefangenen schildern. Winckler macht OLZ 1898, 71 auf K 7628 aufmerksam: „Welches sind meine Vergehen, so [frage ich]; welches ist meine Sünde, so [klage ich]; ein Ochse bin ich, Kraut fresse ich; ein Schaf bin ich, Gras [rupfe ich ab].“

Da 4, 6ff. der Weltbaum. Die Stelle wird von den Gnostikern hervorgehoben[1].

Da 4, 27, s. S. 286.

Da 5, 1 Belsaṣar. Die schlimmen Züge verdankt er vielleicht einer Verwechslung mit Evil-Merodach. Während sein Vater in Temâ gefangen gehalten wurde, führte er die Geschäfte. In den Inschriften Nabonids wird ein Gebet Nabonids an den Mondgott wiedergegeben, in dem der Vater für Belsaṣar, seinen Erstgeborenen bittet: „die Furcht vor deiner erhabenen Gottheit laß in seinem Herzen wohnen, daß er nicht in Sünde willigen möge; mit Überfluß an Leben werde er gesättigt.“

Da 6, 10. Die Gebetsrichtung (Ḳibla) geht nach Jerusalem. So auch in der ersten Zeit des Islam; später gab hier Mekka die Gebetsrichtung an, s. S. 584.

Da 7. Zur Erklärung der vier Tiere werden wie Ez 1 die Astralgestalten der vier „Weltecken“ bez. die entsprechenden Sternbilder der Quadranten heranzuziehen sein. Vieles bleibt hier noch unklar. Wenn bei dem „Menschen“ ein astrales Prototyp vorschwebt, so kann nur an Nebo, nicht an Marduk (gegen Zimmern KAT³ 392) gedacht sein. Zu „Menschensohn“ zer amelûti, s. S. 9; 82; 168.

Da 7, 9ff. Mit dieser Vision ist eng verwandt Apk 4, 2ff. 5, 1ff. Inmitten der himmlischen Ratsversammlung thront Gott

---

[1]) S. Müller, Geschichte der Kosmologie in der griechischen Kirche S. 291.

(„der Alte der Tage“)[1]. Die Bücher sind aufgeschlagen, es wird Gericht gehalten und die Weltgeschicke werden bestimmt. Die aufgeschlagenen Bücher entsprechen dem Buch mit sieben Siegeln, das in der Apk vom *ἀρνίον* geöffnet wird. In der Vision der Apk steht im Hintergrund der Ereignisse der Kampf und Sieg des *ἀρνίον* („Lamm“) gegen den Drachen. Der Sieg ist durch die vernarbte Wunde angedeutet. Als Lohn für den Sieg erhält das *ἀρνίον* die Herrschaft über die Endgeschicke (Öffnung des Buches mit sieben Siegeln), und es wird ihm zu Ehren der Lobpreis angestimmt (s. Näheres BNT 14ff.). Die gleiche Situation liegt hier vor. Und zwar ist hier der Kampf selbst fragmentarisch angedeutet. Da 7, 11ff. findet der Kampf statt. Hervorgehoben ist der charakteristische Zug, daß das Tier, bevor der Kampf beginnt, „hochfahrende Worte“ spricht[2]. Das Tier wird getötet. 7, 13 tritt der Sieger feierlich auf[3]. Der Menschensohn[4] mit den Wolken des Himmels[5]. Er wird vor den Thronenden gebracht und erhält die Leitung der Weltgeschicke: Macht, Ehre und Herrschaft werden ihm verliehen, und alle Völker und Nationen sollen ihm dienen; sein Reich soll niemals zerstört werden.

Da 8. Charakterisierung der Länder durch einen Tierzyklus; Persien entspricht der Widder; Syrien entspricht der Steinbock (Ziegenbock), weil Alexander nicht als König von „Griechenland“, sondern von Syrien (das ist das für Juda in Betracht kommende Land) dargestellt wird. Der vordere Orient wie der ostasiatische kennen eine entsprechende Einteilung der Erde in zwölf Teile, die den Tierkreiszeichen entsprechen. S. 51 ist das Nähere besprochen. Aus Versehen fehlt dort eine

---

[1] Der Namengebung liegt derselbe Gedanke zugrunde, der mutatis mutandis Saturn (Kronos), den Zeitgott (zu Kronos als Greis s. Chwolson, Ssabier II, 275ff.), als summus deus bezeichnete. Auch der Senis der Karthager entspricht diesem Gedanken, s. Münter, Religion der Karthager S. 9. Die Alten kannten den kosmisch-astralen Sinn der Vision; die Astrologen stellten mit Vorliebe den himmlischen Greis dar, mit der Wage in der Rechten und dem Schicksalsbuch in der Linken.

[2] Wie Tiâmat gegen Marduk s. S. 135 und vgl. Apk 13, 5f.

[3] In der Erkenntnis dieses Zusammenhanges liegt der Schlüssel zum Verständnis. Das wurde bisher übersehen.

[4] „gleichwie ein Menschensohn“ beruht auf späterem mangelnden Verständnis des Erlöser-terminus, s. S. 96. Ebenso Apk 14, 14.

[5] Verblaßter Ausdruck statt Wettererscheinung? s. S. 139 (Rückseite des Labbu-Textes). Mt 24, 30; 26, 64 würde dann ebenso zu beurteilen sein.

Abteilung: Ägypten-Ibis-Wassermann (zwischen Syrien und Indien).

Da 9, 24 f., s. S. 224.

Hosea und Amos. Daß wir aus älteren Zeiten keine schriftlichen Prophetensprüche haben, beweist nicht, daß es vorher keine Schriftprophetie gab, s. bereits S. 498 Anm. 2. 2 Chr 21, 12 berichtet von einem Brief des Elias. Da er in die Ferne wirken wollte (auf Damaskus), war er auf schriftliche Aussprache angewiesen wie später Jeremias, der nach Babylon schrieb. Schriftliche Aufzeichnung wird immer bestimmte Anlässe gehabt haben. Die können auch früher vorhanden gewesen sein.

Was die religiöse Gedankenwelt anbetrifft, so ergänzen die beiden einander. Die Gerechtigkeit des richtenden (Amos), die Barmherzigkeit des liebenden Jahve (Hosea) bilden die beiden Seiten des mosaischen Gottesbegriffs (s. S. 422 und zu Jes 6 S. 565 f.). Es hat weder Amos die Gerechtigkeit Gottes, noch Hosea die Liebe Gottes entdeckt.

Ho 1, 2. Hurenweib und Hurenkinder als Ausgangspunkt der Prophetie von der künftigen Errettung. Es liegt hier ein höchst merkwürdiges Motiv der Erlösererwartung vor, das in das Bereich der Motive von der außerordentlichen, geheimnisvollen Geburt des Erretters gehört. Es liegt auf gleicher Linie mit der Hervorhebung von Gestalten wie Thamar und Raḫab in dem Geschlechtsregister Jesu, s. S. 469 Anm. 1. Die Gegensätze berühren sich. Die jüdischen Tholedoth Jesu, die Jesus als Zerrbild des Messias und als Hurensohn darstellen, kennen das Motiv und verwenden es für ihre Travestie.

Ho 3, 4. *Israel wird lange ohne teraphîm bleiben.* Wie kommen die teraphim (s. S. 376) hierher? Wird der Verlust der teraphîm dem Nationalitäts-Verlust wirklich gleichgesetzt? Oder ist das Satire? Zu ephod s. BNT 111 und vgl. S. 162.

Ho 5, 13. *König Jareb*, lies „König von Jareb". Vielleicht eine arabische Landschaft, vgl. S. 265 Anm. 1; 277.

Ho 10, 14c ist Glosse. In *Šalman* verbergen sich vielleicht die Salamier (s. KAT^3 152). Die Erklärung Schraders KAT^2 440f., die an Abkürzung von Salmanassar denkt, ist unmöglich.

Ho 12, 3, s. S. 370 Anm. 6. — Ho 12, 12f., s. zu 5 Mos 32, 17.

Ho 13, 14. *Wo sind deine Seuchen, o Tod, wo sind deine Qualen, o Unterwelt?* Aus der altorientalischen Totenwelt, dem Ort Nergals und Namtars, des Pestgottes, kommen alle Dämonen und Seuchen. Die „Höllenfahrt der Ištar" und der Mythus von Eriškigal geben lebendige Schilderungen von diesem Königreich der Schrecken.

Joel 1, 8 *saḳ anlegen* s. S. 592. — Joel 3, 1 *Kleider zerreißen* s. S. 592.

Amos war nach Am 1, 1 noḳed (vgl. 7, 14). Im Codex Hammurabi ist nâḳidu der Hirtenknecht im Gegensatz rê'u (hebr. ro'ch) der Herdenbesitzer. Hebräisch umgekehrt? Nach 2 Kg 3, 4 war Mesa, König von Moab, ein noḳed. Keinesfalls ist Amos Beduinenhirt.

Am 5, 26. Amos spricht von astralem Götzendienst während der Wüstenwanderung und folgt hier derselben Tradition, die AG 7, 42 f. vorliegt. *Ihr truget Sikkut, euren König, und kijjûn* (kaivan, ass. kaimânu), *euren ṣelem*. Der erstere ist babylonisch Nebo, der andere kanaanäisch Saturn, babylonisch Jupiter-Marduk[1]. Es handelt sich um die beiden Gestirne, die die beiden Hälften des Kreislaufs repräsentieren (Tammuz in der Unterwelt und Oberwelt).

Am 6, 2 *Kalne*, nicht das Kalne von 1 Mos 10, 13: Kullani der Keilinschriften, in Nordsyrien gelegen.

6, 14. „Von Ḫamat bis zum naḫal Muṣri" vgl. 1 Kg 8, 65.

Am 9, 7. *Die Philister aus Kaphtor, Aramäer aus Kir*[2]. Wie Jahve Israels Geschicke geleitet hat, so auch die der andern Völker. Die Philister habe er aus Kaphtor und die Aramäer (die Syrer von Damaskus) aus Kir geführt. Die Philister (Pilasata) sind Reste der Seevölker[3]. Die Glosse 1 Mos 10, 14 stammt wohl aus dieser Stelle. Kir ist nicht die Gegend des Flusses Kyros, jenes der Zuflüsse zum Kaspischen Meere, der noch heute wie die Umgegend selbst Kur heißt. So einige Neuere nach J. D. Michaelis. Aber die assyrische Macht reichte nie bis dahin. Es ist auch weder in Medien mit Schrader, noch in Südbabylonien mit Halévy zu suchen. Es ist das Land der Kares (statt Ḳir ist Ḳor zu lesen) in der Ebene Jatburi zwischen Tigris und Gebirge, Grenzland von Elam. Die richtige Lage hat H. Winckler bestimmt in Alttest. Unters. 1892, 178 f. und Altoriental. Forschungen II, 253 ff. 378. Kir war von aramäischen Stämmen bewohnt, s. zu Jes 22, 5 ff. und Ez 23, 23. Nach 2 Kg 16, 9 sind im Jahre 732 Aramäer (von Damaskus) durch Tiglatpileser nach Kir verschleppt worden. Das darf als historisch gelten, obwohl die Stelle in Septuaginta fehlt. Aus dieser Tatsache hat wohl der Verfasser von Am 9, 7 den Schluß

---

1) Zur Vertauschung s. Winckler F. III, 188.

2) S. S. 275; 419.

3) AO II, 4, S. 13 f. VII, 2, S. 15.

gezogen: sie sind dahin verschleppt worden, woher sie gekommen sind; Kir ist ihre Urheimat (vgl. etwa Jes 37, 29) — der Zusatz Am 1, 5 ist doch wohl Glosse aus 2 Kg 16, 9. Dem Propheten kam es nur darauf an, zu sagen: die Völkerschaften (Aramäer, Gaza, Tyrus, Edom) sollen in die Gefangenschaft geführt, d. h. ihrer nationalen Existenz beraubt werden.

Abb. 209: Gemme mit der Jonas-Geschichte.

Ob 20. Sapharad, keilinschr. Saparda, ist nicht das Šaparda der Sargon-Inschriften, das einen Gau im südwestlichen Medien bezeichnet, sondern es ist der seit der persischen Zeit übliche Name Kleinasiens, KAT [3] 301.

Abb. 210: Eroberung einer Stadt. Relief aus Niniveh (Kujundschik). Palast Sanheribs.

Jona. Die Sendung nach Niniveh ruht auf Voraussetzungen, die der Wirklichkeit des Verkehrs zwischen Israel und Assyrien in der in Betracht kommenden Zeit entsprechen, s. S. 518. Die Pointe des Buches ist die Predigt an die Nichtisraeliten. Jahve ist aller Völker Gott. Die Sendung nach Niniveh ist die Konsequenz von dem, was Amos sagt 9, 7[1]. Das Ganze ist als Lehrgedicht aufzufassen, dem eine historische Begebenheit (vielleicht eine wichtige Sendung nach Niniveh, die mit der Geschichte des Propheten zusammen-

[1]) Gräfin Olga zu Eulenburg ist dem religiösen Gedanken weiter nachgegangen und hat in ihrem begeisterten Von Asdod nach Niniveh (I—III Leipzig, Wigand) religiöse Reformen in Niniveh mit der Jona-Sendung in Zusammenhang zu bringen versucht.

hing) zugrunde liegt. Zu der Erzählung vom dreitägigen Aufenthalt im Bauche des Fisches (Rabbi Abarbanel erklärte 1, 6 bis 2, 11 für einen Traum) finden sich Analogien in der ganzen Welt. Die Küste in der Gegend von Joppe ist der Schauplatz mythischer Drachenkämpfe (z.B. Andromedas Befreiung durch Perseus, s. Baedeker, Palästina [6] S. 7). Darum liegt es nahe, bei dem Fisch Jona's an das Chaosungeheuer zu denken[1]. Die „drei Tage" sind Erlösungs-Motiv; sie entsprechen der Rettung des Mondes nach drei Tagen (s. S. 32f.)[2]. Das Verfahren der Schiffer, die durch das Los erkunden[3],

Abb. 211: Eroberung einer Stadt.
Relief aus Niniveh (Kujundschik). Palast Sanheribs.

[1]) Gunkel, Schöpfung und Chaos 322; Zimmern KAT [3] 366. 388f. 508.

[2]) Das gleiche Motiv zeigt im gleichen Zusammenhang ein ägyptisches Märchen (Hommel, Insel der Seligen S. 18f.), in dem ein Beamter Schiffbruch leidet und „drei Tage im Meer verbringt", bis ihn eine Schlange „ins Maul nahm" und auf ihr Lager schleppte. — Das gleiche Motiv im Mythus vom „Retter" Herakles, der zur Rettung der Tochter Laomedons in den Rachen des Hundes Neptuns gesprungen sei, dort drei Tage gekämpft habe und dann mit Verlust seines Haares (vgl. S. 371. 481) herausgekommen sei. Den Zusammenhang mit dem Erlösermythus sieht man besonders deutlich an der Erzählung vom Drachen Ladon, der den Phallus des Osiris verschlungen und nach drei Monaten (Sonnenlauf, Winterszeit, entsprechend drei Tagen bei Mondlauf) wieder ausspeit, worauf das neue Leben ersteht. Der Glossator, der in den Evangelien zu der Rede Jesu, die die Predigt an die Heiden als das Zeichen des Propheten Jona bezeichnet (Mt 12, 40), hinzufügte („denn gleichwie Jona drei Tage und drei Nächte im Bauche des Fisches war, so wird des Menschen Sohn drei Tage in der Erde sein") hat in seiner Weise recht. Er kannte das Motiv der drei Tage als Motiv der Erlösererwartung. „Nach drei Tagen" war feststehende Formel. Darum heißt es auch bei der Auferstehung Jesu „nach dreien Tagen" (zu Freitag abend bis Sonntag früh stimmt nur: „am 3. Tage"), s. BNT 21. 43.

[3]) Hardy ZDMG 1896, S. 153 (Marti, Dodekapropheten S. 246) weist auf eine buddhistische Erzählung, in der ein Schiff gewaltsam am Weiter-

wem die Götter zürnen, illustriert lebendig den Volksglauben. Viel hilft viel. Zu Lande herrscht jeder Gott auf seinem Territorium. Auf dem Meere ruft jeder seinen Gott an. Man sieht, die Anbetung der Götter hat Ähnlichkeit mit volkstümlicher Heiligenanbetung.

Abb. 212: Assyrische Bogenschützen und Speerträger. Relief aus Khorsabad (Botta).

Jon 1, 5f., s. S. 322. — Jon 3, 3; 4, 11, s. S. 273.

Mi 1, 8ff. Zu T r a u e r k u l t, insbesondere K l a g e g e s ä n g e n, von denen hier versteckt die Rede ist, s. S. 593.

M i c h a hat bekanntlich gleich einem Malerzeichen seinen Namen in den Schluß hineingezeichnet. Zur Namensbildung (Abkürzung für Mikael) (Wer ist wie [Gott?]) vgl. assyr. Mannu-ki-Ašur („Wer ist wie Asur?").

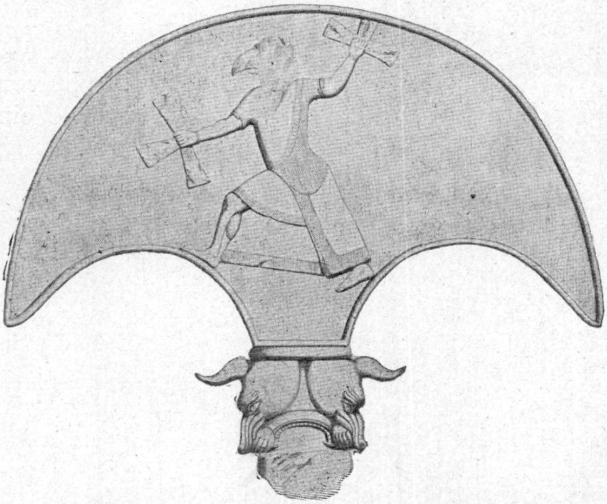
Abb. 213: Assyrisches Feldzeichen aus Khorsabad (Botta).

Mi 4, 11. Die Tochter Zion, die auf den Erretter wartet, wird entblößt (תחנף zu lesen); die Feinde sehen ihre Lust an ihr, s. S. 574f.

Mi 5, 5, s. S. 271.

N a h u m. Vgl. die Illustration des Buches aus dem orientalischen Material bei Billerbeck und A. Jeremias, Der Untergang Ninivehs und die Weissagungsschrift des Nahum von

---

fahren gehindert wird, in dem sich ein ungehorsamer Sohn befindet. Durch dreimaliges Loswerfen wird er als Urheber des Unglückes festgestellt und ausgesetzt.

Elkosch in BA III 87ff. Die Abb. 210—212 (vgl. auch S. 171f.) sollen Belagerungsszenen illustrieren; Abb. 213 und 214 stellen assyrische Feldzeichen dar.

Na 2, 4. Der Prophet denkt an die verderbenbringenden fahrbaren Mauerbrecher und Helepolen, wie sie Abb. 210f. zeigen.

Na 2, 6 *„Da ist hergerichtet der Sturmbock“* s. Abb. 190.

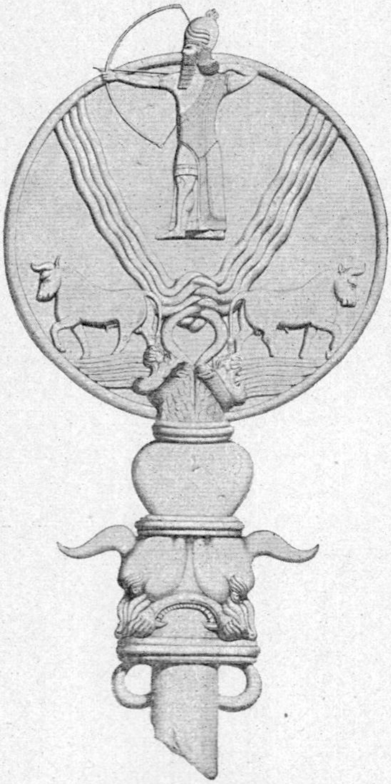

Abb. 214: Assyrisches Feldzeichen aus Khorsabad (Botta).

Na 2, 8. Die Königin klagt und trauert mit ihren Mägden während der Belagerung wie Jud 8, 5f. *Die Mägde ächzen wie die Tauben.* Bei der Belagerung von Erech heißt es in einem Fragment[1]: „wie die Tauben girren die Mägde“; IV R 26, Nr. 8, 56b klagt ein Kranker „unter Seufzen und Weinen wie eine Taube“. *Sie schlugen ihre Brüste* vgl. Jos. Ant. 16, 7, 5; Lc 18, 13; 23, 27.

Na 2, 14, s. S. 272. — Na 3, 5, s. zu Jes 47, 2.

Na 3, 7. מנחמים „Veranstalter eines Leichenmahles“ bez. „der Bringer des Totenopfers“. Niniveh ist gestorben, unbeweint, wie ein Mensch, der keine Verwandten hat; s. Wildeboer ZAW 22, 318f.

Na 3, 8. *Bist du besser, als No-Amon*[2]. Die Stelle bezieht sich auf die Eroberung durch Asurbanipal. Die Ruine des Amontempels und die Memnonssäulen Amenophis III. gehören zu den großartigsten Ruinen des Altertums. Wie Niniveh war Theben durch seine Bibliothek berühmt. Aus dieser „Heilanstalt der Seele“ sind viele Urkunden auf uns gekommen.

Na 3, 12ff. Gemeint sind die Notarbeiten, die der Ansturm des Belagerers erfordert. *Schöpfe Wasser.* Siedendes Wasser wurde auf die Köpfe der Belagerer gegossen.

---

[1]) S. mein Izdubar-Nimrod S. 15.

[2]) Zum Namen vgl. Jer 46, 25: „ich will vernichten den Amon zu No“, d. i. Theben.

Na 3, 13. *Das Volk ist zu Weibern geworden.* Einen andern Sinn hat wohl die Verwünschung im Vertrage mit Matiʾilu von Arpad (vgl. S. 369): „Wenn er an diesen Satzungen sich versündigt, soll er zur Hure werden, seine Leute sollen zu Weibern werden“ etc. (MVAG 1898, 234 f.).

Die Tore des Landes haben sich weit aufgetan. Gemeint sind die Vorfelder Ninivehs (vgl. Mi 5, 5: die Assyrer sammeln sich in den „Pforten des Landes“, vgl. auch 2 Kg 3, 21). *Feuer hat deine Riegel gefressen*, nämlich die Riegel (assyr. ḫargulla) der Stadttore. Das Osttor hieß „Pforte des Völkergedränges“.

Na 3, 16, s. S. 272.

3, 17. Die ṭipsar bez. ṭapsar sind die Tafelschreiber, keilinschriftlich tup-sar-ru. Sie waren Hofbeamte und Würdenträger.

Habakuk. Peiser MVAG 1903, 1 ff. hat es wahrscheinlich gemacht, daß Habakuk[1] assyrische Literaturstücke kennt und zitiert. Peiser nimmt an, daß Habakuk, aus königlichem Geschlecht stammend, in seiner Jugend nach Niniveh als Geisel kam und um 625 kurz nach dem ersten Ansturm der Meder schrieb, wohl vertraut mit der Literatur der Bibliothek Asurbanipals. In 2, 2 sieht er Anklang an eine assyrische Tafelunterschrift, 2, 9—11 eine Anspielung auf die babylonische Sintflutgeschichte. 2, 14 wird die Erkenntnis des Herrn mit der Meeresflut verglichen. Darin möchte ich einen Anklang an den mythischen Ozean (apsû) suchen, in dem Ea, der Gott der Weisheit wohnt, s. S. 95; 175.

Hab 3, 7 (Kuschan), s. S. 262.

Ze 1, 9 *Ich suche alle heim, die den miftan besteigen*[2], *die das Haus ihres Herrn mit Gewalttat und Trug erfüllen.* Der miftan ist das in Stufen ansteigende Postament, auf dem das Gottesbild im Adyton (so 1 Sa 5, 4, s. S. 484 vgl. Ez 9, 3) oder der Thron im Palast des Königs steht. Adyton im Tempel und Throngemach im Palast sind Abbilder des himmlischen Heiligtums (S. 53 f.). Darum führen Stufen empor. An unserer Stelle sind die höchsten Würdenträger des Königs gemeint, die die Thronstufen emporsteigen[3], vgl. S. 607 zu Salomos Thron 1 Kg 10, 18 ff.

---

[1]) Ḫambaḳûḳu, ein assyrischer Gewächsname; ein Name Ḫambaḳu ist inschriftlich bezeugt.

[2]) Bei Kautzsch: „die über die Schwelle hüpfen“.

[3]) So Winckler F. III, 381 ff., eins der zahlreichen „kleinen Verdienste“ Wincklers um die Bibelerklärung.

Sach 1, 11f. ist in der düsteren Stimmung geschrieben (Febr. 519), die nach dem Mißlingen des großen Aufstandes der östlichen und nördlichen Provinzen des Perserreiches über dem Lande lag. Abb. 215 zeigt ein Stück des Darius-Monumentes am Felsen von Behistun in der Choaspesebene, das den Sieg des Darius verherrlicht.

Sach 1, 8ff. Vier verschiedenfarbige Roßgespanne durchstreifen die Erde (je nach einer Himmelsrichtung). Sach 2, 1 vier „Hörner", die Israel vernichtet haben, demgegenüber

Abb. 215: Relief vom Behistun-Felsen.
Gefangene werden vor Darius geführt.

2, 3 vier Schmiede als Erretter Israels[1]. Sach 6, 1ff. vier Wagen, die zwischen den zwei Bergen (doppelgipfliger Weltberg S. 21ff.) hervorkommen und mit denen vier verschiedenfarbige Roßgespanne nach den vier Himmelsgegenden rennen[2]. Sach 4, 10 die sieben Augen Gottes, die über die ganze Erde schweifen (Variante der 7 Planeten als Willensverkünder und Boten der Gottheit, vgl. Apk 1, 4 mit 5, 6). Alle diese symbolischen Bilder entsprechen dem orientalischen Weltbild,

---

[1]) Von den Rabbinen gedeutet: 1. Kohen-ṣedeḳ (Malki-ṣedeḳ); 2. Elias; 3. Messias ben David; 4. Messias ben Joseph bez. Messias Milchamah, vgl. Dalman, Der leidende Messias 7ff.; Nathanael 1903, 119, Anm.

[2]) Vgl. S. 58. Den vier Pferden bez. Gespannen beim Neujahrsrennen liegt die gleiche kosmische Bedeutung zugrunde, s. mein Kampf um Babel und Bibel[4] S. 47f.

wie es oben geschildert wurde, und der mit ihm verbundenen Erretter-Erwartung.

Sach 3, 8 (ṣemaḫ) s. S. 577.

Sach 3, 9 liegt vor Josua ein Stein mit sieben Augen, in dem Gott eine Inschrift eingraben will. Die babylonischen Urkunden haben oben oft die Zeichen der 7 Planeten (z. B. Abb. 161 S. 467). Einige (oder auch alle) sind durch Rosetten markiert. Die Planeten gelten überall im Orient als „Augen" (vgl. z. B. S. 79). Schon Nork u. a. nahmen deshalb an, daß hier die Planeten gemeint sind.

Sach 6, 6 scheint von den vier Jahreszeiten zu reden. Beim persischen Weltroß Gustasp zeigt sich die Übertragung auf die vier Jahreszeiten des Weltenzyklus; Zarathustra zaubert die durch Krankheit in den Leib gezogenen Beine nacheinander hervor, vgl. S. 150.

Sach 14, 8 (lebendiges Wasser), s. S. 200.

Ma 1, 8. 13. Jahve Ṣebaoth gebühren beim Opfer makellose Tiere. Das babylonische Opferritual stellt die gleiche Forderung: Opfertiere ohne Fehler (šalmu) sollen dargebracht werden, vgl. S. 429.

Ma 3, 16. Vor Jahve ist eine Denkschrift aufgezeichnet (sepher zikkarôn). Es ist das Buch der Geschicke des Lebens (und des Todes), von dem S. 47 f. und ausführlich BNT 69 ff. gehandelt wurde. In dem Buche sind die Namen derer eingezeichnet, die Jahve Ṣebaoth fürchten und die vor seinem Namen Ehrfurcht haben.

Abb. 216: Kampf der Trias gegen das Ungeheuer (Wolf?).
Siegelzylinder, in Smyrna erworben.
Im Besitze des Verfassers.

Nachträge und Berichtigungen.

S. 9 vgl. 97. Die Deutung ilu amelu als Gott Mensch an den angeführten Stellen ist nicht absolut sicher. Es kann auch „Gott des Menschen“ im Sinne von Schutzgottheit heißen. Aber jedenfalls ist zu beachten, daß nach dem Parallelismus in IV R 7a Ea so bezeichnet wird als Vater Marduks („um seines Sohnes willen“ handelt er). Und da Marduk der göttliche Mensch ist (= Adapa), so ist im Sinne der Lehre Ea ebenfalls der göttliche Mensch (vgl. die S. 97 Anm. 5 zitierte Stelle aus IV. Esra: der Mann aus dem Herzen des Meeres, der die Schöpfung erlösen wird); denn der Sohn ist die verjüngte Emanation des Vaters (s. S. 9. 97).

S. 23 Z. 16 v. o. l. Hyaden st. Plejaden.

S. 46 Anm. 2. Auf sieben himmlische Tafeln sind die Geschicke der Familie Jakobs geschrieben, Jubil. 32, 21 ff.

S. 51 fehlt in der Liste des Dodekaoros die vorletzte Reihe. Zwischen Syrien und Indien ist einzuschieben (S. 597 zu Da 8 bereits korrigiert):

Ägypten Ibis Wassermann

S. 58 Anm. 2 Z. 3 v. o. l. Apk 21 f. st. Apk 24 f.

S. 60 ff. nachzutragen: 11 als Marduks Zahl, vgl. S. 383 Anm. 3. — 14 als Zahl der Unterweltstore z. B. im Eriškigal-Mythus, s. AO I, 3[2]. — 15 als Vollmonds-Zahl (vgl. Abb. 15 S. 33); deshalb baut z. B. Nebukadnezar seinen Palast angeblich in 15 Tagen, vgl. Ex or. lux II, 2 Anm. 24 u. 42.

S. 69 zu Bokchoris (*ἀϱνίον*) s. S. 398 u. 406 f.

S. 79 Z. 5 v. u. l. Tyr st. Tiu.

S. 112 Abb. 45 Unterschrift: l. Tešup (ebenso 113[2] u. 113[3]) und hettitisch.

S. 121 Z. 1 v. u. AMAR UD ist nicht Marduk von Eridu.

S. 126 Z. 5 v. o. l. s. S. 26 st. 29.

S. 137 Z. 2 v. o. l. S. 106 st. 103.

S. 138 ist noch einzufügen:

1. Die Bemerkungen über die Schöpfung der Welt in CT XVII, pl. 50 (s. Meißner, MVAG 1904, 222 ff., Weber Literatur, S. 59 f.):

„Nachdem Anu [den Himmel geschaffen], der Himmel die Erde geschaffen, die Erde die Flüsse geschaffen, die Flüsse die Gräben geschaffen, der Schlamm den Wurm geschaffen“ etc.,

tritt der Wurm weinend vor Ea und bittet um Speise und Wein. Saft von der Dattelpalme und vom ḫašḫur-Baum genügt ihm nicht, er will Zähne und Zahnfleisch der Menschen aussaugen. Es schließt die Anweisung zur Heilung des Zahnschmerzes sich an.

2. K 133, Rev. 1 (Hrozný, MVAG 1903, 42 f.):

„der König Anu, der die Erde erschuf ....“

3. Der Text Berlin 13987, 24 ff. (Weißbach, Miszellen, Taf. 12, 32 ff.), den der Priester beim Tempelbau rezitiert:

„Als Anu den Himmel erschaffen,
Ea den Ozean schuf, seine Wohnung,
kniff Ea im Ozean Lehm ab,
schuf den Gott des Ziegels zur Erneuerung ....
schuf Rohr und Wald (?) zur Herstellung des Baues ....
schuf den Gott der Zimmerleute ..... zur Vollendung der Bauarbeit, ...
schuf Gebirge und Meere für Wesen aller Art ....
schuf den Gott der Goldschmiede, den Gott der Schmiede, den Gott der Steinarbeiter — —
— — — — — — — — — — — — — — — — — — — —

schuf den Oberpriester der großen Götter, zur Vollziehung der Gebote,
schuf den König zur Ausstattung .....
schuf die Menschen zum [Opfer bringen] ..
...... Anu Bel Ea

S. 140 Z. 5 v. o. l. des Ištartors st. der Prozessionsstraße.
S. 158 Z. 24 v. o. l. mildester st. wildester.
S. 166 Z. 5f. Ri 5, 20. Die Übersetzung zu korrigieren nach S. 474.
S. 167 Anm. 2 l. Puruša st. Purša.
S. 179 Anm. 2 Z. 3f. v. o. l. s. zu 2 Mos 14, 21f. S. 410.
S. 188 Z. 12 v. o. l.: *in Ḳedem* (eig. *von Ḳedem her*).
S. 190 Z. 13 v. o. l. Ez 47, 1ff. Das kosmische Paradies (Eridu) kennt Ezechiel auch. Ez 28, 13 (S. 197) ist vielleicht gradezu Eridu statt Eden zu lesen.
S. 191 Z. 8 v. o. l.: eine himmlische siebentorige Stadt.
S. 197 Anm. 5 (12 Edelsteine) vgl. S. 451.
S. 202 Z. 15 v. o. l. Si 24, 25.
S. 222 Z. 5 v. o. zu Otiartes füge hinzu: Ardatos als Vater des Xisuthros, s. S. 226.
S. 238 Anm. 4 l. Odyssee XIX, 164.
S. 250 Anm. 5 Z. 5f. l.: dem Verhalten Hams nach der Sintflut entspricht das Verhalten der Töchter Lots nach der Feuerflut (Sodom und Gomorrha, s. S. 361).
S. 269 Anm. 1: 6, 10. 11. 28 zu streichen.
S. 280 Z. 10 v. o. l. Beresch. rabba Par. 38, vgl. Šabbath 36a.
S. 284 Z. 19 v. o. l. Josef. Ant. I, 4, 3.
S. 303 Anm. 3 zu streichen. Tiglatpil. III. Annalen 126 steht Sa-u-e.
S. 320 Unterschrift zum Bilde: Zum „Diener" = Minister s. S. 549 zu 2 Kg 25, 8.
S. 339 Zum Namen Abram vgl. auch 1 Kg 16, 34: Abiram.
S. 340 Z. 2 v. u. l. Epagomenen.
S. 389. Zu den Kühen und Ähren in Pharao's Traum vgl. auch Abb. 156 S. 460.
S. 397 Eine ähnliche Gestalt wie Josef und Janḫamu ist Kleomenes in der pseudaristotel. Ökonomik, s. Kurt Riezler, Finanzpolitik und Monopole in den griechischen Staaten.
S. 419 zu Anm. 2. Die kultische Bedeutung des Pfostens (mezûza = manzazu) bei Auferlegung der Sklavenschaft (Glosse zu 2 Mos 21, 6: „der Herr soll den Sklaven zum Türpfosten führen") ist assyrisch doch noch nicht bezeugt. An der Stelle V R 4, 30, die ich im Sinne hatte, steht: „Tammaritu (König von Elam) trat an den manzaz meines Rades und unterwarf sich mir als Sklave." Der Unterworfene tritt an das Rad des Königs und läuft nebenher. So tritt Panammû in der Inschrift von Sendschirli Z. 13 an das Rad Tiglatpilesers.
S. 448 Z. 17 v. o. l.: Jos. Ant. III, 7, 7.
S. 496. 1 Kg 10, 18ff. (Salomo's Thron). Vgl. hierzu Wünsche, Salomo's Thron und Hippodrom Abbilder des babylonischen Himmelsbildes Ex or. lux II, 3. Die sechs Stufen führen empor zum Sitz Gottes (vgl. S. 603 und 53f., ferner S. 375 zu Jakobs Traum und S. 15f. u. 52 zum siebenstufigen Turm). Wünsche zeigt in überraschender Weise, wie sich die Kenntnis des altorientalischen Himmelsbildes in der Agada über Salomo's Thron und Hippodrom widerspiegelt.
S. 541 Z. 14 v. o. l. Abb. 181 st. 180.
S. 556 Z. 5 v. o. l. Si 38, 21 st. 30, 11.
S. 574. Zu den Götterprozessionen vgl. Ep. Jer. 4. 14.
S. 582 Z. 22 v. o. l. vgl. Abb. 188 st. 187.

Verzeichnis
der aus den Apokryphen und Pseudepigraphen behandelten Stellen.

Judith 255
13 9. 15 473
16 20 473
Tobias 3 8 382
4 10 556
8 3 . . . . . 432[2]
Si 22 11 555
24 25 (sic!) . . 202
30 17 555
38 21 (sic!) . . 556
43 6-8 . . . . 41[2]
46 19 555
Baruch 2 24 f. 577
3 26 ff. 223
Ep. Jerem. (Baruch) . . 269
4 14 607
1 Mak 255
1 1 261
8 5 261
8 22 . . . . . 578, 584
12 24-34 507
14 18 . . . . . 578, 584
2 Mak 3 19 ff. 593
15 36 552
3 Mak 1 18 ff. 593
5 51 (sic!) . . . 570
6 32 592

Zus. zu Da II 59 219
II 62 219
Jubil. 1 29 225
4 21 . . . . . 221[7]
5 2 . . . . . 241[1]
10 285
32 21 ff. 606
Test. XII Patr. 384
Test. Lev. 18 561
Test. Napht. 5 . . . . 384[2]
Test. Jos. 11 384
Henoch 10 4 . . . . . 432, 453
72 37 410
82 400
85 ff. 225
90 17 224
93 . . . . . . 225[1]
Assumptio Mosis 10 8 . 461 f.
IV. Esra 7 250
13 25 f. . . . . 97[5]
14 11 . . . . . 223[2]
Sibyll. III 283
Sibyll. (christl.) VII 9 . . 250
Baruch Apk 53 . . . . 223[2]
Vita Adae et Evae . . . 251
49 f. . . . . 241[2]
Ascensio Jes. 7 10 . . . 48

Talmud, Midrasch etc.

Die Reihenfolge der Titel ist nach dem hebräischen Alphabete geordnet.

Midrasch:
Bereschit (Genesis)
rabba Par. 6 . . . 41[2]
Par. 85 zu 38 14 . 381[2]
Par. 38 280
Pesikta sutarta 41[b] . 41[2]
Šemot (Exodus) rabba
1 22 408
2 4 408

Šemot (Exodus) rabba
Par. 1 zu 3 5 . . . 416
zu 3 8 . . . 452
zu 4 28 . . . 537[2]
Midr. zu Koh f. 100[d] . 553

Kabbala:
Sohar . . . . . . 374[4]
Sohar chadasch fol. 35
col. 3 . . . . . . 221[7]

Jalkut Rubeni 30^b . . 246
             32^b . . 250^6, 277
           171^d . . 364^5
Jalkut Schimeoni . . 453^2
Talmud:
Baba bathra 2 25^b . . 557^3
Berachot 3^b . . . . 421^1
        5^a . . . . 453^2
       17^a . . . . 535^1
       58^a 408, 538
Chagiga 12^a . . . . 164^2
       12^b . . . . 164^2, 581^2
       13^a . . . . 581^2
Joma 5^a . . . . 420^1
    7 9^b u. 10 . 270
    72^b . . . . 199^2

Megilla 10^b . . . . 381^2
Menachoth 20^a . . . 453^2
Nidda 24^b . . . . . 570^1
Succa IV 7 201
Gemara Succa 48^b . . 201
Sanhedrin 108^b . . . 243
Erubin 19^a 384
      100^b . . . . 570^1
Kidduschin 72 . . . 270^2
Rosch ha-schanah 1 3^b 535^1
               10^b . . 384^2
               24^b . . 547^4
Thaanit 3^b . . . . 478^1
Targum zu 4 Mos 31 8 . 459$^{2\ u.\ 3}$
    ,, Ez 27 1 . . 261

Sonstiges (Auswahl).

Augustinus:
  civ. Dei . . . . . . 69^1
Clemens Alexandrinus:
  strom 6 . . . . . . 38^4
  admon. ad gent. . . 354^4
Eusebius:
  chronic. I . . . 133^2
          I 19 ff. . . 226^2
  praep. ev. I 12 . . 147^1
          IX 7 . . . 330^1
          IX 17 . . 284
          X 10.11.13 403, 404
Herodot: I 98 . . 550
        103 ff. . 258
        113 . . 412
        183 . . 88^5, 269
      II 59 ff. . 85^3
        61 . . 84^4
        86 . . 411^5
        112 . . 539
        170 f. . 88^5
    III 94 . . 257
    IV 76 . . 118
    V 92 ff. . 412
    VII 22 . . 497
      27 . . 193^3
      35 . . 497
      56 . . 497
      62 . . 254^2
      78 . . 257
     223 . . 497
Julius Firmicus:
  Astron. I 4 14 f. . . . 56
  de errore relig. . . . 118 f.
Pausanias:
  II 31 13 456
  III 9 7 . . . . . . 378^6

  III 24 412
  VI 23 1 . . . . . 91^3
  VII 17 9 118
  X 12 10 417
Josephus:
  Ant. I 3 1 223
        8 . . . 247^2
        4 . . . 267
        3 (sic!) . . 284
        7 . . . 331
    III 1 223
      7 7 (sic!) . . 448 f.
      10 3 432
      11 13 . . . 447
    VIII 5 3 (144) . . 499
    IX 14 2 (283) . . 499
    XV 7 9 380
    XVI 7 5 602
    XX 3 3 255
      8 6 469
contra Apion.
  I 14 403
  16 . . . . 402^3
  26 f. 402
  32 404
  34 403
  117 (113) 499
  158 499
  II 2 404
Homer, Odyssee
  XIX (sic!) 164 . . . 238^4
  XIII 198 578
  Ilias III 125 ff. . . . 378^6
    V 308 ff. 330 . . 378^6
    XX 233 . . . . 222^4
Aeschylos, Prometheus . 576
Sophokles, Oedipus auf Kolonos 576

Neues Testament.

Mt 1 . . . . 469[1]
2 . . 289[1], 493
2 . . . 460
23 . 353, 577
4 180[4], 432[2], 565[1]
2 . . . 162
10 35 . . . 576
11 5. 11 . . 576
17 . . . 592
12 40 . . . 600[2]
42 . 495[4], 568
15 34 . . . 559[2]
16 18 . . . 570
22 11 f. . . 199[3]
12 . . . 168[5]
24 30 . . . 596[5]
26 31 . . . 278[2]
53 . . . 374[3]
64 . . . 180[2]
Mc 1 13 . . . 432[2]
5 38 . . . 592
7 11 . . . 428
9 49 f. . . 453
Lc 2 13 . . . 374[3]
24 . . . 453
4 1 . . . 432[2]
7 22 . . . 576
9 54 . . . 362
16 26 . . . 128[1]
18 13 . . . 602
23 27 . . . 602
24 29. 36 . . 246[1]
Jo 4 10 ff. . . 201
50 . . . 99[2]
7 22 . . . 325[2]
37 f. 201, 484
AG 1 3. 12 . . 246[1]
25 . . . 553
2 9 . . . 255
7 2 . . . 334[2]
42 f. . 452, 598
13 19 . . . 466[6]
14 1 ff. . . 410

AG 14 11 . . . 214
16 . . . 334[3]
17 27 f. . . 373
27 9 . . . 62
Rö 1 19 ff. . . 334[3]
8 19 ff. . . 247
38 . . . 374[3]
2 Ko 2 15 . . . 246
16 . . . 199[2]
11 24 . . . 62
Phi 4 18 . . . 246
Kol 1 16 . . . 374[3]
2 Ti 3 8 . . . 459
1 Pt 3 19 . . . 384
20 f. . . . 237[1]
5 8 . . . 213[3]
2 Pt 2 4 . . . 374[3]
15 . . . 459
3 5 . . . 161
6 f. . 247, 249[3]
Hbr 1 14 . . . 373
7 3 . 349, 408
9 4 . . . 456
11 21 . 324[1], 376
31 . . . 469[1]
Ju 6 . . . . 374[3]
9 . . . . 374[3]
11 459
Apk 1 4 . 38[4], 604
7 . . . 180[2]
15 . . . 354[2]
16 . . . 219
18 . . . 570
20 . . . 374[3]
2 1 . . . 184
7 . . . 192
10 . . . 245[3]
12 . . . 219
14 f. . . 459
16 . . . 219
3 14 . . . 163
4 f. . . . 180[4]
2 ff. 25, 54, 595

Apk 4 6 . . . 218
6 ff. . . . 18
5 . . . . 46[3]
1 ff. . . . 595
5 . . . 397
6 . . . 604
6 1 ff. . . 225
7 1 . . . 25[1]
11 . . . 581
17 . . . 209
8 6 ff. . . 225
10 f. . . 421[8]
9 1 ff. . . . 384
11 12 . . . 242[3]
19 . 408[3], 440
12 379[1], 537[2], 566
1 408[3], 409[2], 440
3 . . . 370[6]
5 . . . 440
7 ff. . 217, 374[3]
13 5 f. . . . 596[2]
14 14 ff. 248[3], 596[4]
16 21 . . . 362
17 2 ff. . . . 568
3 . . . 370[6]
18 8 . . . 360[4]
18 . . . 360[4]
19 3 . . . 360[4]
9 ff. . . . 374[3]
16 . . . 566[1]
20 7 . . . 384
9 . 362, 384
21 6 . . . 209
9 ff. . . . 409[2]
12 . . . 400
23 . . . 163
22 1 . . . 200
2 . . . 192
5 . . . 163
8 ff. . . . 374[3]
17 . . . 209

Register.

Sch s. oft Š. — G = Gott, Gn = Göttin, T = Tempel, St = Stadt, O = Ort, K = König.
Bestimmte biblische Namen sind nur im Buche an ihrer Stelle zu finden, z. B. die Namen im Jakobssegen nur unter 1 Mos 49; nur die wichtigsten Namen sind registriert.
Die hochstehenden kleinen Ziffern verweisen auf Anmerkungen.

A

Aa (=Ai, Gn) 106
Aaron 410. 417. 456
Aaronstab 456
Abdiḫiba 310. 349
Abendstern 110. 112[2]. 152. 478. 568
Abimelech 342[5]. 464. 476f.
Abraham 182[2]. **324**ff. 344. 411
Ab-ram 339
Abu Habba (St) 106
Abu Muhammed 197[3]
Abu Šahrein (O) 96
Abydenus 226. 280. 499
Abydos 84
Adad (G) 102. 113. 230. 244. 380. 544
Adadnirari I. 276
Adadnirari II. 499
Adadnirari III. 125. 199. 517
Adad Rammân (G) 14. 21. 78. 102. 113. 321
Adam 71. 149[5]. 166. 189. 215
Adapa 25[3]. 43. 48. 82. 97. 114. 163. 166. **168.** 189. 198. 221[3]. 249. 557
Addu (s. Adad) 78. 113. 321
Aditi (Gn) 152
Âditya 152f.
Adler 25. 108[3]. 221[7]. 462
Adonis s. Tammuz.
Adonisgärten 89
Adonîṣedeḳ (K) 349. 362
Ägypten 4. 6[1]. 12[1]. 16[3]. 28[2]. 36[2]. 48. 55. 60. 63[1]. 67[1]. 79. **84**f. 92. 97[4]. 108[1]. **144**ff. **180. 194.** 234. 250[2]. 262ff. 278[3]. 281. 283. **296**ff. 305f. **342.** 368. 401ff. 413f. 500. 509. 597
Ägypten = Unterwelt 27. 180. 194. 342. 370[1]. 375. 383. 386ff. 395. 408. 432[2]. 440. 465
Aḫab 366[2]. 496. 503. 511. 513. 541
Ahas 317. 486. 520f.
Ähre 478
Ahriman 30[1]. **148**f.
Ahuramazda 147. 148. 236. 269
Aja (Gn) 105
Aigisthos (K) 412
Aion 143
Airu (Monat) 37
Akitu-Fest 83
Akkad 1[1]. **93.** 112. 267. 270
Akḳi 409ff.
Alašia s. Cypern
Alexander (K) 22. 71. 190[1]. 225[5]. 261. 269. 452. 468[5]. 488. 596
Alexander Polyhistor 133[2]. 226. 280. 284
Älian 411
Altar 317. 318f. 437. 544
altorientalische Lehre 1. **6**ff. 42f. 48. 70f. 225f.
Amalthea 155 (Abb.). 411. 553
Amarna 1[1]. 168. 254. 296. **307**ff. 312
Amenophis I. 300
Amenophis III. 307. **406**
Amenophis IV. s. Chuenaten 307f. 350. **405**f.
amerikanische Kultur 4. 34[1]. 35[1]
ʿAmmân 366f.
Ammiditana (K) 295
Ammizaduga (K) 113. 228[1]. 233. 241
Ammoniter 1[1]. 364[3]. 366f. 496. 501. 504
Amon (äg. G) 69. 71. **145.** 322
Amoriter 1[1]. 275. 293. 309. 343. 466[6]
Amos 380. 498[2]. **598**
Amosis 300. 404
Amphion 238[4]
Amraphel 345f.
Amšaspands 148
Amurrî 275
Amurrû 293. 308
ʿAnamîm 274
Androgyner Charakter der Gottheit 112. 461. 485
Äneas 463[1]
Anos 133
Anšar 7. 94. 122. 133. 148
Antares 23. 36
Anthropomorphismus 92. 246. 430. 475. 477. 561

Antigonos 56
Antiochien 269
Antiochos I. v. Kommagene s. Abb. 126
Antiochos Soter 46[3]
Antipoden 116. 176
Anu (G) 7. 9. 13. 20. 27. 29. 64. 80f. **94.** 102. 228
Anubis (ägypt. G) 47[3]
Anunaki 130f. 205. 244. 332
Anu-Punkt 27. 33
An-tir-an-na 13
Aos 95. 133
Apameia 235
Apason 132
Aphrodite 112. 396[2]
Apokalyptik 149 (Apokatastasis) 226 s. auch Endzeit
Apollo 197[5]
Apollodor 238
Apollonius v. Tyana 282
Apophis (äg. G) 145
Apopyp I. v. Äg. 297
apsû (Ozean) 6. 14. 96. 131. 132. 175. 603
Äquinoktialpunkt s. Tagesgleichenpunkt
Araber, Arabien 4. 12. 15[3]. 37[1]. 44[2]. 50[2]. 81[1]. 101[2]. 115. 184[2]. 247. 262ff. 289. 326. 342. 364. 395. 413. 419f. 445[2]. 452. 508[5]. 552. 562
Arallû 128. 558
Aramäer 293. 400. 472[2]. 501. 590. 598
Ararat 244. 253[1]
Arbela (St) 112
Arche 235. 243. 408. 440
Ariel s. Arallû
Arioch 294. 345
Arion 238[4]
Aristarch 176
Aristophanes 167[2]
Aristoteles 48. 55
Arkiter 275
Arktur (Stern) 560
Armenien 227. 245. 253[1]
ἀρνίον 69. 71. 163. 180[4]. 406. 596
Arpad 519
Arpakšad 276. 329[3]
Arrian 190[1]. 269[1]
Arsaciden 26. 31. 109. 127
Aruru (Gn) 130. 166. 170. 214
Arvad, Arvaditer 275. 505
Asa (K) 510
Asarhaddon 199. 253. 268. 273. 420. 526[2]. 531. 546 (Abb. 181)
Asdod 524
Ašera 4[1]. 109. 322. 367. 380[2]. 475. 531
Aširta (= Ašera) 322
Askenas 259
Asmodaeus 148[2]. 382[1]
Ašrat 188[1]
Assoros 133
Assur, Assyrer 37. 54. 66. 111. 116. 125. 187. 268. **271**. 454. 492. 498ff. 512. 518
Astarte (s. Ištar) 109[3]. 110[2]. 321. 470. 577
Astralgötter 11[3]. 17. **23**f. 39. 45. 248. 290. 321. 374. 569
Astralmythus 26. 32ff. **70**f. 88[1]. 88[8]. 133[3]. 141. 249f. 333. 451[2]. 466ff. 479
Astrologie, astrologisch. System 44. **54**ff. 166. 281. 388
Astronomie 282
Astyages 255
Asur (St) 272
Aššur (G) 37[3]. 140f. 165
Asurbanipal 71. 108. 125. 129[2]. 220. 268. 273. 431 (Abb. 137). 454. 479 (Abb. 163). 526[2]. 532 (Abb. 176). 548
Asurnaṣirpal II. 71. 512
Asurnaṣirpal III. 503
Ašvin 152
Asyl, Asylrecht 337. 426[2]
âtar (= Feuer) 150
Atarḫasis (Variante Atraḫasis) 43. 113. 168. 171. 222. 233. 241[3]. 242[1]
Aten (ägypt.) 391
Atlas 287
Aṯtar (= Ištar) 34[1]. 81[1]. 112. 115. 384. 410
Attis 82. 85[2]. 90. 115. 117f.
Atum (ägypt. G) 146
Auferstehung 27. **86**ff. 91. 100. 115. 118. 119. 283. 343[1]. 441. 586. 600[2]
Aussätzige 190. 402ff. 432
Avaris (äg. St) 402ff.
Avesta 70. **147**f. 187. 191. 212. 217
Azazel 453 vgl. 432

B

Baʿal (bêlu) 52. 321[1]. 549
Baal-Šamîm 143[1]
Baalat v. Byblos 90
Baalat v. Gobal 34[1]. 320. 322
Baau (Gn), Bau 83. 88. 143
Baba (ägypt.) 390
Babel, Babylon 1. 4. 5. 11. 12. 55. **67**ff. **93.** 122. 228. 241[3]. **267**ff. 290ff. 375. 410. 430. 454. 504. 525. 530. 574
Bacchus 250[5]. 412
Bäcker und Mundschenk 54. 168. 222[4]. 384. 389
Baʿesa 366[2]. 503. 510
Bagdad 269. 584[3]
Baitylos 238[4]
Balder (germ. G) **119**
Bâmâ 414. 457f. (vgl. Abb. 152)
Bambyke 235
Bann 97. 209. 491
Bär (Sternbild) 88[8]. 560
Barnabas und Paulus 410
Bau s. Baau
Baucis und Philemon 235[2]. 361
Bäume, hl. (B. des Lebens, B. des Todes) 22, s. auch Lebensbaum 193ff. 337. 442
Bauopfer 469
Becher 105. 392
Beduinen 297. 298. 354. **359**. 387
Beelsamen 143
Beerseba 49[1]. 184[2]. 335. 368. 506
Behemot 161. 175. 396
Behistun 255
Bel 7. 9. 13. 46. 64. 78. 80f. **95.** 122. 133f. 228f. 241[3]. 574. 579
Belial 178
Bêl Ḫarran (G) 104
bêl matâti (Herr der Länder) 95. 122

bêl nimeḳi (Herr der Weisheit) 175
bêl purussê (Herr der Entscheidung) 66. 104. 114
Benhadad (K) 503 f. 510. 513
Benjamin 385. 473
Beni Hassan 390
Bergelmir 157. 238
Berosus 46. 63 f. **129.** 133. 220. 223^2. **226.** 246
Beschwörung (= šurpu) 97 ff. 171. 198. 208. 420. 454
Bethel 49^3. 190. 354. 510. 536
Bet šemeš 467^2. 549
Betylos s. Baitylos
Bibel und Babel **72. 73** ff. 160. 174 f. 224. 226. 251 f. 365. 373. 427 f. 560 f. 564. 573^2
Bibliothek Asurbanipals 129^2. 228^1. 233. **273**
Bileam **458** ff.
Birs Nimrûd 126. 280
Blaubart 382^1. 490^1
Blindheit (Mondmotiv) 121^3. 481
Blitz, eherner 219. 474
Blut, Blutritus 134. 157. 169. 234. 325. 420
Blutrache 426. 476
Bock (Unterweltstier) 371. 432. 453. 568
Bogen 105. 399
Bokchoris (K) 69. 398. 403. 406 f.
bôr (Brunnen) 348. 384. 453
Borsippa (St) 45. 93. 99. 123. 126. 268. 280
Brahma 214. 217^1
Brüten (des Geistes) 244
Buch des Lebens 589. 596
Bücherverbrennen 68^3
Buchstabenschrift 501^4. 543
Buddha 71. 97^4. 361
Bundeheš 148
Bundeslade 52. 386. 408^3. **434** ff. 444 f. 586
Bunene 106
Bur (nordischer G) 156 f. 238
Bußpsalmen 206. 209 ff.
Byblos 116. 411

C

Castor und Pollux 80^1. 341
Cedrenus 266
Ceres 110. 354. 480
Cetus (Sternbild) 137^1
Chabiri 312 f.
Chaos (s. apsû) 6. 14. 96. 131. 132. 141
Chaldäer 17. 19^2. 44. 267 ff. 281. 388. 400. 411. 533. 554
ḫanîkîm 328^1. 340. 346. **348**
ḫanûka-Fest 221^7. 348^4
ḫarsag-kurkura (Weltberg) 22. 95. 139^9. 558
Chartum (O) 144
Ḫasisathra 249, s. Xisuthros
Ḫatti s. Hettiter
Čheta 312
China 4. 12. 17^1. 36^2. 37^1. 43^3. 48. 50. **51.** 55. 58^2. 63^1. **152** f. 167^2. 214. 237. 584^3
Chnum (äg. G) 144. 146. 161
Choaspes (Fluß) 196
Choser (Fluß) 273
Christentum 335
Christophorus 33
Christus 69. 71. 92. 163. 178^1. 384. 386
Chuenaten, K (Amenophis) 350. **405** f.
Ḫumbaba 190. 196. 397. 552
Cilicien 260
Cincinnatus 535 s. Midas u. Cinc.
Clemens Alexandrinus 38^4. 354^4
Cypern 255. 261. 290^1. 299^1. 506
Cyrill v. Alexandrien 270
Cyrus 71. 255. 269. 278. 412. 486. 534. 572 f.

D

Dagon 322. 470. 483
Damascius 6. 173. 270
Damascus 190. 191. 278. 331. 352^2. 498. **502** ff. 509 f.
Damâvand 150. 195
Damkina (Gn) 8. 133
Dämonen 102. 150. 348. 351. 462. 491. 570 (vgl. Abb. 188). 597
Daniel 70
Darius (K) 234. 255 f. 269
Dauke (Gn) s. Damkina
Däumling (Motiv) 466^6. 489 f.
David 299^2. **486** ff. 506 f. 540. 562
Dedan 265
Deiokes 254
Dekane (36) 11. **27.** 60. 142^1. 182^1
Dekalog 209. 423. 427^2
Delphi 374^4. 584^3
Demeter 110^1. 128^3
Demiurg 20. 97. 123. 131. 133. 137. 154. 220^3
Deportation s. Exil
Dêr (O = Durilu) 93. 94^1. 95^2. 546
Derketo (syr. Gn) 235. 412
Deukalion 235. 238. 417
Dezimalsystem 223^2
Diana 111
Dibarra-Legende 95. 110. 127
Dido-Elissa 260
Dilbat 17
Dina 363 f. 379. 399. 553
Diodor 270. 402. 404
Dionysos 184^2. 250^5
Dioskuren 12. 66. 341. 352. 371. 379. 396 f.
Dodanim 261
Dodekaoros 22. 51
Donar (germ. G) 21^2. 79
Doppelberg 21^4. **21** ff.
Dorer 261
Dornröschen 416^5. 490^1
Drache 9. 18. 137^1. **138** ff. (Abb. 58). 139 f. 161. 459. 489. 579
Drachen (treten auf) 136. 490. 561 (vgl. Abb. 33 u. 46)
Drachenkampf 35. 46. 72. 82^1. 101. 133. **135** ff. (Abb. 53 ff.). 150. 177. 180. 362 ff. 379. 408. 474. 489
Drachenmonat 19
Drachenspaltung (Motiv) 136. 179^2. 181^1. 410. 465. 497

Dramatische Darstellungen s. Festspiel
Dreiteilung (der Welt) **8**. **57**
Dreizahl, s. Zahlen
Dungi (K) 271. 283. 329
Durilu (O) 93, s. Dêr
Dusares 81[1]. 82. 115. 457

E

Ea **7** ff. 13. 25[3]. 43. 48. 64. 82. **95** f. 99. 132. 133. 166. 173. 228f. 241[3]. 396. 409. 593
Eabani 167. 170. 214. 397. 491. 591
Ebal u. Garizim 23. 350. 368[2]. 386. 416. 459
Eber 88. 116. 128. 385
Edda 16. 60. 106[1]. 120. 156f. 234[3]. 238. 248
Edelsteine 197. 451
Eden 188f.
Edom, Edomiter 1[1]. 364[3]. 371. 379ff. 494. 501. 504. 543
Eherecht 256ff. 424f. 575
Ei 234, s. Weltei
Ekbatana 254. 550
Ekliptik 11. 13[2]. 145
E-kur (T) 95. 131
Ekstase 334. 352. 354. 459
El (hebr. G) 95. 335
Elam, elamitisch 4. 125. 190. 208[1]. 259[1]. 268. **276**. 290. 346. 422[2]. 525
Eleusinien 354
ʾel ʾeljon 336. 349f.
Eliakim 566[1]
Elias 222. 368. 408. 415. 497f. **537**f. 597
Elieser 340. 352
Elisa 413f. 497f. **537**f.
Eliša 260f.
Ellassar (assyr. O) 106. 346
El-muḳajjar 330
Elohîm 335f.
ʾel ʿolam 335f. 337[1]
Elohist 178[3]. 326
Elul (Monat) 37
Elysium 190
Endzeit 180 (Endzeit und Urzeit **213**ff.)
Engel 178[3]. 223[1]. 240. 372f. 453. 565. 569
Enmeduranki 43. 47. 76. 190. 221f. 242
Entrückung (Motiv) 222. 242. 409[1]. 539. 575
Entschleierungsmotiv 33. 110. **381**[3]. 410
Entsprechung (*παρανατέλλειν*) 8f. 20. **24**. 29. 50. 56. 248. 321
Enuma eliš 6. **132**ff. 162. 168
Epagomenen 28[3]. 40. 59. 72. **86**. 101. 340. 362[1]. 379[1]. 385. 466. 476. 489
Ephod 162. 451. 472
Ephraim (Land) 521
Epiphanie 119
Eponymenkanon 95[2]. 484[5]. **499**. 519
Eranier 79. **147**ff. 191. 195. 236, s. auch Perser
Erde 8f. 131. 136[1]. 160. 175. 179. 455
Erech (= Uruk, St) 93. 95. 215. 270
Eri-aku (Arioch) 345[2]. 346
Erichthonius 216[2]
Eridanos (Sternbild) 96
Eridu (St) 82. 93. **96**. 123. 130. 168. 189. 198. 200. 241[3]
Eriškigal-Legende 126. 168. 554
Erkennungsmotiv 32[1]. 192. 193. **381**[3].
Erlösererwartung 119. 170. 180. 250. 386. 406f. 440. 456. 459. 472. 478. 482f. 563. 573. 577. 586
Erlösermotive 72. 180[2]. 250. 278. 353. 408. 537
Erlösung 97f. 119. 124. 169f. 180. 223. 250. 278. 353. **406**
Erntefest 40[2]. 42, s. Feste
Erythräisches Meer 44. 190
Esagila (Marduk-T) 26. 86. 96. 130. 133[4]. 269
E-šarra 136. 165[4]. 174
Esau 370f. 379
Esel (Erretter-Motiv) 459[4]. 481. 484[7]
Ester 36[1]. 551
Etana 53. 380[1]. 411[3]. 461. 568
E-temen-anki (T) 124
Ethik (babyl.) **208**f. 279. 281. **424**ff.
Etrurien 4. 38[2]. 50[2]. 59. 117f. **154**f. 223[2]. 259[2]. 444. 590
Etrusker (s. Etrurien)
Euphrat 29. 96. 189. 202
Euphratensische Kultur **2**ff. 30[4]. 42
Europa 254
E-ur-imin-anki (Tempelturm) 45. 126
Evangelisten 25
Evemerus 269
Exil 255. 347. 464[1]. 520. 523. 533. 567. 579f.
Ezida (Nebo-T) 26. 86. **126**

F

Farben 52. 58f. 100. 110. 152. 248. 280. 283. 370. 375. 558
Fasten 62
Fegefeuer s. Feuer
Feigenbaum 193. 250[5] s. Weinstock u. F.
Feindliche Brüder (s. Dioskuren) 341. 352. 371. 382
Fenster des Himmels 176
Feste u. Festspiel 40[2]. 42. 59. 76. **83**ff.
Feuer 28. 127. 147. 354
Feuerflut 25. 63f. 119f. 135[1]. 247. **360**ff., 468. 480. 572 s. auch Weltbrand
Feuergott 104
Feuerpunkt 28. 80[2]. 147. 354
Feuerreich 21. 28. 30[1]. 63. 127. 149
Firmicus Maternus 56. 91. 118. 343[1]
Fische, Fischmensch 43[3]. 44. 69[1]. 133[1]. 398. 470
Fixsternhimmel 45
Flußpferd 396
Fohi 71. 153. 214
Frauen (orientalische) 482[2]. 536. 593
Frauen (im Tempeldienste) 417. 433. 484[3]
Frauenraub 399. 473
Fravaši 149

Frondienst 366². 380. 400ff. 542f.
Frühlingspunkt 18 (Abb.). 23. 26. 37¹. **63** ff. 69¹. 249
Fünferwochen (ḫamuštu) 41. 58. 224
Fürsprecher 557
Fürstenmauer 393

G

Gaga, Gagäer (s. Gog)
gallu (Dämon) 554⁴
Ganymed 222⁴
Gärtner und Landmann 409f. (vgl. 53f. 68) 411
Gastgeschenke 168. 199³
Gastlichkeit 341. 360f.
Gefangenschaft, Gefängnis (Unterwelt) 211. 384. 388. 481
Gehinnom 128¹
„gelobtes Land" 49
Genien 195. 218. 375¹. 565 (Abb.). 580ff.
Gerar 341
Germanen 61. 79. 94⁴. 119f. **156** ff. 238. 247. 419. 425⁴. 445²
Geschwistergatten 7. 80. 81. 82. 146. 343. 370
Gezer (St) 314. 509
Gibeon 75. 466f.
Gibil (Feuergott) 104. 127
Gideon 348. 472. **474** ff.
Giganten 223
Giḫon 201f.
Gilgal 49¹. 49³. 466
Gilgameš, Gilgameš-Epos 12. 170. 185². 189². 196. 198. 214. 228. 265. 377. 397. 482. 491. 543. 563
Ginnungagap 156
Gišzida, s. Tammuz und Gišzida
Gnostizismus 16. 21. 595
Gobal (St) 505
Gog 254. 258
Gold als Münze 214⁴. 369. 370. 469, Element d. Unterw. 216⁴. 557
Goliath 75. 86¹. 299². 343¹. 466⁶. 486. **488** f.
Gomer 253f.
Gosen 391. 393f.
Gott-Mensch s. Adapa
Götterdämmerung 120. 248
Götterprozession 442. 444. 574
Götterschiff 437. 440f.
Göttertrias s. Trias
Gottesberg 21f. 416. 421f. 538
Gottesurteil 426
Gosan (Guzana) 545f.
Grab (v. Göttern) 84. 88. 110. 118
Grenzsteine 12. 14⁵. 140. 281. 422²
Griechen 25. 50. 60. 115. 118. 160. 167². 177. 223. 235. **238** f. 255. 261. 286. 309². 374⁴. 426⁵
Grimnismal-Sage 372
Gudea (K) 30⁴. 52. 83. 93². 114. 271. 283. 288f. 349
Gur (= Gn Bau?) 198

H[1]

Haar (myth. Bedeutung) 371. 481. 600
Hadad (G) 91. 118. 452
Hadramaut (in Arabien) 104². 264. 276
Hagar 328. 355
Halbmond 547f.
Hallelujah (arab. hilal) 32¹. 33. 85. 101¹. 103. 336. 547
Ham, Hamiten 250⁵. 264
Haman 36¹
Hamath 275f. 502. 504. 506. 523
Hammurabi u. s. Zeit 24. 30. 66. 93. 121. 171. 204. 234. **267** f. 294. **296** (Abb.). 329. 339¹. 344ff.
Hammurabi-Codex 94. 110. **122.** 167. 204. **355** ff. **422** ff. 427²
Hammurabi-Dynastie 30. **67.** 68¹. **93.** 223. 241. 333
Handergreifen 86. 101 (Abb. 36). 534
Haoma (Homa), heilige Pflanze 157
Har moʿed 436. 565
Harmonie der Sphären 15. **558** ff.
Harmonie (prästabilierte) 42ff. 50ff. 558
Harran (St) 67¹. 93. 104. 328. 330f. 341
haruspex 155¹
Hathor (ägypt. Gn) 79. 81. 82. 108¹. 146. 234. 411. 452
Haubas (arab. G) 104²
Häuser (= Throne = Tempel) 11. 15. 26. 375. 560
Havila 201
Hazaël (K) 514ff.
Hebräer (ḫabiri) 1¹. 307. 313. 343. 365². 400. 405. 413. 421. 592
Hebron 337. 348
Hedschra 328
Heimdal 156. 248. 353¹
Hekate (Gn) 548
Heliopolis (äg. St) 6¹. 60. 145. 146. 385. 391. 404
Helios 22. 82¹
Hemathiter (Hamath) 275f.
Henoch 41. 190. 221f. 348⁴
Heptagramm 34f. 39. 58
Hercules 79. 217³. 343¹. 377. 378⁶. 456. 482. 600²
Herder 287
Herkunft, geheimnisvolle 71. 349. 378. 408ff. 479. 538. 569. 575. 597
Hermes 26¹. 43. 361. 456
Hermon 275. 461. 506. 514f.
Hesiod 63². 70. 167²
Hettiter (Ḫatti) 106¹. 113. 254. 257f. 275. 302. 312f. 500
Hevila 264
Hexen 326. 452. 492
Hibil Ziwâ (mand. Marduk) 124
Hilal (arab.) 32¹. 33. 85. 101¹. 103. 248. 422
Himalaja 237
Himmel 7ff. 16
Himmelfahrt 242³. 246¹

[1]) Alle mit Ḫ oder ḫ beginnenden Worte sind unter C zu finden.

Himmelsäquator 145
Himmelsbild (= Weltbild) 8. 44[2]. 45. **48**. 50. 144. 183. 200. 374. 594
Himmelsbrücke 153. 248. 375[1]
Himmelsgewölbe 46
Himmelsleiter 372 ff.
Himmelskönigin 14. 35 f. 91. 102. **108**. 409. 536
Himmelsozean 6. 8. 160 f.
Himmelstore 15
Hinkmotiv 21. 28. 114. 371. 378[2]
Hipparch 55
Hiob 552 ff.
Hiram 494 f. 506. **508** f.
„Hirte" 376. 377[1]
Hirtenstab 417
Hiskia 365. 447. 523 ff.
Hobal (altmekkan. G) 354[1]
Hochzeitsmotiv **32** ff. 88. 193[1]. 381[3]
Hödur (germ. G) 121
Hoherpriester 162. 449
Hölle, Höllenfahrt s. auch Totenreich 34. 110. 128[1]. 149. 200. 342
Horeb s. Sinai 368
Horen 26
Hörner 203. 381[3]. 452. 483
Horoskop 39[4]. 397. 460. 566
Horus 115[5]. 146. 402. 411
Hosea (K) 521 f.
Hyaden 23. 45[2]
Hydra (Sternbild) 137[1]. 538
Hyksos 1[1]. 145. 300 403 f. 504

J

Jabal 371
Jabes 367. 485
Jäger 266. 371
Jahr der wütenden Schlange 234
Jahve 90. 113[4]. 177. 189. 336. 417
Jahve, der auf Kerubim thront 373. 442. **447**
Jahvereligion **338**. 373. 386. 441. 472. 475. 496. 536. 564
Jahve-Volksreligion **338**. 374. 378[5]. 472. 475. 478. 496. 536
Jahve Sebaoth 175. 373. 442. **447**. 539. 547. **569**
Jahvezeichen 588 f.
Jahvist 172. 178[3]. 326
Jakin u. Boas 21[4]. 143[2]. 481. 494
Jakob 343. 350. 358. 363 f. 371. **376** ff. 400
Ja'ḳob-el 301
Jakobskampf 377 f.
Jakobssegen 364
Jakobsstab 376 f.
Janḫamu 314. **390** ff.
Janus 66. 329[1]. 341[3]. 376
Japan 22[2]. 34[1]. 51[1]. **153** f. 248
Japhet 254
Jareb 265[1]. 277. 597
Jarimuta in Äg. 391
Ja'u 336
Ja'ubidi 276. 523 f.
Ja'udi 524
Javan 255
Ibn Hišam (Muhammed-Legende) 352. 353
ἰχθὺς 69[1]
Jebusiter 275
Jehu 511. 513. 515 ff. 542
Jemen (Land) 265. 277[6]
Jericho 444. **468** f. 476
Jerobeam I. 509
Jerobeam II. 518
Jerusalem 30[4]. 310. 349 f. 402 f. 446. 496. 510. 520. 528 f. 543. 556. 584
Jesaias 520. 524 f. 530
Jesus 69. 76[2]. 92. 163. 201. 325[2]. 327. 363. 408[3]. 459[3]. 483. 537. 539. 597. 600[2]
Jethro 263. 365. 413 f. 433
Jezirat (kabb. Buch) 221[7]
Igigi (ass. Götter) 97. 332
Ijjar (Monat, Airu) 37. 66
Ilion 155
Illil (Ἴλλινος) 95[3]. 133. 270
ilu (êl = G) 94[1]. 335
Im (G) 113
Indien 4. 12. 28[2]. 37[1]. 43[3]. 61[1]. 108. **150** f. 167[2]. 214. 217[1]. 223[2]. **236** f. 247. 552
Indogermanen 253 f. 259 f.
Indra 214. 467
Joahas (K) 517. 543
Joas (K) 517
Jobab = Jareb
Johannes d. T. 327. 363. 483. 537
Johannestag 39[2]
Jona 512. 517[3]. 599 (Abb.)
Jonier 255
Joram 367. 380. 541
Josaphat 367. 511. 541
Josef 91. 363. 365. **383** ff. 405. 440
Josia 91. 400. 441. 505[2]. 533. 549. 586
Josua 386. 410. 422 f. **465** ff.
Jotham (K) 520
Iphigenie 368
Iran 4. 106[1]
Iris 247
Isaak 348[2]. 363. 367 f. 372
Isidorus v. Sevilla 225[4]
Isis 34[1]. 250[2]. 411
Islam 29. 36[2]. 40[1]. 68[3]. 177. 324. 331 f. 353. 444. 548
Ismael 352 f. 357
Išme-Dagan (K) 470
Israel 53. 91. 178. 183. 305. 318. 326[2]. 337 f. 486. 497. 501. 506 f. 520
Ištar (Gn) 1. 3 f. 34. 35 f. 80[2]. 81. 82[3]. 88. 93. 100. **107** ff. 167. 171. 231. 271. 321 f. 342. 370. 380 ff. 409. 420 (Abb. 132 als Kriegsgöttin). 478. 551. 560
Ištar-Tor 140. 576
Juda 37[2]. 91. 397 f. 471. 498. 501. 506 f. 520. 526
Jünger Jesu 201
Jungfrau 38. 102. 379. 382. 399. 478. 566
Jungfrau-Geburt 566
Jungfrauen-Raub 38[2]. 379
Jupiter 14. 19. 24. 26. 28[3]. 53. 68. 78. 113[2]. 122. 222[4]. 410. 467. 473
Jupiter Amon 69. 71
Jupiter Dolichenus 113. 321
Izdubar s. Gilgameš

K

Kaaba 81[1]. 443. 468
Kadeš 302. 378. 381. 415. (Kadeš Baenea). 500

Kaimanu (= Saturn) 128[2]
Kain 132. 257. 371
Kainiten 220
Kaiwan 17
Kal'a šerkat 272[1]
Kalender, Kalenderfeste **36** ff. 40 f. **83** ff. 182 f.
Kalender, israelitischer 40 ff.
Kalender, julianischer 40. 499
Kalender als Staatsakte **36** ff. 41 f. 183[1]
Kalender-Reform 66. 550
Kalneh (St) 270. 567
Kambyses 71
Kamoš (G) 367. 540 ff.
Kanaan „kanaanäisch" 1[1]. 4. 104[2]. 109[3]. 113. 115. 177. 201. 264. 275. **287** ff. **308.** 318. 380 f. 463 f. 504. 549. 587
Kanäle 3[2]. 579 f.
Kanon, ptolomäischer 68 f. **498** f.
Kaphtor 275
Ḳarḳar 504. 513. 523
Karkemiš 258[1]. 312. 500. 533
Karthago 260. 471[1]. 596[1]
Kasteiung 119
Kasten 410 f. 440, s. Arche u. auch κιβωτός.
Kastration 118. 396[2]
Katabanen 104[2]. 367
Keb (äg. G) 7[1]. 146
Kebar (Kanal) 580
Kedarener 108[2]
Ḳedem 49[1]. **188** f. 202. 277. 336[2]
Kedeša 380
Kedorlaomer 343 ff. 346
Keilschrift 2. 296. 424
Kelaḫ 272 f. 518. 526
Kepler 56
Keresāspa 150
Kerube 28[2]. 53. 164. 196. 218. **438** ff. 447. 559. 565
Kettu u. Mešaru (G) 106. 124. 143[2]
Ḳibla 9. 25. **29.** 277[6]. 446. 595
κιβωτός 408[3]. 436. 440
Kimmerier 253 f. 258[1]
Kinderlosigkeit (Motiv) 38[2]
Kingu 9. 46. 82. 83. 132[3]. 133. 138[1]. 161
Kinnuri 192
Kîr 569. 591. 598
Kirjat Arba 49[1]
Kirjat sepher 49[1]. 227[2]
Kiš (Ḫaršag Kalama, St) 93
Kislev (Monat) 38. 550
Kittim 261
Kleid, kosmisches **162.** 449. **497**
Knossos 155
Königsstern 37[2]. 397. 460
Königstochter, Motiv der ausgebotenen 379[2]. 487 ff.
Kopten 22[4]. 88[5]
Koran 12. 15[2]. 44[2]. 219. 243. 332[1]. 353
Kore 109
Koš (edom. G) 380
Kosmogonie **6** ff. 29. 82. 119. 181 [und Theogonie s. Theogonie]
Kot (Element der Hölle) 7[1]. 216[4]
Krankenheilung 198
Krebs 12[1]. 38. 63. 64[4]. 398
Kreuz, Kreuzigung 85. 575. 588
Krišna 71
Krokodil 179[2]
Kronos (= Helios) 27. 47. 227. 284. 372. 596[1]
Kuchen, Kuchenbacken (Ištar-Motiv) 91. 382. 576 f.
Kuë 260[4]
Kühe (heilige) 108[1]. 148. 157. 234. 451 (vgl. Abb. 148)
Küh-Yüen 152. 237
Kujundschik 129[2]
Kupfer 70. 370
Kuš 262. 530[2]
Kutha (St) 27. 93. 99. **126.** 171. 545
Kyaxares 254
Kybele 90. 112[1]. 117
Kypselos 412

L

Laban 340. 459[2]
Labbu 138
Lach-Motiv 243. 354
Lade s. Bundeslade
Lagamar (Gn) 346
Lagaš (St) 3. 20. 28. 93[2]
Laḫe u. Laḫos 133
Laḫmu u. Laḫamu 7. 133. 135
Lakiš (St) 314. 528
Lameḫ 222
Lanze 105 (vgl. Abb. 161). 469. 485
Larsa (St) 40. 93. 166. 282. 346
Lea 193[2]
Lebensbaum 22. **191** ff. 245. 442. 450
Lebensholz 199. 436
Lebenskraut 189. 198. 246
Lebens- u. Todespunkt 21 ff. 23[1]. 27
Lebenswasser 148. 172[2]. 196. **198** ff. 416
Leberschau 155. 590
Leiden, stellvertretendes 576[1]
Leiter 16. 375[1]
Lellu, Lillu 95[3]
Leviathan 138[3]. 166. 174. 178. 213
Levit 417. 433
Libanon 116. 194. 494
Libation 428. 484[4] (vgl. Abb. 136). 557
Libyen 274
Lichtflut ? s. Feuerflut (63[3])
Liebesäpfel 193[2]. 376
Lilît 570
limu-Liste 499
Logos 6. 82[4]. 163. 173. 220[3]
Lohn des Siegers 86. 180. 379[2]. 380. 385. 489
Lot 243. 250[5]. 325. 341 f.
Löwe 21. 22[2]. 25. 37[2]. 38. 88[8]. 108[3]. **127.** 397. 460. 581[2]
Löwentöter 266. 480. 487. 489
Lucian 115. 191. 273
Lucifer 80. 110. 112[2]. 568
Lud, Ludîm 274. 276
Lugalgira (= Gibil) 104
Lugalzaggisi (K) 93[1]
Luther 178[1]. 337. 367. 409[4]. 559[2]. 575[2]
Lydien 117 f. 253. 258. 274

M

Macedonien 261
Macrobius 116. 176
Magan 289. 414
Magier 185
Magog 254
Magos 143
Mahabharata 237
Makpela 313[2]
Malḳîsedeḳ 336. 349f.
malû ḳatušu 517[2] s. Abb. 189 S. 571
Mammon 216[4]
Mamre 337. 348
Manasse (K) 531. 543. 586
Mandäer 30. 124
Manetho 402f.
Mannweib 133
Manoah, Manoaḫ Motivwort 244. 250. 354. 478. 482
Mantel (prophetischer) 496 s. Kleid
Manu (ind.) 63[2]. 236
Mardochai 36[1]. 551
Marduk 5. 7. 9. 14. **20.** 24. 26. 29. **30**f. 35. 46. 66ff. 78. **83.** 86. **97**ff. 103. **121**ff. 130. 134. 170. 183. 244. 333. 399. 410. 437. 545. 551. 569
Marduk-Punkt 83. 463
Marduk-Tempel 124
Marḫešvan (Monat) 38
Maria 321[5]. 577
Mars 14. 19. 24. 28[3]. 80[2]. 114. 126[1]. 419
Martu 294f.
Maṣṣeba 325. 420. 494[3]
Mathematik, μαθήματα 43[2]. 44. 56[1]
Mazzalot 474. 548
Meder, Medien 253f. 259. 269. 498. 523
Meer, ehernes 494
Meerschlange 138[4]. 140. 216. 234
Megiddo 296. 319f. 505[2]. 549
Mekka 548. 584. 595
Melchisedek s. Malḳîsedeḳ
Melkarth 322[2]
Meluḫḫa 65. 289. 414[1]
Memphis 36[2]. 146. 403. 531
Menahem (K) 518f.
Mensch 25. 581[2]
Menschenopfer 320. 454
Menschenschöpfung 147. 148. 152. 156. **166**
Menschensohn 9. 82. 97. 167. 180. 596
Merkaba 438f. 448[1]. **580**f.
Merkur 14. 19. 24. 26. 28[3]. 124. 410
Mernepta I. v. Äg. 305. 407 (Abb. 131)
Mernepta II. v. Äg. 402[2]
Merodach s. Marduk
Merodach-Baladan 71. 188[1]. 247. 278. 524f. (Abb. 189). 570f.
Mesastein 501[4]. **541** ff. (Abb. 189). 588
Mesopotamien **311**[1]. 330. 502f. 523
Messias 69[1]. 386[2]. 398[1]. 563. 566[3].
Meta 20
Metalle 16[3]. 70. 370. 375. 558
Meteore 238[4]. 362. 468
Mexiko 50. 60. 62. 64[1]. 70. 92. 123[1]. 213 (Abb.). 285f.
Midas 73. 253. 258. 456
Midas und Cincinnatus 535
Midgard 156
Midian s. Minäer 263
miftan 54[1]. 483[2]. 603
Migdal 278. 505[2]. 549
Mikrokosmos und Makrokosmos 6. 22. 23. **48** ff. 52. 78f. **92**f. 131. 189. 194. 201. 281. 438. 497. 582. 603
Milch und Honig 352. 411. 463. 480. 566
Milchstraße 76. 194[1]
Milkom 367
Minäer 81[2]. 104[2]. 262ff. 387. 413. 414. 417. 418[1]. 433
Minos 73. 149[1]
Mistkäfer s. Scarabaeus
Mitanni 272. 311[1]. **312**[1]
Mithras, Mithrasliturgie 16[3]. 25[2]. 27. 30[2]. 68[1]. 79. 100[2]. 106[1]. 221[7]. 370. 375. 462
Moab, Moabiter 1[1]. 364[3]. 366. 496. 501. 504. 539f.
Mohammed s. Muhammed
Mohar (Frauenpreis) 358. 424
Molek 321[1]
Moloch 454. 549
Monat, siderischer 18f. 244, synodischer 19, Drachenmonat 19
Monatsnamen 37. 551
Mond, Mondlauf 11. 13. **18**f. **20**f. 27. 31. **33** (Abb.). 41. 70. 78f. 100. 103f. (als Wanderer und Jäger 105). 251. 340f. 348. 370[3]. 376. 384. 418[6]. 421f. 476. 485
Mond, abnehmender, zunehmender **33** Abb. 15
Mondamulette 101 (Abb. 37). 477. 547
Mondkult 330. 332. 370.
Mondstationen 23. 341 422. 548. 560
Monotheismus **72**f. 332. 405f. 550
Morgenstern 67. 100. 110. 112[2]. 124. 152. 568
Moses 71. 82[4]. 171. 186. 250. 298[2]. 327. 341[4]. 349. 365. 378. 403. **408**ff. 433[3]. 452
Mot (G) 142
Moymis 6. 82[4]. 132. 161
Muhammed 16. 36[2]. 40[1]. 67[1]. 328. 334. 341. 360
Mummu 6. 9. 82[4]. 97. 132. 161. 163[1]. 173. 396
Münzen 369
Musik 371. 431 (Abb. 138). 433. 487. 491. 527. 561f. (Abb.). 592
Muškênu 352
Muski s. Mesech
Muspellsheim 156
Muṣri 260. 262. 342[4]. 368. 506
Mutesellim 296. **319** f.
Muttergöttin 8[1]. 54. 59. **107** f. 157[1]. 166. 171. 380 (Abb.). 536
Mutter und Sohn 7. 82[1]. 108[3]. 146. 396. **409**
Mykenische Kultur 4. 290f. 318f.
Myste 77[3]. 221[7]. 451[1]. 459
Mysterien **76**f. 168. 586
Mythos 6. 42. **70**ff. 160. 192. 488. 553. 573. 586[3]

Mythol. Motive (in bibl. Gesch.) **72** f. 249 f. 440 f. s. auch Abraham, Jacob, Josef, Moses, Josua etc.

N

Nabatäer 14[3]. 16. 39. 115. 183. 380. 413. 563
Nabel der Welt 49. 155. 372. 374. 584
Nabonid (K) 111. 125. 346. 595
Nabonassar (K) 55. 66. 68
Nabopolassar (K) 125. 269. 533
Nabu s. Nebo
nabû (nabî) 35. 67. 71. **82** ff. 123. 353
Nachtwachen 348. 420 f.
Naeman 201[2]. 537[3]. 543
Nahr el Kelb 50. 292 ff. 494. 501
„Name" 99[1]. **132.** 150. 378. 464[1] s. auch Umnennung
Name, neuer 132. 378. 571
Nannar (= Sin) s. Sin
Naramsin 5. 283. 289. 505
Nebo (Berg) 126. 410. 462. 543
Nebo (G) 14. 24. 26. 29. 31. 46. 67. 78. 82. 86. 93. 106. 123. **124** ff. 142[4]. 170. 230. 244. 410. 545. 574. 589
Neboliturgie 107. 125[2]
Nebukadnezar I. 295. 532 f. 556
Nebukadnezar II. 53. 66[3]. 124. 269. 494. 579
Necho 505[2]. 533. 549
Negeb 364 f.
Nektar 199
Nerab 330[4]
Nergal (G) 8. 14. 24. 27. 29. 35. 65. 78. 93. 104. 106. **126** f. 230. 233. 244. 546. 554. 556
neros 57
neṣer-Motiv 353. 575. 577
Netz-Motiv 473
Neujahrsfest (s. Zagmuk) 26. 30. 31. 33. 53. 66. **83.** 250[3]
Neumond 32 ff. 41. 102. 343[1]. 421 f. 469. 476
Nibiru 14[1]. **20** f. 27. 78. 374[4]. 378. 418 f.
Niflheim 156
Nikolaiten 459
Nikolaus v. Damascus 331
Nil 144. 201. 389
Nimrod (Held) 190. 265. 284. 328. 342. 343[1]. 377
Nimrud (Ort) 273
Ningirsu 20. 25[2]. 28. 88. 96[3]. 183. 283
Ningišzida 114[2]. 192
Ninib (G) 14. 20. 24. 27. 29. 35. 78. 80[2]. 88[8]. 93. 106. 114. **127** f. 187. 230. 244. 419. 477
Niniveh 112. 129[2]. 259. 268. **271** ff. 498. 528
Nippur (St) 29. 93. 95. 131. 241[3]. 270. 281 f.
Nisan (Monat) 37
Niṣir (Berg) 231 f.
Nisrok (Marduk) **531**
Noah 189[2]. 198. 203 f. 220. 222 f. 236. 241[3]. **243.** 250
Nob (St) 126
νοητὸς κόσμος 6. 82[4]. 161. 163[1]. 173
Nordpunkt **20.** 27 f. 30. 80[2]. 94. 100. 104. 114 f. 127. 138[1]. 139[2]. 147. 354. 480. 557. 586
Nubien s. Kuš
Nun (äg. G) 6[1]. 144
Nut (äg. Gn) 7[1]. 146
Nykteus 361[4]

O

Oannes **42** f. 56[1]. 95 f. 96[1]
Obelisk 419. 457. 494. 515
Oberwelt und Unterwelt 194. 217. 352. 371. 418. 450. 480. 554. 587
Ocean (s. tâmtu, apsû) 6. 7. 8. 14. 29. 43. 132[6]. 174. 194. 244
Odin 156. 157. 385[1]
Offenbarung (babylon.) **42** ff. 46 f. 53. 77. 82. 109
Offenbarung (bibl.) 242. 327. 334 f. 416. 422. 434 ff. 443
Offenbarungsträger 220. 250. 327
ʾohel moʿed (s. Stiftshütte) 53. 184. 422. 435 ff. 446. 483
Oktave 15[1]. 558[4]
Olymp 136[9]. 165. 174
Omri 510[2]. 511. 540
On 6[1]. 7[1]. 60. 144. 146. 385. 391
Opfer 47. 205. 243. 368. 418. 419. 427 ff. 453
Ophir 277. 505[5]
Orakel 105. 114. 253. 259. 443. 450. 485. 498. 569
Orient u. Okzident 1. 3. 55. 70[2]. 106[1]. 113[2]. **118** f. 120[2]. 154. **157** f. 183[1]. 187[2]. 490[1]. 559
Orientierung s. Ḳibla
Orion 45[2]. 72. 86. 266. 343. 362[1]. 376 f. 398. 410. 560
Ormuzd 79. 187[1]
Orpheus u. Eurydice 34[1]. 110
Osarsiph 402 f. 405
Osiris 79. 82. 84. 90[3]. 108[1]. 115[5]. 116. 146. 234. 250[2]. 266. 283. 343. 377. 384[1]. 389. 400. 405. 411. 440. 586
Ostern 246[1]

P

padû 170
Paganisierung (in Israel) 496. 566
Palästina 255[1]. 309. 502
Palingenesie 226
Pan 214. 371
Pantheon, babylon. **92** ff.
Pantomime s. Festspiel
Papyrus Anastasi 302 f. 393
Papyrus Golenischeff 509
Papyrus d'Orbiney 387
Paradies 49. 64. 149[1]. **188** ff. 202
Paradies, verlorenes 416[4]. 468
παρανατέλλειν s. Entsprechung
Parther 269
Parusie 119
Parzen 553
Passah 186[1]. 325. **418** ff.
Patin (=Paddan-Aram?) 502 f.

Pekaḫ 514. 518 f.
Pentagramm 34 f. 38. 58
Persephone 109
Perseus 261. 412. 600
Persien 4. 12. 30[1]. 39. 47[2]. 61. 63[2]. 106[1]. **147** ff. 596
Pessimismus 210 ff. 423. 556. 564
Petra 115. 456
Pfählung 468. 550
Pfingsten 246[1]
Pflugmotiv 53. 474. 484. 537 f.
Phallus 7[1]. 110[2]. 395. 422[2]. 590
Phasen (des Mondes u. d. Venus) 24. 58. 105. 109
Philister 309[2]. 318[2]. 485. 501. 523. 598
Philo von Byblos 141. 309. 448
Phönizien, phönizisch 1[1]. 22[2]. 28[2]. 41. 115. **141** ff. 260. 275. 501. 504 ff. 550
Phosphorus 110
Phraortes 254
Phul s. Tiglatpileser III.
Pišon 201 f.
Pithom 394 f.
Planeten 9. 11. 14. 17. **19.** 29. **39.** **45** f. 56. 58[2]. 70. 150. 183. 280. 322. 370. 448. 467. 558
Planetenfarben s. Farben und 280. 375. 550. 558
Planetengötter 15 (Abb.) 184[2]. 230. 589
Plejaden s. auch Hyaden 36. 37[1]. 45[2]. **60.** **62.** 86[1]. 101. 244 f.
Pniel 365
Polyphem 372
Präzession 31. 63. 66. 69[1]. 123. 249 f.
Prahlen (Motiv) 135. 150. 180
Priapus 214. 395[2]
Priester 207[4]. 430. 455
Priesterschrift 178. 225. 313[2]. 324. 422[1]
Propheten als Politiker **498.** 513 f. **515.** 520. 524. 537
Prometheus 167[2]. 238. 284
Proserpina 26[1]. 116
Prostitution 110. 545
Protevangelium 217
Protothyes 159
Prozession 270. 444. 574
Ptolemäer 402. 498. 577
ptolem. Kanon 68 f. 498 f.
Punier 1[1]
Punt (Puṭ) 263
Purim-Fest 87[1]
Puruša 152
Puṭ (s. Punt)
Pyramiden 88[5]. 278[3]. 282[2]
Pythagoras 55. 56[1]. **559**

Q

Quetzalcuatl (mex. G) 123[1]

R

Ra (äg. G) 391
Rabbith 315
Rabe (Sternbild) 11[2]. 61 und Gottesvogel 245. 538
Rahab als Drache 138[3]. 178 ff. 213. 396[2]. 469
Rahab von Jericho 469
Rahel 193[2]. 376
Raḳîʿa (als Tierkreis) 136[4]. 159. **164.** 174. 438. 582
Rammân (= Adad) 102. 113. 503
Ramman-nirari 113[1]
Ramses II. (v. Äg.) 302. 388. 393. 406 f. (Abb. 129 u. 130). 500
Ramses IV. 84
Rätselraten 479. 495 f.
Ratsversammlung (himmlische) 54. 86. 105. 122. 135. 156. 162. 171. 180. 231. 437. 537. 552. 595 f.
Raub der Sabinerinnen 399
Räucheropfer s. Weihrauch
Raum = Zeit 57 f. 449
Rebekka 358 f. 370 f.
Regenbogen 13. 94[4]. 238[4]. **247** f.
Reguel, Regulus (Königsstern) 37[2]. 397. 382[1]. 433. 460
Rehabeam (K) 497. 507
Reḫoboth-Ir (St) 273
Reinigungen 200 f. 431 f. 453. 554
Rephaim (s. auch Totengeister) 351. 563
Resen 274
Rezon (K) 503. 519 f.
Riechen (Lebenskraut) 199. 246. 384. 587
Riesen 72. 86. 143. 156 f. 223. 238. 286. 362[1]. 468[6]. 490. 591
Rigsmal 353[1]
Rigveda 151. 467. 468[3]
Rimmôn (Adad) 91. 113. 544
Rim-Sin (K) 329. 345[2]. 346
Ring und Stab (Motiv) 380[1] (vgl. Abb. 133). 422[2]
Rom 26[1]. 38. 59. 66. 71. 79. 112. 119. 130[2]. 155. 426[3]. 444. 452. 475[2]. 486
Romulus 71. 354. 375. 406[2]. 412
Rôš (Gaugraf) 464
Rot (Farbe der Unterwelt) 138. 170. 408[3]. 469
Roß des Eroberers 459[4]
Roxane 381[4]
Ruth 469[1]

S

šaal šulmi 507. 524[5]
Saba, Sabäer 192[1]. 197[2]. 262 f. 265. 433[1]. 495. 554
Sabbat 42. **184** ff. 422
Sabbatstern 186
Sabier 14[3]. 15[3]. 23[3]. 30. 39. 78[3]. 88[5]. 90[2]. 115. 331
šabûʿa (Woche) 182
Sais, Bild zu 110[1]. 381[3]
Sakrale Gemeinsch. 431
Salem (= Sichem) 348 ff. 386. 475
Salmanassar I. 273
Salmanassar II. 257. 504. 512. 514
Salmanassar III. 518[2]
Salomo 260. 367. 446. 492. 496. **507** f. 562

Salz 143. 157. 362. 453. 477
šâm (Himmelsrichtung) 277
Samarien 511 ff. 521 f.
Šamaš 13 f. 17. 21. 27. 38. 81. 93. **105** f. 127. 322
Sammel-Motiv 278
Šamši-Adad I. 276. 517[1]
Samši-Ramman I. 271
Sanchuniathon 141
Sanherib 71. 268. 272. 500[5]. 526 ff. (Abb. 176)
Sara (Abrahams Weib) 340. 355
Sara (Reguels Tochter) 342[5]. 382
Sarakos 273
Sardanapal 273
Sargon I. 66[3]. 253. 268. 289. 408. 410 f.
Sargon II. 255. 257. 290[1]. 522. **523** ff. (Abb. 174). 568
saros 63. 57. 499
Šarrapu (Nergal) 127
Satan 554 f.
Saturn 14. 19. 24. 27. 28[3]. 70. 126. 186 f. 596[1]
Saul u. Jonathan 45[2]. 367
Säulen (kosm. Sinn) 21[4]. 419. 494
Scarabäus 7[1]. 216[4]
Schafsleber 155. 590
Schalttage s. Epagomenen und 11[2]. 61
Schaubrote 429. **448**
Scheba 265
Scheol (s. Totenreich) 128[1]. 399[3]. 591
Schicksalstafeln 43. 46[2]. 86. 95[5]. 123. 125. 134. 142[4]. 437. 450
Schlange 22[4]. 25. 26[1]. 28[2]. 58. 137[1]. 144. 150. 169[3]. 178. 203 ff. 213. **216** f. 417. 458. 546
Schleier 342[5]. 370. **381.** 443
Schmied 221. 257. 371
Schöpfung 97. 123. **129** ff. **155** ff. 177 (der Frau, s. auch 387[4])
Schreibkunst 125
Schrifterfindung 2
Schu (äg. G) 7[1]. 146
Schüssel 105
Schuster und Schneider 352. 371[2]
Schwarzmond 32 f. 121[3]. 371. 384. 422. 468. 476. 485. 490[2]
Schwertmotiv 219. 459. 473
Schwein 128
Schwelle (Sitz der Gottheit) 419 f. 469
šebat (Monat) 38
šedîm (Dämonen) 351. 462. 557[3]
Seelenwanderung 226
Seʿîr 371. 379. 415. 453[6]
Šeḳel 369
Seleukos Nikator 56. 269
Seligeninsel 200. 228. 234. 543
Sem, Semiten, „semitisch" v. 3[1]. 4. 264. 503. 504
Semiramis 381[4]. 412. 496. 549 f. 551
Sendschirli 216. 330[4]
Sepher (šipru) 43. 227[3]
Septime 558[4]
serpens (Sternbild) 137[1]. 398
Šešbaṣar 30[4]. 42. 550
Set (äg. G) 146. 218
Set (benê šet) 460[2]
Seth, Sethiten 221. 225 f.
Sethi (v. Äg.) 302. 310
Sexagesimalsystem 57
Shintolehre 22[2]. 34[1]. 153
Šibboleth 109. 478
Sibylle, Sibbylinen 48. 109. 119. 154 f. 283. 329
Sichelschwert 32. 33 (Abb.). 101. 179. 248
Sichem 310[1]. 337. 348. **350.** 386. 475. 510
Sidon, Sidonier 50. 142[2]. 275. 501. 505
Siebenerwochen 40 f. 59. **182** ff.
Siebenschläfer 362[2]. 468
Siegfried 219[2]
Sigurd (Wilkinasage) 413
Silber 370. 550
Šilo 214[4]. 398. 446 f. 472. 483
Simson 73. 472. **478** ff.
Sin (G) 13 f. 17. 20. 27. 29. 38. 65. 81. **100** f. 104. 114. 332. 339. 551
Sinai 23[1]. 49[3]. 219[4]. 325. 365. 380. **414** f. 418. 421
Sinear 189. 267. 285. **287**
Sintflut 16. 41. 63. 64. 119. 128. 210. **226** ff. 572. (Blutige Sintflut) 157. 234. 238
Sinuhe 298 ff. 328 f. 491
Sippar (St) 40. 47. 67. 68[1]. 93. 106. 220. 227. 241. 545
Sirius 63[1]. 148. 343. 560[1]
Sitlamtaëa (= Nergal) 104
Sivan (Monat) 37. 66. 550
Sizilien 261
Skorpion (Sternbild) 23. 37. 38. 399
Skorpionsmensch 23[2]. 133[1]
Skorpionstern 12
Skythen 253 f. 258
Slaven 238[4]. 239. 248
Ṣoba 502[2]. 506
Sodom und Gomorrha 191. 235[2]. 342. 348. **360** ff.
Sonne 11. 13. 17 f. 20. 27. **31.** 70. 79. 100. 187. 251. 341 f. 370[3]. 371
Sonnen- u. Mondkult 67. 549. 587
Sonnenrosse u. Sonnenwagen 105 f. 467. 549
Sonnen- u. Mondstation (Tierkreis) 11. 445[3]
Sonnenwende 20. 23. 27[2]. **31** ff. 84[4]. 88. 127 ff. 220[7]. 320. 341. 343. 419. 479. 545. 566[1]. 586
Sophia 6 f. 43. 96. 161. 173
Sossos 57
Sothis (Sothisperiode) 63[1]. 70. 343
Sphinx 216. 218. 378[2]. 479[3]. 495
Spica 109
Stab 105. 376 f. 380[1]. 417. 422[2]
Stammvater 327. 363
Stände 352. 453. 464
Staub essen 216

Steinbock 26[2]. 192. 398
Steine 238[4]. 362. (Steinregen) 468
Stellvertretung beim Opfer 369
Sterne als Kämpfer 447. **474.** 539. 569
Sternschnuppen 21. 28. 128. 468
Stier (Sternbild) 22. 25. 30. 100[2]. 399. 582[1]
Stierzeitalter 5. 12. 26. 36. 66
Stiftshütte u.Bundeslade 23[1]. **434** ff.
Strafgerichte 232 f. 418. 589
Stratonike (= Ištar) 382. 413. 505[1]
Stufenturm 15. 45. 52. 77. 136[9]. 150[1]. 187. 278 ff. 561
„Stuhl“ 354
Südamerika 34[1]. 35[1]
Südpunkt 27. 147
Sühnopfer 368. 420. 428. 431
Sumer, sumerisch 1[1]. 2. **93.** 267
Sünde 207 ff. 427
Sündenfall **203** ff. 210
Susa 259[1]. 269. 362
Suti 460[1]. 569. 591
Syrien 51. 101[3]. 235 f. 275. 298. 472[2]. 500. 596

T

Ta'anek (O) 110[1]. 296. **315**
Tafelzerbrechen 68
Tagesgleiche 18. Abb. **23.** 26. 27[2] **31** f. 84[4]
Talion 369[1]. 425 f. 476. 555
tâm-Motiv 371. 450[2]
Tammuz (Monat) 37
Tammuz u. Gišzida 114[2]. 143[2]. 168. 192. 385. 557
Tammuz (G) 26. 31. **32.** 82. 88. 91[2]. 110. 112. **114.** 128. 266. 342. 367. 377. 383 ff. 400. 410 f. 440. 487. 586
Tammuz-Punkt 24. 266. 463. 557. 575
Tammuz - Trauer 91 f. 115 ff. 410. 544. 557. 586
Tanit (Gn) 79
Tarnkappe 103
Tarsis 261
Tartaros 223
Tätowierung 261
Taube 245. 417
Taurus 260
Tausend und eine Nacht 197[3]. 219[2]. 326. 331. 385[2]. 474. 490[1]. 539
Taut (äg.G) 47[3]. 142. 589[4]
Tebet (Monat) 38
Tefnet (äg. G) 146
Tehom (hebr. = Meer) 6[1]. 131. 159. 161. 175. 177. 244. 250. 489. 562
Tell Amarna s. Amarna
Tell Hesy 314
Tell Ibrahim (O) 126[2]
Telloh (St) = Lagaš 113
Tempel **51** ff. (in Jerusalem) 175. 196. 200. 442. 446
Tempelturm s. Stufenturm
Terah 339 f.
Teraphîm 376. 472. 597
Tešup (= Tarku) 21. 113[2]. 321. 467. 503
Teufelsanbeter 351[2]
Thales 19. 55
Thamar 380 ff. 469[1]
Theben (äg.) 145. 146. 238[4]. 602
Theogonie und Kosmogonie **7** ff. 132. 144. 146. 151. **181**
Theseus 149[1]. 219[2]. 379[2]
Thoas 412
Thomastag 39[2]
Thora 199[2]. 369[1]. **425** ff. 555
Thor (germ. Gott) 21
Thron 11. 25. **54**
Thron = Lade 408[3]. 437
Thrudgelmir 157
Thummosis, Äg. K 404
Thutmes I. 300
Thutmes III. 300 f. 486. 500
Tiâmat **6** ff. 46. 68. 132. **133.** 136. 161. 474. 489
Tiber-Insel 130[3]
Tierkreis 6. 8. **9** ff. 45. 79. 164. 174. 332. 364. 400[1]. 466. 494
Tierkreisbilder 13. 23[1]. 27. 38. 133[1]. 192[3]. 364. 383[3]. 385 ff. **395** ff. 474. 560. 596
Tierzyklus 51. 61. 596
Tiglatpileser I. 219. 257. 500
Tiglatpileser II. 275. 499
Tiglatpileser III. 518. 567
Tigris 96. 189. 202
Timaos (äg. K) 403
Tinter (= Babel) 189
Tiras 258 f.
Tirhaka 262. 529 ff.
Tisiten 404 f.
Tišri (Monat) 30. 37. 42
Tištrya (Sirius) 79. 108[1]. 147 f. 150
Titan 284
Titanen 72. 84[1]. 143. 152 s. auch Riesen
Tobias 580
Togarma 253. 260
Tonalamatl (mex. G) 62. 123[1]
Tonsur 481. 538
Töpfer, Töpferarbeit 147. 167
Tor (Ort des Gerichts) Abb. 136. 461. 537
Totenbeschwörung 210. 491[2]
Totengeister 351[2]. 586
Totenfluß 178
Totenreich (s. Unterwelt) 7[1]. 8. 14 f. 27. 96. 126 f. 180. 189. 398[3]. 485. 556. 563. 597
Trauersitte 592 f.
Traumdeutung 388
Trias u. trinitar. Auffassung 7. 13 f. 35. 39[2]. 57. **79** f. 102. 113. 146. 332. 379[1]
Troja 360[3]
Trunkenheit (Neujahrsmotiv) 72. 250[5]. 343[1]. 361. 481
Tubal 257. 371
Tubal-Kain 221. 257
Turmbau 124. 223. **277** ff.
Türpfosten 325. 419 f. 469[3]. 494[3]
Typhon 218. 411. 481
Tyr (germ. G) 79. 473
Tyrannenvertreibung u. -tötung (Motiv) 71. 86. 92. 362[1]. 397. 473. 480
Tyrsener 259

Tyrus 190. 255. 260. 322. 498. 501. 504 ff. 508 ff. 591

U

Udušsu-namir 266[2]
Ulai (Fluß) 202[6]
Ulfr 120
Umkehrmotiv 33. 35[1]. 342
Umkehrung, Gesetz der **24.** 26. 214[4]. 250[6]. 371. 460
Umnennung 339. 378. 447
Unfruchtbarkeit (Motiv) 342. 370. 478. 482 f.
Unsterblichkeit 77
Unterwelt (s. Totenreich) 7[1]. 8. 14 f. 27. 96. 126. 180. 189. 194. 342. 396[1]
Ur (St) 67[1]. 93. 100[1]. 104. 288. 329 f. 339. 341[5]
Uranus u. Gaia 57. 160. 238[4]
Urartu 245. 253
Urchaos, Urflut 6. 8. 160. 161. 173. 244
Urfa 329[3]
Urgeschichten 74. **159** ff. 160[1]
Urim und Tummîm 192[3]. 368. 371. 378. 442. **449** f.
Urkönige 47. 64. **220** f. 241
Urmensch 25[3]. 43. 48. 149[1]. 166. 204[5]. 214
Urtu (= Akkad) 329
Uruk (s. Erech) 112. 131. 270. 550
Urusalim (s. Jerusalem) 310. 349
Urväter 41. **220** ff.
Utnapištim 220. 222[3]. 228 ff. 249

V

Valerius 379[1]
Varuna 79[1]. 152
Vater (rel.) 100. 332. 339
Vätergeschichten 49[1]. 74. 324. 327. 363 ff.
Veda 236
Vendidad 149[3]
Venus 11. 13. 17. 19. 28[3]. 62. 70. 79. 108. 112. 116. 379[1]
Verfolgung durch den Drachen 440. 566[1]
Versöhnungstag 185. 416
Verschleierungsmotiv 110. 116. 370. 381. 410. 452
verschmähte Liebe (Motiv) 88. 385
Vertragsschluß 353 f.
Vestalin 408. 410. 412
Vierteilung der Welt **24**
Virginia (virgo) 379[1]
Vision und Ekstase 334
Völkerlisten 256 ff.
Völkertafel 252 ff.
Volksreligion, israelitische 376. 475. 547. 566; heidnische 338. 374
Vollmond 20. 34 f. 101. 187. 229[3]. 418 ff. 421 f. 536
Völuspa 106[1]. 120. 156
Vulkanus 25. 80. 371

W

Waberlohe 219. 416. 442
Wadd (arab. G) 104[2]
Wage 26. 38. 398
Walküre 120. 420 f. und Abb. 132
Wappenmotive 292[1]
Wasser (hl) 199 f.
Wasserflut s. Sintflut
Wasserkult 198
Wassermann 12[3]. 25[3]. 396. 582[1]. 597
Wasserreich 7. 41. 63. 131
Wasserschlange (= Drache) 138. 396
We (germ. G) 157
„Weg" (= Tierkreis) 133. 134. 153
Weib, als Mutter der Sünde 204. 214
Schöpfung des Weibes s. auch 387[4]
Weihrauch 429[1]. 452. 586
Weihwassergefäß 196. 495. 534 (Abb. 180)
Wein 199. 250
Weinerfindung 250
Weinstock und Feigenbaum 193. 250. 361[4]. 480
Weise (der Urzeit) 43. 76. 204[5]. 220. 241
Weisheit 6 f. 43. 96. 562
Weltall, Zweiteilung 30. 57. 109. 321
Dreiteilung **8.** 16. 20. **57.** 160
Vierteilung **24.** 58. 88. 223
Weltbaum 149[1]. 156. 194. 337. 595
Weltberg 6[1]. 20. **21** ff. 49. 244. 250. 604
Weltbild (= Himmelsbild) 8. 36. 44[2]. 45. 48. 50. 144. 183. 389. 416. 434 ff. 594
Weltbrand 63. 119. 149
Weltecken 22[4]. 25. 27. 28[2]. 164. 447. 582
Weltei 142[2]. 153. 161. 167
Weltenfrühling 23. 71. 353. 385[3]. 395. 400[1]. 440. 452. 472. 567[2]. 573 s. auch Weltzeitalter
Weltgericht 165. 180[2]. 569. 596
Weltherrschaft 121. 145. 250[3]. 378. 480. 596
Weltjahr, Weltkreislauf 14. 149. 194. 217[1]. 223. 362; im mythol. Motive 28[2]. 217. 371. 459. 476. 481. 572. 587
Weltkarte, babylonische **16** f. 220. 234
Weltmittelpunkt 49. 179. 368[2]. 569
Weltpunkte **23** ff. 106. 137
Weltrichtung s. Kibla
Weltschöpfung **6** ff. 42. 129. 160 ff.
Weltzeitalter **62** ff. 120. 214. **223** f. 247. 249. 594
Wessobrunnergebet 158. 171[4]
Westland **287** ff. 289 ff. 309. 344 f. 494. 512. 526
Widder (Sternbild) 12[3]. 163[2]. 398. 596
Widderzeitalter 12. 13. 30[2]. 62 ff. **68.** 71. 148. 150 u. s. Weltzeitalter
Wili (germ. G) 157

Wochentage 39f.
Wolf 398
„Wort" 148[1]. 159. 162
Worte (höhnende) 135. 489. 596
Wotan 79. 419
Wunderkraut 189. 190 s. Zauberkraut
Wüste (Sitz d. Dämonen) 432[3]. 453. 568
Wüstenwanderung 62. 341. 422

X

Xenophon 274
Xerxes 69. 193[3]. 256. 269. 497
Xisuthros 47. 168[3]. 222. 226f. 235. 241

Y

Yang-yin 153. 214
Yasna 106[1]. 147
Ygdrasil (Weltesche) 156 s. Weltbaum
Yima 149. 212. 236
Y-king 153
Ymir 156f. 238

Z

Zagmuk (Neujahr) 83
Zahlen 43[2]. **56** ff. 340, ausserdem drei 8. 57; sieben **58** f.; zwölf **60** f.; vierzig **62**; fünfzig **20** f.; siebzig, bez. zwei-, dreiundsiebzig **62**
Zahlensymbolik 449. 489
Zalbatanu 17
Zarathustra 30[1]. 47. 71. 147. **149.** 212. 223[2]. 226. 573. 605
Zauberkraut 189. 190. 198
Zauberstab 105. 376. 410. 475
Zedekia (K) 533. 584
Zedern (myth.) 189. 193[3]. 196
Zeitalter, Bringer eines neuen (Motiv) **35.** 66f. 82[4]. 128[3]. 250. 338f. 343[1]. 349. 406. 408. 460. 489
Zemaḫ 353. 575. 577
Zend-Avesta s. Avesta
Zeraḫ 262. 510
Zerstreuungsmotiv 278
Zerstückelungsmotiv 8. 35[1]. 37[1]. 85[1]
Zeugungsmotiv 250[5]
Zeus 68. 117. 134. 143. 238. 286. 361. 372. 411
Zeus Belus 281
Zion 49[3]. 179. 190. 368[2]. 436. 558. 562. 569
Zophasemim (Tierkreisbilder) 136[5]. 142
Zû (babyl. Windgott) 92. 168
Zweiteilung der Welt **23** f. 88. 109[3]. 110. 226. 321. 370f.
Zwillinge 12. 32. 38. 45[2]. 104. 341. 396
Zwillingszeitalter 12. 30. 38[3]. **64** ff. 71. 268
Zwölfnächte 86[3]. 341. 466[6]
Zwölfstämme 50. 363ff. 471

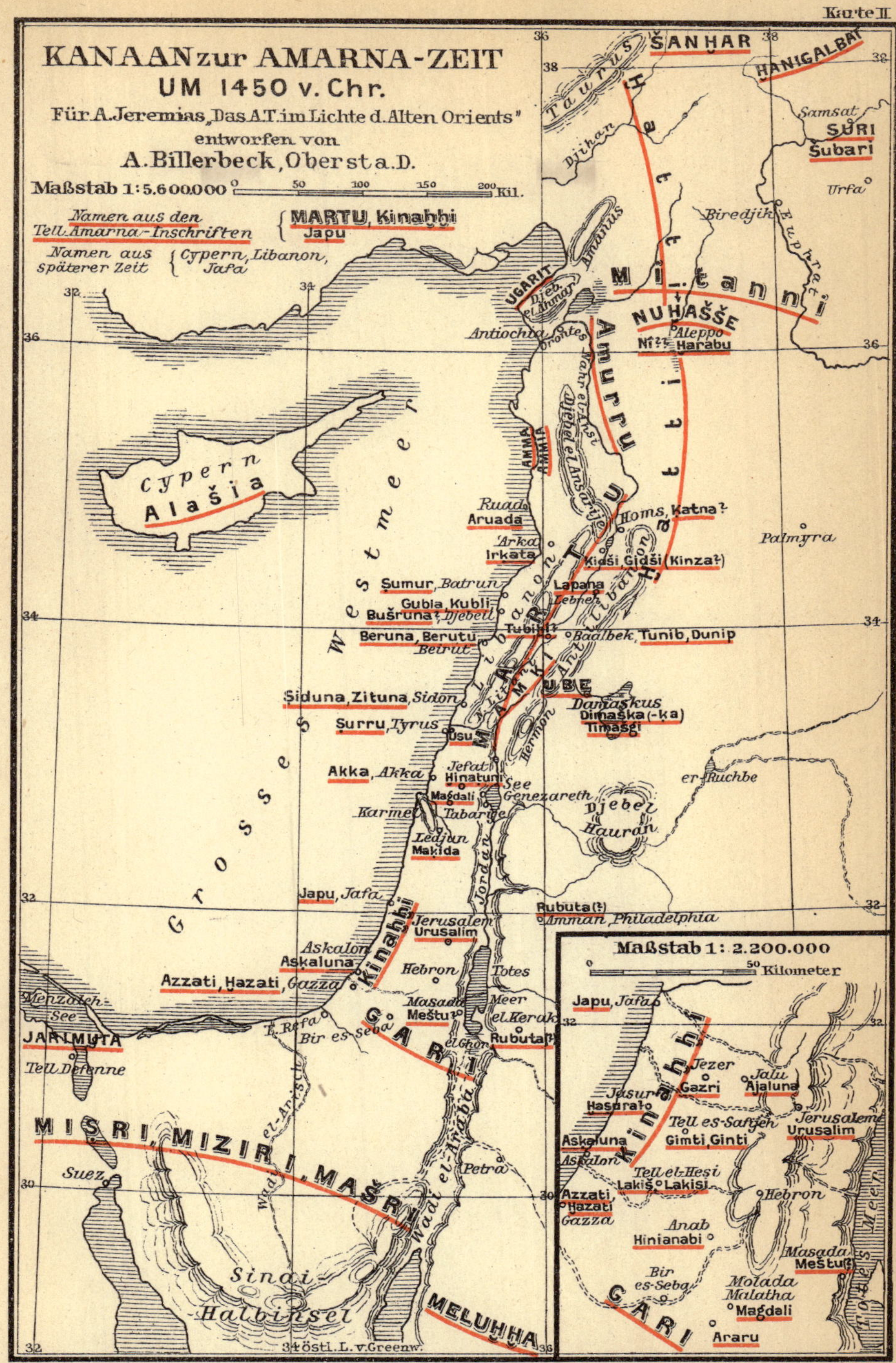

Photolithographie von Wagner & Debes, Leipzig.

Verlag der J. C. Hinrichs'schen Buchhandlung, Leipzig.

Messangaben weg